LAROUSSE

MINIWÖRTERBUCH

DEUTSCH-ENGLISCH
ENGLISCH-DEUTSCH

LAROUSSE

© Larousse-Bordas, 1999
21, rue du Montparnasse
75283 Paris Cedex 06, France

ISBN 2-03-420912-5

Sales : Larousse Kingfisher Chambers Inc., New York
Library of Congress CIP Data has been applied for

Printed in Great Britain

LAROUSSE

MINI

GERMAN-ENGLISH
ENGLISH-GERMAN

DICTIONARY

LAROUSSE

Herausgegeben von / Produced by

LAROUSSE

Redaktion / Editors

PATRICK WHITE   JOAQUÍN BLASCO

MONIKA HOFMANN   LOUISE RICHMOND

ANNE THOMPSON   STEPHANIE GEIGES

ULLA KNODT   ELKE WEISS-COWEN

ROSWITHA MORRIS   NEIL MORRIS

DAGMAR FÖRTSCH   HILDEGARD PESCH

RUTH NOBLE

The Larousse MINI dictionary has been designed with beginners and travellers in mind.

With over 30,000 references and 40,000 translations, this new dictionary gives thorough coverage of general vocabulary plus extensive treatment of the language found on street signs and menus.

Clear sense markers are provided throughout, while special emphasis has been placed on basic words, with many examples of usage and a particularly user-friendly layout.

Easy to use and comprehensive, this handy book packs a lot of wordpower for users at school, at home and on the move. "Viel Spaß", and don't hesitate to send us your comments.

THE PUBLISHER

Die zweisprachigen Miniwörterbücher von LAROUSSE richten sich vor allem an Anfänger und Reisende.

Über 40.000 Übersetzungen von mehr als 30.000 Stichwörtern und Wendungen geben daher nicht nur Auskunft über den allgemeinen Wortschatz, sondern helfen auch, Schilder und Speisekarten zu verstehen.

Klare typographische Aufmachung und benutzerfreundliches Format erleichtern die Orientierung im Wörterbuch. Zahlreiche Bedeutungsanzeiger ermöglichen ein sicheres Auffinden der gewünschten Übersetzung. Viele Stichwörter werden durch Beispielsätze erläutert.

Das Miniwörterbuch Englisch-Deutsch ist handlich, zuverlässig und übersichtlich und wird damit zum idealen Ratgeber und Reisebegleiter.

Vorschläge, die zu einer weiteren Verbesserung des Wörterbuchs beitragen können, sind jederzeit willkommen. "Good luck!"

DER HERAUSGEBER

ABKÜRZUNGEN

ABBREVIATIONS

Akkusativ	*A*	accusative
Abkürzung	*abk /abbr*	abbreviation
abwertend	*abw*	pejorative
Adjektiv	*adj*	adjective
Adverb	*adv*	adverb
amerikanisches Englisch	*Am*	American English
amtssprachlich, formell	*amt*	administrative, formal
Anatomie	*ANAT*	anatomy
Kfz-Technik	*AUT(O)*	automobile, cars
Hilfsverb	*aux*	auxiliary
britisches Englisch	*Br*	British English
Handel	*COMM*	commerce, business
Komparativ	*compar*	comparative
Datenverarbeitung	*COMPUT*	computers
Konjunktion	*conj*	conjunction
Verlaufsform	*cont*	continuous
Kochkunst	*CULIN*	culinary, cooking
Dativ	*D*	dative
Determinant	*det*	determiner
Datenverarbeitung	*EDV*	computers
etwas	*etw*	
Interjektion	*excl*	exclamation
Femininum	*f*	feminine
umgangssprachlich	*fam*	informal
übertragene Bedeutung	*fig*	figurative
Finanzen	*FIN*	finance, financial
gehoben	*fml*	formal
nicht trennbar	*fus*	inseparable
Genitiv	*G*	genitive
gehoben	*geh*	formal
generell	*gen*	generally
Grammatik	*GRAMM*	grammar
umgangssprachlich	*inf*	informal
Interjektion	*interj*	exclamation
unveränderlich	*inv*	invariable
jemand	*jd*	someone (nominative)

jemandem	*jm*	someone (dative)
jemanden	*jn*	someone (accusative)
jemandes	*js*	someone (genitive)
Rechtswesen	JUR	juridical, legal
Komparativ	*komp*	comparative
Konjunktion	*konj*	conjunction
Kochkunst	KÜCHE	culinary, cooking
Mathematik	MATH	mathematics
Medizin	MED	medecine
Militärwesen	MIL	military
Musik	MUS	music
Schiffahrt	NAVIG	nautical, maritime
Norddeutsch	*Norddt*	northern German
Neutrum	*nt*	neuter noun (countries and towns) not used with an article
Zahlwort	*num*	numeral
	o.s.	oneself
Ostdeutsch	*Ostdt*	East German
Österreichisch	*Österr*	Austrian German
abwertend	*pej*	pejorative
Plural	*pl*	plural
Politik	POL	politics
Partizip Perfekt	*pp*	past participle
Präposition	*präp*	preposition
Präsens	*präs*	present
Präteritum	*prät*	preterite
Präposition	*prep*	preposition
Pronomen	*pron*	pronoun
Vergangenheitsform	*pt*	past tense
Warenzeichen	®	registered trademark
reflexives Verb	*ref*	reflexive verb
Religion	RELIG	religion
	sb	someone, somebody
Subjekt	*sbj*	subject
Schule	SCHULE/SCH	school
Schweizerdeutsch	*Schweiz*	Swiss German
Singular	*sg*	singular

	sthg	something
Süddeutsch	*Süddt*	southern German
Superlativ	*superl*	superlative
Technik, Technologie	*TECH*	technology
Fernsehen	*TV*	television
unregelmäßig	*unr*	irregular
Verb	*v/vb*	verb
intransitives Verb	*vi*	intransitive verb
unpersönliches Verb	*vimp/v impers*	impersonal verb
vor Substantiv	*vor Subst*	before noun
transitives Verb	*vt*	transitive verb
vulgär	*vulg*	vulgar
kulturelle Entsprechung	≈	cultural equivalent
Trennbarkeit des deutschen Verbs	|	indicates separable German verb

ENGLISH COMPOUNDS

A compound is a word or expression which has a single meaning but is made up of more than one word, e.g. **point of view, kiss of life, virtual reality** and **West Indies**. It is a feature of this dictionary that English compounds appear in the A–Z list in strict alphabetical order. The compound **blood test** will therefore come after **bloodshot** which itself follows **blood pressure**.

ENGLISCHE KOMPOSITA

Als Komposita werden aus mehreren Wörten bestehende Einheiten bezeichnet, die eine eigenständige Bedeutung haben, wie z.B. **point of view, kiss of life, virtual reality** und **West Indies.** Sie sind daher in diesem Wörterbuch als eigene Einträge alphabetisch eingeordnet; so folgt das Kompositum **blood test** dem Eintrag **blood-shot,** der seinerseits hinter **blood pressure** steht.

Hinweise zum Deutschen

ATTRIBUTIV GEBRAUCHTE ADJEKTIVE

Adjektive dieser Art werden in ihrer femininen Form angegeben, direkt gefolgt von den Endungen des Maskulinums und des Neutrums; z.B.: **letzte, -r, -s** (eine letzte Zigarette, ein letzter Kuß, ein letztes Mal).

SUBSTANTIVIERTE ADJEKTIVE

Die substantivierten Adjektive sind wie alle anderen Substantive mit dem bestimmten Artikel aufgeführt. In Verbindung mit einem unbestimmten Artikel verändert sich daher die Endung entsprechend dem Genus; z.B.: **Angestellte der, die** wird zu **ein Angestellter** und **eine Angestellte**.

GENUS DER SUBSTANTIVE IN ZUSAMMENGESETZTEN AUSDRÜCKEN (ALS ÜBERSETZUNGEN)

Wenn das Substantiv von einem Adjektiv begleitet wird, trägt dieses den Genus des Substantives; z.B. zeigt die Übersetzung von **first class, "erste Klasse"**, durch die feminine Endung des Adjektives an, daß das Wort **Klasse** ein Femininum ist.

Notes on German

ADJECTIVES ONLY USED ATTRIBUTIVELY

With German adjectives of this type, the feminine form is shown first, followed by the masculine and neuter endings, e.g. **letzte, -r, -s** (eine letzte Zigarette, ein letzter Kuß, ein letztes Mal).

ADJECTIVES USED AS NOUNS

Nominalized German adjectives are, like all other nouns, labelled with the definite article. When used with an indefinite article, the ending of this type of noun changes according to the gender, e.g. **Angestellte** *der, die* becomes **ein Angestellter** and **eine Angestellte**.

GENDER OF COMPOUND NOUNS IN TRANSLATIONS

When a noun translation is accompanied by an adjective, the adjective ending indicates the gender of the noun. For example, the translation of **first class** is **"erste Klasse"**, where the "e" ending of the adjective shows that **"Klasse"** is feminine.

LAUTSCHRIFT

Deutsche Vokale

[a]	Affe, Banane
[ɑː]	Arzt, Antrag
[e]	Beton
[eː]	edel
[ɛ]	echt, Händler
[ɛː]	Rätsel, Dessert
[ə]	Aktie
[iː]	Vier
[i]	Radio
[ɪ]	Winter
[o]	Melodie
[oː]	apropos
[ɔ]	sollen
[ø]	Ökologisch
[øː]	Öl
[œ]	Köchin, Pumps
[u]	Kuvert, aktuell
[uː]	Kuh
[ʊ]	Kunst
[y]	Büchse, System
[yː]	Tür

Deutsche Diphthonge

[aɪ]	Deichsel
[aʊ]	Auge
[ɔy]	EuroCity

Deutsche Nasale

[ã]	Chanson
[ãː]	Abonnement
[ɛ̃ː]	Pointe
[ɔ̃]	Chanson

Semivokale

| Jubiläum | [j] |
| Hardware | [w] |

Konsonanten

Baby	[b]
Chemie	[ç]
Achse, Kaviar	[k]
Duett, Medien	[d]

PHONETIC TRANSCRIPTION

English vowels

[ɑː]	barn, car, laugh
[æ]	pat, bag, mad
[ɒ]	pot, log
[e]	pet, tend
[ɜː]	burn, learn, bird
[ə]	mother, suppose
[iː]	bean, weed
[ɪ]	pit, big, rid
[ɔː]	born, lawn
[uː]	loop, loose
[ʌ]	run, cut
[ʊ]	put, full

English diphthongs

[aɪ]	buy, light, aisle
[aʊ]	now, shout, town
[eɪ]	bay, late, great
[ɔɪ]	boy , foil
[əʊ]	no, road, blow
[ɪə]	peer, fierce, idea
[eə]	pair, bear, share
[ʊə]	poor, sure, tour

Semi-vowels

you, spaniel
wet, why, twin

Consonants

bottle, bib

come, kitchen
dog, did

Gin	[dʒ]	jet, fridge
Phantasie, Vier	[f]	fib, physical
Algerien, gut	[g]	gag, great
Hobby	[h]	how, perhaps
alphabetisch, Laser	[l]	little, help
Material, Alarm	[m]	metal, comb
November, Angabe	[n]	night, dinner
Singen	[ŋ]	sung, parking
Pony, Pappe	[p]	pop, people
Apfel	[pf]	
Revue, rot	[r]	right, carry
Slalom, Sauce	[s]	seal, peace
Stadion, Schule	[ʃ]	sheep, machine
Toast, Volt	[t]	train, tip
Konversation	[ts]	
Chili	[tʃ]	chain, wretched
	[θ]	think, fifth
	[ð]	this, with
Vase, Wagen	[v]	vine, livid
Macht, lachen	[x]	
Sauce, Sonne	[z]	zip, his
Etage	[ʒ]	usual, measure

Die Betonung der deutschen Stichwörter wird mit einem Punkt für einen kurzen betonten Vokal (z.B. **Berg**) und mit einem Strich für einen langen betonten Vokal (z.B. **Magen**) angegeben.

German headwords have the stress marked either by a dot for a short stressed vowel (e.g. **Berg**) or by an underscore for a long stressed vowel (e.g. **Magen**).

Der Hauptton eines englischen Wortes ist durch ein vorangestelltes [ˈ] markiert, der Nebenton durch ein vorangestelltes [ˌ].

The symbol [ˈ] indicates that the following syllable carries primary stress and the symbol [ˌ] that the following syllable carries secondary stress.

Das Zeichen [ʳ] zeigt in der englischen Phonetik an, daß der Endkonsonant "r" ausgesprochen wird, wenn das folgende Wort mit einem Vokal beginnt. Im amerikanischen Englisch wird dieses "r" so gut wie immer mitgesprochen.

The symbol [ʳ] in English phonetics indicates that the final "r" is pronounced only when followed by a word beginning with a vowel. Note that it is nearly always pronounced in American English.

UNREGELMÄSSIGE ENGLISCHE VERBEN

Infinitive	Past Tense	Past Participle	Infinitive	Past Tense	Past Participle
arise	arose	arisen	deal	dealt	dealt
awake	awoke	awoken	dig	dug	dug
be	was/were	been	do	did	done
			draw	drew	drawn
bear	bore	born(e)	dream	dreamed/dreamt	dreamed/dreamt
beat	beat	beaten			
begin	began	begun	drink	drank	drunk
bend	bent	bent	drive	drove	driven
bet	bet/betted	bet/betted	eat	ate	eaten
			fall	fell	fallen
bid	bid	bid	feed	fed	fed
bind	bound	bound	feel	felt	felt
bite	bit	bitten	fight	fought	fought
bleed	bled	bled	find	found	found
blow	blew	blown	fling	flung	flung
break	broke	broken	fly	flew	flown
breed	bred	bred	forget	forgot	forgotten
bring	brought	brought	freeze	froze	frozen
build	built	built	get	got	got (Am gotten)
burn	burnt/burned	burnt/burned			
			give	gave	given
burst	burst	burst	go	went	gone
buy	bought	bought	grind	ground	ground
can	could	–	grow	grew	grown
cast	cast	cast	hang	hung/hanged	hung/hanged
catch	caught	caught			
choose	chose	chosen	have	had	had
come	came	come	hear	heard	heard
cost	cost	cost	hide	hid	hidden
creep	crept	crept	hit	hit	hit
cut	cut	cut	hold	held	held

Infinitive	Past Tense	Past Participle	Infinitive	Past Tense	Past Participle
hurt	hurt	hurt	ride	rode	ridden
keep	kept	kept	ring	rang	rung
kneel	knelt	knelt	rise	rose	risen
	/kneeled	/kneeled	run	ran	run
know	knew	known	saw	sawed	sawn
lay	laid	laid	say	said	said
lead	led	led	see	saw	seen
lean	leant	leant	seek	sought	sought
	/leaned	/leaned	sell	sold	sold
leap	leapt	leapt	send	sent	sent
	/leaped	/leaped	set	set	set
learn	learnt	learnt	shake	shook	shaken
	/learned	/learned	shall	should	–
leave	left	left	shed	shed	shed
lend	lent	lent	shine	shone	shone
let	let	let	shoot	shot	shot
lie	lay	lain	show	showed	shown
light	lit	lit	shrink	shrank	shrunk
	/lighted	/lighted	shut	shut	shut
lose	lost	lost	sing	sang	sung
make	made	made	sink	sank	sunk
may	might	–	sit	sat	sat
mean	meant	meant	sleep	slept	slept
meet	met	met	slide	slid	slid
mow	mowed	mown	sling	slung	slung
		/mowed	smell	smelt	smelt
pay	paid	paid		/smelled	/smelled
put	put	put	sow	sowed	sown
quit	quit	quit			/sowed
	/quitted	/quitted	speak	spoke	spoken
read	read	read	speed	sped	sped
rid	rid	rid		/speeded	/speeded

Infinitive	Past Tense	Past Participle	Infinitive	Past Tense	Past Participle
spell	spelt /spelled	spelt /spelled	swell	swelled	swollen /swelled
spend	spent	spent	swim	swam	swum
spill	spilt /spilled	spilt /spilled	swing	swung	swung
			take	took	taken
spin	spun	spun	teach	taught	taught
spit	spat	spat	tear	tore	torn
split	split	split	tell	told	told
spoil	spoiled /spoilt	spoiled /spoilt	think	thought	thought
			throw	threw	thrown
spread	spread	spread	tread	trod	trodden
spring	sprang	sprung	wake	woke /waked	woken /waked
stand	stood	stood			
steal	stole	stolen	wear	wore	worn
stick	stuck	stuck	weave	wove /weaved	woven /weaved
sting	stung	stung			
stink	stank	stunk	weep	wept	wept
strike	struck	struck /stricken	win	won	won
			wind	wound	wound
swear	swore	sworn	wring	wrung	wrung
sweep	swept	swept	write	wrote	written

COMMON GERMAN IRREGULAR VERBS

Infinitiv	Präsens	Präteritum	Perfekt
beginnen	beginnt	begann	hat begonnen
beißen	beißt	biß	hat gebissen
bitten	bittet	bat	hat gebeten
bleiben	bleibt	blieb	ist geblieben
bringen	bringt	brachte	hat gebracht
denken	denkt	dachte	hat gedacht
dürfen	darf	durfte	hat gedurft/dürfen
essen	ißt	aß	hat gegessen
fahren	fährt	fuhr	hat/ist gefahren
finden	findet	fand	hat gefunden
fliegen	fliegt	flog	hat/ist geflogen
fließen	fließt	floß	ist geflossen
geben	gibt	gab	hat gegeben
gehen	geht	ging	ist gegangen
gelten	gilt	galt	hat gegolten
geschehen	geschieht	geschah	ist geschehen
gießen	gießt	goß	hat gegossen
greifen	greift	griff	hat gegriffen
haben	hat	hatte	hat gehabt
halten	hält	hielt	hat gehalten
heben	hebt	hob	hat gehoben
heißen	heißt	hieß	hat geheißen
helfen	hilft	half	hat geholfen
kennen	kennt	kannte	hat gekannt
kommen	kommt	kam	ist gekommen
können	kann	konnte	hat gekonnt/können
lassen	läßt	ließ	hat gelassen/lassen
laufen	läuft	lief	hat/ist gelaufen
leihen	leiht	lieh	hat geliehen
lesen	liest	las	hat gelesen
liegen	liegt	lag	hat gelegen
lügen	lügt	log	hat gelogen
messen	mißt	maß	hat gemessen
mögen	mag	mochte	hat gemocht/mögen
müssen	muß	mußte	hat gemußt/müssen
nehmen	nimmt	nahm	hat genommen
nennen	nennt	nannte	hat genannt

Infinitiv	Präsens	Präteritum	Perfekt
raten	rät	riet	hat geraten
reißen	reißt	riß	hat/ist gerissen
rennen	rennt	rannte	ist gerannt
riechen	riecht	roch	hat gerochen
rufen	ruft	rief	hat gerufen
schieben	schiebt	schob	hat geschoben
schießen	schießt	schoß	hat/ist geschossen
schlafen	schläft	schlief	hat geschlafen
schlagen	schlägt	schlug	hat/ist geschlagen
schließen	schließt	schloß	hat geschlossen
schneiden	schneidet	schnitt	hat geschnitten
schreiben	schreibt	schrieb	hat geschrieben
schreien	schreit	schrie	hat geschrie(e)n
schwimmen	schwimmt	schwamm	hat/ist geschwommen
sehen	sieht	sah	hat gesehen
sein	ist	war	ist gewesen
singen	singt	sang	hat gesungen
sitzen	sitzt	saß	hat gesessen
sprechen	spricht	sprach	hat gesprochen
springen	springt	sprang	hat/ist gesprungen
stehen	steht	stand	hat gestanden
stehlen	stiehlt	stahl	hat gestohlen
sterben	stirbt	starb	ist gestorben
stoßen	stößt	stieß	hat/ist gestoßen
streiten	streitet	stritt	hat gestritten
tragen	trägt	trug	hat getragen
treffen	trifft	traf	hat getroffen
treten	tritt	trat	hat getreten
trinken	trinkt	trank	hat getrunken
tun	tut	tat	hat getan
verlieren	verliert	verlor	hat verloren
waschen	wäscht	wusch	hat gewaschen
werden	wird	wurde	ist geworden/worden
werfen	wirft	warf	hat geworfen
wissen	weiß	wußte	hat gewußt
wollen	will	wollte	hat gewollt/wollen

DEUTSCH-ENGLISCH
GERMAN-ENGLISH

à *präp (+A)* at; **15 Stück ~ 2,95 DM** 15, at 2.95 marks each.

A (*pl* -) *die* (*abk für Autobahn*) M (*Br*), I (*Am*).

ab *präp (+D)* **1.** (*zeitlich*) from; **~ 8 Uhr** from 8 o'clock; **~ 18 (Jahren)** over (the age of) 18. **2.** (*räumlich*) from; **~ Dortmund 12.35 Uhr** leaving Dortmund at 12.35.
♦ *adv (los, weg)* off; **~ ins Bett!** off you go to bed! ▢ **ab und zu** *adv* now and then.

Abb. *abk* = Abbildung.

ab|bestellen *vt* to cancel.

ab|biegen *vi unr ist* (*mit Auto*) to turn off; **nach rechts/links ~** to turn right/left.

Abbiegespur (*pl* -en) *die* filter lane.

ab|bilden *vt* to illustrate.

Abbildung (*pl* -en) *die* illustration.

ab|blenden *vi* to dip one's headlights (*Br*), to dim one's headlights (*Am*).

Abblendlicht *das* dipped headlights (*Br*) (*pl*), dimmed headlights (*Am*).

ab|brechen *vt unr hat* to break off **♦** *vi unr ist* to break off; (*aufhören*) to stop.

ab|buchen *vt* to debit.

ab|dichten *vt* (*gegen kalte Luft*) to insulate; (*gegen Wasser*) to water-proof.

Abdichtung *die* (*gegen kalte Luft*) insulation; (*gegen Wasser*) waterproofing.

abend *adv*: **heute/gestern/morgen ~** this/yesterday/tomorrow evening.

Abend (*pl* -e) *der* evening; **Guten ~!** good evening!; **am ~** in the evening; **zu ~ essen** to have one's evening meal.

Abendessen (*pl* -) *das* evening meal.

Abendgarderobe (*pl* -n) *die* evening dress.

Abendkasse (*pl* -n) *die* box office (*open just before performance*).

Abendmahl (*pl* -e) *das* Holy Communion.

abends *adv* in the evening; **spät ~** late in the evening.

Abenteuer (*pl* -) *das* adventure.

Abenteuerurlaub (*pl* -e) *der* adventure holiday.

aber *konj* but **♦** *adv*: **jetzt ist ~**

Schluß! that's enough now!; **das ist ~ nett!** how nice!; **~ gerne!** of course!; **du kommst ~ spät!** you're a bit late, aren't you?; **~ bitte!** go ahead!

Aberglaube *der* superstition.

abergläubisch *adj* superstitious.

ab|fahren *vi unr ist* to leave; *(von Autobahn)* to turn off ♦ *vt unr hat (Reifen)* to wear down; *(Weg, Strecke)* to drive along.

Abfahrt *(pl -en) die (von Zug, Bus)* departure; *(von Autobahn)* exit; *(von Skifahrer)* descent.

Abfall *(pl Abfälle) der (Müll)* rubbish *(Br)*, garbage *(Am)*.

Abfalleimer *(pl -) der* rubbish bin *(Br)*, garbage can *(Am)*.

ab|fallen *vi unr ist (Straße)* to dip; *(Obst, Blätter)* to fall.

ab|färben *vi (Material)* to run.

Abfertigungsschalter *(pl -) der* check-in desk.

ab|fliegen *vi unr ist (Flugzeug)* to depart; *(Person)* to fly.

Abflug *(pl -flüge) der* departure.

Abflughalle *(pl -n) die* departure lounge.

Abflugzeit *(pl -en) die* departure time.

Abfluß *(pl -flüsse) der (im Waschbecken)* plughole.

Abführmittel *(pl -) das* laxative.

Abgase *pl* exhaust fumes.

ab|geben *vt unr (einreichen)* to hand in; *(übergeben)* to hand over; *(an der Garderobe)* to leave; *(verkau-*

fen) to sell; *(Wärme, Feuchtigkeit)* to give off; *(Erklärung, Urteil)* to make; **jm etw ~** to give sb sthg.

abgebildet *adj:* **wie ~ as** illustrated.

abgekocht *adj* boiled.

abgelaufen *adj (Paß)* expired; *(Zeit)* up, over.

abgemacht *adj* fixed.

abgenutzt *adj* worn out.

abgepackt *adj* packed.

abgeschlossen *pp → abschließen* ♦ *adj:* **~e Berufsausbildung** German vocational qualification obtained after three years' study on a day-release basis.

ab|gewöhnen *vt:* **sich (D) etw ~** to give sthg up.

abgezählt *adj (Kleingeld)* correct, exact.

abhaken *vt* to tick off.

Abhang *(pl -hänge) der* slope.

ab|hängen *vt (Anhänger)* to unhitch; *(Verfolger)* to shake off ♦ *vi:* **~ von** to depend on; **das hängt davon ab, ob ...** that depends on whether ...

abhängig *adj (süchtig)* addicted; **~ sein von** *(von Hilfe)* to be dependent on; *(von Bedingungen)* to depend on.

ab|heben *vt unr (Hörer)* to pick up; *(Geld)* to withdraw ♦ *vi unr (Flugzeug)* to take off.

ab|heften *vt* to file.

ab|holen *vt* to collect.

Abitur *das ≈ A levels (Br), ≈ SATs (Am).*

ABITUR

The "Abitur" is the series of exams taken by approximately a third of German pupils at the end of their school career and is a requirement if they wish to go on to university. Pupils select one main subject and a number of optional subjects. Each of the "Bundesländer" administers its own examinations.

ab|klappern vt to search.

Abkommen (pl -) das agreement.

ab|kühlen vi ist to cool down ♦ vimpr: **es kühlt ab** (Wetter) it's getting cooler.

ab|kürzen vt (Wort) to abbreviate; **den Weg** ~ to take a short cut.

Abkürzung (pl -en) die (von Strecke) short cut; (von Wort) abbreviation.

ab|legen vt (Mantel) to take off; (Gewohnheit, Charakterzug) to get rid of; (Prüfung) to take; (Akten) to file ♦ vi (Schiff) to cast off; (Person) to take off one's coat/jacket.

ab|lehnen vt (Vorschlag, Bitte) to reject; (Geschenk, Einladung) to refuse; (Person, Ansicht) to disapprove of.

ab|lenken vt to distract.

ab|lesen vt (Temperatur, Kilometerstand) to read; (Text) to read out.

ab|liefern vt to deliver.

ab|lösen vt (Etikett, Pflaster) to peel off; (Person) to take over from □ **sich ablösen** ref (Personen)

take turns; (Tapete, Etikett) to come off.

ab|machen vt (entfernen) to remove; (vereinbaren) to agree on, to fix; **mit jm einen Termin** ~ to make an appointment with sb.

ab|melden vt (Telefon) to have disconnected; (Auto) to take off the road; (Person) to cancel the membership of □ **sich abmelden** ref (bei der Polizei) to give notice that one is moving away.

ab|nehmen vt unr (Bild, Wäsche) to take down; (Brille, Hut) to take off; (Hörer) to pick up; (Fahrzeug, Maschine) to inspect; (amputieren) to amputate; (Blut) to take ♦ vi unr (Anzahl) to decrease; (an Gewicht) to lose weight; **jm etw** ~ (Arbeit, Last) to relieve sb of sthg; (fam: glauben) to buy sthg from sb; (abkaufen) to buy sthg from sb; **fünf Kilo** ~ to lose five kilos.

Abonnement (pl -s) das (für Zeitung) subscription; (im Theater) season ticket.

abonnieren vt to subscribe to.

ab|raten vt unr (+D): (jm) von etw ~ to advise (sb) against sthg.

ab|räumen vt (Tisch) to clear; (Geschirr) to clear away.

ab|reagieren vt (Wut) to take out □ **sich abreagieren** ref: **sich an jm** ~ to take it out on sb.

ab|rechnen vi (mit Rechnung) to settle up; (fam: sich rächen) to get even ♦ vt (subtrahieren) to deduct.

Abrechnung (pl -en) die: **die** ~ **machen** to do the accounts.

ab|reiben vt unr (Fläche, Gegenstand) to rub clean; (Schmutz) to rub off.

Abreise *die* departure.

ab|reisen *vi* to depart.

ab|reißen *vt unr hat (Pflaster, Zettel)* to tear off; *(Haus)* to tear down ◆ *vi unr ist (Seil)* to break; *(Verbindung)* to end.

ab|richten *vt* to train *(an animal)*.

ab|runden *vt (Zahl)* to round down; *(Kante, Ecke)* to round off.

abrupt *adj* abrupt ◆ *adv* abruptly.

Abs. *abk* = Absender, Absatz.

ab|sagen *vt & vi* to cancel; **jm ~** to tell sb one can't come.

Absatz *der (vom Schuh)* heel; *(im Text)* paragraph.

ab|schalten *vt & vi* to switch off.

abscheulich *adj* disgusting.

ab|schicken *vt* to post.

ab|schieben *vt unr (Flüchtling)* to deport.

Abschied *(pl -e) der* parting.

Abschleppdienst *(pl -e) der* (vehicle) recovery service.

ab|schleppen *vt (Auto)* to tow away; *(fam: aus Disco, von Party)* to pick up.

Abschleppseil *(pl -e) das* towrope.

Abschleppwagen *(pl -) der* recovery vehicle.

abschließbar *adj (Schrank)* lockable.

ab|schließen *vt unr (Tür, Wohnung)* to lock; *(beenden)* to complete; *(Vertrag)* to conclude; *(von Außenwelt)* to cut off ◆ *vi* to lock up.

ab|schmecken *vt* to season (according to taste).

ab|schminken *vt* to remove the make-up from ❑ **sich abschminken** *ref* to remove one's make-up.

ab|schneiden *vt unr* to cut off ◆ *vi unr:* **gut/schlecht ~** to do well/badly; **jm/sich** *(D)* **etw ~** to cut sthg off for sb/o.s.

Abschnitt *(pl -e) der (von Eintrittskarte, Ticket)* stub; *(im Text; von Strecke)* section; *(Zeitraum)* period.

ab|schrauben *vt* to unscrew.

absehbar *adj* foreseeable; **in ~er Zeit** in the foreseeable future.

abseits *adv (SPORT)* offside; **~ stehen** *(entfernt)* to stand a little way away.

Absender *(pl -) der (auf Brief)* sender's name and address; *(Person)* sender.

ab|setzen *vt (Hut, Brille, Theaterstück)* to take off; *(Tasche, Glas)* to put down; *(Mitfahrer)* to drop off; *(Medikament)* to come off; *(von der Steuer)* to deduct ❑ **sich absetzen** *ref (Kalk, Schlamm)* to be deposited, to build up; *(fam: fliehen)* to take off.

ab|sichern *vt* to make safe ❑ **sich absichern** *ref* to cover o.s.

Absicht *(pl -en) die* intention; **mit ~** intentionally, on purpose.

absichtlich *adj* intentional ◆ *adv* intentionally, on purpose.

absolut *adj* absolute ◆ *adv* completely.

ab|sperren *vt (Straße)* to block off; *(Tür, Wohnung)* to lock ◆ *vi* to lock up.

Absperrung *(pl -en) die* barrier

ab|sprechen *vt unr* to agree on ◆ **~ mit** to arrange with ❑ **sich**

absprechen *ref* to come to an agreement.

Abstand (*pl* **-stände**) *der* (*räumlich*) distance; (*zeitlich*) interval; (*innere Distanz*) reserve; **mit ~** by far; **~ halten** to keep one's distance.

Abstecher (*pl* **-**) *der* detour; **einen ~ machen** to make a detour.

abjstellen *vt* (*Gerät*) to turn off; (*Fahrrad, Auto*) to put; (*Tasche, Tablett*) to put down; (*Mißstand, Problem*) to put an end to.

Abstellraum (*pl* **-räume**) *der* storage room.

Abstieg *der* (*ins Tal*) descent; (*SPORT*) relegation.

abjstimmen *vi* to vote ♦ *vt*: **etw auf etw** (+*A*) **~** to adapt sthg to sthg; **~ über** (+*A*) to vote on.

Abstimmung (*pl* **-en**) *die* (*Wahl*) ballot.

abstrakt *adj* abstract.

abjstreiten *vt unr* to deny.

abjstürzen *vi ist* to crash.

absurd *adj* absurd.

Abt. (*abk für Abteilung*) dept.

Abtei (*pl* **-en**) *die* abbey.

Abteil (*pl* **-e**) *das* (*im Zug*) compartment.

Abteilung (*pl* **-en**) *die* (*in Firma, Kaufhaus*) department.

Abtreibung (*pl* **-en**) *die* abortion.

abjtrocknen *vt* to dry; **sich** (*D*) **die Hände ~** to dry one's hands ☐ **sich abtrocknen** *ref* to dry o.s.

abwärts *adv* downwards.

Abwasch *der* washing-up.

abjwaschen *vt unr* (*Geschirr, Kacheln*) to wash; (*Schmutz*) to

wash off ♦ *vi unr* to wash up (*Br*), to wash the dishes (*Am*).

Abwasser (*pl* **-wässer**) *das* (*häuslich*) sewage; (*industriell*) effluent.

abjwechseln: sich abwechseln *ref* (*Personen*) to take turns; (*Zustände, Landschaften*) to alternate.

abwechselnd *adv* alternately.

Abwechslung *die* change.

abweisend *adj* unfriendly.

abjwerten *vt* (*Person, Idee*) to belittle; (*Währung*) to devalue.

Abwertung (*pl* **-en**) *die* (*von Währung*) devaluation.

abwesend *adj* absent ♦ *adv* absently.

abjwickeln *vt* (*Schnur*) to unwind.

abjwischen *vt* (*Tisch*) to wipe; (*Schmutz*) to wipe off.

Abzeichen (*pl* **-**) *das* badge.

abjziehen *vt unr* (*Hülle*) to take off; (*Bett*) to strip; (*Stimme, Anzahl*) to take away; (*kopieren*) to copy; (*Foto*) to print ♦ *vi unr* (*Rauch*) to clear; (*fam: weggehen*) to clear off.

Abzug (*pl* **-züge**) *der* (*Foto*) print.

abzüglich *präp* (+*G*) minus; **~ 15% Skonto** less a 15% discount.

Abzweigung (*pl* **-en**) *die* turning.

ach *interj* oh!; **ach ja!** oh, yes!; **ach so!** (oh,) I see!

Achse (*pl* **-n**) *die* (*AUTO*) axle.

Achsel (*pl* **-n**) *die* armpit.

acht *num* eight, → **sechs**.

achte, -r, -s *adj* eighth, → **sechste**

Achtel (*pl* **-**) *das* eighth.

achten *vt* to respect ♦ *vi*: **~ auf** (+*A*) (*sich konzentrieren auf*) to pay attention to; *(aufpassen auf)* to look after.

Achterbahn *(pl -en) die* roller coaster.

acht|geben *vi unr* to take care.

Achtung *die (Respekt)* respect ♦ *interj* look out!; **alle ~!** well done!

achtzehn *num* eighteen, → **sechs.**

achtzig *num* eighty, → **sechs.**

Acker *(pl Äcker) der* field.

ADAC *der ≈* AA *(Br), ≈* AAA *(Am).*

Adapter *(pl -) der* adapter.

addieren *vt & vi* to add.

ade *interj* cheerio!

Ader *(pl -n) die* vein.

Adler *(pl -) der* eagle.

adoptieren *vt* to adopt.

Adoptivkind *(pl -er) das* adopted child.

Adreßbuch *(pl -bücher) das (persönlich)* address book; *(von Stadt)* (local address) directory.

Adresse *(pl -n) die* address.

Advent *der* Advent.

ADVENT

Advent, the four weeks preceding Christmas, has a special significance in Germany and many traditions are associated with this time of year. Streets and houses are decorated and Christmas fairs are held. In the home it is traditional to hang up Advent wreaths with four candles, one of which is lit each Sunday of Advent, and to bake special Christmas biscuits.

Adventskranz *(pl -kränze) der* Advent wreath.

Aerobic *das* aerobics *(sg).*

Affäre *(pl -n) die* affair.

Affe *(pl -n) der (klein)* monkey; *(groß)* ape.

Afrika *nt* Africa.

Afrikaner, -in *(mpl -) der, die* African.

afrikanisch *adj* African.

After *(pl -) der* anus.

AG *(pl -s) die ≈* plc *(Br), ≈* corp. *(Am).*

aggressiv *adj* aggressive ♦ *adv* aggressively.

Ägypten *nt* Egypt.

äh *interj* oh!; **~ so!** (oh,) I see!; **~ ja!** (oh,) I see!

ähneln *vi (+D)* to be similar to, to be like.

ähnlich *adj* similar ♦ *adv* similarly; **jm/etw ~ sein** to be similar to sb/sthg; **jm/etw ~ sehen** to look like sb/sthg.

Ähnlichkeit *(pl -en) die* similarity.

Ahnung *(pl -en) die (Vorgefühl)* feeling; **keine ~!** no idea!

ahnungslos *adj* unsuspecting ♦ *adv* unsuspectingly.

Aids *nt* AIDS.

Aids-Handschuh *(pl -e) der* surgical glove.

Airbag *(pl -s) der* airbag.

Akkordeon *(pl -s) das* accordion.

Akku *(pl -s) der* (rechargeable) battery.

allgemein

Akkusativ (*pl* -e) *der* accusative.

Akne *die* acne.

Akt (*pl* -e) *der* (*Handlung, von Drama*) act; (*Bild*) nude; (*Zeremonie*) ceremony.

Akte (*pl* -n) *die* file.

Aktenkoffer (*pl* -) *der* attaché case.

Aktie (*pl* -n) *die* share.

Aktiengesellschaft (*pl* -en) *die* public limited company (*Br*), corporation (*Am*).

aktiv *adj* active ◆ *adv* actively.

aktuell *adj* (*modisch*) fashionable; (*Thema, Problem*) current; (*Theaterstück, Buch*) topical.

Akustik *die* acoustics (*pl*).

Akzent (*pl* -e) *der* accent.

Alarm *der* alarm; ~ **schlagen** to raise the alarm.

Alarmanlage (*pl* -n) *die* (*von Gebäude*) burglar alarm; (*von Auto*) car alarm.

albern *adj* silly ◆ *adv* in a silly way.

alias *adv* alias.

Alkohol *der* alcohol.

alkoholarm *adj* low-alcohol.

alkoholfrei *adj* alcohol-free.

Alkoholiker, -in (*mpl* -) *der, die* alcoholic.

alkoholisch *adj* alcoholic.

alkoholkrank *adj* alcoholic.

all *det* all (of); ~ **das Warten hat mich müde gemacht** all this waiting has made me tired.

All *das* space.

alle, -r, -s *det* 1. (*sämtliche*) all; ~ **Kleider** all the clothes; ~ **beide** both; ~**s Gute!** all the best!

2. (*völlig*) all; **in** ~**r Ruhe** in peace.

3. (*jede*) all; **Getränke** ~**r Art** all kinds of drinks.

4. (*im Abstand von*) every; ~ **50 Meter** every 50 metres; ~ **zwei Wochen** every two weeks.

◆ *pron* all; **das ist** ~**s** that's all; ~ **sind da** everyone's here; **trotz** ~**m** in spite of everything; **vor** ~**m** above all.

◆ *adj* (*fam*): **die Butter ist** ~ there's no more butter.

Allee (*pl* -n) *die* avenue.

allein *adj* (*ohne andere*) alone; (*einsam*) lonely ◆ *adv* (*ohne andere*) alone; (*einsam*) alone; (*selbständig*) on one's own; (*nur*) only; **von** ~ by oneself/itself etc.

alleinerziehend *adj* single (*parent*).

Alleingang (*pl* -gänge) *der* single-handed effort; **im** ~ single-handedly.

alleinstehend *adj* (*Person*) single; (*Haus*) detached.

allemal *adv* (*sicher*) definitely.

allenfalls *adv* at most.

allerdings *adv* (*aber*) though; (*ja*) certainly.

allererste, -r, -s *adj* very first.

Allergie (*pl* -n) *die* (MED) allergy.

allergisch *adj* allergic ◆ *adv* allergically; ~ **gegen** (+A) allergic to.

allerhand *pron* all sorts of things.

Allerheiligen *nt* All Saints' Day.

alles *pron* → **alle**.

Alleskleber (*pl* -) *der* all-purpose glue.

allgemein *adj* (*allen gemeinsam*,

alljährlich 8

unspezifisch) general; *(alle betreffend)* universal ◆ *adv* generally; **im ~en** in general.

alljährlich *adj* annual ◆ *adv* annually.

allmählich *adj* gradual ◆ *adv* gradually.

Alltag *der (Normalität)* everyday life.

alltäglich *adj* everyday.

allzu *adv* far too.

allzusehr *adv* far too much.

allzuviel *adv* far too much.

Allzweckreiniger *(pl -)* der multi-purpose cleaner.

Alm *(pl -en) die* mountain pasture.

Alpen *pl:* **die ~** the Alps.

Alpenverein *der* organization which promotes study of the Alps and organizes mountain hikes etc.

Alpenvorland *das* foothills of the Alps.

alphabetisch *adj* alphabetical ◆ *adv* alphabetically.

alpin *adj* alpine.

Alptraum *(pl -träume) der* nightmare.

als *konj* 1. *(zeitlich)* when; *(während)* as; **~ es dunkel wurde** when it got dark; **erst ~** only when. 2. *(vergleichend)* than; **sie ist besser ~ ihr Bruder** she is better than her brother; **der Wein ist besser, ~ ich dachte** the wine is better than I thought it would be; **mehr ~** more than. 3. *(Angabe von Vermutung)* as if; **~ ob** as if; **es sieht so aus, ~ würde es bald regnen** it looks like it's going to rain soon. 4. *(Angabe von Urteil, Zweck)* as; **ich**

verstehe es ~ Kompliment I take it as a compliment. 5. *(Angabe von Identität)* as; **~ Kind** as a child.

also *interj* well ◆ *konj (das heißt)* in other words; *(demnach)* so ◆ *adv (demnach)* so; **~ dann** all right then; **~ nein!** no!

Alsterwasser *(pl -) das* shandy.

alt *(komp älter, superl am ältesten) adj* old; **wie ~ bist du?** how old are you?; **zwei Jahre älter** two years older; **12 Jahre ~** 12 years old.

Alt[1] *(pl -) das (Bier)* type of dark German beer.

Alt[2] *(pl -e) der (MUS)* alto.

Altar *(pl Altäre) der* altar.

Altbier *(pl -) das type of dark German beer.*

Altenheim *(pl -e) das* old people's home.

Alter *das (Lebensalter)* age; *(hohes Alter)* old age; **im ~ von** at the age of.

alternativ *adj* alternative.

Alternative *(pl -n) die* alternative.

Altersgrenze *(pl -n) die (allgemein)* age limit; *(für Rente)* retirement age.

Altglas *das* glass for recycling.

altmodisch *adj* old-fashioned.

Altpapier *das* paper for recycling; **aus ~** made from recycled paper.

Altstadt *die* old town.

Alufolie *die* tinfoil.

Aluminium *das* aluminium.

am *präp →* **an dem**; **~ besten** gehen wir zu Fuß it would be best if we walked; **das gefällt mir ~ besten**

I like this one best; **wie kommt man ~ besten nach Köln?** what's the best way of getting to Cologne?; ~ **Abend** in the evening; ~ **Flughafen** at the airport; ~ **Freitag** on Friday; ~ **Meer** by the sea.

Amateur, -in (mpl -e) der, die amateur.

Ambulanz (pl -en) die (Krankenwagen) ambulance; (im Krankenhaus) outpatients (department).

Ameise (pl -n) die ant.

amen interj amen.

Amerika nt America.

Amerikaner, -in (mpl -) der, die Američan.

amerikanisch adj American.

Ampel (pl -n) die (im Verkehr) traffic lights (pl).

Amphitheater (pl -) das amphitheatre.

Amt (pl Ämter) das (Behörde) department; (Gebäude, Posten) office.

amtlich adj official.

amüsieren vt to amuse □ **sich amüsieren** ref to amuse o.s.

Amüsierviertel (pl -) das area with a lot of bars, restaurants etc.

an präp (+A) 1. (räumlich) to; **sich ~ den Tisch setzen** to sit down at the table; **etw ~ die Wand lehnen** to lean sthg against the wall; **~ Münster 13.45 Uhr** arriving at Münster at 13.45.
2. (mit Verb): **~ jn/etw denken** to think about sb/sthg; **sich ~ jn/etw erinnern** to remember sb/sthg.
3. (fast): **~ die 30 Grad** nearly 30 degrees.
♦ präp (+D) 1. (räumlich) at; **am Tisch sitzen** to be sitting at the table; **am**

See by the lake; **~ der Wand** on the wall; **~ der Hauptstraße** on the main road; **der Ort, ~ dem wir gepicknickt haben** the place where we had a picnic.
2. (zeitlich) on; **am Freitag** on Friday; **~ diesem Tag** on that day.
3. (mit Hilfe von) with; **am Stock gehen** to walk with a stick; **jn ~ der Stimme erkennen** to recognize sb by their voice.
4. (an einer Institution) at; **Lehrer ~ einem Gymnasium** teacher at a grammar school.
5. (von): **genug ~ Beweisen haben** to have enough proof.
♦ adv 1. (ein) on; **Licht ~!** turn the light on!; **~ - aus** on-off.
2. (ab): **von jetzt ~** from now on; **von heute ~** from today.

Analyse (pl -n) die analysis.

analysieren vt to analyse.

Ananas (pl -) die pineapple.

Anbau[1] der (von Pflanzen) cultivation.

Anbau[2] (pl -ten) der (Gebäude) extension.

anbieten vt unr to offer; **darf ich Ihnen etwas ~?** may I offer you something to eat/drink?

anbraten vt unr (Packung) to brown.

anbrechen vt unr (Packung) to open ♦ vi unr (Tag) to dawn; (Nacht) to fall.

anbrennen vi unr (Speisen) to burn; **etw ~ lassen** to burn sthg.

anbringen vt unr (Schild, Regal) to fix, to attach; (fam: mitbringen) to bring home.

andauern vi to continue.

Andenken (pl -) das (Souvenir) souvenir; (Erinnerung) memory.

andere, -r, -s adj (unterschiedlich) different; (weitere) other ◆ pron: **der/die/das ~** the other one; **die ~n** the others; **eine ~/ein ~r** (Ding) a different one; (Person) someone else; **etwas ~s** something else; **niemand ~s** nobody else; **ich habe noch zwei ~** I have two others; **unter ~m** among other things.

ändern vt to change; (Kleid) to alter ☐ **sich ändern** ref to change.

anders adj different ◆ adv (andersartig) differently; **wer/wo ~?** who/where else?; **~ als** differently from; **irgendwo ~** somewhere else; **jemand ~** someone else.

andersherum adv the other way round.

anderswo adv (fam) somewhere else.

anderthalb num one and a half.

Änderung (pl -en) die change; **~ vorbehalten** subject to alteration.

Änderungsschneiderei (pl -en) die tailor's that does alterations.

an|deuten vt to hint at.

Andorra nt Andorra.

aneinander adv (drücken, befestigen) together; (grenzen, stoßen) one another; **~ denken** to think about one another; **sich ~ gewöhnen** to get used to each other.

Anfahrt (pl -en) die journey there.

Anfang (pl -fänge) der beginning, start; **am ~** at the beginning; **~ Oktober** at the beginning of October.

an|fangen vi unr to begin, to start; **mit etw ~** to start sthg, to begin sthg.

Anfänger, -in (mpl -) der, die beginner.

anfangs adv at first.

an|fassen vt (berühren) to touch.

Anflug (pl -flüge) der (von Flugzeug) descent, approach.

an|fordern vt (Hilfe, Gutachten) to ask for; (per Post) to send off for.

Anforderung (pl -en) die (Erwartung) requirement; **hohe ~en** heavy demands.

Anfrage (pl -n) die (amt) enquiry.

an|fühlen: sich anfühlen ref: **sich weich/gut ~** to feel soft/good.

an|führen vt (leiten) to lead.

Anführungszeichen pl inverted commas; **in ~** in inverted commas.

Angabe (pl -n) die (Information) detail; **nähere ~n** further details; **technische ~n** specifications.

an|geben vt unr (Namen, Quellen) to give; (Tempo, Ton) to set.

angeblich adj alleged ◆ adv allegedly.

angeboren adj innate.

Angebot (pl -e) das (Anbieten) offer; (an Waren) selection; (Sonderangebot) special offer.

an|gehen vt unr: **jn nichts ~** to be none of sb's business.

Angehörige (pl -n) der, die (in Familie) relative; (von Firma, Gruppe) member.

Angel (pl -n) die (zum Fischen) fishing rod.

Angelegenheit (pl -en) die matter, affair.

angeln vt (fischen) to catch ◆ vi to fish.

Angelschein (pl -e) der fishing permit.

angenehm adj pleasant ◆ adv pleasantly ◆ interj pleased to meet you!

angesichts präp (+G) in view of.

angespannt adj (Aufmerksamkeit) close; (konfliktgeladen) tense.

Angestellte (pl -n) der, die employee.

angestrengt adv (nachdenken) intently ◆ adj (Gesichtsausdruck) intent.

angetrunken adj slightly drunk.

an|gewöhnen vt: sich (D) etw ~ to get into the habit of sthg.

Angewohnheit (pl -en) die habit.

Angora nt angora.

an|greifen vt & vi unr to attack.

Angst (pl Ängste) die fear; ~ haben vor (+D) to be afraid of; jm ~ machen to scare sb.

ängstlich adj (Mensch, Tier) easily frightened; (Verhalten, Blick) frightened ◆ adv (blicken, reagieren) frightenedly.

an|haben vt unr (Hose, Schuhe) to be wearing; jm nichts ~ können to be unable to harm sb.

an|halten vi unr (stoppen) to stop; (andauern) to last ◆ vt unr to stop.

Anhalter, -in (mpl -, der, die hitchhiker; per ~ fahren ODER reisen to hitchhike.

Anhaltspunkt (pl -e) der clue.

an|hängen vt (Anhänger) to hook up; (hinzufügen) to add; (unterschieben): jm etw ~ to pin sthg on sb.

Anhänger (pl -) der (Wagen) trailer; (Schmuck) pendant; (von Partei, Ideologie) supporter.

Anhängerkupplung (pl -en) die tow hook.

anhänglich adj affectionate.

Anhieb der: auf ~ first time, straight off.

an|hören vt (Musikstück, Kassette) to listen to ☐ sich anhören ref to sound; sich gut/schlecht ~ to sound good/bad.

Anker (pl -) der anchor.

an|kleben vt to stick.

Ankleidekabine (pl -n) die (changing) cubicle.

an|kommen vi unr ist (Zug, Reisende, Brief) to arrive; (gefallen) to go down well; ~ auf (+A) to depend on; das kommt darauf an it depends.

an|kreuzen vt to mark with a cross.

an|kündigen vt (Kursus, Vortrag) to announce ☐ sich ankündigen ref to announce itself; es hat sich Besuch angekündigt we're expecting visitors.

Ankunft die arrival.

Anlage (pl -n) die (Gelände) park; (TECH) (production) line.

an|lassen vt unr (Motor) to start up; (Kleidung, Licht, Apparat) to leave on.

Anlasser (pl -) der starter.

Anlauf (pl -läufe) der (SPORT) run-up; (Versuch) attempt.

an|laufen vi unr ist (Motor, Aktion) to start; (Brille, Spiegel) to mist up ◆ vt unr hat (Hafen) to call at.

an|legen vt (Liste, Register) to draw up; (Geld) to invest; (Schmuck, Verband) to put on; (Garten) to lay

Anlegestelle

out ♦ *vi (Schiff)* to dock; **es darauf anlegen, etw zu tun** to intend to do sthg ❑ **sich anlegen** *refl*: **sich mit jm ~** to pick a fight with sb.

Anlegestelle (*pl* **-n**) *die* mooring.

Anleitung (*pl* **-en**) *die (Hinweis)* instruction; *(Text)* instructions (*pl*).

Anlieger, -in (*mpl* **-**) *der, die*: **'~ frei'** 'residents only'.

an|machen *vt (Licht, Gerät)* to turn on; *(fam: Person)* to chat up (*Br*), to hit on (*Am*); *(Salat)* to dress.

an|melden *vt (beim Arzt usw)* to make an appointment for; *(Fernseher, Auto)* to register ❑ **sich anmelden** *refl* to register; **sich ~ zu** to enrol for.

Anmeldung (*pl* **-en**) *die (amtlich)* registration; *(beim Arzt)* appointment; *(Rezeption)* reception.

Anmietung *die* hire (*Br*), rental (*Am*).

an|nähen *vt* to sew on.

annähernd *adv* nearly.

Annahme (*pl* **-n**) *die (von Brief, Paket)* receipt; *(Vermutung)* assumption; **'keine ~ von 50 Pfennig-Stücken'** 'this machine does not accept 50 Pfennig coins'.

an|nehmen *vt unr (vermuten)* to assume; *(entgegennehmen, akzeptieren)* to accept; *(Form)* to assume; **~, daß** to assume (that).

Annonce (*pl* **-n**) *die* classified advertisement.

Anorak (*pl* **-s**) *der* anorak.

an|packen *vt (berühren)* to seize; *(fam: bewältigen)* to tackle.

an|passen *vt*: **etw an etw (A) ~** to adapt sthg to sthg ❑ **sich anpassen** *refl* to adapt.

Anpassung *die* adaptation.

an|probieren *vt* to try on.

Anrede *die* form of address.

an|regen *vt (Aktion)* to initiate; *(Verdauung, Phantasie)* to stimulate ♦ *vi (Tee, Kaffee)* to act as a stimulant.

Anregung (*pl* **-en**) *die (Hinweis)* suggestion; *(Aktivierung)* stimulation.

an|richten *vt (Salat, Buffet)* to arrange; *(Chaos, Schaden)* to cause.

Anruf (*pl* **-e**) *der* (phone) call.

Anrufbeantworter (*pl* **-**) *der* answerphone.

an|rufen *vt & vi unr (per Telefon)* to ring, to call.

Ansage (*pl* **-n**) *die* announcement.

an|schaffen *vt (kaufen)* to buy.

an|schauen *vt* to look at; **sich (D) etw ~** to look at sthg.

Anschein *der* appearance; **es hat den ~, daß** it appears that.

anscheinend *adv* apparently.

an|schieben *vt unr* to push start.

Anschlag (*pl* **-schläge**) *der (Bekanntmachung)* notice; *(Attentat)* assassination attempt.

an|schließen *vt unr (Elektrogerät)* to plug in; *(Telefon)* to connect; *(mit Schlüssel)* to lock ❑ **sich anschließen** *refl unr (mit'Meinung)* to agree; **sich jm ~** *(Gruppe)* to join sb.

anschließend *adv* afterwards.

Anschluß (*pl* **-schlüsse**) *der* connection; *(Telefonapparat)* extension; *(zu Personen)*: **~ finden** to make friends; **kein ~ unter dieser Nummer!** the number you have dialled has not been recognized; **Sie haben ~ nach Basel, 15.39 Uhr**

there is a connection to Basel at 15:39.

Anschlußflug (pl -flüge) der connecting flight.

an|schnallen vt to put on ◻ **sich anschnallen** ref to fasten one's seatbelt.

Anschrift (pl -en) die address.

an|schwellen vi unr ist (Körperteil) to swell; (Gewässer) to rise.

an|sehen vt unr to look at; **sich** (D) **etw ~** (Film, Programm) to watch sthg; (Stadt, Gebäude) to look round sthg; (prüfend) to look at sthg.

an|sein vi unr ist to be on.

an|setzen vt (Bowle, Teig) to prepare; (Kalk, Grünspan) to become covered with; (Termin) to fix; **Rost ~** to rust.

Ansicht (pl -en) die (von Stadt) view; (Meinung) opinion; **meiner ~ nach** in my opinion.

Ansichtskarte (pl -n) die postcard.

ansonsten adv otherwise.

an|spielen vi: **~ auf** (+A) to allude to.

Anspielung (pl -en) die allusion.

Ansprache (pl -n) die speech.

an|springen vt unr (angreifen) to pounce on ♦ vi unr (Motor) to start; (fam: auf Vorschlag, Angebot): **auf etw** (A) **~** to jump at sthg.

Anspruch (pl -sprüche) der (Recht) claim; **~ auf etw** (A) **haben** to be entitled to sthg ◻ **Ansprüche** (pl) (Forderungen) demands.

anspruchslos adj (bescheiden) unpretentious.

anspruchsvoll adj demanding.

anstatt präp (+G) & konj instead of.

an|stecken vt (mit Krankheit) to infect ◻ **sich anstecken** ref: **sich mit etw ~** to catch sthg.

ansteckend adj infectious.

an|stehen vi unr (in Warteschlange) to queue (Br), to stand in line (Am); (Termin) to be set; (Problem) to need to be dealt with.

anstelle präp (+G) instead of.

an|stellen vt (Gerät) to turn on; (Mitarbeiter) to employ; (Dummheiten) to get up to ◻ **sich anstellen** ref (Wartende) to queue (Br), to stand in line (Am); **sich dumm bei etw ~** to make a mess of sthg; **sich geschickt bei etw ~** to get the hang of sthg.

an|streichen vt unr to paint.

an|strengen vt to strain ◻ **sich anstrengen** ref to try (hard).

anstrengend adj tiring.

Antarktis die Antarctic.

Anteil (pl -e) der share.

Antenne (pl -n) die aerial.

Antibabypille (pl -n) die (contraceptive) pill.

Antibiotikum (pl Antibiotika) das antibiotic.

Antihistamin (pl -e) das antihistamine.

antik adj antique.

Antillen pl West Indies.

Antiquariat (pl -e) das second-hand bookshop; **modernes ~** remainder bookshop.

Antiquität (pl -en) die antique.

Antiquitätenhändler, -in (mpl -) der, die antique dealer.

Antrag (pl -träge) der application; **einen ~ auf etw** (A) **stellen** to apply for sthg.

an|treffen vt unr to find.

an|treiben vt unr (zur Eile) to urge; (Maschine) to drive.

an|treten vt unr to start.

Antrieb der (von Maschine) drive; (Motivation) impetus; **aus eigenem ~** on one's own initiative.

Antritt der the beginning; **vor ~ der Reise** before setting off.

Antwort (pl -en) die answer.

antworten vi to answer; **auf etw** (A) **~** to answer sthg; **jm ~** to answer sb.

An- und Verkauf der: '~ **von Antiquitäten'** 'antiques bought and sold'.

Anweisung (pl -en) die (Befehl) instruction; (von Geld) money order.

an|wenden vt unr to use.

anwesend adj present.

Anwohner, -in (mpl) der, die resident.

Anwohnerparkplatz (pl -plätze) der residents' car park.

Anzahl die number.

Anzahlung (pl -en) die down payment.

Anzeichen (pl -) das sign.

Anzeige (pl -n) die (in Zeitung) advertisement; (bei Polizei) report.

an|zeigen vt (Delikt) to report; (Temperatur, Zeit) to show.

an|ziehen vt unr (Kleidung, Schuhe) to put on; (anlocken) to attract; (Schraube, Knoten) to tighten □ **sich anziehen** ref unr to get dressed.

Anzug (pl -züge) der (Bekleidung) suit.

anzüglich adj offensive.

an|zünden vt to light.

an|zweifeln vt to doubt.

AOK die compulsory health insurance scheme for German workers, students etc not covered by private insurance policies.

Apfel (pl Äpfel) der apple.

Apfelbaum (pl -bäume) der apple tree.

Apfelkorn der apple schnapps.

Apfelkuchen (pl -) der apple cake.

Apfelkücherl (pl -) das (Südtt) ring-shaped apple fritter, sprinkled with icing sugar.

Apfelmus das apple sauce.

Apfelsaft der apple juice.

Apfelsine (pl -n) die orange.

Apfelwein der cider.

Apostroph (pl -e) der apostrophe.

Apotheke (pl -n) die chemist's shop (Br), pharmacy (Am).

apothekenpflichtig adj only available through a chemist.

Apotheker, -in (mpl) der, die pharmacist.

App. abk = Appartement.

Apparat (pl -e) der (Gerät) appliance; (Telefon) telephone; **am ~! speaking!**

Appartement (pl -s) das (Wohnung) flat (Br), apartment (Am); (im Hotel) suite.

Appetit der appetite; **guten ~** enjoy your meal!

appetitlich adj appetizing.

Applaus der applause.

Aprikose (pl -n) die apricot.

April der April, → **September**.

Aprilscherz (*pl* -e) *der* April fool's trick.

apropos *adv* by the way.

Aquarell (*pl* -e) *das* watercolour.

Aquarium (*pl* Aquarien) *das* aquarium.

Äquator *der* equator.

Arbeit (*pl* -en) *die* (*Tätigkeit, Mühe*) work; (*Arbeitsstelle, Aufgabe*) job; (*in Schule*) test.

arbeiten *vi* to work.

Arbeiter, -in (*mpl* -) *der, die* worker.

Arbeitgeber, -in (*mpl* -) *der, die* employer.

Arbeitnehmer, -in (*mpl* -) *der, die* employee.

Arbeitsamt (*pl* -ämter) *das* job centre.

Arbeitserlaubnis (*pl* -se) *die* work permit.

arbeitslos *adj* unemployed.

Arbeitslose (*pl* -n) *der, die* unemployed person.

Arbeitsplatz (*pl* -plätze) *der* (*Anstellung*) job; (*Ort*) workplace.

Arbeitsteilung *die* division of labour.

Arbeitszeit (*pl* -en) *die* working hours (*pl*).

Arbeitszimmer (*pl* -) *das* study.

Architekt, -in (*mpl* -en) *der, die* architect.

Archiv (*pl* -e) *das* archive.

arg (*komp* ärger, *superl* am ärgsten) *adj* bad.

Ärger *der* (*Probleme*) trouble; (*Zorn*) anger.

ärgerlich *adj* (*wütend*) annoyed; (*unangenehm*) annoying.

ärgern *vt* to annoy □ **sich ärgern** *ref* to get annoyed; **sich ~ über** (+*A*) to get annoyed at.

Argument (*pl* -e) *das* argument.

Arktis *die* Arctic.

arm *adj* poor.

Arm (*pl* -e) *der* arm.

Armaturenbrett (*pl* -er) *das* dashboard.

Armband (*pl* -bänder) *das* (*Schmuck*) bracelet; (*von Uhr*) strap.

Armbanduhr (*pl* -en) *die* watch.

Armbruch (*pl* -brüche) *der* broken arm.

Armee (*pl* -n) *die* army.

Ärmel (*pl* -) *der* sleeve.

Ärmelkanal *der* (English) Channel.

Armlehne (*pl* -n) *die* armrest.

Aroma (*pl* Aromen) *das* (*Duft*) aroma; (*Geschmacksrichtung*) flavour; (*zum Backen*) flavouring.

arrogant *adj* arrogant.

Arsch (*pl* Ärsche) *der* (*vulg*) arse (*Br*), ass (*Am*).

Art (*pl* -en) *die* (*Weise*) way; (*Wesen*) nature; (*Sorte*) sort; (*von Lebewesen*) species; ~ **und Weise** way; **auf seine ~** in his own way; **eine ~ (von)** a kind of; **Gulasch nach ~ des Hauses** chef's special goulash.

Arterie (*pl* -n) *die* artery.

artig *adj* good, well-behaved.

Artikel (*pl* -) *der* article.

Artischocke (*pl* -n) *die* artichoke.

Artist, -in (*mpl* -en) *der, die* (circus) performer.

artistisch *adj* acrobatic.

Arznei (*pl* -en) *die* medicine.

Arzt (*pl* Ärzte) *der* doctor.

Arztausfahrt (*pl* -en) *der*: 'Ärztausfahrt' *sign indicating that driveway should be kept clear as it is used by a doctor.*

Arzthelferin (*pl* -nen) *die* (doctor's) receptionist.

Ärztin (*pl* -nen) *die* doctor.

ärztlich *adj* medical.

Asche *die* ash; 'keine heiße ~ einfüllen' 'no hot ashes'.

Aschenbecher (*pl* -) *der* ashtray.

Aschermittwoch *der* Ash Wednesday.

Asien *nt* Asia.

Aspekt (*pl* -e) *der* aspect.

Asphalt (*pl* -e) *der* asphalt.

Aspirin® *das* aspirin.

aß *prät* → **essen**.

Ast (*pl* Äste) *der* branch.

Asthma *das* (MED) asthma.

Astrologie *die* astrology.

astrologisch *adj* astrological.

Astronomie *die* astronomy.

ASU (*abk für* Abgassonderuntersuchung) *test of exhaust emissions.*

Asyl (*pl* -e) *das* (Schutz) asylum; (Unterkunft) hostel, home.

Atem *der* breath; **außer ~** out of breath.

atemlos *adj* breathless ◆ *adv* breathlessly.

Atemnot *die* difficulty in breathing.

Athlet, -in (*mpl* -en) *der, die* athlete.

Atlantik *der* Atlantic.

Atlantische Ozean *der* Atlantic Ocean.

atmen *vi & vt* to breathe.

Atom (*pl* -e) *das* atom.

Atomkraft *die* nuclear power.

Atomkraftwerk (*pl* -e) *das* nuclear power station.

Atomwaffe (*pl* -n) *die* nuclear weapon.

Attentat (*pl* -e) *das* (erfolglos) assassination attempt; (erfolgreich) assassination.

Attest (*pl* -e) *das* doctor's certificate.

Attraktion (*pl* -en) *die* attraction.

attraktiv *adj* attractive.

Attrappe (*pl* -n) *die* dummy.

ätzend *adj* (Chemikalie) corrosive; (fam: unangenehm) grim, gruesome.

au *interj* (Ausdruck von Schmerz) ow!; ~ **ja!** great!

Aubergine (*pl* -en) *die* aubergine (Br), eggplant (Am).

auch *adv* (ebenfalls) also, too; (sogar) even; **wo ~ immer** wherever; **was ~ immer** whatever; **wer ~ immer** whoever; **ich ~** me too; **ich ~ nicht** me neither; **hast du die Tür ~ wirklich zugemacht?** are you sure you closed the door?

audiovisuell *adj* audiovisual.

auf *präp* (+D) **1.** (räumlich) on; ~ **dem Tisch** on the table; ~ **dem Land** in the country; ~ **der Post** at the post office. **2.** (während): ~ **der Reise** on the journey; ~ **der Hochzeit/Party** at the wedding/party.
◆ *präp* (+A) **1.** (räumlich) on; ~ **den Tisch** on the table; ~**s Land** to the

country; ~ **eine Party gehen** to go to a party.

2. *(Angabe der Art und Weise)*: ~ **diese Art** in this way; ~ **Deutsch** in German.

3. *(Angabe einer Beschäftigung)*: ~ **Reisen gehen** to go on a tour; ~ **die Uni gehen** to go to university.

4. *(Angabe des Anlasses)*: ~ **js Rat hin** on sb's advice.

5. *(Angabe einer Folge)*: **von heute ~ morgen** overnight.

6. *(Angabe eines Wunsches)*: ~ **Ihr Wohl!** your good health!

◆ *adv (offen)* open; **Tür ~!** open the door! ❑ **auf einmal** *adv (plötzlich)* suddenly; **auf und ab** *adv* up and down.

auf|atmen *vi* to breathe a sigh of relief.

Aufbau *der (Bauen)* building; *(Struktur)* structure.

auf|bauen *vt (Zelt, Gerüst)* to put up; *(Organisation)* to build up.

auf|bewahren *vt (Gepäck)* to leave; *(Lebensmittel)* to store.

auf|blasbar *adj* inflatable.

auf|bleiben *vi unr ist (Person)* to stay up; *(Tür, Fenster)* to stay open.

auf|blenden *vi* to put one's headlights on full beam.

auf|brechen *vt unr* hat to force open ◆ *vi unr ist (abreisen)* to set off.

auf|bringen *vt unr (Geld)* to raise.

Aufbruch *der* departure.

auf|decken *vt (Plane, Laken)* to turn back; *(Geheimnis)* to uncover.

auf|drängen *vt*: **jm etw ~** to force sthg on sb.

auf|drehen *vt (Wasserhahn)* to turn on.

aufdringlich *adj* pushy.

aufeinander *adv (einer auf dem anderen)* one on top of the other; *(nacheinander)* one after the other; *(aufpassen)* one another; ~ **eifersüchtig sein** to be jealous of one another.

Aufenthalt *(pl* -e) *der (von Person)* stay; *(Unterbrechung)* stop; **der Zug hat 10 Minuten ~** the train will stop for 10 minutes; **ständiger ~** place of residence; **schönen ~!** have a nice stay!

Aufenthaltsgenehmigung *(pl* -en) *die* residence permit.

Aufenthaltsraum *(pl* -räume) *der* common room.

auf|essen *vt* to eat up.

auf|fahren *vi unr ist*: **dicht ~** to tailgate.

Auffahrt *(pl* -en) *die (zu Haus)* drive; *(zu Autobahn)* slip road *(Br)*, ramp *(Am)*.

Auffahrunfall *(pl* -unfälle) *der* rear-end collision.

auf|fallen *vi unr ist* to stand out; **jm ~** to strike sb.

auffallend *adj* striking.

auffällig *adj (Benehmen)* odd; *(Kleidung, Auto)* ostentatious ◆ *adv (sich kleiden)* ostentatiously.

auf|fangen *vt unr (Ball)* to catch; *(Funkspruch)* to pick up.

auf|fordern *vt (bitten)* to ask; *(befehlen)* to require.

auf|frischen *vt (Kenntnisse)* to brush up on; *(Farbe)* to brighten up.

auf|führen *vt (auf der Bühne)* to perform; *(auf Liste)* to list.

Aufführung *(pl* -en) *die* performance.

Aufgabe *(pl* -n) *die (Arbeit)* task;

Aufgang

(Verpflichtung) responsibility; *(bei Wettkampf)* retirement; *(von Paket)* posting; *(von Koffer)* checking in; *(in der Schule)* exercise.

Aufgang *(pl -gänge) der (von Treppe)* stairs *(pl)*; *(von Sonne)* rising.

auf|geben *vt unr (Gewohnheit, Stelle, Geschäft)* to give up; *(Schularbeiten)* to set; *(Paket, Brief)* to post *(Br)*, to mail *(Am)*; *(Koffer)* to check in ♦ *vi (resignieren)* to give up.

auf|gehen *vi unr ist (Sonne, Mond)* to rise; *(Knoten)* to come undone.

aufgehoben *pp → aufheben* ♦ *adj*: **gut/schlecht ~ sein** to be/not to be in good hands.

aufgelegt *adj*: **gut/schlecht ~ sein** to be in a good/bad mood.

aufgrund *präp (+G)* because of.

auf|halten *vt unr (Tür)* to hold open; *(Person)* to hold up □ **sich aufhalten** *ref* to stay.

auf|hängen *vt* to hang up.

auf|heben *vt unr (aufbewahren)* to keep; *(vom Boden)* to pick up.

auf|hetzen *vt* to incite.

auf|holen *vt* to make up ♦ *vi* to catch up.

auf|horchen *vi* to prick up one's ears.

auf|hören *vi* to stop; **~, etw zu machen** to stop doing sthg; **mit etw ~** to stop sthg.

auf|klappen *vt* to open.

auf|klären *vt (Mißverständnis)* to clear up; **jn über etw (A) ~** to tell sb sthg.

Aufklärung *die (von Mißverständnis)* clearing up; *(Information)* information.

Aufkleber *(pl -) der* sticker.

auf|kommen *vi unr ist (entstehen)* to arise; **~ für** *(zahlen)* to pay for.

auf|krempeln *vt*: **die Ärmel/Hosenbeine ~** to roll up one's sleeves/trouser legs.

auf|kriegen *vt (fam)* to get open.

Auflage *(pl -n) die (von Buch)* edition; *(von Zeitung)* circulation; *(Bedingung)* condition.

auf|lassen *vt unr (Tür)* to leave open; *(Mütze, Hut)* to keep on.

Auflauf *(pl -läufe) der (von Menschen)* crowd; *(KÜCHE)* bake.

auf|legen *vt (Schallplatte, Tischdecke)* to put on; *(Buch, Zeitschrift)* to publish; *(Telefonhörer)* to hang up.

auf|leuchten *vi* to light up.

auf|listen *vt* to list.

auf|lösen *vt (Vertrag)* to cancel; *(Tablette)* to dissolve; *(Knoten)* to undo.

Auflösung *(pl -en) die (von Rätsel)* solution; *(von Organisation, Verein)* disbanding.

auf|machen *vt* to open; **jm ~** to let sb in □ **sich aufmachen** *ref (abreisen)* to set off.

aufmerksam *adj* attentive; **jn ~ machen auf** *(+A)* to draw sb's attention to.

Aufmerksamkeit *(pl -en) die (Interesse)* attention; *(Geschenk)* gift.

Aufnahme *(pl -n) die (Foto)* photograph; *(von Musik)* recording; *(von Protokoll, Aussage)* taking down; *(in Krankenhaus, Verein)* admission.

auf|nehmen *vt unr (Gast)* to receive; *(Foto)* to take; *(Musik)* to record; *(Protokoll, Aussage)* to take down; **mit jm Kontakt ~** to contact sb.

Aufnehmer (pl -) der (floor) cloth.

auf|passen vi to pay attention; ~ auf (+A) to look after; **paß auf!** be careful!

auf|pumpen vt to pump up.

auf|räumen vt (Raum) to tidy up; (Gegenstand) to put away ◆ vi to tidy up.

auf|regen vt to excite ❏ **sich aufregen** ref to get worked up.

Aufregung (pl -en) die excitement.

auf|rollen vt (Leine, Schnur) to roll up.

Aufruf der call; letzter ~ last call; **'dringender ~ für Flug LH 404'** 'last call for passengers on flight LH 404'.

auf|rufen vt unr to call.

auf|runden vt to round up.

Aufsatz (pl -sätze) der (SCHULE) essay.

auf|schieben vt unr to put off.

Aufschlag (pl -schläge) der (SPORT) serve; (auf Preis) extra charge.

auf|schließen vt unr to unlock.

Aufschnitt der sliced cold meat and cheese.

auf|schreiben vt unr to write down.

Aufsehen das: ~ erregen to cause a stir.

auf|sein vi unr to be (fam) (offen sein) to be open; (Person) to be up.

Aufsicht die (Person) supervisor; (Kontrolle) supervision.

auf|spannen vt (Regenschirm) to open.

Aufstand (pl -stände) der rebellion.

auf|stehen vi unr ist to get up ◆ vt unr hat (Tür, Fenster) to be open.

auf|stellen vt (Zelt) to put up; (Behauptung) to put forward.

Aufstellung (pl -en) die (von Mannschaft) line-up; (von Behauptung) putting forward.

Aufstieg der (auf Berg) climb; (in Sport, Arbeit) promotion.

auf|stocken vt (erhöhen) to increase.

Auftakt (pl -e) der (MUS) upbeat; (Beginn) start.

auf|tanken vi to fill up.

auf|tauchen vi ist (erscheinen, auftreten) to appear; (aus dem Wasser) to surface.

auf|tauen vt (Gefrorenes) to thaw.

auf|teilen vt to share out.

Auftrag (pl -träge) der (Aufgabe) job; (Bestellung) order.

auf|tragen vt unr (Farbe) to apply; (befehlen): **jm ~, etw zu tun** to tell sb to do sthg.

auf|treten vi unr ist (sich benehmen) to behave; (auf Bühne) to appear; (Problem) to come up.

Auftritt (pl -e) der (Theater) entrance.

auf|wachen vi ist to wake up.

Aufwand der (Geld) expenditure; (Anstrengung) effort.

auf|wärmen vt (Essen) to warm up.

aufwärts adv upwards.

auf|wecken vt to wake (up).

auf|werten vt (Ansehen) to enhance.

auf|wischen vt to wipe up.

auf|zählen vt to list.

auf|zeichnen vt (mit Skizze) to draw; (Film, Musik) to record.

auf|ziehen vt unr (Uhr) to wind up; (Kind) to bring up; (Tier) to raise.

Aufzug (pl -züge) der (Fahrstuhl) lift (Br), elevator (Am).

Auge (pl -n) das eye; **unter vier ~n** in private; **ein blaues ~** a black eye; **etw im ~ behalten** to keep sthg in mind.

Augenblick (pl -e) der moment; **einen ~, bitte!** just a moment, please!; **im ~** at the moment.

augenblicklich adv (sofort) immediately.

Augenbraue (pl -n) die eyebrow.

Augenbrauenstift (pl -e) der eyebrow pencil.

Augencreme (pl -s) die eye cream.

Augenfarbe (pl -n) die: **welche ~ hat sie?** what colour are her eyes?

Augenoptiker, -in (mpl -) der, die optician.

Augentropfen pl eyedrops.

August der August. ~ **September.**

Auktion (pl -en) die auction.

aus präp (+D) 1. (zur Angabe der Richtung) out of; ~ **dem Haus gehen** to go out of the house. 2. (zur Angabe der Herkunft) from; ~ **Amerika** from America. 3. (zur Angabe des Materials) made of; ~ **Plastik** made of plastic. 4. (zur Angabe des Grundes) for; ~ **welchem Grund ...?** for what reason

...?, why...?; ~ **Spaß** for fun; ~ **Wut** in anger. 5. (zur Angabe der Entfernung) from; ~ **50 m Entfernung** from 50 m away. 6. (zur Angabe eines Teils) of; **einer ~ der Gruppe** a member of the group. ◆ adv 1. (außer Funktion) off; **hier schaltet man die Maschine an und ~** this is where you switch the machine on and off; **Licht ~!** lights out! 2. (zu Ende) over; ~ **und vorbei** all over.

Aus das: **ins ~ gehen** (SPORT) to go out of play.

aus|arbeiten vt (Entwurf) to draw up; (Projekt) to work on.

aus|baden vt: **etw ~ müssen** to take the blame for sthg.

aus|bauen vt (Straße, Haus) to extend; (Dach) to convert; (Kenntnisse) to expand; (Motor, Teil) to remove.

aus|bessern vt to mend.

aus|beulen vt to beat out.

Ausbildung (pl -en) die (schulisch) education; (beruflich, fachlich) training.

aus|brechen vi unr ist to break out.

aus|breiten vt to spread out □ **sich ausbreiten** ref to spread; (Landschaft) to stretch out.

ausdauernd adj persevering.

aus|denken vt unr: **sich** (D) **etw ~** to think sthg up.

Ausdruck[1] (pl -drücke) der expression.

Ausdruck[2] (pl -e) der (EDV) printout.

aus|drücken vt (sagen) to express □ **sich ausdrücken** ref to express o.s.

ausgewiesen

auseinander adv apart.

auseinander|gehen vi unr ist (Personen) to break up; (Wege) to fork; (Vorhang) to open; (Meinungen) to differ.

auseinander|nehmen vt unr to dismantle.

Auseinandersetzung (pl -en) die argument.

aus|fahren vt unr hat (Ware) to deliver; (spazierenfahren) to take for a drive ◆ vi unr ist (Person) to go for a drive.

Ausfahrt (pl -en) die exit; '~ freihalten!' 'keep clear!'.

aus|fallen vi unr ist (Aufführung, Konzert) to be cancelled; (Gerät) to break down; (Strom) to be cut off; (Haare, Zähne) to fall out; **gut/ schlecht ~** to turn out well/badly; **die Schule fällt heute aus** there's no school today.

ausfindig adv: **jn/etw ~ machen** to locate sb/sthg.

Ausflug (pl -flüge) der trip.

Ausflugsboot (pl -e) das pleasure boat.

Ausflugslokal (pl -e) das cafe or pub in the countryside, to which you can drive or walk out.

Ausflugsziel (pl -e) das destination (of a trip).

Ausfluß (pl -flüsse) der (MED) discharge; (von Wanne, Becken) plughole.

aus|fragen vt to interrogate.

aus|führen vt (ins Ausland) to export; (zum Essen, Tanzen) to take out; (Arbeit, Plan, Befehl) to carry out; (Hund) to walk.

ausführlich adj detailed ◆ adv in detail.

aus|füllen vt (Formular) to fill out; (Raum) to fill.

Ausgabe (pl -n) die (von Geld) expenditure; (von Essen) serving; (von Buch) edition ❑ **Ausgaben** pl expenditure (sg).

Ausgang (pl -gänge) der (von Haus, Raum) exit; (von Dorf, Wald) end.

aus|geben vt unr (Geld) to spend; (verteilen) to give out; **jm etw ~** (fam) to buy sb sthg ❑ **sich ausgeben** ref: **sich als etw ~** to pretend to be sthg.

ausgebucht adj fully-booked.

ausgefallen adj (Geschmack, Idee) unusual.

aus|gehen vi unr ist (Licht, Person) to go out; (Heizung) to go off; (Motor) to stop; (Film, Roman) to end; **mir ist das Geld ausgegangen** my money has run out; **davon ~, daß** to assume (that).

ausgelastet adj: **voll ~ sein** to have one's hands full; **nicht ~ sein** not to be stretched.

ausgeleiert adj baggy.

ausgenommen konj except.

ausgerechnet adv precisely; **~ du!** you of all people!; **~ heute!** today of all days!

ausgeschaltet adj (switched) off.

ausgeschildert adj signposted.

ausgeschlossen adj (unmöglich): **~ sein** to be impossible.

ausgestellt adj: **auf jn ~** (Scheck) made out to sb; (Paß) issued to sb.

ausgewiesen adj: **~ durch den Reisepaß** passport used as proof of identity.

ausgewogen adj balanced.

ausgezeichnet adj (sehr gut) excellent; (mit Preis) priced ◆ adv (sehr gut) extremely well.

ausgiebig adj (Frühstück) large.

aus|gießen vt unr (Flüssigkeit) to pour out; (Gefäß) to empty.

aus|gleichen vt unr (Differenzen) to even out; (Mangel) to make up for.

Ausguß (pl -güsse) der drain.

aus|halten vt unr to stand.

Aushang (pl -hänge) der notice.

aus|helfen vi unr to help out.

Aushilfe (pl -n) die (im Büro) temp.

aus|holen vi (mit Arm) to move one's arm back.

aus|kennen: sich auskennen ref unr (in Stadt) to know one's way around; (in Fach) to be an expert.

aus|kommen vi unr ist: mit etw ~ to make sthg last; mit jm gut/schlecht ~ to get on well/badly with sb; mit jm nicht ~ not to get on with sb.

Auskunft (pl -künfte) die (Information) information; (am Telefon) directory enquiries (pl) (Br), information (Am); (Schalter) information office.

aus|lachen vt to laugh at.

aus|laden vt unr (Gepäck, Fahrzeug) to unload; (Gäste) jn ~ to tell sb not to come.

Auslage (pl -n) die display □ Auslagen pl (Spesen) expenses.

Ausland das: im ~ abroad; ins ~ abroad.

Ausländer, -in (mpl -) der, die foreigner.

ausländisch adj foreign.

Auslandsgespräch (pl -e) das international call.

Auslandsschutzbrief (pl -e) der motor insurance document for travel abroad, ≈ green card (Br).

aus|lassen vt unr (überspringen) to leave out; (Gelegenheit) to miss; etw an jm ~ (Ärger, Wut) to take sthg out on sb.

Auslauf der: ~ haben/brauchen to have/need plenty of room (to run about).

aus|laufen vi unr ist (Flüssigkeit) to run out; (Gefäß, Tank) to leak.

aus|legen vt (Ware) to display; (Geld) to lend; ein Zimmer mit Teppichen ~ to carpet a room.

aus|leihen vt unr: jm etw ~ to lend sb sthg; sich (D) etw ~ to borrow sthg.

Auslese (pl -n) die (Auswahl) selection; (Wein) quality wine made from specially-selected grapes.

aus|löschen vt to extinguish.

Auslöser (pl -) der (am Fotoapparat) (shutter release) button.

aus|machen vt (Feuer, Zigarette) to put out; (Licht, Gerät) to turn off; (absprechen) to agree on; (Termin) to make; mit jm ~, daß etw gemacht wird to arrange with sb to have sthg done; das macht mir nichts aus I don't mind; macht es Ihnen etwas aus, wenn ich rauche? do you mind if I smoke?

Ausmaß (pl -e) das extent.

Ausnahme (pl -n) die exception; eine ~ machen to make an exception.

ausnahmsweise adv just this once.

aus|nutzen vt (Gelegenheit, Zeit) to use; (Person) to exploit.

aus|packen vt to unpack.

Auspuff (pl -e) der exhaust.

aus|rangieren vt (Auto) to scrap; (Kleider) to throw out.

aus|rechnen vt to calculate; **sich** (D) **gute Chancen ~** to fancy one's chances.

Ausrede (pl -n) die excuse.

aus|reichen vi to be enough; **es muß bis März ~** it has to last until March.

Ausreise die: **bei der ~** on leaving the country.

Ausreisegenehmigung (pl -en) die exit visa.

aus|reißen vi unr ist to run away ◆ vt unr hat to pull out.

aus|renken vt: **sich** (D) **die Schulter ~** to dislocate one's shoulder.

aus|richten vt: **jm etw ~** to tell sb sthg.

aus|rufen vt unr (über Lautsprecher) to announce; **jn ~ lassen** to page sb.

Ausrufezeichen (pl -) das exclamation mark.

aus|ruhen: sich ausruhen ref to rest.

Ausrüstung (pl -en) die (für Sport) equipment.

aus|rutschen vi ist to slip.

aus|sagen vt to state.

aus|schalten vt to switch off.

Ausschank der (von Getränken) serving.

Ausschau die: **~ halten nach** to look out for.

aus|schlafen vi unr to lie in; **bist**

du ausgeschlafen? did you get enough sleep?

Ausschlag (pl -schläge) der (MED) rash; **den ~ geben** to be the decisive factor.

aus|schließen vt unr to exclude.

ausschließlich adv exclusively ◆ präp (+G) excluding.

aus|schneiden vt unr to cut out.

Ausschreitungen pl violent clashes.

aus|schütteln vt to shake out.

aus|schütten vt (Gefäß) to empty; (Flüssigkeit) to pour out.

aus|schwenken vi ist to swing out.

aus|sehen vi unr to look; **gut/schlecht ~** (Person, Gegenstand) to look nice/horrible; (Situation) to look good/bad; **wie sieht es aus?** (Situation) how are you getting on?; **es sieht nach Regen aus** it looks like rain.

aus|sein vi unr ist (zu Ende sein) to be over; (Gerät, Heizung) to be off; (Feuer) to be out; **~ auf** (+A) to be after.

außen adv outside; **von ~** from the outside; **nach ~** outwards.

Außenbordmotor (pl -en) der outboard motor.

Außenrückspiegel (pl -) der door mirror.

Außenseite (pl -n) die outside.

Außenseiter, -in (mpl -) der, die outsider.

Außenspiegel (pl -) der door mirror.

Außentemperatur (pl -en) die outside temperature.

außer präp (+D) (ausgenommen) except (for); (neben) as well as ◆

konj except; **ich komme, ~ es regnet** I'll come, unless it rains; **alle, ~ ihm** everyone except (for) him; **nichts, ~ ...** nothing but ...; **~ sich sein (vor (+D))** to be beside o.s. (with); **~ Betrieb** out of order.

außerdem *adv* also, moreover.

außergewöhnlich *adj* unusual ♦ *adv* exceptionally.

außerhalb *präp (+G)* outside ♦ *adv* out of town.

äußerlich *adj* external ♦ *adv* externally.

äußern *vt* to express ❏ **sich äußern** *ref (erkennbar werden)* to show (itself); *(sprechen)* to speak; **sich ~ zu** to comment on.

außerordentlich *adj* extraordinary ♦ *adv* exceptionally.

außerplanmäßig *adj (Zug)* extra, special.

äußerst *adv* extremely.

aus|setzen *vt (Hund, Kind)* to abandon; *(Preis, Belohnung)* to offer ♦ *vi (Herz, Musik)* to stop; *(bei Spiel)* to miss one's turn; **an allem etwas auszusetzen haben** to constantly find fault with everything.

Aussicht *(pl -en)* die *(Blick)* view; *(Chance)* prospect.

aussichtslos *adj* hopeless.

Aussichtsplattform *(pl -en)* die viewing platform.

Aussichtspunkt *(pl -e)* der viewpoint.

Aussichtsterrasse *(pl -n)* die cafe terrace with a view.

Aussichtsturm *(pl -türme)* der lookout tower.

aus|spannen *vi (sich erholen)* to relax.

aus|sperren *vt (aus Raum)* to lock out.

Aussprache *(pl -n)* die *(von Wörtern)* pronunciation; *(Gespräch)* discussion *(to resolve a dispute).*

aus|sprechen *vt unr (Wort, Satz)* to pronounce; *(Gedanke, Verdacht)* to express ♦ *vi (vor Ende reden)* to finish (speaking) ❏ **sich aussprechen** *ref unr* to pour one's heart out; **sich mit jm ~** to talk things through with sb.

aus|spucken *vt* to spit out ♦ *vi* to spit.

aus|spülen *vt (Glas, Mund)* to rinse out; *(Wunde)* to wash; *(Haare)* to rinse.

Ausstattung *(pl -en)* die *(Ausrüstung)* equipment; *(von Zimmer)* furnishings *(pl)*; *(von Auto)* fittings *(pl)*.

aus|steigen *vi unr (aus Fahrzeug)* to get out; '**~ bitte Knopf drücken**' 'press to open'.

aus|stellen *vt (Gerät)* to turn off; *(in Museum, Ausstellung)* to display; *(Paß)* to issue; *(Quittung)* to write out.

Ausstellung *(pl -en)* die *(in Museum)* exhibition.

aus|sterben *vi unr ist* to die out.

aus|strahlen *vt (Programm)* to broadcast ♦ *vi (Freude, Ruhe)* to radiate.

Ausstrahlung die *(von Programm)* broadcasting; *(von Person)* charisma.

aus|strecken *vt* to stretch out ❏ **sich ausstrecken** *ref* to stretch.

aus|streichen *vt unr (Satz)* to cross out.

aus|suchen *vt* to choose; **sich** *(D)* **etw ~** to choose sthg.

aus|teilen *vt* to distribute.

Auster *(pl -n) die* oyster.

Australien *nt* Australia.

aus|trinken *vt unr (Glas)* to empty; *(Bier)* to finish.

aus|trocknen *vt hat (Erde, Haut)* to dry out ♦ *vi ist* to dry out.

Ausverkauf *der* clearance sale.

ausverkauft *adj* sold out.

Auswahl *die* selection, choice.

aus|wandern *vi ist* to emigrate.

auswärts *adv*: **~ essen** to eat out; **~ spielen** to play away (from home).

aus|wechseln *vt (ersetzen)* to replace; *(Fußballspieler)* to substitute.

aus|weichen *vi unr ist (+D) (vor Auto, Frage)* to avoid.

Ausweis *(pl -e) der (Personalausweis)* identity card; *(für Bibliothek, Studenten)* card.

Ausweiskontrolle *(pl -n) die* identity card check.

Ausweisnummer *(pl -n) die* identity card number.

Ausweispapiere *pl* identification *(sg)*.

auswendig *adv* by heart.

aus|wringen *vt unr* to wring out.

aus|wuchten *vt* to balance.

aus|zahlen *vt (Lohn, Zinsen)* to pay ⬜ **sich auszahlen** *ref* to pay.

Auszahlungsbetrag *(pl -beträge) der* total payment.

aus|zeichnen *vt (ehren)* to honour; *(mit Preisschild)* to price.

aus|ziehen *vt unr hat (Kleidung,*

Schuhe) to take off; *(Antenne, Tisch)* to extend; *(Person)* to undress ♦ *vi unr ist (aus Wohnung)* to move out ⬜ **sich ausziehen** *ref* to undress; **sich die Schuhe ~** to take one's shoes off.

Auszubildende *(pl -n) der, die* trainee.

Auto *(pl -s) das* car; **mit dem ~ fahren** to go by car, to drive.

Autoatlas *(pl -atlanten) der* road atlas.

Autobahn *(pl -en) die* motorway *(Br)*, freeway *(Am)*.

AUTOBAHN

At over 11,000 km, the German motorway network is the second longest in the world after the United States. There is no speed limit on German motorways, although there is a recommended limit of 130 km/h. No toll is charged for using the motorway.

Autobahngebühr *(pl -en) die* toll.

Autobahnkreuz *(pl -e) das* interchange.

Autobahnmeisterei *(pl -en) die* motorway maintenance department.

Autobahnring *(pl -e) der* motorway ring road *(Br)*, beltway *(Am)*.

Autobus *(pl -se) der* bus.

Autofähre *(pl -n) die* car ferry.

Autofahrer, -in *(mpl -) der, die* (car) driver.

Autogramm (*pl* -e) *das* auto-graph.

Automat (*pl* -en) *der* (*für Zigaretten, Fahrkarten usw.*) vending machine.

Automatik *die* (*AUTO*) automatic transmission.

Automatikgetriebe (*pl* -) *das* (*AUTO*) automatic transmission.

Automatikwagen (*pl* -) *der* automatic (car).

automatisch *adj* automatic ◆ *adv* automatically.

Autor (*pl* Autoren) *der* author.

Autoradio (*pl* -s) *das* car radio.

Autoreifen (*pl* -) *der* car tyre.

Autoreisezug (*pl* -züge) *der* ≃ motorail train.

Autoreparatur (*pl* -en) *die* car repairs (*pl*).

Autorin (*pl* -nen) *die* author.

Autoschlange (*pl* -n) *die* tail-back.

Autostopp *der* hitchhiking; **per ~ fahren** to hitch-hike.

Autounfall (*pl* -unfälle) *der* car accident.

Autovermietung (*pl* -en) *die* (*Firma*) car hire firm (*Br*), car rental firm (*Am*).

Autowaschanlage (*pl* -n) *die* car wash.

Autowäsche (*pl* -n) *die* car wash.

Autowaschstraße (*pl* -n) *die* drive-through car wash.

Autozubehör *das* car accessories (*pl*).

Avocado (*pl* -s) *die* avocado.

Axt (*pl* Äxte) *die* axe.

B

B (*pl* -) *abk* = **Bundesstraße**.

Baby (*pl* -s) *das* baby.

Babybett (*pl* -en) *das* cot (*Br*), crib (*Am*).

Babyfläschchen (*pl* -) *das* baby's bottle.

Babynahrung *die* baby food.

Babysitter, -in (*mpl* -) *der, die* babysitter.

Babysitz (*pl* -e) *der* child seat.

Baby-Wickelraum (*pl* -räume) *der* parent and baby room.

Bach (*pl* Bäche) *der* stream.

Backbord *das* port.

Backe (*pl* -n) *die* (*Wange*) cheek.

backen *vt & vi unr* to bake.

Bäcker, -in (*mpl* -) *der, die* baker.

Bäckerei (*pl* -en) *die* bakery.

Backmischung (*pl* -en) *die* cake mix.

Backofen (*pl* -öfen) *der* oven.

Backpflaume (*pl* -n) *die* prune.

Backpulver *das* baking powder.

bäckt *präs* → **backen**.

Backwaren *pl* bread, cakes and pastries.

Bad (*pl* Bäder) *das* (*Badezimmer*) bathroom; (*Baden*) bath; (*Kurort*) spa; **mit ~ und WC** with en suite bathroom; **ein ~ nehmen** to have a bath.

BAD

When a place name begins with the word "Bad", as for example in "Bad Ems" or "Bad Tölz", this indicates that it is a spa town with a medicinal spring, or a health resort with a beneficial climate. A stay in one of these places may be prescribed by a doctor for people who are ill or convalescing, the costs being covered by the "Krankenkasse".

Badeanzug (*pl* -**anzüge**) *der* swimming costume, swimsuit.

Badegast (*pl* -**gäste**) *der* (*im Badeort*) visitor; (*im Schwimmbad*) bather.

Badehose (*pl* -**n**) *die* swimming trunks (*pl*).

Badekappe (*pl* -**n**) *die* swimming cap.

Bademeister, -in (*mpl* -**) *der, die* pool attendant.

Bademütze (*pl* -**n**) *die* swimming cap.

baden *vi* (*in Badewanne*) to have a bath; (*schwimmen*) to swim ◆ *vt* to bath; ~ **gehen** to go for a swim.

Badeort (*pl* -**e**) *der* (seaside) resort.

Badesachen *pl* swimming things.

Badetuch (*pl* -**tücher**) *das* bath towel.

Badewanne (*pl* -**n**) *die* bath (tub).

Badezimmer (*pl* -**) *das* bathroom.

Badminton *das* badminton.

baff *adj*: ~ **sein** (*fam*) to be gobsmacked.

BAFöG *das maintenance grant awarded to students and apprentices by the state.*

Bagger (*pl* -**) *der* mechanical digger.

Baggersee (*pl* -**n**) *der artificial lake where people go to have picnics, swim etc.*

Bahn (*pl* -**en**) *die* (*Zug*) train; (*Straßenbahn*) tram (*Br*), streetcar (*Am*); (*von Rakete, Planet*) path; (*in Schwimmbad, Stadion*) lane; (*von Stoff, Tapete*) strip; **die** ~ (*Bundesbahn*) German rail company; **drei** ~**en schwimmen** to swim three lengths; **jn zur** ~ **bringen** to take sb to the station; **mit der** ~ by train, by rail.

Bahnbus (*pl* -**se**) *der bus run by railway company.*

Bahncard (*pl* -**s**) *die* railcard.

Bahnfracht *die*: **per** ~ by rail (freight).

Bahngesellschaft *die one of the rail companies that make up the German Bundesbahn.*

Bahnhof (*pl* -**höfe**) *der* (railway) station.

Bahnhofsmission (*pl* -**en**) *die room at a station where charitable organizations provide care for rail travellers.*

Bahnlinie (*pl* -**n**) *die* (*Strecke*) railway line (*Br*), railroad line (*Am*).

Bahnpolizei *die* railway police (*Br*), railroad police (*Am*).

Bahnsteig (*pl* -**e**) *der* platform; **am selben** ~ **gegenüber** on the opposite side of the platform.

Bahnübergang (*pl* -**übergänge**) *der* level crossing (*Br*), grade cross-

ing *(Am)*; **unbeschrankter** ~ *level
crossing with no barrier*.

Bahnverbindung *(pl* **-en)** *die*
(train) connection.

Bakterie *(pl* **-n)** *die* germ.

balancieren *vt & vi* to balance.

bald *adv* soon; *(fam: fast)* almost;
bis ~! see you soon!

Baldrian *der* valerian.

Balken *(pl* **-)** *der* beam.

Balkon *(pl* **-s)** *der* balcony.

Ball *(pl* **Bälle)** *der* ball.

Ballett *(pl* **-e)** *das* ballet.

Ballon *(pl* **-s)** *der* balloon.

Ballspiel *(pl* **-e)** *das* ball game.

Ballungsgebiet *(pl* **-e)** *das*
conurbation.

banal *adj* *(abw: geistlos)* banal;
(einfach) everyday.

Banane *(pl* **-n)** *die* banana.

band *prät →* **binden**.

Band[1] *(pl* **Bänder)** *das* *(Schnur)*
ribbon; *(Tonband)* tape.

Band[2] *(pl* **Bände)** *der* *(Buch)*
volume.

Band[3] *(pl* **-s)** *die* *(MUS)* band.

Bandage *(pl* **-n)** *die* bandage.

bandagieren *vt* to bandage.

Bandscheibe *(pl* **-n)** *die* disc *(in
spine)*.

Bank[1] *(pl* **-en)** *die* bank.

Bank[2] *(pl* **Bänke)** *die* bench.

Bankanweisung *(pl* **-en)** *die*
banker's order.

Bankett *(pl* **-e)** *das* banquet.

Bankkonto *(pl* **-konten)** *das*
bank account.

Bankleitzahl *(pl* **-en)** *die* bank
sort code.

Banknote *(pl* **-n)** *die* banknote.

bankrott *adj* bankrupt.

Bankverbindung *(pl* **-en)** *die*
account details *(pl)*.

bar *adv* (in) cash ◆ *adj*: **~es Geld**
cash; **in ~** in cash.

Bar[1] *(pl* **-s)** *die* bar.

Bär *(pl* **-en)** *der* bear.

barfuß *adv* barefoot ◆ *adj*: **~ sein**
to be barefoot.

barg *prät →* **bergen**.

Bargeld *das* cash.

bargeldlos *adj* cash-free ◆ *adv*
without using cash.

Bariton *(pl* **-e)** *der* baritone.

Barkeeper *(pl* **-)** *der* barman.

barock *adj* baroque.

Barometer *(pl* **-)** *das* barometer.

Barriere *(pl* **-n)** *die* barrier.

barsch *adj* curt.

Barscheck *(pl* **-s)** *der* uncrossed
cheque.

Bart *(pl* **Bärte)** *der* beard.

Barzahlung *(pl* **-en)** *die*
payment in cash; **Verkauf nur gegen**
~ cash sales only.

Basar *(pl* **-e)** *der* bazaar.

Basel *nt* Basel, Basle.

Basilikum *das* basil.

Basis *die* *(Grundlage)* basis.

Basketball *der* basketball.

Baß *(pl* **Bässe)** *der* bass.

basteln *vt* to make ◆ *vi*: **er bastelt
gerne** he likes making things
himself.

bat *prät →* **bitten**.

Batterie *(pl* **-n)** *die* battery;
wiederaufladbare ~ rechargeable
battery.

batteriebetrieben *adj*
battery-powered.

Bau[1] (*pl* **-ten**) *der (Vorgang, Gebäude)* building; *(Baustelle)* building site.

Bau[2] (*pl* **-e**) *der (von Tier)* hole.

Bauarbeiten *pl* construction work *(sg);* 'wegen ~ gesperrt' 'road closed due to construction work'.

Bauarbeiter, -in (*mpl* **-**) *der, die* builder.

Bauch (*pl* **Bäuche**) *der* stomach.

Bauchschmerzen *pl* stomachache *(sg);* ~ **haben** to have stomachache.

Bauchspeck *der* belly pork.

Bauchspeicheldrüse (*pl* **-n**) *die* pancreas.

Baudenkmal (*pl* **-mäler**) *das* monument.

bauen *vt (Haus, Straße, Auto)* to build; *(Möbel, Maschine)* to make ◆ *vi* to build; **an etw** (*D*) ~ to be building sthg; ~ **auf** (*+A*) to rely on.

Bauer (*pl* **-n**) *der (Beruf)* farmer; *(Schachfigur)* pawn; *(Spielkarte)* jack.

Bäuerin (*pl* **-nen**) *die* farmer's wife.

Bauernbrot (*pl* **-e**) *das* farmhouse loaf.

Bauernfrühstück (*pl* **-e**) *das* fried potatoes with scrambled egg and pieces of bacon.

Bauernhof (*pl* **-höfe**) *der* farm.

baufällig *adj* dilapidated.

Baum (*pl* **Bäume**) *der* tree.

Baumarkt (*pl* **-märkte**) *der* DIY store.

Baumwolle *die* cotton.

Baustelle (*pl* **-n**) *die* building site; 'Vorsicht ~!' 'men at work'.

Baustellenausfahrt (*pl* **-en**) *die* works exit.

Bauwerk (*pl* **-e**) *das* building.

Bayern *nt* Bavaria.

Bayreuther Festspiele *pl* *Wagner festival held annually in the town of Bayreuth.*

BAYREUTHER FESTSPIELE

Every August, a Wagner Festival is held in Bayreuth (Bavaria), commemorating the town's most famous son, Richard Wagner. Events are staged in the "Festspielhaus" (festival theatre), which was built without an orchestra pit, in accordance with Wagner's wishes. The Bayreuth Festival has become world-famous and attracts thousands of visitors each year.

Bazillus (*pl* **Bazillen**) *der* germ.

Bd. *(abk für Band)* vol.

beabsichtigen *vt* to intend.

beachten *vt (Verbot)* to observe; *(Person)* to notice.

Beamte (*pl* **-n**) *der (bei Finanzamt, Botschaft)* civil servant; *(Polizist, beim Zoll)* officer.

Beamtin (*pl* **-nen**) *die (bei Finanzamt, Botschaft)* civil servant; *(Polizist, beim Zoll)* officer.

beanspruchen *vt (strapazieren)* to wear out; *(Zeit, Platz)* to take up; **jn stark ~** to keep sb very busy.

beanstanden *vt* to complain about; **es gibt nichts zu ~** there's no cause for complaint.

Beanstandung (*pl* **-en**) *die* complaint.

beantragen *vt* to apply for.

beantworten vt to answer.

bearbeiten vt (Antrag) to deal with; (Feld, Stein, Holz) to work.

Bearbeitungsgebühr (pl -en) die handling charge.

beatmen vt: jn künstlich ~ (MED) to put sb on a respirator.

beaufsichtigen vt to supervise.

beauftragen vt: jn mit etw ~ to entrust sthg to sb; jn ~, etw zu tun to instruct sb to do sthg.

Becher (pl -) der (zum Trinken) cup (without handles); (aus Plastik) beaker; (für Eis) dish; (für Joghurt) pot.

Becken (pl -) das (Waschbecken) basin; (Spülbecken) sink; (Schwimmbecken) pool; (Körperteil) pelvis; (MUS) cymbal.

Beckenrand der edge of the pool; 'Springen vom ~ nicht erlaubt!' 'no diving!'.

bedanken: sich bedanken ref: sich (bei jm) ~ to say thank you (to sb).

Bedarf der need; **bei** ~ if necessary.

Bedarfshaltestelle (pl -n) die request stop.

bedauerlich adj unfortunate.

bedauern vt (bemitleiden) to feel sorry for; (schade finden) to regret ♦ vi to be sorry; **bedaure!** I'm sorry!

bedecken vt (Boden, Schultern) to cover.

bedeckt adj overcast.

bedeuten vt (meinen) to mean; **das hat nichts zu** ~ that doesn't matter.

bedeutend adj important.

Bedeutung (pl -en) die (Sinn,

Inhalt) meaning; (Wichtigkeit) importance.

bedienen vt (Gast, Kunde) to serve; (Maschine) to operate ♦ vi (Kellner) to serve ❑ **sich bedienen** ref to help o.s.; ~ **Sie sich!** help yourself!

Bedienung (pl -en) die (von Gast, Kunde) service; (von Maschine) operation; (Kellner) waiter (f waitress); **inklusive** ~ including service.

Bedienungsanleitung (pl -en) die operating instructions (pl).

Bedienungshandbuch (pl -bücher) das (operating) manual.

Bedingung (pl -en) die condition; **unter einer** ~ on one condition.

bedrohen vt to threaten.

Bedürfnis (pl -se) das need.

beeilen: sich beeilen ref to hurry.

beeindrucken vt to impress.

beeinflussen vt to influence.

beenden vt to end.

Beerdigung (pl -en) die funeral.

Beere (pl -n) die berry.

Beet (pl -e) das (mit Blumen) flower bed; (mit Gemüse) patch.

Beete die: **rote** ~ beetroot.

befahl prät → befehlen.

befahrbar adj passable.

befahren (präs befährt, prät befuhr, pp befahren) vt to use.

Befehl (pl -e) der order.

befehlen (präs befiehlt, prät befahl, pp befohlen) vt to order.

befestigen vt (anbringen) to fasten; (Straße) to surface.

befiehlt präs → befehlen.

befinden: sich befinden (*prät* befand, *pp* befunden) *ref* to be; 'Sie ~ sich hier' 'you are here'.

befohlen *pp* → befehlen.

befolgen *vt* to obey.

befördern *vt* (*mit Auto, Zug*) to transport; (*beruflich*) to promote.

Beförderung (*pl* -en) *die* (*Transport*) transport; (*beruflich*) promotion.

Beförderungsbedingungen *pl* (*amt*) conditions of carriage.

Beförderungsentgelt *das* (*amt*) fare.

befragen *vt* to question.

befreien *vt* to free ❑ **sich befreien** *ref* to escape.

befreundet *adj*: **mit jm ~ sein** to be friends with sb.

befriedigend *adj* (*zufriedenstellend*) satisfactory.

befristet *adj* temporary.

Befund (*pl* -e) *der* results (*pl*); **ohne ~** negative.

befürchten *vt* to fear.

begabt *adj* talented.

begann *prät* → beginnen.

begegnen *vi ist* (+D) to meet ❑ **sich begegnen** *ref* to meet.

begehrt *adj* coveted.

begeistert *adj* enthusiastic ◆ *adv* enthusiastically.

Beginn *der* beginning; **zu ~** at the beginning.

beginnen (*prät* begann, *pp* begonnen) *vt & vi* to begin, to start; **~ mit** (+D) to begin with, to start with.

beglaubigen *vt* to certify.

Beglaubigung (*pl* -en) *die* certification.

begleiten *vt* to accompany.

Begleitperson (*pl* -en) *die* escort.

Begleitung *die* company; **in ~ von** accompanied by.

beglückwünschen *vt* to congratulate.

begonnen *pp* → beginnen.

Begräbnis (*pl* -se) *das* funeral.

begreifen (*prät* begriff, *pp* begriffen) *vt & vi* to understand.

Begrenzung (*pl* -en) *die* (*zeitlich*) restriction; (*Grenze*) boundary.

Begriff (*pl* -e) *der* (*Wort*) term.

begründen *vt* to justify; (*gründen*) to establish.

Begründer, -in (*mpl* -) *der, die* founder.

Begründung (*pl* -en) *die* reason; (*Gründung*) establishment.

begrüßen *vt* (*Person*) to greet.

Begrüßung (*pl* -en) *die* greeting.

behalten (*präs* behält, *prät* behielt, *pp* behalten) *vt* (*nicht abgeben*) to keep; (*in Erinnerung*) to remember; **etw für sich ~** (*nicht erzählen*) to keep sthg to o.s.

Behälter (*pl* -) *der* container.

behandeln *vt* to treat; (*Thema*) to deal with; **jn gut/schlecht ~** to treat sb well/badly; **mit Antibiotika ~** to treat with antibiotics.

Behandlung (*pl* -en) *die* treatment.

behaupten *vt* (*versichern*) to claim ❑ **sich behaupten** *ref* to assert o.s.

beheimatet *adj* (*geh*): **in**

Deutschland ~ **sein** to come from Germany.

beheizt *adj* heated.

behelfen: sich behelfen (*präs* **behilft**, *prät* **behalf**, *pp* **beholfen**) *ref* to manage.

behelfsmäßig *adj* makeshift.

beherbergen *vt* to put up, to accommodate.

beherrschen *vt* (*bestimmen*) to rule; (*Sprache*) to have a command of □ **sich beherrschen** *ref* to control o.s.

behilflich *adj*: **jm ~ sein** to help sb.

behindern *vt* (*Sicht, Verkehr*) to obstruct; (*Person*) to hinder.

behindert *adj* handicapped.

Behinderte (*pl* **-n**) *der, die* handicapped person.

Behindertenaufzug (*pl* **-aufzüge**) *der* disabled lift (*Br*), disabled elevator (*Am*).

Behinderung (*pl* **-en**) *die* (*körperlich, geistig*) handicap; (*im Verkehr*) delay; **mit ~en muß gerechnet werden** delays are likely.

Behörde (*pl* **-n**) *die* authority.

bei *präp* (+D) 1. (*an einem Ort*) at; ~ **der Post** at the post office; ~ **m Arzt** at the doctor's; ~ **meiner Tante** at my aunt's; ~ **mir** at my house; **hast du Geld ~ dir?** have you got any money on you?; **sie arbeitet ~ einem Verlag** she works for a publishing company.

2. (*in der Nähe von*) near; **das Hotel ist gleich ~m Bahnhof** the hotel is right next to the station.

3. (*Angabe von Umständen*): ~ **Regen vorsichtig fahren** drive carefully in the rain; ~ **Regen fällt der Ausflug aus** if it rains the trip will be cancelled; **kannst du das Buch ~ Gelegenheit vorbeibringen?** could you bring the book round next time you get the chance?; ~ **Tag/Nacht** by day/night.

4. (*Angabe von Zeit*) at; ~ **Beginn** at the beginning; ~ **der Arbeit** at work; ~**m Sport brach er sich den Arm** he broke his arm (while) playing sport.

5. (*Angabe von Ursache, Grund*) with; ~ **deinem Benehmen muß er ja verärgert sein** it's hardly surprising he's angry, after the way he behaved.

6. (*trotz*): ~ **aller Liebe, aber so nicht!** however much I love you, you can't do that.

beibringen *vt* (*lehren*) to teach.

beichten *vt & vi* to confess.

beide *pron & adj* both; **meine ~n Töchter** both (of) my daughters; **die ~ you** two; **jeder der ~n** each of them.

beidseitig *adj* (*Einverständnis*) mutual ♦ *adv* (*beschrieben*) on both sides.

Beifahrer, -in (*mpl* -) *der, die* (*im PKW*) front-seat passenger.

Beifahrersitz (*pl* **-e**) *der* passenger seat.

Beifall *der* applause; ~ **spenden** ODER **klatschen** to applaud.

beige *adj* beige.

Beilage (*pl* **-n**) *die*: **mit Reis als** ~ (served) with rice.

Beileid *das* condolences (*pl*); **herzliches** ODER **aufrichtiges** ~ my sincere condolences.

beiliegend *adj* (*amt*) enclosed.

beim *präp* = bei + dem.

Bein (*pl* **-e**) *das* leg.

beinahe adv almost.

Beinbruch (pl -brüche) der broken leg.

beinhalten vt (enthalten) to contain.

Beipackzettel (pl -) der instructions (pl).

Beisammensein das gettogether.

Beispiel (pl -e) das example; **zum** ~ for example.

beispielsweise adv for example.

beißen (prät biß, pp gebissen) vt & vi to bite; **in etw** (A) ~ to bite into sthg.

Beitrag (pl -träge) der (Geld, Mitarbeit) contribution; (für Verein) subscription.

bekämpfen vt to fight.

bekannt adj (allgemein) well-known; (individuell) familiar; **jn** ~ **machen mit** to introduce sb to; **mit jm** ~ **sein** to know sb.

Bekannte (pl -n) der, die (flüchtig) acquaintance; (Freund) friend.

bekannt|**geben** vt unr to announce.

bekannt|**machen** vt to announce; **jn mit jm** ~ to introduce sb to sb.

Bekanntschaft (pl -en) die (Kontakt) acquaintance; (Gruppe) acquaintances (pl).

beklagen : **sich beklagen** ref to complain.

bekleckern vt: **etw mit etw** ~ to spill sthg on sthg ❏ **sich bekleckern** ref: **sich mit etw** ~ to spill sthg on o.s.

Bekleidung die clothes (pl).

bekommen (prät bekam, pp

bekommen) vt hat to get; (Kind, Besuch) to expect; (Zug, Bus) to catch ◆ vi ist: **jm gut** ~ (Klima, Luft) to be good for sb; (Essen) to agree with sb; **jm schlecht** ~ to disagree with sb; **etw geschenkt/geliehen** ~ to be given/lent sthg; **ich bekomme noch 100 DM von dir** you owe me 100 marks; **was** ~ **Sie?** what would you like?; **was** ~ **Sie dafür?** how much is it?; **etw zu essen/trinken** ~ to get sthg to eat/drink.

bekömmlich adj easy to digest.

beladen (präs belädt, prät belud, pp beladen) vt to load.

Belag (pl Beläge) der (auf Brot) topping; (auf Bremse) lining; (auf Straße) surface.

belangen vt (amt: verklagen) to prosecute.

belasten vt (deprimieren) to put a strain on; (Umwelt, Luft) to pollute; (mit Gewicht) to weigh down.

belästigen vt (sexuell) to harass; (stören) to bother.

Belastung (pl -en) die (psychisch, körperlich) strain; (von Umwelt) pollution; (Last) load.

belaufen : **sich belaufen** (präs beläuft, prät belief, pp belaufen) ref: **die Rechnung beläuft sich auf 120 DM** the bill comes to 120 marks.

belebt adj busy.

Beleg (pl -e) der (Quittung) receipt.

belegt adj (Sitzplatz) occupied; (Hotel) full; (Telefonanschluß) engaged; (Zunge) furred; (Stimme) hoarse; ~**es Brötchen/Brot** open roll/sandwich; **voll** ~ no vacancies.

belehren vt to inform.

beleidigen vt to insult.

Beleidigung (*pl* -en) *die (Bemerkung, Handlung)* insult.

Beleuchtung *die (Scheinwerfer, Lampen)* lights (*pl*).

Belgien *nt* Belgium.

Belgier, -in (*mpl* -) *der, die* Belgian.

belgisch *adj* Belgian.

belichten *vt* to expose.

Belichtung (*pl* -en) *die* exposure.

Belichtungsmesser (*pl* -) *der* light meter.

Belichtungszeit (*pl* -en) *die* exposure time.

Belieben *das:* **nach ~** as you like.

beliebig *adj* any ♦ *adv:* **~ viel** as much as you like; **in ~er Reihenfolge** in any order; **zu jeder ~en Zeit** whenever you like.

beliebt *adj* popular.

beliefern *vt* to supply.

bellen *vi* to bark.

belohnen *vt* to reward.

Belohnung (*pl* -en) *die (Geld, Geschenk)* reward.

Belüftung *die* ventilation.

belügen (*prät* belog, *pp* belogen) *vt* to lie to ❑ **sich belügen** *ref* to deceive o.s.

bemerkbar *adj* noticeable; **sich ~ machen** *(durch Rufen, Klopfen)* to attract attention; *(sich zeigen)* to become apparent.

bemerken *vt (wahrnehmen)* to notice; *(geh: sagen)* to remark; **nebenbei bemerkt** by the way.

Bemerkung (*pl* -en) *die* remark; **eine ~ machen** to make a remark.

bemühen: **sich bemühen** *ref:* **sich ~, etw zu tun** to try to do sthg.

Bemühungen *pl* efforts.

benachrichtigen *vt* to inform.

Benachrichtigung (*pl* -en) *die* notification.

benehmen: **sich benehmen** (*präs* benimmt, *prät* benahm, *pp* benommen) *ref:* **sich gut/schlecht ~** to behave well/badly.

beneiden *vt* to envy.

benötigen *vt* to need.

benutzen *vt* to use.

benützen = benutzen.

Benutzer, -in (*mpl* -) *der, die* user.

Benzin *das* petrol (*Br*), gas (*Am*); **bleifreies ~** unleaded petrol (*Br*), unleaded gas (*Am*); **~ tanken** to fill up with petrol (*Br*), to fill up with gas (*Am*).

Benzingutschein (*pl* -e) *der* petrol coupon (*Br*), gas coupon (*Am*).

Benzinkanister (*pl* -) *der* petrol can (*Br*), gas can (*Am*).

Benzin-Öl-Gemisch *das* petrol-oil mixture (*Br*), gas-oil mixture (*Am*).

Benzinpumpe (*pl* -n) *die* petrol pump (*Br*), gas pump (*Am*).

beobachten *vt (betrachten)* to observe; *(bemerken)* to notice; *(überwachen)* to watch.

Beobachter, -in (*mpl* -) *der, die* observer.

bequem *adj (Hose, Sitz, Größe)* comfortable; *(faul)* lazy; *(Lösung)* easy ♦ *adv* comfortably; **machen Sie es sich ~!** make yourself at home!

Bequemlichkeit *die (Komfort)* comfort; *(Faulheit)* laziness.

beraten (*präs* berät, *prät* beriet, *pp* beraten) *vt (Kunde)* to advise;

(Vorhaben) to discuss ♦ *vi (diskutieren):* **über etw** *(A)* ~ to discuss sthg ☐ **sich beraten** *ref:* **sich über etw** *(A)* ~ to discuss sthg.

Beratungsstelle *(pl -n) die* advice centre.

berechnen *vt (ausrechnen)* to calculate; *(verlangen)* to charge; **jm für eine Konsultation 120 DM** ~ to charge sb 120 marks for a consultation.

berechtigt *adj (Zweifel)* justified; ~ **sein zu etw** to be entitled to sthg.

Bereich *(pl -e) der* area.

bereisen *vt* to travel.

bereit *adj* ready; ~ **sein** *(fertig sein)* to be ready; ~ **sein, etw zu tun** *(willens sein)* to be willing to do sthg.

bereit|halten *vt unr* to have ready ☐ **sich bereithalten** *ref* to be ready.

bereit|machen: sich bereitmachen *ref* to get ready.

bereits *adv* already; *(nur, allein)* even; ~ **um 6 Uhr** as early as 6 o'clock.

Bereitschaft *die* readiness.

Bereitschaftsdienst *(pl -e) der* emergency service.

bereit|stehen *vi unr* to be ready.

bereuen *vt* to regret.

Berg *(pl -e) der* mountain; *(kleiner)* hill; **in die ~e fahren** to go to the mountains.

bergab *adv* downhill; ~ **fahren/laufen** to drive/run downhill.

bergauf *adv* uphill; ~ **fahren/laufen** to drive/run uphill.

Bergbahn *(pl -en) die* funicular railway.

Bergbau *der* mining.

bergen *(präs* **birgt,** *prät* **barg,** *pp* **geborgen)** *vt (retten)* to rescue.

Bergführer, -in *(mpl -) der, die* mountain guide.

Berghütte *(pl -n) die* mountain hut.

bergig *adj* mountainous.

Bergnot *die:* **in** ~ **geraten** to get into trouble while climbing a mountain.

Bergschuh *(pl -e) der* climbing boot.

bergsteigen *(pp* **berggestiegen)** *vi* to go (mountain) climbing.

Bergsteigen *das* (mountain) climbing.

Bergsteiger, -in *(mpl -) der, die* (mountain) climber.

Bergtour *(pl -en) die* (mountain) hike.

Bergung *(pl -en) die* rescue.

Bergwacht *die* mountain rescue.

Bergwanderung *(pl -en) die* hillwalking.

Bergwerk *(pl -e) das* mine.

Bericht *(pl -e) der* report.

berichten *vi* to report.

berichtigen *vt* to correct ☐ **sich berichtigen** *ref* to correct o.s.

Berichtigung *(pl -en) die* correction.

Berlin *nt* Berlin.

Berliner *(pl -) der (Gebäck)* doughnut.

Berliner Mauer *die:* **die** ~ the Berlin Wall.

DIE BERLINER MAUER

The Berlin Wall, sometimes also known as "die Mauer" (the Wall), was built on 13 August 1961 in order to stem the growing tide of people leaving East Berlin for the West. It encircled West Berlin, cutting it off from the surrounding GDR, and came to be a potent symbol of the post-war division of Germany. Some 80 people died while attempting to escape over the Wall to West Berlin. The fall of the Wall on 9 November 1989 marked the beginning of the process of German reunification. Today, little of the Wall remains, although a few sections have been left standing as a memorial and others can be found in museums.

Bern *nt* Bern, Berne.

berüchtigt *adj* notorious.

berücksichtigen *vt (bei Überlegung)* to take into account; *(Bewerber, Wunsch)* to consider.

Beruf *(pl -e) der* profession; Tischler von ~ sein to be a carpenter; **was sind Sie von ~?** what do you do for a living?

beruflich *adj* professional ♦ *adv*: ~ unterwegs away on business.

Berufsschule *(pl -n) die* vocational school attended part-time by apprentices.

berufstätig *adj* employed.

Berufstätige *(pl -n) der, die* working person.

Berufsverkehr *der* rush-hour traffic.

beruhigen *vt* to calm (down) ❑ **sich beruhigen** *ref (Person)* to calm down; *(Wetter, See)* to become calm.

Beruhigungsmittel *(pl -) das* sedative.

berühmt *adj* famous; ~ sein wegen ODER für to be famous for.

berühren *vt & vi* to touch; **bitte nicht ~!** please don't touch! ❑ **sich berühren** *ref* to touch.

beschädigen *vt* to damage.

beschädigt *adj* damaged.

beschäftigen *vt (Angestellte)* to employ; *(gedanklich)* to occupy ❑ **sich beschäftigen** *ref*: sich ~ mit *(mit Person)* to devote a lot of attention to; *(mit Thema)* to deal with; *(mit Gedanken)* to think about.

Beschäftigung *(pl -en) die (Arbeit)* occupation; *(Hobby)* activity; *(gedanklich)* preoccupation.

Bescheid *(pl -e) der (Nachricht)* answer; **jm ~ geben** ODER **sagen** to let sb know; ~ **wissen (über (+A))** to know (about).

bescheiden *adj* modest.

bescheinigen *vt (mit Zeugnis)* to certify; *(Erhalt von Sendung)* to sign for.

Bescheinigung *(pl -en) die* certificate.

beschimpfen *vt* to swear at.

beschissen *adj (vulg)* shitty.

Beschlag *der*: in ~ nehmen to monopolize.

beschlagnahmen *vt (Beute)* to confiscate.

beschleunigen *vt (Tempo, Verfahren, Ablauf)* to speed up ♦ *vi (Auto)* to accelerate ❑ **sich beschleunigen** *ref* to speed up.

Beschleunigung *die (von Verfahren)* speeding up; *(von Auto)* acceleration.

beschließen *(prät* **beschloß,** *pp* **beschlossen)** *vt (entscheiden)* to decide on; *(Gesetz)* to pass; *(beenden)* to end; **~, etw zu tun** to decide to do sthg.

Beschluß *(pl* **Beschlüsse)** *der* decision.

beschränken *vt* to limit.

Beschränkung *(pl* -en) *die* limit.

beschreiben *(prät* **beschrieb,** *pp* **beschrieben)** *vt (schildern)* describe; **jm den Weg ~** to tell sb the way.

Beschreibung *(pl* -en) *die* description.

beschriften *vt* to label.

beschuldigen *vt* to accuse.

Beschuldigung *(pl* -en) *die* accusation.

beschützen *vt* to protect.

Beschwerde *(pl* -n) *die* complaint □ **Beschwerden** *pl (Gesundheitsprobleme)* trouble *(sg).*

beschweren: sich beschweren *ref* to complain.

beschwipst *adj* tipsy.

beseitigen *vt (Abfall)* to get rid of; *(Problem)* to deal with.

Besen *(pl* -) *der* broom.

besetzt *adj:* **~ sein** *(Telefonanschluß, Toilette)* to be engaged; *(Sitzplatz)* to be taken; **das Büro ist zur Zeit nicht ~** the office is currently closed.

Besetztzeichen *das* engaged tone *(Br),* busy signal *(Am).*

Besetzung *(pl* -en) *die (am Theater)* cast.

besichtigen *vt* to look round.

Besichtigung *(pl* -en) *die* tour; **'zur ~ freigegeben'** 'open to the public'.

besiegen *vt* to defeat.

Besitz *der (Eigentum)* property.

besitzen *(prät* **besaß,** *pp* **besessen)** *vt (Eigentum)* to own; *(Qualität, Ausrüstungsgegenstand)* to have.

Besitzer, -in *(mpl* -) *der, die* owner.

besoffen *adj (fam)* sloshed.

besondere, -r, -s *adj (speziell)* special; *(außergewöhnlich)* particular.

besonders *adv* particularly; **nicht ~** *(fam: nicht gut)* not very well; **nicht ~ sein** *(fam: nicht gut)* to be not very good.

besorgen *vt (holen, kaufen)* to get.

besorgt *adj* worried ◆ *adv* worriedly.

besprechen *(präs* **bespricht,** *prät* **besprach,** *pp* **besprochen)** *vt (diskutieren)* to discuss.

besser *komp & adv* better ◆ *adj (sehr gut)* good; *(abw: kaum besser)*: **das Hotel ist eine ~e Absteige** the hotel is just a glorified dosshouse.

bessern: sich bessern *ref (Erkältung)* to get better; *(Chancen, Wetter)* to improve.

Besserung *die:* **gute ~!** get well soon!

beständig *adj (Wetter)* settled.

Bestandteil *(pl* -e) *der* component, part.

bestätigen *vt* to confirm □ **sich bestätigen** *ref* to prove true.

Bestätigung *(pl* -en) *die* confirmation.

beste, -r, -s *superl* best ♦ *adj* ideal ♦ *adv:* **am ~n** best; **ich gehe jetzt am ~n** I'd better go now; **sie spricht am ~n Deutsch von allen** she speaks the best German of everyone.

Beste (*pl* -n) *der, die, das* best.

Bestechung (*pl* -en) *die* bribery.

Besteck (*pl* -e) *das* (*zum Essen*) cutlery.

bestehen (*prät* bestand, *pp* bestanden) *vt* (*Prüfung*) to pass ♦ *vi* (*existieren*) to exist; (*bei Prüfung*) to pass; **~ auf** (+D) to insist on; **~ aus** to consist of.

besteigen (*prät* bestieg, *pp* bestiegen) *vt* to climb.

bestellen *vi* (*im Lokal*) to order ♦ *vt* (*Ware*) to order; (*Eintrittskarte, Hotelzimmer*) to reserve; (*Nachricht*): **jm schöne Grüße ~** to give sb one's regards.

Bestellformular (*pl* -e) *das* order form.

Bestellkarte (*pl* -n) *die* order form.

Bestellnummer (*pl* -n) *die* order number.

Bestellung (*pl* -en) *die* (*von Waren*) ordering; (*von Eintrittskarte, Hotelzimmer*) reservation; (*Ware*) order; **auf ~** to order.

bestens *adv* very well.

bestimmen *vt* (*ermitteln*) to determine; (*festlegen*) to fix; (*klassifizieren*) to classify ♦ *vi* (*befehlen*) to decide; **bestimmt sein für** to be meant for.

bestimmt *adv* (*sehr wahrscheinlich*) no doubt; (*sicher*) certainly; (*wissen*) for certain; (*entschlossen*) decisively ♦ *adj* (*gewiß*) certain;

(*Betrag, Anzahl*) fixed; (*Auftreten*) decisive.

Bestimmung (*pl* -en) *die* (*Vorschrift*) regulation; (*ermitteln*) determining.

Bestimmungsland (*pl* -länder) *das* (*amt*) (country of) destination.

Bestimmungsort (*pl* -e) *der* (*amt*) (place of) destination.

bestmöglich *adj* best possible ♦ *adv* as well as possible.

bestrafen *vt* to punish.

bestrahlen *vt* (MED: *Patienten, Haut*) to treat with radiotherapy.

bestreiten (*prät* bestritt, *pp* bestritten) *vt* (*leugnen*) to deny.

bestürzt *adj:* **~ sein** to be dismayed.

Besuch (*pl* -e) *der* visit; (*Gast*) visitor; (*von Schule*) attendance; **bei jm zu ~ sein** to be visiting sb.

besuchen *vt* (*Person, Veranstaltung*) to visit; (*Schule*) to attend.

Besucher, -in (*mpl* -) *der, die* visitor; 'nur für ~' 'visitors only'.

Besuchszeit (*pl* -en) *die* visiting hours (*pl*).

besucht *adj:* **gut/schlecht ~ sein** to be well/poorly attended.

betätigen *vt* (*Hebel*) to operate.

betäuben *vt* to anaesthetize.

Betäubung *die:* **unter ~ stehen** to be under anaesthetic.

beteiligen *vt* (*teilnehmen lassen*) to include; (*finanziell*) to give a share ❑ **sich beteiligen** *ref:* **sich ~ an** (+D) (*teilnehmen*) to take part (in); (*finanziell*) to have a share (in).

Beteiligung (*pl* -en) *die* (*Teilnahme*) participation; (*finanziell*) share.

beten vi to pray.

Beton der concrete.

betonen vt to stress.

Betonung (pl -en) die (von Wort) stress.

betrachten vt to look at; **jn als etw ~** to consider sb to be sthg.

Betrachter, -in (mpl -) der, die observer.

beträchtlich adj considerable ◆ adv considerably.

Betrag (pl Beträge) der amount; **bitte angezeigten ~ bezahlen** please pay the amount displayed; **~ dankend erhalten** (amt) received with thanks.

betragen (präs beträgt, prät betrug, pp betragen) vt to come to ❑ **sich betragen** ref (sich benehmen) to behave.

betreffen (präs betrifft, prät betraf, pp betroffen) vt (angehen) to concern; (bestürzen) to affect; **was mich betrifft** as far as I'm concerned.

betreiben (prät betrieb, pp betrieben) vt (Handel) to carry on; **betrieben werden mit** to be driven by.

betreten (präs betritt, prät betrat, pp betreten) vt to enter; **'Betreten verboten!'** 'no entry!'.

betreuen vt to look after.

Betreuer, -in (mpl -) der, die (von Patient) nurse; (von Kind) child-minder; (von Touristen) group-leader.

Betrieb (pl -e) der (Firma) firm; (Aktivität, Verkehr) hustle and bustle; **außer ~** out of order; **in ~** in operation.

betrieben pp → betreiben.

betriebsbereit adj operational.

Betriebsrat (pl -räte) der works council.

betrifft präs → betreffen.

betrinken: sich betrinken (prät betrank, pp betrunken) ref to get drunk.

betroffen pp → betreffen ◆ adj (nicht verschont) affected; (bestürzt) upset ◆ adv (bestürzt): **jn ~ ansehen** to look at sb in consternation.

betrügen (prät betrog, pp betrogen) vt (finanziell) to cheat; (sexuell) to be unfaithful to ❑ **sich betrügen** ref to deceive o.s.

Betrüger, -in (mpl -) der, die cheat.

betrunken adj drunk.

Bett (pl -en) das (Möbel) bed; **das ~ machen** to make the bed; **zu ODER ins ~ gehen** to go to bed; **französisches ~** double bed.

Bettdecke (pl -n) die (continental) quilt.

Bettler, -in (mpl -) der, die beggar.

Bettsofa (pl -s) das sofa bed.

Bettuch (pl -tücher) das sheet.

Bettwäsche (pl die) das bed linen.

Bettzeug das bedding.

beugen vt (Kopf, Knie) to bend; (Substantiv, Adjektiv) to decline; (Verb) to conjugate.

Beule (pl -n) die (am Kopf) swelling; (am Auto) dent.

beunruhigt adj: **~ sein** to be worried.

beurteilen vt to judge.

Beutel (pl -) der bag.

Bevölkerung (*pl* **-en**) *die* population.

bevollmächtigt *adj* authorized.

bevor *konj* before.

bevorzugen *vt* to prefer.

bewacht *adj* guarded.

bewährt *adj* tried and tested.

bewegen *vt* to move □ **sich bewegen** *ref* to move; (*sportlich*) to exercise.

Bewegung (*pl* **-en**) *die* movement; (*Sport*) exercise; (*Rührung*) emotion; **sich in ~ setzen** to start moving.

Beweis (*pl* **-e**) *der* (*für Theorie, Annahme*) proof.

beweisen (*prät* **bewies**, *pp* **bewiesen**) *vt* (*Theorie, Annahme*) to prove; (*Mut, Geduld*) to show.

bewerben: sich bewerben (*präs* **bewirbt**, *prät* **bewarb**, *pp* **beworben**) *ref*: **sich ~ (um)** to apply (for).

Bewerbung (*pl* **-en**) *die* application.

bewilligen *vt* to approve.

Bewohner, -in (*mpl* **-**) *der, die* inhabitant.

bewohnt *adj* inhabited.

bewölkt *adj* cloudy.

Bewölkung *die* (*Wolken*) cloud; (*Bewölken*) clouding over.

bewundern *vt* to admire.

bewußt *adj* (*Handlung*) deliberate; (*Entscheidung*) conscious; (*bekannt*) in question ◆ *adv* (*handeln*) deliberately; (*entscheiden*) consciously; **sich** (*D*) **einer Sache ~ sein** to be aware of sthg.

bewußtlos *adj* unconscious.

bezahlen *vt* (*Person*) to pay; (*Ware, Leistung*) to pay for ◆ *vi* (*für Ware, Leistung*) to pay.

bezahlt *adj* paid.

Bezahlung *die* payment.

Bezeichnung (*pl* **-en**) *die* (*Wort*) name; **'genaue ~ des Inhalts'** 'exact description of the contents'.

beziehen (*prät* **bezog**, *pp* **bezogen**) *vt* (*Kissen, Sofa*) to cover; (*Haus*) to move into; (*Ware, Zeitung, Einkünfte*) to get; **das Bett frisch ~** to change the bed □ **sich beziehen** *ref* (*Himmel, Wetter*) to cloud over; **sich ~ auf** (*+A*) to refer to.

Beziehung (*pl* **-en**) *die* connection; (*erotisch*) relationship □ **Beziehungen** *pl* (*politisch*) relations.

beziehungsweise *konj* (*genauer gesagt*) that is; (*und*) and; (*oder*) or.

Bezirk (*pl* **-e**) *der* (*amt*) district.

bezweifeln *vt* to doubt.

BH (*pl* **-s**) *der* (*abk für Büstenhalter*) bra.

Bhf. *abk* = **Bahnhof**.

Bibel (*pl* **-n**) *die* Bible.

Bibliothek (*pl* **-en**) *die* library.

biegen (*prät* **bog**, *pp* **gebogen**) *vt* *hat* to bend ◆ *vi* *ist* (*Auto, Fahrer*): **~ (in** (*+A*)**)** to turn (into); **nach links ~** to turn left; **um die Ecke ~** to turn the corner □ **sich biegen** *ref* to bend.

Biegung (*pl* **-en**) *die* bend.

Biene (*pl* **-n**) *die* bee.

Bienenstich (*pl* **-e**) *der* (*Insektenstich*) bee sting; (*Kuchen*) cake coated with sugar and almonds and filled with custard or cream.

Bier (*pl* **-e**) *das* beer; **ein Glas ~ a**

glass of beer; ~ **vom Faß** draught beer; **ein großes ~** a half-litre glass of beer; **ein kleines ~** a 30cl glass of beer.

 BIER

There are over 1,000 breweries in Germany and each region boasts several different kinds of local beer. The most common kinds are the pale lager beers, either strong, hoppy "Pils" or the milder "Export" which in Bavaria is often drunk in a litre glass called a "Maßkrug". Another popular beer in Bavaria is "Weizenbier", a fizzy beer made from wheat which is slightly cloudy because of the yeast sediment that it contains. "Berliner Weiße" is similar but weaker and is often drunk with a dash of raspberry cordial ("mit Schuß"). In the Rhineland, light "Kölsch" and dark "Altbier" are both common. The brewing of beer in Germany is governed by strict laws regulating its purity (the 1516 "Reinheitsgebot").

Biergarten (*pl* **-gärten**) *der* beer garden.

 BIERGARTEN

Beer gardens are a common sight in summer, especially in Bavaria. Customers sit outdoors at tables with long, wooden benches and drink a "Maß" (litre measure) of beer. Beer gardens are usually found in parks or

outside the major breweries and most of them serve snacks as well as beer, although customers are often allowed to bring their own food with them. Some of the monasteries where beer is brewed, such as "Andechs" and "Weihenstephan" have beer gardens which are particularly worth visiting.

Bierglas (*pl* **-gläser**) *das* beer glass.

Bierzelt (*pl* **-e**) *das* beer tent.

bieten (*prät* **bot**, *pp* **geboten**) *vi* (*bei Auktion*) to bid ◆ *vt* to offer; **einen schönen Anblick ~** to be pretty ❏ **sich bieten** *ref* (*Chance*) to present itself; **es bietet sich ein wunderbarer Anblick** there is a wonderful view.

Bild (*pl* **-er**) *das* picture; (*Vorstellung*) idea; (*Abbild*) image.

bilden *vt* to form; (*unterrichten*) to educate ◆ *vi* to be educational ❏ **sich bilden** *ref* (*sich formen*) to form; (*sich informieren*) to educate o.s.

Bilderbuch (*pl* **-bücher**) *das* picture book.

Bildhauer, -in (*mpl* **-**) *der, die* sculptor (*f* sculptress).

Bildschirm (*pl* **-e**) *der* screen; '**~ berühren!**' *sign on information point indicating that the system is operated by touching the screen.*

Bildschirmtext *der* German teletext service offering information, home banking etc via a computer and telephone line.

Bildung *die* (*Wissen*) education; (*Entstehung*) formation.

Billard *das* billiards (*sg*).

billig *adj* cheap; *(abw: Ausrede)* feeble ◆ *adv (preisgünstig)* cheaply.

bin *präs* → **sein**.

Binde *(pl -n)* die *(Monatsbinde)* sanitary towel; *(Verband)* bandage.

Bindehautentzündung *(pl -en)* die conjunctivitis *(sg)*.

binden *(prät band, pp gebunden)* *vt* to tie; *(Buch)* to bind; *(KÜCHE: Soße)* to thicken.

Bindestrich *(pl -e)* der hyphen.

Bindfaden *(pl -fäden)* der string.

Bindung *(pl -en)* die *(Verpflichtung)* commitment; *(Zuneigung)* attachment; *(für Ski)* binding.

Biokost die health food.

Bioladen *(pl -läden)* der health food shop.

Biologie die biology.

Birne *(pl -n)* die *(Obst)* pear; *(Glühbirne)* light bulb; *(fam: Kopf)* nut.

bis *präp (+A)* **1.** *(zeitlich)* until; **wir bleiben ~ morgen** we're staying until tomorrow; **das muß ~ Mittwoch fertig sein** it must be ready for Wednesday; **von Montag ~ Freitag** from Monday to Friday; **~ auf weiteres** until further notice; **~ bald!** see you soon!; **~ dahin!** until then.
2. *(örtlich)* to; **es sind noch 200 km ~ Berlin** there are still 200 km to go to Berlin.
3. *(zwischen)* to; **zwei ~ drei Tage** two to three days.
4. *(Angabe von Grenze):* **~ zu** up to; **~ zu 20 Personen** up to 20 people.
5. *(außer):* **~ auf** *(+A)* except for. ◆ *konj* until.

Bischof *(pl Bischöfe)* der bishop.

bisher *adv (bis jetzt)* until now.

bisherig *adj* previous.

Biskuit *(pl -s)* das sponge.

biß *prät* → **beißen**.

Biß *(pl Bisse)* der bite.

bißchen *pron:* **das ~ Regen macht nichts!** that little bit of rain won't harm you!; **ein ~** *adv & pron* a bit ◆ *adj* a bit of; **ein ~ Salz** a bit of salt; **kein ~** not at all; **kein ~ Schnee** no snow at all.

bissig *adj (Tier)* vicious; **'Vorsicht, ~er Hund'** 'beware of the dog'.

bist *präs* → **sein**.

bitte *adv* please ◆ *interj (Ausdruck von Zustimmung)* of course!; *(Antwort auf Dank)* you're welcome!; *(Ausdruck von Angebot)* please; **aber ~!** of course!; **ach ~** please; **~ schön** ODER **sehr** you're welcome!; **~?** *(im Geschäft)* can I help you?; **ja ~?** *(am Telefon)* hello?; **wie ~?** sorry?

Bitte *(pl -n)* die request; **eine ~ haben** to have a favour to ask.

bitten *(prät bat, pp gebeten)* *vt (Person)* to ask; **~ um** to ask for.

bitter *adj & adv* bitter.

Blähung *(pl -en)* die wind.

blamieren *vt* to disgrace ◻ **sich blamieren** *ref* to disgrace o.s.

Blankoscheck *(pl -s)* der blank cheque.

Blase *(pl -n)* die *(auf der Haut)* blister; *(Harnblase)* bladder; *(Luftblase)* bubble.

blasen *(präs bläst, prät blies, pp geblasen)* *vi (pusten)* to blow.

Blasenentzündung *(pl -en)* die cystitis *(sg)*.

blaß *adj (Haut, Person)* pale.

bläst *prät* → blasen.

Blatt (*pl* Blätter) *das (Papier)* sheet; *(von Pflanze)* leaf; *(Zeitung)* paper; *(bei Kartenspiel)* hand.

Blätterteig *der* puff pastry.

Blattspinat *der* spinach.

blau *adj* blue; ~ **sein** *(fam)* to be sloshed.

Blau *das* blue.

Blaubeere (*pl* -n) *die* blueberry.

Blaulicht *das* flashing blue light *(on ambulance etc)*.

blaumachen *vi (fam)* to skip work.

Blazer (*pl* -) *der* blazer.

Blech (*pl* -e) *das (Metall)* tin; *(Kuchenblech)* baking tray.

Blechschaden *der* bodywork damage.

Bleibe *die* place to stay.

bleiben (*prät* blieb, *pp* geblieben) *vi ist* to stay; *(als Rest)* to remain ♦ *vimp* ist: **es bleibt dabei** we'll leave it at that.

bleifrei *adj* unleaded.

Bleistift (*pl* -e) *der* pencil.

Blende (*pl* -n) *die (FOTO)* aperture.

blenden *vt (anstrahlen)* to dazzle ♦ *vi (Licht, Sonne)* to be dazzling.

Blick (*pl* -e) *der (Schauen)* look; *(Aussicht)* view; *(Urteil)* eye.

blieb *prät* → bleiben.

blind *adj* blind ♦ *adv* blindly.

Blinddarmentzündung (*pl* -en) *die* appendicitis *(sg)*.

Blinde (*pl* -n) *der, die* blind person.

Blindenschrift *die* braille.

blinken *vi (Autofahrer, Auto)* to indicate.

Blinker (*pl* -) *der* indicator.

Blinklicht (*pl* -er) *das* flashing light.

Blitz (*pl* -e) *der (bei Gewitter)* (flash of) lightning; *(von Kamera)* flash; **wie der** ~ as quick as lightning.

blitzen *vt (Autofahrer)* to photograph with a speed camera ♦ *vi (mit Blitzlicht)* to use a flash ♦ *vimp*: **es blitzt** there is lightning.

Blitzlicht (*pl* -er) *das* flash.

Blitzlichtwürfel (*pl* -) *der* flashcube.

Block (*pl* Blöcke) *der (Schreibblock)* pad; *(Gebäude, Stück)* block.

Blockhaus (*pl* -häuser) *das* log cabin.

blockieren *vt* to block ♦ *vi (Räder)* to lock.

Blockschrift *die* block capitals *(pl)*.

blöd *adj (fam)* stupid ♦ *adv (fam)* stupidly.

Blödsinn *der* nonsense.

blond *adj* blond.

bloß *adv* only, just; ~ **noch zwei Wochen** only two more weeks left; **was ist** ~ **los?** so what's wrong, then?; **was hast du** ~ **wieder angestellt?** what have you gone and done now?; **paß** ~ **auf!** just watch out!

blühen *vi (Pflanze)* to bloom.

Blume (*pl* -n) *die* flower.

Blumenkasten (*pl* -kästen) *der* window box.

Blumenkohl *der* cauliflower.

Blumenstand (*pl* -stände) *der* flower stall.

Blumenstrauß (*pl* -sträuße) *der* bunch of flowers.

Blumentopf (pl -töpfe) der flowerpot.

Blumentopferde die potting compost.

Bluse (pl -n) die blouse.

Blut das blood; ~ **spenden** to give blood.

Blutbild (pl -er) das blood test results (pl).

Blutdruck der blood pressure; **hoher/niedriger** ~ high/low blood pressure.

bluten vi to bleed.

Bluter (pl -) der haemophiliac.

Bluterguß (pl -güsse) der bruise.

Blutgruppe (pl -n) die blood group.

Blutprobe (pl -n) die blood test.

Blutspende (pl -n) die giving blood.

blutstillend adj styptic.

Blutübertragung (pl -en) die blood transfusion.

Blutung (pl -en) die bleeding.

Blutvergiftung (pl -en) die blood-poisoning.

Blutwurst (pl -würste) die black pudding (Br), blood sausage (Am).

BLZ abk = Bankleitzahl.

Bockbier das bock (strong dark beer).

Bocksbeutel (pl -) der wide, round bottle containing "Frankenwein".

Bockwurst (pl -würste) die type of pork sausage, usually boiled and eaten in a bread roll with mustard.

Boden (pl Böden) der (im Raum) floor; (Erde) ground; (Speicher) loft; (von Gefäß, Koffer) bottom.

Bodennebel der ground mist.

Bodenpersonal das ground staff.

Bodensee der Lake Constance.

Bodybuilding das bodybuilding.

Böe (pl -n) die gust.

bog prät → biegen.

Bogen (pl Bögen) der (Form) curve; (SPORT: Waffe) bow.

Bohne (pl -n) die bean.

bohren vt & vi to drill.

Bohrer (pl -) der drill.

Bohrmaschine (pl -n) die drill.

böig adj gusty.

Boiler (pl -) der boiler.

Boje (pl -n) die buoy.

Bombe (pl -n) die bomb.

Bon (pl -s) der (Kassenzettel) receipt; (Gutschein) voucher.

Bonbon (pl -s) der ODER das sweet.

Bonn nt Bonn.

Boot (pl -e) das boat; ~ **fahren** to go boating.

Bootsverleih der boat hire.

Bord der: **an** ~ on board; **von** ~ **gehen** to disembark.

Bordkarte (pl -n) die boarding card.

Bordstein der kerb.

Bordsteinkante die kerb.

borgen vt: **jm etw** ~ to lend sb sthg; **sich** (D) **etw** ~ to borrow sthg.

Börse (pl -n) die (ECO) stock market; (Gebäude) stock exchange; (Geldbeutel) purse.

Böschung (pl -en) die bank.

böse adj (bösartig, schlecht) bad; (fam: wütend) angry ◆ adv (schlimm, bösartig) badly; (wütend) angrily; ~

sein auf (+A) to be angry with; **jm ~ sein** to be angry with sb.

bot *prät* → **bieten**.

botanische Garten (*pl* Gärten) *der* botanical gardens (*pl*).

Botschaft (*pl* -en) *die* (*diplomatische Vertretung*) embassy; (*Gebäude*) embassy; (*Nachricht*) message.

Botschafter, -in (*mpl* -) *der, die* ambassador.

Boutique (*pl* -n) *die* boutique.

Bowle (*pl* -n) *die* punch.

Bowling *das* tenpin bowling.

Box (*pl* -en) *die* (*Dose, Kiste*) box; (*Lautsprecher*) speaker.

boxen *vi* to box ♦ *vt* to punch.

Boykott (*pl* -s) *der* boycott.

brach *prät* → **brechen**.

brachte *prät* → **bringen**.

Branchenverzeichnis (*pl* -se) *das* ≈ yellow pages (*pl*).

Brandung *die* surf.

Brandwunde (*pl* -n) *die* burn.

brannte *prät* → **brennen**.

braten (*präs* brät, *prät* briet, *pp* gebraten) *vt & vi* (*in der Pfanne*) to fry; (*im Ofen*) to roast.

Braten (*pl* -) *der* roast.

Brathähnchen (*pl* -) *das* roast chicken.

Bratkartoffeln *pl* fried potatoes.

Bratpfanne (*pl* -n) *die* frying pan.

Bratwurst (*pl* -würste) *die* (fried) sausage.

Brauch (*pl* Bräuche) *der* custom.

brauchen *vt* (*benötigen*) to need; (*verwenden, verbrauchen*) to use ♦

aux to need; **du brauchst nur auf den Knopf zu drücken** all you need (to) do is press the button; **etw ~ für** to need sthg for; **etw ~ zu** to need sthg for.

brauen *vt* (*Bier*) to brew.

Brauerei (*pl* -en) *die* brewery.

braun *adj* brown.

Braun *das* brown.

Bräune *die* suntan.

bräunen *vt* (*Braten*) to brown; (*Haut*) to tan ❏ **sich bräunen** *ref* to sunbathe.

braungebrannt *adj* tanned.

Bräunungsstudio (*pl* -s) *das* tanning studio.

Brause (*pl* -n) *die* (*Dusche*) shower.

brausen *vi* (*duschen*) to have a shower; (*sausen*) to roar.

Braut (*pl* Bräute) *die* bride.

Bräutigam (*pl* -e) *der* bridegroom.

brav *adj* (*Kind*) good.

bravo *interj* bravo!

BRD (*abk für* Bundesrepublik Deutschland) FRG.

brechen (*präs* bricht, *prät* brach, *pp* gebrochen) *vt* hat to break; (*erbrechen*) to vomit ♦ *vi* ist (*zerbrechen*) to break ♦ *vi* hat (*erbrechen*) to vomit; **sich** (*D*) **das Bein ~** to break one's leg.

Brechreiz *der* nausea.

Brei *der* (*aus Haferflocken*) porridge; (*aus Kartoffeln*) mashed potatoes (*pl*).

breit *adj* wide; (*Rücken, Hände*) broad; (*allgemein*) general.

Breite (*pl* -n) *die* width.

Bremsbelag (pl -beläge) der brake lining.

Bremse (pl -n) die (von Auto, Fahrrad) brake; (Insekt) horsefly.

bremsen vt (Auto, Fahrrad) to brake; (Person, Fortschritt) to slow down ◆ vi to brake.

Bremsflüssigkeit die brake fluid.

Bremskraftverstärker der brake booster.

Bremslicht (pl -er) das brake light.

Bremspedal (pl -e) das brake pedal.

brennbar adj flammable.

brennen (prät brannte, pp gebrannt) vi (Feuer, Kerze, Haus) to burn; (Licht) to be on; (Haut, Augen) to sting ◆ vt (Loch) to burn; (Schnaps) to distil; (Ton, Ziegel) to fire ◆ vimp: **es brennt!** fire!

Brennessel (pl -n) die stinging nettle.

Brennholz das firewood.

Brennspiritus der methylated spirits (sg).

Brennstoff (pl -e) der (zum Heizen) fuel.

Brett (pl -er) das (aus Holz) plank; (zum Spielen) board; **schwarzes ~** noticeboard.

Brettspiel (pl -e) das board game.

Brezel (pl -n) die pretzel.

bricht prät → brechen.

Brief (pl -e) der letter; **eingeschriebener ~** = letter sent by recorded delivery.

Briefdrucksache die letter comprising an order form, questionnaire etc, which costs less to send than an ordinary letter.

Brieffreund, -in (mpl -e) der, die penfriend.

Briefkasten (pl -kästen) der (öffentlich) postbox; (am Haus) letterbox.

Briefmarke (pl -n) die stamp.

Briefmarkenautomat (pl -en) der stamp machine.

Briefpapier das notepaper.

Brieftasche (pl -n) die wallet.

Briefträger, -in (mpl -) der, die postman (f postwoman).

Briefumschlag (pl -umschläge) der envelope.

Briefwaage (pl -n) die letter scales (pl).

briet prät → braten.

Brille (pl -n) die (für Augen) glasses (pl).

Brillenetui (pl -s) das glasses case.

bringen (prät brachte, pp gebracht) vt (wegbringen) to take; (holen) to bring; (Ergebnis) to cause; (finanziell) to make; (im Fernsehen) to broadcast; (in Zeitung) to publish; **jm etw ~** to bring sb sthg; **jn nach Hause ~** to take sb home.

Brise (pl -n) die breeze.

Brite (pl -n) der Briton; **die ~n** die British.

Britin (pl -nen) die Briton.

britisch adj British.

Britischen Inseln pl: **die ~** the British Isles.

Broccoli der broccoli.

Brombeere (pl -n) die blackberry.

Bronchitis die bronchitis (sg).

Bronze *die* bronze.

Broschüre (*pl* -n) *die* brochure.

Brot (*pl* -e) *das* bread; (*Brotlaib*) loaf (of bread); (*Brotscheibe*) slice of bread.

BROT

In Germany there are hundreds of different types of bread, the most common being "Graubrot", which is made from a mixture of rye and wheat flour, although wholemeal and multigrain breads are also popular. At breakfast, instead of sliced bread Germans usually eat bread rolls (known as "Brötchen" or "Semmel" depending on the region) and these too come in a wide variety.

Brotaufstrich (*pl* -e) *der* spread.

Brötchen (*pl* -) *das* (bread) roll; **belegtes** ~ filled roll.

Brotmesser (*pl* -) *das* bread knife.

Bruch (*pl* Brüche) *der* (*Knochenbruch*) fracture; (*mit Partner, Vergangenheit*) break; (*Leistenbruch*) hernia; (*Bruchteil*) fraction.

Bruchteil (*pl* -e) *der* fraction.

Brücke (*pl* -n) *die* bridge.

Brückenschäden *pl* damaged bridge.

Bruder (*pl* Brüder) *der* brother.

Brüderschaft *die*: ~ **trinken** ⋍ to agree to use the familiar 'du' form and celebrate with a drink.

Brühe (*pl* -n) *die* (*Suppe*) broth; (*zum Kochen*) stock.

Brühwürfel (*pl* -) *der* stock cube.

brüllen *vi* to shout.

brummen *vi* (*Tier*) to growl; (*Motor, Maschine*) to drone.

Brunnen (*pl* -) *der* (*zum Wasserholen*) well; (*Springbrunnen*) fountain.

Brüssel *nt* Brussels.

Brust (*pl* Brüste) *die* breast; (*Thorax*) chest.

Brustschwimmen *das* breaststroke.

Brüstung (*pl* -en) *die* parapet.

brutal *adj* brutal.

brutto *adv* gross.

brutzeln *vt & vi* to fry.

Btx *abk* = Bildschirmtext.

Buch (*pl* Bücher) *das* book; ~ **führen** to keep a record.

buchen *vt* (*reservieren*) to book; (*auf Konto*) to enter ♦ *vi* (*reservieren*) to book.

Bücherei (*pl* -en) *die* library.

Buchhalter, -in (*mpl* -) *der, die* bookkeeper.

Buchhandlung (*pl* -en) *die* bookshop.

Buchmesse (*pl* -n) *die* book fair.

Büchse (*pl* -n) *die* tin, can.

Büchsenmilch *die* tinned milk.

Büchsenöffner (*pl* -) *der* tin opener, can opener.

Buchstabe (*pl* -n) *der* letter; **kleiner/großer** ~ small/capital letter.

buchstabieren *vt* to spell.

Bucht (*pl* -en) *die* bay.

Buchung (*pl* -en) *die* booking.

bücken: sich bücken *ref* to bend down.

Bude

48

Bude (*pl* -n) die (*Kiosk*) stall; (*fam: Wohnung*) place.

Büffet (*pl* -s) das buffet; **kaltes ~** cold buffet.

Bügel (*pl* -) der (*Kleiderbügel*) (coat) hanger; (*von Brille*) arm.

Bügeleisen (*pl* -) das iron.

bügelfrei adj non-iron.

bügeln vt & vi to iron.

Bügelspray das spray used to make clothes easier to iron.

Bühne (*pl* -n) die stage.

Bulgarien nt Bulgaria.

bummeln vi ist (*langsam gehen*) to stroll; (*langsam sein*) to dawdle.

Bummelzug (*pl* -züge) der slow train.

Bund[1] (*pl* Bünde) der (*Zusammenschluß*) association; (*fam: Bundeswehr*) armed forces (*pl*).

Bund[2] (*pl* Bunde) das (*von Gemüse, Blumen*) bunch.

Bundesbahn die German state railway company.

Bundesbürger, -in (*mpl* -) der, die German citizen.

Bundeskanzler, -in (*mpl* -) der, die German chancellor.

Bundesland (*pl* -länder) das Land (*German state*).

---

i BUNDESLAND

Germany is a federal republic which consists of 16 states known as "Bundesländer", each with its own parliament and constitution. The states enjoy autonomy from central government in certain areas such as education and culture. Each state is represented in the upper house of the German parliament, the "Bundesrat", which has the right to reject legislation put forward by the central government.

Bundesliga die division of German football league.

Bundesregierung (*pl* -en) die German government.

Bundesrepublik die Federal Republic of Germany.

Bundesstraße (*pl* -n) die ≃ A road (*Br*), ≃ state highway (*Am*).

Bundestag der German parliament.

Bundeswehr die German army.

bundesweit adj nationwide (*in Germany*) ♦ adv across Germany.

Bündnis (*pl* -se) das alliance.

Bungalow (*pl* -s) der bungalow.

bunt adj (*vielfarbig*) colourful ♦ adv (*vielfarbig*) colourfully; **~er Abend** social evening.

Buntstift (*pl* -e) der coloured pencil.

Burg (*pl* -en) die castle.

bürgen vi: **für jn/etw ~** to vouch for sb/sthg.

Bürger, -in (*mpl* -) der, die (*Einwohner*) citizen; (*aus dem Mittelstand*) middle-class person.

bürgerlich adj (*Küche*) plain; (*Hotel*) respectable.

Bürgermeister, -in (*mpl* -) der, die mayor.

Bürgersteig (*pl* -e) der pavement (*Br*), sidewalk (*Am*).

Büro (*pl* -s) das office.

Büroklammer (*pl* -n) *die* paper clip.

Bürste (*pl* -n) *die* brush.

bürsten *vt* to brush.

Bus (*pl* -se) *der* bus; **mit dem ~ fahren** to go by bus.

Busbahnhof (*pl* -bahnhöfe) *der* bus station.

Busen (*pl* -) *der* bosom.

Busfahrer, -in (*mpl* -) *der, die* bus driver; **'Fahrscheine beim ~'** 'tickets from the driver'.

Bushaltestelle (*pl* -n) *die* bus stop.

Buslinie (*pl* -n) *die* bus route.

Busreise (*pl* -n) *die* coach trip (*Br*), bus trip (*Am*).

Bußgeld (*pl* -er) *das* fine.

Bußgeldbescheid (*pl* -e) *der* notification of a fine.

Buß- und Bettag *der* Day of Prayer and Repentance, *German public holiday in November.*

Büstenhalter (*pl* -) *der* bra.

Busverbindung (*pl* -en) *die* bus connection, bus service.

Butangas *das* butane.

Butter *die* butter.

Butterbrot (*pl* -e) *das* slice of bread and butter.

Butterfahrt (*pl* -en) *die* short ferry trip outside German waters to allow passengers to buy duty-free goods.

Butterkäse (*pl* -) *der* full-fat cheese.

Buttermilch *die* buttermilk.

Butterschmalz *das* clarified butter.

bzw. *abk* = beziehungsweise.

C

ca. (*abk für circa*) approx.

Cabaret (*pl* -s) *das* cabaret.

Cabrio (*pl* -s) *das* convertible.

Café (*pl* -s) *das* café.

CAFÉ

Most German cafés serve cakes and gâteaux with coffee or tea, although there are also "Eiscafés" which specialize in ice cream. You normally select your cake at the counter and it is then brought to your table. Two popular types of cake are Black Forest gâteau ("Schwarzwälder Kirschtorte") and a type of cheese-cake known as "Käsekuchen". Many cafés have a terrace where you can sit outside in summer, but if you do this coffee may only be ordered by the pot.

Cafeteria (*pl* -ien) *die* cafeteria.

campen *vi* to camp.

Camping *das* camping.

Campingführer (*pl* -) *der* camping guidebook.

Campingplatz (*pl* -plätze) *der* campsite.

Campingwagen (*pl* -) *der* camper van.

Cashewnuß (*pl* -nüsse) *die* cashew nut.

CB-Funker, -in (*mpl* -) *der, die* CB ham.

CD (*pl* -s) *die* CD.

CD-Spieler (*pl* -) *der* CD player.

Cello (*pl* -s) *das* cello.

Celsius *nt* celsius; **10 Grad ~** 10 degrees centigrade.

Champagner *der* champagne.

Champignon (*pl* -s) *der* mushroom.

Chance (*pl* -n) *die* chance, opportunity.

Change *der* (*Geldwechsel*) bureau de change.

Chanson (*pl* -s) *das* satirical song.

chaotisch *adj* chaotic.

Charakter (*pl* -tere) *der* character.

charakteristisch *adj* characteristic.

charmant *adj* charming ◆ *adv* charmingly.

Charterflug (*pl* -flüge) *der* charter flight.

Chartermaschine (*pl* -n) *die* charter plane.

chartern *vt* to charter.

chauvinistisch *adj* chauvinist.

Chef, -in (*mpl* -s) *der, die* boss.

Chefarzt (*pl* -ärzte) *der* (senior) consultant.

Chefärztin (*pl* -nen) *die* (senior) consultant.

Chemie *die* chemistry.

chemisch *adj* chemical; **~e Reinigung** (*Laden*) dry cleaner's.

chic *adj* chic.

Chicoree *der* ODER *die* chicory.

Chiffre (*pl* -n) *die* (*von Zeitungsanzeige*) box number.

Chili *der* chilli.

China *nt* China.

Chinarestaurant (*pl* -s) *das* Chinese restaurant.

Chinese (*pl* -n) *der* Chinese (man); **die ~n** the Chinese.

Chinesin (*pl* -nen) *die* Chinese (woman).

chinesisch *adj* Chinese.

Chinesisch(e) *das* Chinese.

Chip (*pl* -s) *der* chip.

Chipkarte (*pl* -n) *die* (*EDV*) smart card.

Chips *pl* (*KÜCHE*) crisps (*Br*), chips (*Am*).

Chirurg, -in (*mpl* -en) *der, die* surgeon.

chlorfrei *adj* chlorine-free; **'~ gebleicht'** 'produced using chlorine-free bleaching processes'.

Choke (*pl* -s) *der* choke.

Cholesterin *das* cholesterol.

Chor (*pl* Chöre) *der* choir.

Choreographie (*pl* -n) *die* choreography.

Christ, -in (*mpl* -en) *der, die* Christian.

Christi Himmelfahrt *nt* Ascension Day.

Chronik (*pl* -en) *die* chronicle.

chronisch *adj* chronic.

chronologisch *adj* chronological.

circa *adv* approximately.

City (*pl* Cities) *die* city centre.

clever *adj* clever, smart.

Clique (*pl* -n) *die* clique.

Clown (*pl* -s) *der* clown.

Club (*pl* -s) *der* club.

Cluburlaub (*pl* -e) *der* club holiday.

Cocktail (*pl* **-s**) *der* cocktail.

Cognac® (*pl* **-s**) *der* cognac.

Cola (*pl* **-s**) *die* ODER *das* Coke®.

Comic (*pl* **-s**) *der* cartoon.

Computer (*pl* **-**) *der* computer.

Container (*pl* **-**) *der* container.

Cord *der* corduroy.

Couch (*pl* **-en**) *die* couch.

Cousin (*pl* **-s**) *der* cousin.

Cousine (*pl* **-n**) *die* cousin.

Creme (*pl* **-s**) *die* cream.

Curry (*pl* **-s**) *das* curry.

Currywurst (*pl* **-würste**) *die* sausage with curry sauce.

D

da *adv* 1. (*dort*) there; ~, wo wir uns das letzte Mal getroffen haben where me met (the) last time; ~ lang along there.
2. (*hier*) here; **ist Her Müller ~?** (*am Telefon*) is Mr Müller there?; **sind alle ~** is everyone here?; **~ und dort** here and there.
3. (*übrig*): **ist noch Butter ~?** is there any butter left?
4. (*zeitlich*): **gestern, ~ hat es geregnet** it rained yesterday.
5. (*in diesem Fall*) there; **~ hat er recht** he's right there.
6. (*plötzlich*): **~ fällt mir ein ...** I've just thought ...
♦ *konj* (*weil*) as, since.

dabei *adv* (*räumlich*) next to it; (*gleichzeitig*) at the same time; (*doch*) and (what is more); **jm ~ helfen, etw zu tun** to help sb do sthg; **ich bin ~, die Koffer zu packen** I'm just packing the cases; **nahe ~** nearby; **nicht ~ sein** to be missing.

dabeibleiben *vi unr ist* (*an Ort*) to stay on; (*bei Meinung*) to stick with it.

dabeihaben *vt unr* (*Person*) to have with one; (*Gegenstand, Werkzeug*) to have on one.

dabeisein *vi unr ist* (*anwesend sein*) to be there; **ich bin ~, die Koffer zu packen** I'm just packing the cases.

Dach (*pl* **Dächer**) *das* roof.

Dachboden (*pl* **-böden**) *der* loft.

Dachgepäckträger (*pl* **-**) *der* roofrack.

dachte *prät* → **denken**.

dadurch *adv* (*räumlich*) through it; (*deshalb*) for that reason ♦ *konj*: **~, daß ...** because ...

dafür *adv* (*trotzdem*) nonetheless ♦ *konj*: **~, daß** considering; **ich habe 200 DM ~ bekommen** I got 200 marks for it; **ich kann nichts ~** it's not my fault.

dafürkönnen *vt unr*: **sie kann nichts ~** it's not her fault.

dagegen *adv* (*als Gegensatz*) in comparison; **das Auto fuhr ~** the car drove into it; **~ sein** to be against it.

dagegenhaben *vt unr*: **etwas ~, daß** to mind that; **nichts ~, daß** not to mind that.

daheim *adv* at home.

daher *adv* (*Herkunft*) from there; (*deshalb*) that's why.

dahin *adv* (*räumlich*) there; (*zeitlich*): **bis ~** until then.

dahinten *adv* over there.

dahinter adv behind it.

dahinter|kommen vi unr ist to find out.

dalli interj get a move on!

damals adv then, in those days.

Dame (pl -n) die (Person) lady; (Spiel) draughts (sg); (in Schach, Kartenspiel) queen; **meine ~n und Herren** ladies and gentlemen! ❑

Damen pl (Damentoilette) ladies (sg).

Damenbinde (pl -n) die sanitary towel.

Damenschuh (pl -e) der ladies' shoe.

Damentoilette (pl -n) die ladies (toilet).

damit konj so that ◆ adv (dadurch) therefore; **ich will ~ spielen** I want to play with it; **was meinst du ~?** what do you mean by that?

Damm (pl Dämme) der (gegen Überschwemmung) dam; (für Straße, Schienen) embankment.

dämmern vimp: **es dämmert** (morgens) it's getting light; (abends) it's getting dark.

Dämmerung (pl -en) die (morgens) dawn; (abends) dusk.

dämmrig adj dim.

Dampf (pl Dämpfe) der steam ❑ **Dämpfe** pl (chemisch) fumes.

Dampfbad (pl -bäder) das Turkish bath.

dampfen vi to steam.

dämpfen vt (Licht) to dim; (Geräusch) to muffle; (Wut) to calm; (Begeisterung) to dampen; (kochen) to steam.

Dampfer (pl -) der steamship.

Dampfnudel (pl -n) die (Südd) sweet dumpling made with yeast dough.

danach adv (zeitlich) afterwards; **sie sehnt sich ~** she longs for it; **kurz ~** shortly afterwards.

Däne (pl -n) der Dane.

daneben adv (räumlich) next to it; (vergleichend) in comparison.

Dänemark nt Denmark.

Dänin (pl -nen) die Dane.

dänisch adj Danish.

Dänisch(e) das Danish.

Dank der thanks (pl); **vielen ~!** thank you!; **besten ~!** thank you!; **herzlichen ~!** thank you!; **schönen ~!** thank you!; **vielen ~ im voraus** thanking you in advance.

dankbar adj (Person) grateful; **jm für etw ~ sein** to be grateful to sb for sthg.

danke interj thanks!; **~, gleichfalls!** thanks, you too!; **~ schön** ODER **sehr!** thanks!

danken vi to say thank you; **jm ~** to thank sb; **für etw ~** to say thank you for sthg; **nichts zu ~!** don't mention it!

dann adv then; **bis ~!** see you then!; **also ~** all right, then.

daran adv (räumlich) on/to/against/next to it; **es liegt ~, daß ...** it is because of the fact that ...

darauf adv (räumlich) on it; (zeitlich) afterwards; **~ warten, daß ...** to wait for ...; **am Tag ~** the next day; **die Tage ~** the next few days.

daraus adv (aus Gefäß, Behälter) out of it; (aus Material) from it; **mach dir nichts ~!** don't let it bother you!

darf präs → **dürfen**.

darin adv (räumlich) in it; **~ liegt ein Widerspruch** that's a contradiction.

Darlehen (pl -) das loan.

Darm (pl Därme) der intestine.

Darmgrippe die gastric flu.

Darsteller, -in (mpl -) der, die actor (f actress).

Darstellung (pl -en) die representation.

darüber adv (räumlich) over it; (sprechen, diskutieren) about it.

darum adv (deshalb) that's why; ~ **geht es nicht** that's not the point; **es geht ~, zu gewinnen** the main thing is to win.

darunter adv (räumlich) under it; (weniger): **30 Meter oder etwas ~** 30 metres or a little less; **viele Besucher, ~ auch einige aus dem Ausland** many visitors, including some foreigners; **was verstehst du ~?** what do you understand by that?

das (det the ♦ pron (Demonstrativpronomen) that; (Relativpronomen) that, which; ~ **Rauchen** smoking; ~ **da!** that one there!

dasein vi unr ist to be there; **ist noch Bier da?** is there any beer left?

daß konj (im Objektsatz) that; (im Subjektsatz) the fact that; ~ **das bloß klappt!** let it work!; **sich so freuen, ~ ...** to be so happy that ...

dasselbe det the same ♦ pron the same one; ~ **tun** to do the same (thing).

Datei (pl -en) die file.

Datenschutz der data protection.

Dativ der dative.

Dattel (pl -n) die date.

Datum (pl Daten) das date.

Dauer die duration; **auf (die)** ~ in the long term; **für die** ~ **von vier Jahren** for (a period of) four years.

Dauerauftrag (pl -aufträge) der standing order.

Dauerkarte (pl -n) die season ticket.

Dauerlauf der jog.

dauern vi to last; **es dauerte drei Wochen, bis ich den Brief bekam** it took three weeks for the letter to reach me.

dauernd adj constant ♦ adv constantly.

Dauerparkplatz (pl -plätze) der long-stay car park.

Dauerwelle (pl -n) die perm.

Daumen (pl -) der thumb; **jm die** ~ **drücken** to keep one's fingers crossed for sb.

Daunendecke (pl -n) die eiderdown.

davon adv (räumlich) from it; (von Thema) about it; (von Menge) of it.

davor adv (räumlich) in front of it; (zeitlich) beforehand; **ich habe Angst** ~ I'm scared of it; **kurz** ~ **sein, etw zu tun** to be on the point of doing sthg.

dazu adv (außerdem) in addition; **es schneit, ~ ist es kalt** it's snowing and it's cold too; **ich habe keine Lust** ~ I don't feel like it; **ich bin nicht** ~ **gekommen** I didn't get round to it.

dazugeben vt unr to add.

dazugehören vi (Person) to belong; (Zubehör) to go with it.

dazukommen vi unr ist (zu Gruppe) to come along; **kommt noch etwas dazu?** would you like anything else?; **es kommt noch Mehrwertsteuer ~** it doesn't include VAT.

dazwischen adv in between.

dazwischenkommen vi unr

ist: **mir ist etwas dazwischengekommen** something has cropped up.

Deck (*pl* -s) *das* deck; **an ~ on deck.**

Decke (*pl* -n) *die (von Bett)* blanket; *(von Tisch)* tablecloth; *(von Raum)* ceiling.

Deckel (*pl* -) *der* lid.

decken *vt* to cover; **etw über jn/etw ~** to cover sb/sthg with sthg.

Deckfarbe (*pl* -n) *die* gouache.

Decoder (*pl* -) *der (für Pay-TV)* decoder.

defekt *adj* faulty.

definieren *vt* to define.

Defizit (*pl* -e) *das* deficit.

deftig *adj (Speise)* substantial.

dehnbar *adj* elastic.

Deich (*pl* -e) *der* dike.

dein, -e *det* your.

deine, -r, -s ODER **deins** *pron* yours.

Deklination (*pl* -en) *die* declension.

deklinieren *vt* to decline.

Dekolleté (*pl* -s) *das* low neckline.

Dekoration (*pl* -en) *die* decoration.

delikat *adj (Angelegenheit)* delicate; *(Speise)* delicious.

Delikatesse (*pl* -n) *die* delicacy.

Delle (*pl* -n) *die (an Auto)* dent.

Delphin (*pl* -e) *der* dolphin.

dem *det* (to) the ♦ *pron (Demonstrativpronomen: Person)* to him; *(Sache)* to .that one; *(Relativpronomen: Person)* to whom; *(Sache)* to which.

demnächst *adv* shortly.

Demokratie (*pl* -n) *die* democracy.

demokratisch *adj* democratic.

demolieren *vt* to demolish.

Demonstration (*pl* -en) *die* demonstration.

demonstrieren *vi:* **~ gegen/für** to demonstrate against/for.

den *det* the ♦ *pron (Demonstrativpronomen: Person)* him; *(Sache)* that (one); *(Relativpronomen: Person)* whom; *(Sache)* to which.

denen *pron (Demonstrativpronomen)* (to) them; *(Relativpronomen: Person)* to whom; *(Sache)* to which.

denken (*prät* **dachte**, *pp* **gedacht**) *vi & vt* to think; **~ an** (+A) *(planen)* to think about; *(sich erinnern an, berücksichtigen)* to think of; **denk an den Kaffee!** don't forget the coffee!; **~ über** (+A) to think about; **~ von** to think of; **sich** (*D*) **etw ~** to imagine sthg; **das hätte ich mir ~ können** I might have known.

Denkmal (*pl* -mäler) *das* monument.

Denkmalschutz *der:* **unter ~ stehen** to be classified as a historical monument.

denn *konj (weil)* because ♦ *adv* then; **was hast du ~?** so what's wrong?

Deo (*pl* -s) *das* deodorant.

Deodorant (*pl* -s) *das* deodorant.

Deponie (*pl* -n) *die* dump.

deponieren *vt (Gepäck, Paket)* to deposit.

Depression (*pl* -en) *die* depression.

der *det (Nominativ)* the; *(Genitiv)* of the; *(Dativ)* (to) the ♦ *pron (Demon-*

strativpronomen: Person) him; *(Sache)* that (one); *(Relativpronomen: Person)* who; *(Sache)* which; **der Hut ~ Frau** the woman's hat; **der Fußball ~ Jungen** the boys' football.

deren *det* their ♦ *pron (bei Person)* whose; *(bei Sache)* of which.

derselbe *det* the same ♦ *pron* the same one.

derzeit *adv* at the moment.

des *det* of the; **der Hut ~ Mannes** the man's hat.

deshalb *adv* therefore.

Desinfektionsmittel *(pl -)* *das* disinfectant.

desinfizieren *vt* to disinfect.

dessen *det (bei Person)* his; *(bei Sache)* its ♦ *pron (bei Person)* whose; *(bei Sache)* of which.

Dessert *(pl -s)* *das* dessert; **zum ~** for dessert.

desto *konj* → **je**.

deswegen *adv* therefore.

Detail*(pl -s)* *das* detail.

Detektiv, -in *(mpl -e)* *der, die* detective.

deutlich *adj* clear ♦ *adv* clearly; **~ sprechen** to speak clearly.

deutsch *adj* German ♦ *adv:* **auf ~** in German.

Deutsch *das* German.

Deutsche[1] *(pl -n)* *der, die (Person)* German.

Deutsche[2] *das (Sprache)* German.

Deutsche Bundesbahn *die* German state railway company.

Deutsche Bundesbank *die* German federal bank.

Deutsche Bundespost *die* German postal service.

Deutschland *nt* Germany.

deutschsprachig *adj* German-speaking.

Devisen *pl* foreign currency *(sg).*

Dezember *der* December, → September.

d.h. *(abk für das heißt)* i.e.

Dia *(pl -s)* *das* slide.

Diabetes *der* diabetes *(sg).*

Diabetiker, -in *(mpl -)* *der, die* diabetic; **für ~ geeignet** diabetic *(vor Subst).*

Diafilm *(pl -e)* *der* slide film.

Diagnose *(pl -n)* *die (MED)* diagnosis.

Dialekt *(pl -e)* *der* dialect.

 DIALEKT

Although all countries have regional dialects, some of those in the German-speaking world are particularly strong and often even German speakers from other regions are unable to understand them. The main dialects are the following: "Plattdeutsch", spoken in the north of Germany, "Kölsch", spoken around Cologne, "Berlinerisch" in Berlin, "Sächsisch" in Saxony, "Bayrisch" in Bavaria and the dialects of Switzerland and Austria. Standard "high German" is usually used when writing and for official purposes.

Dialog *(pl -e)* *der* dialogue.

Diaprojektor *(pl -en)* *der* slide projector.

Diarahmen *(pl -)* *der* slide frame.

Diät (*pl* -en) *die* diet; **eine ~ machen** to go on a diet.

Diavortrag (*pl* -vorträge) *der* slide presentation.

dich *pron* you; *(Reflexivpronomen)* yourself.

dicht *adj* thick; *(gegen Wasser)* watertight; *(gegen Luft)* airtight; *(Dach, Fenster)* weatherproof; *(Verkehr)* heavy ◆ *adv* tightly; **~ neben etw** (D) **stehen** to stand right next to sthg; **~ davor, etw zu tun** on the verge of doing sthg.

Dichter, -in (*mpl* -) *der, die (von Gedichten)* poet; *(von Dramen, Theaterstücken)* writer.

Dichtung (*pl* -en) *die (Gedichte)* poetry; *(Literatur)* literature; *(Dichtungsring)* washer.

Dichtungsring (*pl* -e) *der* washer.

dick *adj* thick; *(Person, Körperteil)* fat; *(geschwollen)* swollen ◆ *adv* thickly.

Dickmilch *die* sour milk.

die *det* the ◆ *pron (Demonstrativpronomen: Person)* her, them (*pl*); *(Sache)* that one, those ones (*pl*); *(Relativpronomen: Person)* who; *(Sache)* which.

Dieb, -in (*mpl* -e) *der, die* thief.

Diebstahl (*pl* -stähle) *der* theft; **einen ~ anzeigen** to report a theft.

Diebstahlversicherung (*pl* -en) *die* insurance against theft.

Diele (*pl* -n) *die (Flur)* hall.

dienen *vi* (+D) to serve; *(fördern)* to be to the benefit of.

Dienst (*pl* -e) *der* service; **hast du morgen ~?** do you have to go to work tomorrow?; **im ~** on duty; **der öffentliche ~** the civil service.

Dienstag (*pl* -e) *der* Tuesday, → Samstag.

dienstags *adv* on Tuesdays.

Dienstbereitschaft *die*: **die Apotheke hat heute nacht ~** the chemist's is open all night tonight.

Dienstfahrt (*pl* -en) *die* business trip.

diensthabend *adj* on duty.

Dienstleistung (*pl* -en) *die* service.

dienstlich *adj* business *(vor Subst)* ◆ *adv* on business.

Dienstreise (*pl* -n) *die* business trip.

Dienststelle (*pl* -n) *die (amt)* office.

Dienstzeit (*pl* -en) *die* working hours (*pl*).

diese, -r, -s ODER **dies** *det* this, these (*pl*) ◆ *pron* this one, these ones (*pl*).

Diesel (*pl* -) *der* diesel.

dieselbe *det* the same ◆ *pron* the same one.

Dieselkraftstoff (*pl* -e) *der* diesel fuel.

Dieselmotor (*pl* -en) *der* diesel engine.

Dieselöl *das* diesel.

dieser *det* → diese.

dieses *det* → diese.

diesig *adj* misty.

diesmal *adv* this time.

diesseits *adv* on this side ◆ *präp* (+G) on this side of.

Differenz (*pl* -en) *die* difference.

Digitalanzeige (*pl* -n) *die* digital display.

Diktat (*pl* -e) *das (in Schule)* dictation.

Diktatur (*pl* -en) *die* dictatorship.

diktieren *vt* to dictate.

Dill *der* dill.

DIN (*abk für Deutsche Industrienorm*) ≈ BS (*Br*), ≈ ASA (*Am*).

Ding (*pl* -e) *das* thing.

Dings *der, die, das* (*fam*) thingamajig.

Dingsbums *der, die, das* (*fam*) = Dings.

Dingsda *der, die, das* (*fam*) = Dings.

DIN-Norm (*pl* -en) *die* (*amt*) German standard.

Dinosaurier (*pl* -) *der* dinosaur.

Diphterie *die* diphtheria.

Diplom (*pl* -e) *das* (*Titel*) degree.

Diplomat, -in (*mpl* -en) *der, die* diplomat.

dir *pron* (to) you.

direkt *adj* direct ◆ *adv* directly; (*ohne Zwischenzeit*) straight; ~ neben right next to.

Direktflug (*pl* -flüge) *der* direct flight.

Direktor (*pl* Direktoren) *der* (*von Hotel*) manager; (*von Firma*) director; (*von Schule*) headmaster.

Direktorin (*pl* -nen) *die* (*von Hotel*) manageress; (*von Firma*) director; (*von Schule*) headmistress.

Direktübertragung (*pl* -en) *die* live broadcast.

Dirigent, -in (*mpl* -en) *der, die* conductor.

dirigieren *vt & vi* (*MUS*) to conduct.

Diskette (*pl* -n) *die* (*EDV*) (floppy) disk.

Disko (*pl* -s) *die* (*fam*) disco,

(night) club; **in die ~ gehen** to go clubbing.

Diskothek (*pl* -en) *die* disco(theque).

diskret *adj* discreet ◆ *adv* discreetly.

diskriminieren *vt* (*benachteiligen*) to discriminate against.

Diskriminierung (*pl* -en) *die* discrimination.

Diskussion (*pl* -en) *die* discussion.

diskutieren *vt* to discuss ◆ *vi* to have a discussion; ~ mit to have a discussion with; ~ über (+A) to have a discussion about.

Distanz (*pl* -en) *die* distance.

Distel (*pl* -n) *die* thistle.

diverse *adj* various.

dividieren *vt & vi* to divide.

DLRG *die* German life-savers society.

DM (*abk für Deutsche Mark*) DM.

D-Mark (*pl* -) *die* Deutschmark, German mark.

doch *interj* yes ◆ *konj* yet, but ◆ *adv* (*konzessiv*) anyway; **er wollte erst nicht, aber dann hat er es ~ gemacht** at first he didn't want to, but then he did it anyway; **setzen Sie sich ~!** do sit down!; **nicht ~, so war das nicht gemeint!** okay, okay, I didn't mean it that way; **das kann ~ nicht wahr sein!** but surely that can't be true!; **willst du nicht? - ~, ich will** don't you want to? - yes, I do; ~ **noch** after all.

Doktor (*pl* Doktoren) *der* (*fam: Arzt*) doctor; (*Titel*) doctorate.

Doktorin (*pl* -nen) *die* (*fam: Ärztin*) doctor.

Dokument (*pl* -e) *das* (*Urkunde*) document.

Dokumentation (*pl* -en) *die* (*schriftlich*) documentation; (*filmisch*) documentary.

dolmetschen *vi* to interpret.

Dolmetscher, -in (*mpl* -) *der, die* interpreter.

Dom (*pl* -e) *der* cathedral.

dominieren *vt* to dominate ◆ *vi* to predominate.

Domino *das* (*Spiel*) dominoes (*sg*).

Donau *die*: **die** ~ **the** the Danube.

Donner *der* thunder.

donnern *vimpr*: **es donnert** it's thundering.

Donnerstag (*pl* -e) *der* Thursday, → **Samstag**.

donnerstags *adv* on Thursdays.

doof *adj* (*fam*) stupid ◆ *adv* (*fam*) stupidly.

Doppelbett (*pl* -en) *das* double bed.

Doppeldecker (*pl* -) *der* (*Bus*) double decker.

Doppelname (*pl* -n) *der* (*Nachname*) double-barrelled name.

Doppelpunkt (*pl* -e) *der* colon.

Doppelstecker (*pl* -) *der* two-way adapter.

doppelt *adj* double ◆ *adv* twice; ~ **so viel** twice as much.

Doppelzimmer (*pl* -) *das* double room.

Dorf (*pl* **Dörfer**) *das* village.

Dorn (*pl* -en) *der* thorn.

Dörrobst *das* dried fruit.

dort *adv* there; ~ **drüben** over there.

dorther *adv* from there.

dorthin *adv* there.

Dose (*pl* -n) *die* (*aus Holz, Plastik*) box; (*aus Porzellan*) pot; (*Konservendose*) tin, can; **Erbsen aus der** ~ tinned ODER canned peas.

dösen *vi* to snooze.

Dosenmilch *die* tinned milk, canned milk.

Dosenöffner (*pl* -) *der* tin opener, can opener.

dosieren *vt* to measure out.

Dosierung (*pl* -en) *die* dosage.

Dosieranleitung (*pl* -en) *die* directions for use (*pl*).

Dosis (*pl* **Dosen**) *die* dose.

Dozent, -in (*mpl* -en) *der, die* lecturer.

Dr. (*abk für* **Doktor**) Dr.

Drachen (*pl* -) *der* (*aus Papier*) kite; (*SPORT*) hang glider.

Drachenfliegen *das* hang gliding.

Dragee (*pl* -s) *das* (*Medikament*) pill; (*Bonbon*) sweet.

Draht (*pl* **Drähte**) *der* wire.

Drahtseilbahn (*pl* -en) *die* cable railway.

Drama (*pl* **Dramen**) *das* drama.

dramatisch *adj* (*spannend*) dramatic.

Dramaturg, -in (*mpl* -en) *der, die* person who selects and adapts plays for the stage.

dran *adv* (*fam*) = **daran**; ~ **sein** (*an der Reihe sein*) to be next.

dranbleiben *vi unr* **ist** (*am Telefon*) to hold (the line).

drängeln *vi* (*durch Schieben*) to push ❑ **sich drängeln** *ref*: **sich nach vorn** ~ to push one's way forward.

drängen vt (schieben) to push; (überreden) to press.

dran|kommen vi unr ist (an die Reihe kommen) to have one's turn; (heranreichen) to reach.

drauf adv (fam) = darauf; **gut/ schlecht ~ sein** to be in a good/bad mood.

draus adv (fam) = daraus.

draußen adv outside; **nach ~** outside; **von ~** from outside.

Dreck der (fam: Schmutz) dirt.

dreckig adj (fam: schmutzig) dirty; **etw ~ machen** to get sthg dirty.

drehen vt (Kurbel, Schraube) to turn; (Film) (Zigarette) to roll ◆ vi (Fahrzeug, Wind) to turn; **an etw** (D) **~** to turn sthg; **etw lauter/leise ~** to turn sthg up/down □ **sich drehen** ref to turn over; **sich ~ um** (thematisch) to be about.

Drehtür (pl -en) die revolving door.

Drehzahlmesser (pl -) der rev counter.

drei num three, → **sechs**.

Dreieck (pl -e) das triangle.

Dreiecktuch (pl -tücher) das headscarf.

dreifach num triple.

dreihundert num three hundred.

Dreikönigstag der Epiphany.

dreimal adv three times.

dreispurig adj three-lane.

dreißig num thirty, → **sechs**.

dreiviertel num three quarters; (Südtt: in Uhrzeit): **es ist ~ acht** it's a

quarter to eight (Br), it's a quarter of eight (Am).

dreizehn num thirteen, → **sechs**.

dressieren vt to train.

Dressing (pl -s) das dressing.

Dressur (pl -en) die dressage.

drin adv = darin; **das ist nicht ~** that's out.

dringen (prät drang, pp gedrungen) vi ist: **in** ODER **durch etw** (A) **~** to penetrate sthg.

dringend adj urgent ◆ adv urgently.

drinnen adv inside.

dritt num: **wir sind zu ~** there are three of us.

dritte, -r, -s adj third, → **sechste**.

Drittel (pl -) das third, → **Sechstel**.

drittens adv thirdly.

Dritte Reich das Third Reich.

Dritte Welt die Third World.

DRK das (abk für Deutsches Rotes Kreuz) German Red Cross.

Droge (pl -n) die (Rauschgift) drug.

drogenabhängig adj: **~ sein** to be a drug addict.

Drogenberatungsstelle (pl -n) die drug advice centre.

Drogerie (pl -n) die ~ chemist's (shop) (Br), drugstore (Am).

Drogeriemarkt (pl -märkte) der discount chemist's (Br), discount drugstore (Am).

drohen vi to threaten.

drosseln vt (Tempo) to reduce.

drüben adv over there.

drüber adv (fam) = darüber.

Druck[1] der (Kraft) pressure; (von Finger) touch; (von Hand) shake; (von Büchern) printing.

Druck[2] (pl -e) der (Gravur) print.

Druckbuchstabe (pl -n) der printed letter; '**bitte in ~n schreiben!**' 'please write in block capitals'.

drucken vt to print.

drücken vi (pressen) to press; (Schuhe) to pinch ◆ vt (Knopf, Schalter) to press; **auf etw** (A) ~ to press sthg; '**drücken**' 'push'; **jn** ~ (fam: umarmen) to hug sb □ **sich drücken** ref (fam: sich entziehen): **sich** ~ **vor** to get out of.

drückend adj (Hitze) oppressive.

Druckknopf (pl -knöpfe) der (an Kleidung) press stud.

Drucksache (pl -n) die printed matter.

Druckschrift die block capitals (pl).

drum adv (fam) = darum □ **Drum** das: **mit allem Drum und Dran** (fam) with all the trappings.

drunter adv (fam) = darunter; **es geht ~ und drüber** (fam) everything's all over the place.

dt. abk = deutsch.

du pron you; ~ **sagen** to use the 'du' form of address; **mit jm per** ~ **sein** = to be on first name terms with sb.

Dübel (pl -) der Rawlplug ®.

Duett (pl -e) das duet.

duften vi to smell nice ◆ vimp: **es duftet nach ...** there's a smell of ...

dumm (komp dümmer, superl am dümmsten) adj stupid ◆ adv stupidly; ~**es Zeug** (abw) rubbish.

Dummkopf (pl -köpfe) der idiot.

dumpf adj (Klang) muffled.

Düne (pl -n) die dune.

Dünger der fertilizer.

dunkel (komp dunkler, superl am dunkelsten) adj dark; (Klang) deep ◆ adv (färben) dark; **seine Stimme klingt** ~ his voice is deep; **es wird** ~ it's getting dark.

dunkelblond adj light brown.

dunkelhaarig adj dark-haired.

Dunkelheit die (nächtlich) darkness.

dünn adj thin; (Getränk) weak ◆ adv (thinly); **etw** ~ **auftragen** to apply sthg sparingly.

dünsten vt to steam.

dunstig adj (Wetter) hazy.

Duo (pl -s) das (Musikstück) duet; (zwei Musiker) duo.

Dur das major.

durch präp (+A) through; (mit Hilfe von) by (means of); (wegen) as a result of ◆ adv through; **die ganze Nacht** ~ throughout the night; **darf ich mal bitte** ~? excuse me, please!; ~ **und** ~ through and through; ~ **die Schweiz reisen** to travel across Switzerland.

durch|atmen vi to breathe deeply.

durchaus adv absolutely; ~ **nicht** not at all.

Durchblutung die circulation.

durch|brechen vt unr hat (Stock) to snap ◆ vi unr ist (Stock, Brett) to snap.

61

durchsein

durchbrennen vi unr ist (Sicherung) to blow.

durchdrehen vi ist (Räder) to spin; (fig: Person) to crack up.

durcheinander adv all over the place ♦ adj: ~ **sein** (Zimmer, Haus) to be in a mess; (Person) to be confused.

Durcheinander das chaos.

durchfahren vi unr ist (mit Auto) to drive through; (Zug) to go through.

Durchfahrt die: auf der ~ **sein** to be travelling through; '~ **verboten!**' 'no through road' (Br), 'no outlet' (Am).

Durchfall (pl -**fälle**) der diarrhoea.

durchfragen: sich durchfragen ref to ask the way; **sich zum Bahnhof ~** to ask the way to the station.

durchführen vt to carry out.

Durchgang (pl -**gänge**) der (zwischen Gebäuden) passage; '**kein ~!**' 'keep out'.

Durchgangsverkehr der through traffic.

durchgebrannt pp → **durchbrennen** ♦ adj (Sicherung) blown.

durchgebraten adj well-done.

durchgefroren adj frozen.

durchgehen vi unr ist to go through; **bitte ~!** (in Bus) please move to the back of the bus!

durchgehend adj (Zug) through (vor Subst) ♦ adv: '~ **geöffnet**' 'open all day'.

durchhalten vi unr to hold out ♦ vt unr to withstand.

durchkommen vi unr ist to get through.

durchlassen vt unr (Person) to let through; (Wasser) to let in.

durchlässig adj leaky.

Durchlauferhitzer (pl -) der water heater.

durchmachen vt (ertragen) to go through; **die Nacht ~** (fam: feiern) to party all night.

Durchmesser (pl -) der diameter.

Durchreise die: auf der ~ **(sein)** (to be) travelling through.

Durchreisevisum (pl -**visa**) das transit visa.

durchreißen vt unr hat to snap ♦ vi unr ist to snap.

Durchsage (pl -n) die announcement; **Achtung, eine ~!** attention, please, here is an announcement.

durchsagen vt to announce.

durchschauen vt to see through.

Durchschlag (pl -**schläge**) der carbon copy.

durchschlagen: sich durchschlagen ref (zur Grenze) to make it; (finanziell) to get by.

durchschneiden vt unr to cut through.

Durchschnitt der average; **im ~** on average.

durchschnittlich adj average ♦ adv (im Durchschnitt) on average; (mittelmäßig) averagely.

Durchschnittsgeschwindigkeit die average speed.

durchsein vi unr ist (fam) (Zug) to have gone through; (Fleisch) to be done; (Kleidung, Schuhe) to have worn through.

durch|setzen *vt* to push through ▫ **sich durchsetzen** *ref (Person)* to get one's way.

durchsichtig *adj (Material)* transparent.

durch|stellen *vt (an Telefon)* to put through.

durch|streichen *vt unr* to cross out.

durchsuchen *vt* to search.

Durchwahl *die* extension.

durch|wählen *vi* to dial direct.

durch|zählen *vt* to count up.

durch|ziehen *vt unr (durch Öffnung)* to pull through; *(Plan)* to see through.

Durchzug *der (Luftzug)* draught.

dürfen *(präs* **darf**, *prät* **durfte**, *pp* **dürfen)** *aux* 1. *(als Erlaubnis)*: **etw tun** ~ to be allowed to do sthg; **sie** ~ **gerne hineinkommen** please, come in!
2. *(in Fragen)*: **darf ich mich setzen?** may I sit down?; **darf ich fragen ...** may I ask ...
3. *(als Aufforderung)*: **das** ~ **wir nicht vergessen** we mustn't forget that; **so etwas darf einfach nicht passieren** such a thing simply should not happen.
4. *(als Annahme)*: **das dürfte genügen** that should be enough.
♦ *vi (als Erlaubnis)*: *pp* **gedurft**): **sie darf nicht ins Schwimmbad** she's not allowed to go swimming.
♦ *vt (als Erlaubnis)*: *pp* **gedurft**): **das darf man nicht!** you're not allowed to do that; **was darf es sein?** what can I get you?

Durst *der* thirst; ~ **auf ein Bier haben** to fancy a beer; ~ **haben** to be thirsty.

durstig *adj* thirsty; ~ **sein** to be thirsty.

Dusche *(pl* **-n)** *die* shower.

duschen *vi* to have a shower ▫ **sich duschen** *ref* to have a shower.

Duschgel *das* shower gel.

Duschkabine *(pl* **-n)** *die* shower (cubicle).

Duschvorhang *(pl* **-hänge)** *der* shower curtain.

Düsenflugzeug *(pl* **-e)** *das* jet.

düster *adj (dunkel)* gloomy.

Dutzend *(pl* **-)** *das* dozen ▫ **Dutzende** *pl* dozens.

duzen *vt* to use the 'du' form of address ▫ **sich duzen** *ref* to use the 'du' form of address; **sich** ~ **mit jm** = to be on first name terms with sb.

Dynamo *(pl* **-s)** *der* dynamo.

DZ *abk* = **Doppelzimmer.**

D-Zug *(pl* **D-Züge)** *der* fast train which only stops at major stations.

E

Ebbe *(pl* **-n)** *die (an Meer)* low tide; ~ **und Flut** tides *(pl)*.

eben *adj (Boden)* flat ♦ *adv* just ♦ *interj (genau)* exactly!; ~ **nicht!** that's not true!; **sie war** ~ **noch hier** she was just here; **komm mal** ~ **her!** come here a minute!

Ebene *(pl* **-n)** *die (Flachland)* plain; *(Niveau)* level.

ebenfalls adv (auch) as well; (gleichfalls) you too.

ebenso adv just as.

EC (pl -s) abk = EuroCity.

Echo (pl -s) das echo.

echt adj (Gold, Leder) genuine; (Freund, Gefühl) real ♦ adv really.

Ecke (pl -n) die corner; **um die ~** round the corner.

eckig adj (quadratisch) square; (rechteckig) rectangular.

Economyklasse die economy class.

ECU (pl -s) der ECU.

Edelstahl der stainless steel.

Edelstein (pl -e) der precious stone.

Edelweiß (pl -e) das edelweiss.

Edinburg nt Edinburgh.

EDV die data processing.

Efeu (pl -s) das ivy.

Effekt (pl -e) der effect.

EG die (abk für Europäische Gemeinschaft) EC.

egal adj (gleichgültig) all the same; **das ist ~** it doesn't matter; **~, wie groß** no matter how big; **~ ob** no matter whether; **es ist mir ~** I don't mind.

EG-Bürger, -in (mpl -) der, die EC national.

egoistisch adj selfish.

ehe konj before.

Ehe (pl -n) die marriage.

Ehefrau (pl -en) die wife.

Eheleute pl married couple (sg).

ehemalig adj former.

Ehemann (pl -männer) der husband.

Ehepaar (pl -e) das married couple.

eher adv sooner; **es ist ~ grün als blau** it's more green than blue.

Ehering (pl -e) der wedding ring.

Ehre (pl -n) die (Würde) honour.

ehrenamtlich adj honorary.

Ehrengast (pl -gäste) der guest of honour.

ehrgeizig adj ambitious.

ehrlich adj (Person, Antwort) honest ♦ adv (antworten) honestly.

Ei (pl -er) das egg; **ein weiches/hartgekochtes ~** a soft-boiled/hard-boiled egg.

Eiche (pl -n) die (Baum) oak.

Eichhörnchen (pl -) das squirrel.

Eid (pl -e) der oath.

Eidechse (pl -n) die lizard.

eidesstattlich adj sworn ♦ adv solemnly.

Eierbecher (pl -) der egg cup.

Eierstock (pl -stöcke) der ovary.

eifersüchtig adj jealous.

eifrig adj eager ♦ adv eagerly.

Eigelb (pl -e) das egg yolk.

eigen adj own.

eigenartig adj strange ♦ adv strangely.

Eigenbedarf der: **für den ~** for one's own use.

Eigenschaft (pl -en) die (Charakteristikum) characteristic.

eigentlich adj (wirklich) actual ♦ adv (im Grunde) actually; **kennst du ~ meinen Bruder?** do you know my brother?; **wer sind Sie ~?** who might you be?; **was denkst du dir ~?** what on earth do you think you're doing?

Eigentum das property.

Eigentümer, -in *(mpl -)* der, die owner.

Eigentumswohnung *(pl -en)* die owner-occupied flat *(Br)*, owner-occupied apartment *(Am)*.

eignen: sich eignen *ref* to be suitable.

Eilbrief *(pl -e)* der express letter.

Eile die hurry; **in ~ sein** to be in a hurry.

eilen *vi ist* to hurry; **eilt!** urgent!

eilig *adj (dringend)* urgent; *(schnell)* hurried ◆ *adv (schnell)* hurriedly; **es ~ haben** to be in a hurry.

Eilsendung *(pl -en)* die express letter/parcel.

Eilzug *(pl -züge)* der fast stopping train.

Eilzustellung *(pl -en)* die express delivery.

Eimer *(pl -)* der bucket.

ein, -e det a, an *(vor Vokal)*; **~ Hund** a dog; **~e Idee** an idea; **~ Mädchen** a girl; **~es Tages** one day.
◆ *adj* 1. *(als Zahl)* one; **~e einzelne Rose** a single rose; **~ Uhr** one o'clock.
2. *(gleich)*: **~er Meinung sein** to have the same opinion.
◆ *pron* 1. *(Teil aus Menge)* one; **hier ist noch ~s/~e** here's another one.
2. *(fam: man)* one; **das kann ~em schon mal passieren** these things can happen to you.
◆ *adv*: '**~ - aus**' 'on-off'; **~ und aus gehen** to come and go.

einander *pron* each other.

ein|arbeiten *vt (Person)*: **jn ~** to show sb the ropes.

ein|atmen *vi* to breathe in.

Einbahnstraße *(pl -n)* die one-way street.

ein|bauen *vt (Kamin, Bad)* to fit.

Einbauküche *(pl -n)* die fitted kitchen.

Einbettzimmer *(pl -)* das single room.

ein|biegen *vi unr ist* to turn.

ein|bilden *vt*: **sich (D) etw ~** to imagine sthg.

ein|brechen *vi unr ist (als Einbrecher)* to break in; *(in Eis)* to fall through.

Einbrecher, -in *(mpl -)* der, die burglar.

Einbruch *(pl -brüche)* der *(von Einbrecher)* break-in; **nach ~ der Dunkelheit** after dark.

Einbürgerung die *(von Person)* naturalization.

ein|checken *vi* to check in.

ein|cremen *vt* to put cream on ◻ **sich eincremen** *ref* to put cream on.

eindeutig *adj* clear ◆ *adv* clearly.

ein|dringen *vi unr ist (Wasser)* to get in; *(Einbrecher)* to break in.

Eindruck *(pl -drücke)* der *(von Person)* impression; **den ~ haben, daß** to have the impression that.

eindrucksvoll *adj* impressive.

eine → ein.

eineinhalb *num* one and a half.

einerseits *adv*: **~ ... andererseits** on the one hand ... on the other hand.

einfach *adj* simple; *(Fahrt, Fahrkarte)* single ◆ *adv*: **~ oder hin und zurück?** would you like a single or a return?; **~ klasse!** just brilliant!

ein|fahren *vi unr ist (Zug)* to arrive.

Einfahrt *(pl -en)* die *(Tor, Weg)*

entrance; *(von Zug)* arrival; '~ **frei-halten!**' 'keep clear'; ~ **haben** to arrive.

Einfall *(pl -fälle) der (Idee)* idea.

ein|fallen *vi unr ist (+D)* : **jm** ~ to occur to sb; **mir fällt gerade ein** ... I've just remembered ...

Einfamilienhaus *(pl -häuser) das* detached house.

einfarbig *adj* all one colour.

Einfluß *(pl -flüsse) der* influence; ~ **auf jn/etw haben** *(Effekt)* to influence sb/sthg; *(Macht)* to have influence over sb/sthg.

ein|frieren *vt unr hat (Lebensmittel)* to freeze ♦ *vi unr ist* to freeze.

Einfuhr *(pl -en) die (von Ware)* importation.

Einfuhrbeschränkung *(pl -en) die* import tariff.

Einfuhrbestimmungen *pl* import regulations.

ein|führen *vt (Waren)* to import; *(Zäpfchen, Sonde)* to insert; *(Neuerung)* to introduce; **jn in etw** *(A)* ~ to introduce sb to sthg.

Einführung *(pl -en) die* introduction; *(von Sonde)* insertion.

ein|füllen *vt* to pour in.

Eingang *(pl -gänge) der (von Haus)* entrance; *(von Post)* receipt.

Eingangshalle *(pl -n) die* entrance hall.

ein|geben *vt unr (EDV: Daten)* to input.

eingebildet *adj (arrogant)* arrogant; *(ausgedacht)* imaginary ♦ *adv (arrogant)* arrogantly.

ein|gehen *vi unr ist (Kleidung)* to shrink; *(Pflanze, Tier)* to perish; ~ **auf** *(+A) (auf Vorschlag)* to agree to.

eingeschaltet *adj (switched)* on.

eingeschlossen *pp → einschließen.*

eingetragen *adj*: ~**es Warenzeichen** registered trademark.

ein|gewöhnen: **sich eingewöhnen** *ref* to settle in.

eingezogen *pp → einziehen*; '**warten, bis der Geldschein vollständig ~ ist**' 'please wait until the note has been accepted by the machine'.

ein|gießen *vt unr* to pour ♦ *vi unr*: **darf ich ~?** shall I fill your glass up?

ein|greifen *vi unr* to intervene.

Eingriff *(pl -e) der (Operation)* operation.

ein|hängen *vt & vi* to hang up.

einheimisch *adj* local.

Einheit *(pl -en) die (auf Skala)* unit; *(Ganzes)* unity.

einheitlich *adj (Vorschriften)* uniform ♦ *adv (regeln)* uniformly.

einhundert *num* a ODER one hundred.

einig *adj*: **sich ~ sein** to agree.

einige, -r, -s *det & pron (ein paar)* a few; *(reichlich)* quite a few; **nach ~r Zeit** after some time; ~ **Probleme** *(ein paar)* a few problems; *(viele)* quite a lot of problems; **nur ~ waren da** *(ein paar)* there were only a few people there; ~ **waren da** *(viele)* there were quite a lot of people there.

einigen: **sich einigen** *ref*: **sich über/auf etw** *(A)* ~ to agree on sthg.

einigermaßen *adv (relativ)* fairly.

Einkauf *(pl -käufe) der (in Laden)* shopping; *(ECO)* purchase ❑

Einkäufe pl (Gegenstände) shopping (sg).

ein|kaufen vt (Ware) to buy ♦ vi to shop; ~ **gehen** to go shopping.

Einkaufsbummel (pl -) der: **einen ~ machen** to go round the shops.

Einkaufstasche (pl -n) die shopping bag.

Einkaufstüte (pl -n) die carrier bag.

Einkaufszentrum (pl -zentren) das shopping centre (Br), mall (Am).

ein|kehren vi ist (in einem Gasthaus) to stop off.

ein|kleiden vt (Kind) to kit out □ **sich einkleiden** ref: **sich neu ~ to** buy a whole new wardrobe.

ein|klemmen vt to trap.

Einkommen (pl -) das income.

ein|laden vt unr (Gepäck) to load; (nach Hause) to invite; **darf ich Sie zu einem Kaffee ~?** may I buy you a coffee?; **jn in ein Restaurant ~** to take sb out for a meal.

Einladung (pl -en) die invitation.

Einlage (pl -n) die (in Programm) interlude; (in Schuh) insole; (in Suppe) noodles, meat etc in a soup.

Einlaß der admission.

ein|laufen vi unr ist (Wasser) to run in; (Kleidung) to shrink.

ein|leben: sich einleben ref to settle in.

ein|legen vt (Film) to put in; (Gang) to engage.

Einleitung (pl -en) die (Text) introduction.

ein|liefern vt (in Krankenhaus) to admit.

Einlieferungsschein (pl -e) der proof of delivery.

ein|lösen vt (Scheck) to cash; (Gutschein) to redeem.

einmal adv once; (in der Zukunft) sometime; **auf ~** (plötzlich) all of a sudden; (gleichzeitig) at once; **nicht ~ not** even; **noch ~** once again, once more.

einmalig adj (einzig) unique; (hervorragend) excellent.

ein|mischen: sich einmischen ref to interfere.

Einnahme (pl -n) die (Geld) takings (pl); (von Medikament) taking.

ein|nehmen vt unr to take.

ein|ölen vt to rub oil in □ **sich einölen** ref to rub oil on o.s.

ein|ordnen vt (in Regal, Kartei) to put in its place □ **sich einordnen** ref (in Autoschlange) to get in lane.

ein|packen vt (in Koffer, Tasche) to pack; (in Geschenkpapier) to wrap; ~ **oder zum hier essen?** to eat in or take away?

ein|parken vi & vt (Fahrer) to park.

ein|prägen: sich (D) **etw ~** to memorize sthg.

ein|räumen vt (Bücher, Kleidung) to put away; (Schrank, Regal) to fill up.

ein|reiben vt unr (Salbe, Creme) to rub in; **jn mit etw ~** to rub sthg into sb; **sich** (D) **das Gesicht mit etw ~** to rub sthg into one's face.

ein|reichen vt (Antrag) to hand in.

Einreise (pl -n) die entry.

ein|reisen vi ist to enter.

Einreisevisum (*pl* **-visa**) *das* entry visa.

ein|richten *vt* (*Wohnung, Zimmer*) to furnish.

Einrichtung (*pl* **-en**) *die* (*Möbel*) furnishings (*pl*); (*Institution*) institution.

eins *num* one, → **sechs** ◆ *pron* → **ein**.

einsam *adj* lonely ◆ *adv* alone.

ein|sammeln *vt* (*von Boden*) to gather; (*bei Personen*) to collect.

Einsatz (*pl* **-sätze**) *der* (*Verwendung*) use; (*Geld*) stake; (*Engagement*) commitment.

ein|schalten *vt* (*Gerät*) to switch on.

ein|schenken *vt*: jm etw ~ to pour sb sthg.

ein|schicken *vt* to send in.

ein|schieben *vt unr* to fit in.

ein|schiffen: sich einschiffen *ref* to set sail.

ein|schlafen *vi unr ist* (*Person*) to fall asleep; (*Körperteil*) to go to sleep; (*fig: Kontakt*) to drop off.

ein|schließen *vt unr* (*Person, Gegenstand*) to lock up; (*enthalten*) to include.

einschließlich *präp* (+G) including, inclusive of ◆ *adv* inclusive; **bis Montag ~** up to and including Monday.

ein|schränken *vt* (*Person*) to restrict; (*Trinken, Rauchen*) to cut down on ❑ **sich einschränken** *ref* to tighten one's belt.

ein|schreiben: sich einschreiben *ref* to register.

Einschreiben (*pl* **-**) *das* recorded delivery letter/parcel.

ein|sehen *vt unr* (*Fehler*) to recognize.

einseitig *adj* (*Argumentation*) one-sided; (*Beschriftung*) on one side of the page.

ein|senden *vt unr* to send in.

ein|setzen *vt* (*Hilfsmittel*) to use; (*Polizei, Personal*) to employ; (*Leben*) to risk; (*Geld*) to stake ◆ *vi* (*beginnen*) to begin ❑ **sich einsetzen** *ref*: **sich für etw ~** to support sthg.

Einsicht (*pl* **-en**) *die* (*Erkenntnis*) insight.

ein|sinken *vi unr ist* to sink.

Einspänner (*pl* **-**) *der* (*Österr*) glass of black coffee topped with whipped cream.

ein|springen *vi unr ist* to stand in.

Einspruch (*pl* **-sprüche**) *der* (*amt*) objection.

einspurig *adj* (*Straße*) single-lane ◆ *adv*: **'nur ~ befahrbar'** 'single-lane traffic only'.

ein|stecken *vt* (*mitnehmen*) to take; (*in Briefkasten*) to post; (*Stecker*) to plug in; **vergiß nicht, Geld einzustecken!** don't forget to take some money with you!

ein|steigen *vi unr ist* (*in Auto*) to get in; (*in Bus, Zug*) to get on; **'bitte ~!'** 'please get on, the bus/train is about to depart'.

einstellbar *adj* adjustable.

ein|stellen *vt* (*regulieren*) to adjust; (*neu festsetzen*) to set; (*Programm, Sender*) to tune into; (*in Firma*) to take on; (*beenden*) to stop; **die Entfernung ~** to focus (the camera) ❑ **sich einstellen** *ref*: **sich ~ auf** (+A) to prepare o.s. for.

Einstellung (*pl* **-en**) *die* (*von*

Arbeitskräften) appointment; *(von Blende)* setting; *(Meinung)* attitude; *(von Sender)* tuning.

Einstieg *der:* '~ nur mit Fahrausweis' 'do not board without a ticket'; '~ nur vorne' entry at the front of the vehicle only'.

ein|stürzen *vi ist* to collapse.

Einsturzgefahr *die:* 'Vorsicht, ~!' 'danger, building unsafe!'.

eintägig *adj* one-day.

ein|tauschen *vt* to exchange.

eintausend *num* a ODER one thousand, → **sechs**.

ein|teilen *vt* to divide up.

einteilig *adj* one-piece.

Einteilung *(pl -en) die (von Zeit)* organization; *(von Geld, Vorrat)* management.

Eintopf *(pl -töpfe) der* stew.

ein|tragen *vt unr (in Liste)* to put down ❑ **sich eintragen** *ref* to register.

ein|treten *vt unr hat (Tür, Eis)* to kick down ◆ *vi unr ist (in Raum)* to enter; *(in Verein):* **in etw** *(A)* ~ to join sthg.

Eintritt *(pl -e) der* admission; '~ frei' 'admission free'; '~ verboten!' 'no entry'.

Eintrittsgeld *(pl -er) das* admission charge.

Eintrittskarte *(pl -n) die* ticket.

Eintrittspreis *(pl -e) der* admission charge.

einverstanden *adj* agreed ◆ *interj* OK!; **mit etw** ~ **sein** to agree with sthg.

ein|wandern *vi ist* to immigrate.

einwandfrei *adj* perfect ◆ *adv* perfectly.

Einwegflasche *(pl -n) die* disposable bottle.

ein|weichen *vt* to soak.

Einweihung *(pl -en) die (von Gebäude)* opening.

Einweihungsparty *(pl -s) die* housewarming party.

ein|weisen *vt unr (in Krankenhaus)* to admit.

ein|werfen *vt unr (Brief)* to post *(Br)*, to mail *(Am)*; *(Münze)* to insert; *(Ball, Bemerkung)* to throw in.

ein|wickeln *vt (Gegenstand)* to wrap up; *(fam: Person)* to take in.

Einwohner, -in *(mpl -) der, die* inhabitant.

Einwurf *(pl -würfe) der (Frage, Bemerkung)* comment; *(an Automaten)* slot; *(SPORT)* throw-in.

ein|zahlen *vt & vi* to pay in.

Einzahlung *(pl -en) die (Geld)* deposit.

Einzahlungsschein *(pl -e) der* paying-in slip.

ein|zeichnen *vt* to mark.

Einzelbett *(pl -en) das* single bed.

Einzelfahrschein *(pl -e) der* single (ticket) *(Br)*, one-way ticket *(Am)*.

Einzelgänger, -in *(mpl -) der, die* loner.

Einzelhandel *der* retail trade.

Einzelheit *(pl -en) die* detail.

Einzelkabine *(pl -n) die* single cabin.

Einzelkind *(pl -er) das* only child.

einzeln *adj (speziell)* individual;

(isoliert) single; *(ohne Gegenstück)* odd ♦ *adv (nacheinander)* separately; *(extra)* individually ♦ *det:* ~**e Personen/Fragen** a few people/ questions.

einzelne, -r, -s *pron (Personen)* some people; *(Sachen)* some things; **jeder/jede/jedes ~** every single one.

Einzelperson *(pl -en) die* single person.

Einzelreisende *(pl -n) der, die* person travelling alone.

Einzelteil *(pl -e) das* component.

Einzelticket *(pl -s) das* single (ticket).

Einzelzimmer *(pl -) das* single room.

Einzelzimmerzuschlag *(pl -zuschläge) der* single room supplement.

einlziehen *vi unr ist (in Wohnung)* to move in; *(in Haut)* to be absorbed ♦ *vt unr hat (von Konto)* to collect; *(in Automaten)* to take in.

einzig *adj & adv* only; **der/die/das ~e ...** the only ...; **das ~e, was ...** the only thing that ...; **ich habe keinen ~en gesehen** I didn't see a single one.

Eis *das* ice; *(Speiseeis)* ice cream; ~ **am Stiel** ice lolly *(Br)*, Popsicle® *(Am)*.

Eisbecher *(pl -) der* sundae.

Eiscafé *(pl -s) das* ice-cream parlour.

Eiscreme *(pl -s) die* ice cream.

Eisen *das (Metall)* iron.

Eisenbahn *(pl -en) die (Zug)* train; *(Institution)* railway *(Br)*, railroad *(Am)*.

Eisenbahnbrücke *(pl -n) die* railway bridge.

Eisenbahnnetz *(pl -e) das* rail network.

eisgekühlt *adj* chilled.

Eishockey *das* ice hockey.

eisig *adj (Wetter, Kälte)* freezing ♦ *adv:* ~ **kalt** freezing cold.

Eiskaffee *(pl -s) der* chilled coffee containing vanilla ice cream and whipped cream.

eiskalt *adj (Getränk, Wind)* ice-cold; *(fig: skrupellos)* cold-blooded.

Eiskugel *(pl -n) die* scoop of ice cream.

Eiskunstlauf *der* figure skating.

Eismann *(pl -männer) der* ice cream man.

Eisschokolade *(pl -n) die* chilled drinking chocolate containing ice cream and whipped cream.

Eiswaffel *(pl -n) die* wafer *(in an ice cream)*.

Eiswürfel *(pl -) der* ice cube.

Eiszapfen *(pl -) der* icicle.

eitel *(komp* eitler, *superl* am ei- telsten*) adj (Person)* vain.

Eiter *der* pus.

eitern *vi* to fester.

Eiweiß *(pl -e) das (in Ei)* egg white; *(Protein)* protein.

ekeln: sich ekeln *ref:* **sich ~ (vor)** to be disgusted (by).

Ekzem *(pl -e) das* eczema.

Elastikbinde *(pl -n) die* elastic bandage.

elastisch *adj (Material)* elastic.

Elefant *(pl -en) der* elephant.

elegant *adj* elegant ♦ *adv* elegantly.

Elektriker, -in *(mpl -) der, die* electrician.

elektrisch *adj* electrical ◆ *adv* electrically.

Elektrizität *die* electricity.

Elektrogerät *(pl -e) das* electrical appliance.

Elektrogeschäft *(pl -e) das* electrical goods store.

Elektroherd *(pl -e) der* electric oven.

Elektronik *die (Fachgebiet)* electronics *(sg); (System)* electronics *(pl).*

elektronisch *adj* electronic ◆ *adv* electronically.

Element *(pl -e) das* element.

Elend *das* misery.

elf *num* eleven, → **sechs.**

elfhundert *num* one thousand one hundred.

Elfmeter *(pl -) der* penalty.

elfte *adj* eleventh, → **sechste.**

Ellbogen *(pl -) der (Gelenk)* elbow.

Eltern *pl* parents.

EM *die (abk für Europameisterschaft)* European Championships *(pl).*

Emanzipation *die* emancipation.

emanzipieren: sich emanzipieren *ref* to become emancipated.

emotional *adj* emotional.

empfahl *prät* → **empfehlen.**

empfand *prät* → **empfinden.**

Empfang *(pl Empfänge) der* reception; *(von Post)* receipt; **etw in ~ nehmen** to receive sthg.

empfangen *(präs empfängt, prät empfing, pp empfangen) vt* to receive.

Empfänger, -in *(mpl -) der, die (Adressat)* addressee.

Empfängerabschnitt *(pl -e) der (von Einschreiben)* part of a recorded delivery form given to the addressee.

Empfängnisverhütung *die* contraception.

Empfangsbescheinigung *(pl -en) die* proof of receipt.

empfängt *präs* → **empfangen.**

empfehlen *(präs empfiehlt, prät empfahl, pp empfohlen) vt* to recommend; **jm etw ~** to recommend sthg to sb □ **sich empfehlen** *ref (ratsam sein)* to be recommended.

empfehlenswert *adj* recommendable.

Empfehlung *(pl -en) die* recommendation.

empfiehlt *präs* → **empfehlen.**

empfinden *(prät empfand, pp empfunden) vt* to feel.

empfindlich *adj (Person, Haut)* sensitive; *(Material)* delicate.

empfing *prät* → **empfangen.**

empfohlen *pp* → **empfehlen.**

empfunden *pp* → **empfinden.**

empört *adj* indignant ◆ *adv* indignantly.

Ende *(pl -n) das* end; **am ~** at the end; **~ März** at the end of March; **zu ~ sein** to be over.

enden *vi* to end.

endgültig *adj* final ◆ *adv* finally.

Endivie *(pl -n) die* endive.

endlich *adv* at last.

Endstation *(pl -en) die (von Straßenbahn, Bus, U-Bahn)* terminus.

Endung (pl -en) die (GRAMM) ending.

Energie (pl -n) die energy.

Energiebedarf der energy requirements (pl).

Energieverbrauch der energy consumption.

energisch adj energetic.

eng adj (schmal) narrow; (Kleidung) tight; (Kontakt) close ◆ adv (dichtgedrängt) closely; (anliegen) tightly; (nah) close; **~ befreundet sein** to be close friends.

Engagement (pl -s) das (Einsatz) commitment; (Auftrag, Stelle) engagement.

engagieren vt to engage ❑ **sich engagieren** ref: **sich ~ für** to show commitment to.

England nt England.

Engländer, -in (mpl -) der, die Englishman (f Englishwoman); **die ~** the English.

englisch adj English.

Englisch(e) das English.

Enkel, -in (mpl -) der, die grandson (f granddaughter) ❑ **Enkel** pl grandchildren.

enorm adj enormous ◆ adv enormously.

Ensemble (pl -s) das (Musiker) ensemble; (Tänzer) company.

entdecken vt to discover.

Ente (pl -n) die duck.

entfernen vt (Schmutz) to remove.

entfernt adj distant; (abgelegen) remote ◆ adv (verwandt) distantly; **50 km von München ~** 50 km (away) from Munich; **weit ~** a long way away.

Entfernung (pl -en) die (Distanz) distance; (Beseitigung) removal.

entführen vt (Person) to kidnap; (Flugzeug) to hijack.

Entführung (pl -en) die (von Person) kidnapping; (von Flugzeug) hijacking.

entgegen präp (+D) contrary to.

entgegengesetzt adj opposite; (Ansichten) opposing ◆ adv (liegen) opposite.

entgegen|kommen vi unr ist: **jm ~** (räumlich) to approach sb; (mit Angebot) to make concessions to sb.

entgegenkommend adj (Auto) oncoming; (Angebot, Person) accommodating ◆ adv (sich verhalten) accommodatingly.

entgegnen vt to retort.

Entgelt das remuneration; **'~ für Platzreservierung im Zuschlag enthalten'** 'seat reservation included in supplement'.

enthaaren vt to remove hair from.

Enthaarungscreme (pl -s) die hair-remover.

enthalten (präs enthält, prät enthielt, pp enthalten) vt (Subj: Behälter) to contain; (in Preis) to include ❑ **sich enthalten** ref to abstain.

entkommen (prät entkam, pp entkommen) vi ist to escape.

entlang präp (+A, G) along ◆ adv: **am Strand ~ gehen** to walk along the beach; **die Straße ~** along the road.

entlang|gehen vt unr ist to walk along.

entlassen (präs entläßt, prät entließ, pp entlassen) vt (Mitarbeiter) to sack; *(aus Krankenhaus)* to discharge; **aus der Schule ~ werden** to leave school.

Entlassung *(pl -en)* *die (Kündigung)* dismissal; *(aus Krankenhaus)* discharge; *(aus Schule)* leaving.

Entlastungszug *(pl -züge) der* extra train.

entlaufen *(präs* **entläuft**, *prät* **entlief**, *pp* **entlaufen***) vi ist* to escape.

entlegen *adj* isolated.

Entnahme *die (von Wechselgeld, Blut)* taking.

entnehmen *(präs* **entnimmt**, *prät* **entnahm**, *pp* **entnommen***) vt (Wechselgeld, Blut)* to take.

entrahmt *adj*: **~e Milch** skimmed milk.

Entschädigung *(pl -en) die (Geldsumme, Gegenstand)* compensation.

entscheiden *(prät* **entschied**, *pp* **entschieden***) vt* to decide ❑ **sich entscheiden** *ref* to decide; **sich ~ für/gegen** to decide on/against; **sich ~, etw zu tun** to decide to do sthg.

Entscheidung *(pl -en) die* decision.

entschließen: sich entschließen *(prät* **entschloß**, *pp* **entschlossen***) ref* to decide.

entschlossen *pp* → **entschließen**.

Entschluß *(pl -schlüsse) der* decision.

entschuldigen *vt* to excuse ❑ **sich entschuldigen** *ref* to apologize; **sich ~ für** to apologize for; **sich bei jm ~** to apologize to sb; **~ Sie bitte!** excuse me!

Entschuldigung *(pl -en) die*

(Rechtfertigung) excuse; *(Brief, Worte)* apology ◆ *interj* sorry!

entsetzlich *adj* terrible ◆ *adv* terribly.

entsorgen *vt (Müll)* to dispose of.

entspannen *vi & vt* to relax ❑ **sich entspannen** *ref* to relax.

Entspannung *die* relaxation.

entsprechend *adj (äquivalent)* corresponding; *(geeignet)* appropriate ◆ *präp (+D)* according to.

entstehen *(prät* **entstand**, *pp* **entstanden***) vi ist (sich entwickeln)* to arise; *(Gebäude)* to be built; *(Schaden)* to result.

enttäuschen *vt* to disappoint ◆ *vi* to be disappointing.

enttäuscht *adj* disappointed.

Enttäuschung *(pl -en) die* disappointment.

entweder *konj*: **~ ... oder** either ... or.

entwerfen *(präs* **entwirft**, *prät* **entwarf**, *pp* **entworfen***) vt (Zeichnung)* to sketch; *(Gebäude)* to design.

entwerten *vt (Fahrkarte)* to validate.

Entwerter *(pl -) der (für Fahrkarten)* ticket validating machine.

entwickeln *vt* to develop ❑ **sich entwickeln** *ref* to develop; *(Gase)* to be produced.

Entwicklung *(pl -en) die* development; *(von Film)* developing; *(von Gasen)* production.

Entwicklungshilfe *die* development aid.

Entziehungskur *(pl -en) die* rehabilitation course.

Entzug *der (von Konzession)* withdrawl; *(fam: Entziehungskur)* rehabilitation course.

entzünden *vt (Feuer)* to light ☐ **sich entzünden** *ref (Wunde, Blinddarm)* to become inflamed; *(Feuer)* to catch fire.

Entzündung *(pl -en) die (MED)* inflammation.

Enzian *(pl -e) der (Pflanze)* gentian.

Epilepsie *(pl -n) die* epilepsy.

er *pron (bei Personen)* he; *(bei Sachen)* it.

Erbauer, -in *(mpl -) der, die* constructor.

Erbe *(pl -n) der* the heir ♦ *das* inheritance.

erben *vt* to inherit ♦ *vi* to come into one's inheritance.

Erbin *(pl -nen) die* heiress.

erblich *adj* hereditary.

erbrechen *(präs erbricht, prät erbrach, pp erbrochen) vt* to bring up ♦ *vi* to be sick, to vomit ☐ **sich erbrechen** *ref* to be sick, to vomit.

Erbse *(pl -n) die* pea.

Erdbeben *(pl -) das* earthquake.

Erdbeere *(pl -n) die* strawberry.

Erde *(pl -n) die* earth; *(Erdreich)* soil; *(TECH: Draht)* earth *(Br)*, ground *(Am)*.

erden *vt* to earth *(Br)*, to ground *(Am)*.

Erdgas *das* natural gas.

Erdgeschoß *(pl -geschosse) das* ground floor.

Erdnuß *(pl -nüsse) die* peanut.

Erdöl *das* oil.

Erdteil *(pl -e) der* continent.

ereignen: sich ereignen *ref* to happen.

Ereignis *(pl -se) das* event.

ereignisreich *adj* eventful.

erfahren *(präs* **erfährt**, *prät* **erfuhr**, *pp* **erfahren**) *adj* experienced ♦ *vt (aus mündlicher Quelle)* to hear; *(aus schriftlicher Quelle)* to read; **etw von jm** ~ to learn sthg from sb.

Erfahrung *(pl -en) die* experience.

erfinden *(prät* **erfand**, *pp* **erfunden**) *vt* to invent.

Erfolg *(pl -e) der* success; ~ **haben** to be successful; **viel** ~**!** good luck!

erfolglos *adj* unsuccessful ♦ *adv* without success.

erfolgreich *adj* successful ♦ *adv* successfully.

erforderlich *adj* necessary.

erforschen *vt (Land, Natur)* to explore.

erfreulich *adj* pleasing ♦ *adv* pleasingly.

erfrieren *(prät* **erfror**, *pp* **erfroren**) *vi ist* to freeze to death.

erfrischen *vt* to refresh ☐ **sich erfrischen** *ref* to refresh o.s.

erfrischend *adj* refreshing.

Erfrischung *(pl -en) die* refreshment.

erfüllen *vt* to fulfil ☐ **sich erfüllen** *ref* to come true.

ergänzen *vt (vervollständigen)* to complete; *(erweitern)* to expand; *(Bemerkung)* to add.

Ergebnis *(pl -se) das* result.

ergebnislos *adj* unsuccessful.

ergiebig *adj* long-lasting.

erhalten *(präs* **erhält**, *prät* **erhielt**, *pp* **erhalten**) *vt* to receive; *(bewahren)* to preserve ☐ **sich**

erhalten ref (sich bewahren) to endure.

erhältlich adj available; **hier ~** available here.

erheben (prät erhob, pp erhoben) vt: **Gebühren ~** to levy a charge.

erheblich adj considerable ♦ adv considerably.

erhitzen vt (Fett, Wasser) to heat.

erhöhen vt (Zaun, Mauer) to raise; (anheben) to raise, to increase □ **sich erhöhen** ref to rise, to increase.

erholen: sich erholen ref to rest; **sich ~ von** to recover from.

erholsam adj relaxing.

Erholung die recovery; **gute ~!** have a relaxing time!

erinnern vt to remind; **jn ~ an (+A)** to remind sb of □ **sich erinnern** ref to remember; **sich ~ an (+A)** to remember.

Erinnerung (pl -en) die (Gedanke) memory; (Souvenir) memento.

erkälten: sich erkälten ref to catch a cold.

erkältet adj: **~ sein** to have a cold.

Erkältung (pl -en) die cold.

erkennen (prät erkannte, pp erkannt) vt (sehen) to make out; (Trick, Ursache) to realize; (wiedererkennen) to recognize.

Erker der bay window.

erklären vt (erläutern) to explain; (verkünden) to declare; **sich (D) etw ~** to understand sthg; **jm etw ~** to explain sthg to sb □ **sich erklären** ref: **sich zu etw bereit ~** to agree to sthg.

Erklärung (pl -en) die (Erläuterung) explanation.

erkundigen: sich erkundigen ref: **sich (nach jm/etw) ~** to enquire (about sb/sthg).

erlassen (präs erläßt, prät erließ, pp erlassen) vt (Gebühren) to waive; (Schulden) to write off.

erlauben vt (nicht verbieten) to allow; **jm etw ~** to allow sb sthg; **jm ~, etw zu tun** to allow sb to do sthg.

Erlaubnis die (Erlauben) permission; (Schriftstück) permit.

Erläuterung (pl -en) die explanation; '**~ siehe Rückseite**' 'see reverse for explanation'.

erleben vt (erfahren) to experience.

Erlebnis (pl -se) das (Erfahrung) experience.

erledigen vt (Arbeit) to see to; (Auftrag) to fulfil.

erledigt adj: **~ sein** (fam: müde sein) to be shattered; (beendet sein) to be finished; **der Fall ist für mich ~** as far as I'm concerned, the matter is closed.

erleichtert adj relieved.

erlesen adj choice.

erlischt präs → **erlöschen**.

Erlös der proceeds (pl).

erlöschen (präs erlischt, prät erlosch, pp erloschen) vi ist (Feuer, Licht) to go out.

ermahnen vt to warn.

ermäßigt adj reduced.

Ermäßigung (pl -en) die reduction.

ermöglichen vt to make possible.

ermorden vt to murder.

ermutigen *vt* to encourage.

ernähren: sich ernähren *ref (essen)* to eat.

Ernährung *die (Nahrung)* food.

erneuern *vt (Fensterscheibe, Schloß)* to replace.

erneut *adj* renewed.

ernst *adj* serious ◆ *adv* seriously; **jn/etw ~ nehmen** to take sb/sthg seriously.

Ernst *der* seriousness.

Ernstfall *der* emergency.

ernsthaft *adj* serious ◆ *adv* seriously.

Ernte *(pl -n)* *die* harvest.

Erntedankfest *(pl -e)* *das* Harvest Festival.

ernten *vt (Heu, Äpfel, Mais)* to harvest.

eröffnen *vt (Geschäft)* to open; **ein Konto ~** to open an account.

Eröffnung *(pl -en)* *die* opening.

erotisch *adj* erotic.

Erpressung *(pl -en)* *die* blackmail.

erraten *(präs* errät, *prät* erriet, *pp* erraten) *vt* to guess.

Erreger *(pl -)* *der (MED)* cause *(of illness).*

erreichbar *adj* reachable.

erreichen *vt* to reach; *(Zweck, Ziel)* to achieve.

Ersatz *der (Stellvertreter)* substitute; *(Entschädigung)* replacement.

Ersatzreifen *(pl -)* *der* spare tyre.

Ersatzteil *(pl -e)* *das* spare part.

erscheinen *(prät* erschien, *pp* erschienen) *vi ist* to appear; *(wirken)* to seem, to appear; **gut/wichtig ~** to seem good/important.

erschöpft *adj (müde)* exhausted ◆ *adv* wearily.

Erschöpfung *die* exhaustion.

erschrecken[1] *vt hat* to startle □ **sich erschrecken** *ref* to be startled.

erschrecken[2] *(präs* erschrickt, *prät* erschrak, *pp* erschrocken) *vi ist* to be startled.

ersetzen *vt (auswechseln)* to replace; *(Schaden)* to make good; **jm etw (voll) ~** *(Schaden)* to compensate sb (fully) for sthg.

erst *adv (relativ spät)* not until; *(noch relativ früh, relativ wenig)* only; *(vor kurzem)* (only) just; *(zuerst)* first; **der erste Roman war gut, aber der zweite ~!** the first novel was good, but the second one was even better; **er kommt ~ um 10 Uhr** he won't be here until ten o'clock; **sie war ~ gestern hier** she was here only yesterday; **~ einmal** *(nur einmal)* only once.

erstatten *vt (Kosten)* to refund.

Erstattung *die (von Kosten)* refund.

Erstaufführung *(pl -en)* *die* premiere.

erstaunt *adj* amazed.

erste, -r, -s *adj* first; *(vorläufig)* preliminary; **als ~s** first of all; **~ Klasse** first class, → **sechste**.

Erste *(pl -n)* *der, die, das* first (one).

Erste Hilfe *die* first aid; **~ leisten** to administer first aid.

erstens *adv* firstly.

erstklassig *adj* first-class.

erstrecken: sich erstrecken *ref* to stretch.

erteilen *vt (amt)* to give.

Ertrag 76

Ertrag (*pl* **Erträge**) *der (an Gemüse, Getreide)* yield; *(finanziell)* profits (*pl*).

ertrinken (*prät* **ertrank**, *pp* **ertrunken**) *vi ist* to drown.

Erw. *abk* = **Erwachsene**.

erwachen *vi ist (Person)* to wake up.

erwachsen *adj* adult, grown-up.

Erwachsene (*pl* -n) *der, die* adult; **ein ~r, zwei Kinder, bitte!** one adult and two children, please!

erwähnen *vt* to mention.

erwarten *vt (warten auf)* to wait for; *(rechnen mit)* to expect; **einen Anruf ~** to be expecting a phone call; **ein Kind ~** to be expecting a baby; **erwartet werden** to be expected.

erweitern *vt (Raum)* to extend □ **sich erweitern** *ref* to expand; *(Pupillen)* to dilate.

erwerbstätig *adj* employed.

erwidern *vt (auf Frage)* to reply; *(Besuch)* to return.

erwünscht *adj (willkommen)* welcome.

erzählen *vt* to tell.

Erzählung (*pl* -en) *die* story.

erzeugen *vt (produzieren)* to produce.

Erzeugnis (*pl* -se) *das (Produkt)* product.

erziehen (*prät* **erzog**, *pp* **erzogen**) *vt* to bring up; *(in Schule)* to educate.

Erzieher, -in (*mpl* -) *der, die* teacher.

Erziehung *die (in Schule)* education; *(durch Eltern)* upbringing.

erzogen *pp* → **erziehen** ◆ *adj:*

gut/schlecht ~ well/badly brought up.

es *pron* it; *(bei Person: im Nominativ)* he (*f* she); *(bei Person: im Akkusativ)* him (*f* her); **~ freut mich, daß ...** I'm pleased that ...; **~ ist drei Uhr** it's three o'clock; **~ regnet/schneit** it's raining/snowing; **wer war ~?** who was it?; **~ geht mir gut** I'm fine.

Esel (*pl* -) *der* donkey.

Espresso (*pl* -s) *der* espresso.

eßbar *adj* edible.

essen (*präs* **ißt**, *prät* **aß**, *pp* **gegessen**) *vt & vi* to eat; **~ gehen** to go out for a meal.

Essen (*pl* -) *das (Mahlzeit)* meal; *(fam: Nahrung)* food; **beim ~** while eating; **~ machen/kochen** to make/cook a meal; **vor dem ~** before the meal.

Essig *der* vinegar.

Eßlöffel (*pl* -) *der* dessertspoon.

Eßzimmer (*pl* -) *das* dining room.

Etage (*pl* -n) *die* floor, storey.

Etagenbett (*pl* -en) *das* bunk bed.

Etappe (*pl* -n) *die* stage.

Etikett (*pl* -s) *das* label.

etliche, -r, -s *det & pron* several.

Etui (*pl* -s) *das* case.

etwa *adv (ungefähr)* about; *(zum Beispiel)* for example; **ist es ~ schon 10 Uhr?** oh no, is it 10 o'clock already?; **hast du das ~ vergessen?** you haven't gone and forgotten it, have you?

etwas *pron* something; *(in Fragen)* anything; *(ein wenig)* some ◆ *det (irgendetwas)* something; *(in Fragen)* anything; *(ein wenig)* a little ◆ *adv* *(ein wenig)* rather; **~ anderes** something else; **so ~** such a thing.

euch *pron (im Akkusativ)* you; *(im Dativ)* (to) you; *(Reflexivpronomen)* yourselves.

euer, -e ODER **eure** *det* your.

eure, -r, -s *pron* yours ◆ *det →* **euer.**

Eurocard *(pl -s)* die Eurocard.

Eurocheque *(pl -s) der =* **Euroscheck.**

EuroCity *(pl -s) der international train linking two or more major European cities.*

Europa *nt* Europe.

Europäer, -in *(mpl -) die, der* European.

europäisch *adj* European.

Europaparlament *das* European Parliament.

Euroscheck *(pl -s) der* Eurocheque.

ev. *abk* = evangelisch.

e.V. *abk* = eingetragener Verein.

evangelisch *adj* Protestant.

eventuell *adv* maybe, perhaps ◆ *adj* possible; **er übernimmt alle ~en Schäden** he'll pay for any damages.

ewig *adj (nie endend)* eternal; *(fam: ständig)* constant ◆ *adv (nie endend)* eternally; *(fam: ständig)* constantly.

exakt *adj* exact ◆ *adv* exactly.

Examen *(pl -) das* examination.

Exemplar *(pl -e) das* example; *(von Buch)* copy.

Exil *das* exile.

Existenz *(pl -en) die* existence.

existieren *vi* to exist.

exklusiv *adj* exclusive ◆ *adv* exclusively.

Exkursion *(pl -en) die (in Schule)* school trip.

exotisch *adj* exotic.

Expedition *(pl -en) die* expedition.

Experte *(pl -n) der* expert.

Expertin *(pl -nen) die* expert.

explodieren *vi ist* to explode.

Explosion *(pl -en) die* explosion.

Export¹ *(pl -e) der (Ausfuhr, Ware)* export.

Export² *(pl -) das (Bier)* export.

extra *adv (fam: absichtlich)* on purpose; *(separat)* separately; *(speziell)* specially; *(zusätzlich)* extra ◆ *adj (zusätzlich)* extra.

Extraausgabe *(pl -n) die* special edition.

Extrablatt *das* extra.

extrem *adj* extreme.

exzellent *adj* excellent.

EZ *abk* = Einzelzimmer.

F

fabelhaft *adj* fantastic.

Fabrik *(pl -en) die* factory.

fabrikneu *adj* brand new.

Fach *(pl Fächer) das (in Schrank)* compartment; *(Schulfach, Fachgebiet)* subject.

Facharzt (*pl* -ärzte) *der* special-ist.

Fachärztin (*pl* -nen) *die* special-ist.

Fachausdruck (*pl* -drücke) *der* specialist term.

Fachgeschäft (*pl* -e) *das* specialist store.

Fachmann (*pl* -leute ODER -männer) *der* expert.

fachmännisch *adj* expert ◆ *adv* expertly.

Fachnummer (*pl* -n) *die* locker number.

Fachwerkhaus (*pl* -häuser) *das* timbered building.

fade *adj & adv* bland.

Faden (*pl* Fäden) *der* (*zum Nähen*) thread.

fähig *adj* capable; ~ **sein, etw zu tun** to be capable of doing sthg.

Fahne (*pl* -n) *die* (*Flagge*) flag; **er hat eine** ~ (*fam*) his breath smells of alcohol.

Fahrausweis (*pl* -e) *der* ticket.

Fahrausweisautomat (*pl* -en) *der* ticket machine.

Fahrausweisentwerter (*pl* -) *der* ticket validating machine.

Fahrausweiskontrolle (*pl* -n) *die* ticket inspection.

Fahrausweisverkauf *der* ticket sales (*pl*).

Fahrbahn (*pl* -en) *die* road.

Fahrbahnschäden *pl* damage to road surface.

Fahrbahnverschmutzung *die*: 'Fahrbahnverschmutzung' *sign indicating that there is rubble, oil etc on road ahead.*

Fähre (*pl* -n) *die* ferry.

fahren (*präs* fährt, *prät* fuhr, *pp* gefahren) *vi ist* **1.** (*mit Auto*) to drive; (*mit Fahrrad*) to ride; **durch Wien** ~ to drive/ride through Vienna; **langsam** ~ to drive slowly; **zu schnell** ~ to drive too fast; **mit dem Zug/Bus** ~ to go by train/bus; **ins Gebirge** ~ to go to the mountains; **wir** ~ **nach England** we're going to England. **2.** (*Fahrzeug*) to go. **3.** (*abfahren*) to leave. ◆ *vt hat* to drive. ◆ *vt ist* **1.** (*Entfernung, Route*) to drive; **120 km/h** ~ to drive at 120 km/h. **2.** (*SPORT*): **Rollschuh** ~ to roller-skate; **Ski** ~ to ski.

Fahrer, -in (*mpl* -) *der, die* driver.

Fahrerflucht *die* hit-and-run.

Fahrersitz (*pl* -e) *der* driver's seat.

Fahrgast (*pl* -gäste) *der* passenger.

Fahrgeld *das* fare.

Fahrgelderstattung *die* refund (*of fare*).

Fahrgestell (*pl* -e) *das* chassis.

Fahrkarte (*pl* -n) *die* ticket.

Fahrkartenausgabe *die* ticket desk.

Fahrkartenautomat (*pl* -en) *der* ticket machine.

Fahrkartenschalter (*pl* -) *der* ticket desk.

Fahrkosten *pl* travelling expenses.

Fahrplan (*pl* -pläne) *der* time-table.

Fahrplanauszug (*pl* -züge) *der* timetable (*for specific route*).

Fahrplanhinweise *pl* details concerning the timetable.

fahrplanmäßig *adj* scheduled ♦ *adv* on time.

Fahrpreis (*pl* -e) *der* fare.

Fahrrad (*pl* -räder) *das* bicycle, cycle; **mit dem** ~ by bicycle.

Fahrradflickzeug *das* bicycle repair kit.

Fahrrad-Mitnahme *die possibility of taking bicycles on a railway or underground train.*

Fahrradreparatur (*pl* -en) *die* cycle repair shop.

Fahrradschlauch (*pl* -schläuche) *der* inner tube.

Fahrradschloß (*pl* -schlösser) *das* bicycle lock.

Fahrradverleih (*pl* -e) *der* cycle hire (Br), cycle rental (Am).

Fahrradweg (*pl* -e) *der* cycle path.

Fahrschein (*pl* -e) *der* ticket; '~ **hier entwerten'** 'validate your ticket here'.

Fahrscheinentwerter (*pl* -) *der* ticket validating machine.

Fahrschule (*pl* -n) *die* driving school.

Fahrspur (*pl* -en) *die* lane; **die** ~ **wechseln** to change lane; **die linke/rechte** ~ the left-hand/right-hand lane.

Fahrstreifen (*pl* -) *der* lane; **verengte** ~ road narrows.

Fahrstuhl (*pl* -stühle) *der* lift (Br), elevator (Am).

Fahrt (*pl* -en) *die* (Reise) journey; (kurzer Ausflug) trip; (in Auto) drive; **'den Fahrer während der** ~ **nicht ansprechen'** 'do not speak to the driver while the vehicle is in motion'; **auf der** ~ **nach Berlin** on the way to Berlin; **nach sechs Stun-**

den ~ after travelling for six hours; **nun wieder freie** ~ **auf der A3** traffic is moving freely again on the A3; **gute** ~! I have a good journey!; **eine** ~ **ins Blaue machen** to go for a drive.

fährt *präs →* **fahren**.

Fahrtantritt *der* beginning of the journey; **'Fahrscheine vor** ~ **entwerten'** 'please validate your ticket before beginning your journey'

Fahrtenschreiber (*pl* -) *der* tachograph.

Fahrtrichtung (*pl* -en) *die* (im Zug) direction of travel.

fahrtüchtig *adj* (Person) fit to drive; (Fahrzeug) roadworthy.

Fahrtunterbrechung (*pl* -en) *die* stop.

Fahrtziel (*pl* -e) *das* destination.

Fahrverbot (*pl* -e) *das* (Führerscheinentzug) driving ban; ~ **für Traktoren** no tractors.

Fahrzeit (*pl* -en) *die* journey time.

Fahrzeug (*pl* -e) *das* vehicle.

Fahrzeugbrief (*pl* -e) *der* registration document.

Fahrzeughalter, -in (*mpl* -) *der, die* registered owner.

Fahrzeugpapiere *pl* vehicle documents.

Fahrzeugschein (*pl* -e) *der* vehicle documents (pl).

Fahrziel (*pl* -e) *das* destination.

fair *adj* fair.

Fall (*pl* Fälle) *der* case; (Sturz) fall; **auf jeden** ~ in any case; **auf keinen** ~ on no account; **für den** ~, **daß** in case ...; **in diesem** ~ in this case.

fallen (*präs* **fällt**, *prät* **fiel**, *pp* **gefal-**

fallenlassen 80

len) *vi ist* to fall; **etw ~ lassen** to drop sthg.

fallenlassen (*pp* **fallenlassen** ODER **fallengelassen**) *vt* (*Gegenstand*) to drop; (*Bemerkung*) to let drop.

fällig *adj* due; **am 1.10. ~** due on 1 October.

falls *konj* if.

Fallschirm (*pl* -e) *der* parachute.

Fallschirmspringer, -in (*mpl* -) *der, die* parachutist.

fällt *präs* → **fallen**.

falsch *adj* (*inkorrekt*) wrong; (*Name, Versprechung, Person*) false; (*Schmuck*) fake; (*Paß*) forged ◆ *adv* (*inkorrekt*) wrongly; (*hinterhältig*) falsely; **~ fahren** to drive in the wrong direction.

fälschen *vt* to forge.

Falschfahrer, -in (*mpl* -) *der, die person driving on the wrong side of the road.*

Falschgeld *das* forged money.

Fälschung (*pl* -en) *die* (*Falschgeld, Bild*) forgery.

Falte (*pl* -n) *die* (*Hautfalte*) wrinkle; (*Knitterfalte*) crease; (*gebügelt*) pleat.

falten *vt* (*Pullover, Papier*) to fold.

Familie (*pl* -n) *die* family.

Familienbesitz *der*: **in ~** family-owned.

Familienname (*pl* -n) *der* surname.

Familienstand *der* marital status.

Fan (*pl* -s) *der* fan.

fand *prät* → **finden**.

fangen (*präs* **fängt**, *prät* **fing**, *pp* **gefangen**) *vt* to catch ❑ **Fangen** *das*: **Fangen spielen** to play tag.

Farbband (*pl* -bänder) *das* typewriter ribbon.

Farbbild (*pl* -er) *das* colour photograph; **~er in 24 Stunden** 24 hour colour photos.

Farbe (*pl* -n) *die* (*Eigenschaft*) colour; (*zum Malen, Streichen*) paint; **welche ~ hat das Auto?** what colour is the car?

farbecht *adj* colourfast.

färben *vt* (*Stoff, Haare*) to dye.

Farbfernseher (*pl* -) *der* colour television.

Farbfestiger (*pl* -) *der* colour set.

Farbfilm (*pl* -e) *der* colour film.

Farbfoto (*pl* -s) *das* colour photo.

farbig *adj* (*mehrfarbig*) colourful; (*einfarbig, Person*) coloured ◆ *adv* (*mehrfarbig*) colourfully.

Farbige (*pl* -n) *der, die* coloured person.

Farbposter (*pl* -) *das* colour poster.

Farbstoff (*pl* -e) *der* colouring; **mit/ohne ~** with/without colouring.

Fasan (*pl* -e) *der* pheasant.

Fasching *der* (*Süddt & Österr*) carnival before Lent, → **Karneval**.

Faschismus *der* fascism.

Faschist, -in (*mpl* -en) *der, die* fascist.

faschistisch *adj* fascist.

Faß (*pl* **Fässer**) *das* barrel; **Bier vom ~** draught beer.

Faßbier *das* draught beer.

fassen *vt* (*mit den Händen*) to take, to hold; (*Verbrecher*) to catch; (*Inhalt*) to hold; (*begreifen*) to grasp

◆ vi (mit den Händen): an etw (A) ~ to feel sthg; etw nicht ~ können to be unable to understand sthg ❑ sich fassen ref to pull o.s. together.

Fassung (pl -en) die (für Glühbirne) fitting; (Selbstbeherrschung) composure.

fast adv nearly, almost.

fasten vi to fast.

Fastenzeit (pl -en) die (christlich) Lent; (mohammedanisch) Ramadan.

Fastnacht die (Südd & Österr) carnival period before Lent, → Karneval.

faul adj (Obst) rotten; (Person) lazy.

faulen vi hat & ist to rot.

faulenzen vi to laze about.

Faust (pl Fäuste) die fist; auf eigene ~ off one's own bat.

Fax (pl -e) das fax.

faxen vt to fax.

Faxgerät (pl -e) das fax machine.

Faxnummer (pl -n) die fax number.

Faxpapier das fax paper.

FCKW der CFC.

Februar der February, → September.

fechten (präs **ficht**, prät **focht**, pp **gefochten**) vi to fence.

Feder (pl -n) die (vom Vogel) feather; (aus Metall) spring; (zum Schreiben) nib.

Federball (pl -bälle) der (der Ball) shuttlecock; (Spiel) badminton.

Federbett (pl -en) das quilt.

Federhalter (pl -) der fountain pen.

Federung (pl -en) die (von Auto) suspension; (von Sofa) springs (pl).

Federweiße der young, cloudy white wine.

fegen vt (Boden, Raum) to sweep ◆ vi (saubermachen) to sweep up.

Fehlbetrag (pl -beträge) der shortfall.

fehlen vi to be missing ◆ vi (+D): sie fehlt mir I miss her; was fehlt Ihnen/dir? what's the matter?; im Unterricht ~ to miss school.

Fehler (pl -) der mistake; (von Charakter) fault.

Fehlzündung (pl -en) die: eine ~ haben to misfire.

Feier (pl -n) die party.

Feierabend (pl -e) der: ~ machen to finish work.

Feierlichkeiten pl celebrations.

feiern vt & vi (Fest) to celebrate; jn ~ to fête sb; eine Party ~ to throw ODER have a party.

Feiertag (pl -e) der holiday; schöne ~e! have a good holiday!

feiertags adv on public holidays.

feige adj (Person) cowardly.

Feige (pl -n) die (Frucht) fig.

Feile (pl -n) die file.

feilen vt to file.

fein adj (dünn, pulverförmig) fine; (vornehm) refined; (erfreulich) great ◆ adv (dünn, pulverförmig) finely; (fam: gut) well; (vornehm) elegantly; (fam: brav): ~ hier bleiben! be a good boy/girl and stay here!; ~ gemacht! (fam) well done! ❑ Feinste der, die, das: vom Feinsten first-class.

Feind, -in (mpl -e) der, die (von

Person) enemy; **ein ~ des Rauchens sein** to be anti smoking.

feindlich *adj* hostile.

Feinkost *die* delicacies *(pl)*.

Feinkostgeschäft (*pl -e) das* delicatessen.

Feinschmecker, -in *(mpl -) der, die* gourmet.

Feinwaschmittel (*pl -) das* mild detergent.

Feld (*pl -er) das (Acker, Thema, im Sport)* field; *(von Brettspiel)* square; *(von Formular)* box.

Feldsalat *der* lamb's lettuce.

Feldweg (*pl -e) der* footpath.

Felge (*pl -n) die* wheel rim.

Felgenbremse (*pl-n) die* wheel rim brake.

Fell (*pl -e) das (von Tier)* fur; *(verarbeitet)* skin.

Fels (*pl -en) der (Felsblock)* rock.

Felsen (*pl -) der* cliff.

felsig *adj* rocky.

feminin *adj* feminine.

Feminismus *der* feminism.

feministisch *adj* feminist.

Fenchel *der* fennel.

Fenster (*pl -) das* window.

Fensterbrett (*pl -er) das* windowsill.

Fensterladen (*pl -läden) der* shutter.

Fensterplatz (*pl -plätze) der* window seat.

Fensterscheibe (*pl -n) die* windowpane.

Ferien *pl* holiday *(sg) (Br)*, vacation *(sg) (Am)*; **~ machen** to go on holiday *(Br)*, to go on vacation *(Am)*; **große ~** summer holidays *(Br)*, summer vacation *(Am)*; **schöne**

~! have a good holiday!; **in ~ sein** to be on holiday *(Br)*, to be on vacation *(Am)*.

Ferienbeginn *der beginning of the school summer holidays.*

i FERIENBEGINN

In Germany, each state sets its own date for the beginning of the school summer holidays. This is often done years in advance, the only restriction being that they must fall between 15 June and 15 September. The sequence in which the states begin their holidays varies from year to year, with the exception of Bavaria which is always last.

Ferienbungalow (*pl -s) der* holiday bungalow.

Feriengast (*pl -gäste) der* holidaymaker *(Br)*, vacationer *(Am)*.

Ferienhaus (*pl -häuser) das* holiday home.

Ferienlager (*pl -) das* holiday camp.

Ferienort (*pl -e) der* holiday resort.

Ferienwohnung (*pl -en) die* holiday flat *(Br)*, holiday apartment *(Am)*.

fern *adj (Land)* far-off, distant.

Fernbedienung (*pl -en) die* remote control.

Ferne *die:* **in der ~** in the distance.

Ferngespräch (*pl -e) das* long-distance call.

ferngesteuert *adj* remote-controlled ♦ *adv* by remote control.

Fernglas (*pl* -gläser) *das* binoculars (*pl*).

fern|halten *vt unr* to keep away ❑ **sich fernhalten** *ref* to keep away.

Fernlicht *das* full beam (*Br*), high beam (*Am*).

Fernmeldeamt (*pl* -ämter) *das* telephone exchange.

Fernschreiben (*pl* -) *das* telex.

Fernschreiber (*pl* -) *der* teleprinter.

Fernsehapparat (*pl* -e) *der* television (set).

fern|sehen *vi unr* to watch television.

Fernsehen *das* television; **im ~** on television.

Fernseher (*pl* -) *der* television.

Fernsehprogramm (*pl* -e) *das* (*Kanal*) channel; (*Sendung*) (television) programme.

Fernsehsendung (*pl* -en) *die* (television) programme.

Fernsehturm (*pl* -türme) *der* television tower.

Fernsehzeitschrift (*pl* -en) *die* TV magazine.

Fernsprechamt (*pl* -ämter) *das* (*amt*) telephone exchange.

Fernsprechauskunft *die* (*amt*) directory enquiries (*sg*).

Fernsteuerung (*pl* -en) *die* remote control.

Fernstraße (*pl* -n) *die* trunk road (*Br*), highway (*Am*).

Fernverkehr *der* long-distance traffic.

Ferse (*pl* -n) *die* heel.

fertig *adj* (*vollendet*) finished; (*fam: erschöpft*) worn out; **~ sein** (*vollendet, bereit sein*) to be ready; (*fam: erschöpft sein*) to be worn out; (*fam: niedergeschlagen sein*) to be shattered; **mit etw ~ sein** to have finished sthg.

Fertiggericht (*pl* -e) *das* ready-made meal.

fertig|machen *vt* (*beenden*) to finish; (*bereitmachen*) to get ready; (*fam: zurechtweisen*) to lay into; (*fam: erschöpfen*) to wear out.

fest *adj* (*Knoten, Verband*) tight; (*Händedruck, Griff*) firm; (*Material, Kleidung*) strong; (*Vertrag, Gehalt, Wohnsitz*) fixed; (*Pläne, Termin*) definite ♦ *adv* (*straff*) tightly; (*kräftig*) hard; (*verbindlich*) firmly.

Fest (*pl* -e) *das* (*Feier*) party; (*religiös*) festival; **frohes ~!** (*frohe Weihnachten*) happy Christmas!

Festbetrag (*pl* -beträge) *der* fixed amount.

fest|binden *vt unr* to tie up.

Festessen (*pl* -) *das* banquet.

fest|halten *vt unr* (*mit der Hand*) to hold (on to); (*dokumentieren*) to record ❑ **sich festhalten** *ref*: **sich ~ (an etw +D)** to hold on (to).

Festiger (*pl* -) *der* setting lotion.

Festival (*pl* -s) *das* festival.

Festland *das* mainland.

fest|legen *vt* (*Treffpunkt, Route*) to fix.

festlich *adj* festive.

fest|machen *vt* to fasten; (*Boot*) to moor; (*Termin, Treffpunkt*) to arrange.

fest|nehmen *vt unr* to arrest.

Festpreis (*pl* -e) *der* fixed price.

fest|setzen vt (Termin) to arrange.

Festspiele pl festival (sg).

fest|stehen vi unr to have been decided.

fest|stellen vt (durch Ermittlung) to find out; (beobachten) to notice.

Feststellung (pl -en) die (Anmerkung) remark.

Festwochen pl festival (sg).

Fete (pl -n) die (fam) party.

fett adj (Fleisch, Gericht) fatty; (abw: Person, Körperteil) fat.

Fett (pl -e) das fat.

fettarm adj low-fat.

fettig adj greasy.

Fettstift (pl -e) der lip salve.

feucht adj damp.

Feuchtigkeitscreme (pl -s) die moisturizer.

Feuer (pl -) das fire; (fig: Temperament) passion; (ein) ~ machen to light a fire; '~ und offenes Licht verboten!' 'no naked flames!''; haben Sie ~, bitte? have you got a light, please?; jm ~ geben to give sb a light.

Feueralarm der fire alarm.

feuerfest adj fireproof.

feuergefährlich adj flammable.

Feuerlöscher (pl -) der fire extinguisher.

Feuermelder (pl -) der fire alarm.

Feuertreppe (pl -n) die fire escape.

Feuerwehr (pl -en) die fire brigade.

Feuerwehrmann (pl -männer) der fireman.

Feuerwehr-Zufahrt (pl -en) die fire lane.

Feuerwerk (pl -e) das fireworks (pl).

Feuerzeug (pl -e) das lighter.

ficht präs → fechten.

Fieber das (Körpertemperatur) temperature; ~ haben to have a temperature; bei jm ~ messen to take sb's temperature.

Fieberthermometer (pl -) das thermometer.

fiebrig adj (Erkältung) feverish ♦ adv (glänzen, sich anfühlen) feverishly.

fiel prät → fallen.

Figur (pl -en) die (Körperform, Person) figure; (in Schach) piece; (Plastik) sculpture; eine gute ~ haben to have a good figure.

Filet (pl -s) das fillet.

Filetsteak (pl -s) das fillet steak.

Filiale (pl -n) die branch.

Film (pl -e) der film.

filmen vt to film.

Filmkamera (pl -s) die (Camcorder) camcorder.

Filter (pl -) der filter; mit ~ filter-tipped; ohne ~ plain.

Filtertüte (pl -n) die filter.

Filterzigarette (pl -n) die filter-tipped cigarette.

Filzstift (pl -e) der felt-tip pen.

Finale (pl -) das (in Sport) final.

finanziell adj financial ♦ adv financially.

finanzieren vt to finance.

finden (prät fand, pp gefunden) vi to find one's way ♦ vt to find; ich finde, daß ... I think (that) ...; ich finde sie nett I think she's nice; wie

findest du ...? what do you think of ...?; **wo finde ich die Post, bitte?** where is the post office, please? ☐ **sich finden** *ref:* **die Schlüssel hat sich gefunden** I/we found the key again.

Finderlohn *der* reward *(for finding something)*.

fing *prät →* **fangen.**

Finger *(pl -) der* finger.

Fingernagel *(pl -nägel) der* fingernail.

Finne *(pl -n) der* Finn.

Finnin *(pl -nen) die* Finn.

finnisch *adj* Finnish.

Finnisch(e) *das* Finnish.

Finnland *nt* Finland.

finster *adj (dunkel)* dark; *(unheimlich)* sinister.

Firma *(pl* Firmen*) die* firm, company.

Fisch *(pl -e) der* fish ☐ **Fische** *pl (Sternzeichen)* Pisces *(sg).*

Fischbesteck *(pl -e) das* fish knife and fork.

fischen *vt (Fische)* to fish for ◆ *vi (angeln)* to fish.

Fischer *(pl -) der* fisherman.

Fischerboot *(pl -e) das* fishing boat.

Fischgericht *(pl -e) das* fish dish.

Fischhändler, -in *(mpl -) der, die* fishmonger.

Fischstäbchen *(pl -) das* finger *(Br),* fish stick *(Am).*

Fischsuppe *(pl -n) die* fish soup.

fit *adj* fit.

fix *adj (fam: schnell)* quick; *(Kosten)* fixed; **~ und fertig** *(vollendet)* finished; *(müde)* worn-out.

FKK *die (abk für Freikörperkultur)* nudism.

FKK-Strand *(pl -Strände) der* nudist beach.

flach *adj* flat; *(Wasser, Teller)* shallow.

Fläche *(pl -n) die (Oberfläche)* surface; *(Gebiet)* area.

Flagge *(pl -n) die* flag.

flambiert *adj* flambé.

Flamme *(pl -n) die (von Feuer)* flame.

Flanell *das* flannel.

Flasche *(pl -n) die* bottle.

Flaschenbier *das* bottled beer.

Flaschenöffner *(pl -) der* bottle opener.

Flaschenpfand *das* deposit *(on a bottle).*

Flaschenweine *pl* bottled wines.

Flaute *(pl -n) die (Windstille)* calm.

flechten *(präs* flicht*, prät* flocht*, pp* geflochten*) vt (Haar)* to plait *(Br),* to braid *(Am); (Korb)* to weave.

Fleck *(pl -e) der* spot; **blauer ~** bruise.

Fleckentferner *(pl -) der* stain remover.

Fledermaus *(pl -mäuse) die* bat.

Fleisch *das (Muskel)* flesh; *(Nahrung)* meat.

Fleischbrühe *(pl -n) die* bouillon.

Fleischer *(pl -) der* butcher.

Fleischerei *(pl -en) die* butcher's (shop).

Fleischsalat *der* salad made from strips of meat and vegetables with mayonnaise.

Fleisch- und Wurstwaren
pl meat and sausages.

Fleischvergiftung (*pl* -en) *die* food poisoning from meat.

fleißig *adj* hard-working ◆ *adv* (*arbeiten*) hard.

flicht *präs* → flechten.

flicken *vt* (*Kleidung*) to mend; (*Reifen*) to patch.

Flickzeug *das* (*für Reifen*) puncture repair kit; (*für Kleidung*) sewing kit.

Fliege (*pl* -n) *die* (*Insekt*) fly; (*Schleife*) bow tie.

fliegen (*prät* flog, *pp* geflogen) *vt & vi* ist to fly; **nach Paris ~** to fly to Paris; **über Paris ~** to fly via Paris.

fliehen (*prät* floh, *pp* geflohen) *vi* ist to flee.

Fliese (*pl* -n) *die* tile.

Fließband (*pl* -bänder) *das* conveyor belt.

fließen (*prät* floß, *pp* geflossen) *vi* ist to flow.

fließend *adj* (*Verkehr*) moving ◆ *adv*: **~ Englisch sprechen** to speak fluent English; **~es Wasser** running water.

Flipper (*pl* -) *der* pinball machine.

flippern *vi* to play pinball.

Flirt (*pl* -s) *der* flirtation.

flirten *vi* to flirt.

Flitterwochen *pl* honeymoon (*sg*).

flocht *prät* → flechten.

flog *prät* → fliegen.

floh *prät* → fliehen.

Floh (*pl* Flöhe) *der* flea.

Flohmarkt (*pl* -märkte) *der* flea market.

floß *prät* → fließen.

Floß (*pl* Flöße) *das* raft.

Flosse (*pl* -n) *die* (*Schwimmflosse*) flipper (*Br*), fin (*Am*); (*von Tieren*) fin.

Flöte (*pl* -n) *die* (*Blockflöte*) recorder; (*Querflöte*) flute.

fluchen *vi* to swear.

Flucht *die* flight.

flüchten *vi* ist to flee.

Flüchtling (*pl* -e) *der* refugee.

Flug (*pl* Flüge) *der* (*Flugreise*) flight; **ein ~ nach Berlin** a flight to Berlin; **ein ~ über London** a flight via London; **guten ~!** have a good flight!; **'zu den Flügen'** = 'passengers only beyond this point'.

Flugblatt (*pl* -blätter) *das* leaflet.

Flügel (*pl* -) *der* wing; (*Instrument*) grand piano.

Fluggast (*pl* -gäste) *der* passenger (*on plane*).

Fluggepäck *das* luggage.

Fluggesellschaft (*pl* -en) *die* airline.

Flughafen (*pl* -häfen) *der* airport.

Fluginformation (*pl* -en) *die* flight information.

Flugnummer (*pl* -n) *die* flight number.

Flugplan (*pl* -pläne) *der* flight schedule.

Flugplatz (*pl* -plätze) *der* airfield.

Flugschein (*pl* -e) *der* (*Ticket*) plane ticket.

Flugscheinkontrolle (*pl* -n) *die* ticket control.

Flugsteig (*pl* -e) *der* gate.

Flugstrecke (*pl* -n) *die* flight distance.

fortgehen

Flugticket (*pl* -s) *das* plane ticket.

Flugverbindung (*pl* -en) *die* (flight) connection.

Flugverkehr *der* air traffic.

Flugzeug (*pl* -e) *das* (aero)plane, airplane (*Am*); **mit dem ~ fliegen** to go by air, to fly.

Flur (*pl* -e) *der* (*Diele*) hall.

Fluß (*pl* Flüsse) *der* (*Wasserlauf*) river.

flüssig *adj* (*Material*) liquid ♦ *adv* (*sprechen*) fluently.

Flüssigkeit (*pl* -en) *die* liquid.

flüstern *vi* & *vt* to whisper.

Flut (*pl* -en) *die* (*von Gezeiten*) tide; (*von Beschwerden, Anträgen*) flood ☐ **Fluten** *pl* (*Wassermassen*) floods.

Flutlicht *das* floodlight.

focht *prät* → **fechten**.

Fohlen (*pl* -) *das* foal.

Föhn *der* the hot, dry wind typical of the Alps.

Folge (*pl* -n) *die* (*Konsequenz*) result, consequence; (*von Fernsehserie*) episode; **etw zur ~ haben** to result in sthg.

folgen *vi ist* (+D) to follow; **~ auf** (+A) to follow; **~ aus** to follow from; **bitte ~!** please follow me!

folgend *adj* following; (*Konsequenz*) resulting; **~e Punkte** the following points.

folgendermaßen *adv* as follows.

Folie (*pl* -n) *die* (*aus Metall*) foil; (*aus Kunststoff*) film.

Folklore *die* folklore.

folkloristisch *adj* folkloric.

Fön® (*pl* -e) *der* the hairdryer.

fönen *vt* to blow-dry; **sich** (D) **die Haare ~** to dry one's hair.

fordern *vt* (*verlangen*) to demand; (*Preis*) to ask; (*beanspruchen*) to make demands on.

fördern *vt* (*finanziell*) to support; (*mit Engagement*) to promote.

Forderung (*pl* -en) *die* (*Verlangen*) demand; (*finanzieller Anspruch*) claim.

Forelle (*pl* -n) *die* trout; **~ blau** poached trout; **~ Müllerinnen Art** trout fried in butter and served with lemon juice and parsley.

Form (*pl* -en) *die* (*räumlich*) shape, form; (*für Kuchen*) baking tin; **in ~ sein** to be in good form; **in ~ von** in the form of.

Formalität (*pl* -en) *die* (*Regel*) formality.

Format (*pl* -e) *das* (*Größe*) format.

Formblatt (*pl* -blätter) *das* form.

formen *vt* (*Ton, Teig*) to shape.

formlos *adj* shapeless.

Formular (*pl* -e) *das* form; **ein ~ ausfüllen** to fill in a form.

formulieren *vt* to word.

Forschung (*pl* -en) *die* research.

Forst (*pl* -e) *der* forest.

fort *adv* away; **~ sein** to be gone.

fort|bewegen *vt* to move.away ☐ **sich fortbewegen** *ref* to move.

fort|fahren *vi unr ist* (*mit Auto, Zug*) to leave; (*weitermachen*) to continue ♦ *vt unr hat* (*Auto, Bus*) to drive away.

fort|gehen *vi unr ist* (*weggehen*) to leave.

Fortgeschrittene (*pl -n*) *der, die* advanced student.

Fortschritt (*pl -e*) *der* progress; ~e **machen** to make progress.

fort|setzen *vt* to continue.

Fortsetzung (*pl -en*) *die* (*von Streik, Verhandlungen*) continuation; (*von Serie*) episode.

Foto (*pl -s*) *das* photo.

Fotoapparat (*pl -e*) *der* camera.

Fotogeschäft (*pl -e*) *das* camera shop.

Fotograf, -in (*mpl -en*) *der, die* photographer.

Fotografie (*pl -n*) *die* (*Bild*) photograph.

fotografieren *vt* to photograph ♦ *vi* to take photographs.

Fotokopie (*pl -n*) *die* photocopy.

fotokopieren *vt & vi* to photocopy.

Foyer (*pl -s*) *das* foyer.

Fr. (*abk für Frau*) Mrs.

Fracht (*pl -en*) *die* (*mit Zug*) freight; (*mit Schiff*) cargo.

Frachter (*pl -*) *der* freighter.

Frack (*pl* Fräcke) *der* tails (*pl*).

Frackzwang *der*: **es besteht ~** please wear tails.

Frage (*pl -n*) *die* (*Fragesatz*) question; (*Problem*) issue; **eine ~ haben** to have a question; **eine ~ (an jn) stellen** to ask (sb) a question; **die ~ nach** the question of; **noch ~n?** any more questions?; **etw in ~ stellen** to call sthg into question; **nicht in ~ kommen** to be out of the question.

Fragebogen (*pl -bögen*) *der* questionnaire.

fragen *vt & vi* to ask; **~ nach** to ask about ❑ **sich fragen** *ref* to wonder ♦ *vimp*: **es fragt sich, ob ...** it is debatable whether ...

Fragezeichen (*pl -*) *das* question mark.

Fraktion (*pl -en*) *die* (*POL*) (parliamentary) party.

Frankenwein (*pl -e*) *der* white wine from northern Bavaria.

frankieren *vt* to stamp.

Frankreich *nt* France.

Franzose (*pl -n*) *der* Frenchman.

Französin (*pl -nen*) *die* Frenchwoman.

französisch *adj* French.

Französisch(e) *das* French.

fraß *prät* → **fressen**.

Frau (*pl -en*) *die* (*Erwachsene*) woman; (*Ehefrau*) wife; (*als Anrede*) Mrs (*verheiratet*), Ms (*neutral*).

Frauenarzt (*pl -ärzte*) *der* gynaecologist.

Frauenärztin (*pl -nen*) *die* gynaecologist.

Frauenberatungsstelle (*pl -n*) *die* women's advice centre.

Frauenbewegung *die* women's movement.

Frauenbuchladen (*pl -läden*) *der* feminist bookshop.

Frauencafé (*pl -s*) *das* café for women only.

frauenfeindlich *adj* misogynistic.

Frauenhaus (*pl -häuser*) *das* women's refuge.

Frauenlokal (*pl -e*) *das* bar for women only.

Fräulein *das* (*Anrede*) Miss.

frech *adj* cheeky ♦ *adv* cheekily.

Frechheit (*pl -en*) *die* (*Bemerkung, Handlung*) cheeky thing.

Free-Climbing *das* free climbing.

frei *adj* free; (*Mitarbeiter*) freelance; (*nackt*) bare ♦ *adv* freely; (*gratis*) for free; ~ **von** free of; **drei Wochen** ~ **haben** to have three weeks off; **etw** ~ **Haus liefern** to deliver sthg free; **machen Sie sich bitte** ~ please take your clothes off; **im Freien** in the open air.

Freibad (*pl -bäder*) *das* open-air swimming pool.

freiberuflich *adj* self-employed.

Freibier *das* free beer.

freigegeben *adv:* '~ **ab 18 Jahren'** *indicates that a film can only be watched by people over eighteen*.

Freiheit (*pl -en*) *die* (*Unabhängigkeit*) freedom; (*Vorrecht*) liberty.

Freikarte (*pl -n*) *die* free ticket.

freilassen *vt unr* to set free.

freilich *adv* (*allerdings*) admittedly; (*Südd: sicher*) of course.

Freilichtbühne (*pl -n*) *die* open-air theatre.

freimachen *vi* (*fam: Urlaub nehmen*) to take time off ♦ *vt* (*Brief*) to stamp □ **sich freimachen** *ref* (*Urlaub machen*) to take time off; (*sich ausziehen*) to take one's clothes off.

Freistoß (*pl -stöße*) *der* free kick.

Freitag (*pl -e*) *der* Friday, → **Samstag**.

freitags *adv* on Fridays.

freiwillig *adj* voluntary ♦ *adv* of one's own free will.

Freizeichen (*pl -*) *das* ringing tone.

Freizeit *die* free time.

Freizeitbad (*pl -bäder*) *das* leisure pool.

Freizeitkleidung *die* casual clothes (*pl*).

Freizeitpark (*pl -s*) *der* park (*with recreational facilities*).

fremd *adj* (*ausländisch*) foreign; (*unbekannt*) strange; ~**e Angelegenheiten** other people's business; **ich bin hier** ~ I'm a stranger here.

Fremde (*pl -n*) *der, die* (*Unbekannter*) stranger.

Fremdenführer, -in (*mpl -*) *der, die* tourist guide.

Fremdenverkehrsamt (*pl -ämter*) *das* tourist board.

Fremdenverkehrsbüro (*pl -s*) *das* tourist information centre.

Fremdenzimmer (*pl -*) *das* (guest) room.

Fremdkörper (*pl -*) *der* foreign body.

Fremdsprache (*pl -n*) *die* foreign language.

Fremdsprachenkenntnisse *pl* knowledge of foreign languages.

Fremdwort (*pl -e*) *das* foreign word.

Frequenz (*pl -en*) *die* (*von Radiosender*) frequency.

fressen (*präs* **frißt**, *prät* **fraß**, *pp* **gefressen**) *vt* (*Futter*) to eat; (*Benzin, Strom*) to eat up ♦ *vi* (*Tier*) to feed; (*abw: Mensch*) to stuff o.s.

Freude (*pl -n*) *die* pleasure, joy; **jm eine** ~ **machen** to make sb happy □ **Freuden** *pl* pleasures.

freuen *vt* to please; **freut mich sehr!** pleased to meet you! □ **sich freuen** *ref* to be pleased; **sich** ~ **auf**

(+A) to look forward to; **sich ~ über** (+A) to be pleased about.

Freund, -in (mpl -e) der, die friend; (Geliebter) boyfriend (f girlfriend); **~e und Bekannte** friends and acquaintances.

freundlich adj (Person) friendly; (Umgebung, Wetter) nice ◆ adv (grüßen) in a friendly way.

Freundschaft (pl -en) die (vertraute Beziehung) friendship.

Frieden der peace.

Friedhof (pl -höfe) der cemetery.

frieren (prät fror, pp gefroren) vi hat/ist (Person) to be cold; (Wasser) to freeze ◆ vimp hat: **es friert** it's freezing.

Frikadelle (pl -n) die rissole.

frisch adj fresh; (Temperatur) cool; (Farbe) wet ◆ adv freshly; **sich ~ machen** to freshen up; 'Vorsicht, ~ gestrichen!' 'wet paint'.

Frischfleisch das fresh meat.

Frischhaltebeutel (pl -) der airtight bag.

Frischhaltefolie (pl -n) die clingfilm (Br), Saran wrap® (Am).

Frischkäse (pl -) der soft cream cheese.

Friseur (pl -e) der hairdresser.

Friseuse (pl -n) die hairdresser.

Frisiercreme (pl -s) die styling cream.

frisieren vt: **jn ~** to do sb's hair❑ **sich frisieren** ref to do one's hair.

frißt präs → fressen.

Frist (pl -en) die period; **eine ~ einhalten** to stick to a deadline.

fristgerecht adj within the time allowed.

Frisur (pl -en) die hairstyle.

fritieren vt to deep-fry.

Frl. (abk für Fräulein) Miss.

froh adj happy; **~ sein über** (+A) to be pleased about.

fröhlich adj cheerful ◆ adv cheerfully.

Fronleichnam nt Corpus Christi (Catholic festival).

fror prät → frieren.

Frost (pl Fröste) der frost.

Frostgefahr die: **es besteht ~** there's a danger of frost.

Frostschutzmittel (pl -) das antifreeze.

Frottee (pl -s) der ODER das towelling.

Frucht (pl Früchte) die fruit.

Fruchteis das fruit-flavoured ice-cream.

Früchtetee (pl -s) der fruit tea.

fruchtig adj fruity.

Fruchtsaft (pl -säfte) der fruit juice.

Fruchtsaftkonzentrat (pl -e) das squash (Br), juice concentrate (Am).

Fruchtsalat (pl -e) der fruit salad.

früh adj & adv early; **~ am Abend** early in the evening; **gestern/heute/morgen ~** yesterday/this/tomorrow morning.

früher adj (ehemalig) former ◆ adv formerly.

frühestens adv at the earliest.

Frühjahr (pl -e) das spring.

Frühling (pl -e) der spring; **im ~** in spring.

Frühlingsrolle (pl -n) die spring roll.

Frühschicht (*pl* -en) *die* early shift.

Frühstück (*pl* -e) *das* breakfast; **zum** ~ for breakfast.

frühstücken *vi* to have breakfast.

Frühstücksbuffet (*pl* -s) *das* breakfast bar.

Frühstücksraum (*pl* -räume) *der* breakfast room.

Fuchs (*pl* Füchse) *der* fox.

fühlen *vt & vi* to feel; **nach etw** ~ to feel for sthg □ **sich fühlen** *ref* to feel.

fuhr *prät* → **fahren**.

führen *vt* (*Person, Leben*) to lead; (*Touristen*) to show round; (*Geschäft*) to run; (*Buch, Konto*) to keep; (*Ware*) to stock; (*Gespräch*) to hold ◆ *vi* to lead; **England führt mit 1:0** England are one-nil ahead; ~ **zu** (*an ein Ziel*) to lead to.

Führer (*pl* -) *der* (*Person, Buch*) guide.

Führerin (*pl* -nen) *die* guide.

Führerschein (*pl* -e) *der* driving licence (*Br*), driver's license (*Am*).

Führung (*pl* -en) *die* (*Besichtigung*) (guided) tour; **nächste** ~: **12.30 Uhr** the next tour is at 12.30; **in** ~ **liegen** to be in the lead.

füllen *vt* (*Gefäß*) to fill; (*Teig, Fleisch*) to stuff; (*Flüssigkeit*) to put.

Füller (*pl* -) *der* fountain pen.

Füllung (*pl* -en) *die* filling.

Fund (*pl* -e) *der* (*Vorgang*) discovery; (*Gegenstand*) find.

Fundbüro (*pl* -s) *das* lost property office (*Br*), lost-and-found office (*Am*).

Fundsachen *pl* lost property (*sg*).

fünf *num* five, → **sechs**.

fünfhundert *num* five hundred.

fünfmal *adv* five times.

Fünfmarkstück (*pl* -e) *das* five-mark coin.

fünfte *adj* fifth, → **sechste**.

Fünftel (*pl* -) *das* fifth.

fünfzehn *num* fifteen, → **sechs**.

fünfzig *num* fifty, → **sechs**.

Fünfzigmarkschein (*pl* -e) *der* fifty-mark note.

Funk *der* radio.

funken *vt* to radio.

Funkgerät (*pl* -e) *das* radio set.

Funktelefon (*pl* -e) *das* (*Handy*) mobile phone; (*kabelloses Telefon*) cordless phone.

Funktion (*pl* -en) *die* function; (*Funktionieren*) functioning.

funktionieren *vi* to work.

für *präp* (+A) for; **Wort** ~ **Wort** word by word; **Tag** ~ **Tag** day after day; **was** ~ **ein Auto hast du?** what kind of car do you have?; **jn** ~ **dumm halten** to think sb is stupid.

Furcht *die* fear.

furchtbar *adj* terrible ◆ *adv* terribly.

fürchten *vt* to fear □ **sich fürchten** *ref* to be afraid; **sich** ~ **vor** (+D) to be afraid of.

fürchterlich *adj* terrible ◆ *adv* terribly.

füreinander *adv* for each other.

fürs *präp & det* = **für das**.

Fuß (*pl* Füße) *der* foot; (*von Möbel*) leg; (*von Lampe*) base; **zu** ~ on foot.

Fußball (*pl* -bälle) *der* (*Ball*) football *(Br)*, soccer ball *(Am)*; *(Sport)* football *(Br)*, soccer *(Am)*.

Fußballmannschaft *(pl -en) die* football team *(Br)*, soccer team *(Am)*.

Fußballplatz *(pl -plätze) der* football pitch *(Br)*, soccer pitch *(Am)*.

Fußballspiel *(pl -e) das* football match *(Br)*, soccer match *(Am)*.

Fußballspieler, -in *(mpl -) der, die* footballer *(Br)*, soccer player *(Am)*.

Fußbank *(pl -bänke) die* footstool.

Fußboden *(pl -böden) der* floor.

Fußbremse *(pl -n) die* footbrake.

Fußgänger, -in *(mpl -) der, die* pedestrian.

Fußgängerbrücke *(pl -n) die* footbridge.

Fußgängertunnel *(pl -) der* subway, underpass.

Fußgängerüberweg *(pl -e) der* pedestrian crossing.

Fußgängerzone *(pl -n) die* pedestrian precinct.

Fußgelenk *(pl -e) das* ankle.

Fußnagel *(pl -nägel) der* toenail.

Fußweg *(pl -e) der* footpath.

Futter *das (für Tiere)* food; *(von Mantel, Tasche)* lining.

füttern *vt* to feed; 'bitte nicht ~!' 'please do not feed the animals'.

Futur *(pl -e) das* future (tense).

G

gab *prät* → **geben**.

Gabel *(pl -n) die (Besteck)* fork.

gabeln: sich gabeln *ref* to fork.

Gabelung *(pl -en) die* fork.

Gag *(pl -s) der* gag.

gähnen *vi* to yawn.

Gala *(pl -s) die (Veranstaltung)* gala; *(Kleidung)* formal dress.

Galerie *(pl -n) die* gallery.

Galle *(pl -n) die* bile.

galoppieren *vi ist* to gallop.

Galopprennen *(pl -) das* horse racing.

galt *prät* → **gelten**.

gammeln *vi (fam: Essen)* to go off; *(fam: Person)* to loaf around.

Gang *(pl Gänge) der (Flur)* corridor; *(in Flugzeug)* aisle; *(von Menü)* course; *(von Fahrzeug)* gear; *(Gangart)* gait; *(Spaziergang)* walk; **etw in ~ setzen** to get sthg going; **im ersten ~** in first gear.

Gangschaltung *(pl -en) die* gears *(pl)*.

Gangway *(pl -s) die (von Schiff)* gangway; *(von Flugzeug)* steps *(pl)*.

Gans *(pl Gänse) die* goose.

Gänsehaut *die* goose-pimples *(pl)*.

Gänseleberpastete *(pl -n) die* foie gras, pâté made from goose liver.

ganz *adj (komplett, heil)* whole;

(alle) all ♦ *adv (sehr)* really; *(völlig)* completely; *(ziemlich)* quite; **der ~e Kaffee** all the coffee; **~ Paris** the whole of Paris; **~ bleiben** to stay in one piece; **~ bestimmt** quite certainly; **~ und gar** completely; **~ und gar nicht** not at all; **~ gut** quite well/good.

ganztägig *adj (Beschäftigung)* full-time ♦ *adv* all day.

ganztags *adv* all day.

gar *adj (Speise)* done ♦ *adv:* **es war ~ keiner da** there was no one there at all; **~ nicht** not at all; **~ nichts** nothing at all; **auf ~ keinen Fall** under no circumstances.

Garage *(pl -n) die* garage.

Garagenanlage *(pl -n) die* row of garages.

Garantie *(pl -n) die* guarantee.

garantieren *vt* to guarantee ♦ *vi:* **~ für** to guarantee.

garantiert *adv:* **er hat es ~ vergessen** he's bound to have forgotten it.

Garderobe *(pl -n) die (Kleidung)* coat, scarf, hat, etc; *(Raum)* cloakroom.

Gardine *(pl -n) die* curtain.

Garn *(pl -e) das* thread.

Garten *(pl Gärten) der* garden.

Gartenlokal *(pl -e) das* beer garden.

Gartenstuhl *(pl -stühle) der* garden chair.

Gärtner, -in *(mpl -) der, die* gardener.

Gärtnerei *(pl -en) die* nursery.

Garzeit *(pl -en) die* cooking time.

Gas *(pl -e) das* gas; *(Gaspedal)* accelerator; **~ geben** to accelerate.

Gasflasche *(pl -n) die* gas cylinder.

Gasheizung *(pl -en) die* gas heating.

Gaskocher *(pl -) der* camping stove.

Gaspedal *(pl -e) das* accelerator.

Gaspistole *(pl -n) die* pistol that fires gas cartridges.

Gasse *(pl -n) die (Straße)* lane.

Gast *(pl Gäste) der* guest; **zu ~ sein bei jm** to be sb's guest.

Gastarbeiter, -in *(mpl -) der, die* foreign worker.

Gästebett *(pl -en) das* spare bed.

Gästebuch *(pl -bücher) das* visitor's book.

Gästehaus *(pl -häuser) das* guest house.

Gästezimmer *(pl -) das* guest room.

gastfreundlich *adj* hospitable.

Gastgeber, -in *(mpl -) der, die* host.

Gasthaus *(pl -häuser) das* inn.

Gasthof *(pl -höfe) der* inn.

Gastland *(pl -länder) das* foreign country *(where someone is staying)*.

Gastronomie *die* catering.

Gaststätte *(pl -n) die* pub *(also offering a full menu of local food)*.

Gaststube *(pl -n) die* restaurant *(in a hotel or inn)*.

Gastwirt, -in *(mpl -e) der, die* landlord *(landlady)*.

Gaze *die* gauze.

geändert *adj:* **~e Abfahrtszeiten** revised departure times; **~e Öffnungszeiten** new opening hours;

geb.

'Vorfahrt ~' *sign indicating altered right of way.*

geb. *abk* = geboren.

Gebäck *das* pastries (*pl*).

gebacken *adj* baked.

Gebärmutter *die* womb.

Gebäude (*pl* -) *das* building.

gebeizt *adj* (Holz) stained.

geben (*präs* gibt, *prät* gab, *pp* gegeben) *vt* 1. (reichen, schenken): jm etw ~ to give sb sthg, to give sthg to sb.
2. (bezahlen) to give; er hat mir 20 DM dafür gegeben he gave me 20 marks for it.
3. (sagen, erteilen) to give; Unterricht ~ to teach.
4. (in Reparatur): etw in Reparatur ~ to have sthg repaired.
5. (am Telefon): jm jn ~ to put sb through to sb.
♦ *vimp*: es gibt there is/are; hier gibt es viele Studenten there are a lot of students here; was gibt es? what's up?; was gibt es im Fernsehen? what's on television?
❑ sich geben *ref* to act; sich cool ~ to act cool.

gebeten *pp* → bitten.

Gebiet (*pl* -e) *das* (Gegend) area.

Gebirge (*pl* -) *das* mountains (*pl*).

gebirgig *adj* mountainous.

Gebiß (*pl* Gebisse) *das* (Zähne) teeth (*pl*); (künstlich) dentures (*pl*).

gebissen *pp* → beißen.

Gebißreiniger (*pl* -) *der* denture tablets (*pl*).

Gebläse (*pl* -) *das* fan.

geblasen *pp* → blasen.

geblieben *pp* → bleiben.

gebogen *pp* → biegen. ♦ *adj* bent.

gebohnert *adj* polished; 'frisch ~' 'slippery floor'.

geboren *adj*: ~e Maier née Maier.

geborgen *pp* → bergen.

geboten *pp* → bieten.

gebracht *pp* → bringen.

gebrannt *pp* → brennen.

gebraten *pp* → braten ♦ *adj* (in der Pfanne) fried; (im Backofen) roast.

gebrauchen *vt* to use; deine Hilfe könnte ich gut ~ I could use your help.

Gebrauchsanweisung (*pl* -en) *die* instructions (*pl*).

gebrauchsfertig *adj* ready-to-use.

Gebrauchsgegenstand (*pl* -stände) *der* utensil.

gebraucht *adj* used, second-hand.

Gebrauchtwagen (*pl* -) *der* used car.

gebrochen *pp* → brechen ♦ *adj* broken ♦ *adv*: ~ Englisch sprechen to speak broken English.

Gebühr (*pl* -en) *die* (für Telefon, Rundfunk) charge; (für Arzt, Anwalt) fee; '~ bezahlt Empfänger' 'postage to be paid by the addressee'.

Gebühreneinheit (*pl* -en) *die* unit (on phone).

gebührenfrei *adj* free of charge.

Gebührenordnung (*pl* -en) *die* tariff.

gebührenpflichtig *adj* subject to a charge.

gebunden *pp* → binden.

Geburt (*pl* -en) *die* birth.

Geburtsdatum *das* date of birth.

Geburtsjahr *das* year of birth.

Geburtsname *der* maiden name.

Geburtsort *der* place of birth.

Geburtstag (*pl* -e) *der* birthday; **alles Gute zum ~** happy birthday.

Geburtstagsfeier (*pl* -n) *die* birthday party.

Geburtsurkunde (*pl* -n) *die* birth certificate.

gedacht *pp* → denken.

Gedächtnis (*pl* -se) *das* memory.

Gedanke (*pl* -n) *der* thought.

Gedeck (*pl* -e) *das* place setting.

Gedenkfeier (*pl* -n) *die* memorial service.

Gedenkstätte (*pl* -n) *die* memorial.

Gedenktafel (*pl* -n) *die* (memorial) plaque.

Gedicht (*pl* -e) *das* poem.

Geduld *die* patience; **bitte haben Sie etwas ~** (*am Telefon*) please hold the line.

gedulden: sich ~ *ref* to wait (patiently); **bitte ~ Sie sich einen Augenblick** please wait a moment.

geduldig *adj* patient ♦ *adv* patiently.

gedünstet *adj* steamed.

gedurft *pp* → dürfen.

geehrt *adj*: **Sehr ~e Frau Müller** Dear Mrs Müller; **Sehr ~er Herr Braun** Dear Mr Braun.

geeignet *adj* suitable; **~ für** suitable for; **er ist zum Lehrer ~** he'd make a good teacher; **nicht ~** unsuitable.

Gefahr (*pl* -en) *die* danger; **auf eigene ~** at one's own risk; **'bei ~ Scheibe einschlagen'** 'break the glass in case of emergency'.

gefahren *pp* → fahren.

Gefahrenfall *der*: **'nur im ~ benutzen'** 'for emergency use only'.

gefährlich *adj* dangerous.

Gefälle (*pl* -) *das* incline.

gefallen *vi*: **es gefällt mir** I like it; **es gefällt ihm** he likes it; **etw ~ lassen** to put up with sthg; **sich** (*D*) **nichts ~ lassen** not to put up with any nonsense.

Gefallen (*pl* -) *der* favour; **jm einen ~ tun** to do sb a favour; **jm um einen ~ bitten** to ask sb a favour.

gefälligst *adv*: **komm ~ her!** will you please come here!

gefangen *pp* → fangen.

Gefängnis (*pl* -se) *das* prison.

Gefäß (*pl* -e) *das* container, receptacle.

geflochten *pp* → flechten.

geflogen *pp* → fliegen.

geflohen *pp* → fliehen.

geflossen *pp* → fließen.

Geflügel *das* poultry.

gefochten *pp* → fechten.

gefressen *pp* → fressen.

Gefrierbeutel (*pl* -) *der* freezer bag.

gefrieren (*präs* gefriert, *prät* gefror, *pp* gefroren) *vi ist/hat* to freeze.

Gefrierfach (*pl* -fächer) *das* freezer (compartment).

Gefriertruhe (*pl* -n) *die* freezer.

gefroren pp → **frieren, gefrieren ♦** adj frozen.

Gefühl (pl -e) das feeling.

gefüllt adj (Speisen) stuffed.

gefunden pp → finden.

gegangen pp → gehen.

gegeben pp → geben.

gegebenenfalls adv if necessary.

gegen präp (+A) against; (Angabe eines Vergleiches) in comparison to; ~ fünf Uhr at about five o'clock; ~ etw sein to be opposed to sthg; Leipzig ~ Dresden Leipzig versus Dresden; ein Mittel ~ Grippe a medicine for flu, a flu remedy; etwas ~ jn haben to have something against sb; ~ bar for cash.

Gegend (pl -en) die area; in der ~ nearby; in der ~ von near.

gegeneinander adv against each other.

Gegenfahrbahn (pl -en) die opposite carriageway.

Gegenlicht das: bei ~ with the light in one's eyes.

Gegenmittel (pl -) das antidote.

Gegenrichtung die opposite direction.

Gegensatz (pl -sätze) der contrast; im ~ zu in contrast to.

gegenseitig adj mutual ♦ adv: sich ~ beeinflussen to influence each other.

Gegensprechanlage (pl -n) die intercom.

Gegenstand (pl -stände) der object.

Gegenteil (pl -e) das opposite; im ~ on the contrary.

gegenüber präp (+D) (räumlich) opposite; (Angabe eines Vergleichs) in comparison to; (Angabe einer Beziehung): jm ~ towards sb.

Gegenverkehr der oncoming traffic.

Gegenwart die (GRAMM) present (tense); (jetzt) present; in ~ von in the presence of.

Gegenwind der headwind.

gegessen pp → essen.

geglichen pp → gleichen.

geglitten pp → gleiten.

Gegner, -in (mpl -) der, die opponent.

gegolten pp → gelten.

gegossen pp → gießen.

gegriffen pp → greifen.

gegrillt adj grilled.

Gehackte das mince (Br), mincemeat (Am).

Gehalt (pl Gehälter) das (von Angestellten) salary.

gehbehindert adj disabled (used of people who have difficulty walking).

geheim adj secret.

Geheimnis (pl -se) das secret.

geheimnisvoll adj mysterious.

Geheimnummer (pl -n) die (von Scheckkarte) PIN (number); (von Telefon) ex-directory number (Br), unlisted number (Am).

geheißen pp → heißen.

gehen (präs geht, prät ging, pp gegangen) vi ist 1. (gen) to go; einkaufen ~ to go shopping; zu Fuß ~ to walk.

2. (weggehen, abfahren) to go; mein Zug geht um acht Uhr my train goes at eight o'clock.

gelaunt

3. *(funktionieren)* to work.

4. *(erlaubt sein)* to be allowed; **das geht nicht** you can't do that.

5. *(möglich sein)* to be possible; **heute geht es nicht** it's not possible today.

6. *(reichen)*: **bis** to come up to, to go as far as.

7. *(passen)*: **in/durch etw ~** to go in/through sthg.

8. *(berühren)*: **an etw (A) ~** to touch sthg.

9. *(sich richten)*: **es kann nicht immer nach dir ~** you can't always have things your own way.

10. *(Belastung)*: **das geht über unsere Mittel** that's beyond our means.

11. *(kündigen)* to leave.

12. *(Teig)* to rise.

13. *(Post)* to go.

♦ *vimp* 1. *(sich befinden)*: **wie geht's?** how are you?; **wie geht es Ihnen?** how are you?; **es geht mir gut/schlecht** I'm well/not very well; **wie gefällt es dir? - es geht** how do you like it? -it's OK.

2. *(sich handeln um)*: **es geht um deine Mutter** it's about your mother; **es geht darum, als erster anzukommen** you have to try and arrive first; **worum geht es in diesem Buch?** what's this book about?

Gehirn *(pl -e)* das brain.

Gehirnerschütterung *(pl -en)* die concussion.

gehoben *pp* → **heben** ♦ *adj (Position)* senior.

geholfen *pp* → **helfen**.

gehorchen *vi* to obey; **jm ~** to obey sb.

gehören *vi*: **jm ~** to belong to sb; **~ zu** *(als Teil)* to belong to; **~ in** *(+A) (an Platz)* to belong in □ **sich gehö-**

ren *ref*: **das gehört sich nicht!** that's not the done thing!

Gehörlose *(pl -n)* der, die deaf person.

gehorsam *adj* obedient.

Gehweg *(pl -e)* der pavement *(Br)*, sidewalk *(Am)*.

Geige *(pl -n)* die violin.

Geisel *(pl -n)* die hostage.

Geist *(pl -er)* der *(Verstand)* mind; *(Gespenst)* ghost.

Geisterbahn *(pl -en)* die ghost train.

Geisterfahrer, -in *(mpl -/-)* der, die person who drives in the wrong direction on a motorway.

geizig *adj* mean, miserly.

gekannt *pp* → **kennen**.

geklungen *pp* → **klingen**.

gekniffen *pp* → **kneifen**.

gekocht *adj* cooked.

gekommen *pp* → **kommen**.

gekonnt *pp* → **können**.

gekrochen *pp* → **kriechen**.

gekühlt *adj (Getränk)* chilled; **'~ mindestens haltbar bis ...'** 'if refrigerated best before ...'.

Gel *(pl -s)* das gel.

geladen *pp* → **laden**.

gelähmt *adj* paralysed.

Gelände *(pl -)* das *(Grundstück)* site; *(Gebiet)* terrain.

Geländer *(pl -)* das *(von Treppe)* banister; *(von Brücke)* parapet; *(von Balkon)* railing.

gelang *prät* → **gelingen**.

gelassen *adj* calm, cool.

Gelatine *die* gelatine.

gelaunt *adj*: **gut ~** good-tempered; **schlecht ~** bad-tempered.

gelb adj (Farbe) yellow; (Ampel) amber.

Gelb das (Farbe) yellow; (von Ampel) amber.

Gelbsucht die jaundice.

Geld (pl -er) das money □ **Gelder** pl funds.

Geldautomat (pl -en) der cash dispenser.

Geldbörse (pl -n) die (Brieftasche) wallet; (für Münzen) purse.

Geldeinwurf der coin slot.

Geldrückgabe die coin return (button).

Geldschein (pl -e) der banknote.

Geldstrafe (pl -n) die fine.

Geldtasche (pl -n) die money bag.

Geldwechsel der exchange; 'kein ~' 'currency not exchanged here'.

Geldwechselautomat (pl -en) der change machine.

Gelee (pl -s) das jelly.

gelegen pp → leihen.

Gelegenheit (pl -en) die (Möglichkeit, Anlaß) opportunity; (Angebot) bargain; **bei** ~ when the opportunity arises.

Gelenk (pl -e) das (von Knochen) joint.

Geliebte (pl -n) der, die lover.

geliehen pp → leihen.

gelingen (prät gelang, pp gelungen) vi ist to be a success; **jm** ~ to turn out well for sb ◆ vimp: **es ist mir gelungen, ihn zu überreden** I managed to convince him.

gelten (präs gilt, prät galt, pp gegolten) vt to be valid for ◆ vi to be valid; ~ **bis** to be valid until.

Geltungsbereich (pl -e) der (von Fahrkarte) zone or zones for which a ticket is valid.

Geltungsdauer die (von Fahrkarte, Ausweis) period for which a ticket, passport etc is valid.

gelungen pp → gelingen.

gemahlen adj (Kaffee) ground.

Gemälde (pl -) das painting.

gemein adj (böse) nasty, mean.

Gemeinde (pl -n) die (Verwaltungseinheit) municipality; (Menschen) community; (kirchlich) parish.

gemeinsam adj common ◆ adv together.

Gemeinschaft (pl -en) die (Gruppe) community; (Zusammensein) company.

gemeint adj: **das war nicht so** ~ I didn't mean it like that.

gemieden pp → meiden.

gemischt adj mixed; ~**er Salat** mixed salad.

gemocht pp → mögen.

gemolken pp → melken.

Gemüse das vegetables (pl).

Gemüsehändler, -in (mpl -) der, die greengrocer.

gemußt pp → müssen.

gemütlich adj (bequem) cosy; (Abend) pleasant; (langsam) leisurely; **es sich** ~ **machen** to make o.s. at home.

genannt pp → nennen.

genau adj exact ◆ adv (aufmerksam) carefully; (exakt) precisely, exactly; ~**!** (richtig) exactly!

genauso adv just as; ~ **gut/ schlecht/schnell** just as good/bad/ fast.

genehmigen vt to authorize.

Genehmigung (pl -en) die authorization; (Schein) permit.

generalüberholen vt to service.

Generation (pl -en) die generation.

generell adj general.

Genf nt Geneva.

Genfer See der Lake Geneva.

Genick (pl -e) das (back of the) neck.

genießbar adj (Speise) edible; **das Fleisch ist nicht mehr ~** the meat has gone off.

genießen (prät genoß, pp genossen) vt to enjoy.

Genitiv (pl -e) der genitive.

genommen pp → **nehmen**.

genormt adj standardized.

genoß prät → **genießen**.

genossen pp → **genießen**.

genug adv enough; ~ **haben** (bei Überdruß) to have had enough.

genügen vi to be enough; **jm ~** to be enough for sb; **das genügt!** that's enough!

Genuß (pl Genüsse) der (Freude) pleasure; (Verzehr, Verbrauch) consumption.

geöffnet adj (Geschäft, Schalter) open.

geographisch adj geographical.

geordnet adj orderly.

Gepäck das luggage.

Gepäckabfertigung die (luggage) check-in.

Gepäckablage (pl -n) die luggage rack.

Gepäckannahme die (zur Aufbewahrung) = Gepäckaufbewahrung; (Abfertigung am Bahnhof) office where large items of luggage sent by rail have to be registered.

Gepäckaufbewahrung die left-luggage office (Br), baggage room (Am).

Gepäckaufgabe die (Abfertigung am Bahnhof) = Gepäckannahme; (zur Aufbewahrung) = Gepäckaufbewahrung.

Gepäckaufsicht die left-luggage office (Br), baggage room (Am).

Gepäckausgabe die (aus Aufbewahrung) = Gepäckaufbewahrung; (Abfertigung am Bahnhof) office where large items of luggage sent by rail can be collected.

Gepäckkarren (pl -) der luggage trolley.

Gepäckkontrolle (pl -n) die luggage search.

Gepäcknetz (pl -e) das luggage rack.

Gepäckrückgabe die (aus Aufbewahrung) = Gepäckaufbewahrung; (Abfertigung am Flughafen) baggage reclaim.

Gepäckschein (pl -e) der luggage ticket.

Gepäckschließfach (pl -fächer) das left-luggage locker (Br), baggage locker (Am).

Gepäckstück (pl -e) das item of luggage.

Gepäckträger (pl -) der (von Fahrrad) carrier.

Gepäckversicherung (pl -en) die luggage insurance.

Gepäckwagen (pl -) der luggage van (Br), luggage car (Am).

gepfiffen pp → pfeifen.

gequollen pp → quellen.

gerade adv just; (jetzt) just now; ~ er he of all people; ~ deshalb precisely for that reason; ~ erst only just; ~ noch only just; er wollte ~ gehen he was just about to go; nicht ~ not exactly.

geradeaus adv straight ahead; immer ~ straight ahead.

gerann prät → gerinnen.

gerannt pp → rennen.

geraspelt adj grated.

Gerät (pl -e) das (Vorrichtung, Maschine) device; (Werkzeug) tool; (Kochlöffel, Dosenöffner usw.) utensil; (Radio, Fernseher) set.

geraten (präs gerät, prät geriet, pp geraten) vi (st (gelangen) to get; auf die falsche Fahrbahn ~ to get into the wrong lane; in Schwierigkeiten ~ to get into difficulties.

geräuchert adj smoked.

geräumig adj roomy.

Geräusch (pl -e) das noise.

gerecht adj just, fair.

Gerechtigkeit die justice.

Gericht (pl -e) das (Institution) court; (Speise) dish.

gerieben pp → reiben ◆ adj grated.

geriet prät → geraten.

gering adj (Menge, Preis, Temperatur) low; (Zeit, Abstand) short;

(Bedeutung) minor; (Chance) slight; nicht im ~sten not in the least.

geringfügig adj slight, minor.

gerinnen (prät gerann, pp geronnen) vi (st (Milch) to curdle; (Blut) to clot.

gerissen pp → reißen ◆ adj (abw: Person) cunning.

geritten pp → reiten.

gern(e) (komp lieber, superl am liebsten) adv (jn/etw ~ haben to like sb/sthg; jn/etw ~ mögen to like sb/sthg; etw ~ tun to like doing sthg; aber ~! I'd love to!; ~ geschehen! don't mention it!; ich möchte ~ ... I'd like to ...; ja ~! of course!

gerochen pp → riechen.

geronnen pp → gerinnen, rinnen ◆ adj (Milch) curdled.

geröstet adj roasted.

Geruch (pl Gerüche) der smell.

gerufen pp → rufen.

gerungen pp → ringen.

gesalzen adj (Speise) salted; (fam: Preis) steep.

gesamt adj (Familie, Inhalt) whole; (Einkommen, Kosten) total.

gesamtdeutsch adj united German; ~e Beziehungen relations between the two Germanys.

Gesamtschule (pl -n) die ≈ comprehensive school.

gesandt pp → senden[1].

Geschädigte (pl -n) der, die injured party.

Geschäft (pl -e) das (Laden) shop; (Betrieb) business; (Handel) deal.

Geschäftsbedingungen pl terms.

Geschäftsfrau (pl -en) die businesswoman.

Geschäftsführer, -in (*mpl -*) *der, die* manager (*f* manageress).

Geschäftsleute *pl* businessmen.

Geschäftsmann (*pl* **-männer**) *der* businessman.

Geschäftsreise (*pl* **-n**) *die* business trip.

Geschäftsschluß *der* closing time.

Geschäftsstelle (*pl* **-n**) *die* office.

Geschäftsstraße (*pl* **-n**) *die* high street (*Br*), main street (*Am*).

Geschäftszeiten *pl* business hours.

geschah *prät* → **geschehen**.

geschehen (*präs* **geschieht**, *prät* **geschah**, *pp* **geschehen**) *vi* ist to happen; **jm ~** to happen to sb; **~ mit** to happen to.

Geschenk (*pl* **-e**) *das* present, gift; **soll ich es als ~ einpacken?** would you like it gift-wrapped?

Geschenkartikel (*pl* **-**) *der* gift.

Geschenkgutschein (*pl* **-e**) *der* gift token.

Geschenkpapier (*pl* **-e**) *das* gift wrap.

Geschichte (*pl* **-n**) *die* (*Text*) story; (*Vergangenheit*) history.

geschickt *adj* skilful.

geschieden *pp* → **scheiden** ◆ *adj* (*Mann, Frau*) divorced.

geschieht *präs* → **geschehen**.

geschienen *pp* → **scheinen**.

Geschirr *das* (*zum Essen*) crockery; (**das**) **~ spülen** to wash up; **das ~ abtrocknen** to dry up.

Geschirrspülmaschine (*pl* **-n**) *die* dishwasher.

Geschirrspülmittel (*pl* **-**) *das* washing-up liquid.

Geschirrtuch (*pl* **-tücher**) *das* tea towel (*Br*), dish towel (*Am*).

geschissen *pp* → **scheißen**.

Geschlecht *das* (*biologisch*) sex; (*GRAMM*) gender.

Geschlechtskrankheit (*pl* **-en**) *die* sexually transmitted disease.

Geschlechtsverkehr *der* sexual intercourse.

geschlichen *pp* → **schleichen**.

geschliffen *pp* → **schleifen**.

geschlossen *pp* → **schließen** ◆ *adj* closed; (*Ortschaft*) built-up.

geschlungen *pp* → **schlingen**.

Geschmack (*pl* **Geschmäcker**) *der* taste; **guten ~ haben** to have good taste; **schlechten ~ haben** to have bad taste.

geschmacklos *adj* tasteless.

geschmackvoll *adj* tasteful.

geschmissen *pp* → **schmeißen**.

geschmolzen *pp* → **schmelzen**.

geschmort *adj* braised.

Geschnetzelte *das* small pieces of veal or chicken cooked in a sauce.

geschnitten *pp* → **schneiden** ◆ *adj* (*Wurst, Käse*) sliced; **~ oder am Stück?** would you like it sliced or unsliced?

geschoben *pp* → **schieben**.

gescholten *pp* → **schelten**.

geschoren *pp* → **scheren**.

Geschoß (*pl* **Geschosse**) *das* (*Etage*) floor.

geschossen *pp* → schießen.

Geschrei *das* shouting.

geschrieben *pp* → schreiben.

geschrien *pp* → schreien.

geschritten *pp* → schreiten.

geschwiegen *pp* → schweigen.

Geschwindigkeit (*pl* -en) *die* speed.

Geschwindigkeitsbeschränkung (*pl* -en) *die* speed limit.

Geschwindigkeitsübertretung (*pl* -en) *die* speeding.

Geschwister *pl* brothers and sisters.

geschwollen *pp* → schwellen ♦ *adj* (Finger, Bein) swollen.

geschwommen *pp* → schwimmen.

geschworen *pp* → schwören.

geschwungen *pp* → schwingen.

Geschwür (*pl* -e) *das* ulcer.

gesellig *adj* (Person) sociable; (Abend) social.

Gesellschaft (*pl* -en) *die* (System) society; (Gruppe) group (of people); (Touristen) party; (Begleitung) company; **jm ~ leisten** to keep sb company.

Gesellschaftsraum (*pl* -räume) *der* function suite.

gesessen *pp* → sitzen.

Gesetz (*pl* -e) *das* law.

gesetzlich *adj* legal; **~er Feiertag** public holiday.

gesetzwidrig *adj* illegal.

Gesicht (*pl* -er) *das* face.

Gesichtscreme (*pl* -s) *die* face cream.

Gesichtswasser *das* toner.

gesoffen *pp* → saufen.

gesogen *pp* → saugen.

gespannt *adj* (Atmosphäre) tense ♦ *adv* (warten) eagerly; **auf etw (A) ~ sein** (Person) to be looking forward to sthg.

gesperrt *adj* (Straße) closed off.

gesponnen *pp* → spinnen.

Gespräch (*pl* -e) *das* (Konversation) conversation; (per Telefon) call.

Gesprächspartner, -in (*mpl* -) *der, die* person one is talking to.

gesprochen *pp* → sprechen.

gesprungen *pp* → springen ♦ *adj* (Glas) cracked.

Gestalt (*pl* -en) *die* (Person, Figur) figure; (Form) shape.

gestanden *pp* → stehen.

Gestank *der* stench.

gestärkt *adj* (Wäsche) starched.

gestatten *vt* (geh: erlauben) to permit, to allow ♦ *vi* (geh): **~: Meier** allow me to introduce myself - my name is Meier; **~ Sie?** may I?; **jm etw ~** to allow sb sthg.

gestattet *adj* (amt): **~ sein** to be allowed; **nicht ~** prohibited.

Geste (*pl* -n) *die* (mit Händen, mit Kopf) gesture.

gestern *adv* yesterday; **~ morgen/mittag/abend** yesterday morning/lunchtime/evening; **~ früh** early yesterday.

gestiegen *pp* → steigen.

gestochen *pp* → stechen ♦ *adv*: **~ scharf** sharp.

gestohlen *pp* → stehlen; **etw als ~ melden** to report the theft of sthg.

gestorben *pp* → sterben.

gestreift *adj* striped, stripy.

gestrichen *pp* → streichen ◆
adj (*Löffel*) level.

gestrig *adj* (*von Vortag*): **die ~e**
Zeitung yesterday's paper.

gestritten *pp* → streiten.

gestunken *pp* → stinken.

gesund (*komp* gesünder, *superl* **am
gesündesten**) *adj* healthy ◆ *adv*
healthily; **wieder ~ werden** to get
better.

Gesundheit *die* health; **~!** bless
you!

gesundheitsschädlich *adj*
(*Inhaltsstoff*) damaging to one's
health.

gesungen *pp* → singen.

gesunken *pp* → sinken.

getan *pp* → tun.

Getränk (*pl* **-e**) *das* drink; **alkoholische ~e** alcoholic beverages;
nichtalkoholische ~e soft drinks.

Getränkeautomat (*pl* **-en**)
der drinks machine.

Getränkekarte (*pl* **-n**) *die*
wine list.

Getränkemarkt (*pl* **-märkte**)
der discount drink store.

Getreide *das* cereal, grain.

getrennt *adj* (*Zimmer, Rechnung*)
separate ◆ *adv* separately; **~ leben**
to live apart; **~ zahlen** to pay separately.

Getriebe (*pl* **-**) *das* (*von Auto, in
Technik*) gearbox.

getrieben *pp* → treiben.

Getriebeschaden (*pl* **-schä-
den**) *der* gearbox damage.

getrocknet *adj* dried.

getroffen *pp* → treffen.

getrunken *pp* → trinken.

gewachsen *pp* → wachsen.

Gewähr *die* guarantee; **ohne ~**
(*auf Fahrplan*) subject to alteration.

Gewalt *die* (*Brutalität*) violence;
(*Kraft*) force; (*Macht*) power.

gewandt *pp* → wenden.

gewann *prät* → gewinnen.

gewaschen *pp* → waschen.

Gewebe (*pl* **-**) *das* (*Stoff*) fabric;
(*Körpergewebe*) tissue.

Gewehr (*pl* **-e**) *das* gun.

gewellt *adj* (*Haare*) wavy.

Gewerbegebiet (*pl* **-e**) *das*
business park.

gewerblich *adj* (*Nutzung*)
commercial.

Gewerkschaft (*pl* **-en**) *die*
trade union.

gewesen *pp* → sein.

Gewicht (*pl* **-e**) *das* weight.

gewiesen *pp* → weisen.

Gewinn (*pl* **-e**) *der* (*Preis*) prize;
(*Profit*) profit; (*bei Glücksspiel, beim
Wetten*) winnings (*pl*).

gewinnen (*prät* **gewann**, *pp*
gewonnen) *vi* to win; (*besser werden*)
to gain ◆ *vt* to win; (*produzieren*) to
obtain.

Gewinner, -in (*mpl* **-**) *der, die*
winner.

Gewinnspiel (*pl* **-e**) *das* game
show.

gewiß *adj* certain.

Gewissen *das* conscience.

Gewitter (*pl* **-**) *das* (*Wetter*)
storm.

gewittrig *adj* (*Gewitter ankündi-
gend*) stormy.

gewogen *pp* → wiegen.

gewöhnen *vt*: **jn an etw** (*A*) **~** to
accustom sb to sthg ❑ **sich gewöh-**

nen *ref:* **sich ~ an** *(+A)* to get used to.

Gewohnheit *(pl -en) die* habit.

gewöhnlich *adj (normal)* usual; *(primitiv)* common ♦ *adv (normalerweise)* usually; **wie ~** as usual.

gewohnt *adj* usual; **etw ~ sein** to be used to sthg.

Gewölbe *(pl -) das (Deckengewölbe)* vault.

gewonnen *pp →* **gewinnen**.

geworben *pp →* **werben**.

geworden *pp →* **werden**.

geworfen *pp →* **werfen**.

Gewürz *(pl -e) das* spice.

Gewürzgurke *(pl -n) die* pickled gherkin.

gewürzt *adj* seasoned; **scharf ~** hot.

gewußt *pp →* **wissen**.

Gezeiten *pl* tides.

gezogen *pp →* **ziehen**.

gezwungen *pp →* **zwingen**.

gibt *präs →* **geben**.

Gicht *die* gout.

gierig *adj* greedy.

gießen *(prät* **goß**, *pp* **gegossen)** *vt (schütten)* to pour; *(Pflanzen)* to water ♦ *vimp:* **es gießt** it's pouring (down).

Gießkanne *(pl -n) die* watering can.

Gift *(pl -e) das* poison.

giftig *adj (Substanz, Pflanze)* poisonous; *(fig: Person, Bemerkung)* venomous.

gilt *präs →* **gelten**.

Gin *der* gin.

ging *prät →* **gehen**.

Gipfel *(pl -) der (von Berg)* summit, peak.

Gips *der (Gipspulver)* plaster; *(Gipsverband)* plaster cast.

Gipsbein *(pl -e) das:* **ein ~ haben** to have one's leg in plaster.

Gipsverband *(pl -verbände) der* plaster cast.

Giraffe *(pl -n) die* giraffe.

Girokonto *(pl -konten) das* current account *(Br)*, checking account *(Am)*.

Gischt *die* spray.

Gitarre *(pl -n) die* guitar.

Gitter *(pl -) das* bars *(pl)*.

Gitterbett *(pl -en) das* cot *(Br)*, crib *(Am)*.

glänzen *vi (Metall, Wasser)* to shine.

glänzend *adj (leuchtend)* shining; *(ausgezeichnet)* brilliant.

Glas *(pl Gläser) das* glass; *(Einmachglas)* jar; **aus ~** glass; **ein ~ Wein** a glass of wine.

Gläschen *(pl -) das* little glass.

Glasscheibe *(pl -n) die* pane (of glass).

Glastür *(pl -en) die* glass door.

glatt *adj (eben)* smooth; *(rutschig)* slippery; *(fam: problemlos)* smooth ♦ *adv (fam: problemlos)* smoothly.

Glätte *die (Eisglätte)* (patch of) black ice.

Glatteis *das* black ice.

Glatteisgefahr *die:* **Vorsicht, ~!** watch out for black ice!

Glatze *(pl -n) die:* **eine ~ haben** to be bald.

glauben *vt (meinen, denken)* to think; *(für wahr halten)* to believe ♦ *vi (meinen, denken)* to think; **~ an** *(+A)* to believe in; **jm ~** to believe sb.

gleich *adj* same ◆ *adv (identisch)* equally; *(ähnlich)* the same; *(egal)* no matter; *(sofort, bald)* straight away; *(ebensogut)* just as well; **zwei ~ Tassen** two identical cups; **bis ~!** see you soon!; **~ groß sein** to be the same size; **das ist mir ~** I don't care; **ich komme ~** I'm just coming.

gleichaltrig *adj:* **~ sein** to be the same age.

gleichberechtigt *adj (Mann und Frau):* **~ sein** to have equal rights.

gleiche, -r, -s *pron:* **der/die/das ~** the same (one).

gleichen *(prät* glich, *pp* geglichen) *vi (+D)* to resemble.

gleichfalls *adv* also, as well; **danke ~!** thanks, you too!

gleichgültig *adj:* **es ist mir ~** it's all the same to me.

gleichmäßig *adj (Tempo)* even ◆ *adv (ziehen)* steadily; *(auftragen)* evenly.

Gleichstrom *der* direct current.

gleichzeitig *adj* simultaneous ◆ *adv* at the same time.

Gleis *(pl* -e) *das (Bahnsteig)* platform.

gleiten *(prät* glitt, *pp* geglitten) *vi (rutschen)* to glide.

Gleitschirm *(pl* -e) *der* paraglider.

Gletscher *(pl* -) *der* glacier.

glich *prät* → gleichen.

Glied *(pl* -er) *das (Einzelteil)* link; *(Arm, Bein)* limb; *(Penis)* member.

glitschig *adj* slippery.

glitt *prät* → gleiten.

glitzern *vi* sparkle.

Glocke *(pl* -n) *die* bell.

Glück *das (Ereignis)* luck; *(Gefühl)* happiness; **~ haben** to be lucky; **viel ~!** good luck!; **zum ~** luckily.

glücklich *adj (froh)* happy; *(Zufall, Zusammentreffen)* fortunate ◆ *adv (froh)* happily; *(günstig)* fortunately.

glücklicherweise *adv* luckily.

Glücksspiel *(pl* -e) *das (um Geld)* game of chance.

Glückwunsch *(pl* -wünsche) *der* congratulations *(pl)*; **herzlichen ~!** congratulations!

Glückwunschtelegramm *(pl* -e) *das* telegram sent to congratulate someone.

Glühbirne *(pl* -n) *die* light bulb.

glühen *vi (Kohle)* to glow; *(Gesicht, Wangen)* to burn.

Glühwein *der* mulled wine.

Glut *die (im Feuer)* embers *(pl)*.

Gnagi *das (Schweiz)* boiled knuckle of pork.

Gold *das* gold; **aus ~** gold.

golden *adj (aus Gold)* gold; *(goldfarben)* golden.

Goldschmied, -in *(mpl* -e) *der* the goldsmith.

Golf *(Sportart)* golf.

Golfplatz *(pl* -plätze) *der* golf course.

Golfschläger *(pl* -) *der* golf club.

gönnen *vt (+D):* **jm etw ~** not to begrudge sb sthg; **sich (D) etw ~** to allow o.s. sthg.

goß *prät* → gießen.

gotisch *adj* Gothic.

Gott *(pl* Götter) *der (christlich)* God; *(Gottheit)* god; **~ sei Dank!** thank God!; **Grüß ~!** *(Süddt &*

Gottesdienst

Österr) hello!; **um ~es Willen!** for God's sake!

Gottesdienst (*pl* -e) *der* service.

Grab (*pl* Gräber) *das* grave.

graben (*präs* gräbt, *prät* grub, *pp* gegraben) *vt & vi* to dig.

Graben (*pl* Gräben) *der* (*Vertiefung*) ditch.

Grabstein (*pl* -e) *der* gravestone.

gräbt *präs* → **graben**.

Grad (*pl* -e) *der* degree; **drei ~ unter/über Null** three degrees below/above zero; **im höchsten ~** highly.

Graffiti *pl* (*an Haus, U-Bahn*) graffiti.

Grafik (*pl* -en) *die* (*Technik*) graphics (*sg*); (*Bild, Schema*) diagram.

Gramm (*pl* -) *das* (*Gewichtseinheit*) gram.

Grammatik (*pl* -en) *die* grammar.

Grapefruit (*pl* -s) *die* grapefruit.

Grapefruitsaft (*pl* -säfte) *der* grapefruit juice.

Graphik *die* = **Grafik**.

Gras (*pl* Gräser) *das* grass.

gräßlich *adj* horrible ◆ *adv* (*sehr*) terribly; (*schreckenerregend*) terrifyingly.

Gräte (*pl* -n) *die* (fish) bone.

gratis *adv & adj* free.

Gratulation (*pl* -en) *die* (*Glückwunsch*) congratulations (*pl*).

gratulieren *vi*: **jm (zu etw) ~** to congratulate sb (on sthg).

grau *adj* (*Farbe, Haare*) grey; (*trist*) gloomy.

Graubrot (*pl* -e) *das* bread made with mixed wholemeal, rye and wheat flour.

grauhaarig *adj* grey-haired.

Graupelschauer (*pl* -) *der* sleet.

grausam *adj* (*Mensch, Tat*) cruel; (*Schmerzen, Hitze*) terrible.

greifen (*prät* griff, *pp* gegriffen) *vt* to take hold of ◆ *vi* (*Räder*) to grip; **nach etw ~** to reach for sthg.

grell *adj* (*Licht*) glaring; (*Ton*) harsh; (*Farbe*) loud ◆ *adv* (*leuchten*) glaringly; (*klingen*) harshly.

Grenzbeamte (*pl* -n) *der* customs and immigration officer.

Grenzbeamtin (*pl* -nen) *die* customs and immigration officer.

Grenze (*pl* -n) *die* (*von Land*) border; (*von Stadt, Grundstück*) boundary; (*begrifflich, ideell*) border-line; (*Beschränkung*) limit; **grüne ~** border area without major road or border patrols.

grenzen *vi*: **~ an (+A)** (*räumlich*) to border.

Grenzkontrolle (*pl* -n) *die* border checkpoint.

Grenzübergang (*pl* -gänge) *der* (*Ort*) border crossing.

Grenzverkehr *der* cross-border traffic.

Grenzwert (*pl* -e) *der* (*für Schadstoffe*) limit.

Griebenschmalz *das* spread made from animal fat, similar to dripping.

Grieche (*pl* -n) *der* Greek.

Griechenland *nt* Greece.

Griechin (*pl* -nen) *die* Greek.

griechisch *adj* Greek.

Griechisch(e) *das* Greek.

Grieß *der* semolina.

Griff (*pl* -e) *der* (*mit der Hand*) grip; (*zum Halten*) handle.

griff *prät* → **greifen**.

Grill (*pl* -e) *der* grill.

grillen *vt & vi* to grill.

Grillfest (*pl* -e) *das* barbecue.

Grillspieß (*pl* -e) *der* (*mit Fleisch*) (shish) kebab.

Grillstube (*pl* -n) *die* grill (restaurant).

Grillteller (*pl* -) *der* mixed grill.

grinsen *vi* to grin.

Grippe (*pl* -n) *die* flu.

Grippewelle (*pl* -n) *die* flu epidemic.

grob (*komp* **gröber**, *superl* **am gröbsten**) *adj* (*Zucker, Salz*) coarse; (*Person, Verhalten*) crude; (*Leder, Stoff*) rough.

Grog (*pl* -s) *der* hot toddy.

Groschen (*pl* -) *der* (*deutsche Münze*) ten pfennig coin; (*österreichische Münze*) one hundredth of an Austrian schilling.

groß (*komp* **größer**, *superl* **am größten**) *adj* (*räumlich*) big, large; (*Person*) tall; (*Buchstabe*) capital; (*Gefühl, Lärm, Künstler*) great; (*Vermögen*) large; (*Angebot*) wide; (*erwachsen*) grown-up ♦ *adv* (*räumlich*) on a large scale; (*glanzvoll*) in style; **es wird ~ geschrieben** it's written with a capital letter.

großartig *adj* brilliant.

Großaufnahme (*pl* -n) *die* close-up.

Großbritannien *nt* Great Britain.

Großbuchstabe (*pl* -n) *der* capital letter.

Größe (*pl* -n) *die* size; (*Höhe*) height.

Großeltern *pl* grandparents.

Großhandel *der* wholesale.

Großmarkt (*pl* -märkte) *der* cash-and-carry.

Großmutter (*pl* -mütter) *die* grandmother.

Großraumwagen (*pl* -) *der* (*in Zug*) open carriage (*not divided into compartments*).

Großschreibung *die* capitalization.

Großstadt (*pl* -städte) *die* city.

Großvater (*pl* -väter) *der* grandfather.

großzügig *adj* (*freigiebig*) generous ♦ *adv* (*freigiebig*) generously.

Grotte (*pl* -n) *die* cave, grotto.

grub *prät* → **graben**.

Gruft (*pl* **Grüfte**) *die* crypt.

grün *adj* green; **~er Pfeil** filter arrow; **~e Versicherungskarte** green card (Br), insurance card for travel abroad; **Grüne Punkt** *symbol placed on product to indicate that it meets certain recycling standards.*

Grün *das* green.

Grünanlage (*pl* -n) *die* park.

Grund (*pl* **Gründe**) *der* (*Ursache, Motiv*) reason; (*von Gewässer*) bed; (*Erdboden*) ground; **auf ~ von** (*wegen*) because of; **aus diesem ~** for this reason; **im ~e** basically.

gründen *vt* (*Verein, Betrieb*) to found.

Gründer, -in (*mpl* -) *der, die* founder.

Grundgebühr (pl -en) die (für Telefon) line rental.

Grundgesetz das German constitution.

Grundkurs (pl -e) der foundation course.

Grundlage (pl -n) die basis; die ~n der Theorie the basic principles of the theory.

gründlich adj thorough ◆ adv thoroughly.

Grundnahrungsmittel (pl -) das staple (food).

Gründonnerstag (pl -e) der Maundy Thursday.

Grundrecht (pl -e) das basic right.

Grundschule (pl -n) die ≈ primary school (attended by pupils aged 6 to 10).

Grundstück (pl -e) das plot (of land).

Gründung (pl -en) die foundation.

Grüne[1] (pl -n) der, die Green; die ~n the Greens.

Grüne[2] das: im ~n in the country.

Grünfläche (pl -n) die park.

Grünkohl der kale.

Gruppe (pl -n) die group.

Gruppenermäßigung (pl -en) die group reduction.

Gruppenkarte (pl -n) die group ticket.

Gruppenreise (pl -n) die group tour.

Gruß (pl Grüße) der greeting; herzliche Grüße an ... greetings to ...; mit freundlichen Grüßen yours sincerely; viele Grüße! best wishes!

grüßen vi to say hello ◆ vt (begrüßen) to greet; (grüßen lassen) to say hello to; Michaela läßt dich ~ Michaela says to say hello to you; jn von jm ~ to say hello to sb from sb.

gucken vi to look.

Gulasch (pl -s) der ODER das goulash.

Gulaschkanone (pl -n) die large tureen used to serve hot food at outdoor public events.

gültig adj (Ticket, Vertrag) valid.

Gültigkeit die validity.

Gummi (pl -s) das (Material) rubber; (Gummiring) rubber band.

Gummiband (pl -bänder) das rubber band.

Gummistiefel (pl -) der wellington (boot).

günstig adj (vorteilhaft) favourable; (preisgünstig) cheap; (Moment) convenient.

gurgeln vi to gargle.

Gurke (pl -n) die (Salatgurke) cucumber; saure ~ pickled gherkin.

Gurt (pl -e) der (an Tasche, Sattel) strap; (Sicherheitsgurt) seat belt.

Gürtel (pl -) der (an Hose) belt.

Gürtelreifen (pl -) der radial (tyre).

Gürtelrose die shingles (sg).

Gürteltasche (pl -n) die bumbag (Br), fanny pack (Am).

Gurtpflicht die compulsory wearing of seat belts.

gut (komp besser, superl am besten) adj good ◆ adv well; (leicht) easily; ~ befreundet sein to be good friends; ~ mit jm auskommen to get on well with sb; ~ gehen (Geschäft) to go well; ~ schmecken to taste good; im ist nicht ~ she's not well; so ~ wie as good as ❑ **Gute** *das* good; **alles Gute!** all the best!

Gutachter, -in (*mpl* -) *der, die* expert.

gutbürgerlich *adj*: ~e Küche good, plain food.

Güteklasse (*pl* -n) *die* grade.

Güterbahnhof (*pl* -höfe) *der* goods depot.

Güterzug (*pl* -züge) *der* goods train.

gut|gehen *vi unr ist* to go well ♦ *vimp unr ist*: **es geht ihm gut** he's doing well.

gutgelaunt *adj* in a good mood.

Guthaben (*pl* -) *das* balance (*positive*).

Gutschein (*pl* -e) *der* voucher.

gut|schreiben *vt unr* to credit.

Gutschrift (*pl* -en) *die* (*Quittung*) credit slip.

gut|tun *vi unr* (+D): **jm ~** to do sb good.

Gymnasium (*pl* Gymnasien) *das* ≃ grammar school (*Br*), secondary school attended by 10 - 19 year-olds.

Gymnastik *die* keep-fit.

Gynäkologe (*pl* -n) *der* gynaecologist.

Gynäkologin (*pl* -nen) *die* gynaecologist.

Gyros *das* doner kebab.

Haar (*pl* -e) *das* hair; **sich die ~e schneiden lassen** to have one's hair cut.

Haarbürste (*pl* -n) *die* hair-brush.

Haarfärbemittel (*pl* -) *das* hair dye.

Haarfestiger (*pl* -) *der* setting lotion.

Haargel (*pl* -s) *das* hair gel.

Haarklammer (*pl* -n) *die* hair grip.

Haarkur (*pl* -en) *die* hair treatment cream.

Haarnadel (*pl* -n) *die* hairpin.

Haarnadelkurve (*pl* -n) *die* hairpin bend.

haarscharf *adv* (*sehr nah*) only just; (*fig: sehr genau*) precisely.

Haarschnitt (*pl* -e) *der* haircut.

Haarshampoo (*pl* -s) *das* shampoo.

Haarspange (*pl* -n) *die* hair clip.

Haarspray (*pl* -s) *das* hairspray.

Haartrockner (*pl* -) *der* hairdryer.

Haarwasser (*pl* -wässer) *das* hair tonic.

Haben *das* credit.

haben (*präs* hat, *prät* hatte, *pp* gehabt) *aux* to have; **sie hat gegessen** she has eaten. *vt* 1. (*gen*) to have; **sie hat blaue Augen** she has (got) blue eyes; **hast du Geld bei dir?** have you got any money on you?

2. *(mit Zeitangabe)*: **wie spät ~ wir?** what's the time?; **wir ~ zehn Uhr** it's ten o'clock; **heute ~ wir Dienstag** it's Tuesday today.

3. *(Unterricht, Dienst)* to have; **einen Tag frei ~** to have a day off.

4. *(Erlebnis)* to have.

5. *(im Restaurant, Geschäft)*: **ich hätte gerne ...** I'd like...

6. *(zur Verfügung)* to have; **es eilig ~** to be in a hurry.

7. *(Krankheit, Problem)* to have; **Kopfschmerzen ~** to have a headache; **was hast du denn?** what's wrong?

8. *(Gefühl)*: **Angst ~** to be afraid; **Durst ~** to be thirsty; **Hunger ~** to be hungry; **~ Sie etwas dagegen, wenn ...?** do you mind if ...?

9. *(Angabe von Zwang)*: **etw zu tun ~** to have to do sthg.

Hackbraten *(pl -)* der meatloaf.

hacken vt *(Holz)* to chop.

Hackfleisch das mince *(Br)*, mincemeat *(Am)*.

Hafen *(pl Häfen)* der *(klein)* harbour; *(groß)* port.

Hafenrundfahrt *(pl -en)* die boat trip round the harbour.

Hafenstadt *(pl -städte)* die port.

Haferflocken pl rolled oats.

Haft die custody.

haftbar adj liable.

haften vi *(für Schaden)* to be liable.

Haftpflichtversicherung *(pl -en)* die third party insurance.

Haftpulver das *(für Gebiß)* denture fixative.

Haftung die liability.

Haftungsbeschränkung *(pl -en)* die limited liability.

Hagebuttentee der rosehip tea.

Hagel der *(Eisregen)* hail.

hageln vimp: **es hagelt** it's hailing.

Hahn *(pl Hähne)* der *(Tier)* cock; *(Wasserhahn)* tap *(Br)*, faucet *(Am)*.

Hähnchen *(pl -)* das *(Brathähnchen)* chicken; **ein halbes ~** half a *(roast)* chicken.

Hai *(pl -e)* der shark.

häkeln vt & vi to crochet.

Häkelnadel *(pl -n)* die crochet hook.

Haken *(pl -)* der *(an der Wand)* hook; *(Zeichen)* tick; **einen ~ haben** *(fam)* to have a catch.

halb adj & adv half; **ein ~es Kilo** half a kilo; **eine ~e Stunde** half an hour; **die ~e Stadt** half the town; **~ und ~** *(fast)* more or less; **~ sechs** half past five; **~ so ... wie** half as ... as; **~ durch** *(KÜCHE)* undercooked.

halbautomatisch adj *(Getriebe, Kamera)* semi-automatic.

Halbe *(pl -n)* der ODER die *(Bier)* half a litre.

halbfett adj *(Margarine, Käse)* low-fat.

halbieren vt *(teilen)* to halve.

Halbinsel *(pl -n)* die peninsula.

Halbjahr *(pl -e)* das six months *(pl)*.

Halbmond der half moon.

Halbpension die half board; **ein Zimmer mit ~** a room with half board.

Halbschuh *(pl -e)* der shoe.

halbtags adv part-time.

Halbtagsarbeit *die* part-time work.

halbvoll *adj* half-full.

halbwegs *adv* halfway.

Halbzeit (*pl* -en) *die* halftime.

half *prät* → **helfen**.

Hälfte (*pl* -n) *die* half; **die ~ (der Flasche)** half (the bottle); **etw zur ~ tun** to half-do sthg; **er hat es erst zur ~ bezahlt** he only paid for half of it.

Halle (*pl* -n) *die* hall.

Hallenbad (*pl* -bäder) *das* (indoor) swimming pool.

hallo *interj* hello!

Halogenlampe (*pl* -n) *die* halogen lamp.

Hals (*pl* Hälse) *der* (Körperteil) neck; (Rachen) throat.

Halsausschnitt (*pl* -e) *der* neckline.

Halsband (*pl* -bänder) *das* (von Hund) collar.

Halsentzündung (*pl* -en) *die* throat infection.

Halskette (*pl* -n) *die* necklace.

Hals-Nasen-Ohren-Arzt (*pl* -Ärzte) *der* ear, nose and throat specialist.

Hals-Nasen-Ohren-Ärztin (*pl* -nen) *die* ear, nose and throat specialist.

Halsschmerzen *pl*: **~ haben** to have a sore throat.

Halstuch (*pl* -tücher) *das* scarf.

halt *interj* stop! ◆ *adv* (Süddt: nun einmal): **so ist das ~** that's just the way it is.

haltbar *adj* (Lebensmittel): **lange ~ sein** to keep well; **'mindestens ~ bis'** 'best before'.

Haltbarkeitsdatum (*pl* -daten) *das* best before date.

halten (*präs* hält, *prät* hielt, *pp* gehalten) *vt* 1. (festhalten) to hold; **sie hielt die Tasse in der Hand** she held the cup in her hand.
2. (einhalten, behalten) to keep.
3. (Haustier) to keep.
4. (SPORT) to save.
5. (Vortrag, Rede) to give.
6. (einschätzen, denken): **jn für etw halten** to take sb for sthg; **was hältst du von ihm?** what do you think of him?; **ich habe ihn für klüger gehalten** I thought he was cleverer than that; **viel/wenig von jm/etw ~** to think a lot/not much of sb/sthg.
◆ *vi* 1. (Fahrzeug) to stop.
2. (Beziehung) to last.
3. (Lebensmittel): **~ bis** to keep until.
4. (zur Unterstützung): **zu jm ~** to stand by sb.
❑ **sich halten** *ref* 1. (sich festhalten) to hold on.
2. (Lebensmittel): **sich ~ bis** to keep until.
3. (Person): **für sein Alter hält er sich gut** he's keeping well for his age.
4. (in eine Richtung): **sich rechts/links ~** to keep right/left.

Haltepunkt (*pl* -e) *der* stop.

Halterung (*pl* -en) *die* holder.

Haltestelle (*pl* -n) *die* stop.

Halteverbot *das* (Stelle) no waiting zone, clearway (Br); **hier herrscht ~** there is no waiting here.

Halteverbotsschild (*pl* -er) *das* no waiting sign.

halt|machen *vi* to stop.

Hammelfleisch *das* mutton.

Hammer (*pl* Hämmer) *der* hammer.

hämmern *vi* to hammer.

Hammerwerfen *das* (throwing the) hammer.

Hand (*pl* Hände) *die* hand; **aus erster/zweiter ~** second-hand *(with one/two previous owners)*; **rechter/ linker ~** on the right/left.

Handarbeit (*pl* -en) *die* needlework; *(Gegenstand)* hand-made article.

Handball *der* handball.

Handbremse (*pl* -n) *die* handbrake *(Br)*, parking brake *(Am)*.

Handbuch (*pl* -bücher) *das* handbook.

Handel *der* (An- und Verkauf) trade; *(Geschäftsleute, Geschäftswelt)* business.

handeln *vi* (Handel treiben) to trade; *(agieren)* to act; *(feilschen)* to haggle ◆ *vimp:* **bei diesem Buch handelt es sich um einen Roman** this book is a novel; **~ von** *(von Thema)* to be about.

Handelskammer (*pl* -n) *die* chamber of commerce.

Handelspartner (*pl* -) *der* trading partner.

Handelsschule (*pl* -n) *die* business school.

Handfeger (*pl* -) *der* brush.

Handfläche (*pl* -n) *die* palm.

Handgelenk (*pl* -e) *das* wrist.

handgemacht *adj* handmade.

Handgepäck *das* hand luggage.

handgeschrieben *adj* handwritten.

Handgriff (*pl* -e) *der* movement (of the hand).

Handkoffer (*pl* -) *der* (small) suitcase.

Händler, -in (*mpl* -) *der, die* dealer.

handlich *adj* handy.

Handlung (*pl* -en) *die* (von Roman, Film) plot; *(Tat, Aktion)* act.

Handschlag *der:* **etw per ~ besiegeln** to shake on sthg.

Handschrift (*pl* -en) *die* (Schrift) handwriting; *(Text)* manuscript.

Handschuh (*pl* -e) *der* glove.

Handschuhfach (*pl* -fächer) *das* glove compartment.

Handtasche (*pl* -n) *die* handbag.

Handtuch (*pl* -tücher) *das* towel.

Handwaschbecken (*pl* -) *das* handbasin.

Handwerker, -in (*mpl* -) *der, die* craftsman.

Handwerkszeug *das* tools (*pl*).

Handy (*pl* -s) *das* mobile phone.

Handzeichen (*pl* -) *das* hand signal.

Hang (*pl* Hänge) *der* (Abhang) slope.

Hängebrücke (*pl* -n) *die* suspension bridge.

Hängematte (*pl* -n) *die* hammock.

hängen[1] (*prät* hängte, *pp* gehängt) *vt* (anbringen) to hang; **etw an etw** (A) **~** to hang sthg on sthg.

hängen[2] (*prät* hing, *pp* gehangen) *vi* (angebracht sein) to hang; **~ an** (+D) *(örtlich)* to hang on; *(emotional)* to be attached to.

hängenbleiben *vi unr ist:* **mit dem Ärmel an der Türklinke ~** to catch one's sleeve on the door handle.

hängenǀlassen *vt unr (vergessen)* to leave behind.

Hannover *nt* Hanover.

Hansestadt (*pl* **-städte**) *die town which formerly belonged to the Hanseatic League.*

 HANSESTADT

The Hanseatic League was originally a guild of merchants which grew into an association of merchant towns, formed to protect trade. It existed from the 12th-17th century and had a major influence on economic and cultural life. Most of the German towns that were members of the League are in the north of the country, on the North Sea and Baltic coasts. They include Lübeck, Hamburg, Bremen and Rostock.

Hantel (*pl* **-n**) *die* dumbbell.

Häppchen (*pl* **-**) *das (kleine Speise)* canapé.

Hardware (*pl* **-s**) *die* hardware.

Harke (*pl* **-n**) *die* rake.

harmlos *adj* harmless.

harmonisch *adj* harmonious.

Harn *der* urine.

Harnblase (*pl* **-n**) *die* bladder.

Harpune (*pl* **-n**) *die* harpoon.

hart (*komp* **härter**, *superl* **am härtesten**) *adj* hard; (*Urteil, Strafe*) harsh ◆ *adv (arbeiten, zuschlagen)* hard; (*urteilen, bestrafen*) harshly;

(*sitzen, liegen*) on a hard surface; ~ **an** (*+D*) right next to.

Härte *die (von Material)* hardness; (*Strenge*) harshness.

hartgekocht *adj:* ~**es Ei** hard-boiled egg.

hartnäckig *adj* stubborn.

Haschisch *das* hashish.

Hase (*pl* **-n**) *der* hare.

Haselnuß (*pl* **-nüsse**) *die* hazelnut.

Haß *der* hatred.

hassen *vt* to hate.

häßlich *adj (Aussehen)* ugly.

hast *präs* → **haben**.

hastig *adj* hasty.

hat *präs* → **haben**.

hatte *prät* → **haben**.

Haube (*pl* **-n**) *die (von Auto)* bonnet (*Br*), hood (*Am*); (*Trockenhaube*) hairdryer.

hauchdünn *adj* wafer-thin.

hauchen *vi (blasen)* to breathe.

hauen *vt (Person)* to hit; (*Statue, Figur*) to carve; (*Loch*) to knock ◆ *vi (mit der Hand)* to hit out.

Haufen (*pl* **-**) *der (kleiner Berg)* pile; (*fam: größere Menge*): **ein ~ Freunde** loads of friends.

häufig *adj* frequent ◆ *adv* often.

Hauptbahnhof (*pl* **-höfe**) *der* main station.

hauptberuflich *adj & adv* full-time.

Haupteingang (*pl* **-gänge**) *der* main entrance.

Hauptfach (*pl* **-fächer**) *das* main subject.

Hauptgericht (*pl* **-e**) *das* main course.

Hauptgeschäftszeit (*pl -en*) *die* peak shopping hours (*pl*).

Hauptpost *die* main post office.

Hauptproblem (*pl -e*) *das* main problem.

Hauptreisezeit (*pl -e*) *die* peak travelling times (*pl*).

Hauptrolle (*pl -n*) *die (im Film)* main role.

Hauptsache (*pl -n*) *die* main thing.

hauptsächlich *adv* principally.

Hauptsaison *die* high season.

Hauptschule (*pl -n*) *die* secondary school attended by pupils aged 10 - 15.

Hauptstadt (*pl -städte*) *die* capital.

Hauptstraße (*pl -n*) *die* main road.

Hauptverkehrsstraße (*pl -n*) *die* major road.

Hauptverkehrszeit (*pl -en*) *die* rush hour.

Haus (*pl* Häuser) *das* house; nach ~e home; zu ~e at home.

Hausapotheke (*pl -n*) *die* medicine cabinet.

Hausarbeit (*pl -en*) *die (im Haushalt)* housework; (*Hausaufgabe*) homework.

Hausarzt (*pl -ärzte*) *der* family doctor.

Hausärztin (*pl -nen*) *die* family doctor.

Hausbar (*pl -s*) *die (Raum)* bar; (*Schrank*) drinks cabinet.

Hausbewohner, -in (*mpl -*) *der, die* occupier.

hauseigen *adj*: die Firma hat

einen ~en Parkplatz the firm has its own car park.

Hausflur (*pl -e*) *der* hall.

Hausfrau (*pl -en*) *die* housewife.

hausgemacht *adj* home-made.

Haushalt (*pl -e*) *der (Hausarbeit)* housework; (*Wohnung*) household; (*Etat*) budget.

Haushälter, -in (*mpl -*) *der, die* housekeeper.

Haushaltsreiniger (*pl -*) *der* household cleaner.

Haushaltswaren *pl* household goods.

Hausmannskost *die* plain food.

Hausmarke (*pl -n*) *die (Wein)* house wine.

Hausmeister, -in (*mpl -*) *der, die* caretaker (*Br*), janitor (*Am*).

Hausnummer (*pl -n*) *die* house number.

Hausordnung (*pl -en*) *die* house rules (*pl*).

Hausschlüssel (*pl -*) *der* house key.

Hausschuh (*pl -e*) *der* slipper.

Haustier (*pl -e*) *das* pet.

Haustür (*pl -en*) *die* front door.

Hausverbot *das*: ~ haben to be barred.

Hauszelt (*pl -e*) *das* family tent.

Haut (*pl* Häute) *die* skin.

Hautarzt (*pl -ärzte*) *der* dermatologist.

Hautärztin (*pl -nen*) *die* dermatologist.

Hautausschlag (*pl -schläge*) *der* skin rash.

Hautcreme (*pl -s*) *die* skin cream.

hauteng adj skintight.

Hautfarbe (pl -n) die skin colour.

Hbf. abk = Hauptbahnhof.

Hebamme (pl -n) die midwife.

Hebel (pl -) der lever.

heben (prät hob, pp gehoben) vt (hochnehmen) to lift □ **sich heben** ref (Vorhang, Schranke) to rise.

Heck (pl -s) das (von Auto) rear; (von Schiff) stern.

Hecke (pl -n) die hedge.

Heckklappe (pl -n) die tailgate.

Heckscheibe (pl -n) die rear window.

Heckscheibenheizung (pl -en) die heated rear window.

Hecktür (pl -en) die tailgate.

Hefe die yeast.

Hefeteig der dough.

hefetrüb adj cloudy.

Heft (pl -e) das (Schulheft) exercise book; (Zeitschrift) issue.

Hefter (pl -) der binder.

heftig adj violent ♦ adv violently.

Heftklammer (pl -n) die staple.

Heftpflaster (pl -) das plaster (Br), Bandaid (Am).

Heftzwecke (pl -n) die drawing pin (Br), thumbtack (Am).

Heide die (Landschaft) heath, moor.

Heidelbeere (pl -n) die bilberry.

heikel (komp heikler, superl am heikelsten) adj (Problem) tricky.

heil adj intact.

Heilbad (pl -bäder) das spa.

heilbar adj curable.

heilen vt to cure ♦ vi to heal.

heilig adj (Person, Ort) holy.

Heiligabend der Christmas Eve.

Heilkräuter pl medicinal herbs.

Heilmittel (pl -) das treatment.

Heilpflanze (pl -n) die medicinal plant.

Heilpraktiker, -in (mpl -) der, die alternative practitioner.

Heilquelle (pl -n) die medicinal spring.

Heilung (pl -en) die (durch Arzt) curing; (von Wunde) healing.

Heim (pl -e) das home.

Heimat die (von Person) home (town, country).

Heimatadresse (pl -n) die home address.

Heimathafen (pl -häfen) der home port.

Heimatland (pl -länder) das home country.

Heimatmuseum (pl -museen) das heritage museum.

Heimfahrt die return journey, journey home.

heimlich adj secret ♦ adv secretly.

Heimreise die return journey, journey home.

Heimspiel (pl -e) das home game.

Heimweg der way home.

Heimweh das homesickness; ~ haben to be homesick.

Heimwerker (pl -) der handy-man.

Heimwerkermarkt (pl -märkte) der DIY store.

Heirat (pl -en) die marriage.

heiraten vt & vi to marry.

heiser adj hoarse ♦ adv hoarsely.

Heiserkeit die hoarseness.

heiß adj hot; (Diskussion) heated; (fam: toll) brilliant ♦ adv (lieben) passionately; (fam: toll) brilliantly; ~ **baden** to have a hot bath; **es ist** ~ it's hot; **mir ist** ~ I'm hot.

heißen (prät hieß, pp geheißen) vi (mit Namen) to be called; (bedeuten) to mean; **wie heißt das auf Deutsch?** how do you say that in German?; **wie heißt du?** what's your name?; **das heißt** (erklärend) so; (einschränkend) that is.

heißlaufen vi unr ist (Motor) to overheat.

Heißluftballon (pl -s) der hot air balloon.

Heißwassergerät (pl -e) das water heater.

heiter adj (Person, Stimmung) cheerful; (Wetter) fine.

heizbar adj heated.

Heizdecke (pl -n) die electric blanket.

heizen vt (Raum) to heat ♦ vi to have the heating on.

Heizgerät (pl -e) das (elektrisch) heater.

Heizkissen (pl -) das heated pad (for back etc).

Heizkörper (pl -) der radiator.

Heizung (pl -en) die (Heizungsanlage) heating; (Heizkörper) radiator.

hektisch adj hectic.

helfen (präs hilft, prät half, pp geholfen) vi to help; **jm** ~ to help sb; **jm** ~ **bei** to help sb with; **sich** (D) **zu** ~ **wissen** to know what to do.

Helfer, -in (mpl -) der, die helper.

hell adj (Licht) bright; (Farbe) light; (Ton) high ♦ adv (leuchten) brightly; **ihre Stimme klingt** ~ she has a high-pitched voice; **es wird** ~ it's getting light.

hellblau adj light blue.

hellblond adj very blonde.

Hellseher, -in (mpl -) der, die clairvoyant.

Helm (pl -e) der helmet.

Hemd (pl -en) das (Oberhemd) shirt; (Unterhemd) vest.

Hendl (pl -n) das (Südt & Österr) roast chicken.

Hengst (pl -e) der stallion.

Henkel (pl -) der handle.

her adv: **komm** ~! come here!; **von Norden** ~ from the North; **von weit** ~ from a long way away; **ich kenne sie von früher** ~ I know her from before; **das ist 10 Jahre** ~ that was 10 years ago; **von der Größe** ~ as far as its size is concerned; ~ **damit!** give me that!

herab adv down.

herabsetzen vt (Preis, Tempo) to reduce.

heran adv: **etwas rechts** ~ a bit further to the right.

herankommen vi unr ist (sich nähern) to approach.

Heranwachsende (pl -n) der, die adolescent.

herauf adv up.

heraufkommen vi unr ist (Person, Fahrzeug) to come up ♦ vt unr ist (Treppe, Berg) to climb (up).

heraufsetzen vt (Preis) to raise.

heraus adv out.

herausbekommen vt unr

(Geheimnis) to find out; *(Lösung)* to work out; *(Fleck)* to get out; *(Wechselgeld)*: **noch 10 Pfennig ~** to get 10 pfennigs change.

heraus|bringen *vt unr (Buch, Platte)* to bring out.

heraus|finden *vt unr (entdecken)* to find out.

heraus|fordern *vt (provozieren)* to provoke.

Herausforderung *(pl -en) die (Provokation)* provocation; *(Aufgabe)* challenge.

heraus|geben *vt unr (Buch, Zeitung)* to publish; *(Geisel, Beute)* to hand over; *(Wechselgeld)* to give in change; **auf 100 DM ~** to give change for 100 marks; **jm 2 DM ~** to give sb 2 marks in change.

Herausgeber, -in *(mpl -) der, die* publisher.

heraus|gehen *vi unr ist (nach draußen)* to get out.

heraus|halten *vt unr* to put out ❑ **sich heraushalten** *ref* to stay out of it.

heraus|holen *vt (nach draußen)* to bring out.

heraus|kommen *vi unr ist* to come out.

heraus|nehmen *vt unr* to take out.

heraus|stellen *vt (nach draußen)* to put out; *(hervorheben)* to emphasize ❑ **sich herausstellen** *ref* to become clear.

heraus|suchen *vt* to pick out.

heraus|ziehen *vt unr* to pull out.

herb *adj (Geschmack)* sharp; *(Wein)* dry; *(Enttäuschung)* bitter ◆ *adv (bitter)* bitterly; *(schlimm)* badly.

herbei *adv*: **komm ~!** come here!

Herberge *(pl -n) die (Jugendherberge)* hostel.

her|bringen *vt unr* to bring.

Herbst *(pl -e) der* autumn *(Br)*, fall *(Am)*; **im ~** in (the) autumn *(Br)*, in (the) fall *(Am)*.

herbstlich *adj* autumn *(vor Subst)*.

Herd *(pl -e) der (Küchenherd)* cooker.

Herde *(pl -n) die (von Tieren)* herd; *(von Schafen)* flock.

herein *adv* in; **~!** come in!

herein|fallen *vi unr ist (fallen)* to fall in; *(getäuscht werden)* to be taken in.

herein|holen *vt* to bring in.

herein|kommen *vi unr ist (von draußen)* to come in.

herein|lassen *vt unr* to let in.

herein|legen *vt (fam: täuschen)* to take for a ride.

Herfahrt *die* journey here.

her|geben *vt unr* to give.

her|gehen *vi unr ist*: **~ vor/hinter/neben** (+D) to walk in front of/behind/next to.

her|haben *vt unr (fam)*: **wo hast du das her?** where did you get that from?

Hering *(pl -e) der (Fisch)* herring; *(am Zelt)* tent peg.

Heringstopf *(pl -töpfe) der* salad of marinated herring, onion, mayonnaise and beetroot.

her|kommen *vi unr ist* to come; **wo kommst du her?** where are you from?

Herkunft *die (von Person)* origins *(pl)*; *(von Sache)* origin.

Herkunftsland (*pl* -länder) *das* country of origin.

Herkunftsort (*pl* -e) *der* place of origin.

Heroin *das* heroin.

Herr (*pl* -en) *der* (*Mann*) gentleman; (*als Anrede*) Mr; **an ~n Müller** to Mr Müller ❑ **Herren** *pl* (*Herrentoilette*): **'Herren'** 'gentlemen'.

Herrenbekleidung *die* menswear.

Herrenfrisör (*pl* -e) *der* barber, men's hairdresser.

Herrenschuh (*pl* -e) *der* man's shoe.

Herrentoilette (*pl* -n) *die* men's toilet.

herrlich *adj* wonderful ◆ *adv* wonderfully; **es schmeckt ~** it tastes wonderful.

herrschen *vi* (*regieren*) to rule; (*bestehen*) to be.

her|sein *vi unr ist* (*Person, Gegenstand*) to come; **es ist erst drei Tage her** it was only three days ago.

her|stellen *vt* (*produzieren*) to make, to produce.

Hersteller, -in (*mpl* -) *der, die* manufacturer.

Herstellung *die* (*Produktion*) production.

herüber *adv* over.

herum *adv* round; **um ... ~** around; **um den Tisch ~** around the table; **um die 50 DM ~** around 50 marks.

herum|drehen *vt* (*auf die andere Seite*) to turn over; (*Schlüssel, Hebel*) to turn ❑ **sich herumdrehen** *ref* to turn round.

herum|fahren *vi unr ist & vt unr hat* to drive around.

herum|führen *vt* to show around ◆ *vi* to go around.

herum|gehen *vi unr ist* to walk around.

herum|kommen *vi unr ist* (*reisen*) to travel around; **~ um** (*fam: sich drücken*) to get out of.

herum|liegen *vi unr* to lie around.

herunter *adv* down.

herunter|fallen *vi unr ist* to fall down.

herunter|gehen *vi unr ist* (*Person*) to go down; **mit dem Preis ~** to lower the price.

herunter|handeln *vt* to beat down.

herunter|holen *vt* to bring down.

herunter|lassen *vt unr* (*Jalousie*) to lower.

herunter|schlucken *vt* (*Essen*) to swallow.

hervor *adv*: **komm ~!** come out!

hervorragend *adj* excellent ◆ *adv* excellently.

hervor|rufen *vt unr* (*verursachen*) to cause.

Herz (*pl* -en) *das* heart; (*Spielfarbe*) hearts (*pl*); **von ganzem ~en** wholeheartedly.

Herzbeschwerden *pl* heart trouble (*sg*).

herzhaft *adj* (*Essen*) hearty.

Herzinfarkt (*pl* -e) *der* heart attack.

Herzklopfen *das*: **ich habe ~** my heart is pounding.

herzlich *adj* (*freundlich*) warm; (*aufrichtig*) sincere ◆ *adv* (*freundlich*) warmly; (*aufrichtig*) sincerely.

Herzschrittmacher (*pl* -) *der* pacemaker.

Herzstillstand (*pl* -stände) *der* cardiac arrest.

Hessen *nt* Hesse.

hetzen *vt & vi* to rush □ **sich hetzen** *ref* to rush.

Heu *das* the hay.

heuer *adv* (*Süddt & Österr*) this year.

heulen *vi* to howl.

Heurige (*pl* -n) *der* (*Österr*) (*Wein*) new wine (*from most recent harvest*); (*Lokal*) *bar, particularly in the region of Vienna, that serves new wine from the local vineyards.*

Heuschnupfen *der* hay fever.

heute *adv* today; ~ **früh** (early) this morning; ~ **morgen/mittag/ abend** this morning/lunchtime/ evening; ~ **in einer Woche** a week today.

heutig *adj* today's.

hielt *prät* → **halten**.

hier *adv* here; (*zeitlich*) now; **das** ~ this one here; ~, **nimm!** here, take it!; ~ **und da** here and there; **von** ~ **aus** from here; ~**!** here!, present!

hierauf *adv* (*auf diese Sache*) (on) here.

hier|behalten *vt unr* (*fam: Person, Sache*) to keep here.

hier|bleiben *vi unr* ist to stay here.

hierher *adv* here.

hierhin *adv* here.

hiermit *adv* with this.

hier|sein *vi unr* ist to be here.

hiervon *adv* (*von Sache, Menge*) of this.

hiesig *adj* local.

hieß *prät* → **heißen**.

Hilfe (*pl* -n) *die* (*helfen*) help; (*Person*) assistant; **mit** ~ **von** with the help of; ~**!** help!; **um** ~ **rufen** to call for help.

hilflos *adj* helpless ♦ *adv* helplessly.

hilfsbereit *adj* helpful.

hilft *präs* → **helfen**.

Himbeere (*pl* -n) *die* (*Frucht*) raspberry.

Himbeergeist *der* raspberry brandy.

Himmel *der* (*Luftraum*) sky; (*RELIG*) heaven.

Himmelfahrt (*Feiertag*) Ascension Day.

Himmelsrichtung (*pl* -en) *die* direction.

hin *adv*: **bis zum Baum** ~ up to the tree; **der Weg** ~ the way there; **zweimal nach München,** ~ **und zurück** two returns to Munich; ~ **und her** back and forth; ~ **und wieder** now and again.

hinab *adv* down.

hinauf *adv* up.

hinauf|gehen *vi & vt unr* ist to go up.

hinauf|steigen *vi & vt unr* ist to climb.

hinaus *adv* (*nach draußen*) out.

hinaus|gehen *vi unr* ist (*nach draußen*) to go out; **zur Straße** ~ to look out onto the street.

hinaus|laufen *vi unr* ist (*nach draußen*) to run out.

Hinblick *der*: **in** ODER **im** ~ **auf** (+A) with regard to.

hindern *vt* to hinder; **jn (daran)**

~, **etw zu tun** to prevent sb from doing sthg.

Hindernis (*pl* -se) *das* obstacle.

hindurch *adv* (*räumlich*) through; (*zeitlich*) throughout.

hinein *adv* (*räumlich*) in.

hinein|gehen *vi unr ist* to go in.

hinein|stecken *vt* to put in.

hin|fahren *vi unr ist* to go there ◆ *vt unr hat* (*Passagiere*) to drive there.

Hinfahrt (*pl* -en) *die* (*mit Auto*) journey there; (*mit Zug*) outward journey.

hin|fallen *vi unr ist* to fall down.

Hinflug (*pl* -flüge) *der* outward flight.

hing *prät* → **hängen**.

hin|gehen *vi unr ist* (*gehen*) to go.

hinken *vi* to limp.

hin|knien: sich hinknien *ref* to kneel down.

hin|kommen *vi unr ist* (*ankommen*) to get there; (*hingehören*) to belong; **mit etw** ~ to make sthg last.

hin|legen *vt* (*Kind, Besteck, Tasche*) to put down □ **sich hinlegen** *ref* to lie down.

Hinreise (*pl* -n) *die* journey there.

hin|setzen *vt* (*Person*) to seat □ **sich hinsetzen** *ref* to sit down.

hin|stellen *vt* (*Gegenstand*) to put down □ **sich hinstellen** *ref* to stand.

hinten *adv* (*am Ende*) at the back; (*an der Rückseite*) on the back; (*zur Richtungsangabe*) back; ~ **im Buch** at the back of the book; ~ **am Radio** on the back of the radio; ~ **sitzen** (*im Auto*) to sit in the back; **da** ODER

dort ~ back there; **weit** ~ a long way behind; **bitte nach** ~ **durchgehen!** please move down to the back!

hinter *präp* (+D,A) behind; ~ **jm/etw herlaufen** to run after sb/sthg.

Hinterachse (*pl* -n) *die* rear axle.

Hinterausgang (*pl* -ausgänge) *der* rear exit.

hintere, -r, -s *adj* back, rear.

hintereinander *adv* (*räumlich*) one behind the other; (*zeitlich*) one after the other.

Hintereingang (*pl* -eingänge) *der* rear entrance.

Hintergrund (*pl* -gründe) *der* background.

hinterher *adv* (*räumlich*) behind; (*zeitlich*) afterwards.

hinterher|fahren *vi unr ist* to drive behind; **jm** ~ to follow sb.

hinterher|gehen *vi unr ist* to walk behind; **jm** ~ to follow sb.

hinterlassen *vt* (*präs* hinterläßt, *prät* hinterließ, *pp* hinterlassen) *vt* to leave.

hinterlegen *vt* to leave.

Hintern (*pl* -) *der* (*fam*) bottom.

Hinterrad (*pl* -räder) *das* rear wheel.

Hinterradantrieb *der* rear wheel drive.

Hintertür (*pl* -en) *die* back door.

Hinterzimmer (*pl* -) *das* back room.

hinüber *adv* over, across.

Hin- und Rückfahrt *die* round trip.

hinunter *adv* down.

Hinweg (*pl* -e) *der:* **auf dem ~** on the way there.

Hinweis (*pl* -e) *der* (*Tip, Fingerzeig*) tip; (*für Polizei*) lead; (*Anleitung*) instruction; (*Indiz*) sign.

hin|weisen *vt unr:* **jn auf etw** (*A*) **~** to point sthg out to sb ◆ *vi unr* (*zeigen*): **auf jn/etw ~** to point to sb/sthg.

Hinweisschild (*pl* -er) *das* sign.

hin|werfen *vt unr* (*Gegenstand*) to throw down.

hinzu *adv* in addition.

hinzu|fügen *vt* (*Gewürz, Zutat*) to add.

hinzu|kommen *vi unr ist* (*Person*) to arrive; (*Tatsache*): **hinzukommt, daß ...** moreover ...; **kommt noch etwas hinzu?** (*im Geschäft*) would you like anything else?

Hirn (*pl* -e) *das* (*Organ*) brain; (*Gericht*) brains (*pl*).

Hirsch (*pl* -e) *der* (*Tier*) deer; (*Fleisch*) venison.

Hirse *die* millet.

historisch *adj* (*geschichtlich*) historical ◆ *adv* (*geschichtlich*) historically.

Hit (*pl* -s) *der* (*Lied*) hit.

Hitparade (*pl* -n) *die* charts (*pl*).

Hitze *die* heat.

hitzebeständig *adj* heat-resistant.

Hitzewelle (*pl* -n) *die* heat-wave.

Hitzschlag *der* heatstroke.

HIV-positiv *adj* HIV-positive.

H-Milch *die* long-life milk.

hob *prät* → **heben**.

Hobby (*pl* -s) *das* hobby.

hoch (*komp* **höher**, *superl* **am höchsten**) *adj* high; (*Baum*) tall; (*Alter, Gewicht*) great; (*Anzahl, Summe*) large ◆ *adv* high; (*sehr*) highly.

Hoch (*pl* -s) *das* (*Wetterlage*) high.

hochachtungsvoll *adv* Yours faithfully (*nach Dear Sir/Madam*), Yours sincerely (*nach Dear Mr/Mrs X*).

Hochbetrieb *der:* **es herrscht ~** it's the busiest time.

hochdeutsch *adj* standard German.

Hochdruck *der* (*technisch*) high pressure.

Hochdruckgebiet (*pl* -e) *das* area of high pressure.

Hochdruckzone (*pl* -n) *die* area of high pressure.

Hochebene (*pl* -n) *die* plateau.

hocherfreut *adj* delighted.

hoch|fliegen *vi unr ist* to fly up.

Hochgebirge (*pl* -) *das* high mountains (*pl*).

hoch|gehen *vi unr ist* to go up; (*Bombe*) to go off.

hoch|halten *vt unr* (*Gegenstand*) to hold up.

Hochhaus (*pl* -häuser) *das* high-rise building.

hoch|heben *vt unr* to lift.

hoch|klappen *vt* to fold up.

hoch|klettern *vi & vt ist* to climb (up).

hoch|kommen *vi & vt unr ist* to come up.

hoch|krempeln *vt* to roll up.

hochnäsig *adj* (*abw*) conceited.

hochprozentig adj (Getränk) strong.

Hochsaison die (in Ferienort) high season.

Hochschule (pl -n) die college; (Universität) university.

Hochschulreife die qualification needed for university entrance.

hochschwanger adj heavily pregnant.

Hochsommer (pl -) der midsummer.

Hochspannung die (Strom) high voltage; 'Vorsicht, ~: Lebensgefahr!' 'danger, high voltage!'.

Hochsprung der high jump.

höchste superl → hoch.

höchstens adv (mit Zahlenangabe) at (the) most; (allenfalls) at best.

Höchstgeschwindigkeit (pl -en) die (auf Straße) speed limit; (von Auto) top speed.

Höchstparkdauer die maximum stay (when parking).

Hochwasser das: ~ haben to be in spate.

hochwertig adj high-quality.

Hochzeit (pl -en) die wedding.

Hochzeitsreise (pl -n) die honeymoon.

Hochzeitstag (pl -e) der wedding day.

hoch|ziehen vt unr (Strumpf) to pull up; (Jalousie) to raise ❑ **sich hochziehen** ref (sich nach oben ziehen) to pull o.s. up.

hocken vi (kauern) to crouch ❑ **sich hocken** ref (sich kauern) to crouch down.

Hocker (pl -) der stool.

Hockey das hockey.

Hof (pl **Höfe**) der (Innenhof, Hinterhof) yard; (Bauernhof) farm.

hoffen vt to hope.

hoffentlich adv hopefully.

Hoffnung (pl -en) die (Wunsch) hope.

höflich adj polite ♦ adv politely.

Höflichkeit die politeness.

Höhe (pl -n) die height; (von Summe) amount; (von Klang) pitch; **ein Betrag in ~ von 200 DM** the sum of 200 marks; **in ~ der ersten Querstraße** level with the first turning.

Höhenlage die altitude.

Höhensonne (pl -n) die (Gerät) sunlamp.

Höhepunkt (pl -e) der (von Entwicklung, Fest) high point; (Orgasmus) climax.

höher komp → hoch.

hohl adj (Baum) hollow; (abw: Gerede) empty.

Höhle (pl -n) die (im Felsen) cave; (von Tieren) den.

holen vt (heranholen) to fetch, to collect; (entnehmen) to take; (Polizei, Arzt, Handwerker) to fetch; (fam: einkaufen) to get; **etw ~ kommen** to come for sthg; **sich** (D) **etw ~** (Gegenstand) to get sthg; (Krankheit) to catch sthg.

Holland nt Holland.

Holländer (pl -) der, die Dutchman (f Dutchwoman).

holländisch adj Dutch.

holprig adj bumpy.

Holunder (pl -) der (Baum) elder.

Holz (pl **Hölzer**) das wood.

holzig adj (Spargel) woody.

Holzkohle (pl -n) die charcoal.

homöopathisch adj homeopathic.

homosexuell adj homosexual.

Homosexuelle (pl -n) der, die homosexual.

Honig der honey.

Honigmelone (pl -n) die honeydew melon.

Honorar (pl -e) das fee.

Hopfen der hops (pl).

horchen vi (angestrengt hören) to listen.

hören vt (Laut, Geräusch, Information) to hear; (anhören) to listen to ♦ vi (als Hörfähigkeit) to hear; (zuhören, gehorchen) to listen; ~ auf (+A) to listen to; **hör mal!** listen!; **schwer** ~ to be hard of hearing.

Hörer (pl -) der (von Telefon) receiver; (Person) listener.

Hörerin (pl -nen) die listener.

Hörfunk der radio.

Hörgerät (pl -e) das hearing aid.

hörgeschädigt adj hard of hearing.

Horizont (pl -e) der horizon.

horizontal adj horizontal.

Hormon (pl -e) das hormone.

Horn (pl Hörner) das horn.

Hörnchen (pl -) das (Gebäck) croissant.

Hornhaut (pl -häute) die (auf Haut) patch of hard skin; (von Augen) cornea.

Hornisse (pl -n) die hornet.

Horoskop (pl -e) das horoscope.

horrend adj horrendous.

Hörspiel (pl -e) das radio play.

Höschenwindel (pl -n) die nappy (Br), diaper (Am).

Hose (pl -n) die (Kleidungsstück) (pair of) trousers (Br), (pair of) pants (Am); (Unterhose) underpants (pl); **kurze** ~ shorts (pl).

Hosentasche (pl -n) die trouser pocket.

Hosenträger (pl -) der braces (pl)(Br), suspenders (pl)(Am).

Hospital (pl **Hospitäler**) das hospital.

Hot dog (pl -s) der ODER das hot dog.

Hotel (pl -s) das hotel; ~ **Garni** ≈ bed and breakfast.

Hotelbar (pl -s) die hotel bar.

Hotelführer (pl -) der hotel guide.

Hotelhalle (pl -n) die hotel foyer.

Hotelverzeichnis (pl -se) das hotel register.

Hotelzimmer (pl -) das hotel room.

Hr. (abk für Herr) Mr.

Hubraum der (beim Auto) cubic capacity.

hübsch adj (schön) pretty, beautiful.

Hubschrauber (pl -) der helicopter.

huckepack adv (fam): **jn** ~ **nehmen** to give sb a piggy-back.

Huf (pl -e) der hoof.

Hüfte (pl -n) die hip.

Hügel (pl -) der (kleiner Berg) hill.

hügelig adj hilly.

Huhn (pl **Hühner**) das chicken.

Hühnchen (pl -) das chicken.

Hühnerauge (pl -n) das corn.

Hühnerbrühe (pl -n) die chicken broth.

Hülle (*pl* **-n**) *die* (*Schutzhülle*) cover; (*von Schallplatte*) sleeve.

human *adj* humane.

Hummel (*pl* **-n**) *die* bumblebee.

Hummer (*pl* **-**) *der* lobster.

Humor *der* humour.

humpeln *vi* to limp.

Hund (*pl* **-e**) *der* (*Tier*) dog; '**Vorsicht, bissiger ~**' 'beware of the dog'.

Hundeleine (*pl* **-n**) *die* dog lead.

hundert *num* a hundred, → **sechs**.

Hunderter (*pl* **-**) *der* (*Hundertmarkschein*) hundred-mark note.

Hundertmarkschein (*pl* **-e**) *der* hundred-mark note.

Hundertmeterlauf (*pl* **-läufe**) *der* hundred metres (*sg*).

hundertprozentig *adj* (*Alkohol, Lösung*) pure; (*völlig*) complete.

hunderttausend *num* one hundred thousand.

Hundesteuer (*pl* **-n**) *die* dog licence fee.

Hunger *der* hunger; **~ auf etw** (*A*) **haben** to feel like (eating) sthg; **~ haben** to be hungry.

Hungerstreik (*pl* **-s**) *der* hunger strike.

hungrig *adj* hungry; **~ sein** to be hungry.

Hupe (*pl* **-n**) *die* horn.

hupen *vi* to sound one's horn.

hüpfen *vi ist* to hop.

Hürdenlauf (*pl* **-läufe**) *der* hurdles (*sg*).

hurra *interj* hurray!

husten *vi* to cough.

Husten *der* cough; **~ haben** to have a cough.

Hustenbonbon (*pl* **-s**) *das* cough sweet.

Hustensaft (*p* **-säfte**) *der* cough mixture.

Hustentee (*pl* **-s**) *der* tea which is good for a cough.

Hut (*pl* **Hüte**) *der* (*Kleidungsstück*) hat.

Hütte (*pl* **-n**) *die* (*kleines Haus*) cottage; (*Berghütte*) hut.

Hüttenkäse *der* cottage cheese.

hygienisch *adj* hygienic.

hypnotisieren *vt* to hypnotize.

IC *abk* = Intercity.

ICE *abk* = Intercity Express.

ich *pron* I; **~ bin's** it's me.

IC-Zuschlag (*pl* **-Zuschläge**) *der* intercity supplement.

ideal *adj* ideal.

Idealgewicht *das* ideal weight.

Idee (*pl* **-n**) *die* idea; (*ein bißchen*) bit, touch.

identifizieren *vt* (*erkennen*) to identify ❑ **sich identifizieren** *ref* (*sich gleichsetzen*): **sich ~ mit** to identify with.

identisch *adj* identical; **~ sein** to be exactly the same.

Identität *die* identity.

Ideologie (*pl* **-n**) *die* ideology.

Idiot (pl -en) der idiot.

idiotisch adj idiotic.

idyllisch adj idyllic ♦ adv: ~
gelegen in an idyllic location.

Igel (pl -) der hedgehog.

ignorieren vt to ignore.

ihm pron (Dativ von er: Person) (to)
him; (Ding) (to) it.

ihn pron (Akkusativ von er: Person)
him; (Ding) it.

ihnen pron (Dativ Plural von sie)
(to) them.

Ihnen pron (Dativ von Sie) (to) you.

ihr[1] pron (Nominativ) you; (Dativ
von sie: Person) (to) her; (Ding) (to)
it.

ihr[2], **-e** det (Singular: von Person)
her; (von Ding) its; (Plural) their.

Ihr (pl -e) det your.

ihre, -r, -s pron (Singular: von
Person) hers; (von Ding) its; (Plural)
their.

Ihre, -r, -s pron yours.

illegal adj illegal ♦ adv illegally.

Illusion (pl -en) die illusion.

Illustrierte (pl -n) die magazine.

im präp = in + dem.

Image (pl -s) das (von Person)
image.

Imbiß (pl Imbisse) der (Mahlzeit)
snack; (Imbißbude) snack bar.

Imbißbude (pl -n) die snack bar.

Imbißstube (pl -n) die snack
bar.

---

i **IMBISSSTUBE**

An "Imbißstube", usually to be
found either in city centres or at
the side of main roads, is a stall or
small snack bar where you can get a
drink and something quick and
simple to eat, typically a fried sausage
in a bread roll ("Bratwurst"), chips, a
doner kebab or a pizza. Customers
usually eat standing up at tall tables.
It is very common for Germans to eat
this type of snack between meals.

---

imitieren vt to imitate.

imitiert adj (Material) imitation
(vor Subst).

Immatrikulation (pl -en) die
matriculation.

immer adv always; ~ schwieriger
more and more difficult; ~ stärker
stronger and stronger; ~ noch still;
~ wenn whenever; ~ wieder again
and again.

immerhin adv (dennoch, trotzdem)
nevertheless; (wenigstens) at least;
(schließlich) after all, still.

Immigrant, -in (mpl -en) der,
die immigrant.

Immobilien pl property (sg).

Immobilienmakler, -in (mpl
-) der, die estate agent (Br), realtor
(Am).

immun adj (gegen Krankheit)
immune.

impfen vt to vaccinate.

Impfschein (pl -e) der vaccination certificate.

Impfstoff (pl -e) der vaccine.

Impfung (pl -en) die vaccination.

Import der (Einfuhr) import.

importieren vt to import.

imprägnieren vt (Kleidung) to
waterproof.

imprägniert adj (Holz) water-proofed; (Kleidung) waterproof.

impressionistisch adj (Kunstwerk) Impressionist.

improvisieren vt & vi to improvise.

impulsiv adj impulsive ◆ adv impulsively.

imstande adj: ~ sein, etw zu tun to be capable of doing sthg.

in präp (+A) (räumlich) into; ~s Wasser fallen to fall into the water; ~ die Stadt fahren to go to town; ~ die Schule gehen to go to school.
◆ präp (+D) 1. (räumlich) in; im Bett liegen to be in bed; ~ der Schule at school.
2. (zeitlich) in; ~ dieser Woche this week; im Moment at the moment; wir fahren ~ einer Stunde we're going in an hour; das schaffe ich ~ einer Stunde I can do it in an hour.
3. (zur Angabe von Umständen) in; ~ Betrieb sein to be working.
4. (zur Angabe von Mengen) in.
◆ adj (fam): ~ sein to be in.

inbegriffen adj included.

Inbetriebnahme die (amt: von Anlage) start-up.

indem konj by; er startete die Maschine, ~ er auf den Knopf drückte he started the machine by pressing the button.

Inder, -in (mpl -) der, die Indian.

Indien nt India.

indirekt adj indirect.

indisch adj Indian.

indiskret adj indiscreet.

indiskutabel adj out of the question.

Individualist, -in (mpl -en) der, die individualist.

individuell adj (persönlich) individual ◆ adv (persönlich) individually.

Individuum (pl -duen) das (Einzelperson) individual.

Industrie (pl -n) die industry.

Industriegebiet (pl -e) das industrial area.

industriell adj industrial.

Industriepark (pl -s) der industrial estate (Br), industrial park (Am).

Industrie- und Handels-kammer (pl -n) die chamber of commerce.

Infarkt (pl -e) der heart attack.

Infektion (pl -en) die infection.

infizieren vt to infect ❑ sich infizieren ref to get infected.

Inflation (pl -en) die inflation.

infolge präp (+G) (amt) owing to.

Information (pl -en) die information; (Informationsstelle) information desk; eine ~ a piece of information; ~en über (+A) information about; wünschen Sie weitere ~en? would you like any further information?

Informationsmaterial (pl -ien) das information.

Informationsstand (pl -stände) der information point.

Informationszentrum (pl -zentren) das information centre.

informieren vt to inform; ~ über (+A) to inform sb about ❑ sich informieren ref to find out.

Infusion (pl -en) die: eine ~ bekommen to be on a drip.

Ingenieur, -in (mpl -e) der, die engineer.

Inh. *abk* = Inhaber.

Inhaber, -in (*mpl* -) *der, die (Besitzer)* owner; *(von Paß, Genehmigung)* holder.

inhalieren *vt (Rauch)* to inhale ◆ *vi (bei Erkältung)* to use an inhalant.

Inhalt (*pl* -e) *der (von Behälter)* contents (*pl*); *(von Buch, von Film)* content.

Inhaltsverzeichnis (*pl* -se) *das* list of contents.

Initiative (*pl* -n) *die* initiative.

Injektion (*pl* -en) *die* injection.

inkl. *(abk für inklusive)* incl.

inklusive *präp (+G)* including.

Inklusivpreis (*pl* -e) *der* inclusive price.

inkonsequent *adj* inconsistent.

Inland *das:* im ~ at home.

Inlandsflug (*pl* -flüge) *der* domestic flight.

Inlandsgespräch (*pl* -e) *das* national call.

innen *adv* inside; nach ~ inwards.

Innenhof (*pl* -höfe) *der* inner courtyard.

Innenpolitik *die (Maßnahmen)* domestic policy.

Innenraum (*pl* -räume) *der* inner room.

Innenseite (*pl* -n) *die* inside.

Innenspiegel (*pl* -) *der* rearview mirror.

Innenstadt (*pl* -städte) *die* town centre.

innere, -r, -s *adj (Schicht, Wand, Gefühl)* inner; *(Verletzung, Organe)* internal; *(Jackentasche)* inside.

innerhalb *präp (+G)* within ◆ *adv:* ~ von within.

innerlich *adj (körperlich)* internal ◆ *adv (psychisch)* inwardly.

Innung (*pl* -en) *die* guild.

inoffiziell *adj* unofficial.

ins *präp* = in + das.

Insassen(unfall)versicherung (*pl* -en) *die* passenger insurance.

insbesondere *adv* especially.

Insekt (*pl* -en) *das* insect.

Insektenschutzmittel (*pl* -) *das* insect repellent.

Insektenstich (*pl* -e) *der* insect bite.

Insel (*pl* -n) *die (geographisch)* island.

Inserat (*pl* -e) *das* advertisement.

inserieren *vi* to advertise.

insgesamt *adv* altogether.

Inspektion (*pl* -en) *die (von Autos)* service.

inspizieren *vt* to inspect.

Installateur, -in (*mpl* -e) *der, die (für Wasser)* plumber; *(für Strom)* electrician.

installieren *vt* to install.

Instantgetränk (*pl* -e) *das* instant drink.

Instinkt (*pl* -e) *der* instinct.

Institut (*pl* -e) *das (Einrichtung)* institute.

Institution (*pl* -en) *die* institution.

Instrument (*pl* -e) *das* instrument.

Inszenierung (*pl* -en) *die (am Theater)* production.

intakt *adj (Apparat)* intact.

integrieren *vt* to integrate.

intellektuell *adj* intellectual.

intelligent *adj* intelligent.

Intelligenz *die* intelligence.

Intendant, -in (*mpl* -en) *der, die* director.

intensiv *adj* (*Schulung, Arbeit*) intensive; (*Geschmack, Gefühl*) strong ◆ *adv* (*schmecken*) strong; (*sich einarbeiten, vorbereiten*) intensively.

Intensivkurs (*pl* -e) *der* crash course.

Intensivstation (*pl* -en) *die* intensive care unit.

Intercity (*pl* -s) *der* intercity train.

Intercity Express (*pl* -) *der* high-speed train connecting two or more large cities.

Intercity-Zuschlag (*pl* -Zuschläge) *der* intercity supplement.

interessant *adj* interesting.

Interesse (*pl* -n) *das* interest.

interessieren *vt* to interest ❑ **sich interessieren** *ref*: **sich ~ für** to be interested in.

Internat (*pl* -e) *das* boarding school.

international *adj* international.

interpretieren *vt* to interpret.

Interrail-Karte (*pl* -n) *die* interrail ticket.

InterRegio (*pl* -s) *der* train covering medium distances, stopping frequently.

Interview (*pl* -s) *das* interview.

interviewen *vt* to interview.

intim *adj* intimate.

intolerant *adj* intolerant.

intransitiv *adj* intransitive.

intuitiv *adj* intuitive.

Invalide (*pl* -n) *der, die* disabled person.

Inventur (*pl* -en) *die* stocktaking; **'wegen ~ geschlossen'** 'closed for stocktaking'.

investieren *vt* (*Geld*) to invest.

inzwischen *adv* (*gleichzeitig*) in the meantime; (*jetzt*) now.

Ire (*pl* -n) *der* Irishman; **die ~n** the Irish.

irgend *adv*: **~ etwas** something; (*beliebige Sache, in Fragen*) anything; **~ jemand** someone; (*beliebige Person, in Fragen*) anyone.

irgendein, -e *det* (*unbekannt*) some; (*beliebig, in Fragen*) any.

irgendeine, -r, -s *pron* (*unbekannte Person*) someone; (*beliebige Person, in Fragen*) anyone; (*beliebige Sache*) any.

irgendwann *adv* (*zu unbekannter Zeit*) sometime; (*zu beliebiger Zeit*) any time.

irgendwas *pron* = **irgend etwas**.

irgendwer *pron* = **irgend jemand**.

irgendwie *adv* (*auf unbekannte Weise*) somehow; (*auf beliebige Weise*) anyhow.

irgendwo *adv* (*an unbekanntem Ort*) somewhere; (*an beliebigem Ort*) anywhere.

Irin (*pl* -nen) *die* Irishwoman.

irisch *adj* Irish.

Irland *nt* Ireland.

ironisch *adj* ironic.

irre *adj* (*verrückt*) mad; (*fam: gut*) fantastic.

irren *vi* ist (*herumlaufen*) to

wander □ **sich irren** *ref hat* to be wrong.

Irrtum (*pl* -tümer) *der* mistake.

irrtümlich *adj* wrong.

Ischias *der* (*Nerv*) sciatic nerve; (*Schmerz*) sciatica.

Islam *der* Islam.

Isolierband (*pl* -bänder) *das* (*für elektrische Leitungen*) insulating tape.

isolieren *vt* to insulate; (*Person*) to isolate ♦ *vi* to insulate □ **sich isolieren** *ref* to isolate o.s.

Isolierung (*pl* -en) *die* insulation; (*von Person*) isolation.

Israel *nt* Israel.

ißt *präs* → **essen**.

ist *präs* → **sein**.

Italien *nt* Italy.

Italiener, -in (*mpl* -) *der, die* Italian.

italienisch *adj* Italian.

Italienisch(e) *das* Italian.

J

ja *interj* yes; (*selbstverständlich*) of course; **das ist ~ toll!** that's really great!; **~, bitte** (*selbstverständlich*) please do; **da bist du ~!** there you are!; **ich komme ~ schon** I'm coming.

Jacht *die* yacht.

Jacke (*pl* -n) *die* (*Mantel, Jackett*) jacket; (*Strickjacke*) cardigan.

Jackett (*pl* -s) *das* jacket.

Jagd (*pl* -en) *die* (*auf Tiere*) hunt; **auf die ~ gehen** to go hunting.

jagen *vt* (*Tier*) to hunt.

Jäger, -in (*mpl* -) *der, die* (*Person*) hunter.

Jägerschnitzel (*pl* -) *das* escalope of pork with mushroom sauce.

Jahr (*pl* -e) *das* year; **die 90er ~e** the nineties; **ein gutes Neues ~!** Happy New Year!

jahrelang *adv* for years ♦ *adj*: **~es Warten** years of waiting.

Jahresabonnement (*pl* -s) *das* annual subscription.

Jahreseinkommen (*pl* -) *das* annual income.

Jahrestag (*pl* -e) *der* anniversary.

Jahresurlaub *der* annual leave.

Jahreszeit (*pl* -en) *die* season.

Jahrgang (*pl* -gänge) *der* (*von Wein*) year, vintage.

Jahrhundert (*pl* -e) *das* century.

jährlich *adj & adv* yearly.

Jahrmarkt (*pl* -märkte) *der* fair.

Jahrzehnt (*pl* -e) *das* decade.

jähzornig *adj* hot-tempered.

Jalousie (*pl* -n) *die* venetian blind.

jammern *vi* to moan.

Jänner *der* (*Österr*) January, → **September**.

Januar *der* January, → **September**.

Japan *nt* Japan.

Japaner, -in (*mpl* -) *der, die* Japanese.

japanisch *adj* Japanese.

Japanisch(e) *das* Japanese.

jaulen vi to howl.

Jause (pl -n) die (Österr) snack.

Jausenstation (pl -en) die (Österr) mountain refuge where food and drink are served.

jawohl interj (ja) yes.

Jazz der jazz.

je adv (jeweils) each; (pro) per; (jemals) ever ◆ konj: ~ schneller, desto besser the quicker the better; drei Gruppen mit ~ fünf Personen three groups, each of five people; 30 DM ~ Stunde 30 marks per hour; bist du ~ mit ihm zusammengetroffen? have you ever met him?; ~ nachdem it depends; oh ~! oh no!

Jeans (pl -) die (pair of) jeans (pl).

jede, -r, -s det every, each ◆ pron (Person) everyone; (Gegenstand) each (one); ~r dritte every third one.

jedenfalls adv (wenigstens) at least; (auf jeden Fall) in any case.

jederzeit adv at any time.

jedesmal adv every time.

jedoch adv however.

jemand pron (unbekannte Person) someone; (in Fragen) anyone.

jene, -r, -s det (geh) that ◆ pron (geh) that one.

jenseits präp (+G) (räumlich) on the other side of.

jetzig adj current.

jetzt adv (momentan) now; (heutzutage) nowadays; (bald, gleich) soon; (damals) then; **bis** ~ until now; ~ **gleich** right now.

jeweils adv (je nach) each; (jedesmal) each time; ~ **vier Punkte** four points each; ~ **am Monatsersten** on the first of each month.

Jh. (abk für Jahrhundert) C.

JH abk = Jugendherberge.

Job (pl -s) der job.

jobben vi to work.

Jod das iodine.

jodeln vi to yodel.

joggen vi ist to jog.

Jogging das jogging.

Jogginganzug (pl -anzüge) der tracksuit.

Joghurt (pl -s) der ODER das yoghurt.

Johannisbeere (pl -n) die: **rote** ~ redcurrant; **schwarze** ~ blackcurrant.

Jolle (pl -n) die (Segelboot) dinghy.

Journal (pl -e) das magazine.

Journalist, -in (mpl -en) der, die journalist.

jubeln vi to cheer.

Jubiläum (pl Jubiläen) das jubilee.

jucken vi (Haut) to itch; (Material) to be itchy.

Juckreiz der itch.

Jude (pl -n) der Jew.

Jüdin (pl -nen) die Jew.

jüdisch adj Jewish.

Jugend die youth.

jugendfrei adj: **nicht** ~ not suitable for children.

Jugendherberge (pl -n) die youth hostel.

Jugendherbergsausweis (pl -e) der youth hostel card.

Jugendherbergsschlafsack (pl -säcke) der sheet sleeping bag.

jugendlich adj (jung) young, (jung wirkend) youthful ◆ adv (jung wirkend) youthfully.

Jugendliche (pl -n) der, die young person.

Jugendstil der Art Nouveau.

Jugendzentrum (pl -zentren) das youth centre.

Jugoslawien nt Yugoslavia.

Juli der July, → **September**.

jung (komp jünger, superl am jüngsten) adj young.

Junge (pl -n) der (Knabe) boy ◆ das (von Tieren) young animal; **die** ~ the young; **die Katze hat** ~ the cat has got kittens.

Jungfrau die (Sternzeichen) Virgo; (Mädchen) virgin.

Junggeselle (pl -n) der bachelor.

Juni der June, → **September**.

Jura ohne Artikel law.

Jurist, -in (mpl -en) der, die lawyer.

juristisch adj legal.

Jury (pl Jurys) die jury.

Justiz die (Rechtsbehörden) judiciary.

Juwelier, -in (mpl -e) der, die jeweller.

K

Kabarett (pl -s) das cabaret.

Kabel (pl -) das (elektrische Leitung) cable.

Kabelanschluß (pl -anschlüsse) der: ~ **haben** to have cable television.

Kabelfernsehen das cable television.

Kabeljau (pl -s) der cod.

Kabelkanal (pl -kanäle) der cable TV channel.

Kabine die (Umkleidekabine) cubicle; (im Schiff) cabin.

Kabinenbahn (pl -en) die cable railway.

Kabinett (pl -e) das (von Ministern) cabinet ◆ der (Wein) designating a high-quality German wine.

Kabrio (pl -s) das convertible.

Kachel (pl -n) die tile.

Kachelofen (pl -öfen) der tiled wood-burning stove used for heating.

Käfer (pl -) der beetle.

Kaffee (pl -s) der coffee; (Mahlzeit) light afternoon meal of coffee and cakes, biscuits etc; **eine Tasse** ~ a cup of coffee; ~ **trinken** to drink coffee.

Kaffeebar (pl -s) die coffee bar.

Kaffeefahrt (pl -en) die day trip organized by a company on which its products are promoted and sold.

Kaffeefilter (pl -) der coffee filter.

Kaffeehaus (pl -häuser) das coffee shop.

KAFFEEHAUS

The "Kaffeehaus" is one of the most typical sights of the city of Vienna. Customers come here to drink coffee in a friendly atmosphere, to talk, read the newspapers provided on the premises or to play cards and billiards. A wide variety of different types of coffee is available, including "Brauner" (white coffee), "Schwarzer" (black coffee), "Melange" (milky coffee) and "Einspänner" (mocha topped with cream).

Kaffeekanne (pl -n) die coffeepot.

Kaffeeklatsch der ≈ coffee morning.

Kaffeelöffel (pl -) der teaspoon.

Kaffeemaschine (pl -n) die coffee machine.

Kaffeepause (pl -n) die coffee break.

Kaffeesahne die coffee cream.

Kaffeetasse (pl -n) die coffee cup.

Käfig (pl -e) der cage.

Kahn (pl Kähne) der (Ruderboot) rowing boat (Br), rowboat (Am); (Stechkahn) punt.

Kai (pl -s) der quay.

Kaiser, -in (mpl -) der, die emperor (fempress).

Kaiserschmarrn (pl -) der (Südat & Österr) pancake torn into thin strips.

Kajak (pl -s) das kayak.

Kajüte (pl -n) die cabin.

Kakao der cocoa; **eine Tasse ~** a cup of cocoa.

Kaktus (pl Kakteen) der cactus.

Kalb (pl Kälber) das (von Kuh) calf; (Fleisch) veal.

Kalbfleisch das veal.

Kalender (pl -) der (Wandkalender) calendar; (Taschenkalender) diary.

Kalifornien nt California.

Kalk der (im Wasser) lime.

Kalorie (pl -n) die calorie.

kalorienarm adj low-calorie.

kalt (komp kälter, superl am kältesten) adj cold ♦ adv (gefühllos) coldly; ~ **duschen** to have a cold shower; **es ist ~** it's cold; **mir ist ~** I'm cold.

Kälte die (Temperatur) cold; (von Person) coldness.

Kälteeinbruch (pl -einbrüche) der cold snap.

Kaltfront (pl -en) die cold front.

Kaltmiete (pl -n) die rent not including bills.

Kaltstartautomatik die automatic choke.

kam prät → **kommen**.

Kamel (pl -e) das (Tier) camel.

Kamera (pl -s) die camera.

Kamillentee (pl -s) der camomile tea.

Kamin (pl -e) der (im Raum) fireplace; (Schornstein) chimney.

Kamm (pl Kämme) der (für Haare) comb.

kämmen vt to comb □ **sich kämmen** ref to comb one's hair.

Kammermusik die chamber music.

Kampf (pl Kämpfe) der (Streit) fight; (in Sport) contest; (politisch, sozial) struggle; (in Krieg) battle.

kämpfen vi to fight; (in Sport) to compete; ~ **für** to fight for; ~ **gegen** to fight; ~ **um** to fight for; (in Sport) to compete for.

Kämpfer, -in (mpl -) der, die fighter.

Kampfrichter, -in (mpl -) der, die referee.

kampieren *vi* to camp.

Kanada *nt* Canada.

Kanal (*pl* **Kanäle**) *der* (*Wasserweg*) canal; (*in Radio, Fernsehen*) channel; (*Abwasserkanal*) sewer.

Kanaldeckel (*pl* -) *der* manhole cover.

Kanalinseln *pl* Channel Islands.

Kanalisation (*pl* -en) *die* sewers (*pl*).

Kandidat, -in (*mpl* -en) *der, die* (*für Amt*) candidate.

kandiert *adj* candied.

Kandiszucker *der* candy sugar.

Kaninchen (*pl* -) *das* rabbit.

Kanister (*pl* -) *der* can.

kann *präs* → **können**.

Kännchen (*pl* -) *das* pot; **ein ~ Kaffee** a pot of coffee.

Kanne (*pl* -n) *die* (*für Kaffee, Tee*) pot; (*für Milch*) jug; (*für Öl, zum Gießen*) can.

kannte *prät* → **kennen**.

Kanto (*pl* -n) *die* edge.

Kantine (*pl* -n) *die* canteen.

Kanton (*pl* -e) *der* canton.

KANTON

Switzerland is made up of 23 cantons, or states. The cantons have a considerable degree of autonomy from central government, their exact areas of responsibility being enshrined in the constitution.

Kanu (*pl* -s) *das* (*Paddelboot*) canoe.

Kanzel (*pl* -n) *die* (*in Kirche*) pulpit.

Kanzler, -in (*mpl* -) *der, die* (*Bundeskanzler*) chancellor.

Kapelle (*pl* -n) *die* (*Kirche*) chapel; (*MUS*) band.

Kapern *pl* capers.

kapieren *vt & vi* to understand.

Kapital *das* (*Vermögen*) capital.

Kapitän (*pl* -e) *der* captain.

Kapitel (*pl* -) *das* chapter.

kapitulieren *vi* (*resignieren*) to give up.

Kaplan (*pl* **Kapläne**) *der* chaplain.

Kappe (*pl* -n) *die* cap.

Kapsel (*pl* -n) *die* (*Medikament*) capsule.

kaputt *adj* broken; (*fam: erschöpft*) exhausted; **mein Auto ist ~** my car has broken down.

kaputtlgehen *vi unr ist* (*Gegenstand*) to break; (*Auto*) to break down; **an etw** (*D*) **~** (*Person*) to go to pieces because of sthg.

Kapuzo (*pl* -n) *die* hood.

Kapuziner (*pl* -) *der* (*Österr*) coffee with just a drop of milk.

Karabinerhaken (*pl* -) *der* karabiner.

Karaffe (*pl* -n) *die* decanter.

Karamelbonbon (*pl* -s) *das* toffee.

Karat (*pl* -) *das* carat.

Karate *das* karate.

Kardinal (*pl* -äle) *der* cardinal.

Karfreitag (*pl* -e) *der* Good Friday.

kariert *adj* (*Hose, Stoff*) checked; (*Papier*) squared.

Karies *die* tooth decay.

Karikatur (*pl -en*) *die* (*Bild*) caricature.

Karneval *der* carnival.

KARNEVAL

The biggest "Karneval" celebrations take place in the Rhineland (Cologne, Düsseldorf and Mainz), although the tradition is also associated with Bavaria (where it is known as "Fasching") and Swabia (where it is known as "Fasenacht" or "Fasnet"). The "Karneval" period officially begins at eleven minutes past eleven on 11 November and ends on Ash Wednesday. On the Monday before Ash Wednesday ("Rosenmontag"), there are processions with floats carrying figures that caricature social and political life.

Karnevalskostüm (*pl -e*) *das* carnival costume.

Karnevalssitzung (*pl -en*) *die* evening entertainment at carnival time where satirical sketches are performed.

Karnevalszug (*pl -züge*) *der* carnival procession.

Kärnten *nt* Corinthia.

Karo *das* (*Spielfarbe*) diamonds (*pl*).

Karosserie (*pl -n*) *die* (AUTO) bodywork.

Karotte (*pl -n*) *die* carrot.

Karpfen (*pl -*) *der* carp.

Karte (*pl -n*) *die* card; (*Eintrittskarte, Fahrkarte*) ticket; (*Postkarte*) postcard; (*Speisekarte*) menu; (*Landkarte*) map; **'folgende ~n**

werden akzeptiert'** 'the following credit cards are accepted'; **'~ einführen!'** 'please insert your card'; **'~ entnehmen!'** 'please take your card'; **'~ fehlerhaft'** 'this card is faulty'; **'~ ungültig'** 'this card is invalid'; **mit der ~ bezahlen** to pay by credit card; **~n spielen** to play cards.

Kartei (*pl -en*) *die* card index.

Karteikarte (*pl -n*) *die* index card.

Kartenspiel (*pl -e*) *das* (*Karten*) pack of cards (*Br*), deck of cards (*Am*); (*Spielen*) card game.

Kartentelefon (*pl -e*) *das* card phone.

Kartenvorverkauf (*pl -käufe*) *der* advance booking.

Kartoffel (*pl -n*) *die* potato.

Kartoffelchips *pl* crisps (*Br*), chips (*Am*).

Kartoffelkloß (*pl -klöße*) *der* potato dumpling.

Kartoffelknödel (*pl -*) *der* potato dumpling.

Kartoffelpüree *das* mashed potato.

Kartoffelsalat *der* potato salad.

Karton (*pl -s*) *der* (*Schachtel*) cardboard box.

Karussell (*pl -s*) *das* merry-go-round; **~ fahren** to have a ride on a merry-go-round.

Karwoche (*pl -n*) *die* Holy Week.

Kaschmir *der* (*Material*) cashmere.

Käse *der* cheese; **~ am Stück** unsliced cheese; **~ in Scheiben** sliced cheese.

Käsefondue (*pl -s*) *das* cheese fondue.

Käsekuchen (*pl -*) *der* cheese-cake.

Käseplatte (*pl -n*) *die* cheese-board.

Käse-Sahne-Torte (*pl -n*) *die* type of cheesecake made with cream.

Kasino (*pl -s*) *das* (*Spielkasino*) casino; (*Gemeinschaftsraum*) common room; (*für Offiziere*) mess.

Kaskoversicherung (*pl -en*) *die* fully comprehensive insurance.

Kasperletheater (*pl -*) *das* (*Vorstellung*) Punch and Judy show; (*Gebäude*) Punch and Judy theatre.

Kasse (*pl -n*) *die* (*Apparat*) till; (*in Supermarkt*) checkout; (*in Theater, Kino*) box office; (*in Bank*) counter; '**~ beim Fahrer**' 'please pay the driver'.

Kassenarzt, -ärztin (*mpl -ärzte*) *der, die* doctor who treats patients who have health insurance.

Kassenbereich *der* (*im Supermarkt*) checkout area.

Kassenbon (*pl -s*) *der* receipt; **gegen Vorlage des ~s** on production of a receipt.

Kassenpatient, -in (*mpl -en*) *der, die* patient with health insurance policy.

Kassenzettel (*pl -*) *der* receipt.

Kassette (*pl -n*) *die* (*für Musik, Video*) tape, cassette; (*Behälter*) box.

Kassettenrecorder (*pl -*) *der* tape recorder.

kassieren *vt* (*Eintrittsgeld, Fahrgeld*) to collect ◆ *vi* (*Kellner, Busfahrer*) to collect the money.

Kassierer, -in (*mpl -*) *der, die* cashier.

Kastanie (*pl -n*) *die* (*Baum*) chestnut (tree); (*eßbare Frucht*) chestnut; (*nicht eßbare Frucht*) horse chestnut.

Kasten (*pl Kästen*) *der* (*Kiste, Dose*) box; (*Getränkekasten*) crate.

Kat (*pl -s*) *der* catalytic converter.

Katalog (*pl -e*) *der* catalogue.

Katalysator (*pl Katalysatoren*) *der* (*am Auto*) catalytic converter.

Katarrh (*pl -e*) *der* catarrh.

katastrophal *adj* disastrous.

Katastrophe (*pl -n*) *die* disaster.

Kategorie (*pl -n*) *die* category.

Kater (*pl -*) *der* (*Tier*) tomcat; **einen ~ haben** (*von Alkohol*) to have a hangover.

kath. *abk* = **katholisch**.

Kathedrale (*pl -n*) *die* cathedral.

Katholik, -in (*mpl -en*) *der, die* Catholic.

Katholikentag (*pl -e*) *der* biannual congress of German Catholics.

katholisch *adj* Catholic.

Kat-Motor (*pl -en*) *der* engine of a car fitted with a catalytic converter.

Katze (*pl -n*) *die* cat.

kauen *vt & vi* to chew.

Kauf (*pl Käufe*) *der* (*Handlung*) purchase.

kaufen *vt* to buy; **sich** (*D*) **etw ~** to buy o.s. sthg.

Käufer, -in (*mpl -*) *der, die* buyer.

Kauffrau (*pl -en*) *die* businesswoman.

Kaufhaus (*pl -häuser*) *das* department store.

Kaufhausdieb, -in (*mpl -e*)

der, die shoplifter *(from department stores).*

Kaufhausdiebstahl *(pl -stähle) der* shoplifting *(from department stores).*

Kaufleute *pl (Händler)* shopkeepers.

Kaufmann *(pl -leute) der (im Betrieb)* businessman.

Kaufpreis *(pl -e) der* purchase price.

Kaufvertrag *(pl -träge) der* bill of sale.

Kaugummi *(pl -s) der* ODER *das* chewing gum.

kaum *adv* hardly, barely; **es regnet ~ noch** it's almost stopped raining.

Kaution *(pl -en) die (für Wohnung)* deposit.

Kaviar *der* caviar.

Kefir *der* sour-tasting fermented milk.

Kegelbahn *(pl -en) die* bowling alley.

Kegelklub *(pl -s) der* bowling club.

kegeln *vi* to go bowling.

Kehlkopf *(pl -köpfe) der* larynx.

Kehrblech *(pl -e) das* dustpan.

kehren *vt & vi (fegen)* to sweep.

kehrtlmachen *vi* to turn round.

Keilriemen *(pl -) der (AUTO)* fan belt.

kein, -e *det* no; **ich habe ~ Geld/~e Zeit** I haven't got any money/time; **~ Mensch** no one; **~e einzige Mark** not a single mark; **~e Stunde** less than an hour.

keine, -r, -s *pron (Person)* no

one; *(Gegenstand)* none; **~s der Kinder** none of the children; **~r von den beiden** neither of them; **von diesen Gerichten mag ich ~s** I don't like any of these dishes.

keinerlei *det:* **das hat ~ Wirkung gehabt** it had no effect at all.

keinesfalls *adv* on no account.

keineswegs *adv* not at all.

Keks *(pl -e) der* biscuit *(Br),* cookie *(Am).*

Keller *(pl -) der* cellar.

Kellerei *(pl -en) die* wine cellars *(pl).*

Kellner, -in *(mpl -) der, die* waiter, *(f* waitress).

kennen *(prät* kannte, *pp* gekannt) *vt* to know; **jn/etw gut ~** to know sb/sthg well □ **sich kennen** *ref* to know each other.

kennenllernen *vt* to get to know; **freut mich Sie kennenzulernen!** pleased to meet you!

Kenner, -in *(mpl -) der, die* expert.

Kenntnisse *pl* knowledge *(sg).*

Kennwort *(pl -e) das (für Sparbuch)* password.

Kennzahl *(pl -en) die (für Telefon)* dialling code *(Br),* area code *(Am).*

Kennzeichen *(pl -) das (am Auto)* registration (number) *(Br),* license (number) *(Am); (Merkmal)* characteristic; *amtliches* ~ registration number *(Br),* license number *(Am);* **'besondere ~'** 'distinguishing features'.

Kennziffer *(pl -n) die* reference number.

Keramik *(pl -en) die (Gegenstand)* (piece of) pottery.

Kerl *(pl -e) der* guy.

Kern (pl -e) der (von Apfel, Birne) pip; (von Pfirsich, Aprikose) stone; (von Nuß) kernel.

Kernenergie die nuclear power.

Kernforschung die nuclear research.

kerngesund adj as fit as a fiddle.

Kernkraft die nuclear power.

Kernkraftwerk (pl -e) das nuclear power station.

kernlos adj (Weintraube) seedless.

Kernwaffe (pl -n) die nuclear weapon.

Kerze (pl -n) die (aus Wachs) candle; (AUTO: Zündkerze) spark plug.

Kerzenlicht das candlelight.

Kessel (pl -) der (Wasserkessel) kettle.

Ketchup der ODER das ketchup.

Kette (pl -n) die chain.

keuchen vi to pant.

Keuchhusten der whooping cough.

Keule (pl -n) die (Fleisch) leg.

Keyboard (pl -s) das keyboard.

Kfz (pl -) abk = **Kraftfahrzeug**.

Kfz-Brief (pl -e) der ≃ logbook (Br), document of ownership of a motor vehicle.

Kfz-Schein (pl -e) der vehicle registration document.

Kfz-Steuer (pl -n) die road tax.

Kfz-Werkstatt (pl -stätten) die garage.

kichern vi to giggle.

Kiefer[1] (pl -) der (Knochen) jaw.

Kiefer[2] (pl -n) die (Baum) pine (tree).

Kies der (Steine) gravel.

Kieselstein (pl -e) der pebble.

Kilo (pl -s ODER -) das kilo.

Kilogramm (pl -) das kilogram.

Kilokalorie (pl -n) die kilocalorie.

Kilometer (pl -) der kilometre; 50 ~ pro Stunde 50 kilometres an hour.

kilometerlang adj several kilometres long.

Kilometerstand der ≃ mileage.

Kilometerzähler (pl -) der ≃ mileometer.

Kind (pl -er) das child; ein ~ erwarten to be expecting (a baby).

Kinderarzt, -ärztin (mpl -ärzte) der, die paediatrician.

Kinderbetreuung die child care.

Kinderbett (pl -en) das cot (Br), crib (Am).

Kinderbuch (pl -bücher) das children's book.

Kinderfahrkarte (pl -n) die child's ticket.

Kinderfrau (pl -en) die nanny.

Kindergarten (pl -gärten) der nursery school.

Kindergärtner, -in (mpl -) der, die nursery school teacher.

Kinderheim (pl -e) das children's home.

Kinderkrankheit (pl -en) die children's illness.

Kinderlähmung die polio.

kinderlieb adj: ~ sein to be fond of children.

Kinderlied (*pl* -er) *das* nursery rhyme.

Kindernahrung *die* baby food.

Kinderprogramm (*pl* -e) *das* (*im Fernsehen*) children's programme.

Kinderschuh (*pl* -e) *der* child's shoe.

kindersicher *adj* childproof.

Kindersicherung (*pl* -en) *die* (*an Tür*) childproof lock.

Kindersitz (*pl* -e) *der* child seat.

Kinderteller (*pl* -) *der* children's portion.

Kindertragesitz (*pl* -e) *der* baby sling.

Kinderwagen (*pl* -) *der* pram (*Br*), baby carriage (*Am*).

Kinderzimmer (*pl* -) *das* child's bedroom.

Kindheit *die* childhood.

kindisch *adj* childish.

Kinn (*pl* -e) *das* chin.

Kino (*pl* -s) *das* cinema (*Br*), movie theater (*Am*); **ins ~ gehen** to go to the cinema (*Br*), to go to the movies (*Am*); **was läuft im ~?** what's on at the cinema? (*Br*), what's on at the movies? (*Am*).

Kinobesucher, -in (*mpl* -) *der*, *die* cinemagoer (*Br*), moviegoer (*Am*).

Kinoprogramm (*pl* -e) *das* (*in Zeitung*) cinema guide (*Br*), movie guide (*Am*).

Kiosk (*pl* -e) *der* kiosk.

kippen *vt hat* (*lehnen*) to tip ◆ *vi ist* (*umfallen*) to tip over.

Kirche (*pl* -n) *die* church.

Kirchenchor (*pl* -chöre) *der* church choir.

Kirchenmusik *die* church music.

Kirchenschiff (*pl* -e) *das* nave.

Kirchentag (*pl* -e) *der* German church congress.

Kirchturm (*pl* -türme) *der* church steeple.

Kirmes (*pl* -sen) *die* fair.

Kirsche (*pl* -n) *die* cherry.

Kirschkuchen (*pl* -) *der* cherry tart.

Kissen (*pl* -) *das* (*in Bett*) pillow; (*auf Stuhl, Sofa*) cushion.

Kiste (*pl* -n) *die* box; **eine ~ Wein** a case of wine.

kitschig *adj* kitschy.

Kittel (*pl* -) *der* overalls (*pl*); (*für Arzt, Laborant*) white coat; (*für Hausfrau*) housecoat.

kitzelig *adj* ticklish.

kitzeln *vt & vi* to tickle.

Kiwi (*pl* -s) *die* kiwi fruit.

Klage (*pl* -n) *die* (*Beschwerde*) complaint; (*vor Gericht*) suit.

klagen *vi* (*jammern*) to moan; (*vor Gericht*) to sue; **~ über** (+A) to complain about.

klamm *adj* (*Finger*) numb; (*Wäsche*) damp.

Klammer (*pl* -n) *die* (*für Wäsche*) clothes peg; (*für Zähne*) brace; (*geschrieben*) bracket.

klammern *vt* (*mit Klammer*) to peg ❑ **sich klammern** *ref* (*festhalten*): **sich ~ an** (+A) to cling to.

Klamotten *pl* (*fam: Kleider*) clothes.

klang *prät* → **klingen**

Klang (*pl* Klänge) *der* sound.

Klappbett (*pl* -en) *das* folding bed.

Klappe (*pl* -n) *die* (*am Briefkasten*) flap; '~ **hochschieben'** (*an Verkaufsautomat*) 'lift door'.

klappen *vi* (*gelingen*) to work ◆ *vt*: etw nach oben/hinten ~ (*Kragen*) to turn sthg up/down; **gut** ~ to go well.

klappern *vi* to rattle.

Klapprad (*pl* -räder) *das* folding bicycle.

Klappsitz (*pl* -e) *der* folding seat.

klar *adj* clear ◆ *adv* (*deutlich*) clearly; **mir ist nicht** ~, **wie das funktioniert** I don't understand how it works; **alles** ~? is everything clear?; **alles** ~! OK!

Kläranlage (*pl* -n) *die* sewage works (*sg*).

Klare (*pl* -n) *der* schnapps.

klären *vt* (*Problem, Frage*) to settle □ **sich klären** *ref* (*Problem, Frage*) to be settled.

Klarinette (*pl* -n) *die* clarinet.

klar|kommen *vi unr ist* (*fam*): **mit jm** ~ to get on well with sb; **mit etw** ~ to be able to cope with sthg.

klar|machen *vt*: **jm etw** ~ to explain sthg to sb.

Klarsichtfolie (*pl* -n) *die* cling-film (*Br*), Saran wrap® (*Am*).

Klarsichthülle (*pl* -n) *die* clear plastic cover.

klar|stellen *vt* to make clear; (*Mißverständnis*) to clear up.

Klärung (*pl* -en) *die* (*von Problem, Frage*) settling.

klar|werden *vi unr ist*: **jm** ~ to become clear to sb; **sich** (*D*) ~ **über etw** (*A*) (*erkennen*) to realize sthg.

klasse *adj* (*fam*) great.

Klasse (*pl* -n) *die* class; (*Raum*) classroom; **erster/zweiter** ~ (*in Zug*) first/second class.

Klassenkamerad, -in (*mpl* -en) *der, die* classmate.

Klassik *die* (*Epoche*) classical period.

klassisch *adj* (*typisch*) classic; (*Musik*) classical.

klatschen *vi* (*Wasser*) to splash; (*in Hände*) to clap; (*tratschen*) to gossip.

klauen *vt* (*fam*) to pinch; **jm etw** ~ to pinch sthg from sb.

Klavier (*pl* -e) *das* piano.

Klavierkonzert (*pl* '-e) *das* (*Komposition*) piano concerto.

kleben *vt* (*reparieren*) to stick together; (*ankleben*) to stick ◆ *vi* (*klebrig sein*) to be sticky; (*haften*) to stick.

Klebestreifen (*pl* -) *der* sticky tape.

klebrig *adj* sticky.

Klebstoff (*pl* -e) *der* glue.

kleckern *vi* (*Person*) to make a mess.

Kleid (*pl* -er) *das* (*für Frauen*) dress □ **Kleider** *pl* (*Bekleidung*) clothes.

Kleiderbügel (*pl* -) *der* (*clothes*) hanger.

Kleiderschrank (*pl* -schränke) *der* wardrobe.

Kleidung *die* clothes (*pl*).

Kleidungsstück (*pl* -e) *das* garment.

klein *adj* small, little; (*Pause, Weile*) short ◆ *adv*: **mein** ~**er Bruder** my little brother; **ein Wort** ~ **schreiben** to write a word with a small initial letter; **ein ~ wenig** a little bit; **bis ins ~ste** to the last detail; **haben Sie es ~?** do you have the right change?

Kleinanzeige (*pl* -n) *die* classified advertisement.

Kleinbus (*pl* -se) *der* minibus.

Kleingedruckte *das* small print.

Kleingeld *das* change; **'~ bitte bereithalten'** 'please have the right change ready'.

Kleinigkeit (*pl* -en) *die* (*Unwichtiges*) trifle; (*Geschenk*) little gift; (*Zwischenmahlzeit*) snack.

Kleinkind (*pl* -er) *das* small child.

Kleinkunstbühne (*pl* -n) *die* cabaret.

kleinlich *adj* petty.

klein|machen *vt* (*fam: Geldschein*) to change.

klein|schneiden *vt unr* to chop finely.

Kleinschreibung *die* writing with small initial letters.

Kleinstadt (*pl* -städte) *die* small town.

Kleister (*pl* -) *der* paste.

klemmen *vt & vi* to jam; **sich** (*D*) **den Finger in etw ~** to get one's finger caught in sthg.

Klempner, -in (*mpl* -en) *der, die* plumber.

klettern *vi ist* (*Person*) to climb; (*Preis, Temperatur*) to rise.

Klient, -in (*mpl* -en) *der, die* client.

Klima *das* (*Wetter*) climate; (*Stimmung*) atmosphere.

Klimaanlage (*pl* -n) *die* air conditioning.

klimatisiert *adj* air-conditioned.

Klinge (*pl* -n) *die* (*von Messer*) blade.

Klingel (*pl* -n) *die* bell.

klingeln *vi* to ring; (*Radfahrer*) to ring one's bell ◆ *vimp:* **es klingelt** there's someone at the door; **bitte ~ bei ...** please ring at ...

klingen (*prät* klang, *pp* geklungen) *vi* (*Person, Äußerung*) to sound; (*Glocke*) to ring.

Klinik (*pl* -en) *die* clinic.

Klinke (*pl* -n) *die* handle.

Klippe (*pl* -n) *die* (*am Meer*) cliff.

Klischee (*pl* -s) *das* stereotype.

Klo (*pl* -s) *das* (*fam*) loo (*Br*), john (*Am*); **aufs ~ müssen** to need the loo (*Br*), to need the john (*Am*).

Klopapier *das* (*fam*) toilet paper.

klopfen *vi* (*Herz*) to beat; (*auf Schulter*) to tap; (*an Tür*) to knock ◆ *vimp:* **es klopft** (*an Tür*) there's someone at the door.

Klosett (*pl* -s) *das* toilet.

Kloß (*pl* Klöße) *der* dumpling.

Kloster (*pl* Klöster) *das* (*für Mönche*) monastery; (*für Nonnen*) convent.

Klotz (*pl* Klötze) *der* (*von Baum*) log.

Klub (*pl* -s) *der* club.

klug *adj* clever.

knabbern *vt & vi* to nibble; **an etw** (*D*) **~** to nibble sthg.

Knäckebrot (*pl* -e) *das* crispbread.

knacken *vt* (*Nuß*) to crack; (*fam:*

Auto) to break into; *(fam: Schloß)* to force ◆ *vi (Holz)* to crack.

knackig *adj (Obst, Gemüse)* crisp; *(fam: Körper)* sexy.

Knall *(pl -e) der* bang.

knapp *adj (Vorrat, Angebot)* short; *(Kleidung)* tight; *(Mehrheit)* narrow ◆ *adv (verlieren, gewinnen)* narrowly; *(fast)* not quite; ~ **werden** *(Vorrat)* to be running short; ~ **10 Meter** not quite 10 metres; **das war** ~ that was close.

knarren *vi* to creak.

Knast *(pl Knäste) der (fam)* clink, prison.

Knäuel *(pl -) das* ball (of wool).

knautschen *vt* to crumple.

kneifen *(prät kniff, pp gekniffen)* *vt* to pinch.

Kneifzange *(pl -n) die* pincers *(pl).*

Kneipe *(pl -n) die* pub.

KNEIPE

Unlike in British pubs, in a German "Kneipe" light meals are served not only throughout the day but also in the evening. There is usually a waiter or waitress who brings the beer to the tables, and customers pay when they are ready to leave, rather than a round at a time. A feature of many German pubs is the "Stammtisch" which is a table reserved for regular customers. In Austria, "Kneipen" are called "Beisel".

---

knicken *vt (Papier)* to fold.

Knie *(pl -) das* knee.

Kniegelenk *(pl -e) das* knee (joint).

knien *vi* to be kneeling ❑ **sich knien** *ref* to kneel down.

Kniescheibe *(pl -n) die* knee-cap.

Kniestrumpf *(pl -strümpfe) der* knee-length sock.

kniff *prät* → **kneifen**.

knipsen *vt (fam: fotografieren)* to snap.

knistern *vi (Feuer)* to crackle; *(Papier)* to rustle.

knitterfrei *adj* crease-resistant.

Knoblauch *der* garlic.

Knöchel *(pl -) der (von Fuß)* ankle; *(von Finger)* knuckle.

Knochen *(pl -) der* bone.

Knochenbruch *(pl -brüche) der* fracture.

Knödel *(pl -) der* dumpling.

Knopf *(pl Knöpfe) der* button; '~ **drücken**' 'press the button'.

Knopfdruck *der:* **durch** ~ **by** pressing the button.

knöpfen *vt* to button.

Knopfloch *(pl -löcher) das* buttonhole.

Knorpel *(pl -) der* cartilage.

knoten *vt* to tie.

Knoten *(pl -) der* knot.

knurren *vi (Hund)* to growl; *(Magen)* to rumble.

knusprig *adj* crusty.

knutschen *vi (fam)* to neck.

Koalition *(pl -en) die* coalition.

Koch *(pl Köche) der* cook, chef.

Kochbeutel *(pl -) der (KÜCHE)* bag containing food, for boiling.

kochen vi (für Mahlzeit) to cook; (Wasser) to boil ♦ vt (Mahlzeit) to cook; (Tee, Kaffee) to make; (Eier) to boil; jm etw ~ to cook sb sthg.

Kocher (pl -) der cooker.

Kochgelegenheit (pl -en) die cooking facilities (pl).

Köchin (pl -nen) die cook.

Kochlöffel (pl -) der wooden spoon.

Kochrezept (pl -e) das recipe.

Kochsalz das cooking salt.

Kochtopf (pl -töpfe) der saucepan.

Kochwäsche die washing that needs to be boiled.

Koffein das caffeine.

koffeinfrei adj decaffeinated.

Koffer (pl -) der suitcase; **die ~ packen** to pack (one's bags).

Kofferkuli (pl -s) der (luggage) trolley; '~ nur gegen Pfand' sign indicating that a deposit is required for the use of a luggage trolley.

Kofferradio (pl -s) das portable radio.

Kofferraum (pl -räume) der boot (Br), trunk (Am).

Kognac der = Cognac®.

Kohl der cabbage.

Kohle die (Material) coal; (fam: Geld) cash.

Kohlenhydrat (pl -e) das carbohydrate.

Kohlensäure die carbon dioxide; **Mineralwasser mit/ohne ~** sparkling/still mineral water.

Kohlrabi (pl -s) der kohlrabi.

Kohlroulade (pl -n) die cabbage leaves stuffed usually with meat.

Koje (pl -n) die berth.

Kokosnuß (pl -nüsse) die coconut.

Kolben (pl -) der (AUTO) piston; (von Mais) cob.

Kolik (pl -en) die colic.

Kollaps (pl -e) der (MED) collapse.

Kollege (pl -n) der colleague.

Kollegin (pl -nen) die colleague.

Kollision (pl -en) die collision.

Köln nt Cologne.

Kölnisch Wasser das eau de Cologne.

Kolonne (pl -n) die column; (von Fahrzeugen) queue.

Kölsch das strong lager brewed in Cologne.

Kombi (pl -s) der (Auto) estate car (Br), station wagon (Am).

Kombination (pl -en) die combination.

kombinieren vt to combine; **etw mit etw ~** to combine sthg with sthg.

Kombi-Ticket (pl -s) das ticket valid for travel on train, bus, metro etc.

Kombiwagen (pl -) der estate car (Br), station wagon (Am).

Komfort der luxury; **mit allem ~** (Haus, Hotelzimmer) with all mod cons.

komfortabel adj with all mod cons.

komisch adj funny ♦ adv funnily.

Komma (pl -ta) das (in Satz) comma; (in Zahl) decimal point; **null ~ fünf Prozent** nought point five per cent.

kommandieren vi to give orders.

kommen (prät kam, pp gekom-

men vi 1. *(an einen Ort)* to come; **wie komme ich zum Markt?** how do I get to the market?; **jn/etw ~ lassen** to send for sb/sthg; **nach Hause ~** to get home.

2. *(aus einem Ort)* to come; **aus Deutschland ~** to come from Germany.

3. *(erscheinen)* to come out; **rechts kommt der Bahnhof** the station's coming up on the right.

4. *(eintreten)* to come.

5. *(in Reihenfolge)*: **wer kommt zuerst?** who's first?

6. *(Gefühl, Gedanke)*: **mir kam eine Idee** I had an idea; **auf etw** *(A)* **~** to think of sthg.

7. *(gehören)* to belong, to go.

8. *(zum Ziel, Ergebnis)*: **zu etw ~** to reach sthg; **hinter etw** *(A)* **~ (erraten)** to find sthg out; **an die Macht ~** to come to power.

9. *(Zeit haben)*: **dazu ~, etw zu tun** to get round to doing sthg.

10. *(um Besitz)*: **um etw ~** to lose sthg.

11. *(als Folge)*: **von etw ~** to result from sthg; **das kommt davon!** see what happens!

12. *(zu Bewußtsein)*: **zu sich ~** to come round.

13. *(bei Institution)*: **in die/aus der Schule ~** to start/leave school; **ins/aus dem Krankenhaus ~** to go to/leave hospital.

14. *(Film, Programm)*: **im Fernsehen ~** to be on *(the)* television; **im Kino ~** to be on at the cinema *(Br)*, to be on at the movies *(Am)*.

15. *(anfangen)*: **ins Rutschen/Stocken ~** to slip/falter.

♦ *vimp*: **es kam zu einem Streit** it ended in a quarrel.

kommend *adj* coming.

Kommentar *(pl -e) der (in Zeitung, Fernsehen)* commentary; *(Bemerkung)* comment.

kommerziell *adj* commercial.

Kommode *(pl -n) die* chest of drawers.

kommunal *adj* local.

Kommunikation *die* communication.

Kommunion *(pl -en) die* Communion.

Kommunismus *der* communism.

Komödie *(pl -n) die* comedy.

kompakt *adj* compact.

Komparativ *(pl -e) der* comparative.

Kompaß *(pl Kompasse) der* compass.

kompatibel *adj* compatible; **IBM-~** IBM-compatible.

kompetent *adj* competent.

komplett *adj* complete; **wir sind ~** we are all here.

Kompliment *(pl -e) das* compliment.

kompliziert *adj* complicated.

Komponist, -in *(mpl -en) der, die* composer.

Kompott *(pl -e) das* stewed fruit.

Kompresse *(pl -n) die* compress.

Kompromiß *(pl Kompromisse) der* compromise.

Kondensmilch *die* condensed milk.

Kondenswasser *das* condensation.

Kondition (*pl* -en) *die* condition.

Konditionstraining *das* fitness training.

Konditor (*pl* Konditoren) *der* pastry cook.

Konditorei (*pl* -en) *die* cake shop.

Konditorin (*pl* -nen) *die* pastry cook.

Kondom (*pl* -e) *das* condom.

Konfekt *das* sweets (*pl*) (*Br*), candy (*Am*).

Konfektionsgröße (*pl* -n) *die* size.

Konferenz (*pl* -en) *die* conference.

Konferenzraum (*pl* -räume) *der* conference room.

Konfession (*pl* -en) *die* denomination.

Konfetti *das* confetti.

Konfirmation (*pl* -en) *die* confirmation.

Konfitüre (*pl* -n) *die* jam.

Konflikt (*pl* -e) *der* conflict.

Kongreß (*pl* Kongresse) *der* (*Treffen*) conference.

Kongreßhalle (*pl* -n) *die* conference centre.

Kongreßleitung (*pl* -en) *die* conference organizers (*pl*).

König (*pl* -e) *der* king.

Königin (*pl* -nen) *die* queen.

Konjugation (*pl* -en) *die* (*GRAMM*) conjugation.

konjugieren *vt* (*GRAMM*) to conjugate.

konkret *adj* concrete.

Konkurrenz (*pl* -en) *die*

competition; jm ~ **machen** to compete with sb.

können (*präs* **kann**, *prät* **konnte**, *pp* **können** ODER **gekonnt**) *aux* 1. (*gen*) can; **etw tun** ~ to be able to do sthg; **er kann Klavier spielen** he can play the piano; **sie kann nicht kommen** she can't come; **das kann sein** that's quite possible; **wenn ich wollte, könnte ich ein Auto kaufen** I could buy a car if I wanted to; **es kann sein, daß ich mich geirrt habe** I may have been wrong; **man kann nie wissen** you never know. 2. (*dürfen*, *sollen*) can; **kann ich noch ein Eis haben?** can I have another ice cream?; **könnte ich mal telefonieren?** could I use the telephone?; **du kannst gehen** you can go.

♦ *vt* (*pp* **gekonnt**) 1. (*Sprache*) to (be able to) speak; ~ **Sie Deutsch?** can ODER do you speak German? 2. (*fam*: *auswendig*) to know. 3. (*Angabe von Verantwortung*): **ich kann nichts dafür** I can't help it; **er kann nichts dafür, daß ...** it's not his fault that ...

♦ *vi* (*pp* **gekonnt**) 1. (*fähig sein*) can; **fahren, so schnell man kann** to drive as fast as you can; **ich kann nicht mehr** (*fam*) I've had it, I'm exhausted. 2. (*dürfen*) can; **kann ich ins Kino?** can I go to the cinema?

konnte *prät* → **können**.

konsequent *adj* consistent ♦ *adv* consistently.

Konsequenz (*pl* -en) *die* consequence.

konservativ *adj* conservative.

Konserve (*pl* -n) *die* tinned food, canned food.

Konservendose (*pl* -n) *die* tin, can.

Konservierungsmittel (*pl* -) *das* preservative.

Konservierungsstoff (*pl* -e) *der* preservative.

Konsonant (*pl* -en) *der* consonant.

konstruieren *vt* to construct.

Konsulat (*pl* -e) *das* consulate.

Konsum *der* consumption.

Kontakt (*pl* -e) *der* contact; ~ **haben zu** ODER **mit** to be in contact with.

Kontaktlinse (*pl* -n) *die* contact lens; **weiche/harte** ~ soft/hard contact lens.

Kontinent (*pl* -e) *der* continent.

Konto (*pl* **Konten**) *das* account; **ein** ~ **eröffnen** to open an account; **ein** ~ **auflösen** to close an account.

Kontoauszug (*pl* -züge) *der* bank statement.

Kontostand *der* bank balance.

Kontrabaß (*pl* -bässe) *der* double-bass.

Kontrast (*pl* -e) *der* contrast.

Kontrollabschnitt (*pl* -e) *der* stub.

Kontrolle (*pl* -n) *die* (*von Fahrkarte, Gepäck*) inspection; check; (*Aufsicht, Beherrschung*) control; **die** ~ **über ein Fahrzeug verlieren** to lose control of a vehicle.

Kontrolleuchte (*pl* -n) *die* warning light.

Kontrolleur, -in (*mpl* -e) *der, die* (*in Bus, Straßenbahn*) ticket inspector.

kontrollieren *vt* (*prüfen*) to check.

Konversation (*pl* -en) *die* conversation.

Konzentrationslager (*pl* -) *das* concentration camp.

konzentrieren: sich konzentrieren *ref* to concentrate; **sich** ~ **auf** (+A) to concentrate on.

konzentriert *adj* concentrated; ~ **sein** (*Person*) to be concentrating.

Konzern (*pl* -e) *der* group (of companies).

Konzert (*pl* -e) *das* (*Veranstaltung*) concert.

Konzertsaal (*pl* -säle) *der* concert hall.

kooperativ *adj* cooperative.

koordinieren *vt* to coordinate.

Kopf (*pl* **Köpfe**) *der* head; **den** ~ **schütteln** to shake one's head; **pro** ~ per person.

Kopfhörer (*pl* -) *der* headphone.

Kopfkissen (*pl* -) *das* pillow.

Kopfsalat (*pl* -e) *der* lettuce.

Kopfschmerzen *pl* headache (*sg*); ~ **haben** to have a headache.

Kopfsprung (*pl* -sprünge) *der* dive.

Kopfstand (*pl* -stände) *der* headstand.

Kopfstütze (*pl* -n) *die* headrest.

Kopftuch (*pl* -tücher) *das* headscarf.

Kopie (*pl* -n) *die* copy.

kopieren *vt* & *vi* to copy.

Kopierer (*pl* -) *der* photocopier.

Kopiergerät (*pl* -e) *das* photocopier.

Korb (*pl* **Körbe**) *der* basket; (*Material*) wicker.

Kordel (*pl* -n) *die* cord.

Kordsamt *der* corduroy.

Korinthe (*pl* -n) *die* currant.

Korken (*pl* -) *der* cork.

Korkenzieher (*pl* -) *der* corkscrew.

Korn[1] (*pl* Körner) *das* grain; *(Getreide)* grain, corn.

Korn[2] (*pl* -) *der* *(Schnaps)* schnapps.

Körper (*pl* -) *der* body; *(Figur)* figure.

körperbehindert *adj* disabled.

Körpergewicht *das* weight.

Körpergröße (*pl* -n) *die* height.

körperlich *adj* physical ♦ *adv* physically.

Körperlotion (*pl* -en) *die* body lotion.

Körperpflege *die* personal hygiene.

Körperverletzung *die* physical injury.

korpulent *adj* corpulent.

korrekt *adj* correct ♦ *adv* correctly.

Korrektur (*pl* -en) *die* correction.

Korridor (*pl* -e) *der* corridor.

korrigieren *vt* to correct ❑ **sich korrigieren** *ref* to correct o.s.

Kosmetik *die* *(Pflege)* beauty care.

Kosmetika *pl* cosmetics.

Kosmetikerin (*pl* -nen) *die* beautician.

Kosmetiksalon (*pl* -s) *der* beauty salon.

Kosmetiktücher *pl* paper tissues.

Kost *die* food.

kostbar *adj* valuable.

kosten *vt* to cost; *(Wein, Speise)* to taste ♦ *vi (Wein, Speise)* to have a taste; **was kostet das?** how much does it cost?

Kosten *pl* costs; **auf js ~** at sb's expense; **~ rückerstatten** to refund expenses.

kostenlos *adj & adv* free.

kostenpflichtig *adj* *(amt)* liable to pay costs ♦ *adv*: **~ abgeschleppt werden** to be towed away at the owner's expense.

Kostenvoranschlag (*pl* -schläge) *der* estimate.

köstlich *adj* *(Speise, Getränk)* delicious; *(amüsant)* funny.

Kostprobe (*pl* -n) *die* *(von Speise, Getränk)* taste.

Kostüm (*pl* -e) *das* *(Damenkleidung)* suit; *(Verkleidung)* costume.

Kot *der* excrement.

Kotelett (*pl* -s) *das* chop, cutlet.

Kotflügel (*pl* -) *der* wing.

kotzen *vi* *(vulg)* to puke.

Krabbe (*pl* -n) *die* *(Krebs)* crab; *(Garnelle)* shrimp.

krabbeln *vi* ist to crawl.

Krabbencocktail (*pl* -s) *der* prawn cocktail.

Krach (*pl* Kräche) *der* *(Lärm)* noise; *(fam: Streit)* row; **~ haben mit** to row with.

Kräcker (*pl* -) *der* cracker.

Kraft (*pl* Kräfte) *die* *(körperlich, psychisch)* strength; *(physikalisch)* force; *(Wirkung)* power; *(Person)* worker; **etw außer ~ setzen** to cancel; **in ~** in force.

Kraftbrühe (pl -n) die strong meat broth.

Kraftfahrer, -in (mpl -) der, die driver.

Kraftfahrzeug (pl -e) das motor vehicle.

Kraftfahrzeugbrief (pl -e) der = logbook (Br), document of ownership of a motor vehicle.

Kraftfahrzeugkennzeichen (pl -) das registration number (Br), license number (Am).

Kraftfahrzeugschein (pl -e) der vehicle registration document.

Kraftfahrzeugsteuer (pl -n) die road tax.

kräftig adj (Person, Muskeln) strong; (Mahlzeit) nourishing ◆ adv (stark) hard.

Kraftstoff (pl -e) der fuel.

Kraftstoffverbrauch der fuel consumption.

Kraftwerk (pl -e) das power station.

Kragen (pl -) der collar.

Kralle (pl -n) die claw.

Kram der stuff.

kramen vi (herumsuchen) to rummage about.

Krampf (pl Krämpfe) der (von Muskeln) cramp.

Krampfader (pl -n) die varicose vein.

Kran (pl Kräne) der crane.

krank (komp kränker, superl am kränksten) adj ill, sick; ~ **werden** to be taken ill.

Kranke (pl -n) der, die sick person; (im Krankenhaus) patient.

Krankenhaus (pl -häuser) das hospital.

Krankenkasse (pl -n) die health insurance association.

 KRANKENKASSE

A "Krankenkasse" is a medical insurance organization that is responsible for national health insurance in Germany. People from different professions belong to different "Krankenkassen", for example there are ones for miners and seamen, individual firms and guilds, as well as private health insurance schemes. Most people are covered by the "Allgemeine Ortskrankenkasse" (AOK) which operates at a regional level.

Krankenpfleger (pl -) der (male) nurse.

Krankenschein (pl -e) der health insurance certificate.

Krankenschwester (pl -n) die nurse.

Krankenversicherung (pl -en) die health insurance.

Krankenwagen (pl -) der ambulance.

Krankheit (pl -en) die illness; (schwer) disease.

Krapfen (pl -) der doughnut.

Krater (pl -) der crater.

kratzen vt to scratch; (Reste, Farbe) to scrape ◆ vi to scratch ❑ **sich kratzen** ref to scratch o.s.

Kratzer (pl -) der scratch.

kraulen vi ist (SPORT: schwimmen) to do the crawl ◆ vt hat (Tier) to tickle.

Kraut

Kraut (*pl* **Kräuter**) *das* (*Heilpflanze, Gewürzpflanze*) herb; (*Südd: Kohl*) cabbage.

Kräuterbutter *die* herb butter.

Kräuterlikör (*pl* -e) *der bitter liqueur made from herbs.*

Kräutersauce (*pl* -n) *die* herb sauce.

Kräutertee (*pl* -s) *der* herbal tea.

Krautsalat *der* = coleslaw.

Krawatte (*pl* -n) *die* tie.

Krawattenzwang *der:* **es besteht ~ ties must be worn.**

kreativ *adj* creative.

Krebs (*pl* -e) *der* (*Tier*) crab; (*Krankheit*) cancer; (*Sternzeichen*) Cancer; **~ haben** to have cancer.

Kredit (*pl* -e) *der* (*Darlehen*) loan; **einen ~ aufnehmen** to take out a loan.

Kreditinstitut (*pl* -e) *das* bank.

Kreditkarte (*pl* -n) *die* credit card; **kann ich mit ~ bezahlen?** can I pay by credit card?

Kreide (*pl* -n) *die* (*Tafelkreide*) chalk.

Kreis (*pl* -e) *der* circle; (*Landkreis*) district; **im ~** in a circle.

Kreislaufstörungen *pl* circulatory disorder (*sg*).

Kreisstadt (*pl* -städte) *die* district capital.

Kreisverkehr *der* roundabout (*Br*), traffic circle (*Am*).

Krempel *der* (*fam*) stuff.

Kren *der* (*Österr*) horseradish.

Kresse *die* cress.

kreuz *adv:* **~ und quer** all over.

Kreuz (*pl* -e) *das* cross; (*fam: Rücken*) small of the back; (*Autobahnkreuz*) intersection; (*Spielfarbe*) clubs (*pl*).

Kreuzfahrt (*pl* -en) *die* cruise.

Kreuzgang (*pl* -gänge) *der* cloister.

Kreuzigung (*pl* -en) *die* crucifixion.

Kreuzschlüssel (*pl* -) *der* wheel nut cross brace.

Kreuzung (*pl* -en) *die* (*Straßenkreuzung*) crossroads (*sg*).

Kreuzworträtsel (*pl* -) *das* crossword (puzzle).

kriechen (*prät* **kroch**, *pp* **gekrochen**) *vi ist* to crawl.

Kriechspur (*pl* -en) *die* crawler lane.

Krieg (*pl* -e) *der* war.

kriegen *vt* (*fam: bekommen*) to get.

Krimi (*pl* -s) *der* (*fam*) thriller.

Kriminalität *die* (*Handlungen*) crime.

Kriminalpolizei *die* = Criminal Investigation Department (*Br*), = Federal Bureau of Investigation (*Am*).

kriminell *adj* criminal.

Kripo *die* = Kriminalpolizei.

Krise (*pl* -n) *die* crisis.

Kritik (*pl* -en) *die* (*Beurteilung*) criticism; (*von Buch, Film usw.*) review.

kritisch *adj* critical ◆ *adv* critically.

kritisieren *vt* (*Person, Verhalten*) to criticize; (*Buch, Film usw.*) to review ◆ *vi* (*beurteilen*) to criticize.

kroch *prät* → kriechen.

Krokant *das* brittle *(crunchy sweet made with nuts)*.

Krokette *(pl -n)* die croquette.

Krokodil *(pl -e)* die crocodile.

Krone *(pl -n)* die *(von König)* crown; *(von Baum)* top.

Kronleuchter *(pl -)* der chandelier.

Kröte *(pl -n)* die *(Tier)* toad.

Krücke *(pl -n)* die crutch.

Krug *(pl Krüge)* der jug; *(für Bier)* stein, mug.

Krümel *(pl -)* der crumb.

krumm *(komp* krümmer, *superl* am krümmsten) *adj* crooked.

Kruste *(pl -n)* die *(von Brot)* crust; *(auf Wunde)* scab.

Kruzifix *(pl -e)* das crucifix.

Krypta *(pl Krypten)* die crypt.

Kt. *abk* = Kanton.

Kto. *(abk von Konto)* a/c.

Kubikmeter *(pl -)* der cubic metre.

Küche *(pl -n)* die kitchen; *(Art zu kochen)* cooking, cuisine.

Kuchen *(pl -)* der cake.

Küchenecke *(pl -n)* die kitchenette.

Kuchenform *(pl -en)* die cake tin.

Kuchengabel *(pl -n)* die cake fork.

Küchenrolle *(pl -n)* die kitchen roll.

Küchenwaage *(pl -n)* die kitchen scales *(pl)*.

Kugel *(pl -n)* die *(Gegenstand)* ball; *(Form)* sphere; *(Geschoß)* bullet.

Kugellager *(pl -)* das ball bearing.

Kugelschreiber *(pl -)* der ballpoint pen, Biro®.

Kugelstoßen *das* shot put.

Kuh *(pl Kühe)* die cow.

kühl *adj* cool ♦ *adv* coolly.

kühlen *vt* to cool.

Kühler *(pl -)* der *(AUTO)* radiator.

Kühlerhaube *(pl -n)* die *(AUTO)* bonnet *(Br)*, hood *(Am)*.

Kühlschrank *(pl -schränke)* der fridge.

Kühltasche *(pl -n)* die cool bag.

Kühltruhe *(pl -n)* die freezer.

Kühlung *(pl -en)* die *(Kühlen)* cooling; *(TECH)* cooling system.

Kühlwasser *das (AUTO)* radiator water.

Küken *(pl -)* das *(Tier)* chick.

kulant *adj* obliging.

Kuli *(pl -s)* der *(fam)* Biro®.

kultiviert *adj* cultivated.

Kultur *(pl -en)* die culture.

Kulturbeutel *(pl -)* der toilet bag.

kulturell *adj* cultural

Kümmel *der (Gewürz)* caraway seed.

Kummer *der (Ärger)* trouble; *(Leiden)* grief, sorrow; **jm ~ machen** to cause sb trouble.

kümmern *vt (Person)* to concern; **jn nicht ~** not to bother sb □ **sich kümmern** *ref:* **sich ~ um** *(um Person)* to look after; *(um Arbeit, Gegenstand)* to see to; *(um Klatsch, Angelegenheit)* to worry about.

Kunde *(pl -n)* der customer; **'nur für ~n'** 'patrons only'.

Kundendienst *der* customer service.

Kundendienststelle (*pl* -n) *die* customer service point.

Kundenkarte (*pl* -n) *die* (*von Bank*) bank card; (*von Geschäft*) discount card (*for regular customers*).

Kundennummer (*pl* -n) *die* customer number.

Kundenparkplatz (*pl* -plätze) *der* customer car park.

Kundenservice *der* customer service.

kündigen *vt* (*Vertrag*) to terminate ◆ *vi* to give notice; **jm** ~ to give sb his notice; **die Arbeitsstelle** ~ to hand in one's notice; **jm die Wohnung** ~ to give sb notice to leave.

Kündigung (*pl* -en) *die* (*von Vertrag, Kredit*) cancellation; (*von Wohnung, Arbeitsstelle*) notice.

Kündigungsfrist (*pl* -en) *die* period of notice.

Kündigungsschutz *der* (*für Mieter*) protection against wrongful eviction; (*für Arbeitnehmer*) protection against wrongful dismissal.

Kundin (*pl* -nen) *die* customer.

Kunst (*pl* Künste) *die* art.

Kunstausstellung (*pl* -en) *die* art exhibition.

Kunstfaser (*pl* -n) *die* synthetic fibre.

Kunstgalerie (*pl* -n) *die* art gallery.

Kunstgewerbe *das* arts and crafts (*pl*).

Kunsthalle (*pl* -n) *die* art gallery.

Kunsthandwerk (*pl* -e) *das* craft.

Künstler, -in (*mpl* -) *der, die* artist.

künstlerisch *adj* artistic.

Künstlername (*pl* -n) *der* (*von Schauspieler, Sänger*) stage name.

künstlich *adj* artificial.

Kunstmuseum (*pl* -museen) *das* art gallery.

Kunststoff (*pl* -e) *der* (*Plastik*) plastic.

Kunststück (*pl* -e) *das* trick.

Kunstwerk (*pl* -e) *das* work of art.

Kupfer *das* copper.

Kuppel (*pl* -n) *die* dome.

Kupplung (*pl* -en) *die* clutch; **die** ~ **treten** to depress the clutch.

Kupplungspedal (*pl* -e) *das* clutch pedal.

Kur (*pl* -en) *die* cure (at a health resort); **in** ODER **zur** ~ **sein** to take a cure (at a health resort).

Kurbel (*pl* -n) *die* crank; (*an Fenster*) winder.

Kürbis (*pl* -se) *der* pumpkin.

Kurfestiger (*pl* -) *der* setting lotion.

Kurgast (*pl* -gäste) *der* visitor at a health resort.

kurieren *vt* (*Krankheit*) to cure.

Kurkonzert (*pl* -e) *das* concert at a spa.

Kurort (*pl* -e) *der* (*Badeort*) spa; (*in den Bergen*) health resort.

Kurpackung (*pl* -en) *die* hair conditioner.

Kurpark (*pl* -s) *der* spa gardens (*pl*).

Kurs (*pl* -e) *der* (*Unterricht, Richtung*) course; (*von Aktie*) price; (*von Devise*) exchange rate.

Kursbuch (*pl* -bücher) *das* timetable.

Kurschatten (*pl* -) *der person with whom one has a fling whilst at a health resort.*

Kursus (*pl* Kurse) *der* course.

Kurswagen (*pl* -) *der* through carriage.

Kurtaxe (*pl* -n) *die tax paid by visitors to health resorts, in exchange for which they receive reductions on certain services.*

Kurve (*pl* -n) *die* (Linie) curve; (von Straße) bend; **scharfe ~** sharp bend.

kurvenreich *adj* winding.

Kurverwaltung (*pl* -en) *die* spa administration.

kurz (*komp* kürzer, *superl* am kürzesten) *adj* short ♦ *adv* (zeitlich) briefly; (schnell) quickly; **~ vor/ hinter** just in front of/behind; **~ vor dem Konzert** shortly before the concert; **vor ~em** recently; **sich ~ fassen** to be brief; **~ und bündig** concisely.

kurzärmelig *adj* short-sleeved.

kürzen *vt* (Kleidung) to shorten; (Haare, Nägel, Zahlungen) to cut.

kurzfristig *adj* (Absage, Kündigung) sudden; (Vertrag) short-term; (Entscheidung, Abreise) quick ♦ *adv* at short notice.

Kurzgeschichte (*pl* -n) *die* short story.

kurzhaarig *adj* short-haired.

kürzlich *adv* recently.

Kurznachrichten *pl* news in brief (sg).

Kurzparken *das* short-stay parking.

Kurzparker (*pl* -) *der driver who parks for a short period of time.*

Kurzparkzone (*pl* -n) *die* short-stay parking zone.

Kurzschluß (*pl* -schlüsse) *der* short-circuit.

kurzsichtig *adj* short-sighted.

Kurzstrecke (*pl* -n) *die short journey on public transport, within city centre.*

Kurzstreckenkarte (*pl* -n) *die ticket valid for a 'Kurzstrecke'.*

Kurzstreckentarif (*pl* -e) *der* rate for 'Kurzstrecke' tickets.

Kurzurlaub (*pl* -e) *der* short break.

Kurzwelle *die* short wave.

Kurzzeitparken *das* short-stay parking.

Kurzzeitparkplatz (*pl* -plätze) *der* short-stay car park.

Kuß (*pl* Küsse) *der* kiss.

küssen *vt* to kiss □ **sich küssen** *ref* to kiss.

Küste (*pl* -n) *die* coast; **an der ~** at the seaside.

Küstenwache (*pl* -n) *die* coast-guard.

Kutsche (*pl* -n) *die* coach.

Kuvert (*pl* -s) *das* envelope.

Kuvertüre (*pl* -n) *die* chocolate icing.

L

Labor (*pl* -s) *das* laboratory.

Labyrinth (*pl* -e) *das* labyrinth.

lächeln *vi* to smile; ~ **über** (*+A*) to smile at.

lachen *vi* to laugh; ~ **über** (*+A*) to laugh at.

lächerlich *adj* ridiculous.

Lachs (*pl* -e) *der* salmon.

Lack (*pl* -e) *der* (*farbig*) paint; (*farblos*) varnish.

lackieren *vt* (*Holz*) to varnish; (*Auto*) to spray; **sich** (*D*) **die Nägel** ~ to paint one's nails.

Lackierung (*pl* -en) *die* (*farbig*) paint; (*farblos*) varnish.

Ladefläche (*pl* -n) *die* capacity (*of lorry*).

laden (*präs* **lädt**, *prät* **lud**, *pp* **geladen**) *vt* to load; **auf sich** ~ (*Verantwortung*) to take on.

Laden (*pl* **Läden**) *der* (*Geschäft*) shop; (*am Fenster*) shutter.

Ladendieb, -in (*mpl* -e) *der, die* shoplifter.

Ladendiebstahl (*pl* -stähle) *der* shoplifting; 'gegen ~ gesichert' 'security cameras in operation'.

Ladenpreis (*pl* -e) *der* shop price.

Ladenschluß *der* (shop) closing time.

Ladenschlußzeiten *pl* shop closing times.

lädt *präs* → **laden**.

Ladung (*pl* -en) *die* (*Fracht*) cargo; (*Munition*) charge.

lag *prät* → **liegen**.

Lage (*pl* -n) *die* situation, position; (*Schicht*) layer; **in der** ~ **sein, etw zu tun** to be in a position to do sthg.

Lageplan (*pl* -pläne) *der* map.

Lager (*pl* -) *das* (*für Waren*) warehouse; (*Camp*) camp.

Lagerfeuer (*pl* -) *das* campfire.

lagern *vt* (*Lebensmittel, Waren*) to store.

Lähmung (*pl* -en) *die* (*Krankheit*) paralysis.

Laib (*pl* -e) *der* loaf.

Laie (*pl* -n) *der* layman (*f* laywoman).

Laken (*pl* -) *das* sheet.

Lakritz (*pl* -en) *die* liquorice.

Lamm (*pl* **Lämmer**) *das* lamb.

Lammfleisch *das* lamb.

Lammkeule (*pl* -n) *die* leg of lamb.

Lammrücken (*pl -*) *der* saddle of lamb.

Lampe (*pl -n*) *die (in Raum)* lamp; *(an Fahrrad)* light.

Lampenschirm (*pl -e*) *der* lampshade.

Lampion (*pl -s*) *der* Chinese lantern.

Land (*pl* Länder) *das (Nation, nicht Stadt)* country; *(Bundesland)* state; *(Festland)* land; **auf dem ~** in the country.

Landbrot (*pl -e*) *das* brown rye bread with a hard crust.

Landebahn (*pl -en*) *die* runway.

Landeerlaubnis *die* clearance to land.

landen *vi ist* to land.

Landeplatz (*pl -plätze*) *der* landing strip.

Landesfarben *pl* national colours.

Landesinnere *das* interior *(of a country)*.

Landesregierung (*pl -en*) *die* state government.

Landessprache (*pl -n*) *die* national language.

landesüblich *adj (Tracht, Gericht)* national, typical of the country.

Landeswährung (*pl -en*) *die* national currency.

Landhaus (*pl -häuser*) *das* country house.

Landkarte (*pl -n*) *die* map.

Landkreis (*pl -e*) *der* district.

ländlich *adj* rural.

Landschaft (*pl -en*) *die* countryside; *(in Kunst)* landscape.

landschaftlich *adj (regional)* regional.

Landschaftsschutzgebiet (*pl -e*) *das* nature reserve.

Landsleute *pl* compatriots.

Landstraße (*pl -n*) *die* country road.

Landtag (*pl -e*) *der* state parliament.

Landung (*pl -en*) *die (von Flugzeug)* landing.

Landwein (*pl -e*) *der* table wine.

Landwirt, -in (*mpl -e*) *der, die* farmer.

Landwirtschaft *die* agriculture.

lang (*komp* länger, *superl* am längsten) *adj* long; *(Person)* tall ◆ *adv (fam: entlang)* along; *(groß)* tall; **den ganzen Tag ~** all day; **drei Meter ~** three metres long; **es dauerte drei Tage ~** it lasted for three days; **hier/dort ~** this/that way.

langärmelig *adj* long-sleeved.

lange (*komp* längere, *superl* längste) *adv (während langer Zeit)* a long time; *(seit langer Zeit)* for a long time; **es hat ~ gedauert** it lasted a long time; **das Wetter war ~ nicht so gut** the weather hasn't been so good for a long time; **es ist ~ her** it was a long time ago; **wie ~?** how long?

Länge (*pl -n*) *die* length; *(von Person)* height; **der ~ nach** lengthways; **von drei km/sechs Stunden ~** three km/six hours long.

Längenmaß (*pl -e*) *das* unit of length.

Langeweile *die* boredom.

langfristig *adj* long-term ◆ *adv (planen)* for the long term.

Langlauf *der* cross-country skiing.

Langlaufski (*pl* **-er**) *der* cross-country ski.

langsam *adj* slow ◆ *adv* slowly.

Langschläfer, -in (*mpl* **-**) *der, die* late riser.

längst *adv* for a long time; ~ **nicht so gut** nowhere near as good.

Langstreckenlauf *der* long-distance running.

Languste (*pl* **-n**) *die* crayfish.

langweilen *vt* to bore ❑ **sich langweilen** *ref* to be bored.

langweilig *adj* boring.

Langwelle *die* long wave.

langwierig *adj* lengthy.

Langzeitparker (*pl* **-**) *der* long-stay parker.

Lappen (*pl* **-**) *der* (*zum Wischen*) cloth.

Lärche (*pl* **-n**) *die* (*Baum*) larch.

Lärm *der* noise.

lärmen *vi* to be noisy.

Lärmschutz *der* (*Vorrichtung*) soundproof barrier.

Lärmschutzmauer (*pl* **-n**) *die* soundproof wall.

las *prät* → **lesen**.

Lasche (*pl* **-n**) *die* loop.

Laser (*pl* **-**) *der* laser.

lassen (*präs* **läßt**, *prät* **ließ**, *pp* **gelassen** ODER **lassen**) *aux* (*pp* **lassen**) 1. (*veranlassen*): **etw machen** ODER **tun** ~ to have sthg done; **jn etw tun** ~ to have sb do sthg; **ich lasse ihr schreiben, daß ich nicht kann** I'll write to her to let her know that I can't make it; **sich** (*D*) **einen Anzug machen** ~ to have a suit made; **sich**

(*D*) **die Haare schneiden** ~ to have one's hair cut.
2. (*zulassen*): **jn etw tun** ~ to let sb do sthg; **er ließ sich überraschen** he got a surprise; **das läßt sich machen** it can be done; **es läßt sich trinken** it's drinkable; **etw mit sich machen** ~ to put up with sthg; **etw nicht mit sich machen** ~ not to stand for sthg.
3. (*geschehen lassen*): **die Milch kochen** ~ to leave the milk to boil; **die Vase fallen** ~ to drop the vase; **jn warten** ~ to keep sb waiting.
◆ *vt* (*pp* **gelassen**) 1. (*unterlassen*) to stop; **das Rauchen** ~ to stop smoking; **laß das!** stop it!
2. (*belassen*) to leave; **laß bitte alles so, wie es ist** leave everything as it is; **jn (in Ruhe)** ~ to leave sb alone.
3. (*gehen lassen*) to let; **jn nicht ins Haus** ~ not to let sb in the house.
4. (*überlassen*): **jm etw** ~ to let sb have sthg.
5. (*zurücklassen*) to leave; **das habe ich zu Hause gelassen** I left it at home.
6. (*loslassen*) to let go; **laß mich!** let me go!
7. (*strömen lassen*) to let; **Wasser in die Badewanne** ~ to run a bath; **die Luft aus den Reifen** ~ to let the tyres down.
◆ *vi* (*pp* **gelassen**) 1. (*aufgeben*): **von jm/etw** ~ (*geh*) to drop sb/sthg; **er ließ schnell von dem Projekt** he quickly dropped the project.
2. (*seinlassen*): **laß mal, ich mach das schon** leave it, I'll do it; **laß mal, du bist heute eingeladen** no, I'm paying today.

lässig *adj* casual.

läßt *präs* → **lassen**.

Last (*pl* -en) *die* (*Traglast*) load; (*psychisch*) burden.

Lastenaufzug (*pl* -aufzüge) *der* goods lift (*Br*), goods elevator (*Am*).

Laster (*pl* -) *der* (*LKW*) lorry.

lästern *vi* to make nasty remarks.

lästig *adj* annoying.

Lastkraftwagen (*pl* -) *der* (*amt*) heavy goods vehicle.

Lastschiff (*pl* -e) *das* freighter.

Lastschrift (*pl* -en) *die* debit.

Lastwagen (*pl* -) *der* lorry.

Latein *das* Latin.

Laterne (*pl* -n) *die* (*Straßenlaterne*) streetlight; (*Lampion*) Chinese lantern.

Lätzchen (*pl* -) *das* bib.

Latzhose (*pl* -n) *die* dungarees (*pl*).

lau *adj* (*Wasser*) lukewarm; (*Abend*) mild.

Laub *das* (*auf Baum*) foliage; (*auf Erde*) dead leaves (*pl*).

Lauch *der* leek.

lauern *vi*: ~ **auf** (+A) (*im Hinterhalt*) to lie in wait for; (*auf Chance, Vorteil*) to wait for.

Lauf (*pl* **Läufe**) *der* (*Verlauf*) course; (*SPORT*) race; **im ~e des Tages** in the course of the day.

laufen (*präs* **läuft**, *prät* **lief**, *pp* **gelaufen**) *vi ist* **1.** (*schnell*) to run. **2.** (*gehen*) to walk. **3.** (*Motor, Maschine*) to run. **4.** (*funktionieren*) to work. **5.** (*fließen*) to run; **mir läuft die Nase** my nose is running. **6.** (*andauern*) to go on. **7.** (*Film, Drama*) to run; **der Film läuft schon seit zehn Minuten** the film started ten minutes ago; **was**

läuft im Kino? what's on at the cinema?
◆ *vt ist* **1.** (*schnell*) to run; **den Marathon ~** to run the marathon. **2.** (*gehen*) to walk. **3.** (*SPORT*): **Ski ~** to ski; **Schlittschuh ~** to skate.

laufend *adj* (*Wechsel*) constant; (*Kosten, Motor, Gerät*) running; (*Monat, Jahr*) current ◆ *adv* (*ständig*) regularly.

Läufer (*pl* -) *der* (*Sportler*) runner; (*Teppich*) rug.

Läuferin (*pl* -nen) *die* runner.

Laufmasche (*pl* -n) *die* ladder (*Br*), run (*Am*).

läuft *präs* → **laufen**.

Laufzeit (*pl* -en) *die* (*von Film*) running time.

Lauge (*pl* -n) *die* (*zum Waschen*) soapy water.

Laugenbrezel (*pl* -n) *die* pretzel.

Laune (*pl* -n) *die* (*Stimmung*) mood; **gute/schlechte ~ haben** to be in a good/bad mood.

launisch *adj* moody.

Laus (*pl* **Läuse**) *die* louse.

lauschen *vi* (*konzentriert*) to listen; (*heimlich*) to eavesdrop.

laut *adj* loud ◆ *adv* loudly ◆ *prep* (+G or D) (*amt*) according to.

läuten *vi* to ring ◆ *vimp*: **es läutet** the bell is ringing.

lauter *det* nothing but; **aus ~ Dankbarkeit** out of sheer gratitude.

Lautsprecher (*pl* -) *der* loudspeaker.

Lautsprecherdurchsage (*pl* -n) *die* announcement over the loudspeaker.

Lautstärke *die* volume.

lauwarm *adj* lukewarm.

Lawine (*pl* -n) *die* avalanche.

Lawinengefahr *die* danger of an avalanche.

Leasing (*pl* -s) *das* leasing.

leben *vi* to live; ~ **von** (*Nahrungsmittel*) to live on; (*Tätigkeit*) to make one's living from.

Leben (*pl* -) *das* life; **am ~ sein/ bleiben** to be/stay alive; **sich das ~ nehmen** to take one's (own) life; **ums ~ kommen** to die.

lebendig *adj* (*lebhaft*) lively; (*lebend*) alive.

Lebensalter *das* age.

Lebensbedingungen *pl* living conditions.

Lebensgefahr *die*: '**Lebensgefahr!**' 'danger'; **außer ~ sein** to be out of danger; **er ist in ~** his life is at risk.

lebensgefährlich *adj* (*Unternehmen*) very dangerous; (*Krankheit*) critical.

Lebensgefährte, -gefährtin (*mpl* -en) *der, die* companion.

Lebensjahr (*pl* -e) *das*: **im vierten ~** four years old.

lebenslänglich *adj* life (*vor Subst*).

Lebenslauf (*pl* -läufe) *der* curriculum vitae.

lebenslustig *adj* full of life.

Lebensmittel *pl* food (*sg*).

Lebensmittelgeschäft (*pl* -e) *das* grocer's (shop).

Lebensmittelvergiftung (*pl* -en) *die* food poisoning.

lebensnotwendig *adj* essential to life.

Lebensretter, -in (*mpl* -) *der, die* lifesaver.

Lebensunterhalt *der* living, livelihood.

Lebensversicherung (*pl* -en) *die* life assurance.

lebenswichtig *adj* essential.

Lebenszeichen (*pl* -) *das* sign of life.

Leber (*pl* -n) *die* liver.

Leberfleck (*pl* -) *der* liver spot.

Leberknödel (*pl* -) *der* liver dumpling.

Leberpastete (*pl* -n) *die* liver pâté.

Leberwurst (*pl* -würste) *die* liver sausage.

Lebewesen (*pl* -) *das* living thing.

lebhaft *adj* lively.

Lebkuchen (*pl* -) *der* gingerbread.

---

i LEBKUCHEN

A type of gingerbread, "Lebkuchen" is made with honey and a mixture of spices including cinnamon, cloves, nutmeg and aniseed. The most famous "Lebkuchen" is a spongy variety from Nuremberg which is usually eaten at Christmas. "Lebkuchen" normally comes in the form of small hearts, stars or round biscuits but, particularly at funfairs, it is also sold as large hearts decorated with icing.

---

leck *adj* (*Schiff*) leaky.

Leck (*pl* -s) *das* leak.

leider

lecken vi to leak ◆ vt to lick.

lecker adj delicious.

Leckerbissen (pl -) der (Speise) delicacy.

Leder das leather.

Lederhose (pl -n) die lederhosen (pl), short leather trousers with braces.

Lederwaren pl leather goods.

ledig adj (unverheiratet) single.

lediglich adv only.

leer adj empty; (Blatt, Heft) blank; etw ~ machen (Behälter, Raum) to empty sthg.

Leergut das empties (pl).

Leerlauf der (von Auto, Fahrrad) neutral; im ~ in neutral.

Leerung (pl -en) die (von Briefkästen) collection; **'nächste ~ 17 Uhr'** 'next collection at 5 pm'.

legal adj legal.

legen vt 1. (ablegen) to put; **leg den Schlüssel auf den Tisch** put the key on the table. 2. (waagerecht hinlegen) to lay; **du mußt die Flaschen ins Regal ~, nicht stellen** you should lay the bottles flat in the rack rather than upright. 3. (installieren) to lay. 4. (Termin) to arrange; **den Urlaub auf Juli ~** to arrange one's holidays for July. 5. (Haare) to set; **sich (D) die Haare ~ lassen** to have one's hair set. 6. (Eier) to lay. ❏ **sich legen** ref 1. (sich hinlegen) to lie down. 2. (aufhören) to die down.

Legende (pl -n) die legend.

legitim adj (Forderungen, Interesse) legitimate.

Lehm der clay.

Lehne (pl -n) die (Rückenlehne) back (of chair).

lehnen vt & vi to lean ❏ **sich lehnen** ref to lean; **sich ~ an (+A)** to lean against.

Lehrbuch (pl -bücher) das textbook.

Lehre (pl -n) die (Ausbildung) apprenticeship; (Erfahrung) lesson; (religiös, politisch) doctrine.

lehren vt to teach.

Lehrer, -in (mpl -) der, die teacher.

Lehrgang (pl -gänge) der course.

Lehrling (pl -e) der apprentice.

Leib (pl -er) der body.

Leibgericht (pl -e) das favourite meal.

Leiche (pl -n) die corpse.

leicht adj light; (Aufgabe, Arbeit) easy; (Erkrankung) slight; (Zigaretten) mild ◆ adv (einfach, schnell) easily; (regnen, erkältet) slightly; ~ bekleidet wearing summer clothes.

Leichtathletik die athletics (sg).

leichtǀfallen vi unr ist to be easy; **jm ~** to be easy for sb.

leichtsinnig adj careless.

leid adj: **er tut mir ~** I feel sorry for him; **es tut mir ~!** I'm sorry!; **es ~ sein, etw zu tun** to be tired of doing sthg.

Leid das sorrow.

leiden (prät litt, pp gelitten) vt & vi to suffer; **~ an (+D)** to suffer from; **ich kann ihn/es nicht ~** I can't stand him/it.

leidenschaftlich adj passionate.

leider adv unfortunately.

Leihbücherei (*pl* -en) *die* (lending) library.

leihen (*prät* lieh, *pp* geliehen) *vt* (*ausleihen*) to borrow; **jm etw ~** to lend sb sthg; **sich** (*D*) **etw ~** to borrow sthg.

Leihfrist (*pl* -en) *die* hire period.

Leihgebühr (*pl* -en) *die* hire charge.

Leihwagen (*pl* -) *der* hire car.

Leim *der* glue.

Leine (*pl* -n) *die* (*Seil*) cord; (*für Wäsche*) (washing) line; (*Hundeleine*) lead.

Leinen *das* linen.

Leinsamen *der* linseed.

Leinwand (*pl* -wände) *die* (*im Kino*) screen; (*zum Malen*) canvas.

Leipziger Allerlei *das* mixed vegetables including peas, carrots and green beans.

leise *adj* (*Geräusch*) quiet ◆ *adv* quietly.

leisten *vt* (*vollbringen*) to achieve; (*Beitrag, Zahlung*) to make; **sich** (*D*) **etw ~** (*sich kaufen*) to treat o.s. to sthg; **sich** (*D*) **etw ~ können** to be able to afford sthg.

Leistung (*pl* -en) *die* (*Arbeit*) performance; (*Zahlung*) payment.

leistungsfähig *adj* efficient.

Leistungskurs (*pl* -e) *der* (*SCHULE*) one of the subjects which pupils choose to specialize in for their 'Abitur'.

Leitartikel (*pl* -) *der* leader.

leiten *vt* (*Team*) to lead; (*Firma*) to run; (*Strom*) to conduct; (*Wasser, Verkehr*) to divert.

Leiter[1] (*pl* -n) *die* (*mit Sprossen*) ladder.

Leiter[2] (*pl* -) *der* (*von Gruppe*) leader; (*von Firma*) manager.

Leiterin (*pl* -nen) *die* (*von Gruppe*) leader; (*von Firma*) manager.

Leitfaden (*pl* -fäden) *der* introductory guide.

Leitplanke (*pl* -n) *die* crash barrier.

Leitung (*pl* -en) *die* (*von Firma*) management; (*Telefonleitung*) line; (*Stromleitung*) wire; (*Wasserleitung*) pipe; **unter der ~ von** (*Orchester*) conducted by.

Leitungsrohr (*pl* -e) *das* (water)pipe.

Leitungswasser *das* tap water.

Lektion (*pl* -en) *die* (*Kapitel*) lesson.

Lektüre (*pl* -n) *die* reading.

lenken *vt & vi* to steer.

Lenker (*pl* -) *der* (*Lenkrad*) steering wheel; (*Lenkstange*) handlebars (*pl*).

Lenkrad (*pl* -räder) *das* steering wheel.

Lenkradschloß (*pl* -schlösser) *das* steering lock.

Lenkstange (*pl* -n) *die* handlebars (*pl*).

Lenkung (*pl* -en) *die* (*am Fahrzeug*) steering.

lernen *vt* to learn; (*Beruf*) to train as ◆ *vi* (*für Prüfung*) to study; (*in Lehre*) to train; (*aus Erfahrung*) to learn.

lesbisch *adj* lesbian.

Lesebuch (*pl* -bücher) *das* reader.

lesen (*präs* liest, *prät* las, *pp* gelesen) *vt & vi* to read.

Leser, -in (*mpl -*) *der, die* reader.

letzte[1] *adj* last.

letzte[2]**, -r, -s** *det* last; **~s Jahr** last year.

Letzte (*pl -n*) *der, die (Person):* **der/die ~** the last; **~ werden** to come last.

letztemal *adv:* **das ~** the last time.

letztenmal *adv:* **zum ~** for the last time.

letztens *adv (vor kurzem)* recently.

leuchten *vi* to shine.

Leuchter (*pl -*) *der (für Kerzen)* candlestick.

Leuchtstift (*pl -e*) *der* highlighter.

Leuchtstoffröhre (*pl -n*) *die* strip light.

Leuchtturm (*pl -türme*) *der* lighthouse.

leugnen *vt (Tat, Schuld)* to deny ♦ *vi (Angeklagter)* to deny everything.

Leukämie *die* leukaemia.

Leute *pl* people.

Lexikon (*pl* Lexika) *das (Enzyklopädie)* encyclopaedia; (*Wörterbuch*) dictionary.

liberal *adj* liberal.

Licht (*pl -er*) *das* light; **~ machen** to put the light on; **das ~ ausmachen** to turn the light off; **offenes ~** naked flame.

lichtempfindlich *adj (film)* photosensitive.

Lichthupe *die:* **die ~ betätigen** to flash one's headlights.

Lichtmaschine (*pl -n*) *die* alternator.

Lichtschalter (*pl -*) *der* light switch.

Lichtschranke (*pl -n*) *die* photoelectric beam.

Lichtschutzfaktor (*pl -en*) *der* factor (*of suntan lotion*).

Lichtstrahl (*pl -en*) *der* ray of light.

Lichtung (*pl -en*) *die* clearing.

Lid (*pl -er*) *das* eyelid.

Lidschatten (*pl -*) *der* eyeshadow.

lieb *adj (nett)* kind; (*als Anrede*) dear; **jn ~ haben** to be fond of sb; **~er Karl-Heinz!** (*in Brief*) Dear Karl-Heinz.

Liebe *die* love.

lieben *vt* to love; (*sexuell*) to make love to ☐ **sich lieben** *ref (liebhaben)* to be in love; (*sexuell*) to make love.

liebenswürdig *adj* kind ♦ *adv* kindly.

lieber *komp* rather, → **gern** ♦ *adv (besser)* better ♦ *adj (angenehmer):* **ein warmes Essen wäre mir ~** I'd prefer a hot meal; **das hättest du ~ nicht sagen sollen** it would have been better if you hadn't said that.

Liebesbrief (*pl -e*) *der* love letter.

Liebespaar (*pl -e*) *das* couple (*of lovers*).

liebevoll *adj* loving.

liebhaben *vt unr* to love ☐ **sich liebhaben** *ref (sich gern haben)* to be in love; (*erotisch*) to make love.

Liebhaber (*pl -*) *der* lover.

Liebhaberin (*pl -nen*) *die* lover.

lieblich *adj (Wein)* sweet.

Liebling (*pl -e*) *der (Anrede)* darling.

Lieblingsgericht (*pl* -e) *das* favourite meal.

lieblos *adj* unloving.

liebsten *superl* → **gern; am** ~ best of all; **das ist mir am** ~ I like it best of all.

Liechtenstein *nt* Liechtenstein.

Lied (*pl* -er) *das* song; (*RELIG*) hymn.

lief *prät* → **laufen**.

Lieferant (*pl* -en) *der* (*Person*) deliveryman; (*Firma*) supplier; '~**en frei** 'except for loading'.

lieferbar *adj* available.

Lieferfrist (*pl* -en) *die* delivery time.

liefern *vt* (*Ware*) to deliver; (*Beispiel, Argument*) to provide ◆ *vi* (*Geschäft*) to deliver; **wir ~ frei Haus** we deliver free to your home.

Lieferung (*pl* -en) *die* delivery.

Lieferwagen (*pl* -) *der* van.

Liege (*pl* -n) *die* camp bed; (*für Garten*) sun lounger.

liegen (*präs* **liegt**, *prät* **lag**, *pp* **gelegen**) *vi* 1. (*Person, Gegenstand*) to lie. 2. (*sich befinden*) to be; **das liegt am Rhein** Bonn is on the Rhine. 3. (*zeitlich*) to be; **das liegt lange zurück** that was a long time ago. 4. (*in Reihenfolge*) to lie; **sie liegt auf dem vierten Platz** she's lying in fourth place. 5. (*Grund, Ursache*): **sein Asthma liegt an der schlechten Luft** his asthma is caused by the poor air; **der Fehler liegt an dir** the mistake is your fault. 6. (*abhängen*): **das liegt bei dir** it's up to you.

7. (*wichtig sein*): **es liegt mir viel daran** it matters a lot to me. 8. (*begabt sein für*): **Physik liegt mir nicht** physics isn't my subject.

liegen|bleiben *vi unr ist* (*nicht aufstehen*) to stay in bed; (*vergessen werden*) to be left behind; (*Arbeit*) to be left undone; (*fam: mit Auto, Bus*) to break down.

liegen|lassen *vt unr* to leave.

Liegesitz (*pl* -e) *der* reclining seat.

Liegestuhl (*pl* -stühle) *der* (*am Strand*) deck chair; (*im Garten*) sun lounger.

Liegestütz (*pl* -e) *die* press-up.

Liegewagen (*pl* -) *der* couchette car.

Liegewagenplatz (*pl* -plätze) *der* couchette.

Liegewiese (*pl* -n) *die* lawn.

lieh *prät* → **leihen**.

ließ *prät* → **lassen**.

liest *präs* → **lesen**.

Lift (*pl* -e) *der* (*Aufzug*) lift (*Br*), elevator (*Am*); (*Skilift*) ski lift.

light *adj* (*Nahrungsmittel*) low-calorie; (*Cola*) diet (*vor Subst*); (*Zigaretten*) mild.

Likör (*pl* -e) *der* liqueur.

lila *adj* light purple, lilac.

Limo (*pl* -s) *die* (*fam*) fizzy drink.

Limonade (*pl* -n) *die* fizzy drink.

Linde (*pl* -n) *die* (*Baum*) lime tree.

lindern *vt* to relieve.

Lineal (*pl* -e) *das* ruler.

Linie (*pl* -n) *die* line; (*Bus, Straßenbahn*) route; **in erster** ~ first and foremost.

Linienbus (*pl* -se) *der* regular bus.

Linienflug (*pl* **-flüge**) *der* scheduled flight.

Linienmaschine (*pl* **-n**) *die* scheduled plane.

Linienverkehr *der* (*Flugverkehr*) scheduled flights (*pl*).

link *adj* (*abw*) sly.

linke, -r, -s *adj* (*Seite*) left; (*Politik*) left-wing.

links *adv* (*Seitenangabe*) on the left; (*Richtungsangabe*) left; (*wählen*) for the left; **~ von jm/etw** on sb's/sthg's left; **nach ~** left; **von ~** from the left.

Linksabbieger (*pl* **-**) *der* car turning left.

linksherum *adv* (*nach links*) round to the left; (*verkehrtherum*) the wrong way round.

Linkskurve (*pl* **-n**) *die* left-hand bend.

Linkssteuerung (*pl* **-en**) *die* left-hand drive.

Linksverkehr *der* driving on the left.

Linse (*pl* **-n**) *die* (*Gemüse*) lentil; (*in Kamera*) lens.

Linsensuppe (*pl* **-n**) *die* lentil soup.

Lippe (*pl* **-n**) *die* lip.

Lippenstift (*pl* **-e**) *der* lipstick.

List (*pl* **-en**) *die* (*Trick*) trick.

Liste (*pl* **-n**) *die* list.

Liter (*pl* **-**) *der* litre.

Literatur (*pl* **-en**) *die* literature.

Literflasche (*pl* **-n**) *die* litre bottle.

Litfaßsäule (*pl* **-n**) *die* advertising column.

litt *prät* → **leiden**.

Lizenz (*pl* **-en**) *die* (*Erlaubnis*) licence.

LKW (*pl* **-s**) *der* HGV.

Lob *das* (*von Person*) praise.

loben *vt* to praise.

Loch (*pl* **Löcher**) *das* hole.

lochen *vt* to punch a hole/holes in.

Locher (*pl* **-**) *der* hole punch.

Locke (*pl* **-n**) *die* curl.

Lockenschere (*pl* **-n**) *die* curling tongs (*pl*).

Lockenwickler (*pl* **-**) *der* curler.

locker *adj* loose; (*Haltung*) laid-back; (*Beziehung*) casual ◆ *adv* (*knoten*) loosely; (*fam: leicht, einfach*) easily.

lockern *vt* (*Knoten*) to loosen ❑ **sich lockern** *ref* (*Knoten, Schraube*) to work itself loose.

lockig *adj* curly.

Löffel (*pl* **-**) *der* spoon.

Löffelbisquit (*pl* **-s**) *der* sponge finger.

löffeln *vt* to spoon.

log *prät* → **lügen**.

Loge (*pl* **-n**) *die* box (*at theatre*).

logisch *adj* logical.

Lohn (*pl* **Löhne**) *der* (*Bezahlung*) wages (*pl*), pay; (*Belohnung*) reward.

lohnen: sich lohnen *ref* to be worth it.

Lohnsteuer *die* income tax.

Lohnsteuerkarte (*pl* **-n**) *die* form filled in by employer stating annual income and tax paid, = P60 (*Br*).

Loipe (*pl* **-n**) *die* cross-country ski run.

Lok (*pl* -s) *die* = Lokomotive.

lokal *adj* local.

Lokal (*pl* -e) *das* pub.

Lokalnachrichten *pl* local news (*sg*).

Lokomotive (*pl* -n) *die* locomotive.

London *nt* London.

los *adj* (*lose*) loose ◆ *interj* come on!; **es ist viel/wenig/nichts ~** there is a lot/not much/nothing going on; **jn/etw ~ sein** to have got rid of sb/sthg; **was ist ~?** what's the matter?

Los (*pl* -e) *das* (*von Lotterie*) ticket.

löschen *vt* (*Feuer*) to put out, to extinguish; (*Aufnahme*) to erase; (*Daten*) to delete.

Löschpapier *das* blotting paper.

lose *adj* loose ◆ *adv* loosely.

losen *vi* to draw lots.

lösen *vt* (*Fahrkarte, Eintrittskarte*) to buy; (*Aufgabe, Rätsel*) to solve; (*Knoten*) to undo; (*Bremse*) to take off; (*auflösen*) to dissolve ⎕ **sich lösen** *ref* (*sich lockern*) to become loose; (*Problem*) to be solved.

los|fahren *vi unr ist* to set off.

los|gehen *vi unr ist* (*Person*) to set off; (*Veranstaltung*) to start.

los|lassen *vt unr* (*Person, Gegenstand*) to let go of.

löslich *adj* (*Kaffee*) instant.

los|machen *vt* to untie.

Lösung (*pl* -en) *die* solution.

los|werden *vt unr ist* (*Person, Grippe*) to get rid of; (*Geld*) to lose.

Lotion (*pl* -en) *die* lotion.

lotsen *vt* to guide.

Lotterie (*pl* -n) *die* lottery.

Lotto *das* national lottery.

Lottoschein (*pl* -e) *der* national lottery ticket.

Löwe (*pl* -n) *der* (*Tier*) lion; (*Sternzeichen*) Leo.

Löwenzahn *der* dandelion.

Lücke (*pl* -n) *die* gap.

lud *prät* → laden.

Luft *die* air; **frische ~** fresh air.

Luftballon (*pl* -s) *der* balloon.

luftdicht *adj* airtight.

Luftdruck *der* air pressure.

lüften *vt* (*Zimmer*) to air ◆ *vi* (*im Zimmer*) to let some air in.

Luftfahrtgesellschaft (*pl* -en) *die* airline.

Luftfeuchtigkeit *die* humidity.

Luftfilter (*pl* -) *der* air filter.

Luftfracht *die* air freight.

Luftkissenboot (*pl* -e) *das* hovercraft.

Luftkurort (*pl* -e) *der* health resort.

Luftlinie *die*: (**es sind**) **100 km ~** (it's) 100 km as the crow flies.

Luftmatratze (*pl* -n) *die* airbed.

Luftpost *die* airmail; **per ~** (by) airmail.

Luftpumpe (*pl* -n) *die* air pump.

Luftröhre (*pl* -n) *die* windpipe.

Luftschlange (*pl* -n) *die* streamer.

Lüftung (*pl* -en) *die* (*Gerät*) ventilation (system).

Luftverkehr *der* air traffic.

Luftverschmutzung *die* air pollution.

Luftzug *der* draught.

Lüge (*pl* -n) *die* lie.

lügen (prät **log**, pp **gelogen**) vi to lie.

Lügner, -in (mpl -) der, die liar.

Lunchpaket (pl -e) das packed lunch.

Lunge (pl -n) die lungs (pl).

Lungenentzündung (pl -en) die pneumonia.

Lupe (pl -n) die magnifying glass.

Lust (pl **Lüste**) die (Bedürfnis) desire; (Freude) pleasure; (sexuell) lust; (keine) ~ haben auf (+A) (not) to feel like; ~ haben, etw zu tun to feel like doing sthg.

lustig adj (komisch) funny; (unterhaltsam) entertaining; **sich ~ machen über** (+A) to make fun of.

lutschen vt to suck.

Lutscher (pl -) der lollipop.

Luxemburg nt Luxembourg.

Luxemburger, -in (mpl -) der, die Luxembourger.

luxemburgisch adj of/from Luxembourg.

luxuriös adj luxurious.

Luxus der luxury.

Luzern nt Lucerne.

machen vt 1. (tun) to do; **da kann man nichts ~** there's nothing we can do about it; **mach die Musik leiser** turn the music down; **mach's gut!** take care! 2. (herstellen) to make; (Foto) to take; **jm etw ~** to make sthg for sb; **etw aus etw ~** to make sthg out of sthg; **mach keine Dummheiten!** don't do anything silly! 3. (verändern, bewirken) to make; **jn krank/glücklich ~** to make sb ill/ happy; **etw sauber ~** to clean sthg. 4. (Urlaub) to go on; **eine Pause ~** to have a break. 5. (Reise, Wanderung) to go on; (Spaziergang) to go for; **einen Besuch bei jm ~** to pay sb a visit. 6. (Arbeit, Hausaufgaben) to do; (Reparatur, Korrektur) to make. 7. (Gefühl): **jm Angst/Freude ~** to make sb afraid/happy. 8. (Kurs, Lehrgang) to do. 9. (Prüfung) to do, to take. 10. (Summe, Ergebnis) to be; **fünf mal drei macht fünfzehn** five times three is fifteen; **das macht 5 Mark!** that comes to 5 marks. 11. (ausmachen): **die Hitze macht mir nichts** I don't mind the heat; **das macht nichts!** it doesn't matter! 12. (mögen): **sich** (D) **nichts ~ aus** not to be keen on.
◆ vi: **mach schnell!** hurry up!; **mach schon!** (fam) get a move on!
❑ **sich machen** ref: **sich gut ~**

(wirken) to look good; *(fam: entwickeln)* to make good progress.

Macht *(pl* Mächte*)* die power; **an der ~ sein** to be in power.

mächtig *adj (König, Land)* powerful.

machtlos *adj* powerless.

Macke *(pl -n)* die *(fam) (Spleen)* quirk; *(an Tasse, Tisch)* chip.

Mädchen *(pl -)* das girl.

Mädchenname *(pl -n)* der maiden name.

Made *(pl -n)* die maggot.

Madonna *(pl* Madonnen*)* die Madonna.

mag *präs →* **mögen**.

Magazin *(pl -e)* das magazine; *(Lager)* storeroom.

Magen *(pl* Mägen*)* der stomach; **sich** *(D)* **den ~ verderben** to get an upset stomach.

Magenbeschwerden *pl* stomach trouble *(sg)*.

Magenbitter *(pl -)* der bitters *(sg)*.

Magengeschwür *(pl -e)* das stomach ulcer.

Magenschmerzen *pl* stomachache *(sg)*.

mager *adj (Person, Tier)* thin; *(Käse)* low-fat; *(Fleisch)* lean.

Magermilch *die* skimmed milk.

Maggi® das type of brown, liquid seasoning.

Magnet *(pl -e)* der *(Metall)* magnet.

mähen *vt (Gras, Feld)* to mow.

Mahl *(pl -e)* das meal.

mahlen *vt* to grind.

Mahlzeit *(pl -en)* die meal; **~!** *(Gruß)* hello! *(said around mealtimes)*.

Mähne *(pl -n)* die mane.

mahnen *vt (erinnern)* to remind.

Mahngebühr *(pl -en)* die charge for failure to pay a bill or fine.

Mahnmal *(pl -e)* das memorial.

Mahnung *(pl -en)* die reminder.

Mai *der* May; **der erste ~** May Day; *→* **September**.

Maibaum *(pl -bäume)* der maypole.

 MAIBAUM

The maypole is an old spring tradition. In many areas it is customary to fell a tree, usually a birch, on the day before 1 May. The trunk is decorated with ribbons and erected on the village square. A campfire is then built and the maypole is guarded all night to prevent the young people from neighbouring villages from attempting to steal it. The pole is also used in other festivals throughout the year.

Maifeiertag *(pl -e)* der May Day.

Mais *der (Körner)* sweetcorn; *(Pflanze)* maize.

Maiskolben *(pl -)* der corn on the cob.

Majoran *der* marjoram.

Make-up *(pl -s)* das *(Schminke)* make-up; *(Creme)* foundation.

Makkaroni *pl* macaroni *(sg)*.

Makler, -in *(mpl -)* der, die estate agent.

Makrele *(pl -n)* die mackerel.

Makrone *(pl -n)* die macaroon.

mal *adv (fam) (in Zukunft)* sometime; *(in Vergangenheit)* once ◆ *konj (zur Multiplikation)* times; **bald ~** sometime soon; **komm ~ her** come here; **ich muß dir ~ was sagen** there's something I need to tell you; **hör ~!** *(fam)* listen; **sag ~!** *(fam)* tell me; **er redet ~ so, ~ so** *(fam)* he says one thing one minute and another the next.

Mal *(pl -e) das (Zeitpunkt)* time; **letztes ~** last time; **nächstes ~** next time; **zum ersten/letzten ~** for the first/last time.

Malaria *die* malaria.

Malbuch *(pl -bücher) das* colouring book.

malen *vt & vi* to paint.

Maler, -in *(mpl -) der, die (Künstler)* artist; *(Anstreicher)* painter.

malerisch *adj (Ort)* picturesque.

Malteser Hilfsdienst *der voluntary paramedic service,* ≈ St John's Ambulance *(Br).*

Malventee *der* mallow tea.

Malzbier *das* malt beer.

Mama *(pl -s) die (fam)* mummy.

man *pron (jeder, ich)* you; *(irgendjemand)* they; **wie sagt ~ das auf Deutsch?** how do you say that in German?; **dieses Jahr trägt ~ Mini-röcke** miniskirts are in this year.

Manager, -in *(mpl -) der, die* manager.

manche, -r, -s *pron (einige Dinge)* some; *(einige Leute)* some people; *(viele, viel)* many things ◆ *det (einige)* some; *(viele)* many.

manchmal *adv* sometimes.

Mandarine *(pl -n) die* mandarin.

Mandel *(pl -n) die* almond ❑ **Mandeln** *pl (im Hals)* tonsils.

Mandelentzündung *(pl -en) die* tonsilitis.

Manege *(pl -n) die (circus)* ring.

Mangel *(pl Mängel) der (Zustand)* lack; *(Fehler)* fault; **~ an** *(+D)* shortage of.

mangelhaft *adj (nicht ausreichend)* poor; *(Schulnote)* unsatisfactory, poor.

mangels *präp (+G) (amt)* owing to lack of.

Mango *(pl -s) die* mango.

Manieren *pl* manners.

Maniküre *die* manicure.

manipulieren *vt (Person)* to manipulate; *(Stimmzettel, Motor)* to rig.

Mann *(pl Männer) der (Erwachsener)* man; *(Ehemann)* husband ◆ *interj (fam)* my God!

Mannequin *(pl -s) das* model.

männlich *adj* male; *(GRAMM)* masculine.

Mannschaft *(pl -en) die (beim Sport)* team; *(von Schiff, Flugzeug)* crew.

Manöver *(pl -) das* manoeuvre.

manövrieren *vt (Fahrzeug)* to manoeuvre.

Manschettenknopf *(pl -knöpfe) der* cufflink.

Mantel *(pl Mäntel) der (Kleidungsstück)* coat; *(von Reifen)* outer casing.

manuell *adj* manual.

Manuskript *(pl -e) das* manuscript.

Mappe *(pl -n) die (Hülle)* folder; *(Tasche)* briefcase; *(von Schüler)* schoolbag.

Maracuja (*pl -s*) *die* passion fruit.

Marathon (*pl -s*) *der* marathon.

Märchen (*pl -*) *das* fairy tale.

Margarine *die* margarine.

Mariä Himmelfahrt *nt* Assumption.

Marienkäfer (*pl -*) *der* ladybird *(Br)*, ladybug *(Am)*.

Marille (*pl -n*) *die (Österr)* apricot.

Marillenknödel (*pl -n*) *der (Österr)* dessert consisting of a potato dumpling with an apricot in the middle.

Marinade (*pl -n*) *die* marinade.

marinieren *vt* to marinate.

Marionette (*pl -n*) *die* puppet.

Marionettentheater (*pl -*) *das (Veranstaltung)* puppet show; *(Gebäude)* puppet theatre.

Mark (*pl -*) *die (Währung)* mark; *(Knochenmark)* marrow; *(aus Obst, Gemüse)* purée.

Marke (*pl -n*) *die (von Hersteller)* make, brand; *(Briefmarke)* stamp; *(von Polizist)* badge; *(für Garderobe)* (metal) token.

Markenartikel (*pl -*) *der* brand-name article.

Markenzeichen (*pl -*) *das* trademark.

markieren *vt (kennzeichnen)* to mark.

Markierung (*pl -en*) *die* marking; **'fehlende ~'** 'no road markings'.

Markise (*pl -n*) *die* awning.

Markklößchen (*pl -*) *das* small dumpling made from marrow and breadcrumbs eaten in soup.

Markstück (*pl -e*) *das* one-mark coin.

Markt (*pl Märkte*) *der* market; *(Marktplatz)* marketplace; **auf den** ODER **zum ~ gehen** to go to (the) market.

Marktforschung *die* market research.

Marktfrau (*pl -en*) *die* market woman.

Markthalle (*pl -n*) *die* covered market.

Marktplatz (*pl -plätze*) *der* marketplace.

Marktwirtschaft *die* market economy.

Marmelade (*pl -n*) *die* jam.

Marmor *der* marble.

Marmorkuchen (*pl -*) *der* marble cake, sponge cake with a pattern made in darker (often chocolate) sponge on the inside.

Marone (*pl -n*) *die (Kastanie)* chestnut; *(Pilz)* chestnut mushroom.

Marsch[1] (*pl Märsche*) *der* march.

Marsch[2] (*pl -en*) *die (an Küste)* marsh *(on coast)*.

marschieren *vi ist* to march.

Marschmusik *die* marches *(pl)*.

Marxismus *der* Marxism.

März *der* March, → **September**.

Marzipan *das* marzipan.

Maschine (*pl -n*) *die (Gerät)* machine; *(fam: Flugzeug)* plane.

maschinell *adj* machine *(vor Subst)* ◆ *adv* by machine.

maschineschreiben *vi* to type.

Masern *pl* measles *(sg)*.

Maske (*pl -n*) *die* mask.

Maskenball (*pl -bälle*) *der (Kostümball)* fancy dress party.

maskieren *vt (Person)* to disguise ❑ **sich maskieren** *ref (Einbrecher, sich verkleiden)* to disguise o.s.

Maskottchen *(pl -)* das mascot.

maskulin *adj* masculine.

maß *prät →* **messen**.

Maß[1] *(pl -e)* das *(von Raum, Größe)* measurement; *(Einheit)* measure; **in hohem/geringem** ~ to a great/small extent; **nach** ~ to measure.

Maß[2] *(pl -)* die *(Süddt: Liter)* litre (glass).

Massage *(pl -n)* die massage.

Massageöl *(pl -e)* das massage oil.

Masse *(pl -n)* die *(Brei)* mixture; *(von Personen)* crowd; *(von Dingen)* mass; **in ~n** in great numbers; **die breite** ~ the masses *(pl)*.

Maßeinheit *(pl -en)* die unit of measurement.

massenhaft *adj* great numbers of.

Massenmedien *pl* mass media.

Massentourismus *der* mass tourism.

Masseur, -in *(mpl -e)* der, die masseur *(f* masseuse*)*.

maßgeschneidert *adj (Kleidung)* made-to-measure.

massieren *vt* to massage.

mäßig *adj (Leistung, Wetter)* average; *(moderat)* moderate ♦ *adv (moderat)* moderately.

massiv *adj* solid; *(Kritik)* strong.

Maßkrug *(pl -krüge)* der *(Süddt)* litre beer mug.

Maßnahme *(pl -n)* die measure.

Maßstab *(pl -stäbe)* der *(auf Landkarten)* scale; *(Richtlinie)* stan-

dard; **im ~ 1:25 000** to a scale of 1: 25,000.

Mast *(pl -en)* der *(für Segel, Fahne)* mast.

Material *(pl -ien)* das material.

materialistisch *adj (Person, Einstellung)* materialistic.

materiell *adj (Bedürfnis, Schaden)* material; *(Schwierigkeiten)* financial; *(materialistisch)* materialistic.

Mathematik *die* mathematics *(sg)*.

Matinee *(pl -n)* die matinee.

Matjes *(pl -)* der salted herring.

Matratze *(pl -n)* die mattress.

Matrose *(pl -n)* der sailor.

Matsch *der (Schlamm)* mud.

matt *adj (glanzlos)* matt; *(müde)* weak.

Matte *(pl -n)* die mat.

Mauer *(pl -n)* die wall.

Mauerwerk *das* masonry.

Maul *(pl Mäuler)* das *(von Tieren)* mouth.

Maulwurf *(pl -würfe)* der mole.

Maurer, -in *(mpl -e)* der, die bricklayer.

Maus *(pl Mäuse)* die mouse.

Mausefalle *(pl -n)* die mousetrap.

Mautgebühr *(pl -en)* die *(Österr)* toll.

Mautstelle *(pl -n)* die *(Österr)* tollgate.

Mautstraße *(pl -n)* die *(Österr)* toll road.

maximal *adj* maximum ♦ *adv* at most.

Maximum *(pl Maxima)* das maximum.

Mayo *die (fam)* mayonnaise.

Mayonnaise (*pl* -n) *die* mayonnaise.

Mechaniker, -in (*mpl* -) *der, die* mechanic.

mechanisch *adj* mechanical ◆ *adv* mechanically.

Mechanismus (*pl* -men) *der* mechanism.

meckern *vi* (*fam: Person*) to moan.

Medaille (*pl* -n) *die* medal.

Medien *pl* media.

Medikament (*pl* -e) *das* medicine; **ein** ~ **gegen** a medicine for.

Meditation (*pl* -en) *die* meditation.

meditieren *vi* to meditate.

Medizin *die* medicine.

medizinisch *adj* (*Bäder, Anwendungen*) medicinal.

Meer (*pl* -e) *das* sea; **am** ~ by the sea; **ans** ~ **fahren** to go to the seaside.

Meerenge (*pl* -n) *die* straits (*pl*).

Meeresfrüchte *pl* seafood (*sg*).

Meeresspiegel *der* sea level; **50 m über/unter dem** ~ 50 m above/below sea level.

Meerrettich *der* horseradish.

Meerschweinchen (*pl* -) *das* guinea pig.

Meerwasser *das* seawater.

Mehl *das* (*aus Getreide*) flour.

Mehlschwitze (*pl* -n) *die* roux.

Mehlspeise (*pl* -n) *die* dish made from flour, eggs and milk, such as pasta, dumplings or pastries.

mehr *komp* → **viel** ◆ *det, pron & adv* more; **es ist keiner** ~ **da** there is no one left there; **vom Käse ist**

nichts ~ **da** there's nothing left of the cheese; **nie** ~ never again.

mehrere *adj & pron* several.

mehrfach *adv* several times ◆ *adj* multiple.

Mehrfahrten-Ausweis (*pl* -e) *der* multiple journey ticket.

Mehrheit (*pl* -en) *die* majority.

mehrmals *adv* several times.

mehrsprachig *adj* multilingual.

Mehrwertsteuer *die* VAT (*Br*), sales tax (*Am*).

Mehrzahl *die* (*GRAMM*) plural; (*Mehrheit*) majority.

meiden (*prät* **mied**, *pp* **gemieden**) *vt* to avoid ❑ **sich meiden** *ref* to avoid each other.

Meile (*pl* -n) *die* mile.

mein, -e *det* my.

meine, -r, -s ODER **meins** *pron* mine ◆ *det* → **mein**.

meinen *vt* (*denken, glauben*) to think; (*sagen*) to say; (*sich beziehen auf*) to mean; **etw ironisch/wörtlich** ~ to mean sthg ironically/literally; **das war nicht so gemeint** it wasn't meant like that.

meinetwegen *adv* (*wegen mir*) because of me; (*von mir aus*) as far as I'm concerned.

Meinung (*pl* -en) *die* opinion.

Meinungsumfrage (*pl* -n) *die* opinion poll.

Meise (*pl* -n) *die* tit.

Meißel (*pl* -) *der* chisel.

meist *adv* usually, mostly.

meiste *superl* → **viel** ◆ *adj & pron* most; **die** ~**n** (*Leute*) most people; **er hat das** ~ **Geld** he has got the most money.

meistens *adv* usually, mostly.

Meister, -in *(mpl -)* der, die *(Titel)* master; *(SPORT)* champion.

Meisterschaft *(pl -en)* die *(SPORT)* championship.

Meisterwerk *(pl -e)* das masterpiece.

Meldefrist *(pl -en)* die *(für Wettbewerb)* period within which entries must be received.

melden *vt* to report ❏ **sich melden** *ref (sich bemerkbar machen)* to make itself felt; *(am Telefon)* to answer; **es meldet sich niemand** there's no answer.

Meldeschluß der closing date.

melken *(prät molk, pp gemolken)* vt to milk.

Melodie *(pl -n)* die melody.

Melone *(pl -n)* die melon.

Memoiren *pl* memoirs.

Menge *(pl -n)* die *(Anzahl)* quantity; *(Vielzahl)* lot; *(Menschenmenge)* crowd; **eine (ganze) ~ Geld** *(relativ viel)* (quite) a lot of money; **jede ~** *(fam: sehr viel)* loads of.

Mengenrabatt *(pl -e)* der bulk discount.

Mensa *(pl Mensen)* die university canteen.

Mensch *(pl -en)* der *(Lebewesen)* human (being); *(Person)* person; **kein ~** no one; **Mensch!** *(fam: wütend)* for heaven's sake!; *(begeistert)* wow!

Menschenkenntnis *(pl -se)* die knowledge of human nature.

menschenleer *adj* deserted.

Menschenmenge *(pl -n)* die crowd.

Menschenrechte *pl* human rights.

Menschenwürde die human dignity.

Menschheit die humanity, mankind.

menschlich *adj (Körper, Irrtum)* human; *(human)* humane.

Menstruation *(pl -en)* die menstruation.

Mentalität *(pl -en)* die mentality.

Menthol das menthol.

Menü *(pl -s)* das *(Essen)* set menu.

Merkblatt *(pl -blätter)* das leaflet.

merken *vt (erkennen)* to realize; **sich (D) etw ~** *(sich einprägen)* to remember sthg.

Merkmal *(pl -e)* das feature.

merkwürdig *adj* strange.

Meßbecher *(pl -)* der measuring jug.

Messe *(pl -n)* die *(Gottesdienst)* mass; *(Ausstellung)* (trade) fair.

Messegast *(pl -gäste)* der visitor at a trade fair.

Messegelände *(pl -)* das exhibition centre.

messen *(präs mißt, prät maß, pp gemessen)* vt *(Temperatur, Größe)* to measure; *(in Maßangaben)* to be; **sie mißt 1,80m** she's 1.80m tall.

Messer *(pl -)* das knife.

Messestadt *(pl -städte)* die town that hosts a major trade fair.

Meßgerät *(pl -e)* das gauge.

Messing das brass.

Messung *(pl -en)* die *(Handlung)* measurement.

Metall *(pl -e)* das metal.

Meteorologe, -in *(mpl -n)* der, die weather forecaster.

Meter (pl -) der metre; ein ~ achtundzwanzig one metre twenty-eight; zwei ~ hoch/breit sein to be two metres high/wide.

Metermaß (pl -e) das tape measure.

Methode (pl -n) die method.

Mettwurst (pl -würste) die soft, smoked pork and beef sausage, usually spread on bread.

Metzger, -in (mpl -) der, die butcher.

Metzgerei (pl -en) die butcher's (shop).

MEZ (abk für mitteleuropäische Zeit) CET.

Mezzosopran der mezzosoprano.

MFG abk = Mitfahrgelegenheit.

mich pron (Personalpronomen) me; (Reflexivpronomen) myself.

mied prät → meiden.

Miederwaren pl corsetry (sg).

Miene (pl -n) die expression.

mies adj (fam) awful; **sich ~ fühlen** to feel awful.

Mietdauer die lease period.

Miete (pl -n) die (für Wohnung) rent; (für Auto) rental.

mieten vt (Wohnung) to rent; (Auto) to hire; **sich (D) etw ~** to rent/hire sthg.

Mieter, -in (mpl -) der, die tenant.

Mietfahrzeug (pl -e) das hire car.

Mietkauf (pl -käufe) der hire purchase.

Mietshaus (pl -häuser) das block of flats (Br), apartment building (Am).

Mietvertrag (pl -verträge) der lease.

Mietwagen (pl -) der hire car.

Mietwohnung (pl -en) die rented flat (Br), rented apartment (Am).

Migräne (pl -n) die migraine.

Mikrofon (pl -e) das microphone.

Mikrowellenherd (pl -e) der microwave oven.

Milch die milk; **fettarme ~** skimmed milk.

Milchbrötchen (pl -) das bread roll made with milk.

Milcheis das ice cream (made with milk).

Milchkaffee (pl -s) der milky coffee.

Milchmixgetränk (pl -e) das milk shake.

Milchprodukt (pl -e) das dairy product.

Milchpulver das powdered milk.

Milchreis der rice pudding.

Milchschokolade die milk chocolate.

mild adj mild ◆ adv mildly.

Militär das military.

Milliarde (pl -n) die thousand million (Br), billion (Am).

Milligramm (pl -) das milligramme.

Milliliter (pl -) der millilitre.

Millimeter (pl -) der millimetre.

Million (pl -en) die million.

Millionär, -in (mpl -e) der, die millionaire.

Milz (pl -en) die spleen.

Mimik die facial expression.

Minderheit (pl -en) die minority.

minderjährig adj minor, underage.

Minderjährige (pl -n) der, die minor.

minderwertig adj (Qualität) inferior.

Mindestalter das minimum age.

Mindestbetrag (pl -beträge) der minimum amount.

mindeste adj least.

mindestens adv (wenigstens) at least.

Mindesthaltbarkeitsdatum das best-before date.

Mindestpreis (pl -e) der minimum price.

Mindestumtausch der minimum amount of money that must be changed when travelling to a particular country.

Mine (pl -n) die (von Bleistift) lead; (von Kugelschreiber) refill; (Bergwerk) mine.

Mineral (pl -ien) das mineral.

Mineralbad (pl -bäder) das (Kurort) spa.

Mineralölsteuer die tax on oil.

Mineralwasser (pl -wässer) das mineral water.

Mini (pl -s) der (fam: Rock) miniskirt.

Minigolf das crazy golf.

Minigolfanlage (pl -n) die crazy golf course.

minimal adj minimal.

Minimum (pl Minima) das minimum.

Minirock (pl -röcke) der miniskirt.

Minister, -in (mpl -) der, die minister.

Ministerium (pl Ministerien) das ministry.

Ministerpräsident, -in (mpl -en) der, die (von Bundesland) title given to leader of government in the German federal states; (Premierminister) prime minister.

minus konj & adv minus; **10 Grad** ~ minus 10 degrees.

Minus das (Fehlbetrag) deficit.

Minute (pl -n) die minute.

minutenlang adv for minutes.

Minze (pl -n) die mint.

Mio. abk = Million.

mir pron (Personalpronomen) me; (Reflexivpronomen): **ich habe es** ~ **so vorgestellt** I imagined it like this.

Mirabelle (pl -n) die mirabelle plum.

Mischbrot (pl -e) das bread made from a mixture of rye and wheat flour.

mischen vt (Futtermischung, Salat) to mix; (Karten) to shuffle.

Mischung (pl -en) die mixture; (von Tee, Kaffee) blend.

mißachten vt (Vorschrift, Regel) to disregard.

Mißachtung die (von Vorschrift) disregard.

Mißbrauch (pl -bräuche) der abuse; **'vor** ~ **wird gewarnt'** ≃ 'do not exceed the stated dose'.

mißbrauchen vt to abuse.

Mißerfolg (pl -e) der failure.

Mißgeschick (pl -e) das mishap; **mir ist ein kleines** ~ **passiert** I had a slight mishap.

Mißhandlung (*pl* **-en**) *die* mistreatment.

mißlingen (*prät* **mißlang**, *pp* **mißlungen**) *vt* to fail; **das ist mir mißlungen** I failed.

mißt *präs* → **messen**.

mißtrauen *vi* (+D) to mistrust.

Mißtrauen *das* mistrust.

mißtrauisch *adj* mistrustful.

Mißverständnis (*pl* **-se**) *das* misunderstanding.

mißverstehen (*prät* **mißverstand**, *pp* **mißverstanden**) *vt* to misunderstand.

Mist *der* (*Dung*) dung, manure; (*fam: Plunder, Blödsinn*) rubbish.

mit *präp* (+D) **1.** (*zusammen*) with; **er kommt ~ seiner Frau** he's coming with his wife; **Kaffee ~ Zucker** coffee with sugar.
2. (*Angabe von Instrument, Mittel*) with; **~ dem Zug/Bus/Flugzeug** by train/bus/plane.
3. (*Angabe von Umstand*): **~ Verspätung eintreffen** to arrive late; **~ Absicht** intentionally, on purpose.
4. (*Angabe von Zeitpunkt*) at; **~ 16 Jahren** at the age of 16.
◆ *adv* (*zusammen mit anderen*) too; **sie war nicht ~ dabei** she wasn't there.

mit|arbeiten *vi* to collaborate.

Mitarbeiter, -in (*mpl* **-**) *der, die* colleague.

mit|bekommen *vt unr* (*verstehen*) to follow; (*aufschnappen*) to hear.

mit|bestimmen *vi* to have a say.

Mitbestimmung *die* say.

Mitbewohner, -in (*mpl* **-**) *der, die* flatmate.

mit|bringen *vt unr* to bring; (*von Reise*) to bring back; **jm etw ~** to bring sthg for sb.

Mitbringsel (*pl* **-**) *das* souvenir.

miteinander *adv* (*zusammen*) with each other.

mit|erleben *vt*: **er hat den Krieg noch miterlebt** he lived through the war.

Mitesser (*pl* **-**) *der* blackhead.

mit|fahren *vi unr* to get a lift.

Mitfahrgelegenheit (*pl* **-en**) *die* lift.

Mitfahrzentrale (*pl* **-n**) *die* agency which organizes lifts, passengers contributing to petrol costs.

mit|geben *vt unr* to give; **jm etw ~** to give sb sthg.

Mitgefühl *das* sympathy.

mit|gehen *vi unr* (*mitkommen*) to go along.

Mitglied (*pl* **-er**) *das* member.

Mitgliedsausweis (*pl* **-e**) *der* membership card.

Mitgliedsbeitrag (*pl* **-beiträge**) *der* membership fee.

mit|kommen *vi unr* (*gemeinsam kommen*) to come along; (*fam: folgen können*) to follow; **kommst du mit?** are you coming?

Mitleid *das* pity.

mit|machen *vt* (*Kurs, Tätigkeit*) to take part in; (*Schwierigkeiten*) to go through ◆ *vi* (*sich beteiligen*) to take part.

mit|nehmen *vt unr* to take; **sich** (D) **etw ~** (*kaufen*) to get s.o. sthg; **zum Mitnehmen** to take away (*Br*), to go (*Am*).

Mitreisende (*pl* **-n**) *der, die* fellow traveller.

Mitschüler, -in *(mpl -) der, die* classmate.

mit|spielen *vi & vt* to play.

Mitspieler, -in *(mpl -) der, die (bei Spiel)* player.

mittag *adv:* **heute/gestern/morgen ~** at midday today/yesterday/tomorrow.

Mittag *(pl -e) der (Tageszeit)* midday; *(12 Uhr)* noon; **am ~** at midday; **gegen ~** around midday; **zu ~ essen** to have lunch.

Mittagessen *(pl -) das* lunch.

mittags *adv* at midday.

Mittagspause *(pl -n) die* lunch break.

Mittagstisch *der* lunch.

Mitte *(pl -n) die* middle; *(politisch)* centre; **in der ~** in the middle; **~ nächster Woche** the middle of next week; **~ vierzig sein** to be in one's mid-forties.

mit|teilen *vt:* **jm etw ~** to inform sb of sthg ❑ **sich mitteilen** *ref* to communicate.

Mitteilung *(pl -en) die* announcement.

Mittel *(pl -) das (Hilfsmittel)* aid; *(zum Reinigen)* agent; *(Medikament)* medicine; **ein ~ gegen Grippe** a flu remedy.

Mittelalter *das* Middle Ages.

mittelalterlich *adj* medieval.

Mittelamerika *nt* Central America.

Mitteleuropa *nt* Central Europe.

Mittelgebirge *(pl -) das* low *mountain range.*

mittelmäßig *adj (Spiel, Wetter)* average ◆ *adv (spielen)* averagely.

Mittelmeer *das:* **das ~** the Mediterranean (Sea).

Mittelohrentzündung *(pl -en) die* infection of the middle ear.

Mittelpunkt *(pl -e) der* centre; **im ~ stehen** to be the centre of attention.

mittels *präp (+G) (amt)* by means of.

Mittelstreifen *(pl -) der (von Straße)* central reservation *(Br)*, median *(Am)*.

Mittelwelle *die* medium wave.

mitten *adv* in the middle; **~ durch** through the middle of; **~ in etw (A,D)** in the middle of sthg; **~ in der Nacht** in the middle of the night.

Mitternacht *die* midnight; **um ~** at midnight.

mittlere, -r, -s *adj (durchschnittlich)* average; *(in der Mitte)* central.

mittlerweile *adv (inzwischen)* in the meantime.

Mittwoch *(pl -e) der* Wednesday, → **Samstag.**

mittwochs *adv* on Wednesdays.

mixen *vt (Cocktail, Salatsoße)* to mix.

Mixer *(pl -) der (Gerät)* food mixer.

Möbel *pl* furniture *(sg).*

Möbelwagen *(pl -) der* removal van *(Br)*, moving van *(Am)*.

mobil *adj (beweglich)* mobile.

Mobiliar *das* furniture.

Mobiltelefon *(pl -e) das* mobile phone.

möbliert *adj* furnished.

mochte 174

mochte *prät* → mögen.

möchte *präs* → mögen.

Mode (*pl* -n) *die* fashion.

Modehaus (*pl* -häuser) *das* fashion house.

Modell (*pl* -e) *das* model.

Modenschau (*pl* -en) *die* fashion show.

Moderator, -in (*mpl* -en) *der, die* presenter.

modern *adj* (*modisch*) fashionable; (*jetzig*) modern.

modernisieren *vt* (*Haus, Betrieb*) to modernize.

Modeschmuck *der* fashion jewellery.

Modezeitschrift (*pl* -en) *die* fashion magazine.

modisch *adj* fashionable.

Mofa (*pl* -s) *das* moped.

mögen (*präs* **mag**, *prät* **mochte**, *pp* **gemocht** ODER **mögen**) *vt* (*pp* **gemocht**) 1. (*gern haben*) to like; **jn/etw gern** ~ to like sb/sthg; **jn/etw nicht** ~ not to like sb/sthg.
2. (*wollen*): **ich möchte ein Eis** I would like an ice-cream; **was möchten Sie, bitte?** what would you like?
◆ *vi* (*pp* **mögen**) (*wollen*): **er möchte nach Hause** he wants to go home.
◆ *aux* (*pp* **mögen**) 1. (*wollen*): **möchtest du mitkommen?** would you like to come?; **sie mag nicht ins Kino gehen** she doesn't want to go to the cinema.
2. (*hypothetisch*): **mag sein** that may well be; **mag sein, daß sie noch anruft** she may still call.

möglich *adj & adv* possible; **alles Mögliche** everything possible.

möglicherweise *adv* possibly.

Möglichkeit (*pl* -en) *die* possibility; (*Gelegenheit*) opportunity.

möglichst *adv* if possible; **kommt** ~ **schnell** come as quickly as possible; ~ **viel** as much as possible.

Mohammedaner, -in (*mpl* -en) *der, die* Muslim.

Mohn *der* (*Blume*) poppy; (*Körner*) poppy seeds (*pl*).

Möhre (*pl* -n) *die* carrot.

Mohrenkopf (*pl* -köpfe) *der* chocolate-covered marshmallow.

Mokka (*pl* -s) *der* mocha, strong coffee drunk in small cups.

molk *prät* → **melken**.

Molkerei (*pl* -en) *die* dairy.

Moll *das* (MUS) minor.

mollig *adj* (*Person*) plump.

Moment (*pl* -e) *der* (*Augenblick*) moment; **einen** ~, **bitte** just a moment, please; **im** ~ at the moment; ~ **mal!** wait a moment!

momentan *adj* present ◆ *adv* at the moment.

Monarchie (*pl* -en) *die* monarchy.

Monat (*pl* -e) *der* month; **diesen** ~ this month.

monatelang *adj & adv* for several months.

monatlich *adj & adv* monthly.

Monatsbinde (*pl* -n) *die* sanitary towel.

Monatsgehalt (*pl* -gehälter) *das* monthly salary.

Monatskarte (*pl* -n) *die* monthly season ticket.

Monatsrate (*pl* -n) *die* monthly instalment.

Mönch (*pl* -e) *der* monk.

Mond (pl -e) der moon.

Mondfinsternis (pl -se) die eclipse of the moon.

Monitor (pl -e) der (von Computer) monitor.

monoton adj monotonous.

Montag (pl -e) der Monday, → Samstag.

Montage (pl -n) die (von Apparaten) installation.

montags adv on Mondays.

Monteur, -in (mpl -e) der, die engineer.

montieren vt (anbringen) to install.

Monument (pl -e) das monument.

Moor (pl -e) das bog.

Moos (pl -e) das (Pflanze) moss.

Moped (pl -s) das moped.

Moral die (Ethik) morals (pl).

moralisch adj moral.

Morast der quagmire.

Mord (pl -e) der murder.

Mörder, -in (mpl -e) der, die murderer.

morgen adv (Tag nach heute) tomorrow; (vormittag): **am Dienstag ~** on Tuesday morning; **bis ~!** see you tomorrow!; **gestern/heute ~** yesterday/this morning; **~ früh** tomorrow morning.

Morgen (pl -) der (Tageszeit) morning; **am ~** in the morning; **guten ~!** good morning!

Morgengrauen das dawn.

morgens adv in the morning; **früh ~** early in the morning; **von ~ bis abends** from dawn till dusk.

morgig adj tomorrow's; **der ~e Tag** tomorrow.

Morphium das morphine.

morsch adj rotten.

Mosaik (pl -en) das mosaic.

Moschee (pl -n) die mosque.

Mosel die Moselle.

Moselwein (pl -e) der white wine from the Moselle valley.

Moskau nt Moscow.

Moskito (pl -s) der mosquito.

Moskitonetz (pl -e) das mosquito net.

Moslem (pl -s) der Muslim.

Moslime (pl -n) die Muslim.

Mostrich der (Norddt) mustard.

Motel (pl -s) das motel.

Motiv (pl -e) das (von Bild) subject; (von Handlung) motive.

motivieren vt (Person) to motivate.

Motor (pl -en) der engine; **~ abstellen!** switch off engine!

Motorboot (pl -e) das motorboat.

Motorhaube (pl -n) die bonnet (Br), hood (Am).

Motoröl das engine oil.

Motorpanne (pl -n) die engine failure.

Motorrad (pl -räder) das motorcycle, motorbike.

Motorradfahrer, -in (mpl -) der, die motorcyclist.

Motorradhelm (pl -e) der motorcycle helmet.

Motorroller (pl -) der (motor) scooter.

Motorschaden (pl -schäden) der engine trouble.

Motorsport der motor sport.

Motoryacht (pl -en) die motor yacht.

Motte

Motte (*pl* -n) *die* moth.

Motto (*pl* -s) *das* motto.

Möwe (*pl* -n) *die* seagull.

Mrd. *abk* = Milliarde.

Mücke (*pl* -n) *die* midge.

Mückenstich (*pl* -e) *der* midge bite.

müde *adj* (*schläfrig*) tired.

Müdigkeit *die* tiredness.

Mühe (*pl* -n) *die* effort; **sich** (*D*) ~ **geben** to make an effort.

Mühle (*pl* -n) *die* (*Gerät*) grinder; (*Gebäude*) mill; (*Spiel*) board game for two players.

mühsam *adj* laborious.

Mull *der* (*Material*) muslin.

Müll *der* rubbish (*Br*), trash (*Am*); **etw in den ~ werfen** to throw sthg away.

Müllabfuhr *die* (*Institution*) cleansing department.

Mullbinde (*pl* -n) *die* gauze bandage.

Müllcontainer (*pl* -) *der* rubbish skip.

Mülldeponie (*pl* -n) *die* refuse disposal site.

Mülleimer (*pl* -) *der* bin.

Müllplatz (*pl* -plätze) *der* tip.

Müllschlucker (*pl* -) *der* refuse chute.

Mülltonne (*pl* -n) *die* dustbin (*Br*), garbage can (*Am*).

Müllwagen (*pl* -) *der* dustbin lorry (*Br*), garbage truck (*Am*).

multiplizieren *vt* to multiply.

Mumie (*pl* -n) *die* mummy.

Mumps *der* mumps.

München *nt* Munich.

Mund (*pl* Münder) *der* mouth; **halt den ~!** (*fam*) shut up!

Mundart (*pl* -en) *die* dialect.

münden *vi* (*Fluß*) to flow; **der Rhein mündet in die Nordsee** the Rhine flows into the North Sea.

Mundharmonika (*pl* -s) *die* mouthorgan.

mündlich *adj* oral ◆ *adv* orally.

Mündung (*pl* -en) *die* mouth.

Mundwasser *das* mouthwash.

Münster (*pl* -) *das* minster.

munter *adj* (*wach*) wide awake; (*fröhlich*) cheerful.

Münzautomat (*pl* -en) *der* slot machine.

Münze (*pl* -n) *die* coin; **'nur mit ~n zahlen'** 'coins only'.

Münzeinwurf (*pl* -würfe) *der* coin slot.

Münzfernsprecher (*pl* -) *der* payphone.

Münzgeld *das*: **'~ einwerfen'** 'insert coins'.

Münzrückgabe (*pl* -n) *die* coin return; **'keine ~'** 'no change given'.

Münz-Wäscherei (*pl* -en) *die* launderette.

Münzwechsler (*pl* -) *der* change machine.

murmeln *vt & vi* to murmur.

mürrisch *adj* surly.

Mus *das* puree.

Muschel (*pl* -n) *die* (*Schale*) shell; (*Schalentier*) mussel.

Museum (*pl* Museen) *das* museum.

Musical (*pl* -s) *das* musical.

Musik *die* music.

musikalisch *adj* musical.

Musikbox (*pl* -en) *die* (*Automat*) musical box.

Musiker, -in (mpl -) der, die musician.

Musikinstrument (pl -e) das musical instrument.

Musikkassette (pl -n) die cassette, tape.

musizieren vi to play an instrument.

Muskat das nutmeg.

Muskel (pl -n) der muscle.

Muskelkater der stiff muscles (pl).

Muskelzerrung (pl -en) die pulled muscle.

Muskulatur die muscles (pl).

muskulös adj muscular.

Müsli (pl -s) das muesli.

muß präs → müssen.

müssen (präs muß, prät mußte, pp müssen ODER gemußt) aux (pp müssen) 1. (gezwungen sein) must; etw tun ~ to have to do sthg; du mußt aufstehen you must get up; sie mußte lachen she had to laugh; er hat niesen ~ he had to sneeze.
2. (nötig sein): der Brief muß noch heute weg the letter has to go today; das müßte geändert werden that should be changed, that ought to be changed; muß das sein? is that really necessary?
3. (wahrscheinlich sein): sie muß bald hier sein she should be here soon, she ought to be here soon; das müßte alles sein that should be all.
◆ vi (pp gemußt) 1. (gezwungen sein) to have to.
2. (an einen Ort): ich muß ins Büro I have to go to the office.
3. (fam: zur Toilette): ich muß mal I need to go to the loo.

Muster (pl -) das (auf Stoff, auf

Teppich, Schema) pattern; (Probe) sample.

Mut der (Furchtlosigkeit) courage.

mutig adj brave.

Mutter[1] (pl Mütter) die (Person) mother.

Mutter[2] (pl -n) die (für Schrauben) nut.

Muttersprache (pl -n) die mother tongue.

Muttertag (pl -e) der Mother's Day.

Mütze (pl -n) die cap.

MwSt. (abk für Mehrwertsteuer) VAT (Br), sales tax (Am).

mysteriös adj mysterious.

Mythos (pl Mythen) der myth.

N

N (abk für Nord) N.

na interj so; ~ und? so?; ~ gut! all right!; ~ also! finally!; ~ ja, well then.

Nabe (pl -n) die hub.

Nabel (pl -) der navel.

nach präp (+D) 1. (zur Angabe einer Richtung): ~ oben up; (in Haus) upstairs; ~ unten down; (in Haus) downstairs; ~ links/rechts abbiegen to turn left/right; ~ Frankfurt to Frankfurt; ~ Süden south, southwards.
2. (zeitlich) after; ~ dem Essen after the meal; einer ~ dem anderen one after another; ~ Ihnen! after you!

Nachbar 178

fünf ~ drei five past three *(Br)*, five after three *(Am)*.
3. *(entsprechend)* according to; ~ **Angaben der Polizei** according to the police.
❑ **nach und nach** *adv* little by little.

Nachbar, -in *(mpl -n) der, die* neighbour.

Nachbarschaft *die* neighbourhood.

nach|bestellen *vt (Ware)* to reorder.

nachdem *konj* after; **je ~** depending on.

nach|denken *vi unr* to think; ~ **über** *(+A)* to think about.

nachdenklich *adj* thoughtful.

nacheinander *adv* one after the other.

nach|folgen *vi ist (+D) (folgen)* to follow.

nach|forschen *vi* to investigate.

Nachforschungsantrag *(pl -anträge) der* lost or damaged mail claim form.

Nachfrage *die (Kaufwunsch)* demand.

nach|fragen *vi* to ask.

nach|geben *vi unr (+D) (bei Streit)* to give in.

Nachgebühr *(pl -en) die* excess postage.

nach|gehen *vi unr ist (Uhr)* to be slow; *(folgen)* to follow; **etw** *(D) ~ (untersuchen)* to investigate sthg.

nach|helfen *vi unr (helfen)* to help.

nachher *adv (später)* afterwards; **bis ~!** see you later!

Nachhilfe *die (SCHULE)* extra tuition.

nach|holen *vt (Versäumtes)* to catch up on.

nach|kommen *intr ist* to come along later.

nach|lassen *vi unr (Qualität)* to drop off; *(Regen)* to ease off; *(Schmerz)* to ease.

nachlässig *adj* careless ◆ *adv* carelessly.

nach|lösen *vt*: **eine Fahrkarte ~** to buy a ticket on the train.

nach|machen *vt (nachahmen)* to copy.

nachmittag *adv*: **gestern/heute/ morgen ~** yesterday/this/tomorrow afternoon.

Nachmittag *(pl -e) der* afternoon; **am ~** in the afternoon.

nachmittags *adv* in the afternoon.

Nachnahme *die*: **per ~** cash on delivery.

Nachname *(pl -n) der* surname.

Nachporto *(pl -s) das* excess postage.

nach|prüfen *vt* to check.

nach|rechnen *vt* to work out.

Nachricht *(pl -en) die (Mitteilung)* message; *(Neuigkeit)* (piece of) news; **eine ~ hinterlassen** to leave a message ❑ **Nachrichten** *pl* news *(sg)*.

nach|sagen *vt* to repeat.

Nachsaison *die*: **in der ~** out of season.

nach|schauen *vt (prüfen)* to check.

nach|schicken *vt* to forward.

nach|schlagen vt unr (in Wörterbuch) to look up.

Nachschlüssel (pl -) der duplicate key.

nach|sehen vt unr (prüfen) to check ◆ vi unr (+D) (hinterhersehen) to watch.

Nachsendeantrag (pl -anträge) der application for redirection of mail.

nach|senden vt to forward.

nachsitzen vi unr (SCHULE) to have detention.

Nachspeise (pl -n) die dessert.

nächste, -r, -s superl → **nahe** ◆ adj next; **der ~, bitte!** next, please!; **~s Mal/Jahr** next time/year; **wie heißt die ~ Haltestelle, bitte?** what's the next stop, please?

nächstens adv soon.

nacht adv: **gestern ~** last night; **heute ~** tonight.

Nacht (pl **Nächte**) die night; **gute ~!** good night!; **über ~** overnight.

Nachtausgang (pl -gänge) der night exit.

Nachtbus (pl -se) der night bus.

Nachtcreme (pl -s) die night cream.

Nachteil (pl -e) der disadvantage.

Nachteingang (pl -gänge) der night entrance.

Nachtflug (pl -flüge) der night flight.

Nachtfrost der overnight frost.

Nachtglocke (pl -n) die (bei Apotheke) night bell.

Nachthemd (pl -en) das nightshirt.

Nachtisch (pl -e) der dessert.

Nachtklub (pl -s) der nightclub.

Nachtleben das nightlife.

Nachtportier (pl -s) der night porter.

nachtragend adj unforgiving.

nachträglich adv belatedly.

Nachtruhe die sleep.

nachts adv at night.

Nachtschalter (pl -) der night desk.

Nachtschicht (pl -en) die night shift.

Nachttarif (pl -e) der economy rate.

Nachtzug (pl -züge) der night train.

Nachwirkung (pl -en) die aftereffect.

nach|zahlen vt (Porto, Fahrgeld) to pay extra.

nach|zählen vt (Porto, Fahrgeld) to check.

Nacken (pl -) der neck.

nackt adj & adv naked.

Nacktbadestrand (pl -strände) der nudist beach.

Nadel (pl -n) die needle.

Nagel (pl **Nägel**) der nail.

Nagelbürste (pl -n) die nailbrush.

Nagelfeile (pl -n) die nailfile.

Nagellack (pl -e) der nail varnish.

Nagellackentferner der nail varnish remover.

nageln vt (mit Hammer) to nail.

Nagelschere (pl -n) die nail scissors (pl).

nah adj → **nahe**.

nahe (komp **näher**, superl **am näch-**

sten *adj* near; ~ **bei jm/etw** near (to) sb/sthg.

Nähe *die* nearness; **in der** ~ nearby; **in der** ~ **von** near (to); **aus der** ~ from close up; **in unserer** ~ near us.

naheliegend *adj* (*Frage*) obvious.

nähen *vt* (*Stoff*) to sew; (*Wunde*) to stitch.

Naherholungsgebiet (*pl* **-e**) *das* area close to a town, with recreational facilities.

näher|kommen *vi unr ist* (+D): **wir sind uns nähergekommen** we've become closer.

nähern: sich nähern *ref* (+D) to approach.

nahe|stehen *vi unr* (+D): **jm** ~ to be close to sb.

nahezu *adv* almost.

nahm *prät* → **nehmen**.

Nähmaschine (*pl* **-n**) *die* sewing machine.

Nähnadel (*pl* **-n**) *die* (sewing) needle.

Nahrung *die* food.

Nahrungsmittel (*pl* **-**) *das* food.

Naht (*pl* **Nähte**) *die* (*in Stoff*) seam; (*Narbe*) scar.

Nahverkehr *der* local traffic; **der öffentliche** ~ local public transport.

Nahverkehrszug (*pl* **-züge**) *der* local train.

Nähzeug *das* sewing kit.

naiv *adj* naive.

Name (*pl* **-n**) *der* name; **mein** ~ **ist ...** my name is ...; **auf den** ~**n Braun**

reservieren to make a reservation in the name of Braun.

Namenstag (*pl* **-e**) *der* name day.

nämlich *adv* (*weil*) because; (*und zwar*) namely.

nanu *interj* well!

Narbe (*pl* **-n**) *die* scar.

Narkose (*pl* **-n**) *die* anaesthetic.

naschen *vt & vi* to nibble.

Nase (*pl* **-n**) *die* nose; **ich hab' die** ~ **voll** I've had enough; **meine** ~ **läuft** my nose is running.

Nasenbluten *das* nosebleed.

Nasenloch (*pl* **-löcher**) *das* nostril.

Nasentropfen *pl* nose drops.

naß *adj* wet; ~ **machen** to wet.

Nässe *die* wet; **überfrierende** ~ icy patches; **'80 km/h bei** ~**'** 'speed limit 80 km/h in wet weather'.

Nation (*pl* **-en**) *die* nation.

national *adj* national.

Nationalfeiertag (*pl* **-e**) *der* national day.

Nationalhymne (*pl* **-n**) *die* national anthem.

Nationalität (*pl* **-en**) *die* nationality.

Nationalmannschaft (*pl* **-en**) *die* national team.

Nationalsozialismus *der* national socialism.

NATO *die* NATO.

Natur *die* nature; **in der freien** ~ in the countryside.

natürlich *adj* (*selbstverständlich*) of course; (*nicht künstlich*) naturally ◆ *adj* natural.

Naturpark (*pl* **-s**) *der* nature reserve.

naturrein *adj (Saft)* pure.

Naturschutz *der* conservation; **unter ~ stehen** to be legally protected.

Naturschutzgebiet *(pl -e) das* nature reserve.

naturtrüb *adj (Saft)* naturally cloudy.

n.Chr. *(abk für nach Christus)* AD.

Nebel *(pl -) der* fog; **dichter ~** dense fog.

Nebelscheinwerfer *(pl -) der (AUTO)* fog lamp.

Nebelschlußleuchte *(pl -n) die (AUTO)* rear fog lights *(pl)*.

neben *präp (+D) (an der Seite von)* next to; *(außer)* apart from, as well as ◆ *präp (+A) (an die Seite von)* next to.

nebenan *adv* next door.

Nebenausgang *(pl -gänge) der* side exit.

nebenbei *adv (gleichzeitig)* at the same time; **~ gesagt** by the way.

nebendran *adv (fam)* next door.

nebeneinander *adv* next to each other.

Nebeneingang *(pl -eingänge) der* side entrance.

Nebenfach *(pl -fächer) das (SCHULE)* subsidiary subject.

nebenher *adv (arbeiten)* on the side.

Nebenkosten *pl* additional costs *(pl)*.

Nebensache *(pl -n) die* trivial matter.

nebensächlich *adj* trivial.

Nebenstraße *(pl -n) die* side street.

Nebenwirkung *(pl -en) die (MED)* side effect.

neblig *adj* foggy.

neblig-trüb *adj* dull and overcast.

Neffe *(pl -n) der* nephew.

negativ *adj* negative ◆ *adv* negatively.

Negativ *(pl -e) das (FOTO)* negative.

Negerkuß *(pl -küsse) der* chocolate-covered marshmallow.

nehmen *(präs nimmt, prät nahm, pp genommen) vt* **1.** *(greifen, holen)* to take; **sich (D) etw ~** to help o.s. to sthg.

2. *(benützen)* to take; **den Bus/Zug ~** to take the bus/train.

3. *(annehmen)* to take; **sie hat die Stelle genommen** she has taken the job.

4. *(kaufen)* to take; **ich nehme diese Schuhe** I'll take these shoes.

5. *(Medikament, Droge)* to take.

6. *(Gast, Kind)*: **jn zu sich ~** *(auf Dauer)* to take sb in; *(für begrenzte Zeit)* to have sb to stay.

7. *(Nahrung)*: **etw zu sich ~** to take sthg, to consume sthg.

8. *(einschätzen, auffassen)*: **jn/etw ernst ~** to take sb/sthg seriously; **es leicht/schwer ~** to take it lightly/hard.

9. *(verlangen)*: **für etw fünf Mark ~** to charge five marks for sthg.

neidisch *adj* jealous.

nein *adv* no; **~ danke!** no thank you; **zu etw ~ sagen** to say no to sthg.

Nektarine *(pl -n) die* nectarine.

Nelke *(pl -n) die (Blume)* carnation; *(Gewürz)* cloves *(pl)*.

nennen

nennen (*prät* nannte, *pp* genannt) *vt* (*mit Namen*) to call; (*als Beispiel*) to name.

Neonlicht (*pl* -er) *das* neon light.

Nepp *der* rip-off.

Nerv (*pl* -en) *der* nerve □ **Nerven** *pl* nerves; **jm auf die ~en gehen** to get on sb's nerves.

nervös *adj* nervous.

Nest (*pl* -er) *das* (*von Vögeln*) nest.

nett *adj* nice ◆ *adv* nicely; **sei so ~ ...** would you mind ...

netto *adv* net.

Netz (*pl* -e) *das* net; (*Tasche*) string bag.

Netzanschluß (*pl* -schlüsse) *der* electrical connection.

Netzkarte (*pl* -n) *die* (*für Bus, Bahn*) rover ticket.

Netzplan (*pl* -pläne) *der* (*von Bus, Bahn*) route map.

neu *adj* new; (*frisch*) fresh; **von ~em** again; **das Neueste** the latest; **was gibt's Neues?** what's new?

Neubau (*pl* -ten) *der* new building.

neuerdings *adv* recently.

Neueröffnung (*pl* -en) *die* (*Zeremonie*) opening; (*Geschäft*) new business.

Neugier *die* curiosity.

neugierig *adj* inquisitive ◆ *adv* inquisitively.

Neuheit (*pl* -en) *die* (*Ware*) latest thing.

Neuigkeit (*pl* -en) *die* news.

Neujahr *das* New Year; **prost ~!** Happy New Year!

neulich *adv* recently.

Neumond *der* new moon.

neun *num* nine, → **sechs**.

neunte *num* ninth, → **sechste**.

neunzehn *num* nineteen; **~hundertsiebenundneunzig** nineteen ninety seven; → **sechs**.

neunzig *num* ninety, → **sechs**.

neureich *adj* nouveau riche.

neurotisch *adj* neurotic.

Neuseeland *nt* New Zealand.

neutral *adj* neutral.

neuwertig *adj* nearly new.

nicht *adv* not; **ist das ~ schön?** isn't that nice?; **~ nur ..., sondern auch ...** not only ... but also; **du wußtest es schon länger, ~ wahr?** you've known for a while, haven't you?; **es ist wunderbar, ~ wahr?** it's wonderful, isn't it?; **noch ~** not yet; **gar ~** not at all; **warum ~?** why not?

Nichte (*pl* -n) *die* niece.

Nichtraucher (*pl* -) *der* (*Person*) non-smoker; (*Abteil*) no-smoking compartment.

Nichtraucherzone (*pl* -n) *die* no-smoking area.

nichts *pron* nothing; **gar ~** nothing at all; **~ mehr** nothing more; **~ als** nothing but; **das macht ~** that doesn't matter; **~ zu danken** don't mention it.

Nichtschwimmer (*pl* -) *der* (*Person*) non-swimmer; (*Becken*) beginners' pool.

Nichtschwimmerbecken (*pl* -) *das* beginners' pool.

nichtssagend *adj* meaningless.

Nichtzutreffende *das*: **'~s bitte streichen'** (*amt*) 'delete as applicable'.

nicken *vi* to nod.

Nickerchen (pl -) das nap; **ein ~ machen** to have a nap.

nie adv never; **noch ~** never; **~ mehr** ODER **wieder** never again.

Niederlage (pl -n) die defeat.

Niederlande pl: **die ~** the Netherlands.

Niederländer, -in (mpl -) der, die Dutchman (fDutchwoman).

niederländisch adj Dutch.

Niederländisch(e) das Dutch.

Niederlassung (pl -en) die (Filiale) branch.

Niedersachsen nt Lower Saxony.

Niederschlag (pl -schläge) der precipitation.

niedlich adj cute.

niedrig adj low.

niemals adv never.

niemand pron nobody, no one; **das kann ~ als Karl-Heinz gewesen sein** that can only have been Karl-Heinz.

Niere (pl -n) die kidney.

nieseln vimp to drizzle.

Nieselregen der drizzle.

niesen v to sneeze.

Niete (pl -n) die (Los) blank; (aus Metall) stud.

Nikolaus der Santa Claus (who brings presents on 6th December).

i **NIKOLAUS**

Tradition dictates that in Germany, Santa Claus (St Nicholas) visits children on 6 December to reward those who have been good over the past year and to punish the bad ones. If the children have been well-behaved, then the shoes or plates they leave out the night before are filled with sweets and small presents. If they have been bad, they face punishment from Nikolaus' companion "Knecht Ruprecht" (sometimes also known as "Krampus") who will be waiting for them with his stick.

Nikolaustag (pl -e) der 6th of December when children receive presents from Santa Claus.

Nikotin das nicotine.

nimmt präs → **nehmen**.

nirgends adv nowhere.

nirgendwo adv nowhere.

nirgendwohin adv nowhere.

Nische (pl -n) die (Ecke) corner.

Niveau (pl -s) das level.

nobel adj (kostspielig) luxurious.

Nobelpreis (pl -e) der Nobel Prize.

noch adv **1.** (zum Ausdruck von Dauer) still; **wir haben ~** still we still have time; **er hat ~ nichts gesagt** he still hasn't said anything; **ich habe ihn ~ letzten Monat besucht** I visited him only last month; **~ nicht** not yet.
2. (vorher): **schafft ihr das ~ bis Freitag?** do you think you'll manage it by Friday?; **das muß ~ heute gemacht werden** it has to be done today at the latest; **er kann ~ kommen** he may yet come, he may still come.
3. (zur Verstärkung) even; **~ schneller** even quicker; **es kann ~ so regnen ...** however much it rains ...

4. *(dazu)*: ~ **einen Kaffee, bitte!**
another coffee, please!; **ich muß ~
ein paar Einkäufe machen** I have to
buy a few more things; **paßt das ~
in den Kofferraum?** will it fit in the
boot?; **wer ~?** who else?
5. *(zur Nachfrage)* again; **wie war ~
sein Name?** what was his name
again?
♦ *konj* → **weder**.
❏ **noch einmal** *adv* again.

nochmal *adv* again.

Nominativ *(pl -e) der (GRAMM)*
nominative.

nonstop *adj (Flug)* nonstop.

Nord *nt* north.

Nordamerika *nt* North America.

Norddeutschland *nt* Northern Germany.

Norden *der* north; **im ~ in** the
north; **nach ~** north.

Nordeuropa *nt* Northern
Europe.

Nordhang *(pl -hänge) der*
north-facing slope.

Nordirland *nt* Northern
Ireland.

nördlich *adj* northern ♦ *präp*: ~
von to the north of.

Nordosten *der* northeast.

Nordrhein-Westfalen *nt*
North Rhine-Westphalia.

Nordsee *die*: **die ~** the North
Sea.

Nordwesten *der* northwest.

nörgeln *vi* to moan.

Norm *(pl -en) die* standard.

normal *adj* normal ♦ *adv*
normally.

Normal *das (AUTO)* regular.

Normalbenzin *das (AUTO)*
regular petrol *(Br)*, regular gas *(Am)*.

normalerweise *adv* normally.

Normalnull *das*: **über/unter ~**
above/below sea level.

Norwegen *nt* Norway.

Not *die* need; **in ~** in need; **zur ~** if
needs be.

Notar, -in *(mpl -e) der, die*
notary.

Notarzt, -ärztin *(mpl -ärzte)
der, die* emergency doctor.

Notausgang *(pl -gänge) der*
emergency exit.

Notausstieg *(pl -e) der* emergency exit.

Notbremse *(pl -n) die* emergency brake.

Notdienst *(pl -e) der*: ~ **haben** to
be on call.

Notdienstapotheke *(pl -n)
die* emergency chemist's *(Br)*,
emergency drugstore *(Am)*.

Note *(pl -n) die (MUS)* note;
(Zensur) mark *(Br)*, grade *(Am)*.

Notfall *(pl -fälle) der* emergency;
in dringenden Notfällen in an emergency.

notfalls *adv* if necessary.

Nothaltebucht *(pl -en) die*
(auf Straße) escape lane.

notieren *vt* to note down; **sich**
(D) **etw ~** to make a note of sthg.

nötig *adj* necessary; ~ **sein** to be
necessary; **etw ~ haben** to need
sthg; **wenn ~** if needs be.

Notiz *(pl -en) die (persönlich)* note;
(in Zeitung) notice; **sich ~en machen**
to take notes; **keine ~ von jm
nehmen** to take no notice of sb.

Notizblock (*pl* -blöcke) *der* notepad.

Notizbuch (*pl* -bücher) *das* notebook.

Notlage (*pl* -n) *die* crisis.

Notlandung (*pl* -en) *die* emergency landing.

Notruf (*pl* -e) *der* emergency call.

Notrufsäule (*pl* -n) *die* emergency phone.

Notrutsche (*pl* -n) *die (im Flugzeug)* escape chute.

Notsignal (*pl* -e) *das* distress signal.

notwendig *adj* necessary.

Notwendigkeit (*pl* -en) *die* necessity.

Nougat *der* nougat.

November (*pl* -) *der* November, → **September**.

Nr. (*abk für Nummer*) no.

NRW *abk* = **Nordrhein-Westfalen**.

Nu: im Nu *adv* in an instant.

nüchtern *adj (nicht betrunken)* sober; *(Magen)* empty.

Nudeln *pl* noodles.

Nudelsalat *der* pasta salad.

Nudelsuppe (*pl* -n) *die* noodle soup.

null *num* zero, → **sechs**.

Null (*pl* -en) *die* zero; **über/unter ~** above/below zero.

numerieren *vt* to number.

Nummer (*pl* -n) *die* number; *(Größe)* size.

Nummernschild (*pl* -er) *das* *(AUTO)* numberplate *(Br)*, license plate *(Am)*.

NUMMERNSCHILD

German car registration numbers comprise two groups of letters followed by a sequence of numbers. The first group of letters indicates the town in which the car was registered (e.g. M for Munich or B for Berlin), whilst the remaining letters and numbers are the registration number proper. German numberplates also carry a round badge which indicates that the car has been passed as roadworthy.

nun *adv* now; **~, wie steht's?** well, how are things?; **es ist ~ mal so** it's like this; **was ~?** what now?

nur *adv* only, just; **was meint er ~?** what does he mean?; **der Putz bröckelt ~ so** the plaster is crumbling really badly; **das sagt er ~ so** he's just saying that; **ich habe ~ noch 20 Mark** I've only got 20 marks left.

Nürnberg *nt* Nuremberg.

Nuß (*pl* Nüsse) *die* nut.

Nußknacker (*pl* -) *der* nutcracker.

Nutte (*pl* -n) *die (fam)* hooker.

nutzen *vt* to use ♦ *vi* to be of use; **jm ~** to be of use to sb; **nichts ~** to be of no use.

nützen *vi* = nutzen.

nützlich *adj* useful.

nutzlos *adj* useless.

Nylonstrumpf (*pl* -strümpfe) *der* nylon stocking.

O *(abk für Ost)* E.

ob *konj* whether; ~ ..., ~ whether ... or; ~ ... **oder nicht** whether ... or not; **als** ~ as if; **so tun als** ~ to pretend (that); **und** ~**!** you bet!

OB *(pl -s) der (abk für Oberbürgermeister)* mayor *(of large city)*.

Obazter *(pl Obazten) der (Süddt)* soft camembert, mashed together with onions and pepper.

obdachlos *adj* homeless.

Obdachlose *(pl -n) der, die* homeless person.

oben *adv (räumlich)* at the top; *(im Text)* above; **das fünfte Buch von** ~ the fifth book down; **nach** ~ up; **von** ~ **bis unten** from top to bottom; ~ **ohne** topless.

Ober *(pl -) der* waiter.

obere, -r, -s *adj* upper.

oberflächlich *adj* superficial.

oberhalb *präp (+G)* above.

Oberhemd *(pl -en) das* shirt.

Oberkörper *(pl -) der* upper body.

Oberschenkel *(pl -) der* thigh.

oberste, -r, -s *adj* top.

Oberstufe *die (SCHULE)* three final years of secondary education.

Oberteil *(pl -e) das (von Kleidung)* top.

Oberweite *(pl -n) die* bust *(measurement)*.

Objekt *(pl -e) das* object; *(Immobilie)* property.

objektiv *adj* objective ◆ *adv* objectively.

Objektiv *(pl -e) das* lens.

obligatorisch *adj* obligatory.

Oboe *(pl -n) die* oboe.

Obst *das* fruit.

Obstkuchen *(pl -) der* fruit flan.

Obstsalat *(pl -e) der* fruit salad.

obszön *adj* obscene.

obwohl *konj* although.

Ochse *(pl -n) der* ox.

Ochsenschwanzsuppe *(pl -n) die* oxtail soup.

ocker *adj* ochre.

od. *abk* = **oder**.

oder *konj* or; **du kommst doch mit,** ~**?** you're going to come, aren't you?; ~ **aber** or; ~ **auch** or; ~ **so** or something like that, → **entweder**.

Ofen *(pl Öfen) der (zum Backen)* oven; *(zum Heizen)* stove.

Ofenheizung *die* stove heating.

offen *adj* open; *(Knopf)* undone; *(Rechnung)* outstanding; *(Haare)* down; *(Bein, Haut)* grazed ◆ *adv* *(unverschlossen)* open; *(erkennbar, sich verhalten)* openly; **das Geschäft hat bis 6 Uhr** ~ the shop is open until 6; ~**e Weine** wine by the glass/carafe; **auf** ~**em Meer** on the open sea; ~ **gesagt** quite honestly; **Tag der** ~**en Tür** open day.

offenbar *adv* obviously.

offen|bleiben *vi unr ist (Fenster)* to stay open; *(Frage)* to remain unresolved.

offen|lassen *vt unr* to leave open.

offensichtlich *adv* obviously.

offen|stehen vi unr to be open; **die Welt steht ihm offen** the world's his oyster.

öffentlich adj public ◆ adv publicly, in public.

Öffentlichkeit die public.

offiziell adj official.

öffnen vt to open ❑ **sich öffnen** ref to open.

Öffnungszeiten pl opening hours.

oft (kompar **öfter**, superl **am öftesten**) adv often; **wie ~?** how often?

öfters adv from time to time.

ohne präp (+A) & konj without; **~ mich!** count me out!; **~ weiteres** without hesitation; **~ daß** without.

Ohnmacht die (Bewußtlosigkeit) unconsciousness; **in ~ fallen** to faint.

ohnmächtig adj (bewußtlos) unconscious; **~ werden** to faint.

Ohr (pl **-en**) das ear.

Ohrclip (pl **-s**) der clip-on earring.

Ohrentropfen pl ear drops.

ohrfeigen vt: **jn ~** to slap sb's face.

Ohrring (pl **-e**) der earring.

okay adv okay, OK.

Ökoladen (pl **-läden**) der wholefood store.

ökologisch adj ecological.

ökonomisch adj economic.

Oktan das octane.

Oktober (pl **-**) der October; **der 3. ~** German national holiday commemorating reunification on 3 October 1990; → **September**.

Oktoberfest (pl **-e**) das Munich beer festival.

OKTOBERFEST

The world-famous Munich beer festival began in 1811 and is held every year, starting in mid-September and continuing for 16 days. Huge beer tents are erected where the local Munich breweries serve their beers in 1 litre measures along with typical Bavarian food. There are also fairground attractions, such as merry-go-rounds, roller coasters and shooting galleries.

Öl (pl **-e**) das oil.

ölen vt to oil.

ölig adj oily.

Olive (pl **-n**) die olive.

Olivenöl das olive oil.

Ölstand der oil level; **den ~ prüfen** to check the oil.

Ölverbrauch der oil consumption.

Ölwechsel (pl **-**) der oil change.

Olympische Spiele pl Olympic Games.

Oma (pl **-s**) die (fam) grandma.

Omelette (pl **-n**) die omelette.

Omnibus (pl **-se**) der (Linienbus) bus; (Reisebus) coach.

Onkel (pl **-**) der uncle.

OP (pl **-s**) der operating theatre (Br), OR (Am).

Opa (pl **-s**) der (fam) grandpa, grandad.

Open-air-Konzert (pl **-e**) das open-air concert.

Oper (pl **-n**) die opera; (Gebäude)

opera house; **in die ~ gehen** to go to the opera.

Operation (*pl* **-en**) *die* operation.

Operette (*pl* **-n**) *die* operetta.

operieren *vt* to operate on; **sich ~ lassen** to have an operation.

Opernfestspiele *pl* opera festival (*sg*).

Opernhaus (*pl* **-häuser**) *das* opera house.

Opfer (*pl* **-**) *das* sacrifice.

Opposition *die* opposition.

Optik *die* optics (*sg*).

Optiker, -in (*mpl* **-**) *der, die* optician.

optimal *adj* optimal, optimum ◆ *adv* optimally.

optimistisch *adj* optimistic.

orange *adj* orange.

Orange (*pl* **-n**) *die* (*Frucht*) orange.

Orangensaft (*pl* **-säfte**) *der* orange juice; **frischgepreßter ~** freshly-squeezed orange juice.

Orchester (*pl* **-**) *das* orchestra.

ordentlich *adj* (*Raum, Person*) tidy; (*Leben, Beruf*) respectable; (*Mahlzeit, Arbeit*) proper ◆ *adv* (*aufräumen*) tidily.

ordinär *adj* (*Person, Witz*) crude.

ordnen *vt* to put in order.

Ordner (*pl* **-**) *der* (*für Akten*) folder; (*Person*) steward.

Ordnung *die* order; **in ~!** sure!; **~ machen** to tidy up; **der Fernseher ist nicht in ~** there's something wrong with the television.

Ordnungswidrigkeit (*pl* **-en**) *die* (*amt*) minor offence.

Oregano *der* oregano.

Organ (*pl* **-e**) *das* (*Körperteil*) organ.

Organisation (*pl* **-en**) *die* organization.

Organisator (*pl* **Organisatoren**) *der* organizer.

Organisatorin (*pl* **-nen**) *die* organizer.

organisieren *vt* to organize.

Organismus (*pl* **Organismen**) *der* organism.

Orgasmus (*pl* **Orgasmen**) *der* orgasm.

Orgel (*pl* **-n**) *die* organ.

orientieren: sich orientieren *ref* (*in Richtung*) to orientate o.s.; **sich ~ über** (*+A*) (*informieren*) to inform o.s. about.

Orientierungssinn *der* sense of direction.

original *adj* original.

Original (*pl* **-e**) *das* original.

Orkan (*pl* **-e**) *der* hurricane.

Ort (*pl* **-e**) *der* place; **an ~ und Stelle** on the spot; **'andere ~e'** 'other routes'.

Orthopäde, Orthopädin (*mpl* **-n**) *der, die* orthopaedic surgeon.

orthopädisch *adj* orthopaedic.

örtlich *adj* local.

Ortschaft (*pl* **-en**) *die* village; **geschlossene ~** built-up area.

Ortsgespräch (*pl* **-e**) *das* local call.

ortskundig *adj*: **ein ~er Führer** a guide with local knowledge.

Ortsmitte *die* centre.

Ortsnetz (*pl* **-e**) *das* exchange.

Ortstarif (*pl* **-e**) *der* local rate.

Ortszeit (*pl* **-en**) *die* local time.

öS *abk* = österreichischer Schilling.

Ost *nt* east.

Ostdeutschland *nt* East Germany.

Osten *der* east; **im ~** in the east; **nach ~** east.

Osterei (*pl* **-er**) *das* Easter egg.

Osterhase (*pl* **-n**) *der* Easter bunny.

OSTERHASE

At Easter, Germans give each other not only chocolate Easter eggs, but also painted, boiled eggs. Tradition has it that these, together with chocolate rabbits and other sweets, are brought for children by the Easter bunny, who hides them in the garden, the barn, the park or even around the house. On Easter day, the children must then hunt for their eggs.

Ostermontag (*pl* **-e**) *der* Easter Monday.

Ostern (*pl* **-**) *nt* Easter; **zu ~** at Easter; **frohe ~!** Happy Easter!

Österreich *nt* Austria.

Österreicher (*pl* **-**) *der* Austrian.

Österreicherin (*pl* **-nen**) *die* Austrian.

österreichisch *adj* Austrian.

Ostersonntag (*pl* **-e**) *der* Easter Sunday.

Osteuropa *nt* Eastern Europe.

Ostküste (*pl* **-n**) *die* east coast.

östlich *adj* eastern ♦ *präp*: **~ von** to the east of.

Ostsee *die*: **die ~** the Baltic (Sea).

oval *adj* oval.

Ozean (*pl* **-e**) *der* ocean.

Ozon *das* ozone.

Ozonloch *das* hole in the ozone layer.

P

paar *adj* few; **ein ~** a few.

Paar (*pl* **-e**) *das* (*zwei Personen*) couple; (*zwei Dinge*) pair; **ein ~ Socken** a pair of socks.

paarmal *adv*: **ein ~** a few times.

Pacht (*pl* **-en**) *die* (*Vertrag*) lease; (*Geld*) rent.

Päckchen (*pl* **-**) *das* (*in Post*) small parcel; (*Packung*) pack.

packen *vt* to pack; (*fassen*) to seize.

Packpapier *das* brown paper.

Packung (*pl* **-en**) *die* (*für Waren*) packet; (*Kosmetik*) beauty pack.

Packungsbeilage (*pl* **-n**) *die* (*MED*) enclosed information; **'lesen Sie die ~'** 'please read the enclosed information'.

Packungsrückseite (*pl* **-n**) *die* back of the packet.

Pädagogik *die* education.

pädagogisch *adj* educational.

Paddel (*pl* **-**) *das* paddle.

Paddelboot (*pl* **-e**) *das* canoe.

paddeln vi to paddle.

Paket (pl -e) das (Postpaket) parcel; (Packung) packet.

Paketannahme (pl -n) die (Schalter) counter dealing with parcels to be sent.

Paketausgabe (pl -n) die (Schalter) counter from which parcels may be collected.

Paketkarte (pl -n) die form showing sender and addressee, to be filled in when sending a parcel.

Pakistan nt Pakistan.

Palast (pl **Paläste**) der palace.

Palme (pl -n) die palm.

Palmsonntag der Palm Sunday.

Pampelmuse (pl -n) die grapefruit.

Paniermehl das breadcrumbs (pl).

paniert adj in breadcrumbs, breaded.

Panik die panic.

panisch adj (Reaktion) panic-stricken; **~e Angst vor etw** (D) **haben** to be terrified of sthg.

Panne (pl -n) die (mit Auto) breakdown; (Fehler) technical hitch; **ich hatte eine ~ auf der Autobahn** my car broke down on the motorway.

Pannendienst (pl -e) der breakdown service.

Pannenhilfe die breakdown service.

Pantoffel (pl -n) der slipper.

Pantomime (pl -n) die (Aufführung) mime.

Panzer (pl -) der (Fahrzeug) tank; (von Tier) shell.

Papa (pl -s) der (fam) dad.

Papagei (pl -en) der parrot.

Papier (pl -e) das paper ❑

Papiere pl (Ausweise) papers, documents.

Papiergeld das paper money.

Papierkorb (pl **-körbe**) der wastepaper basket (Br), wastebasket (Am).

Papiertaschentuch (pl **-tücher**) das paper handkerchief.

Papierwaren pl stationery (sg).

Pappbecher (pl -) der paper cup.

Pappe (pl -n) die cardboard.

Pappkarton (pl -s) der cardboard box.

Paprika (pl -s) der (Gemüse) pepper; (Gewürz) paprika.

Papst (pl **Päpste**) der pope.

Parade (pl -n) die (Umzug) parade.

Paradeiser (pl -) der (Österr) tomato.

paradiesisch adj heavenly.

Paragliding das paragliding.

Paragraph (pl -en) der paragraph.

parallel adj & adv parallel.

Paranuß (pl **-nüsse**) die brazil nut.

parat adj & adv ready.

Pärchen (pl -) das (Liebespaar) couple.

Pardon interj sorry.

Parfüm (pl -s) das perfume.

Parfümerie (pl -n) die perfumery.

parfümfrei adj unscented.

Pariser (pl -) der (fam: Kondom) rubber.

Park (*pl* -s) *der* park.

Parka (*pl* -s) *der* ODER *die* parka.

Park-and-Ride-System *das* park and ride system.

Parkanlage (*pl* -n) *die* park.

Parkdauer *die*: ~ 2 Stunden parking restricted to 2 hours.

Parkdeck (*pl* -s) *das* level (*of multi-storey car park*).

parken *vt & vi* to park; **falsch** ~ to park wrongly; **'Parken verboten'** 'no parking'.

Parkett (*pl* -s ODER -e) *das* (*Fußboden*) parquet; (*in Zuschauerraum*) stalls (*Br*), parquet (*Am*).

Parkgebühr (*pl* -en) *die* parking fee.

Parkhaus (*pl* -häuser) *das* multi-storey car park.

Parkhöchstdauer *die*: ~ 1 Stunde maximum stay 1 hour.

Parklücke (*pl* -n) *die* parking space.

Parkmöglichkeit (*pl* -en) *die* parking space.

Parkplatz (*pl* -plätze) *der* car park (*Br*), parking lot (*Am*).

Parkscheibe (*pl* -n) *die* parking disc.

Parkschein (*pl* -e) *der* parking ticket.

Parkuhr (*pl* -en) *die* parking meter.

Parkverbot (*pl* -e) *das* (*Verbot*) parking ban; (*Stelle*) no-parking zone.

Parlament (*pl* -e) *das* parliament.

Parmesan *der* parmesan (*cheese*).

Partei (*pl* -en) *die* party.

Parterre *das* ground floor; **im** ~ on the ground floor.

Partie (*pl* -n) *die* (*Teil*) part; (*Spiel*) game.

Partner, -in (*mpl* -) *der, die* partner.

Partnerschaft (*pl* -en) *die* (*zwischen Personen*) partnership; (*zwischen Städten*) twinning.

Partnerstadt (*pl* -städte) *die* twin town.

Party (*pl* -s) *die* party.

Paß (*pl* Pässe) *der* (*Dokument*) passport; (*Straße*) pass.

Passage (*pl* -n) *die* (*Einkaufspassage*) arcade; (*Textabschnitt, Reise*) passage.

Passagier (*pl* -e) *der* passenger; **blinder** ~ stowaway.

Passagierschiff (*pl* -e) *das* passenger ship.

Paßamt (*pl* -ämter) *das* passport office.

Passant, -in (*mpl* -en) *der, die* passerby.

Paßbild (*pl* -er) *das* passport photo.

passen *vi* (*Termin*) to be suitable; (*in Größe, Form*) to fit; (*bei Spiel*) to pass; **Freitag paßt mir nicht** Friday doesn't suit me; ~ **dir die Schuhe?** do the shoes fit you?; **zu etw** ~ to go (well) with sthg; **zu jm** ~ to be suited to sb; **das könnte dir so** ~! you'd like that, wouldn't you?

passend *adj* (*Farbe*) matching; **ein** ~**er Schlüssel** a key that fits; **haben Sie es** ~? do you have the right change?

Paßfoto (*pl* -s) *das* passport photo.

passieren *vi ist* to happen; **mir**

ist was sehr Unangenehmes passiert
something very unpleasant happened to me; **ist etwas passiert?** *(bei
Unfall)* did sb get hurt?; **was ist
passiert?** what happened?

Passionsspiele *pl:* **die ~ von
Oberammergau** the Oberammergau passion plays.

i **PASSIONSSPIELE**

The Oberammergau passion
plays, in which the suffering and
death of Christ is performed by
amateur actors, are the most famous
in the world. They started in 1633,
during the plague, and take place
every ten years, with over 1,000
locals taking part in the perfor-
mances.

passiv *adj* passive.

Paßkontrolle *(pl -n)* die passport control.

Paste *(pl -n)* die *(Masse)* paste.

Pastell *(pl -e)* das pastel.

Pastete *(pl -n)* die *(aus Teig)* pie;
(Aufstrich) paste.

Pastor *(pl Pastoren)* der *(katholisch)* priest; *(evangelisch)* vicar.

Pastorin *(pl -nen)* die *(evangelisch)* vicar.

Pate *(pl -n)* der *(Patenonkel)*
godfather.

Patient, -in *(mpl -en)* der, die
patient.

Patin *(pl -nen)* die godmother.

Patrone *(pl -n)* die cartridge.

Pauke *(pl -n)* die kettledrum.

pauschal *adj (Betrag, Preis)* total;
(Kritik, Urteil) general.

Pauschale *(pl -n)* die flat rate.

Pauschalpreis *(pl -e)* der
all-inclusive price.

Pauschalreise *(pl -n)* die package holiday.

Pauschaltarif *(pl -e)* der flat
rate.

Pause *(pl -n)* die break; *(in Theater,
Konzert)* interval.

pausenlos *adj & adv* nonstop.

Pavillon *(pl -s)* der *(in Park)* bandstand.

Pazifik *der* Pacific.

Pazifische Ozean *der:* **der ~**
the Pacific Ocean.

PC *(pl -s)* der PC.

Pech *das (Unglück)* bad luck; **~
haben** to be unlucky.

Pedal *(pl -e)* das pedal.

pedantisch *adj (Person)* pedan-
tic ◆ *adv* pedantically.

Peeling *(pl -s)* das *(Kosmetikarti-
kel)* face pack.

peinlich *adj (unangenehm)* embarrassing; **es war mir ~** I felt embarrassed.

Pellkartoffeln *pl* boiled
unpeeled potatoes.

Pelz *(pl -e)* der fur.

Pelzmantel *(pl -mäntel)* der fur
coat.

Pendelverkehr *der* commuter
traffic.

Pendler, -in *(mpl -)* der, die
commuter.

penetrant *adj (Person)* insistent;
(Geschmack, Geruch) penetrating.

Penis *(pl -se)* der penis.

Penizillin *das* penicillin.

Pension (pl -en) die (Hotel) guest-house; (Rente) pension; (Ruhestand) retirement; **in ~ sein** to be retired.

PENSION

A "Pension" is a family guest-house which usually has only a few rooms. Whilst the accommodation is often more basic than in a hotel, guests are normally welcomed into the host family, getting the opportunity to learn about the local culture.

pensionieren vt to pension off.

Pensionsgast (pl -gäste) der guest.

Peperoni (pl -) die chili pepper.

per präp (+A) by; (amt: pro) per; **~ Luftpost** (by) airmail.

perfekt adj perfect.

Pergamentpapier das grease-proof paper.

Periode (pl -n) die period.

Perle (pl -n) die (aus Muschel) pearl; (aus Holz, Glas) bead.

Perlenkette (pl -n) die pearl necklace.

perplex adj stunned.

Person (pl -en) die person; (in Drama, Roman) character.

Personal das staff.

Personalausweis (pl -e) der identity card.

Personalausweisnummer (pl -n) die identity card number.

Personalien pl personal details (pl).

Personalpronomen (pl -pronomina) das personal pronoun.

Personenkraftwagen (pl -) der (amt) car (Br), automobile (Am).

Personenzug (pl -züge) der (amt) passenger train.

persönlich adj personal ◆ adv personally.

Persönlichkeit (pl -en) die personality.

Perspektive (pl -n) die (optisch) perspective; (Möglichkeit) prospect.

Perücke (pl -n) die wig.

pessimistisch adj pessimistic.

Petersilie die parsley.

Petroleum das paraffin (Br), kerosene (Am).

Pf. abk = Pfennig.

Pfad (pl -e) der path.

Pfadfinder, -in (mpl -) der, die boy scout (f girl guide).

Pfahl (pl Pfähle) der post.

Pfand das (von Flaschen) deposit.

Pfandflasche (pl -n) die returnable bottle.

Pfandleihhaus (pl -häuser) das pawnbroker's.

Pfandrückgabe die counter for returning bottles.

Pfanne (pl -n) die (zum Braten) frying pan; **beschichtete ~** non-stick frying pan.

Pfannengericht (pl -e) das fried dish.

Pfannkuchen (pl -) der pancake.

Pfarrer (pl -) der (katholisch) priest; (evangelisch) vicar.

Pfarrerin (pl -nen) die (evangelisch) vicar.

Pfeffer der pepper.

Pfefferkuchen (*pl* -) *der* gingerbread.

Pfefferminztee *der* peppermint tea.

pfeffern *vt (mit Pfeffer)* to season with pepper; *(fam: werfen)* to fling.

Pfeife (*pl* -n) *die (zum Pfeifen)* whistle; *(zum Rauchen)* pipe; ~ **rauchen** to smoke a pipe.

pfeifen (*prät* pfiff, *pp* gepfiffen) *vi* to whistle.

Pfeil (*pl* -e) *der* arrow; **'folgen Sie dem gelben** ~' 'follow the yellow arrow'.

Pfeiler (*pl* -) *der* pillar.

Pfennig (*pl* -e) *der* pfennig.

Pferd (*pl* -e) *das (Tier)* horse.

Pferderennen (*pl* -) *das* horse race.

Pferdeschwanz (*pl* -schwänze) *der (Frisur)* ponytail.

Pferdesport *der* equestrian sport.

Pferdestärke (*pl* -n) *die (amt)* horsepower.

pfiff *prät* → pfeifen.

Pfiff (*pl* -e) *der (Ton)* whistle.

Pfifferling (*pl* -e) *der* chanterelle (mushroom).

Pfingsten (*pl* -) *nt* Whit.

Pfingstmontag (*pl* -e) *der* Whit Monday.

Pfingstsonntag (*pl* -e) *der* Whit Sunday.

Pfirsich (*pl* -e) *der* peach.

Pflanze (*pl* -n) *die* plant.

pflanzen *vt* to plant.

pflanzlich *adj* vegetable.

Pflaster (*pl* -) *das (Verband)* plaster; *(auf Straße)* road surface.

Pflaume (*pl* -n) *die* plum.

Pflaumenkuchen (*pl* -) *der* plum tart.

Pflaumenmus *das* plum jam.

Pflege *die* care; *(von Kranken)* nursing.

pflegeleicht *adj (Material)* easy-care.

pflegen *vt* to care for; *(Kranke)* to nurse; *(Garten)* to tend □ **sich pflegen** *ref* to take care with one's appearance.

Pflegepersonal *das* nursing staff.

Pfleger, -in (*mpl* -) *der, die (in Krankenhaus)* nurse.

Pflicht (*pl* -en) *die (Aufgabe)* duty.

pflichtbewußt *adj* conscientious.

Pflichtversicherung (*pl* -en) *die* compulsory insurance.

pflücken *vt* to pick.

Pforte (*pl* -n) *die* gate.

Pförtner, -in (*mpl* -) *der, die* porter.

Pfote (*pl* -n) *die* paw.

pfui *interj* yuck!

Pfund (*pl* -e) *das* pound; *(Gewichtseinheit)* = 500 g, ≈ pound.

Pfütze (*pl* -n) *die* puddle.

Phantasie (*pl* -n) *die* imagination.

phantastisch *adj* fantastic ◆ *adv (großartig)* fantastically.

Phase (*pl* -n) *die* phase.

Philharmoniker *pl (Orchester)* philharmonic.

Philosoph, -in (*mpl* -en) *der, die* philosopher.

Philosophie (*pl* -n) *die* philosophy.

Photo = Foto.

Phrase (pl -n) die (abw) cliché; **leere ~n** empty words.

Physik die physics (sg).

physikalisch adj physical.

Physiker, -in (mpl -) der, die physicist.

physisch adj physical.

Pianist, -in (mpl -en) der, die pianist.

Pickel (pl -) der (auf Haut) spot; (Gerät) pickaxe; (für Eis) ice axe.

Picknick (pl -s) das picnic; **ein ~ machen** to have a picnic.

Pik (pl -) das spades (pl).

pikant adj & adv spicy.

Pilger, -in (mpl -) der, die pilgrim.

Pilgerfahrt (pl -en) die pilgrimage.

Pille (pl -n) die pill; **die ~ nehmen** to be on the pill.

Pilot, -in (mpl -en) der, die pilot.

Pils (pl -) das Pils (lager).

Pilz (pl -e) der (eßbar) mushroom; (giftig) toadstool; (fam: Hautpilz) fungal infection.

pink adj pink.

pinkeln vi (fam) to pee.

Pinsel (pl -) der brush.

Pinzette (pl -n) die tweezers (pl).

Pistazie (pl -n) die pistachio.

Piste (pl -n) die (zum Skifahren) piste, run; (Landebahn) runway.

Pistole (pl -n) die pistol.

Pizza (pl -s ODER Pizzen) die pizza.

Pizzaservice (pl -s) der pizza delivery service.

Pizzeria (pl -s) die pizzeria.

Pkw (pl -s) der = **Personenkraftwagen**.

Plakat (pl -e) das poster.

Plakette (pl -n) die sticker.

Plan (pl Pläne) der plan; (Karte) map.

Plane (pl -n) die tarpaulin.

planen vt to plan.

Planet (pl -en) der planet.

Planetarium (pl Planetarien) das planetarium.

planmäßig adj (Abfahrt) scheduled ◆ adv (abfahren) on time.

Planschbecken (pl -) das paddling pool (Br), wading pool (Am).

planschen vi to splash about.

Planung (pl -en) die (Handlung) planning.

Plastik[1] das (Material) plastic.

Plastik[2] (pl -en) die (Skulptur) sculpture.

Plastiktüte (pl -n) die plastic bag.

Platin das platinum.

platt adj flat; **~ sein** (fam) to be gobsmacked; **einen Platten haben** (fam) to have a flat.

Platt(deutsch) das Low German (dialect spoken in North Germany).

Platte (pl -n) die (zum Servieren) plate; (aus Stein) slab; (aus Metall, Glas) sheet; (Schallplatte) record; (von Herd) ring.

Plattenspieler (pl -) der record player.

Plattfüße pl flat feet.

Platz (pl Plätze) der (verfügbar) space, room; (Stelle, Rang) place; (Sitzplatz) seat; (angelegt) square; **jm ~ machen** to make room for sb; **nehmen Sie ~!** sit down!; **viel ~ haben** to have a lot of room; **auf die**

Plätze, fertig, los! on your marks, get set, go!

Platzanweiser, -in (mpl -) der, die usher (fusherette).

Plätzchen (pl -) das biscuit (Br), cookie (Am).

platzen vi ist (Reifen) to burst; (fam: Termin) to fall through; (Scheck) to bounce.

Platzkarte (pl -n) die (in Zug) seat reservation.

Platzreservierung (pl -en) die seat reservation.

Platzwunde (pl -n) die cut.

plaudern vi (sprechen) to chat.

pleite adj: ~ sein to be broke.

Plombe (pl -n) die (in Zahn) filling.

plombieren vt (Zahn) to fill.

plötzlich adj sudden ◆ adv suddenly.

plump adj (schwerfällig) clumsy.

plumpsen vi ist (fam) to crash.

plus konj & adv plus; **fünf Grad ~** plus five degrees.

PLZ abk = Postleitzahl.

Po (pl -s) der (fam) bottom.

Podest (pl -e) das pedestal.

Podium (pl Podien) das podium.

Podiumsdiskussion (pl -en) die panel discussion.

Poesie die (Dichtung) poetry.

Pointe (pl -n) die punchline.

Pokal (pl -e) der (SPORT) cup.

Poker der ODER das poker.

pokern vi (Poker spielen) to play poker.

Pol (pl -e) der pole.

Polen nt Poland.

Police (pl -n) die policy.

polieren vt to polish.

Politesse (pl -n) die traffic warden.

Politik die (von Land, Stadt) politics (pl); (Taktik) policy.

Politiker, -in (mpl -) der, die politician.

politisch adj political.

Politur (pl -en) die polish.

Polizei die police (pl).

Polizeibeamte (pl -n) der police officer.

Polizeibeamtin (pl -nen) die police officer.

polizeilich adj police; ~es Kennzeichen registration number (Br), license number (Am).

Polizeirevier (pl -e) das police station.

Polizeistunde (pl -n) die closing time.

Polizeiwache (pl -n) die police station.

Polizist, -in (mpl -en) der, die police officer.

Pollen (pl -) der pollen.

Pollenflug (pl -flüge) der pollen count.

Polo das polo.

Polster (pl -) das (zum Sitzen) cushion; (Schulterpolster) shoulder pad.

Polstermöbel pl upholstered furniture (sg).

Polterabend (pl -e) der celebration usually held on evening before wedding, when crockery is broken to bring good luck.

Pommes pl (fam) chips (Br), french fries (Am).

Pommes frites *pl* chips *(Br)*, french fries *(Am)*.

Pony (*pl* **-s**) *das (Tier)* pony ◆ *der (Frisur)* fringe *(Br)*, bangs *(pl) (Am)*.

Pool (*pl* **-s**) *der (Schwimmbecken)* pool.

Popmusik *die* pop music.

populär *adj (beliebt)* popular.

porös *adj* porous.

Porree *der* leek.

Portal (*pl* **-e**) *das* portal.

Portemonnaie (*pl* **-s**) *das* purse.

Portier (*pl* **-s**) *der* porter.

Portion (*pl* **-en**) *die* portion.

Porto (*pl* **-s**) *das* postage.

portofrei *adj* freepost.

Porträt (*pl* **-s**) *das* portrait.

Portugal *nt* Portugal.

Portugiese (*pl* **-n**) *der* Portuguese (man); **die ~n** the Portuguese.

Portugiesin (*pl* **-nen**) *die* Portuguese (woman).

portugiesisch *adj* Portuguese
Portugiesisch(e) *das* Portuguese.

Portwein (*pl* **-e**) *der* port.

Porzellan (*pl* **-e**) *das* china.

Posaune (*pl* **-n**) *die* trombone.

Position (*pl* **-en**) *die* position.

positiv *adj* positive ◆ *adv* positively.

Post *die* post; *(Institution, Gebäude)* post office; **etw mit der ~ schicken** to send sthg by post; **zur ~ gehen** to got to the post office.

Postamt (*pl* **-ämter**) *das* post office.

Postanweisung (*pl* **-en**) *die* postal order *(Br)*, money order *(Am)*.

Postbote (*pl* **-n**) *der* postman *(Br)*, mailman *(Am)*.

Postbotin (*pl* **-nen**) *die* postwoman *(Br)*, mailwoman *(Am)*.

Posten (*pl* **-**) *der (beruflich)* post.

Poster (*pl* **-**) *das* poster.

Postf. *abk* = Postfach.

Postfach (*pl* **-fächer**) *das* PO box.

Postgiroamt (*pl* **-ämter**) *das* ≈ Girobank.

Postgirokonto (*pl* **-konten**) *das* ≈ Girobank account.

Postkarte (*pl* **-n**) *die* postcard.

postlagernd *adj* poste restante.

Postleitzahl (*pl* **-en**) *die* post code *(Br)*, zip code *(Am)*.

Postleitzahlenbuch (*pl* **-bücher**) *das* post code directory.

Postschalter (*pl* **-**) *der* post office counter.

Postscheck (*pl* **-s**) *der* giro cheque.

Postscheckamt (*pl* **-ämter**) *das* ≈ Girobank.

Postscheckkonto (*pl* **-konten**) *das* ≈ Girobank account.

Postsparkasse (*pl* **-n**) *die* Post Office Savings Bank.

Poststempel (*pl* **-**) *der* postmark.

Postüberweisung (*pl* **-en**) *die* Giro transfer.

Postvermerk (*pl* **-e**) *der* postmark.

Postweg *der:* **auf dem ~** by post.

Postwertzeichen (*pl* **-**) *das (amt)* postage stamp.

prächtig *adj* magnificent.

Prädikat (*pl* -e) *das (GRAMM)* predicate; *(Note)* grade.

prahlen *vi* to boast.

Praktikant, -in (*mpl* -en) *der, die* trainee.

Praktikum (*pl* Praktika) *das* work placement; **ein ~ machen** to be on a work placement.

praktisch *adj* practical ♦ *adv* practically.

Praline (*pl* -n) *die* chocolate.

prall *adj* bulging; **in der ~en Sonne** in the blazing sun.

Prämie (*pl* -n) *die (von Bank, Versicherung)* premium; *(Belohnung)* bonus.

prämieren *vt* to award.

Präparat (*pl* -e) *das (Medikament)* preparation.

Präsens *das* present (tense).

präsentieren *vt* to present.

Präservativ (*pl* -e) *das* condom.

Präsident, -in (*mpl* -en) *der, die* president.

Prater *der* large park near Vienna.

PRATER

This huge national park is situated near Vienna, between the river Danube and the Danube canal. Besides its wide, open spaces and parkland, it boasts sports facilities such as a golf course, sports stadium and a trotting course for horses. It is also home to the "Wurstlprater", a permanent funfair which includes the 61 m high Ferris wheel that has become the symbol of Vienna.

Präteritum *das* imperfect (tense).

Praxis (*pl* Praxen) *die* practice; **in der ~** *(Wirklichkeit)* in practice.

präzise *adj* precise.

predigen *vi* to preach.

Preis (*pl* -e) *der* price; *(Belohnung)* prize; **der ~ für** the price of; **im ~ inbegriffen** included in the price.

Preisänderung (*pl* -en) *die* price change.

Preisausschreiben (*pl* -) *das* competition.

Preiselbeere (*pl* -n) *die* cranberry.

Preisermäßigung (*pl* -en) *die* reduction in price.

preisgünstig *adj* cheap.

Preislage (*pl* -n) *die* price range.

Preisliste (*pl* -n) *die* price list.

Preisschild (*pl* -er) *das* price tag.

Preisstufe (*pl* -n) *die (bei Bus)* fare stage.

preiswert *adj* cheap ♦ *adv* cheaply.

prellen *vt*: **die Zeche ~** to leave without paying; **sich (D) etw ~** *(verletzen)* to bruise sthg.

Prellung (*pl* -en) *die* bruise.

Premiere (*pl* -n) *die* premiere.

Premierminister, -in (*mpl* -) *der, die* prime minister.

Presse (*pl* -n) *die* press.

pressen *vt* to press.

prickelnd *adj (Wein, Wasser)* sparkling.

Priester, -in (*mpl* -) *der, die* priest.

prima *adj (fam)* brilliant.

primitiv *adj* primitive.

Prinz (*pl* -en) *der* prince.

Prinzessin (pl -nen) die princess.

Prinzip (pl -ien) das piciple; **aus ~** on principle; **im ~** in principle.

prinzipiell adj in principle.

Prise (pl -n) die pinch; **eine ~ Salz** a pinch of salt.

priv. abk = privat.

privat adj private ◆ adv privately.

Privatadresse (pl -n) die home address.

Privatbesitz der private ownership.

Privatfernsehen das commercial television.

Privatgespräch (pl -e) das private conversation.

Privatgrundstück (pl -e) das private property.

privatisieren vt to privatize.

Privatpatient, -in (mpl -en) der, die private patient.

Privatquartier (pl -e) das private accommodation.

Privatsender (pl -) der commercial television channel.

Privatunterkunft (pl -künfte) die private accommodation.

Privatversicherung (pl -en) die private insurance.

Privatweg (pl -e) der private footpath.

pro präp (+A) per; **~ Kopf** ODER **Person** per person; **zweimal ~ Tag** twice a day.

Probe (pl -n) die (probieren, prüfen) test; (Teil) sample; (von Aufführung) rehearsal.

Probefahrt (pl -en) die test drive.

Probezeit (pl -en) die trial period.

probieren vt (Essen, Getränk) to taste; (versuchen) to try.

Problem (pl -e) das problem; **kein ~!** (fam) no problem!

problematisch adj problematic.

problemlos adj problem-free.

Produkt (pl -e) das product.

Produktion (pl -en) die production.

Produzent, -in (mpl -en) der, die (von Ware) manufacturer; (von Film) producer.

produzieren vt to produce □ **sich produzieren** ref (abw) to show off.

Prof. abk = Professor.

professionell adj professional.

Professor (pl Professoren) der professor.

Professorin (pl -nen) die professor.

Profi (pl -s) der pro.

Profil (pl -e) das (von Reifen) tread; (von Gesicht) profile.

Profit (pl -e) der profit.

profitieren vi to profit.

Prognose (pl -n) die prognosis.

Programm (pl -e) das programme; (EDV) program; (von Partei) agenda.

Programmheft (pl -e) das programme.

Programmhinweis (pl -e) der trailer.

programmieren vt (EDV) to program.

Programmierer, -in (mpl -) der, die programmer.

Programmkino (*pl -s*) *das* art house cinema.

Programmpunkt (*pl -e*) *der* item (*on agenda*).

Programmübersicht (*pl -en*) *die* programme preview.

Programmzeitschrift (*pl -en*) *die* TV guide.

progressiv *adj* progressive.

Projekt (*pl -e*) *das* project.

Projektor (*pl* Projektoren) *der* projector.

Promenade (*pl -n*) *die* promenade.

Promille (*pl -*) *das* (*von Alkohol*) alcohol level; **1,5 ~ haben** to have 1.5 grammes of alcohol in one's blood.

prominent *adj* prominent.

prompt *adv* promptly.

Propangas *das* propane.

prophylaktisch *adj* preventative.

prosit *interj* cheers!

Prospekt (*pl -e*) *der* brochure.

prost *interj* cheers!

Prostituierte (*pl -n*) *der, die* prostitute.

Protest (*pl -e*) *der* protest.

Protestant, -in (*mpl -en*) *der, die* protestant.

protestantisch *adj* protestant.

protestieren *vi* to protest; **~ gegen** to protest against (*Br*), to protest (*Am*).

Prothese (*pl -n*) *die* artificial limb; (*Zahnprothese*) dentures (*pl*).

Protokoll (*pl -e*) *das* (*Aufzeichnung*) record; **etw zu ~ geben** to put sthg on the record.

protokollieren *vt* to record.

Proviant *der* provisions (*pl*).

Provinz (*pl -en*) *die* (*Landesteil*) province; (*abw: Hinterland*) provinces (*pl*).

provinziell *adj* (*abw*) provincial.

Provision (*pl -en*) *die* commission.

provisorisch *adj* provisional.

provozieren *vt* to provoke.

Prozent (*pl -e*) *das* per cent ❑

Prozente *pl* (*Preisnachlaß*) discount (*sg*).

Prozeß (*pl* Prozesse) *der* (*vor Gericht*) trial; (*Vorgang*) process.

Prozession (*pl -en*) *die* procession.

P+R-Parkplatz (*pl -plätze*) *der* park and ride car park.

prüfen *vt* (*Schüler, Qualität*) to test; (*Rechnung, Maschine*) to check.

Prüfung (*pl -en*) *die* exam, examination; **eine ~ bestehen** to pass an exam; **eine ~ machen** to sit ODER take an exam.

Prügelei (*pl -en*) *die* fight.

prügeln *vt* to beat ❑ **sich prügeln** *ref* to fight.

prunkvoll *adj* magnificent.

PS *das* (*abk für Pferdestärke*) HP; (*abk für Postscriptum*) PS.

Pseudonym (*pl -e*) *das* pseudonym.

Psychiater, -in (*mpl -*) *der, die* psychiatrist.

psychisch *adj* psychological ◆ *adv* psychologically.

Psychologe (*pl -n*) *der* psychologist.

Psychologie *die* psychology.

Psychologin (*pl* -nen) *die* psychologist.

Psychotherapie *die* psychotherapy.

Pubertät *die* puberty.

Publikum *das* (*von Veranstaltung*) audience; (*von Restaurant*) customers (*pl*).

Pudding *das* (*pl* -s) *der* blancmange.

Puder (*pl* -) *der* powder.

Puderdose (*pl* -n) *die* (powder) compact.

pudern *vt* to powder ◻ **sich pudern** *ref* to powder o.s.

Puderzucker *der* icing sugar.

Pulli (*pl* -s) *der* (*fam*) sweater, jumper (*Br*).

Pullover (*pl* -) *der* sweater, jumper (*Br*).

Puls (*pl* -e) *der* pulse.

Pulver (*pl* -) *das* powder.

Pulverkaffee *der* instant coffee.

Pulverschnee *der* powder snow.

Pumpe (*pl* -n) *die* (*Gerät*) pump.

pumpen *vt* & *vi* to pump; **jm etw** ~ (*fam: leihen*) to lend sb sthg; **sich** (*D*) **etw** ~ (*fam*) to borrow sthg.

Pumpernickel *das* pumpernickel (*dark hard bread made from rye flour*).

Pumps (*pl* -) *der* court shoe.

Punker, -in (*mpl* -) *der, die* punk.

Punkt (*pl* -e) *der* point; (*GRAMM*) full stop (*Br*), period (*Am*); (*auf Stoff*) dot; ~ **ein Uhr** one o'clock on the dot.

pünktlich *adj* punctual ◆ *adv* punctually.

Punsch (*pl* -e) *der* punch.

Puppe (*pl* -n) *die* (*Spielzeug*) doll.

pur *adj* pure.

Püree (*pl* -s) *das* puree.

Pute (*pl* -n) *die* turkey.

Putenschnitzel (*pl* -) *das* turkey escalope.

putzen *vt* & *vi* to clean; **sich** (*D*) **die Nase** ~ to blow one's nose; **sich** (*D*) **die Zähne** ~ to clean one's teeth ◻ **sich putzen** *ref* (*Tier*) to wash o.s.

Putzfrau (*pl* -en) *die* cleaner.

Putzlappen (*pl* -) *der* cloth.

Putzmittel (*pl* -) *das* cleaning fluid.

Puzzle (*pl* -s) *das* jigsaw (puzzle).

Pyramide (*pl* -n) *die* pyramid.

Q

Quadrat (*pl* -e) *das* (*Form*) square.

quadratisch *adj* square.

Quadratmeter (*pl* -) *der* square metre.

quälen *vt* to torture ◻ **sich quälen** *ref* to suffer.

Qualifikation (*pl* -en) *die* qualification.

Qualität (*pl* -en) *die* quality.

Qualle (*pl* -n) *die* jellyfish.

Qualm *der* thick smoke.

qualmen *vi* (*Feuer, Schornstein*) to smoke.

Quarantäne (*pl -n*) *die* quarantine.

Quark *der* soft cheese.

Quarktasche (*pl -n*) *die* pastry filled with soft cheese.

Quarktorte (*pl -n*) *die* cheesecake.

Quartett (*pl -e*) *das* (MUS) quartet; (*Kartenspiel*) children's card game where players have to collect four of a kind.

Quartier (*pl -e*) *das* (*Unterkunft*) accommodation.

Quarzuhr (*pl -en*) *die* (*Armband*) quartz watch; (*an Wand*) quartz clock.

quasi *adv* virtually.

Quatsch *der* (*fam*) rubbish.

quatschen *vi* (*fam*) (*reden*) to chat; (*zu viel reden*) to chatter.

Quelle (*pl -n*) *die* source; (*von Wasser*) spring.

quellen (*präs* quillt, *prät* quoll, *pp* gequollen) *vi* (*Flüssigkeit*) to stream; (*Reis, Erbsen*) to swell.

quer *adv* (*diagonal*) diagonally; (*rechtwinklig*) at right angles.

querfeldein *adv* cross-country.

Querflöte (*pl -n*) *die* flute.

querschnittsgelähmt *adj* paraplegic.

Querstraße (*pl -n*) *die*: die nächste ~ rechts the next turning on the right.

quetschen *vt* (*zerquetschen*) to crush; (*verletzen*) to squeeze; **ich hab' mir den Finger in der Tür gequetscht** I caught my finger in the door □ **sich quetschen** *ref* (*sich zwängen*) to squeeze.

Quetschung (*pl -en*) *die* bruise.

quietschen *vi* to squeak.

quillt *präs* → **quellen**.

Quitte (*pl -n*) *die* quince.

quittieren *vt* (*mit Unterschrift*) to write a receipt for.

Quittung (*pl -en*) *die* (*für Zahlung*) receipt; **könnte ich bitte eine ~ bekommen?** could I have a receipt please?

Quiz (*pl -*) *das* quiz.

quoll *prät* → **quellen**.

R

Rabatt (*pl -e*) *der* discount; ~ bekommen/geben auf (+A) to get/give a discount on.

rabiat *adj* brutal.

Rache *die* revenge.

rächen *vt* to avenge □ **sich rächen** *ref* (*Rache nehmen*) to get one's revenge.

Rad (*pl* Räder) *das* wheel; (*Fahrrad*) bike; **mit dem ~ fahren** to cycle.

Radar *der* radar.

Radarkontrolle (*pl -n*) *die* speed trap.

radeln *vi ist* to cycle.

radfahren *vi unr ist* to cycle.

Radfahrer, -in (*mpl -*) *der, die* cyclist.

Radfahrweg (*pl -e*) *der* cycle track.

Radi (*pl -*) *der* (*Süddt*) radish.

radieren vi (mit Radiergummi) to erase ◆ vt (Bild) to etch.

Radiergummi (pl -s) der rubber (Br), eraser (Am).

Radieschen (pl -) das radish.

radikal adj radical.

Radio (pl -s) das radio.

radioaktiv adj radioactive.

Radiologe (pl -n) der radiologist.

Radiologin (pl -nen) die radiologist.

Radiorecorder (pl -) der radio cassette player.

Radiosender (pl -) der radio station.

Radiosendung (pl -en) die radio programme.

Radiowecker (pl -) der radio alarm.

Radler, -in (mpl -) der, die (fam: Radfahrer) cyclist.

Radrennen (pl -) das cycle race.

Radsport der cycling.

Radtour (pl -en) die cycling tour.

Radwechsel (pl -) der wheel change.

Radweg (pl -e) der cycle path.

raffiniert adj (schlau) cunning.

Ragout (pl -s) das stew.

Rahm der cream.

Rahmen (pl -) der frame; (von Fahrzeug) chassis.

Rakete (pl -n) die rocket.

rammen vt (Auto, Bus) to ram.

Rampe (pl -n) die (Laderampe) ramp.

Rand (pl Ränder) der edge; (von Gefäß) rim; (auf Papier) margin.

randalieren vi to rampage.

Randstreifen (pl -) der (von Straße) verge (Br), berm (Am); (von Autobahn) hard shoulder (Br), shoulder (Am).

randvoll adj full to the brim.

rang prät → ringen.

Rang (pl Ränge) der rank; (im Theater) circle; **der erste/zweite ~** dress/upper circle.

rangieren vt (Fahrzeug) to shunt ◆ vi (Sportler): **an dritter Stelle ~** to be in third place.

ranken vi ist (Pflanze) to climb ❑ **sich ranken** ref (Pflanze) to climb.

rann prät → rinnen.

rannte prät → rennen.

ranzig adj rancid.

Rappen (pl -) der (Münze) centime (one hundredth of a Swiss franc).

Rapsöl das rapeseed oil.

Rarität (pl -en) die (Gegenstand) rarity.

rasant adj (Tempo) rapid.

rasch adj quick.

rascheln vi (Blätter) to rustle.

rasen vi ist (fahren) to race.

Rasen der lawn; (Gras) grass.

Rasenfläche (pl -n) die lawn.

Rasenmäher (pl -) der lawnmower.

Rasierapparat (pl -e) der shaver.

Rasiercreme (pl -s) die shaving cream.

rasieren vt to shave ❑ **sich rasieren** ref to shave; **sich naß ~** to have a wet shave.

Rasierer (pl -) der shaver.

Rasierklinge (pl -n) die razor blade.

Rasiermesser (pl -) das razor.

Rasierpinsel (pl -) der shaving brush.

Rasierschaum der shaving foam.

Rasierseife (pl -n) die shaving soap.

Rasierwasser das aftershave.

Rasse (pl -n) die (von Menschen) race; (von Tieren) breed.

Rassismus der racism.

Rast die rest; ~ **machen** to have a rest.

rasten vi to rest.

Rasthof (pl -höfe) der (an Autobahn) services (pl) (with accommodation).

Rastplatz (pl -plätze) der (an Autobahn) services (pl); (an Wanderweg) picnic area; '~ **bitte sauberhalten!**' 'please keep this picnic area tidy'.

Raststätte (pl -n) die (an Autobahn) services (pl).

Rasur (pl -en) die shave.

Rat (pl Räte) der (Ausschuß) council; (Ratschlag) (piece of) advice; **jm einen ~ geben** to advise sb; **jn um ~ fragen** to ask sb for advice.

rät präs → **raten**.

Rate (pl -n) die (Zahlung) instalment.

raten (präs rät, prät riet, pp geraten) vi & vt (erraten) to guess; **jm ~** (Rat geben) to advise sb.

Ratenzahlung (pl -en) die payment by instalments.

Ratgeber (pl -) der (Buch, Heft) guide.

Rathaus (pl -häuser) das town hall.

Ration (pl -en) die ration.

rational adj rational.

rationalisieren vi & vt to rationalize.

rationell adj (wirksam) efficient.

ratlos adj helpless.

ratsam adj advisable.

Ratschlag (pl -schläge) der piece of advice.

Ratschläge pl advice (sg).

Rätsel (pl -) das puzzle.

Ratskeller (pl -) der cellar bar underneath a town hall.

Ratte (pl -n) die rat.

Raub der robbery.

rauben vt (Geld, Gegenstand) to steal.

Raubüberfall (pl -fälle) der robbery.

Rauch der smoke.

rauchen vi & vt to smoke; '**bitte nicht ~**' 'no smoking please'; '**Rauchen verboten**' 'no smoking'.

Raucher, -in (mpl -) der, die (Person) smoker.

Räucheraal (pl -e) der smoked eel.

Raucherabteil (pl -e) das smoking compartment.

Räucherlachs der smoked salmon.

räuchern vt to smoke.

Rauchfleisch das smoked meat.

rauchfrei adj: '~**e Zone**' (in Restaurant) 'no-smoking area'.

Rauchmelder (pl -) der smoke alarm.

Rauchverbot das ban on smoking.

rauf adv (fam) = **herauf**.

rauh adj rough; (Klima) harsh.

Rauhreif der frost.

Raum (pl Räume) der room; (Dimension) space; (Region) area.

räumen vt to clear up; (Straße) to clear; (Wohnung, Haus) to vacate.

Raumfähre (pl -n) die space shuttle.

Raumfahrt die space travel.

Räumlichkeiten pl (Gebäude) premises.

Raumpfleger, -in (mpl -) der, die cleaner.

Raumschiff (pl -e) das spaceship.

Raumtemperatur (pl -en) die room temperature.

Räumungsarbeiten pl clearance work (sg).

Räumungsverkauf (pl -käufe) der clearance sale.

Raupe (pl -n) die (Tier) caterpillar; (Karussell) funfair ride shaped like a caterpillar.

raus adv (fam) = heraus; ~ hier! get out!

Rausch (pl Räusche) der (von Alkohol) intoxication; (Ekstase) ecstasy.

rauschen vi (Wasser) to roar; (Bäume) to rustle ◆ vimp: es ~ (in Telefon) it's a bad line.

Rauschgift (pl -e) das drug.

rauschgiftsüchtig adj addicted to drugs.

raus|fliegen vi unr ist (fam: aus Schule, Lokal) to be thrown out.

raus|halten: sich raushalten ref (fam) to stay out of it.

raus|kriegen vt unr (fam: Geheimnis) to find out.

räuspern: sich räuspern ref to clear one's throat.

raus|schmeißen vt unr (fam) to throw out.

reagieren vi to react.

Reaktion (pl -en) die reaction; allergische ~ allergic reaction.

real adj real.

realisieren vt to realize.

realistisch adj realistic.

Realität die reality.

Realschule (pl -n) die secondary school for pupils up to the age of 16.

Rebe (pl -n) die vine.

rebellieren vi to rebel.

Rebhuhn (pl -hühner) das partridge.

Rebstock (pl -stöcke) der vine.

rechnen vi (mit Zahlen) to calculate ◆ vt (Aufgabe) to work out; ~ mit (erwarten) to expect; (sich verlassen auf) to count on; **damit ~, etw zu tun** to expect to do sthg.

Rechner (pl -) der (Computer) computer.

Rechnung (pl -en) die (Rechenaufgabe) calculation; (für Leistung, für Speisen) bill (Br), check (Am); **auf js ~** at sb's expense; **die ~, bitte!** could I have the bill please?

Rechnungsbetrag (pl -beträge) der total amount.

recht adj (richtig) right ◆ adv (ziemlich) quite; **jm ~ geben** to agree with sb; **ist Ihnen das ~?** is that all right with you?; ~ **haben** to be right.

Recht (pl -e) das right; **zu ~** rightly.

rechte, -r, -s adj right; (politisch) right-wing.

Rechte[1] (*pl* **-n**) *die (politisch)* right wing.

Rechte[2] *das (das Richtige)* right thing.

Rechteck (*pl* **-e**) *das* rectangle.

rechteckig *adj* rectangular.

rechtfertigen *vt* to justify □ **sich rechtfertigen** *ref* to justify o.s.

Rechtfertigung (*pl* **-en**) *die* justification.

rechthaberisch *adj*: **er ist immer so** ~ he always thinks he's right.

rechtlich *adj* legal.

rechts *adv (Seitenangabe)* on the right; *(Richtungsangabe)* right; *(politisch)* to be right-wing; **nach** ~ right; ~ **von jm/etw** to the right of sb/sthg; **von** ~ from the right.

Rechtsabbieger (*pl* **-**) *der* car turning right.

Rechtsanwalt, -wältin (*mpl* **-wälte**) *der, die* lawyer.

Rechtschreibung *die* spelling.

rechtsherum *adv* to the right.

Rechtskurve (*pl* **-n**) *die* right-hand bend.

Rechtsradikale (*pl* **-n**) *der, die* right-wing extremist.

Rechtsverkehr *der* driving on the right.

Rechtsweg *der (amt)* legal action.

rechtswidrig *adj* illegal.

rechtzeitig *adj* timely ◆ *adv* on time.

recyceln *vt* to recycle.

Recycling *das* recycling.

Recyclingpapier *das* recycled paper.

Redakteur, -in (*mpl* **-e**) *der, die* editor.

Rede (*pl* **-n**) *die (Vortrag)* talk; **eine** ~ **halten** to make a speech; **direkte/ indirekte** ~ *(GRAMM)* direct/indirect speech.

reden *vt & vi* to talk; ~ **mit** to talk to; ~ **über** (+*A*) to talk about.

Redewendung (*pl* **-en**) *die* idiom.

Redner, -in (*mpl* **-**) *der, die* speaker.

reduzieren *vt (verringern)* to reduce □ **sich reduzieren** *ref* to decrease.

reduziert *adj*: ~**e Ware** reduced goods.

Reederei (*pl* **-en**) *die* shipping company.

Reeperbahn *die street in Hamburg famous for its bars and night-clubs.*

---

i **REEPERBAHN**

The "Reeperbahn" is the main street in Hamburg's notorious St Pauli nightclub district. The area is home to several pubs, nightclubs, strip joints and amusement arcades and the name "Reeperbahn" has become synonymous with the city's red-light district.

---

reflektieren *vt (Licht)* to reflect.

Reflex (*pl* **-e**) *der (Reaktion)* reflex.

Reform (*pl* **-en**) *die* reform.

Reformationstag (*pl* **-e**) *der*

Reformation Day, *31st October, day on which the Reformation is celebrated.*
Reformhaus *(pl* **-häuser***) das* health food shop.

---

i REFORMHAUS

In addition to health food, these shops, which are very common in Germany, sell natural health care and beauty products. Sometimes there is also a health food cafe on the premises.

---

reformieren *vt* to reform.
Reformkost *die* health food.
Regal *(pl* **-e***) das* shelves *(pl).*
Regatta *(pl* **Regatten***) die* regatta.
rege *adj (lebhaft)* lively.
Regel *(pl* **-n***) die* rule; *(Menstruation)* period; **in der ~** as a rule.
Regelblutung *(pl* **-en***) die* period.
regelmäßig *adj* regular ♦ *adv* regularly; *(fam: immer)* always.
regeln *vt* to regulate; *(Verhältnisse)* to settle; **etw vertraglich ~** to stipulate sthg in a contract ❑ **sich regeln** *ref* to sort itself out.
Regelung *(pl* **-en***) die (Vorschrift)* regulation.
Regen *der* rain; **bei ~** if it rains; **im ~** in the rain.
Regenbogen *(pl* **-bögen***) der* rainbow.
Regenfälle *pl* rain *(sg).*
Regenjacke *(pl* **-n***) die* raincoat.
Regenmantel *(pl* **-mäntel***) der* raincoat.

Regenrinne *(pl* **-n***) die* gutter.
Regenschauer *(pl* **-***) der* shower.
Regenschirm *(pl* **-e***) der* umbrella.
Regentropfen *(pl* **-***) der* raindrop.
Regenwetter *das* rainy weather.
Regenwurm *(pl* **-würmer***) der* earthworm.
Regie *die* direction.
regieren *vt (Land)* to govern ♦ *vi (König)* to rule; *(Partei, Politiker)* to be in power.
Regierung *(pl* **-en***) die* government.
Regierungsbezirk *(pl* **-e***) der* administrative division of a 'Land'.
Regierungssitz *(pl* **-e***) der* seat of government.
Region *(pl* **-en***) die* region.
regional *adj* regional ♦ *adv:* **~ verschieden** different from region to region.
Regionalprogramm *(pl* **-e***) das* regional channel.
Regisseur, -in *(mpl* **-e***) der, die* director.
registrieren *vt (wahrnehmen)* to note; *(eintragen)* to register.
regnen *vimp* to rain; **es regnet** it's raining.
regnerisch *adj* rainy.
regulär *adj* regular; *(fam: normal)* normal.
regulieren *vt* to regulate.
Reh *(pl* **-e***) das (Tier)* deer; *(Fleisch)* venison.
Rehrücken *(pl* **-***) der* saddle of venison.

Reibe (*pl* -n) *die* grater.

Reibekuchen (*pl* -) *der* potato waffle (*Br*), ≈ hash browns (*Am*).

reiben (*prät* **rieb**, *pp* **gerieben**) *vt* to rub; (*Kartoffeln*) to grate ◆ *vi* (*scheuern*) to rub; **sich** (*D*) **die Augen/Hände ~** to rub one's eyes/hands.

Reiberdatschi (*pl* -) *der* (*Süddt*) potato waffle (*Br*), ≈ hash browns (*Am*).

reibungslos *adj* smooth.

reich *adj* rich; (*Auswahl*) large; **~ sein an** (+*D*) to be rich in.

Reich (*pl* -e) *das* (*Herrschaftsgebiet*) empire; (*Bereich*) realm.

reichen *vi* (*genügen*) to be enough; (*räumlich*) to reach ◆ *vt* (*geh: geben*) to give, to pass; **jm etw ~** to pass sthg to sb; **der Wein reicht nicht** there isn't enough wine; **jetzt reicht's mir!** (*fam*) I've had enough!; **das reicht!** (*fam*) that's enough!

reichhaltig *adj* extensive; **~es Essen** rich food.

reichlich *adj* (*groß*) large ◆ *adv* (*viel*) plenty of; (*ziemlich*) pretty.

Reichtum *der* wealth.

reif *adj* (*Obst*) ripe; (*Person*) mature.

Reif *der* (*Rauhreif*) frost.

reifen *vi ist* (*Obst*) to ripen.

Reifen (*pl* -) *der* (*von Auto, Fahrrad*) tyre; (*Ring*) hoop; **den ~ wechseln** to change the tyre.

Reifendruck *der* tyre pressure.

Reifenpanne (*pl* -n) *die* puncture.

Reifenwechsel (*pl* -) *der* tyre change.

Reihe (*pl* -n) *die* (*Linie*) line; (*in Theater, Kino*) row; (*in Fernsehen, Radio*) series; **eine ~ von** (*Menge*) a

number of; **in einer ~** in a row; **der ~ nach** in turn; **Sie sind an der ~** it's your turn.

Reihenfolge *die* order.

Reihenhaus (*pl* -**häuser**) *das* terraced house.

rein *adj* (*sauber*) clean; (*pur, ungemischt*) pure ◆ *adv* (*ausnahmslos*) purely; (*fam: überhaupt*) absolutely; (*fam*) = **herein**; **komm ~!** (*fam*) come in!

rein|**fallen** *vi unr ist* (*fam: hineinfallen*) to fall in; (*fam: getäuscht werden*) to be taken for a ride; **~ auf** (+*A*) (*fam*) to fall for.

reinigen *vt* to clean; **chemisch ~** to dry-clean.

Reiniger (*pl* -) *der* cleaner.

Reinigung (*pl* -en) *die* (*Geschäft*) dry cleaner's; (*Handlung*) cleaning.

Reinigungsmilch *die* cleansing milk.

Reinigungsmittel (*pl* -) *das* cleanser.

rein|**legen** *vt* (*fam*): (*betrügen, ärgern*) to take for a ride; (*hineinlegen*) to put in.

rein|**reden** *vi*: **jm ~** (*fam: ins Wort fallen*) to interrupt sb; (*fam: beeinflussen*) to interfere with sb.

Reis *der* rice.

Reise (*pl* -n) *die* journey; (*kurz*) trip; **eine ~ machen** to go on a journey/trip; **gute ~!** have a good journey/trip!

Reiseandenken (*pl* -) *das* souvenir.

Reiseapotheke (*pl* -n) *die* first-aid kit.

Reisebegleiter, -in (*mpl* -) *der, die* travelling companion.

Reisebüro (*pl* -s) *das* travel agency.

Reisebus (*pl* -se) *der* coach.

Reiseführer (*pl* -) *der* (*Buch*) guide book; (*Person*) guide, courier.

Reiseführerin (*pl* -nen) *die* guide, courier.

Reisegepäck *das* luggage.

Reisegesellschaft (*pl* -en) *die* (*Gruppe*) group of tourists; (*Firma*) tour operator.

Reisegruppe (*pl* -n) *die* group of tourists.

reisekrank *adj* travelsick.

Reiseleiter, -in (*mpl* -) *der, die* guide, courier.

reiselustig *adj* fond of travelling.

reisen *vi* ist to travel; ~ **nach** to go to.

Reisende (*pl* -n) *der, die* traveller; ~ **in Richtung Frankfurt** passengers travelling to Frankfurt.

Reisepaß (*pl* -pässe) *der* passport.

Reiseproviant *der* food for the journey.

Reiseroute (*pl* -n) *die* route.

Reiseruf (*pl* -e) *der* emergency announcement broadcast over the radio.

Reisescheck (*pl* -s) *der* traveller's cheque.

Reisetasche (*pl* -n) *die* travel bag.

Reiseunternehmen (*pl* -) *das* tour operator.

Reiseveranstalter (*pl* -) *der* tour operator.

Reiseverkehr *der* holiday traffic.

Reiseversicherung (*pl* -en) *die* travel insurance.

Reisewetterbericht (*pl* -e) *der* holiday weather forecast.

Reisezeit (*pl* -en) *die* journey time.

Reiseziel (*pl* -e) *das* destination.

reißen (*prät* riß, *pp* gerissen) *vi* ist (*zerreißen*) to break ◆ *vi* hat (*ziehen*) to pull ◆ *vt* hat (*ziehen, wegziehen*) to pull; (*zerreißen*) to tear; **an etw** (*D*) ~ to pull sthg ☐ **sich reißen** *ref*: sich ~ **um** to scramble for.

Reißverschluß (*pl* -schlüsse) *der* zip (*Br*), zipper (*Am*).

Reißzwecke (*pl* -n) *die* drawing pin (*Br*), thumbtack (*Am*).

reiten (*prät* ritt, *pp* geritten) *vi* ist & *vt* hat to ride; **auf einem Pferd** ~ to ride a horse.

Reiter, -in (*mpl* -) *der, die* rider.

Reitpferd (*pl* -e) *das* horse (for riding).

Reitsport *der* riding.

Reitstall (*pl* -ställe) *der* riding stable.

Reitweg (*pl* -e) *der* bridle path.

Reiz (*pl* -e) *der* (*physikalisch*) stimulus; (*Schönheit*) attraction.

reizen *vt* (*verlocken*) to tempt; (*provozieren*) to annoy; (*Augen, Magen*) to irritate ◆ *vi* **es reizt zum Lachen** it makes you want to laugh.

reizend *adj* charming.

Reizung (*pl* -en) *die* (*von Schleimhaut, Magen*) irritation.

reizvoll *adj* (*schön*) attractive.

Reklamation (*pl* -en) *die* complaint.

Reklame *die* advertising.

reklamieren vt (Ware, Service) to complain about.

Rekord (pl -e) der record.

relativ adj relative ◆ adv relatively.

relaxen vi (fam) to relax.

relevant adj relevant.

Religion (pl -en) die religion; (Schulfach) religious education.

Relikt (pl -e) das relic.

Reling die rail.

remis adv: ~ enden to end in a draw.

Remoulade (pl -n) die remoulade, sauce of eggs, oil and herbs.

Renaissance die Renaissance.

Rendezvous (pl -) das rendezvous.

Rennbahn (pl -en) die racetrack.

rennen (prät rannte, pp gerannt) vi ist (laufen) to run; (fam: gehen) to go.

Rennen (pl -) das racing; (Veranstaltung) race.

Rennfahrer, -in (mpl -) der, die racing driver.

Rennrad (pl -räder) das racing bike.

Rennsport der racing.

Rennwagen (pl -) der racing car.

renommiert adj famous.

renovieren vt to renovate.

Renovierung (pl -en) die renovation; 'wegen ~ geschlossen' 'closed for alterations'.

Rente (pl -n) die (Pension) pension.

Rentner, -in (mpl -) der, die pensioner.

Reparatur (pl -en) die repair.

Reparaturdienst (pl -e) der repair service.

Reparaturkosten pl repair costs.

Reparaturwerkstatt (pl -stätten) die garage.

reparieren vt to repair.

Reportage (pl -n) die report.

Reporter, -in (mpl -) der, die reporter.

repräsentativ adj representative; (Wagen, Villa) imposing.

Republik (pl -en) die republic.

Reserve (pl -n) die (Vorrat) reserve; (SPORT) reserves (pl); **etw in ~ haben** to have sthg in reserve.

Reservekanister (pl -) der spare can.

Reserverad (pl -räder) das spare wheel.

Reservereifen (pl -) der spare tyre.

Reservespieler, -in (mpl -) der, die reserve.

reservieren vt to reserve.

reserviert adj reserved.

Reservierung (pl -en) die reservation.

resignieren vi to give up.

Respekt der (Achtung) respect; (Angst) fear.

respektieren vt to respect.

Rest (pl -e) der rest.

Restaurant (pl -s) das restaurant.

Restbetrag (pl -träge) der balance.

Restgeld das: 'kein ~' 'no change'; '~ wird erstattet' 'change given'.

restlich adj remaining.

restlos *adv* completely.

Resturlaub *der* remaining holidays *(pl)*.

Resultat *(pl -e) das* result.

retten *vt* to save; *(aus Gefahr)* to rescue □ **sich retten** *ref* to escape.

Retter, -in *(mpl -) der, die* rescuer.

Rettich *(pl -e) der* radish.

Rettung *(pl -en) die (Handlung)* rescue.

Rettungsboot *(pl -e) das* lifeboat.

Rettungsdienst *(pl -e) der* emergency services *(pl)*.

Rettungsring *(pl -e) der* life belt.

Rettungswagen *(pl -) der* ambulance.

Revier *(pl -e) das (Bezirk)* district.

Revolution *(pl -en) die* revolution.

Revolver *(pl -) der* revolver.

Revue *(pl -n) die* revue.

Rezept *(pl -e) das (für Gericht)* recipe; *(für Medikament)* prescription; **nur gegen** ~ only on prescription.

rezeptfrei *adj* available without a prescription.

Rezeption *(pl -en) die (im Hotel)* reception.

rezeptpflichtig *adj* available only on prescription.

R-Gespräch *(pl -e) das* reverse charge call *(Br)*, collect call *(Am)*.

Rhabarber *der* rhubarb.

Rhein *der:* **der** ~ the Rhine.

rheinisch *adj* Rhenish.

Rheinland *das* Rhineland.

Rheinland-Pfalz *nt* Rhineland-Palatinate.

Rheinwein *(pl -e) der* Rhine wine, hock *(Br)*.

rhetorisch *adj* rhetorical.

Rheuma *das* rheumatism.

Rhythmus *(pl* **Rhythmen)** *der* rhythm.

Ribis(e)l *(pl -(n)) die (Österr)(rot)* redcurrant; *(schwarz)* blackcurrant.

richten *vt* to direct ♦ *vi (urteilen)* to judge □ **sich richten** *ref (in Richtung)* to be directed; **sich nach den Vorschriften** ~ to go by the rules.

Richter, -in *(mpl -) der, die* judge.

Richtgeschwindigkeit *die* recommended speed limit.

richtig *adj* right; *(echt)* real ♦ *adv (fam: wirklich)* really; *(korrekt)* correctly; **bin ich hier** ~? am I in the right place?; **meine Uhr geht** ~ my watch is right.

richtig|stellen *vt* to correct.

Richtlinie *(pl -n) die* guideline.

Richtpreis *(pl -e) der* recommended price.

Richtung *(pl -en) die* direction; **alle** ~**en** 'all routes'; **in** ~ **Berlin fahren** to travel towards Berlin; **in** ~ **Süden** southwards.

riechen *(prät* **roch**, *pp* **gerochen)** *vt & vi* to smell; **an etw** *(D)* ~ to smell sthg; ~ **nach** to smell of; **es riecht nach** ... there is a smell of ...

rief *prät* → **rufen**.

Riegel *(pl -) der (Verschluß)* bolt; *(Süßigkeit)* bar.

Riemen *(pl -) der (Band)* strap.

rieseln *vi ist (Wasser)* to trickle; *(Schnee)* to float down.

riesengroß adj enormous.

Riesenrad (pl -räder) das big wheel.

Riesenslalom der giant slalom.

riesig adj (Person, Gegenstand) enormous; **ich hab' ~en Hunger** (fam) I'm starving.

Riesling (pl -e) der Riesling (white wine).

riet prät → raten.

Riff (pl -e) das reef.

Rille (pl -n) die groove.

Rind (pl -er) das (Tier) cow; (Fleisch) beef.

Rinde (pl -n) die (von Brot) crust; (von Käse) rind; (von Bäumen) bark.

Rinderbraten (pl -) der (joint of) roast beef.

Rindfleisch das beef.

Ring (pl -e) der ring; (Straße) ring road.

Ringbuch (pl -bücher) das ring binder.

ringen (prät rang, pp gerungen) vi to wrestle.

Ringer, -in (mpl -) der, die wrestler.

Ringkampf (pl -kämpfe) der (im Sport) wrestling match.

rings: rings um präp all around.

ringsherum adv all around.

Ringstraße (pl -n) die ring road.

ringsum adv all around.

rinnen (prät rann, pp geronnen) vi ist to run.

Rinnstein (pl -e) der gutter.

Rippchen (pl -) das slightly smoked pork rib.

Rippe (pl -n) die (Knochen) rib.

Rippenfellentzündung (pl -en) die pleurisy.

Risiko (pl Risiken) das risk; **auf eigenes ~** at one's own risk; **'zu Risiken und Nebenwirkungen'** (MED) 'possible risks and side-effects'.

riskant adj risky.

riskieren vt to risk.

riß prät → reißen.

Riß (pl Risse) der (in Stoff) tear; (in Holz, Wand) crack.

rissig adj cracked.

ritt prät → reiten.

Ritt (pl -e) der ride.

Ritter (pl -) der knight.

ritzen vt (gravieren) to carve.

Rivale (pl -n) der rival.

Rivalin (pl -nen) die rival.

Roastbeef (pl -s) das roast beef.

Roboter (pl -) der robot.

robust adj robust.

roch prät → riechen.

Rock (pl Röcke) der (Kleidungsstück) skirt; (Musik) rock.

Rockmusik die rock music.

Rodelbahn (pl -en) die toboggan run.

rodeln vi ist to toboggan.

Roggen der rye.

Roggenbrot (pl -e) das rye bread.

roh adj raw; (Person) rough ◆ adv (behandeln) roughly; **etw ~ essen** to eat sthg raw.

Rohkost die raw fruit and vegetables (pl).

Rohr (pl -e) das (für Wasser, Gas) pipe; (Schilfrohr) reed; (für Möbel, Körbe) cane, wicker.

Rohrbruch (pl -brüche) der burst pipe.

Rohrzucker der cane sugar.

Rokoko das rococo.

Rolladen (pl **Rolläden**) der (vor Fenster) shutters (pl).

Rollbahn (pl **-en**) die runway.

Rollbraten (pl **-**) der roast.

Rolle (pl **-n**) die roll; (Funktion, im Film, Theater) role; (Rad) castor; **es spielt keine ~** it doesn't matter.

rollen vi ist & vt hat to roll.

Roller (pl **-**) der scooter.

Rollerskates pl rollerskates.

Rollkragen (pl **-**) der polo neck.

Rollkragenpullover (pl **-**) der polo neck (jumper).

Rollmops (pl **-möpse**) der rollmop, rolled-up pickled herring.

Rollo (pl **-s**) das roller blind.

Rollschuh (pl **-e**) der roller skate.

Rollschuhfahrer, -in (mpl **-**) der, die roller-skater.

Rollsplit der loose chippings (pl).

Rollstuhl (pl **-stühle**) der wheelchair.

Rollstuhlfahrer, -in (mpl **-**) der, die wheelchair user.

Rolltreppe (pl **-n**) die escalator.

Roman (pl **-e**) der novel.

romanisch adj (Bauwerk, Kunst) Romanesque; (Sprache) Romance.

Romantik die Romanticism.

romantisch adj romantic; (Kunst) Romantic.

römisch-katholisch adj Roman Catholic.

Rommé das rummy.

röntgen vt to X-ray.

Röntgenaufnahme (pl **-n**) die X-ray.

rosa adj pink.

Rose (pl **-n**) die rose.

Rosenkohl der (Brussels) sprouts (pl).

Rosenmontag (pl **-e**) der day before Shrove Tuesday.

Roséwein (pl **-e**) der rosé (wine).

Rosine (pl **-n**) die raisin.

Rost (pl **-e**) der (auf Metall) rust; (Gitter) grating.

Rostbratwurst (pl **-würste**) die: **(Thüringer) ~** Thuringian grilled sausage.

rosten vi hat ODER ist to rust.

rösten vt to roast; (Brot) to toast.

rostfrei adj (Stahl) stainless.

Rösti pl (Schweiz) fried potato pancake.

rostig adj rusty.

Rostschutzmittel (pl **-**) das rust-proofing agent.

rot (komp **röter** ODER **roter**, superl am **rötesten** ODER am **rotesten**) adj red; **in den ~en Zahlen sein** to be in the red.

Rot (pl **-s**) das red; **'bei ~ hier halten'** 'stop here when red light shows'.

Rote Kreuz das Red Cross.

Röteln pl German measles (sg).

rothaarig adj red-haired.

rotieren vi to rotate; (fam: Person) to be in a flap.

Rotkohl der red cabbage.

Rotkraut das red cabbage.

Rotlicht das (rote Lampe) red light.

Rotlichtviertel (pl **-**) das red light district.

Rotwein (pl **-e**) der red wine.

Rouge (pl **-s**) das blusher.

Roulade (pl **-n**) die ≈ beef olive.

Roulette (pl **-s**) das roulette.

Route (pl **-n**) die route.

Routine *die* experience; *(Gewohnheit)* routine.

Rubbellos *(pl -e) das* lottery scratch card.

rubbeln *vi* to rub.

Rübe *(pl -n) die* turnip.

rüber *adv (fam)* = herüber.

Rubin *(pl -e) der* ruby.

Rubrik *(pl -en) die (Spalte)* column.

Rückantwort *(pl -en) die* reply.

Rückbank *(pl -bänke) die* back seat; **umklappbare ~** folding back seat.

rücken *vt hat & vi ist* to move; **nach links/rechts ~** to move to the left/right; **rück mal!** move up!

Rücken *(pl -) der* back; *(von Buch)* spine.

Rückenlage *die:* **in ~** (lying) on one's back.

Rückenlehne *(pl -n) die* back *(of chair).*

Rückenschmerzen *pl* backache *(sg).*

Rückenschwimmen *das* backstroke.

Rückenwind *der* tailwind.

Rückerstattung *(pl -en) die* reimbursement.

Rückfahrkarte *(pl -n) die* return (ticket) *(Br)*, round-trip (ticket) *(Am).*

Rückfahrt *(pl -en) die* return journey.

Rückfall *(pl -fälle) der (Krankheit)* relapse.

Rückflug *(pl -flüge) der* return flight.

Rückfrage *(pl -n) die* question.

Rückgabe *die* return; **gegen ~** on return.

Rückgabeknopf *(pl -knöpfe) der* coin return button.

Rückgaberecht *das* right to return goods if not satisfied.

rückgängig *adv:* **etw ~ machen** to cancel sthg.

Rückgrat *(pl -e) das (Körperteil)* spine.

Rückkehr *die* return.

rückläufig *adj* declining.

Rücklicht *(pl -er) das* rear light.

Rückporto *das* return postage.

Rückreise *(pl -n) die* return journey.

Rückreiseverkehr *der* homeward traffic.

Rückruf *(pl -e) der (per Telefon)* return call.

Rucksack *(pl -säcke) der* rucksack.

Rucksacktourist, -in *(mpl -en) der, die* the backpacker.

Rückschritt *(pl -e) der* step backwards.

Rückseite *(pl -n) die* back.

Rücksicht *(pl -en) die* consideration; **~ nehmen auf** (+A) to show consideration for.

rücksichtslos *adj* inconsiderate.

rücksichtsvoll *adj* considerate.

Rücksitz *(pl -e) der* back seat.

Rückspiegel *(pl -) der* rearview mirror.

Rückstand *der (SPORT):* **sie sind mit 16 Punkten im ~** they are 16 points behind.

Rückstau *(pl -s) der* tailback.

Rückstrahler (*pl* -) *der* reflector.

Rückvergütung (*pl* -en) *die* refund.

rückwärts *adv* backwards.

Rückwärtsgang *der* reverse (gear).

Rückweg (*pl* -e) *der* way back; **auf dem** ~ on the way back.

rückwirkend *adj* retroactive.

Rückzahlung (*pl* -en) *die* repayment.

Rückzahlungsbetrag (*pl* -beträge) *der* repayment.

rüde *adj* rude.

Rüde (*pl* -n) *der* (male) dog.

Ruder (*pl* -) *das* (*zum Rudern*) oar; (*zum Steuern*) rudder.

Ruderboot (*pl* -e) *das* rowing boat.

Ruderer (*pl* -) *der* rower.

Ruderin (*pl* -nen) *die* rower.

rudern *vi ist* (*mit Boot*) to row.

Ruf (*pl* -e) *der* (*Rufen*) call; (*Image*) reputation.

rufen (*prät* **rief**, *pp* **gerufen**) *vt & vi* to call; **um Hilfe** ~ to call for help.

Rufname (*pl* -n) *der* first name.

Rufnummer (*pl* -n) *die* telephone number.

Ruhe *die* (*Stille*) silence; (*von Person*) calm; (*eines Ortes*) peacefulness; **jn in** ~ **lassen** to leave sb in peace; ~ **bitte!** quiet, please!

ruhen *vi* to rest.

Ruhestand *der* retirement.

Ruhestörung (*pl* -en) *die* breach of the peace; **nächtliche** ~ breach of the peace at night.

Ruhetag (*pl* -e) *der* closing day; **'montags** ~**'** 'closed on Mondays'.

ruhig *adj* quiet; (*unbewegt*) still; (*gelassen*) calm ♦ *adv* quietly; (*unbeweglich*) still; (*gelassen*) calmly; **mach das** ~ (*fam*) do it, by all means.

Rührei (*pl* -er) *das* scrambled egg.

rühren *vt* (*mit Löffel*) to stir; (*Person*) to move ♦ *vi*: ~ **von** to come from ❑ **sich rühren** *ref* (*sich bewegen*) to move.

Ruhrgebiet *at the Ruhr.*

Rührteig (*pl* -e) *der* cake mixture.

Ruine (*pl* -n) *die* ruin.

ruinieren *vt* to ruin ❑ **sich ruinieren** *ref* to ruin o.s.

rülpsen *vi* to belch.

rum *adv* (*fam*) = herum.

Rum *der* rum.

rumkriegen *vt* (*fam*) (*Person*) to talk round; (*Zeit*) to pass.

Rummel *der* (*fam: Theater*) fuss; (*Trubel*) bustle.

Rummelplatz (*pl* -plätze) *der* fairground.

rumoren *vi* to rumble.

Rumpf (*pl* Rümpfe) *der* (*Körperteil*) trunk.

Rumpsteak (*pl* -s) *das* rump steak.

Rumtopf (*pl* -töpfe) *der* fruit soaked for a long time in rum.

rund *adj* round; (*dick*) plump ♦ *adv* (*ungefähr*) about; (*im Kreis*) around; ~ **500 Leute** about 500 people; ~ **um** around; ~ **um den Tisch** round the table.

Runde (*pl* -n) *die* (*Gang*) walk; (*Rennen*) lap; (*von Personen*) group; **eine** ~ **ausgeben** to buy a round.

Rundfahrt (*pl* -en) *die* tour.

Rundflug (*pl* -flüge) *der* sight-seeing flight.

Rundfunk *der* radio.

Rundfunkmeldung (*pl* -en) *die* radio report.

Rundfunkprogramm (*pl* -e) *das* radio programme.

Rundgang (*pl* -gänge) *der* (*Spaziergang*) walk.

rundherum *adv* (*ringsherum*) all around; (*ganz*) completely.

Rundreise (*pl* -n) *die* tour.

Rundwanderweg (*pl* -e) *der* circular path.

runter *adv* (*fam*) = herunter.

Ruß *der* soot.

Russe (*pl* -n) *der* Russian.

Russin (*pl* -nen) *die* Russian.

russisch *adj* Russian.

Russisch(e) *das* Russian.

Rußland *nt* Russia.

rustikal *adj* rustic.

Rüstung (*pl* -en) *die* (*für Militär*) arms (*pl*); (*von Rittern*) armour.

Rutsch *der:* guten ~! happy New Year!

Rutschbahn (*pl* -en) *die* slide.

rutschen *vi ist* (*ausrutschen*) to slip; (*gleiten*) to slide; (*fam: zur Seite rücken*) to move over; (*Hose*) to slip down.

rutschfest *adj* non-slip.

rutschig *adj* slippery.

rütteln *vt* to shake.

S

s. *abk* = siehe.

S (*abk für Süd*) S.

S. (*abk für Seite*) p.

Saal (*pl* Säle) *der* hall.

Saarland *das* Saarland.

Säbel (*pl* -) *der* sabre.

sabotieren *vt* to sabotage.

Sachbearbeiter, -in (*mpl* -) *der, die* employee in charge of a particular matter.

Sache (*pl* -n) *die* thing; (*Angelegenheit*) matter; **das ist meine ~** that's my business; **bei der ~ bleiben** to keep to the point; **zur ~ kommen** to get to the point □ **Sachen** *pl* (*Kleidung*) things.

sachkundig *adj* well-informed.

Sachlage *die* situation.

sachlich *adj* (*Person, Argument*) objective; (*Gründe*) practical ♦ *adv* (*argumentieren*) objectively.

sächlich *adj* (*GRAMM*) neuter.

Sachschaden (*pl* -schäden) *der* material damage.

Sachsen *nt* Saxony.

sacht *adj* (*Berührung*) gentle.

Sachverständige (*pl* -n) *der, die* expert.

Sack (*pl* Säcke) *der* (*Verpackung*) sack.

Sackgasse (*pl* -n) *die* dead end.

Safe (*pl* -s) *der* safe.

Saft (*pl* Säfte) *der* juice.

saftig adj juicy.

Säge (pl -n) die saw.

sagen vt to say; (befehlen) to tell; (bedeuten) to mean; **jm etw ~ tell sb sthg; ~ zu** to say to; **sag mal!** tell me; **was sagst du dazu?** what do you think about that?; **das kann man wohl ~!** you can say that again!; **sag bloß!** you don't say!

sägen vt & vi to saw.

sah prät → **sehen**.

Sahne die cream.

Sahnequark der cream curd cheese.

Sahnetorte (pl -n) die gâteau.

sahnig adj creamy.

Saison (pl -s) die season.

Sakko (pl -s) das jacket.

Salami (pl -s) die salami.

Salat (pl -e) der (Pflanze) lettuce; (Gericht) salad; **grüner ~** green salad.

Salatbar (pl -s) die salad bar.

Salatsoße (pl -n) die salad dressing.

Salatteller (pl -) der plate of salad.

Salbe (pl -n) die ointment.

Salmonellenvergiftung (pl -en) die salmonella (poisoning).

Salon (pl -s) der (Geschäft) salon.

Salz (pl -e) das salt.

Salzburger Festspiele pl music and theatre festival held in Salzburg.

i SALZBURGER FESTSPIELE

The Salzburg Festival was founded in 1920 and takes place every summer. It features a large number of concerts and operas, particularly the works of Mozart, although other composers such as Strauß and Verdi are also included. Another important component is drama, and traditionally every year there is a performance of the play "Jedermann" by Hugo von Hofmannsthal, who was one of the founders of the Festival.

Salzburger Nockerln pl (Österr) hot dessert made from beaten egg whites and sugar.

salzen (pp **gesalzen**) vt to salt.

Salzgurke (pl -n) die pickled gherkin.

salzig adj salty.

Salzkartoffeln pl boiled potatoes.

salzlos adj salt-free.

Salzstange (pl -n) die pretzel (stick).

Salzstreuer (pl -) der salt cellar.

Salzwasser das saltwater; (zum Kochen) salted water.

Samen (pl -) der seed.

Sammelfahrschein (pl -e) der ≈ travelcard.

sammeln vt to collect; (Pilze, Kräuter) to pick ☐ **sich sammeln** ref to gather.

Sammelstelle (pl -n) die collection point.

Sammler, -in (mpl -) der, die collector.

Sammlung (*pl* -en) *die* collection.

Samstag (*pl* -e) *der* Saturday; **am ~** on Saturday; **~ morgen/abend** Saturday morning/evening; **~ nacht** Saturday night; **langer ~** first *Saturday of the month, when shops stay open till 6 p.m.*

samstags *adv* on Saturdays.

samt *präp* (+D) together with.

sämtlich *adj* all; **~e Bücher** all the books.

Sanatorium (*pl* Sanatorien) *das* sanatorium.

Sand *der* sand.

Sandale (*pl* -n) *die* sandal.

sandig *adj* sandy.

Sandkasten (*pl* -kästen) *der* sandpit.

Sandpapier *das* sandpaper.

Sandstrand (*pl* -strände) *der* sandy beach.

sandte *prät* → **senden**.

sanft *adj* gentle; (*Musik*) soft; (*Geburt*) natural; (*Tourismus*) sustainable ♦ *adv* softly.

sang *prät* → **singen**.

Sänger, -in (*mpl* -) *der, die* singer.

sanitär *adj* sanitary; **~e Anlagen** sanitation (*sg*).

Sanitäter, -in (*mpl* -) *der, die* paramedic.

sank *prät* → **sinken**.

Sankt Gallen *nt* St. Gallen.

Sardelle (*pl* -n) *die* anchovy.

Sardine (*pl* -n) *die* sardine.

Sarg (*pl* Särge) *der* coffin.

saß *prät* → **sitzen**.

Satellit (*pl* -en) *der* satellite.

Satellitenfernsehen *das* satellite television.

Satellitenschüssel (*pl* -n) *die* satellite dish.

Satire (*pl* -n) *die* satire.

satt *adj* (*nicht hungrig*) full; **bist du ~?** have you had enough?; **jn/etw ~ haben** to be fed up with sb/sthg.

Sattel (*pl* Sättel) *der* saddle.

Satz (*pl* Sätze) *der* (GRAMM) sentence; (*Sprung*) leap; (SPORT) set; (MUS) movement; (*Tarif*) rate.

Satzzeichen (*pl* -) *das* punctuation mark.

sauber *adj* clean; (*gut, korrekt*) neat.

sauber|machen *vt* to clean.

säubern *vt* (*saubermachen*) to clean.

Sauce (*pl* -n) *die* sauce; (*Bratensoße*) gravy.

Saudi-Arabien *nt* Saudi Arabia.

sauer *adj* sour; (*ärgerlich*) annoyed ♦ *adv:* **~ reagieren** to be annoyed; **~ sein auf** (+A) to be annoyed with; **saurer Regen** acid rain.

Sauerbraten (*pl* -) *der* braised beef marinated in vinegar, sauerbraten.

Sauerkirsche (*pl* -n) *die* sour cherry.

Sauerkraut *das* sauerkraut, pickled cabbage.

Sauerrahm *der* sour cream.

Sauerstoff *der* oxygen.

Sauerstoffmaske (*pl* -n) *die* oxygen mask.

Sauerteig *der* sour dough.

saufen (*präs* säuft, *prät* soff, *pp* gesoffen) *vi* (*Tier*) to drink; (*fam: Person*) to booze.

säuft *präs* → **saufen**.

saugen[1] *(prät* sog, *pp* gesogen) *vt & vi* to suck.

saugen[2] *vt (Teppich)* to vacuum.

Säugling *(pl -e) der* baby.

Säule *(pl -n) die (an Bauwerk)* column, pillar.

Sauna *(pl Saunen) die* sauna.

Säure *(pl -n) die (chemisch)* acid.

Saxophon *(pl -e) das* saxophone.

SB *abk* → **Selbstbedienung**.

S-Bahn *(pl -en) die* suburban railway.

S-Bahn-Haltestelle *(pl -n) die* suburban railway stop.

S-Bahnhof *(pl -höfe) der* suburban railway station.

S-Bahn-Linie *(pl -n) die* suburban railway line.

Schach *das (Spiel)* chess.

Schachbrett *(pl -er) das* chessboard.

Schachfigur *(pl -en) die* chess piece.

Schachspiel *(pl -e) das (Spielen)* game of chess; *(Brett und Figuren)* chess set.

Schachtel *(pl -n) die (aus Pappe)* box.

schade *adj*: **es ist ~** it's a shame; **wie ~!** what a shame!

schaden *vi (+D)* to damage; *(Person)* to harm; **es kann nichts ~** it won't do any harm.

Schaden *(pl Schäden) der* damage; *(Nachteil)* disadvantage.

Schadenersatz *der* compensation.

Schadenfreude *die* malicious pleasure.

schadenfroh *adj* gloating.

Schadensfall *(pl -fälle) der*: **im ~** in the event of damage.

schadhaft *adj* damaged.

schädlich *adj* harmful.

Schadstoff *(pl -e) der* pollutant.

schadstoffarm *adj* low in pollutants.

Schaf *(pl -e) das* sheep.

Schäfer, -in *(mpl -) der, die* shepherd *f* (shepherdess).

Schäferhund *(pl -e) der* Alsatian.

schaffen[1] *vt* 1. *(zustande bringen, beenden)* to manage; *(Prüfung)* to get through; **es ~, etw zu tun** to manage to do sthg; **er hat nicht einmal das erste Semester geschafft** he didn't even manage to finish the first semester; **geschafft!** that's it! 2. *(fam: erschöpfen)* to wear out; **geschafft sein** to be worn-out. 3. *(transportieren)* to take.
◆ *vi (Südd: arbeiten)* to work.

schaffen[2] *(präs* schafft, *prät* schuf, *pp* geschaffen) *vt (erschaffen)* to create.

Schaffner, -in *(mpl -) der, die (im Zug)* ticket collector; *(im Bus)* conductor.

Schafskäse *der* ewe's milk cheese.

schal *adj (Getränk)* flat.

Schal *(pl -s) der* scarf.

Schale *(pl -n) die (von Obst, Gemüse)* skin; *(von Apfelsine, Apfel, Kartoffeln)* peel; *(Schüssel)* bowl; *(von Nuß, Ei)* shell.

schälen *vt* to peel ❑ **sich schälen** *ref* to peel.

Schalldämpfer *(pl -) der* silencer.

Schallplatte (*pl* -n) *die* record.

schalt *prät* → **schelten**.

schalten *vi* (*im Auto*) to change gear; **aufs zweite Programm** ~ to turn to channel two; **in den vierten Gang** ~ to change to fourth gear.

Schalter (*pl* -) *der* (*Knopf*) switch; (*bei Bank, Bahn*) counter.

Schalterbeamte, -beamtin (*mpl* -n) *der, die* counter clerk.

Schalterhalle (*pl* -n) *die* hall (*at post office, station, etc*).

Schalteröffnungszeiten *pl* opening hours.

Schalterschluß *der* closing time.

Schalthebel (*pl* -) *der* (*im Auto*) gear lever.

Schaltknüppel (*pl* -) *der* gear lever.

Schaltung (*pl* -en) *die* (*Gangschaltung*) gear change.

schämen: sich schämen *ref* to be ashamed.

Schanze (*pl* -n) *die* (*SPORT*) ski-jump.

scharf (*komp* **schärfer**, *superl* **am schärfsten**) *adj* sharp; (*Gericht*) hot, spicy; (*fam: toll*) great; (*fam: erotisch*) sexy ♦ *adv* (*bremsen*) hard; (*sehen, analysieren*) closely; ~ **gewürzt** hot, spicy; ~ **sein auf** (+*A*) (*fam*) to be keen on.

Scharlach *der* (*MED*) scarlet fever.

Scharnier (*pl* -e) *das* hinge.

Schaschlik (*pl* -s) *das* (shish) kebab.

Schatten (*pl* -) *der* shadow; **im** ~ in the shade.

schattig *adj* shady.

Schatz (*pl* **Schätze**) *der* treasure; (*fam: Liebling*) darling.

schätzen *vt* to estimate; (*glauben, meinen*) to think; (*gern haben*) to value.

schätzungsweise *adv* approximately.

Schau (*pl* -en) *die* show.

schauen *vi* to look; ~ **nach** (*sich kümmern*) to look after; **schau mal!** look!

Schauer (*pl* -) *der* (*Regen*) shower.

Schaufel (*pl* -n) *die* (*zum Graben*) shovel.

Schaufenster (*pl* -) *das* shop window.

Schaufensterbummel (*pl* -) *der* window-shopping trip.

Schaukel (*pl* -n) *die* (*an Seilen*) swing.

schaukeln *vt & vi* to rock.

Schaukelstuhl (*pl* -stühle) *der* rocking chair.

Schaulustige (*pl* -n) *der, die* onlooker.

Schaum *der* foam; (*von Seife*) lather; (*von Bier*) head.

Schaumbad (*pl* -bäder) *das* bubble bath.

Schaumfestiger (*pl* -) *der* (*styling*) mousse.

Schaumgummi *der* foam rubber.

Schaumkur (*pl* -en) *die* shampoo (*for damaged hair*).

Schaumwein (*pl* -e) *der* sparkling wine.

Schauspiel (*pl* -e) *das* play; (*fam: Spektakel*) spectacle.

Schauspieler, -in (mpl -) der, die actor (f actress).

Schauspielhaus (pl -häuser) das theatre.

Scheck (pl -s) der cheque; **einen ~ einlösen** to cash a cheque; **mit ~ bezahlen** to pay by cheque; **'~s aller Art'** 'all cheques welcome'.

Scheckgebühr (pl -en) die charge for cheques.

Scheckheft (pl -e) das cheque-book.

Scheckkarte (pl -n) die cheque card.

Scheibe (pl -n) die (von Brot, Käse) slice; (Fensterscheibe) window pane; (von Auto) window.

Scheibenbremse (pl -n) die disc brake.

Scheibenwischer (pl -) der windscreen wiper.

Scheide (pl -n) die (Vagina) vagina.

scheiden (prät schied, pp geschieden) vt (Ehe) to dissolve; **sich ~ lassen** to get a divorce.

Scheidung (pl -en) die divorce.

Schein (pl -e) der (Formular, Bescheinigung) certificate; (Geld) note; (Anschein) appearances (pl); (Licht) light.

scheinbar adj apparent ◆ adv seemingly.

scheinen (präs scheint, pp geschienen) vi (Sonne) to shine; (vermutlich) to seem ◆ vimp: **es scheint** it seems; **es scheint mir ...** it seems to me ...

Scheinwerfer (pl -) der (AUTO) headlight; (in Halle, Stadion) flood-light.

Scheinwerferlicht das (AUTO)

headlights (pl); (in Halle, Stadion) floodlight.

Scheiße die (vulg) shit ◆ interj (vulg) shit!

scheißen (prät schiß, pp geschissen) vi (vulg) to shit.

Scheitel (pl -) der (Frisur) parting (Br), part (Am).

Schelle (pl -n) die (an Haustür) doorbell.

schellen vi to ring; **es schellt** the bell is ringing.

schelten (präs schilt, prät schalt, pp gescholten) vt (geh: Kind) to scold.

Schema (pl -ta) das (Vorstellung) scheme; (Abbildung) diagram.

Schemel (pl -) der (zum Sitzen) stool.

Schenkel (pl -) der thigh.

schenken vt to give; **jm etw ~** (Geschenk) to give sb sthg (as a present); **sich** (D) **etw ~** (erlassen) to give sthg a miss.

Scherbe (pl -n) die fragment.

Schere (pl -n) die (zum Schneiden) scissors (pl).

scheren: sich scheren (prät scherte, pp geschert) ref: **sich nicht ~ um** (kümmern) not to care about.

Scherz (pl -e) der joke.

scherzhaft adj joking.

scheu adj shy.

Scheuerlappen (pl -) der floor-cloth.

scheuern vt (putzen) to scour ◆ vi (Sattel, Kleidung) to rub; (fam: Ohrfeige geben) to clip sb round the ear.

Scheuerpulver das scouring powder.

Scheune (pl -n) die barn.

scheußlich adj terrible.

Schicht (pl -en) die layer; (in Gesellschaft) class; (Arbeitszeit) shift.

schick adj smart.

schicken vt to send; **jm etw** ~ to send sb sthg; ~ **an** (+A) to send to.

Schicksal (pl -e) das fate.

Schiebedach (pl -dächer) das sunroof.

schieben (prät **schob**, pp **geschoben**) vt to push; **die Schuld auf einen anderen** ~ to put the blame on sb else □ **sich schieben** ref (Person) to push (one's way).

Schieber (pl -) der (Gerät) bar, bolt.

Schiebetür (pl -en) die sliding door.

schied prät → scheiden.

Schiedsrichter, -in (mpl -) der, die (in Fußball) referee; (in Tennis) umpire.

schief adj & adv crooked.

schiefgehen vi unr ist (fam) to go wrong.

schielen vi to squint.

schien prät → scheinen.

Schienbein (pl -e) das shin.

Schiene (pl -n) die (Gleis) rail; (MED) splint.

schießen (prät **schoß**, pp **geschossen**) vi hat & ist to shoot ◆ vt hat to shoot; (Tor) to score; (Foto) to take; (Ball) to kick.

Schiff (pl -e) das ship; (von Kirche) nave; **mit dem** ~ by ship.

Schiffahrt die shipping.

Schiffahrtsgesellschaft (pl -en) die shipping company.

Schiffskarte (pl -n) die (navigation) chart.

Schiffsreise (pl -n) die voyage.

Schiffsverbindung (pl -en) die connecting boat service.

Schiffsverkehr der shipping.

schikanieren vt (abw) to bully.

Schild (pl -er) das sign; (Etikett) label; (Schutz) shield.

Schilddrüse (pl -n) die thyroid gland.

schildern vt to describe.

Schildkröte (pl -n) die (auf dem Land) tortoise; (im Wasser) turtle.

Schilf (pl -e) das (Pflanze) reed.

Schilling (pl -e) der schilling.

schilt präs → schelten.

Schimmel (pl -) der (auf Obst, an Wand) mould; (Pferd) grey (horse).

schimmelig adj mouldy.

schimpfen vi to moan; **mit jm** ~ to get angry with sb.

Schimpfwort (pl -e) das swearword.

Schinken (pl -) der (Fleisch) ham; **roher/gekochter/geräucherter** ~ cured/cooked/smoked ham.

Schinkenspeck der bacon.

Schinkenwurst die ham sausage.

Schirm (pl -e) der (Regenschirm) umbrella.

schiß prät → scheißen.

Schlaf der sleep.

Schlafanzug (pl -anzüge) der pyjamas (pl).

schlafen (präs **schläft**, prä **schlief**, pp **geschlafen**) vi to sleep; ~ **gehen** to go to bed; ~ **mit** to sleep with; **schlaf gut!** sleep well!

Schlafengehen das: **vor dem ~** before going to bed.

Schlafgelegenheit (pl -en) die place to sleep.

Schlaflosigkeit die insomnia.

Schlafmittel (pl -) das sleeping pill.

Schlafsaal (pl -säle) der dormitory.

Schlafsack (pl -säcke) der sleeping bag.

schläft präs → schlafen.

Schlaftablette (pl -n) die sleeping pill.

Schlafwagen (pl -) der sleeper.

Schlafwagenkarte (pl -n) die sleeper ticket.

Schlafwagenplatz (pl -plätze) der sleeper berth.

Schlafzimmer (pl -) das bedroom.

Schlag (pl Schläge) der blow; (elektrisch) shock; (von Herz, Puls) beat ❑ **Schläge** pl (Prügel) beating (sg).

Schlagader (pl -n) die artery.

Schlaganfall (pl -anfälle) der stroke.

schlagen (präs **schlägt**, prät **schlug**, pp **geschlagen**) vt (verletzen) to hit; (hämmern) to bang; (besiegen, Eiweiß, Sahne) to beat ◆ vi (mit Hand, Faust) to hit; (Uhr) to strike; (besiegen, mäßig) to beat; **auf etw** (A) **~** (aufprallen) to hit sthg; **jn eins zu null ~** to beat sb one-nil ❑ **sich schlagen** ref (sich prügeln) to fight.

Schläger (pl -) der (Lied) hit.

Schläger (pl -) der (für Tennis, Badminton) racquet; (für Tischtennis) bat; (für Golf) club; (für Hockey) stick.

Schlagloch (pl -löcher) das pothole.

Schlagobers das (Österr) whipped cream.

Schlagsahne die whipped cream.

schlägt präs → schlagen.

Schlagzeile (pl -n) die headline.

Schlagzeug (pl -e) das (in Band) drums (pl); (in Orchester) percussion.

Schlamm der mud.

schlampig adj sloppy.

schlang prät → schlingen.

Schlange (pl -n) die (Tier) snake; (von Autos, Personen) queue (Br), line (Am); **~ stehen** to queue (Br), to stand in line (Am).

schlängeln: sich schlängeln ref (Weg, Fluß) to wind.

schlank adj slim; **~ werden** to slim.

schlapp adj (müde, schwach) tired out.

schlau adj cunning; **man wird nicht ~ aus ihm** I can't make him out.

Schlauch (pl Schläuche) der (für Wasser) hose; (im Reifen) tube.

Schlauchboot (pl -e) das rubber dinghy.

schlecht adj bad; (Lebensmittel) off ◆ adv badly; (schmecken, riechen) bad; (kaum) hardly; **~ werden** to go off; **mir wird ~** I feel ill; **das ist nicht ~** that's not bad.

schleichen (prät schlich, pp geschlichen) vi (Mensch, Tier) to creep; (Verkehr, Auto) to crawl.

Schleife (pl -n) die (Band) bow; (Kurve) bend.

schleifen[1] vt (zerren) to drag.

schleifen[2] (präs **schleift**, prät **schliff**, pp **geschliffen**) vt (Messer, Schere) to sharpen.

Schleim der (menschlich) mucus; (von Schnecke) slime.

Schleimhaut (pl **-häute**) die mucous membrane.

Schlemmerlokal (pl **-e**) das gourmet restaurant.

schlendern vi ist to stroll.

schleppen vt to drag; (Fahrzeug) to tow □ **sich schleppen** ref to drag o.s.

Schlepplift (pl **-e**) der ski tow.

Schleuder (pl **-n**) die (für Wäsche) spin-dryer.

Schleudergefahr die: 'Vorsicht ~!' 'slippery road'.

schleudern vt hat to fling; (Wäsche) to spin-dry ◆ vi hat (Waschmaschine) to spin ◆ vi ist (Auto, Fahrer) to skid; **ins Schleudern geraten** ODER **kommen** to go into a skid.

Schleudersitz (pl **-e**) der ejector seat.

Schleuse (pl **-n**) die (an Kanal) lock.

schlich prät → schleichen.

schlicht adj simple.

schlief prät → schlafen.

schließen (prät **schloß**, pp **geschlossen**) vt to close; (Betrieb, Lokal) to close down; (schlußfolgern) to conclude ◆ vi to close, (Betrieb, Lokal) to close down □ **sich schließen** ref (Tür, Vorhang) to close.

Schließfach (pl **-fächer**) das left-luggage locker (Br), baggage locker (Am).

schließlich adv (zuletzt) finally; (nämlich) after all.

schliff prät → schleifen.

schlimm adj bad ◆ adv badly; **halb so ~** not so bad.

schlingen (prät **schlang**, pp **geschlungen**) vt (Mahlzeit) to gobble down; (Schnur) to tie.

Schlips (pl **-e**) der tie.

Schlitten (pl **-**) der (für Kinder) sledge.

Schlittschuh (pl **-e**) der ice skate; **~ laufen** to ice-skate.

Schlitz (pl **-e**) der (Spalt) slit; (für Geld) slot.

schloß prät → schließen.

Schloß (pl **Schlösser**) das (Verschluß) lock; (Gebäude) castle.

Schlosser, -in (mpl **-**) der, die (Metallberuf) metalworker; (Installateur) mechanic.

Schloßpark (pl **-s**) der das castle grounds (pl).

Schlucht (pl **-en**) die ravine.

schluchzen vi to sob.

Schluck (pl **-e**) der (Schlucken) gulp, swallow; (Menge) drop.

Schluckauf der hiccups (pl).

schlucken vi & vt to swallow.

Schluckimpfung (pl **-en**) die oral vaccination.

schlug prät → schlagen.

Schlüpfer (pl **-**) der knickers (pl).

schlurfen vi ist to shuffle.

schlürfen vt to slurp.

Schluß (pl **Schlüsse**) der end; (von Roman, Film) ending; (Folgerung) conclusion; **bis zum ~** to the end; **~ machen mit** (Person) to break off with; (Sache) to stop.

Schlüssel (*pl* -) *der* (für Schloß) key; (Schraubenschlüssel) spanner.

Schlüsselbund (*pl* -e) *der* bunch of keys.

Schlüsseldienst (*pl* -e) *der* key-cutting service.

Schlüsselloch (*pl* -löcher) *das* keyhole.

Schlußfolgerung (*pl* -en) *die* conclusion.

Schlußleuchte (*pl* -n) *die* (Lampe) rear light.

Schlußverkauf (*pl* -verkäufe) *der* end-of-season sale.

schmal *adj* narrow; (Person) thin.

Schmalfilm (*pl* -e) *der* cine-film (Br), movie film (Am).

Schmalz *das* (zum Kochen) lard; (zum Essen) dripping.

Schmalznudel (*pl* -n) *die* (Österr) flat, round cake made from deep-fried dough.

Schmankerl (*pl* -n) *das* (Südd & Österr) delicacy.

schmatzen *vi* to eat noisily.

schmecken *vi* to taste; (gut schmecken) to taste good; ~ nach to taste of; **das schmeckt mir nicht** I don't like it; **gut/schlecht ~** to taste good/bad; **hat es Ihnen geschmeckt?** did you enjoy your meal?; **laß es dir ~!** enjoy your meal!

schmeißen (*prät* schmiß, *pp* geschmissen) *vt* (fam: werfen) to chuck.

schmelzen (*präs* schmilzt, *prät* schmolz, *pp* geschmolzen) *vi ist & vt* hat to melt.

Schmerz (*pl* -en) *der* pain.

schmerzen *vi* to hurt.

Schmerzensgeld *das* compensation.

schmerzlos *adj* painless.

Schmerzmittel (*pl* -) *das* painkiller.

schmerzstillend *adj* painkilling.

Schmerztablette (*pl* -n) *die* painkiller.

Schmetterling (*pl* -e) *der* butterfly.

Schmied (*pl* -e) *der* blacksmith.

schmieren *vt* (Türangel, Maschine) to oil; (Butterbrot) to spread; (fam: bestechen) to bribe.

Schmierkäse *der* cheese spread.

Schmiermittel (*pl* -) *das* lubricant.

Schmierseife *die* soft soap.

schmilzt *präs* → schmelzen.

Schminke *die* make-up.

schminken *vt* to make up □ **sich schminken** *ref* to put on one's make-up.

Schmirgelpapier *das* sandpaper.

schmiß *prät* → schmeißen.

schmollen *vi* to sulk.

schmolz *prät* → schmelzen.

Schmorbraten (*pl* -) *der* pot roast.

schmoren *vt* (Nahrung) to braise.

Schmuck *der* (für Person) jewellery; (für Raum, Tannenbaum) decoration.

schmücken *vt* to decorate.

schmuggeln *vt* to smuggle.

schmunzeln *vi* to smile.

schmusen *vi* to cuddle.

Schmutz *der* dirt.

schmutzig *adj* dirty; **sich ~ machen** to get dirty.

Schnalle (*pl* **-n**) *die* buckle.

schnappen *vt* to catch; *(fam: packen, nehmen)* to grab ◆ *vi (Tier)* to snap.

Schnappschuß (*pl* **-schüsse**) *der* snapshot.

Schnaps (*pl* **Schnäpse**) *der* schnapps.

Schnapsglas (*pl* **-gläser**) *das* shot glass.

schnarchen *vi* to snore.

Schnauze (*pl* **-n**) *die* (*von Tier*) muzzle; *(vulg: von Mensch)* gob.

Schnecke (*pl* **-n**) *die* (*Tier*) snail; *(Gebäck)* ≈ Chelsea bun.

Schnee *der* snow; **es liegt ~** there's snow on the ground.

Schneeball (*pl* **-bälle**) *der* snowball.

schneebedeckt *adj* snowcovered.

Schneebrille (*pl* **-n**) *die* snow-goggles (*pl*).

Schneefall *der* snowfall.

Schneeflocke (*pl* **-n**) *die* snowflake.

schneefrei *adj* free of snow.

Schneegestöber (*pl* **-**) *das* snowstorm.

Schneeglätte *die* packed snow.

Schneegrenze (*pl* **-n**) *die* snow-line.

Schneekette (*pl* **-n**) *die* snow-chain.

Schneemann (*pl* **-männer**) *der* snowman.

Schneepflug (*pl* **-pflüge**) *der* snowplough.

Schneeregen *der* sleet.

Schneeschmelze *die* thaw.

Schneesturm (*pl* **-stürme**) *der* snowstorm.

Schneetreiben (*pl* **-**) *das* driving snow.

Schneewehe (*pl* **-n**) *die* snowdrift.

schneiden (*prät* **schnitt**, *pp* **geschnitten**) *vt* to cut; *(ignorieren)* to ignore; *(beim Überholen)* to cut in on ◆ *vi* to cut; **etw in Würfel ~** to cut sthg into cubes; **sich (D) in den Finger ~** to cut one's finger □ **sich schneiden** *ref (sich verletzen)* to cut o.s.; *(sich kreuzen)* to cross.

Schneider, -in (*mpl* **-**) *der, die* (*Beruf*) tailor.

Schneiderei (*pl* **-en**) *die* (*Geschäft*) tailor's (shop).

schneien *vimp:* **es schneit** it's snowing.

schnell *adj* quick, fast ◆ *adv* quickly, fast; **~ machen** to hurry up.

Schnellhefter (*pl* **-**) *der* loose-leaf folder.

Schnelligkeit *die* speed.

Schnellimbiß (*pl* **-imbisse**) *der* snack bar.

Schnellreinigung (*pl* **-en**) *die* express cleaning.

Schnellstraße (*pl* **-n**) *die* expressway.

Schnellzug (*pl* **-züge**) *der* express train.

schnitt *prät* → **schneiden**.

Schnitt (*pl* **-e**) *der* cut; *(Schnittmuster)* pattern.

Schnittblumen *pl* cut flowers.

Schnitte (*pl* **-n**) *die* (*Brotscheibe*) slice; *(belegtes Brot)* open sandwich.

Schnittkäse *der* sliced cheese.

Schnittlauch *der* chives *(pl)*.

Schnittwunde *(pl -n) die* cut.

Schnitzel *(pl -) das:* **Wiener ~** escalope of veal.

Schnorchel *(pl -) der* snorkel.

schnorcheln *vi* to snorkel.

Schnuller *(pl -) der* dummy *(Br)*, pacifier *(Am)*.

Schnulze *(pl -n) die (Lied)* sentimental song.

Schnupfen *der* cold; **~ haben/ bekommen** to have/get a cold.

Schnupftabak *(pl -e) der* snuff.

Schnur *(pl Schnüre) die (zum Binden)* string, cord; *(Kabel)* lead.

Schnurrbart *(pl -bärte) der* moustache.

Schnürsenkel *(pl -) der* shoelace.

schob *prät* → **schieben.**

Schock *(pl -s) der* shock; **unter ~ stehen** to be in shock.

schockieren *vt* to shock.

Schokolade *(pl -n) die* chocolate; *(Getränk)* hot chocolate.

Scholle *(pl -n) die (Fisch)* plaice.

schon *adv* 1. *(relativ früh, spät)* already; **wir essen heute ~ um elf Uhr** we're eating earlier today, at eleven o'clock; **es ist ~ lange so** it has been like that for a long time; **~ jetzt** already.
2. *(bis jetzt)* yet; **warst du ~ bei der Post?** have you been to the post office yet?; **warst du ~ mal in Kanada?** have you ever been to Canada?; **ich war ~ mal im Ausland** I've been abroad before; **ich bereite das ~ mal vor** I'll get that ready now.

3. *(relativ viel)* already; **~ wieder** again.
4. *(endlich):* **komm ~!** come on!
5. *(zur Beruhigung):* **das schaffst du ~** don't worry, I'm sure you'll manage it; **~ gut!** all right!
6. *(allein)* just; **~ der Gedanke daran macht mich nervös** just thinking about it makes me nervous.

schön *adj* nice; *(Frau)* beautiful; *(Mann)* handsome; *(beträchtlich)* considerable ◆ *adv* well; **ganz ~** really; **na ~** all right.

schonen *vt (Person)* to go easy on; *(Gegenstand)* to look after ❑ **sich schonen** *ref* to take it easy.

Schönheit *(pl -en) die* beauty.

Schönheitssalon *(pl -s) der* beauty salon.

Schonkost *die* light diet.

schön|machen: sich schön- machen *ref (fam)* to get ready, to do o.s. up.

Schönwetterlage *die* spell of fine weather.

Schöpfkelle *(pl -n) die* ladle.

Schoppen *(pl -) der* large glass of wine.

Schorf *der* scab.

Schorle *(pl -) die (mit Apfelsaft)* apple juice with mineral water; *(mit Wein)* spritzer.

Schornstein *(pl -e) der* chimney.

schoß *prät* → **schießen.**

Schoß *(pl Schöße) der (Körperteil)* lap; **bei jm auf dem ~ sitzen** to sit on sb's lap.

Schotte *(pl -n) der* Scotsman; **die ~n** the Scots.

Schottin *(pl -nen) die* Scotswoman.

schottisch adj Scottish.

Schottland nt Scotland.

schräg adj (schief) sloping; (Linie) diagonal.

Schramme (pl -n) die scratch.

Schrank (pl Schränke) der (mit Fächern) cupboard; (zum aufhängen) wardrobe.

Schranke (pl -n) die (Gegenstand) barrier.

Schrankwand (pl -wände) die wall unit.

Schraube (pl -n) die (aus Metall) screw.

schrauben vt to screw.

Schraubenschlüssel (pl -) der spanner (Br), wrench (Am).

Schraubenzieher (pl -) der screwdriver.

Schrebergarten (pl -gärten) der allotment.

Schreck der fright; einen ~ kriegen to get a fright.

schreckhaft adj easily scared.

schrecklich adj terrible.

Schrei (pl -e) der (Geräusch) shout, cry.

schreiben (prät schrieb, pp geschrieben) vt 1. (gen) to write; etw groß/klein ~ to write sthg with/without a capital letter; wie schreibt man das? how do you spell that?
2. (Subj: Arzt): jn krank ~ to give sb a sick note; jn gesund ~ to give sb a note saying they are fit to work again.
◆ vi to write; an etw (D) ~ (Roman) to be writing sthg; über etw (A) ~ to write about sthg.
❑ sich schreiben ref to be spelt.

Schreiben (pl -) das (amt) letter.

Schreibheft (pl -e) das exercise book.

Schreibmaschine (pl -n) die typewriter.

Schreibpapier das writing paper.

Schreibtisch (pl -e) der desk.

Schreibwaren pl stationery (sg).

Schreibwarengeschäft (pl -e) das stationery shop.

schreien (prät schrie, pp geschrien) vi & vt to shout; ~ nach to shout at.

Schreiner, -in (mpl -) der, die joiner.

schreiten (prät schritt, pp geschritten) vi ist (geh: gehen) to stride.

schrie prät → schreien.

schrieb prät → schreiben.

Schrift (pl -en) die (Handschrift) handwriting; (Schriftbild) type; (Aufschrift, Text) writing; (lateinische, arabische) script; die Heilige ~ the Scriptures (pl).

schriftlich adj written ◆ adv in writing.

Schriftsteller, -in (mpl -) der, die writer.

schritt prät → schreiten.

Schritt (pl -e) der step; '~ fahren' 'dead slow'.

Schrittempo das walking speed.

Schrott der (Metall) scrap metal; (fam: Plunder) rubbish.

Schrottplatz (pl -plätze) der scrapyard.

schrubben vt & vi to scrub.

Schrubber (*pl* -) *der* scrubbing brush.

Schubkarre (*pl* -n) *die* wheelbarrow.

Schublade (*pl* -n) *die* drawer.

schubsen *vt* to shove.

schüchtern *adj* shy.

schuf *prät* → schaffen.

Schüfeli *das* (*Schweiz*) smoked pork.

Schuh (*pl* -e) *der* shoe.

Schuhanzieher (*pl* -) *der* shoehorn.

Schuhbürste (*pl* -n) *die* shoe brush.

Schuhcreme (*pl* -s) *die* shoe polish.

Schuhgeschäft (*pl* -e) *das* shoe shop.

Schuhgröße (*pl* -n) *die* shoe size.

Schuhlöffel (*pl* -) *der* shoehorn.

Schuhmacher, -in (*mpl* -) *der*, *die* shoemaker.

Schuhputzmittel (*pl* -) *das* shoe polish.

Schuhsohle (*pl* -n) *die* (shoe) sole.

Schulabschluß (*pl* -abschlüsse) *der* school-leaving qualification.

Schulbeginn *der* beginning of term.

schuld *adj*: ~ sein ODER haben an (+D) to be to blame for; du bist ~ daran it's your fault.

Schuld *die* (*Verantwortung*) blame; (*Unrecht*) guilt ❑ **Schulden** *pl* debts; ~en haben to be in debt; ~en machen to run up debts.

schuldig *adj* guilty; jm etw ~ sein to owe sb sthg.

Schuldschein (*pl* -e) *der* IOU.

Schule (*pl* -n) *die* school; zur ODER in die ~ gehen to go to school; in der ~ at school.

schulen *vt* to train.

Schüler, -in (*mpl* -) *der*, *die* pupil.

Schüleraustausch *der* (student) exchange.

Schülerausweis (*pl* -e) *der* pupil's ID card entitling them to concessions etc.

Schülerkarte (*pl* -n) *die* (*Fahrkarte*) school season ticket.

Schulferien *pl* school holidays.

schulfrei *adj*: morgen haben wir ~ we don't have to go to school tomorrow.

Schulfreund, -in (*mpl* -) *der*, *die* schoolfriend.

Schuljahr (*pl* -e) *das* school year.

Schulklasse (*pl* -n) *die* class.

Schulter (*pl* -n) *die* shoulder.

Schultüte *die* large cone of sweets.

i   SCHULTÜTE

A "Schultüte" is a large brightly-coloured paper cone full of sweets and small gifts which parents give to their children on their first day at school to try to make the day a little easier for them. The children may only open the cone once they have arrived at school.

Schulung (*pl* -en) *die* training.

Schulzeit *die* schooldays (*pl*).

Schuppe (*pl* -n) *die* (*von Fisch*) scale ❑ **Schuppen** *pl* (*auf Kopf*) dandruff (*sg*).

Schürfwunde (pl -n) die graze.

Schurwolle die pure new wool.

Schürze (pl -n) die apron.

Schuß (pl Schüsse) der shot; **gut in ~ sein** to be in good shape; **ein ~ Whisky** a dash of whisky.

Schüssel (pl -n) die bowl.

Schuster, -in (mpl -) der, die shoemaker.

Schutt der rubble; **'~ abladen verboten'** 'no dumping'.

Schüttelfrost der shivering fit.

schütteln vt to shake; **den Kopf ~** to shake one's head; **vor Gebrauch ~** shake before use ❏ **sich schütteln** ref to shake.

schütten vt to pour ◆ vimp: **es schüttet** it's pouring (with rain).

Schutz der protection; (vor Regen, Wind) shelter; **jn in ~ nehmen** to stand up for sb.

Schutzblech (pl -e) das mudguard.

Schutzbrief (pl -e) der travel insurance certificate.

Schutzbrille (pl -n) die goggles (pl).

schützen vt to protect ◆ vi (Dach) to give shelter; (Versicherung) to give cover; **jn vor etw (D) ~** to protect sb against sthg ❏ **sich schützen** ref to protect o.s.

Schützenfest (pl -e) das shooting festival.

SCHÜTZENFEST

The "Schützenfest" is a shooting festival held mainly in rural communities. It is organized by the local rifle club which is the centre of communal life in many of these rural areas. A competition is held to find the best shot, who is then crowned "Schützenkönig" (king of the shooting festival). There are also beer tents and fairground attractions, including shooting galleries.

Schutzgebiet (pl -e) das (von Wasser) protected area.

Schutzhütte (pl -n) die shelter.

Schutzimpfung (pl -en) die vaccination.

Schutzumschlag (pl -umschläge) der dust jacket.

schwach (komp schwächer, superl am schwächsten) adj weak; (schlecht) poor.

Schwäche (pl -n) die weakness.

schwachsinnig adj (unsinnig) nonsensical.

Schwachstrom der low-voltage current.

Schwager (pl -) der brother-in-law.

Schwägerin (pl -nen) die sister-in-law.

Schwalbe (pl -n) die swallow.

schwamm prät → schwimmen.

Schwamm (pl Schwämme) der sponge.

Schwammtuch (pl -tücher) das cloth.

Schwan (pl Schwäne) der swan.

schwang prät → schwingen.

schwanger adj pregnant.

Schwangerschaft (pl -en) die pregnancy.

Schwangerschaftstest (pl -s) der pregnancy test.

schwanken *vi ist* to sway; *(gedanklich)* to waver; *(Kurs, Preise)* to fluctuate.

Schwanz *(pl Schwänze) der* tail; *(vulg: von Mann)* cock.

Schwarm *(pl Schwärme) der (von Tieren)* swarm.

schwarz *adj* black ◆ *adv (illegal)* on the black market; **der ~e Markt** the black market; **in den ~en Zahlen** in the black.

Schwarz *das* black.

Schwarzarbeit *die* moonlighting.

Schwarzbrot *(pl -e) das* black bread.

Schwarze *(pl -n) der, die (Farbiger)* black; *(Konservativer)* conservative.

schwarz|fahren *vi unr ist* to travel without a ticket.

Schwarzfahrer, -in *(mpl -) der, die* fare dodger.

Schwarzmarkt *der* black market.

Schwarzwald *der* Black Forest.

schwarzweiß *adj* black and white.

Schwarzweißfilm *(pl -e) der* black and white film.

Schwarzwurzel *(pl -n) die* oyster plant.

Schwebebahn *(pl -en) die* cable railway.

schweben *vi (fliegen)* to float.

Schwede *(pl -n) der* Swede.

Schweden *nt* Sweden.

Schwedin *(pl -nen) die* Swede.

schwedisch *adj* Swedish.

Schwedisch(e) *das* Swedish.

Schwefel *der* sulphur.

schweigen *(prät schwieg, pp geschwiegen) vi (Person)* to be silent.

Schweigepflicht *die* confidentiality.

Schwein *(pl -e) das* pig; *(Fleisch)* pork.

Schweinebraten *(pl -) der* roast pork.

Schweinefleisch *das* pork.

Schweinerei *(pl -en) die (fam: schlimme Sache)* scandal; *(fam: Schmutz)* mess.

Schweinshaxe *(pl -n) die (Süddt)* fried knuckle of pork.

Schweiß *der* sweat.

schweißen *vt* to weld.

Schweiz *die* Switzerland.

Schweizer *(pl -) der* Swiss.

Schweizerin *(pl -nen) die* Swiss.

schwellen *(präs schwillt, prät schwoll, pp geschwollen) vi (dick werden)* to swell.

Schwellung *(pl -en) die* swelling.

schwer *adj* heavy; *(stark)* serious; *(schwierig)* difficult ◆ *adv (fam: sehr)* really; *(verletzt)* seriously; *(arbeiten)* hard; **das ist nur ~ möglich** that won't be easy; **zehn Kilo ~ sein** to weigh ten kilos; **es ~ haben mit** to have a hard time with.

Schwerbehinderte *(pl -n) der, die* severely handicapped person.

schwerhörig *adj* hard of hearing.

schwerkrank *adj* seriously ill.

schwerverletzt *adj* seriously injured.

Schwester *(pl -n) die* sister; *(Krankenschwester)* nurse.

schwieg *prät* → schweigen.

Schwiegereltern *pl* parents-in-law.

Schwiegermutter (*pl* -müt-ter) *die* mother-in-law.

Schwiegersohn (*pl* -söhne) *der* son-in-law.

Schwiegertochter (*pl* -töch-ter) *die* daughter-in-law.

Schwiegervater (*pl* -väter) *der* father-in-law.

schwierig *adj* difficult.

Schwierigkeit (*pl* -en) *die* (Problem) difficulty; **in ~en geraten/ stecken** to get into difficulty/be having difficulties.

schwillt *präs* → schwellen.

Schwimmbad (*pl* -bäder) *das* swimming pool.

Schwimmbecken (*pl* -) *das* swimming pool.

schwimmen (*prät* schwamm, *pp* geschwommen) *vi ist* to swim; (Gegenstand) to float ◆ *vt ist* (Strecke) to swim.

Schwimmer, -in (*mpl* -) *der, die* swimmer.

Schwimmerbecken (*pl* -) *das* swimmers' pool.

Schwimmflosse (*pl* -n) *die* flip-per (Br) fin (Am).

Schwimmflügel (*pl* -) *der* armband.

Schwimmhalle (*pl* -n) *die* indoor swimming pool.

Schwimmreifen (*pl* -) *der* rubber ring.

Schwimmweste (*pl* -n) *die* life jacket.

schwindelig *adj* dizzy; **mir ist/ wird ~** I am/am getting dizzy.

schwingen (*prät* schwang, *pp* geschwungen) *vi* to swing ◆ *vt* (Fahne) to wave; (Peitsche) to brandish □ **sich schwingen** *ref* (aufs Pferd, ins Auto) to jump.

Schwips (*pl* -e) *der* (fam): **einen ~ haben** to be tipsy.

schwitzen *vi* to sweat.

schwoll *prät* → schwellen.

schwor *prät* → schwören.

schwören (*prät* schwor, *pp* geschworen) *vt* to swear.

schwul *adj* (fam) gay.

schwül *adj* (Wetter) muggy, close.

Schwung *der* (Bewegung) swing; (Elan) zest; **mit ~** with zest.

Schwur (*pl* Schwüre) *der* oath.

sechs *num & pron* six; **fünf vor/ nach ~** five to/past six; **~ Uhr** fünfundvierzig six forty-five; **um ~ (Uhr)** at six (o'clock); **sie ist ~ (Jahre alt)** she is six (years old); **wir waren ~** there were six of us.

sechshundert *num* six hundred.

sechsmal *adv* six times.

sechste, -r, -s *adj* sixth; **der ~ Juni** the sixth of June, June the sixth.

Sechstel (*pl* -) *das* sixth.

sechzehn *num* sixteen, → sechs.

sechzig *num* sixty, → sechs.

See[1] (*pl* -n) *der* (Teich) lake.

See[2] *die* (Meer) sea; **an die ~ fahren** to go to the seaside; **an der ~** at the seaside.

Seebad (*pl* -bäder) *das* seaside resort.

Seegang *der*: leichter/hoher ~ calm/rough seas (*pl*).

Seeigel (*pl* -) *der* sea urchin.

sein

seekrank *adj* seasick.

Seele (*pl* -n) *die* soul.

Seeleute *pl* sailors.

seelisch *adj* mental.

Seelsorger, -in (*mpl* -) *der, die* (*Priester*) pastor.

Seeluft *die* sea air.

Seemeile (*pl* -n) *die* nautical mile.

Seenot *die* distress.

Seereise (*pl* -n) *die* voyage.

Seeweg *der:* **auf dem** ~ by sea.

Segel (*pl* -) *das* sail.

Segelboot (*pl* -e) *das* sailing boat.

Segelfliegen *das* gliding.

Segelflugzeug (*pl* -e) *das* glider.

segeln *vi* (*mit Boot*) to sail.

Segelschiff (*pl* -e) *das* sailing ship.

sehbehindert *adj* partially sighted.

sehen (*präs* **sieht**, *prät* **sah**, *pp* **gesehen**) *vt & vi* to see; **gut/schlecht** ~ to have good/bad eyesight; **jm ähnlich** ~ to look like sb; **sieh mal!** look!; **mal** ~ we'll see; **siehste** ODER **siehst du!** (*fam*) you see!; **nach jm** ~ (*aufpassen*) to look after sb □ **sich sehen** *ref* (*sich treffen*) to see each other.

Sehne (*pl* -n) *die* (*von Muskeln*) tendon.

sehnen: sich sehnen *ref:* **sich** ~ **nach** to long for.

Sehnenscheidenentzündung (*pl* -en) *die* tendonitis.

Sehnsucht *die* longing.

sehr *adv* very; **bitte** ~! you're welcome!; **das gefällt mir** ~ I like

that a lot; **danke** ~! thank you very much; ~ **viel Geld** an awful lot of money; **zu** ~ too much.

seid *präs* → **sein**.

Seide (*pl* -n) *die* silk.

Seife (*pl* -n) *die* soap.

Seifenlauge (*pl* -n) *die* soap suds (*pl*).

Seil (*pl* -e) *das* rope.

Seilbahn (*pl* -en) *die* cable railway.

sein[1] (*präs* **ist**, *prät* **war**, *pp* **gewesen**) *aux* **1.** (*im Perfekt*) to have; **sie ist gegangen** she has gone. **2.** (*im Konjunktiv*): **sie wäre gegangen** she would have gone.

♦ *vi* **1.** (*Angabe von Eigenschaft, Zustand, Identität*) to be; **mir ist schlecht/kalt** I'm ill/cold; **Lehrer** ~ to be a teacher.

2. (*Angabe von Position*) to be; **das Hemd ist im Koffer** the shirt is in the suitcase.

3. (*Angabe der Zeit*) to be; **das Konzert ist heute** the concert is today.

4. (*Angabe der Herkunft*): **aus Indien/Zürich** ~ to be from India/Zürich.

5. (*Angabe der Zusammensetzung*): **aus etw** ~ to be made of sthg.

6. (*Angabe der Meinung*): **für etw** ~ to be in favour of sthg; **gegen etw** ~ to be against sthg.

7. (*Angabe von Zwang*): **mein Befehl ist sofort auszuführen** my order is to be carried out immediately.

8. (*Angabe von Möglichkeit*): **das ist nicht zu ändern** there's nothing that can be done about it; **dieses Spiel ist noch zu gewinnen** this game can still be won.

9. (*Angabe von Tätigkeit*): **dabei** ~, **etw zu tun** to be doing sthg.

10. (Angabe von Teilnahme): **dabei ~** to be there.

11. (fam: Angabe von Reihenfolge): **ich bin dran** it's my turn; **Sie sind als nächste dran!** you're next!

♦ vimp: **es ist zwölf Uhr** it's twelve o'clock; **es ist dunkel** it's dark; **wie wäre es mit ...?** how about ...?; **was ist?** what's up?; **das wär's** that's all; **es sei denn, daß ...** unless ...

sein², -e det his.

seine, -r, -s ODER **seins** pron (von Person) his; (von Tier, Ding) its.

sein|lassen vt unr (fam): **laß das sein!** stop that!

seit konj & präp (+D) since; **ich wohne hier ~ drei Jahren** I've lived here for three years; **~ langem** for a long time; **~ wann** since when.

seitdem adv since then ♦ konj since.

Seite (pl -n) die side; (von Buch, Heft) page; **auf der rechten/linken ~** on the right-hand/left-hand side; **zur ~ gehen** ODER **treten** to step aside.

Seiteneingang (pl -gänge) der side entrance.

Seitensprung (pl -sprünge) der affair; **einen ~ machen** to have an affair.

Seitenstechen das stitch.

Seitenstraße (pl -n) die side street.

Seitenstreifen (pl -) der hard shoulder (Br), shoulder (Am); **'~ nicht befahrbar'** 'soft verges'.

Seitenwind die: **'Vorsicht, ~!'** 'caution crosswind'.

seither adv since then.

Sekretär (pl -e) der secretary; (Möbelstück) bureau.

Sekretärin (pl -nen) die secretary.

Sekt (pl -e) der German sparkling wine similar to champagne.

Sekte (pl -n) die sect.

Sektglas (pl -gläser) das champagne glass.

Sekunde (pl -n) die second.

Sekundenkleber (pl -) der superglue.

sekundenlang adj momentary.

selber pron (fam) = **selbst**.

selbst adv (sogar) even ♦ pron (er selbst) himself; (sie selbst) herself, themselves (pl); (ich selbst) myself (wir selbst) ourselves; (Sie selbst) yourself, yourselves (pl); **von ~** (automatisch) automatically, by itself.

selbständig adj independent; (Unternehmer) self-employed ♦ adv independently.

Selbstauslöser (pl -) der delayed-action shutter release.

Selbstbedienung die self-service.

Selbstbedienungsrestaurant (pl -s) das self-service restaurant.

Selbstbeteiligung die excess.

selbstbewußt adj self-confident.

Selbstbräuner (pl -) der artificial tanning cream.

selbstgemacht adj home-made.

Selbstkostenpreis (pl -e) der cost price.

Selbstmord (pl -e) der suicide.

selbstsicher adj self-confident.

Selbstversorger (*pl -*) *der (im Urlaub)* self-caterer.

selbstverständlich *adj* natural ♦ *adv* naturally.

Selbstverteidigung *die* self-defence.

Selbstwählverkehr *der* direct dialling.

Sellerie *der* celery.

selten *adj* rare ♦ *adv* rarely.

Selters (*pl -*) *die* ODER *das* sparkling mineral water.

seltsam *adj* strange.

Semester (*pl -*) *das* semester.

Semesterferien *pl* (university) vacation (*sg*).

Semikolon (*pl -s*) *das* semicolon.

Seminar (*pl -e*) *das* seminar; *(Institut)* department.

Semmel (*pl -n*) *die* (bread) roll.

Semmelknödel (*pl -*) *der* bread dumpling.

senden[1] (*prät* sandte, *pp* gesandt) *vt (Brief, Glückwünsche)* to send; *jm etw ~* to send sb sthg.

senden[2] *vt (Film, Konzert)* to broadcast.

Sender (*pl -*) *der (Station)* station.

Sendung (*pl -en*) *die (im Fernsehen, in Radio)* programme; *(Brief)* letter; *(Paket)* parcel.

Senf (*pl -e*) *der* mustard.

Senior, -in (*mpl -en*) *der, die (in Firma)* senior colleague ❑ **Senioren** *pl (Alte)* senior citizens; *(SPORT)* senior team (*sg*).

Seniorenpaß (*pl -pässe*) *der* senior citizen's travel pass.

senken *vt* to lower.

senkrecht *adj* vertical ♦ *adv* vertically.

Sensation (*pl -en*) *die* sensation.

sensibel *adj (Mensch)* sensitive.

separat *adj* separate.

September *der* September; **am ersten ~** on the first of September; **Anfang/Ende ~** at the beginning/end of September; **Mitte ~** in mid-September; **Berlin, den 12. ~ 1995** Berlin, 12 September 1995; **im ~** in September.

Serie (*pl -n*) *die* series; *(von Produkten)* line.

serienmäßig *adj* standard ♦ *adv* in series.

seriös *adj* respectable.

Serpentine (*pl -n*) *die (Straße)* steep and winding road.

Service[1] *der (von Firma, Hotel)* service.

Service[2] (*pl -s*) *das (von Eßgeschirr)* (dinner) service.

servieren *vt* to serve.

Serviette (*pl -n*) *die* serviette.

Servolenkung (*pl -en*) *die* power steering.

Servus *interj (Süddt)* hello.

Sesam *der* sesame.

Sessel (*pl -*) *der* armchair.

Sessellift (*pl -e*) *der* chairlift.

setzen *vt (Person)* to sit; *(Gegenstand)* to put; *(festlegen, Text)* to set; *(Geld)* to bet ♦ *vi (bei Wette, Roulette)* to bet; **~ auf** (+A) to bet on ❑ **sich setzen** *ref (Person, Tier)* to sit (down); **sich ~ zu** to sit with.

Seuche (*pl -n*) *die (Krankheit)* epidemic.

seufzen *vi* to sigh.

Sex *der* sex.

sexuell *adj* sexual.

Sfr. *(abk für Schweizer Franken)* Swiss francs.

Shampoo *(pl -s) das* shampoo.

Sherry *(pl -s) der* sherry.

Shorts *pl* shorts.

Show *(pl -s) die* show.

Shuttle-Bus *(pl -se) der* shuttle bus.

sich *pron (Reflexivpronomen: unbestimmt)* oneself; *(Person)* himself *(f* herself), themselves *(pl); (Ding, Tier)* itself, themselves *(pl); (bei Höflichkeitsform)* yourself, yourselves *(pl);* ~ **freuen auf etw** *(A)* to look forward to sthg; ~ *(D)* **etw kaufen** to buy sthg (for o.s.).

sicher *adj (ungefährdet)* safe; *(zuverlässig)* reliable ◆ *adv (ungefährdet)* safely; *(zuverlässig)* reliably; *(sicherlich)* certainly, definitely; **aber** ~! of course; **bist du** ~? are you sure?; **etw** ~ **wissen** to know sthg for sure; **sich** *(D)* ~ **sein** to be sure.

Sicherheit *(pl -en) die (Schutz)* safety; *(Zuverlässigkeit)* certainty; *(Selbstsicherheit)* confidence; *(finanziell)* security.

Sicherheitsdienst *(pl -e) der* security service.

Sicherheitsgurt *(pl -e) der* safety belt.

Sicherheitsnadel *(pl -n) die* safety pin.

Sicherheitsschloß *(pl -schlösser) das* safety lock.

sicherlich *adv* certainly.

sichern *vt (Ort)* to secure.

Sicherung *(pl -en) die (elektrisch)* fuse; *(Schutz)* safeguarding.

Sicht *die* view; **gute** ~ good visibility; **in** ~ **sein** to be in sight.

sichtbar *adj* visible.

Sichtvermerk *(pl -e) der* visa.

Sichtweite *die* visibility; **außer/in** ~ out of/in sight.

sie *pron (Singular: Nominativ)* she; *(Akkusativ)* her; *(Tier, Gegenstand)* it; *(Plural: Nominativ)* they; *(Akkusativ)* them.

Sie *pron (Singular, Plural)* you.

Sieb *(pl -e) das* sieve.

sieben *num* seven, → **sechs** ◆ *vt (Sand, Tee)* to sieve.

siebenhundert *num* seven hundred.

siebenmal *adv* seven times.

siebte, -r, -s *adj* seventh, → **sechste**.

siebzehn *num* seventeen, → **sechs**.

siebzig *num* seventy, → **sechs**.

siedend *adj* boiling.

Siedlung *(pl -en) die (Niederlassung)* settlement; *(am Stadtrand)* (housing) estate.

Sieg *(pl -e) der* victory.

siegen *vi* to win; ~ **gegen** ODER **über** *(+A)* to beat.

Sieger, -in *(mpl -) der, die* winner.

Siegerehrung *(pl -en) die (SPORT)* medals ceremony.

siehe *Imperativ* → **sehen**; ~ **oben/ unten** see above/below.

sieht *präs* → **sehen**.

siezen *vt: jn* ~ to use the 'Sie' form of address to sb.

Signal *(pl -e) das* signal.

Silbe *(pl -n) die* syllable.

Silber *das* silver.

Silberhochzeit *(pl -en) die* silver wedding (anniversary).

Silvester (pl -) das New Year's Eve.

SILVESTER

In Germany, the traditional way of seeing in the New Year is by letting off fireworks when midnight chimes. Another custom associated with New Year's Eve involves pouring molten lead into a bowl of water and trying to tell the future from the shapes into which the lead solidifies.

---

simultan adj simultaneous.

sind präs → sein[1].

Sinfonie (pl -n) die symphony.

Sinfonieorchester (pl -s) das symphony orchestra.

singen (prät sang, pp gesungen) vt & vi to sing.

sinken (prät sank, pp gesunken) vi ist to sink; (Preis, Besucherzahlen) to fall.

Sinn (pl -e) der (körperlich) sense; (Bedeutung) meaning; (Zweck) point; **es hat keinen ~** there's no point.

sinnlos adj (unsinnig) pointless.

sinnvoll adj (Arbeit) meaningful; (vernünftig) sensible.

Sirene (pl -n) die (Gerät) siren.

Sitte (pl -n) die (Gepflogenheit) custom ◻ **Sitten** pl (Benehmen) manners.

Situation (pl -en) die situation.

Sitz (pl -e) der seat.

sitzen (prät saß, pp gesessen) vi to sit; **~ auf** (+D) to be sitting on; **gut ~** (Kleidung) to be a good fit.

sitzen|**lassen** vt unr (fam) (Partner) to dump; (bei Verabredung) to stand up.

Sitzgelegenheit (pl -en) die seating, place to sit.

Sitzplatz (pl -plätze) der seat.

Sitzung (pl -en) die (Konferenz) meeting.

Skandal (pl -e) der scandal.

Skat der skat, card game for three players.

Skateboard (pl -s) das skateboard.

Skelett (pl -e) das skeleton.

Ski (pl -er) der ski; **~ fahren** ODER **laufen** to ski.

Skianzug (pl -züge) der ski suit.

Skiausrüstung (pl -en) die skiing equipment.

Skigebiet (pl -e) das skiing area.

Skihose (pl -n) die ski pants (pl).

Skikurs (pl -e) der skiing course.

Skiläufer, -in (mpl -) der, die skier.

Skilehrer, -in (mpl -) der, die ski instructor.

Skilift (pl -e) der ski lift.

Skipiste (pl -n) die ski-run.

Skistiefel (pl -) der ski boot.

Skistock (pl -stöcke) der ski stick.

Skiurlaub (pl -e) der skiing holiday.

Skiwachs das ski wax.

Skizze (pl -n) die sketch.

Skorpion (pl -e) der (Tier) scorpion; (Sternzeichen) Scorpio.

Skulptur (pl -en) die sculpture.

S-Kurve (pl -n) die S-bend.

Slalom (pl -s) der (im Sport) slalom.

Slip 238

Slip (pl -s) der briefs (pl).

Slipeinlage (pl -n) die panty liner.

Slowakei die Slovakia.

Smog der smog.

Smoking (pl -s) der dinner jacket.

so adv 1. (auf diese Art) like this; (auf jene Art) like that; ~ was (fam) something like that; **gut** ~! good!
2. (dermaßen) so; **ich bin ~ froh, daß du gekommen bist** I'm so glad you came; ~ ..., **daß** so ... that; ~ **ein** such a; ~ **ein Pech!** what bad luck!
3. (fam: circa) about; **oder** ~ or so.
4. (mit Geste) this; **es war** ~ **groß** it was this big.
5. (fam) (ohne etwas) as it is; (umsonst) for free; **ich trinke den Tee lieber** ~ I'd rather have the tea as it is; **ich bin** ~ **ins Kino reingekommen** I got into the cinema for free.
6. (fam: im allgemeinen): **was hast du sonst noch** ~ **gemacht?** what else did you do, then?
7. (vergleichend): ~ ... **wie** as ... as; **das Loch war** ~ **breit wie tief** the hole was as wide as it was deep.
♦ konj 1. (Ausdruck des Vergleichs) as; **laufen,** ~ **schnell man kann** to run as fast as one can.
2. (Ausdruck der Folge): ~ **daß** so that.
♦ interj: ~, **das war's** so, that's it; ~, **glaubst du das?** so, you believe that, do you?
❏ **so oder so** adv anyway.

s.o. abk = siehe oben.

sobald konj as soon as.

Söckchen (pl -) das ankle sock.

Socke (pl -n) die sock.

Sodbrennen das heartburn.

Sofa (pl -s) das sofa.

soff prät → saufen.

sofort adv immediately; (gleich) in a moment.

Sofortbildkamera (pl -s) die instant camera.

sog prät → saugen.

sogar adv even.

sogenannt adj (abw: angeblich) so-called.

Sohle (pl -n) die sole.

Sohn (pl Söhne) der son.

Soja die soya bean.

solange konj as long as.

Solarium (pl Solarien) das solarium.

solch det such; ~ **nette Leute** such nice people.

solche, -r, -s det such; **ein** ~r **Mann** such a man; **das Thema als** ~s the topic as such.

Soldat (pl -en) der soldier.

solidarisch adj: **sich** ~ **zeigen** to show solidarity.

solide adj (Material) solid.

Solist, -in (mpl -en) der, die soloist.

Soll das (Schulden) debit.

sollen¹ (pp sollen) aux to be supposed to; **ich soll um 10 Uhr dort sein** I'm supposed ODER meant to be there at 10; **wir hätten nicht kommen** ~ we shouldn't have come; **soll ich das Fenster aufmachen?** shall I open the window?; **sollte sie noch kommen, sag ihr ...** if she should turn up, tell her ...

sollen² (pp gesollt) vi: **die Waren** ~ **nach München** the goods are meant to go to Munich; **was soll das?** (fam) what's all this?; **was soll's?** (fam) what the hell?

solo adv (MUS) solo; (fam: allein) alone.

Sommer (pl -) der summer; **im ~** in (the) summer.

Sommerfahrplan (pl -pläne) der summer timetable.

Sommerferien pl summer holidays.

sommerlich adj summery.

Sommerpause (pl -n) die summer break.

Sommerreifen (pl -) der summer tyre.

Sommerschlußverkauf (pl -käufe) der summer sale.

Sommersprosse (pl -n) die freckle.

Sommerzeit die summertime.

Sonate (pl -n) die sonata.

Sonderangebot (pl -e) das special offer.

Sonderausstattung (pl -en) die: **ein Auto mit ~** a car with optional extras.

sonderbar adj strange.

Sonderfahrplan (pl -pläne) der special timetable.

Sonderfahrt (pl -en) die (Zugfahrt) special train; (Busfahrt) special bus.

Sondergenehmigung (pl -en) die special permit.

Sonderleistungen pl special benefits.

Sondermarke (pl -n) die special issue stamp.

Sondermaschine (pl -n) die special plane.

Sondermüll der hazardous waste.

sondern konj but.

Sonderpreis (pl -e) der special price.

Sonderschule (pl -n) die special school.

Sonderzug (pl -züge) der special train.

Sonnabend (pl -e) der Saturday, → Samstag.

sonnabends adv on Saturdays.

Sonne die sun; **die ~ scheint** the sun is shining; **in der prallen ~** in the blazing sun.

sonnen: sich sonnen ref (in Sonne) to sun o.s.

Sonnenaufgang (pl -gänge) der sunrise.

Sonnenbad (pl -bäder) das: **ein ~ nehmen** to sunbathe.

Sonnenbank (pl -bänke) die sunbed.

Sonnenblume (pl -n) die sunflower.

Sonnenblumenbrot (pl -e) das sunflower seed bread.

Sonnenblumenkern (pl -e) der sunflower seed.

Sonnenblumenöl das sunflower oil.

Sonnenbrand der sunburn.

Sonnenbrille (pl -n) die sunglasses (pl).

Sonnencreme (pl -s) die sun cream.

Sonnendach (pl -dächer) das (für Auto) sunroof.

Sonnendeck (pl -s) das sun deck.

Sonnenmilch die suntan lotion.

Sonnenöl (pl -e) das suntan oil.

Sonnenschein der sunshine.

Sonnenschirm (pl -e) der sunshade.

Sonnenschutzfaktor der protection factor.

Sonnenseite die (von Gebäude) sunny side.

Sonnenstich der sunstroke.

Sonnenstudio (pl -s) das tanning studio.

Sonnenuntergang (pl -gänge) der sunset.

sonnig adj sunny.

Sonntag (pl -e) der Sunday, → Samstag.

sonntags adv on Sundays.

Sonntagsverkauf der Sunday trading.

sonn- und feiertags adv on Sundays and public holidays.

sonst adv (außerdem) else; (normalerweise) usually; (abgesehen davon) otherwise ◆ konj (andernfalls) or; ~ habe ich nichts I've got nothing else; ~ nichts nothing else; was ~? (fam) what else?

sonstig adj other.

sooft konj whenever.

Sopran (pl -e) der soprano.

Sorge (pl -n) die worry; sich (D) ~n machen um to worry about; keine ~! (fam) don't worry!

sorgen vi: ~ für (beschaffen) to see to; (sich kümmern um) to look after □ sich sorgen ref to worry.

sorgfältig adj careful.

Sorte (pl -n) die (von Dingen) sort, type.

sortieren vt to sort.

Sortiment (pl -e) das assortment.

Soße (pl -n) die sauce.

Souvenir (pl -s) das souvenir.

souverän adj (Person) superior; (Staat) sovereign.

soviel pron as much ◆ konj: ~ ich weiß as far as I know; iß, ~ du willst eat as much as you like; doppelt ~ wie twice as much as.

soweit adv (im allgemeinen) on the whole ◆ konj as far as ◆ adj: ~ sein to be ready.

sowie konj (und) as well as, and.

sowieso adv anyway.

sowohl konj: ~ ... als auch ... as well as ...

sozial adj social ◆ adv socially.

Sozialarbeiter, -in (mpl -) der, die social worker.

Sozialdemokrat, -in (mpl -en) der, die social democrat.

sozialdemokratisch adj social-democratic.

Sozialhilfe die ≈ income support (Br), ≈ welfare (Am).

sozialistisch adj socialist.

Sozialversicherung (pl -en) die social security.

Sozialwohnung (pl -en) die council flat (Br).

Soziologie die sociology.

sozusagen adv so to speak.

Spachtel (pl -) der spatula.

Spaghetti pl spaghetti (sg).

Spalte (pl -n) die (in Fels, Holz) crack; (von Text) column.

Spanferkel (pl -) das (Fleisch) suckling pig.

Spange (pl -n) die (im Haar) hair slide (Br), barrette (Am).

Spanien nt Spain.

Spanier, -in (mpl -) der, die Spaniard; die ~ the Spanish.

spanisch adj Spanish.

Spanisch(e) das Spanish.

spann prät → spinnen.

spannend adj exciting.

Spannung (pl -en) die tension; (elektrisch) voltage ❏ **Spannungen** pl (Krise) tension (sg).

Sparbuch (pl -bücher) das savings book.

Sparbüchse (pl -n) die piggy bank.

sparen vt & vi to save; **für** ODER **auf** (+A) to save up for.

Spargel der asparagus.

Spargelsuppe (pl -n) die asparagus soup.

Sparkasse (pl -n) die savings bank.

Sparkonto (pl -konten) das savings account.

Sparpreis (pl -e) der economy price.

sparsam adj economical.

Sparschwein (pl -e) das piggy bank.

Spaß (pl Späße) der (Vergnügen) fun; (Scherz) joke; **machen** to joke; **Sprachenlernen macht mir ~ I** enjoy learning languages; **haben** to have fun; **viel ~!** have fun!; **zum ~** for fun; **er versteht keinen ~** he has no sense of humour.

spät adj & adv late; **sie kam mal wieder zu ~** she was late again; **wie ~ ist es?** what's the time?

Spaten (pl -) der spade.

später adv (dann) later; **bis ~!** see you later!

spätestens adv at the latest.

Spätlese (pl -n) die (Wein) late vintage.

Spätnachmittag (pl -e) der late afternoon.

Spätschicht (pl -en) die late shift.

Spätsommer der late summer.

Spätvorstellung (pl -en) die late show.

Spatz (pl -en) der (Vogel) sparrow.

Spätzli pl (Schweiz) small round noodles, similar to macaroni.

spazieren|gehen vi unr ist to go for a walk.

Spaziergang (pl -gänge) der walk; **einen ~ machen** to go for a walk.

Speck der (geräuchert) bacon; (Fett) fat.

Spedition (pl -en) die (für Umzug) removal firm.

Speiche (pl -n) die (am Rad) spoke.

Speichel der saliva.

Speicher (pl -) der (unterm Dach) loft; (EDV) memory.

speichern vt (EDV) to save.

Speise (pl -n) die (geh: Nahrung) food; (Gericht) meal.

Speiseeis das ice cream.

Speisekarte (pl -n) die menu.

Speiseröhre (pl -n) die gullet.

Speisesaal (pl -säle) der dining room.

Speisewagen (pl -) der dining car.

Spende (pl -n) die donation.

spenden vt to donate.

spendieren vt: **jm etw ~** to buy sb sthg (for a treat).

Sperre (pl -n) die (auf Straße) barrier.

sperren vt (Straße) to close;

(Konto) to freeze; **jn in ein Zimmer ~** to shut sb in a room.

Sperrgebiet *(pl -e) das:* **militärisches ~** military range.

Sperrmüll *der* large items of rubbish *(pl).*

Sperrstunde *(pl -n) die* closing time.

Sperrung *(pl -en) die (von Straße)* closing; *(von Konto)* freezing.

Spesen *pl* expenses.

Spezi® *(pl -s) das (Getränk)* Coke® and lemonade.

Spezialgebiet *(pl -e) das* specialist field.

Spezialist, -in *(mpl -en) der, die* specialist.

Spezialität *(pl -en) die* speciality.

Spezialitäten-Restaurant *(pl -s) das* speciality restaurant.

Spiegel *(pl -)* der mirror.

Spiegelei *(pl -er) das* fried egg.

spiegelglatt *adj* slippery.

Spiegelreflexkamera *(pl -s)* das reflex camera.

Spiel *(pl -e) das* game; *(Karten)* deck, pack.

Spielautomat *(pl -en) der* fruit machine.

spielen *vt* to play ◆ *vi* to play; *(Roman, Film)* to be set; *(um Geld)* to gamble; *(Schauspieler)* to act; **~ gegen** to play against; **~ um** to play for; **Karten ~** to play cards; **Klavier ~** to play the piano; **Tennis ~** to play tennis.

Spieler, -in *(mpl -)* der, die player.

Spielfilm *(pl -e) der* (feature) film.

Spielhalle *(pl -n) die* amusement arcade.

Spielkasino *(pl -s) das* casino.

Spielplan *(pl -pläne) der (von Theater)* programme.

Spielplatz *(pl -plätze) der* the playground.

Spielregel *(pl -n) die* rule.

Spielsachen *pl* toys.

Spielwaren *pl* toys.

Spielzeug *das* toy.

Spieß *(pl -e) der (für Fleisch)* spit; **am ~** spit-roasted.

Spießchen *(pl -) das* skewer.

Spinat *der* spinach.

Spinne *(pl -n) die* spider.

spinnen *(prät* **spann,** *pp* **gesponnen)** *vt (Wolle)* to spin ◆ *vi (fam: verrückt sein)* to be crazy; **du spinnst!** you're joking!

spionieren *vi* to spy.

Spirale *(pl -n) die* spiral; *(MED)* coil.

Spirituosen *pl* spirits.

Spiritus *der* spirit.

Spirituskocher *(pl -) der* spirit stove.

spitz *adj* pointed.

Spitze *(pl -n) die (von Messer, Nadel)* point; *(von Berg)* peak; *(von Kolonne, Gruppe)* head.

Spitzer *(pl -) der* pencil sharpener.

Spitzname *(pl -n) der* nickname.

Splitter *(pl -) der* splinter.

spontan *adj* spontaneous.

Sport *der* sport; **~ treiben** to do sport.

Sportanlage *(pl -n) die* sports complex.

Sportartikel (pl -) der piece of sports equipment.

Sportgerät (pl -e) das piece of sports equipment.

Sportgeschäft (pl -e) das sports shop.

Sporthalle (pl -n) die sports hall.

Sporthotel (pl -s) das hotel with sports facilities.

Sportkleidung die sportswear.

Sportler, -in (mpl -) der, die sportsman (f sportswoman).

sportlich adj (Leistung) sporting; (Person, Kleidung) sporty.

Sportplatz (pl -plätze) der playing field.

Sportverein (pl -e) der sports club.

Sportwagen (pl -) der sports car.

spotten vi to mock.

sprach prät → **sprechen**.

Sprache (pl -n) die language; **zur ~ kommen** to come up.

Sprachenschule (pl -n) die language school.

Sprachführer (pl -) der phrasebook.

Sprachkenntnisse pl knowledge (sg) of languages.

sprachlich adj linguistic.

Sprachreise (pl -n) die journey to a country to learn the language.

Sprachunterricht der language teaching.

sprang prät → **springen**.

Spray (pl -s) das spray.

Sprechanlage (pl -n) die intercom.

sprechen vi 1. (reden) to talk, to speak; **mit jm ~** to talk to sb; **über jn/etw ~** to talk about sb/sthg; **von jm/etw ~** to talk about sb/sthg. 2. (am Telefon) to speak; **wer spricht da, bitte?** who's speaking? 3. (urteilend): **was spricht dagegen, jetzt Urlaub zu nehmen?** why shouldn't we go on holiday now?; **es spricht für ihn, daß ...** it's in his favour that ...
◆ vt 1. (Sprache) to speak; **Deutsch ~** to speak German. 2. (Person) to speak to. 3. (Gebet) to say. ❑ **sich sprechen** ref to talk.

Sprecher, -in (mpl -) der, die (im Radio, Fernsehen) newsreader; (von Gruppe) spokesperson.

Sprechstunde (pl -n) die (beim Arzt) surgery.

Sprechzimmer (pl -) das consulting room.

Sprengarbeiten pl: 'Sprengarbeiten' sign indicating that explosives are being used for excavation.

Sprengstoff (pl -e) der explosive.

spricht prät → **sprechen**.

Sprichwort (pl -wörter) das proverb.

sprießen (prät sproß, pp gesprossen) vi ist (Blätter) to shoot.

Springbrunnen (pl -) der fountain.

springen (prät sprang, pp gesprungen) vi (Person, Tier) to jump; (Glas) to break.

Springflut (pl -en) die spring tide.

Sprint (pl -s) der sprint.

Spritze (*pl -n*) *die (Injektion)* injection; *(Nadel, für Sahne)* syringe.

spritzen *vt (Injektion)* to inject; *(Wasser, Gift, Auto)* to spray ◆ *vi* to splash ◆ *vimp (Fett)* to spit.

spröde *adj (Material)* brittle.

Sprudel (*pl -*) *der (Mineralwasser)* sparkling mineral water.

Sprudelwasser (*pl -*) *das (Mineralwasser)* sparkling mineral water.

sprühen *vt (Wasser)* to spray.

Sprühregen *der* drizzle.

Sprung (*pl* Sprünge) *der (Springen)* jump; *(Riß)* crack.

Sprungbrett (*pl -er*) *das* springboard.

Sprungschanze (*pl -n*) *die* ski jump.

Spucke *die (fam)* spittle.

spucken *vi (ausspucken)* to spit.

Spüle (*pl -n*) *die* sink.

spülen *vt* to rinse ◆ *vi (an Spüle)* to wash up; *(in Toilette)* to flush; Geschirr ~ to wash the dishes.

Spülmaschine (*pl -n*) *die* dishwasher.

Spülmittel (*pl -*) *das* washing-up liquid.

Spülung (*pl -en*) *die (von Toilette)* flush.

Spur (*pl -en*) *die (von Füßen, Dieb)* track; *(kleine Menge)* touch; *(Fahrspur)* lane; **die ~ wechseln** to change lanes.

spüren *vt* to feel.

Spurrillen *pl (auf Straße)*: 'Spurrillen' 'temporary road surface'.

Squash *das* squash.

SSV *abk* = **Sommerschlußverkauf**.

St. *(abk für Sankt)* St.

Staat (*pl -en*) *der* state; *(Land)* country.

staatlich *adj* state ◆ *adv*: ~ anerkannt government-approved; ~ geprüft government-certified.

Staatsangehörigkeit (*pl -en*) *die* nationality.

Staatsbürger, -in (*mpl -*) *der, die* citizen.

Staatsbürgerschaft (*pl -en*) *die* nationality.

Staatsexamen (*pl -*) *das final exam taken by law and arts students at university.*

Stäbchen (*pl -*) *das (zum Essen)* chopstick.

Stabhochsprung *der* pole vault.

stabil *adj* stable; *(Möbel, Bau)* solid.

stach *prät* → **stechen**.

Stachel (*pl -n*) *der (von Insekten)* sting; *(von Pflanzen)* thorn.

Stachelbeere (*pl -n*) *die* gooseberry.

Stacheldraht (*pl -drähte*) *der* barbed wire.

Stadion (*pl* Stadien) *das* stadium.

Stadium (*pl* Stadien) *das* stage.

Stadt (*pl* Städte) *die* town; *(sehr groß)* city; *(Verwaltung)* town council; **in die ~ fahren** to go to town.

Stadtautobahn (*pl -en*) *die* urban motorway *(Br)*, freeway *(Am)*.

Stadtbahn (*pl -en*) *die* suburban railway.

Stadtbummel (*pl -*) *der (fam)* stroll through town.

Städtepartnerschaft *(pl -en) die* town twinning.

Stadtführung *(pl -en) die* city sightseeing tour.

Stadtgebiet *(pl -e) das* town area.

Stadthalle *(pl -n) die* civic hall.

städtisch *adj (Kindergarten, Verwaltung)* municipal; *(Bevölkerung)* urban.

Stadtkern *(pl -e) der* town/city centre.

Stadtmauer *(pl -n) die* city wall.

Stadtmitte *die* town/city centre.

Stadtpark *(pl -s) der* municipal park.

Stadtplan *(pl -pläne) der* street map.

Stadtrand *(pl -ränder) der* outskirts *(pl);* **am ~** on the outskirts.

Stadtrat *(pl -räte) der (Organ)* town council; *(Person)* town councillor.

Stadträtin *(pl -nen) die* town councillor.

Stadtrundfahrt *(pl -en) die* city tour.

Stadtstaat *(pl -en) der* city state.

Stadtteil *(pl -e) der* district, quarter.

Stadttor *(pl -e) das* city gate.

Stadtviertel *(pl -) das* district, quarter.

Stadtzentrum *(pl -zentren) das* town/city centre.

stahl *prät →* stehlen.

Stahl *der* steel.

Stall *(pl* Ställe) *der* stable.

Stamm *(pl* Stämme) *der (von Baum)* trunk; *(GRAMM)* stem; *(Gruppe)* tribe.

stammen *vi:* ~ **aus/von** to come from.

Stammgast *(pl -gäste) der* regular.

Stammkunde, -kundin *(mpl -n) der, die* regular customer.

Stammtisch *(pl -e) der regulars' table at a pub.*

 STAMMTISCH

The word "Stammtisch" can refer both to the table in a pub reserved for the regulars and to the group of regulars who always sit there. The "Stammtisch" is where the regulars play cards and talk, with politics, especially local politics, being a favourite topic for debate.

---

stand *prät →* stehen.

Stand *(pl* Stände) *der (auf Markt, Messe)* stand; *(in Entwicklung)* state.

Ständer *(pl -) der* stand.

ständig *adj* constant ♦ *adv* constantly.

Standlicht *das* sidelights *(pl).*

Standort *(pl -e) der (von Person)* position; *(von Firma)* location.

Standpunkt *(pl -e) der* point of view.

Standspur *(pl -en) die* hard shoulder.

Stange *(pl -n) die (aus Holz)* pole; *(aus Metall)* rod, bar; **eine ~ Zigaretten** a carton of 200 cigarettes.

Stangenbrot (*pl -e*) *das* French stick.

stank *prät* → **stinken**.

Stapel (*pl -*) *der* (*Haufen*) pile.

Star¹ (*pl -e*) *der* (*Vogel*) starling.

Star² (*pl -s*) *der* (*Person*) star.

starb *prät* → **sterben**.

stark (*komp* stärker, *superl* am stärksten) *adj* strong; (*Verkehr, Regen*) heavy; (*Husten*) bad; (*fam: toll*) great ♦ *adv* (*intensiv*) heavily; (*fam: toll*) brilliantly.

Stärke (*pl -n*) *die* strength; (*in Nahrung, für Wäsche*) starch; (*Dicke*) thickness.

stärken *vt* (*körperlich*) to strengthen; (*Wäsche*) to starch □ **sich stärken** *ref* to fortify o.s.

Starkstrom *der* heavy current.

Stärkung (*pl -en*) *die* (*Nahrung, Getränk*) refreshment.

starren *vi* (*sehen*): **auf etw** (*A*) ~ to stare at sthg.

Start (*pl -s*) *der* (*von Flugzeug*) takeoff; (*von Rennen*) start.

Startautomatik *die* automatic choke.

Startbahn (*pl -en*) *die* runway.

starten *vt* to start ♦ *vi* (*Läufer*) to start; (*Flugzeug*) to take off.

Starthilfe *die* (*für Auto*) jump start; **jm** ~ **geben** to give sb a jump start.

Starthilfekabel (*pl -*) *das* jump lead.

Station (*pl -en*) *die* (*von Bus, Zug, U-Bahn*) station; (*von Reise*) stop; (*im Krankenhaus*) ward.

stationär *adj* (*Behandlung*) in-patient (*vor Subst*).

Statistik (*pl -en*) *die* statistics (*sg.*).

Stativ (*pl -e*) *das* tripod.

statt *konj & präp* (+*G*) instead of; ~ **dessen** instead.

stattfinden *vi unr* to take place.

Statue (*pl -n*) *die* statue.

Stau (*pl -s*) *der* (*im Verkehr*) traffic jam; **im** ~ **stehen** to be stuck in a traffic jam; **ein 5 km langer** ~ a 5 km tailback.

Staub *der* dust.

stauben *vi* to be dusty ♦ *vimp*: **es staubt** it's dusty.

staubig *adj* dusty.

Staubsauger (*pl -*) *der* vacuum cleaner.

Staudamm (*pl -dämme*) *der* dam.

Staugefahr *die*: **es besteht** ~ delays are possible.

staunen *vi* to be amazed.

Stausee (*pl -n*) *der* reservoir.

Stauwarnung (*pl -en*) *die* traffic report.

Std. (*abk für* Stunde) hr.

Steak (*pl -s*) *das* steak.

Steakhaus (*pl -häuser*) *das* steakhouse.

stechen (*präs* sticht, *prät* stach, *pp* gestochen) *vt* (*mit Nadel, Stachel*) to prick; (*mit Messer*) to stab; (*subj: Insekt*) to sting □ **sich stechen** *ref* to prick o.s.

Stechmücke (*pl -n*) *die* mosquito.

Steckdose (*pl -n*) *die* socket.

stecken *vt* (*einstecken*) to put ♦ *vi* (*Gegenstand*) to be; **wo habt ihr gesteckt?** (*fam*) where were you?

stecken|lassen vt unr: **ich habe den Schlüssel ~** I left the key in the lock.

Stecker (pl -) der plug.

Stecknadel (pl -n) die pin.

Steg (pl -e) der (Brücke) footbridge.

Steh-Café (pl -s) das café where customers drink coffee standing at a counter.

stehen (prät stand, pp gestanden) vi 1. (Person, Tier) to stand. 2. (Gegenstand, Pflanze) to be; **die Vase steht auf dem Tisch** the vase is on the table; **in der Zeitung steht, daß ...** it says in the paper that ... 3. (Uhr, Motor) to have stopped. 4. (unterstützend): **zu jm/etw ~** to stand by sb/sthg. 5. (Kleidung, Frisur): **jm ~** to suit sb; **jm gut/nicht ~** to suit/not to suit sb. 6. (fam: mögen): **auf etw** (A) **~** to be into sthg; **auf jn ~** to fancy sb. ◆ vimp 1. (im Sport): **es steht 1:0** the score is 1-0. 2. (gesundheitlich): **wie steht es um den Patienten?** how is the patient?; **es steht schlecht um ihn** he is not doing very well.

stehen|bleiben vi unr ist to stop.

stehen|lassen vt unr to leave.

stehlen (präs stiehlt, prät stahl, pp gestohlen) vt to steal.

Stehplatz (pl -plätze) der standing place.

steif adj stiff.

steigen (prät stieg, pp gestiegen) vi ist (klettern) to climb; (in die Luft, ansteigen) to rise; **in etw** (A)/**aus etw ~** to get on/out of sthg; **auf einen Berg ~** to climb (up) a mountain.

steigern vt to raise; (GRAMM) to

form the comparative/superlative of.

Steigung (pl -en) die (von Straße) gradient.

steil adj steep.

Steilhang (pl -hänge) der steep slope.

Steilküste (pl -n) die cliffs (pl).

Stein (pl -e) der (zum Bauen) stone; (zum Spielen) piece.

Steinbock (pl -böcke) der (Tier) ibex; (Sternzeichen) Capricorn.

Steinbutt (pl -e) der turbot.

Steingut das (Material) earthenware.

Steinpilz (pl -e) der cèpe, type of large wild mushroom with a rich flavour.

Steinschlag der: **'Achtung ~'** 'danger - falling rocks'.

Stelle (pl -n) die (Platz, Rang) place; (Fleck) patch; (Arbeitsplatz) job; (im Text) passage; **an zweiter ~ liegen** to be in second place; **an deiner ~** if I were you; **auf der ~** on the spot.

stellen vt 1. (hinstellen) to put; **eine Vase auf den Tisch ~** to put a vase on the table. 2. (halten): **etw kalt ~** to chill sthg; **etw warm ~** to keep sthg warm. 3. (einstellen) to set; **den Fernseher leiser ~** to turn the television down. 4. (Diagnose, Prognose) to make. 5. (Frage) to ask; (Bedingung) to set. ❑ **sich stellen** ref 1. (sich hinstellen): **sich ans Fenster ~** to walk to the window. 2. (nicht ausweichen): **sich etw** (D) **~** to face sthg. 3. (sich verstellen): **sich krank ~** to

pretend to be ill; **sich dumm ~** to
pretend not to understand.

Stellenangebot (*pl* **-e**) *das* job
offer.

stellenweise *adv* in places.

Stellung (*pl* **-en**) *die* position; **~
zu etw nehmen** to comment on
sthg.

Stellvertreter, -in (*mpl* **-**) *der,
die* representative.

Stempel (*pl* **-**) *der* stamp.

stempeln *vt* to stamp.

Steppdecke (*pl* **-n**) *die* quilt.

sterben (*präs* **stirbt**, *prät* **starb**,
pp **gestorben**) *vi ist* to die; **~ an**
(+*D*) to die of.

Stereoanlage (*pl* **-n**) *die* stereo
system.

steril *adj* sterile.

sterilisieren *vt* to sterilize.

Stern (*pl* **-e**) *der* star.

Sternbild (*pl* **-er**) *das* constella-
tion.

Sternschnuppe (*pl* **-n**) *die*
shooting star.

Sternwarte (*pl* **-n**) *die* observatory.

Sternzeichen (*pl* **-**) *das* sign of
the zodiac.

stets *adv* (*geh*) always.

Steuer[1] (*pl* **-n**) *die* (*Abgabe*) tax.

Steuer[2] (*pl* **-**) *das* (*von Auto*) steering wheel.

Steuerbord *das* starboard.

steuerfrei *adj* tax-free.

steuern *vt* to steer.

steuerpflichtig *adj* taxable.

Steuerrad (*pl* **-räder**) *das* steering wheel.

Steuerung (*pl* **-en**) *die* (*Gerät*)
controls (*pl*).

Steward (*pl* **-s**) *der* steward.

Stewardeß (*pl* **-dessen**) *die*
stewardess.

Stich (*pl* **-e**) *der* (*Stechen*) stab; (*von
Insekt*) sting; (*beim Nähen*) stitch;
(*Schmerz*) stabbing pain; (*Bild*)
engraving; **jn/etw im ~ lassen** to
leave sb/sthg in the lurch.

sticht *präs* → **stechen**.

sticken *vi* to embroider.

Sticker (*pl* **-**) *der* sticker.

Stiefbruder (*pl* **-brüder**) *der*
stepbrother.

Stiefel (*pl* **-**) *der* (*Schuh*) boot.

Stiefmutter (*pl* **-mütter**) *die*
stepmother.

Stiefschwester (*pl* **-n**) *die* stepsister.

Stiefvater (*pl* **-väter**) *der* stepfather.

stieg *prät* → **steigen**.

Stiel (*pl* **-e**) *der* (*von Blumen*) stem;
(*von Besen, Pfanne*) handle.

Stier (*pl* **-e**) *der* (*Tier*) bull; (*Sternzeichen*) Taurus.

stieß *prät* → **stoßen**.

Stift (*pl* **-e**) *der* (*zum Schreiben*)
pencil; (*aus Metall*) tack.

Stiftung (*pl* **-en**) *die* (*Institution*)
foundation; (*Schenkung*) donation.

Stil (*pl* **-e**) *der* style.

stilistisch *adj* stylistic.

still *adj* quiet; (*bewegungslos*) still ◆
adv (*geräuschlos*) quietly; (*bewegungslos*) still; **sei bitte ~!** please be
quiet!

stillen *vt* (*Baby*) to breast-feed;
(*Schmerz*) to relieve.

stillhalten *vt unr* (*sich nicht bewegen*) to keep still.

Strafe

Stimme (pl -n) die (zum Sprechen) voice; (bei Wahl) vote.

stimmen vi (richtig sein) to be right; (bei Wahl) to vote ♦ vt (Instrument) to tune; ~ **für/gegen** to vote for/against; **das stimmt nicht!** that's not true!; **stimmt!** that's right!; **stimmt so!** keep the change!

Stimmrecht das right to vote.

Stimmung (pl -en) die (Laune) mood; (Atmosphäre) atmosphere.

stinken (prät stank, pp gestunken) vi (schlecht riechen) to stink; **das stinkt mir** I'm fed up with it.

Stipendium (pl Stipendien) das grant.

stirbt präs → sterben.

Stirn (pl -en) die forehead.

Stock (pl Stöcke) der (aus Holz) stick; (Etage) floor, storey; **am ~ gehen** to walk with a stick; **im ersten ~** on the first floor.

Stockung (pl -en) die (im Verkehr) hold-up.

Stockwerk (pl -e) das floor, storey.

Stoff (pl -e) der (Tuch) material; (Substanz) substance.

stöhnen vi to groan.

Stollen (pl -) der (Kuchen) stollen, sweet bread made with dried fruit and nuts, eaten at Christmas.

stolpern vi ist (beim Gehen) to stumble.

stolz adj (Person) proud.

stop interj stop!

stopfen vt (Socken) to darn; (hineinstecken) to stuff ♦ vi (fam: Nahrung) to cause constipation.

Stopp (pl -s) der (Anhalten) stop.

stoppen vt & vi (anhalten) to stop.

Stoppschild (pl -er) das stop sign.

Stoppuhr (pl -en) die stopwatch.

Stöpsel (pl -) der plug.

Storch (pl Störche) das stork.

stören vt (beeinträchtigen) to disturb; (mißfallen) to annoy ♦ vi (mißfallen) to be annoying; **störe ich?** am I disturbing you?; **'bitte nicht ~!'** 'do not disturb!'.

stornieren vt to cancel.

Stornogebühr (pl -en) die cancellation charge.

Störung (pl -en) die (Belästigung) disturbance; (im Fernsehen, Radio) interference; **entschuldigen Sie die ~** sorry to bother you.

Störungsstelle (pl -n) die faults service.

Stoß (pl Stöße) der (Schlag) punch; (Stapel) pile.

Stoßdämpfer (pl -) der shock absorber.

stoßen (präs stößt, prät stieß, pp gestoßen) vt hat (schubsen) to push ♦ vi ist: ~ **an** (+A) to hit; ~ **auf** (+A) to come across; ~ **gegen** to bump into ☐ **sich stoßen** ref to bang o.s.

Stoßstange (pl -n) die bumper.

stößt präs → stoßen.

Stoßzeit (pl -en) die rush hour.

stottern vi to stutter.

Str. (abk für Straße) St.

strafbar adj punishable.

Strafe (pl -n) die (Bestrafung) punishment; (Geldbuße) fine; **zur ~** as a punishment; **~ zahlen** to pay a fine.

Strafmandat (*pl -e*) *das* (*Zettel*) ticket.

Straftat (*pl -en*) *die* criminal offence.

Strafzettel (*pl -*) *der* (*fam*) ticket.

Strahl (*pl -en*) *der* (*von Wasser*) jet; (*von Licht*) ray ◻ **Strahlen** *pl* (*von Energie*) rays.

strahlen *vi* (*Licht*) to shine; (*Person*) to beam; (*radioaktiv*) to radiate.

Strähne (*pl -n*) *die* strand.

stramm *adj* (*Band, Seil*) taut.

strampeln *vi* (*Säugling*) to kick about.

Strand (*pl* Strände) *der* beach.

Strandkorb (*pl -körbe*) *der* wicker beach chair.

Strandpromenade (*pl -n*) *die* promenade.

strapazieren *vt* (*Material*) to wear away; (*Person*) to strain.

Straße (*pl -n*) *die* (*in einer Stadt*) street; **das Zimmer liegt zur ~** the room looks out onto the street.

Straßenarbeiten *pl* roadworks.

Straßenbahn (*pl -en*) *die* tram (*Br*), streetcar (*Am*).

Straßenbahnlinie (*pl -n*) *die* tram route.

Straßencafé (*pl -s*) *das* street café.

Straßenfest (*pl -e*) *das* street party.

Straßenglätte *die* slippery road; 'mit ~ muß gerechnet werden' 'slippery road surface ahead'.

Straßenkarte (*pl -n*) *die* road map.

Straßenlage *die* (*von Auto*) road holding.

Straßenschäden *pl*: 'Achtung ~' 'uneven road surface'.

Straßenschild (*pl -er*) *das* street sign.

Straßensperre (*pl -n*) *die* roadblock.

Straßenverhältnisse *pl* road conditions.

Straßenverkehr *der* traffic.

Straßenverkehrsordnung *die* Road Traffic Act.

Straßenzustandsbericht (*pl -e*) *der* report on road conditions.

Strategie (*pl -n*) *die* strategy.

Strauch (*pl* Sträucher) *der* bush.

Strauß[1] (*pl* Sträuße) *der* (*Blumen*) bunch of flowers.

Strauß[2] (*pl -e*) *der* (*Vogel*) ostrich.

Strecke (*pl -n*) *die* (*Entfernung*) distance; (*Weg*) route; **die ~ Düsseldorf/Hamburg** the road between Düsseldorf and Hamburg.

strecken (*Körperteil*) to stretch ◻ **sich strecken** *ref* (*sich recken*) to stretch.

streckenweise *adv* in places.

streicheln *vt* to stroke.

streichen (*prät* strich, *pp* gestrichen) *vt* (*mit Farbe*) to paint; (*Butter*) to spread; (*durchstreichen*) to cross out; (*annullieren*) to cancel ◆ *vi* (*mit der Hand*): **jm übers Haar ~** to stroke sb's hair.

Streichholz (*pl -hölzer*) *das* match.

Streichholzschachtel (*pl -n*) *die* matchbox.

Streichkäse *der* cheese spread.

Streifen (*pl* -) *der (Muster)* stripe; *(Stück)* strip.

Streifenkarte (*pl* -n) *die* economy ticket for several bus or metro journeys.

Streifenwagen (*pl* -) *der* patrol car.

Streik (*pl* -s) *der* strike.

streiken *vi (Arbeiter)* to strike; *(fam: Gerät)* to be on the blink.

Streit *der* argument; ~ **haben mit** to argue with.

streiten (*prät* stritt, *pp* gestritten) *vi (zanken)* to argue; ~ **über** (+A) *(sich auseinandersetzen)* to argue about ❑ **sich streiten** *ref (sich zanken)* to argue.

streng *adj* strict ◆ *adv* strictly.

Streß *der* stress.

streuen *vt (Salz, Kräuter)* to sprinkle ◆ *vi (gegen Eis)* to grit.

Streuselkuchen (*pl* -) *der* cake with crumble topping.

strich *prät* → **streichen**.

Strich (*pl* -e) *der (Linie)* line; *(fam: Prostitution)* prostitution.

strichweise *adv:* ~ **Regen** patchy rain.

Strick (*pl* -e) *der* rope.

Strickjacke (*pl* -n) *die* cardigan.

Strickleiter (*pl* -n) *die* rope ladder.

Stricknadel (*pl* -n) *die* knitting needle.

Strickwaren *pl* knitwear (*pl*).

Strickzeug *das* knitting.

Striptease *der* striptease.

stritt *prät* → **streiten**.

Stroh *das* straw.

Strohhalm (*pl* -e) *der* straw.

Strom (*pl* Ströme) *der (elektrisch)* electricity; *(Fluß)* river; *(Menge)* stream; **es regnet in Strömen** it's pouring (with rain).

Stromanschluß (*pl* -anschlüsse) *der* connection to the mains.

Stromausfall (*pl* -ausfälle) *der* power failure.

strömen *vi ist* to stream.

Stromstärke (*pl* -n) *die* strength of electric current.

Strömung (*pl* -en) *die (von Fluß, Meer)* current.

Stromverbrauch *der* electricity consumption.

Stromzähler (*pl* -) *der* electricity meter.

Strophe (*pl* -n) *die* verse.

Strudel[1] (*pl* -) *der (im Wasser)* whirlpool.

Strudel[2] (*pl* -) *der (Gebäck)* strudel.

Struktur (*pl* -en) *die (Aufbau)* structure.

Strumpf (*pl* Strümpfe) *der* stocking.

Strumpfhose (*pl* -n) *die* tights (*pl*) (*Br*), pantyhose (*pl*) (*Am*).

Stube (*pl* -n) *die (Raum)* room.

Stück (*pl* -e) *das (Teil)* piece; *(von Zucker)* lump; *(Theaterstück)* play; **wieviele Brötchen? - 10 ~, bitte** how many rolls? - 10 please; **am ~** unsliced.

Stückzahl (*pl* -en) *die* number of pieces.

Student, -in (*mpl* -en) *der, die* student.

Studentenausweis (*pl* -e) *der* student card.

Studienfahrt (pl -en) die study trip.

studieren vt & vi to study.

Studium (pl Studien) das study.

Stufe (pl -n) die (von Treppe) step; 'Vorsicht ~!' 'mind the step!'.

Stuhl (pl Stühle) der (zum Sitzen) chair; (Kot) stool.

Stuhlgang der bowel movement.

stumm adj (behindert) dumb; (still) silent.

stumpf adj blunt; (glanzlos) dull; (abgestumpft) apathetic.

Stumpfsinn der (Monotonie) monotony.

Stunde (pl -n) die hour; (Unterrichtsstunde) lesson.

Stundenkilometer pl kilometres per hour.

stundenlang adj for hours.

Stundenlohn (pl -löhne) der hourly wage.

stündlich adj & adv hourly.

Sturm (pl Stürme) der (Wetter) storm; (SPORT) forward line; (Andrang): **ein ~ auf** a run on.

stürmen vt hat (überrennen) to storm ♦ vi ist (laufen) to rush ♦ vi hat (SPORT) to attack ♦ vimp hat: **es stürmt** it's blowing a gale.

Sturmflut (pl -en) die storm tide.

stürmisch adj (Wetter) stormy; (Person, Begrüßung) passionate; **es ist ~** it's blowing a gale.

Sturmwarnung (pl -en) die gale warning.

Sturz (pl Stürze) der (Fallen) fall.

stürzen vt hat (stoßen) to push; (Regierung) to bring down ♦ vi ist

(fallen) to fall; (laufen) to rush ❑ **sich stürzen** ref (springen) to jump.

Sturzhelm (pl -e) der crash helmet.

Stute (pl -n) die mare.

Stuten (pl -) der loaf of white bread with raisins and almonds.

stützen vt to support ❑ **sich stützen** ref (Person) to lean.

Subjekt (pl -e) das subject.

subjektiv adj subjective.

Substanz (pl -en) die substance.

subtrahieren vt to subtract.

Suche die search; **auf der ~ nach** in search of.

suchen vt to look for ♦ vi: **~ nach** to look for.

süchtig adj addicted.

Süd der south.

Südafrika nt South Africa.

Südamerika nt South America.

Süddeutschland nt South Germany.

Süden der south; **im ~** in the south; **nach ~** south.

Südeuropa nt Southern Europe.

Südfrucht (pl -früchte) die tropical fruit.

Südhang (pl -hänge) der south-facing slope.

südlich adj (Gegend) southern; (Richtung) southerly ♦ präp: **~ von** south of.

Südosten der (Gegend) south-east; (Richtung) south-easterly.

Südwesten der (Gegend) south-west; (Richtung) south-westerly.

Sultanine (pl -n) die sultana.

Sülze (*pl -n*) *die* brawn (*Br*), headcheese (*Am*).

Summe (*pl -n*) *die* sum, total.

Sumpf (*pl* Sümpfe) *der* marsh.

super *adj & interj* (*fam*) great.

Super *das* (*Benzin*) four-star petrol; ~ **verbleit** four-star leaded petrol.

Superlativ (*pl -e*) *der* (*GRAMM*) superlative.

Supermarkt (*pl -märkte*) *der* supermarket.

Suppe (*pl -n*) *die* soup.

Suppengrün *das* parsley, leeks, celery and carrots, used for making soup.

Suppenlöffel (*pl -*) *der* soup spoon.

Suppentasse (*pl -n*) *die* soup bowl.

Suppenteller (*pl -*) *der* soup plate.

Surfbrett (*pl -er*) *das* (*mit Segel*) sailboard; (*ohne Segel*) surfboard.

surfen *vi* ist/hat (*mit Segel*) to windsurf; (*ohne Segel*) to surf.

Surfer, -in (*mpl -*) *der, die* (*mit Segel*) windsurfer; (*ohne Segel*) surfer.

Surrealismus *der* surrealism.

süß *adj* sweet.

süßen *vt* to sweeten.

Süßigkeit (*pl -en*) *die* sweet (*Br*), candy (*sg*) (*Am*).

süß-sauer *adj* (*Geschmack*) sweet and sour.

Süßspeise (*pl -n*) *die* dessert.

Süßstoff (*pl -e*) *der* sweetener.

Süßwaren *pl* sweets (*Br*), candy (*sg*) (*Am*).

Süßwasser *das* fresh water.

Süßwasserfisch (*pl -e*) *der* freshwater fish.

Swimmingpool (*pl -s*) *der* swimming pool.

Sylt *nt* Sylt.

SYLT

The island of Sylt is the largest of the North Frisian Islands and lies off the coast of Schleswig-Holstein and Denmark. It is a very popular holiday and health resort, with beautiful sandy beaches, moorland, cliffs and bird sanctuaries. The exclusive resort of Westerland is the favourite haunt of the rich and famous during the summer months.

Symbol (*pl -e*) *das* symbol.

Symmetrie (*pl -n*) *die* symmetry.

symmetrisch *adj* symmetrical.

sympatisch *adj* nice ♦ *adv*: **er wirkt sehr** ~ he seems very nice.

Symphonie (*pl -n*) *die* = Sinfonie.

Symptom (*pl -e*) *das* (*von Krankheit*) symptom.

Synagoge (*pl -n*) *die* synagogue.

synthetisch *adj* synthetic.

System (*pl -e*) *das* system.

Szene (*pl -n*) *die* scene.

T

Tabak (*pl* -e) *der* tobacco.

Tabakladen (*pl* -läden) *der* tobacconist's.

Tabakwaren *pl* tobacco (*sg*).

Tabelle (*pl* -n) *die* (*Liste*) table.

Tablett (*pl* -s) *das* tray.

Tablette (*pl* -n) *die* tablet.

Tachometer (*pl* -) *der* speedometer.

Tafel (*pl* -n) *die* (*in Schule*) blackboard; (*geh: Tisch*) table; **eine ~ Schokolade** a bar of chocolate.

tafelfertig *adj* ready to eat.

Tafelwasser (*pl* -wässer) *das* mineral water.

Tafelwein (*pl* -e) *der* table wine.

Tag (*pl* -e) *der* day; **eines ~es** one day; **guten ~!** hello!; **jeden ~** every day; **~ für ~** day after day □ **Tage** *pl* (*Menstruation*): **sie hat/bekommt ihre ~e** she's got her period.

Tag der Deutschen Einheit *der* Day of German Unity.

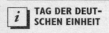

i TAG DER DEUTSCHEN EINHEIT

This day, 3 October, is a public holiday in Germany, commemorating the anniversary of German reunification in 1990, when the GDR officially ceased to exist. It replaces the previous "Tag der Deutschen Einheit" which before 1990 was celebrated in West Germany on 17 June to mark the crushing of the political uprising in the GDR in 1953 by Soviet troops.

Tagebuch (*pl* -bücher) *das* diary.

tagelang *adv* for days.

Tagesanbruch *der* dawn.

Tagesausflug (*pl* -ausflüge) *der* day trip.

Tagescreme (*pl* -s) *die* day cream.

Tagesfahrkarte (*pl* -n) *die* day ticket.

Tagesfahrt (*pl* -en) *die* day trip.

Tagesgericht (*pl* -e) *das* (*in Restaurant*): **'Tagesgericht'** 'today's special'.

Tageskarte (*pl* -n) *die* (*Speisekarte*) today's menu; (*Fahrkarte*) day ticket.

Tageslicht *das* daylight.

Tagesordnung (*pl* -en) *die* agenda.

Tagesrückfahrkarte (*pl* -n) *die* day return (ticket).

Tagesschau *die* news.

Tagessuppe (*pl* -n) *die* soup of the day.

Tagestour (*pl* -en) *die* day trip.

Tageszeit (*pl* -en) *die* time of day.

Tageszeitung (*pl* -en) *die* daily newspaper.

täglich *adj & adv* daily; **dreimal ~** three times a day.

tagsüber *adv* during the day.

Tagung (*pl* -en) *die* conference.

Taille (*pl* -n) *die* waist.

tailliert *adj* fitted.

Takt (pl -e) der (musikalische Einheit) bar; (Rhythmus) time; (Feingefühl) tact.

Taktik (pl -en) die tactics (pl).

Tal (pl Täler) das valley.

talentiert adj talented.

Talk-show (pl -s) die talk show.

Talsperre (pl -n) die dam.

Tampon (pl -s) der (für Menstruation) tampon.

Tandem (pl -s) das tandem.

Tang der seaweed.

Tank (pl -s) der tank.

Tankanzeige (pl -n) die fuel gauge.

Tankdeckel (pl -) der petrol cap.

tanken vi to fill up ◆ vt: Benzin ~ to get some petrol (Br), to get some gas (Am).

Tankschloß (pl -schlösser) das petrol cap lock.

Tankstelle (pl -n) die petrol station (Br), gas station (Am).

Tankwart, -in (mpl -e) der, die petrol station attendant (Br), gas station attendant (Am).

Tanne (pl -n) die fir (tree).

Tante (pl -n) die aunt.

Tanz (pl Tänze) der dance.

tanzen vi & vt to dance.

Tänzer, -in (mpl -e) der, die dancer.

Tapete (pl -n) die wallpaper.

tapezieren vt to paper.

tapfer adj brave.

Tarif (pl -e) der (Preis) charge; (von Lohn) rate.

Tarifzone (pl -n) die fare zone.

Tasche (pl -n) die (zum Tragen) bag; (in Kleidung) pocket.

Taschenbuch (pl -bücher) das paperback.

Taschendieb, -in (mpl -e) der, die pickpocket; 'vor ~en wird gewarnt' 'beware of pickpockets'.

Taschenformat (pl -e) das pocket size.

Taschenkalender (pl -) der pocket diary.

Taschenlampe (pl -n) die torch (Br), flashlight (Am).

Taschenmesser (pl -) das penknife.

Taschenrechner (pl -) der pocket calculator.

Taschenschirm (pl -e) der collapsible umbrella.

Taschentuch (pl -tücher) das handkerchief.

Taschenuhr (pl -en) die pocket watch.

Tasse (pl -n) die cup.

Taste (pl -n) die key.

tasten vi to feel.

Tastendruck der: auf ~ at the touch of a button.

Tastentelefon (pl -e) das push-button telephone.

tat prät → tun.

Tat (pl -en) die (Handlung) action; (Straftat) crime.

Tatar das steak tartare.

Täter, -in (mpl -e) der, die culprit.

Tätigkeit (pl -en) die (beruflich) job; (Aktivität) activity.

Tätowierung (pl -en) die tattoo.

Tatsache (pl -n) die fact.

tatsächlich adj actual ◆ adv actually.

Tau¹ der (Niederschlag) dew.

Tau² (*pl -e*) *das (Seil)* rope.

taub *adj (Person)* deaf; *(Hände, Gefühl)* numb.

Taube (*pl -n*) *der, die (Person)* deaf person ◆ *die (Vogel)* pigeon.

taubstumm *adj* deaf and dumb.

tauchen *vi hat/ist* to dive ◆ *vt hat (eintauchen)* to dip.

Taucher, -in (*mpl -*) *der, die* diver.

Taucherausrüstung (*pl -en*) *die* diving equipment.

Taucherbrille (*pl -n*) *die* diving goggles (*pl*).

Tauchkurs (*pl -e*) *der* diving course.

Tauchsieder (*pl -*) *der portable water heater.*

tauen *vi ist (Eis)* to melt ◆ *vimp hat:* **es taut** it's thawing.

taufen *vt (Kind, Person)* to baptize.

tauschen *vt & vi* to swap.

täuschen *vt (Person)* to deceive ◆ *vi (Eindruck)* to be deceptive ◻ **sich täuschen** *ref* to be wrong.

tausend *num* a ODER one thousand.

Tausend (*pl -* ODER **-e**) *das* thousand.

Tausender (*pl -*) *der (Geldschein)* thousand mark note.

Tauwetter *das* thaw.

Taxi (*pl -s*) *das* taxi.

Taxifahrer, -in (*mpl -*) *der, die* taxi driver.

Taxi-Rufsäule (*pl -n*) *die public telephone exclusively for ordering taxis.*

Taxistand (*pl -stände*) *der* taxi rank.

Team (*pl -s*) *das* team.

Technik (*pl -en*) *die* technology; *(Methode)* technique.

Techniker, -in (*mpl -*) *der, die* engineer; *(im Sport, in Musik)* technician.

technisch *adj* technological; *(methodisch)* technical ◆ *adv* technologically; *(methodisch)* technically; **~e Daten** specifications.

Teddy (*pl -s*) *der* teddy bear.

Tee (*pl -s*) *der* tea; **schwarzer ~** *(Getränk)* black tea.

Teebeutel (*pl -*) *der* tea bag.

Tee-Ei (*pl -er*) *das* tea infuser.

Teekanne (*pl -n*) *die* teapot.

Teelöffel (*pl -*) *der* teaspoon.

Teesieb (*pl -e*) *das* tea strainer.

Teich (*pl -e*) *der* pond.

Teig (*pl -e*) *der* dough.

Teigwaren *pl* pasta (*sg*).

Teil (*pl -e*) *der (Teilmenge, Teilstück)* part; *(Anteil)* share ◆ *das (Einzelteil)* part; **zum ~** partly.

teilen *vt* to divide; *(übereinstimmen)* to share ◆ *vi (aufteilen)* to share; *(dividieren)* to divide; **sich** (*D*) **etw ~** to share stg◻ **sich teilen** *ref (Gruppe)* to split up; *(Straße)* to fork.

Teilkaskoversicherung (*pl -en*) *die* third party insurance.

teilmöbliert *adj* partially furnished.

Teilnahme *die (an Veranstaltung)* participation.

teilnehmen *vi unr* to take part.

Teilnehmer, -in (*mpl -*) *der, die* participant.

teils *adv* partly ◆ *konj:* **~ ... ~** *(sowohl ... als auch)* both ... and ...

Teilstück (*pl* -e) *das* part.

Teilsumme (*pl* -n) *die* subtotal.

teilweise *adv* (*zu gewissen Teilen*) partly; (*zeitweise*) sometimes.

Teilzahlung (*pl* -en) *die* payment by instalments.

Tel. (*abk für Telefon*) tel.

Telefax (*pl* -e) *das* fax.

Telefon (*pl* -e) *das* telephone; **bleiben Sie bitte am ~** please hold the line.

Telefonanruf (*pl* -e) *der* telephone call.

Telefonansage (*pl* -n) *die* telephone information service.

Telefonanschluß (*pl* -anschlüsse) *der* telephone line.

Telefonat (*pl* -e) *das* telephone call.

Telefonbuch (*pl* -bücher) *das* telephone book.

Telefongespräch (*pl* -e) *das* telephone conversation.

telefonieren *vi* to make a telephone call; **mit jm ~** to talk to sb on the telephone; **~ ohne Münzen** to use a phonecard.

telefonisch *adj* (*Abmachung, Verbindung*) telephone (*vor Subst*).

Telefonkarte (*pl* -n) *die* phonecard.

Telefonnummer (*pl* -n) *die* telephone number.

Telefonverbindung (*pl* -en) *die* telephone line.

Telefonzelle (*pl* -n) *die* telephone box.

Telefonzentrale (*pl* -n) *die* switchboard.

telegrafieren *vt* to telegraph.

Telegramm (*pl* -e) *das* telegram.

Telekom *die* German state-owned telecommunications organization.

Teleobjektiv (*pl* -e) *das* telephoto lens.

Telex *das* telex.

Teller (*pl* -) *der* plate.

Tellerfleisch *das* (*Süddt*) roast beef served with horseradish and boiled potatoes.

Tempel (*pl* -) *der* temple.

Temperament *das* (*Wesen*) temperament; (*Energie*) liveliness.

temperamentvoll *adj* lively.

Temperatur (*pl* -en) *die* temperature; **~ haben** to have a temperature.

Temperaturanzeige (*pl* -n) *die* temperature gauge.

Tempo®¹ (*pl* -s) *das* (*fam: Papiertaschentuch*) tissue.

Tempo² (*pl* -s) *das* (*Geschwindigkeit*) speed.

Tempo³ (*pl* **Tempi**) *das* (*von Musik*) tempo.

Tempolimit (*pl* -s) *das* speed limit.

Tempotaschentuch® (*pl* -tücher) *das* tissue.

Tendenz (*pl* -en) *die* tendency.

Tennis *das* tennis.

Tennishalle (*pl* -n) *die* tennis centre.

Tennisplatz (*pl* -plätze) *der* tennis court.

Tennisschläger (*pl* -) *der* tennis racquet.

Tennisspieler, -in (*mpl* -) *der, die* tennis player.

Tenor (*pl* **Tenöre**) *der* tenor.

Teppich (*pl* -e) *der (Einzelstück)* rug; *(Teppichboden)* carpet.

Teppichboden (*pl* -böden) *der* carpet.

Termin (*pl* -e) *der (Zeitpunkt)* date; *(Vereinbarung)* appointment; **einen ~ haben** to have an appointment.

Terminal (*pl* -s) *der (Gebäude)* terminal.

Terminkalender (*pl* -) *der* diary.

Terpentin *das* turpentine.

Terrasse (*pl* -n) *die (am Haus)* patio.

Terror *der* terror; *(Terrorismus)* terrorism.

terrorisieren *vt* to terrorize.

Tesafilm® *der* Sellotape® *(Br)*, Scotch® tape *(Am)*.

Tessin *das* Ticino *(canton in south-east Switzerland)*.

Test (*pl* -s) *der* test.

Testament (*pl* -e) *das* will; **das Alte/Neue ~** the Old/New Testament.

Tetanus *der* tetanus.

teuer *adj* expensive ◆ *adv* at a high price; **das haben wir uns ~ erkauft** we paid dearly for it.

Teufel (*pl* -) *der* devil.

Text (*pl* -e) *der* text.

Textilien *pl* textiles.

Textmarker (*pl* -) *der* marker pen.

Textverarbeitung *die (EDV)* word processing.

Theater (*pl* -) *das (Gebäude)* theatre; *(fam: Ärger)* trouble; *(fam: Vortäuschung)* act; **ins ~ gehen** to go to the theatre.

Theateraufführung (*pl* -en) *die* performance.

Theaterkarte (*pl* -n) *die* theatre ticket.

Theaterkasse (*pl* -n) *die* theatre box office.

Theaterstück (*pl* -e) *das* play.

Theatervorstellung (*pl* -en) *die* performance.

Theke (*pl* -n) *die (Bar)* bar; *(im Geschäft)* counter.

Thema (*pl* **Themen**) *das (von Text, Gespräch)* subject; *(musikalisch)* theme.

Themse *die:* **die ~** the Thames.

theoretisch *adj* theoretical.

Theorie (*pl* -n) *die* theory.

Therapeut, -in (*mpl* -en) *der, die* therapist.

Therapie (*pl* -n) *die (medizinisch)* treatment; *(Psychotherapie)* therapy.

Thermalbad (*pl* -bäder) *das (Schwimmbad)* thermal bath.

Thermometer (*pl* -) *das* thermometer.

Thermosflasche (*pl* -n) *die* thermos (flask).

Thermoskanne (*pl* -n) *die* thermos (flask).

Thermostat (*pl* -e) *das* thermostat.

These (*pl* -n) *die* thesis.

Thron (*pl* -e) *der* throne.

Thunfisch (*pl* -e) *der* tuna.

Thüringen *nt* Thuringia.

Ticket (*pl* -s) *das* ticket.

tief *adj* deep; *(Fall)* long; *(niedrig)* low ◆ *adv* deep; *(unten)* low; *(atmen)* deeply; **~ schlafen** to be in a deep sleep.

Tief (*pl* -s) *das (Wetter)* depression.

Tiefdruckgebiet (*pl* **-e**) *das* area of low pressure.

Tiefe (*pl* **-n**) *die* depth.

Tiefebene (*pl* **-n**) *die* (lowland) plain.

Tiefgarage (*pl* **-n**) *die* underground car park.

tiefgefroren *adj* frozen.

tiefgekühlt *adj* frozen.

Tiefkühlfach (*pl* **-fächer**) *das* freezer compartment.

Tiefkühlkost *die* frozen food.

Tiefkühltruhe (*pl* **-n**) *die* freezer.

Tier (*pl* **-e**) *das* animal.

Tierarzt, -ärztin (*mpl* **-ärzte**) *der, die* vet.

Tiergarten (*pl* **-gärten**) *der* zoo.

Tierhandlung (*pl* **-en**) *die* pet shop.

Tierheim (*pl* **-e**) *das* animal home.

tierisch *adj* (*Erzeugnis, Fett*) animal (*vor Subst*); (*fam: stark*) great.

Tierkreiszeichen (*pl* **-**) *das* sign of the zodiac.

Tiernahrung *die* animal food.

Tierpark (*pl* **-s**) *der* zoo.

Tierschutz *der* protection of animals.

Tiger (*pl* **-**) *der* tiger.

Tilsiter (*pl* **-**) *der* strong firm Swiss cheese with holes in it.

Tinktur (*pl* **-en**) *die* tincture.

Tinte (*pl* **-n**) *die* ink.

Tintenfisch (*pl* **-e**) *der* (*mit acht Armen*) octopus; (*Kalmar*) squid.

Tip (*pl* **-s**) *der* tip; **jm einen ~ geben** to give sb a tip.

tippen *vt* (*mit Schreibmaschine*) to type ◆ *vi* (*vorhersagen*) to bet; (*fam:*

bei Lotto, Wette) to bet; **an etw** (*A*) **~** to tap sthg.

Tirol *nt* the Tyrol.

Tisch (*pl* **-e**) *der* table; **den ~ decken** to set the table.

Tischdecke (*pl* **-n**) *die* tablecloth.

Tischler, -in (*mpl* **-**) *der, die* carpenter.

Tischtennis *das* table tennis.

Tischtuch (*pl* **-tücher**) *das* tablecloth.

Titel (*pl* **-**) *der* title.

Toast (*pl* **-s**) *der* (*Brotscheibe*) (slice of) toast.

Toastbrot (*pl* **-e**) *das* sliced white bread.

toasten *vt* to toast.

Toaster (*pl* **-**) *der* toaster.

toben *vi* *hat* (*Sturm*) to rage; (*Person*) to go crazy ◆ *vi* *ist* (*rennen*) to charge about.

Tochter (*pl* **Töchter**) *die* (*Verwandte*) daughter.

Tod (*pl* **-e**) *der* death.

Todesopfer (*pl* **-**) *das* casualty.

todkrank *adj* terminally ill.

tödlich *adj* fatal.

todmüde *adj* (*fam*) dead tired.

todsicher *adj* (*fam*) dead certain.

Tofu *der* tofu.

Toilette (*pl* **-n**) *die* (*Klo*) toilet; **zur ~ gehen** to go to the toilet.

Toilettenartikel *pl* toiletries.

Toilettenpapier *das* toilet paper.

tolerant *adj* tolerant.

toll *adj* (*fam: wunderbar*) brilliant ◆ *adv* (*fam: wunderbar*) brilliantly.

Tollwut *die* rabies.

Tollwutgebiet (pl -e) das rabies-infected area.

Tomate (pl -n) die tomato.

Tomatenmark das tomato puree.

Tomatensaft (pl -säfte) der tomato juice.

Tombola (pl -s) die tombola.

Ton[1] (pl Töne) der (bei Fernsehen, Radio) sound; (in Tonleiter) note; (Tonfall, von Farbe) tone.

Ton[2] (pl -e) der (Lehm) clay.

Tonausfall (pl -fälle) der loss of sound.

Tonband (pl -bänder) das (Band) tape; (Gerät) tape recorder.

tönen vt (Haare) to tint.

Tonne (pl -n) die (Behälter) barrel; (Gewichtseinheit) tonne.

Tönung (pl -en) die tint.

Top (pl -s) das top.

Topf (pl Töpfe) der (Kochtopf) pan; (Blumentopf) pot.

Topfen der (Süddt & Österr) curd cheese.

Topfenstrudel (pl -) der (Süddt & Österr) curd cheese strudel.

Töpfer, -in (mpl -) der, die potter.

Töpferei (pl -en) die pottery.

Topfpflanze (pl -n) die potted plant.

Tor (pl -e) das (Tür) gate; (von Scheune, Garage) door; (bei Fußball) goal; **ein ~ schießen** to score a goal.

Toreinfahrt (pl -en) die entrance gate.

Torf der peat.

Torte (pl -n) die gâteau.

Törtelett (pl -s) das tartlet.

Torwart (pl -e) der goalkeeper.

tot adj & adv dead; **~ umfallen** to drop dead.

total adj total ♦ adv totally.

Totalschaden (pl -schäden) der write-off.

Tote (pl -n) der, die dead person.

töten vt to kill.

Totensonntag (pl -e) der day for commemoration of the dead, Sunday before Advent.

totlachen: sich totlachen ref (fam) to kill o.s. laughing.

Toto das football pools (pl).

Toupet (pl -s) das toupee.

toupieren vt to backcomb.

Tour (pl -en) die (Ausflug) trip; (fam: Verhalten) way.

Tourenski (pl -er) der cross-country ski.

Tourismus der tourism.

Tourist, -in (mpl -en) der, die tourist.

Touristenklasse die tourist class.

Touristenort (pl -e) der tourist resort.

touristisch adj tourist.

Tournee (pl -n) die tour.

traben vi ist (Pferd) to trot.

Trabrennen (pl -) das trotting.

Tracht (pl -en) die (Kleidung) traditional costume; **eine ~ Prügel** (fam: Schläge) a beating.

Trachtenfest (pl -e) das event at which traditional costumes are worn.

Trachtenverein (pl -e) der society for the preservation of regional customs.

Tradition (pl -en) die tradition.

traditionell adj traditional.

Traum

traf prät → treffen.

Trafik die (Österr) tobacconist's.

i TRAFIK

A "Trafik" is a small shop found in Austria where all sorts of useful items can be bought, such as stamps, postcards, tickets for local transport services, magazines, cigarettes and tobacco.

Tragbahre (pl -n) die stretcher.

tragbar adj (Gerät) portable; (akzeptabel) acceptable.

träge adj (Person, Bewegung) lazy.

tragen (präs trägt, prät trug, pp getragen) vt (transportieren) to carry; (Kleidung, Frisur) to wear; (abstützen) to support; (ertragen, Kosten) to bear; (Risiko, Konsequenzen) to accept ◆ vi (Eis, Wände) to hold; (Tier) to be pregnant ☐ **sich tragen** ref (finanziell) to be self-supporting.

Träger (pl -) der (Beruf) porter; (Geldgeber) sponsor; (von Kleid) strap; (Hosenträger) braces (pl) (Br), suspenders (pl) (Am); (aus Eisen) girder.

Trägerin (pl -nen) die (Beruf) porter; (Geldgeberin) sponsor.

Tragetasche (pl -n) die carrier bag.

tragisch adj tragic.

Tragödie (pl -n) die tragedy.

trägt präs → tragen.

Trainer, -in (mpl -) der, die trainer.

trainieren vi & vt to train.

Training (pl -s) das training.

Trainingsanzug (pl -züge) der tracksuit.

Traktor (pl Traktoren) der tractor.

Trambahn (pl -en) die (Süddt) tram (Br), streetcar (Am).

trampen vi hat/ist to hitchhike.

Tramper, -in (mpl -) der, die hitchhiker.

Träne (pl -n) die tear.

tränen vi to water.

Tränengas das tear gas.

trank prät → trinken.

Transfusion (pl -en) die transfusion.

Transitverkehr der transit traffic.

Transitvisum (pl -visa) das transit visa.

Transport (pl -e) der transport.

transportabel adj (Fernseher) portable.

transportieren vt (befördern) to transport; (Film) to wind on ◆ vi (Kamera) to wind on.

Transportmittel (pl -) das means of transport.

Transportunternehmen (pl -) das haulier.

Transvestit (pl -en) der transvestite.

trat prät → treten.

Traube (pl -n) die (Frucht) grape.

Traubensaft (pl -säfte) der grape juice.

Traubenzucker der glucose.

trauen vt (Brautpaar) to marry ◆ vi (+D) (vertrauen) to trust ☐ **sich trauen** ref (wagen) to dare.

Trauer die mourning.

Traum (pl Träume) der dream.

träumen vi to dream; (abwesend sein) to daydream.

traumhaft adj fantastic.

traurig adj sad ♦ adv sadly.

Trauung (pl -en) die wedding; **kirchliche/standesamtliche ~** church/registry office wedding.

Travellerscheck (pl -s) der traveller's cheque.

treffen (präs trifft, prät traf, pp getroffen) vt hat (begegnen) to meet; (Ziel) to hit; (Verabredung, Entscheidung) to make; (traurig machen) to affect ♦ vi hat (ins Ziel) to score ◆ **sich treffen** ref to meet; **sich mit jm ~** to meet sb; **wo sollen wir uns ~?** where should we meet?

Treffen (pl -) das meeting.

Treffer (pl -) der (SPORT) goal; (Schuß) hit.

Treffpunkt (pl -e) der meeting place.

treiben (prät trieb, pp getrieben) vt hat to drive; (machen, tun) to do ♦ vi ist (im Wasser) to drift; **was treibst du denn so in deiner Freizeit?** what do you do in your spare time?

Treibstoff (pl -e) der fuel.

Trend (pl -s) der trend.

trennen vt to separate; (unterscheiden) to distinguish ❑ **sich trennen** ref to separate.

Trennung (pl -en) die (von Beziehung) separation; (GRAMM) division.

Treppe (pl -n) die stairs (pl).

Treppengeländer (pl -) das banisters (pl).

Treppenhaus (pl -häuser) das stairwell.

Tresen (pl -) der (Norddt) counter.

Tretboot (pl -e) das paddle boat.

treten (präs tritt, prät trat, pp getreten) vt & vi hat to kick ♦ vi ist (gehen) to step; **auf die Bremse ~** to brake.

treu adj faithful.

Treuhand die organization responsible for privatizing state industries of the former GDR.

Triathlon (pl -s) der triathlon.

Tribüne (pl -n) die stand.

Trichter (pl -) der (Gerät) funnel.

Trick (pl -s) der trick.

Trickfilm (pl -e) der cartoon.

trieb prät → treiben.

triefen (prät troff ODER triefte, pp getrieft) vi ist & vt hat to drip.

trifft präs → treffen.

Trikot (pl -s) das jersey.

Trillerpfeife (pl -n) die whistle.

Trimester (pl -) das term.

Trimm-Dich-Pfad (pl -e) der fitness trail.

trinkbar adj drinkable.

trinken (prät trank, pp getrunken) vt & vi to drink; **einen ~ gehen** (fam) to go for a drink.

Trinkgeld (pl -er) das tip.

Trinkhalle (pl -n) die drinks stall.

Trinkhalm (pl -e) der (drinking) straw.

Trinkschokolade (pl -n) die drinking chocolate.

Trinkwasser das drinking water.

Trio (pl -s) das trio.

tritt präs → treten.

Tritt (pl -e) der (Stoß) kick; (Schritt) step.

triumphieren vi to triumph.

trivial adj trivial.

trocken adj dry; '~ aufbewahren' 'keep in a dry place'.

Trockenhaube (pl -n) die hair dryer.

Trockenheit die dryness; (Wassermangel) drought.

trocken|legen vt (Sumpf) to drain; (Baby) to change.

trocknen vt hat & vi ist to dry.

Trockner (pl -) der dryer.

Trödel der (Gegenstände) junk; (fam: Trödelmarkt) flea market.

Trödelmarkt (pl -märkte) der flea market.

trödeln vi hat/ist (fam: langsam sein) to dawdle.

troff prät → triefen.

trog prät → trügen.

Trommel (pl -n) die (Instrument) drum.

Trommelfell (pl -e) das eardrum.

Trompete (pl -n) die trumpet.

Tropen pl tropics.

Tropf (pl -e) der (Gerät) drip.

tropfen vi & vt to drip.

Tropfen (pl -) der drop.

tropfnaß adv: ~ aufhängen to drip-dry.

Tropfsteinhöhle (pl -n) die cave with stalactites and stalagmites.

trösten vt to console ❑ sich trösten ref to find consolation.

Trostpreis (pl -e) der consolation prize.

Trottoir (pl -e) das (Südät) pavement (Br), sidewalk (Am).

trotz präp (+G) despite, in spite of.

trotzdem adv nevertheless.

trotzig adj stubborn.

trüb adj (nicht klar) cloudy.

Trüffel (pl -) der truffle.

trug prät → tragen.

trügen (prät trog, pp getrogen) vi to be deceptive.

Truhe (pl -n) die chest.

Trümmer pl (eines Gebäudes) ruins; (eines Fahrzeugs) wreckage (sg).

Trumpf (pl Trümpfe) der (bei Kartenspiel) trumps (pl).

Trunkenheit die (amt) inebriation.

Truthahn (pl -hähne) der turkey.

Tschechien nt Czech Republic.

tschüs interj bye!

Tsd. abk = Tausend.

T-Shirt (pl -s) das T-shirt.

Tube (pl -n) die tube.

Tuberkulose die tuberculosis.

Tuch[1] (pl Tücher) das (Halstuch) scarf; (zum Putzen, Abtrocknen) cloth.

Tuch[2] (pl -e) das (Stoff) cloth.

tüchtig adj (geschickt) competent; (fam: groß) big ◆ adv (fam: viel): ~ essen to tuck in.

Tulpe (pl -n) die tulip.

Tümpel (pl -) der pond.

tun (präs tut, prät tat, pp getan) vt 1. (machen) to do; was kann ich für Sie ~? what can I do for you?; ich habe noch nichts für die Prüfung getan I haven't done any work for the exam yet.

2. (tun: stellen, legen) to put.

3. (schaden, antun): jm/sich etwas ~ to do something to sb/o.s.

4. (fam: funktionieren, ausreichen): ich

danke, das tut es I think that will do; **das Auto tut es noch/nicht mehr** the car still works/has had it.
♦ vi 1. (spielen, vortäuschen): **so ~, als ob** to act as if; **er tut nur so** he's only pretending.
2. (Ausdruck von Gefühl, Wirkung): **der Bettler tut mir leid** I feel sorry for the beggar; **jm gut ~** to do sb good.
3. (Ausdruck einer Beziehung): **zu ~ haben mit** to be linked to; **nichts zu ~ haben mit** to have nothing to do with.
♦ vimpr: **es tut sich etwas** something is going on.

tunken vt to dunk.

Tunnel (pl -) der tunnel.

tupfen vt to dab.

Tür (pl -en) die door; **die ~ aufmachen/zumachen** to open/close the door; **~ zu!** shut the door!

Türke (pl -n) der Turk.

Türkei die Turkey.

Türkin (pl -nen) die Turk.

türkisch adj Turkish.

Türkisch(e) das Turkish.

Türklinke (pl -n) die door handle.

Turm (pl Türme) der (Gebäude) tower.

turnen vi (SPORT) to do gymnastics.

Turner, -in (mpl -) der, die gymnast.

Turnhalle (pl -n) die gym.

Turnhose (pl -n) die shorts (pl).

Turnier (pl -e) das (SPORT) tournament.

Turnschuh (pl -e) der gymshoe (Br), sneaker (Am).

Türschloß (pl -schlösser) das lock.

tuscheln vi to whisper.

Tüte (pl -n) die bag.

TÜV der = MOT (Br), regular official test of car's roadworthiness.

TV das (abk für Television) TV.

Typ (pl -en) der (Art, Charakter) type; (Modell) model; (fam: Mann) guy.

Typhus der typhoid.

typisch adj typical.

tyrannisieren vt to tyrannize.

U

u. abk = und.

u.a. abk = unter anderem.

u.a.m. (abk für und anderes mehr) etc.

UB (pl -s) die (abk für Universitätsbibliothek) university library.

U-Bahn (pl -en) die underground (Br), subway (Am).

U-Bahn-Haltestelle (pl -n) die underground station (Br), subway station (Am).

U-Bahn-Linie (pl -n) die underground line (Br), subway line (Am).

U-Bahn-Netz (pl -e) das underground system (Br), subway system (Am).

übel (komp **übler**, superl **am**

übelsten) adj bad; **mir ist/wird** ~ I am/feel sick; **nicht** ~ (fam) not bad.

Übelkeit (pl -en) die nausea.

übelnehmen vt unr to take badly.

üben vt & vi to practise.

über präp (+A) **1.** (höher als) over, above; **das Flugzeug flog** ~ **das Tal** the plane flew over the valley. **2.** (quer) over; ~ **die Straße gehen** to cross (over) the road. **3.** (Angabe der Route) via. **4.** (Angabe des Themas) about; **ein Buch** ~ **Mozart** a book about Mozart. **5.** (Angabe des Betrages) for; **eine Rechnung** ~ **30 DM** a bill for 30 marks. **6.** (mehr als) over; ~ **eine Stunde** over an hour; ~ **Null** above zero; **Kinder** ~ **zehn Jahren** children over ten (years of age). **7.** (zeitlich) over; ~ **Nacht** overnight. ♦ präp (+D) **1.** (räumlich: höher) above, over; **die Lampe hängt** ~ **dem Tisch** the lamp hangs above ODER over the table; **er wohnt** ~ **uns** he lives above us. **2.** (mehr als) above; ~ **dem Durchschnitt liegen** to be above average. ♦ adv **1.** (zeitlich): **den Sommer** ~ **bleiben wir hier** we're staying here all summer. **2.** (fam: übrig) left (over). ❏ **über und über** adv all over.

überall adv everywhere.

überallhin adv everywhere.

überanstrengen vt to overstrain ❏ **sich überanstrengen** ref to overdo it.

überarbeiten vt to revise ❏ **sich überarbeiten** ref to overwork.

überbacken (präs **überbackt** ODER **überbäckt**, prät **überbackte**, pp **überbacken**) vt to bake or grill with a cheese topping.

überbelichtet adj overexposed.

Überblick (pl -e) der (Übersicht) summary.

überblicken vt (einschätzen) to grasp; (sehen) to overlook.

überbrücken vt (Zeit) to fill in.

überbucht adj overbooked.

überdurchschnittlich adj above average.

übereinander adv on top of each other; ~ **sprechen/denken** to talk/think about each other.

übereinstimmen vi (Personen, Meinungen) to agree.

überfahren (präs **überfährt**, prät **überfuhr**, pp **überfahren**) vt (Tier, Person) to run over.

Überfahrt (pl -en) die crossing.

Überfall (pl -fälle) der (Angriff) attack.

überfallen (präs **überfällt**, prät **überfiel**, pp **überfallen**) vt (angreifen) to attack.

überfällig adj (Zug) late; (Rechnung) outstanding.

Überfluß der surplus.

überflüssig adj superfluous.

überfordert adj: **damit bin ich** ~ that's asking too much of me.

Überführung (pl -en) die (Brücke) bridge; (Transport) transfer.

überfüllt adj overcrowded.

Übergabe die (von Dingen) handing over.

Übergang (pl -gänge) der (Phase) transition.

übergeben (*präs* übergibt, *prät* übergab, *pp* übergeben) *vt* (*Gegenstand*) to hand over ☐ **sich übergeben** *ref* to vomit.

übergehen[1] (*prät* überging, *pp* übergangen) *vt* (*ignorieren*) to ignore.

über|gehen[2] *vi unr ist* (*wechseln*): **in etw** (*A*) ~ to change into sthg.

Übergewicht *das* overweight; ~ **haben** to be overweight.

Übergröße (*pl* -n) *die* (*von Kleidung*) outsize.

überhand|nehmen *vi unr* to get out of hand.

überhaupt *adv* (*Ausdruck von Zweifel*) at all; (*allgemein, eigentlich*) really; **ich habe** ~ **kein Geld mehr** (*gar kein*) I've got no money left at all; ~ **nicht** (*gar nicht*) not at all.

überholen *vt* to overtake.

Überholspur (*pl* -en) *die* overtaking lane.

Überholverbot (*pl* -e) *das* ban on overtaking.

überhören *vt* (*nicht hören*) not to hear.

überlassen (*präs* überläßt, *prät* überließ, *pp* überlassen) *vt* (*leihen*) to lend.

überlastet *adj* (*Person*) overworked.

überlaufen[1] *vi unr ist* (*Topf, Wasser*) to overflow.

überlaufen[2] *adj* overcrowded.

überleben *vt & vi* to survive.

überlegen[1] *vt* (*nachdenken*) to consider ◆ *vi* (*nachdenken*) to think; **sich** (*D*) **etw** ~ to think sthg over.

überlegen[2] *adj* superior ◆ *adv* (*siegen*) convincingly; (*arrogant*) patronizingly.

Überlegung (*pl* -en) *die* consideration.

übermorgen *adv* the day after tomorrow.

übermüdet *adj* overtired.

übernächste, -r, -s *adj* next ... but one; **die** ~ **Haltestelle** not this stop but the next one; **die** ~ **Woche** the week after next.

übernachten *vi* to stay (the night).

übernächtigt *adj* worn out.

Übernachtung (*pl* -en) *die* overnight stay; ~ **mit Frühstück** bed and breakfast.

Übernachtungsmöglichkeit (*pl* -en) *die* overnight accommodation.

übernehmen (*präs* übernimmt, *prät* übernahm, *pp* übernommen) *vt* (*Kosten*) to pay; (*kopieren*) to adopt; (*Mitarbeiter*) to take on ☐ **sich übernehmen** *ref* to overdo it.

überprüfen *vt* to check.

überqueren *vt* to cross.

überraschen *vi* to come as a surprise ◆ *vt* to surprise; **ich lasse mich** ~ I'll wait and see.

Überraschung (*pl* -en) *die* surprise.

überreden *vt* to persuade.

überreichen *vt* to present.

Überrest (*pl* -e) *der* remains (*pl*).

übers *präp* (*fam*) = **über** + **das**.

überschlagen (*präs* überschlägt, *prät* überschlug, *pp* überschlagen) *vt* (*Anzahl, Summe*) to estimate ☐ **sich überschlagen** *ref* (*Auto*) to turn over; (*Skifahrer*) to crash.

überschneiden: sich überschneiden (*prät* überschnitt, *pp*

überschnitten *ref (zeitlich)* to over-lap.

Überschrift (*pl -en*) *die* heading.

Überschwemmung (*pl -en*) *die* flood.

Übersee *nt:* aus ~ from overseas; nach ~ abroad.

übersehen (*präs* übersieht, *prät* übersah, *pp* übersehen) *vt (nicht sehen)* to overlook.

übersetzen[1] *vt* to translate.

über|setzen[2] *vt hat (befördern)* to take across ♦ *vi ist (überqueren)* to cross.

Übersetzer, -in (*mpl -*) *der, die* translator.

Übersetzung (*pl -en*) *die* translation.

Übersicht (*pl -en*) *die (Zusammenfassung)* outline.

übersichtlich *adj (Gebiet)* open; *(Tabelle)* clear.

Übersichtskarte (*pl -n*) *die* general map.

überspielen *vt (kopieren)* to record; *(löschen)* to record over.

Überspielkabel (*pl -*) *das* connecting lead.

überstehen[1] (*prät* überstand, *pp* überstanden) *vt (Ereignis)* to survive.

über|stehen[2] *vi unr (vorstehen)* to jut out.

Überstunde (*pl -n*) *die* overtime.

übertragbar *adj (Fahrkarte)* transferable; *(Krankheit)* infectious.

übertragen (*präs* überträgt, *prät* übertrug, *pp* übertragen) *vt (Krankheit)* to pass on; *(Sendung)* to broadcast; *(Blut)* to transfuse;

(anwenden) to apply □ **sich über-tragen** *ref (Stimmung)* to be infectious; *(Krankheit)* to be passed on.

Übertragung (*pl -en*) *die (von Sendung)* broadcast; *(von Krankheit)* passing on; *(von Blut)* transfusion.

übertreffen (*präs* übertrifft, *prät* übertraf, *pp* übertroffen) *vt (besser sein)* to surpass.

übertreiben (*prät* übertrieb, *pp* übertrieben) *vt (bei Darstellung)* to exaggerate; *(Handlung)* to overdo ♦ *vi (darstellen)* to exaggerate.

übertreten (*präs* übertritt, *prät* übertrat, *pp* übertreten) *vt (Gesetz)* to break.

übertrieben *pp* → übertreiben ♦ *adj (Darstellung)* exaggerated; *(Vorsicht, Eifer)* excessive.

überwachen *vt* to monitor.

überweisen (*prät* überwies, *pp* überwiesen) *vt (Geld)* to transfer; *(Patienten)* to refer; **jn ins Krankenhaus ~** to have sb admitted to hospital.

Überweisung (*pl -en*) *die (von Geld)* transfer; *(von Patienten)* referral.

Überweisungsauftrag (*pl -träge*) *der* money transfer order.

überwinden (*prät* überwand, *pp* überwunden) *vt (Angst, Ekel)* to overcome; *(Hindernis)* to get over □ **sich überwinden** *ref* to force o.s.

Überzelt (*pl -e*) *das* flysheet.

überzeugen *vt* to convince □ **sich überzeugen** *ref* to convince o.s.

überzeugt *adj* convinced; ~ **sein von** to be convinced of.

Überzeugung (pl -en) die conviction.

überziehen[1] (prät überzog, pp überzogen) vt (Konto) to overdraw; **die Betten frisch ~** to put clean sheets on the beds.

überziehen[2] vt unr (Jacke, Pullover) to pull on.

Überziehungskredit (pl -e) der overdraft facility.

üblich adj usual.

übrig adj remaining; **~ sein** to be left over.

übrigbleiben vi unr ist to be left over.

übrigens adv by the way.

Übung (pl -en) die exercise.

Ufer (pl -) das (von Fluß) bank; (von See) shore; **am ~** (von Fluß) on the bank; (von See) on the shore.

Uferstraße (pl -n) die road which runs alongside a lake or river.

Uhr (pl -en) die (am Arm) watch; (an der Wand) clock; (Zeit): **es ist 3 ~** it's 3 o'clock; **um 3 ~** at 3 o'clock; **um wieviel ~?** what time?; **wieviel ~ ist es?** what time is it?

Uhrzeit (pl -en) die time.

UKW die FM.

Ultraschall der ultrasound.

um präp (+A) 1. (räumlich) around; **~ etw herum** around sthg.
2. (Angabe der Uhrzeit) at; **~ drei Uhr** at three o'clock.
3. (Angabe von Ansteigen, Sinken) by; **die Preise steigen ~ 15%** prices are rising by 15%.
4. (Angabe von Grund) for; **~ etw kämpfen** to fight for sthg; **~ ein Spielzeug streiten** to quarrel over a toy.
5. (ungefähr) around; **es kostet ~ die**

300 DM it costs around 300 marks; **so ~ Ostern herum** some time around Easter.
◆ konj: **je schneller, ~ so besser** the quicker the better; **~ so besser** (fam: als Antwort) so much the better; **~ zu** (in order) to.
◆ adv (bei Zeit) up; **die zehn Minuten sind ~** the ten minutes are up.

umadressieren vt to re-address.

umarmen vt to hug.

Umbau (pl -ten) der renovation.

umbauen vt to renovate.

umbinden vt unr to tie; **sich** (D) **eine Schürze ~** to put on an apron.

umblättern vt to turn over.

umbringen vt to kill.

umbuchen vt: **eine Reise ~** to change one's booking for a trip.

umdrehen vt (Schlüssel, Pfannkuchen) to turn ◆ vi ist/hat (wenden, umkehren) to turn back ☐ **sich umdrehen** ref (Person) to turn round.

umfahren[1] vt unr (fam: überfahren) to knock down.

umfahren[2] (präs umfährt, prät umfuhr, pp umfahren) vt (ausweichen) to avoid.

umfallen vi unr ist (umkippen) to fall down.

Umfang (pl -fänge) der (von Bauch, Tonne) circumference.

Umfrage (pl -n) die survey.

umfüllen vt to transfer.

Umgangssprache die slang.

Umgebung (pl -en) die (Gebiet) surroundings (pl); (Umfeld) environment.

umgehen[1] vi unr ist (Erkältung) to go around.

umgehen² (*prät* umging, *pp* umgangen) *vt* (*Problem*) to avoid.

Umgehungsstraße (*pl -n*) *die* bypass.

umgekehrt *adj* opposite ◆ *adv* the other way round; **in ~er Richtung** in the opposite direction.

Umhang (*pl -hänge*) *der* cloak.

umher *adv* around.

umkehren *vi ist* (*zurückgehen, zurückfahren*) to turn back.

umkippen *vi ist* (*Person, Vase*) to fall over ◆ *vt hat* (*Lampe, Vase*) to knock over.

Umkleidekabine (*pl -n*) *die* changing room.

Umkleideraum (*pl -räume*) *der* changing room.

Umkreis *der* (*Gebiet*) surrounding area; **im ~ von 50 km** within a 50 km radius.

Umlaut (*pl -e*) *der* umlaut.

umleiten *vt* to divert.

Umleitung (*pl -en*) *die* diversion.

umrandet *adj*: **rot ~** circled in red.

umrechnen *vt* to convert.

Umrechnungskurs (*pl -e*) *der* conversion table.

umrühren *vt & vi* to stir.

ums *präp* = um + das.

Umsatz (*pl -sätze*) *der* turnover.

umschalten *vt* (*Programm, Fernseher*) to turn over ◆ *vi* (*auf Programm*) to turn over.

Umschlag (*pl -schläge*) *der* (*für Briefe*) envelope; (*von Buch*) dust jacket; (*MED*) compress.

umschlagen *vi unr ist* (*Wetter,* *Laune*) to change ◆ *vt unr hat* (*umdrehen*) to turn over.

umsehen: sich umsehen *ref unr* to look round; **sich ~ nach** (*suchen*) to look around for.

umsein *vi unr ist* (*fam*) to be over.

umsonst *adv* (*erfolglos*) in vain; (*gratis*) for free ◆ *adj*: **~ sein** (*erfolglos*) to be in vain; (*gratis*) to be free.

umständlich *adj* (*Methode*) laborious; (*Person*) awkward.

Umstandsmoden *pl* maternity wear (*sg*).

Umsteigebahnhof (*pl -höfe*) *der* station where passengers may change to a different line.

umsteigen *vi unr ist* (*beim Reisen*) to change; (*wechseln*) to switch; **in Köln ~** to change in Cologne.

Umstellung (*pl -en*) *die* (*Anpassung*) adjustment; (*Änderung*) switch.

Umtausch *der* exchange; **'vom ~ ausgeschlossen'** 'no refunds or exchanges'.

umtauschen *vt* (*Ware*) to exchange; (*Geld*) to change; **Mark in Pfund ~** to change marks into pounds.

Umverpackung (*pl -en*) *die* repackaging.

Umweg (*pl -e*) *der* detour.

Umwelt *die* environment.

Umweltbewußtsein *das* environmental awareness.

i   **UMWELTBEWUSST-SEIN**

Protection of the environment is a major concern amongst Germans, who see themselves as world leaders in environmental issues and the fight against pollution, having introduced the catalytic converter and large-scale recycling programmes. The need to protect the environment and conserve natural resources is now recognized by all sectors of society.

---

umweltfreundlich adj environmentally friendly.

Umweltpapier das recycled paper.

umweltschädlich adj damaging to the environment.

Umweltschutz der environmental protection.

Umweltverschmutzung die pollution.

um|werfen vt unr (umstürzen) to knock over; **sich** (D) **einen Mantel ~** to put a coat around one's shoulders.

um|ziehen vi unr ist to move ◆ vt unr hat to change ❏ **sich umziehen** refl to get changed.

Umzug (pl -züge) der (Wohnungswechsel) move; (Parade) parade.

unabhängig adj independent ◆ adv independently.

Unabhängigkeit die independence.

unabsichtlich adj unintentional ◆ adv unintentionally.

unangenehm adj (Geschmack, Person) unpleasant; (peinlich) embarrassing ◆ adv: **ich war ~ berührt** I was embarrassed.

unauffällig adj inconspicuous.

unbeabsichtigt adj unintentional.

unbedingt adv (auf jeden Fall) really; **du mußt ~ mitkommen!** you really must come!

unbefriedigend adj (schlecht) unsatisfactory ◆ adv (schlecht) unsatisfactorily.

unbefristet adj for an unlimited period.

unbefugt adj unauthorized.

Unbefugte (pl -n) der, die unauthorized person; **'für ~ Zutritt verboten!'** 'authorized personnel only'.

unbegrenzt adj unlimited.

unbekannt adj unknown.

unbeliebt adj unpopular.

unbemerkt adv unnoticed.

unbenutzt adj unused.

unbequem adj (Stuhl, Kleidung) uncomfortable ◆ adv (sitzen, fahren) uncomfortably.

unberechtigt adj unjustified ◆ adv without authorization; **~ parkende Fahrzeuge** illegally parked vehicles.

unbeständig adj (Wetter) changeable.

unbeteiligt adj (nicht interessiert) uninterested; (nicht verwickelt) uninvolved.

unbewacht adj unattended.

unbewußt adj unconscious ◆ adv unconsciously.

unbrauchbar adj useless.

und konj 1. (gen) and; **drei ~ drei ist sechs** three and three makes six; **~ so** (fam) and so on; **~ so weiter** and so on; **~ wie!** (fam) not half!
2. (Ausdruck eines Widerspruchs): **~ wenn** even if.
3. (ironisch): **ich ~ Motorrad fahren? nie!** me ride a motor bike? Never!

◆ interj (fam): **na** ~! so what?

undankbar adj (Person) ungrateful.

undeutlich adj unclear.

undicht adj leaky.

undurchlässig adj impermeable.

uneben adj uneven; '~e Fahrbahn' 'uneven road surface'.

unecht adj (Schmuck, Stein) fake.

unendlich adj endless.

unentbehrlich adj indispensable.

unentgeltlich adj free.

unentschieden adj (Ergebnis) undecided; **das Spiel endete** ~ the game was a draw.

unerläßlich adj essential.

unerlaubt adj unauthorized.

unerträglich adj unbearable.

unerwartet adj unexpected.

unerwünscht adj unwelcome.

unfähig adj incapable; ~ **sein, etw zu tun** to be incapable of doing sthg.

unfair adj unfair.

Unfall (pl -fälle) der accident; **einen** ~ **haben/verursachen** to have/cause an accident.

Unfallflucht die failure to stop after an accident.

Unfallhergang der: **den** ~ **beschreiben** to give details of the accident.

Unfallschaden der damage.

Unfallstation (pl -en) die casualty (Br), emergency ward (Am).

Unfallstelle (pl -n) die scene of the accident.

Unfallversicherung (pl -en) die accident insurance.

unfreundlich adj (Person, Verhalten) unfriendly ◆ adv (sich verhalten) coldly; ~ **sein zu** to be unfriendly to.

Unfug der nonsense.

Ungarn nt Hungary.

ungeduldig adj impatient.

ungeeignet adj unsuitable.

ungefähr adv about, approximately ◆ adj rough.

ungefährlich adj safe.

ungehorsam adj disobedient.

ungemütlich adj (Raum, Kleidung) uncomfortable.

ungenau adj inaccurate ◆ adv inaccurately.

ungenießbar adj inedible; (fam: Person) unbearable.

ungenügend adj (schlecht) insufficient; (Schulnote) unsatisfactory ◆ adv (schlecht) badly.

ungerecht adj unjust.

ungern adv reluctantly.

ungeschickt adj (Mensch, Bewegung) clumsy; (Verhalten, Reaktion) undiplomatic.

ungesund adj unhealthy ◆ adv: **sie leben sehr** ~ they lead a very unhealthy life.

ungewiß adj uncertain.

ungewöhnlich adj unusual.

ungewohnt adj unfamiliar.

Ungeziefer das pests (pl).

unglaublich adj unbelievable ◆ adv unbelievably.

Unglück (pl -e) das (Unfall) accident; (Leid) unhappiness; (Pech) bad luck.

unglücklich adj (Person) unhappy; (unklug) unfortunate.

ungültig adj invalid.

unheimlich adj (gruselig) sinister; (fam: riesig) incredible ◆ adv (fam: sehr) incredibly.

unhöflich adj impolite.

Uni (pl -s) die (fam) uni.

Uniform (pl -en) die uniform.

Universität (pl -en) die university.

Universitätsstadt (pl -städte) die university town.

 UNIVERSITÄTS-STADT

The most famous German university towns include Heidelberg, Marburg, Göttingen and Freiburg. The large, old universities attract large numbers of students, giving the towns a particularly lively atmosphere and cultural life.

Unkosten pl expenses.

Unkostenbeitrag (pl -beiträge) der contribution towards expenses.

Unkraut das weed.

unlogisch adj illogical.

Unmenge (pl -n) die (fam) masses (pl); eine ~ Leute masses of people.

unmittelbar adj immediate ◆ adv immediately; in ~er Nähe in the immediate vicinity.

unmöbliert adj unfurnished.

unmöglich adj impossible ◆ adv: ich kann ~ um 3 Uhr kommen I

can't possibly come at 3 o'clock; jm ~ sein (nicht möglich) to be impossible for sb.

unnötig adj unnecessary.

unnütz adj useless.

UNO die: die ~ the UN.

Unordnung die chaos.

unpassierbar adj impassable.

unpersönlich adj impersonal.

unpraktisch adj (Kleidung, Möbel) impractical; (Person) unpractical.

unpünktlich adj unpunctual; ~ sein to be late.

Unrecht das wrong; im ~ sein to be wrong.

unregelmäßig adj irregular ◆ adv irregularly.

unreif adj (Obst) unripe.

Unruhe (pl -n) die (Gefühl) unease; (Bewegung) noise ❏ **Unruhen** pl riots.

unruhig adj (besorgt) restless.

uns pron (Personalpronomen) us; (Reflexivpronomen) ourselves.

unschädlich adj harmless.

unscharf adj (Aufnahme) blurred.

unschuldig adj innocent.

unselbständig adj dependent.

unser, -e ODER **unsre** det our.

unsere, -r, -s pron ours ◆ det → unser.

unsicher adj (Person) insecure; (Zukunft) uncertain; (Gegend, Weg) unsafe; da bin ich mir ~ I'm not sure about that.

Unsinn der nonsense.

Unsumme (pl -n) die enormous amount of money.

unsympathisch adj (Mensch) unpleasant.

Unterhose

unten *adv* at the bottom; *(südlich)* down; *(in Haus)* downstairs; **nach ~** down; **von ~** from below; **siehe ~** see below; **die sind bei uns ~ durch** *(fam)* we're finished with them.

unter *präp (+D)* **1.** *(räumlich)* under; **~ dem Tisch liegen** to lie under the table. **2.** *(weniger als)* under; **~ Null** below zero; **Kinder ~ 12 Jahren** children under the age of 12. **3.** *(zwischen Dingen, Personen)* among; **~ anderem** among other things. **4.** *(Angabe von Umständen)* under; **~ Streß arbeiten** to work under stress. **5.** *(Angabe von Hierarchie)* under; **~ der Leitung von ...** under the supervision of ...
♦ *präp (+A)* **1.** *(räumlich)* under; **~ den Tisch kriechen** to crawl under the table. **2.** *(weniger als)* below. **3.** *(zwischen)*: **etw ~ etw mischen** to mix sthg into sthg. **4.** *(Angabe von Hierarchie)* under.
♦ *adj* **1.** *(räumlich)* lower; *(Etage)* bottom. **2.** *(in Rangfolge)* lower.

unterbelichtet *adj (Foto, Film)* underexposed.

Unterbewußtsein *das* subconscious.

unterbrechen *(präs* **unterbricht**, *prät* **unterbrach**, *pp* **unterbrochen**) *vt & vi* to interrupt.

Unterbrecherkontakt *(pl -e)* der contact breaker.

Unterbrechung *(pl -en)* die interruption.

unter|bringen *vt unr (Gäste)* to put up; *(Gegenstand)* to put.

Unterbringung *die* accommodation.

unterdessen *adv (geh)* meanwhile.

unterdrücken *vt (Person, Volk, Widerstand)* to suppress.

untereinander *adv (unter sich)* among ourselves/themselves; *(unter das andere)* one under the other.

Unterführung *(pl -en)* die subway *(Br)*, underpass *(Am)*.

Untergang *(pl -gänge)* der *(von Schiff)* sinking; *(von Volk, Kultur)* decline; *(von Sonne, Mond)* setting.

unter|gehen *vi unr ist (Sonne, Mond)* to go down; *(Schiff, Person)* to sink; *(Volk, Kultur)* to decline.

Untergeschoß *(pl -schosse)* das basement.

Untergewicht *das*: **~ haben** to be underweight.

Untergrund der *(Boden)* subsoil.

Untergrundbahn *(pl -en)* die underground *(Br)*, subway *(Am)*.

unterhalb *adv & präp (+G)* below.

unterhalten *(präs* **unterhält**, *prät* **unterhielt**, *pp* **unterhalten)** *vt (amüsieren)* to entertain; *(Familie)* to support ❏ **unterhalten** *ref (reden)* to talk; *(sich amüsieren)* to have fun; **sich ~ mit** *(sprechen)* to talk with.

Unterhaltung *(pl -en)* die *(Gespräch)* conversation; *(Amüsement)* entertainment.

Unterhemd *(pl -en)* das vest.

Unterhose *(pl -n)* die underpants *(pl)*.

Unterkunft (pl -künfte) die accommodation.

unterlassen (präs unterläßt, prät unterließ, pp unterlassen) vt to refrain from.

Unterleib (pl -e) der abdomen.

unternehmen (präs unternimmt, prät unternahm, pp unternommen) vt (Ausflug, Reise) to make; etwas/nichts ~ to do something/nothing.

Unternehmer, -in (mpl -) der, die entrepreneur.

unternehmungslustig adj enterprising.

Unterricht der lessons (pl); jm ~ geben to teach sb.

unterrichten vt (Schüler, Schulfach) to teach; (mitteilen) to inform.

Unterrock (pl -röcke) der slip.

untersagt adj prohibited.

unterscheiden (prät unterschied, pp unterschieden) vt to distinguish ◆ vi: ~ zwischen to differentiate between; etw ~ von to distinguish sthg from □ sich unterscheiden ref to be different.

Unterschied (pl -e) der difference.

unterschiedlich adj different.

unterschreiben (prät unterschrieb, pp unterschrieben) vt & vi to sign; hier ~ sign here.

Unterschrift (pl -en) die signature; Datum und ~ date and signature.

Unterseeboot (pl -e) das submarine.

Untersetzer (pl -) der coaster.

unter|stellen[1] vt to store □ sich unterstellen ref to shelter.

unterstellen[2] vt (Boshaftigkeit, Gemeinheit) to imply.

unterstreichen (prät unterstrich, pp unterstrichen) vt (mit Strich) to underline.

unterstützen vt to support.

Unterstützung die support.

untersuchen vt to examine; (absuchen) to investigate.

Untersuchung (pl -en) die examination; (von Justiz, Polizei) investigation.

Untertasse (pl -n) die saucer.

Unterteil (pl -e) das bottom half.

Untertitel (pl -) der subtitle.

Unterwäsche die underwear.

unterwegs adv on the way ◆ adj: ~ sein to be on the way; ~ nach ... sein to be on the way to ...

unterzeichnen vt to sign.

unüberlegt adj rash ◆ adv rashly.

ununterbrochen adj uninterrupted ◆ adv nonstop.

unverbindlich adj (ohne Verpflichtung) not binding.

unverbleit adj lead-free.

unverheiratet adj unmarried.

unverkäuflich adj not for sale.

unvermeidlich adj unavoidable.

unvernünftig adj irresponsible.

unverschämt adj (taktlos) impertinent.

unverständlich adj incomprehensible.

unverträglich adj (Nahrung) indigestible.

unvollständig adj incomplete.

unvorsichtig *adj* careless.

unwahrscheinlich *adj* (*Geschichte*) improbable; (*fam: Glück*) incredible.

Unwetter (*pl -*) das storm.

unwichtig *adj* unimportant.

unwiderstehlich *adj* irresistible.

unwohl *adj* unwell; **sich ~ fühlen** (*körperlich*) to feel unwell; (*psychisch*) to feel uneasy.

unzerbrechlich *adj* unbreakable.

unzufrieden *adj* dissatisfied; ~ **mit** dissatisfied with.

unzugänglich *adv:* '**für Kinder ~ aufbewahren**' 'keep out of reach of children'.

unzulässig *adj* (*nicht erlaubt*) forbidden.

üppig *adj* (*Essen*) sumptuous; (*Person*) curvaceous.

uralt *adj* ancient.

Uraufführung (*pl -en*) die premiere.

Urenkel, -in (*mpl -*) der, die great-grandchild.

Urgroßeltern *pl* great-grandparents.

Urin der urine.

Urkunde (*pl -n*) die certificate.

Urlaub (*pl -e*) der holiday (*Br*), vacation (*Am*); **im ~ sein** to be on holiday (*Br*), to be on vacation (*Am*); **in ~ fahren** to go on holiday (*Br*), to go on vacation (*Am*); ~ **machen** to have a holiday (*Br*), to vacation (*Am*).

Urlauber, -in (*mpl -*) der, die holidaymaker (*Br*), vacationer (*Am*).

Urlaubsanschrift (*pl -en*) die holiday address.

Urlaubsort (*pl -e*) der holiday resort.

Urlaubszeit (*pl -en*) die holiday season (*Br*), vacation season (*Am*).

Ursache (*pl -n*) die cause; **keine ~!** I don't mention it!

Ursprung (*pl -sprünge*) der origin.

ursprünglich *adj* (*Idee, Meinung*) original.

Ursprungsland (*pl -länder*) das country of origin.

Urteil (*pl -e*) das (*vor Gericht*) verdict; (*Bewertung*) judgement.

Urwald (*pl -wälder*) der jungle.

usw. (*abk für und so weiter*) etc.

Utensilien *pl* utensils.

Utopie (*pl -n*) die utopia.

V

vage *adj* vague.

Vagina (*pl* **Vaginen**) die vagina.

vakuumverpackt *adj* vacuum-packed.

Vanille (*pl -*) die vanilla.

Vanilleeis das vanilla ice-cream.

Vanillezucker der vanilla sugar.

Varieté (*pl -s*) das variety show.

variieren *vt & vi* to vary.

Vase (*pl -n*) die vase.

Vaseline die Vaseline®.

Vater 276

Vater (pl **Väter**) der father.

Vatertag (pl -e) der Father's Day.

V-Ausschnitt (pl -e) der V-neck.

v. Chr. (abk für vor Christus) BC.

Vegetarier, -in (mpl -) der, die vegetarian.

vegetarisch adj vegetarian.

Vene (pl -n) die vein.

Ventil (pl -e) das (TECH) valve.

Ventilator (pl **Ventilatoren**) der fan.

verabreden vt to arrange ❑ **sich verabreden** ref to arrange to meet; **sich mit jm ~** to arrange to meet sb.

verabredet adj: **sie ist mit Karla ~** she has arranged to meet Karla; **ich bin schon ~** I have something else on.

Verabredung (pl -en) die (Treffen) appointment; (mit Freund) date.

verabscheuen vt to detest.

verabschieden vt (Gast) to say goodbye to ❑ **sich verabschieden** ref to say goodbye.

Veranda (pl **Veranden**) die veranda.

verändern vt to change ❑ **sich verändern** ref (anders werden) to change.

Veränderung (pl -en) die change.

veranlassen vt: **jn ~, etw zu tun** to cause sb to do sthg; **etw ~** to arrange for sthg.

veranstalten vt (organisieren) to organize.

Veranstalter, -in (mpl -) der, die organizer.

Veranstaltung (pl -en) die (Ereignis) event; (Organisation) organization.

Veranstaltungskalender (pl -) der calendar of events.

Veranstaltungsprogramm (pl -e) das programme of events.

verantwortlich adj responsible.

Verantwortung die responsibility.

verarbeiten vt (Material) to process; (fig: Ereignis) to come to terms with.

Verb (pl -en) das verb; **starkes/schwaches ~** strong/weak verb.

Verband (pl -bände) der (Organisation) association; (für Wunde) bandage; **einen ~ anlegen** to apply a bandage.

Verbandskasten (pl -kästen) der first-aid box.

Verbandzeug das first-aid kit.

verbergen (präs **verbirgt**, prät **verbarg**, pp **verborgen**) vt to hide ❑ **sich verbergen** ref to hide.

verbessern vt (besser machen) to improve; (Fehler) to correct ❑ **sich verbessern** ref (besser werden) to improve; (sich korrigieren) to correct o.s.

Verbesserung (pl -en) die (von Fehlern, Text) correction; (von Anlage, Angebot) improvement.

verbieten (prät **verbat**, pp **verboten**) vt to forbid.

verbilligt adj reduced.

verbinden (prät **verband**, pp **verbunden**) vt to connect; (Wunde) to bandage; (am Telefon) to put through ♦ vi (am Telefon): **einen Moment, ich verbinde** one moment please, I'll put you through; **falsch verbunden!** wrong number!

Verbindung (pl -en) die connection; (chemisch) compound; **sich in ~ setzen mit** to contact.

verbleit adj (Benzin) leaded; **Super ~** super leaded.

verborgen pp → verbergen.

Verbot (pl -e) das ban.

verboten pp → verbieten ♦ adj forbidden; **streng ~!** strictly forbidden!

Verbotsschild (pl -er) das sign indicating a restriction, eg no parking, no entry, etc.

verbrannt pp → verbrennen ♦ adj burnt.

Verbrauch der consumption.

verbrauchen vt to consume.

Verbraucher, -in (mpl -s) der, die consumer.

Verbraucherberatung (pl -en) die (Institution) consumer advice agency.

Verbrechen (pl -) das crime.

Verbrecher, -in (mpl -s) der, die criminal.

verbrennen (prät verbrannte, pp verbrannt) vt hat & vi ist to burn □ **sich verbrennen** ref: **er hat sich verbrannt** he burned himself; **er hat sich (D) die Finger verbrannt** he burnt his fingers.

Verbrennung (pl -en) die (Verletzung) burn; (Verbrennen) burning.

verbringen (prät verbrachte, pp verbracht) vt to spend.

verbrühen: sich verbrühen ref to scald o.s.

Verdacht der suspicion.

verdammt adj & adv (fam) damn.

verdarb prät → verderben.

verdaulich adj: **leicht/schwer ~** easy/difficult to digest.

Verdauung die digestion.

Verdeck (pl -e) das (von Auto) soft top; (von Kinderwagen) hood.

verderben (präs **verdirbt**, prät **verdarb**, pp **verdorben**) vt hat to ruin ♦ vi ist (Nahrung) to go off.

verderblich adj perishable.

verdienen vt to earn.

Verdienst (pl -e) der (Gehalt) salary ♦ das (Leistung) achievement.

verdirbt präs → verderben.

verdoppeln vt to double □ **sich verdoppeln** ref to double.

verdorben pp → verderben ♦ adj (Lebensmittel) off.

verdünnen vt to dilute.

verehren vt (anbeten) to worship.

Verehrer, -in (mpl -s) der, die (Bewunderer) admirer.

Verein (pl -e) der association, society; **eingetragener ~** registered society; **wohltätiger ~** charity.

ℹ️ VEREIN

More than half the population of Germany belongs to one of the country's 300,000 clubs and societies, making them one of the most popular ways in which people spend their leisure time. The most popular types of club are sports clubs, bowling clubs, rifle clubs, music societies and pet breeding clubs.

---

vereinbaren vt (Termin, Treffen) to arrange.

Vereinbarung (pl -en) die arrangement.

vereinen vt to unite □ **sich vereinen** ref to unite.

vereinheitlichen vt to standardize.

Vereinigte Staaten pl United States.

Vereinigung (pl -en) die (Gruppe) organization; (Vorgang) unification.

Vereinte Nationen pl United Nations.

vereist adj (Straße) icy.

Verf. abk = **Verfasser**.

verfahren (präs **verfährt**, prät **verfuhr**, pp **verfahren**) vi ist (umgehen, handeln) to proceed ◆ vt hat (Benzin) to use up □ **sich verfahren** ref to get lost.

verfallen (präs **verfällt**, prät **verfiel**, pp **verfallen**) vi ist (Fahrkarte, Garantie) to expire; (Gutschein) to be no longer valid; (Haus) to decay.

Verfallsdatum (pl -daten) das (von Lebensmittel) sell-by date.

verfärben: **sich verfärben** ref to change colour; **der Himmer verfärbte sich rot** the sky turned red.

Verfasser, -in (mpl -) der, die author.

Verfassung (pl -en) die (Gesetz) constitution; (Zustand) condition.

verfaulen vi ist to rot.

verfeinern vt to refine.

Verfilmung (pl -en) die film version.

verfolgen vt (jagen) to pursue; (beobachten) to follow; (unterdrücken) to persecute.

verfügen vi: ~ **über** (+A) (besitzen) to have; (benutzen) to make use of; (bestimmen) to be in charge of.

Verfügung (pl -en) die (Gebrauch, Bestimmung): **etw zur ~ haben** to have sthg at one's disposal; **zur ~ stehen** to be available.

verführerisch adj (anziehend) attractive; (erotisch) seductive.

vergangen adj (letzte) last; **~e Woche** last week.

Vergangenheit die past; (GRAMM) past tense.

Vergaser (pl -) der carburettor.

vergaß prät → **vergessen**.

vergeben (präs **vergibt**, prät **vergab**, pp **vergeben**) vt (verzeihen) to forgive; (Zimmer) to allocate; (Preis) to award.

vergeblich adj in vain.

vergessen (präs **vergißt**, prät **vergaß**, pp **vergessen**) vt to forget.

vergeßlich adj forgetful.

vergewaltigen vt to rape.

Vergewaltigung (pl -en) die rape.

Vergiftung (pl -en) die poisoning.

vergißt präs → **vergessen**.

Vergleich (pl -e) der comparison; **im ~ zu** compared to.

vergleichen (prät **verglich**, pp **verglichen**) vt to compare; **verglichen mit** compared with.

Vergnügen das pleasure; **mit ~** with pleasure; **viel ~!** have fun!

Vergnügungsdampfer (*pl -*) *der* pleasure steamer.

Vergnügungspark (*pl -s*) *der* fun fair.

Vergnügungsviertel (*pl -*) *das* area of a town where most bars, nightclubs, cinemas, etc are situated.

vergoldet *adj* gilded.

vergriffen *adj* (*Buch*) out of print.

vergrößern *vt* to enlarge ◆ *vi* (*Mikroskop*) to magnify ❑ **sich vergrößern** *ref* to expand.

Vergrößerung (*pl -en*) *die* enlargement.

Vergünstigung (*pl -en*) *die* reduction.

vergüten *vt* (*bezahlen*) to pay.

verhaften *vt* to arrest.

verhalten: sich verhalten (*präs* **verhält,** *prät* **verhielt,** *pp* **verhalten**) *ref* (*sich benehmen*) to behave.

Verhalten *das* behaviour.

Verhältnis (*pl -se*) *das* relationship; (*von Größe, Anzahl*) ratio.

verhältnismäßig *adv* relatively.

verhandeln *vi* to negotiate ◆ *vt* (*vor Gericht*) to hear; **~ über etw** (*A*) to negotiate sthg.

Verhandlung (*pl -en*) *die* (*Beratung*) negotiation; (*vor Gericht*) hearing.

verheilen *vi ist* to heal.

verheimlichen *vt* to keep secret.

verheiratet *adj* married.

verhindern *vt* to prevent.

Verhör (*pl -e*) *das* interrogation.

verhüten *vi* (*beim Sex*) to take precautions ◆ *vt* to prevent.

Verhütungsmittel (*pl -*) *das* contraceptive.

verirren: sich verirren *ref* to get lost.

verk. *abk* = **verkaufen.**

Verkauf *der* sale.

verkaufen *vt & vi* to sell; **etw an jn ~** to sell sb sthg, to sell sthg to sb; **zu ~** for sale.

Verkäufer, -in (*mpl -*) *der, die* (*in Geschäft*) sales assistant (*Br*), sales clerk (*Am*); (*juristisch*) trader.

verkäuflich *adj* (*zum Verkauf bestimmt*) for sale.

verkaufsoffen *adj*: **~er Samstag** first Saturday in the month, on which shops are open till 6pm instead of closing at midday.

Verkaufsstelle (*pl -n*) *die* point of sale.

Verkaufsveranstaltung (*pl -en*) *die* event organized to sell a product.

verkauft *adj* sold.

Verkehr *der* (*Straßenverkehr*) traffic; (*amt: Sex*) intercourse.

verkehren *vi* (*amt: Zug, Bus*) to run; **in einem Lokal ~** to frequent a bar; **'verkehrt nicht täglich'** 'does not run daily'.

Verkehrsampel (*pl -n*) *die* traffic light.

Verkehrsaufkommen *das*: **hohes/dichtes ~** heavy traffic.

Verkehrsberuhigung *die* traffic calming.

Verkehrsführung (*pl -en*) *die*: **'~ beachten'** 'follow road signs'.

Verkehrsfunk *der* traffic bulletin service.

Verkehrsmeldung (*pl* -en) *die* traffic bulletin.

Verkehrsmittel (*pl* -) *das* means of transport; **öffentliche ~** public transport.

Verkehrsnachrichten *pl* traffic news.

Verkehrspolizist, -in (*mpl* -en) *der, die* traffic policeman (f traffic policewoman).

Verkehrsregel (*pl* -n) *die* traffic regulation.

Verkehrsschild (*pl* -er) *das* road sign.

Verkehrsunfall (*pl* -unfälle) *der* road accident.

Verkehrsverbindung (*pl* -en) *die* connection.

Verkehrsverein (*pl* -e) *der* tourist information office.

Verkehrszeichen (*pl* -) *das* road sign.

verkehrt *adj* wrong ◆ *adv* wrongly; **~ herum** inside out.

verklagen *vt* to prosecute.

Verkleidung (*pl* -en) *die* (Kostüm) costume; (von Wand, Fassade) covering.

Verkleinerung (*pl* -en) *die* reduction.

verkommen (*prät* verkam, *pp* verkommen) *vi ist* (Lebensmittel) to go off; (Haus, Wohnung) to become run-down ◆ *adj* (Haus, Wohnung) run-down.

verkraften *vt* to cope with.

verkratzt *adj* scratched.

verkürzen *vt* to shorten.

verladen (*präs* verlädt, *prät* verlud, *pp* verladen) *vt* to load.

Verlag (*pl* -e) *der* publishing house.

verlangen *vt* (fordern) to demand; (im Geschäft, Lokal) to ask for; (erfordern) to call for; **jn am Telefon ~** to ask to speak to sb on the phone.

Verlangen *das* (Wunsch) desire; (Forderung) request; **auf ~** on demand.

verlängern *vt* to extend; (Rock) to lengthen; (Paß, Erlaubnis) to renew □ **sich verlängern** *ref* (Frist, Vertrag) to be extended.

Verlängerung (*pl* -en) *die* extension; (von Rock) lengthening; (von Paß, Erlaubnis) renewal; (SPORT) extra time.

Verlängerungskabel (*pl* -) *das* extension lead.

verlassen (*präs* verläßt, *prät* verließ, *pp* verlassen) *vt* to leave □ **sich verlassen** *ref:* **sich ~ auf** (+A) to rely on.

verlaufen (*präs* verläuft, *prät* verlief, *pp* verlaufen) *vi ist* (Weg, Strecke, Farbe) to run; (Operation, Prüfung) to go □ **sich verlaufen** *ref* (sich verirren) to get lost.

verlegen *vt* (Brille, Portemonnaie) to mislay; (Veranstaltung, Besuch) to postpone; (Standort) to move; (Kabel, Teppichboden) to lay; (Buch) to publish ◆ *adj* embarrassed.

Verleger, -in (*mpl* -) *der, die* publisher.

Verleih (*pl* -e) *der* rental shop.

verleihen (*prät* verlieh, *pp* verliehen) *vt* (leihen) to lend; (vermieten) to hire (Br), to rent; (Preis, Auszeichnung) to award.

verlernen *vt* to forget.

verletzen *vt* to injure; *(Gefühl)* to hurt ◻ **sich verletzen** *ref* to hurt o.s.

verletzt *adj* injured; *(psychisch)* hurt.

Verletzte *(pl -n) der, die* injured person.

Verletzung *(pl -en) die* injury.

verlieben: sich verlieben *ref* to fall in love.

verlieren *(prät verlor, pp verloren) vt & vi* to lose ◻ **sich verlieren** *ref (Personen)* to lose each other.

Verlierer, -in *(mpl -) der, die* loser.

verlobt *adj* engaged.

Verlobung *(pl -en) die* engagement.

verlor *prät* → verlieren.

verloren *pp* → verlieren ◆ *adj* lost.

verloren|gehen *vi unr ist (Kind, Brille)* to go missing; *(Geschmack, Qualität)* to disappear.

Verlosung *(pl -en) die* prize draw.

Verlust *(pl -e) der* loss; **einen ~ melden** to report a loss.

verm. *abk* = vermieten.

vermeiden *(prät vermied, pp vermieden) vt* to avoid.

Vermerk *(pl -e) der* note.

vermerken *vt* to make a note of.

vermieten *vt & vi* to rent out; **'zu ~!'** 'for rent'.

Vermieter, -in *(mpl -) der, die* landlord *(flandlady)*.

vermischen *vt (Farben, Zutaten)* to mix.

vermissen *vt* to miss; **er vermißt seine Uhr** his watch is missing.

vermißt *adj* missing.

vermitteln *vt (Ehe, Treffen)* to arrange; *(Wissen, Erfahrung)* to impart ◆ *vi (bei Streit, Verhandlung)* to arbitrate; **jm eine Arbeitsstelle/einen Babysitter ~** to find a job/babysitter for sb.

Vermittlung *(pl -en) die (Telefonzentrale)* telephone exchange; *(von Arbeit, Mitarbeitern)* finding; *(von Ehe, Treffen)* arranging; *(bei Streit, Verhandlung)* arbitration; *(von Erfahrung, Kenntnissen)* imparting; *(Büro)* agency.

Vermittlungsgebühr *(pl -en) die* commission.

Vermögen *(pl -) das (Besitz)* fortune.

vermuten *vt* to suspect.

vermutlich *adv* probably.

vernehmen *(präs vernimmt, prät vernahm, pp vernommen) vt (befragen)* to question.

verneinen *vt:* **eine Frage ~** to say no (to a question).

vernichten *vt* to destroy.

Vernissage *(pl -n) die* preview.

Vernunft *die* reason.

vernünftig *adj (klug)* sensible.

veröffentlichen *vt* to publish.

verordnen *vt (Medikament)* to prescribe.

Verordnung *(pl -en) die (medizinisch)* prescription; *(amtlich)* decree.

verpacken *vt (Produkt)* to pack; *(Geschenk)* to wrap up.

Verpackung *(pl -en) die* packaging.

verpassen *vt (Person, Film,*

Chance) to miss; *(fam: geben)* to give; **den Bus/Zug ~** to miss the bus/train.

Verpflegung *die (Essen)* food.

verpflichtet *adj & adv* obliged.

verprügeln *vt* to beat up.

verraten *(präs* **verrät,** *prät* **verriet,** *pp* **verraten)** *vt (Geheimnis, Land)* to betray; *(sagen)* to let slip ❑ **sich verraten** *ref* to give o.s. away.

verrechnen *vt* to offset ❑ **sich verrechnen** *ref (falsch rechnen)* to miscalculate; **sich um 3 Mark ~** to be 3 marks out.

Verrechnung *die* miscalculation.

Verrechnungsscheck *(pl* **-s)** *der* crossed cheque.

verregnet *adj:* **~ sein** to be a wash-out.

verreisen *vi ist* to go away.

Verrenkung *(pl* **-en)** *die* dislocation.

verrosten *vi ist* to rust.

verrückt *adj (geistesgestört)* mad; *(ausgefallen)* crazy; **~ sein nach** to be mad about; **wie ~** like mad.

versagen *vi* to fail; **'bei Versagen Knopf drücken'** 'in the event of failure, press button'.

versalzen *vt (Essen)* to put too much salt in ◆ *adj (Essen)* too salty.

versammeln *vt* to assemble ❑ **sich versammeln** *ref* to assemble.

Versammlung *(pl* **-en)** *die* meeting.

Versand *der (Schicken)* dispatch; *(Abteilung)* dispatch department.

Versandhaus *(pl* **-häuser)** *das* mail order firm.

versäumen *vt (verpassen)* to miss.

verschaffen *vt (besorgen)* to get.

verschenken *vt (Geschenk)* to give away; **zu ~** to give away.

verscheuchen *vt (Hund, Wespe)* to shoo away.

verschicken *vt (per Post)* to send out.

verschieben *(prät* **verschob,** *pp* **verschoben)** *vt (Termin, Urlaub)* to postpone; *(Bett, Kommode)* to move ❑ **sich verschieben** *ref* to be postponed.

verschieden *adj* different ◆ *adv* differently; **~ groß** of different sizes.

verschiedene *adj (einige)* several.

verschimmelt *adj* mouldy.

verschlafen *(präs* **verschläft,** *prät* **verschlief,** *pp* **verschlafen)** *vi* to oversleep ◆ *vt (Morgen)* to sleep through ❑ **sich verschlafen** *ref* to oversleep.

verschlechtern *vt* to make worse ❑ **sich verschlechtern** *ref* to deteriorate.

Verschlechterung *(pl* **-en)** *die (von Zustand)* deterioration.

Verschleiß *der (von Material)* wear.

verschleißen *(prät* **verschliß,** *pp* **verschlissen)** *vi ist* to become worn. ❑

verschließen *(prät* **verschloß,** *pp* **verschlossen)** *vt (Haus, Tür, Schrank)* to lock; *(Dose, Flasche)* to seal ❑ **sich verschließen** *ref (Person)* to shut o.s. off.

verschlimmern *vt* to make worse ❑ **sich verschlimmern** *ref* to get worse.

verschlingen (*prät* verschlang, *pp* verschlungen) *vt* (*Mahlzeit*) to wolf down.

verschlossen *pp* → verschließen ♦ *adj* (*Person*) reticent; (*Tür, Safe*) locked; (*Dose, Briefumschlag*) sealed.

verschlucken *vt* (*schlucken*) to swallow ❑ **sich verschlucken** *ref* to choke.

Verschluß (*pl* Verschlüsse) *der* (*von Kette, Tasche*) fastener; (*von Flaschen*) top.

Verschmutzung (*pl* -en) *die* pollution.

verschneit *adj* snow-covered.

verschreiben (*prät* verschrieb, *pp* verschrieben) *vt* (*Medikamente*) to prescribe ❑ **sich verschreiben** *ref* (*falsch schreiben*): **ich habe mich verschrieben** I've written it down wrongly.

verschreibungspflichtig *adj* available on prescription only.

verschrotten *vt* to scrap.

verschulden *vt* (*Unfall, Verlust*) to be to blame for.

verschweigen (*prät* verschwieg, *pp* verschwiegen) *vt* to hide.

verschwenden *vt* to waste.

verschwinden (*prät* verschwand, *pp* verschwunden) *vi* ist to disappear.

Versehen (*pl* -) *das* oversight; **aus** ~ accidentally.

versehentlich *adv* accidentally.

versenden (*prät* versandte, *pp* versendet) *vt* to send.

versichern *vt* (*bei Versicherung*) to insure; (*sagen*) to assure ❑ **sich**

versichern *ref* (*bei Versicherung*) to insure o.s.; (*prüfen*) to assure o.s.

versichert *adj* insured.

Versicherte (*pl* -n) *der, die* insured party.

Versicherung (*pl* -en) *die* (*Firma*) insurance company; (*Vertrag*) insurance.

Versicherungsbedingungen *pl* terms of insurance.

Versicherungskarte (*pl* -n) *die* insurance card; **grüne** ~ green card (*Br*), *insurance card required if taking a vehicle abroad*.

versilbert *adj* silver-plated.

versöhnen *vt* to reconcile ❑ **sich versöhnen** *ref* to make up.

versorgen *vt* (*mit Lebensmitteln, Nachrichten*) to supply; (*Patienten, Tier*) to look after.

Versorgung *die* (*mit Lebensmitteln, Nachrichten*) supply; (*von Patienten, Tier*) care.

verspäten: sich verspäten *ref* to be late.

Verspätung (*pl* -en) *die* delay; **mit** ~ late; ~ **haben** to be delayed; **5 Minuten** ~ **haben** to be 5 minutes late.

versprechen (*präs* verspricht, *prät* versprach, *pp* versprochen) *vt* to promise; **jm etw** ~ to promise sb sthg ❑ **sich versprechen** *ref* to make a mistake.

Versprechen (*pl* -) *das* promise.

verstaatlichen *vt* to nationalize.

Verstand *der* (*Denkvermögen*) reason.

verständigen *vt* (*informieren*) to notify ❑ **sich verständigen** *ref* *(kommunizieren)* to make o.s. understood.

Verständigung *die (Kommunikation)* communication; *(Information)* notification.

verständlich *adj (Stimme)* audible; *(Text)* comprehensible; *(Handlung, Reaktion)* understandable; **sich ~ machen** to make o.s. understood.

Verständnis *das* understanding.

verständnisvoll *adj* understanding.

Verstärker *(pl -)* der amplifier.

verstauchen *vt:* **sich (D) etw ~** to sprain sthg.

Verstauchung *(pl -en) die* sprain.

Versteck *(pl -e) das* hiding place; **~ spielen** to play hide-and-seek.

verstecken *vt* to hide ❑ **sich verstecken** *ref* to hide.

verstehen *(prät* verstand*, pp* verstanden*) vt* to understand; **etwas/nichts ~ von** to know a bit/nothing about ❑ **sich verstehen** *ref (Personen)* to get on; **sich gut ~ mit** to get on well with; **es versteht sich von selbst** it goes without saying.

Versteigerung *(pl -en) die* auction.

verstellbar *adj* adjustable.

verstellen *vt (Hebel, Wecker)* to reset; *(Weg, Tür)* to block; *(Stimme)* to disguise ❑ **sich verstellen** *ref (Person)* to disguise o.s.

Verstopfung *die* constipation.

Verstoß *(pl* Verstöße*) der* breach.

Versuch *(pl -e) der (Handlung)* attempt; *(wissenschaftlich)* experiment.

versuchen *vt & vi* to try.

vertauschen *vt* to mix up.

verteidigen *vt* to defend ❑ **sich verteidigen** *ref* to defend o.s.

verteilen *vt* to distribute ❑ **sich verteilen** *ref (sich ausbreiten)* to spread out.

Vertrag *(pl* Verträge*) der* contract.

vertragen *(präs* verträgt*, prät* vertrug*, pp* vertragen*) vt (Hitze, Kaffee)* to stand, to bear ❑ **sich vertragen** *ref (Personen)* to get on.

Vertragshändler *(pl -) der* authorized dealer.

Vertragswerkstatt *(pl -werkstätten) die* authorized workshop.

vertrauen *vi (+D)* to trust.

Vertrauen *das* confidence, trust; **~ haben zu** to have confidence in.

vertreten *(präs* vertritt*, prät* vertrat*, pp* vertreten*) vt (bei Urlaub, Krankheit)* to stand in for; *(Interessen)* to represent ◆ *adj* represented; **sich (D) den Fuß ~** to trip and hurt one's foot.

Vertreter, -in *(mpl -) der, die (bei Urlaub, Krankheit)* stand-in; *(Repräsentant)* representative; *(Beruf)* rep.

Vertretung *(pl -en) die (Lehrer)* supply teacher; *(Arzt)* locum; *(Delegation)* representatives *(pl)*; *(bei Urlaub, Krankheit):* **die ~ für jn übernehmen** to stand in for sb.

vertrocknen *vi ist* to dry out.

vertun *(prät* vertat*, pp* vertan*) vt*

(verschwenden) to waste ❑ **sich vertun** *ref (fam: sich irren)* to get it wrong.

verunglücken *vi ist (bei Unfall)* to have a nasty accident.

verursachen *vt* to cause.

Verurteilung *(pl -en) die (vor Gericht)* sentence.

verwackelt *adj* blurred.

verwählen: sich verwählen *ref* to dial the wrong number.

verwahren *vt (aufbewahren)* to put away.

verwalten *vt* to administrate.

Verwalter, -in *(mpl -) der, die* administrator.

Verwaltung *(pl -en) die* administration.

verwandt *pp* → **verwenden** ♦ *adj (Personen)* related; ~ **sein mit** to be related to.

Verwandte *(pl -n) der, die* relative.

Verwandtschaft *(pl -en) die* family.

Verwarnung *(pl -en) die* caution; **gebührenpflichtige** ~ fine.

verwechseln *vt* to mix up; **jn mit jm** ~ to mistake sb for sb.

verweigern *vt* to refuse.

verwendbar *adj* usable.

verwenden *(prät* **verwandte** ODER **verwendete**, *pp* **verwandt** ODER **verwendet)** *vt* to use.

Verwendung *die* use.

verwirklichen *vt* to realize ❑ **sich verwirklichen** *ref (Person)* to develop.

verwirrt *adj* confused.

verwitwet *adj* widowed.

verwöhnen *vt* to spoil.

Verwundete *(pl -n) der, die* wounded person.

verzählen: sich verzählen *ref* to miscount.

Verzehr *der (geh)* consumption.

verzehren *vt (geh: essen)* to consume.

Verzeichnis *(pl -se) das* catalogue; **alphabetisches** ~ index.

verzeihen *(prät* **verzieh**, *pp* **verziehen)** *vt* to forgive; ~ **Sie bitte!** excuse me please!

Verzeihung *die* forgiveness; ~! sorry!

verzichten *vi:* ~ **auf** *(+A)* to do without.

verzögern *vt (verschieben)* to delay ❑ **sich verzögern** *ref (sich verspäten)* to be delayed.

Verzögerung *(pl -en) die (Verspätung)* delay.

verzollen *vt* to declare; **haben Sie etwas zu ~?** have you anything to declare?

verzweifeln *vi ist* to despair.

verzweifelt *adj* desperate.

Vesper *(pl -n) die (Süddt: Mahlzeit)* afternoon snack.

Veterinär, -in *(mpl -e) der, die (amt)* veterinary surgeon.

Vetter *(pl -n) der* cousin.

vgl. *(abk für vergleiche)* cf.

vibrieren *vi* to vibrate.

Video *(pl -s) das* video.

Videofilm *(pl -e) der* video.

Videogerät *(pl -e) das* video *(Br)*, VCR *(Am)*.

Videokamera *(pl -s) die* video camera.

Videokassette *(pl -n) die* video (tape).

Videorecorder (pl -) der video (recorder) (Br), VCR (Am).

Videospiel (pl -e) das video game.

Videothek (pl -en) die video store.

Vieh das (Tiere) cattle.

viel (kompar mehr, superl am meisten) det 1. (Menge, Anzahl) a lot of; ~ Tee a lot of tea; ~e Bücher a lot of books; ~e Leute many people. 2. (in Floskeln): ~en Dank! thank you very much!; ~ Spaß! have fun! ◆ adv 1. (intensiv, oft) a lot; ~ arbeiten to work a lot. 2. (zum Ausdruck der Verstärkung) much; ~ mehr much more; ~ zu ... much too ...; es dauert ~ zu lange it's far too long; zu ~ too much; ~ zu ~ much too much. ◆ pron a lot.
◆ adj: das ~e Geld all the money; das Kleid mit den ~en Knöpfen the dress with all the buttons.

viele det → viel ◆ pron lots.

vielfach adj multiple.

Vielfalt die variety.

vielleicht adv perhaps; (fam: etwa, sehr) really.

vielmals adv: danke ~ thank you very much.

vielseitig adj (Person) versatile.

vier num four, → sechs.

Viereck (pl -e) das rectangle.

viereckig adj rectangular.

vierhundert num four hundred.

viermal adv four times.

vierspurig adj four-lane.

vierte, -r, -s adj fourth, → sechste.

Viertel (pl -) das quarter; ~ vor

sechs a quarter to six; ~ nach sechs a quarter past six (Br), a quarter after six (Am).

Viertelstunde (pl -n) die quarter of an hour.

Vierwaldstätter See der Lake Lucerne.

vierzehn num fourteen; ~ Tage a fortnight, → sechs.

vierzig num forty, → sechs.

Villa (pl Villen) die villa.

violett adj purple.

Violine (pl -n) die violin.

Virus (pl Viren) der virus.

Virusinfektion (pl -en) die viral infection.

Visite (pl -n) die (MED) rounds (pl).

Visitenkarte (pl -n) die visiting card.

Visum (pl Visa) das visa.

Vitamin (pl -e) das vitamin.

Vogel (pl Vögel) der bird.

Vokabel (pl -n) die vocabulary.

Vokal (pl -e) der vowel.

Volk (pl Völker) das people.

Völkerkunde die anthropology.

Volksfest (pl -e) das festival.

Volkshochschule (pl -n) die ≈ college of adult education.

Volkslied (pl -er) das folk song.

Volkstanz (pl -tänze) der folk dance.

Volkswagen® (pl -) der Volkswagen®.

voll adj full ◆ adv (ganz) fully; (fam: total, absolut) totally; ~ mit ODER von full of; halb ~ half full; ~ sein (fam: betrunken) to be plastered.

vollendet adj (perfekt) perfect; (fertig) completed ◆ adv (perfekt) perfectly; **mit ~em 18. Lebensjahr** at 18 years of age.

Volleyball (*pl* **-bälle**) *der* volleyball.

Vollgas *das* full throttle.

völlig *adj* total ◆ *adv* totally.

volljährig *adj* of age.

Vollkaskoversicherung (*pl* **-en**) *die* comprehensive insurance.

vollklimatisiert *adj* fully air-conditioned.

vollkommen *adj* (*perfekt*) perfect; (*vollständig, total*) total ◆ *adv* (*perfekt*) perfectly; (*vollständig*) totally.

Vollkornbrot (*pl* **-e**) *das* wholemeal bread.

vollmachen *vt* (*Behälter*) to fill up □ **sich vollmachen** *ref* (*fam: sich beschmutzen*) to get dirty.

Vollmacht (*pl* **-en**) *die* (*Befugnis*) authority; (*Dokument*) authorization.

Vollmilch *die* full-fat milk.

Vollmilchschokolade *die* milk chocolate.

Vollmond *der* full moon.

Vollpension *die* full board.

vollständig *adj* (*Sammlung*) complete.

volltanken *vi* to fill up.

Vollwaschmittel (*pl* **-**) *das* detergent.

vollwertig *adj* (*Ernährung*) wholefood; (*gleichwertig*) equal.

Vollwertkost *die* wholefood.

vollzählig *adj* entire.

Volt (*pl* **-**) *das* volt.

Volumen (*pl* **-**) *das* volume.

vom *präp* = von dem.

von *präp* (+D) **1.** (*räumlich*) from; ~

hier an from here; ~ hier aus from here; ~ Köln bis Paris from Cologne to Paris; ~ der Straße her from the street; ~ ... nach from ... to.
2. (*zeitlich*) of; **die Zeitung ~ gestern** yesterday's paper; ~ **heute an** from today; ~ **Montag bis Freitag** from Monday to Friday.
3. (*in Passivsätzen*) by; ~ **einem Hund gebissen werden** to be bitten by a dog; **das war dumm ~ dir** that was stupid of you.
4. (*Angabe von Besitz*): **ist das Buch ~ dir?** is the book yours?
5. (*Angabe von Zusammengehörigkeit*) of; **der Bürgermeister ~ Frankfurt** the mayor of Frankfurt; **ein Verwandter ~ mir** a relation of mine.
6. (*Angabe der Herkunft*) from; **ich bin ~ hier** (*fam*) I'm from round here; **ein Brief ~ meiner Schwester** a letter from my sister.
7. (*Angabe der Ursache*) from; ~ **mir aus** (*fam*) as far as I'm concerned; ~ **wegen!** (*fam*) no way!
8. (*Angabe des Maßes*) of; **ein Sack ~ 25 kg** a 25 kg bag.

voneinander *adv* from each other.

vor *präp* (+D) **1.** (*räumlich*) in front of; ~ **dem Haus stehen** to stand in front of the house.
2. (*zeitlich*) before; **fünf ~ zwölf** five to twelve (*Br*), five before twelve (*Am*); **fünf ~ halb neun** twenty-five past eight (*Br*), twenty-five after eight (*Am*); ~ **kurzem** recently; ~ **(fünf) Jahren** (five) years ago.
3. (*Angabe des Grunds*) with; ~ **Freude in die Luft springen** to jump for joy; ~ **allem** (*hauptsächlich*) above all.

voran

♦ *präp* (+A) in front of.
♦ *adv* forwards.

voran *adv* (vorne) at the front;
mach ~! (fam) hurry up!

voraus *adv*: **im ~** in advance.

vorausgesetzt *adj* provided
(that).

Voraussetzung (*pl* -en) *die*
(Bedingung) condition; (Annahme)
assumption.

voraussichtlich *adj* expected
♦ *adv* probably.

vorbei *adj*: ~ **sein** (zeitlich) to be
over; (räumlich) to be past.

vorbei|fahren *vi unr ist* (an
Stadt, Haus) to drive past; (fam: bei
Person) to drop in.

vorbei|gehen *vi unr ist* to pass;
(fam: Besuch) to drop in.

vorbei|kommen *vi unr ist* (an
Stadt, Haus) to go past; (fam: bei
Person) to call round; (an Hindernis)
to get past.

vorbei|lassen *vt unr* to let past.

vor|bereiten *vt* to prepare ❑
sich vorbereiten *ref* to prepare
o.s.; **sich ~ auf** (+A) to prepare for.

Vorbereitung *die* preparation.

vor|bestellen *vt* to order in
advance.

Vorbestellung (*pl* -en) *die*
advance booking.

vor|beugen *vi* (+D) to prevent ❑
sich vorbeugen *ref* to lean
forwards.

Vorbild (*pl* -er) *das* (Idol) example.

Vorderachse (*pl* -n) *die* front
axle.

vordere *adj* front.

Vordergrund *der* foreground.

Vorderrad (*pl* -räder) *das* front
wheel.

Vorderradantrieb (*pl* -e) *der*
front-wheel drive.

Vorderseite (*pl* -n) *die* front.

Vordersitz (*pl* -e) *der* front seat.

vor|drängen: sich vordrängen *ref* (räumlich) to push one's
way forward.

Vordruck (*pl* -e) *der* form.

vor|fahren *vi unr ist* (nach vorn)
to drive up.

Vorfahrt *die* right of way; '~
gewähren' 'give way'; '~ geändert'
'altered right of way'.

Vorfahrtsstraße (*pl* -n) *die*
major road.

Vorfall (*pl* -fälle) *der* (Ereignis)
occurrence.

Vorführung (*pl* -en) *die* (im
Theater, Kino) performance; (von
Auto, Maschine) demonstration.

Vorgänger, -in (*mpl* -e) *der, die*
predecessor.

vor|gehen *vi unr ist* (passieren) to
go on; (handeln) to proceed; (Uhr) to
be fast; (nach vorn) to go forward;
(fam: voraus) to go on ahead.

vorgekocht *adj* precooked.

vorgesehen *adj* intended.

Vorgesetzte (*pl* -n) *der, die*
superior.

vorgestern *adv* (vor zwei Tagen)
the day before yesterday.

vor|haben *vt unr*: **etw ~** to have
sthg planned.

vorhanden *adj* available.

Vorhang (*pl* -hänge) *der* curtain.

Vorhängeschloß (*pl* -schlösser) *das* padlock.

vorher *adv* beforehand.

Vorhersage (pl -n) die (für Wetter) forecast.

vorhin adv just now.

vorige adj last.

Vorkenntnisse pl prior knowledge (sg).

vor|kommen vi unr ist (passieren) to occur; (existieren) to exist ◆ vi (+D) (scheinen) to seem; (fam: nach vorne) to come forwards.

Vorkommnis (pl -se) das (amt) incident.

vor|lassen vt unr (fam): jn ~ to let sb go first.

vorläufig adj provisional ◆ adv provisionally.

vor|lesen vt unr to read out.

Vorlesung (pl -en) die lecture.

vorletzte, -r, -s adj last but one.

vorm. (abk für vormittags) am.

vor|machen vt (vortäuschen) to fool; (zeigen): jm etw ~ to show sb how to do sthg.

vor|merken vt (Termin) to pencil in.

vormittag adv morning; **heute/gestern/morgen** ~ this/yesterday/tomorrow morning.

Vormittag (pl -e) der morning.

vormittags adv in the morning.

vorn adv at the front; **da** ~ over there; **nach** ~ (zeitlich) forwards; **von** ~ from the beginning.

Vorname (pl -n) der first name.

vorne adv = vorn.

vornehm adj elegant.

vor|nehmen vt (ausführen) to undertake; **sich** (D) etw ~ (planen) to plan to do sthg.

Vorort (pl -e) der suburb.

vorrangig adj principal.

Vorrat (pl **Vorräte**) der store; **auf** ~ in stock; **solange der** ~ **reicht** while stocks last.

vorrätig adj in stock.

Vorsaison die pre-season.

Vorsatz (pl -sätze) der resolution.

Vorschau (pl -en) die preview.

Vorschlag (pl **Vorschläge**) der suggestion.

vor|schlagen vt unr to suggest; **jm etw** ~ to suggest sthg to sb.

vor|schreiben vt unr (befehlen) to dictate.

Vorschrift (pl -en) die regulation.

Vorschuß (pl **Vorschüsse**) der advance.

Vorsicht die care; ~! look out!

vorsichtig adj careful ◆ adv carefully.

Vorsilbe (pl -n) die prefix.

Vorspeise (pl -n) die starter.

Vorsprung (pl **Vorsprünge**) der (Abstand) lead; (an Mauer) projection.

vor|stellen vt (Person, Projekt) to introduce; (Uhr) to put forward; **sich** (D) etw ~ (ausdenken) to imagine sthg □ **sich vorstellen** ref (bekannt machen) to introduce o.s.

Vorstellung (pl -en) die (in Kino, Theater) performance; (von Bekannten) introduction; (Idee) idea; (bei Firma) interview.

vor|strecken vt (Geld) to advance.

Vorteil (pl -e) der advantage.

Vortrag (pl **Vorträge**) der (Rede) talk; **einen** ~ **halten** to give a talk.

vorüber adj: ~ **sein** to be over.

vorüber|gehen vi unr ist (vorbeigehen) to pass by; (zu Ende gehen) to come to an end.

vorübergehend adj temporary ◆ adv temporarily; ~ **geschlossen** temporarily closed.

Vor- und Zuname (pl -n) der first name and surname.

Vorurteil (pl -e) das prejudice.

Vorverkauf der advance booking.

Vorverkaufskasse (pl -n) die advance booking desk.

Vorverkaufsstelle (pl -n) die advance booking office.

Vorwahl (pl -en) die (Telefonnummer) dialling code (Br), area code (Am).

Vorwahlnummer (pl -n) die dialling code (Br), area code (Am).

vorwärts adv (nach vorn) forwards.

vorwärts|kommen vi unr ist to make progress.

vor|werfen vt unr (Fehler): jm etw ~ to accuse sb of sthg.

Vorwort (pl -e) das preface.

Vorwurf (pl -würfe) der accusation.

vor|zeigen vt to show.

vor|ziehen vt unr (lieber mögen) to prefer; (Vorhang) to draw; (nach vorn ziehen) to pull up.

vorzüglich adj excellent.

Vorzugspreis (pl -e) der special price.

vulgär adj vulgar.

Vulkan (pl -e) der volcano.

W

W (abk für West) W.

Waadt die Vaud (Swiss canton).

Waage (pl -n) die (Gerät) scales (pl); (Sternzeichen) Libra.

waagerecht adj horizontal.

wach adj (nicht schlafend): ~ **sein** to be awake; ~ **werden** to wake up.

Wache (pl -n) die (Wächter) guard; (Polizeidienststelle) police station.

Wacholder der (Gewürz) juniper.

Wachs das wax.

wachsen¹ (präs wächst, prät wuchs, pp gewachsen) vi ist to grow.

wachsen² vt (Skier) to wax.

Wachsfigurenkabinett (pl -e) das waxworks (pl).

Wachsmalstift (pl -e) der wax crayon.

wächst präs → **wachsen**.

Wachstum das growth.

Wachtel (pl -n) die quail.

Wächter, -in (mpl -) der, die guard.

wackelig adj (Möbel) wobbly.

Wackelkontakt (pl -e) der loose contact.

wackeln vi (Möbel) to be wobbly; (bewegen) to shake.

Wackelpeter der jelly.

Wade (pl -n) die calf.

Waffe (pl -n) die weapon.

Waffel (pl -n) die waffle.

Waffeleisen (*pl* -) *das* waffle iron.

wagen *vt* (*riskieren*) to risk ❑ **sich wagen** *ref* (*sich trauen*) to dare.

Wagen (*pl* -) *der* (*Auto*) car; (*von Zug, U-Bahn*) carriage (*Br*), car (*Am*); (*Pferdewagen*) carriage; '~ **hält**' 'bus stopping'.

Wagenheber (*pl* -) *der* jack.

Wagenpapiere *pl* vehicle documents.

Wagentyp (*pl* -en) *der* make of car.

Wagenwäsche (*pl* -n) *die* car wash.

Waggon (*pl* -s) *der* carriage (*Br*), car (*Am*).

Wahl (*pl* -en) *die* (*Auswahl*) choice; (*Abstimmung*) election; **erste** ~ top quality.

wählen *vt* (*aussuchen*) to choose; (*Telefonnummer*) to dial; (*Kandidaten*) to elect ◆ *vi* (*aussuchen*) to choose; (*am Telefon*) to dial; (*abstimmen*) to vote.

Wählscheibe (*pl* -n) *die* dial.

wahlweise *adv*: ~ **in Rot, Grün oder Blau** in either red, green or blue; ~ **mit Reis oder Gemüse** with a choice of rice or vegetables.

Wahnsinn *der* madness; ~! brilliant!

wahnsinnig *adj* (*unvernünftig*) mad ◆ *adv* (*fam: groß, stark*) incredibly.

wahr *adj* true.

während *konj* (*zeitlich*) while ◆ *präp* (+G) during.

währenddessen *adv* in the meantime.

Wahrheit (*pl* -en) *die* truth; **in** ~ in reality.

wahrnehmen *vt unr* (*bemerken*) to notice.

Wahrsager, -in (*mpl* -) *der, die* fortune-teller.

wahrscheinlich *adj* probable ◆ *adv* probably.

Währung (*pl* -en) *die* currency.

Wahrzeichen (*pl* -) *das* symbol.

Waise (*pl* -n) *der* orphan.

Wald (*pl* **Wälder**) *der* wood; (*groß*) forest.

Waldbrand (*pl* -brände) *der* forest fire.

Wäldchen (*pl* -) *das* copse.

Waldgebiet (*pl* -e) *das* wooded area.

waldig *adj* wooded.

Waldlauf (*pl* -läufe) *der* cross-country run.

Waldlehrpfad (*pl* -e) *der* nature trail.

Waldmeister *der* (*Pflanze*) woodruff.

Waldorfsalat (*pl* -e) *der* Waldorf salad.

Waldpilz (*pl* -e) *der* wild mushroom.

Waldsterben *das* forest dieback.

 WALDSTERBEN

This is the German term used to refer to the damage caused to trees by environmental pollution. It was in Germany that public attention was first drawn to this phenomenon during the 1970s. The characteristic symptoms whereby needles, leaves and entire treetops turn yellow and die initially affected only coniferous trees, but have now spread to deciduous trees as well. Forest dieback is attributed to acid rain, the hole in the ozone layer and general chemical pollution, and two-thirds of German forests now suffer from its effects.

Waldweg (pl -e) der forest track.

Wales nt Wales.

Walise (pl -n) der Welshman; **die** ~n the Welsh.

Waliserin (pl -nen) die Welshwoman.

walisisch adj Welsh.

Walkie-Talkie (pl -s) das walkie-talkie.

Walkman® (pl -men) der Walkman®.

Wallfahrt (pl -en) die pilgrimage.

Wallfahrtsort (pl -e) der place of pilgrimage.

Wallis das Valais (Swiss canton).

Walnuß (pl -nüsse) die walnut.

Walzer (pl -) der waltz.

wand prät → winden.

Wand (pl Wände) die (von Häusern, Räumen) wall.

wandeln: sich wandeln ref to change.

Wanderer (pl -) der rambler.

Wanderkarte (pl -n) die walking map.

wandern vi ist to go walking.

Wanderschuh (pl -e) der walking boot.

Wanderweg (pl -e) der trail.

Wandmalerei (pl -en) die mural.

Wandschrank (pl -schränke) der built-in cupboard.

wandte prät → wenden.

Wandteppich (pl -e) er tapestry.

Wange (pl -n) die (geh) cheek.

wann adv when; **bis** ~? till when?; **seit** ~ **lebst du schon hier?** how long have you been living here?

Wanne (pl -n) die (Badewanne) bath; (Gefäß) tank.

Wappen (pl -) das coat of arms.

war prät → sein.

warb prät → werben.

Ware (pl -n) die product; ~n goods.

Warenhaus (pl -häuser) das department store.

Warenlager (pl -) das warehouse.

Warenmuster (pl -) das sample.

Warensendung (pl -en) die sample sent by post.

Warenzeichen (pl -) das trademark.

warf prät → werfen.

warm (komp wärmer, superl am wärmsten) adj warm ♦ adv warmly; ~ **essen** to have a hot meal; **sich** ~ **anziehen** to put on warm clothes; **es ist** ~ **it's warm**; **ist dir nicht zu** ~? aren't you too hot?; ~e **Getränke** hot drinks.

Wärme die warmth.

wärmen vt to warm □ **sich wärmen** ref to warm o.s.

Wärmflasche (pl -n) die hot-water bottle.

Warmfront (pl -en) die warm front.

warmlaufen *vi unr ist (Motor)* to warm up ◻ **sich warmlaufen** *ref (Person)* to warm up.

Warmmiete (*pl* -n) *die* rent including heating bills.

Warmwasser *das* hot water.

Warnblinkanlage (*pl* -n) *die* hazard lights (*pl*).

Warndreieck (*pl* -e) *das* warning triangle.

warnen *vt* to warn; **'vor ... wird gewarnt'** 'beware of ...'.

Warnschild (*pl* -er) *das* warning sign.

Warnung (*pl* -en) *die* warning.

Warteliste (*pl* -n) *die* waiting list.

warten *vi* to wait ◆ *vt (TECH)* to service; ~ **auf** (+A) to wait for; **'hier** ~**'** 'wait here'.

Wartenummer (*pl* -n) *die* number assigned to someone to indicate their position in a waiting system.

Wärter, -in (*mpl* -) *der, die* attendant.

Wartesaal (*pl* -säle) *der* waiting room.

Wartezimmer (*pl* -) *das* waiting room.

Wartung (*pl* -en) *die* servicing.

warum *adv* why; ~ **nicht?** why not?

Warze (*pl* -n) *die* wart.

was *pron* what; *(Relativpronomen)* which; *(fam: etwas)* something; *(fam: nicht wahr)*: **da freust du dich,** ~ you're pleased, aren't you?; ~ **für** what kind of; **na so** ~**!** well!

Waschanlage (*pl* -n) *die* car wash.

waschbar *adj* washable.

Waschbecken (*pl* -) *das* washbasin.

Wäsche (*pl* -n) *die* washing; *(Unterwäsche)* underwear; **schmutzige** ~ dirty washing.

waschecht *adj (Kleidung)* colourfast.

Wäscheklammer (*pl* -n) *die* clothes peg (*Br*), clothespin (*Am*).

Wäscheleine (*pl* -n) *die* washing line.

waschen (*präs* **wäscht**, *prät* **wusch**, *pp* **gewaschen**) *vt* to wash ◻ **sich waschen** *ref* to have a wash; **sich** (*D*) **die Hände** ~ to wash one's hands; **Waschen und Legen** shampoo and set.

Wäscherei (*pl* -en) *die* laundrette.

Wäscheschleuder (*pl* -n) *die* spin-dryer.

Wäscheständer (*pl* -) *der* clotheshorse.

Wäschestärke *die* starch.

Wäschetrockner (*pl* -) *der* (*Maschine*) tumble-dryer.

Waschgelegenheit (*pl* -en) *die* washing facilities.

Waschlappen (*pl* -) *der* (*zum Waschen*) face cloth.

Waschmaschine (*pl* -n) *die* washing machine.

Waschmittel (*pl* -) *das* detergent.

Waschpulver (*pl* -) *das* washing powder.

Waschraum (*pl* -räume) *der* washroom.

Waschsalon (*pl* -s) *der* laundrette.

Waschstraße (*pl* -n) *die* car wash.

wäscht *präs* → waschen.

Wasser (*pl* **Wässer** ODER **-**) *das* water; **am** ~ next to the water; **im** ~ in the water; **destilliertes** ~ distilled water.

Wasseranschluß (*pl* **-anschlüsse**) *der* water mains.

wasserdicht *adj* waterproof.

Wasserfall (*pl* **-fälle**) *der* waterfall.

Wasserfarbe (*pl* **-n**) *die* watercolour.

Wassergraben (*pl* **-gräben**) *der* ditch.

Wasserhahn (*pl* **-hähne**) *der* tap (*Br*), faucet (*Am*).

Wasserleitung (*pl* **-en**) *die* (*Rohr*) water pipe; (*Anlage*) plumbing.

wasserlöslich *adj* soluble (*in water*).

Wassermangel *der* drought.

Wassermann *der* (*Sternzeichen*) Aquarius.

Wassermelone (*pl* **-n**) *die* watermelon.

wasserscheu *adj* scared of water.

Wasserschutzpolizei *die* river police.

Wasserski (*pl* **-er**) *der* (*Gerät*) water ski ◆ *das* (*Sportart*) water skiing.

Wasserspiegel (*pl* **-**) *der* (*Wasserstand*) water level.

Wassersport *der* water sport.

Wasserspülung (*pl* **-en**) *die* flush.

Wasserstand (*pl* **-stände**) *der* water level.

wasserundurchlässig *adj* waterproof.

Wasserversorgung *die* water supply.

Wasserwerk (*pl* **-e**) *das* waterworks (*sg*).

Watt[1] (*pl* **-en**) *das* (*Küstengebiet*) mudflats (*pl*).

Watt[2] (*pl* **Watt**) *das* (*Maßeinheit*) watt.

Watte *die* cotton wool.

Wattenmeer (*pl* **-e**) *das* mudflats (*pl*).

---

i WATTENMEER

This is the name given to an area of mud flats on the North Sea coast, characterized by "Prielen" (occasionally very deep water channels). At high tide the area is covered by the sea, but at low tide a unique natural landscape is revealed, making it a very popular place for visitors to go on walks.

Wattestäbchen (*pl* **-**) *das* cotton bud.

wattiert *adj* padded.

WC (*pl* **-s**) *das* WC.

WC-Reiniger (*pl* **-**) *der* lavatory cleaner.

weben (*prät* **webte** ODER **wob**, *pp* **gewebt** ODER **gewoben**) *vt* (*Teppich*, *Stoff*) to weave.

Wechsel (*pl* **-**) *der* (*Austausch*, *Änderung*) change; (*von Devisen*) exchange.

Wechselbad (*pl* **-bäder**) *das* (*in*

Wasser) bath in alternating hot and then cold water.

Wechselgeld *das* change.

wechselhaft *adj* changeable.

Wechseljahre *pl* menopause *(sg).*

Wechselkurs *(pl* **-e)** *der* exchange rate.

wechseln *vt & vi* to change; **Mark in Pfund ~** to change marks into pounds.

Wechselrahmen *(pl* **-)** *der* clip frame.

Wechselstrom *der* alternating current.

Wechselstube *(pl* **-n)** *die* bureau de change.

Weckdienst *(pl* **-e)** *der* morning call.

wecken *vt (Person, Tier)* to wake.

Wecker *(pl* **-)** *der* alarm clock.

weder *konj* neither; **~ ... noch** neither ... nor.

weg *adv* away; **weit ~** far away; **Frau Miller ist schon ~** Frau Miller has already gone.

Weg *(pl* **-e)** *der (Pfad)* path; *(Strecke, Methode)* way; **der ~ nach** the way to; **dem ausgeschilderten ~ folgen** follow the signposted path; **im ~ sein** to be in the way.

weg|bringen *vt unr* to take away.

wegen *präp (+G or D)* because of.

weg|fahren *vi unr ist* to leave ◆ *vt unr hat* to drive away.

weg|gehen *vi unr ist (Person)* to go away; *(Fleck)* to come off.

weg|kommen *vi unr ist (fam) (fortgehen können)* to get away; *(verschwinden)* to disappear.

weg|lassen *vt unr (fam) (Text-stelle)* to leave out; *(Gäste)* to let go.

weg|laufen *vi unr ist* to run away.

weg|legen *vt* to put down.

weg|machen *vt (fam)* to get off.

weg|müssen *vi unr (fam)* to have to go.

weg|nehmen *vt unr* to take away.

weg|räumen *vt* to clear away.

weg|schicken *vt (Brief, Paket)* to send; *(Person)* to send away.

weg|sehen *vi unr (nicht hinsehen)* to look away.

weg|tun *vt unr (fam) (weglegen)* to put away; *(wegwerfen)* to throw away.

Wegweiser *(pl* **-)** *der* signpost.

weg|werfen *vt unr* to throw away.

weg|wischen *vt* to wipe away.

weh *adj:* **~ tun** *(schmerzen)* to hurt; **jm ~ tun** *(verletzen)* to hurt sb.

Wehe *(pl* **-n)** *die* contraction.

wehen *vi (Wind)* to blow.

Wehrdienst *der* military service.

wehren: sich wehren *ref* to defend o.s.

weiblich *adj* female; *(GRAMM)* feminine.

weich *adj* soft ◆ *adv (sitzen, liegen)* comfortably.

weichgekocht *adj* soft-boiled.

Weichkäse *der* soft cheese.

Weichspüler *(pl* **-)** *der* fabric conditioner.

Weide *(pl* **-n)** *die (mit Gras)* meadow.

weigern: sich weigern *ref* to refuse.

Weigerung (*pl* -en) *die* refusal.

Weihnachten (*pl* -) Christmas; **frohe ~!** Merry Christmas!

 WEIHNACHTEN

German Christmas traditions differ somewhat from those in the English-speaking world. Presents are exchanged on Christmas Eve rather than Christmas Day and before going to Midnight Mass it is customary to light the candles with which the Christmas tree is decorated. "Weihnachtsplätzchen" are plates of typical Christmas biscuits and cakes such as "Lebkuchen", and mulled wine is the traditional drink. In addition to Christmas Day, 26 December is also a public holiday.

Weihnachtsabend (*pl* -e) *der* Christmas Eve.

Weihnachtsbaum (*pl* -bäume) *der* Christmas tree.

Weihnachtsferien *pl* Christmas holidays (*Br*), Christmas vacation (*sg*)(*Am*).

Weihnachtsgeschäft *das* Christmas trade.

Weihnachtsgeschenk (*pl* -e) *das* Christmas present.

Weihnachtslied (*pl* -er) *das* Christmas carol.

Weihnachtsmann (*pl* -männer) *der* Father Christmas.

Weihnachtsmarkt (*pl* -märkte) *der* Christmas market.

 WEIHNACHTSMARKT

During the Christmas period, many German towns have a "Weihnachtsmarkt" or Christmas market, usually on the main square, where you can buy Christmas decorations, handmade goods, gift items, Christmas biscuits and cakes etc. There are also several stalls selling mulled wine and the local culinary specialities. The Nuremberg "Christkindlmarkt" and the Dresden Christmas market are the best-known.

Weihnachtstag (*pl* -e) *der* Christmas Day; **erster ~** Christmas Day; **zweiter ~** Boxing Day.

Weihnachtszeit *die* Christmas.

weil *konj* because.

Wein (*pl* -e) *der* (*Getränk*) wine; (*Pflanze*) vine.

WEIN

Almost 90% of the wine produced in Germany is white wine. The main wine-producing areas are the Rhineland, the Mosel-Saar-Ruwer region, Nahe, Baden, Württemberg, Franconia, the Elbe valley and Saale-Unstrut. Franconian wine is bottled in characteristic wide, round bottles called "Bocksbeutel". After the grape harvest, many areas hold wine festivals where the local wines may be sampled. "Federweißer" is a young, cloudy, sweet wine which is especially popular in the autumn, whilst on special occasions Germans drink "Sekt", a champagne-style wine that must contain a specific percentage of German grapes.

Weinberg (*pl* -e) *der* vineyard.

Weinbergschnecke (*pl* -n) *die* snail.

Weinbrand (*pl* -**brände**) *der* brandy.

weinen *vi* to cry.

Weinflasche (*pl* -n) *die* wine bottle.

Weinglas (*pl* -**gläser**) *das* wine glass.

Weinkarte (*pl* -n) *die* wine list.

Weinkeller (*pl* -) *der* wine cellar.

Weinlese (*pl* -n) *die* grape harvest.

Weinprobe (*pl* -n) *die* wine tasting.

Weinstube (*pl* -n) *die* wine bar.

Weintraube (*pl* -n) *die* grape.

weisen (*prät* **wies**, *pp* **gewiesen**) *vt* (*zeigen*) to show ◆ *vi* (*zeigen*) to point.

Weisheit *die* (*Klugheit*) wisdom.

weiß *präs* → **wissen** ◆ *adj* white.

Weiß *das* white.

Weißbier (*pl* -e) *das* *fizzy lager beer made from wheat*.

Weißbrot (*pl* -e) *das* white bread.

Weiße[1] (*pl* -n) *der, die* (*Mensch*) white person.

Weiße[2] (*pl* -) *die* (*fam*) = **Weißbier**; **Berliner** ~ *type of fizzy lager often drunk with raspberry syrup*.

Weißkohl *der* white cabbage.

Weißwein (*pl* -e) *der* white wine.

Weißwurst (*pl* **Weißwürste**) *die* white sausage.

weit *adj* wide; (*Reise, Fahrt*) long ◆ *adv* (*wesentlich*) far; (*gehen, fahren, fallen*) a long way; **bei** ~**em** by far; **von** ~**em** from a distance; ~ **weg** far away; **wie** ~ **ist es bis ...?** how far is it to ...?; **so** ~ **sein** (*fam*) to be ready; **zu** ~ **gehen** to go too far.

weiter *adv* (*fortgesetzt*) further; (*sonst*) else; **immer** ~ on and on; **nicht** ~ (*nicht weiter fort*) no further; **nichts** ~ nothing more; **und so** ~ and so on.

weiterarbeiten *vi* to carry on working.

weitere *adj* further; **ohne** ~**s** (*problemlos*) with no problem at all.

weiterempfehlen *vt unr* to recommend.

weiterfahren *vi unr ist* to drive on.

Weiterfahrt *die:* **zur** ~ **in Richtung Hausen bitte hier umsteigen** passengers for Hausen, please change here.

weitergeben *vt unr* to pass on.

weitergehen *vi unr ist* to go on.

weiterhelfen *vi unr* (+D) to help.

weitermachen *vi* to carry on.

weitsichtig *adj* farsighted; (MED) longsighted (*Br*), farsighted (*Am*).

Weitsprung *der* long jump.

Weitwinkelobjektiv (*pl* -e) *das* wide-angle lens.

Weizen *der* wheat.

Weizenbier (*pl* -e) *das* *fizzy lager beer made from wheat*.

welche 298

welche, -r, -s det (zur Einleitung einer Frage) which ♦ pron (Relativpronomen) which, that; (Indefinitpronomen) any; (Interrogativpronomen) which (one); **hast du ~?** have you got any?

welk adj wilted.

Welle (pl -n) die wave.

Wellenbad (pl -bäder) das swimming pool with wave machine.

Wellengang der swell.

Wellenreiten das surfing.

wellig adj (Haar) wavy; (Landschaft) undulating.

Welt (pl -en) die world; **auf der ~** in the world.

Weltall das universe.

weltberühmt adj worldfamous.

Weltkrieg (pl -e) der: **der Erste/Zweite ~** the First/Second World War.

Weltmeister, -in (mpl -) der, die world champion.

Weltmeisterschaft (pl -en) die world championship.

Weltreise (pl -n) die round-theworld trip.

Weltrekord (pl -e) der world record.

Weltstadt (pl -städte) die cosmopolitan city.

weltweit adj & adv worldwide.

wem pron (to) who.

wen pron who.

Wendefläche (pl -n) die turning area.

Wendekreis (pl -e) der (von Fahrzeug) turning circle.

Wendemöglichkeit (pl -en) die turning; **keine ~** no turning.

wenden¹ vt & vi to turn.

wenden²: **sich wenden** (prät wandte, pp gewandt) ref: **sich an jn ~** to consult sb.

wenig det (Geld, Interesse) little; (Tage, Leute) a few ♦ pron (Geld, Kaffee) a little; (Leute) a few ♦ adv a little; **ein ~** a little; **zu ~** too little.

weniger adv (minus) minus.

wenigste, -r, -s adj least; **am ~n** least.

wenigstens adv at least.

wenn konj (zeitlich) when; (falls) if.

wer pron who.

Werbefernsehen das television advertising.

Werbegeschenk (pl -e) das free sample.

werben (präs wirbt, prät warb, pp geworben) vi (Firma, Produzent) to advertise ♦ vt (Mitglieder) to recruit; (Kunden) to attract.

Werbung die (in Zeitung, Fernsehen) advertising.

werden (präs wird, prät wurde, pp ist geworden ODER worden) aux 1. (im Futur) will; **sie wird kommen** she will come; **sie wird nicht kommen** she won't come. 2. (im Konjunktiv) would; **würden Sie das machen?** would you do this?; **ich würde gern gehen** I would like to go; **ich würde lieber noch bleiben** I would prefer to stay a bit longer. 3. (im Passiv: pp worden) to be; **sie wurde kritisiert** she was criticized. 4. (Ausdruck der Möglichkeit): **sie wird es wohl vergessen haben** she has probably forgotten. ♦ vi (pp geworden) to become; **Vater ~** to become a father; **er will Lehrer ~** he wants to be a teacher; **ich**

werde morgen 25 I'll be 25 tomorrow; **das Kind wird groß** the child's getting bigger; **alt ~** to grow old, to get old; **rot ~** to go red, to turn red; **zu Stein ~** to turn to stone; **schlecht ~** to go off; **mir wird schlecht** I feel sick.

♦ *vimp (pp* **geworden): es wird langsam spät** it's getting late; **es wird bald Sommer** it will soon be summer.

werfen (*präs* **wirft,** *prät* **warf,** *pp* **geworfen)** *vt & vi* to throw.

Werft (*pl* **-en)** *die* shipyard.

Werk (*pl* **-e)** *das (Arbeit)* work; *(Fabrik)* works (*pl*).

Werkstatt (*pl* **-stätten)** *die* workshop.

Werktag (*pl* **-e)** *der* working day.

werktags *adv* on working days.

Werkzeug (*pl* **-e)** *das* tool.

Werkzeugkasten (*pl* **-kästen)** *der* tool box.

Wermut (*pl* **-s)** *der (Getränk)* vermouth.

wert *adj*: **~ sein** to be worth.

Wert (*pl* **-e)** *der* value; **im ~ steigen/fallen** to increase/decrease in value.

Wertangabe (*pl* **-n)** *die* registered value; **Sendung mit ~** registered mail.

Wertbrief (*pl* **-e)** *der* registered letter.

Wertgegenstand (*pl* **-gegenstände)** *der* valuable object.

wertlos *adj* worthless.

Wertmarke (*pl* **-n)** *die* token.

Wertpapier (*pl* **-e)** *das* bond.

Wertsachen *pl* valuables; **'bitte achten Sie auf Ihre ~!'** 'please take care of your valuables'.

wertvoll *adj* valuable.

Wertzeichen (*pl* **-)** *das* stamp.

Wesen (*pl* **-)** *das (Charakter)* nature; *(Lebewesen)* creature.

wesentlich *adj (wichtig)* essential ♦ *adv (viel)* considerably.

weshalb *adv* why.

Wespe (*pl* **-n)** *die* wasp.

wessen *pron* whose.

West *der* West.

Westdeutschland *das (westliche Teil)* western Germany; *(frühere BRD)* West Germany.

Weste (*pl* **-n)** *die* waistcoat.

Westen *der* west; **im ~** in the west; **nach ~** *(Richtung)* west.

Westeuropa *nt* Western Europe.

Westküste (*pl* **-n)** *die* west coast.

westlich *adj* western ♦ *präp*: **~ von** west of.

weswegen *adv* why.

Wettbewerb (*pl* **-e)** *der (Veranstaltung)* competition.

Wettbüro (*pl* **-s)** *das* betting office.

Wette (*pl* **-n)** *die* bet.

wetten *vi & vt* to bet; **ich wette mit dir um 10 DM** I bet you 10 marks.

Wetter *das* weather; **bei gutem/schlechtem ~** if the weather is good/bad.

Wetteraussichten *pl* weather prospects.

Wetterbericht (*pl* **-e)** *der* weather report.

wetterfest *adj* weatherproof.

Wetterkarte (*pl* **-n)** *die* weather map.

Wetterlage (*pl* **-n**) *die* general weather situation.

Wettervorhersage (*pl* **-n**) *die* weather forecast.

Wettkampf (*pl* **-kämpfe**) *der* contest.

Wettlauf (*pl* **-läufe**) *der* race.

Wettrennen (*pl* **-**) *das* race.

WG *abk* = **Wohngemeinschaft**.

Whg. *abk* = **Wohnung**.

Whiskey (*pl* **-s**) *der* whisky.

wichtig *adj & adv* important.

wickeln *vt* (*Schnur, Papier*) to wind; (*Baby*): **ein Kind ~** to change a child's nappy (*Br*), to change a child's diaper (*Am*).

Wickelraum (*pl* **-räume**) *der* baby changing room.

Widder *der* (*Sternzeichen*) Aries.

widerlich *adj* disgusting.

widerrechtlich *adj* illegal ◆ *adv*: **~ abgestellte Fahrzeuge** illegally parked cars.

Widerruf (*pl* **-e**) *der* retraction.

widerrufen *vt* (*Aussage*) to retract.

widersprechen (*präs* **widerspricht**, *prät* **widersprach**, *pp* **widersprochen**) *vi* (+*D*) to contradict; **sich** (*D*) **~** to contradict o.s.

Widerspruch (*pl* **-sprüche**) *der* contradiction; (*Protest*) objection.

Widerstand (*pl* **-stände**) *der* (*Abwehr*) resistance.

widerstandsfähig *adj* resilient.

Widmung (*pl* **-en**) *die* dedication.

wie *adv* **1.** (*in Fragesätzen*) how; **~ heißen Sie?** what's your name?; **~ war das Wetter?** what was the weather like?; **~ spät ist es?** what is

the time?; **~ bitte?** sorry?; **~ oft how often?**; **~ wäre es, wenn ...?** how about if ...?; **sie fragte ihn, ~ alt er sei** she asked him how old he was.
2. (*als Ausruf*) how; **~ nett von dir!** how kind of you!
◆ *konj* **1.** (*zum Vergleich*) like; **so ... ~** as ... as; **~ ich schon sagte** as I was saying.
2. (*Maßangabe, Qualitätsangabe*) as; **soviel, ~ du willst** as much as you like; **und ~!** not half!

wieder *adv* again; **immer ~** again and again; **nie ~** never again.

wieder|bekommen *vt unr* to get back.

wieder|erkennen *vt unr* to recognize.

wieder|finden *vt unr* to find.

wieder|geben *vt unr* (*zurück-geben*) to give back.

wiederholen *vt* (*noch einmal*) to repeat; (*lernen*) to revise ◻ **wiederholen** *ref* (*Person*) to repeat o.s.; (*Ereignis*) to recur; **~ Sie bitte!** could you repeat that please?

Wiederholung (*pl* **-en**) *die* (*von Lernstoff*) revision; (*von Test, Klasse*) repeat; (*von Satz*) repetition.

Wiederhören *das*: **auf ~!** (*am Telefon*) bye!

wieder|kommen *vi unr ist* (*zurückkommen*) to come back; (*noch einmal kommen*) to come again.

Wiedersehen (*pl* **-**) *das* reunion; **auf ~!** goodbye!

wieder|treffen *vt unr* to meet up again.

Wiedervereinigung (*pl* **-en**) *die* reunification.

Wiederverwendung *die* reuse.

wiegen (*prät* **wog**, *pp* **gewogen**) *vi* to weigh ❑ **sich wiegen** *ref* (*auf Waage*) to weigh o.s.

Wien *nt* Vienna.

Wiener Schnitzel (*pl* -) *das* Wiener schnitzel (*escalope of veal coated with breadcrumbs*).

wies *prät* → **weisen**.

Wiese (*pl* -n) *die* meadow.

wieso *pron* why.

wieviel *pron* how much; ~ **Uhr ist es?** what time is it?

wievielte, -r, -s *adj:* **das ~ Glas ist das?** how many glasses is that?; **der Wievielte ist heute?** what's today's date?

wild *adj* wild; (*heftig*) frenzied ◆ *adv* (*unkultiviert*) wild; (*heftig*) furiously; (*parken, zelten*) illegally.

Wild *das* game.

Wildbret *das* game.

Wildleder *das* suede.

Wildpark (*pl* -s) *der* game reserve.

Wildschwein (*pl* -e) *das* wild boar.

Wildwasser (*pl* -) *das* white water.

will *präs* → **wollen**.

Wille *der* (*Absicht*) wishes (*pl*); (*Fähigkeit*) will; **seinen eigenen ~n haben** to have a mind of one's own.

willkommen *adj* welcome; **herzlich ~!** welcome!

Willkommen *das* welcome.

Wimper (*pl* -n) *die* eyelash.

Wimperntusche (*pl* -n) *die* mascara.

Wind (*pl* -e) *der* wind; **starker/** schwacher/böiger ~ strong/mild/ gusty wind.

Windbeutel (*pl* -) *der* ≈ éclair.

Windel (*pl* -n) *die* nappy (Br), diaper (Am).

winden: **sich winden** (*prät* **wand**, *pp* **gewunden**) *ref* (*Weg, Linie*) to wind.

windgeschützt *adj* sheltered.

windig *adj* (*Tag, Wetter*) windy; **es ist ~** it's windy.

Windjacke (*pl* -n) *die* windcheater.

Windmühle (*pl* -n) *die* windmill.

Windpocken *pl* chickenpox (*sg*).

Windrichtung (*pl* -en) *die* wind direction.

Windschutzscheibe (*pl* -n) *die* windscreen (Br), windshield (Am).

Windstärke (*pl* -n) *die* force (of wind).

windstill *adj* still.

Windsurfen *das* windsurfing.

Winkel (*pl* -) *der* (*von Linien*) angle; (*Platz*) corner.

winken (*pp* **gewinkt** ODER **gewunken**) *vi* (+D) to wave; **jm ~** to wave to sb.

Winter (*pl* -) *der* winter; **im ~** in winter.

Winterausrüstung (*pl* -en) *die* (*zum Skifahren*) skiing equipment.

Winterfahrplan (*pl* -**fahrpläne**) *der* winter timetable.

Wintermantel (*pl* -**mäntel**) *der* winter coat.

Winterreifen (*pl* -) *der* winter tyre.

Winterschlußverkauf (pl -verkäufe) der January sale.

Wintersport der winter sport.

Winzer, -in (mpl -) der, die wine grower.

winzig adj tiny.

wir pron we.

Wirbel (pl -) der (Knochen) vertebra; (in Wasser) whirlpool.

Wirbelsäule (pl -n) die spine.

wirbt präs → werben.

wird präs → werden.

wirft präs → werfen.

wirken vi (erscheinen) to seem; (Mittel) to have an effect; ~ gegen to counteract.

wirklich adj real ◆ adv really.

Wirklichkeit die reality.

wirksam adj effective.

Wirkstoff (pl -e) der active substance.

Wirkung (pl -en) die (von Mittel) effect.

Wirsing der savoy cabbage.

Wirt, -in (mpl -e) der, die (Gastwirt) landlord (flandlady).

Wirtschaft (pl -en) die (Ökonomie) economy; (Lokal) pub.

wirtschaftlich adj (ökonomisch) economic.

Wirtschaftspolitik die economic policy.

Wirtshaus (pl -häuser) das pub, often with accommodation.

Wirtsleute pl (von Lokal) landlord and landlady.

Wirtsstube (pl -n) die bar.

Wischblatt (pl -blätter) das wiper blade.

wischen vt (Boden, Mund) to wipe; (Schmutz) to wipe away ◆ vi (putzen) to clean.

wissen (präs weiß, prät wußte, pp gewußt) vt to know ◆ vi: von etw ~ to know about sthg; etw ~ über (+A) to know sthg about; ich weiß! I know!; weißt du was? you know what?

Wissenschaft (pl -en) die science.

Wissenschaftler, -in (mpl -) der, die scientist.

Witterung die (Wetter) weather.

Witwe (pl -n) die widow.

Witwer (pl -) der widower.

Witz (pl -e) der joke.

WM abk = Weltmeisterschaft.

wo adv & pron where; von ~ kam das Geräusch? where did that noise come from?

woanders adv somewhere else.

woandershin adv somewhere else.

wob prät → weben.

wobei pron (als Frage): ~ ist er erwischt worden? what was he caught doing?

Woche (pl -n) die week; diese/ letzte/nächste ~ this/last/next week.

Wochenende (pl -n) das weekend; schönes ~! have a good weekend!

Wochenendtarif (pl -e) der weekend rate.

Wochenkarte (pl -n) die weekly season ticket.

wochenlang adj & adv for weeks.

Wochenmarkt (pl -märkte) der weekly market.

Wochentag *(pl -e) der* weekday.

wochentags *adv* on weekdays.

wöchentlich *adj & adv* weekly.

Wodka *(pl -s) der* vodka.

wodurch *pron (als Frage):* ~ **unterscheiden sich die beiden?** what is the difference between the two?

wofür *pron (als Frage)* for what; ~ **hast du das Geld ausgegeben?** what did you spend the money on?; ~ **brauchst du das?** what do you need that for?

wog *prät* → **wiegen**.

Woge *(pl -n) die (im Wasser)* breaker.

wogegen *pron (als Frage)* against what.

woher *pron* from where; ~ **kommen Sie?** where do you come from?

wohin *pron* where.

wohl *(komp* **wohler** ODER **besser**, *superl* **am wohlsten** ODER **am besten)** *adv* well; *(wahrscheinlich)* probably; **sich** ~ **fühlen** *(gesund)* to feel well; *(ungenehm)* to feel at home.

Wohl *das:* **auf Ihr** ~! your good health!; **zum** ~! cheers!

Wohlstand *der* affluence.

wohltuend *adj* pleasant.

Wohnanlage *(pl -n) die* housing estate.

Wohnblock *(pl -blöcke) der* block of flats *(Br)*, apartment house *(Am)*.

wohnen *vi (dauerhaft)* to live; *(vorübergehend)* to stay; **wo** ~ **Sie?** *(dauerhaft)* where do you live?; *(vorübergehend)* where are you staying?

Wohngemeinschaft *(pl -en)*

die: in einer ~ **leben** to share a flat/house.

wohnhaft *adj (amt):* ~ **in ...** resident at ...

Wohnhaus *(pl -häuser) das* house.

Wohnmobil *(pl -e) das* camper (van) *(Br)*, RV *(Am)*.

Wohnort *(pl -e) der* place of residence.

Wohnsitz *(pl -e) der (amt)* place of residence.

Wohnung *(pl -en) die* flat *(Br)*, apartment *(Am)*.

Wohnwagen *(pl -) der* caravan *(Br)*, trailer *(Am)*.

Wohnzimmer *(pl -) das* living room.

Wolf *(pl* **Wölfe)** *der (Tier)* wolf.

Wolke *(pl -n) die* cloud.

Wolkenbruch *(pl -brüche) der* cloudburst.

Wolkenkratzer *(pl -) der* skyscraper *(Am)*.

wolkenlos *adj* cloudless.

wolkig *adj* cloudy.

Wolldecke *(pl -n) die* blanket.

Wolle *die* wool.

wollen *(präs* **will**, *prät* **wollte**, *pp* **gewollt** ODER **wollen)** *aux (pp* **wollen)** *(Ausdruck einer Absicht):* **er will anrufen** he wants to make a call; **ich wollte gerade gehen** I was just about to go; **ich wollte, das wäre schon vorbei!** I wish it was over!; **diese Entscheidung will überlegt sein** this decision needs to be thought about.

◆ *vi (pp* **gewollt)** 1. *(Ausdruck einer Absicht):* **wie du willst!** as you like!; **das Kind will nicht** the child doesn't want to.

wollen

2. *(an einen Ort)* to want to go; **sie will nach Hause** she wants to go home.

♦ *vt (pp* **gewollt)** *(haben wollen)* to want; **ich will ein Eis** I want an ice-cream; **ich will, daß du gehst** I want you to go.

Wollstoff *(pl -e) der* wool.

Wollwaschmittel *(pl -) das* detergent for woollens.

womit *pron (als Frage)* with what; ~ **habe ich das verdient?** what did I do to deserve that?

wonach *pron (als Frage)* for what; ~ **suchst du?** what are you looking for?

woran *pron (als Frage)* on what; ~ **denkst du?** what are you thinking about?

worauf *pron (als Frage)* on what; ~ **wartest du?** what are you waiting for?

woraus *pron· (als Frage)* from what; ~ **ist das?** what is it made of?

worin *pron (als Frage)* in what; ~ **besteht der Unterschied?** what's the difference?

Workshop *(pl -s) der* workshop.

Wort[1] *(pl* **Wörter)** *das (sprachliche Einheit)* word.

Wort[2] *(pl -e) das (Äußerung, Zusage)* word.

Wörterbuch *(pl -bücher) das* dictionary.

wörtlich *adj (Wiederholung)* word-for-word; ~**e Rede** direct speech.

wortlos *adj* silent.

worüber *pron (als Frage)* about what; ~ **lachst du?** what are you laughing about?

worum *pron (als Frage)* about what; ~ **geht es?** what's it about?

worunter *pron (als Frage)* under what; ~ **hast du es eingeordnet?** what did you file it under?

wovon *pron (als Frage)* from what; ~ **hast du geträumt?** what did you dream about?

wovor *pron (als Frage)* of what; ~ **hast du Angst?** what are you frightened of?

wozu *pron (als Frage)* why.

WSV *abk* = **Winterschlußverkauf.**

Wucherpreis *(pl -e) der* extortionate price.

wuchs *prät→* **wachsen.**

wühlen *vi* to rummage.

Wühltisch *(pl -e) der* bargain counter.

wund *adj* sore.

Wunde *(pl -n) die* wound.

wunderbar *adj* wonderful.

wundern *vt* to amaze; **es wundert mich** I'm amazed ❏ **sich wundern** *ref* to be amazed.

wunderschön *adj* beautiful.

Wundstarrkrampf *der* tetanus.

Wunsch *(pl* **Wünsche)** *der* wish; **auf** ~ on request; **nach** ~ as desired ❏ **Wünsche** *pl* wishes; **mit den besten Wünschen von** with best wishes from.

wünschen *vt* to wish; **jm etw** ~ to wish sb sthg; **sich** *(D)* **etw** ~ to want sthg; **was** ~ **Sie?** can I help you?

wünschenswert *adj* desirable.

wurde *prät→* **werden.**

Wurf (*pl* Würfe) *der (Werfen)* throw.

Würfel (*pl* -) *der (zum Spielen)* dice; *(Form)* cube.

würfeln *vt (Fleisch, Brot)* to dice; *(Zahl)* to throw ◆ *vi (beim Spielen)* to throw the dice.

Würfelspiel (*pl* -e) *das* dice game.

Würfelzucker *der* sugar cubes (*pl*).

Wurm (*pl* Würmer) *der (Tier)* worm.

Wurst (*pl* Würste) *die* sausage.

---

i WURST

Sausages are extremely popular in Germany and there is a wide variety, with every region having its own speciality. Some sausages are always eaten hot - they may be fried, grilled or boiled. These include "Bratwurst", "Bockwurst", "Wiener" and "Frankfurter". Others, such as "Leberwurst" (liver sausage) and "Blutwurst" (black pudding) can be served hot or cold. Cold meats such as salami are also popular and are eaten with bread for supper or even for breakfast.

Wurstbraterei (*pl* -en) *die* hot dog stand.

Würstchen (*pl* -) *das* sausage.

Wurstwaren *pl* sausages and cold meats.

Würze (*pl* -n) *die (Gewürz)* spice.

Wurzel (*pl* -n) *die* root.

würzen *vt (Speisen)* to season.

würzig *adj* spicy.

Würzmischung (*pl* -en) *die* spice mix.

wusch *prät* → waschen.

wußte *prät* → wissen.

wüst *adj (chaotisch)* chaotic; *(wild)* wild.

Wüste (*pl* -n) *die* desert.

Wut *die* rage.

wütend *adj (Person)* furious; ~ **sein auf** (+A) to be furious with; ~ **sein über** (+A) to be furious about.

x-beliebig *adj (fam)* any (old).

x-mal *adv (fam)* countless times.

Yacht (*pl* -en) *die* yacht.

Yachthafen (*pl* -häfen) *der* marina.

Yoga *das* yoga.

Z

zäh adj tough ◆ adv: ~ fließender Verkehr slow-moving traffic.

Zahl (pl -en) die number; (Ziffer) figure; **in den roten/schwarzen ~en sein** to be in the red/black.

zahlbar adj payable.

zahlen vt & vi to pay; **ich zahle den Wein** I'll pay for the wine; **~, bitte!** the bill please! (Br), the check please! (Am).

zählen vt & vi to count; **~ zu** (gehören) to be among.

Zähler (pl -) der (Gerät) meter.

Zahlgrenze (pl -n) die fare stage.

Zahlkarte (pl -n) die money transfer form.

zahlreich adj numerous.

Zahlschein (pl -e) der payment slip.

Zahlung (pl -en) die payment.

Zählung (pl -en) die census.

Zahlungsanweisung (pl -en) die money transfer order.

zahm adj (Tier) tame.

Zahn (pl Zähne) der tooth; **sich** (D) **die Zähne putzen** to clean one's teeth; **die dritten Zähne** (Gebiß) false teeth.

Zahnarzt, -ärztin (mpl -ärzte) der, die dentist.

Zahnbürste (pl -n) die toothbrush.

Zahncreme (pl -s) die toothpaste.

Zahnersatz der false teeth (pl).

Zahnfleisch das gums (pl).

Zahnfleischbluten das bleeding gums (pl).

Zahnfüllung (pl -en) die filling.

Zahnklammer (pl -n) die brace.

Zahnpasta (pl -pasten) die toothpaste.

Zahnradbahn (pl -en) die cog railway.

Zahnschmerzen pl toothache (sg).

Zahnseide (pl -n) die dental floss.

Zahnspange (pl -n) die brace.

Zahnstocher (pl -) der toothpick.

Zange (pl -n) die (Werkzeug) pliers (pl).

zanken vi (fam) to quarrel ❑ **sich zanken** ref (fam) to have a row.

Zäpfchen (pl -) das (Medikament) suppository.

zapfen vt to draw.

Zapfsäule (pl -n) die petrol pump.

zart adj (Fleisch, Gemüse) tender (Haut) smooth.

zartbitter adj (Schokolade) dark.

zärtlich adj (Berührung) affectionate.

Zauberer (pl -) der (Zauberkünstler) magician.

zauberhaft adj (sehr schön) enchanting ◆ adv enchantingly.

Zauberin (pl -nen) die (Zauberkünstlerin) magician.

Zauberkünstler, -in (mpl -) der, die magician.

zaubern vi (Zauberer) to do magic.

Zaun (pl Zäune) der fence.

z.B. (abk für zum Beispiel) e.g.

Zebrastreifen (pl -) der zebra crossing (Br), crosswalk (Am).

Zeche (pl -n) die (Bergwerk) pit; (fam: Rechnung) tab.

Zechtour (pl -en) die (fam) pub crawl.

Zecke (pl -n) die tick.

Zeh (pl -en) der toe.

Zehe (pl -n) die (Zeh) toe; (von Knoblauch) clove.

Zehennagel (pl -nägel) der toe nail.

zehn num ten, → **sechs**.

Zehner (pl -) der (fam: Geldschein) ten mark note.

Zehnerkarte (pl -n) die book of ten tickets.

zehnmal adv ten times.

Zehnmarkschein (pl -e) der ten mark note.

zehntausend num ten thousand.

zehnte, -r, -s adj tenth, → **sechste**.

Zehntel (pl -) das tenth.

Zehntelsekunde (pl -n) die tenth of a second.

Zeichen (pl -) das sign; jm ein ~ geben to give sb a signal.

Zeichenblock (pl -blöcke) der drawing pad.

Zeichenerklärung (pl -en) die key.

Zeichensetzung die punctuation.

Zeichensprache (pl -n) die sign language.

Zeichentrickfilm (pl -e) der cartoon.

zeichnen vt & vi to draw.

Zeichnung (pl -en) die (Bild) drawing.

zeigen vt to show; (vorführen) to demonstrate ◆ vi: ~ auf (+A) to point at; jm etw ~ to show sb sthg ❑ **sich zeigen** ref (sich herausstellen) to emerge; (erscheinen) to show o.s.

Zeiger (pl -) der hand.

Zeile (pl -n) die (von Text) line.

Zeit (pl -en) die time; (GRAMM) tense; **sich** (D) ~ **lassen** to take one's time; ~ **haben** to be free; **zur** ~ at the moment; **von** ~ **zu** ~ from time to time.

Zeitansage (pl -n) die speaking clock.

Zeitarbeit die temporary work.

Zeitgeist der spirit of the times.

zeitig adj & adv early.

zeitlich adj (Reihenfolge) chronological.

Zeitlupe die slow motion.

Zeitplan (pl -pläne) der timetable.

Zeitpunkt (pl -e) der point in time.

Zeitraum (pl -räume) der period.

Zeitschrift (pl -en) die (illustrierte) magazine; (literaturwissenschaftliche) periodical.

Zeitung (pl -en) die newspaper.

Zeitungsannonce (pl -n) die newspaper advertisement.

Zeitungsartikel (pl -) der newspaper article.

Zeitungskiosk (*pl* -e) *der* newspaper kiosk.

Zeitunterschied (*pl* -e) *der* time difference.

Zeitverschiebung (*pl* -en) *die* (*Unterschied*) time difference.

zeitweise *adv* (*gelegentlich*) occasionally; (*vorübergehend*) temporarily.

Zeitzone (*pl* -n) *die* time zone.

Zelle (*pl* -n) *die* (*biologisch*) cell.

Zellophan *das* cellophane®.

Zellstoff *der* cellulose.

Zelt (*pl* -e) *das* tent.

zelten *vi* to camp.

Zeltlager (*pl* -) *das* campsite.

Zeltplane (*pl* -n) *die* tarpaulin.

Zeltplatz (*pl* -plätze) *der* campsite.

Zeltstange (*pl* -n) *die* tent pole.

Zentimeter (*pl* -) *der* centimetre.

Zentimetermaß (*pl* -e) *das* tape measure.

Zentner (*pl* -) *der* unit of measurement, equivalent to 50 kg in Germany and 100 kg in Austria and Switzerland.

zentral *adj* central.

Zentrale (*pl* -n) *die* (*Telefonzentrale*) switchboard; (*übergeordnete Stelle*) headquarters (*pl*).

Zentralheizung (*pl* -en) *die* central heating.

Zentralverriegelung (*pl* -en) *die* central locking.

Zentrum (*pl* Zentren) *das* centre.

zerbrechen (*präs* zerbricht, *prät* zerbrach, *pp* zerbrochen) *vi ist & vt hat* to smash.

zerbrechlich *adj* (*Gegenstand*) fragile.

Zeremonie (*pl* -en) *die* ceremony.

zerkleinern *vt* to cut up.

zerknautscht *adj* scrunched up.

zerkratzen *vt* to scratch.

zerlassen *adj* (*Butter*) to melt.

zerlegen *vt* (*Möbel*) to take apart; (*Braten*) to carve.

zerreißen (*prät* zerriß, *pp* zerrissen) *vt hat* (*Brief, Stoff*) to tear up ◆ *vi ist* to tear.

zerren *vt* (*ziehen*) to drag.

Zerrung (*pl* -en) *die* pulled muscle.

zerschneiden (*prät* zerschnitt, *pp* zerschnitten) *vt* (*in Stücke*) to cut up.

Zerstäuber (*pl* -) *der* atomizer.

zerstören *vt* to destroy.

Zerstörung (*pl* -en) *die* destruction.

zerstreut *adj* distracted.

zerteilen *vt* to cut up.

Zertifikat (*pl* -e) *das* certificate.

Zettel (*pl* -) *der* note.

Zeug *das* (*fam*) (*Sachen*) stuff; (*Kleidung*) gear; **dummes ~** (*fam*) rubbish.

Zeuge (*pl* -n) *der* witness.

Zeugin (*pl* -nen) *die* witness.

Zeugnis (*pl* -se) *das* (*von Schüler*) report; (*von Prüfung*) certificate; (*von Arbeitgeber*) reference.

Zickzack *der:* **im ~ fahren** to zigzag.

Ziege (*pl* -n) *die* (*Tier*) goat.

Ziegenkäse *der* goat's cheese.

Ziegenleder *das* goatskin.

ziehen (*prät* zog, *pp* gezogen) *vt hat* (*bewegen, betätigen*) to pull; (*herausziehen*) to pull out; (*auslosen*) to draw ♦ *vi ist* (*umziehen*) to move ♦ *vi hat* (*bewegen*) to pull; (*Tee*) to brew ♦ *vimpr:* **es zieht** there's a draught; **~ an** (+D) (*bewegen*) to pull □ **sich ziehen** *ref* (*fam: zeitlich*) to drag on.

Ziehung (*pl -en*) *die* draw.

Ziel (*pl -e*) *das* destination; (*SPORT*) finish; (*Zweck*) goal.

Zielbahnhof (*pl -bahnhöfe*) *der* destination.

zielen *vi* (*mit Waffe, Ball*) to aim.

Zielscheibe (*pl -n*) *die* target.

ziemlich *adv* (*relativ*) quite; (*fast*) almost; **~ viel** quite a lot.

zierlich *adj* (*Person*) petite.

Ziffer (*pl -n*) *die* (*Zahlensymbol*) figure.

Zifferblatt (*pl -blätter*) *das* face.

zig *num* (*fam*) umpteen.

Zigarette (*pl -n*) *die* cigarette.

Zigarettenautomat (*pl -en*) *der* cigarette machine.

Zigarettenpapier *das* cigarette paper.

Zigarettenschachtel (*pl -n*) *die* cigarette packet.

Zigarettentabak (*pl -e*) *der* tobacco.

Zigarillo (*pl -s*) *der* cigarillo.

Zigarre (*pl -n*) *die* cigar.

Zigeuner, -in (*mpl -*) *der, die* gypsy.

Zimmer (*pl -*) *das* room; **'~ frei'** 'vacancies'; **~ mit Bad** room with en suite bathroom; **~ mit Frühstück** bed and breakfast.

Zimmerkellner (*pl -*) *der* room-service waiter.

Zimmermädchen (*pl -*) *das* chambermaid.

Zimmernachweis (*pl -e*) *der* accommodation service.

Zimmerpflanze (*pl -n*) *die* house plant.

Zimmerschlüssel (*pl -*) *der* room key.

Zimmerservice *der* room service.

Zimt *der* cinnamon.

Zinn *das* (*Metall*) tin.

Zins (*pl -en*) *der* interest.

zinslos *adj* interest-free.

Zinssatz (*pl -sätze*) *der* interest rate.

zirka *adv* circa.

Zirkel (*pl -*) *der* (*Gerät*) compasses (*pl*).

Zirkus (*pl -se*) *der* (*Betrieb*) circus; (*fam: Aufregung*) palaver.

zischen *vi* (*Geräusch*) to hiss.

Zitat (*pl -e*) *das* quote.

zitieren *vt & vi* to quote.

Zitronat *das* candied lemon peel.

Zitrone (*pl -n*) *die* lemon.

Zitronensaft (*pl -säfte*) *der* lemon juice.

Zitruspresse (*pl -n*) *die* lemon squeezer.

zittern *vi* (*vibrieren*) to tremble.

zivil *adj* (*nicht militärisch*) civil.

Zivildienst *der* community work undertaken by men who choose not to do military service.

Zivilisation (*pl -en*) *die* civilization.

ZOB (abk für Zentraler Omnibusbahnhof) central bus station.

zog prät → ziehen.

zögern vi to hesitate.

Zoll (pl Zölle) der (Abgabe) duty; (Behörde) customs (pl).

Zollabfertigung die customs clearance.

Zollamt (pl -ämter) das customs office.

Zollbeamte (pl -n) der customs officer.

Zollbeamtin (pl -nen) die customs officer.

Zollerklärung (pl -en) die customs declaration.

zollfrei adj duty-free.

Zollgebühren pl duty (sg).

Zollkontrolle (pl -n) die customs check.

Zöllner, -in (mpl -) der, die customs officer.

zollpflichtig adj liable for duty.

Zollschranke (pl -n) die customs barrier.

Zollstock (pl -stöcke) der ruler.

Zone (pl -n) die (Gebiet) zone.

Zoo (pl -s) der zoo.

zoologische Garten (pl Gärten) der zoo.

Zopf (pl Zöpfe) der plait (Br), braid (Am).

Zopfspange (pl -n) die hair slide (Br), barrette (Am).

Zorn der anger.

zornig adj angry ◆ adv angrily.

zu präp (+D) 1. (an einen Ort) to; ~r Post gehen to go to the post office; ~m Frisör gehen to go to the hairdresser's; ~ Hause (to) home.

2. (Angabe des Mittels): ~ Fuß on foot; ~ Fuß gehen to walk.

3. (zeitlich) at; ~ Ostern/Weihnachten at Easter/Christmas.

4. (mit) with; weiße Socken ~m Anzug tragen to wear white socks with a suit.

5. (Angabe des Grunds) for; ~m Spaß for fun; alles Gute ~m Geburtstag! best wishes on your birthday!

6. (Mengenangabe): Säcke ~ 50 kg 50 kg bags.

7. (Angabe des Produkts) into; ~ Eis werden to turn into ice.

8. (SPORT): eins ~ null one-nil.

◆ adv 1. (mit Adjektiv) too; ~ viel too many.

2. (fam: zumachen): Tür ~! shut the door!

◆ konj (mit Infinitiv) to; es fängt an ~ schneien it's starting to snow; ~ verkaufen for sale.

Zubehör (pl -e) das accessories (pl).

zubereiten vt to prepare.

Zubereitung (pl -en) die preparation.

zubinden vt unr to fasten.

Zubringer (pl -) der (Straße) slip road (Br), ramp (Am).

Zucchini (pl -s) die courgette (Br), zucchini (Am).

züchten vt to breed.

Züchter, -in (mpl -) der, die breeder.

zucken vi (Person, Muskel) to twitch.

Zucker der sugar.

Zuckerdose (pl -n) die sugar bowl.

zuckerkrank adj diabetic.

zuckern vt to sweeten.

Zuckerwatte *die* candyfloss.

Zuckerzusatz *der:* **ohne ~** no added sugar.

zu|decken *vt (Person)* to cover up; *(Gegenstand)* to cover □ **sich zudecken** *ref* to cover o.s. up.

zu|drehen *vt (Wasserhahn)* to turn off.

zueinander *adv (sprechen)* to each other; **sie passen gut ~** they go well together.

zuerst *adv (als erster)* first; *(am Anfang)* at first.

Zufahrt *(pl -en) die* access.

Zufahrtsstraße *(pl -n) die* access road.

Zufall *(pl Zufälle) der* coincidence.

zufällig *adj* chance ♦ *adv* by chance.

zufrieden *adj* satisfied; **~ sein mit** to be satisfied with.

zufriedenstellend *adj* satisfactory.

Zug *(pl Züge) der (Eisenbahn)* train; *(Menschenmenge)* procession; *(Zugluft)* draught; *(mit Spielfigur)* move; *(Geste)* gesture; **mit dem ~ fahren** to go by train.

Zugabe *(pl -n) die (bei Konzert)* encore.

Zugabteil *(pl -e) das* compartment.

Zugang *(pl -gänge) der* access.

Zugauskunft *(pl -auskünfte) die* train information.

Zugbegleiter *(pl -) der (Fahrplanauszug)* timetable.

Zugbrücke *(pl -n) die* drawbridge.

zu|geben *vi unr (gestehen)* to admit; *(hinzutun)* to add.

zu|gehen *vi unr ist (sich schließen)* to close; **~ auf** *(+A) (gehen)* to approach.

Zügel *(pl -) der* reins *(pl).*

Zuger Kirschtorte *(pl -n) die (Schweiz)* buttercream cake with a middle layer of sponge soaked in kirsch and a top and bottom layer of nut meringue.

Zugführer, -in *(mpl -) der, die* senior conductor.

zugig *adj* draughty.

zügig *adj* rapid ♦ *adv* rapidly.

Zugluft *die* draught.

Zugpersonal *das* train crew.

zu|greifen *vi unr:* **greifen Sie zu!** help yourself!

Zugrestaurant *(pl -s) das* restaurant car.

zugrunde *adv:* **~ gehen** to perish.

Zugschaffner, -in *(mpl -) der, die* ticket inspector.

Zugunglück *(pl -e) das* train crash.

zugunsten *präp (+G)* in favour of.

Zugverbindung *(pl -en) die* (train) connection.

zu|haben *vi unr (fam)* to be shut.

Zuhause *das* home.

zu|hören *vi (+D)* to listen; **jm ~** to listen to sb.

Zuhörer, -in *(mpl -) der, die* listener.

zu|kleben *vt (Loch)* to glue; *(Brief)* to seal.

zu|kommen *vi unr ist:* **~ auf** *(+A) (Person, Fahrzeug)* to approach.

zu|kriegen vt (fam): **ich krieg' die Tür nicht zu** the door won't shut.

Zukunft die future.

zu|lassen vt unr (erlauben) to allow; (Auto) to license; (fam: nicht öffnen): **laß das Paket bis Weihnachten zu!** don't open the parcel till Christmas!

zulässig adj permissable; **~e Höchstgeschwindigkeit** maximum speed limit; **~es Gesamtgewicht** maximum weight limit.

Zulassung (pl -en) die authorization.

zu|laufen vi unr ist (Tier): **der Hund ist uns zugelaufen** the dog adopted us; **~ auf** (+A) (Person) to run towards.

zuletzt adv (als letzter) lastly; (am Ende) in the end, finally; (fam: das letzte Mal): **~ war ich vor 3 Jahren hier** I was last here three years ago.

zuliebe präp (+D): **ihr ~** for her sake.

zum präp = zu + dem.

zu|machen vt & vi to close.

zu|muten vt: **jm etw ~** to expect sthg of sb.

zunächst adv (als erster) first; (am Anfang) at first.

Zuname (pl -n) der surname.

zünden vi (Motor) to fire.

Zündholz (pl -hölzer) das match.

Zündkerze (pl -n) die spark plug.

Zündschloß (pl -schlösser) das ignition.

Zündschlüssel (pl -) der ignition key.

Zündung (pl -en) die (AUTO) ignition.

zunehmen vi unr to increase; (dicker werden) to put on weight.

Zunge (pl -n) die tongue.

zupfen vi (ziehen) to tug ◆ vt (herausziehen) to pick; (Augenbrauen) to pluck.

zur präp = zu + der.

Zürich nt Zürich.

zurück adv back.

zurück|bekommen vt unr to get back.

zurück|bringen vt unr to bring back.

zurück|erstatten vt to refund.

zurück|fahren vi unr ist & vt unr hat (an Ausgangspunkt) to drive back; (rückwärts) to back away.

zurück|führen vt (begründen) to attribute ◆ vi (Weg, Straße) to lead back.

zurück|geben vt unr to give back; **jm etw ~** to give sb sthg back.

zurück|gehen vi unr ist (zum Ausgangspunkt) to go back; (rückwärts) to retreat; (Anzahl, Häufigkeit) to fall.

zurück|halten vt unr (festhalten) to hold back ❑ **sich zurückhalten** ref to restrain o.s.

zurück|holen vt to bring back.

zurück|kommen vi unr ist to come back.

zurück|lassen vt unr to leave behind.

zurück|legen vt (wieder hinlegen) to put back; (reservieren) to put aside; (Strecke) to cover; (Kopf) to lay back; **etw ~ lassen** (reservieren) to have sthg put aside ❑ **sich zurücklegen** ref to lie back.

zurück|nehmen *vt unr* to take back.

zurück|rufen *vt unr & vi* to call back.

zurück|schicken *vt* to send back.

zurück|stellen *vt* to put back.

zurück|treten *vi unr ist (rückwärts)* to step back; *(Präsident, Vorstand)* to resign; **bitte ~!** stand back, please!

zurück|verlangen *vt* to demand back.

zurück|zahlen *vt (Geld)* to pay back.

Zusage (*pl* -n) *die (auf Einladung, Bewerbung)* acceptance.

zu|sagen *vt (bei Einladung)* to accept.

zusammen *adv* together; *(insgesamt)* altogether.

Zusammenarbeit *die* collaboration.

zusammen|brechen *vi unr ist (Person)* to collapse; *(psychisch, Verkehr)* to break down.

zusammen|fassen *vt (Text)* to summarize.

Zusammenfassung (*pl* -en) *die* summary.

zusammen|gehören *vt* to belong together.

zusammen|halten *vi unr (Personen)* to stick together.

Zusammenhang (*pl* -hänge) *der* context.

zusammenhängend *adj (Text)* coherent.

zusammenhanglos *adj* incoherent.

zusammenklappbar *adj* collapsible.

zusammen|knüllen *vt* to scrunch up.

Zusammenkunft (*pl* -künfte) *die* gathering.

zusammen|legen *vt (Gruppen, Termine)* to group together; *(falten)* to fold up ◆ *vi (bezahlen)* to club together.

zusammen|nehmen: sich zusammennehmen *ref unr* to pull o.s. together.

zusammen|passen *vi (Personen)* to be well suited; *(Einzelteile)* to fit together.

zusammen|rechnen *vt* to add up.

Zusammensetzung (*pl* -en) *die* composition.

Zusammenstoß (*pl* -stöße) *der* crash.

zusammen|stoßen *vi unr ist (Fahrzeuge)* to crash.

zusammen|zählen *vt* to add up.

zusammen|ziehen *vt unr hat (addieren)* to add up ◆ *vi unr ist (in Wohnung)* to move in together.

zusammen|zucken *vi ist* to jump.

Zusatz (*pl* Zusätze) *der (Substanz)* additive.

Zusatzgerät (*pl* -e) *das* attachment.

zusätzlich *adj* extra ◆ *adv* in addition.

Zusatzzahl (*pl* -en) *die* bonus number.

zu|schauen *vi* to watch.

Zuschauer, -in (*mpl* -) *der, die*

(von Fernsehen) viewer; *(von Sport)* spectator.

Zuschauertribüne (*pl* **-n**) *die* stands *(pl)*.

zu|schicken *vt* to send.

Zuschlag (*pl* **Zuschläge**) *der* supplement; **~ erforderlich** supplement required.

zuschlagpflichtig *adj* subject to a supplement.

zu|schließen *vt unr* to lock.

Zuschuß (*pl* **Zuschüsse**) *der* grant.

zu|sehen *vi unr (zuschauen)* to watch.

zu|sein *vi unr ist* to be closed.

zu|sichern *vt* to assure.

Zustand (*pl* **Zustände**) *der* state, condition ❑ **Zustände** *pl* situation *(sg)*.

zuständig *adj* responsible; **~ sein für** to be responsible for.

zu|steigen *vi unr ist* to get on; **noch jemand zugestiegen?** tickets, please.

Zustellung (*pl* **-en**) *die (von Post)* delivery.

zu|stimmen *vi (+D)* to agree; **er stimmte dem Plan zu** he agreed to the plan.

Zustimmung *die* agreement.

zu|stoßen *vi unr ist*: **was ist ihm zugestoßen?** what happened to him?

Zutat (*pl* **-en**) *die* ingredient.

zu|teilen *vt (Ration)* to allocate.

zu|trauen: **jm etw ~** to think sb capable of sthg.

zu|treffen *vi unr* to apply; **'Zutreffendes bitte ankreuzen'** 'tick as applicable'.

Zutritt *der* entry.

zuverlässig *adj* reliable.

zuviel *pron* too much.

Zuwachs *der* growth.

zu|weisen *vt unr* to allocate.

zuwenig *pron* too little.

zu|winken *vi (+D)*: **jm ~** to wave to sb.

zu|zahlen *vt*: **5 Mark ~** to pay another 5 marks.

zuzüglich *präp (+G or D)* plus.

zwang *prät → zwingen.*

Zwang (*pl* **Zwänge**) *der* force.

zwanglos *adj* relaxed.

zwanzig *num* twenty, *→* **sechs.**

Zwanziger (*pl* **-**) *der (Person)* someone in their twenties; *(Geld)* twenty mark note.

Zwanzigmarkschein (*pl* **-e**) *der* twenty mark note.

zwanzigste, -r, -s *adj* twentieth; **das ~ Jahrhundert** the twentieth century.

zwar *adv*: **und ~** *(genauer)* to be exact; **das ist ~ schön, aber viel zu teuer** it is nice but far too expensive.

Zweck (*pl* **-e**) *der* purpose; **es hat keinen ~** there's no point.

zwecklos *adj* pointless.

zweckmäßig *adj* practical.

zwei *num* two, *→* **sechs.**

Zweibettabteil (*pl* **-e**) *das* compartment with two beds.

Zweibettkabine (*pl* **-n**) *die* cabin with two beds.

Zweibettzimmer (*pl* **-**) *das* twin room.

zweifach *adj* twice.

Zweifel (*pl* **-**) *der* doubt; **ohne ~**

without doubt; ~ **haben an** *(+D)* to doubt.

zweifellos *adv* doubtless.

zweifeln *vi* to doubt; **an etw** *(D)* ~ to doubt sthg.

Zweig *(pl -e)* *der* branch.

Zweigstelle *(pl -n)* *die* branch.

zweihundert *num* two hundred.

Zweihundertmarkschein *(pl -e)* *der* two hundred mark note.

zweimal *adv* twice.

Zweimarkstück *(pl -stücke)* *das* two mark coin.

Zweirad *(pl -räder)* *das* two-wheeled vehicle.

zweisprachig *adj* bilingual.

zweispurig *adj* two-lane.

zweit *adv:* **sie waren nur zu ~** there were only two of them.

Zweitakter *(pl -)* *der* two-stroke engine.

Zweitakter-Gemisch *das* two-stroke mixture.

zweitbeste, -r, -s *adj* second best.

zweite, -r, -s *adj* second, → sechs.

zweiteilig *adj* two-part.

zweitens *adv* secondly.

Zwerchfell *(pl -e)* *das* diaphragm.

Zwerg *(pl -e)* *der* dwarf.

Zwetschge *(pl -n)* *die (Frucht)* plum.

Zwetschgendatschi *(pl -)* *der (Süddt)* plum slice.

Zwieback *(pl Zwiebäcke)* *der* rusk.

Zwiebel *(pl -n)* *die (Gemüse)* onion.

Zwiebelsuppe *(pl -n)* *die* onion soup.

Zwilling *(pl -e)* *der (Geschwister)* twin; *(Sternzeichen)* Gemini.

zwingen *(prät* zwang, *pp* gezwungen) *vt* to force □ **sich zwingen** *ref* to force o.s.

zwinkern *vi* to wink.

Zwirn *der* thread.

zwischen *präp (+A, D)* between; *(in Menge)* among.

zwischendurch *adv (zeitlich)* every now and then.

Zwischenfall *(pl -fälle)* *der* incident.

Zwischenlandung *(pl -en)* *die* short stopover.

Zwischenraum *(pl -räume)* *der* gap.

Zwischenstecker *(pl -)* *der* adapter.

Zwischenstop *(pl -s)* *der* stop.

Zwischensumme *(pl -n)* *die* subtotal.

Zwischenzeit *die:* **in der ~ in** the meantime.

zwölf *num* twelve, → sechs.

zynisch *adj* cynical.

a [stressed eɪ, unstressed ə] *indefinite article* **1.** *(gen)* ein (eine); **a woman** eine Frau; **a restaurant** ein Restaurant; **a friend** ein Freund (eine Freundin); **an apple** ein Apfel; **I'm a doctor** ich bin Arzt. **2.** *(instead of the number one)* ein (eine); **a hundred** hundert; **a hundred and twenty** einhundertzwanzig; **for a week** eine Woche lang. **3.** *(in prices, ratios)* pro; **£2 a kilo** £2 pro Kilo.

AA *n (Br: abbr of Automobile Association)* ≃ ADAC *der.*

aback [əˈbæk] *adv*: **to be taken ~** verblüfft sein.

abandon [əˈbændən] *vt (plan)* aufgeben; *(place, person)* verlassen.

abattoir [ˈæbətwɑːʳ] *n* Schlachthof *der.*

abbey [ˈæbɪ] *n* Abtei *die.*

abbreviation [ə,briːvɪˈeɪʃn] *n* Abkürzung *die.*

abdomen [ˈæbdəmən] *n* Unterleib *der.*

abide [əˈbaɪd] *vt*: **I can't ~ him** ich kann ihn nicht ausstehen ❑ **abide by** *vt fus (rule, law)* befolgen.

ability [əˈbɪlətɪ] *n* Fähigkeit *die.*

able [ˈeɪbl] *adj* fähig; **to be ~ to do sthg** etw tun können.

abnormal [æbˈnɔːml] *adj* anormal.

aboard [əˈbɔːd] *adv & prep* an Bord (+G).

abode [əˈbəʊd] *n (fml)* Wohnsitz *der.*

abolish [əˈbɒlɪʃ] *vt* abschaffen.

aborigine [ˌæbəˈrɪdʒənɪ] *n* Ureinwohner *der.*

abort [əˈbɔːt] *vt (give up)* abbrechen.

abortion [əˈbɔːʃn] *n* Abtreibung *die.*

about [əˈbaʊt] *adv* **1.** *(approximately)* ungefähr, etwa; **~ 50** ungefähr 50; **at ~ six o'clock** gegen sechs Uhr. **2.** *(referring to place)* herum; **to walk ~** herumlaufen. **3.** *(on the point of)*: **to be ~ to do sthg** im Begriff sein, etw zu tun.
♦ *prep* **1.** *(concerning)* um, über; **a book ~ Scotland** ein Buch über Schottland; **what's it ~?** worum geht's?; **what ~ a drink?** wie wär's mit etwas zu trinken? **2.** *(referring to place)* herum; **there are lots of hotels ~ the town** es gibt viele Hotels in der Stadt.

above [ə'bʌv] *prep (higher than)*
über (+A,D); *(more than)* über (+A) ◆
adv oben; **children aged ten and ~**
Kinder ab 10 Jahren; **~ all** vor
allem.

abroad [ə'brɔ:d] *adv* im Ausland;
to go ~ ins Ausland fahren.

abrupt [ə'brʌpt] *adj (sudden)*
abrupt.

abscess ['æbses] *n* Abszeß *der.*

absence ['æbsəns] *n* Abwesen-
heit *die.*

absent ['æbsənt] *adj* abwesend.

absent-minded [-'maɪndɪd] *adj*
zerstreut.

absolute ['æbsəlu:t] *adj* absolut.

absolutely [*adv* 'æbsəlu:tlɪ, *excl*
‚æbsə'lu:tlɪ] *adv* absolut ◆ *excl* genau!

absorb [əb'sɔ:b] *vt (liquid)* auflsaugen.

absorbed [əb'sɔ:bd] *adj:* **to be ~
in sthg in** etw vertieft sein.

absorbent [əb'sɔ:bənt] *adj* saug-
fähig.

abstain [əb'steɪn] *vi:* **to ~ (from)**
sich enthalten (+G).

absurd [əb'sɜ:d] *adj* absurd.

ABTA ['æbtə] *n* Verband britischer
Reisebüros.

abuse [*n* ə'bju:s, *vb* ə'bju:z] *n
(insults)* Beschimpfungen *pl;
(misuse, maltreatment)* Mißbrauch
der ◆ *vt (insult)* beschimpfen;
(misuse, maltreat) mißbrauchen.

abusive [ə'bju:sɪv] *adj* beleidigend.

AC *abbr* = **alternating current**.

academic [‚ækə'demɪk] *adj*
akademisch ◆ *n* Akademiker *der*
(-in *die*).

academy [ə'kædəmɪ] *n* Akademie
die.

accelerate [ək'seləreɪt] *vi*
beschleunigen.

accelerator [ək'seləreɪtə^r] *n*
Gaspedal *das.*

accent ['æksent] *n* Akzent *der.*

accept [ək'sept] *vt (offer, gift, invitation)* anlnehmen; *(blame)* auf sich
nehmen; *(fact, truth)* akzeptieren;
(story) glauben; *(responsibility)* übernehmen.

acceptable [ək'septəbl] *adj*
akzeptabel.

access ['ækses] *n* Zugang *der.*

accessible [ək'sesəbl] *adj (place)*
erreichbar.

accessories [ək'sesərɪz] *npl
(extras)* Zubehör *das; (fashion items)*
Accessoires *pl.*

access road *n* Zufahrtsstraße
die.

accident ['æksɪdənt] *n* Unfall *der;
(chance)* Zufall *der;* **by ~** zufällig.

accidental [‚æksɪ'dentl] *adj* zufällig.

accident insurance *n* Unfallversicherung *die.*

accident-prone *adj:* **to be ~**
ein Pechvogel sein.

acclimatize [ə'klaɪmətaɪz] *vi* sich
akklimatisieren.

accommodate [ə'kɒmədeɪt] *vt*
unterlbringen.

accommodation [ə‚kɒmə-
'deɪʃn] *n* Unterkunft *die.*

accommodations [ə‚kɒmə-
'deɪʃnz] *npl (Am)* = **accommodation**.

accompany [ə'kʌmpənɪ] *vt*
begleiten.

accomplish [əˈkʌmplɪʃ] vt erreichen.

accord [əˈkɔːd] n: of one's own ~ aus eigenem Antrieb.

accordance [əˈkɔːdəns] n: in ~ with gemäß (+D).

according to [əˈkɔːdɪŋ-] prep laut (+G or D).

accordion [əˈkɔːdɪən] n Akkordeon das.

account [əˈkaʊnt] n (at bank, shop) Konto das; (report) Bericht der; **to take into** ~ berücksichtigen; **on no** ~ auf keinen Fall; **on** ~ **of** wegen □ **account for** fus (explain) erklären; (constitute) aus1machen.

accountant [əˈkaʊntənt] n Buchhalter der (-in die).

account number n Kontonummer die.

accumulate [əˈkjuːmjʊleɪt] vt sammeln.

accurate [ˈækjʊrət] adj genau.

accuse [əˈkjuːz] vt: **to** ~ **sb of sthg** jn einer Sache beschuldigen.

accused [əˈkjuːzd] n: **the** ~ der/die Angeklagte.

ace [eɪs] n As das.

ache [eɪk] vi weh tun ♦ n Schmerzen pl.

achieve [əˈtʃiːv] vt erreichen.

acid [ˈæsɪd] adj sauer ♦ n Säure die; (inf: drug) Acid das.

acid rain n saurer Regen.

acknowledge [əkˈnɒlɪdʒ] vt (accept) an1erkennen; (admit) zu1geben; (letter) den Empfang (+G) bestätigen.

acne [ˈæknɪ] n Akne die.

acorn [ˈeɪkɔːn] n Eichel die.

acoustic [əˈkuːstɪk] adj akustisch.

acquaintance [əˈkweɪntəns] n (person) Bekannte der die.

acquire [əˈkwaɪəʳ] vt erwerben.

acre [ˈeɪkəʳ] n = 4046,9 m², ≈ 40 Ar.

acrobat [ˈækrəbæt] n Akrobat der (-in die).

across [əˈkrɒs] prep über (+A, D) ♦ adv hinüber, herüber; (in crossword) waagrecht; ~ **the street** auf der anderen Straßenseite; **10 miles** ~ 10 Meilen breit; - **from** gegenüber von.

acrylic [əˈkrɪlɪk] n Acryl das.

act [ækt] vi (do something) handeln; (behave) sich benehmen; (in play, film) spielen ♦ n (action) Handlung die; (POL) Gesetz das; (of play) Akt der; (performance) Nummer die; **to** ~ **as** (serve as) dienen als.

action [ˈækʃn] n Handlung die; **to take** ~ Maßnahmen ergreifen; **to put sthg into** ~ etw in die Tat um1setzen; **out of** ~ (machine) außer Betrieb; (person) außer Gefecht.

active [ˈæktɪv] adj aktiv.

activity [ækˈtɪvətɪ] n Aktivität die □ **activities** npl (leisure events) Veranstaltungen pl.

activity holiday n Aktivurlaub der.

act of God n höhere Gewalt.

actor [ˈæktəʳ] n Schauspieler der.

actress [ˈæktrɪs] n Schauspielerin die.

actual [ˈæktʃʊəl] adj eigentlich.

actually [ˈæktʃʊəlɪ] adv (really) wirklich; (in fact) eigentlich; (by the way) übrigens.

acupuncture [ˈækjʊpʌŋktʃəʳ] n Akupunktur die.

acute [ə'kju:t] *adj (pain)* heftig;
(angle) spitz; ~ **accent** Akut *der.*

ad [æd] *n (inf) (in newspaper)*
Annonce *die; (on TV)* Werbespot
der.

AD *(abbr of Anno Domini)* n. Chr.

adapt [ə'dæpt] *vt* an|passen ♦ *vi*
sich an|passen.

adapter [ə'dæptə'] *n (for foreign
plug)* Adapter *der; (for several plugs)*
Mehrfachsteckdose *die.*

add [æd] *vt (put, say in addition)*
hinzu|fügen; *(numbers)* addieren ▢
add up *vt sep* addieren; **add up to**
vt fus (total) machen.

adder [æ'dər] *n* Kreuzotter *die.*

addict [æ'dıkt] *n* Süchtige *der die.*

addicted [ə'dıktıd] *adj:* **to be ~ to**
sthg nach etw süchtig sein.

addiction [ə'dıkʃn] *n* Sucht *die.*

addition [ə'dıʃn] *n (added thing)*
Ergänzung *die; (in maths)* Addition
die; **in ~** außerdem; **in ~ to** zusätzlich zu.

additional [ə'dıʃənl] *adj* zusätzlich.

additive [æ'dıtıv] *n* Zusatz *der.*

address [ə'dres] *n* Adresse *die* ♦ *vt*
(speak to) an|sprechen; *(letter)* adres-
sieren.

address book *n* Adreßbuch
das.

addressee [ædre'si:] *n* Empfänger *der (-in die).*

adequate [æ'dıkwət] *adj (sufficient)* ausreichend; *(satisfactory)*
angemessen.

adhere [əd'hıə'] *vi:* **to ~ to** *(stick
to)* kleben an (+D); *(obey)* ein|
halten.

adhesive [əd'hi:sıv] *adj* klebrig ♦
n Klebstoff *der.*

adjacent [ə'dʒeısənt] *adj* angren-
zend.

adjective [æ'dʒıktıv] *n* Adjektiv
das.

adjoining [ə'dʒɔınıŋ] *adj* angren-
zend.

adjust [ə'dʒʌst] *vt (machine)* ein|
stellen ♦ *vi:* **to ~ to** sich an|passen
an (+A).

adjustable [ə'dʒʌstəbl] *adj*
verstellbar.

adjustment [ə'dʒʌstmənt] *n (of
machine)* Einstellung *die.*

administration [əd,mını-
'streıʃn] *n (organizing)* Verwaltung
die; (Am: government) Regierung *die.*

administrator [əd'mınıstreıtə']
n Verwalter *der (-in die).*

admiral [æ'dmərəl] *n* Admiral *der.*

admire [əd'maıə'] *vt* bewundern.

admission [əd'mıʃn] *n (permission
to enter)* Zutritt *der; (entrance cost)*
Eintritt *der.*

admission charge *n* Eintrittspreis *der.*

admit [əd'mıt] *vt (confess)* zul-
geben; *(allow to enter)* herein|lassen;
to ~ to sthg etw zu|geben; **'~s one'**
(on ticket) 'gültig für eine Person'.

adolescent [ædə'lesnt] *n*
Jugendliche *der die.*

adopt [ə'dɒpt] *vt (child)* adoptie-
ren; *(attitude)* an|nehmen; *(plan)*
übernehmen.

adopted [ə'dɒptıd] *adj* adoptiert.

adorable [ə'dɔ:rəbl] *adj* ent-
zückend.

adore [ə'dɔ:'] *vt* über alles lieben.

adult [æ'dʌlt] *n* Erwachsene *der
die* ♦ *adj (entertainment, films)* für
Erwachsene; *(animal)* ausgewach-
sen.

adult education *n* Erwachsenenbildung *die*.

adultery [əˈdʌltəri] *n* Ehebruch *der*.

advance [ədˈvɑːns] *n (money)* Vorschuß *der; (movement)* Vorrücken *das; (progress)* Fortschritt *der* ◆ *vt (money)* vorschießen; *(bring forward)* vorverlegen ◆ *vi (move forward)* vorrücken; *(improve)* vorankommen ◆ *adj:* ~ **warning** Vorwarnung *die*.

advance booking *n* Vorbestellung *die*.

advanced [ədˈvɑːnst] *adj (student, level)* fortgeschritten.

advantage [ədˈvɑːntɪdʒ] *n* Vorteil *der;* **to take ~ of** ausnutzen.

adventure [ədˈventʃəʳ] *n* Abenteuer *das*.

adventurous [ədˈventʃərəs] *adj (person)* abenteuerlustig.

adverb [ˈædvɜːb] *n* Adverb *das*.

adverse [ˈædvɜːs] *adj* ungünstig.

advert [ˈædvɜːt] = **advertisement**.

advertise [ˈædvətaɪz] *vt (product)* werben für; *(event)* bekanntmachen.

advertisement [ədˈvɜːtɪsmənt] *n (in newspaper)* Anzeige *die; (on TV)* Werbespot *der*.

advice [ədˈvaɪs] *n* Rat *der;* **a piece of ~** ein Ratschlag.

advisable [ədˈvaɪzəbl] *adj* ratsam.

advise [ədˈvaɪz] *vt* raten (+D); **to ~ sb to do sthg** jm raten, etw zu tun; **to ~ sb against doing sthg** jm von etw abraten.

advocate [*n* ˈædvəkət, *vb*

[ˈædvəkeɪt] *n (JUR)* Anwalt *der* (Anwältin *die*) ◆ *vt* befürworten.

aerial [ˈeərɪəl] *n* Antenne *die*.

aerobics [eəˈrəʊbɪks] *n* Aerobic *das*.

aerodynamic [ˌeərəʊdaɪˈnæmɪk] *adj* aerodynamisch.

aeroplane [ˈeərəpleɪn] *n* Flugzeug *das*.

aerosol [ˈeərəsɒl] *n* Spray *der*.

affair [əˈfeəʳ] *n (event)* Angelegenheit *die; (love affair)* Verhältnis *das*.

affect [əˈfekt] *vt (influence)* beeinflussen.

affection [əˈfekʃn] *n* Zuneigung *die*.

affectionate [əˈfekʃnət] *adj* zärtlich.

affluent [ˈæfluənt] *adj* wohlhabend.

afford [əˈfɔːd] *vt:* **to be able to ~ sthg** sich (D) etw leisten können; **I can't ~ the time** ich habe keine Zeit; **I can't ~ it** das kann ich mir nicht leisten.

affordable [əˈfɔːdəbl] *adj* erschwinglich.

afloat [əˈfləʊt] *adj* über Wasser.

afraid [əˈfreɪd] *adj:* **to be ~ (of)** Angst haben (vor (+D)); **I'm ~ so/not** leider ja/nein.

Africa [ˈæfrɪkə] *n* Afrika *nt*.

African [ˈæfrɪkən] *adj* afrikanisch ◆ *n* Afrikaner *der* (-in *die*).

after [ˈɑːftəʳ] *prep* nach ◆ *conj* nachdem ◆ *adv* danach; **~ we had eaten** nachdem wir gegessen hatten; **a quarter ~ ten** (Am) Viertel nach zehn; **to be ~ sb/sthg** (in search of) jn/etw suchen; **~ all** (in spite of) everything) doch; (it should be remem-

bered) schließlich ❑ **afters** *npl* Nachtisch *der*.

aftercare [ˈɑːftəkeəʳ] *n* Nachbehandlung *die*.

aftereffects [ˈɑːftərɪˌfekts] *npl* Nachwirkung *die*.

afternoon [ˌɑːftəˈnuːn] *n* Nachmittag *der*; **good ~!** guten Tag!

afternoon tea *n* Nachmittagstee *der*.

aftershave [ˈɑːftəʃeɪv] *n* Rasierwasser *das*.

aftersun [ˈɑːftəsʌn] *n* Aftersunlotion *die*.

afterwards [ˈɑːftəwədz] *adv* danach.

again [əˈgen] *adv* wieder; **~ and ~** immer wieder; **never ... ~** nie ... wieder.

against [əˈgenst] *prep* gegen; **he was leaning ~ the wall** er stand an die Wand gelehnt; **~ the law** rechtswidrig.

age [eɪdʒ] *n* Alter *das*; *(in history)* Zeitalter *das*; **under ~** minderjährig; **I haven't seen him for ~s** *(inf)* ich hab' ihn schon ewig nicht mehr gesehen.

aged [eɪdʒd] *adj*: **to be ~ eight** acht Jahre alt sein; **children ~ eight** Kinder von acht Jahren.

age group *n* Altersgruppe *die*.

age limit *n* Altersgrenze *die*.

agency [ˈeɪdʒənsɪ] *n* Agentur *die*.

agenda [əˈdʒendə] *n* Tagesordnung *die*.

agent [ˈeɪdʒənt] *n* *(representative)* Vertreter *der* (-in *die*).

aggression [əˈgreʃn] *n* Aggression *die*.

aggressive [əˈgresɪv] *adj* aggressiv.

agile [*Br* ˈædʒaɪl, *Am* ˈædʒəl] *adj* beweglich.

agility [əˈdʒɪlətɪ] *n* Beweglichkeit *die*.

agitated [ˈædʒɪteɪtɪd] *adj* erregt.

ago [əˈgəʊ] *adv*: **a month ~** vor einem Monat; **how long ~ was it?** wie lange ist das her?

agonizing [ˈægənaɪzɪŋ] *adj* qualvoll.

agony [ˈægənɪ] *n* Qual *die*.

agree [əˈgriː] *vi* *(be in agreement, correspond)* übereinstimmen; *(consent)* einwilligen; **it doesn't ~ with me** *(food)* das bekommt mir nicht; **to ~ to sthg** mit etw einverstanden sein; **to ~ to do sthg** bereit sein, etw zu tun ❑ **agree on** *vt fus (time, price)* sich einigen auf (+*A*).

agreed [əˈgriːd] *adj* vereinbart.

agreement [əˈgriːmənt] *n* Zustimmung *die*; *(contract)* Vertrag *der*; **in ~ with** in Übereinstimmung mit.

agriculture [ˈægrɪkʌltʃəʳ] *n* Landwirtschaft *die*.

ahead [əˈhed] *adv*: **the road ~** die Straße vor mir/uns *etc*; **straight ~** geradeaus; **the weeks ~** die kommenden Wochen; **to be ~** *(winning)* Vorsprung haben; **~ of** *(in front of)* vor (+*D*); **~ of the other team** der anderen Mannschaft voraus; **~ of schedule** früher als geplant.

aid [eɪd] *n* Hilfe *die* ◆ *vt* helfen (+*D*); **in ~ of** zugunsten (+*G*); **with the ~ of** mit Hilfe (+*G*).

AIDS [eɪdz] *n* Aids *das*.

ailment [ˈeɪlmənt] *n* *(fml)* Leiden *das*.

aim [eɪm] *n* *(purpose)* Ziel *das* ◆ *vt*

(gun, camera, hose) richten ♦ *vi:* **to ~ (at)** zielen (auf *(+A)*); **to ~ to do sthg** beabsichtigen, etw zu tun.

air [eəʳ] *n* Luft *die* ♦ *vt (room)* lüften ♦ *adj (terminal, travel)* Flug-; **by ~** *(travel)* mit dem Flugzeug; *(send)* mit Luftpost.

airbed ['eəbed] *n* Luftmatratze *die.*

airborne ['eəbɔ:n] *adj (plane)*: **whilst we are ~** während des Fluges.

air-conditioned [-kən'dɪʃnd] *adj* klimatisiert.

air-conditioning [-kən'dɪʃnɪŋ] *n* Klimaanlage *die.*

aircraft ['eəkrɑ:ft] *(pl inv) n* Flugzeug *das.*

aircraft carrier [-ˌkærɪəʳ] *n* Flugzeugträger *der.*

airfield ['eəfi:ld] *n* Flugplatz *der.*

airforce ['eəfɔ:s] *n* Luftwaffe *die.*

air freshener [-ˌfreʃnəʳ] *n* Raumspray *das.*

airhostess ['eəˌhəʊstɪs] *n* Stewardeß *die.*

airing cupboard ['eərɪŋ-] *n* Trockenschrank zum Wäschetrocknen.

airletter ['eəˌletəʳ] *n* Luftpostbrief *der.*

airline ['eəlaɪn] *n* Fluggesellschaft *die.*

airliner ['eəˌlaɪnəʳ] *n* Verkehrsflugzeug *das.*

airmail ['eəmeɪl] *n* Luftpost *die;* **by ~** mit Luftpost.

airplane ['eəpleɪn] *n (Am)* Flugzeug *das.*

airport ['eəpɔ:t] *n* Flughafen *der.*

air raid *n* Luftangriff *der.*

airsick ['eəsɪk] *adj* luftkrank.

air steward *n* Steward *der.*

air stewardess *n* Stewardeß *die.*

air traffic control *n (people)* die Fluglotsen *pl.*

airy ['eərɪ] *adj* luftig.

aisle [aɪl] *n (in church)* Seitenschiff *das; (in plane, cinema, supermarket)* Gang *der.*

aisle seat *n* Sitz *der* am Gang.

ajar [ə'dʒɑ:ʳ] *adj* angelehnt.

alarm [ə'lɑ:m] *n (device)* Alarmanlage *die* ♦ *vt* beunruhigen.

alarm clock *n* Wecker *der.*

alarmed [ə'lɑ:md] *adj (door, car)* alarmgesichert.

alarming [ə'lɑ:mɪŋ] *adj* alarmierend.

Albert Hall ['ælbət-] *n*: **the ~** Londoner Konzerthalle.

ALBERT HALL

Diese große Konzerthalle ist nach Prinz Albert, dem Gemahl von Königin Viktoria, benannt. Neben Konzerten finden hier auch andere Veranstaltungen wie z.B. Sportveranstaltungen statt.

---

album ['ælbəm] *n* Album *das.*

alcohol ['ælkəhɒl] *n* Alkohol *der.*

alcohol-free *adj* alkoholfrei.

alcoholic [ˌælkə'hɒlɪk] *adj (drink)* alkoholisch ♦ *n* Alkoholiker *der (-in die).*

alcoholism ['ælkəhɒlɪzm] *n* Alkoholismus *der.*

alcove ['ælkəʊv] *n* Nische *die.*

ale [eɪl] *n* Ale *das*.

alert [ə'lɜːt] *adj* wachsam ♦ *vt (police, authorities)* alarmieren.

A level *n (Br)* einzelne Prüfung des englischen Schulabschlusses.

 A LEVEL

Die „A level"-Prüfungen entsprechen in etwa dem deutschen Abitur bzw. der schweizerischen Matura und werden von Schülern im Alter von 18 Jahren abgelegt. Ihr Bestehen ist Voraussetzung für ein Hochschulstudium in Großbritannien. Im britischen Schulsystem wählen die Schüler bis zu vier Fächer, und in jedem Fach wird eine „A level"-Prüfung abgelegt. Die „A level"-Endnoten sind sehr wichtig, da sie mit entscheiden, ob ein Schüler an der Universität der eigenen Wahl angenommen wird.

algebra ['ældʒɪbrə] *n* Algebra *die*.

Algeria [æl'dʒɪərɪə] *n* Algerien *nt*.

alias ['eɪlɪəs] *adv* alias.

alibi ['ælɪbaɪ] *n* Alibi *das*.

alien ['eɪlɪən] *n (foreigner)* Ausländer *der* (-in *die*); *(from outer space)* Außerirdische *der od*.

alight [ə'laɪt] *vi (fml: from train, bus)* aussteigen (aus) ♦ *adj*: **to be ~** brennen.

align [ə'laɪn] *vt* ausrichten.

alike [ə'laɪk] *adj* gleich ♦ *adv* ähnlich; **to look ~** gleich aussehen.

alive [ə'laɪv] *adj (living)* lebendig.

all [ɔːl] *adj* **1.** *(with singular noun)* ganze; **~ the money** das ganze

Geld; **~ the time** immer, die ganze Zeit.
2. *(with plural noun)* alle(-r)(-s); **~ the people** alle Menschen, alle Leute; **~ trains stop at Tonbridge** alle Züge halten in Tonbridge.
♦ *adv* **1.** *(completely)* ganz; **~ alone** ganz allein.
2. *(in scores)* beide; **it's two ~** es steht zwei beide.
3. *(in phrases):* **~ but empty** fast leer; **~ over** *(finished)* zu Ende.
♦ *pron* **1.** *(everything):* **~ of the cake** der ganze Kuchen; **is that ~?** *(in shop)* ist das alles?; **the best of ~** der/die/das Allerbeste; **the biggest of ~** der/die/das Allergrößte.
2. *(everybody)* alle; **~ of us went** wir sind alle gegangen.
3. *(in phrases):* **in ~** *(in total)* zusammen; *(in summary)* alles in allem.

Allah ['ælə] *n* Allah *der*.

allege [ə'ledʒ] *vt* behaupten.

allergic [ə'lɜːdʒɪk] *adj*: **to be ~ to** allergisch sein auf (+A).

allergy ['ælədʒɪ] *n* Allergie *die*.

alleviate [ə'liːvɪeɪt] *vt* lindern.

alley ['ælɪ] *n* Gasse *die*.

alligator ['ælɪgeɪtə'] *n* Alligator *der*.

all-in *adj (Br: inclusive)* Pauschal-.

all-night *adj (bar, petrol station)* nachts durchgehend geöffnet.

allocate ['æləkeɪt] *vt* zuteilen.

allotment [ə'lɒtmənt] *n (Br: for vegetables)* Schrebergarten *der*.

allow [ə'laʊ] *vt (permit)* erlauben; *(time, money)* rechnen; **to ~ sb to do sthg** jm erlauben, etw zu tun; **to be ~ed to do sthg** etw tun dürfen ☐ **allow for** *vt fus* einkalkulieren.

allowance [ə'laʊəns] *n (state*

benefit) Unterstützung die; (for expenses) Spesen pl; (Am: pocket money) Taschengeld das.

all right adj (satisfactory, acceptable) in Ordnung ◆ adv (satisfactorily) ganz gut; (yes, okay) okay; (safely) gut; **how are you? - I'm ~** wie geht's dir? - mir geht's gut.

ally ['ælaɪ] n Verbündete der die; (MIL) Alliierte der die.

almond ['ɑːmənd] n Mandel die.

almost ['ɔːlməʊst] adv fast.

alone [ə'ləʊn] adj & adv allein; **to leave sb ~** jn in Ruhe lassen; **to leave sthg ~** etw in Ruhe lassen.

along [ə'lɒŋ] adv (forward) weiter ◆ prep entlang; **to walk ~** entlanggehen; **to bring sthg ~** etw mitbringen; **all ~** die ganze Zeit; **~ with** zusammen mit.

alongside [ə,lɒŋ'saɪd] prep neben ◆ adv: **to come ~** (boat) längsseits kommen.

aloof [ə'luːf] adj distanziert.

aloud [ə'laʊd] adv laut.

alphabet ['ælfəbet] n Alphabet das.

Alps [ælps] npl: **the ~** die Alpen.

already [ɔːl'redɪ] adv schon.

also ['ɔːlsəʊ] adv auch.

altar ['ɔːltəʳ] n Altar der.

alter ['ɔːltəʳ] vt ändern.

alteration [,ɔːltə'reɪʃn] n Änderung die; (to house) Umbau der.

alternate [Br ɔːl'tɜːnət, Am 'ɔːltəmət] adj abwechselnd; **on ~ days** jeden zweiten Tag.

alternating current ['ɔːltə-neɪtɪŋ-] n Wechselstrom der.

alternative [ɔːl'tɜːnətɪv] adj

andere(-r)(-s); (lifestyle, medicine) alternativ ◆ n Alternative die.

alternatively [ɔːl'tɜːnətɪvlɪ] adv oder aber.

alternator ['ɔːltəneɪtəʳ] n Wechselstromgenerator der.

although [ɔːl'ðəʊ] conj obwohl.

altitude ['æltɪtjuːd] n Höhe die.

altogether [,ɔːltə'geðəʳ] adv (completely) ganz; (in total) insgesamt.

aluminium [,æljʊ'mɪnɪəm] n (Br) Aluminium das.

aluminum [ə'luːmɪnəm] (Am) = **aluminium**.

always ['ɔːlweɪz] adv immer.

am [æm] → **be**.

a.m. (abbr of ante meridiem): **at 2 ~** um 2 Uhr morgens.

amateur ['æmətəʳ] n Amateur der.

amazed [ə'meɪzd] adj erstaunt.

amazing [ə'meɪzɪŋ] adj erstaunlich.

Amazon ['æməzn] n (river): **the ~** der Amazonas.

ambassador [æm'bæsədəʳ] n Botschafter der (-in die).

amber ['æmbəʳ] adj (traffic lights) gelb; (jewellery) Bernstein-.

ambiguous [æm'bɪgjʊəs] adj zweideutig.

ambition [æm'bɪʃn] n (desire) Ehrgeiz der; (thing desired) Wunsch der.

ambitious [æm'bɪʃəs] adj ehrgeizig.

ambulance ['æmbjʊləns] n Krankenwagen der.

ambush ['æmbʊʃ] n Hinterhalt der.

amenities [ə'mi:nətɪz] npl Annehmlichkeiten pl.

America [ə'merɪkə] n Amerika nt.

American [ə'merɪkən] adj amerikanisch ♦ n Amerikaner der (-in die).

amiable ['eɪmɪəbl] adj freundlich.

ammunition [ˌæmjʊ'nɪʃn] n Munition die.

amnesia [æm'ni:zɪə] n Gedächtnisschwund der.

among(st) [ə'mʌŋ(st)] prep unter (+D).

amount [ə'maʊnt] n (money) Betrag der; (quantity) Menge die □ **amount to** vt fus (total) sich belaufen auf (+A).

amp [æmp] n Ampere das; **a 13-~ plug** ein Stecker für 13 Ampere.

ample ['æmpl] adj reichlich.

amplifier ['æmplɪfaɪə'] n Verstärker der.

amputate ['æmpjʊteɪt] vt amputieren.

Amtrak ['æmtræk] n amerikanische Eisenbahngesellschaft.

amuse [ə'mju:z] vt (make laugh) belustigen; (entertain) unterhalten.

amusement arcade [ə'mju:zmənt-] n Spielhalle die.

amusement park [ə'mju:zmənt-] n Vergnügungspark der.

amusements [ə'mju:zmənts] npl Vergnügungsmöglichkeiten pl.

amusing [ə'mju:zɪŋ] adj lustig.

an [stressed æn, unstressed ən] → **a**.

anaemic [ə'ni:mɪk] adj (Br) blutarm.

anaesthetic [ˌænɪs'θetɪk] n (Br) Narkose die.

analgesic [ˌænæl'dʒi:sɪk] n Schmerzmittel das.

analyse ['ænəlaɪz] vt analysieren.

analyst ['ænəlɪst] n Analytiker der (-in die).

analyze ['ænəlaɪz] (Am) = **analyse**.

anarchy ['ænəkɪ] n Anarchie die.

anatomy [ə'nætəmɪ] n (science) Anatomie die; (of person, animal) Körperbau der.

ancestor ['ænsestə'] n Vorfahr der.

anchor ['æŋkə'] n Anker der.

anchovy ['æntʃəvɪ] n Sardelle die.

ancient ['eɪnʃənt] adj alt.

and [strong form ænd, weak form ənd, ən] conj und; **~ you?** und du/Sie?; **a hundred ~ one** hunderteins; **to try ~ do sthg** versuchen, etw zu tun; **more ~ more** immer mehr.

Andes ['ændi:z] npl: **the ~** die Anden.

anecdote ['ænɪkdəʊt] n Anekdote die.

anemic [ə'ni:mɪk] (Am) = **anaemic**.

anesthetic [ˌænɪs'θetɪk] (Am) = **anaesthetic**.

angel ['eɪndʒl] n Engel der.

anger ['æŋgə'] n Ärger der.

angina [æn'dʒaɪnə] n Angina die.

angle ['æŋgl] n Winkel der; **at an ~** schräg.

angler ['æŋglə'] n Angler der (-in die).

angling ['æŋglɪŋ] n Angeln das.

angry ['æŋgrɪ] adj böse; **to get ~ (with sb)** sich (über jn) ärgern.

animal ['ænɪml] n Tier das.

aniseed ['ænɪsi:d] n Anis der.

ankle ['æŋkl] n Knöchel der.

annex ['æneks] n (building) Anbau der.

annihilate [ə'naɪəleɪt] vt vernichten.

anniversary [ˌænɪ'vɜːsən] n Jahrestag der.

announce [ə'naʊns] vt (declare) bekanntgeben; (delay, departure) durchsagen.

announcement [ə'naʊnsmənt] n Bekanntmachung die; (at airport, station) Durchsage die.

announcer [ə'naʊnsə^r] n (on TV, radio) Ansager der (-in die).

annoy [ə'nɔɪ] vt ärgern.

annoyed [ə'nɔɪd] adj ärgerlich; **to get ~ (with)** sich ärgern (über (+A)).

annoying [ə'nɔɪŋ] adj ärgerlich.

annual ['ænjʊəl] adj jährlich.

anonymous [ə'nɒnɪməs] adj anonym.

anorak ['ænəræk] n Anorak der.

another [ə'nʌðə^r] adj (additional) noch ein/eine; (different) ein anderer/eine andere/ein anderes ◆ pron (one more) noch einer/eine/eins; (different one) ein anderer/eine andere/ein anderes; **in ~ two weeks** in weiteren zwei Wochen; **~ one** noch einer/eine/eins; **one ~** einander; **one after ~** einer nach dem anderen/eine nach der anderen/eins nach dem anderen.

answer ['ɑ:nsə^r] n Antwort die ◆ vt (person) antworten (+D); (question, letter) beantworten ◆ vi antworten; **to ~ the door** an die Tür gehen; **to ~ the phone** ans Telefon gehen ❏ **answer back** vi (child) eine freche Antwort geben.

answering machine ['ɑ:nsərɪŋ-] = **answerphone**.

answerphone ['ɑ:nsəfəʊn] n Anrufbeantworter der.

ant [ænt] n Ameise die.

Antarctic [æn'tɑ:ktɪk] n: **the ~** die Antarktis.

antenna [æn'tenə] n (Am: aerial) Antenne die.

anthem ['ænθəm] n Hymne die.

antibiotics [ˌæntɪbaɪ'ɒtɪks] npl Antibiotika pl.

anticipate [æn'tɪsɪpeɪt] vt erwarten.

anticlimax [ˌæntɪ'klaɪmæks] n Enttäuschung die.

anticlockwise [ˌæntɪ'klɒkwaɪz] adv (Br) gegen den Uhrzeigersinn.

antidote ['æntɪdəʊt] n Gegenmittel das.

antifreeze ['æntɪfri:z] n Frostschutzmittel das.

antihistamine [ˌæntɪ'hɪstəmɪn] n Antihistamin das.

antiperspirant [ˌæntɪ'pɜːspərənt] n Antitranspirant das.

antiquarian bookshop [ˌæntɪ'kweərɪən-] n Antiquariat das.

antique [æn'ti:k] n Antiquität die.

antique shop n Antiquitätenladen der.

antiseptic [ˌæntɪ'septɪk] n Antiseptikum das.

antisocial [ˌæntɪ'səʊʃl] adj (person) ungesellig; (behaviour) asozial.

antlers ['æntləz] npl Geweih das.

anxiety [æŋ'zaɪətɪ] n (worry) Sorge die.

anxious ['æŋkʃəs] adj (worried) besorgt; (eager) sehnlich.

any 12

any [ˈenɪ] *adj* 1. *(in questions)*: have you got ~ money? hast du Geld?; have you got ~ postcards? haben Sie Postkarten?
2. *(in negatives)*: I haven't got ~ money ich habe kein Geld; we don't have ~ rooms wir haben keine Zimmer frei.
3. *(no matter which)* irgendein(-e); take ~ one you like nimm, welches du willst.
♦ *pron* 1. *(in questions)* welche; I'm looking for a hotel - are there ~ nearby? ich suche ein Hotel - gibt es hier welche in der Nähe?
2. *(in negatives)*: I don't want ~ (of them) ich möchte keinen/keines (von denen).
3. *(no matter which one)* jede(-r)/(-s); you can sit at ~ of the tables Sie können sich an jeden beliebigen Tisch setzen.
♦ *adv* 1. *(in questions)*: is there ~ more ice cream? ist noch Eis da?; is that ~ better? ist das besser?
2. *(in negatives)*: we can't wait ~ longer wir können nicht mehr länger warten.

anybody [ˈenɪbɒdɪ] = anyone.

anyhow [ˈenɪhaʊ] *adv (carelessly)* irgendwie; *(in any case)* jedenfalls; *(in spite of that)* trotzdem.

anyone [ˈenɪwʌn] *pron (any person)* jeder; *(in questions)* irgend jemand; there wasn't ~ in niemand war zu Hause.

anything [ˈenɪθɪŋ] *pron (no matter what)* alles; *(in questions)* irgend etwas; he didn't tell me ~ er hat mir nichts gesagt.

anyway [ˈenɪweɪ] *adv (in any case)* sowieso; *(in spite of that)* trotzdem; *(in conversation)* jedenfalls.

anywhere [ˈenɪweəʳ] *adv (any place)* überall; *(in questions)* irgendwo; I can't find it ~ ich kann es nirgends finden.

apart [əˈpɑːt] *adv* auseinander; to come ~ auseinandergehen; to live ~ getrennt leben; ~ from *(except for)* abgesehen von; *(as well as)* außer (+ß).

apartheid [əˈpɑːtheɪt] *n* Apartheid *die.*

apartment [əˈpɑːtmənt] *n (Am)* Wohnung *die.*

apathetic [ˌæpəˈθetɪk] *adj* apathisch.

ape [eɪp] *n* Affe *der.*

aperitif [əˌperəˈtiːf] *n* Aperitif *der.*

aperture [ˈæpətʃəʳ] *n (of camera)* Blende *die.*

Apex *n (plane ticket)* reduziertes Flugticket, das im voraus reserviert werden muß; *(Br: train ticket)* reduzierte Fahrkarte für Fernstrecken, die nur für bestimmte Züge gilt und im voraus reserviert werden muß.

apiece [əˈpiːs] *adv* je; they cost £5 ~ sie kosten je 5 Pfund.

apologetic [əˌpɒləˈdʒetɪk] *adj* entschuldigend; to be ~ sich entschuldigen.

apologize [əˈpɒlədʒaɪz] *vi*: to ~ (to sb for sthg) sich (bei jm für etw) entschuldigen.

apology [əˈpɒlədʒɪ] *n* Entschuldigung *die.*

apostrophe [əˈpɒstrəfɪ] *n* Apostroph *der.*

appal [əˈpɔːl] *vt (Br)* entsetzen.

appall [əˈpɔːl] *(Am)* = appal.

appalling [əˈpɔːlɪŋ] *adj* entsetzlich.

apparatus [ˌæpəˈreɪtəs] n (device) Gerät das.

apparently [əˈpærəntli] adv (it seems) scheinbar; (evidently) anscheinend.

appeal [əˈpiːl] n (JUR) Berufung die; (for money, help) Aufruf der ◆ vi (JUR) Berufung einlegen; **to ~ to sb (for sthg)** jn (um etw) bitten; **it doesn't ~ to me** das gefällt mir nicht.

appear [əˈpɪəʳ] vi erscheinen; (seem) scheinen; (in play) auftreten; **it ~s that** es scheint, daß.

appearance [əˈpɪərəns] n Erscheinen das; (of performer) Auftritt der; (look) Aussehen das.

appendices [əˈpendɪsiːz] pl → appendix.

appendicitis [əˌpendɪˈsaɪtɪs] n Blinddarmentzündung die.

appendix [əˈpendɪks] (pl -dices) n (ANAT) Blinddarm der; (of book) Anhang der.

appetite [ˈæpɪtaɪt] n Appetit der.

appetizer [ˈæpɪtaɪzəʳ] n Appetithappen der.

appetizing [ˈæpɪtaɪzɪŋ] adj appetitlich.

applaud [əˈplɔːd] vt & vi Beifall klatschen (+D).

applause [əˈplɔːz] n Beifall der.

apple [ˈæpl] n Apfel der.

apple charlotte [-ˈʃɑːlət] n Apfelauflauf, der in einer mit Brot ausgelegten und bedeckten Form gebacken wird.

apple crumble n mit Streuseln bestreuter Apfelauflauf.

apple juice n Apfelsaft der.

apple pie n Art gedeckter Apfelkuchen mit dünnen Teigwänden.

apple sauce n Apfelmus das.

apple tart n Apfelkuchen der.

apple turnover [-ˈtɜːnəʊvəʳ] n Apfeltasche die.

appliance [əˈplaɪəns] n Gerät das; **electrical ~** Elektrogerät das; **domestic ~** Haushaltsgerät das.

applicable [əˈplɪkəbl] adj: **to be ~ (to)** zutreffen (auf (+A)); **if ~** falls zutreffend.

applicant [ˈæplɪkənt] n Bewerber der (-in die).

application [ˌæplɪˈkeɪʃn] n (for job) Bewerbung die; (for membership) Antrag der.

application form n (for job) Bewerbungsformular das; (for membership) Antragsformular das.

apply [əˈplaɪ] vt (lotion, paint) auftragen; (brakes) anwenden ◆ vi: **to ~ (to sb for sthg)** (make request) sich (bei jm um etw) bewerben; **to ~ (to sb)** (be applicable) zutreffen (auf jn).

appointment [əˈpɔɪntmənt] n (with doctor, hairdresser) Termin der; **to have an ~ (with)** einen Termin haben (bei); **to make an ~ (with)** einen Termin vereinbaren (mit); **by ~** nach Vereinbarung.

appreciable [əˈpriːʃəbl] adj merklich.

appreciate [əˈpriːʃɪeɪt] vt schätzen; (understand) verstehen.

apprehensive [ˌæprɪˈhensɪv] adj ängstlich.

apprentice [əˈprentɪs] n Lehrling der.

apprenticeship [əˈprentɪsʃɪp] n Lehre die.

approach [əˈprəʊtʃ] n (road) Zufahrt die; (to problem, situation) Ansatz der ◆ vt sich nähern (+D);

(problem, situation) anlgehen ♦ *vi* näherlkommen.

appropriate [əˈprəʊprɪət] *adj* passend.

approval [əˈpruːvl] *n* Zustimmung *die*.

approve [əˈpruːv] *vi*: **to ~ (of sb/sthg)** (mit jm/etw) einverstanden sein.

approximate [əˈprɒksɪmət] *adj* ungefähr.

approximately [əˈprɒksɪmətlɪ] *adv* ungefähr.

Apr. *abbr* = April.

apricot [ˈeɪprɪkɒt] *n* Aprikose *die*, Marille *die* (Österr).

April [ˈeɪprəl] *n* April *der*, → September.

April Fools' Day *n* der erste April.

---

i APRIL FOOLS' DAY

Der 1. April wird wie im deutschsprachigen Raum auch mit Aprilscherzen begangen: an diesem Tag spielt man anderen gerne Streiche oder treibt sonst allerlei Schabernack. Aprilscherze sind allerdings nur bis zur Mittagszeit erlaubt.

---

apron [ˈeɪprən] *n* Schürze *die*.

apt [æpt] *adj (appropriate)* passend; **to be ~ to do sthg** dazu neigen, etw zu tun.

aquarium [əˈkweərɪəm] *(pl* **-ria** [-rɪə] *) n* Aquarium *das*.

Aquarius [əˈkweərɪəs] *n* Wassermann *der*.

aqueduct [ˈækwɪdʌkt] *n* Aquädukt *der*.

Arab [ˈærəb] *adj* arabisch ♦ *n* Araber *der* (-in *die*).

Arabic [ˈærəbɪk] *adj* arabisch ♦ *n* Arabisch *das*.

arbitrary [ˈɑːbɪtrən] *adj* willkürlich.

arc [ɑːk] *n* Bogen *der*.

arcade [ɑːˈkeɪd] *n (for shopping)* Passage *die*; *(of video games)* Spielhalle *die*.

arch [ɑːtʃ] *n* Bogen *der*.

archaeology [ˌɑːkɪˈɒlədʒɪ] *n* Archäologie *die*.

archbishop [ˌɑːtʃˈbɪʃəp] *n* Erzbischof *der*.

archery [ˈɑːtʃərɪ] *n* Bogenschießen *das*.

archipelago [ˌɑːkɪˈpeləgəʊ] *'n* Archipel *der*.

architect [ˈɑːkɪtekt] *n* Architekt *der* (-in *die*).

architecture [ˈɑːkɪtektʃəʳ] *n* Architektur *die*.

archives [ˈɑːkaɪvz] *npl* Archiv *das*.

Arctic [ˈɑːktɪk] *n*: **the ~** die Arktis.

are [weak form əʳ, strong form ɑːʳ] → be.

area [ˈeərɪə] *n (region)* Gegend *die*; *(space, zone)* Bereich *der*; *(surface size)* Fläche *die*.

area code *n (Am)* Vorwahl *die*.

arena [əˈriːnə] *n (at circus)* Manege *die*; *(at sportsground)* Stadion *das*.

aren't [ɑːnt] = are not.

Argentina [ˌɑːdʒənˈtiːnə] *n* Argentinien *nt*.

argue [ˈɑːgjuː] *vi*: **to ~ (with sb about sthg)** sich (mit jm über etw) streiten ♦ *vt*: to ~ (that) ... die Meinung vertreten, daß ...

argument ['ɑːgjəmənt] *n (quarrel)* Streit *der; (reason)* Argument *das.*

arid ['ærɪd] *adj* trocken.

Aries ['eəriːz] *n* Widder *der.*

arise [ə'raɪz] *(pt arose, pp arisen* [ə'rɪzn]) *vi*: to ~ (from) sich ergeben (aus).

aristocracy [ˌærɪ'stɒkrəsɪ] *n* Adel *der.*

arithmetic [ə'rɪθmətɪk] *n* Rechnen *das.*

arm [ɑːm] *n* Arm *der; (of chair)* Armlehne *die; (of garment)* Ärmel *der.*

arm bands *npl (for swimming)* Schwimmflügel *pl.*

armchair ['ɑːmtʃeər] *n* Sessel *der.*

armed [ɑːmd] *adj* bewaffnet.

armed forces *npl*: the ~ die Streitkräfte.

armor ['ɑːmər] *(Am)* = **armour**.

armour ['ɑːmər] *n (Br)* Rüstung *die.*

armpit ['ɑːmpɪt] *n* Achselhöhle *die.*

arms [ɑːmz] *npl* Waffen *pl.*

army ['ɑːmɪ] *n* Armee *die.*

A-road *n (Br)* ≈ Bundesstraße *die.*

aroma [ə'rəʊmə] *n* Aroma *das.*

aromatic [ˌærə'mætɪk] *adj* aromatisch.

arose [ə'rəʊz] *pt* → **arise**.

around [ə'raʊnd] *prep* um; *(near)* rings herum; *(approximately)* ungefähr ♦ *adv* herum; *(present)*: **is she ~?** ist sie da?; ~ **here** *(in the area)* hier in der Gegend; **to travel** ~ herumreisen; **to turn** ~ sich umdrehen; **to look** ~ sich umsehen.

arouse [ə'raʊz] *vt (suspicion, interest)* erregen.

arrange [ə'reɪndʒ] *vt (objects)* ordnen; *(flowers)* arrangieren; *(meeting)* vereinbaren; *(event)* planen; **to ~ to do sthg (with sb)** (mit jm) vereinbaren, etw zu tun.

arrangement [ə'reɪndʒmənt] *n (agreement)* Vereinbarung *die; (layout)* Anordnung *die;* **by** ~ nach Vereinbarung; **to make** ~**s (to do sthg)** Vorkehrungen treffen (, etw zu tun).

arrest [ə'rest] *n* Verhaftung *die* ♦ *vt* verhaften; **under** ~ verhaftet.

arrival [ə'raɪvl] *n* Ankunft *die;* **on** ~ bei der Ankunft; **new** ~ Neuankömmling *der.*

arrive [ə'raɪv] *vi* ankommen.

arrogant ['ærəgənt] *adj* arrogant.

arrow ['ærəʊ] *n* Pfeil *der.*

arson ['ɑːsn] *n* Brandstiftung *die.*

art [ɑːt] *n* Kunst *die; (paintings, sculptures etc)* Kunstwerk *das* □ **arts** *npl (humanities)* Geisteswissenschaften *pl;* **the** ~**s** *(fine arts)* die schönen Künste *pl.*

artefact ['ɑːtɪfækt] *n* Artefakt *das.*

artery ['ɑːtərɪ] *n* Arterie *die.*

art gallery *n* Kunstgalerie *die.*

arthritis [ɑː'θraɪtɪs] *n* Arthritis *die.*

artichoke ['ɑːtɪtʃəʊk] *n* Artischocke *die.*

article ['ɑːtɪkl] *n (object)* Gegenstand *der; (in newspaper, grammar)* Artikel *der.*

articulate [ɑː'tɪkjʊlət] *adj*: **to be** ~ sich gut ausdrücken können.

artificial [ˌɑːtɪ'fɪʃl] *adj* künstlich.

artist ['ɑːtɪst] n Künstler der (-in die).

artistic [ɑːˈtɪstɪk] adj künstlerisch.

arts centre = Kulturtreff der.

arty ['ɑːtɪ] adj (pej) pseudokünstlerisch.

as [unstressed əz, stressed æz] adv (in comparisons): ~ ... ~ so ... wie; **he's tall ~ I am** er ist so groß wie ich; **many ~** so viele wie; **~ much ~** so viel wie.
♦ conj **1.** (referring to time) als; **~ the plane was coming in to land** als das Flugzeug beim Landeanflug war. **2.** (referring to manner) wie; **~ expected ...** wie erwartet ... **3.** (introducing a statement) wie; **~ I told you ...** wie ich dir bereits gesagt habe ... **4.** (because) weil, da. **5.** (in phrases): **~ for me** was mich betrifft; **~ from Monday** ab Montag; **~ if** als ob.
♦ prep (referring to function, job) als.

asap (abbr of as soon as possible) baldmöglichst.

ascent [əˈsent] n Aufstieg der.

ascribe [əˈskraɪb] vt: **to ~ sthg to sb/sthg** jm/einer Sache etw zulschreiben.

ash [æʃ] n (from cigarette, fire) Asche die; (tree) Esche die.

ashore [əˈʃɔːʳ] adv an Land.

ashtray ['æʃtreɪ] n Aschenbecher der.

Asia [Br 'eɪʃə, Am 'eɪʒə] n Asien nt.

Asian [Br 'eɪʃn, Am 'eɪʒn] adj asiatisch ♦ n Asiat der (-in die).

aside [əˈsaɪd] adv beiseite; **to move ~** beiseite treten.

ask [ɑːsk] vt fragen; (a question)

stellen; (permission) bitten um; (advice) fragen um; (invite) einladen ♦ vi: **to ~ after** sich erkundigen nach; **to ~ about sthg** nach etw fragen; **to ~ sb about sthg** jm Fragen über etw stellen; **to ~ sb to do sthg** jn bitten, etw zu tun; **to ~ sb for sthg** jn um etw bitten □ **ask for** vt fus (ask to talk to) verlangen; (request) bitten um.

asleep [əˈsliːp] adj: **to be ~** schlafen; **to fall ~** einschlafen.

asparagus [əˈspærəgəs] n Spargel der.

asparagus tips npl Spargelspitzen pl.

aspect ['æspekt] n Aspekt der.

aspirin ['æsprɪn] n Aspirin das.

ass [æs] n (animal) Esel der.

assassinate [əˈsæsɪneɪt] vt ermorden.

assault [əˈsɔːlt] n Angriff der ♦ vt anlgreifen.

assemble [əˈsembl] vt (build) zusammenlbauen ♦ vi sich versammeln.

assembly [əˈsemblɪ] n (at school) Morgenandacht die.

assembly hall n (at school) Aula die.

assembly point n Treffpunkt der.

assert [əˈsɜːt] vt behaupten; **to ~ o.s.** sich durchlsetzen.

assess [əˈses] vt (person, situation, effect) bewerten; (value, damage) schätzen.

assessment [əˈsesmənt] n (of situation, person, effect) Bewertung die; (of value, damage, cost) Schätzung die.

asset ['æset] *n (thing)* Vorteil *der; (person)* Stütze *die*.

assign [ə'saın] *vt:* **to ~ sthg to sb** jm etw zuteilen; **to ~ sb to sthg** jm etw zuteilen.

assignment [ə'saınmənt] *n (task)* Aufgabe *die; (SCH)* Projekt *das*.

assist [ə'sıst] *vt* helfen (+D).

assistance [ə'sıstəns] *n* Hilfe *die;* **to be of ~ (to sb)** (jm) helfen.

assistant [ə'sıstənt] *n* Assistent *der* (-in *die*).

associate [*n* ə'səʊʃıət, *vb* ə'səʊʃıeıt] *n* Partner *der* (-in *die*) ◆ *vt:* **to ~ sb/sthg with** jn/etw in Verbindung bringen mit.

association [ə,səʊsı'eıʃn] *n (group)* Verband *der*.

assorted [ə'sɔːtıd] *adj* gemischt.

assortment [ə'sɔːtmənt] *n* Auswahl *die*.

assume [ə'sjuːm] *vt (suppose)* annehmen; *(control, responsibility)* übernehmen.

assurance [ə'ʃʊərəns] *n* Versicherung *die*.

assure [ə'ʃʊəʳ] *vt* versichern; **to ~ sb (that)** ... jm versichern, daß ...

asterisk ['æstərısk] *n* Sternchen *das*.

asthma ['æsmə] *n* Asthma *das*.

asthmatic [æs'mætık] *adj* asthmatisch.

astonished [ə'stɒnıʃt] *adj* erstaunt.

astonishing [ə'stɒnıʃıŋ] *adj* erstaunlich.

astound [ə'staʊnd] *vt* überraschen.

astray [ə'streı] *adv:* **to go ~**

(person) sich verlaufen; *(thing)* verloren|gehen.

astrology [ə'strɒlədʒı] *n* Astrologie *die*.

astronomy [ə'strɒnəmı] *n* Astronomie *die*.

asylum [ə'saıləm] *n (mental hospital)* psychiatrische Klinik *die*.

at [unstressed ət, stressed æt] *prep* 1. *(indicating place, position)* in (+D); **~ the end of** am Ende (+G); **~ school** in der Schule; **~ the hotel** *(inside)* im Hotel; *(outside)* beim Hotel; **~ my mother's** bei meiner Mutter; **~ home** zu Hause.
2. *(indicating direction)* an (+A); **to look ~ sb/sthg** jn/etw an|schauen; **to smile ~ sb** jn an|lächeln.
3. *(indicating time)* um; **~ nine o'clock** um neun Uhr; **~ Christmas** an Weihnachten; **~ night** nachts.
4. *(indicating rate, level, speed)* mit; **it works out ~ £5 each** es kommt für jeden auf 5 Pfund; **~ 60 km/h** mit 60 km/h.
5. *(indicating activity):* **to be ~ lunch** beim Mittagessen sein; **to be good/bad ~ sthg** in einer Sache gut/schlecht sein.
6. *(indicating cause)* über (+D); **to be pleased ~ sthg** über etw (D) erfreut sein.

ate [*Br* et, *Am* eıt] *pt* → **eat**.

atheist ['eıθııst] *n* Atheist *der* (-in *die*).

athlete ['æθliːt] *n* Athlet *der* (-in *die*).

athletics [æθ'letıks] *n* Leichtathletik *die*.

Atlantic [ət'læntık] *n:* **the ~ (Ocean)** der Atlantik.

atlas ['ætləs] *n* Atlas *der*.

18

atmosphere [ˈætməsfɪəʳ] n
Atmosphäre die.

atom [ˈætəm] n Atom das.

A to Z n Stadtplan der (im Buchformat).

atrocious [əˈtrəʊʃəs] adj grauenhaft.

attach [əˈtætʃ] vt befestigen; to ~ sthg to sthg etw an etw (D) befestigen.

attachment [əˈtætʃmənt] n (device) Zusatzgerät das.

attack [əˈtæk] n Angriff der; (of coughing, asthma etc) Anfall der ♦ vt angreifen.

attacker [əˈtækəʳ] n Angreifer der (-in die).

attain [əˈteɪn] vt (fml) erreichen.

attempt [əˈtempt] n Versuch der ♦ vt versuchen; to ~ to do sthg versuchen, etw zu tun.

attend [əˈtend] vt (meeting) teilnehmen an (+D); (Mass, school) besuchen □ **attend to** vt fus (deal with) sich kümmern um.

attendance [əˈtendəns] n Besuch der; (number of people) Besucherzahl die.

attendant [əˈtendənt] n (in museum) Wärter der (-in die); (in car park) Wächter der (-in die).

attention [əˈtenʃn] n Aufmerksamkeit die; **to pay ~** aufmerksam sein; **to pay ~ to sthg** etw beachten.

attic [ˈætɪk] n Dachboden der.

attitude [ˈætɪtjuːd] n (mental) Einstellung die; (behaviour) Haltung die.

attorney [əˈtɜːnɪ] n (Am) Anwalt der (Anwältin die).

attract [əˈtrækt] vt an|ziehen; (attention) erwecken.

attraction [əˈtrækʃn] n (liking) Anziehung die; (attractive feature) Reiz der; (of town, resort) Attraktion die.

attractive [əˈtræktɪv] adj (person) attraktiv; (idea, offer) reizvoll.

attribute [əˈtrɪbjuːt] vt: **to ~ sthg to etw** zurück|führen auf (+A).

aubergine [ˈəʊbəʒiːn] n (Br) Aubergine die.

auburn [ˈɔːbən] adj rotbraun.

auction [ˈɔːkʃn] n Auktion die.

audience [ˈɔːdɪəns] n (of play, concert, film) Publikum das; (of TV) Zuschauer pl; (of radio) Zuhörer pl.

audio [ˈɔːdɪəʊ] adj Ton-.

audio-visual [-ˈvɪʒʊəl] adj audiovisuell.

auditorium [ˌɔːdɪˈtɔːrɪəm] n Zuschauerraum der.

Aug. abbr = **August**.

August [ˈɔːgəst] n August der, → **September**.

aunt [ɑːnt] n Tante die.

au pair [ˌəʊˈpeəʳ] n Au-pair-Mädchen das.

aural [ˈɔːrəl] adj: **an ~ exam** ein Hörverständnistest.

Australia [ɒˈstreɪlɪə] n Australien nt.

Australian [ɒˈstreɪlɪən] adj australisch ♦ n Australier der (-in die).

Austria [ˈɒstrɪə] n Österreich nt.

Austrian [ˈɒstrɪən] adj österreichisch ♦ n Österreicher der (-in die).

authentic [ɔːˈθentɪk] adj echt.

author [ˈɔːθəʳ] n (of book, article) Autor der (-in die); (by profession) Schriftsteller der (-in die).

authority [ɔːˈθɒrətɪ] n (power)

Autorität die; (official organization) Behörde die; **the authorities** die Behörden.

authorization [ɔːθəraɪˈzeɪʃn] n Genehmigung die.

authorize [ˈɔːθəraɪz] vt genehmigen; **to ~ sb to do sthg** jn ermächtigen, etw zu tun.

autobiography [ˌɔːtəbaɪˈɒɡrəfɪ] n Autobiographie die.

autograph [ˈɔːtəɡrɑːf] n Autogramm das.

automatic [ˌɔːtəˈmætɪk] adj automatisch ◆ n (car) Wagen der mit Automatikgetriebe.

automatically [ˌɔːtəˈmætɪklɪ] adv automatisch.

automobile [ˈɔːtəməbiːl] n (Am) Auto das.

autumn [ˈɔːtəm] n Herbst der; **in (the) ~** im Herbst.

auxiliary (verb) [ɔːɡˈzɪljən-] n Hilfsverb das.

available [əˈveɪləbl] adj verfügbar; (product) lieferbar; **to be ~** (person) zur Verfügung stehen.

avalanche [ˈævəlɑːnʃ] n Lawine die.

Ave. abbr = avenue.

avenue [ˈævənjuː] n (road) Allee die.

average [ˈævərɪdʒ] adj durchschnittlich ◆ n Durchschnitt der; **on ~** im Durchschnitt.

aversion [əˈvɜːʃn] n Abneigung die.

aviation [ˌeɪvɪˈeɪʃn] n Luftfahrt die.

avid [ˈævɪd] adj begeistert.

avocado (pear) [ˌævəˈkɑːdəʊ-] n Avocado die.

avoid [əˈvɔɪd] vt vermeiden; (person, place) meiden; **to ~ doing sthg** vermeiden, etw zu tun.

await [əˈweɪt] vt erwarten.

awake [əˈweɪk] (pt awoke, pp awoken) adj wach ◆ vi erwachen.

award [əˈwɔːd] n (prize) Auszeichnung die ◆ vt: **to ~ sb sthg** (prize) jm etw verleihen; (damages, compensation) jm etw zusprechen.

aware [əˈweəʳ] adj: **to be ~ of sthg** sich (D) einer Sache (G) bewußt sein.

away [əˈweɪ] adv weg; (not at home, in office) nicht da; **to take sthg ~ (from sb)** (jm) etw wegnehmen; **far ~** weit entfernt; **10 miles ~ (from here)** 10 Meilen (von hier) entfernt; **two weeks ~** in zwei Wochen.

awesome [ˈɔːsəm] adj überwältigend; (inf: excellent) toll.

awful [ˈɔːfəl] adj furchtbar.

awfully [ˈɔːflɪ] adv (very) furchtbar.

awkward [ˈɔːkwəd] adj (position, shape, situation) ungünstig; (movement) ungeschickt; (question, task) schwierig.

awning [ˈɔːnɪŋ] n (on house) Markise die; (of tent) Vordach das.

awoke [əˈwəʊk] pt → awake.

awoken [əˈwəʊkən] pp → awake.

axe [æks] n Axt die.

axle [ˈæksl] n Achse die.

B

BA *(abbr of Bachelor of Arts)* Bakkalaureus der Geisteswissenschaften.

babble ['bæbl] *vi* plappern.

baby ['beɪbɪ] *n* Baby *das;* **to have a ~ ein** Kind bekommen; **~ sweet-corn** Maiskölbchen *pl.*

baby carriage *n (Am)* Kinderwagen *der.*

baby food *n* Babynahrung *die.*

baby-sit *vi* babysitten.

baby wipe *n* Babyöltuch *das.*

bachelor ['bætʃələˀ] *n* Junggeselle *der.*

back [bæk] *adv* zurück ◆ *n (of person, hand, book)* Rücken *der; (of chair)* Lehne *die; (inside car)* Rücksitz *der; (of room)* hintere Teil *der; (of bank note)* Rückseite *die* ◆ *adj (wheels)* Hinter- ◆ *vi (car, driver)* zurücklsetzen ◆ *vt (support)* unterstützen; **at the ~ of** hinter (+D); **in ~ of** *(Am)* hinter (+D); **~ to front** verkehrt herum ❑ **back up** *vt sep (support)* unterstützen; *(confirm)* bestätigen ◆ *vi (car, driver)* zurücklsetzen.

backache ['bækeɪk] *n* Rückenschmerzen *pl.*

backbone ['bækbəʊn] *n* Wirbelsäule *die.*

back door *n* Hintertür *die.*

backfire [ˌbæk'faɪəˀ] *vi (car)* fehllzünden.

background ['bækgraʊnd] *n*
Hintergrund *der; (of person)* Herkunft *die.*

backlog ['bæklɒg] *n* Rückstand *der.*

backpack ['bækpæk] *n* Rucksack *der.*

backpacker ['bækpækəˀ] *n* Rucksacktourist *der (-in die).*

backseat *n* Rücksitz *der.*

backside [ˌbæk'saɪd] *n (inf)* Hintern *der.*

back street *n* Seitenstraße *die.*

backstroke ['bækstrəʊk] *n* Rückenschwimmen *das.*

backwards ['bækwədz] *adv* rückwärts; *(look)* nach hinten.

bacon ['beɪkən] *n* Speck *der;* **~ and eggs** Eier *pl* mit Speck.

bacteria [bæk'tɪərɪə] *npl* Bakterien *pl.*

bad [bæd] *(compar* **worse,** *superl* **worst)** *adj* schlecht; *(serious)* schwer; *(eyesight, excuse)* schwach; *(naughty)* ungezogen; *(injured)* schlimm; *(rotten, off)* verdorben; **not ~** nicht schlecht.

badge [bædʒ] *n* Abzeichen *das.*

badger ['bædʒəˀ] *n* Dachs *der.*

badly ['bædlɪ] *(compar* **worse,** *superl* **worst)** *adv* schlecht; *(seriously)* schwer; *(very much)* sehr; **to need sthg ~** etw dringend brauchen.

badly paid [-peɪd] *adj* schlecht bezahlt.

badminton ['bædmɪntən] *n* Federball *der; (SPORT)* Badminton *das.*

bad-tempered [-'tempəd] *adj* schlechtgelaunt.

bag [bæg] *n (of paper, plastic)* Tüte *die; (handbag)* Tasche *die; (suitcase)*

Reisetasche die; **a ~ of crisps** eine Tüte Chips.

bagel ['beɪgəl] n ringförmiges Brötchen.

baggage ['bægɪdʒ] n Gepäck das.

baggage allowance n Freigepäck das.

baggage reclaim n Gepäckausgabe die.

baggy ['bægɪ] adj weit; (too baggy) ausgeleiert.

bagpipes ['bægpaɪps] npl Dudelsack der.

bail [beɪl] n Kaution die.

bait [beɪt] n Köder der.

bake [beɪk] vt backen ♦ n Auflauf der.

baked [beɪkt] adj überbacken.

baked Alaska [-ə'læskə] n Dessert aus Eiskrem auf Biskuit, das mit Baiser überzogen ist und kurz überbacken wird.

baked beans npl Bohnen pl (in Tomatensoße).

baked potato n (in der Schale) gebackene Kartoffel.

baker ['beɪkə'] n Bäcker der (-in die); **~'s** (shop) Bäckerei die.

Bakewell tart ['beɪkwel-] n Torte, die mit einer Schicht Marmelade zwischen zwei Schichten Mandelmasse gefüllt ist und mit einer wellenförmigen Glasur überzogen ist.

balance ['bæləns] n (of person) Gleichgewicht das; (of bank account) Kontostand der; (remainder) Rest der ♦ vt (object) balancieren.

balcony ['bælkənɪ] n Balkon der.

bald [bɔːld] adj kahlköpfig.

bale [beɪl] n Ballen der.

ball [bɔːl] n Ball der; (in snooker)

Kugel die; (of wool, string, paper) Knäuel das; **on the ~** (fig) auf Draht.

ballad ['bæləd] n Ballade die.

ballerina [,bælə'riːnə] n Ballerina die.

ballet ['bæleɪ] n Ballett das.

ballet dancer n Ballettänzer der (-in die).

balloon [bə'luːn] n Luftballon der.

ballot ['bælət] n Wahl die.

ballpoint pen ['bɔːlpoɪnt-] n Kugelschreiber der.

ballroom ['bɔːlrʊm] n Tanzsaal der.

ballroom dancing n Gesellschaftstanz der.

bamboo [bæm'buː] n Bambus der.

bamboo shoots npl Bambussprossen pl.

ban [bæn] n Verbot das ♦ vt verbieten; **to ~ sb from doing sthg** jm verbieten, etw zu tun.

banana [bə'nɑːnə] n Banane die.

banana split n Bananensplit das.

band [bænd] n (musical group) Band die; (strip of paper, rubber) Band das.

bandage ['bændɪdʒ] n Verband der ♦ vt verbinden.

B and B abbr = **bed and breakfast**.

bandstand ['bændstænd] n Musikpavillon der.

bang [bæŋ] n (noise) Knall der ♦ vt knallen; (door) zuknallen; **to ~ one's head** sich (D) den Kopf stoßen.

banger ['bæŋə'] n (Br: inf: sausage) Würstchen das; **~s and mash** Würstchen mit Kartoffelbrei.

bangle ['bæŋgl] n Armreif der.

bangs 22

bangs [bæŋz] *npl (Am)* Pony *der.*

banister ['bænɪstə'] *n* Treppengeländer *das.*

banjo ['bændʒəʊ] *n* Banjo *das.*

bank [bæŋk] *n (for money)* Bank *die; (of river, lake)* Ufer *das; (slope)* Böschung *die.*

bank account *n* Bankkonto *das.*

bank book *n* Sparbuch *das.*

bank charges *npl* Bankgebühren *pl.*

bank clerk *n* Bankangestellte *der die.*

bank draft *n* Banküberweisung *die.*

banker ['bæŋkə'] *n* Banker *der.*

banker's card *n* Scheckkarte *die.*

bank holiday *n (Br)* öffentlicher Feiertag.

bank manager *n* Zweigstellenleiter *der (-in die).*

bank note *n* Geldschein *der.*

bankrupt ['bæŋkrʌpt] *adj* bankrott.

bank statement *n* Kontoauszug *der.*

banner ['bænə'] *n* Spruchband *das.*

bannister ['bænɪstə'] = **banister**.

banquet ['bæŋkwɪt] *n (formal dinner)* Bankett *das; (at Indian restaurant etc)* Menü *für eine bestimmte Anzahl Personen.*

bap [bæp] *n (Br)* Brötchen *das.*

baptize [*Br* bæp'taɪz, *Am* 'bæptaɪz] *vt* taufen.

bar [bɑː'] *n (pub, in hotel)* Bar *die; (counter in pub)* Theke *die; (of metal,*

wood) Stange *die; (of soap)* Stück *das; (of chocolate)* Riegel *der* ◆ *vt (obstruct)* versperren.

barbecue ['bɑːbɪkjuː] *n (apparatus)* Grill *der; (party)* Grillfest *das* ◆ *vt* grillen.

barbecue sauce *n* Barbecuesoße *die.*

barbed wire [bɑːbd-] *n* Stacheldraht *der.*

barber ['bɑːbə'] *n* Herrenfriseur *der;* ~'**s** *(shop)* Herrenfriseur *der.*

bar code *n* Strichkode *der.*

bare [beə'] *adj* bloß; *(room, cupboard)* leer.

barefoot [beə'fʊt] *adv* barfuß.

barely ['beəlɪ] *adv* kaum.

bargain ['bɑːgɪn] *n (agreement)* Abmachung *die; (cheap buy)* gutes Geschäft ◆ *vi (haggle)* handeln ❑ **bargain for** *vt fus* rechnen mit.

bargain basement *n* Tiefgeschoß im Kaufhaus mit Sonderangeboten.

barge [bɑːdʒ] *n* Kahn *der* ❑ **barge in** *vi:* to ~ **in (on sb)** hereinlplatzen (bei jm).

bark [bɑːk] *n (of tree)* Rinde *die* ◆ *vi (dog)* bellen.

barley ['bɑːlɪ] *n* Gerste *die.*

barmaid ['bɑːmeɪd] *n* Bardame *die.*

barman ['bɑːmən] *(pl* -**men** [-mən]) *n* Barkeeper *der.*

bar meal *n* einfaches Essen in einer Kneipe.

barn [bɑːn] *n* Scheune *die.*

barometer [bə'rɒmɪtə'] *n* Barometer *das.*

baron ['bærən] *n* Baron *der.*

baroque [bə'rɒk] *adj* barock.

battered

barracks ['bærəks] *npl* Kaserne *die*.

barrel ['bærəl] *n (of beer, wine, oil)* Faß *das; (of gun)* Lauf *der*.

barren ['bærən] *adj (land, soil)* unfruchtbar.

barricade [ˌbærɪˈkeɪd] *n* Barrikade *die*.

barrier ['bærɪə^r] *n (fence, wall etc)* Absperrung *die; (problem)* Barriere *die*.

barrister ['bærɪstə^r] *n (Br)* Barrister *der*, ≈ Rechtsanwalt *der* (-anwältin *die*).

bartender ['bɑːtendə^r] *n (Am)* Barkeeper *der*.

barter ['bɑːtə^r] *vi* tauschen.

base [beɪs] *n (of lamp, pillar, mountain)* Fuß *der; (MIL)* Stützpunkt *der* ◆ *vt:* **to ~ sthg on sthg** etw auf etw *(D)* aufbauen.

baseball ['beɪsbɔːl] *n* Baseball *der*.

baseball cap *n* Baseballkappe *die*.

basement ['beɪsmənt] *n (in house)* Kellergeschoß *das; (in store)* Tiefgeschoß *das*.

bases ['beɪsiːz] *pl* → basis.

bash [bæʃ] *vt (inf):* **to ~ one's head** sich *(D)* den Kopf anhauen.

basic ['beɪsɪk] *adj* grundlegend; *(accommodation, meal)* einfach □ **basics** *npl:* **the ~s** die Grundlagen.

basically ['beɪsɪklɪ] *adv* grundsätzlich.

basil ['bæzl] *n* Basilikum *das*.

basin ['beɪsn] *n (washbasin)* Becken *das; (bowl)* Schüssel *die*.

basis ['beɪsɪs] *(pl -ses)* *n* Grundlage *die;* **on a weekly ~** wöchentlich; **on the ~ of** auf der Grundlage von.

basket ['bɑːskɪt] *n* Korb *der*.

basketball ['bɑːskɪtbɔːl] *n* Basketball *der*.

basmati rice [bəzˈmætɪ-] *n* Basmatireis *der*.

bass¹ [beɪs] *n (singer, instrument)* Baß *der* ◆ *adj:* **a ~ guitar** eine Baßgitarre.

bass² [bæs] *n (fish)* Barsch *der*.

bassoon [bəˈsuːn] *n* Fagott *das*.

bastard ['bɑːstəd] *n (vulg)* Scheißkerl *der*.

bat [bæt] *n (in cricket, baseball)* Schlagholz *das; (in table tennis)* Schläger *der; (animal)* Fledermaus *die*.

batch [bætʃ] *n (of letters, books)* Stapel *der; (of people)* Gruppe *die*.

bath [bɑːθ] *n (tub)* Badewanne *die* ◆ *vt* baden; **to have a ~** ein Bad nehmen □ **baths** *npl (Br: public swimming pool)* Schwimmbad *das*.

bathe [beɪð] *vi (Br: swim)* baden; *(Am: have bath)* ein Bad nehmen.

bathing ['beɪðɪŋ] *n (Br)* Baden *das*.

bathrobe ['bɑːθrəʊb] *n* Bademantel *der*.

bathroom ['bɑːθrom] *n (room with bath)* Badezimmer *das; (Am: toilet)* Toilette *die*.

bathroom cabinet *n* Badezimmerschrank *der*.

bathtub ['bɑːθtʌb] *n* Badewanne *die*.

baton ['bætən] *n (of conductor)* Taktstock *der; (truncheon)* Schlagstock *der*.

batter ['bætə^r] *n (CULIN)* Teig *der* ◆ *vt (wife, child)* schlagen.

battered ['bætəd] *adj (CULIN)* im Teigmantel.

battery ['bætən] n Batterie die.

battery charger [-tʃɑːdʒəʳ] n Batterieladegerät das.

battle ['bætl] n Schlacht die; (fig: struggle) Kampf der.

battlefield ['bætlfiːld] n Schlachtfeld das.

battlements ['bætlmənts] npl Zinnen pl.

battleship ['bætlʃɪp] n Schlachtschiff das.

Bavaria [bəˈveərɪə] n Bayern nt.

bay [beɪ] n Bucht die.

bay leaf n Lorbeerblatt das.

bay window n Erkerfenster das.

B & B abbr = bed and breakfast.

BC (abbr of before Christ) v. Chr.

be [biː] (pt was, were, pp been) vi 1. (exist) sein; **there is/are** es ist/sind ... da, es gibt; **are there any shops near here?** gibt es hier in der Nähe irgendwelche Geschäfte?

2. (referring to location) sein; **the hotel is near the airport** das Hotel ist in der Nähe des Flughafens.

3. (referring to movement) sein; **have you ever been to Ireland?** warst du/waren Sie schon mal in Irland?; **I'll ~ there in ten minutes** ich komme in zehn Minuten.

4. (occur) sein; **my birthday is in June** mein Geburtstag ist im Juni.

5. (identifying, describing) sein; **he's a doctor** er ist Arzt; **I'm British** ich bin Brite; **I'm hot/cold** mir ist heiß/kalt.

6. (referring to health): **how are you?** wie geht es dir/Ihnen?; **I'm fine** mir geht es gut; **she's ill** sie ist krank.

7. (referring to age): **how old are you?** wie alt bist du/sind Sie?; **I'm 14 (years old)** ich bin 14 (Jahre alt).

8. (referring to cost) kosten; **how much**

is it? wieviel kostet es?; **it's £10** es kostet 10 Pfund.

9. (referring to time, dates) sein; **what time is it?** wieviel Uhr ist es?; **it's ten o'clock** es ist zehn Uhr.

10. (referring to measurement) sein; **it's ten metres long/high** es ist zehn Meter lang/hoch; **I'm 8 stone** ich wiege 50 Kilo.

11. (referring to weather); **it's hot/cold** es ist heiß/kalt.

◆ aux vb 1. (forming continuous tense): **I'm learning German** ich lerne deutsch; **we've been visiting the museum** wir waren im Museum.

2. (forming passive) werden; **they were defeated** sie wurden geschlagen; **the flight was delayed** das Flugzeug hatte Verspätung.

3. (with infinitive to express order): **all rooms are to ~ vacated by 10.00 am** alle Zimmer müssen bis 10 Uhr geräumt sein.

4. (with infinitive to express future tense): **the race is to start at noon** das Rennen ist für 12 Uhr angesetzt.

5. (in tag questions): **it's cold, isn't it?** es ist kalt, nicht wahr?

beach [biːtʃ] n Strand der.

bead [biːd] n (of glass, wood etc) Perle die.

beak [biːk] n Schnabel der.

beaker ['biːkəʳ] n Becher der.

beam [biːm] n (of light) Strahl der; (of wood, concrete) Balken der ◆ vi strahlen.

bean [biːn] n Bohne die.

bean curd [-kɜːd] n Tofu der.

beansprouts ['biːnsprauts] npl Sojabohnensprossen pl.

bear [beəʳ] (pt bore, pp borne) n (animal) Bär der ◆ vt (support) tragen;

(endure) ertragen ♦ *vi*: **to ~ left/right** sich links/rechts halten.

bearable ['beərəbl] *adj* erträglich.

beard [biəd] *n* Bart *der*.

bearer ['beərə^r] *n (of cheque, passport)* Inhaber *der* (-in *die*).

bearing ['beərɪŋ] *n (relevance)* Auswirkung *die*; **to get one's ~s** sich orientieren.

beast [biːst] *n (animal)* Tier *das*.

beat [biːt] *(pt* beat, *pp* beaten [biːtn]) *n (of heart, pulse)* Herzschlag *der*; *(MUS)* Takt *der* ♦ *vt* schlagen ❑ **beat down** *vt sep* herunterlhandeln ♦ *vi (sun)* herunterlbrennen; *(rain)* herunterlprasseln; **beat up** *vt sep* verprügeln.

beautiful ['bjuːtɪfʊl] *adj* schön.

beauty ['bjuːtɪ] *n* Schönheit *die*.

beauty parlour *n* Schönheitssalon *der*.

beauty spot *n (place)* Ausflugsort *der*.

beaver ['biːvə^r] *n* Biber *der*.

became [bɪ'keɪm] *pt →* become.

because [bɪ'kɒz] *conj* weil; **~ of** wegen (+*G or D*).

beckon ['bekən] *vi*: **to ~** to zulwinken (+*D*).

become [bɪ'kʌm] *(pt* became, *pp* become) *vi* werden; **what became of him?** was ist aus ihm geworden?

bed [bed] *n* Bett *das*; *(of sea)* Meeresboden *der*; *(CULIN)*: **served on a ~ of ...** angerichtet auf (+*D*) ...; **in ~** im Bett; **to get out of ~** auflstehen; **to go to ~** ins Bett gehen; **to go to ~ with sb** mit jm ins Bett gehen; **to make the ~** das Bett machen.

bed and breakfast *n (Br)* ≃ Zimmer *das* mit Frühstück.

BED AND BREAKFAST

Bei „Bed and Breakfast", meist einfach „B & B" oder auch „guest house" genannt, handelt es sich um eine in Großbritannien sehr verbreitete Unterkunftsmöglichkeit bei Privatleuten, die ein oder mehrere Zimmer für zahlende Gäste bereitstellen. Das Frühstück, ein „English breakfast", besteht aus Würstchen, Eiern, gebratenem Speck, Toast und Tee oder Kaffee und ist im Zimmerpreis inbegriffen.

bedclothes ['bedkləʊðz] *npl* Bettwäsche *die*.

bedding ['bedɪŋ] *n* Bettzeug *das*.

bed linen *n* Bettwäsche *die*.

bedroom ['bedrʊm] *n* Schlafzimmer *das*.

bedside table ['bedsaɪd-] *n* Nachttisch *der*.

bedsit ['bed,sɪt] *n (Br)* ≃ möbliertes Zimmer.

bedspread ['bedspred] *n* Tagesdecke *die*.

bedtime ['bedtaɪm] *n* Schlafenszeit *die*.

bee [biː] *n* Biene *die*.

beech [biːtʃ] *n* Buche *die*.

beef [biːf] *n* Rindfleisch *das*; **~ Wellington** Filet *das* Wellington.

beefburger ['biːf,bɜːgə^r] *n* Hamburger *der*.

beehive ['biːhaɪv] *n* Bienenstock *der*.

been [biːn] *pp* → **be**.

beer [bɪər] *n* Bier *das*.

i BEER

Es gibt zweierlei Arten britisches Bier: „bitter" (halbdunkles Bier) und „lager" (helles Bier). In Schottland wird bitter „heavy" genannt. Es ist halbdunkles Bier mit leicht bitterem Geschmack; „lager" ist das im übrigen Europa verbreitete, helle Bier. Die Bezeichnung „real ale" beschreibt eine spezielle Art von „bitter" und ist meist teurer als gewöhnliches „bitter". Es wird von Hand gezapft und in kleinen Brauereibetrieben nach traditionellen Rezepten und überlieferten Herstellungsverfahren gebraut. In den Vereinigten Staaten ist „lager" die gängige Biersorte.

beer garden *n* Biergarten *der*.

beer mat *n* Bierdeckel *der*.

beetle [ˈbiːtl] *n* Käfer *der*.

beetroot [ˈbiːtruːt] *n* rote Bete *die*.

before [bɪˈfɔːr] *adv* schon einmal ◆ *prep* vor (+D) ◆ *conj* bevor; ~ **you leave** bevor du gehst; **the day** ~ der Tag zuvor; **the week** ~ **last** vorletzte Woche.

beforehand [bɪˈfɔːhænd] *adv* vorher.

befriend [bɪˈfrend] *vt* sich anfreunden mit.

beg [beg] *vi* betteln ◆ *vt*: **to** ~ **sb to do sthg** jn bitten, etw zu tun; **to** ~ **for** *(for money, food)* betteln um.

began [bɪˈgæn] *pt* → **begin**.

beggar [ˈbegər] *n* Bettler *der* (-in *die*).

begin [bɪˈgɪn] *(pt* began, *pp* begun) *vt & vi* anfangen, beginnen; **to** ~ **doing** OR **to do sthg** anfangen, etw zu tun; **to** ~ **by doing sthg** etw als erstes tun; **to** ~ **with** zunächst.

beginner [bɪˈgɪnər] *n* Anfänger *der* (-in *die*).

beginning [bɪˈgɪnɪŋ] *n* Anfang *der*.

begun [bɪˈgʌn] *pp* → **begin**.

behalf [bɪˈhɑːf] *n*: **on** ~ **of** im Auftrag (+G).

behave [bɪˈheɪv] *vi* sich verhalten; **to** ~ **(o.s.)** *(be good)* sich benehmen.

behavior [bɪˈheɪvjər] *(Am)* = **behaviour**.

behaviour [bɪˈheɪvjər] *n* Verhalten *das*; **good/bad** ~ gutes/schlechtes Benehmen.

behind [bɪˈhaɪnd] *prep* hinter (+A,D) ◆ *n* (inf) Hintern *der* ◆ *adv* hinten; *(late)*: **to be** ~ im Verzug sein; **to leave sthg** ~ etw zurücklassen; **to stay** ~ dableiben.

beige [beɪʒ] *adj* beige.

being [ˈbiːŋ] *n* Wesen *das*; **to come into** ~ entstehen.

belated [bɪˈleɪtɪd] *adj* verspätet.

belch [beltʃ] *vi* rülpsen.

Belgian [ˈbeldʒən] *adj* belgisch ◆ *n* Belgier *der* (-in *die*).

Belgium [ˈbeldʒəm] *n* Belgien *nt*.

belief [bɪˈliːf] *n* Glaube *der*; **it is my** ~ **that** ich bin davon überzeugt, daß.

believe [bɪˈliːv] *vt (story, think)* glauben; *(person)* glauben (+D) ◆ *vi*: **to** ~ **in sthg** glauben an etw (A); **to** ~ **in doing sthg** viel von etw halten.

believer [bɪˈliːvər] *n* Gläubige *der, die*.

bell [bel] *n* Glocke *die*; *(of phone, door)* Klingel *die*.

bellboy ['belbɔɪ] *n* Page *der*.

bellow ['beləʊ] *vi* brüllen.

belly ['belɪ] *n (inf)* Bauch *der*.

belly button *n (inf)* Bauchnabel *der*.

belong [bɪ'lɒŋ] *vi* gehören; **to ~ to** *(property)* gehören (+D); *(to club, party)* an|gehören (+D).

belongings [bɪ'lɒŋɪŋz] *npl* Sachen *pl*.

below [bɪ'ləʊ] *adv* unten ♦ *prep* unter (+A,D).

belt [belt] *n (for clothes)* Gürtel *der*; *(TECH)* Riemen *der*.

beltway *n (Am)* Ringautobahn *die*.

bench [bentʃ] *n* Bank *die*.

bend [bend] *(pt & pp* bent*)* *n (in road)* Kurve *die*; *(in river, pipe)* Biegung *die* ♦ *vt (leg, knees)* beugen; *(pipe, wire)* biegen ♦ *vi (road, river, pipe)* sich biegen ❏ **bend down** *vi* sich bücken; **bend over** *vi* sich nach vorn beugen.

beneath [bɪ'niːθ] *adv* unten ♦ *prep* unter (+A,D).

beneficial [,benɪ'fɪʃl] *adj* nützlich.

benefit ['benɪfɪt] *n (advantage)* Vorteil *der*; *(usefulness)* Nutzen *der*; *(money)* Unterstützung *die* ♦ *vt* nützen (+D) ♦ *vi*: **to ~ from sthg** von etw profitieren; **for the ~ of** für.

benign [bɪ'naɪn] *adj (MED)* gutartig.

bent [bent] *pt & pp* → **bend**.

bereaved [bɪ'riːvd] *n*: **the ~** *der*/ *die* Hinterbliebene.

beret ['bereɪ] *n* Baskenmütze *die*.

Berlin [bɜː'lɪn] *n* Berlin *nt*.

Bermuda shorts [bə'mjuːdə-] *npl* Bermudashorts *pl*.

Bern [bɜːn] *n* Bern *nt*.

berry ['berɪ] *n* Beere *die*.

berserk [bə'zɜːk] *adj*: **to go ~** vor Wut außer sich geraten.

berth [bɜːθ] *n (for ship)* Liegeplatz *der*; *(in ship)* Koje *die*; *(in train)* Bett *das*.

beside [bɪ'saɪd] *prep* neben (+A,D); **~ the sea/river** am Meer/ Fluß; **to be ~ the point** nichts damit zu tun haben.

besides [bɪ'saɪdz] *adv* außerdem ♦ *prep* außer (+D).

best [best] *adj* beste(-r)(-s) ♦ *adv* am besten ♦ *n*: **the ~** *der*/die/das Beste; **a pint of ~** *(beer)* ein großes Glas „bitter"-Bier; **the ~ thing to do is ...** am besten wäre es, ...; **to make the ~ of sthg** das Beste aus einer Sache machen; **to do one's ~** sein Bestes tun; **'~ before ...'** „mindestens haltbar bis ..."; **at ~** bestenfalls; **all the ~!** alles Gute!

best man *n* Trauzeuge *der* (des Bräutigams).

best-seller [-'seləʳ] *n (book)* Bestseller *der*.

bet [bet] *(pt & pp* bet*)* *n* Wette *die* ♦ *vt* wetten ♦ *vi*: **to ~ on sthg** auf etw (A) setzen; **I ~ (that) you can't do it** ich wette, du kannst das nicht.

betray [bɪ'treɪ] *vt* verraten.

better ['betəʳ] *adj & adv* besser; **I'm much ~** es geht mir jetzt viel besser; **you had ~ ...** du solltest lieber ...; **to get ~** *(in health)* gesund werden; *(improve)* sich verbessern.

betting ['betɪŋ] *n* Wetten *das*.

betting shop n (Br) Wettbüro das.

between [bɪˈtwiːn] prep zwischen (+D); (in space) zwischen (+A,D); (share) unter (+A,D) ◆ adv dazwischen; **in** ~ prep (in space) zwischen (+A,D); (in time) zwischen (+A,D) ◆ adv dazwischen.

beverage [ˈbevərɪdʒ] n (fml) Getränk das.

beware [bɪˈweəʳ] vi: to ~ of sich in acht nehmen vor (+D); '~ of the dog' 'Vorsicht, bissiger Hund'.

bewildered [bɪˈwɪldəd] adj verwirrt.

beyond [bɪˈjɒnd] prep über ... (+A) hinaus; (responsibility) außerhalb (+G); (doubt, reach) außer (+D) ◆ adv darüber hinaus.

biased [ˈbaɪəst] adj parteiisch.

bib [bɪb] n (for baby) Lätzchen das.

bible [ˈbaɪbl] n Bibel die.

biceps [ˈbaɪseps] n Bizeps der.

bicycle [ˈbaɪsɪkl] n Fahrrad das.

bicycle path n Radweg der.

bicycle pump n Luftpumpe die.

bid [bɪd] (pt & pp **bid**) n (at auction) Gebot das; (attempt) Versuch der ◆ vt (money) bieten ◆ vi: to ~ (for) bieten (auf (+A)).

bidet [ˈbiːdeɪ] n Bidet das.

big [bɪg] adj groß; **my** ~ **brother** mein großer Bruder; **how** ~ **is it?** wie groß ist es?

bike [baɪk] n (inf) (bicycle) Rad das; (motorcycle) Maschine die.

biking [ˈbaɪkɪŋ] n: to go ~ eine Radtour machen.

bikini [bɪˈkiːnɪ] n Bikini der.

bikini bottom n Bikinihose die.

bikini top n Bikinioberteil das.

bilingual [baɪˈlɪŋgwəl] adj zweisprachig.

bill [bɪl] n (for meal, hotel room) Rechnung die; (Am: bank note) Geldschein der; (at cinema, theatre) Programm das; (POL) Gesetzentwurf der; **can I have the** ~, **please?** die Rechnung, bitte.

billboard [ˈbɪlbɔːd] n Anschlagtafel die.

billfold [ˈbɪlfəʊld] n (Am) Brieftasche die.

billiards [ˈbɪljədz] n Billard das.

billion [ˈbɪljən] n (thousand million) Milliarde die; (Br: million million) Billion die.

bin [bɪn] n (rubbish bin) Mülleimer der; (wastepaper bin) Papierkorb der; (for bread, flour) Kasten der; (on plane) Ablage der.

bind [baɪnd] (pt & pp **bound**) vt (tie up) festbinden.

binding [ˈbaɪndɪŋ] n (of book) Einband der; (for ski) Bindung die.

bingo [ˈbɪŋgəʊ] n Bingo das.

i BINGO

Bingo ist ein in Großbritannien weit verbreitetes Glücksspiel, bei dem Geld oder Preise gewonnen werden können. Jeder Spieler erhält eine mit Nummern bedruckte Karte. Ein Zahlenausrufer ruft der Reihe nach zufällig gewählte Zahlen aus, und gewonnen hat, wer als Erste (r) eine ganze Reihe bzw. Karte richtig hat. Bingo wird oft in ehemaligen Kinos oder großen Stadt- bzw.

Gemeindehallen oder in Seebädern gespielt.

binoculars [bɪˈnɒkjʊləz] *npl* Fernglas *das*.

biodegradable [ˌbaɪəʊdɪˈgreɪdəbl] *adj* biologisch abbaubar.

biography [baɪˈɒgrəfɪ] *n* Biographie *die*.

biological [ˌbaɪəˈlɒdʒɪkl] *adj* biologisch.

biology [baɪˈɒlədʒɪ] *n* Biologie *die*.

birch [bɜːtʃ] *n* Birke *die*.

bird [bɜːd] *n* Vogel *der*; (*Br: inf: woman*) Mieze *die*.

bird-watching [-ˌwɒtʃɪŋ] *n*: to go ~ Vögel beobachten gehen.

Biro® [ˈbaɪərəʊ] *n* Kugelschreiber *der*.

birth [bɜːθ] *n* Geburt *die*; **by ~** von Geburt; **to give ~ to** zur Welt bringen.

birth certificate *n* Geburtsurkunde *die*.

birth control *n* Geburtenregelung *die*.

birthday [ˈbɜːθdeɪ] *n* Geburtstag *der*; **happy ~!** herzlichen Glückwunsch zum Geburtstag!

birthday card *n* Geburtstagskarte *die*.

birthday party *n* Geburtstagsfeier *die*.

birthplace [ˈbɜːθpleɪs] *n* Geburtsort *der*.

biscuit [ˈbɪskɪt] *n* (*Br*) Plätzchen *das*; (*Am: scone*) Hefebrötchen, *das üblicherweise mit Bratensaft gegessen wird*.

bishop [ˈbɪʃəp] *n* (*RELIG*) Bischof

der (Bischöfin *die*); (*in chess*) Läufer *der*.

bistro [ˈbiːstrəʊ] *n* Bistro *das*.

bit [bɪt] *pt →* **bite** *♦ n* (*piece*) Stück *das*; (*of drill*) Bohrer *der* (Metallstift); (*of bridle*) Gebiß *das*; **a ~** ein bißchen; **a ~ of cheese** ein bißchen Käse; **not a ~** überhaupt nicht; **~ by ~** allmählich.

bitch [bɪtʃ] *n* (*vulg: woman*) Kuh *die*; (*dog*) Hündin *die*.

bite [baɪt] (*pt* bit, *pp* bitten [ˈbɪtn]) *n* (*of food*) Happen *der*; (*from insect*) Stich *der*; (*from snake*) Biß *der ♦ vt* beißen; (*subj: insect*) stechen; **to have a ~ to eat** eine Kleinigkeit essen.

bitter [ˈbɪtəʳ] *adj* bitter *♦ n* (*Br: beer*) *dem Altbier ähnliches Bier*.

bitter lemon *n* Bitter Lemon *das*.

bizarre [bɪˈzɑːʳ] *adj* bizarr.

black [blæk] *adj* schwarz *♦ n* (*colour*) Schwarz *das*; (*person*) Schwarze *der die* ❑ **black out** *vi* ohnmächtig werden.

black and white *adj* (*film, photo*) schwarzweiß.

blackberry [ˈblækbrɪ] *n* Brombeere *die*.

blackbird [ˈblækbɜːd] *n* Amsel *die*.

blackboard [ˈblækbɔːd] *n* Tafel *die*.

black cherry *n* schwarze Kirsche.

blackcurrant [ˌblækˈkʌrənt] *n* schwarze Johannisbeere.

black eye *n* blaues Auge.

Black Forest *n* Schwarzwald *der*.

Black Forest gâteau n Schwarzwälder Kirschtorte die.

black ice n Glatteis das.

blackmail ['blækmeɪl] n Erpressung die ◆ vt erpressen.

blackout ['blækaʊt] n (power cut) Stromausfall der.

black pepper n schwarzer Pfeffer.

black pudding n (Br) Blutwurst die (in Scheiben geschnitten und gebraten).

blacksmith ['blæksmɪθ] n Schmied der.

bladder ['blædəʳ] n Blase die.

blade [bleɪd] n (of knife, razor) Klinge die; (of saw, propeller, oar) Blatt das; (of grass) Halm der.

blame [bleɪm] n Schuld die ◆ vt beschuldigen; **to ~ sb (for sthg)** jm die Schuld (an etw (D)) geben; **to ~ sthg on sb** die Schuld an etw (D) auf jn schieben.

bland [blænd] adj fade.

blank [blæŋk] adj leer ◆ n (empty space) Lücke die.

blank cheque n Blankoscheck der.

blanket ['blæŋkɪt] n Decke die.

blast [blɑːst] n (explosion) Explosion die; (of air, wind) Windstoß der ◆ excl (inf) Mist!; **at full ~** mit Volldampf.

blaze [bleɪz] n (fire) Feuer das ◆ vi (fire) brennen; (sun, light) leuchten.

blazer ['bleɪzəʳ] n Blazer der.

bleach [bliːtʃ] n Bleichmittel das ◆ vt bleichen.

bleak [bliːk] adj trostlos.

bleed [bliːd] (pt & pp **bled** [bled]) vi bluten.

blend [blend] n (of coffee, whisky) Mischung die ◆ vt mischen.

blender ['blendəʳ] n Mixer der.

bless [bles] vt segnen; **~ you!** (said after sneeze) Gesundheit!

blessing ['blesɪŋ] n Segen der.

blew [bluː] pt → **blow**.

blind [blaɪnd] adj blind ◆ n (for window) Rouleau das ◆ npl: **the ~** die Blinden.

blind corner n unübersichtliche Kurve.

blindfold ['blaɪndfəʊld] n Augenbinde die ◆ vt: **to ~ sb** jm die Augen verbinden.

blind spot n (AUT) toter Winkel.

blink [blɪŋk] vi zwinkern.

blinkers ['blɪŋkəz] npl (Br) Scheuklappen pl.

bliss [blɪs] n vollkommenes Glück.

blister ['blɪstəʳ] n Blase die.

blizzard ['blɪzəd] n Schneesturm der.

bloated ['bləʊtɪd] adj (after eating) übersatt.

blob [blɒb] n (of paint) Klecks der; (of cream) Klacks der.

block [blɒk] n Block der ◆ vt (obstruct) blockieren; **to have a ~ed (up) nose** eine verstopfte Nase haben ❑ **block up** vt sep (pipe) verstopfen.

blockage ['blɒkɪdʒ] n Verstopfung die.

block capitals npl Druckbuchstaben pl.

block of flats n Wohnblock der.

bloke [bləʊk] n (Br: inf) Typ der.

blond [blɒnd] *adj* blond ♦ *n* Blonde *der*.

blonde [blɒnd] *adj* blond ♦ *n* Blondine *die*.

blood [blʌd] *n* Blut *das*.

blood donor *n* Blutspender *der* (-in *die*).

blood group *n* Blutgruppe *die*.

blood poisoning *n* Blutvergiftung *die*.

blood pressure *n* Blutdruck *der*.

bloodshot [ˈblʌdʃɒt] *adj* blutunterlaufen.

blood test *n* Blutprobe *die*.

blood transfusion *n* Bluttransfusion *die*.

bloody [ˈblʌdɪ] *adj* blutig; (Br: vulg: damn) verdammt ♦ *adv* (Br: vulg) verdammt.

Bloody Mary [-ˈmeərɪ] *n* Bloody Mary *der* (Cocktail aus Wodka und Tomatensaft).

bloom [bluːm] *n* Blüte *die* ♦ *vi* blühen; **to be in ~** in Blüte stehen.

blossom [ˈblɒsəm] *n* Blüte *die*.

blot [blɒt] *n* (of ink) (Tinten)klecks *der*.

blotch [blɒtʃ] *n* Fleck *der*.

blotting paper [ˈblɒtɪŋ-] *n* Löschpapier *das*.

blouse [blaʊz] *n* Bluse *die*.

blow [bləʊ] (*pt* blew, *pp* blown) *vt* blasen; (subj: wind) wehen ♦ *vi* (wind) wehen; (person) blasen; (fuse) durchbrennen ♦ *n* Schlag *der*; **to ~ one's nose** sich (D) die Nase putzen ☐ **blow up** *vt sep* (cause to explode) sprengen; (inflate) aufblasen ♦ *vi* (explode) explodieren.

blow-dry *n* Fönen *das* ♦ *vt* fönen.

blown [bləʊn] *pp* → **blow**.

BLT *n* (sandwich) Sandwich mit Speck, grünem Salat und Tomaten.

blue [bluː] *adj* blau; (film) Porno- ♦ *n* Blau *das* ☐ **blues** *n* (MUS) Blues *der*.

bluebell [ˈbluːbel] *n* Glockenblume *die*.

blueberry [ˈbluːbərɪ] *n* Blaubeere *die*.

bluebottle [ˈbluːbɒtl] *n* Schmeißfliege *die*.

blue cheese *n* Blauschimmelkäse *der*.

bluff [blʌf] *n* (cliff) Steilhang *der* ♦ *vi* bluffen.

blunder [ˈblʌndəʳ] *n* Schnitzer *der*.

blunt [blʌnt] *adj* (knife, pencil) stumpf; (fig: person) unverblümt.

blurred [blɜːd] *adj* unscharf.

blush [blʌʃ] *vi* erröten.

blusher [ˈblʌʃəʳ] *n* Rouge *das*.

blustery [ˈblʌstərɪ] *adj* stürmisch.

board [bɔːd] *n* (plank, for games) Brett *das*; (notice board) Schwarzes Brett; (blackboard) Tafel *die*; (of company) Vorstand *der*; (hardboard) Preßspan *der* ♦ *vt* (plane, ship) an Bord (+G) gehen; (bus) einsteigen in (+A); **~ and lodging** Unterkunft *die* und Verpflegung; **full** ~ Vollpension *die*; **half** ~ Halbpension *die*; **on** ~ *adv* an Bord ♦ *prep* (plane, ship) an Bord (+G); (bus) in (+D).

board game *n* Brettspiel *das*.

boarding [ˈbɔːdɪŋ] *n* (of plane) Einsteigen *das*.

boarding card *n* Bordkarte *die*.

boardinghouse ['bɔ:dɪŋhaʊs, *pl* -haʊzɪz] *n* Pension *die*.

boarding school *n* Internat *das*.

board of directors *n* Vorstand *der*.

boast [bəʊst] *vi:* **to ~ (about sthg)** angeben (mit etw).

boat [bəʊt] *n* Boot *das; (large)* Schiff *das;* **to go by ~** mit dem Schiff fahren.

bob [bɒb] *n (hairstyle)* Bubikopf *der*.

bobby pin ['bɒbɪ-] *n (Am)* Haarspange *die*.

bodice ['bɒdɪs] *n* Oberteil *das*.

body ['bɒdɪ] *n* Körper *der; (corpse)* Leiche *die; (of car)* Karosserie *die; (organization)* Organisation *die*.

bodyguard ['bɒdɪgɑ:d] *n* Leibwächter *der*.

bodywork ['bɒdɪwɜ:k] *n* Karosserie *die*.

bog [bɒg] *n* Sumpf *der*.

bogus ['bəʊgəs] *adj (name)* falsch.

boil [bɔɪl] *vt & vi* kochen ◆ *n (on skin)* Furunkel *der;* **to ~ the kettle** Wasser aufsetzen.

boiled egg [bɔɪld-] *n* gekochtes Ei.

boiled potatoes [bɔɪld-] *npl* Salzkartoffeln *pl*.

boiler ['bɔɪlə^r] *n* Boiler *der*.

boiling (hot) ['bɔɪlɪŋ-] *adj (inf) (water)* kochendheiß; *(weather)* wahnsinnig heiß; **I'm ~** mir ist fürchterlich heiß.

bold [bəʊld] *adj (brave)* mutig.

bollard ['bɒlɑ:d] *n (Br: on road)* Poller *der*.

bolt [bəʊlt] *n (on door, window)* Riegel *der; (screw)* Bolzen *der* ◆ *vt (door, window)* verriegeln.

bomb [bɒm] *n* Bombe *die* ◆ *vt* bombardieren.

bombard [bɒm'bɑ:d] *vt* bombardieren.

bomb scare *n* Bombenalarm *der*.

bomb shelter *n* Luftschutzkeller *der*.

bond [bɒnd] *n (tie, connection)* Verbindung *die*.

bone [bəʊn] *n* Knochen *der; (of fish)* Gräte *die*.

boned [bəʊnd] *adj (chicken)* ohne Knochen; *(fish)* entgrätet.

boneless ['bəʊnləs] *adj (chicken, pork)* ohne Knochen.

bonfire ['bɒn,faɪə^r] *n* Feuer *das (draußen)*.

bonnet ['bɒnɪt] *n (Br: of car)* Motorhaube *die*.

bonus ['bəʊnəs] *(pl -es) n (extra money)* Prämie *die; (additional advantage)* Bonus *der.?*

bony ['bəʊnɪ] *adj (fish)* grätig; *(chicken)* mit viel Knochen.

boo [bu:] *vi* buhen.

boogie ['bu:gɪ] *vi (inf)* schwofen.

book [bʊk] *n* Buch *das; (of stamps, matches, tickets)* Heft *das* ◆ *vt (reserve)* buchen ❑ **book in** *vi (at hotel)* sich anmelden.

bookable ['bʊkəbl] *adj (seats, flight)* im Vorverkauf erhältlich.

bookcase ['bʊkkeɪs] *n* Bücherschrank *der*.

booking ['bʊkɪŋ] *n (reservation)* Buchung *die*.

booking office *n (in theatre,*

cinema) Kasse *die*; *(at train station)* Fahrkartenschalter *der*.

bookkeeping ['bʊk,ki:pɪŋ] *n* Buchhaltung *die*.

booklet ['bʊklɪt] *n* Broschüre *die*.

bookmaker's ['bʊk,meɪkəz] *n* Wettbüro *das*.

bookmark ['bʊkmɑːk] *n* Lesezeichen *das*.

bookshelf ['bʊkʃelf] *(pl* -shelves [-ʃelvz]) *n (shelf)* Bücherregal *das*; *(bookcase)* Bücherschrank *der*.

bookshop ['bʊkʃɒp] *n* Buchhandlung *die*.

bookstall ['bʊkstɔːl] *n* Bücherstand *der*.

bookstore ['bʊkstɔːʳ] = **bookshop**.

book token *n* Büchergutschein *der*.

boom [bu:m] *n (sudden growth)* Boom *der* ◆ *vi* dröhnen.

boost [bu:st] *vt (profits, production)* steigern; *(confidence)* stärken.

booster ['bu:stəʳ] *n (injection)* Nachimpfung *die*.

boot [bu:t] *n (shoe)* Stiefel *der*; *(Br: of car)* Kofferraum *der*.

booth [bu:ð] *n (for telephone)* Telefonzelle *die*; *(at fairground)* Bude *die*.

booze [bu:z] *n (inf)* Alkohol *der* ◆ *vi (inf)* saufen.

bop [bɒp] *n (inf: dance)*: **to have a ~** schwofen.

border ['bɔːdəʳ] *n (of country)* Grenze *die*; *(edge)* Rand *der*; **the Borders** an England grenzender südlicher Teil Schottlands.

bore [bɔːʳ] *pt* → **bear** ◆ *n (inf: boring person)* langweiliger Mensch; *(boring thing)* langweilige

Sache ◆ *vt (person)* langweilen; *(hole)* bohren.

bored [bɔːd] *adj*: **to be ~** sich langweilen.

boredom ['bɔːdəm] *n* Langeweile *die*.

boring ['bɔːrɪŋ] *adj* langweilig.

born [bɔːn] *adj*: **to be ~** geboren werden; **I was ~ in 1975** ich bin 1975 geboren.

borne [bɔːn] *pp* → **bear**.

borough ['bʌrə] *n Regierungsbezirk, der entweder eine Stadt oder einen Stadtteil umfaßt*.

borrow ['bɒrəʊ] *vt* sich (D) borgen, (sich (D)) leihen.

bosom ['bʊzəm] *n* Busen *der*.

boss [bɒs] *n* Chef *der* (-in *die*) ❑ **boss around** *vt sep* herumkommandieren.

bossy ['bɒsɪ] *adj* herrisch.

botanical garden [bə'tænɪkl-] *n* botanischer Garten.

both [bəʊθ] *adj & pron* beide ◆ *adv*: **~ ... and ...** sowohl ... als auch ...; **~ of them speak German** sie sprechen beide Deutsch; **~ of us** wir beide.

bother ['bɒðəʳ] *vt* stören ◆ *n (trouble)* Mühe *die* ◆ *vi*: **don't ~!** das ist nicht nötig!; **he didn't even ~ to say thank you** er hat sich noch nicht mal bedankt; **you needn't have ~ed** das wäre nicht nötig gewesen; **I can't be ~ed** ich habe keine Lust; **it's no ~!** kein Problem!

bottle ['bɒtl] *n* Flasche *die*.

bottle bank *n* Altglascontainer *der*.

bottled ['bɒtld] *adj* in Flaschen; **~ beer** Flaschenbier *das*; **~ water** Wasser *das* in der Flasche.

bottle opener [-ˌəʊpnəʳ] n Flaschenöffner der.

bottom ['bɒtəm] adj (lowest) unterste(-r)(-s); (last, worst) schlechteste(-r)(-s) ♦ n (of hill, page, stairs) Fuß der; (of glass, bin, box) Boden der; (of sea, river) Grund der; (buttocks) Hintern der; **he's ~ of the class** er ist der Schlechteste in der Klasse; **in ~ gear** im ersten Gang; **at the ~ of** (bag, box) unten in (A,D); (page) unten auf (A,D); (street, garden) am Ende (+G).

bought [bɔːt] pt & pp → buy.

boulder ['bəʊldəʳ] n Felsblock der.

bounce [baʊns] vi (rebound) abIprallen; (jump) springen; (cheque) nicht gedeckt sein.

bouncer ['baʊnsəʳ] n (inf) Rausschmeißer der.

bouncy ['baʊnsɪ] adj (person) munter.

bound [baʊnd] pt & pp → bind ♦ vi (leap) springen ♦ adj: **to be ~ to do sth** etw ganz bestimmt tun; **it's ~ to rain** es wird ganz bestimmt regnen; **to be ~ for** auf dem Weg sein nach/zu; **this room is out of ~s** dieses Zimmer darf nicht betreten werden.

boundary ['baʊndrɪ] n Grenze die.

bouquet [bʊˈkeɪ] n (of flowers) Strauß der; (of wine) Bukett das.

bourbon ['bɜːbən] n Bourbon der.

bout [baʊt] n (of illness) Anfall der; (of activity) Drang der.

boutique [buːˈtiːk] n Boutique die.

bow¹ [baʊ] n (of head) Verbeugung

die; (of ship) Bug der ♦ vi sich verbeugen.

bow² [bəʊ] n (knot) Schleife die; (weapon, for instrument) Bogen der.

bowels ['baʊəlz] npl Darm der.

bowl [bəʊl] n Schüssel die; (shallower) Schale die; (for soup) Teller der ❑ **bowls** npl Art Bocciaspiel, bei dem Kugeln über den Rasen gerollt werden.

bowling alley ['bəʊlɪŋ-] n Bowlingbahn die.

bowling green ['bəʊlɪŋ-] n Rasenfläche zum 'Bowls'-Spielen.

bow tie [ˌbəʊ-] n Fliege die.

box [bɒks] n (container) Kiste die; (smaller) Schachtel die; (of cardboard) Karton der; (on form) Kästchen das; (in theatre) Loge die ♦ vi boxen; **a ~ of chocolates** eine Schachtel Pralinen.

boxer ['bɒksəʳ] n Boxer der.

boxer shorts npl Boxershorts pl.

boxing ['bɒksɪŋ] n Boxen das.

Boxing Day n zweiter Weihnachtsfeiertag.

---

i **BOXING DAY**

Dies ist die britische Bezeichnung für den zweiten Weihnachtstag (26. Dezember), der in allen Teilen Großbritanniens als Feiertag gilt. Der Name leitet sich von einem alten britischen Brauch ab, demgemäß Gewerbetreibende und Dienstpersonal an diesem Tag eine extra Summe Geld, die sogenannte „Christmas box", zugesteckt bekamen. In einigen Gegenden wird dieser Brauch noch heute praktiziert, besonders für

Milchmänner, Müllmänner und Zeitungsausträger.

---

boxing gloves *npl* Boxhandschuhe *pl*.

boxing ring *n* Boxring *der*.

box office *n* Kasse *die*.

boy [bɔɪ] *n* Junge *der* ◆ *excl (inf):* **(oh) ~!** Mensch!

boycott ['bɔɪkɒt] *vt* boykottieren.

boyfriend ['bɔɪfrend] *n* Freund *der*.

boy scout *n* Pfadfinder *der*.

BR *abbr* = **British Rail**.

bra [brɑː] *n* BH *der*.

brace [breɪs] *n (for teeth)* Spange *die* □ **braces** *npl (Br)* Hosenträger *pl*.

bracelet ['breɪslɪt] *n* Armband *das*.

bracken ['brækn] *n* Farnkraut *das*.

bracket ['brækɪt] *n (written symbol)* Klammer *die; (support)* Konsole *die*.

brag [bræg] *vi* prahlen.

braid [breɪd] *n (hairstyle)* Zopf *der; (on clothes)* Zopfmuster *das*.

brain [breɪn] *n* Gehirn *das*.

brainy ['breɪnɪ] *adj (inf)* clever.

braised [breɪzd] *adj* geschmort.

brake [breɪk] *n* Bremse *die* ◆ *vi* bremsen.

brake block *n* Bremsklotz *der*.

brake fluid *n* Bremsflüssigkeit *die*.

brake light *n* Bremslicht *das*.

brake pad *n* Bremsbelag *der*.

brake pedal *n* Bremspedal *das*.

bran [bræn] *n* Kleie *die*.

branch [brɑːntʃ] *n (of tree)* Ast *der; (of bank, company)* Filiale *die; (of subject)* Zweig *der* □ **branch off** *vi* abzweigen.

branch line *n* Nebenlinie *die*.

brand [brænd] *n (of product)* Marke *die* ◆ *vt:* **to ~ sb (as)** jn abstempeln (als).

brand-new *adj* nagelneu.

brandy ['brændɪ] *n* Weinbrand *der*.

brash [bræʃ] *adj (pej)* dreist.

brass [brɑːs] *n* Messing *das*.

brass band *n* Blaskapelle *die*.

brasserie ['bræsərɪ] *n* Brasserie *die*.

brassiere [*Br* 'bræsɪəʳ, *Am* brə'zɪr] *n* Büstenhalter *der*.

brat [bræt] *n (inf)* Balg *der or das*.

brave [breɪv] *adj* mutig.

bravery ['breɪvərɪ] *n* Mut *der*.

bravo [ˌbrɑː'vəʊ] *excl* bravo!

brawl [brɔːl] *n* Rauferei *die*.

Brazil [brə'zɪl] *n* Brasilien *nt*.

brazil nut *n* Paranuß *die*.

breach [briːtʃ] *vt (contract, confidence)* brechen.

bread [bred] *n* Brot *das;* **~ and butter** Butterbrot *das*.

bread bin *n (Br)* Brotkasten *der*.

breadboard ['bredbɔːd] *n* Brotbrett *das*.

broad box *(Am)* = **bread bin**.

breadcrumbs ['bredkrʌmz] *npl* Brotkrumen *pl*.

breaded ['bredɪd] *adj* paniert.

bread knife *n* Brotmesser *das*.

bread roll *n* Brötchen *das,* Semmel *die (Südd, Österr)*.

breadth [bretθ] *n* Breite *die*.

break [breɪk] (*pt* **broke**, *pp* **broken**) *n* (*interruption*) Unterbrechung *die*; (*rest*, *playtime*) Pause *die* ◆ *vt* (*damage*) kaputtlmachen; (*smash*) zerbrechen; (*law*, *promise*, *record*) brechen; (*journey*) unterbrechen ◆ *vi* (*object*, *machine*) kaputtlgehen; (*glass*) zerbrechen; (*dawn*) dämmern; (*voice*) im Stimmbruch sein; **to ~ the news** melden, daß; **without a ~** ohne Pause; **a lucky ~** ein Glückstreffer; **to ~ one's leg** sich (*D*) das Bein brechen □ **break down** *vi* (*car*) eine Panne haben; (*machine*) versagen ◆ *vt sep* (*door*) aufllbrechen; (*barrier*) niederllreißen; **break in** *vi* einllbrechen; **break off** *vt sep* & *vi* abllbrechen; **break out** *vi* auslIbrechen; **to ~ out in a rash** einen Ausschlag bekommen; **break up** *vi* (*with spouse*, *partner*) sich trennen; (*meeting*) zu Ende gehen; (*marriage*) in die Brüche gehen; **school ~s up on Friday** am Freitag fangen die Ferien an.

breakage ['breɪkɪdʒ] *n* Bruchschaden *der*.

breakdown ['breɪkdaʊn] *n* (*of car*) Panne *die*; (*in communications*, *negotiations*) Scheitern *das*; (*mental*) Nervenzusammenbruch *der*.

breakdown truck *n* Abschleppwagen *der*.

breakfast ['brekfəst] *n* Frühstück *das*; **to have ~** frühstücken; **to have sthg for ~** etw zum Frühstück essen.

breakfast cereal *n* Frühstücksflocken *pl*.

break-in *n* Einbruch *der*.

breakwater ['breɪkwɔːtə^r] *n* Wellenbrecher *der*.

breast [brest] *n* Brust *die*.

breastbone ['brestbəʊn] *n* Brustbein *das*.

breast-feed *vt* stillen.

breaststroke ['breststrəʊk] *n* Brustschwimmen *das*.

breath [breθ] *n* Atem *der*; **out of ~** außer Atem; **to go for a ~ of fresh air** frische Luft schnappen gehen.

Breathalyser® ['breθəlaɪzə^r] (*Br*) Alcotest *der*.

Breathalyzer® ['breθəlaɪzə^r] (*Am*) = **Breathalyser®**.

breathe [briːð] *vi* atmen □ **breathe in** *vi* einllatmen; **breathe out** *vi* auslIatmen.

breathtaking ['breθˌteɪkɪŋ] *adj* atemberaubend.

breed [briːd] (*pt* & *pp* **bred** [bred]) *n* (*of animal*) Rasse *die*; (*of plant*) Art *die* ◆ *vt* züchten ◆ *vi* sich vermehren.

breeze [briːz] *n* Brise *die*.

breezy ['briːzɪ] *adj* (*weather*, *day*) windig.

brew [bruː] *vt* (*beer*) brauen; (*tea*, *coffee*) auflbrühen ◆ *vi* (*tea*) ziehen; (*coffee*) sich setzen.

brewery ['brʊərɪ] *n* Brauerei *die*.

bribe [braɪb] *n* Bestechungsgeld *das* ◆ *vt* bestechen.

bric-a-brac ['brɪkəbræk] *n* Nippes *pl*.

brick [brɪk] *n* Backstein *der*.

bricklayer ['brɪkˌleɪə^r] *n* Maurer *der* (-in *die*).

brickwork ['brɪkwɜːk] *n* Mauerwerk *das*.

bride [braɪd] *n* Braut *die*.

bridegroom ['braɪdgrʊm] *n* Bräutigam *der*.

broom

bridesmaid ['braɪdzmeɪd] n Brautjungfer die.

bridge [brɪdʒ] n Brücke die; (card game) Bridge das.

bridle ['braɪdl] n Zaumzeug das.

bridle path n Reitweg der.

brief [briːf] adj kurz ◆ vt einlweisen; **in** ~ kurz gesagt ❑ **briefs** npl (for men) Slip der; (for women) Schlüpfer der.

briefcase ['briːfkeɪs] n Aktenkoffer der.

briefly ['briːflɪ] adv kurz.

brigade [brɪ'ɡeɪd] n Brigade die.

bright [braɪt] adj hell; (colour) leuchtend; (clever) aufgeweckt; (lively, cheerful) fröhlich.

brilliant ['brɪljənt] adj (colour, light, sunshine) leuchtend; (idea, person) großartig; (inf: wonderful) toll.

brim [brɪm] n (of hat) Krempe die; **full to the** ~ bis an den Rand voll.

brine [braɪn] n Salzlake die.

bring [brɪŋ] (pt & pp **brought**) vt (take along) mitlbringen; (move) bringen; (cause) führen zu ❑ **bring along** vt sep mitlbringen; **bring back** vt sep (return) zurücklbringen; (shopping, gift) mitlbringen; **bring in** vt sep (introduce) einlführen; (earn) einlbringen; **bring out** vt sep (new product) herauslbringen; **bring up** vt sep (child) erziehen; (subject) zur Sprache bringen; (food) erbrechen.

brink [brɪŋk] n: **on the** ~ **of** am Rande (+G).

brisk [brɪsk] adj zügig; (wind) frisch.

bristle ['brɪsl] n (of brush) Borste die; (on chin) Bartstoppel die.

Britain ['brɪtn] n Großbritannien nt.

British ['brɪtɪʃ] adj britisch ◆ npl: **the** ~ die Briten.

British Rail n die britische Eisenbahn.

British Telecom [-'telɪkɒm] n die britische Telekom.

Briton ['brɪtn] n Brite der (Britin die).

brittle ['brɪtl] adj zerbrechlich.

broad [brɔːd] adj breit; (wideranging) weit; (description, outline) allgemein; (accent) stark.

B road n (Br) = Landstraße die.

broad bean n dicke Bohne die.

broadcast ['brɔːdkɑːst] (pt & pp **broadcast**) n Sendung die ◆ vt senden.

broadly ['brɔːdlɪ] adv im großen und ganzen; ~ **speaking** allgemein gesagt.

broccoli ['brɒkəlɪ] n Brokkoli der or pl.

brochure ['brəʊʃəʳ] n Broschüre die.

broiled [brɔɪld] adj (Am) gegrillt.

broke [brəʊk] pt → **break** ◆ adj (inf) pleite.

broken ['brəʊkn] pp → **break** ◆ adj (machine) kaputt; (window, glass) zerbrochen; (English, German) gebrochen; **to have a** ~ **leg** ein gebrochenes Bein haben.

bronchitis [brɒŋ'kaɪtɪs] n Bronchitis die.

bronze [brɒnz] n Bronze die.

brooch [brəʊtʃ] n Brosche die.

brook [brʊk] n Bach der.

broom [bruːm] n Besen der.

broomstick ['bru:mstɪk] *n*
Besenstiel *der*.

broth [brɒθ] *n (soup)* Eintopf *der*.

brother ['brʌðəʳ] *n* Bruder *der*.

brother-in-law *n* Schwager
der.

brought [brɔːt] *pt & pp* → **bring**.

brow [brau] *n (forehead)* Stirn *die*;
(eyebrow) Braue *die*.

brown [braun] *adj* braun ◆ *n*
Braun *das*.

brown bread *n* Mischbrot *das*.

brownie ['braunɪ] *n (CULIN)* kleiner
Schokoladenkuchen mit Nüssen.

Brownie ['braunɪ] *n* Pfadfinderin
die (bis 10 Jahren).

brown rice *n* Naturreis *der*.

brown sauce *n (Br)* aus Gemüse-
eextrakten hergestellte ketchup-
ähnliche Soße.

brown sugar *n* brauner
Zucker.

browse [brauz] *vi (in shop)* sich
umlsehen; **to ~ through sthg** in etw
(D) blättern.

browser ['brauzəʳ] *n*: **'~s
welcome'** 'Bitte sehen Sie sich um'.

bruise [bru:z] *n* blauer Fleck.

brunch [brʌntʃ] *n* Brunch *der*.

brunette [bru:'net] *n* Brünette
die.

brush [brʌʃ] *n* Bürste *die*; *(for
painting)* Pinsel *der* ◆ *vt (floor)* fegen;
(clothes) bürsten; **to ~ one's hair** sich
(D) die Haare bürsten; **to ~ one's
teeth** sich *(D)* die Zähne putzen.

brussels sprouts [brʌslz-] *npl*
Rosenkohl *der*.

brutal ['bru:tl] *adj* brutal.

BSc *n (abbr of Bachelor of Science)*

Bakkalaureus *der Naturwissenschaf-
ten*.

BT *abbr* = **British Telecom**.

bubble ['bʌbl] *n* Blase *die*.

bubble bath *n* Badeschaum
der.

bubble gum *n* Kaugummi *der*.

bubbly ['bʌblɪ] *n (inf)* Schampus
der.

buck [bʌk] *n (Am: inf: dollar)* Dollar
der; (male animal) Bock *der*.

bucket ['bʌkɪt] *n* Eimer *der*.

Buckingham Palace ['bʌkɪŋ-
əm] *n* Buckinghampalast *der (Residenz der britischen Königin in London)*.

i BUCKINGHAM PALACE

Der im Jahre 1703 für den Duke
von Buckingham erbaute Buckingham Palace ist die offizielle
Londoner Residenz des britischen
Monarchen. Er liegt am ende von
„The Mall", einer von Bäumen ein-
gesäumten Allee zwischen Green Park
und St. James Park. Vor dem Palast
findet täglich eine Wachablösungs-
zeremonie („Changing of the guard")
statt.

buckle ['bʌkl] *n* Schnalle *die* ◆ *vt
(fasten)* zulschnallen ◆ *vi (warp)* sich
verbiegen.

Buck's Fizz *n* Champagner mit
Orangensaft.

bud [bʌd] *n* Knospe *die* ◆ *vi* knos-
pen.

Buddhist ['budɪst] *n* Buddhist *der
(-in die)*.

buddy ['bʌdɪ] *n (inf)* Kumpel *der*.

budge [bʌdʒ] *vi* sich rühren.

budgerigar ['bʌdʒərɪɡɑːʳ] *n* Wellensittich *der*.

budget ['bʌdʒɪt] *adj (holiday, travel)* Billig- ◆ *n* Budget *das*; **the Budget** *(Br)* der Haushaltsplan ❑ **budget for** *vt fus* einplanen.

budgie ['bʌdʒɪ] *n (inf)* Wellensittich *der*.

buff [bʌf] *n (inf)* Kenner *der* (-in *die)*.

buffalo *(pl* -s OR -es*)* ['bʌfələʊ] *n* Büffel *der*.

buffalo wings *npl (Am)* frittierte und gewürzte Hähnchenflügel.

buffer ['bʌfəʳ] *n* Puffer *der*.

buffet *(Br* 'bʊfeɪ, *Am* bəˈfeɪ*)* *n (meal)* kalte Büfett *das*; *(cafeteria)* Imbißstube *die*.

buffet car ['bʊfeɪ-] *n* Speisewagen *der*.

bug [bʌɡ] *vt (inf: annoy)* nerven ◆ *n (insect)* Ungeziefer *das*; *(inf: mild illness)*: **to catch a ~** sich *(D)* was holen.

buggy ['bʌɡɪ] *n (pushchair)* Sportwagen *der*; *(Am: pram)* Kinderwagen *der*.

bugle ['bjuːɡl] *n* Bügelhorn *das*.

build [bɪld] *(pt & pp* **built***)* *n* Körperbau *der* ◆ *vt* bauen ❑ **build up** *vt sep* aufbauen ◆ *vi* zunehmen; **to ~ up speed** sich verbessern.

builder ['bɪldəʳ] *n* Bauunternehmer *der* (-in *die)*.

building ['bɪldɪŋ] *n* Gebäude *das*.

building site *n* Baustelle *die*.

building society *n (Br)* Bausparkasse *die*.

built [bɪlt] *pt & pp →* build.

built-in *adj* eingebaut.

built-up area *n* bebautes Gebiet.

bulb [bʌlb] *n (for lamp)* Glühbirne *die*; *(of plant)* Zwiebel *die*.

Bulgaria [bʌlˈɡeərɪə] *n* Bulgarien *nt*.

bulge [bʌldʒ] *vi (suitcase, box)* prall gefüllt sein.

bulk [bʌlk] *n*: **the ~ of** der Hauptteil *(+G)*; **in ~** en gros.

bulky ['bʌlkɪ] *adj* sperrig.

bull [bʊl] *n* Bulle *der*.

bulldog ['bʊldɒɡ] *n* Bulldogge *die*.

bulldozer ['bʊldəʊzəʳ] *n* Bulldozer *der*.

bullet ['bʊlɪt] *n* Kugel *die*.

bulletin ['bʊlətɪn] *n (on radio, TV)* Kurzmeldung *die*; *(publication)* Bulletin *das*.

bullfight ['bʊlfaɪt] *n* Stierkampf *der*.

bull's-eye *n* Schwarze *das*.

bully ['bʊlɪ] *n* Schüler, der Schwächere schikaniert ◆ *vt* schikanieren.

bum [bʌm] *n (inf: bottom)* Po *der*; *(Am: inf: tramp)* Penner *der*.

bum bag *n (Br)* Gürteltasche *die*.

bumblebee ['bʌmblbiː] *n* Hummel *die*.

bump [bʌmp] *n (on surface)* Unebenheit *die*; *(on head, leg)* Beule *die*; *(sound)* Bumms *der*; *(minor accident)* Zusammenstoß *der* ◆ *vt*: **to ~ one's head** sich *(D)* den Kopf stoßen ❑ **bump into** *vt fus (hit)* stoßen gegen; *(meet)* zufällig treffen.

bumper ['bʌmpəʳ] *n (on car)* Stoßstange *die*; *(Am: on train)* Puffer *der*.

bumpy ['bʌmpɪ] *adj (road)*

bun 40

uneben; *(flight)* unruhig; *(journey)* holprig.

bun [bʌn] *n (cake)* süßes Brötchen; *(bread roll)* Brötchen *das,* Semmel *die (Süddt, Österr);* *(hairstyle)* Knoten *der.*

bunch [bʌntʃ] *n (of people)* Haufen *der;* *(of flowers)* Strauß *der;* *(of grapes)* Traube *die;* *(of bananas)* Staude *die;* *(of keys)* Bund *der.*

bundle ['bʌndl] *n* Bündel *das.*

bung [bʌŋ] *n* Pfropfen *der.*

bungalow ['bʌŋgələʊ] *n* Bungalow *der.*

bunion ['bʌnjən] *n* Ballen *der.*

bunk [bʌŋk] *n* Koje *die.*

bunk beds *npl* Etagenbett *das.*

bunker ['bʌŋkəʳ] *n* Bunker *der.*

bunny ['bʌnɪ] *n* Häschen *das.*

buoy [*Br* bɔɪ, *Am* 'buːɪ] *n* Boje *die.*

buoyant ['bɔɪənt] *adj* schwimmend.

BUPA ['buːpə] *n private britische Krankenkasse.*

burden ['bɜːdn] *n* Last *die.*

bureaucracy [bjʊə'rɒkrəsɪ] *n* Bürokratie *die.*

bureau de change [ˌbjʊərəʊdə'ʃɒndʒ] *n* Wechselstube *die.*

burger ['bɜːgəʳ] *n* Hamburger *der;* *(made with nuts, vegetables etc)* Bratling *der.*

burglar ['bɜːgləʳ] *n* Einbrecher *der (-in die).*

burglar alarm *n* Alarmanlage *die.*

burglarize ['bɜːgləraɪz] *(Am)* = burgle.

burglary ['bɜːglərɪ] *n* Einbruch *der.*

burgle ['bɜːgl] *vt* ein|brechen in *(+A).*

burial ['berɪəl] *n* Beerdigung *die.*

burn [bɜːn] *(pt & pp* burnt OR burned) *n* Verbrennung *die;* *(on material)* Brandstelle *die* ◆ *vt* verbrennen; *(food)* an|brennen; *(hand, skin, clothes)* sich *(D)* verbrennen ◆ *vi* brennen ❑ **burn down** *vt sep & vi* ab|brennen.

burning (hot) ['bɜːnɪŋ-] *adj* glühend heiß.

Burns' Night ['bɜːnz-] *n* Tag zur Feier des Geburtstags vom schottischen Dichter Robert Burns.

BURNS' NIGHT

Am 25. Januar jedes Jahres feiern die Schotten den Geburtstag ihres Nationaldichters Robert Burns (1759-96). Dazu trifft man sich der Tradition gemäß zum Abendessen, den sogenannten „Burns' suppers", bei denen die Anwesenden reihum Gedichte von Burns rezitieren. Es werden typische schottische Spezialitäten wie „Haggis" (mit Innereien gefüllter Schafsmagen) serviert. Dazu trinkt man Whisky.

---

burnt [bɜːnt] *pt & pp →* burn.

burp [bɜːp] *vi (inf)* rülpsen.

burrow ['bʌrəʊ] *n* Bau *der.*

burst [bɜːst] *(pt & pp* burst) *n (of gunfire)* Hagel *der;* *(of applause)* Sturm *der* ◆ *vt* platzen lassen ◆ *vi* platzen; **he ~ into the room** er stürzte ins Zimmer; **to ~ into tears** in Tränen aus|brechen; **to ~ open** auf|springen.

bury ['beri] vt (person) beerdigen; (hide underground) vergraben.

bus [bʌs] n Bus der; **by** ~ mit dem Bus.

bus conductor [-,kən'dʌktə^r] n Busschaffner der (-in die).

bus driver n Busfahrer der (-in die).

bush [buʃ] n Busch der.

business ['bɪznɪs] n Geschäft das; (firm) Betrieb der; (things to do) Angelegenheiten pl; (affair) Sache die; mind your own ~! kümmer' dich um deine eigenen Angelegenheiten!; '~ as usual' 'Wir haben offen'.

business card n Visitenkarte die.

business class n Business Class die.

business hours npl Geschäftszeit die.

businessman ['bɪznɪsmæn] (pl -men [-men]) n Geschäftsmann der.

business studies npl Betriebswirtschaft die.

businesswoman ['bɪznɪs,wʊmən] (pl -women [-,wɪmɪn]) n Geschäftsfrau die.

busker ['bʌskə^r] n (Br) Straßenmusikant der (-in die).

bus lane n Busspur die.

bus pass n Zeitkarte die.

bus shelter n Wartehäuschen das.

bus station n Busbahnhof der.

bus stop n Bushaltestelle die.

bust [bʌst] n (of woman) Busen der ◆ adj: **to go** ~ (inf) pleite machen.

bustle ['bʌsl] n Betrieb der.

bus tour n Busreise die; (sightseeing) Busrundfahrt die.

busy ['bɪzɪ] adj (person) beschäftigt; (day, schedule) hektisch; (street, office) belebt; (telephone, line) besetzt; **to be** ~ **doing sthg** mit etw beschäftigt sein.

busy signal n (Am) Besetztzeichen das.

but [bʌt] conj aber ◆ prep (except) außer; **the last** ~ **one** der/die/das vorletzte; ~ **for** außer.

butcher ['butʃə^r] n Fleischer der, Metzger der (Süddt); ~'s (shop) Fleischerei die, Metzgerei die (Süddt).

butt [bʌt] n (of rifle) Kolben der; (of cigarette) Stummel der.

butter ['bʌtə^r] n Butter die ◆ vt buttern.

butter bean n weiße Bohne die.

buttercup ['bʌtəkʌp] n Butterblume die.

butterfly ['bʌtəflaɪ] n Schmetterling der.

butterscotch ['bʌtəskɒtʃ] n Karamelbonbon der oder das.

buttocks ['bʌtəks] npl Hintern der.

button ['bʌtn] n Knopf der; (Am: budge) Button der.

buttonhole ['bʌtnhəʊl] n Knopfloch das.

button mushroom n Champignon der.

buttress ['bʌtrɪs] n Pfeiler der.

buy [baɪ] (pt & pp bought) vt kaufen ◆ n: **a good** ~ ein guter Kauf; **to** ~ **sthg for sb, to** ~ **sb sthg** jm etw kaufen.

buzz [bʌz] vi summen ◆ n (inf: phone call): **to give sb a** ~ jn anrufen.

buzzer ['bʌzə^r] n Summer der.

by [baɪ] prep 1. (expressing cause,

agent) von; **he was hit ~ a car** er ist von einem Auto angefahren worden; **composed ~ Mozart** von Mozart komponiert.
2. *(expressing method, means)* mit; **~ car/train** mit dem Auto/Zug; **to pay ~ credit card** mit Kreditkarte bezahlen.
3. *(near to, beside)* an (+D); **~ the sea** am Meer.
4. *(past)* an (+D) ... vorbei; **a car went ~ the house** ein Auto fuhr am Haus vorbei.
5. *(via)* durch; **exit ~ the door on the left** Ausgang durch die Tür auf der linken Seite.
6. *(with time)*: **it will be ready ~ tomorrow** bis morgen wird es fertig sein; **be there ~ nine** sei um neun da; **~ day** tagsüber; **~ now** inzwischen.
7. *(expressing quantity)*: **sold ~ the dozen** im Dutzend verkauft; **prices fell ~ 20%** die Preise fielen um 20%; **we charge ~ the hour** wir berechnen nach Stunde.
8. *(expressing meaning)*: **what do you mean ~ that?** was meinst du/meinen Sie damit?
9. *(in division)* durch; *(in multiplication)* mit; **two metres ~ five** zwei mal fünf Meter.
10. *(according to)* nach; **~ law** nach dem Gesetz; **it's fine ~ me** ich bin damit einverstanden.
11. *(expressing gradual process)*: **one ~ one** eins nach dem anderen; **day ~ day** Tag für Tag.
12. *(in phrases)*: **~ mistake** versehentlich; **~ oneself** allein; **~ profession** von Beruf.
◆ *adv (past)* vorbei; **to go ~** *(walk)* vorbeigehen; *(drive)* vorbeifahren.

bye(-bye) [baɪ(baɪ)] *excl (inf)* tschüs.
bypass ['baɪpɑːs] *n* Umgehungsstraße *die*.

C

C *(abbr of Celsius, centigrade)* C.
cab [kæb] *n (taxi)* Taxi *das*; *(of lorry)* Führerhaus *das*.
cabaret ['kæbəreɪ] *n* Kabarett *das*.
cabbage ['kæbɪdʒ] *n* Kohl *der*.
cabin ['kæbɪn] *n* Kabine *die*; *(wooden house)* Hütte *die*.
cabin crew *n* Flugpersonal *das*.
cabinet ['kæbɪnɪt] *n (cupboard)* Schrank *der*; *(POL)* Kabinett *das*.
cable ['keɪbl] *n (rope)* Tau *das*; *(electrical)* Kabel *das*.
cable car *n* Seilbahn *die*.
cable television *n* Kabelfernsehen *das*.
cactus ['kæktəs] *(pl* **-tuses** *or* **-ti** [-taɪ]*) n* Kaktus *der*.
Caesar salad [ˌsiːzə-] *n* grüner Salat mit Sardellen, Oliven, Parmesan und Croûtons.
cafe ['kæfeɪ] *n* Café *das*.
cafeteria [ˌkæfɪˈtɪərɪə] *n* Cafeteria *die*.
cafetière [ˌkæfəˈtjeəʳ] *n* Kolbenfilter-Kaffeemaschine *die*.
caffeine ['kæfiːn] *n* Kaffein *das*.
cage [keɪdʒ] *n* Käfig *der*.

cagoule [kə'gu:l] *n (Br)* Regenjacke *die*.

Cajun ['keɪdʒən] *adj* cajun.

---

i CAJUN

Bezeichnung für die ursprünglich französischen Siedler in Neuschottland/Kanada, die im 18. Jahrhundert nach Louisiana deportiert wurden. Im Laufe der Zeit entwickelte diese Volksgruppe ihren eigenen Dialekt und eine eigene Kultur. Im englischsprachigen Raum ist die scharfgewürzte Cajun-Küche und die folkloristische Cajun-Musik, bei der Fiedel und Akkordeon vorherrschen, sehr bekannt.

---

cake [keɪk] *n* Kuchen *der*; *(of soap)* Stück *das*; **fish ~** Fischfrikadelle *die*.

calculate ['kælkjʊleɪt] *vt* berechnen; *(risks, effect)* kalkulieren.

calculator ['kælkjʊleɪtə^r] *n* Taschenrechner *der*.

calendar ['kælɪndə^r] *n* Kalender *der*.

calf [kɑ:f] *(pl* **calves)** *n (of cow)* Kalb *das*; *(part of leg)* Wade *die*.

call [kɔ:l] *n (visit)* Besuch *der*; *(phone call)* Anruf *der*; *(of bird)* Ruf *der*; *(at airport)* Aufruf *der* ◆ *vt* rufen; *(name, describe)* nennen; *(meeting)* einberufen; *(election)* auslschreiben; *(flight)* auflrufen ◆ *vi (visit)* vorbeilkommen; *(phone)* anlrufen; **to be ~ed** sich nennen; **what is he ~ed?** wie heißt er?; **to be on ~** *(nurse, doctor)* Bereitschaftsdienst haben; **to pay sb a ~** bei jm vorbeilschauen; **this train ~s at** ... dieser Zug hält in ...; **who's ~ing?** wer spricht da, bitte? ❑ **call back** *vt sep* zurücklrufen ◆ *vi (phone again)* zurücklrufen; *(visit again)* zurücklkommen; **call for** *vt fus (come to fetch)* ablholen; *(demand)* verlangen; *(require)* erfordern; **call on** *vt fus (visit)* vorbeilgehen bei; **to ~ on sb to do sthg** jn bitten, etw zu tun; **call out** *vt sep* auslrufen; *(doctor, fire brigade)* rufen ◆ *vi* rufen; **call up** *vt sep (MIL)* einlberufen; *(telephone)* anlrufen.

call box *n* Telefonzelle *die*.

caller ['kɔ:lə^r] *n (visitor)* Besucher *der* (-in *die*); *(on phone)* Anrufer *der* (-in *die*).

calm [kɑ:m] *adj* ruhig ◆ *vt* beruhigen ❑ **calm down** *vt sep* beruhigen ◆ *vi* sich beruhigen.

Calor gas® ['kælə-] *n* Butangas *das*.

calorie ['kælərɪ] *n* Kalorie *die*.

calves [kɑ:vz] *pl* → **calf**.

camcorder ['kæm,kɔ:də^r] *n* Camcorder *der*.

came [keɪm] *pt* → **come**.

camel ['kæml] *n* Kamel *das*.

camembert ['kæməmbeə^r] *n* Camembert *der*.

camera ['kæmərə] *n* Fotoapparat *der*; *(for filming)* Kamera *die*.

cameraman ['kæmərəmæn] *(pl* **-men** [-men]) *n* Kameramann *der*.

camera shop *n* Fotogeschäft *das*.

camisole ['kæmɪsəʊl] *n* Mieder *das*.

camp [kæmp] *n* Lager *das* ◆ *vi* zelten.

campaign [kæm'peɪn] *n* Kampagne *die* ◆ *vi*: **to ~** *(for/against)* kämpfen (für/gegen).

camp bed n Campingliege die.

camper ['kæmpə^r] n Camper der (-in die); (van) Wohnmobil das.

camping ['kæmpɪŋ] n: **to go ~** zelten gehen.

camping stove n Kocher der.

campsite ['kæmpsaɪt] n Campingplatz der.

campus ['kæmpəs] (pl -es) n Universitätsgelände das.

can[1] [kæn] n (of food, drink, paint) Dose die; (of oil) Kanister der.

can[2] [weak form kən, strong form kæn] (pt & conditional **could**) aux vb
1. (be able to) können; **~ you help me?** können Sie mir helfen?; **I ~ see you** ich kann dich sehen.
2. (know how to) können; **~ you drive?** können Sie/kannst du Auto fahren?; **I ~ speak German** ich spreche Deutsch.
3. (be allowed to) dürfen; **you can't smoke here** Sie können OR dürfen hier nicht rauchen.
4. (in polite requests) können; **~ you tell me the time?** können Sie mir sagen wieviel Uhr es ist?
5. (expressing occasional occurrence) können; **it ~ get cold at night** es kann nachts kalt werden.
6. (expressing possibility) können; **they could be lost** sie könnten sich verlaufen haben.

Canada ['kænədə] n Kanada nt.

Canadian [kə'neɪdjən] adj kanadisch ♦ n Kanadier der (-in die).

canal [kə'næl] n Kanal der.

canapé ['kænəpeɪ] n Canapé das.

cancel ['kænsl] vt (meeting, visit) absagen; (booking) rückgängig machen; (flight, train) streichen; (cheque) ungültig machen.

cancellation [ˌkænsə'leɪʃn] n Streichung die; (booking) Stornierung die; (cancelled visit) Absage die.

cancer ['kænsə^r] n Krebs der.

Cancer ['kænsə^r] n Krebs der.

candidate ['kændɪdət] n (for parliament, job) Bewerber der; (in exam) Prüfling der.

candle ['kændl] n Kerze die.

candlelit dinner ['kændllɪt-] n Essen das bei Kerzenlicht.

candy ['kændɪ] n (Am) (confectionery) Süßigkeiten pl; (sweet) Bonbon der or das.

candyfloss ['kændɪflɒs] n (Br) Zuckerwatte die.

cane [keɪn] n Stock der; (for furniture, baskets) Rohr das.

canister ['kænɪstə^r] n (for tea) Dose die; (for gas) Gasflasche die.

cannabis ['kænəbɪs] n Cannabis der.

canned [kænd] adj (food, drink) in der Dose.

cannon ['kænən] n Kanone die.

cannot ['kænɒt] = can not.

canoe [kə'nu:] n Paddelboot das; (SPORT) Kanu das.

canoeing [kə'nu:ɪŋ] n Paddeln das; (SPORT) Kanusport der.

canopy ['kænəpɪ] n Baldachin der.

can't [kɑ:nt] = cannot.

cantaloup(e) ['kæntəlu:p] n Kantalupmelone die.

canteen [kæn'ti:n] n (at work) Kantine die; (at school) Speisesaal der.

canvas ['kænvəs] n (for tent, bag) Segeltuch das.

cap [kæp] *n* Mütze *die*; *(of pen, bottle)* Kappe *die*; *(contraceptive)* Spirale *die*.

capable ['keɪpəbl] *adj* fähig; **to be ~ of doing sthg** fähig sein, etw zu tun.

capacity [kə'pæsɪtɪ] *n* *(ability)* Fähigkeit *die*; *(of stadium, theatre)* Fassungsvermögen *das*.

cape [keɪp] *n* *(of land)* Kap *das*; *(cloak)* Cape *das*.

capers ['keɪpəz] *npl* Kapern *pl*.

capital ['kæpɪtl] *n* *(of country)* Hauptstadt *die*; *(money)* Kapital *das*; *(letter)* Großbuchstabe *der*.

capital punishment *n* Todesstrafe *die*.

cappuccino [ˌkæpʊ'tʃiːnəʊ] *n* Cappuccino *der*.

Capricorn ['kæprɪkɔːn] *n* Steinbock *der*.

capsicum ['kæpsɪkəm] *n* Paprika *der*.

capsize [kæp'saɪz] *vi* kentern.

capsule ['kæpsjuːl] *n* Kapsel *die*.

captain ['kæptɪn] *n* Kapitän *der*; *(MIL)* Hauptmann *der*.

caption ['kæpʃn] *n* *(under picture)* Unterschrift *die*; *(above picture)* Überschrift *die*.

capture ['kæptʃəʳ] *vt* fangen; *(town, castle)* erobern.

car [kɑːʳ] *n* Auto *das*, Wagen *der*; *(railway wagon)* Wagen *der*.

carafe [kə'ræf] *n* Karaffe *die*.

caramel ['kærəmel] *n* *(sweet)* Karamelbonbon *der* or *das*; *(burnt sugar)* Karamel *der*.

carat ['kærət] *n* Karat *das*; **24-~ gold** 24-karätiges Gold.

caravan ['kærəvæn] *n* *(Br)* Wohnwagen *der*.

caravanning ['kærəvænɪŋ] *n* *(Br)*: **to go ~** Urlaub im Wohnwagen machen.

caravan site *n* *(Br)* Campingplatz *der* für Wohnwagen.

carbohydrate [ˌkɑːbəʊ'haɪdreɪt] *n* *(in foods)* Kohlenhydrat *das*.

carbon ['kɑːbən] *n* Kohlenstoff *der*.

carbon copy *n* Durchschlag *der*.

carbon dioxide [-daɪ'ɒksaɪd] *n* Kohlendioxid *das*.

carbon monoxide [-mɒ'nɒksaɪd] *n* Kohlenmonoxid *das*.

car boot sale *n* *(Br)* Basar, bei dem die Waren im Kofferraum ausgelegt werden.

carburetor [ˌkɑːbə'retəʳ] *(Am)* = **carburettor**.

carburettor [ˌkɑːbə'retəʳ] *n* *(Br)* Vergaser *der*.

car crash *n* Autounfall *der*.

card [kɑːd] *n* Karte *die*; *(cardboard)* Pappe *die*, Karton *der*; **~s** *(game)* Karten *pl*.

cardboard ['kɑːdbɔːd] *n* Pappe *die*, Karton *der*.

car deck *n* Fahrzeugdeck *das*.

cardiac arrest [ˌkɑːdɪæk-] *n* Herzstillstand *der*.

cardigan ['kɑːdɪgən] *n* Strickjacke *die*.

care [keəʳ] *n* *(attention)* Sorgfalt *die* ◆ *vi* *(mind)*: **I don't ~** es ist mir egal; **to take ~ of** sich kümmern um; **would you ~ to ...?** *(fml)* würden Sie gerne ...?; **to take ~ to do sthg** aufpassen, daß man etw tut; **medical ~** ärztliche Betreuung; **take ~!** *(good-*

bye) mach's gut!; **with ~** aufmerksam, sorgfältig; **to ~ about sthg** (*think important*) etw wichtig finden; **to ~ about sb** jn mögen.

career [kə'rɪə^r] *n* (*type of job*) Beruf *der*; (*professional life*) Laufbahn *die*.

carefree ['keəfriː] *adj* sorglos.

careful ['keəful] *adj* (*cautious*) vorsichtig; (*thorough*) sorgfältig; **be ~!** Vorsicht!

carefully ['keəflɪ] *adv* (*cautiously*) vorsichtig; (*thoroughly*) sorgfältig.

careless ['keələs] *adj* (*inattentive*) unaufmerksam; (*unconcerned*) sorglos.

caretaker ['keə,teɪkə^r] *n* (*Br: of school, flats*) Hausmeister *der* (-in *die*).

car ferry *n* Autofähre *die*.

cargo ['kɑːgəʊ] (*pl* **-es** OR **-s**) *n* Ladung *die*.

car hire *n* (*Br*) Autovermietung *die*.

Caribbean [*Br* ,kærɪ'biːən, *Am* kə'rɪbɪən] *n*: **the ~ die** Karibik.

caring ['keərɪŋ] *adj* fürsorglich.

carnation [kɑː'neɪʃn] *n* Nelke *die*.

carnival ['kɑːnɪvl] *n* Karneval *der*.

carousel [,kærə'sel] *n* (*for luggage*) Gepäckförderband *das*; (*Am: merry-go-round*) Karussell *das*.

carp [kɑːp] *n* Karpfen *der*.

car park *n* (*Br*) Parkplatz *der*; (*building*) Parkhaus *das*; (*underground*) Tiefgarage *die*.

carpenter ['kɑːpəntə^r] *n* Zimmermann *der*; (*for furniture*) Tischler *der* (-in *die*).

carpentry ['kɑːpəntrɪ] *n* Zimmerhandwerk *das*; (*furniture making*) Tischlerei *die*.

carpet ['kɑːpɪt] *n* Teppich *der*.

car rental *n* (*Am*) Autovermietung *die*.

carriage ['kærɪdʒ] *n* (*Br: of train*) Abteil *das*; (*horse-drawn*) Kutsche *die*.

carriageway ['kærɪdʒweɪ] *n* (*Br*) Fahrbahn *die*.

carrier (bag) ['kærɪə^r-] *n* Tragetasche *die*.

carrot ['kærət] *n* Karotte *die*, Möhre *die*.

carrot cake *n* Möhrenkuchen *der*, Rüblitorte *die* (Schweiz).

carry ['kærɪ] *vt* tragen; (*transport*) befördern; (*disease*) übertragen; (*cash, passport, map*) bei sich haben ◆ *vi* (*voice, sound*) tragen, reichen □ **carry on** *vi* (*continue*) weitermachen ◆ *vt fus* (*continue*) fortsetzen; **to ~ on doing sthg** weiterhin etw tun; **carry out** *vt sep* (*repairs, order*) ausführen; (*plan*) durchführen; (*promise*) erfüllen.

carrycot ['kærɪkɒt] *n* (*Br*) Babytragetasche *die*.

carryout ['kærɪaʊt] *n* (*Am & Scot*) Essen *das* zum Mitnehmen.

carsick ['kɑː,sɪk] *adj*: **I get ~** mir wird beim Autofahren schlecht.

cart [kɑːt] *n* Karren *der*; (*Am: in supermarket*) Einkaufswagen *der*; (*inf: video game cartridge*) Videospiel *das*.

carton ['kɑːtn] *n* Tüte *die*.

cartoon [kɑː'tuːn] *n* (*drawing*) Cartoon *der*; (*film*) Zeichentrickfilm *der*.

cartridge ['kɑːtrɪdʒ] *n* Patrone *die*; (*for film*) Kassette *die*.

carve [kɑːv] *vt* (*wood*) schnitzen;

(stone) meißeln; *(meat)* aufschneiden.

carvery ['kɑːvərɪ] n Büfett mit verschiedenen Fleischgerichten und Bedienung.

car wash n Autowaschanlage die.

case [keɪs] n *(Br: suitcase)* Koffer der; *(container)* Etui das; *(for jewellery)* Schatulle die; *(instance)* Fall der; *(JUR: trial)* Fall der; *(patient)* Fall der ♦ v ~ sowieso; **in ~** falls; **in ~ of** im Fall *(+G)*; **just in ~** für alle Fälle; **in that ~** in dem Fall.

cash [kæʃ] n *(coins, notes)* Bargeld das; *(money in general)* Geld das ♦ vt: **to ~ a cheque** einen Scheck einlösen; **to pay ~** bar bezahlen.

cash desk n Kasse die.

cash dispenser [-,dɪ'spensə^r] n Geldautomat der.

cashew (nut) ['kæʃuː-] n Cashewnuß die.

cashier [kæ'ʃɪə^r] n Kassierer der *(-in die)*.

cashmere [kæʃ'mɪə^r] n Kaschmir der.

cashpoint ['kæʃpɔɪnt] n *(Br)* Geldautomat der.

cash register n Kasse die.

casino [kə'siːnəʊ] *(pl -s)* n Kasino das.

cask [kɑːsk] n Faß das.

cask-conditioned [-,kən-'dɪʃnd] adj *(beer)* bezeichnet „real ale"-Bier, das in Fässern gebraut wird.

casserole ['kæsərəʊl] n *(stew)* Schmorgericht aus Fleisch und Gemüse; **~ (dish)** Schmortopf der.

cassette [kæ'set] n Kassette die.

cassette recorder n Kassettenrecorder der.

cast [kɑːst] *(pt & pp cast)* n *(actors)* Besetzung die; *(for broken bone)* Gipsverband der ♦ vt werfen; **to ~ a vote** wählen; **to ~ doubt on** in Zweifel ziehen ❏ **cast off** vi *(boat, ship)* ablegen.

caster ['kɑːstə^r] n *(wheel)* Rolle die.

caster sugar n *(Br)* Streuzucker der.

castle ['kɑːsl] n Schloß das; *(fortified)* Burg die; *(in chess)* Turm der.

casual ['kæʒʊəl] adj *(relaxed)* ungezwungen, lässig; *(remark)* beiläufig; *(clothes)* leger; **~ work** Gelegenheitsarbeit die.

casualty ['kæʒjʊəltɪ] n *(injured)* Verletzte der, die; *(dead)* Tote der, die; **~ (ward)** Unfallstation die.

cat [kæt] n Katze die.

catalog ['kætəlɒg] *(Am)* = **catalogue**.

catalogue ['kætəlɒg] n Katalog der.

catapult ['kætəpʌlt] n Katapult das.

cataract ['kætərækt] n *(in eye)* grauer Star.

catarrh [kə'tɑː^r] n Katarrh der.

catastrophe [kə'tæstrəfɪ] n Katastrophe die.

catch [kætʃ] *(pt & pp caught)* vt fangen; *(bus, train, plane, taxi)* nehmen; *(surprise)* erwischen; *(illness)* bekommen; *(hear)* verstehen; *(attention)* erregen ♦ vi *(become hooked)* sich verfangen ♦ n *(of window, door)* Schnappschloß das; *(snag)* Haken der ❏ **catch up** vt sep & vi einholen, aufholen.

catching ['kætʃɪŋ] adj *(inf)* ansteckend.

category ['kætəgərɪ] *n* Kategorie
die.

cater ['keɪtəʳ] : **cater for** *vt fus (Br)*
eingestellt sein auf *(+A).*

caterpillar ['kætəpɪləʳ] *n* Raupe
die.

cathedral [kə'θiːdrəl] *n* Kathedrale *die.*

Catholic ['kæθlɪk] *adj* katholisch
◆ *n* Katholik *der* (-in *die*).

Catseyes® ['kætsaɪz] *npl (Br)*
Reflektoren *pl (auf der Straße).*

cattle ['kætl] *npl* Vieh *das.*

cattle grid *n* Gitter *auf Land-
straßen, um Vieh am Überqueren zu
hindern.*

caught [kɔːt] *pt & pp* → **catch.**

cauliflower ['kɒlɪˌflaʊəʳ] *n*
Blumenkohl *der,* Karfiol *der
(Österr).*

cauliflower cheese *n*
Blumenkohlauflauf *der.*

cause [kɔːz] *n* Ursache *die,* Grund
der; (principle, aim) Sache *die* ◆ *vt*
verursachen; **to ~ sb to do sthg** jn
veranlassen, etw zu tun.

causeway ['kɔːzweɪ] *n* Damm
der.

caustic soda [kɔːstɪk-] *n* Ätz-
natron *das.*

caution ['kɔːʃn] *n* Vorsicht *die;
(warning)* Verwarnung *die.*

cautious ['kɔːʃəs] *adj* vorsichtig.

cave [keɪv] *n* Höhle *die* ❑ **cave in**
vi einstürzen.

caviar(e) ['kævɪɑːʳ] *n* Kaviar *der.*

cavity ['kævɪtɪ] *n (in tooth)* Loch
das.

CD *n (abbr of compact disc)* CD *die.*

CDI *n (abbr of compact disc interac-
tive)* CD-Wechsler *der.*

CD player *n* CD-Player *der.*

CDW *n (abbr of collision damage
waiver)* Vollkaskoversicherung *die.*

cease [siːs] *vt (fml)* aufhören mit ◆
vi (fml) aufhören.

ceasefire ['siːsˌfaɪəʳ] *n* Waffenstillstand *der.*

ceilidh ['keɪlɪ] *n traditionelle Tanzveranstaltung in Schottland und Irland.*

CEILIDH

In Schottland und Irland sind die
„ceilidhs" traditionelle gesellige
Abende mit Volksmusik, Tanz und
Gesang. Ursprünglich traf man sich
dazu im Kreise der Familie und
Freunde, heute versteht man darunter meist öffentliche Tanzveran-
staltungen.

---

ceiling ['siːlɪŋ] *n* Decke *die.*

celebrate ['selɪbreɪt] *vt & vi*
feiern.

celebration [ˌselɪ'breɪʃn] *n (event)*
Feier *die* ❑ **celebrations** *npl (festiv-
ities)* Festlichkeiten *pl.*

celebrity [sɪ'lebrɪtɪ] *n (person)*
Prominente *der, die.*

celeriac [sɪ'lerɪæk] *n* Knollen-
sellerie *der.*

celery ['selərɪ] *n* Sellerie *der.*

cell [sel] *n* Zelle *die.*

cellar ['seləʳ] *n* Keller *der.*

cello *(pl* **-s)** ['tʃeləʊ] *n* Cello *das.*

Cellophane® ['seləfeɪn] *n* Cello-
phan® *das.*

Celsius ['selsɪəs] *adj* Celsius.

cement [sɪ'ment] *n* Zement *der.*

cement mixer n Zementmischer der.

cemetery ['semɪtrɪ] n Friedhof der.

cent [sent] n (Am) Cent der.

center ['sentə^r] (Am) = **centre**.

centigrade ['sentɪɡreɪd] adj Celsius.

centimetre ['sentɪˌmiːtə^r] n Zentimeter der.

centipede ['sentɪpiːd] n Tausendfüßler der.

central ['sentrəl] adj zentral.

central heating n Zentralheizung die.

central locking [-'lɒkɪŋ] n Zentralverriegelung die.

central reservation n (Br) Mittelstreifen der.

centre ['sentə^r] n (Br) Mitte die; (building) Zentrum das ◆ adj mittlere(-r)(-s); **to be the ~ of attention** im Mittelpunkt stehen.

century ['sentʃʊrɪ] n Jahrhundert das.

ceramic [sɪ'ræmɪk] adj Keramik-□ **ceramics** npl Keramik die.

cereal ['sɪərɪəl] n (breakfast food) Frühstücksflocken pl.

ceremony ['serɪmənɪ] n Zeremonie die.

certain ['sɜːtn] adj sicher; (particular) bestimmt, gewiß; **to be ~ to do sthg** etw bestimmt tun; **to be ~ of sthg** sich (D) einer Sache (G) sicher sein; **to make ~ (that)** sich vergewissern, daß.

certainly ['sɜːtnlɪ] adv bestimmt; (of course) natürlich, sicher.

certificate [sə'tɪfɪkət] n Bescheinigung die; (from school) Zeugnis das.

certify ['sɜːtɪfaɪ] vt bescheinigen.

chain [tʃeɪn] n Kette die ◆ vt: **to ~ sthg to sthg** etw an etw (A) anketten.

chain store n zu einer Ladenkette gehörendes Geschäft.

chair [tʃeə^r] n Stuhl der; (armchair) Sessel der.

chair lift n Sessellift der.

chairman ['tʃeəmən] (pl **-men** [-mən]) n Vorsitzende der.

chairperson ['tʃeəˌpɜːsn] n Vorsitzende der, die.

chairwoman ['tʃeəˌwʊmən] (pl **-women** [-ˌwɪmɪn]) n Vorsitzende die.

chalet ['ʃæleɪ] n Chalet das; (at holiday camp) Ferienhaus das.

chalk [tʃɔːk] n Kreide die; **a piece of ~** ein Stück Kreide.

chalkboard ['tʃɔːkbɔːd] n (Am) Tafel die.

challenge ['tʃælɪndʒ] n Herausforderung die ◆ vt (question) in Frage stellen; **to ~ sb (to sthg)** jn herausfordern (zu etw).

chamber ['tʃeɪmbə^r] n Kammer die.

chambermaid ['tʃeɪmbəmeɪd] n Zimmermädchen das.

champagne [ʃæm'peɪn] n Champagner der.

champion ['tʃæmpjən] n Meister der (-in die).

championship ['tʃæmpjənʃɪp] n Meisterschaft die.

chance [tʃɑːns] n (luck) Glück das; (possibility) Chance die, Möglichkeit die; (opportunity) Gelegenheit die ◆ vt: **to ~ it** (inf) es riskieren; **to take a ~** es darauf ankommen lassen; **by**

~ zufällig; **on the off ~** auf gut Glück.

Chancellor of the Exchequer [ˌtʃɑːnsələrəvðəɪksˈtʃekəʳ] n (Br) Schatzkanzler der.

chandelier [ˌʃændəˈlɪəʳ] n Kronleuchter der.

change [tʃeɪndʒ] n Veränderung die; (alteration) Änderung die; (money received back) Wechselgeld das; (coins) Kleingeld das ◆ vt ändern; (switch) wechseln; (exchange) umltauschen; (clothes, bedding) wechseln ◆ vi sich verändern; (on bus, train) umsteigen; (change clothes) sich umlziehen; **a ~ of clothes** Kleidung zum Wechseln; **do you have ~ for a pound?** können Sie mir ein Pfund wechseln?; **for a ~** zur Abwechslung; **to get ~d** sich umlziehen; **to ~ money** Geld wechseln; **to ~ a nappy** eine Windel wechseln; **to ~ a wheel** ein Rad wechseln; **to ~ trains/planes** umsteigen; **all ~!** (on train) alles aussteigen!

changeable [ˈtʃeɪndʒəbl] adj (weather) veränderlich.

change machine n Wechselgeldautomat der.

changing room [ˈtʃeɪndʒɪŋ-] n (for sport) Umkleideraum der; (in shop) Umkleidekabine die.

channel [ˈtʃænl] n Kanal der; (on radio) Sender der; (in sea) Fahrrinne die; **the (English) Channel** der Ärmelkanal.

Channel Islands npl: **the ~** die Kanalinseln.

Channel Tunnel n: **the ~** der Euro-Tunnel.

 CHANNEL TUNNEL

Seit 1994 verbindet der Tunnel unter dem Ärmelkanal das englische Dorf Cheriton in der Nähe von Folkestone mit dem französischen Dorf Coquelles in der Nähe von Calais. Dank dieses Tunnels gibt es nun eine direkte Zugverbindung zwischen London und Paris und anderen europäischen Städten. Fahrzeuge können mit dem Autoreisezug „Le Shuttle" genannt, transportiert werden.

chant [tʃɑːnt] vt (RELIG) singen; (words, slogan) Sprechchöre anlstimmen.

chaos [ˈkeɪɒs] n Chaos das.

chaotic [keɪˈɒtɪk] adj chaotisch.

chap [tʃæp] n (Br: inf) Kerl der.

chapel [ˈtʃæpl] n Kapelle die.

chapped [tʃæpt] adj aufgesprungen.

chapter [ˈtʃæptəʳ] n Kapitel das.

character [ˈkærəktəʳ] n Charakter der; (of person) Persönlichkeit die; (in film, book, play) Gestalt die; (letter) Schriftzeichen das.

characteristic [ˌkærəktəˈrɪstɪk] adj charakteristisch ◆ n Kennzeichen das.

charcoal [ˈtʃɑːkəʊl] n (for barbecue) Grillkohle die.

charge [tʃɑːdʒ] n (price) Gebühr die; (JUR) Anklage die ◆ vt (money) berechnen; (JUR) anklagen; (battery) aufladen ◆ vi (ask money) in Rechnung stellen; (rush) stürmen; **to be in ~ (of)** verantwortlich sein (für); **to take ~ of sth** die Leitung für etw übernehmen; **free of ~** gratis; **there is no ~ for service** es gibt keinen Bedienungszuschlag.

char-grilled ['tʃɑːgrɪld] *adj* vom Holzkohlengrill.

charity ['tʃærətɪ] *n (organization)* Wohltätigkeitsverein *der*; **to give to ~** für wohltätige Zwecke spenden.

charity shop *n Gebrauchtwarenladen, dessen Erlös zugunsten wohltätiger Zwecke geht.*

charm [tʃɑːm] *n (attractiveness)* Reiz *der* ♦ *vt* bezaubern.

charming ['tʃɑːmɪŋ] *adj* reizend.

chart [tʃɑːt] *n (diagram)* Diagramm *das; (map)* Karte *die;* **the ~s** die Hitparade.

chartered accountant [,tʃɑːtəd-] *n* Wirtschaftsprüfer *der (-in die).*

charter flight ['tʃɑːtə-] *n* Charterflug *der.*

chase [tʃeɪs] *n* Verfolgungsjagd *die* ♦ *vt* verfolgen, jagen.

chat [tʃæt] *n* Plauderei *die* ♦ *vi* plaudern; **to have a ~ (with sb)** plaudern (mit jm) ❑ **chat up** *vt sep (Br: inf)* anlmachen.

chat show *n (Br)* Talk-Show *die.*

chatty ['tʃætɪ] *adj (person)* gesprächig; *(letter)* unterhaltsam.

chauffeur ['ʃəʊfə'] *n* Chauffeur *der.*

cheap [tʃiːp] *adj* billig.

cheap day return *n (Br)* reduzierte Rückfahrkarte für bestimmte Züge.

cheaply ['tʃiːplɪ] *adv* billig.

cheat [tʃiːt] *n* Betrüger *der (-in die); (in games)* Mogler *der (-in die)* ♦ *vi* betrügen; *(in games)* mogeln ♦ *vt:*

to ~ sb (out of sth) jn betrügen (um etw).

check [tʃek] *n (inspection)* Kontrolle *die; (Am: bill)* Rechnung *die; (Am: tick)* Haken *der; (Am)* = **cheque** ♦ *vt* kontrollieren ♦ *vi* überprüfen; **to ~ for sth** auf etw prüfen ❑ **check in** *vt sep &* vi einlchecken; **check off** *vt sep* ablhaken; **check out** *vi* ablreisen, auslchecken; **check up** *vi:* **to ~ up (on)** überprüfen.

checked [tʃekt] *adj* kariert.

checkers ['tʃekəz] *n (Am)* Damespiel *das.*

check-in desk *n (at airport)* Abfertigungsschalter *der; (at hotel)* Rezeption *die.*

checkout ['tʃekaʊt] *n* Kasse *die.*

checkpoint ['tʃekpɔɪnt] *n* Kontrollpunkt *der.*

checkroom ['tʃekrʊm] *n (Am)* Gepäckaufbewahrung *die.*

checkup ['tʃekʌp] *n* Untersuchung *die.*

cheddar (cheese) ['tʃedə'-] *n* Cheddarkäse *der.*

cheek [tʃiːk] *n* Backe *die;* **what a ~!** so eine Frechheit!

cheeky ['tʃiːkɪ] *adj* frech.

cheer [tʃɪə'] *n* Beifallsruf *der* ♦ *vi* jubeln, applaudieren.

cheerful ['tʃɪəfʊl] *adj* fröhlich.

cheerio [,tʃɪərɪ'əʊ] *excl (Br: inf)* tschüs!

cheers [tʃɪəz] *excl (when drinking)* prost!; *(Br: inf: thank you)* danke!

cheese [tʃiːz] *n* Käse *der.*

cheeseboard ['tʃiːzbɔːd] *n* Käseplatte *die.*

cheeseburger ['tʃiːzˌbɜːgə'] *n* Cheeseburger *der.*

cheesecake ['tʃiːzkeɪk] n Käsekuchen der.

chef [ʃef] n Koch der.

chef's special n Tagesgericht
das.

chemical ['kemɪkl] adj chemisch
♦ n Chemikalie die.

chemist ['kemɪst] n (Br: pharmacist) Apotheker der (-in die);
(scientist) Chemiker der (-in die); ~'s
(Br: shop) Drogerie die; (dispensing)
Apotheke die.

chemistry ['kemɪstrɪ] n Chemie
die.

cheque [tʃek] n (Br) Scheck der; **to
pay by ~** mit Scheck bezahlen.

chequebook ['tʃekbʊk] n
Scheckbuch das.

cheque card n Scheckkarte die.

cherry ['tʃerɪ] n Kirsche die.

chess [tʃes] n Schach das.

chest [tʃest] n (of body) Brust die;
(box) Truhe die.

chestnut ['tʃesnʌt] n Kastanie die
♦ adj (colour) kastanienbraun.

chest of drawers n Kommode
die.

chew [tʃuː] vt kauen ♦ n (sweet)
Kaubonbon der or das.

chewing gum ['tʃuːɪŋ-] n
Kaugummi der.

chic [ʃiːk] adj schick.

chicken ['tʃɪkɪn] n Huhn das;
(grilled, roasted) Hähnchen das.

chicken breast n Hühnerbrust
die.

chicken Kiev [-'kiːev] n mit
Knoblauchbutter gefülltes paniertes
Hähnchenfilet.

chickenpox ['tʃɪkɪnpɒks] n
Windpocken pl.

chickpea ['tʃɪkpiː] n Kichererbse
die.

chicory ['tʃɪkərɪ] n Chicorée der.

chief [tʃiːf] adj (highest-ranking)
leitend, Ober-; (main) Haupt- ♦ n
Leiter der (-in die), Chef der (-in die);
(of tribe) Häuptling der.

chiefly ['tʃiːflɪ] adv (mainly) hauptsächlich; (especially) vor allem.

child [tʃaɪld] (pl **children**) n Kind
das.

child abuse n Kindesmiß-
handlung die.

child benefit n (Br) Kindergeld
das.

childhood ['tʃaɪldhʊd] n Kindheit
die.

childish ['tʃaɪldɪʃ] adj (pej: immature) kindisch.

childminder ['tʃaɪldˌmaɪndəʳ] n
(Br) Tagesmutter die.

children ['tʃɪldrən] pl → child.

childrenswear ['tʃɪldrənzweəʳ]
n Kinderkleidung die.

child seat n Kindersitz der.

Chile ['tʃɪlɪ] n Chile nt.

chill [tʃɪl] n (illness) Erkältung die ♦
vt kühlen; **there's a ~ in the air** es ist
kühl draußen.

chilled [tʃɪld] adj gekühlt; **'serve
~'** 'gekühlt servieren'.

chilli ['tʃɪlɪ] (pl **-ies**) n Chili der.

chilli con carne ['tʃɪlɪkɒn'kɑːnɪ]
n Chili con carne das.

chilly ['tʃɪlɪ] adj kühl.

chimney ['tʃɪmnɪ] n Schornstein
der.

chimneypot ['tʃɪmnɪpɒt] n
Schornsteinaufsatz der.

chimpanzee [ˌtʃɪmpən'ziː] n
Schimpanse der.

chin [tʃɪn] n Kinn das.

china ['tʃaɪnə] n (material) Porzellan das.

China ['tʃaɪnə] n China nt.

Chinese [,tʃaɪ'niːz] adj chinesisch ◆ n (language) Chinesisch das ◆ npl: the ~ die Chinesen; a ~ restaurant ein China-Restaurant.

chip [tʃɪp] n (small piece) Stückchen das; (mark) angeschlagene Stelle; (for gambling, in computer) Chip der ◆ vt anlschlagen ◻ **chips** npl (Br: French fries) Pommes frites pl; (Am: crisps) Chips pl.

chiropodist [kɪ'rɒpədɪst] n Fußpfleger der (-in die).

chisel ['tʃɪzl] n Meißel der; (for wood) Stemmeisen das.

chives [tʃaɪvz] npl Schnittlauch der.

chlorine ['klɔːriːn] n Chlor das.

choc-ice ['tʃɒkaɪs] n (Br) Eiscremeriegel mit Schokoladenüberzug.

chocolate ['tʃɒkələt] n Schokolade die; (sweet) Praline die ◆ adj Schokoladen-.

chocolate biscuit n Schokoladenkeks der.

choice [tʃɔɪs] n Wahl die; (variety) Auswahl die ◆ adj (meat, ingredients) Qualitäts-; **with the topping of your ~** mit der Garnitur Ihrer Wahl.

choir ['kwaɪə'] n Chor der.

choke [tʃəʊk] n (AUT) Choke der ◆ vt verstopfen ◆ vi (on fishbone etc) sich verschlucken; (to death) ersticken.

cholera ['kɒlərə] n Cholera die.

choose [tʃuːz] (pt **chose**, pp **chosen**) vt wählen, sich (D) auslsuchen ◆ vi wählen; **to ~ to do sthg** (decide) beschließen, etw zu tun.

chop [tʃɒp] n (of meat) Kotelett das ◆ vt hacken ◻ **chop down** vt sep fällen, umlhauen; **chop up** vt sep kleinlhacken.

chopper ['tʃɒpə'] n (inf: helicopter) Hubschrauber der.

chopping board ['tʃɒpɪŋ-] n Hackbrett das.

choppy ['tʃɒpɪ] adj kabbelig.

chopsticks ['tʃɒpstɪks] npl Stäbchen pl.

chop suey [,tʃɒp'suːɪ] n Chop-suey das.

chord [kɔːd] n Akkord der.

chore [tʃɔː'] n lästige Pflicht; **household ~s** Hausarbeit die.

chorus ['kɔːrəs] n (of song) Refrain der; (singers, dancers) Chor der.

chose [tʃəʊz] pt → choose.

chosen ['tʃəʊzn] pp → choose.

choux pastry [ʃuː-] n Brandteig der.

chowder ['tʃaʊdə'] n Suppe mit Fisch oder Meeresfrüchten.

chow mein [,tʃaʊ'meɪn] n chinesisches Gericht mit gebratenen Nudeln.

Christ [kraɪst] n Christus (ohne Artikel).

christen ['krɪsn] vt taufen.

Christian ['krɪstʃən] adj christlich ◆ n Christ der (-in die).

Christian name n Vorname der.

Christmas ['krɪsməs] n Weihnachten das; **Happy ~!** Fröhliche Weihnachten!

Christmas card n Weihnachtskarte die.

Christmas carol [-'kærəl] n Weihnachtslied das.

Christmas Day n erster Weihnachtsfeiertag.

Christmas Eve n Heiligabend der.

Christmas pudding n Plumpudding der.

Christmas tree n Weihnachtsbaum der.

chrome [krəʊm] n Chrom das.

chuck [tʃʌk] vt (inf) (throw) schmeißen; (boyfriend, girlfriend) Schluß machen mit ❑ **chuck away** vt sep (inf) wegschmeißen.

chunk [tʃʌŋk] n (of meat, cake etc) Stück das.

church [tʃɜːtʃ] n Kirche die; **to go to ~** in die Kirche gehen.

churchyard ['tʃɜːtʃjɑːd] n Friedhof der.

chute [ʃuːt] n Rutsche die.

chutney ['tʃʌtnɪ] n Chutney das (Sauce aus Früchten und Gewürzen).

cider ['saɪdəʳ] n = Apfelwein der.

cigar [sɪ'gɑːʳ] n Zigarre die.

cigarette [ˌsɪgə'ret] n Zigarette die.

cigarette lighter n Feuerzeug das.

cinema ['sɪnəmə] n Kino das.

cinnamon ['sɪnəmən] n Zimt der.

circle ['sɜːkl] n Kreis der; (in theatre) Rang der ◆ vt (draw circle around) einkreisen; (move round) umkreisen ◆ vi (plane) kreisen.

circuit ['sɜːkɪt] n (track) Rennbahn die; (lap) Runde die.

circular ['sɜːkjʊləʳ] adj rund ◆ n Rundschreiben das.

circulation [ˌsɜːkjʊ'leɪʃn] n (of blood) Kreislauf der; (of newspaper, magazine) Auflage die.

circumstances ['sɜːkəmstənsɪz] npl Umstände pl; **in** OR **under the ~** unter den Umständen.

circus ['sɜːkəs] n Zirkus der.

cistern ['sɪstən] n (of toilet) Wasserbehälter der.

citizen ['sɪtɪzn] n Bürger der (-in die).

city ['sɪtɪ] n größere Stadt; **the City** Banken- und Börsenviertel in London.

city centre n Stadtzentrum das.

city hall n (Am) Rathaus das.

civilian [sɪ'vɪljən] n Zivilist der (-in die).

civilized ['sɪvɪlaɪzd] adj (society) zivilisiert; (person, evening) charmant.

civil rights [ˌsɪvl-] npl Bürgerrechte pl.

civil servant [ˌsɪvl-] n Beamte der (Beamtin die) (im Staatsdienst) .

civil service [ˌsɪvl-] n Staatsdienst der.

civil war [ˌsɪvl-] n Bürgerkrieg der.

cl (abbr of centilitre) cl.

claim [kleɪm] n (assertion) Anspruch der; (demand) Forderung die; (for insurance) Schadenersatzanspruch der ◆ vt (allege) behaupten; (demand) fordern; (credit) Anspruch erheben auf (+A) ◆ vi (on insurance) Schadenersatz fordern.

claimant ['kleɪmənt] n Antragsteller der (-in die).

claim form n Antragsformular das.

clam [klæm] n Klaffmuschel die.

clamp [klæmp] n (for car) Parkkralle die ◆ vt (car) eine Parkkralle anlegen.

clap [klæp] *vi* klatschen.

claret ['klærət] *n* roter Bordeaux.

clarinet [,klærə'net] *n* Klarinette die.

clash [klæʃ] *n (noise)* Geklirr das; *(confrontation)* Konflikt der ◆ *vi (colours)* sich beißen; *(event, date)* sich überschneiden.

clasp [klɑːsp] *n (fastener)* Schnalle die ◆ *vt* festlhalten.

class [klɑːs] *n* Klasse die; *(teaching period)* Stunde die; *(type)* Art die ◆ *vt*: to ~ sb/sthg as sthg jn/etw als etw einlstufen.

classic ['klæsɪk] *adj* klassisch ◆ *n* Klassiker der.

classical ['klæsɪkl] *adj* klassisch.

classical music *n* klassische Musik.

classification [,klæsɪfɪ'keɪʃn] *n* Klassifizierung die; *(category)* Kategorie die.

classified ads [,klæsɪfaɪd-] *npl* Annoncen *pl.*

classroom ['klɑːsrʊm] *n* Klassenzimmer das.

claustrophobic [,klɔːstrə'fəʊbɪk] *adj*: to feel ~ sich eingeengt fühlen.

claw [klɔː] *n* Kralle die, *(of crab, lobster)* Schere die.

clay [kleɪ] *n* Ton der.

clean [kliːn] *adj* sauber ◆ *vt* sauberlmachen; *(floor)* putzen; to ~ one's teeth sich (D) die Zähne putzen.

cleaner ['kliːnəʳ] *n (person)* Putzfrau der (Putzer der); *(substance)* Putzmittel das.

cleanse [klenz] *vt* reinigen.

cleanser ['klenzəʳ] *n (for skin)* Reinigungsmilch die; *(detergent)* Reinigungsmittel das.

clear [klɪəʳ] *adj* klar; *(image, sound)* deutlich; *(obvious)* eindeutig; *(road, view)* frei ◆ *vt (road, path)* räumen; *(jump over)* überspringen; *(declare not guilty)* freilsprechen; *(authorize)* genehmigen; *(cheque)* verrechnen ◆ *vi (weather, fog)* sich auflklären; to be ~ *(about sthg)* sich *(D)* im klaren sein (über etw *(A)*); to be ~ of sthg *(not touching)* etw nicht berühren; to ~ one's throat sich räuspern; to ~ the table den Tisch ablräumen □ **clear up** *vt sep (room, toys)* auflräumen; *(problem, confusion)* klären ◆ *vi (weather)* sich auflklären; *(tidy up)* auflräumen.

clearance ['klɪərəns] *n (authorization)* Genehmigung die; *(free distance)* Entfernung die; *(for takeoff)* Starterlaubnis die.

clearance sale *n* Ausverkauf der.

clearing ['klɪərɪŋ] *n* Lichtung die.

clearly ['klɪəlɪ] *adv (see, speak)* deutlich; *(marked, defined)* klar, deutlich; *(obviously)* eindeutig.

clearway ['klɪəweɪ] *n (Br)* Straße mit Halteverbot.

clementine ['kleməntaɪn] *n* Klementine die.

clerk [Br klɑːk, Am klɜːrk] *n* Büroangestellte der, die; *(Am: in shop)* Verkäufer der (-in die).

clever ['klevəʳ] *adj (person)* klug; *(idea, device)* clever.

click [klɪk] *n* Klicken das ◆ *vi* klicken.

client ['klaɪənt] *n* Kunde der (Kundin die).

cliff [klɪf] *n* Klippe die.

climate ['klaɪmɪt] *n* Klima das.

climax ['klaɪmæks] *n* Höhepunkt *der*.

climb [klaɪm] *vt* (*hill, mountain*) besteigen; (*ladder*) hinauflsteigen; (*tree*) hochlklettern ♦ *vi* klettern; (*plane*) steigen ❑ **climb down** *vt fus* herunterlklettern ♦ *vi* klein beilgeben; **climb up** *vt fus* hochlklettern.

climber ['klaɪmə^r] *n* Bergsteiger *der* (-in *die*).

climbing ['klaɪmɪŋ] *n* (*mountaineering*) Bergsteigen *das*; (*rock climbing*) Bergklettern *das*; **to go ~** Bergsteigen/Bergklettern gehen.

climbing frame *n* (*Br*) Klettergerüst *das*.

clingfilm ['klɪŋfɪlm] *n* (*Br*) Klarsichtfolie *die*.

clinic ['klɪnɪk] *n* Klinik *die*.

clip [klɪp] *n* (*fastener*) Klammer *die*; (*of film, programme*) Ausschnitt *der* ♦ *vt* (*fasten*) zusammenlheften; (*cut*) schneiden.

cloak [kləʊk] *n* Umhang *der*.

cloakroom ['kləʊkrʊm] *n* (*for coats*) Garderobe *die*; (*Br: toilets*) Toilette *die*.

clock [klɒk] *n* Uhr *die*; (*mileometer*) Kilometerzähler *der*; **round the ~** rund um die Uhr.

clockwise ['klɒkwaɪz] *adv* im Uhrzeigersinn.

clog [klɒg] *n* Clog *der* ♦ *vt* verstopfen.

close[1] [kləʊs] *adj* nahe; (*friend, contact, link*) eng; (*resemblance*) stark; (*examination*) genau; (*race, contest*) knapp ♦ *adv* nah; **~ behind** dahinter; **~ by** in der Nähe; **~ to** nahe an (+*A,D*), dicht bei.

close[2] [kləʊz] *vt* schließen ♦ *vi*

(*door, eyes*) sich schließen; (*shop, office*) schließen; (*deadline, offer*) enden ❑ **close down** *vt sep & vi* schließen.

closed [kləʊzd] *adj* geschlossen.

closely ['kləʊslɪ] *adv* (*related, involved*) eng; (*follow*) dicht; (*examine*) genau.

closet ['klɒzɪt] *n* (*Am*) Schrank *der*.

close-up ['kləʊs-] *n* Nahaufnahme *die*.

closing time ['kləʊzɪŋ-] *n* Ladenschlußzeit *die*.

clot [klɒt] *n* (*of blood*) Gerinnsel *das*.

cloth [klɒθ] *n* (*fabric*) Stoff *der*; (*piece of cloth*) Tuch *das*.

clothes [kləʊðz] *npl* Kleider *pl*.

clothesline ['kləʊðzlaɪn] *n* Wäscheleine *die*.

clothes peg *n* (*Br*) Wäscheklammer *die*.

clothespin ['kləʊðzpɪn] (*Am*) = **clothes peg**.

clothes shop *n* Bekleidungsgeschäft *das*.

clothing ['kləʊðɪŋ] *n* Kleidung *die*.

clotted cream [,klɒtɪd-] *n* sehr dicke Sahne, Spezialität Südwestenglands.

cloud [klaʊd] *n* Wolke *die*.

cloudy ['klaʊdɪ] *adj* bewölkt; (*liquid*) trüb.

clove [kləʊv] *n* (*of garlic*) Zehe *die* ❑ **cloves** *npl* (*spice*) Gewürznelken *pl*.

clown [klaʊn] *n* Clown *der*.

club [klʌb] *n* Klub *der*; (*nightclub*) Nachtklub *der*; (*stick*) Knüppel *der* ❑ **clubs** *npl* (*in cards*) Kreuz *das*.

clubbing ['klʌbɪŋ] n: to go ~ (inf) tanzen gehen.

club class n Club Class die.

club sandwich n (Am) Club-Sandwich das.

club soda n (Am) Sodawasser das.

clue [kluː] n Hinweis der; (in crossword) Frage die; **I haven't got a ~** ich habe keine Ahnung.

clumsy ['klʌmzɪ] adj (person) ungeschickt.

clutch [klʌtʃ] n Kupplung die ◆ vt (hold tightly) umklammern.

cm (abbr of centimetre) cm.

c/o (abbr of care of) bei, c/o.

Co. (abbr of company) Co.

coach [kəʊtʃ] n (bus) Bus der; (of train) Wagen der; (SPORT) Trainer der (-in die).

coach party n (Br) Busreisende pl.

coach station n Busbahnhof der.

coach trip n (Br) Busausflug der.

coal [kəʊl] n Kohle die.

coal mine n Kohlenbergwerk das.

coarse [kɔːs] adj (rough) grob; (vulgar) vulgär.

coast [kəʊst] n Küste die.

coaster ['kəʊstə'] n (for glass) Untersetzer der.

coastguard ['kəʊstgɑːd] n (person) Küstenwächter der (-in die); (organization) Küstenwache die.

coastline ['kəʊstlaɪn] n Küste die.

coat [kəʊt] n Mantel der; (of animal) Fell das ◆ vt: **to ~ sthg (with)** etw überziehen (mit).

coat hanger n Kleiderbügel der.

coating ['kəʊtɪŋ] n (on surface) Beschichtung die; (on food) Überzug der.

cobbled street ['kɒbld-] n Straße die mit Kopfsteinpflaster.

cobbles ['kɒblz] npl Kopfsteinpflaster das.

cobweb ['kɒbweb] n Spinnennetz das.

Coca-Cola® [ˌkəʊkə'kəʊlə] n Coca-Cola® die oder das.

cocaine [kəʊ'keɪn] n Kokain das.

cock [kɒk] n Hahn der.

cock-a-leekie [ˌkɒkə'liːkɪ] n Hühnersuppe mit Lauch.

cockerel ['kɒkrəl] n junger Hahn.

cockles ['kɒklz] npl Herzmuscheln die.

cockpit ['kɒkpɪt] n (of plane) Cockpit der.

cockroach ['kɒkrəʊtʃ] n Küchenschabe die.

cocktail ['kɒkteɪl] n Cocktail der.

cocktail party n Cocktailparty die.

cock-up n (Br: vulg): **to make a ~** Scheiße bauen.

cocoa ['kəʊkəʊ] n Kakao der.

coconut ['kəʊkənʌt] n Kokosnuß die.

cod [kɒd] n (pl inv) Kabeljau der.

code [kəʊd] n Kode der; (dialling code) Vorwahl die.

cod-liver oil n Lebertran der.

coeducational [ˌkəʊedjuː'keɪʃənl] adj koedukativ.

coffee ['kɒfɪ] n Kaffee der; **black ~** schwarzer Kaffee; **white ~** Kaffee mit Milch; **ground ~** gemahlener Kaffee; **instant ~** Instantkaffee.

coffee bar n (Br) Café das.

coffee break n Kaffeepause die.

coffeepot ['kɒfɪpɒt] n Kaffee-kanne die.

coffee shop n (cafe) Café das.

coffee table n Couchtisch der.

coffin ['kɒfɪn] n Sarg der.

cog (wheel) ['kɒg(wi:l)] n Zahn-rad das.

coil [kɔɪl] n Rolle die; (Br: contracep-tive) Spirale die ◆ vt aufrollen.

coin [kɔɪn] n Münze die.

coinbox ['kɔɪnbɒks] n (Br) Münz-telefon das.

coincide [ˌkəʊɪn'saɪd] vi: to ~ (with) zusammen|fallen (mit).

coincidence [kəʊ'ɪnsɪdəns] n Zufall der.

Coke® [kəʊk] n Cola® die.

colander ['kʌləndəʳ] n Sieb das.

cold [kəʊld] adj kalt; (unfriendly) kühl ◆ n (illness) Erkältung die, Schnupfen der; (temperature) Kälte die; **to get** ~ kalt werden; **to catch (a)** ~ sich erkälten.

cold cuts (Am) = cold meats.

cold meats npl Aufschnitt der.

coleslaw ['kəʊlslɔ:] n Krautsalat der.

colic ['kɒlɪk] n Kolik die.

collaborate [kə'læbəreɪt] vi zusammen|arbeiten.

collapse [kə'læps] vi (building, tent) ein|stürzen; (person) zusam-men|brechen.

collar ['kɒləʳ] n Kragen der; (of dog, cat) Halsband das.

collarbone ['kɒləbəʊn] n Schlüs-selbein das.

colleague ['kɒli:g] n Kollege der (Kollegin die).

collect [kə'lekt] vt sammeln; (go and get) ab|holen ◆ vi sich sammeln ◆ adv (Am): **to call (sb)** ~ ein R-Gespräch (mit jm) führen.

collection [kə'lekʃn] n Samm-lung die; (of mail) Leerung die.

collector [kə'lektəʳ] n Sammler der (-in die).

college ['kɒlɪdʒ] n (school) Schule die; (Br: of university) College das; (Am: university) Universität die.

collide [kə'laɪd] vi: to ~ (with) zusammen|stoßen (mit).

collision [kə'lɪʒn] n Zusammen-stoß der.

cologne [kə'ləʊn] n Kölnisch-wasser das.

Cologne [kə'ləʊn] n Köln nt.

colon ['kəʊlən] n (GRAMM) Doppelpunkt der.

colonel ['kɜ:nl] n Oberst der.

colony ['kɒlənɪ] n Kolonie die.

color ['kʌləʳ] (Am) = colour.

colour ['kʌləʳ] n Farbe die ◆ adj (photograph, film) Farb- ◆ vt färben □ **colour in** vt sep aus|malen.

colour-blind adj farbenblind.

colourful ['kʌləfʊl] adj bunt; (fig: person, place) schillernd.

colouring ['kʌlərɪŋ] n (of food) Farbstoff der; (complexion) Haut-farbe die.

colouring book n Malbuch das.

colour supplement n Farb-beilage die.

colour television n Farbfern-sehen das.

column ['kɒləm] n Säule die; (of figures) Kolumne die; (of writing) Spalte die.

coma ['kəʊmə] n Koma das.

comb [kəʊm] n Kamm der ◆ vt: to ~ one's hair sich (D) die Haare kämmen.

combination [kɒmbɪ'neɪʃn] n (mixture) Mischung die; (of lock) Kombination die.

combine [kəm'baɪn] vt: to ~ sthg (with) etw verbinden (mit).

combine harvester ['kɒm-baɪn'hɑːvɪstə⁽ʳ⁾] n Mähdrescher der.

come [kʌm] (pt came, pp come) vi 1. (move) kommen; **we came by taxi** wir sind mit dem Taxi gekommen; ~ **and see!** komm und schau!; ~ **here!** komm her!

2. (arrive) kommen; **to ~ home** nach Hause kommen; **'coming soon'** 'demnächst'.

3. (in competition): **to ~ first** Erster werden; **to ~ last** Letzter werden.

4. (reach): **to ~ up/down to** gehen bis.

5. (become) werden; **to ~ true** wahr werden; **to ~ undone** aufgehen.

6. (be sold): **they ~ in packs of six** es gibt sie nur im Sechserpack
❑ **come across** vt fus stoßen auf (+A); **come along** vi (progress) vorankommen; (arrive) kommen; ~ **along!** (as encouragement) komm!; (hurry up) komm schon!; **come apart** vi kaputtgehen; **come back** vi zurückkommen; **come down** vi (price) fallen; **come down with** vt fus (illness) bekommen; **come from** vt fus stammen aus (+D), kommen aus (+D); **come in** vi hereinkommen; (train) einfahren; ~ **in!** herein!; **come off** vi (button, top) abgehen; (succeed) klappen; **come on** vi (progress)

voran!kommen; ~ **on!** (as encouragement) komm!; (hurry up) komm schon!; **come out** vi herauskommen; (stain) heraus!gehen; **only two photos came out** nur zwei Bilder sind was geworden; **come over** vi (visit) vorbeikommen; **come round** vi (visit) vorbeikommen; (regain consciousness) zu sich kommen; **come up to**: **the bill ~s to £20** das macht 20 Pfund; **come up** vi (go upstairs) hoch!kommen; (be mentioned) erwähnt werden; (happen) passieren; (sun, moon) aufgehen; **come up with** vt fus (idea) sich ausdenken.

comedian [kə'miːdjən] n Komiker der.

comedy ['kɒmədɪ] n Komödie die; (humour) Komik die.

comfort ['kʌmfət] n Bequemlichkeit die; (consolation) Trost der ◆ vt trösten.

comfortable ['kʌmftəbl] adj bequem; (hotel) komfortabel; (financially) ohne Sorgen; **she is** ~ (after operation) es geht ihr gut.

comic ['kɒmɪk] adj komisch ◆ n (person) Komiker der; (magazine) Comicheft das.

comical ['kɒmɪkl] adj ulkig.

comic strip n Comic der.

comma ['kɒmə] n Komma das.

command [kə'mɑːnd] n (order) Befehl der; (mastery) Beherrschung die ◆ vt (order) befehlen (+D); (be in charge of) befehlen.

commander [kə'mɑːndə⁽ʳ⁾] n Kommandant der.

commemorate [kə'meməreɪt] vt gedenken (+G).

commence [kə'mens] *vi (fml)* beginnen.

comment ['koment] *n* Kommentar *der* ◆ *vi* bemerken.

commentary ['koməntrɪ] *n (on TV, radio)* Reportage *die*.

commentator ['komənteɪtə^r] *n (on TV, radio)* Reporter *der (-in die)*.

commerce ['komɜːs] *n* Handel *der*.

commercial [kə'mɜːʃl] *adj* kommerziell ◆ *n* Werbespot *der*.

commercial break *n* Werbepause *die*.

commission [kə'mɪʃn] *n (money)* Provision *die; (committee)* Kommission *die*.

commit [kə'mɪt] *vt (crime, sin, suicide)* begehen; **to ~ o.s. (to sthg)** sich (zu etw) verpflichten.

committee [kə'mɪtɪ] *n* Ausschuß *der*.

commodity [kə'mɒdətɪ] *n* Produkt *das*.

common ['komən] *adj (usual, widespread)* häufig; *(shared)* gemeinsam; *(pej: vulgar)* gewöhnlich ◆ *n (Br: land)* Gemeindewiese *die*; **in ~** gemeinsam.

commonly ['komənlɪ] *adv (generally)* allgemein.

Common Market *n* Gemeinsamer Markt.

common room *n* Gemeinschaftsraum *der*.

common sense *n* gesunder Menschenverstand.

Commonwealth ['komənwelθ] *n* Commonwealth *das*.

communal ['komjonl] *adj (bathroom, kitchen)* Gemeinschafts-.

communicate [kə'mjuːnɪkeɪt] *vi:* **to ~ (with)** sich verständigen (mit).

communication [kə,mjuːnɪ'keɪʃn] *n* Verständigung *die*.

communication cord *n (Br)* Notbremse *die*.

communist ['komjonɪst] *n* Kommunist *der (-in die)*.

community [kə'mjuːnətɪ] *n* Gemeinschaft *die*; **(local) ~** Gemeinde *die*.

community centre *n* Gemeindezentrum *das*.

commute [kə'mjuːt] *vi* pendeln.

commuter [kə'mjuːtə^r] *n* Pendler *der (-in die)*.

compact [*adj* kəm'pækt, *n* 'kompækt] *adj* kompakt ◆ *n (for make-up)* Puderdose *die; (Am: car)* Kleinwagen *der*.

compact disc [,kompækt-] *n* Compact Disc *die*.

compact disc player *n* CD-Player *der*.

company ['kʌmpənɪ] *n* Gesellschaft *die; (firm)* Firma *die; (guests)* Besuch *der*; **to keep sb ~** jm Gesellschaft leisten.

company car *n* Firmenwagen *der*.

comparatively [kəm'pærətɪvlɪ] *adv (relatively)* relativ.

compare [kəm'peə^r] *vt:* **to ~ sthg (with)** etw vergleichen (mit).

comparison [kəm'pærɪsn] *n* Vergleich *der*; **in ~ with** im Vergleich zu.

compartment [kəm'pɑːtmənt] *n (of train)* Abteil *das; (section)* Fach *das*.

compass ['kʌmpəs] *n* Kompaß *der*; **(a pair of) ~es** ein Zirkel.

compatible [kəm'pætəbl] *adj*: to be ~ zusammenpassen.

compensate ['kɒmpenseɪt] *vt* entschädigen ♦ *vi*: to ~ for sthg etw ausIgleichen; to ~ sb for sthg jn für etw entschädigen.

compensation [ˌkɒmpen'seɪʃn] *n (money)* Abfindung *die.*

compete [kəm'pi:t] *vi (take part)* teilnehmen; to ~ with sb for sthg mit jm um etw konkurrieren.

competent ['kɒmpɪtənt] *adj* fähig.

competition [ˌkɒmpɪ'tɪʃn] *n (race, contest)* Wettbewerb *der; (rivalry, rivals)* Konkurrenz *die.*

competitive [kəm'petətɪv] *adj (price)* konkurrenzfähig; *(person)* wetteifernd.

competitor [kəm'petɪtər] *n (in race, contest)* Teilnehmer *der* (-in *die);* (COMM) Konkurrent *der* (-in *die).*

complain [kəm'pleɪn] *vi*: to ~ (about) sich beschweren (über (+A)).

complaint [kəm'pleɪnt] *n* Beschwerde *die; (illness)* Beschwerden *pl.*

complement ['kɒmplɪment] *vt* ergänzen.

complete [kəm'pli:t] *adj (whole)* vollständig; *(finished)* fertig; *(utter)* völlig ♦ *vt (finish)* fertigIstellen; *(a form)* ausIfüllen; *(make whole)* vervollständigen; ~ with komplett mit.

completely [kəm'pli:tlɪ] *adv* ganz.

complex ['kɒmpleks] *adj* kompliziert ♦ *n* Komplex *der.*

complexion [kəm'plekʃn] *n (of skin)* Teint *der.*

complicated ['kɒmplɪkeɪtɪd] *adj* kompliziert.

compliment [*n* 'kɒmplɪmənt, *vb* 'kɒmplɪment] *n* Kompliment *das* ♦ *vt*: to ~ sb jm ein Kompliment machen.

complimentary [ˌkɒmplɪ'mentərɪ] *adj (seat, ticket)* Frei-, gratis; *(words, person)* schmeichelhaft.

compose [kəm'pəʊz] *vt (music)* komponieren; *(letter, poem)* verfassen; to be ~d of bestehen aus.

composed [kəm'pəʊzd] *adj* gefaßt.

composer [kəm'pəʊzər] *n* Komponist *der* (-in *die).*

composition [ˌkɒmpə'zɪʃn] *n (essay)* Aufsatz *der.*

compound ['kɒmpaʊnd] *n (substance)* Verbindung *die; (word)* Kompositum *das.*

comprehensive [ˌkɒmprɪ'hensɪv] *adj* umfassend.

comprehensive (school) *n (Br)* Gesamtschule *die.*

compressed air [kəm'prest-] *n* Preßluft *die.*

comprise [kəm'praɪz] *vt* bestehen aus.

compromise ['kɒmprəmaɪz] *n* Kompromiß *der.*

compulsory [kəm'pʌlsərɪ] *adj*: to be ~ Pflicht sein.

computer [kəm'pju:tər] *n* Computer *der.*

computer game *n* Computerspiel *das.*

computerized [kəm'pju:təraɪzd] *adj* computerisiert.

computer operator *n* Anwender *der* (-in *die).*

computer programmer

computing [-'prəʊgræmə^r] *n* Programmierer *der* (-in *die*).

computing [kən'pju:tɪŋ] *n* Computertechnik *die*.

con [kɒn] *n* (*inf: trick*) Schwindel *der*; **all mod ~s** alle modernen Haushaltsgeräte.

conceal [kən'si:l] *vt* verbergen.

conceited [kən'si:tɪd] *adj* (*pej*) eingebildet.

concentrate ['kɒnsəntreɪt] *vt* konzentrieren ◆ *vi*: **to ~ (on sth)** sich (auf etw (*A*)) konzentrieren.

concentrated ['kɒnsəntreɪtɪd] *adj* konzentriert.

concentration [,kɒnsən'treɪʃn] *n* Konzentration *die*.

concern [kən'sɜ:n] *n* (*worry*) Sorge *die*; (*affair*) Angelegenheit *die*; (*COMM*) Unternehmen *das* ◆ *vt* (*be about*) betreffen; (*worry*) beunruhigen; (*involve*) anlegehen; **it's no ~ of mine** das geht mich nichts an; **to be ~ed about** besorgt sein um; **to be ~ed with** handeln von; **to ~ o.s. with sthg** sich um etw kümmern; **as far as I'm ~ed** was mich betrifft.

concerned [kən'sɜ:nd] *adj* besorgt.

concerning [kən'sɜ:nɪŋ] *prep* betreffend.

concert ['kɒnsət] *n* Konzert *das*.

concession [kən'seʃn] *n* (*reduced price*) Ermäßigung *die*.

concise [kən'saɪs] *adj* prägnant.

conclude [kən'klu:d] *vt* (*deduce*) folgern; (*fml: end*) abschließen ◆ *vi* (*fml: end*) schließen.

conclusion [kən'klu:ʒn] *n* Schluß *der*.

concrete ['kɒŋkri:t] *adj* (*building*,

path) Beton-; (*idea, plan*) konkret ◆ *n* Beton *der*.

concussion [kən'kʌʃn] *n* Gehirnerschütterung *die*.

condensation [,kɒndən'seɪʃn] *n* Kondensation *die*.

condensed milk [kən'denst-] *n* Kondensmilch *die*.

condition [kən'dɪʃn] *n* (*state*) Zustand *der*; (*proviso*) Bedingung *die*; (*illness*) Leiden *das*; **to be out of ~** keine Kondition haben; **on ~ that** unter der Bedingung, daß ❑ **conditions** *npl* (*circumstances*) Verhältnisse *pl*.

conditioner [kən'dɪʃnə^r] *n* (*for hair*) Spülung *die*; (*for clothes*) Weichspüler *der*.

condo ['kɒndəʊ] (*Am: inf*) = condominium.

condom ['kɒndəm] *n* Kondom *das*.

condominium [,kɒndə'mɪnɪəm] *n* (*Am*) (*apartment*) Eigentumswohnung *die*; (*building*) Appartmenthaus *das* (*mit Eigentumswohnungen*).

conduct [*vb* kən'dʌkt, *n* 'kɒndʌkt] *vt* durchführen; (*MUS*) dirigieren ◆ *n* (*fml: behaviour*) Benehmen *das*; **to ~ o.s.** (*fml*) sich verhalten.

conductor [kən'dʌktə^r] *n* (*MUS*) Dirigent *der* (-in *die*); (*on bus, train*) Schaffner *der* (-in *die*).

cone [kəʊn] *n* (*shape*) Kegel *der*; (*for ice cream*) Waffeltüte *die*; (*on roads*) Leitkegel *der*.

confectioner's [kən'fekʃnəz] *n* (*shop*) Süßwarenladen *der*.

confectionery [kən'fekʃnəri] *n* Süßigkeiten *pl*.

conference [ˈkɒnfərəns] *n*
Konferenz *die.*

confess [kənˈfes] *vi:* to ~ (to)
gestehen.

confession [kənˈfeʃn] *n*
Geständnis *das; (RELIG)* Beichte *die.*

confidence [ˈkɒnfidəns] *n*
(self-assurance) Selbstvertrauen *das;*
(trust) Vertrauen *das;* **to have ~ in**
Vertrauen haben zu.

confident [ˈkɒnfidənt] *adj*
(self-assured) selbstbewußt; *(certain)*
zuversichtlich.

confined [kənˈfaɪnd] *adj*
begrenzt.

confirm [kənˈfɜːm] *vt* bestätigen.

confirmation [ˌkɒnfəˈmeɪʃn] *n*
Bestätigung *die; (of Catholic)*
Firmung *die; (of Protestant)* Konfir-
mation *die.*

conflict [*n* ˈkɒnflɪkt, *vb* kənˈflɪkt] *n*
Konflikt *der; (war)* Kämpfe *pl* ♦ *vi:*
to ~ (with) im Widerspruch stehen
(zu).

conform [kənˈfɔːm] *vi:* to ~ (to)
sich anpassen (an +*D*).

confuse [kənˈfjuːz] *vt* verwirren;
to ~ sthg with sthg eine Sache mit
etw verwechseln.

confused [kənˈfjuːzd] *adj*
verwirrt; *(situation)* wirr.

confusing [kənˈfjuːzɪŋ] *adj*
verwirrend.

confusion [kənˈfjuːʒn] *n* Verwir-
rung *die; (disorder)* Durcheinander
das; (mix-up) Verwechslung *die.*

congested [kənˈdʒestɪd] *adj*
(street) verstopft.

congestion [kənˈdʒestʃn] *n (traffic)* Stau *der.*

congratulate [kənˈgrætʃʊleɪt] *vt:*

to ~ sb (on sthg) jm (zu etw)
gratulieren.

congratulations [kənˌgrætʃʊ-
ˈleɪʃənz] *excl* herzlichen Glückwunsch!

congregate [ˈkɒŋgrɪgeɪt] *vi* sich
versammeln.

Congress [ˈkɒŋgres] *n (Am)* der
Kongreß.

conifer [ˈkɒnɪfəʳ] *n* Nadelbaum
der.

conjunction [kənˈdʒʌŋkʃn] *n*
(GRAMM) Konjunktion *die.*

conjurer [ˈkʌndʒərəʳ] *n* Zauberer
der (Zauberin *die*).

connect [kəˈnekt] *vt* verbinden;
(telephone, machine) anschließen ♦
vi: to ~ with *(train, plane)* Anschluß
haben an (+*A*).

connecting flight [kəˈnektɪŋ-]
n Anschlußflug *der.*

connection [kəˈnekʃn] *n (link)*
Zusammenhang *der; (train, plane)*
Anschluß *der;* **a bad ~** *(on phone)*
eine schlechte Verbindung; **a loose**
~ *(in machine)* ein Wackelkontakt;
in ~ with in Zusammenhang mit.

conquer [ˈkɒŋkəʳ] *vt* erobern.

conscience [ˈkɒnʃəns] *n* Gewissen *das.*

conscientious [ˌkɒnʃɪˈenʃəs] *adj*
gewissenhaft.

conscious [ˈkɒnʃəs] *adj* bewußt;
to be ~ *(awake)* bei Bewußtsein
sein.

consent [kənˈsent] *n* Zustimmung *die.*

consequence [ˈkɒnsɪkwəns] *n*
(result) Folge *die.*

consequently [ˈkɒnsɪkwəntlɪ]
adv folglich.

conservation [ˌkɒnsəˈveɪʃn] *n*
Erhaltung *die*.

conservative [kənˈsɜːvətɪv] *adj*
konservativ ❑ **Conservative** *adj*
konservativ ◆ *n* Konservative *der,*
die.

conservatory [kənˈsɜːvətrɪ] *n*
Wintergarten *der.*

consider [kənˈsɪdər] *vt (think*
about) sich *(D)* überlegen; *(take into*
account) berücksichtigen; *(judge)*
halten für.

considerable [kənˈsɪdrəbl] *adj*
beträchtlich.

consideration [kənˌsɪdəˈreɪʃn] *n*
(careful thought) Überlegung *die;*
(factor) Faktor *der;* **to take sthg into**
~ etw berücksichtigen.

considering [kənˈsɪdərɪŋ] *prep* in
Anbetracht *(+G).*

consist [kənˈsɪst] **: consist in** *vt*
fus bestehen in *(+D);* **consist of** *vt*
fus bestehen aus.

consistent [kənˈsɪstənt] *adj (co-*
herent) übereinstimmend; *(worker,*
performance) konsequent.

consolation [ˌkɒnsəˈleɪʃn] *n*
Trost *der.*

console [ˈkɒnsəʊl] *n (for machine)*
Steuerpult *das; (for computer game)*
Spielkonsole *die.*

consonant [ˈkɒnsənənt] *n*
Konsonant *der.*

conspicuous [kənˈspɪkjʊəs] *adj*
auffällig.

constable [ˈkʌnstəbl] *n (Br)*
Wachtmeister *der (-in die).*

constant [ˈkɒnstənt] *adj (unchang-*
ing) gleichmäßig; *(continuous)*
ständig.

constantly [ˈkɒnstntlɪ] *adv (all*
the time) ständig.

constipated [ˈkɒnstɪpeɪtɪd] *adj*
verstopft.

constitution [ˌkɒnstɪˈtjuːʃn] *n*
(health) Konstitution *die.*

construct [kənˈstrʌkt] *vt* bauen.

construction [kənˈstrʌkʃn] *n*
Bau *der;* **under ~** im Bau.

consul [ˈkɒnsəl] *n* Konsul *der (-in*
die).

consulate [ˈkɒnsjʊlət] *n* Konsulat *das.*

consult [kənˈsʌlt] *vt (person)* um
Rat fragen; *(doctor)* konsultieren;
(dictionary, map) nachlschauen.

consultant [kənˈsʌltənt] *n (Br:*
doctor) Facharzt *der (-ärztin die).*

consume [kənˈsjuːm] *vt (food)*
essen; *(fuel, energy)* verbrauchen.

consumer [kənˈsjuːmər] *n*
Verbraucher *der (-in die).*

contact [ˈkɒntækt] *n (communica-*
tion, person) Kontakt *der* ◆ *vt* sich in
Verbindung setzen mit; **in ~ with**
(touching) in Berührung mit; *(in*
communication with) in Verbindung
mit.

contact lens *n* Kontaktlinse
die.

contagious [kənˈteɪdʒəs] *adj*
ansteckend.

contain [kənˈteɪn] *vt* enthalten;
(control) zurücklhalten.

container [kənˈteɪnər] *n* Behälter
der.

contaminate [kənˈtæmɪneɪt] *vt*
verunreinigen.

contemporary [kənˈtempərərɪ]
adj zeitgenössisch ◆ *n* Zeitgenosse
der (-genossin die).

contend [kənˈtend] **: contend**
with *vt fus* fertiglwerden mit.

content [*adj* kənˈtent, *n* ˈkɒntent]

adj zufrieden ♦ *n (of vitamins, fibre etc)* Anteil *der* ❑ **contents** *npl* Inhalt *der.*

contest [*n* 'kɒntest, *vb* kən'test] *n (competition)* Wettbewerb *der; (struggle)* Kampf *der* ♦ *vt (election, seat)* kandidieren *der; (decision, will)* anfechten.

context ['kɒntekst] *n* Zusammenhang *der.*

continent ['kɒntinənt] *n* Kontinent *der;* **the Continent** *(Br)* Europa.

continental [,kɒntɪ'nentl] *adj (Br: European)* europäisch.

continental breakfast *n* Frühstück mit Kaffee oder Tee, Brötchen und Marmelade.

continental quilt *n (Br)* Federbett *das.*

continual [kən'tɪnjʊəl] *adj* ständig.

continually [kən'tɪnjʊəlɪ] *adv* ständig.

continue [kən'tɪnju:] *vt* fortsetzen ♦ *vi* weitergehen; *(start again)* weitermachen; *(carry on speaking)* fortfahren; *(keep driving)* weiterfahren; **to ~ doing sthg** etw weiterhin tun; **to ~ with sthg** mit etw fortfahren.

continuous [kən'tɪnjʊəs] *adj (constant)* gleichmäßig; *(unbroken)* ununterbrochen.

continuously [kən'tɪnjʊəslɪ] *adv* ununterbrochen.

contraception [,kɒntrə'sepʃn] *n* Empfängnisverhütung *die.*

contraceptive [,kɒntrə'septɪv] *n* Verhütungsmittel *das.*

contract [*n* 'kɒntrækt, *vb* kən'trækt] *n* Vertrag *der* ♦ *vt (fml: illness)* sich *(D)* zuziehen.

contradict [,kɒntrə'dɪkt] *vt* widersprechen *(+D).*

contraflow ['kɒntrəfləʊ] *n (Br)* Umleitung auf die Gegenfahrbahn.

contrary ['kɒntrərɪ] *n:* **on the ~** im Gegenteil.

contrast [*n* 'kɒntrɑ:st, *vb* kən'trɑ:st] *n* Kontrast *der* ♦ *vt* vergleichen; **in ~ to** im Gegensatz zu.

contribute [kən'trɪbju:t] *vt & vi* beitragen; **to ~ to** beitragen zu.

contribution [,kɒntrɪ'bju:ʃn] *n* Beitrag *der.*

control [kən'trəʊl] *n (power)* Macht *die; (over emotions)* Kontrolle *die; (operating device)* Steuerung *die* ♦ *vt (have power over)* beherrschen; *(car, machine)* steuern; *(restrict)* beschränken; **to be in ~** Macht haben; **out of ~** außer Kontrolle; **under ~** unter Kontrolle ❑ **controls** *npl (for TV, video)* Fernbedienung *die; (of aeroplane)* Steuerung *die.*

control tower *n* Kontrollturm *der.*

controversial [,kɒntrə'vɜ:ʃl] *adj* umstritten.

convenience [kən'vi:njəns] *n* Bequemlichkeit *die;* **at your ~** wann es Ihnen paßt.

convenient [kən'vi:njənt] *adj* günstig; *(well-situated)* in Reichweite; **to be ~ for sb** jm passen.

convent ['kɒnvənt] *n* Kloster *das.*

conventional [kən'venʃənl] *adj* konventionell.

conversation [,kɒnvə'seɪʃn] *n* Gespräch *das.*

conversion [kən'vɜ:ʃn] *n*

Umwandlung *die; (to building)*
Umbau *der.*

convert [kən'vɜ:t] *vt* um|
wandeln; *(RELIG)* bekehren; **to ~**
sthg into etw um|wandeln in *(+A).*

converted [kən'vɜ:tɪd] *adj (build-*
ing, loft) ausgebaut.

convertible [kən'vɜ:təbl] *n*
Kabrio *das.*

convey [kən'veɪ] *vt (fml: transport)*
befördern; *(idea, impression)* vermitteln.

convict [*n* 'kɒnvɪkt, *vb* kən'vɪkt] *n*
Strafgefangene *der, die* ◆ *vt:* **to ~ sb**
(of) jn verurteilen (wegen).

convince [kən'vɪns] *vt:* **to ~ sb (of**
sthg) jn (von etw) überzeugen; **to ~**
sb to do sthg jn überreden, etw zu
tun.

convoy ['kɒnvɔɪ] *n* Konvoi *der.*

cook [kʊk] *n* Koch *der* (Köchin *die)*
◆ *vt & vi* kochen.

cookbook ['kʊk͵bʊk] = **cookery**
book.

cooker ['kʊkə^r] *n* Herd *der.*

cookery ['kʊkərɪ] *n* Kochen *das.*

cookery book *n* Kochbuch
das.

cookie ['kʊkɪ] *n (Am)* Keks *der.*

cooking ['kʊkɪŋ] *n* Kochen *das;*
(food) Küche *die.*

cooking apple *n* Kochapfel *der.*

cooking oil *n* Öl zum Kochen.

cool [ku:l] *adj* kühl; *(inf: great)* toll
◆ *vt* kühlen ❑ **cool down** *vi* ab|
kühlen; *(become calmer)* sich
beruhigen.

cooperate [kəʊ'ɒpəreɪt] *vi*
zusammen|arbeiten.

cooperation [kəʊ͵ɒpə'reɪʃn] *n*
Zusammenarbeit *die.*

cooperative [kəʊ'ɒpərətɪv] *adj*
hilfsbereit.

coordinates [kəʊ'ɔ:dɪnəts] *npl*
(clothes) Kleidung zum Kombinieren.

cope [kəʊp] *vi:* **to ~ (with)**
zurecht|kommen (mit).

copilot ['kəʊ͵paɪlət] *n* Kopilot *der*
(-in *die).*

copper ['kɒpə^r] *n* Kupfer *das; (Br:*
inf: coin) Penny *der.*

copy ['kɒpɪ] *n* Kopie *die; (of*
newspaper, book) Exemplar *das* ◆ *vt*
kopieren.

cord(uroy) ['kɔ:d(ərɔɪ)] *n*
Kord(samt) *der.*

core [kɔ:^r] *n (of fruit)* Kerngehäuse
das.

coriander [͵kɒrɪ'ændə^r] *n* Korian-
der *der.*

cork [kɔ:k] *n (in bottle)* Korken *der.*

corkscrew ['kɔ:kskru:] *n* Korkenzieher *der.*

corn [kɔ:n] *n (Br: crop)* Getreide
das; (Am: maize) Mais *der; (on foot)*
Hühnerauge *das.*

corned beef [͵kɔ:nd-] *n* Corned
beef *das.*

corner ['kɔ:nə^r] *n* Ecke *die; (bend*
in road) Kurve *die;* **it's just around**
the ~ es ist gleich um die Ecke.

corner shop *n (Br)* Tante-
Emma-Laden *der.*

cornet ['kɔ:nɪt] *n (Br: ice-cream*
cone) Waffeltüte *die.*

cornflakes ['kɔ:nfleɪks] *npl*
Cornflakes *pl.*

corn-on-the-cob *n* (gekochter) Maiskolben.

corporal ['kɔ:pərəl] *n* Unteroffi-
zier *der.*

corpse [kɔ:ps] *n* Leiche *die.*

correct [kə'rekt] *adj* richtig ♦ *vt* verbessern.

correction [kə'rekʃn] *n* Verbesserung *die*.

correspond [,kɒrɪ'spɒnd] *vi*: **to ~ (to)** *(match)* entsprechen *(+D)*; **to ~ (with)** *(exchange letters)* korrespondieren (mit).

corresponding [,kɒrɪ'spɒndɪŋ] *adj* entsprechend.

corridor [kɒrɪdɔːʳ] *n* Korridor *der*.

corrugated iron [kɒrəgeɪtɪd-] *n* Wellblech *das*.

corrupt [kə'rʌpt] *adj* korrupt.

cosmetics [kɒz'metɪks] *npl* Kosmetik *die*.

cost [kɒst] *(pt & pp* cost) *n* Kosten *pl; (fig: loss)* Preis *der* ♦ *vt* kosten; **how much does it ~?** wieviel kostet es?

costly [kɒstlɪ] *adj* teuer.

costume [kɒstjuːm] *n* Kostüm *das; (of country, region)* Tracht *die*.

cosy [kəʊzɪ] *adj* (Br: room, house) gemütlich.

cot [kɒt] *n (Br: for baby)* Kinderbett *das; (Am: camp bed)* Feldbett *das*.

cottage [kɒtɪdʒ] *n* Cottage *das*, Häuschen *das*.

cottage cheese *n* Hüttenkäse *der*.

cottage pie *n (Br)* Hackfleischauflauf bedeckt mit einer Schicht Kartoffelbrei.

cotton [kɒtn] *adj (dress, shirt)* Baumwoll- ♦ *n* Baumwolle *die; (thread)* Nähgarn *das*.

cotton candy *n (Am)* Zuckerwatte *die*.

cotton wool *n* Watte *die*.

couch [kaʊtʃ] *n* Couch *die; (at doctor's)* Liege *die*.

couchette [kuː'ʃet] *n (on train)* Liegeplatz *der; (seat on ship)* Liegesessel *der*.

cough [kɒf] *n* Husten *der* ♦ *vi* husten; **to have a ~** Husten haben.

cough mixture *n* Hustenmittel *das*.

could [kʊd] *pt →* can.

couldn't [kʊdnt] = could not.

could've [kʊdəv] = could have.

council [kaʊnsl] *n (Br: of town)* Stadtrat *der; (of county)* Gemeinderat *der; (organization)* Rat *der*.

council house *n (Br)* ≃ Sozialwohnung *die*.

councillor [kaʊnsələʳ] *n (Br) (of town)* Stadtrat *der* (-rätin *die); (of county)* Gemeinderat *der* (-rätin *die*).

council tax *n (Br)* ≃ Gemeindesteuer *die*.

count [kaʊnt] *vt & vi* zählen ♦ *n (nobleman)* Graf *der* ❑ **count on** *vt fus (rely on)* sich verlassen auf *(+A); (expect)* rechnen auf *(+A*).

counter [kaʊntəʳ] *n (in shop)* Ladentisch *der; (in bank)* Schalter *der; (in board game)* Spielmarke *die*.

counterclockwise [,kaʊntə'klɒkwaɪz] *adv (Am)* gegen den Uhrzeigersinn.

counterfoil [kaʊntəfɔɪl] *n* Beleg *der*.

countess [kaʊntɪs] *n* Gräfin *die*.

country [kʌntrɪ] *n* Land *das; (scenery)* Landschaft *die; (population)* Volk *das* ♦ *adj* Land-.

country and western *n* Country-music *die*.

country house *n* Landhaus *das*.

country road n Landstraße
die.

countryside ['kʌntrɪsaɪd] n
(place) Land das; (scenery) Landschaft die.

county ['kaʊntɪ] n (in Britain) Grafschaft die; (in US) Verwaltungs-
bezirk der.

couple ['kʌpl] n Paar das; a ~ (of)
(two) zwei; (a few) ein paar.

coupon ['kuːpɒn] n (for discount etc)
Gutschein der; (for orders, enquiries)
Coupon der.

courage ['kʌrɪdʒ] n Mut der.

courgette [kɔːˈʒet] n (Br)
Zucchini die.

courier ['kʊrɪəʳ] n (for holiday-
makers) Reiseleiter der (-in die); (for
delivering letters) Bote der.

course [kɔːs] n (of meal) Gang der;
(at university, college) Studiengang
der; (of evening classes etc) Kurs der;
(of treatment, injections) Kur die; (of
ship, plane) Kurs der; (of river) Lauf
der; (for golf) Platz der; of ~ natürlich; of ~ not natürlich nicht; in the
~ of im Laufe (+G).

court [kɔːt] n (JUR: building)
Gericht das; (JUR: room) Gerichts-
saal der; (SPORT) Platz der; (of king,
queen) Hof der.

courtesy coach ['kɜːtɪsɪ-] n
kostenloser Zubringerbus.

court shoes npl Pumps pl.

courtyard ['kɔːtjɑːd] n Hof der.

cousin ['kʌzn] n Vetter der
(Kusine die).

cover ['kʌvəʳ] n (covering)
Abdeckung die; (of cushion) Bezug
der; (lid) Deckel der; (of book)
Einband der; (of magazine)
Umschlag der; (blanket) Decke die;

(insurance) Versicherung die ◆ vt
bedecken; (travel) zurücklegen;
(apply to) gelten für; (discuss) behandeln; (report) berichten über (+A);
(be enough for) decken; (subj: insurance) versichern; to be ~ed in etw
voller etw sein; to be ~ed in dust
völlig verstaubt sein; to ~ sthg with
sthg etw mit etw abdecken; to
take ~ Schutz suchen ❑ **cover up**
vt sep zudecken; (facts, truth)
vertuschen.

cover charge n Gedeck das.

cover note n (Br) Deckungs-
karte die.

cow [kaʊ] n Kuh die.

coward ['kaʊəd] n Feigling der.

cowboy ['kaʊbɔɪ] n Cowboy der.

crab [kræb] n Krabbe die.

crack [kræk] n (in cup, glass)
Sprung der; (in wood) Riß der; (gap)
Spalt der ◆ vt (cup, glass) anschlagen; (wood) anknacksen; (nut)
knacken; (egg) aufschlagen; (whip)
knallen ◆ vi (cup, glass) einen
Sprung bekommen; (wood) einen
Riß bekommen; to ~ a joke (inf)
einen Witz reißen.

cracker ['krækəʳ] n (biscuit)
Cracker der; (for Christmas) Knall-
bonbon der or das.

cradle ['kreɪdl] n Wiege die.

craft [krɑːft] n (skill) Geschick das;
(trade) Handwerk das; (boat: pl inv)
Boot das.

craftsman ['krɑːftsmən] (pl -men
[-mən]) n Handwerker der.

cram [kræm] vt: to ~ sthg into etw
stopfen in (+A); to be crammed with
vollgestopft sein mit.

cramp [kræmp] n Krampf der;
stomach ~s Magenkrämpfe.

cranberry ['krænbərı] n Preiselbeere die.

cranberry sauce n Preiselbeersoße die.

crane [kreɪn] n (machine) Kran der.

crap [kræp] adj (vulg) Scheiß- ◆ n (vulg: excrement) Scheiße die.

crash [kræʃ] n (accident) Unfall der; (noise) Krachen das ◆ vt (car) einen Unfall haben mit ◆ vi (car, train) einen Unfall haben; (plane) abstürzen ◻ **crash into** vt fus krachen gegen.

crash helmet n Sturzhelm der.

crash landing n Bruchlandung die.

crate [kreɪt] n Kiste die.

crawl [krɔːl] vi kriechen; (baby) krabbeln ◆ n (swimming stroke) Kraulen das.

crawler lane ['krɔːlə⁻] n (Br) Kriechspur die.

crayfish ['kreɪfɪʃ] (pl inv) n Languste die.

crayon ['kreɪɒn] n (of wax) Wachsmalstift der; (pencil) Buntstift der.

craze [kreɪz] n Mode die.

crazy ['kreɪzɪ] adj verrückt; **to be ~ about** verrückt sein nach.

crazy golf n Minigolf das.

cream [kriːm] n (food) Sahne die; (for face, burns) Creme die ◆ adj (in colour) cremefarben.

cream cake n (Br) Sahnetörtchen das.

cream cheese n Frischkäse der.

cream sherry n Cream Sherry der.

cream tea n (Br) Tee mit Gebäck und Sahne.

creamy ['kriːmɪ] adj (food) sahnig; (drink) cremig.

crease [kriːs] n Falte die.

creased [kriːst] adj zerknittert.

create [kriːˈeɪt] vt schaffen; (impression) machen; (interest) verursachen.

creative [kriːˈeɪtɪv] adj kreativ.

creature ['kriːtʃə⁻] n Geschöpf das.

crèche [kreʃ] n (Br) Kinderkrippe die.

credit ['kredɪt] n (praise) Anerkennung die; (money) Guthaben das; (at school, university) Auszeichnung die; **to be in ~** im Haben sein ◻ **credits** npl (of film) Nachspann der.

credit card n Kreditkarte die; **'all major ~s accepted'** 'alle wichtigen Kreditkarten werden angenommen'.

creek [kriːk] n (inlet) Bucht die; (Am: river) Bach der.

creep [kriːp] (pt & pp crept) vi kriechen ◆ n (inf: groveller) Schleimer der.

cremate [krɪˈmeɪt] vt einläschern.

crematorium [kreməˈtɔːrɪəm] n Krematorium das.

crepe [kreɪp] n (thin pancake) dünner Eierkuchen.

crept [krept] pt & pp → **creep**.

cress [kres] n Kresse die.

crest [krest] n Kamm der; (emblem) Wappen das.

crew [kruː] n Besatzung die.

crew neck n runder Halsausschnitt.

crib [krɪb] n (Am: cot) Kinderbett das.

cricket ['krɪkɪt] n (game) Kricket das; (insect) Grille die.

crime [kraɪm] n Verbrechen das.

criminal ['krɪmɪnl] adj kriminell ◆ n Kriminelle der, die.

cripple ['krɪpl] n Krüppel der ◆ vt zum Krüppel machen.

crisis ['kraɪsɪs] (pl crises ['kraɪsi:z]) n Krise die.

crisp [krɪsp] adj (bacon, pastry) knusprig; (apple) knackig ❑ **crisps** npl (Br) Chips pl.

crispy ['krɪspɪ] adj knusprig.

critic ['krɪtɪk] n Kritiker der (-in die).

critical ['krɪtɪkl] adj kritisch; (very important) entscheidend.

criticize ['krɪtɪsaɪz] vt kritisieren.

crockery ['krɒkərɪ] n Geschirr das.

crocodile ['krɒkədaɪl] n Krokodil das.

crocus ['krəʊkəs] (pl -es) n Krokus der.

crooked ['krʊkɪd] adj (bent) krumm.

crop [krɒp] n (kind of plant) Feldfrucht die; (harvest) Ernte die ❑ **crop up** vi auftauchen.

cross [krɒs] n Kreuz das ◆ vt (road, river, ocean) überqueren ◆ vi (intersect) sich kreuzen; **to ~ one's arms** die Arme verschränken; **to ~ one's legs** die Beine übereinanderschlagen ❑ **cross out** vt sep ausstreichen ❑ **cross over** vt fus (road) überqueren.

crossbar ['krɒsbɑ:ʳ] n (of goal) Querlatte die; (of bicycle) Stange die.

cross-Channel ferry n Fähre die über den Ärmelkanal.

cross-country (running) n Querfeldeinlauf der.

crossing ['krɒsɪŋ] n (on road) Überweg der; (sea journey) Überfahrt die.

crossroads ['krɒsrəʊdz] (pl inv) n Kreuzung die.

crosswalk ['krɒswɔ:k] n (Am) Fußgängerüberweg der.

crossword (puzzle) ['krɒswɜ:d-] n Kreuzworträtsel das.

crotch [krɒtʃ] n Schritt der.

crouton ['kru:tɒn] n Croûton der.

crow [krəʊ] n Krähe die.

crowbar ['krəʊbɑ:ʳ] n Brechstange die.

crowd [kraʊd] n Menge die (von Personen).

crowded ['kraʊdɪd] adj überfüllt.

crown [kraʊn] n Krone die; (of head) Scheitel der.

Crown Jewels npl Kronjuwelen pl.

---

i CROWN JEWELS

Die prachtvollen und kostbaren Kronjuwelen des britischen Monarchen, die bei feierlichen Anlässen getragen werden, sind im Londoner Tower ausgestellt. Die Juwelen der früheren schottischen Krone können im Schloß von Edinburg besichtigt werden.

---

crucial ['kru:ʃl] adj entscheidend.

crude [kru:d] adj (rough) grob; (rude) ungeschliffen.

cruel [kruəl] *adj* grausam.

cruelty [ˈkruəltɪ] *n* Grausamkeit die.

cruet (set) [ˈkruːɪt-] *n* Menage die.

cruise [kruːz] *n* Kreuzfahrt die ♦ *vi* (*plane*) fliegen; (*ship*) kreuzen.

cruiser [ˈkruːzəʳ] *n* (*pleasure boat*) Kajütboot das.

crumb [krʌm] *n* Krümel der.

crumble [ˈkrʌmbl] *n* mit Streuseln überbackenes Obstdessert ♦ *vi* (*building*) einstürzen; (*cliff*) bröckeln.

crumpet [ˈkrʌmpɪt] *n* Teigküchlein zum Toasten.

crunchy [ˈkrʌntʃɪ] *adj* knusprig.

crush [krʌʃ] *n* (*drink*) Saftgetränk das ♦ *vt* (*flatten*) quetschen; (*garlic, ice*) zerstoßen.

crust [krʌst] *n* Kruste die.

crusty [ˈkrʌstɪ] *adj* knusprig.

crutch [krʌtʃ] *n* (*stick*) Krücke die; (*between legs*) = crotch.

cry [kraɪ] *n* Schrei der ♦ *vi* (*weep*) weinen; (*shout*) schreien ❑ **cry out** *vi* aufschreien.

crystal [ˈkrɪstl] *n* Kristall der; (*glass*) Kristallglas das.

cub [kʌb] *n* (*animal*) Junge das.

Cub [kʌb] *n* Wölfling der (*junger Pfadfinder*).

cube [kjuːb] *n* Würfel der.

cubicle [ˈkjuːbɪkl] *n* Kabine die.

Cub Scout = Cub.

cuckoo [ˈkuku:] *n* Kuckuck der.

cucumber [ˈkjuːkʌmbəʳ] *n* Salatgurke die.

cuddle [ˈkʌdl] *n* Liebkosung die.

cuddly toy [ˈkʌdlɪ-] *n* Plüschtier das.

cue [kjuː] *n* (*in snooker, pool*) Queue das.

cuff [kʌf] *n* (*of sleeve*) Manschette die; (*Am: of trousers*) Aufschlag der.

cuff links *npl* Manschettenknöpfe *pl*.

cuisine [kwɪˈziːn] *n* Küche die.

cul-de-sac [ˈkʌldəsæk] *n* Sackgasse die.

cult [kʌlt] *n* Kult der.

cultivate [ˈkʌltɪveɪt] *vt* (*grow*) züchten.

cultivated [ˈkʌltɪveɪtɪd] *adj* (*person*) kultiviert.

cultural [ˈkʌltʃərəl] *adj* kulturell.

culture [ˈkʌltʃəʳ] *n* Kultur die.

cumbersome [ˈkʌmbəsəm] *adj* sperrig.

cumin [ˈkjuːmɪn] *n* Kreuzkümmel der.

cunning [ˈkʌnɪŋ] *adj* schlau.

cup [kʌp] *n* Tasse die; (*trophy, competition*) Pokal der; (*of bra*) Körbchen das.

cupboard [ˈkʌbəd] *n* Schrank der.

curator [kjʊəˈreɪtəʳ] *n* Direktor der (-in die).

curb [kɜːb] (*Am*) = kerb.

curd cheese [kɜːd-] *n* = Quark der.

cure [kjʊəʳ] *n* Heilmittel das ♦ *vt* (*illness, person*) heilen; (*with salt*) pökeln; (*with smoke*) räuchern; (*by drying*) trocknen.

curious [ˈkjʊərɪəs] *adj* (*inquisitive*) neugierig; (*strange*) seltsam.

curl [kɜːl] *n* Locke die ♦ *vt* locken.

curler [ˈkɜːləʳ] *n* Lockenwickler der.

curly [ˈkɜːlɪ] *adj* lockig.

currant [ˈkʌrənt] *n* Korinthe die.

currency ['kʌrənsɪ] n (money) Währung die.

current ['kʌrənt] adj aktuell ◆ n Strömung die; (electricity) Strom der.

current account n (Br) Girokonto das.

current affairs npl aktuelle Fragen pl.

currently ['kʌrəntlɪ] adv zur Zeit.

curriculum [kə'rɪkjələm] n Lehrplan der.

curriculum vitae [-'viːtaɪ] n (Br) Lebenslauf der.

curried ['kʌrɪd] adj Curry-.

curry ['kʌrɪ] n Currygericht das.

curse [kɜːs] vi fluchen.

cursor ['kɜːsəʳ] n Cursor der.

curtain ['kɜːtn] n Vorhang der.

curve [kɜːv] n (shape) Rundung die; (in road, river) Biegung die ◆ vi einen Bogen machen.

curved [kɜːvd] adj gebogen.

cushion ['kʊʃn] n Kissen das.

custard ['kʌstəd] n Vanillesoße die.

custom ['kʌstəm] n (tradition) Brauch der; 'thank you for your ~' 'wir danken Ihnen für Ihre Kundschaft'.

customary ['kʌstəmrɪ] adj üblich.

customer ['kʌstəməʳ] n Kunde der (Kundin die).

customer services n (department) Kundendienst der.

customs ['kʌstəmz] n (place) Zoll der; **to go through ~** durch den Zoll gehen.

customs duty n Zoll der.

customs officer n Zollbeamte (-beamtin die).

cut [kʌt] (pt & pp **cut**) n Schnitt der; (in skin) Schnittwunde die; (reduction) Kürzung die; (in price) Senkung die; (piece of meat) Stück das ◆ vi schneiden ◆ vt schneiden; (reduce) kürzen; (price) senken; **to ~ one's finger** sich (D) in den Finger schneiden; **~ and blow-dry** schneiden und fönen; **to ~ o.s.** sich schneiden; **to have one's hair ~** sich die Haare schneiden lassen; **to ~ the grass** den Rasen mähen; **to ~ sthg open** etw aufschneiden □ **cut back** vi: **to ~ back on sthg** etw einlschränken; **cut down** vt sep (tree) fällen; **cut down on** vt fus einlschränken; **cut off** vt sep ablschneiden; (disconnect) abstellen; **I've been ~ off** (on phone) ich wurde unterbrochen; **to be ~ off** (isolated) abgeschnitten sein; **cut out** vt sep auslschneiden ◆ vi (engine) auslsetzen; **to ~ out smoking** mit dem Rauchen aufhören; **~ it out!** (inf) laß das!; **cut up** vt sep zerschneiden.

cute [kjuːt] adj niedlich.

cut-glass adj Kristall-.

cutlery ['kʌtlərɪ] n Besteck das.

cutlet ['kʌtlɪt] n Kotelett das; (of nuts, vegetables) Bratling der.

cut-price adj herabgesetzt.

cutting ['kʌtɪŋ] n (from newspaper) Ausschnitt der.

CV n (Br: abbr of curriculum vitae) Lebenslauf der.

cwt abbr = **hundredweight**.

cycle ['saɪkl] n Zyklus der; (bicycle) Rad das ◆ vi mit dem Rad fahren.

cycle hire n Fahrradverleih der.

cycle lane n Fahrradspur die.

cycle path n Radweg der.

cycling ['saɪklɪŋ] n Radfahren das; **to go ~** radfahren gehen.

cycling shorts npl Radlerhose die.

cyclist ['saɪklɪst] n Radfahrer der (-in die).

cylinder ['sɪlɪndər] n Zylinder der; (for gas) Flasche die.

cynical ['sɪnɪkl] adj zynisch.

Czech [tʃek] adj tschechisch ◆ n (person) Tscheche der (Tschechin die); (language) Tschechisch das.

Czechoslovakia [ˌtʃekəslə-ˈvækɪə] n die Tschechoslowakei.

Czech Republic n: **the ~** die Tschechische Republik.

D

dab [dæb] vt (ointment, cream) auftupfen.

dad [dæd] n (inf) Papi der.

daddy ['dædɪ] n (inf) Papi der.

daddy longlegs [-'lɒŋlegz] (pl inv) n Weberknecht der.

daffodil ['dæfədɪl] n Osterglocke die.

daft [dɑːft] adj (Br: inf) doof.

daily ['deɪlɪ] adj & adv täglich ◆ n: **a ~** (newspaper) eine Tageszeitung.

dairy ['deərɪ] n (on farm) Molkerei die; (shop) Milchladen der.

dairy product n Milchprodukt das.

daisy ['deɪzɪ] n Gänseblümchen das.

dam [dæm] n Damm der.

damage ['dæmɪdʒ] n Schaden der; (to property) Beschädigung die; (fig: to reputation) Schädigung die; (fig: to chances) Beeinträchtigung die ◆ vt beschädigen; (fig: reputation) schädigen; (fig: chances) beeinträchtigen.

damn [dæm] excl & adj (inf) 'verdammt ◆ n (inf): **I don't give a ~** ist mir total egal.

damp [dæmp] adj feucht ◆ n Feuchtigkeit die.

damson ['dæmzn] n Haferpflaume die.

dance [dɑːns] n Tanz der; (social event) Tanzveranstaltung die ◆ vi tanzen; **to have a ~** tanzen.

dance floor n Tanzfläche die.

dancer ['dɑːnsər] n Tänzer der (-in die).

dancing ['dɑːnsɪŋ] n Tanzen das; **to go ~** tanzen gehen.

dandelion ['dændɪlaɪən] n Löwenzahn der.

dandruff ['dændrʌf] n Schuppen pl.

Dane [deɪn] n Däne der (Dänin die).

danger ['deɪndʒər] n Gefahr die.

dangerous ['deɪndʒərəs] adj gefährlich.

Danish ['deɪnɪʃ] adj dänisch ◆ n Dänisch das.

Danish pastry n Plundergebäck das.

Danube ['dænjuːb] n: **the ~** die Donau.

dare [deər] vt: **to ~ to do sthg** wagen, etw zu tun; **to ~ sb to do**

daring
sthg jn herausfordern, etw zu tun;
how ~ you! was fällt dir ein!

daring ['deərıŋ] adj kühn.

dark [dɑːk] adj dunkel; (person
with dark hair) dunkelhaarig ♦ n:
after ~ nach Einbruch der Dunkelheit; in the ~ im Dunkeln.

dark chocolate n bittere
Schokolade.

dark glasses npl Sonnenbrille
die.

darkness ['dɑːknɪs] n Dunkelheit
die.

darling ['dɑːlıŋ] n Liebling der.

dart [dɑːt] n Pfeil der □ **darts** n
(game) Darts das.

dartboard ['dɑːtbɔːd] n Dart-
scheibe die.

dash [dæʃ] n (of liquid) Schuß der;
(in writing) Gedankenstrich ♦ vi
flitzen.

dashboard ['dæʃbɔːd] n Armaturenbrett das.

data ['deɪtə] n Daten pl.

database ['deɪtəbeɪs] n Daten-
bank die.

date [deɪt] n Datum das; (meeting)
Verabredung die; (Am: person)
Freund der (-in die); (fruit) Dattel die
♦ vt (cheque, letter) datieren; (person)
gehen mit ♦ vi aus der Mode
kommen; **what's the ~?** der
Wievielte ist heute?; **to have a ~
with sb** eine Verabredung mit jm
haben.

date of birth n Geburtsdatum
das.

daughter ['dɔːtəʳ] n Tochter die.

daughter-in-law n Schwiegertochter die.

dawn [dɔːn] n Morgendämme-
rung die.

day [deɪ] n Tag der; **what ~ is it
today?** welcher Tag ist heute?;
what a lovely ~! so ein schöner
Tag!; **to have a ~ off** einen Tag frei
haben; **to have a ~ out** einen
Ausflug machen; **by ~** tagsüber; **the
~ after tomorrow** übermorgen; **the
~ before** am Tag davor; **the ~ before
yesterday** vorgestern; **the following
~** am nächsten Tag; **have a nice ~!**
viel Spaß!

daylight ['deɪlaɪt] n Tageslicht
das.

day return n (Br) Tagesrückfahrkarte die.

dayshift ['deɪʃɪft] n Tagschicht
die.

daytime ['deɪtaɪm] n Tag der.

day-to-day adj (everyday) tag-
täglich.

day trip n Tagesausflug die.

dazzle ['dæzl] vt blenden.

DC (abbr of direct current) GS.

dead [ded] adj tot; (battery) leer ♦
adv (precisely) genau; (inf: very) total;
it's ~ ahead es ist genau geradeaus;
'~ **slow**' 'Schrittgeschwindigkeit'.

dead end n (street) Sackgasse die.

deadline ['dedlaɪn] n Termin der.

deaf [def] adj taub ♦ npl: **the ~** die
Tauben pl.

deal [diːl] (pt & pp dealt) n (agreement) Geschäft das ♦ vt (cards)
geben; **a good/bad ~** ein gutes/
schlechtes Geschäft; **a great ~ of**
viel; **it's a ~!** abgemacht! □ **deal in**
vt fus handeln mit; **deal with** vt fus:
to ~ with sthg (handle) sich mit etw
kümmern; (be about) sich mit etw
befassen.

dealer ['diːləʳ] n Händler der (-in
die); (in drugs) Dealer der.

dealt [delt] *pt & pp →* **deal**.

dear [dɪə^r] *adj* lieb; *(expensive)* teuer ♦ *n:* **my ~** Schatz; **Dear Sir** Sehr geehrter Herr; **Dear Madam** Sehr geehrte gnädige Frau; **Dear John** Lieber John; **oh ~!** ach du liebe Güte!

death [deθ] *n* Tod *der*.

debate [dɪ'beɪt] *n* Debatte *die* ♦ *vt (wonder)* sich fragen.

debit ['debɪt] *n* Soll *das* ♦ *vt (account)* belasten.

debt [det] *n (money owed)* Schulden *pl*; **to be in ~** Schulden haben.

Dec. *(abbr of December)* Dez.

decaff ['di:kæf] *n (inf)* entkoffeinierter Kaffee.

decaffeinated [dɪ'kæfɪneɪtɪd] *adj* koffeinfrei.

decanter [dɪ'kæntə^r] *n* Karaffe *die*.

decay [dɪ'keɪ] *n (of building)* Zerfall *der*; *(of wood)* Verrotten *das*; *(of tooth)* Fäule *die* ♦ *vi (rot)* verfaulen.

deceive [dɪ'si:v] *vt* betrügen.

decelerate [di:'seləreɪt] *vi* langsamer werden.

December [dɪ'sembə^r] *n* Dezember *der*, → **September**.

decent ['di:snt] *adj* anständig; *(kind)* nett.

decide [dɪ'saɪd] *vt* entscheiden ♦ *vi* sich entscheiden; **to ~ to do sthg** sich entschließen, etw zu tun □ **decide on** *vt fus* sich entscheiden für.

decimal ['desɪml] *adj* Dezimal-.

decimal point *n* Komma *das*.

decision [dɪ'sɪʒn] *n* Entscheidung *die*; **to make a ~** eine Entscheidung treffen.

decisive [dɪ'saɪsɪv] *adj (person)* entschlußfreudig; *(event, factor)* entscheidend.

deck [dek] *n* Deck *das*; *(of cards)* Spiel *das*.

deckchair ['dektʃeə^r] *n* Liegestuhl *der*.

declare [dɪ'kleə^r] *vt* erklären; **'goods to ~'** 'Waren zu verzollen'; **'nothing to ~'** 'nichts zu verzollen'.

decline [dɪ'klaɪn] *n* Rückgang *der* ♦ *vi (get worse)* nachlassen; *(refuse)* ablehnen.

decorate ['dekəreɪt] *vt (with wallpaper)* tapezieren; *(with paint)* streichen; *(make attractive)* schmücken.

decoration [,dekə'reɪʃn] *n (of room)* Innenausstattung *die*; *(decorative object)* Schmuck *der*.

decorator ['dekəreɪtə^r] *n* Maler und Tapezierer *der*.

decrease [*n* 'di:kri:s, *vb* di:'kri:s] *n* Abnahme *die* ♦ *vi* abnehmen.

dedicated ['dedɪkeɪtɪd] *adj (committed)* engagiert.

deduce [dɪ'dju:s] *vt* folgern.

deduct [dɪ'dʌkt] *vt* abziehen.

deduction [dɪ'dʌkʃn] *n (reduction)* Abzug *der*; *(conclusion)* Folgerung *die*.

deep [di:p] *adj & adv* tief.

deep end *n (of swimming pool)* tiefer Teil.

deep freeze *n* Tiefkühltruhe *die*.

deep-fried [-'fraɪd] *adj* fritiert.

deep-pan *adj:* **~ pizza** Pfannenpizza *die*.

deer [dɪə^r] *(pl inv) n (male)* Hirsch *der*; *(female)* Reh *das*.

defeat [dɪˈfiːt] *n* Niederlage *die* ◆ *vt* schlagen.

defect [ˈdiːfekt] *n* Fehler *der.*

defective [dɪˈfektɪv] *adj* fehlerhaft.

defence [dɪˈfens] *n* Verteidigung *die; (Br: protection)* Schutz *der.*

defend [dɪˈfend] *vt* verteidigen.

defense [dɪˈfens] *(Am)* = **defence**.

deficiency [dɪˈfɪʃnsɪ] *n (lack)* Mangel *der.*

deficit [ˈdefɪsɪt] *n* Defizit *das.*

define [dɪˈfaɪn] *vt* definieren.

definite [ˈdefɪnɪt] *adj (clear)* klar; *(certain)* sicher.

definite article *n* bestimmter Artikel.

definitely [ˈdefɪnɪtlɪ] *adv* eindeutig; **I'm ~ coming** ich komme ganz bestimmt.

definition [defɪˈnɪʃn] *n* Definition *die.*

deflate [dɪˈfleɪt] *vt (tyre)* die Luft ablassen aus.

deflect [dɪˈflekt] *vt (ball)* ablfälschen.

defogger [ˌdiːˈfogər] *n (Am)* Defroster *der.*

deformed [dɪˈfɔːmd] *adj* entstellt.

defrost [ˌdiːˈfrost] *vt (food)* auflauen; *(Am: demist)* freimachen; *(fridge)* abltauen.

degree [dɪˈgriː] *n* Grad *der; (amount)* Maß *das; (qualification)* akademischer Grad; **to have a ~ in** sthg einen Hochschulabschluß in etw *(D)* haben.

dehydrated [ˌdiːhaɪˈdreɪtɪd] *adj (food)* Trocken-; *(person)* ausgetrocknet.

de-ice [diːˈaɪs] *vt* enteisen.

de-icer [diːˈaɪsər] *n* Defroster *der.*

dejected [dɪˈdʒektɪd] *adj* niedergeschlagen.

delay [dɪˈleɪ] *n* Verspätung *die* ◆ *vt* aufhalten ◆ *vi* zögern; **without ~** ohne Verzögerung.

delayed [dɪˈleɪd] *adj (train, flight)* verspätet.

delegate [*n* ˈdelɪgət, *vb* ˈdelɪgeɪt] *n* Vertreter *der (-in die)* ◆ *vt* delegieren.

delete [dɪˈliːt] *vt* streichen.

deli [ˈdelɪ] *n (inf: abbr of delicatessen)* Feinkostgeschäft *das.*

deliberate [dɪˈlɪbərət] *adj* absichtlich.

deliberately [dɪˈlɪbərətlɪ] *adv* absichtlich.

delicacy [ˈdelɪkəsɪ] *n (food)* Delikatesse *die.*

delicate [ˈdelɪkət] *adj (situation, question)* heikel; *(object, china)* zerbrechlich; *(health, person)* zart; *(taste, smell)* fein.

delicatessen [ˌdelɪkəˈtesn] *n* Feinkostgeschäft *das.*

delicious [dɪˈlɪʃəs] *adj* köstlich.

delight [dɪˈlaɪt] *n* Freude *die* ◆ *vt* erfreuen; **to take (a) ~ in doing** sthg Freude daran haben, etw zu tun.

delighted [dɪˈlaɪtɪd] *adj* hocherfreut.

delightful [dɪˈlaɪtful] *adj* reizend.

deliver [dɪˈlɪvər] *vt (goods)* liefern; *(letters, newspapers)* zustellen; *(speech, lecture)* halten; *(baby)* entbinden.

delivery [dɪˈlɪvərɪ] *n (of goods)* Lieferung *die; (of letters)* Zustellung *die; (birth)* Entbindung *die.*

delude [dɪ'lu:d] *vt* täuschen.

de luxe [də'lʌks] *adj* Luxus-.

demand [dɪ'mɑ:nd] *n* Forderung *die*; (COMM) Nachfrage *die*; (requirement) Anforderung *die* ♦ *vt* verlangen; (require) erfordern; **to ~ to do sthg** verlangen, etw zu tun; **to be in ~** gefragt sein.

demanding [dɪ'mɑ:ndɪŋ] *adj* anspruchsvoll.

demerara sugar [demə'reərə-] *n* brauner Zucker.

demist [di:'mɪst] *vt* (Br) freimachen.

demister [di:'mɪstəʳ] *n* (Br) Defroster *der*.

democracy [dɪ'mɒkrəsɪ] *n* Demokratie *die*.

Democrat ['deməkræt] *n* (Am) Demokrat *der* (-in *die*).

democratic [demə'krætɪk] *adj* demokratisch.

demolish [dɪ'mɒlɪʃ] *vt* abreißen.

demonstrate ['demənstreɪt] *vt* (prove) beweisen; (machine, skill) vorführen ♦ *vi* demonstrieren.

demonstration [demən'streɪʃn] *n* (protest) Demonstration *die*; (proof) Beweis *der*; (of machine, skill) Vorführung *die*.

denial [dɪ'naɪəl] *n* Leugnen *das*.

denim ['denɪm] *n* Jeansstoff *der* ❑ **denims** *npl* Jeans *pl*.

denim jacket *n* Jeansjacke *die*.

Denmark ['denmɑ:k] *n* Dänemark *nt*.

dense [dens] *adj* dicht.

dent [dent] *n* Delle *die*.

dental ['dentl] *adj* Zahn-.

dental floss [-flɒs] *n* Zahnseide *die*.

dental surgeon *n* Zahnarzt *der* (-ärztin *die*).

dental surgery *n* (place) Zahnarztpraxis *die*.

dentist ['dentɪst] *n* Zahnarzt *der* (-ärztin *die*); **to go to the ~'s** zum Zahnarzt gehen.

dentures ['dentʃəz] *npl* Zahnprothese *die*.

deny [dɪ'naɪ] *vt* (declare untrue) bestreiten; (refuse) verweigern.

deodorant [di:'əʊdərənt] *n* Deodorant *das*.

depart [dɪ'pɑ:t] *vi* (person) abreisen; (train, bus) abfahren; (plane) abfliegen.

department [dɪ'pɑ:tmənt] *n* (of business, shop) Abteilung *die*; (of government) Ministerium *das*; (of school) Fachbereich *der*; (of university) Seminar *das*.

department store *n* Kaufhaus *das*.

departure [dɪ'pɑ:tʃəʳ] *n* (of person) Abreise *die*; (of train, bus) Abfahrt *die*; (of plane) Abflug *der*; **'~s'** (at airport) 'Abflug'.

departure lounge *n* Abflughalle *die*.

depend [dɪ'pend] *vi*: **it ~s** es kommt darauf an ❑ **depend on** *vt fus* abhängen von; (rely on) sich verlassen auf (+A); **~ing on** je nachdem; **~ing on the weather** je nachdem, wie das Wetter wird.

dependable [dɪ'pendəbl] *adj* zuverlässig.

deplorable [dɪ'plɔ:rəbl] . *adj* beklagenswert.

deport [dɪ'pɔ:t] *vt* ausreisen.

deposit [dɪ'pɒzɪt] *n* (in bank) Guthaben *das*; ([part-payment)

Anzahlung *die; (against damage)* Kaution *die; (on bottle)* Pfand *das; (substance)* Ablagerung *die* ◆ *vt (put down)* ablegen; *(money in bank)* einlzahlen.

deposit account *n (Br)* Sparkonto *das.*

depot ['di:pəʊ] *n (Am: for buses, trains)* Bahnhof *der.*

depressed [dɪ'prest] *adj* deprimiert.

depressing [dɪ'presɪŋ] *adj* deprimierend.

depression [dɪ'preʃn] *n* Depression *die.*

deprive [dɪ'praɪv] *vt:* **to ~ sb of sthg** jm etw entziehen.

depth [depθ] *n* Tiefe *die;* **to be out of one's ~** *(when swimming)* nicht mehr stehen können; *(fig)* überfordert sein; **~ of field** Schärfentiefe.

deputy ['depjʊtɪ] *adj* stellvertretend.

derailleur [də'reɪljəʳ] *n* Kettenschaltung *die.*

derailment [dɪ'reɪlmənt] *n* Entgleisen *das.*

derelict [dərəlɪkt] *adj* verfallen.

derv [dɜːv] *n (Br)* Diesel *der.*

descend [dɪ'send] *vt & vi (subj: person)* herunterlgehen; *(subj: car)* herunterlfahren.

descendant [dɪ'sendənt] *n* Nachkomme *der.*

descent [dɪ'sent] *n* Abstieg *der; (slope)* Abfall *der.*

describe [dɪ'skraɪb] *vt* beschreiben.

description [dɪ'skrɪpʃn] *n* Beschreibung *die.*

desert [n 'dezət, vb dɪ'zɜːt] *n* Wüste *die* ◆ *vt* verlassen.

deserted [dɪ'zɜːtɪd] *adj* verlassen.

deserve [dɪ'zɜːv] *vt* verdienen.

design [dɪ'zaɪn] *n (pattern)* Muster *das; (art)* Design *das; (of machine, building)* Konstruktion *die* ◆ *vt (machine, building)* konstruieren; *(dress)* entwerfen; **to be ~ed for** vorgesehen sein für.

designer [dɪ'zaɪnəʳ] *n (of clothes)* Designer *der* (-in *die); (of machine)* Konstrukteur *der* (-in *die* ◆ *adj (clothes, sunglasses)* Designer-.

desirable [dɪ'zaɪərəbl] *adj* wünschenswert.

desire [dɪ'zaɪəʳ] *n* Wunsch *der* ◆ *vt* wünschen; **it leaves a lot to be ~d** es läßt viel zu wünschen übrig.

desk [desk] *n (in home, office)* Schreibtisch *der; (in school)* Pult *das; (at airport, station)* Schalter *der; (at hotel)* Empfang *der.*

desktop publishing ['desk-,tɒp-] *n* Desktop Publishing *das.*

despair [dɪ'speəʳ] *n* Verzweiflung *die.*

despatch [dɪ'spætʃ] = **dispatch.**

desperate ['desprət] *adj* verzweifelt; **to be ~ for sthg** etw dringend brauchen.

despicable [dɪ'spɪkəbl] *adj* verachtenswert.

despise [dɪ'spaɪz] *vt* verachten.

despite [dɪ'spaɪt] *prep* trotz (+G).

dessert [dɪ'zɜːt] *n* Nachtisch *der.*

dessertspoon [dɪ'zɜːtspuːn] *n* Dessertlöffel *der.*

destination [,destɪ'neɪʃn] *n (of person)* Reiseziel *das; (of goods)* Bestimmungsort *der.*

destroy [dɪ'strɔɪ] *vt* zerstören.

destruction [dɪ'strʌkʃn] *n* Zerstörung *die.*

detach [dɪ'tætʃ] *vt* abnehmen; *(tear off)* abtrennen.

detached house [dɪ'tætʃt-] *n* Einzelhaus *das*.

detail ['di:teɪl] *n* Einzelheit *die*; **in ~** im Detail ◻ **details** *npl (facts)* Angaben *pl*.

detailed ['di:teɪld] *adj* detailliert.

detect [dɪ'tekt] *vt* entdecken.

detective [dɪ'tektɪv] *n (policeman)* Kriminalbeamte *der* (-beamtin *die*), *(private)* Detektiv *der* (-in *die*); **a ~ story** ein Krimi.

detention [dɪ'tenʃn] *n (SCH)* Nachsitzen *das*.

detergent [dɪ'tɜ:dʒənt] *n (for clothes)* Waschmittel *das*; *(for dishes)* Spülmittel *das*.

deteriorate [dɪ'tɪərəreɪt] *vi* sich verschlechtern.

determination [dɪ,tɜ:mɪ'neɪʃn] *n* Entschlossenheit *die*.

determine [dɪ'tɜ:mɪn] *vt* bestimmen.

determined [dɪ'tɜ:mɪnd] *adj* entschlossen; **to be ~ to do sthg** fest entschlossen sein, etw zu tun.

deterrent [dɪ'terənt] *n* Abschreckungsmittel *das*.

detest [dɪ'test] *vt* verabscheuen.

detour ['di:tuə] *n* Umweg *der*.

detrain [,di:'treɪn] *vi (fml)* aus dem Zug steigen.

deuce [dju:s] *n (in tennis)* Einstand *der*.

devastate ['devəsteɪt] *vt (country, town)* verwüsten.

develop [dɪ'veləp] *vt* entwickeln; *(land)* erschließen; *(illness)* bekommen; *(habit)* annehmen ◆ *vi* sich entwickeln.

developing country [dɪ'veləpɪŋ-] *n* Entwicklungsland *das*.

development [dɪ'veləpmənt] *n* Entwicklung *die*; **a housing ~** eine Neubausiedlung.

device [dɪ'vaɪs] *n* Gerät *das*.

devil ['devl] *n* Teufel *der*; **what the ~ ...?** *(inf)* was zum Teufel ...?

devise [dɪ'vaɪz] *vt* entwerfen.

devoted [dɪ'vəʊtɪd] *adj* treu; **to be ~ to sb** jn innig lieben.

dew [dju:] *n* Tau *der*.

diabetes [,daɪə'bi:ti:z] *n* Zuckerkrankheit *die*.

diabetic [,daɪə'betɪk] *adj* zuckerkrank; *(chocolate)* Diabetiker- ◆ *n* Diabetiker *der* (-in *die*).

diagnosis [,daɪəg'nəʊsɪs] *(pl -oses* [-əʊsi:z]) *n* Diagnose *die*.

diagonal [daɪ'ægənl] *adj* diagonal.

diagram ['daɪəgræm] *n* schematische Darstellung.

dial ['daɪəl] *n (of telephone)* Wählscheibe *die*; *(of clock)* Zifferblatt *das*; *(on radio)* Skala *die* ◆ *vt* wählen.

dialling code ['daɪəlɪŋ-] *n (Br)* Vorwahl *die*.

dialling tone ['daɪəlɪŋ-] *n (Br)* Freizeichen *das*.

dial tone *(Am)* = **dialling tone**.

diameter [daɪ'æmɪtə] *n* Durchmesser *der*.

diamond ['daɪəmənd] *n* Diamant *der* ◻ **diamonds** *npl (in cards)* Karo *das*.

diaper ['daɪpə] *n (Am)* Windel *die*.

diarrhoea [,daɪə'rɪə] *n* Durchfall *der*.

diary ['daɪərɪ] *n (for appointments)*

Terminkalender *der; (journal)* Tagebuch *das.*

dice [daɪs] *(pl inv)* n Würfel *der.*

diced [daɪst] *adj* in Würfel geschnitten.

dictate [dɪkˈteɪt] *vt* diktieren.

dictation [dɪkˈteɪʃn] *n* Diktat *das.*

dictator [dɪkˈteɪtəʳ] *n* Diktator *der (-in die).*

dictionary [ˈdɪkʃənrɪ] *n* Wörterbuch *das.*

did [dɪd] *pt* → **do.**

die [daɪ] *(pt & pp* died, *cont* dying [ˈdaɪɪŋ]) *vi* sterben; *(animal, plant)* eingehen; **to be dying for sthg** *(inf)* etw unbedingt brauchen; **to be dying to do sthg** *(inf)* darauf brennen, etw zu tun □ **die away** *vi* schwächer werden; **die out** *vi* aussterben.

diesel [ˈdiːzl] *n* Diesel *der.*

diet [ˈdaɪət] *n* Diät *die; (food eaten)* Kost *die* ◆ *vi* eine Diät machen ◆ *adj* Diät-.

diet Coke® *n* Cola light® *die.*

differ [ˈdɪfəʳ] *vi* sich unterscheiden; *(disagree)* anderer Meinung sein.

difference [ˈdɪfrəns] *n* Unterschied *der;* **it makes no ~** es ist egal; **a ~ of opinion** eine Meinungsverschiedenheit.

different [ˈdɪfrənt] *adj (not the same)* verschieden; *(separate)* andere(-r)(-s); **to be ~ (from)** anders sein (als).

differently [ˈdɪfrəntlɪ] *adv* anders.

difficult [ˈdɪfɪkəlt] *adj* schwierig.

difficulty [ˈdɪfɪkəltɪ] *n* Schwierigkeit *die;* **with ~** mühsam.

dig [dɪg] *(pt & pp* dug) *vt* graben;

(garden, land) umlgraben ◆ *vi* graben □ **dig out** *vt sep (rescue)* bergen; *(find)* auslgraben; **dig up** *vt sep* auslgraben.

digest [dɪˈdʒest] *vt* verdauen.

digestion [dɪˈdʒestʃn] *n* Verdauung *die.*

digestive (biscuit) [dɪˈdʒestɪv-] *n (Br)* Vollkornkeks *der.*

digit [ˈdɪdʒɪt] *n (number)* Ziffer *die; (finger)* Finger *der; (toe)* Zehe *die.*

digital [ˈdɪdʒɪtl] *adj* Digital-.

dill [dɪl] *n* Dill *der.*

dilute [daɪˈluːt] *vt* verdünnen.

dim [dɪm] *adj (light)* trüb; *(room)* dämmrig; *(inf: stupid)* beschränkt ◆ *vt (light)* dämpfen.

dime [daɪm] *n (Am)* Zehncentstück *das.*

dimensions [dɪˈmenʃnz] *npl (measurements)* Abmessungen *pl; (aspect)* Dimension *die.*

din [dɪn] *n* Lärm *der.*

dine [daɪn] *vi* speisen □ **dine out** *vi* auswärts essen.

diner [ˈdaɪnəʳ] *n (Am: restaurant)* Lokal *das; (person)* Gast *der.*

---

i **DINER**

Ein „diner" ist ein preisgünstiges Restaurant, in dem leichte Mahlzeiten serviert werden. Man findet sie vor allem entlang der Schnellstraßen, aber auch in den Städten. Die Kundschaft besteht meist aus LKW-Fahrern und anderen Durchreisenden. Aufgrund der besonderen Reiseatmosphäre, die sie verkörpern, werden sie in vielen „road movies" verwendet.

dinghy ['dɪŋgɪ] n (with sail) Dingi das; (with oars) Schlauchboot das.

dingy ['dɪndʒɪ] adj (room) düster.

dining car ['daɪnɪŋ-] n Speisewagen der.

dining hall ['daɪnɪŋ-] n (SCH) Speisesaal der.

dining room ['daɪnɪŋ-] n Eßzimmer das; (in hotel) Speisesaal der.

dinner ['dɪnə^r] n (at lunchtime) Mittagessen das; (in evening) Abendessen das; **to have ~** (at lunchtime) zu Mittag essen; (in evening) zu Abend essen.

dinner jacket n Smoking der.

dinner party n Abendgesellschaft die.

dinner set n Tafelgeschirr das.

dinner suit n Smoking der.

dinnertime ['dɪnətaɪm] n Essenszeit die.

dinosaur ['daɪnəsɔː^r] n Dinosaurier der.

dip [dɪp] n (in road, land) Mulde die; (food) Dip der ◆ vt (into liquid) tauchen ◆ vi sich senken; **to have a ~** (swim) kurz schwimmen gehen; **to ~ one's headlights** (Br) abblenden.

diploma [dɪ'pləʊmə] n Diplom das.

dipstick ['dɪpstɪk] n Ölmeßstab der.

direct [dɪ'rekt] adj & adv direkt ◆ vt (aim) richten; (traffic) regeln; (control) leiten; (film, play) Regie führen bei; (give directions to): **to ~ sb** jm den Weg beschreiben.

direct current n Gleichstrom der.

direction [dɪ'rekʃn] n Richtung die; **to ask for ~s** nach dem Weg fragen ❑ **directions** npl (instructions) Gebrauchsanweisung die.

directly [dɪ'rektlɪ] adv direkt; (soon) sofort.

director [dɪ'rektə^r] n (of company) Direktor der (-in die); (of film, play) Regisseur der (-in die); (organizer) Leiter der (-in die).

directory [dɪ'rektərɪ] n Telefonbuch das.

directory enquiries n (Br) Fernsprechauskunft die.

dirt [dɜːt] n Schmutz der; (earth) Erde die.

dirty ['dɜːtɪ] adj schmutzig; (joke) unanständig.

disability [ˌdɪsə'bɪlətɪ] n Behinderung die.

disabled [dɪs'eɪbld] adj behindert ◆ npl: **the ~ die Behinderten** pl; **'~ toilet'** 'Behindertentoilette'.

disadvantage [ˌdɪsəd'vɑːntɪdʒ] n Nachteil der.

disagree [ˌdɪsə'griː] vi (people) anderer Meinung sein; **to ~ with sb (about sthg)** mit jm (über etw (+A)) nicht übereinstimmen; **those mussels ~d with me** diese Muscheln sind mir nicht bekommen.

disagreement [ˌdɪsə'griːmənt] n (argument) Meinungsverschiedenheit die; (dissimilarity) Diskrepanz die.

disappear [ˌdɪsə'pɪə^r] vi verschwinden.

disappearance [ˌdɪsə'pɪərəns] n Verschwinden das.

disappoint [ˌdɪsə'pɔɪnt] vt enttäuschen.

disappointed [ˌdɪsə'pɔɪntɪd] adj
enttäuscht.

disappointing [ˌdɪsə'pɔɪntɪŋ] adj
enttäuschend.

disappointment [ˌdɪsə'pɔɪntmənt] n Enttäuschung die.

disapprove [ˌdɪsə'pruːv] vi: to ~
of mißbilligen.

disarmament [dɪs'ɑːməmənt] n
Abrüstung die.

disaster [dɪ'zɑːstəʳ] n Katastrophe die.

disastrous [dɪ'zɑːstrəs] adj
katastrophal.

disc [dɪsk] n (Br) Scheibe die; (CD)
Compact Disc die; (record) Schallplatte die; **to slip a ~** einen
Bandscheibenvorfall erleiden.

discard [dɪ'skɑːd] vt wegjwerfen.

discharge [dɪs'tʃɑːdʒ] vt (patient,
prisoner) entlassen; (liquid, smoke)
abjlassen.

discipline ['dɪsɪplɪn] n Disziplin
die.

disc jockey n Diskjockey der.

disco ['dɪskəʊ] n Disko die.

discoloured [dɪs'kʌləd] adj
verfärbt.

discomfort [dɪs'kʌmfət] n (pain)
Beschwerden pl.

disconnect [ˌdɪskə'nekt] vt
(unplug) den Stecker herausjziehen
(von); (telephone, gas supply) abjstellen; (pipe) trennen.

discontinued [ˌdɪskən'tɪnjuːd]
adj (product) auslaufend.

discotheque ['dɪskəʊtek] n
Diskothek die.

discount ['dɪskaʊnt] n Rabatt der.

discover [dɪs'kʌvəʳ] vt entjdecken.

discovery [dɪs'kʌvərɪ] n Entjdeckung die.

discreet [dɪs'kriːt] adj taktvoll.

discrepancy [dɪs'krepənsɪ] n
Diskrepanz die.

discriminate [dɪ'skrɪmɪneɪt] vi:
to ~ against sb jn diskriminieren.

discrimination [dɪˌskrɪmɪ'neɪʃn]
n (unfair) Diskriminierung die.

discuss [dɪ'skʌs] vt besprechen.

discussion [dɪ'skʌʃn] n Gespräch
das.

disease [dɪ'ziːz] n Krankheit die.

disembark [ˌdɪsɪm'bɑːk] vi von
Bord gehen.

disgrace [dɪs'greɪs] n Schande die.

disgraceful [dɪs'greɪsfʊl] adj
erbärmlich.

disguise [dɪs'gaɪz] n Verkleidung
die ◆ vt verkleiden; **in ~** verkleidet.

disgust [dɪs'gʌst] n Abscheu der ◆
vt anjwidern.

disgusting [dɪs'gʌstɪŋ] adj widerlich.

dish [dɪʃ] n (container) Schüssel die;
(shallow) Schale die; (food) Gericht
das; (Am: plate) Teller der; **to do the
~es** abjwaschen; **'~ of the day'**
'Tagesgericht' ❑ **dish up** vt sep aufjtragen.

dishcloth ['dɪʃklɒθ] n Spültuch
das.

disheveled [dɪ'ʃevəld] (Am) =
dishevelled.

dishevelled [dɪ'ʃevəld] adj (Br)
zerzaust.

dishonest [dɪs'ɒnɪst] adj unehrlich.

dish towel n (Am) Geschirrtuch
das.

dishwasher ['dɪʃˌwɒʃəʳ] n

(machine) Geschirrspülmaschine *die*.

disinfectant [ˌdɪsɪnˈfektənt] *n* Desinfektionsmittel *das*.

disintegrate [dɪsˈɪntɪgreɪt] *vi* zerfallen.

disk [dɪsk] *n (Am)* = **disc**; *(COMPUT)* Diskette *die*.

disk drive *n* Disketten-Laufwerk *das*.

dislike [dɪsˈlaɪk] *n* Abneigung *die* ◆ *vt* nicht mögen; **to take a ~ to** eine Abneigung empfinden gegen.

dislocate [ˈdɪsləkeɪt] *vt (shoulder, hip)* ausllrenken.

dismal [ˈdɪzml] *adj (weather, place)* trostlos; *(terrible)* kläglich.

dismantle [dɪsˈmæntl] *vt* auseinanderlnehmen.

dismay [dɪsˈmeɪ] *n* Bestürzung *die*.

dismiss [dɪsˈmɪs] *vt (idea, suggestion)* abllun; *(from job, classroom)* entlassen.

disobedient [ˌdɪsəˈbiːdjənt] *adj* ungehorsam.

disobey [ˌdɪsəˈbeɪ] *vt* nicht gehorchen *(+D)*.

disorder [dɪsˈɔːdəʳ] *n (confusion)* Unordnung *die*; *(violence)* Unruhen *pl*; *(illness)* Störung *die*.

disorganized [dɪsˈɔːgənaɪzd] *adj* chaotisch.

dispatch [dɪsˈpætʃ] *vt* schicken.

dispense [dɪˈspens] : **dispense with** *vt fus* verzichten auf *(+A)*.

dispenser [dɪˈspensəʳ] *n (device)* Automat *der*.

dispensing chemist [dɪsˈpensɪŋ-] *n (Br)* Apotheker *der* (-in *die*).

disperse [dɪsˈpɜːs] *vt* zerstreuen ◆ *vi* sich zerstreuen.

display [dɪsˈpleɪ] *n (of goods)* Auslage *die*; *(exhibition)* Ausstellung *die*; *(readout)* Anzeige *die* ◆ *vt (goods)* auslstellen; *(feeling, quality)* zeigen; *(information)* auslhängen; **to be on ~** ausgestellt werden.

displeased [dɪsˈpliːzd] *adj* verärgert.

disposable [dɪsˈpəʊzəbl] *adj (nappy)* Wegwerf-; *(lighter)* Einweg-.

dispute [dɪsˈpjuːt] *n* Streit *der*; *(industrial)* Auseinandersetzung *die* ◆ *vt* bestreiten.

disqualify [ˌdɪsˈkwɒlɪfaɪ] *vt* disqualifizieren; **to be disqualified from driving** *(Br)* den Führerschein entzogen haben.

disregard [ˌdɪsrɪˈgɑːd] *vt* ignorieren.

disrupt [dɪsˈrʌpt] *vt* unterbrechen.

disruption [dɪsˈrʌpʃn] *n* Unterbrechung *die*.

dissatisfied [ˌdɪsˈsætɪsfaɪd] *adj* unzufrieden.

dissolve [dɪˈzɒlv] *vt* auflösen ◆ *vi* sich auflösen.

dissuade [dɪˈsweɪd] *vt*: **to ~ sb from doing sthg** jn davon abllbringen, etw zu tun.

distance [ˈdɪstəns] *n* Entfernung *die*; **from a ~** aus der Entfernung; **in the ~** in der Ferne.

distant [ˈdɪstənt] *adj* weit entfernt; *(in time)* fern; *(reserved)* distanziert.

distilled water [dɪˈstɪld-] *n* destilliertes Wasser.

distillery [dɪsˈtɪləri] *n* Brennerei *die*.

distinct 84

distinct [dr'stɪŋkt] *adj (separate)*
verschieden; *(noticeable)* deutlich.

distinction [dr'stɪŋkʃn] *n* Unterschied *der*; *(mark for work)*
Auszeichnung *die*.

distinctive [dr'stɪŋktɪv] *adj*
unverwechselbar.

distinguish [dr'stɪŋgwɪʃ] *vt
(perceive)* erkennen; **to ~ sthg from
sthg** etw von etw unterscheiden.

distorted [dr'stɔːtɪd] *adj* verzerrt.

distract [dr'strækt] *vt* ablenken.

distraction [dr'strækʃn] *n*
Ablenkung *die*.

distress [dr'stres] *n (pain)* Leiden
das; *(anxiety)* Kummer *der*.

distressing [dr'stresɪŋ] *adj*
schmerzlich.

distribute [dr'strɪbjuːt] *vt* verteilen.

distributor [dr'strɪbjutəʳ] *n
(COMM)* Vertreiber *der* (-in *die*);
(AUT) Verteiler *der*.

district ['dɪstrɪkt] *n (region)* Gebiet
das; *(of town)* Bezirk *der*.

district attorney *n (Am)*
Bezirksstaatsanwalt *der* (-anwältin
die).

disturb [dr'stɜːb] *vt* stören; *(worry)*
beunruhigen; *(move)* durcheinanderbringen; **'do not ~'** 'bitte
nicht stören'.

disturbance [dr'stɜːbəns] *n
(violence)* Unruhe *die*.

ditch [dɪtʃ] *n* Graben *der*.

ditto ['dɪtəʊ] *adv* ebenso.

divan [dr'væn] *n* Liege *die*.

dive [daɪv] *(pt Am* -d OR **dove,** *pt Br*
-d) *n (of swimmer)* Kopfsprung *der* ◆
vi einen Kopfsprung machen;
(under sea) tauchen; *(bird, plane)*
einen Sturzflug machen.

diver ['daɪvəʳ] *n (from divingboard,
rock)* Springer *der* (-in *die*); *(under
sea)* Taucher *der* (-in *die*).

diversion [dar'vɜːʃn] *n (of traffic)*
Umleitung *die*; *(amusement)* Ablenkung *die*.

divert [dar'vɜːt] *vt* umleiten;
(attention) ablenken.

divide [dr'vaɪd] *vt* teilen; *(share out)*
verteilen; *(into two parts)* zerteilen ❑
divide up *vt sep* aufteilen.

diving ['daɪvɪŋ] *n (from divingboard,
rock)* Springen *das*; *(under sea)*
Tauchen *das*; **to go ~** Tauchen
gehen.

divingboard ['daɪvɪŋbɔːd] *n*
Sprungbrett *das*.

division [dr'vɪʒn] *n (SPORT)* Liga
die; *(COMM)* Abteilung *die*; *(in maths)*
Division *die*; *(disagreement)* Uneinigkeit *die*.

divorce [dr'vɔːs] *n* Scheidung *die*
◆ *vt* sich scheiden lassen von.

divorced [dr'vɔːst] *adj* geschieden.

DIY *abbr* = do-it-yourself.

dizzy ['dɪzɪ] *adj* schwindlig.

DJ *abbr* = disc jockey.

do [duː] *(pt did, pp done, pl dos) aux
vb* 1. *(in negatives)*: **don't ~ that!** tu
das nicht!; **she didn't listen** sie hat
nicht zugehört.
2. *(in questions)*: **did he like it?** hat es
ihm gefallen?; **how ~ you do it?** wie
machen Sie/machst du das?
3. *(referring to previous verb)*: **I eat
more than you ~** ich esse mehr als
du; **no I didn't!** nein, habe ich
nicht!; **so ~ I** ich auch.
4. *(in question tags)*: **so, you like
Scotland, ~ you?** Sie mögen
Schottland also, nicht wahr?; **you**

come from Ireland, don't you? Sie kommen aus Irland, oder?

5. *(for emphasis):* **I ~ like this bedroom** das Schlafzimmer gefällt mir wirklich; **~ come in!** kommen Sie doch herein!

♦ *vt* 1. *(perform)* machen, tun; **I've a lot to ~** ich habe viel zu tun; **to ~ one's homework** seine Hausaufgaben machen; **what are they doing?** was macht sie?; **what can I ~ for you?** was kann ich für Sie tun?

2. *(clean, brush etc):* **to ~ one's make-up** sich schminken; **to ~ one's teeth** sich *(D)* die Zähne putzen.

3. *(cause):* **to ~ damage** Schaden zufügen; **to ~ sb good** jm guttun.

4. *(have as job):* **what do you ~?** was machen Sie beruflich?

5. *(prepare, offer)* anbieten; **we ~ pizzas for under £4** wir bieten Pizzas für weniger als 4 Pfund an.

6. *(study)* studieren, machen.

7. *(subj: vehicle)* fahren.

8. *(inf: visit):* **we're doing Switzerland next week** wir fahren nächste Woche nach der Schweiz.

♦ *vi* 1. *(behave, act)* tun; **~ as I say** tu, was ich sage.

2. *(progress, get on):* **to ~ badly** schlecht vorankommen; *(in exam)* schlecht abschneiden; **to ~ well** gut vorankommen; *(in exam)* gut abschneiden.

3. *(be sufficient)* reichen, genügen; **will £5 ~?** sind 5 Pfund genug?

4. *(in phrases):* **how do you ~?** Guten Tag!; **how are you doing?** wie geht's?; **what has that got to ~ with it?** was hat das damit zu tun?

♦ *n (party)* Party *die*; **the ~s and don'ts** was man tun und lassen sollte.

❑ **do out of** *vt sep (inf):* **to ~ sb out**

of £10 jm um 10 Pfund betrügen; **do up** *vt sep (fasten)* zumachen; *(decorate)* renovieren; *(wrap up)* einlpacken; **do with** *vt fus (need):* **I could ~ with a drink** ich könnte einen Drink gebrauchen; **do without** *vt fus:* **to ~ without sthg** ohne etw auslkommen.

dock [dɒk] *n (for ships)* Dock *das*; *(JUR)* Anklagebank *die* ♦ *vi* anlegen.

doctor ['dɒktə^r] *n* Arzt *der* (Ärztin *die*); *(academic)* Doktor *der* (-in *die*); **to go to the ~'s** zum Arzt gehen.

document ['dɒkjumənt] *n* Dokument *das*.

documentary [,dɒkju'mentəri] *n* Dokumentarfilm *der*.

Dodgems® ['dɒdʒəmz] *npl (Br)* Autoskooter *pl*.

dodgy ['dɒdʒi] *adj (Br) (inf) (plan)* gewagt; *(car, machine)* unzuverlässig.

does [weak form dəz, strong form dʌz] → **do**.

doesn't ['dʌznt] = **does not**.

dog [dɒg] *n* Hund *der*.

dog food *n* Hundefutter *das*.

doggy bag ['dɒgi-] *n* Tüte, *in der aus einem Restaurant Essensreste mit nach Hause genommen werden*.

do-it-yourself *n* Do-it-yourself *das*.

dole [dəʊl] *n:* **to be on the ~** *(Br)* stempeln gehen.

doll [dɒl] *n* Puppe *die*.

dollar ['dɒlə^r] *n* Dollar *der*.

dolphin ['dɒlfin] *n* Delphin *der*.

dome [dəʊm] *n* Kuppel *die*.

domestic [də'mestik] *adj (of*

house) Haushalts-; *(of family)* familiär; *(of country)* Innen-.

domestic appliance *n* Haushaltsgerät *das.*

domestic flight *n* Inlandflug *der.*

domestic science *n* Hauswirtschaftslehre *die.*

dominate ['domineit] *vt* beherrschen.

dominoes ['domineuz] *n* Domino *das.*

donate [de'neit] *vt* spenden.

donation [de'neifn] *n* Spende *die.*

done [dʌn] *pp* → **do** ◆ *adj (finished)* fertig; *(cooked)* gar.

donkey ['dɒŋki] *n* Esel *der.*

don't [deunt] = **do not.**

door [dɔːʳ] *n* Tür *die.*

doorbell ['dɔːbel] *n* Türklingel *die.*

doorknob ['dɔːnɒb] *n* Türknauf *der.*

doorman ['dɔːmæn] *(pl* **-men)** *n* Portier *der.*

doormat ['dɔːmæt] *n* Fußabstreifer *der.*

doormen ['dɔːmen] *pl* → **doorman.**

doorstep ['dɔːstep] *n* Türstufe *die; (Br: piece of bread)* dicke Scheibe Brot.

doorway ['dɔːwei] *n* Eingang *der.*

dope [deup] *n (inf: drug)* Stoff *der.*

dormitory ['dɔːmitri] *n* Schlafsaal *der.*

Dormobile® ['dɔːmebiːl] *n* Camper *der.*

dosage ['deusidʒ] *n* Dosis *die.*

dose [deus] *n* Dosis *die; (of illness)* Anfall *der.*

dot [dɒt] *n* Punkt *der;* **on the ~** *(fig)* pünktlich.

dotted line ['dɒtid-] *n* gepunktete Linie.

double ['dʌbl] *adj* doppelt, Doppel- ◆ *adv* doppelt ◆ *n (twice the amount)* Doppelte *das; (alcohol)* Doppelte *der* ◆ *vt* verdoppeln ◆ *vi* sich verdoppeln; **it's ~ the size** es ist doppelt so groß; **to bend sthg ~** etw zusammenfalten; **a ~ whisky** ein doppelter Whisky; **~ seven** sieben sieben ❑ **doubles** *n (SPORT)* Doppel *das.*

double bed *n* Doppelbett *das.*

double-breasted [-'brestid] *adj* zweireihig.

double cream *n (Br)* Sahne mit hohem Fettgehalt.

double-decker (bus) [-'dekeʳ-] *n* Doppeldeckerbus *der.*

double doors *npl* Flügeltür *die.*

double-glazing [-'gleizɪŋ] *n* Doppelverglasung *die.*

double room *n* Doppelzimmer *das.*

doubt [daut] *n* Zweifel *der* ◆ *vt* zweifeln an (+D); **I ~ it** das bezweifle ich; **I ~ she'll come** ich bezweifle, daß sie kommt; **in ~** zweifelhaft; **no ~** zweifellos.

doubtful ['dautful] *adj (person)* skeptisch; *(result)* zweifelhaft; **it's ~ that ...** *(unlikely)* es ist fraglich, ob ...

dough [deu] *n* Teig *der.*

doughnut ['deunʌt] *n* Berliner *der,* Krapfen *der (Südd, Österr).*

dove¹ [dʌv] *n (bird)* Taube *die.*

dove² [deuv] *pt (Am)* → **dive.**

Dover ['deuveʳ] *n* Dover *nt.*

Dover sole *n* Seezunge *die.*

down [daʊn] *adv* **1.** *(towards the bottom)* nach unten, hinunter/herunter; ~ **here** hier unten; ~ **there** dort unten; **to fall** ~ *(person)* hinfallen; *(thing)* herunterfallen.
2. *(along):* **I'm going** ~ **to the shops** ich gehe zum Einkaufen.
3. *(downstairs)* herunter, nach unten; **I'll come** ~ **later** ich komme später herunter.
4. *(southwards)* hinunter/herunter; **we're going** ~ **to London** wir fahren hinunter nach London; **they're coming** ~ **from Manchester** sie kommen von Manchester herunter.
5. *(in writing):* **to write sthg** ~ etw aufschreiben.
◆ *prep* **1.** *(towards the bottom of):* **they ran** ~ **the hill** sie liefen den Hügel herunter; **to fall** ~ **the stairs** die Treppe hinunterfallen.
2. *(along)* entlang; **I was walking** ~ **the street** ich lief gerade die Straße entlang.
◆ *adj (inf: depressed)* nieder.
◆ *n (feathers)* Daunen *pl*
❑ **downs** *npl (Br)* Hügelland *das*.

downhill [ˌdaʊn'hɪl] *adv* bergab.

Downing Street ['daʊnɪŋ-] *n* Downing Street *die, Straße in der sich der offizielle Wohnsitz des britischen Premierministers und Wirtschaftsministers befindet.*

 i **DOWNING STREET**

Diese Straße in London ist berühmt durch den Sitz des britischen Premierministers (Hausnummer 10) und des Schatzkanzlers (Hausnummer 11). Der Begriff kann auch als Bezeichnung für den Premierminister selbst und seine Mitarbeiter verwendet werden.

downpour ['daʊnpɔːʳ] *n* Regenguß *der*.

downstairs [ˌdaʊn'steəz] *adv* unten; **to go** ~ nach unten gehen.

downtown [ˌdaʊn'taʊn] *adj & adv* in der Innenstadt; **to go** ~ in die Stadt gehen; ~ **New York** die Innenstadt von New York.

down under *adv (Br: inf)* in Australien.

downwards ['daʊnwədz] *adv* nach unten.

doz. *abbr* = **dozen**.

doze [dəʊz] *vi* dösen.

dozen ['dʌzn] *n* Dutzend *das*; **a** ~ **eggs** zwölf Eier.

Dr *(abbr of Doctor)* Dr.

drab [dræb] *adj* trist.

draft [drɑːft] *n* **1.** *(early version)* Entwurf *der*; *(money order)* Überweisung *die*; *(Am)* = **draught**.

drag [dræg] *vt* schleppen ◆ *vi (along ground)* schleifen; **what a** ~ *(inf)* ist das langweilig! ❑ **drag on** *vi* sich in die Länge ziehen.

dragonfly ['drægnflaɪ] *n* Libelle *die*.

drain [dreɪn] *n (sewer)* Abflußrohr *das*; *(grating in street)* Gully *der* ◆ *vt (tank, radiator)* Wasser ablassen von ◆ *vi (vegetables, washing-up)* abtropfen.

draining board ['dreɪnɪŋ-] *n* Abtropffläche *die*.

drainpipe ['dreɪnpaɪp] *n (for rain water)* Regenrohr *das*; *(for waste water)* Abwasserleitung *die*.

drama [ˈdrɑːmə] n Drama das; (art) Dramatik die.

dramatic [drəˈmætɪk] adj dramatisch.

drank [dræŋk] pt → **drink**.

drapes [dreɪps] npl (Am) Vorhänge pl.

drastic [ˈdræstɪk] adj drastisch.

drastically [ˈdræstɪklɪ] adv drastisch.

draught [drɑːft] n (Br: of air) Luftzug der.

draught beer n Faßbier das.

draughts [drɑːfts] n (Br) Damespiel das.

draughty [ˈdrɑːftɪ] adj zugig.

draw [drɔː] (pt drew, pp drawn) vt ziehen; (picture, map) zeichnen; (attract) anziehen ♦ vi (with pen, pencil) zeichnen; (SPORT) unentschieden spielen ♦ n (SPORT: result) Unentschieden das; (lottery) Ziehung die; **to ~ the curtains** (open) die Vorhänge aufziehen; (close) die Vorhänge zuziehen ❑ **draw out** vt sep (money) abheben; (phrase) lengthen. ❑ **draw up** vt sep (list) aufstellen; (plan) entwerfen ♦ vi (car, bus) anhalten.

drawback [ˈdrɔːbæk] n Nachteil der.

drawer [drɔːʳ] n Schublade die.

drawing [ˈdrɔːɪŋ] n (picture) Zeichnung die; (activity) Zeichnen das.

drawing pin n (Br) Reißzwecke die.

drawing room n Wohnzimmer das.

drawn [drɔːn] pp → **draw**.

dreadful [ˈdredfʊl] adj schrecklich.

dream [driːm] n Traum der ♦ vt & vi träumen; **a ~ house** ein Traumhaus.

dress [dres] n Kleid das; (clothes) Kleidung die ♦ vt anziehen; (wound) verbinden; (salad) anmachen ♦ vi sich anziehen; **he was ~ed in a black suit** er trug einen schwarzen Anzug; **to get ~ed** sich anziehen ❑ **dress up** vi (in smart clothes) sich feinmachen; (in costume) sich verkleiden.

dress circle n erster Rang.

dresser [ˈdresəʳ] n (Br: for crockery) Büffet das; (Am: chest of drawers) Kommode die.

dressing [ˈdresɪŋ] n (for salad) Soße die; (for wound) Verband der.

dressing gown n Morgenrock der.

dressing room n (for actors) Künstlergarderobe die; (for players) Umkleidekabine die.

dressing table n Frisierkommode die.

dressmaker [ˈdres,meɪkəʳ] n Damenschneider der (-in die).

dress rehearsal n Generalprobe die.

drew [druː] pt → **draw**.

dribble [ˈdrɪbl] vi (liquid) tropfen; (baby) sabbern.

drier [ˈdraɪəʳ] = **dryer**.

drift [drɪft] n (of snow) Schneewehe die ♦ vi treiben.

drill [drɪl] n Bohrer der ♦ vt (hole) bohren.

drink [drɪŋk] (pt drank, pp drunk) n Getränk das; (alcoholic) Drink der ♦ vt & vi trinken; **to have a ~** (alcoholic) einen trinken.

drinkable [ˈdrɪŋkəbl] adj trinkbar.

drinking water ['drɪŋkɪŋ] n Trinkwasser das.

drip [drɪp] n Tropfen der ◆ vi tropfen; **to be on a ~** eine Infusion bekommen.

drip-dry adj bügelfrei.

dripping (wet) ['drɪpɪŋ-] adj tropfnaß.

drive [draɪv] (pt drove, pp driven) n Fahrt die; (in front of house) Einfahrt die ◆ vt fahren; (operate, power) antreiben ◆ vi fahren; **to ~ sb to do sthg** jn dazu bringen, etw zu tun; **to go for a ~** spazieren|fahren; **to ~ sb mad** jn verrückt machen.

drivel ['drɪvl] n Blödsinn der.

driven ['drɪvn] → drive.

driver ['draɪvə'] n Fahrer der (-in die); (of train) Führer der (-in die).

driver's license (Am) = driving licence.

driveshaft ['draɪvʃɑ:ft] n Antriebswelle die.

driveway ['draɪvweɪ] n Zufahrt die.

driving lesson ['draɪvɪŋ-] n Fahrstunde die.

driving licence ['draɪvɪŋ-] n (Br) Führerschein der.

driving test ['draɪvɪŋ-] n Fahrprüfung die.

drizzle ['drɪzl] n Sprühregen der.

drop [drɒp] n (of liquid) Tropfen der; (distance down) Höhenunterschied der; (decrease) Rückgang der; (in value, wages) Minderung die ◆ vt fallen lassen; (reduce) senken; (from vehicle) ablsetzen; (omit) weglassen ◆ vi fallen; (decrease) sinken; **to ~ a hint** eine Anspielung machen; **to ~ sb a line** jm ein paar Zeilen schreiben ❑ **drop in** vi (inf) vorbei-

kommen; **drop off** vt sep (from vehicle) ablsetzen ◆ vi (fall asleep) ein|nicken; (fall off) ab|fallen; **drop out** vi (of college, race) ablbrechen.

drought [draʊt] n Dürre die.

drove [drəʊv] pt → drive.

drown [draʊn] vi ertrinken.

drug [drʌg] n (MED) Medikament das; (stimulant) Droge die ◆ vt betäuben.

drug addict n Drogenabhängige der, die.

druggist ['drʌgɪst] n (Am) Drogist der (-in die).

drum [drʌm] n Trommel die.

drummer ['drʌmə'] n Schlagzeuger der (-in die).

drumstick ['drʌmstɪk] n (of chicken) Keule die.

drunk [drʌŋk] pp → drink ◆ adj betrunken ◆ n Betrunkene der, die; **to get ~** sich betrinken.

dry [draɪ] adj trocken ◆ vt (hands, washing-up) ab|trocknen; (clothes) trocknen ◆ vi trocknen; **to ~ o.s.** sich ab|trocknen; **to ~ one's hair** sich (D) die Haare trocknen ❑ **dry up** vi aus|trocknen; (dry the dishes) ab|trocknen.

dry-clean vt chemisch reinigen.

dry cleaner's n chemische Reinigung.

dryer ['draɪə'] n (for clothes) Wäschetrockner der; (for hair) Fön® der.

dry-roasted peanuts [-'rəʊstɪd-] npl ohne Fett geröstete Erdnüsse pl.

DSS n (Br) Amt für Sozialwesen.

DTP n (abbr of desktop publishing) DTP das.

dual carriageway ['dju:əl-] *n*
(Br) vierspurige Straße.

dubbed [dʌbd] *adj (film)* synchronisiert.

dubious ['dju:bjəs] *adj* zweifelhaft.

duchess ['dʌtʃɪs] *n* Herzogin *die.*

duck [dʌk] *n* Ente *die* ◆ *vi* sich
ducken.

due [dju:] *adj* fällig; *(owed)*
geschuldet; **in ~ course** zu gegebener Zeit; **~ to** aufgrund *(+G)*; **to
be ~** *(train)* planmäßig ankommen.

duet [dju:'et] *n* Duett *das.*

duffel bag ['dʌfl-] *n* Seesack *der.*

duffel coat ['dʌfl-] *n* Dufflecoat
der.

dug [dʌg] *pt & pp* → **dig**.

duke [dju:k] *n* Herzog *der.*

dull [dʌl] *adj (boring)* langweilig;
(colour) fahl; *(weather)* trüb; *(pain)*
dumpf.

dumb [dʌm] *adj (inf: stupid)* doof;
(unable to speak) stumm.

dummy ['dʌmɪ] *n (Br: for baby)*
Schnuller *der; (for clothes)* Schaufensterpuppe *die.*

dump [dʌmp] *n (for rubbish)* Müllkippe *die; (inf: place)* Schweinestall
der ◆ *vt (drop carelessly)* fallen
lassen; *(get rid of)* loswerden.

dumpling ['dʌmplɪŋ] *n* Knödel
der.

dune [dju:n] *n* Düne *die.*

dungarees [ˌdʌŋgə'ri:z] *npl* Latzhose *die; (Am: jeans)* Arbeitsjeans *pl.*

dungeon ['dʌndʒən] *n* Kerker *der.*

duplicate ['dju:plɪkət] *n* Duplikat
das.

during ['djuərɪŋ] *prep* während
(+G).

dusk [dʌsk] *n* Abenddämmerung
die.

dust [dʌst] *n* Staub *der* ◆ *vt* abstauben.

dustbin ['dʌstbɪn] *n (Br)* Mülltonne *die.*

dustcart ['dʌstkɑ:t] *n (Br)* Müllwagen *der.*

duster ['dʌstə^r] *n* Staubtuch *das.*

dustman ['dʌstmən] *(pl* **-men**
[-mən]) *n (Br)* Müllmann *der.*

dustpan ['dʌstpæn] *n* Kehrschaufel *die.*

dusty ['dʌstɪ] *adj* staubig.

Dutch [dʌtʃ] *adj* holländisch ◆ *n*
Holländisch *das* ◆ *npl:* **the ~** die
Holländer *pl.*

Dutchman ['dʌtʃmən] *(pl* **-men**
[-mən]) *n* Holländer *der.*

Dutchwoman ['dʌtʃˌwumən] *(pl*
-women [-ˌwɪmɪn]) *n* Holländerin *die.*

duty ['dju:tɪ] *n* Pflicht *die; (tax)* Zoll
der; **to be on ~** Dienst haben; **to be
off~** keinen Dienst haben ❑ **duties**
npl (job) Aufgaben *pl.*

duty chemist's *n* Apotheke *die*
mit Notdienst.

duty-free *adj* zollfrei ◆ *n (shop)*
Duty-free-Shop *der; (goods)* zollfreie Waren *pl.*

duty-free shop *n* Duty-free-
Shop *der.*

duvet ['du:veɪ] *n* Bettdecke *die.*

dwarf [dwɔ:f] *(pl* **dwarves**
[dwɔ:vz]) *n* Zwerg *der.*

dwelling ['dwelɪŋ] *n (fml)*
Wohnung *die.*

dye [daɪ] *n* Farbe *die* ◆ *vt* färben.

dynamite ['daɪnəmaɪt] *n* Dynamit *das.*

dynamo ['daɪnəməu] *(pl* **-s**) *n (on
bike)* Dynamo *der.*

eccentric

dyslexic [dɪsˈleksɪk] adj: **to be ~** Legastheniker sein.

E (abbr of east) O.

E111 n E111 Formular das.

each [iːtʃ] adj jede(-r)(-s) ♦ pron: ~ (one) jede(-r)(-s); ~ other einander; there's one ~ es ist für jeden eins da; I'd like one of ~ ich möchte von jedem/jeder eins; they cost £10 ~ sie kosten je 10 Pfund.

eager [ˈiːgəʳ] adj eifrig; to be ~ to do sthg unbedingt etw tun wollen.

eagle [ˈiːgl] n Adler der.

ear [ɪəʳ] n Ohr das; (of corn) Ähre die.

earache [ˈɪəreɪk] n: to have ~ Ohrenschmerzen haben.

earl [ɜːl] n Graf der.

early [ˈɜːlɪ] adj & adv früh; at the earliest frühestens; ~ on schon früh; to have an ~ night früh zu Bett gehen.

earn [ɜːn] vt verdienen; to ~ a living seinen Lebensunterhalt verdienen.

earnings [ˈɜːnɪŋz] npl Einkommen das.

earphones [ˈɪəfəʊnz] npl Kopfhörer pl.

earplugs [ˈɪəplʌgz] npl Ohropax® pl.

earrings [ˈɪərɪŋz] npl Ohrringe pl.

earth [ɜːθ] n Erde die ♦ vt (Br:

appliance) erden; how on ~ ...? wie in aller Welt ...?

earthenware [ˈɜːθnweəʳ] adj aus Steingut.

earthquake [ˈɜːθkweɪk] n Erdbeben das.

ease [iːz] n Leichtigkeit die ♦ vt (pain) lindern; (problem) verringern; at ~ unbefangen ❑ **ease off** vi (pain, rain) nachlassen.

easily [ˈiːzɪlɪ] adv leicht.

east [iːst] n Osten der ♦ adv nach Osten; (be situated) im Osten; in the ~ of England im Osten Englands; the East (Asia) der Osten.

eastbound [ˈiːstbaʊnd] adj (in) Richtung Osten.

Easter [ˈiːstəʳ] n Ostern das.

eastern [ˈiːstən] adj östlich, Ost-; Eastern (Asian) östlich, Ost-.

Eastern Europe n Osteuropa nt.

East Germany n Ostdeutschland nt.

eastwards [ˈiːstwədz] adv ostwärts.

easy [ˈiːzɪ] adj leicht, einfach; to take it ~ sich schonen.

easygoing [ˌiːzɪˈgəʊɪŋ] adj gelassen.

eat [iːt] (pt ate, pp eaten [ˈiːtn]) vt & vi essen; (subj: animal) fressen ❑ **eat out** vi essen gehen.

eating apple [ˈiːtɪŋ-] n Eßapfel der.

ebony [ˈebənɪ] n Ebenholz das.

EC n (abbr of European Community) EG die.

eccentric [ɪkˈsentrɪk] adj exzentrisch.

echo ['ekəʊ] (*pl* **-es**) *n* Echo *das* ◆ *vi* widerhallen.

ecology [ɪ'kɒlədʒɪ] *n* Ökologie *die*.

economic [ˌiːkə'nɒmɪk] *adj* wirtschaftlich ▢ **economics** *n* Wirtschaftswissenschaften *pl*.

economical [ˌiːkə'nɒmɪkl] *adj* wirtschaftlich; *(person)* sparsam.

economize [ɪ'kɒnəmaɪz] *vi* sparsam sein.

economy [ɪ'kɒnəmɪ] *n (of country)* Wirtschaft *die*; *(saving)* Sparsamkeit *die*.

economy class *n* Touristenklasse *die*.

economy size *adj* Spar-.

ecstasy ['ekstəsɪ] *n* Ekstase *die*; *(drug)* Ecstasy *das*.

ECU ['ekjuː] *n* Ecu *der*.

eczema ['eksɪmə] *n* Ekzem *das*.

edge [edʒ] *n* Rand *der*; *(of knife)* Schneide *die*.

edible ['edɪbl] *adj* eßbar.

Edinburgh ['edɪnbrə] *n* Edinburg *nt*.

Edinburgh Festival *n*: the ~ *großes Musik- und Theaterfestival in Edinburg.*

i EDINBURGH FESTIVAL

Bei diesem alljährlich im August stattfindenden internationalen Festival in der schottischen Hauptstadt stehen Musik, Theater und Tanz im Mittelpunkt. Parallel zu dem offiziellen, klassischen ausgerichteten Festival findet ein alternatives Festival „Fringe" statt mit hunderten von unabhängigen Aufführungen auf den kleineren Bühnen der Stadt.

edition [ɪ'dɪʃn] *n* Ausgabe *die*.

editor ['edɪtə°] *n (of newspaper, magazine)* Chefredakteur *der* (-in *die*); *(of book)* Redakteur *der* (-in *die*); *(of film, TV programme)* Cutter *der* (-in *die*).

editorial [ˌedɪ'tɔːrɪəl] *n* Leitartikel *der*.

educate ['edʒʊkeɪt] *vt* erziehen.

education [ˌedʒʊ'keɪʃn] *n (field)* Ausbildung *die*; *(process)* Erziehung *die*; *(result)* Bildung *die*.

EEC *n* EWG *die*.

eel [iːl] *n* Aal *der*.

effect [ɪ'fekt] *n* Wirkung *die*; **to put sthg into** ~ etw in Kraft setzen; **to take** ~ in Kraft treten.

effective [ɪ'fektɪv] *adj* wirksam.

effectively [ɪ'fektɪvlɪ] *adv* wirksam; *(in fact)* effektiv.

efficient [ɪ'fɪʃənt] *adj* tüchtig; *(machine, organization)* leistungsfähig.

effort ['efət] *n (exertion)* Anstrengung *die*; *(attempt)* Versuch *der*; **to make an** ~ **to do sthg** sich bemühen, etw zu tun; **it's not worth the** ~ es ist nicht der Mühe wert.

e.g. *adv* z.B.

egg [eg] *n* Ei *das*.

egg cup *n* Eierbecher *der*.

egg mayonnaise *n* Brotaufstrich *aus gehacktem Ei und Mayonnaise.*

eggplant ['egplɑːnt] *n (Am)* Aubergine *die*.

egg white *n* Eiweiß *das*.

egg yolk *n* Eigelb *das*.

Egypt ['iːdʒɪpt] *n* Ägypten *nt*.

eiderdown ['aɪdədaʊn] *n* Daunendecke *die.*

eight [eɪt] *num* acht, → **six**.

eighteen [,eɪ'tiːn] *num* achtzehn, → **six**.

eighteenth [,eɪ'tiːnθ] *num* achtzehnte(-r)(-s), → **sixth**.

eighth [eɪtθ] *num* achte(-r)(-s), → **sixth**.

eightieth ['eɪtɪθ] *num* achtzigste(-r)(-s), → **sixth**.

eighty ['eɪtɪ] *num* achtzig, → **six**.

Eire ['eərə] *n* Irland *nt.*

Eisteddfod [aɪ'stedfəd] *n* walisisches Kulturfestival.

---

i EISTEDDFOD

Ein walisisches Festival, das alljährlich im August stattfindet und bei dem die walisische Sprache und Kultur im Mittelpunkt stehen. Es geht auf das 12. Jahrhundert, den „Eisteddfod" zurück, einen großen Wettbewerb in Kunst, Dichtung, Schauspiel und Musik.

---

either ['aɪðəʳ, 'iːðəʳ] *adj:* ~ **book will do** beide Bücher sind okay ◆ *pron:* **I'll take ~ (of them)** ich nehme einen/eine/eins (von beiden); **I don't like ~ (of them)** ich mag keinen/keine/keins (von beiden) ◆ *adv:* **I can't ~** ich auch nicht; **~ ... or** entweder ... oder; **I don't like ~ him or her** ich mag weder ihn noch sie; **on ~ side** auf beiden Seiten.

eject [ɪ'dʒekt] *vt (cassette)* auslwerfen.

elaborate [ɪ'læbrət] *adj* kunstvoll.

elastic [ɪ'læstɪk] *n* Gummi *der or das.*

elastic band *n (Br)* Gummiband *das.*

elbow ['elbəʊ] *n* Ellbogen *der.*

elder ['eldəʳ] *adj* ältere(-r)(-s).

elderly ['eldəlɪ] *adj* ältere(-r)(-s) ◆ *npl:* **the ~** die ältere Generation.

eldest ['eldɪst] *adj* älteste(-r)(-s).

elect [ɪ'lekt] *vt* wählen; **to ~ to do sthg** *(fml: choose)* sich entscheiden, etw zu tun.

election [ɪ'lekʃn] *n* Wahl *die.*

electric [ɪ'lektrɪk] *adj* elektrisch.

electrical goods [ɪ'lektrɪkl-] *npl* Elektrowaren *pl.*

electric blanket *n* Heizdecke *die.*

electric drill *n* Bohrmaschine *die.*

electric fence *n* Elektrozaun *der.*

electrician [,ɪlek'trɪʃn] *n* Elektriker *der* (-in *die*).

electricity [,ɪlek'trɪsətɪ] *n (supply)* Strom *der; (in physics)* Elektrizität *die.*

electric shock *n* elektrischer Schlag.

electrocute [ɪ'lektrəkjuːt] *vt* durch einen elektrischen Schlag töten.

electronic [,ɪlek'trɒnɪk] *adj* elektronisch.

elegant ['elɪgənt] *adj* elegant.

element ['elɪmənt] *n* Element *das; (degree)* Spur *die; (of fire, kettle)* Heizelement *das;* **the ~s** *(weather)* die Elemente.

elementary [ˌelɪˈmentərɪ] *adj* elementar.

elephant [ˈelɪfənt] *n* Elefant *der*.

elevator [ˈelɪveɪtəʳ] *n* (Am) Aufzug *der*.

eleven [rˈlevn] *num* elf, → **six**.

eleventh [rˈlevnθ] *num* elfte (-r)(-s), → **sixth**.

eligible [ˈelɪdʒəbl] *adj* (qualified) berechtigt.

eliminate [rˈlɪmɪneɪt] *vt* ausschalten.

Elizabethan [ɪˌlɪzəˈbiːθn] *adj* elisabethanisch *(zweite Hälfte des 16. Jahrhunderts).*

elm [elm] *n* Ulme *die*.

else [els] *adv*: **I don't want anything** ~ ich will nichts mehr; **anything** ~? sonst noch etwas?; **everyone** ~ alle anderen; **nobody** ~ niemand anders; **nothing** ~ sonst nichts; **somebody** ~ *(additional person)* noch jemand anders; *(different person)* jemand anders; **something** ~ *(additional thing)* noch etwas; *(different thing)* etwas anders; **somewhere** ~ woanders; **to go somewhere** ~ woandershin gehen; **what** ~? was sonst?; **who** ~? wer sonst?; **or** ~ sonst.

elsewhere [elsˈweəʳ] *adv* woanders; *(go, move)* woandershin.

embankment [ɪmˈbæŋkmənt] *n* (next to river, railway) Damm *der*; (next to road) Böschung *die*.

embark [ɪmˈbɑːk] *vi* (board ship) an Bord gehen.

embarkation card [ˌembɑː-ˈkeɪʃn-] *n* Bordkarte *die*.

embarrass [ɪmˈbærəs] *vt* in Verlegenheit bringen.

embarrassed [ɪmˈbærəst] *adj* verlegen.

embarrassing [ɪmˈbærəsɪŋ] *adj* peinlich.

embarrassment [ɪmˈbærəsmənt] *n* Verlegenheit *die*.

embassy [ˈembəsɪ] *n* Botschaft *die*.

emblem [ˈembləm] *n* Emblem *das*.

embrace [ɪmˈbreɪs] *vt* umarmen.

embroidered [ɪmˈbrɔɪdəd] *adj* bestickt.

embroidery [ɪmˈbrɔɪdərɪ] *n* Stickerei *die*.

emerald [ˈemərəld] *n* Smaragd *der*.

emerge [rˈmɜːdʒ] *vi* herauskommen; *(fact, truth)* sich herausstellen.

emergency [rˈmɜːdʒənsɪ] *n* Notfall *der* ♦ *adj* Not-; **in an** ~ im Notfall.

emergency exit *n* Notausgang *der*.

emergency landing *n* Notlandung *die*.

emergency services *npl* Notdienst *der*.

emigrate [ˈemɪgreɪt] *vi* auswandern.

emit [rˈmɪt] *vt* (light) ausstrahlen; (gas) ausströmen.

emotion [rˈməʊʃn] *n* Gefühl *das*.

emotional [rˈməʊʃənl] *adj* (situation) emotionsgeladen; (person) gefühlsbetont.

emphasis [ˈemfəsɪs] *(pl* -ases [-əsiːz]) *n* Betonung *die*.

emphasize [ˈemfəsaɪz] *vt* betonen.

empire [ˈempaɪəʳ] n Reich das.

employ [ɪmˈplɔɪ] vt (subj: company) beschäftigen; (fml: use) benutzen.

employed [ɪmˈplɔɪd] adj angestellt.

employee [ɪmˈplɔɪiː] n Angestellte der, die.

employer [ɪmˈplɔɪəʳ] n Arbeitgeber der (-in die).

employment [ɪmˈplɔɪmənt] n Arbeit die.

employment agency n Stellenvermittlung die.

empty [ˈemptɪ] adj leer ♦ vt leeren.

EMU n EWU die.

emulsion (paint) [ɪˈmʌlʃn-] n Emulsionsfarbe die.

enable [ɪˈneɪbl] vt: to ~ sb to do sthg jm ermöglichen, etw zu tun.

enamel [ɪˈnæml] n (decorative) Email das; (on tooth) Zahnschmelz der.

enclose [ɪnˈkləʊz] vt (surround) umgeben; (with letter) beilegen.

enclosed [ɪnˈkləʊzd] adj (space) abgeschlossen.

encounter [ɪnˈkaʊntəʳ] vt (experience) stoßen auf (+A); (fml: meet) begegnen (+D).

encourage [ɪnˈkʌrɪdʒ] vt ermutigen; to ~ sb to do sthg jm Mut machen, etw zu tun.

encouragement [ɪnˈkʌrɪdʒmənt] n Ermutigung die.

encyclopedia [ɪnˌsaɪkləˈpiːdjə] n Lexikon das.

end [end] n Ende das; (of finger, knife) Spitze die; (purpose) Ziel das ♦ vt beenden ♦ vi enden; at the ~ of April Ende April; to come to an ~ zu Ende gehen; to put an ~ to sthg etw beenden; for days on ~ tagelang; in

the ~ schließlich; to make ~s meet gerade auskommen ❑ end up vi landen; to ~ up doing sthg schließlich etw tun.

endangered species [ɪnˈdeɪndʒəd-] n (vom Aussterben) bedrohte Art.

ending [ˈendɪŋ] n Schluß der, Ende das; (GRAMM) Endung die.

endive [ˈendaɪv] n (curly) Endivie die; (chicory) Chicorée der.

endless [ˈendlɪs] adj endlos.

endorsement [ɪnˈdɔːsmənt] n (of driving licence) Strafvermerk der.

endurance [ɪnˈdjʊərəns] n Ausdauer die.

endure [ɪnˈdjʊəʳ] vt ertragen.

enemy [ˈenɪmɪ] n Feind der.

energy [ˈenədʒɪ] n Energie die.

enforce [ɪnˈfɔːs] vt durchsetzen.

engaged [ɪnˈgeɪdʒd] adj (to be married) verlobt; (Br: phone, toilet) besetzt; to get ~ sich verloben.

engaged tone n (Br) Besetztzeichen das.

engagement [ɪnˈgeɪdʒmənt] n (to marry) Verlobung die; (appointment) Verabredung die.

engagement ring n Verlobungsring der.

engine [ˈendʒɪn] n Motor der; (of train) Lokomotive die.

engineer [ˌendʒɪˈnɪəʳ] n Ingenieur der (-in die).

engineering [ˌendʒɪˈnɪərɪŋ] n Technik die.

engineering works npl (on railway line) technische Bauarbeiten pl.

England [ˈɪŋglənd] n England nt.

English [ˈɪŋglɪʃ] adj englisch ♦ n

Englisch *das* ♦ *npl:* the ~ die
Engländer *pl.*

English breakfast *n*
englisches Frühstück *(mit gebratenem Speck, Würstchen, Eiern, Toast
und Kaffee oder Tee).*

English Channel *n:* the ~ der
Ärmelkanal.

Englishman ['ɪŋglɪʃmən] *(pl* -men
[-mən]*) n* Engländer *der.*

Englishwoman ['ɪŋglɪʃ‚wumən]
(pl -women [-‚wɪmɪn]*) n* Engländerin
die.

engrave [ɪn'greɪv] *vt* gravieren.

engraving [ɪn'greɪvɪŋ] *n* Stich *der.*

enjoy [ɪn'dʒɔɪ] *vt* genießen; *(film,
music, hobby)* mögen; to ~ doing sthg
etw gerne tun; to ~ o.s. sich
amüsieren; ~ **your meal!** guten
Appetit!

enjoyable [ɪn'dʒɔɪəbl] *adj* nett.

enjoyment [ɪn'dʒɔɪmənt] *n* Vergnügen *das.*

enlargement [ɪn'lɑ:dʒmənt] *n*
Vergrößerung *die.*

enormous [ɪ'nɔ:məs] *adj* riesig.

enough [ɪ'nʌf] *adj, pron* & *adv*
genug; ~ **time** Zeit genug; is that ~?
reicht das?; **to have had** ~ **(of sthg)**
genug (von etw) haben.

enquire [ɪn'kwaɪəʳ] *vi:* to ~
(about) sich erkundigen (nach).

enquiry [ɪn'kwaɪərɪ] *n (question)*
Anfrage *die; (investigation)* Untersuchung *die;* **'Enquiries'** 'Information', 'Auskunft'.

enquiry desk *n* Informations-
schalter *der.*

enrol [ɪn'rəʊl] *vi (Br)* sich einschreiben.

enroll [ɪn'rəʊl] *(Am)* = **enrol.**

en suite bathroom [ɒn'swi:t-]
n Zimmer *das* mit Bad.

ensure [ɪn'ʃʊəʳ] *vt* sicherstellen;
to ~ **(that)** ... dafür sorgen, daß ...

entail [ɪn'teɪl] *vt (involve)* mit sich
bringen.

enter ['entəʳ] *vt* gehen in *(+A);
(plane, bus)* einsteigen in *(+A);
(college, army)* eintreten in *(+A);
(competition)* teilnehmen an *(+D);
(on form)* eintragen ♦ *vi* hereinkommen; *(in competition)* teilnehmen.

enterprise ['entəpraɪz] *n* Unternehmen *das.*

entertain [‚entə'teɪn] *vt* unterhalten.

entertainer [‚entə'teɪnəʳ] *n*
Entertainer *der.*

entertaining [‚entə'teɪnɪŋ] *adj*
unterhaltsam.

entertainment [‚entə'teɪnmənt]
n Unterhaltung *die.*

enthusiasm [ɪn'θju:zɪæzm] *n*
Begeisterung *die.*

enthusiast [ɪn'θju:zɪæst] *n*
Enthusiast *der* (-in *die*).

enthusiastic [ɪn‚θju:zɪ'æstɪk] *adj*
enthusiastisch.

entire [ɪn'taɪəʳ] *adj* ganze(-r)(-s).

entirely [ɪn'taɪəlɪ] *adv* völlig.

entitle [ɪn'taɪtl] *vt:* to ~ **sb to sthg**
jn zu etw berechtigen; to ~ **sb to do
sthg** jn berechtigen, etw zu tun.

entrance ['entrəns] *n* Eingang
der; (admission) Zutritt *der.*

entrance fee *n* Eintrittspreis
der.

entry ['entrɪ] *n* Eingang *der;
(admission)* Zutritt *der; (in dictionary)*
Eintrag *der; (in competition)* Einsen-
dung *die;* **'no** ~**'** 'Eintritt verboten'.

envelope ['envələup] *n* Briefumschlag *der*.

envious ['enviəs] *adj* neidisch.

environment [in'vaiərənmənt] *n* Umwelt *die*.

environmental [in,vaiərən'mentl] *adj* Umwelt-.

environmentally friendly [in,vaiərən'mentəli-] *adj* umweltfreundlich.

envy ['envi] *vt* beneiden.

epic ['epik] *n* Epos *das*.

epidemic [,epi'demik] *n* Epidemie *die*.

epileptic [,epi'leptik] *adj* epileptisch.

episode ['episəud] *n* Episode *die*; *(of TV programme)* Folge *die*.

equal ['i:kwəl] *adj* gleich ◆ *vt* gleich sein; **to be ~ to** gleich sein.

equality [i'kwɒləti] *n (equal rights)* Gleichberechtigung *die*.

equalize ['i:kwəlaiz] *vi (SPORT)* ausgleichen.

equally ['i:kwəli] *adv* gleich; *(share)* gleichmäßig; *(at the same time)* ebenso.

equation [i'kweiʒn] *n* Gleichung *die*.

equator [i'kweitəʳ] *n*: **the ~** der Äquator.

equip [i'kwip] *vt*: **to ~ sb/sthg with** jn/etw ausIrüsten mit.

equipment [i'kwipmənt] *n* Ausrüstung *die*.

equipped [i'kwipt] *adj*: **to be ~ with** ausgerüstet sein mit.

equivalent [i'kwivələnt] *adj* gleichwertig ◆ *n* Äquivalent *das*.

erase [i'reiz] *vt (letter, word)* ausIradieren.

eraser [i'reizəʳ] *n* Radiergummi *der*.

erect [i'rekt] *adj (person, posture)* aufrecht ◆ *vt* auflstellen.

ERM *n* Wechselkursmechanismus *der*.

erotic [i'rɒtik] *adj* erotisch.

errand ['erənd] *n* Besorgung *die*.

erratic [i'rætik] *adj* unregelmäßig.

error ['erəʳ] *n* Fehler *der*.

escalator ['eskəleitəʳ] *n* Rolltreppe *die*.

escalope ['eskəlɒp] *n* Schnitzel *das*.

escape [i'skeip] *n* Flucht *die*; *(of gas)* Ausströmen *das* ◆ *vi*: **to ~ (from)** entkommen (aus); *(gas)* ausIströmen (aus); *(water)* ausIlaufen (aus).

escort [*n* 'eskɔ:t, *vb* i'skɔ:t] *n (guard)* Eskorte *die* ◆ *vt* begleiten.

espadrilles ['espə,drilz] *npl* Espadrilles *pl*.

especially [i'speʃəli] *adv* besonders.

esplanade [,esplə'neid] *n* Esplanade *die*.

essay ['esei] *n (at school, university)* Aufsatz *der*.

essential [i'senʃl] *adj* wesentlich ◆ **essentials** *npl* Wesentliche *das*; **the bare ~s** das Nötigste.

essentially [i'senʃəli] *adv* im Grunde.

establish [i'stæbliʃ] *vt (set up, create)* gründen; *(fact, truth)* herausIfinden.

establishment [rˈstæblɪʃmənt] n
(business) Unternehmen das.

estate [ɪˈsteɪt] n (land in country)
Landsitz der; (for housing) Wohnsiedlung die; (Br: car) = **estate car**.

estate agent n (Br) Immobilienmakler der.

estate car n (Br) Kombiwagen
der.

estimate [n ˈestɪmət, vb ˈestɪmeɪt] n
Schätzung die; (of cost) Kostenvoranschlag der ◆ vt schätzen.

estuary [ˈestjʊərɪ] n Mündung
die.

ethnic minority [ˈeθnɪk-] n
ethnische Minderheit.

EU n (abbr of European Union) EU
die.

Eurocheque [ˈjʊərəʊtʃek] n
Euroscheck der.

Europe [ˈjʊərəp] n Europa nt.

European [ˌjʊərəˈpɪən] adj europäisch ◆ n Europäer der (-in die).

European Community n
Europäische Gemeinschaft die.

evacuate [ɪˈvækjʊeɪt] vt evakuie-
ren.

evade [ɪˈveɪd] vt vermeiden.

evaporated milk [ɪˈvæpəreɪ-
tɪd-] n Kondensmilch die.

eve [iːv] n: on the ~ of am Vora-
bend (+G).

even [ˈiːvn] adj (rate, speed) gleichmäßig; (level, flat) eben; (teams)
gleich stark; (number) gerade ◆ adv
sogar; **to break** ~ die Kosten
decken; ~ **so** trotzdem; ~ **though**
obwohl; **not** ~ nicht einmal.

evening [ˈiːvnɪŋ] n Abend der;
good ~! guten Abend!; **in the** ~ am
Abend, abends.

evening classes npl Abend-
kursus der.

evening dress n (formal clothes)
Gesellschaftskleidung die; (woman's garment) Abendkleid das.

evening meal n Abendessen
das.

event [ɪˈvent] n Ereignis das;
(SPORT) Wettkampf der; **in the** ~ **of**
(fml) im Falle (+G).

eventual [ɪˈventʃʊəl] adj: **the** ~
decision was ... schließlich wurde
entschieden, daß ...

eventually [ɪˈventʃʊəlɪ] adv
schließlich.

ever [ˈevər] adv (at any time) je,
jemals; **he was** ~ **so angry** er war
sehr verärgert; **for** ~ (eternally) für
immer; (for a long time) seit Ewig-
keiten; **hardly** ~ fast nie; ~ **since** adv
seitdem ◆ prep & conj seit.

every [ˈevrɪ] adj jede(-r)(-s); ~
other day jeden zweiten Tag; ~ **few
days** alle paar Tage; **one in** ~ **ten**
einen/eine/eins von zehn; **we make**
~ **effort ...** wir geben uns alle Mühe
...; ~ **so often** dann und wann.

everybody [ˈevrɪˌbɒdɪ] =
everyone.

everyday [ˈevrɪdeɪ] adj alltäglich.

everyone [ˈevrɪwʌn] pron alle;
(each person) jeder.

everyplace [ˈevrɪpleɪs] (Am) =
everywhere.

everything [ˈevrɪθɪŋ] pron alles.

everywhere [ˈevrɪweər] adv
überall; (go) überallhin.

evidence [ˈevɪdəns] n (proof)
Beweis der; (of witness) Aussage die.

evident [ˈevɪdənt] adj klar.

evidently [ˈevɪdəntlɪ] adv offensichtlich.

evil ['iːvl] *adj* böse ◆ *n* Böse *das*.

ex [eks] *n (inf)* Verflossene *der, die*.

exact [ɪg'zækt] *adj* genau; '~ **fare ready please**' 'Bitte das genaue Fahrgeld bereithalten'.

exactly [ɪg'zæktlɪ] *adv & excl* genau.

exaggerate [ɪg'zædʒəreɪt] *vt & vi* übertreiben.

exaggeration [ɪg,zædʒə'reɪʃn] *n* Übertreibung *die*.

exam [ɪg'zæm] *n* Prüfung *die*; **to take an ~** eine Prüfung ablegen.

examination [ɪg,zæmɪ'neɪʃn] *n (at school)* Prüfung *die; (at university)* Examen *das; (MED)* Untersuchung *die*.

examine [ɪg'zæmɪn] *vt* untersuchen.

example [ɪg'zɑːmpl] *n* Beispiel *das*; **for ~** zum Beispiel.

exceed [ɪk'siːd] *vt* übersteigen.

excellent ['eksələnt] *adj* ausgezeichnet.

except [ɪk'sept] *prep & conj* außer; **~ for** abgesehen von; '~ **for access**' 'frei für Anliegerverkehr'; '~ **for loading**' 'Be- und Entladen gestattet'.

exception [ɪk'sepʃn] *n* Ausnahme *die*.

exceptional [ɪk'sepʃnəl] *adj* außergewöhnlich.

excerpt ['eksɜːpt] *n* Auszug *der*.

excess [ɪk'ses, *before nouns* 'ekses] *adj* Über- ◆ *n* Übermaß *das*.

excess baggage *n* Übergewicht *das*.

excess fare *n (Br)* Nachlösegebühr *die*.

excessive [ɪk'sesɪv] *adj* übermäßig; *(price)* übermäßig hoch.

exchange [ɪks'tʃeɪndʒ] *n (of telephones)* Fernamt *das; (of students)* Austausch *der* ◆ *vt* umtauschen; **to ~ sthg for sthg** etw gegen etw eintauschen; **to be on an ~** Austauschschüler sein.

exchange rate *n* Wechselkurs *der*.

excited [ɪk'saɪtɪd] *adj* aufgeregt.

excitement [ɪk'saɪtmənt] *n* Aufregung *die*.

exciting [ɪk'saɪtɪŋ] *adj* aufregend.

exclamation mark [,eksklə'meɪʃn-] *n (Br)* Ausrufezeichen *das*.

exclamation point [,eksklə'meɪʃn-] *(Am)* = **exclamation mark**.

exclude [ɪk'skluːd] *vt* ausschließen.

excluding [ɪk'skluːdɪŋ] *prep* ausgenommen *(+D)*.

exclusive [ɪk'skluːsɪv] *adj (high-class)* exklusiv; *(sole)* ausschließlich ◆ *n* Exklusivbericht *der*; **~ of** ausschließlich *(+G)*.

excursion [ɪk'skɜːʃn] *n* Ausflug *der*.

excuse [*n* ɪk'skjuːs, *vb* ɪk'skjuːz] *n* Entschuldigung *die* ◆ *vt* entschuldigen; **~ me!** entschuldigen Sie, bitte!; *(as apology)* Entschuldigung!

ex-directory *adj (Br)*: **to be ~** nicht im Telefonbuch stehen.

execute ['eksɪkjuːt] *vt (kill)* hinrichten.

executive [ɪg'zekjʊtɪv] *n (person)* leitende Angestellte *der, die*.

exempt [ɪg'zempt] *adj*: **~ (from)** befreit (von).

exemption [ɪɡ'zempʃn] n Befreiung die.

exercise ['eksəsaɪz] n (physical) Bewegung die; (piece of work) Übung die ♦ vi sich bewegen; **to do ~s** Gymnastik treiben.

exercise book n Heft das.

exert [ɪɡ'zɜːt] vt ausüben.

exhaust [ɪɡ'zɔːst] vt erschöpfen ♦ n: ~ (pipe) Auspuff der.

exhausted [ɪɡ'zɔːstɪd] adj erschöpft.

exhibit [ɪɡ'zɪbɪt] n (in museum, gallery) Ausstellungsstück das ♦ vt (in exhibition) ausstellen.

exhibition [.eksɪ'bɪʃn] n (of art) Ausstellung die.

exist [ɪɡ'zɪst] vi existieren.

existence [ɪɡ'zɪstəns] n Existenz die; **to be in ~** existieren.

existing [ɪɡ'zɪstɪŋ] adj bestehend.

exit ['eksɪt] n (door) Ausgang der; (from motorway) Ausfahrt die; (act of leaving) Abgang der ♦ vi hinausgehen.

exotic [ɪɡ'zɒtɪk] adj exotisch.

expand [ɪk'spænd] vi sich ausdehnen; (in number) sich vermehren.

expect [ɪk'spekt] vt erwarten; **to ~ to do sthg** voraussichtlich etw tun; **to ~ sb to do sthg** erwarten, daß jd etw macht; **to be ~ing** (be pregnant) in anderen Umständen sein.

expedition [.ekspɪ'dɪʃn] n Expedition die; (short outing) Tour die.

expel [ɪk'spel] vt (from school) von der Schule verweisen.

expense [ɪk'spens] n Ausgaben pl; **at the ~ of** auf Kosten (+G) ❑ **expenses** npl (of businessman) Spesen pl.

expensive [ɪk'spensɪv] adj teuer.

experience [ɪk'spɪərɪəns] n Erfahrung die ♦ vt erfahren.

experienced [ɪk'spɪərɪənst] adj erfahren.

experiment [ɪk'sperɪmənt] n Experiment das ♦ vi experimentieren.

expert ['ekspɜːt] adj (advice, treatment) fachmännisch ♦ n Experte der (Expertin die).

expire [ɪk'spaɪəʳ] vi ablaufen.

expiry date [ɪk'spaɪərɪ-] n: ~: 15/4/95 gültig bis 15/4/95.

explain [ɪk'spleɪn] vt erklären.

explanation [.eksplə'neɪʃn] n Erklärung die.

explode [ɪk'spləʊd] vi explodieren.

exploit [ɪk'splɔɪt] vt ausbeuten.

explore [ɪk'splɔːʳ] vt (place) erforschen.

explosion [ɪk'spləʊʒn] n (of bomb etc) Explosion die.

explosive [ɪk'spləʊsɪv] n Sprengstoff der.

export [n 'ekspɔːt, vb ɪk'spɔːt] n Export der, Ausfuhr die ♦ vt exportieren.

exposed [ɪk'spəʊzd] adj (place) ungeschützt.

exposure [ɪk'spəʊʒəʳ] n (photograph) Aufnahme die; (MED) Unterkühlung die; (to heat, radiation) Aussetzung die.

express [ɪk'spres] adj (letter, delivery) Eil- ♦ n (train) = D-Zug der ♦ vt (opinion, idea) ausdrücken ♦ adv (send) per Eilboten.

expression [ɪk'spreʃn] n Ausdruck der.

expresso [ɪk'spresəʊ] *n* Espresso *der.*

expressway [ɪk'spresweɪ] *n (Am)* Schnellstraße *die.*

extend [ɪk'stend] *vt (visa, permit)* verlängern; *(road, building)* ausbauen; *(hand)* ausstrecken ◆ *vi (stretch)* sich erstrecken.

extension [ɪk'stenʃn] *n (of building)* Anbau *der; (for phone)* Nebenanschluß *der; (of deadline)* Verlängerung *die;* ~ **1263** Apparat 1263.

extension lead *n* Verlängerungskabel *das.*

extensive [ɪk'stensɪv] *adj* umfangreich; *(damage)* beträchtlich.

extent [ɪk'stent] *n (of knowledge)* Umfang *der; (of damage)* Ausmaß *das;* **to a certain** ~ in gewissem Maße; **to what** ~...? inwieweit ...?

exterior [ɪk'stɪərɪəʳ] *adj* äußere (-r)(-s) ◆ *n (of car, building)* Außenseite *die.*

external [ɪk'stɜːnl] *adj* äußere (-r)(-s).

extinct [ɪk'stɪŋkt] *adj (species)* ausgestorben; *(volcano)* erloschen.

extinction [ɪk'stɪŋkʃn] *n* Aussterben *das.*

extinguish [ɪk'stɪŋgwɪʃ] *vt (fire)* löschen; *(cigarette)* ausmachen.

extinguisher [ɪk'stɪŋgwɪʃəʳ] *n* Feuerlöscher *der.*

extortionate [ɪk'stɔː(nət] *adj (price)* Wucher-.

extra ['ekstrə] *adj* zusätzlich ◆ *n (bonus)* Sonderleistung *die; (optional thing)* Extra *das* ◆ *adv (large, hard)* extra; ~ **charge** Zuschlag *der;* ~ **large** übergroß ❏ **extras** *npl (in price)* zusätzliche Kosten *pl.*

extract [*n* 'ekstrækt, *vb* ɪk'strækt] *n* Auszug *der* ◆ *vt (tooth)* ziehen.

extractor fan [ɪk'stræktə-] *n (Br)* Ventilator *der.*

extraordinary [ɪk'strɔːdnrɪ] *adj (wonderful)* außerordentlich; *(strange)* ungewöhnlich.

extravagant [ɪk'strævəgənt] *adj* verschwenderisch.

extreme [ɪk'striːm] *adj* äußerste(-r)(-s); *(radical)* extrem ◆ *n* Extrem *das.*

extremely [ɪk'striːmlɪ] *adv* äußerst.

extrovert ['ekstrəvɜːt] *n* extravertierter Mensch.

eye [aɪ] *n* Auge *das; (of needle)* Öhr *das* ◆ *vt* ansehen; **to keep an** ~ **on** aufpassen auf *(+A).*

eyebrow ['aɪbraʊ] *n* Augenbraue *die.*

eye drops *npl* Augentropfen *pl.*

eyeglasses ['aɪglɑːsɪz] *npl (Am)* Brille *die.*

eyelash ['aɪlæʃ] *n* Wimper *die.*

eyelid ['aɪlɪd] *n* Augenlid *das.*

eyeliner ['aɪˌlaɪnəʳ] *n* Eyeliner *der.*

eye shadow *n* Lidschatten *der.*

eyesight ['aɪsaɪt] *n* **to have good/bad** ~ gute/schlechte Augen haben.

eye test *n* Sehtest *der.*

eyewitness [ˌaɪ'wɪtnɪs] *n* Augenzeuge *der* (-zeugin *die*).

F

F *(abbr of Fahrenheit)* F.

fabric ['fæbrɪk] *n (cloth)* Stoff *der.*

fabulous ['fæbjʊləs] *adj* sagenhaft.

facade [fə'sɑːd] *n* Fassade *die.*

face [feɪs] *n* Gesicht *das; (of cliff, mountain)* Wand *die; (of clock, watch)* Zifferblatt *das* ♦ *vt:* to face sb/sthg jm/etw *(D)* gegenüberstehen; to ~ facts sich den Tatsachen stellen; the hotel ~s the harbour *das* Hotel geht zum Hafen hinaus; to be ~d with sthg *(problem)* etw *(D)* gegenüberstehen ❑ face up to *vt fus* ins Auge sehen (+*D*).

facecloth ['feɪsklɒθ] *n (Br)* Waschlappen *der.*

facial ['feɪʃl] *n* Gesichtsmassage *die.*

facilitate [fə'sɪlɪteɪt] *vt (fml)* erleichtern.

facilities [fə'sɪlɪtiːz] *npl* Einrichtungen *pl.*

facsimile [fæk'sɪmɪlɪ] *n* Faksimile *das.*

fact [fækt] *n* Tatsache *die;* in ~ *(in reality)* tatsächlich; *(moreover)* sogar.

factor ['fæktəʳ] *n* Faktor *der;* ~ ten suntan lotion Sonnenschutzmittel *das* mit Schutzfaktor zehn.

factory ['fæktərɪ] *n* Fabrik *die.*

faculty ['fækltɪ] *n (at university)* Fakultät *die.*

FA Cup *n* Pokalwettbewerb *des britischen Fußballbundes.*

fade [feɪd] *vi (sound)* abklingen; *(flower)* verwelken; *(jeans, wallpaper)* verbleichen.

faded ['feɪdɪd] *adj (jeans)* ausgewaschen.

fag [fæg] *n (Br: inf: cigarette)* Kippe *die.*

Fahrenheit ['færənhaɪt] *adj* Fahrenheit.

fail [feɪl] *vt (exam)* nicht bestehen ♦ *vi (not succeed)* scheitern; *(in exam)* durchfallen; *(engine)* ausfallen; to ~ to do sthg *(not do)* etw nicht tun.

failing ['feɪlɪŋ] *n* Fehler *der* ♦ *prep:* ~ that andernfalls.

failure ['feɪljəʳ] *n* Mißerfolg *der; (person)* Versager *der.*

faint [feɪnt] *adj* schwach ♦ *vi* ohnmächtig werden; I haven't the ~est idea ich habe keinen blassen Schimmer.

fair [feəʳ] *adj (just)* fair, gerecht; *(quite large)* ziemlich groß; *(quite good)* ziemlich gut; *(SCH)* befriedigend; *(skin)* hell; *(hair, person)* blond; *(weather)* gut ♦ *n (funfair)* Jahrmarkt *der; (trade fair)* Messe *die;* ~ enough! na gut!; a ~ number of times ziemlich oft.

fairground ['feəgraʊnd] *n* Jahrmarkt *der.*

fair-haired [-'heəd] *adj* blond.

fairly ['feəlɪ] *adv (quite)* ziemlich.

fairy ['feərɪ] *n* Fee *die.*

fairy tale *n* Märchen *das.*

faith [feɪθ] *n* Glaube *der; (confidence)* Vertrauen *das;* to have ~ in sb Vertrauen zu jm haben.

faithfully ['feɪθfʊlɪ] *adv:* Yours ~ Hochachtungsvoll.

farming

fake [feɪk] *n (false thing)* Fälschung die ♦ *vt* fälschen.

fall [fɔ:l] *(pt* fell, *pp* fallen ['fɔ:ln]) *vi* fallen ♦ *n (accident)* Sturz der; *(decrease)* Sinken das; *(of snow)* Schneefall der; *(Am: autumn)* Herbst der; **to ~ asleep** einschlafen; **to ~ ill** krank werden; **to ~ in love** sich verlieben ❑ **falls** *npl (waterfall)* Fälle *pl*; **fall behind** *vi (with work, rent)* in Rückstand geraten; **fall down** *vi* hinfallen; **fall off** *vi* herunterfallen; *(handle)* abfallen; *(branch)* abbrechen; **fall out** *vi (hair, teeth)* ausfallen; *(argue)* sich streiten; **fall over** *vi* hinfallen; **fall through** *vi* ins Wasser fallen.

false [fɔ:ls] *adj* falsch.

false alarm *n* falscher Alarm.

false teeth *npl* Gebiß das.

fame [feɪm] *n* Ruhm der.

familiar [fə'mɪljə'] *adj* bekannt; *(informal)* vertraulich; **to be ~ with** *(know)* sich auskennen mit.

family ['fæmlɪ] *n* Familie die ♦ *adj (pack, size)* Familien-; *(film, holiday)* für die ganze Familie.

family planning clinic [-'plænɪŋ-] *n* ≃ Pro Familia-Beratungsstelle die.

family room *n (at hotel)* Doppelzimmer mit Kinderbett; *(at pub, airport)* Raum für Familien mit kleinen Kindern.

famine ['fæmɪn] *n* Hungersnot die.

famished ['fæmɪʃt] *adj (inf)* ausgehungert.

famous ['feɪməs] *adj* berühmt.

fan [fæn] *n (electric)* Ventilator der; *(held in hand)* Fächer der; *(enthusiast, supporter)* Fan der.

fan belt *n* Keilriemen der.

fancy ['fænsɪ] *vt (inf) (feel like)* Lust haben auf *(+A)*; *(be attracted to)* scharf sein auf *(+A)* ♦ *adj (elaborate)* ausgefallen; **~ (that!)** also so was!

fancy dress *n* Verkleidung die *(Kostüm).*

fan heater *n* Heizlüfter der.

fanlight ['fænlaɪt] *n (Br)* Oberlicht das.

fantastic [fæn'tæstɪk] *adj* fantastisch.

fantasy ['fæntəsɪ] *n* Phantasie die.

far [fɑ:'] *(compar* further OR farther, *superl* furthest OR farthest) *adv* weit ♦ *adj:* **at the ~ end** am anderen Ende; **have you come ~?** sind Sie von weit her gekommen?; **how ~ is it (to London)?** wie weit ist es (bis London)?; **as ~ as** *(town, country)* bis nach; *(station, school)* bis zu *(+D)*; **as ~ as I'm concerned** was mich betrifft; **as ~ as I know** soweit ich weiß; **~ better** weitaus besser; **by ~** bei weitem; **so ~** *(until now)* bisher.

farce [fɑ:s] *n* Farce die.

fare [feə'] *n* Fahrpreis der; *(for plane)* Flugpreis der; *(fml: food)* Kost die ♦ *vi:* **she ~d well/badly** es ist ihr gut/schlecht ergangen.

Far East *n:* **the ~** der Ferne Osten.

fare stage *n (Br)* Teilstrecke die.

farm [fɑ:m] *n* Bauernhof der.

farmer ['fɑ:mə'] *n* Bauer der *(Bäuerin die).*

farmhouse ['fɑ:mhaʊs, *pl* -haʊzɪz] *n* Bauernhaus das.

farming ['fɑ:mɪŋ] *n* Landwirtschaft die.

farmland ['fɑ:mlænd] n Ackerland das.

farmyard ['fɑ:mjɑ:d] n Hof der.

farther ['fɑ:ðə^r] compar → far.

farthest ['fɑ:ðəst] superl → far.

fascinating ['fæsɪneɪtɪŋ] adj faszinierend.

fascination [,fæsɪ'neɪʃn] n Faszination die.

fashion ['fæʃn] n Mode die; (manner) Art die; **to be in** ~ in Mode sein; **to be out of** ~ aus der Mode sein.

fashionable ['fæʃnəbl] adj modisch.

fashion show n Modenschau die.

fast [fɑ:st] adv schnell; (securely) fest ◆ adj schnell; (clock, watch): **to be** ~ vorgehen; **to be** ~ **asleep** fest schlafen; **a** ~ **train** ein Schnellzug.

fasten ['fɑ:sn] vt (coat, door, window) zumachen; (seatbelt) sich anschnallen; (two things) festimachen.

fastener ['fɑ:snə^r] n Verschluß der.

fast food n Fast food der.

fat [fæt] adj dick; (meat) fett ◆ n Fett das.

fatal ['feɪtl] adj tödlich.

father ['fɑ:ðə^r] n Vater der.

Father Christmas n (Br) Weihnachtsmann der.

father-in-law n Schwiegervater der.

fattening ['fætnɪŋ] adj: **to be** ~ dick machen.

fatty ['fætɪ] adj fettreich.

faucet ['fɔ:sɪt] n (Am) Hahn der.

fault ['fɔ:lt] n (responsibility)

Schuld die; (error) Fehler der; **it's your** ~ du hast Schuld.

faulty ['fɔ:ltɪ] adj fehlerhaft.

favor ['feɪvə^r] (Am) = favour.

favour ['feɪvə^r] n (Br: kind act) Gefallen der ◆ vt (Br: prefer) vorziehen; **to be in** ~ **of sthg** für etw sein; **to do sb a** ~ jm einen Gefallen tun.

favourable ['feɪvrəbl] adj günstig.

favourite ['feɪvrɪt] adj Lieblings- ◆ n (in sport) Favorit der (-in die).

fax [fæks] n Fax das ◆ vt faxen.

fear [fɪə^r] n Angst die ◆ vt fürchten; **for** ~ **of doing sthg** aus Angst, etw zu tun.

feast [fi:st] n Festessen das.

feather ['feðə^r] n Feder die.

feature ['fi:tʃə^r] n (characteristic) Merkmal das; (of face) Gesichtszug der; (in newspaper, on radio, TV) Feature das ◆ vt (subj: film): **this film** ~**s Marlon Brando** Marlon Brando spielt die Hauptrolle in diesem Film.

feature film n Spielfilm der.

Feb. (abbr of February) Febr.

February ['februərɪ] n Februar der, → September.

fed [fed] pt & pp → feed.

fed up adj: **to be** ~ (with) die Nase voll haben (von).

fee [fi:] n Gebühr die.

feeble ['fi:bl] adj schwach.

feed [fi:d] (pt & pp fed) vt füttern; (coins) einwerfen.

feel [fi:l] (pt & pp felt) vt fühlen; (think) glauben ◆ vi sein; (ill, old, young) sich fühlen; (seem) sich anfühlen ◆ *n (of material)*: **it has a soft ~** es fühlt sich weich an; **I ~ cold** mir ist kalt; **I ~ ill** ich fühle mich nicht gut; **to ~ like sthg** *(fancy)* Lust haben auf etw *(A)*; **to ~ up to doing sthg** sich einer Sache gewachsen fühlen.

feeling ['fiːlɪŋ] *n* Gefühl *das*.

feet [fiːt] *pl* → **foot**.

fell [fel] *pt* → **fall** ◆ *vt (tree)* fällen.

fellow ['feləʊ] *adj* Mit- ◆ *n (man)* Mann *der*.

felt [felt] *pt & pp* → **feel** ◆ *n* Filz *der*.

felt-tip pen *n* Filzstift *der*.

female ['fiːmeɪl] *adj* weiblich ◆ *n (animal)* Weibchen *das*.

feminine ['femɪnɪn] *adj* feminin.

feminist ['femɪnɪst] *n* Feministin *die*.

fence [fens] *n* Zaun *der*.

fencing ['fensɪŋ] *n (SPORT)* Fechten *das*.

fend [fend] *vi*: **to ~ for o.s.** allein zurechtkommen.

fender ['fendəʳ] *n (for fireplace)* Kamingitter *das*; *(Am: on car)* Kotflügel *der*.

fennel ['fenl] *n* Fenchel *der*.

fern [fɜːn] *n* Farn *der*.

ferocious [fəˈrəʊʃəs] *adj* wild.

ferry ['ferɪ] *n* Fähre *die*.

fertile ['fɜːtaɪl] *adj (land)* fruchtbar.

fertilizer ['fɜːtɪlaɪzəʳ] *n* Dünger *der*.

festival ['festəvl] *n (of music, arts etc)* Festspiele *pl*; *(holiday)* Feiertag *der*.

feta cheese ['fetə-] *n* griechischer Schafskäse.

fetch [fetʃ] *vt* holen; *(be sold for)* einbringen.

fete [feɪt] *n* Wohltätigkeitsbazar *der*.

FETE

Die gewöhnlich in den Sommermonaten abgehaltenen „fetes" sind Wohltätigkeitsbazare im Freien, bei denen Veranstaltungen und Wettbewerbe aller Art stattfinden. An den Ständen werden allerlei Selbstgemachtes verkauft. Der Erlös daraus geht in der Regel als Spende an wohltätige Vereine oder wird zur Finanzierung eines örtlichen Hilfsprojekts verwendet.

---

fever ['fiːvəʳ] *n* Fieber *das*; **to have a ~** Fieber haben.

feverish ['fiːvərɪʃ] *adj* fiebrig.

few [fjuː] *adj & pron* wenige; **the first ~ times** die ersten paar Male; **a ~** ein paar; **quite a ~** eine ganze Menge.

fewer ['fjuːəʳ] *adj & pron* weniger.

fiancé [frˈɒnseɪ] *n* Verlobte *der*.

fiancée [frˈɒnseɪ] *n* Verlobte *die*.

fib [fɪb] *n (inf)*: **to tell a ~** flunkern.

fiber ['faɪbəʳ] *(Am)* = **fibre**.

fibre ['faɪbəʳ] *n (Br)* Faser *die*; *(in food)* Ballaststoffe *pl*.

fibreglass ['faɪbəglɑːs] *n* Glasfiber *die*.

fickle ['fɪkl] *adj* wankelmütig.

fiction ['fɪkʃn] *n* Belletristik *die*.

fiddle ['fɪdl] *n (violin)* Geige *die* ◆ *vi*: **to ~ with sthg** an etw *(D)* fummeln.

fidget ['fɪdʒɪt] vi zappeln.

field [fi:ld] n Feld das; (subject) Gebiet das.

field glasses npl Feldstecher der.

fierce [fɪəs] adj (animal) wild; (person, storm) heftig; (heat) brütend.

fifteen [fɪf'ti:n] num fünfzehn, → **six**.

fifteenth [fɪf'ti:nθ] num fünfzehnte(-r)(-s), → **sixth**.

fifth [fɪfθ] num fünfte(-r)(-s), → **sixth**.

fiftieth ['fɪftɪəθ] num fünfzigste(-r)(-s), → **sixth**.

fifty ['fɪftɪ] num fünfzig, → **six**.

fig [fɪg] n Feige die.

fight [faɪt] (pt & pp fought) n Kampf der; (brawl) Prügelei die; (argument) Streit der ◆ vt kämpfen gegen; (combat) bekämpfen ◆ vi kämpfen; (brawl) sich schlagen; (quarrel) sich streiten; **to have a ~ with sb** sich mit jm schlagen ❑ **fight back** vi zurückschlagen; **fight off** vt sep abwehren.

fighting ['faɪtɪŋ] n Prügelei die; (military) Kämpfe pl.

figure [Br 'fɪgə', Am 'fɪgjər] n Zahl die; (shape of body) Figur die; (outline of person) Gestalt die; (diagram) Abbildung die ❑ **figure out** vt sep herausfinden.

file [faɪl] n Akte die; (COMPUT) Datei die; (tool) Feile die ◆ vt (complaint, petition) einreichen; **to ~ one's nails** sich (D) die Nägel feilen; **in single ~** im Gänsemarsch.

filing cabinet ['faɪlɪŋ-] n Aktenschrank der.

fill [fɪl] vt füllen; (role) ausfüllen ❑ **fill in** vt sep (form) ausfüllen; **fill out**

vt sep = **fill in**; **fill up** vt sep füllen; **~ her up!** (with petrol) volltanken, bitte!

filled roll ['fɪld-] n belegtes Brötchen.

fillet ['fɪlɪt] n Filet das.

fillet steak n Filetsteak das.

filling ['fɪlɪŋ] n Füllung die ◆ adj sättigend.

filling station n Tankstelle die.

film [fɪlm] n Film der ◆ vt filmen.

film star n Filmstar der.

filter ['fɪltə'] n Filter der.

filthy ['fɪlθɪ] adj dreckig.

fin [fɪn] n Flosse die; (Am: of swimmer) Schwimmflosse die.

final ['faɪnl] adj letzte(-r)(-s); (decision) endgültig ◆ n Finale das.

finalist ['faɪnəlɪst] n (SPORT) Finalist der (-in die).

finally ['faɪnəlɪ] adv schließlich.

finance [n 'faɪnæns, vb far'næns] n Geldmittel pl; (management of money) Finanzwesen das ◆ vt finanzieren ❑ **finances** npl Finanzen pl.

financial [fɪ'nænʃl] adj finanziell.

find [faɪnd] (pt & pp found) vt finden; (find out) herausfinden ◆ n Fund der; **to ~ the time to do sthg** die Zeit finden, etw zu tun ❑ **find out** vt sep herausfinden ◆ vi: **to ~ out (about)** herausfinden (über (+A)).

fine [faɪn] adj (good) herrlich; (satisfactory) gut, in Ordnung; (thin) fein ◆ adv (thinly) fein; (well) gut ◆ n Geldstrafe die ◆ vt zu einer Geldstrafe verurteilen; **I'm ~** mir geht es gut.

fine art n schöne Künste pl.

finger ['fɪŋgə'] n Finger der.

fingernail ['fɪŋgəneɪl] n Fingernagel der.

fingertip ['fɪŋgətɪp] n Fingerspitze die.

finish ['fɪnɪʃ] n Schluß der; (SPORT) Finish das; (on furniture) Oberfläche die, Aspekt der ◆ vt beenden; (food, meal) auflessen; (drink) austrinken ◆ vi (end) zu Ende gehen; (in race) durchs Ziel gehen; **to ~ doing sthg** etw zu Ende machen ▢ **finish off** vt sep (complete) zu Ende machen; (food, meal) auflessen; (drink) austrinken; **finish up** vi hinlgelangen; **to ~ up doing sthg** zum Schluß etw tun.

Finland ['fɪnlənd] n Finnland nt.

Finn [fɪn] n Finne der (Finnin die).

Finnan haddock ['fɪnən-] n schottischer geräucherter Schellfisch.

Finnish ['fɪnɪʃ] adj finnisch ◆ n Finnisch das.

fir [fɜːʳ] n Tanne die.

fire [faɪəʳ] n Feuer das; (device) Ofen der ◆ vt (gun) ablfeuern; (from job) feuern; **to be on ~** brennen; **to catch ~** Feuer fangen.

fire alarm n Feuermelder der.

fire brigade n (Br) Feuerwehr die.

fire department (Am) = **fire brigade**.

fire engine n Feuerwehrauto das.

fire escape n (staircase) Feuertreppe die; (ladder) Feuerleiter die.

fire exit n Notausgang der.

fire extinguisher n Feuerlöscher der.

fire hazard n: **to be a ~** feuergefährlich sein.

fireman ['faɪəmən] (pl -men [-mən]) n Feuerwehrmann der.

fireplace ['faɪəpleɪs] n Kamin der.

fire regulations npl feuerpolizeiliche Vorschriften pl.

fire station n Feuerwache die.

firewood ['faɪəwʊd] n Brennholz das.

firework display ['faɪəwɜːk-] n Feuerwerk das.

fireworks ['faɪəwɜːks] npl Feuerwerkskörper pl.

firm [fɜːm] adj fest; (mattress) hart ◆ n Firma die.

first [fɜːst] adj erste(-r)(-s) ◆ adv zuerst; (in order) als erste; (for the first time) zum erste Mal ◆ pron erste der, die, das ◆ n (event) erstmaliges Ereignis; **~ (gear)** erster Gang; **~ thing (in the morning)** gleich morgens früh; **for the ~ time** zum ersten Mal; **the ~ of January** der erste Januar; **at ~** zuerst; **~ of all** zu allererst.

first aid n Erste Hilfe.

first-aid kit n Verbandkasten der.

first class n erste Klasse; (mail) Post, die schneller befördert werden soll oder in die EU geht.

first-class adj (stamp) für Briefe, die schneller befördert werden sollen oder in die EU gehen; (ticket) erster Klasse; (very good) erstklassig.

first floor n (Br) erster Stock; (Am: ground floor) Erdgeschoß das.

firstly ['fɜːstlɪ] adv zuerst.

First World War n: **the ~** der Erste Weltkrieg.

fish [fɪʃ] (pl inv) n Fisch der ◆ vi (with net) fischen; (with rod) angeln.

fish and chips n ausgebackener Fisch mit Pommes frites.

 FISH AND CHIPS

Ein traditionelles englisches Gericht, das aus frittiertem Fisch in Ausbackteig und Pommes frites besteht und das man in den „fish and chip shops" (einer Art Imbißstube) zum Mitnehmen in braunes Packpapier oder Zeitungspapier eingepackt bekommt. „Fish and chip shops" sind landauf, landab zu finden und bieten neben „fish and chips" auch eine Auswahl an anderen frittierten Schnellgerichten, zum Beispiel Würstchen, Hähnchen, Blutwurst und „meat pies" (Fleischpasteten) an. „Fish and chips" werden oft auf der Straße direkt aus der Hand gegessen.

fishcake ['fɪʃkeɪk] n Fischfrikadelle die.

fisherman ['fɪʃəmən] (pl -men [-mən]) n Fischer der.

fish farm n Fischzucht die.

fish fingers npl (Br) Fischstäbchen pl.

fishing ['fɪʃɪŋ] n (hobby) Angeln das; (business) Fischerei die; **to go ~** angeln gehen.

fishing boat n Fischerboot das.

fishing rod n Angel die.

fishmonger's ['fɪʃˌmʌŋgəz] n (shop) Fischgeschäft das.

fish sticks (Am) = fish fingers.

fish supper n (Scot) ausgebackener Fisch mit Pommes frites.

fist [fɪst] n Faust die.

fit [fɪt] adj (healthy) fit ◆ vt passen (+D); (install) einbauen; (insert) einstecken ◆ vi passen ◆ n (epileptic, of coughing, anger) Anfall der; (of clothes, shoes): **to be a good ~** gut passen; **to be ~ for sthg** (suitable) für etw geeignet sein; **~ to eat** eßbar; **it doesn't ~** es paßt nicht; **to get ~** fit werden; **to keep ~** fit bleiben ❑ **fit in** vt sep (find time for) einschieben ◆ vi (belong) sich einfügen.

fitness ['fɪtnɪs] n (health) Fitneß die.

fitted carpet [ˌfɪtəd-] n Teppichboden der.

fitted sheet [ˌfɪtəd-] n Spannbettlaken das.

fitting room ['fɪtɪŋ-] n Umkleideraum der.

five [faɪv] num fünf, → **six**.

fiver ['faɪvər] n (Br) (inf) (£5) fünf Pfund pl; (£5 note) Fünfpfundschein der.

fix [fɪks] vt (attach) anbringen; (mend) reparieren; (decide on, arrange) festlegen; **to ~ sb a drink/meal** jm einen Drink/etwas zu essen machen ❑ **fix up** vt sep: **to ~ sb up with sthg** jm etw besorgen.

fixture ['fɪkstʃər] n (SPORT) Spiel das; **~s and fittings** zu einer Wohnung gehörende Ausstattung und Installationen.

fizzy ['fɪzɪ] adj kohlensäurehaltig.

flag [flæg] n Fahne die.

flake [fleɪk] n Flocke die ◆ vi abblättern.

flame [fleɪm] n Flamme die.

flammable ['flæməbl] adj leicht entflammbar.

flan [flæn] n (sweet) Torte die; (savoury) Pastete die.

flannel ['flænl] n (material) Flanell der; (Br: for washing face) Waschlappen der ❑ **flannels** npl Flanellhose die.

flap [flæp] n Klappe die ◆ vt (wings) schlagen mit.

flapjack ['flæpdʒæk] n (Br) Haferflockenplätzchen das.

flare [fleə^r] n (signal) Leuchtrakete die.

flared [fleəd] adj (trousers, skirt) ausgestellt.

flash [flæʃ] n Blitz der ◆ vi (light) blinken; **a ~ of lightning** ein Blitz; **to ~ one's headlights** die Lichthupe benutzen.

flashlight ['flæʃlaɪt] n Taschenlampe die.

flask [flɑːsk] n (Thermos) Thermosflasche die; (hip flask) Taschenflasche die.

flat [flæt] adj flach; (battery) leer; (drink) abgestanden; (rate, fee) Pauschal- ◆ adv flach ◆ n (Br: apartment) Wohnung die; **a ~** (tyre) eine Reifenpanne; **~ out** (run, work) mit Volldampf.

flatter ['flætə^r] vt schmeicheln (+D).

flavor ['fleɪvər] (Am) = **flavour**.

flavour ['fleɪvə^r] n (Br) Geschmack der.

flavoured ['fleɪvəd] adj mit Geschmacksstoffen.

flavouring ['fleɪvərɪŋ] n Geschmacksstoff der.

flaw [flɔː] n Fehler der.

flea [fliː] n Floh der.

flea market n Flohmarkt der.

fleece [fliːs] n (downy material) Fleece der.

fleet [fliːt] n Flotte die.

Flemish ['flemɪʃ] adj flämisch ◆ n Flämisch das.

flesh [fleʃ] n Fleisch das.

flew [fluː] pt → **fly**.

flex [fleks] n Schnur die.

flexible ['fleksəbl] adj (bendable) biegsam; (adaptable) flexibel.

flick [flɪk] vt knipsen ❑ **flick through** vt fus durchblättern.

flies [flaɪz] npl (of trousers) Hosenschlitz der.

flight [flaɪt] n Flug der; **a ~ (of stairs)** eine Treppe.

flight attendant n Flugbegleiter der (-in die).

flimsy ['flɪmzɪ] adj leicht.

fling [flɪŋ] (pt & pp flung) vt schleudern.

flint [flɪnt] n (of lighter) Feuerstein der.

flip-flop [flɪp-] n (Br) Plastiksandale die.

flipper ['flɪpə^r] n (Br: of swimmer) Schwimmflosse die.

flirt [flɜːt] vi: **to ~ (with sb)** (mit jm) flirten.

float [fləʊt] n (for swimming) Schwimmkork der; (for fishing) Schwimmer der; (in procession) Festwagen der; (drink) Limonade mit einer Kugel Speiseeis ◆ vi treiben.

flock [flɒk] n (of birds) Schwarm der; (of sheep) Herde die ◆ vi (people) strömen.

flood [flʌd] n Überschwemmung die ◆ vt überschwemmen ◆ vi (river) über die Ufer treten.

floodlight ['flʌdlaɪt] n Flutlicht das.

floor [flɔː^r] n Boden der; (storey)

Stock *der; (of nightclub)* Tanzfläche *die.*

floorboard ['flɔːbɔːd] *n* Diele *die.*

floor show *n* Revue *die.*

flop [flɒp] *n (inf: failure)* Flop *der.*

floppy disk ['flɒpɪ-] *n* Diskette *die.*

floral ['flɔːrəl] *adj (pattern)* Blumen-, geblümt.

Florida Keys ['flɒrɪdə-] *npl* Inselkette vor der Küste Floridas.

 FLORIDA KEYS

Eine Kette kleiner Inseln vor der Südküste Floridas, die sich über mehr als 150 km hinzieht. Zu der Inselkette gehören auch die beliebten Ferienziele „Key West" und „Key Largo". Die Inseln sind durch den „Overseas Highway", ein Netz von Straßen und Brücken, miteinander verbunden.

florist's ['flɒrɪsts] *n (shop)* Blumenladen *der.*

flour [flaʊəʳ] *n* Mehl *das.*

flow [fləʊ] *n* Fluß *der* ◆ *vi* fließen.

flower [flaʊəʳ] *n* Blume *die.*

flowerbed [flaʊəbed] *n* Blumenbeet *das.*

flowerpot [flaʊəpɒt] *n* Blumentopf *der.*

flown [fləʊn] *pp* → **fly.**

fl oz *abbr* = **fluid ounce.**

flu [fluː] *n* Grippe *die.*

fluent ['fluːənt] *adj* fließend; **she speaks ~ German** sie spricht fließend Deutsch.

fluff [flʌf] *n (on clothes)* Fussel *die.*

fluid ounce ['fluːɪd-] *n* = 0,0284 Liter.

flume [fluːm] *n* Wasserbahn *die.*

flung [flʌŋ] *pt & pp* → **fling.**

flunk [flʌŋk] *vt (Am: inf: exam)* verhauen.

fluorescent [fluəˈresənt] *adj* fluoreszierend.

flush [flʌʃ] *vt* spülen ◆ *vi:* **the toilet won't ~** die Spülung funktioniert nicht.

flute [fluːt] *n* Querflöte *die.*

fly [flaɪ] *(pt* flew, *pp* flown) *n (insect)* Fliege *die; (of trousers)* Hosenschlitz *der* ◆ *vt* fliegen; *(airline)* fliegen mit ◆ *vi* fliegen; *(flag)* wehen.

fly-drive *n* Fly-drive Urlaub *der.*

flying ['flaɪɪŋ] *n* Fliegen *das.*

flyover ['flaɪˌəʊvəʳ] *n (Br)* Fly-over *der,* Straßenüberführung *die.*

flypaper ['flaɪˌpeɪpəʳ] *n* Fliegenfänger *der.*

flysheet ['flaɪʃiːt] *n* Überzelt *das.*

FM *n* = UKW.

foal [fəʊl] *n* Fohlen *das.*

foam [fəʊm] *n* Schaum *der; (foam rubber)* Schaumstoff *der.*

focus ['fəʊkəs] *n* Brennpunkt *der* ◆ *vi:* **to ~ on sthg** *(with camera)* die Kamera scharf auf etw *(A)* einstellen; **in ~** scharf; **out of ~** unscharf.

fog [fɒg] *n* Nebel *der.*

fogbound ['fɒgbaʊnd] *adj (airport)* wegen Nebel geschlossen.

foggy ['fɒgɪ] *adj* neblig.

fog lamp *n* Nebelscheinwerfer *der.*

foil [fɔɪl] *n (thin metal)* Folie *die.*

fold [fəʊld] *n* Falte *die* ◆ *vt* falten; *(wrap)* einwickeln; **to ~ one's arms**

die Arme verschränken ❏ **fold up**
vi *(chair, bed, bicycle)* sich zusammenklappen lassen.

folder ['fəʊldə^r] n Mappe die.

foliage ['fəʊlɪdʒ] n Laub das.

folk [fəʊk] npl *(people)* Leute pl ♦ n:
~ **(music)** *(popular)* Folk der; *(traditional)* Volksmusik die ❏ **folks** npl
(inf: relatives) Leute pl.

follow ['fɒləʊ] vt folgen (+D); *(with eyes)* mit den Augen folgen (+D);
(news, fashion) verfolgen ♦ vi folgen;
~ed by gefolgt von; as ~s wie folgt
❏ **follow on** vi *(come later)* später
folgen.

following ['fɒləʊɪŋ] adj folgend ♦
prep nach.

follow on call n in Telefonzelle,
weiterer Anruf, um die eingeworfene
Münze zu verbrauchen.

fond [fɒnd] adj: to be ~ of gern
haben.

fondue ['fɒndu:] n Fondue die.

food [fu:d] n Essen das; *(for animals)* Futter das.

food poisoning [-ˌpɔɪznɪŋ] n
Lebensmittelvergiftung die.

food processor [-ˌprəʊsesə^r] n
Küchenmaschine die.

foodstuffs ['fu:dstʌfs] npl
Nahrungsmittel pl.

fool [fu:l] n *(idiot)* Dummkopf der;
(pudding) Cremespeise aus Sahne und
Obst ♦ vt irreführen.

foolish ['fu:lɪʃ] adj dumm.

foot [fʊt] n *(pl* feet) n Fuß der; by ~
zu Fuß; on ~ zu Fuß.

football ['fʊtbɔ:l] n *(Br)* Fußball
der; *(Am: American football)* Football
der; *(Am: in American football)* Ball
der.

footballer ['fʊtbɔːlə^r] n *(Br)*
Fußballer der (-in die).

football pitch n *(Br)* Fußballfeld das.

footbridge ['fʊtbrɪdʒ] n Fußgängerbrücke die.

footpath ['fʊtpɑːθ, pl -pɑːðz] n
Fußweg der.

footprint ['fʊtprɪnt] n Fußabdruck der.

footstep ['fʊtstep] n Schritt der.

footwear ['fʊtweə^r] n Schuhwerk das.

for [fɔː^r] prep 1. *(expressing purpose, reason, destination)* für; **this book is ~
you** dieses Buch ist für dich/Sie; **a
ticket ~ Manchester** eine Fahrkarte
nach Manchester; **a town famous ~
its wine** eine Stadt, die für ihren
Wein bekannt ist; ~ **this reason** aus
diesem Grund; **a cure ~ sore throats**
ein Mittel gegen Halsschmerzen;
what did you do that ~? wozu hast
du das getan?; **what's it ~?** wofür ist
das?; **to go ~ a walk** spazierengehen '~ sale' 'zu verkaufen'.
2. *(during)* seit; **I've lived here ~ ten
years** ich lebe seit zehn Jahren hier;
we talked ~ hours wir redeten stundenlang.
3. *(by, before)* für; **be there ~ 8 p.m.**
sei um 8 Uhr abends da; **I'll do it ~
tomorrow** ich mache es bis morgen.
4. *(on the occasion of)* zu; **I got socks ~
Christmas** ich habe Socken zu
Weihnachten bekommen; **what's
~ dinner?** was gibt's zum Abendessen?
5. *(on behalf of)* für; **to do sthg ~ sb**
etw für jn tun.
6. *(with time and space)* für; **there's no
room ~ it** dafür ist kein Platz; **to**

forbid 112

have time ~ sthg für etw Zeit haben.
7. *(expressing distance)*: **we drove ~ miles** wir fuhren meilenweit; **road works ~ 20 miles** Straßenarbeiten auf 20 Meilen.
8. *(expressing price)* für; **I bought it ~ five pounds** ich kaufte es für fünf Pfund.
9. *(expressing meaning)*: **what's the German ~ 'boy'?** wie heißt 'boy' auf Deutsch?
10. *(with regard to)* für; **it's warm ~ November** es ist warm für November; **it's easy ~ you** es ist leicht für dich; **it's too far ~ us to walk** zum Gehen ist es für uns zu weit.

forbid [fə'bɪd] *(pt -bade* [-'beɪd], *pp -bidden)* vt verbieten; **to ~ sb to do sthg** jm verbieten, etw zu tun.

forbidden [fə'bɪdn] *adj* verboten.

force [fɔːs] *n* Kraft *die*; *(violence)* Gewalt *die* ♦ *vt (physically)* zwingen; *(lock, door)* aufbrechen; **to ~ sb to do sthg** jn zwingen, etw zu tun; **to ~ one's way through** sich gewaltsam einen Weg bahnen; **the ~s** die Streitkräfte.

ford [fɔːd] *n* Furt *die*.

forecast ['fɔːkɑːst] *n* Vorhersage *die*.

forecourt ['fɔːkɔːt] *n* Vorhof *die*.

forefinger ['fɔːfɪŋgəʳ] *n* Zeigefinger *der*.

foreground ['fɔːgraʊnd] *n* Vordergrund *der*.

forehead ['fɔːhed] *n* Stirn *die*.

foreign ['fɒrən] *adj* ausländisch, Auslands-; ~ **country** Ausland *das*; ~ **language** Fremdsprache *die*.

foreign currency *n* Devisen *pl.*

foreigner ['fɒrənəʳ] *n* Ausländer *der (-in die).*

foreign exchange *n* Devisen *pl.*

Foreign Secretary *n (Br)* Außenminister *der (-in die).*

foreman ['fɔːmən] *(pl -men* [-mən]) *n* Vorarbeiter *der*.

forename ['fɔːneɪm] *n (fml)* Vorname *der*.

foresee [fɔː'siː] *(pt -saw* [-'sɔː], *pp -seen* [-'siːn]) *vt* voraussehen.

forest ['fɒrɪst] *n* Wald *der*.

forever [fə'revəʳ] *adv* ewig; *(continually)* ständig.

forgave [fə'geɪv] *pt* → forgive.

forge [fɔːdʒ] *vt (copy)* fälschen.

forgery ['fɔːdʒərɪ] *n* Fälschung *die*.

forget [fə'get] *(pt-got, pp-gotten)* vt & vi vergessen; **to ~ about sthg** etw vergessen; **to ~ how to do sthg** etw verlernen; **to ~ to do sthg** vergessen, etw zu tun; **~ it!** vergiß es!

forgetful [fə'getful] *adj* vergeßlich.

forgive [fə'gɪv] *(pt -gave, pp -given* [-'gɪvn]) *vt* vergeben; **to ~ sb for sthg** jm etw vergeben.

forgot [fə'gɒt] *pt* → forget.

forgotten [fə'gɒtn] *pp* → forget.

fork [fɔːk] *n* Gabel *die*; *(of road, path)* Gabelung *die* ❑ **forks** *npl (of bike, motorbike)* Gabel *der*.

form [fɔːm] *n (type, shape)* Form *die*; *(piece of paper)* Formular *das*; *(SCH)* Klasse *die* ♦ *vt* bilden ♦ *vi* sich bilden; **off** ~ nicht in Form; **on** ~ in

Form; **to ~ part of** einen Teil bilden von.

formal ['fɔ:ml] *adj* förmlich; *(occasion, clothes)* festlich.

formality [fɔ:'mælətɪ] *n* Formalität *die*; **it's just a ~** das ist eine reine Formalität.

format ['fɔ:mæt] *n* Format *das*.

former ['fɔ:mə^r] *adj* ehemalig; *(first)* früher ◆ *pron:* **the ~** der/die/das erstere.

formerly ['fɔ:məlɪ] *adv* früher.

formula ['fɔ:mjʊlə] *(pl* **-as** OR **-ae** [i:]*) n* Formel *die*.

fort [fɔ:t] *n* Fort *das*.

forthcoming [fɔ:θ'kʌmɪŋ] *adj (future)* bevorstehend.

fortieth ['fɔ:tɪɪθ] *num* vierzigste-(-r)(-s), → **sixth.**

fortnight ['fɔ:tnaɪt] *n (Br)* vierzehn Tage *pl.*

fortunate ['fɔ:tʃnət] *adj* glücklich; **to be ~** Glück haben.

fortunately ['fɔ:tʃnətlɪ] *adv* glücklicherweise.

fortune ['fɔ:tʃu:n] *n (money)* Vermögen *das; (luck)* Glück *das;* **it costs a ~** *(inf)* es kostet ein Vermögen.

forty ['fɔ:tɪ] *num* vierzig, → **six.**

forward ['fɔ:wəd] *adv (move, lean)* nach vorn ◆ *n (SPORT)* Stürmer *der* ◆ *vt (letter, goods)* nachlsenden; **to look ~ to sich freuen auf (+A.).**

forwarding address ['fɔ:wə-dɪŋ-] *n* Nachsendeadresse *die.*

fought [fɔ:t] *pt & pp →* **fight.**

foul [faʊl] *adj (unpleasant)* ekelhaft ◆ *n* Foul *das.*

found [faʊnd] *pt & pp →* **find** ◆ *vt* gründen.

foundation (cream) [faʊn-'deɪʃn-] *n* Make-up *das.*

foundations [faʊn'deɪʃnz] *npl* Fundament *das.*

fountain ['faʊntɪn] *n* Brunnen *der.*

fountain pen *n* Füllfederhalter *der.*

four [fɔ:^r] *num* vier, → **six.**

four-star (petrol) *n* Super *das.*

fourteen [fɔ:'ti:n] *num* vierzehn, → **six.**

fourteenth [fɔ:'ti:nθ] *num* vierzehnte-(-r)(-s), → **sixth.**

fourth [fɔ:θ] *num* vierte-(-r)(-s), → **sixth.**

four-wheel drive *n (car)* Geländewagen *der.*

fowl [faʊl] *(pl inv) n* Geflügel *das.*

fox [fɒks] *n* Fuchs *der.*

foyer ['fɔɪeɪ] *n* Foyer *das.*

fraction ['frækʃn] *n (small amount)* Bruchteil *der; (in maths)* Bruch *der.*

fracture ['fræktʃə^r] *n* Bruch *der* ◆ *vt* brechen.

fragile ['frædʒaɪl] *adj* zerbrechlich.

fragment ['frægmənt] *n* Bruchstück *das.*

fragrance ['freɪgrəns] *n* Duft *der.*

frail [freɪl] *adj* gebrechlich.

frame [freɪm] *n* Rahmen *der; (of glasses)* Gestell *das* ◆ *vt* einlrahmen.

France [frɑ:ns] *n* Frankreich *nt.*

frank [fræŋk] *adj* offen.

frankfurter ['fræŋkfɜ:tə^r] *n* Frankfurter *die.*

frankly ['fræŋklɪ] *adv (to be honest)* ehrlich gesagt.

frantic ['fræntık] *adj (person)*
außer sich; *(activity, pace)* hektisch.

fraud [frɔːd] *n (crime)* Betrug *der*.

freak [friːk] *adj* anormal ◆ *n (inf:
fanatic)* Freak *der*.

freckles ['freklz] *npl* Sommer-
sprossen *pl*.

free [friː] *adj* frei ◆ *vt (prisoner)*
befreien ◆ *adv (without paying)*
umsonst, gratis; **for** ~ umsonst,
gratis; ~ **of charge** umsonst, gratis;
to be ~ **to do sthg** etw tun können.

freedom ['friːdəm] *n* Freiheit *die*.

freefone ['friːfəʊn] *adj (Br):* **a** ~
number eine gebührenfreie Telefonnummer.

free gift *n* Werbegeschenk *das*.

free house *n (Br)* brauereiunab-
hängiges Wirtshaus.

free kick *n* Freistoß *der*.

freelance ['friːlɑːns] *adj* freiberuflich.

freely ['friːlı] *adv* frei.

free period *n (SCH)* Freistunde
die.

freepost ['friːpəʊst] *n* gebührenfreie Sendung; **'freepost'** 'Gebühr
zahlt Empfänger'.

free-range *adj (eggs)* von Hüh-
nern aus Bodenhaltung.

free time *n* Freizeit *die*.

freeway ['friːweɪ] *n (Am)* Autobahn *die*.

freeze [friːz] *(pt* froze, *pp* frozen)
vt einfrieren ◆ *vi* gefrieren ◆ *v
impers:* **it's freezing** es friert.

freezer ['friːzə'] *n (deep freeze)*
Tiefkühltruhe *die*, *(part of fridge)* Gefrierfach *das*.

freezing ['friːzıŋ] *adj* eiskalt.

freezing point *n* Gefrierpunkt
der.

freight [freɪt] *n (goods)* Fracht *die*.

French [frentʃ] *adj* französisch ◆
n (language) Französisch *das* ◆ *npl:*
the ~ die Franzosen *pl*.

French bean *n* grüne Bohne.

French bread *n* Baguette *die*.

French dressing *n (in UK)*
Vinaigrette *die*; *(in US)* French
Dressing *das*.

French fries *npl* Pommes frites
pl.

Frenchman ['frentʃmən] *(pl
-men* [-mən]) *n* Franzose *der*.

French toast *n* arme Ritter *pl*.

French windows *npl* Veranda-
tür *die*.

Frenchwoman ['frentʃ,wʊmən]
(pl -women [-,wımın]) *n* Französin
die.

frequency ['friːkwənsı] *n*
Frequenz *die*.

frequent ['friːkwənt] *adj* häufig.

frequently ['friːkwəntlı] *adv*
häufig.

fresh [freʃ] *adj* frisch; *(new, recent)*
neu; ~ **water** Süßwasser *das*; **to get
some** ~ **air** an die frische Luft
gehen.

fresh cream *n* Sahne *die*.

freshen ['freʃn]: **freshen up** *vi*
sich frisch machen.

freshly ['freʃlı] *adv* frisch.

fresh orange (juice) *n*
frischer Orangensaft.

Fri *(abbr of Friday)* Fr.

Friday ['fraɪdı] *n* Freitag *der*, →
Saturday.

fridge [frıdʒ] *n* Kühlschrank *der*.

fried egg [fraɪd-] *n* Spiegelei *das*.

fried rice [fraɪd-] *n* gebratener Reis.

friend [frend] *n* Freund *der* (-in *die*); **to be ~s with sb** mit jm befreundet sein; **to make ~s with sb** mit jm Freundschaft schließen.

friendly ['frendlɪ] *adj* freundlich; **to be ~ with sb** mit jm befreundet sein.

friendship ['frendʃɪp] *n* Freundschaft *die*.

fries [fraɪz] = **French fries**.

fright [fraɪt] *n* Furcht *die*; **to give sb a ~** jn erschrecken.

frighten ['fraɪtn] *vt* Angst machen (+D), erschrecken.

frightened ['fraɪtnd] *adj*: **to be ~ (of)** Angst haben (vor (+D)).

frightening ['fraɪtnɪŋ] *adj* beängstigend.

frightful ['fraɪtful] *adj* fürchterlich.

frilly ['frɪlɪ] *adj* gerüscht.

fringe [frɪndʒ] *n* (*Br: of hair*) Pony *der*; (*of clothes, curtain etc*) Fransen *pl*.

frisk [frɪsk] *vt* durchsuchen.

fritter ['frɪtə'] *n* Ausgebackene das, in Pfannkuchenteig getauchtes fritiertes Obst oder Gemüse.

fro [frəʊ] *adv* → **to**.

frog [frɒg] *n* Frosch *der*.

from [frɒm] *prep* **1.** (*expressing origin, source*) von; **where did you get that ~?** woher hast du das?; **I'm ~ England** ich bin aus England; **I bought it ~ a supermarket** ich habe es in einem Supermarkt gekauft; **the train ~ Manchester** der Zug aus Manchester.
2. (*expressing removal, deduction*) von; **away ~ home** weg von zu Hause; **to take sthg (away) ~ sb** jm

etw wegnehmen; **10% will be deducted ~ the total** es wird 10% von der Gesamtsumme abgezogen.
3. (*expressing distance*) **five miles ~ London** fünf Meilen von London entfernt; **it's not far ~ here** es ist nicht weit von hier.
4. (*expressing position*) von; **~ here you can see the valley** von hier aus kann man das Tal sehen.
5. (*expressing starting time*) von ... an; **open ~ nine to five** von neun bis fünf geöffnet; **~ next year** ab nächstem Jahr.
6. (*expressing change*) von; **the price has gone up ~ £1 to £2** der Preis ist von 1 auf 2 Pfund gestiegen.
7. (*expressing range*): **tickets cost ~ £10** Karten gibt es ab 10 Pfund; **it could take ~ two to six months** es könnte zwischen zwei und sechs Monaten dauern.
8. (*as a result of*) **I'm tired ~ walking** ich bin vom Gehen müde; **to suffer ~ asthma** an Asthma leiden.
9. (*expressing protection*) vor; **sheltered ~ the wind** vor dem Wind geschützt.
10. (*in comparisons*): **different ~** anders als.

fromage frais [ˌfrɒmɑːʒˈfreɪ] *n* Sahnequark *der*.

front [frʌnt] *adj* Vorder-, vordere(-r)(-s) ♦ *n* Vorderteil das; (*of weather*) Front *die*; (*by the sea*) Promenade *die*; **in ~** vorne; **in ~ of** vor (+D).

front door *n* (*of house*) Haustür *die*; (*of flat*) Wohnungstür *die*.

frontier [frʌnˈtɪə'] *n* Grenze *die*.

front page *n* Titelseite *die*.

front seat n Vordersitz der.

frost [frɒst] n (on ground) Reif der; (cold weather) Frost der.

frosty ['frɒstɪ] adj frostig.

froth [frɒθ] n Schaum der.

frown [fraun] n Stirnrunzeln das ◆ vi die Stirn runzeln.

froze [frəʊz] pt → freeze.

frozen ['frəʊzn] pp → freeze ◆ adj gefroren; (food) tiefgekühlt, Gefrier-; **I'm ~** mir ist eiskalt.

fruit [fru:t] n Obst das; (variety of fruit) Frucht die; **~s of the forest** Waldbeeren pl.

fruit cake n englischer Kuchen.

fruiterer ['fru:tərər] n (Br) Obsthändler der.

fruit juice n Fruchtsaft der.

fruit machine n (Br) Spielautomat der.

fruit salad n Obstsalat der.

frustrating [frʌ'streɪtɪŋ] adj frustrierend.

frustration [frʌ'streɪʃn] n Frustration die.

fry [fraɪ] vt braten.

frying pan ['fraɪɪŋ-] n Bratpfanne die.

ft abbr = **foot, feet**.

fudge [fʌdʒ] n weiches Bonbon aus Milch, Zucker und Butter.

fuel [fjʊəl] n Kraftstoff der.

fuel pump n Zapfsäule die.

fulfil [fʊl'fɪl] vt (Br) erfüllen; (role) ausfüllen.

fulfill [fʊl'fɪl] (Am) = **fulfil**.

full [fʊl] adj & adv voll; **I'm ~ (up)** ich bin satt; **~ of** voll von, voller; **in ~** vollständig.

full board n Vollpension die.

full-cream milk n Vollmilch die.

full-length adj (skirt, dress) lang.

full moon n Vollmond der.

full stop n Punkt der.

full-time adj ganztägig, Ganztags- ◆ adv ganztags.

fully ['fʊlɪ] adv ganz.

fully-licensed adj mit Schankerlaubnis.

fumble ['fʌmbl] vi wühlen.

fun [fʌn] n Spaß der; **it's good ~** es macht Spaß; **for ~** aus Spaß; **to have ~** sich amüsieren; **to make ~ of** sich lustig machen über (+A).

function ['fʌŋkʃn] n Funktion die; (formal event) Veranstaltung die ◆ vi funktionieren.

fund [fʌnd] n (of money) Fonds der ◆ vt finanzieren □ **funds** npl Geldmittel pl.

fundamental [ˌfʌndə'mentl] adj Grund-, grundlegend.

funeral ['fju:nərəl] n Beerdigung die.

funfair ['fʌnfeər] n Jahrmarkt der.

funky ['fʌŋkɪ] adj (inf: music) funky.

funnel ['fʌnl] n (for pouring) Trichter der; (on ship) Schornstein der.

funny ['fʌnɪ] adj komisch; **I feel ~ (ill)** mir ist (ganz) komisch.

fur [fɜːʳ] n Pelz der.

fur coat n Pelzmantel der.

furious ['fjʊərɪəs] adj wütend.

furnished ['fɜːnɪʃt] adj möbliert.

furnishings ['fɜːnɪʃɪŋz] npl Einrichtungsgegenstände pl.

furniture ['fɜːnɪtʃəʳ] n Möbel pl; **a piece of ~** ein Möbelstück.

furry ['fɜ:rɪ] *adj (animal)* mit dichtem Fell; *(toy, material)* Plüsch-.

further ['fɜ:ðə^r] *compar* → **far** ◆ *adv* weiter ◆ *adj* weitere(-r)(-s); **until ~ notice** bis auf weiteres; **would you like anything ~?** sonst noch etwas?

furthermore [,fɜ:ðə'mɔ:^r] *adv* außerdem.

furthest ['fɜ:ðɪst] *superl* → **far** ◆ *adj* am weitesten entfernt ◆ *adv* am weitesten.

fuse [fju:z] *n (of plug)* Sicherung *die*; *(on bomb)* Zündschnur *die* ◆ *vi (plug, device)* durchlbrennen.

fuse box *n* Sicherungskasten *der*.

fuss [fʌs] *n* Theater *das*.

fussy ['fʌsɪ] *adj (person)* pingelig.

future ['fju:tʃə^r] *n* Zukunft *die* ◆ *adj* künftig; **in ~** in Zukunft.

G

g *(abbr of gram)* g.

gable ['geɪbl] *n* Giebel *der*.

gadget ['gædʒɪt] *n* Gerät *das*.

Gaelic ['geɪlɪk] *n* Gälisch *das*.

gag [gæg] *n (inf: joke)* Gag *der*.

gain [geɪn] *vt (get more of)* gewinnen; *(achieve)* erzielen; *(victory)* erringen; *(subj: clock, watch)* vorlgehen ◆ *vi (get benefit)* profitieren ◆ *n* Gewinn *der*; **to ~ weight** zulnehmen.

gale [geɪl] *n* Sturm *der*.

gallery ['gælərɪ] *n (for art etc)* Galerie *die*; *(at theatre)* dritter Rang.

gallon ['gælən] *n (in UK)* = 4,546 l, Gallone *die*; *(in US)* = 3,78 l, Gallone.

gallop ['gæləp] *vi* galoppieren.

gamble ['gæmbl] *n* Risiko *das* ◆ *vi (bet money)* (um Geld) spielen.

gambling ['gæmblɪŋ] *n* Glücksspiel *das*.

game [geɪm] *n* Spiel *das*; *(wild animals, meat)* Wild *das* ❑ **games** *n (SCH)* Sport *der* ◆ *npl (sporting event)* Spiele *pl*.

gammon ['gæmən] *n* geräucherter Schinken.

gang [gæŋ] *n (of criminals)* Bande *die*; *(of friends)* Clique *die*.

gangster ['gæŋstə^r] *n* Gangster *der*.

gangway ['gæŋweɪ] *n (for ship)* Gangway *die*; *(Br: in aeroplane, theatre)* Gang *der*.

gaol [dʒeɪl] *(Br)* = **jail**.

gap [gæp] *n* Lücke *die*; *(of time)* Pause *die*; *(difference)* Unterschied *der*.

garage ['gɑːrɑːʒ, 'gærɪdʒ] *n (for keeping car)* Garage *die*; *(Br: for petrol)* Tankstelle *die*; *(for repairs)* Autowerkstatt *die*; *(Br: for selling cars)* Autohandlung *die*.

garbage ['gɑːbɪdʒ] *n (Am)* Müll *der*.

garbage can *n (Am)* Mülleimer *der*.

garbage truck *n (Am)* Müllwagen *der*.

garden ['gɑːdn] *n* Garten *der* ◆ *vi* im Garten arbeiten ❑ **gardens** *npl (public park)* Anlagen *pl*.

garden centre *n* Gärtnerei *die*.

gardener ['gɑːdnə^r] n Gärtner der (-in die).

gardening ['gɑːdnɪŋ] n Gartenarbeit die.

garden peas npl Erbsen pl.

garlic ['gɑːlɪk] n Knoblauch der.

garlic bread n Knoblauchbaguette das.

garlic butter n Knoblauchbutter die.

garment ['gɑːmənt] n Kleidungsstück das.

garnish ['gɑːnɪʃ] n (herbs, vegetables) Garnierung die; (sauce) Soße die ♦ vt garnieren.

gas [gæs] n Gas das; (Am: petrol) Benzin das.

gas cooker n (Br) Gasherd der.

gas cylinder n Gasflasche die.

gas fire n (Br) Gasofen der.

gasket ['gæskɪt] n Dichtung die.

gas mask n Gasmaske die.

gasoline ['gæsəliːn] n (Am) Benzin das.

gasp [gɑːsp] vi (in shock, surprise) nach Luft schnappen.

gas pedal n (Am) Gaspedal das.

gas station n (Am) Tankstelle die.

gas stove (Br) = gas cooker.

gas tank n (Am) Benzintank der.

gasworks ['gæswɜːks] (pl inv) n Gaswerk das.

gate [geɪt] n Tor das; (at airport) Flugsteig der.

gâteau ['gætəʊ] (pl -x [-z]) n (Br) Sahnetorte die.

gateway ['geɪtweɪ] n (entrance) Tor das.

gather ['gæðə^r] vt sammeln; (understand) annehmen ♦ vi (come together) sich versammeln; **to ~ speed** schneller werden.

gaudy ['gɔːdɪ] adj grell.

gauge [geɪdʒ] n (for measuring) Meßgerät das; (of railway track) Spurweite die ♦ vt (calculate) abschätzen.

gauze [gɔːz] n Gaze die.

gave [geɪv] pt → give.

gay [geɪ] adj (homosexual) schwul.

gaze [geɪz] vi: **to ~ at** blicken auf (+A).

GB (abbr of Great Britain) GB.

GCSE n Abschlußprüfung in der Schule, die meist mit 16 Jahren abgelegt wird.

GCSE

Das „GCSE" (kurz für „General Certificate of Secondary Education") wurde 1986 in Großbritannien eingeführt und ersetzt die bis dahin üblichen „O level"-Prüfungen. Es handelt sich um Schulabschlußprüfungen in verschiedenen Fächern, die im Alter von 15 oder 16 Jahren abgelegt werden müssen. Will der Schüler eine weiterführende Schule besuchen und seine „A level"-Prüfungen machen, muß er sie in mindestens 5 Schulfächern ablegen. Im Gegensatz zu den „O levels" fließen beim GCSE neben dem Prüfungsergebnis auch die im Laufe des Schuljahres erzielten Ergebnisse in die Endnote mit ein.

gear [gɪə^r] n (wheel) Gangschaltung die; (speed) Gang der; (equipment, clothes) Sachen pl; **is the**

car in ~? ist der Gang eingelegt?; **to change** ~ schalten.

gearbox ['gɪəbɒks] *n* Getriebe das.

gear lever *n* Schaltknüppel der.

gear shift (Am) = gear lever.

gear stick (Br) = gear lever.

geese [giːs] *pl* → goose.

gel [dʒel] *n* Gel das.

gelatine [ˌdʒeləˈtiːn] *n* Gelatine die.

gem [dʒem] *n* Juwel das.

Gemini ['dʒeminai] *n* Zwillinge *pl*.

gender ['dʒendəʳ] *n* Geschlecht das.

general ['dʒenərəl] *adj* allgemein ◆ *n* General der; **in** ~ im allgemeinen.

general anaesthetic *n* Vollnarkose die.

general election *n* allgemeine Wahlen.

generally ['dʒenərəli] *adv* (usually) normalerweise; (by most people) allgemein.

general practitioner [-prækˈtɪʃənəʳ] *n* praktischer Arzt (praktische Ärztin).

general store *n* Lebensmittelgeschäft das.

generate ['dʒenəreit] *vt* erzeugen.

generation [ˌdʒenəˈreiʃn] *n* Generation die.

generator ['dʒenəreitəʳ] *n* Generator der.

generosity [ˌdʒenəˈrɒsəti] *n* Großzügigkeit die.

generous ['dʒenərəs] *adj* großzügig.

Geneva [dʒɪˈniːvə] *n* Genf nt.

genitals ['dʒenitlz] *npl* Geschlechtsteile *pl*.

genius ['dʒiːnjəs] *n* Genie das.

gentle ['dʒentl] *adj* sanft.

gentleman ['dʒentlmən] (*pl* -men [-mən]) *n* (man) Herr der; (well-behaved man) Kavalier der; 'gentlemen' 'Herren'.

gently ['dʒentli] *adv* sanft.

gents [dʒents] *n* (Br) Herrentoilette die.

genuine ['dʒenjuin] *adj* echt.

geographical [dʒiəˈgræfikl] *adj* geographisch.

geography [dʒiˈɒgrəfi] *n* Geographie die; (terrain) geographische Gegebenheiten *pl*.

geology [dʒiˈɒlədʒi] *n* Geologie die.

geometry [dʒiˈɒmətri] *n* Geometrie die.

Georgian ['dʒɔːdʒən] *adj* (architecture etc) georgianisch (1714-1830).

geranium [dʒiˈreinjəm] *n* Geranie die.

German ['dʒɜːmən] *adj* deutsch ◆ *n* (person) Deutsche der, die; (language) Deutsch das; **in** ~ auf deutsch.

German measles *n* Röteln *pl*.

Germany ['dʒɜːməni] *n* Deutschland nt.

germs [dʒɜːmz] *npl* Bazillen *pl*.

gesture ['dʒestʃəʳ] *n* Geste die.

get [get] (*pt* & *pp* **got**, *Am pp* **gotten**) *vt* 1. (obtain) bekommen; (buy) kaufen; **she got a job** sie hat eine Stelle gefunden. 2. (receive) bekommen; **I got a book for Christmas** ich habe zu Weihnachten ein Buch bekommen.

3. *(train, plane, bus etc)* nehmen; **let's ~ a taxi** laß uns ein Taxi nehmen.

4. *(fetch)* holen; **could you ~ me the manager?** *(in shop)* könnten Sie mir den Geschäftsführer holen?; *(on phone)* könnten Sie mir den Geschäftsführer geben?

5. *(illness)* bekommen; **I've got a cold** ich habe eine Erkältung.

6. *(cause to become):* **to ~ sthg done** etw machen lassen; **can I ~ my car repaired here?** kann ich mein Auto hier reparieren lassen?

7. *(ask, tell):* **to ~ sb to do sthg** jn bitten, etw zu tun.

8. *(move):* **I can't ~ it through the door** ich bekomme es nicht durch die Tür.

9. *(understand)* verstehen.

10. *(time, chance)* haben; **we didn't ~ the chance to see everything** wir hatten nicht die Gelegenheit, uns alles anzuschauen.

11. *(idea, feeling)* haben; **I ~ a lot of enjoyment from it** ich habe viel Spaß daran.

12. *(phone):* **could you ~ the phone?** könntest du ans Telefon gehen?

13. *(in phrases):* **you ~ a lot of rain here in winter** hier regnet es viel im Winter, → **have**.

◆ *vi* 1. *(become)* werden; **it's getting late** es wird spät; **to ~ lost** sich verirren; **to ~ ready** fertigwerden; **~ lost!** *(inf)* hau ab!, verschwinde!

2. *(into particular state, position):* **to ~ into trouble** in Schwierigkeiten geraten; **how do you ~ to Luton from here?** wie kommt man von hier nach Luton?; **to ~ into the car** ins Auto einsteigen.

3. *(arrive)* ankommen; **when does the train ~ here?** wann kommt der Zug hier an?

4. *(in phrases):* **to ~ to do sthg** die Gelegenheit haben, etw zu tun.

◆ *aux vb* werden; **to ~ delayed** aufgehalten werden; **to ~ killed** getötet werden.

❏ **get back** *vi (return)* zurückkommen; **get in** *vi (arrive)* ankommen; *(into car, bus)* einsteigen; **get off** *vi (leave train, bus)* aussteigen; *(in car)* losfahren; **get on** *vi (enter train, bus)* einsteigen; *(in relationship)* sich verstehen; *(progress):* **how are you getting on?** wie kommst du voran?; **get out** *vi (of car, bus, train)* aussteigen; **get through** *vi (on phone)* durch|kommen; **get up** *vi* auf|stehen.

get-together *n (inf)* Treffen *das*.

ghastly ['gɑːstlɪ] *adj (inf)* schrecklich.

gherkin ['gɜːkɪn] *n* Gewürzgurke *die*.

ghetto blaster ['getəʊ,blɑːstə^r] *n (inf)* Radiorecorder *der*.

ghost [gəʊst] *n* Geist *der*.

giant ['dʒaɪənt] *adj* riesig ◆ *n* Riese *der*.

giblets ['dʒɪblɪts] *npl* Innereien *pl*.

giddy ['gɪdɪ] *adj* schwindlig.

gift [gɪft] *n (present)* Geschenk *das*; *(talent)* Begabung *die*.

gifted ['gɪftɪd] *adj* begabt.

gift shop *n* Geschenkeladen *der*.

gift voucher *n (Br)* Geschenkgutschein *der*.

gig [gɪg] *n (inf: concert)* Gig *der*.

gigantic [dʒaɪ'gæntɪk] *adj* riesig.

giggle ['gɪgl] *vi* kichern.

gill [dʒɪl] *n (measurement)* = 0,142 l.

gimmick ['gɪmɪk] *n* Gimmick *der*.

121

go

gin [dʒɪn] n Gin der; **~ and tonic** Gin Tonic der.

ginger ['dʒɪndʒəʳ] n Ingwer der ♦ adj (colour) rotblond.

ginger ale n Ginger-ale das.

ginger beer n Ginger-beer das.

gingerbread ['dʒɪndʒəbred] n Pfefferkuchen der.

gipsy ['dʒɪpsɪ] n Zigeuner der (-in die).

giraffe [dʒɪˈrɑːf] n Giraffe die.

girdle ['gɜːdl] n Hüfthalter der.

girl [gɜːl] n Mädchen das.

girlfriend ['gɜːlfrend] n Freundin die.

girl guide n (Br) Pfadfinderin die.

girl scout (Am) = **girl guide**.

giro ['dʒaɪrəu] n (system) Giro das.

give [gɪv] (pt gave, pp given ['gɪvn]) vt geben; (speech) halten; (attention, time) widmen; **to ~ sb sthg** jm etw geben; (as present) jm etw schenken; **to ~ sb a look** jm ansehen; **to ~ sb a push** jm einen Schubs geben; **to ~ sb a kiss** jm einen Kuß geben; **~ or take** mehr oder weniger; **'~ way** 'Vorfahrt beachten' ❑ **give away** vt sep (get rid of) weggeben; (reveal) verraten; **give back** vt sep zurückgeben; **give in** vi nachgeben; **give off** vt fus abgeben; **give out** vt sep (distribute) austeilen; **give up** vt sep & vi aufgeben.

glacier [Br ˈglæsjəʳ, Am ˈgleɪsjər] n Gletscher der.

glad [glæd] adj froh; **to be ~ to do sthg** sich freuen, etw zu tun.

gladly ['glædlɪ] adv (willingly) gern.

glamorous ['glæmərəs] adj glamourös.

glance [glɑːns] n Blick der ♦ vi: **to ~ at** einen Blick werfen auf (+A).

gland [glænd] n Drüse die.

glandular fever ['glændjulə-] n Drüsenfieber das.

glare [gleəʳ] vi (sun, light) blenden; (person): **to ~ at** böse ansehen.

glass [glɑːs] n Glas das ♦ adj Glas-❑ **glasses** npl Brille die.

glassware ['glɑːsweəʳ] n Glaswaren pl.

glen [glen] n (Scot) enges Tal.

glider ['glaɪdəʳ] n Segelflugzeug das.

glimpse [glɪmps] vt flüchtig sehen.

glitter ['glɪtəʳ] vi glitzern.

global warming [ˌgləublˈwɔːmɪŋ] n die Erwärmung der Erdatmosphäre.

globe [gləub] n Globus der.

gloomy ['gluːmɪ] adj düster.

glorious ['glɔːrɪəs] adj (weather, sight) großartig; (victory, history) glorreich.

glory ['glɔːrɪ] n Ruhm der.

gloss [glɒs] n (shine) Glanz der; ~ (paint) Lackfarbe die.

glossary ['glɒsərɪ] n Glossar das.

glossy ['glɒsɪ] adj (magazine) Hochglanz-; (photo) Glanz-.

glove [glʌv] n Handschuh der.

glove compartment n Handschuhfach das.

glow [gləu] n Glühen das ♦ vi glühen.

glucose ['gluːkəus] n Glukose die.

glue [gluː] n Klebstoff der ♦ vt kleben.

gnat [næt] n Mücke die.

gnaw [nɔː] vt nagen an (+D).

go [gəu] (pt went, pp gone, pp goes) vi 1. (move) gehen; (travel) fahren; **to**

~ **for a walk** spazieren|gehen; **I'll ~ and collect the cases** ich gehe die Koffer abholen; **to ~ home** nach Hause gehen; **to ~ to Austria** nach Österreich gehen; **to ~ by bus** mit dem Bus fahren; **to ~ shopping** einkaufen gehen.

2. *(leave)* gehen; *(in vehicle)* fahren; **when does the bus ~?** wann fährt der Bus ab?; ~ **away!** geh weg!

3. *(become)* werden; **she went pale** sie wurde bleich; **the milk has gone sour** die Milch ist sauer geworden.

4. *(expressing future tense)*: **to be going to do sthg** etw tun werden; **it's going to rain tomorrow** morgen wird es regnen; **we're going to go to Switzerland** wir fahren in die Schweiz.

5. *(function)* laufen; *(watch)* gehen; **the car won't ~** das Auto springt nicht an.

6. *(stop working)* kaputt|gehen; **the fuse has gone** die Sicherung ist herausgesprungen.

7. *(time)* vergehen.

8. *(progress)* gehen, laufen; **to ~ well** gut|gehen.

9. *(alarm)* los|gehen.

10. *(match)* zusammen|passen; **to ~ with** passen zu; **red wine doesn't ~ with fish** Rotwein paßt nicht zu Fisch.

11. *(be sold)* verkauft werden; **'everything must ~'** 'alles muß weg'.

12. *(fit)* passen, gehen.

13. *(lead)* führen; **where does this path ~?** wohin führt dieser Weg?

14. *(belong)* gehören.

15. *(in phrases)*: **to let ~ of sthg** *(drop)* etw los|lassen; **to ~** *(Am: to take away)* zum Mitnehmen; **how long is there to ~ until Christmas?** wie

lange ist es noch bis Weihnachten?

◆ *n* 1. *(turn)*: **it's your ~** du bist an der Reihe.

2. *(attempt)* Versuch *der*; **to have a ~ at sthg** etw versuchen, etw probieren; **'50p a ~'** *(for game)* 'jede Runde 50p'.

❑ **go ahead** *vi (begin)* an|fangen, beginnen; *(take place)* statt|finden; ~ **ahead!** bitte!; **go back** *vi (return)* zurück|gehen; **go down** *vi (decrease)* sinken; *(sun)* unter|gehen; *(tyre)* platt werden; **go down with** *vt fus (inf: illness)* bekommen; **go in** *vi* hinein|gehen; **go off** *vi (alarm)* los|gehen; *(go bad)* schlecht werden; *(light, heating)* aus|gehen; **go on** *vi (happen)* los sein; *(light, heating)* an|gehen; *(continue)*: **to ~ on doing sthg** etw weiter tun; ~ **on!** los!; **go out** *vi* aus|gehen; *(have relationship)*: **to ~ out with sb** mit jm gehen; **to ~ out for a meal** essen gehen; **to ~ out for a walk** einen Spaziergang machen; **go over** *vt fus (check)* überprüfen; **go round** *vi (revolve)* sich drehen; **go through** *vt fus (experience)* durch|machen; *(spend)* aus|geben; *(search)* durch|suchen; **go up** *vi (increase)* steigen; **go without** *vt fus* **to ~ without sthg** ohne etw aus|kommen.

goal [gəʊl] *n (SPORT)* Tor *das*; *(aim)* Ziel *das*.

goalkeeper [ˈgəʊlˌkiːpəʳ] *n* Torwart *der*.

goalpost [ˈgəʊlpəʊst] *n* Torpfosten *der*.

goat [gəʊt] *n* Ziege *die*.

gob [gɒb] *n (Br: inf: mouth)* Maul *das*.

god [gɒd] *n* Gott *der* (Göttin *die*) ❑ **God** *n* Gott.

goddaughter ['gɒd,dɔːtə^r] n Patentochter die.

godfather ['gɒd,fɑːðə^r] n Pate der.

godmother ['gɒd,mʌðə^r] n Patin die.

gods [gɒdz] npl: **the ~** (Br: inf: in theatre) der Olymp.

godson ['gɒdsʌn] n Patensohn der.

goes [gəʊz] → **go**.

goggles ['gɒglz] npl (for swimming) Taucherbrille die; (for skiing) Skibrille die.

going ['gəʊɪŋ] adj (available) erhältlich; **the ~ rate** der übliche Betrag.

go-kart [-kɑːt] n Go-Kart der.

gold [gəʊld] n Gold das ◆ adj (bracelet, watch) golden.

goldfish ['gəʊldfɪʃ] (pl inv) n Goldfisch der.

gold-plated [-'pleɪtɪd] adj vergoldet.

golf [gɒlf] n Golf das.

golf ball n Golfball der.

golf club n (place) Golfclub der; (equipment) Golfschläger der.

golf course n Golfplatz der.

golfer ['gɒlfə^r] n Golfspieler der (-in die).

gone [gɒn] pp → **go** ◆ prep (Br: past) nach.

good [gʊd] (compar better, superl best) adj gut; (well-behaved) artig, brav; (thorough) gründlich ◆ n (moral correctness) Gute das; **to have a ~ time** sich gut amüsieren; **to be ~ at sthg** etw gut können; **a ~ ten minutes** gute zehn Minuten; **in ~ time** beizeiten; **to make ~ sthg** (damage, loss) etw wieder gut-

machen; **for ~** für immer; **for the ~ of** zum Wohle (+G); **it's no ~** (there's no point) es hat keinen Zweck; **that's very ~ of you** das ist sehr nett von Ihnen; **~ afternoon!** guten Tag!; **~ evening!** guten Abend!; **~ morning!** guten Morgen!; **~ night!** gute Nacht! ❑ **goods** npl Waren pl.

goodbye [,gʊd'baɪ] excl auf Wiedersehen!

Good Friday n Karfreitag der.

good-looking [-'lʊkɪŋ] adj gutaussehend.

goods train [gʊdz-] n Güterzug der.

goose [guːs] (pl geese) n Gans die.

gooseberry ['gʊzbərɪ] n Stachelbeere die.

gorge [gɔːdʒ] n Schlucht die.

gorgeous ['gɔːdʒəs] adj (day, meal, countryside) wunderschön; (inf: good-looking): **to be ~** eine Wucht sein.

gorilla [gə'rɪlə] n Gorilla der.

gossip ['gɒsɪp] n Klatsch der ◆ vi klatschen.

gossip column n Klatschspalte die.

got [gɒt] pt & pp → **get**.

gotten ['gɒtn] pp (Am) → **get**.

goujons ['guːdʒɒnz] npl panierte und fritierte Fisch- oder Fleischstreifen.

goulash ['guːlæʃ] n Gulasch das.

gourmet ['gʊəmeɪ] n Feinschmecker der (-in die) ◆ adj (food, restaurant) Feinschmecker-.

govern ['gʌvən] vt regieren.

government ['gʌvnmənt] n Regierung die.

gown [gaʊn] n (dress) Kleid das.

GP abbr = **general practitioner**.

grab [græb] vt (take hold of) greifen.

graceful ['greisfʊl] adj (elegant) graziös.

grade [greid] n (quality) Klasse die; (in exam) Note die; (Am: year at school) Klasse die.

gradient ['greidjant] n (upward) Steigung die; (downward) Gefälle das.

gradual ['grædjʊəl] adj allmählich.

gradually ['grædjʊəlɪ] adv allmählich.

graduate [n 'grædjʊət, vb 'grædjʊeɪt] n Akademiker der (-in die); (Am: from high school) Schulabgänger der (-in die) ◆ vi die Universität abschließen; (Am: from high school) die Schule abschließen.

graduation [grædjʊ'eɪʃn] n (ceremony) Abschlußfeier einer Universität.

graffiti [grə'fiːtɪ] n Graffiti das.

grain [greɪn] n (seed) Korn das; (crop) Getreide das; (of sand, salt) Körnchen das.

gram [græm] n Gramm das.

grammar ['græmə^r] n Grammatik die.

grammar school n (in UK) ≃ Gymnasium das.

gramme [græm] = **gram**.

gramophone ['græməfəʊn] n Plattenspieler der.

gran [græn] n (Br: inf) Oma die.

grand [grænd] adj (impressive) großartig ◆ n (inf) (thousand pounds) tausend Pfund pl; (thousand dollars) tausend Dollar pl.

grandchild ['græntʃaɪld] (pl -children [-tʃɪldrən]) n Enkelkind das.

granddad ['grændæd] n (inf) Opa der.

granddaughter ['græn.dɔːtə^r] n Enkelin die.

grandfather ['grænd.fɑːðə^r] n Großvater der.

grandma ['grænmɑː] n (inf) Oma die.

grandmother ['græn.mʌðə^r] n Großmutter die.

grandpa ['grænpɑː] n (inf) Opa der.

grandparents ['græn.peərənts] npl Großeltern pl.

grandson ['grænsʌn] n Enkel der.

granite ['grænɪt] n Granit der.

granny ['grænɪ] n (inf) Oma die.

grant [grɑːnt] n (POL) Zuschuß der; (for university) Stipendium das ◆ vt (fml: give) gewähren; **to take sthg for ~ed** etw als selbstverständlich ansehen; **he takes his wife for ~ed** er weiß nicht zu schätzen, was seine Frau für ihn tut.

grape [greɪp] n Traube die.

grapefruit ['greɪpfruːt] n Grapefruit die, Pampelmuse die.

grapefruit juice n Grapefruitsaft der.

graph [grɑːf] n Kurvendiagramm das.

graph paper n Millimeterpapier das.

grasp [grɑːsp] vt festhalten; (understand) verstehen.

grass [grɑːs] n Gras das; (lawn) Rasen der; **'keep off the ~'** 'den Rasen nicht betreten'.

grasshopper ['grɑːs.hɒpə^r] n Heuschrecke die.

grate [greɪt] n (of fire) Rost der.

grated ['greitid] *adj* gerieben.

grateful ['greitful] *adj* dankbar.

grater ['greitə^r] *n* Reibe *die*.

gratitude ['grætitju:d] *n* Dankbarkeit *die*.

gratuity [grə'tju:iti] *n* (*fml*) Trinkgeld *das*.

grave^1 [greiv] *adj* (*mistake*) schwer; (*news*) schlimm; (*situation*) ernst ◆ *n* Grab *das*.

grave^2 [grɑ:v] *adj* (*accent*) grave.

gravel ['grævl] *n* Kies *der*.

graveyard ['greivjɑ:d] *n* Friedhof *der*.

gravity ['grævəti] *n* Schwerkraft *die*.

gravy ['greivi] *n* Soße *die*.

gray [grei] (*Am*) = **grey**.

graze [greiz] *vt* (*injure*) aufschürfen.

grease [gri:s] *n* (*for machine, tool*) Schmiere *die*; (*animal fat*) Fett *das*.

greaseproof paper ['gri:spru:f-] *n* (*Br*) Pergamentpapier *das*.

greasy ['gri:si] *adj* (*tools, clothes*) schmierig; (*food, skin, hair*) fettig.

great [greit] *adj* (*large, famous, important*) groß; (*very good*) großartig; (*that's*) ~! (*das ist*) toll!

Great Britain *n* Großbritannien *nt*.

i GREAT BRITAIN

G roßbritannien ("Great Britain") ist die Bezeichnung für die aus England, Schottland und Wales bestehende Insel. Im Englischen wird sie verkürzt auch "Britain" genannt. Im Gegensatz dazu umfaßt der Begriff "United Kingdom" (Vereinigtes Königreich) zusätzlich Nordirland, während der Begriff "British Isles" (die Britischen Inseln) außer Nordirland auch die Irische Republik, die Isle of Man, Orkney, die Shetlandinseln und die Kanalinseln mit einschließt.

---

great-grandfather *n* Urgroßvater *der*.

great-grandmother *n* Urgroßmutter *die*.

greatly ['greitli] *adv* sehr.

Greece [gri:s] *n* Griechenland *nt*.

greed [gri:d] *n* Gier *die*.

greedy ['gri:di] *adj* gierig.

Greek [gri:k] *adj* griechisch ◆ *n* (*person*) Grieche *der* (Griechin *die*); (*language*) Griechisch *das*.

Greek salad *n* griechischer Salat.

green [gri:n] *adj* grün ◆ *n* (*colour*) Grün *das*; (*in village*) Gemeindewiese *die*; (*on golf course*) Green *der* ❑ **greens** *npl* (*vegetables*) Grüngemüse *das*.

green beans *npl* grüne Bohnen *pl*.

green card *n* (*Br: for car*) grüne Karte; (*Am: work permit*) Arbeitserlaubnis *die*.

green channel *n* Ausgang 'nichts zu verzollen' am Flughafen.

greengage ['gri:ngeidʒ] *n* Reineclaude *die*.

greengrocer's ['gri:n,grəʊsəz] *n* (*shop*) Obst- und Gemüsegeschäft *das*.

greenhouse ['gri:nhaʊs, *pl* -haʊziz] *n* Gewächshaus *das*.

greenhouse effect n Treibhauseffekt der.

green light n grünes Licht.

green pepper n grüner Paprika.

Greens [gri:nz] npl: **the ~** die Grünen.

green salad n grüner Salat.

greet [gri:t] vt grüßen.

greeting ['gri:tiŋ] n Gruß der.

grenade [grə'neid] n Granate die.

grew [gru:] pt → **grow**.

grey [grei] adj grau ♦ n Grau das; **to go ~** grau werden.

greyhound ['greihaond] n Windhund der.

grid [grid] n Gitter das; (on map etc) Gitternetz das.

grief [gri:f] n Trauer die; **to come to ~** scheitern.

grieve [gri:v] vi trauern.

grill [gril] n Grill der ♦ vt grillen.

grille [gril] n (AUT) Kühlergrill der.

grilled [grild] adj gegrillt.

grim [grim] adj (place, news, reality) düster; (determined) grimmig.

grimace ['grimas] n Grimasse die.

grimy ['graimi] adj verschmutzt.

grin [grin] n Grinsen das ♦ vi grinsen.

grind [graind] (pt & pp **ground**) vt (pepper, coffee) mahlen.

grip [grip] n Griff der; (of tyres) Profil das; (bag) Reisetasche die ♦ vt (hold) festhalten.

gristle ['grisl] n Knorpel der.

groan [grəun] n Stöhnen das ♦ vi stöhnen; (complain) sich beklagen.

groceries ['grəusəriz] npl Lebensmittel pl.

grocer's ['grəusəz] n (shop) Lebensmittelgeschäft das.

grocery ['grəusəri] n (shop) Lebensmittelgeschäft das.

groin [grɔin] n Leiste die.

groove [gru:v] n Rille die.

grope [grəup] vi (search) tasten.

gross [grəus] adj (weight, income) brutto.

grossly ['grəusli] adv (extremely) äußerst.

grotty ['grɒti] adj (Br: inf) mies.

ground [graund] pt & pp → **grind** ♦ n Boden der; (SPORT) Platz der ♦ adj (coffee) gemahlen ♦ vt: **to be ~ed** (plane) keine Starterlaubnis erhalten; (Am: ELEC) geerdet sein □ **grounds** npl (of building) Anlagen pl; (of coffee) Satz der; (reason) Grund der.

ground floor n Erdgeschoß das.

groundsheet ['graundʃi:t] n Bodenplane die.

group [gru:p] n Gruppe die.

grouse [graus] (pl inv) n (bird) Moorschneehuhn das.

grovel ['grɒvl] vi (be humble) kriechen.

grow [grəu] (pt grew, pp grown) vi wachsen; (become) werden ♦ vt (plant, crop) anbauen; (beard) sich (D) wachsen lassen □ **grow up** vi erwachsen werden.

growl [graul] vi (dog) knurren.

grown [grəun] pp → **grow**.

grown-up adj erwachsen ♦ n Erwachsene der.

growth [grəuθ] n Wachstum das; (MED) Geschwulst die.

grub [grʌb] n (inf: food) Futter das.

grubby ['grʌbɪ] adj (inf) schmuddlig.

grudge [grʌdʒ] n Abneigung die ♦ vt: **to ~ sb sth** jm etw neiden; **to have a ~ against sb** etw gegen jn haben.

grueling ['gruəlɪŋ] (Am) = **gruelling**.

gruelling ['gruəlɪŋ] adj (Br) anstrengend.

gruesome ['gru:səm] adj grausig.

grumble ['grʌmbl] vi (complain) sich beschweren.

grumpy ['grʌmpɪ] adj (inf) grantig.

grunt [grʌnt] vi grunzen.

guarantee [,gærən'ti:] n Garantie die ♦ vt garantieren; (product) Garantie geben.

guard [gɑ:d] n (of prisoner etc) Wärter der (-in die); (Br: on train) Schaffner der (-in die); (protective cover) Schutz der ♦ vt bewachen; **to be on one's ~** auf der Hut sein.

guess [ges] n Vermutung die ♦ vt erraten ♦ vi raten; **I ~ (so)** ich denke (schon).

guest [gest] n Gast der.

guesthouse ['gesthaus, pl -hauzɪz] n Pension die.

guestroom ['gestrum] n Gästezimmer das.

guidance ['gaɪdəns] n Beratung die.

guide [gaɪd] n (for tourists) Fremdenführer der (-in die); (guidebook) Reiseführer der ♦ vt führen ❑ **Guide** n (Br) Pfadfinderin die.

guidebook ['gaɪdbuk] n Reiseführer der.

guide dog n Blindenhund der.

guided tour ['gaɪdɪd-] n Führung die.

guidelines ['gaɪdlaɪnz] npl Richtlinien pl.

guilt [gɪlt] n Schuld die.

guilty ['gɪltɪ] adj schuldig; (remorseful) schuldbewußt; **to be ~ of sth** etw (G) schuldig sein; **to feel ~** ein schlechtes Gewissen haben.

guinea pig ['gɪnɪ-] n Meerschweinchen das.

guitar [gɪ'tɑ:ʳ] n Gitarre die.

guitarist [gɪ'tɑ:rɪst] n Gitarrist der (-in die).

gulf [gʌlf] n (of sea) Golf der.

Gulf War n: **the ~** der Golfkrieg.

gull [gʌl] n Möwe die.

gullible ['gʌləbl] adj leichtgläubig.

gulp [gʌlp] n (of drink) Schluck der.

gum [gʌm] n (chewing gum, bubble gum) Kaugummi der; (adhesive) Klebstoff der ❑ **gums** npl (in mouth) Zahnfleisch das.

gun [gʌn] n (pistol) Pistole die; (rifle) Gewehr das; (cannon) Kanone die.

gunfire ['gʌnfaɪəʳ] n Geschützfeuer das.

gunshot ['gʌnʃɒt] n Schuß der.

gust [gʌst] n Windstoß die.

gut [gʌt] n (inf: stomach) Bauch der ❑ **guts** npl (intestines) Eingeweide pl; (courage) Mut der.

gutter ['gʌtəʳ] n (beside road) Rinnstein der; (of house) Regenrinne die.

guy [gaɪ] n (inf: man) Typ der ❑ **guys** npl (Am: inf: people): **you ~s** ihr.

Guy Fawkes Night [-'fɔ:ks-] n Nacht des 5. November, in der mit Feuerwerk an den Versuch Guy

Fawkes', das Parlament in die Luft zu sprengen, erinnert wird.

GUY FAWKES NIGHT

An diesem Tag, dem 5. November (auch „Bonfire Night" genannt), wird alljährlich mit Feuerwerken und Freudenfeuern die rechtzeitige Entdeckung des „Gunpowder Plot" gefeiert. Dabei handelte es sich um eine katholische Verschwörung im Jahre 1605, bei der König James I. und die Parlamentsgebäude in die Luft gesprengt werden sollten. Der Brauch will es, daß die Kinder zu dieser Gelegenheit eine Stoff- oder Strohpuppe basteln, die Guy Fawkes, einen der Verschwörer, verkörpert. Diese wird zum Geldsammeln benutzt und dann am 5. November im Freudenfeuer verbrannt.

guy rope *n* Zeltschnur *die.*

gym [dʒɪm] *n (SCH: building)* Turnhalle *die; (in health club, hotel)* Fitneßraum *der; (SCH: lesson)* Turnen *das.*

gymnast [ˈdʒɪmnæst] *n* Turner *der* (-in *die*).

gymnastics [dʒɪmˈnæstɪks] *n* Turnen *das.*

gym shoes *npl* Turnschuhe *pl.*

gynaecologist [ˌgaɪnəˈkɒlədʒɪst] *n* Frauenarzt *der* (-ärztin *die*).

gypsy [ˈdʒɪpsɪ] = gipsy.

H *abbr* = hot, hospital.

habit [ˈhæbɪt] *n* Gewohnheit *die.*

hacksaw [ˈhæksɔː] *n* Metallsäge *die.*

had [hæd] *pt & pp* → have.

haddock [ˈhædək] *(pl inv) n* Schellfisch *der.*

hadn't [ˈhædnt] = had not.

haggis [ˈhægɪs] *n* schottische Spezialität, bestehend aus mit Schafsinnereien gefülltem Schafsmagen, üblicherweise serviert mit Kartoffel- und Kohlrabipüree.

haggle [ˈhægl] *vi* feilschen.

hail [heɪl] *n* Hagel *der* ♦ *v impers* hageln.

hailstone [ˈheɪlstəʊn] *n* Hagelkorn *das.*

hair [heə^r] *n* Haare *pl; (individual hair)* Haar *das; to have one's ~ cut* sich (*D*) die Haare schneiden lassen.

hairband [ˈheəbænd] *n* Haarband *das.*

hairbrush [ˈheəbrʌʃ] *n* Haarbürste *die.*

hairclip [ˈheəklɪp] *n* Haarklip *der.*

haircut [ˈheəkʌt] *n (style)* Haarschnitt *der; to have a ~* sich (*D*) die Haare schneiden lassen.

hairdo [ˈheəduː] *(pl -s) n* Frisur *die.*

hairdresser [ˈheəˌdresə^r] *n* Friseur *der* (Friseuse *die*); **~'s** *(salon)*

Friseursalon der; **to go to the ~'s** zum Friseur gehen.

hairdryer ['heə,draɪə^r] n Fön® der.

hair gel n Haargel das.

hairgrip ['heəgrɪp] n (Br) Haarklammer die.

hairnet ['heənet] n Haarnetz das.

hairpin bend ['heəpɪn-] n Haarnadelkurve die.

hair remover [-rɪ,muːvə^r] n Enthaarungsmittel das.

hair rollers [-'rəʊləz] npl Lockenwickler pl.

hair slide n Haarspange die.

hairspray ['heəspreɪ] n Haarspray das.

hairstyle ['heəstaɪl] n Frisur die.

hairy ['heərɪ] adj haarig.

half [Br hɑːf, Am hæf] (pl halves) n Hälfte die; (of match) Spielhälfte die; (half pint) halbes Pint, ≈ kleines Bier; (child's ticket) Kinderfahrkarte die ◆ adj & adv halb; **~ of it** die Hälfte davon; **four and a ~** viereinhalb; **~ past seven** halb acht; **~ as big as** halb so groß wie; **an hour and a ~** anderthalb Stunden; **~ an hour** eine halbe Stunde; **~ a dozen** ein halbes Dutzend.

half board n Halbpension die.

half-day n halber Tag.

half fare n halber Fahrpreis.

half portion n halbe Portion.

half-price adj zum halben Preis.

half term n (Br) Ferien in der Mitte des Trimesters.

half time n Halbzeit die.

halfway [,hɑːf'weɪ] adv auf halbem Wege; **~ through the holiday** mitten im Urlaub.

halibut ['hælɪbət] (pl inv) n Heilbutt der.

hall [hɔːl] n (of house) Diele die, Flur der; (large room) Saal der; (building) Halle die; (country house) Landsitz der.

hallmark ['hɔːlmɑːk] n (on silver, gold) Stempel der.

hallo [hə'ləʊ] = **hello**.

hall of residence n Studentenwohnheim das.

Halloween [,hæləʊ'iːn] n Abend vor Allerheiligen, an dem sich Kinder oft als Gespenster verkleiden.

HALLOWEEN

Der 31. Oktober, „Halloween" auch „All Hallows Eve" genannt, ist der Tradition zufolge die Nacht, in der Geister und Hexen umgehen. Die Kinder verkleiden sich, machen die Runde in der Nachbarschaft und spielen „trick or treat" (Trick oder Belohnung). Das heißt, sie drohen einen bösen Streich an, wenn sie keine Belohnung in Form von Süßigkeiten oder Geld bekommen. Es ist auch üblich, Laternen zu basteln, indem man einen Kürbis aushöhlt, eine Kerze hineinsteckt und ein Gesicht in eine Seite schnitzt.

---

halt [hɔːlt] vi anⁱhalten ◆ n: **to come to a ~** zum Stillstand kommen.

halve [Br hɑːv, Am hæv] vt halbieren.

halves [Br hɑːvz, Am hævz] pl → **half**.

ham [hæm] n Schinken der.

hamburger ['hæmbə:gə^r] n Hamburger der; (Am: mince) Hackfleisch das.

hamlet ['hæmlɪt] n kleines Dorf.

hammer ['hæmə^r] n Hammer der ◆ vt (nail) einschlagen.

hammock ['hæmək] n Hängematte die.

hamper ['hæmpə^r] n Picknickkorb der.

hamster ['hæmstə^r] n Hamster der.

hamstring ['hæmstrɪŋ] n Kniesehne die.

hand [hænd] n Hand die; (of clock, watch, dial) Zeiger der; **to give sb a ~** jm helfen; **to get out of ~** außer Kontrolle geraten; **written by ~** handgeschrieben; **to arrive with an hour in ~** eine Stunde zu früh ankommen; **on the one ~** einerseits; **on the other ~** andererseits ☐ **hand in** vt sep einreichen, abgeben; **hand out** vt sep austeilen; **hand over** vt sep (give) übergeben.

handbag ['hændbæg] n Handtasche die.

handbasin ['hændbeɪsn] n Waschbecken das.

handbook ['hændbʊk] n Handbuch das.

handbrake ['hændbreɪk] n Handbremse die.

hand cream n Handcreme die.

handcuffs ['hændkʌfs] npl Handschellen pl.

handful ['hændfʊl] n (amount) Handvoll die.

handicap ['hændɪkæp] n Behinderung die; (disadvantage) Handikap das.

handicapped ['hændɪkæpt] adj

behindert ◆ npl: **the ~** die Behinderten pl.

handkerchief ['hæŋkətʃɪf] (pl -chiefs OR -chieves [-tʃiːvz]) n Taschentuch das.

handle ['hændl] n Griff der ◆ vt (touch) anfassen; (situation) bewältigen; **'~ with care'** 'mit Vorsicht behandeln'.

handlebars ['hændlbɑːz] npl Lenkstange die.

hand luggage n Handgepäck das.

handmade [ˌhænd'meɪd] adj handgearbeitet.

handout ['hændaʊt] n (leaflet) Handout das.

handrail ['hændreɪl] n Geländer das.

handset ['hændset] n Hörer der; **'please replace the ~'** 'bitte den Hörer auflegen'.

handshake ['hændʃeɪk] n Händedruck der.

handsome ['hænsəm] adj (man) gutaussehend.

handstand ['hændstænd] n Handstand der.

handwriting ['hænd,raɪtɪŋ] n Handschrift die.

handy ['hændi] adj praktisch; (person) geschickt; **to come in ~** (inf) nützlich sein; **to have sthg ~** (near) etw zur Hand haben.

hang [hæŋ] (pt & pp hung) vt aufhängen; (execute: pt & pp hanged) hängen ◆ vi hängen ◆ n: **to get the ~ of sthg** etw kapieren ☐ **hang about** vi (Br: inf) rumhängen; **hang around** (inf) = **hang about**; **hang down** vi herunterhängen; **hang on** vi (inf: wait) warten; **hang**

out vt sep (washing) aufhängen ◆ vi (inf: spend time) sich herumtreiben; **hang up** vi (on phone) auflegen, einlhängen.

hangar ['hæŋə^r] n Hangar der.

hanger ['hæŋə^r] n Kleiderbügel der.

hang gliding n Drachenfliegen das.

hangover ['hæŋ,əʊvə^r] n Kater der.

hankie ['hæŋkɪ] n (inf) Taschentuch das.

happen ['hæpən] vi passieren, geschehen; **to ~ to do sthg** etw zufällig tun.

happily ['hæpɪlɪ] adv (luckily) glücklicherweise.

happiness ['hæpɪnɪs] n Glück das.

happy ['hæpɪ] adj glücklich; **to be ~ about sthg** mit etw zufrieden sein; **to be ~ to do sthg** (willing) etw gern tun; **to be ~ with sthg** mit etw zufrieden sein; **Happy Birthday!** Herzlichen Glückwunsch zum Geburtstag!; **Happy Christmas!** Fröhliche Weihnachten!; **Happy New Year!** ein gutes neues Jahr!

happy hour n (inf) Zeit am frühen Abend, zu der in Bars usw. alkoholische Getränke billiger verkauft werden.

harassment ['hærəsmənt] n Belästigung die.

harbor ['hɑːbə^r] (Am) = **harbour**.

harbour ['hɑːbə^r] n (Br) Hafen der.

hard [hɑːd] adj hart; (difficult, strenuous) schwer ◆ adv (work) hart; (listen) gut; (hit) schwer; (rain) heftig; **to try ~** sich (D) Mühe geben.

hardback ['hɑːdbæk] n Hardcover das.

hardboard ['hɑːdbɔːd] n Hartfaserplatte die.

hard-boiled egg [-bɔɪld-] n hartgekochtes Ei.

hard disk n Festplatte die.

hardly ['hɑːdlɪ] adv kaum; **~ ever** fast nie.

hardship ['hɑːdʃɪp] n Härte die.

hard shoulder n (Br) Seitenstreifen der.

hard up adj (inf): **to be ~** knapp bei Kasse sein.

hardware ['hɑːdweə^r] n (tools, equipment) Haushaltsgeräte pl; (COMPUT) Hardware die.

hardwearing [,hɑːd'weərɪŋ] adj (Br) strapazierfähig.

hardworking [,hɑːd'wɜːkɪŋ] adj fleißig.

hare [heə^r] n Hase der.

harm [hɑːm] n Schaden der ◆ vt schaden (+D); (person) verletzen.

harmful ['hɑːmfʊl] adj schädlich.

harmless ['hɑːmlɪs] adj unschädlich.

harmonica [hɑː'mɒnɪkə] n Mundharmonika die.

harmony ['hɑːmənɪ] n Harmonie die.

harness ['hɑːnɪs] n (for horse) Geschirr das; (for child) Laufgeschirr das.

harp [hɑːp] n Harfe die.

harsh [hɑːʃ] adj rauh; (cruel) hart.

harvest ['hɑːvɪst] n Ernte die.

has [weak form həz, strong form hæz] → **have**.

hash browns [hæʃ-] npl amerikanische Kartoffelpuffer die.

hasn't ['hæznt] = has not.

hassle ['hæsl] n (inf) Ärger der.

hastily ['heɪstɪlɪ] adv (rashly) vorschnell.

hasty ['heɪstɪ] adj (hurried) eilig; (rash) vorschnell.

hat [hæt] n Hut der.

hatch [hætʃ] n (for serving food) Durchreiche die ♦ vi (chick) ausschlüpfen.

hatchback ['hætʃ,bæk] n Auto das mit Hecktür.

hatchet ['hætʃɪt] n Beil das.

hate [heɪt] n Haß der ♦ vt hassen; **to ~ doing sthg** etw ungern tun.

hatred ['heɪtrɪd] n Haß der.

haul [hɔːl] vt ziehen ♦ n: **a long ~** eine weite Strecke.

haunted ['hɔːntɪd] adj: **this house is ~** in diesem Haus spukt es.

have [hæv] (pt & pp **had**) aux vb 1. (to form perfect tenses) haben/sein; **~ you seen the film?** hast du den Film gesehen?; **I ~ finished** ich bin fertig; **~ you been there?** - no, **I haven't** warst du schon mal dort? - nein, noch nie; **we had already left** wir waren schon gegangen.

2. (must): **to ~ (got) to do sthg** etw tun müssen; **do you ~ to pay?** muß man bezahlen?

♦ vt 1. (possess): **to ~ (got) haben; do you ~** OR **~ you got a double room?** haben Sie ein Doppelzimmer?; **she has (got) brown hair** sie hat braunes Haar.

2. (experience) haben; **to ~ a cold** eine Erkältung haben; **to ~ a great time** sich großartig amüsieren.

3. (replacing other verbs): **to ~ a bath** ein Bad nehmen; **to ~ breakfast** frühstücken; **to ~ a cigarette** eine

Zigarette rauchen; **to ~ a drink** etwas trinken; **to ~ lunch** zu Mittag essen; **to ~ a shower** duschen; **to ~ a swim** schwimmen; **to ~ a walk** spazierengehen.

4. (feel) haben; **I ~ no doubt about it** ich habe keine Zweifel daran.

5. (cause to be): **to ~ sthg done** etw machen lassen; **to ~ one's hair cut** sich die Haare schneiden lassen.

6. (be treated in a certain way): **I've had my wallet stolen** mir ist mein Geldbeutel gestohlen worden.

haversack ['hævəsæk] n Rucksack der.

havoc ['hævək] n Verwüstung die.

hawk [hɔːk] n Falke der.

hawker ['hɔːkər] n Hausierer der (-in die).

hay [heɪ] n Heu das.

hay fever n Heuschnupfen der.

haystack ['heɪ,stæk] n Heuhaufen der.

hazard ['hæzəd] n Risiko das.

hazardous ['hæzədəs] adj gefährlich.

hazard warning lights npl (Br) Warnblinkanlage die.

haze [heɪz] n Dunst der.

hazel ['heɪzl] adj nußbraun.

hazelnut ['heɪzl,nʌt] n Haselnuß die.

hazy ['heɪzɪ] adj (misty) dunstig.

he [hiː] pron er; **~'s tall** er ist groß.

head [hed] n Kopf der; (of table, bed) Kopfende das; (of company, department) Leiter der (-in die); (of school) Schulleiter der (-in die); (of beer) Schaumkrone die ♦ vt (list, procession) anführen; (organization) leiten ♦ vi gehen; (in vehicle) fahren; **£10 a ~** £10 pro Kopf; **~s or tails?** Kopf oder Zahl? ❏ **head for** vt fus (place) zulsteuern auf (+A).

headache ['hedeɪk] n Kopfschmerzen pl; **to have a ~** Kopfschmerzen haben.

heading ['hedɪŋ] n Überschrift die.

headlamp ['hedlæmp] (Br) = **headlight**.

headlight ['hedlaɪt] n Scheinwerfer der.

headline ['hedlaɪn] n Schlagzeile die.

headmaster [,hed'mɑːstə'] n Schulleiter der.

headmistress [,hed'mɪstrɪs] n Schulleiterin die.

head of state n Staatsoberhaupt das.

headphones ['hedfəʊnz] npl Kopfhörer pl.

headquarters [,hed'kwɔːtəz] npl Hauptquartier das.

headrest ['hedrest] n Kopfstütze die.

headroom ['hedrʊm] n (under bridge) Höhe die.

headscarf ['hedskɑːf] (pl -scarves [-skɑːvz]) n Kopftuch das.

head start n Vorsprung der.

head teacher n Schulleiter der (-in die).

head waiter n Oberkellner der.

heal [hiːl] vt & vi heilen.

health [helθ] n Gesundheit die; **to be in good ~** guter Gesundheit sein; **to be in poor ~** kränklich sein; **your (very) good ~!** auf dein/Ihr Wohl!

health centre n Ärztezentrum das.

health food n Biokost die.

health food shop n Bioladen der.

health insurance n Krankenversicherung die.

healthy ['helθɪ] adj gesund.

heap [hiːp] n Haufen der; **~s of money** (inf) ein Haufen Geld.

hear [hɪə'] (pt & pp heard [hɜːd]) vt & vi hören; **to ~ about sthg** von etw hören; **to ~ from sb** von jm hören; **to have heard of** schon mal gehört haben von.

hearing ['hɪərɪŋ] n (sense) Gehör das; (at court) Verhandlung die; **to be hard of ~** schwerhörig sein.

hearing aid n Hörgerät das.

heart [hɑːt] n Herz das; **to know sthg (off) by ~** etw auswendig können; **to lose ~** den Mut verlieren ❏ **hearts** npl (in cards) Herz die.

heart attack n Herzinfarkt der.

heartbeat ['hɑːtbiːt] n Herzschlag der.

heartburn ['hɑːtbɜːn] n Sodbrennen das.

heart condition n: **to have a ~** herzkrank sein.

hearth [hɑːθ] n Kamin der.

hearty ['hɑːtɪ] adj (meal) herzhaft.

heat [hiːt] n Hitze die; (pleasant) Wärme die; (of oven) Temperatur die ❏ **heat up** vt sep aufwärmen.

heater ['hiːtə'] n Heizgerät das.

heath [hiːθ] n Heide die.

heather ['heðə'] n Heidekraut das.

heating ['hiːtɪŋ] n Heizung die.

heat wave n Hitzewelle die.

heave [hiːv] vt wuchten.

Heaven [hevn] n der Himmel.

heavily ['hevɪlɪ] adv stark.

heavy ['hevɪ] *adj* schwer; *(rain, traffic)* stark; **how ~ is it?** wie schwer ist es?; **to be a ~ smoker** ein starker Raucher sein.

heavy cream *n (Am)* Schlagsahne *die*, Schlagobers *das (Österr)*.

heavy goods vehicle *n (Br)* Lastkraftwagen *der*.

heavy industry *n* Schwerindustrie *die*.

heavy metal *n* Heavy metal *das*.

heckle ['hekl] *vt* unterbrechen.

hectic ['hektɪk] *adj* hektisch.

hedge [hedʒ] *n* Hecke *die*.

hedgehog ['hedʒhog] *n* Igel *der*.

heel [hi:l] *n (of person)* Ferse *die*; *(of shoe)* Absatz *der*.

hefty ['heftɪ] *adj (person)* stämmig; *(fine)* saftig.

height [haɪt] *n (of person)* Höhe *die*; *(of person)* Körpergröße *die*; *(peak period)* Höhepunkt *der*; **what ~ is it?** wie hoch ist es?

heir [eəʳ] *n* Erbe *der*.

heiress ['eərɪs] *n* Erbin *die*.

held [held] *pt & pp* → **hold**.

helicopter ['helɪkɒptəʳ] *n* Hubschrauber *der*.

he'll [hi:l] = **he will**.

Hell [hel] *n* die Hölle.

hello [hə'ləʊ] *excl* hallo!; *(on phone)* guten Tag!

helmet ['helmɪt] *n* Helm *der*.

help [help] *n* Hilfe *die* ♦ *vt* helfen *(+D)* ♦ *vi* helfen ♦ *excl* Hilfe!; **I can't ~** it ich kann nichts dafür; **to ~ sb (to) do sthg** jm helfen, etw zu tun; **to ~ to do sthg** *(contribute)* dazu beitragen, etw zu tun; **to ~ o.s. to sthg** sich *(D)* etw nehmen; **can I ~ you?**

(in shop) kann ich Ihnen behilflich sein?; ❑ **help out** *vi* aushelfen.

helper ['helpəʳ] *n* Helfer *der* (-in *die*); *(Am: cleaner)* Hausangestellte *der, die*.

helpful ['helpful] *adj (person)* hilfsbereit; *(useful)* nützlich.

helping ['helpɪŋ] *n* Portion *die*.

helpless ['helplɪs] *adj* hilflos.

hem [hem] *n* Saum *der*.

hemophiliac [,hi:mə'fɪlɪæk] *n* Bluter *der*.

hemorrhage ['hemərɪdʒ] *n* Blutung *die*.

hen [hen] *n* Henne *die*.

hepatitis [,hepə'taɪtɪs] *n* Hepatitis *die*.

her [hɜːʳ] *adj* ihr ♦ *pron (accusative)* sie; *(dative)* ihr; **I know ~** ich kenne sie; **it's ~** sie ist es; **send it to ~** schick es ihr; **tell ~** sag ihr; **he's worse than ~** er ist schlimmer als sie.

herb [hɜːb] *n* Kraut *das*.

herbal tea ['hɜːbl-] *n* Kräutertee *der*.

herd [hɜːd] *n* Herde *die*.

here [hɪəʳ] *adv* hier; **come ~!** komm her!; **~ you are** hier.

heritage ['herɪtɪdʒ] *n* Erbe *das*.

heritage centre *n* Museum an einem Ort mit historischer Bedeutung.

hernia ['hɜːnɪə] *n* Bruch *der*.

hero ['hɪərəʊ] *(pl* -es) *n* Held *der*.

heroin ['herəʊɪn] *n* Heroin *das*.

heroine ['herəʊɪn] *n* Heldin *die*.

heron ['herən] *n* Reiher *der*.

herring ['herɪŋ] *n* Hering *der*.

hers [hɜːz] *pron* ihre(-r)(-s), ihr(pl); **a friend of ~** ein Freund von ihr

these shoes are ~ diese Schuhe gehören ihr.

herself [hɜːˈself] *pron* sich; *(after prep)* sich selbst; **she did it** ~ sie hat es selbst getan.

hesitant [ˈhezɪtənt] *adj* zögernd.

hesitate [ˈhezɪteɪt] *vi* zögern.

hesitation [ˌhezɪˈteɪʃn] *n* Zögern *das.*

heterosexual [ˌhetərəʊˈsekʃʊəl] *adj* heterosexuell ♦ *n* Heterosexuelle *der, die.*

hey [heɪ] *excl (inf)* he!

HGV *n (abbr of heavy goods vehicle)* Lkw *der.*

hi [haɪ] *excl (inf)* hallo!

hiccup [ˈhɪkʌp] *n:* **to have (the)** ~s (einen) Schluckauf haben.

hide [haɪd] *(pt* **hid** [hɪd], *pp* **hidden** [ˈhɪdn]) *vt* verstecken; *(truth)* verschweigen; *(feelings)* verbergen ♦ *vi* sich verstecken ♦ *n (of animal)* Haut *die,* Fell *das;* **to be hidden** *(obscured)* sich verbergen.

hideous [ˈhɪdɪəs] *adj* scheußlich.

hi-fi [ˈhaɪfaɪ] *n* Hi-Fi-Anlage *die.*

high [haɪ] *adj* hohe(-r)(-s); *(inf: from drugs)* high ♦ *n (weather front)* Hoch *das* ♦ *adv* hoch; **to be** ~ *(tall)* hoch sein; **how** ~ **is it?** wie hoch ist es?; **it's 10 metres** ~ es ist 10 Meter hoch.

high chair *n* Kinderhochstuhl *der.*

high-class *adj (good-quality)* erstklassig.

Higher [ˈhaɪəʳ] *n (Scot)* schottischer Schulabschluß.

higher education *n* Hochschulbildung *die.*

high heels *npl* hochhackige Schuhe *pl.*

high jump *n* Hochsprung *der.*

Highland Games [ˈhaɪlənd-] *npl* typisches schottisches Sport- und Musikfestival.

HIGHLAND GAMES

Dieses schottische Musik- und Sportfest entwickelte sich aus den traditionellen Treffen der schottischen Highland-Clans. Neben Kurz- und Langstreckenlauf, Weitsprung und Hochsprung gehören auch schottische Tänze („Highland dancing") und Dudelsackspielen zu den ausgetragenen Disziplinen. Ein anderer traditioneller Wettkampf ist das Holzmastwerfen („tossing the caber"), eine Kraftprobe, bei der die Teilnehmer schwere Fichtenstämme so weit wie möglich in die Luft schleudern müssen.

Highlands [ˈhaɪləndz] *npl:* **the** ~ das (schottische) Hochland.

highlight [ˈhaɪlaɪt] *n (best part)* Höhepunkt *der* ♦ *vt* hervorheben ▯

highlights *npl (of football match etc)* Highlights *pl; (in hair)* Strähnchen *pl.*

highly [ˈhaɪlɪ] *adv* höchst; **to think** ~ **of** viel halten von; ~ **paid** hochbezahlt.

high-pitched [-ˈpɪtʃt] *adj* hohe(-r)(-s).

high-rise *n (building)* Hochhaus *das.*

high school *n (in UK)* Schule für elf- bis achtzehnjährige; *(in US)* Schule für fünfzehn- bis achtzehnjährige.

high season *n* Hochsaison *die.*

high-speed train n Hochge-schwindigkeitszug der.

high street n (Br) Hauptge-schäftsstraße die.

high tide n Flut die.

highway ['haɪweɪ] n (Am) Highway der; (Br: any main road) Straße die.

Highway Code n (Br) Straßenverkehrsordnung die.

hijack ['haɪdʒæk] vt entführen.

hijacker ['haɪdʒækər] n Entführer der.

hike [haɪk] n Wanderung die ◆ vi wandern.

hiking ['haɪkɪŋ] n: to go ~ auf eine Wanderung gehen.

hilarious [hɪ'leərɪəs] adj lustig.

hill [hɪl] n Hügel der.

hillwalking ['hɪlwɔːkɪŋ] n Bergwandern das.

hilly ['hɪlɪ] adj hügelig.

him [hɪm] pron (accusative) ihn; (dative) ihm; I know ~ ich kenne ihn; it's ~ er ist es; send it to ~ schick es ihm; tell ~ sag ihm; she's worse than ~ sie ist schlimmer als er.

himself [hɪm'self] pron sich; (after prep) sich selbst; he did it ~ er hat es selbst getan.

hinder ['hɪndər] vt (prevent) behindern; (delay) verzögern.

Hindu ['hɪnduː] (pl -s) adj Hindu-◆ n Hindu der.

hinge [hɪndʒ] n Scharnier das.

hint [hɪnt] n Andeutung die; (piece of advice) Hinweis der; (slight amount) Spur die ◆ vi: to ~ at sthg etw anldeuten.

hip [hɪp] n Hüfte die.

hippopotamus [,hɪpə'potəməs] n Nilpferd das.

hippy ['hɪpɪ] n Hippie der.

hire ['haɪər] vt (car, bicycle, television) mieten; 'for ~' (taxi) 'frei' ❑ **hire out** vt sep vermieten.

hire car n (Br) Mietwagen der.

hire purchase n (Br) Ratenkauf der.

his [hɪz] adj sein ◆ pron seine(-r)(-s), seine (pl); a friend of ~ ein Freund von ihm; these shoes are ~ diese Schuhe gehören ihm.

historical [hɪ'stɒrɪkəl] adj historisch.

history ['hɪstərɪ] n Geschichte die.

hit [hɪt] (pt & pp hit) vt schlagen; (collide with) treffen; (vehicle) prallen gegen ◆ n (record, play, film) Hit der; to ~ one's head sich (D) den Kopf anlschlagen; to ~ the target das Ziel treffen.

hit-and-run adj: a ~ accident ein Unfall mit Fahrerflucht.

hitch [hɪtʃ] n (problem) Haken der ◆ vi per Anhalter fahren, trampen ◆ vt: to ~ a lift per Anhalter fahren.

hitchhike ['hɪtʃhaɪk] vi per Anhalter fahren, trampen.

hitchhiker ['hɪtʃhaɪkər] n Anhalter der (-in die).

hive [haɪv] n Bienenstock der.

HIV-positive adj HIV-positiv.

hoarding ['hɔːdɪŋ] n (Br: for adverts) Plakatwand die.

hoarse [hɔːs] adj heiser.

hoax [həʊks] n Schwindel der.

hob [hɒb] n Kochplatte die.

hobby ['hɒbɪ] n Hobby das.

hock [hɒk] n (wine) Rheinwein der.

hockey ['hɒkɪ] n Hockey das; (Am: ice hockey) Eishockey das.

hoe [həʊ] n Hacke die.

hold [həʊld] (pt & pp **held**) vt halten; (meeting, election) abhalten; (contain) fassen; (possess) haben ♦ vi (offer) gelten; (weather) sich halten; (on telephone) warten ♦ n (grip) Halt der, Griff der; (of ship, aircraft) Laderaum der; **to ~ sb prisoner** jn gefangenlhalten; **~ the line**, please warten Sie, bitte ◻ **hold back** vt sep zurücklhalten; (keep secret) vorlenthalten; **hold on** vi (wait) warten; **to ~ on to sthg** (grip) etw festlhalten; **hold out** vt sep (extend) auslstrecken; **hold up** vt sep (delay) auflhalten.

holdall ['həʊldɔːl] n (Br) Reisetasche die.

holder ['həʊldə'] n (of passport, licence) Inhaber der (-in die); (container) Halter der.

holdup ['həʊldʌp] n (delay) Verzögerung die.

hole [həʊl] n Loch das.

holiday ['hɒlɪdeɪ] n (period of time) Urlaub der, Ferien pl; (day off) freier Tag; (public) Feiertag der ♦ vi (Br) Ferien machen, urlauben; **to be on ~** im Urlaub sein, in Ferien sein; **to go on ~** in Urlaub fahren, in die Ferien fahren.

holidaymaker ['hɒlɪdɪˌmeɪkə'] n (Br) Urlauber der (-in die).

holiday pay n (Br) Urlaubsgeld das.

Holland ['hɒlənd] n Holland nt.

hollow ['hɒləʊ] adj hohl.

holly ['hɒlɪ] n Stechpalme die.

Hollywood ['hɒlɪwʊd] n Hollywood nt.

---

i HOLLYWOOD

Dies ist die Bezeichnung für ein weltbekanntes Stadtviertel in Los Angeles, das schon seit 1911 der Mittelpunkt der amerikanischen Filmindustrie ist. Es erlebte seinen Höhepunkt in den 40er und 50er Jahren, als große Filmstudios wie etwa 20th Century Fox, Paramount und Warner Brothers dort jedes Jahr Hunderte von Filmen produzierten. Heute ist „Hollywood" eine der größten Touristenattraktionen in Amerika.

holy ['həʊlɪ] adj heilig.

home [həʊm] n Zuhause das; (own country) Heimat die; (one's family) Elternhaus das; (for old people) Altersheim das ♦ adj (not foreign) einheimisch ♦ adv: **to be ~** zu Hause sein; **to go ~** nach Hause gehen; **at ~** zu Hause; **to make o.s. at ~** es sich (D) bequem machen; **~ address** Heimatanschrift die; **~ number** private Telefonnummer.

home economics n Hauswirtschaftslehre die.

home help n (Br) Haushaltshilfe die (meist Sozialarbeiterin).

homeless ['həʊmlɪs] npl: **the ~** die Obdachlosen pl.

homemade [ˌhəʊm'meɪd] adj selbstgemacht.

homeopathic [ˌhəʊmɪəʊ'pæθɪk] adj homöopathisch.

Home Secretary n (Br) Innenminister der.

homesick ['həʊmsɪk] *adj*: to be ~
Heimweh haben.

homework ['həʊmwɜːk] *n*
Hausaufgaben *pl*.

homosexual [,həmə'sekʃʊəl] *adj*
homosexuell ◆ *n* Homosexuelle
der, die.

honest ['ɒnɪst] *adj* ehrlich.

honestly ['ɒnɪstlɪ] *adv* ehrlich.

honey ['hʌnɪ] *n* Honig der.

honeymoon ['hʌnɪmuːn] *n* Flitterwochen *pl*.

honor ['ɒnər] *(Am)* = honour.

honour ['ɒnər] *n (Br)* Ehre die.

honourable ['ɒnrəbl] *adj* ehren-
wert; *(deed)* ehrenvoll.

hood [hʊd] *n* Kapuze die; *(on
convertible car)* Verdeck das; *(Am: car
bonnet)* Kühlerhaube die.

hoof [huːf] *n* Huf der.

hook [hʊk] *n* Haken der; **off the ~**
(telephone) ausgehängt.

hooligan ['huːlɪgən] *n* Hooligan
der.

hoop [huːp] *n* Reifen der.

hoot [huːt] *vi (driver)* hupen.

Hoover® ['huːvər] *n (Br)* Staubsauger der.

hop [hɒp] *vi* hüpfen.

hope [həʊp] *n* Hoffnung die ◆ *vt*
hoffen; **to ~ for sthg** auf etw *(A)*
hoffen; **to ~ to do sthg** hoffen, etw
zu tun; **I ~ so** ich hoffe es.

hopeful ['həʊpfʊl] *adj* hoffnungs-
voll.

hopefully ['həʊpfəlɪ] *adv* hoffentlich.

hopeless ['həʊplɪs] *adj (inf:
useless)* miserabel; *(without any hope)*
hoffnungslos.

hops [hɒps] *npl* Hopfen der.

horizon [hə'raɪzn] *n* Horizont der.

horizontal [,hɒrɪ'zɒntl] *adj* horizontal.

horn [hɔːn] *n (of car)* Hupe die; *(on
animal)* Horn das.

horoscope ['hɒrəskəʊp] *n*
Horoskop das.

horrible ['hɒrəbl] *adj* furchtbar.

horrid ['hɒrɪd] *adj* schrecklich.

horrific [hɒ'rɪfɪk] *adj* entsetzlich.

hors d'oeuvre [hɔː'dɜːvrə] *n*
Hors d'oeuvre die.

horse [hɔːs] *n* Pferd das.

horseback ['hɔːsbæk] *n*: on ~ zu
Pferd.

horse chestnut *n* Roßkastanie
die.

horse-drawn carriage *n*
Pferdedroschke die.

horsepower ['hɔːs,paʊər] *n* Pferdestärke die.

horse racing *n* Pferderennen
das.

horseradish (sauce) ['hɔːs-
,rædɪʃ-] *n* Meerrettich der *(traditionell
zu Roastbeef gegessen)*.

horse riding *n* Reiten das.

horseshoe ['hɔːsʃuː] *n* Hufeisen
das.

hose [həʊz] *n* Schlauch der.

hosepipe ['həʊzpaɪp] *n* Schlauch
der.

hosiery ['həʊzɪərɪ] *n* Strumpfwa-
ren *pl*.

hospitable [hɒ'spɪtəbl] *adj* gastfreundlich.

hospital ['hɒspɪtl] *n* Krankenhaus
das; **in ~** im Krankenhaus.

hospitality [,hɒspɪ'tælətɪ] *n* Gast-
freundschaft die.

host [həʊst] *n* Gastgeber der; *(of*

show, TV programme) Moderator der (-in die).

hostage ['hɒstɪdʒ] n Geisel die.

hostel ['hɒstl] n (youth hostel) Jugendherberge die.

hostess ['həʊstɪs] n (on aeroplane) Stewardeß die; (of party, event) Gastgeberin die.

hostile [Br 'hɒstaɪl, Am 'hɒstl] adj feindselig.

hostility [hɒ'stɪlətɪ] n Feindseligkeit die.

hot [hɒt] adj heiß; (water, drink, food) warm; (spicy) scharf; **I'm ~** mir ist heiß.

hot chocolate n heiße Schokolade.

hot-cross bun n rundes Rosinenbrötchen mit Gewürzen, das vor allem zu Ostern gegessen wird.

hot dog n Hot dog der or das.

hotel [həʊ'tel] n Hotel das.

hot line n heißer Draht.

hotplate ['hɒtpleɪt] n Kochplatte die.

hotpot ['hɒtpɒt] n Fleischauflauf, bedeckt mit einer Schicht Kartoffelscheiben.

hot-water bottle n Wärmflasche die.

hour ['aʊəʳ] n Stunde die; **I've been waiting for ~s** ich warte schon seit Stunden.

hourly ['aʊəlɪ] adj & adv stündlich.

house [n haʊs, pl 'haʊzɪz, vb haʊz] n Haus das; (SCH) traditionelle Schülergemeinschaften innerhalb einer Schule, die untereinander Wettbewerbe veranstalten ♦ vt unterbringen.

household ['haʊshəʊld] n Haushalt der.

housekeeping ['haʊs,kiːpɪŋ] n Haushaltung die.

House of Commons n (Br) britisches Unterhaus.

House of Lords n (Br) britisches Oberhaus.

Houses of Parliament npl (Br) Houses of Parliament pl, Sitz des britischen Parlaments.

HOUSES OF PARLIAMENT

Die an der Themse gelegenen Parlamentsgebäude („Houses of Parliament") in London, auch „Palace of Westminster" genannt, bestehen aus dem „House of Commons" (Unterhaus) und dem „House of Lords" (Oberhaus). Das heutige Gebäude wurde in der Mitte des 19. Jahrhunderts erbaut und ersetzt den früheren „Palace of Westminster", der 1834 niederbrannte.

housewife ['haʊswaɪf] (pl -wives [-waɪvz]) n Hausfrau die.

house wine n Hauswein der.

housework ['haʊswɜːk] n Hausarbeit die.

housing ['haʊzɪŋ] n (houses) Wohnungen pl.

housing estate n (Br) Wohnsiedlung die.

housing project (Am) = **housing estate**.

hovercraft ['hɒvəkrɑːft] n Luftkissenboot das.

hoverport ['hɒvəpɔːt] n Hafen für Luftkissenfahrzeuge.

how [haʊ] adv 1. (asking about way

or manner) wie; **~ do you get there?** wie kommt man dahin?; **tell me ~ to do it** sag mir, wie man das macht.

2. *(asking about health, quality)* wie; **~ are you?** wie geht es Ihnen?; **~ are you doing?** wie geht's dir?, wie geht es Ihnen?; **~ are things?** wie geht's?; **~ do you do?** Guten Tag!; **~ is your room?** wie ist Ihr/dein Zimmer?

3. *(asking about degree, amount)* wie; **~ far?** wie weit?; **~ long?** wie lang?; **~ many?** wie viele?; **~ much?** wieviel?; **~ much is it?** wieviel kostet es?; **~ old are you?** wie alt bist du/sind Sie?

4. *(in phrases):* **~ about a drink?** wie wäre es mit etwas zu trinken/einem Drink?; **~ lovely!** wie hübsch!, wie nett!

however [haʊˈevəʳ] *adv* jedoch, aber; **~ long it takes** egal, wie lange es dauert.

howl [haʊl] *vi* heulen.

HP *abbr (Br)* = hire purchase.

HQ *abbr* = headquarters.

hub airport [hʌb-] *n* zentraler Flughafen.

hubcap ['hʌbkæp] *n* Radkappe die.

hug [hʌg] *vt* umarmen ♦ *n*: **to give sb a ~** jn umarmen.

huge [hjuːdʒ] *adj* riesig.

hull [hʌl] *n* Schiffsrumpf der.

hum [hʌm] *vi* summen.

human ['hjuːmən] *adj* menschlich ♦ *n*: **~ (being)** Mensch der.

humanities [hjuːˈmænətɪz] *npl* Geisteswissenschaften *pl*.

human rights *npl* Menschenrechte *pl*.

humble ['hʌmbl] *adj (not proud)* demütig; *(of low status)* niedrig.

humid ['hjuːmɪd] *adj* feucht.

humidity [hjuːˈmɪdətɪ] *n* Feuchtigkeit die.

humiliating [hjuːˈmɪlɪeɪtɪŋ] *adj* erniedrigend.

humiliation [hjuːˌmɪlɪˈeɪʃn] *n* Erniedrigung die.

hummus ['hʊməs] *n* Paste aus pürierten Kichererbsen und Knoblauch.

humor ['hjuːmər] *(Am)* = humour.

humorous ['hjuːmərəs] *adj* lustig.

humour ['hjuːməʳ] *n* Humor der; **a sense of ~** Sinn für Humor.

hump [hʌmp] *n* Buckel der; *(of camel)* Höcker der.

humpbacked bridge ['hʌmpbækt-] *n* gewölbte Brücke.

hunch [hʌntʃ] *n* Gefühl das.

hundred ['hʌndrəd] *num* hundert, → **six**; **a** OR **one ~** einhundert.

hundredth ['hʌndrətθ] *num* hundertste-(r)-(s), → **sixth**.

hundredweight ['hʌndrədweɪt]*n (in UK)* = 50,8 kg, ≈ Zentner der; *(in US)* = 45,36 kg, ≈ Zentner der.

hung [hʌŋ] *pt & pp* → **hang**.

Hungarian [hʌŋˈgeərɪən] *adj* ungarisch ♦ *n (person)* Ungar der (-in die); *(language)* Ungarisch das.

Hungary ['hʌŋgərɪ] *n* Ungarn *nt*.

hunger ['hʌŋgəʳ] *n* Hunger der.

hungry ['hʌŋgrɪ] *adj* hungrig; **to be ~** Hunger haben.

hunt [hʌnt] *n (Br: for foxes)* Fuchsjagd die ♦ *vt & vi* jagen; **to ~ (for)** *(search)* suchen.

hunting ['hʌntɪŋ] *n* Jagd *die*; *(Br: for foxes)* Fuchsjagd *die*.

hurdle ['hɜːdl] *n* Hürde *die*.

hurl [hɜːl] *vt* schleudern.

hurricane ['hʌrɪkən] *n* Orkan *der*.

hurry ['hʌrɪ] *vt (person)* hetzen ◆ *vi* sich beeilen ◆ *n*: **to be in a** ~ es eilig haben; **to do sthg in a** ~ etw hastig tun ◻ **hurry up** *vi* sich beeilen.

hurt [hɜːt] *(pt & pp* hurt) *vt* verletzen ◆ *vi (be painful)* weh tun; **to** ~ **o.s.** sich *(D)* weh tun; **to** ~ **one's head** sich *(D)* den Kopf verletzen.

husband ['hʌzbənd] *n* Ehemann *der*.

hustle ['hʌsl] *n*: ~ **and bustle** geschäftiges Treiben.

hut [hʌt] *n* Hütte *die*.

hyacinth ['haɪəsɪnθ] *n* Hyazinthe *die*.

hydrofoil ['haɪdrəfɔɪl] *n* Tragflächenboot *das*.

hygiene ['haɪdʒiːn] *n* Hygiene *die*.

hygienic [haɪ'dʒiːnɪk] *adj* hygienisch.

hymn [hɪm] *n* Hymne *die*.

hypermarket ['haɪpəˌmɑːkɪt] *n* Großmarkt *der*.

hyphen ['haɪfn] *n* Bindestrich *der*.

hypocrite ['hɪpəkrɪt] *n* Heuchler *der* (-in *die*).

hypodermic needle [ˌhaɪpə-'dɜːmɪk-] *n* Kanüle *die*.

hysterical [hɪs'terɪkl] *adj* hysterisch; *(inf: very funny)* lustig.

I [aɪ] *pron* ich; **I'm tall** ich bin groß.

ice [aɪs] *n* Eis *das*.

iceberg ['aɪsbɜːg] *n* Eisberg *der*.

iceberg lettuce *n* Eisbergsalat *der*.

icebox ['aɪsbɒks] *n (Am)* Kühlschrank *der*.

ice-cold *adj* eiskalt.

ice cream *n* Eis *das*.

ice cube *n* Eiswürfel *der*.

ice hockey *n* Eishockey *das*.

Iceland ['aɪslənd] *n* Island *nt*.

ice lolly *n (Br)* Eis *das* am Stil.

ice rink *n* Eisbahn *die*.

ice skates *npl* Schlittschuhe *pl*.

ice-skating *n* Schlittschuhlaufen *das*, Eislaufen *das*; **to go** ~ Schlittschuh laufen gehen.

icicle ['aɪsɪkl] *n* Eiszapfen *der*.

icing ['aɪsɪŋ] *n* Zuckerguß *der*.

icing sugar *n* Puderzucker *der*.

icy ['aɪsɪ] *adj (road, pavement)* vereist; *(weather)* eisig.

I'd [aɪd] = **I would, I had**.

ID *abbr* = **identification**.

ID card *n* Personalausweis *der*.

IDD code *n* internationale Vorwahlkennziffer.

idea [aɪ'dɪə] *n* Idee *die*; *(opinion)* Vorstellung *die*; *(understanding)* Begriff *der*; **I've no** ~ ich habe keine Ahnung.

ideal [aɪˈdɪəl] *adj* ideal ♦ *n* Ideal *das*.

ideally [aɪˈdɪəlɪ] *adv (situated, suited)* ideal; *(preferably)* idealerweise.

identical [aɪˈdentɪkl] *adj* identisch.

identification [aɪˌdentɪfɪˈkeɪʃn] *n (proof of identity)* Ausweis *der*.

identify [aɪˈdentɪfaɪ] *vt* erkennen.

identity [aɪˈdentətɪ] *n* Identität *die*.

idiom [ˈɪdɪəm] *n* Redewendung *die*.

idiot [ˈɪdɪət] *n* Idiot *der*.

idle [ˈaɪdl] *adj* faul; *(machine)* stillstehend ♦ *vi (engine)* leer laufen.

idol [ˈaɪdl] *n (person)* Idol *das*.

idyllic [ɪˈdɪlɪk] *adj* idyllisch.

i.e. *(abbr of id est)* d.h.

if [ɪf] *conj* wenn, falls; *(in indirect questions, after "know", "wonder")* ob; ~ **I were you** wenn ich du wäre; ~ **not** *(otherwise)* wenn nicht, falls nicht.

ignition [ɪgˈnɪʃn] *n (AUT)* Zündung *die*.

ignorant [ˈɪgnərənt] *adj* unwissend; *(pej: stupid)* beschränkt.

ignore [ɪgˈnɔːʳ] *vt* ignorieren.

ill [ɪl] *adj* krank; *(treatment)* schlecht; ~ **luck** Pech *das*.

I'll [aɪl] = **I will, I shall**.

illegal [ɪˈliːgl] *adj* illegal.

illegible [ɪˈledʒəbl] *adj* unleserlich.

illegitimate [ˌɪlɪˈdʒɪtɪmət] *adj (child)* unehelich.

illiterate [ɪˈlɪtərət] *adj*: **to be ~** Analphabet sein.

illness [ˈɪlnɪs] *n* Krankheit *die*.

illuminate [ɪˈluːmɪneɪt] *vt* beleuchten.

illusion [ɪˈluːʒn] *n* Illusion *die*.

illustration [ˌɪləˈstreɪʃn] *n (picture)* Illustration *die; (example)* Beispiel *das*.

I'm [aɪm] = **I am**.

image [ˈɪmɪdʒ] *n* Bild *das; (of company, person)* Image *das*.

imaginary [ɪˈmædʒɪnrɪ] *adj* eingebildet.

imagination [ɪˌmædʒɪˈneɪʃn] *n (ability)* Phantasie *die; (mind)* Einbildung *die*.

imagine [ɪˈmædʒɪn] *vt* sich (D) vorstellen.

imitate [ˈɪmɪteɪt] *vt* nachlahmen.

imitation [ˌɪmɪˈteɪʃn] *n* Nachahmung *die* ♦ *adj*: ~ **leather** Lederimitation *die*.

immaculate [ɪˈmækjʊlət] *adj* makellos.

immature [ˌɪməˈtjʊəʳ] *adj* unreif.

immediate [ɪˈmiːdjət] *adj (without delay)* unmittelbar.

immediately [ɪˈmiːdjətlɪ] *adv (at once)* sofort ♦ *conj (Br)* sobald.

immense [ɪˈmens] *adj* enorm.

immersion heater [ɪˈmɜːʃn-] *n* Heißwasserbereiter *der*.

immigrant [ˈɪmɪgrənt] *n* Einwanderer *der* (Einwanderin *die*).

immigration [ˌɪmɪˈgreɪʃn] *n* Einwanderung *die; (section of airport, port)* Einwanderungskontrolle *die*.

imminent [ˈɪmɪnənt] *adj* nahe bevorstehend.

immune [ɪˈmjuːn] *adj*: **to be ~ to** sthg immun sein gegen etw.

immunity [ɪˈmjuːnətɪ] *n* Immunität *die*.

immunize [ˈɪmjuːnaɪz] vt immunisieren.

impact [ˈɪmpækt] n (effect) Auswirkung die; (hitting) Aufprall der.

impair [ɪmˈpeəʳ] vt beeinträchtigen.

impatient [ɪmˈpeɪʃnt] adj ungeduldig; **to be ~ to do sthg** es nicht erwarten können, etw zu tun.

imperative [ɪmˈperətɪv] n (GRAMM) Imperativ der.

imperfect [ɪmˈpɜːfɪkt] n (GRAMM) Imperfekt das.

impersonate [ɪmˈpɜːsəneɪt] vt (for amusement) nachlahmen.

impertinent [ɪmˈpɜːtɪnənt] adj frech.

implement [n ˈɪmplɪmənt, vb ˈɪmplɪment] n Gerät das ♦ vt durchführen.

implication [ˌɪmplɪˈkeɪʃn] n (consequence) Konsequenz die.

imply [ɪmˈplaɪ] vt andeuten.

impolite [ˌɪmpəˈlaɪt] adj unhöflich.

import [n ˈɪmpɔːt, vb ɪmˈpɔːt] n Import der ♦ vt importieren.

importance [ɪmˈpɔːtns] n Wichtigkeit die.

important [ɪmˈpɔːtnt] adj wichtig; (person) einflußreich.

impose [ɪmˈpəʊz] vt auferlegen ♦ vi zur Last fallen; **to ~ sthg on** etw auferlegen (+D).

impossible [ɪmˈpɒsəbl] adj unmöglich.

impractical [ɪmˈpræktɪkl] adj unpraktisch.

impress [ɪmˈpres] vt (person) beeindrucken.

impression [ɪmˈpreʃn] n (opinion) Eindruck der.

impressive [ɪmˈpresɪv] adj eindrucksvoll.

improbable [ɪmˈprɒbəbl] adj unwahrscheinlich.

improper [ɪmˈprɒpəʳ] adj (incorrect) inkorrekt; (illegal) unlauter; (rude) unanständig.

improve [ɪmˈpruːv] vt verbessern ♦ vi besser werden ❑ **improve on** vt fus übertreffen.

improvement [ɪmˈpruːvmənt] n Besserung die; (to home, to machine) Verbesserung die.

improvise [ˈɪmprəvaɪz] vi improvisieren.

impulse [ˈɪmpʌls] n Impuls der; **on ~** spontan.

impulsive [ɪmˈpʌlsɪv] adj impulsiv.

in [ɪn] prep 1. (expressing place, position) in (+A,D); **to put sthg ~ sthg** etw in etw (A) tun; **it comes ~ a box** man bekommt es in einer Schachtel; **~ here/there** hier/dort drinnen; **~ the bedroom** im Schlafzimmer; **the street** auf der Straße; **~ California** in Kalifornien; **~ Sheffield** in Sheffield. 2. (participating in) in (+D); **who's ~ the play?** wer spielt in dem Stück? 3. (expressing arrangement) in (+D); **a circle** in einem Kreis; **they come ~ packs of three** es gibt sie in Dreierpacks. 4. (during) in (+D); **~ April** im April; **~ the afternoon** am Nachmittag; **~ the morning** am Morgen; **ten o'clock ~ the morning** zehn Uhr morgens; **~ 1994** 1994. 5. (within, after) in (+D); **it'll be ready**

~ **an hour** es ist in einer Stunde
fertig.
6. *(expressing means)*: **write ~ ink** mit
Tinte schreiben; ~ **writing** schriftlich; **they were talking ~ English** sie
sprachen Englisch.
7. *(wearing)* in (+*D*).
8. *(expressing state)* in (+*D*); ~ **a hurry**
in Eile; **to be ~ pain** Schmerzen
haben; ~ **ruins** in Trümmern.
9. *(with regard to)*: **a rise ~ prices** ein
Preisanstieg; **to be 50 metres ~
length** 50 Meter lang sein.
10. *(with numbers)*: **one ~ ten** jeder
Zehnte.
11. *(expressing age)*: **she's ~ her
twenties** sie ist den Zwanzigern.
12. *(with colours)*: **it comes ~ green or
blue** es gibt es in grün oder blau.
13. *(with superlatives)* in (+*D*); **the
best ~ the world** der/die/das Beste
in der Welt.
♦ *adv* **1.** *(inside)* herein/hinein; **you
can go ~ now** Sie können/du kannst
jetzt hineingehen.
2. *(at home, work)* da; **she's not ~** sie
ist nicht da; **to ~ in** zu Hause
bleiben.
3. *(train, bus, plane)*: **to get ~** an|-
kommen; **the train's not ~ yet** der
Zug ist noch nicht angekommen.
4. *(tide)*: **the tide is ~** es ist Flut.
♦ *adj (inf: fashionable)* in.

inability [ɪnəˈbɪlətɪ] *n*: ~ **(to do
sth)** Unfähigkeit *die* (, etw zu tun).

inaccessible [ˌɪnəkˈsesəbl] *adj*
unzugänglich.

inaccurate [ɪnˈækjʊrət] *adj* ungenau.

inadequate [ɪnˈædɪkwət] *adj*
ungenügend.

inappropriate [ɪnəˈprəʊprɪət]
adj unpassend.

inauguration [ɪˌnɔːgjʊˈreɪʃn] *n*
Amtseinführung *die*.

incapable [ɪnˈkeɪpəbl] *adj*: **to be ~
of doing sth** nicht fähig sein, etw
zu tun.

incense [ˈɪnsens] *n* Weihrauch *der*.

incentive [ɪnˈsentɪv] *n* Anreiz *der*.

inch [ɪntʃ] *n* = 2,54 cm, Inch *der*.

incident [ˈɪnsɪdənt] *n* Vorfall *der*.

incidentally [ˌɪnsɪˈdentəlɪ] *adv*
übrigens.

incline [ˈɪnklaɪn] *n* Abhang *der*.

inclined [ɪnˈklaɪnd] *adj (sloping)*
abschüssig; **to be ~ to do sth** *(have
tendency)* dazu neigen, etw zu tun.

include [ɪnˈkluːd] *vt* ein|schließen;
(contain) enthalten.

included [ɪnˈkluːdɪd] *adj (in price)*
inbegriffen; **to be ~ in sth** in etw
(*D*) eingeschlossen sein.

including [ɪnˈkluːdɪŋ] *prep*
einschließlich (+*G*).

inclusive [ɪnˈkluːsɪv] *adj*: **from the
8th to the 16th ~** vom 8. bis
einschließlich 16.; **~ of VAT** inklusive MwSt.

income [ˈɪŋkʌm] *n* Einkommen
das.

income support *n (Br)* zusätzliche staatliche Unterstützung zum
Lebensunterhalt.

income tax *n* Einkommen-
steuer *die*.

incoming [ˈɪnˌkʌmɪŋ] *adj (train)*
einfahrend; *(plane)* landend; *(phone
call)* eingehend.

incompetent [ɪnˈkɒmpɪtənt] *adj*
unfähig.

incomplete [ɪnkəmˈpliːt] *adj*
unvollständig.

inconsiderate [ˌɪnkən'sɪdərət] *adj* rücksichtslos.

inconsistent [ˌɪnkən'sɪstənt] *adj (person)* unbeständig; *(statement)* widersprüchlich.

incontinent [ɪn'kɒntɪnənt] *adj* inkontinent.

inconvenient [ˌɪnkən'viːnjənt] *adj* ungünstig.

incorporate [ɪn'kɔːpəreɪt] *vt* aufnehmen.

incorrect [ˌɪnkə'rekt] *adj* unrichtig.

increase [*n* 'ɪnkriːs, *vb* ɪn'kriːs] *n* Anstieg *der*; *(in wages)* Erhöhung *die* ♦ *vt* erhöhen ♦ *vi* steigen; **an ~ in unemployment** eine Zunahme der Arbeitslosigkeit.

increasingly [ɪn'kriːsɪŋlɪ] *adv* zunehmend.

incredible [ɪn'kredəbl] *adj* unglaublich.

incredibly [ɪn'kredəblɪ] *adv* unglaublich.

incur [ɪn'kɜːʳ] *vt* sich (D) zuziehen.

indecisive [ˌɪndɪ'saɪsɪv] *adj* unentschlossen.

indeed [ɪn'diːd] *adv* wirklich, tatsächlich; *(certainly)* natürlich; **very big** ~ wirklich sehr groß.

indefinite [ɪn'defɪnɪt] *adj* unbestimmt; *(answer, opinion)* unklar.

indefinitely [ɪn'defɪnɪtlɪ] *adv (closed, delayed)* bis auf weiteres.

independence [ˌɪndɪ'pendəns] *n* Unabhängigkeit *die*.

independent [ˌɪndɪ'pendənt] *adj* unabhängig.

independently [ˌɪndɪ'pendəntlɪ] *adv* unabhängig.

independent school *n (Br)* nichtstaatliche Schule.

index ['ɪndeks] *n* Verzeichnis *das*, Register *das*.

index finger *n* Zeigefinger *der*.

India ['ɪndjə] *n* Indien *nt*.

Indian ['ɪndjən] *adj* indisch ♦ *n* Inder *der* (-in *die*); **~ restaurant** indisches Restaurant.

Indian Ocean *n* Indischer Ozean.

indicate ['ɪndɪkeɪt] *vi (AUT)* blinken ♦ *vt (point to)* zeigen auf (+A); *(show)* anldeuten.

indicator ['ɪndɪkeɪtəʳ] *n (AUT)* Blinker *der*.

indifferent [ɪn'dɪfrənt] *adj* gleichgültig.

indigestion [ˌɪndɪ'dʒestʃn] *n* Magenverstimmung *die*.

indigo ['ɪndɪɡəʊ] *adj* indigoblau.

indirect [ˌɪndɪ'rekt] *adj* indirekt; **an ~ route** ein Umweg.

individual [ˌɪndɪ'vɪdʒʊəl] *adj* einzeln; *(tuition)* Einzel- ♦ *n* Einzelne *der*, *die*.

individually [ˌɪndɪ'vɪdʒʊəlɪ] *adv* einzeln.

Indonesia [ˌɪndə'niːzjə] *n* Indonesien *nt*.

indoor ['ɪndɔːʳ] *adj (swimming pool, sports)* Hallen-.

indoors [ˌɪn'dɔːz] *adv* drinnen, im Haus.

indulge [ɪn'dʌldʒ] *vi*: **to ~ in** sich (D) gönnen.

industrial [ɪn'dʌstrɪəl] *adj* industriell; *(country, town)* Industrie-.

industrial estate *n (Br)* Industriesiedlung *die*.

industry ['ɪndəstrɪ] *n* Industrie
die.

inedible [ɪn'edɪbl] *adj* ungenießbar.

inefficient [ˌɪnɪ'fɪʃnt] *adj* nicht
leistungsfähig.

inequality [ˌɪnɪ'kwɒlətɪ] *n*
Ungleichheit *die.*

inevitable [ɪn'evɪtəbl] *adj* unvermeidlich.

inevitably [ɪn'evɪtəblɪ] *adv*
zwangsläufig.

inexpensive [ˌɪnɪk'spensɪv] *adj*
preiswert.

infamous ['ɪnfəməs] *adj* berüchtigt.

infant ['ɪnfənt] *n (baby)* Säugling
der; (young child) Kind *das.*

infant school *n (Br)* Vorschule
die (für 5- bis 7jährige).

infatuated [ɪn'fætjʊeɪtɪd] *adj:* **to
be ~ with** vernarrt sein in (+A).

infected [ɪn'fektɪd] *adj* infiziert.

infectious [ɪn'fekʃəs] *adj*
ansteckend.

inferior [ɪn'fɪərɪər] *adj (person)*
untergeordnet; *(goods, quality)*
minderwertig.

infinite ['ɪnfɪnət] *adj* unendlich.

infinitely ['ɪnfɪnətlɪ] *adv* unendlich.

infinitive [ɪn'fɪnɪtɪv] *n* Infinitiv
der.

infinity [ɪn'fɪnətɪ] *n* Unendlich-
keit *die.*

infirmary [ɪn'fɜːmərɪ] *n* Krankenhaus *das.*

inflamed [ɪn'fleɪmd] *adj* entzün-
det.

inflammation [ˌɪnflə'meɪʃn] *n*
Entzündung *die.*

inflatable [ɪn'fleɪtəbl] *adj*
aufblasbar.

inflate [ɪn'fleɪt] *vt* aufpumpen.

inflation [ɪn'fleɪʃn] *n (of prices)*
Inflation *die.*

inflict [ɪn'flɪkt] *vt (suffering)* auf-
bürden; *(wound)* beibringen.

in-flight *adj* während des
Fluges.

influence ['ɪnflʊəns] *vt* beeinflussen ◆ *n:* **~ (on)** Einfluß *der* (auf
(+A)).

inform [ɪn'fɔːm] *vt* informieren.

informal [ɪn'fɔːml] *adj* zwanglos.

information [ˌɪnfə'meɪʃn] *n*
Information *die;* **a piece of ~** eine
Information.

information desk *n* Aus-
kunftsschalter *der.*

information office *n* Aus-
kunftsbüro *das.*

informative [ɪn'fɔːmətɪv] *adj*
informativ.

infuriating [ɪn'fjʊərɪeɪtɪŋ] *adj*
ärgerlich.

ingenious [ɪn'dʒiːnjəs] *adj* raffiniert.

ingredient [ɪn'griːdjənt] *n*
(CULIN) Zutat *die.*

inhabit [ɪn'hæbɪt] *vt* bewohnen.

inhabitant [ɪn'hæbɪtənt] *n*
Einwohner *der (-in die).*

inhale [ɪn'heɪl] *vi* einatmen.

inhaler [ɪn'heɪləʳ] *n* Inhaliergerät
das.

inherit [ɪn'herɪt] *vt* erben.

inhibition [ˌɪnhɪ'bɪʃn] *n* Hem-
mung *die.*

initial [ɪ'nɪʃl] *adj* Anfangs- ◆ *vt* mit
Initialen unterschreiben ❑ **initials**
npl Initialen *pl.*

initially [ɪ'nɪʃəlɪ] *adv* anfangs.

initiative [ɪ'nɪʃɪətɪv] *n* Initiative *die*.

injection [ɪn'dʒekʃn] *n* (MED) Spritze *die*.

injure ['ɪndʒəʳ] *vt* verletzen; **to ~ one's arm** sich (D) den Arm verletzen; **to ~ o.s.** sich verletzen.

injured ['ɪndʒəd] *adj* verletzt.

injury ['ɪndʒərɪ] *n* Verletzung *die*.

ink [ɪŋk] *n* Tinte *die*.

inland [*adj* 'ɪnlənd, *adv* ɪn'lænd] *adj* Binnen- ◆ *adv* landeinwärts.

inn [ɪn] *n* Gasthaus *das*.

inner ['ɪnəʳ] *adj* innere(-r)(-s).

inner city *n* Viertel in der Nähe der Innenstadt, in denen es oft soziale Probleme gibt.

inner tube *n* Schlauch *der*.

innocence ['ɪnəsns] *n* Unschuld *die*.

innocent ['ɪnəsnt] *adj* unschuldig.

inoculate [ɪ'nɒkjʊleɪt] *vt*: **to ~ sb (against sthg)** jn (gegen etw) impfen.

inoculation [ɪ,nɒkjʊ'leɪʃn] *n* Impfung *die*.

input ['ɪnpʊt] *vt* (COMPUT) einlgeben.

inquire [ɪn'kwaɪəʳ] = **enquire**.

inquiry [ɪn'kwaɪərɪ] = **enquiry**.

insane [ɪn'seɪn] *adj* verrückt.

insect ['ɪnsekt] *n* Insekt *das*.

insect repellent [-rə'pelənt] *n* Insektenvertreibungsmittel *das*.

insensitive [ɪn'sensətɪv] *adj* (unkind) gefühllos.

insert [ɪn'sɜːt] *vt* (coin) einlwerfen; (ticket) einlführen; (key) einlstecken.

inside [ɪn'saɪd] *prep* (be) in (+D); (go, move) in (+A) ◆ *adv* innen ◆ *adj* (internal) Innen- ◆ *n*: **the ~** das Innere; (AUT: in UK) die linke Fahrspur; (AUT: in Europe, US) die rechte Fahrspur; **to ~ out** (clothes) links (herum); **to be ~** drinnen sein; **to go ~** hineinlgehen.

inside lane *n* (AUT) (in UK) linke Fahrspur; (in Europe, US) rechte Fahrspur.

inside leg *n* Schrittlänge *die*.

insight ['ɪnsaɪt] *n* Einblick *der*.

insignificant [,ɪnsɪg'nɪfɪkənt] *adj* unbedeutend.

insinuate [ɪn'sɪnjʊeɪt] *vt* anldeuten.

insist [ɪn'sɪst] *vi* darauf bestehen; **to ~ on doing sthg** darauf bestehen, etw zu tun.

insole ['ɪnsəʊl] *n* Einlegesohle *die*.

insolent ['ɪnsələnt] *adj* unverschämt.

insomnia [ɪn'sɒmnɪə] *n* Schlaflosigkeit *die*.

inspect [ɪn'spekt] *vt* (ticket, passport) kontrollieren; (look at closely) genau betrachten.

inspection [ɪn'spekʃn] *n* (of ticket, passport) Kontrolle *die*.

inspector [ɪn'spektəʳ] *n* (on bus, train) Kontrolleur *der* (-in *die*); (in police force) Kommissar *der* (-in *die*).

inspiration [,ɪnspə'reɪʃn] *n* Inspiration *die*.

instal [ɪn'stɔːl] (Am) = **install**.

install [ɪn'stɔːl] *vt* (Br) installieren.

installment [ɪn'stɔːlmənt] (Am) = **instalment**.

instalment [ɪn'stɔːlmənt] *n* (payment) Rate *die*; (episode) Folge *die*.

instance 148

instance ['ɪnstəns] *n* Fall *der*; for ~ zum Beispiel.

instant ['ɪnstənt] *adj* sofortig; *(food)* Instant- ◆ *n* Moment *der*, Augenblick *der*.

instant coffee *n* Instantkaffee *der*, Pulverkaffee *der*.

instead [ɪn'sted] *adv* statt dessen; ~ of statt (+G), anstelle (+G).

instep ['ɪnstep] *n* Spann *der*.

instinct ['ɪnstɪŋkt] *n* Instinkt *der*.

institute ['ɪnstɪtjuːt] *n* Institut *das*.

institution [ˌɪnstɪ'tjuːʃn] *n* Institution *die*.

instructions [ɪn'strʌkʃnz] *npl (for use)* Anleitung *die*.

instructor [ɪn'strʌktər] *n* Lehrer *der* (-in *die*).

instrument ['ɪnstrəmənt] *n (musical)* Instrument *das*; *(tool)* Gerät *das*.

insufficient [ˌɪnsə'fɪʃnt] *adj* nicht genügend.

insulating tape ['ɪnsjʊleɪtɪŋ-] *n* Isolierband *das*.

insulation [ˌɪnsjʊ'leɪʃn] *n (material)* Isoliermaterial *das*.

insulin ['ɪnsjʊlɪn] *n* Insulin *das*.

insult [*n* ɪn'sʌlt, *vb* ɪn'sʌlt] *n* Beleidigung *die* ◆ *vt* beleidigen.

insurance [ɪn'ʃʊərəns] *n* Versicherung *die*.

insurance certificate *n* Versicherungsschein *der*.

insurance company *n* Versicherungsgesellschaft *die*.

insurance policy *n* Versicherungspolice *die*.

insure [ɪn'ʃʊər] *vt* versichern.

insured [ɪn'ʃʊəd] *adj*: to be ~ versichert sein.

intact [ɪn'tækt] *adj* unbeschädigt.

intellectual [ˌɪntə'lektjʊəl] *adj* intellektuell ◆ *n* Intellektuelle *der*, *die*.

intelligence [ɪn'telɪdʒəns] *n* Intelligenz *die*.

intelligent [ɪn'telɪdʒənt] *adj* intelligent.

intend [ɪn'tend] *vt* meinen; to ~ to do sthg vorhaben, etw zu tun.

intense [ɪn'tens] *adj* stark.

intensity [ɪn'tensətɪ] *n* Intensität *die*.

intensive [ɪn'tensɪv] *adj* intensiv.

intensive care *n* Intensivstation *die*.

intent [ɪn'tent] *adj*: to be ~ on doing sthg etw unbedingt tun wollen.

intention [ɪn'tenʃn] *n* Absicht *die*.

intentional [ɪn'tenʃənl] *adj* absichtlich.

intentionally [ɪn'tenʃənəlɪ] *adv* absichtlich.

interchange ['ɪntətʃeɪndʒ] *n (on motorway)* Autobahnkreuz *das*.

Intercity® [ˌɪntə'sɪtɪ] *n (Br)* Intercity *der*.

intercom ['ɪntəkɒm] *n* Sprechanlage *die*.

interest ['ɪntrəst] *n* Interesse *das*; *(on money)* Zinsen *pl* ◆ *vt* interessieren; to take an ~ in sthg sich für etw interessieren.

interested ['ɪntrəstɪd] *adj* interessiert; to be ~ in sthg an etw (D) interessiert sein.

interesting [ˈɪntrəstɪŋ] *adj* interessant.

interest rate *n* Zinssatz *der*.

interfere [ˌɪntəˈfɪəʳ] *vi (meddle)* sich einlmischen; **to ~ with sthg** *(damage)* etw beeinträchtigen.

interference [ˌɪntəˈfɪərəns] *n (on TV, radio)* Störung *die*.

interior [ɪnˈtɪənəʳ] *adj* Innen- ♦ *n* Innere *das*.

intermediate [ˌɪntəˈmiːdjət] *adj (stage, level)* Zwischen-.

intermission [ˌɪntəˈmɪʃn] *n* Pause *die*.

internal [ɪnˈtɜːnl] *adj (not foreign)* inländisch; *(on the inside)* innere (-r)(-s).

internal flight *n* Inlandflug *der*.

international [ˌɪntəˈnæʃənl] *adj* international.

international flight *n* Auslandsflug *der*.

interpret [ɪnˈtɜːprɪt] *vi* dolmetschen.

interpreter [ɪnˈtɜːprɪtəʳ] *n* Dolmetscher *der* (-in *die*).

interrogate [ɪnˈterəgeɪt] *vt* verhören.

interrupt [ˌɪntəˈrʌpt] *vt* unterbrechen.

intersection [ˌɪntəˈsekʃn] *n (of roads)* Kreuzung *die*.

interval [ˈɪntəvl] *n* Zeitraum *der*; *(Br: at cinema, theatre)* Pause *die*.

intervene [ˌɪntəˈviːn] *vi (person)* einlgreifen; *(event)* dazwischenlkommen.

interview [ˈɪntəvjuː] *n (on TV, in magazine)* Interview *das* ♦ *vt (on TV, in magazine)* interviewen; *(for*

job) ein Vorstellungsgespräch führen mit.

interviewer [ˈɪntəvjuːəʳ] *n* Interviewer *der* (-in *die*).

intestine [ɪnˈtestɪn] *n* Darm *der*.

intimate [ˈɪntɪmət] *adj (friends, relationship)* eng; *(secrets, thoughts)* intim; *(cosy)* gemütlich.

intimidate [ɪnˈtɪmɪdeɪt] *vt* einlschüchtern.

into [ˈɪntu] *prep* in (+A); *(crash)* gegen; *(research, investigation)* über (+A); **4 ~ 20 goes 5 (times)** 20 (geteilt) durch 4 ist 5; **to translate ~ German** ins Deutsche übersetzen; **to change ~ sthg** *(clothes)* sich *(D)* etw anlziehen; *(become)* zu etw werden; **to be ~ sthg** *(inf: like)* auf etw *(A)* stehen.

intolerable [ɪnˈtɒlrəbl] *adj* unerträglich.

intransitive [ɪnˈtrænzətɪv] *adj* intransitiv.

intricate [ˈɪntrɪkət] *adj* kompliziert.

intriguing [ɪnˈtriːgɪŋ] *adj* faszinierend.

introduce [ˌɪntrəˈdjuːs] *vt (person)* vorstellen; *(new measure)* einlführen; *(TV programme)* anlkündigen; **I'd like to ~ you to Fred** ich möchte Ihnen/dir Fred vorstellen.

introduction [ˌɪntrəˈdʌkʃn] *n* Einführung *die*; *(to book)* Einleitung *die*; *(to person)* Vorstellung *die*.

introverted [ˈɪntrəˌvɜːtɪd] *adj* introvertiert.

intruder [ɪnˈtruːdəʳ] *n* Eindringling *der*.

intuition [ˌɪntjuːˈɪʃn] *n* Intuition *die*.

invade [ɪn'veɪd] vt einfallen in.

invalid [adj ɪn'vælɪd, n 'ɪnvəlɪd] adj (ticket, cheque) ungültig ◆ n Kranke der, die.

invaluable [ɪn'væljʊəbl] adj unschätzbar.

invariably [ɪn'veərɪəblɪ] adv immer.

invasion [ɪn'veɪʒn] n Invasion die.

invent [ɪn'vent] vt erfinden.

invention [ɪn'venʃn] n Erfindung die.

inventory ['ɪnvəntrɪ] n (list) Bestandsaufnahme die; (Am: stock) Lagerbestand der.

inverted commas [ɪn'vɜːtɪd-] npl Anführungszeichen pl.

invest [ɪn'vest] vt investieren ◆ vi: **to ~ in sthg** in etw (A) investieren.

investigate [ɪn'vestɪgeɪt] vt untersuchen.

investigation [ɪn‚vestɪ'geɪʃn] n Untersuchung die.

investment [ɪn'vestmənt] n Anlage die.

invisible [ɪn'vɪzɪbl] adj unsichtbar.

invitation [‚ɪnvɪ'teɪʃn] n Einladung die.

invite [ɪn'vaɪt] vt einladen; **to ~ sb to do sthg** (ask) jn einladen, etw zu tun; **to ~ sb round** jn zu sich einladen.

invoice ['ɪnvɔɪs] n Rechnung die.

involve [ɪn'vɒlv] vt (entail) mit sich bringen; **what does it ~?** was ist erforderlich?; **to be ~d in sthg** (scheme, activity) an etw (D) beteiligt sein; (accident) in etw (A) verwickelt sein.

involved [ɪn'vɒlvd] adj: **what's ~?** was ist erforderlich?

inwards ['ɪnwədz] adv nach innen.

IOU n Schuldschein der.

IQ n IQ der.

Iran [ɪ'rɑːn] n Iran der.

Iraq [ɪ'rɑːk] n Irak der.

Ireland ['aɪələnd] n Irland nt.

iris ['aɪərɪs] n (pl -es) n (flower) Iris die.

Irish ['aɪrɪʃ] adj irisch ◆ n (language) Irische das ◆ npl: **the ~** die Iren pl.

Irish coffee n Irish coffee der (Kaffee mit Whisky und Schlagsahne).

Irishman ['aɪrɪʃmən] n (pl -men [-mən]) n Ire der.

Irish stew n Irish-Stew das (Gericht aus Fleisch, Kartoffeln und Zwiebeln).

Irishwoman ['aɪrɪʃ‚wʊmən] n (pl -women [-‚wɪmɪn]) n Irin die.

iron ['aɪən] n Eisen das; (for clothes) Bügeleisen das ◆ vt bügeln.

ironic [aɪ'rɒnɪk] adj ironisch.

ironing board ['aɪənɪŋ-] n Bügelbrett das.

ironmonger's ['aɪən‚mʌŋgəz] n (Br) Eisenwarengeschäft das.

irrelevant [ɪ'reləvənt] adj belanglos.

irresistible [‚ɪrɪ'zɪstəbl] adj unwiderstehlich.

irrespective [‚ɪrɪ'spektɪv]: **irrespective of** prep ungeachtet (+G).

irresponsible [‚ɪrɪ'spɒnsəbl] adj unverantwortlich.

irrigation [‚ɪrɪ'geɪʃn] n Bewässerung die.

irritable ['ɪrɪtəbl] adj reizbar.

irritate ['ɪrɪteɪt] vt (annoy) ärgern; (skin, eyes) reizen.

irritating ['ɪrɪteɪtɪŋ] adj (annoying) ärgerlich.

IRS n (Am) amerikanisches Finanzamt.

is [ɪz] → be.

Islam ['ɪzlɑːm] n Islam der.

island ['aɪlənd] n Insel die; (in road) Verkehrsinsel die.

isle [aɪl] n Insel die.

isolated ['aɪsəleɪtɪd] adj (place) isoliert; (case, error) vereinzelt.

Israel ['ɪzreɪəl] n Israel nt.

issue ['ɪʃuː] n (problem, subject) Thema das; (of newspaper, magazine) Ausgabe die ◆ vt (statement) veröffentlichen; (passport, document) ausstellen; (stamps, bank notes) herausgeben.

it [ɪt] pron 1. (referring to specific thing: subject) er/sie/es; (direct object) ihn/sie/es; ~'s **big** er/sie/es ist groß; **she hit** ~ sie hat ihn/sie/es getroffen; **a free book came with** ~ es war ein kostenloses Buch dabei.
2. (nonspecific) es; ~'s **easy** es ist einfach; ~'s **a difficult question** das ist eine schwierige Frage; **tell me about** ~! erzähl mir davon!; ~'s **me** ich bin's; **who is** ~? wer ist da?
3. (used impersonally) es; ~'s **hot** es ist heiß; ~'s **six o'clock** es ist sechs Uhr; ~'s **Sunday** es ist Sonntag.

Italian [ɪ'tæljən] adj italienisch ◆ n (person) Italiener der (-in die); (language) Italienisch das; **an** ~ **restaurant** ein italienisches Restaurant.

Italy ['ɪtəlɪ] n Italien nt.

itch [ɪtʃ] vi jucken.

item ['aɪtəm] n (object) Gegenstand der; (on agenda) Punkt der; (of news) Meldung die.

itemized bill ['aɪtəmaɪzd-] n spezifizierte Rechnung.

its [ɪts] adj (masculine or neuter subject) sein; (feminine subject) ihr.

it's [ɪts] = it is, it has.

itself [ɪt'self] pron (reflexive) sich; (after prep) sich selbst; **the house** ~ **is fine** das Haus selbst ist in Ordnung.

I've [aɪv] = I have.

ivory ['aɪvərɪ] n Elfenbein das.

ivy ['aɪvɪ] n Efeu der.

J

jab [dʒæb] n (Br: inf: injection) Spritze die.

jack [dʒæk] n (for car) Wagenheber der; (playing card) Bube der.

jacket ['dʒækɪt] n (garment) Jacke die; (of book) Umschlag der; (Am: of record) Plattenhülle die; (of potato) Schale die.

jacket potato n in der Schale gebackene Kartoffel.

jack-knife vi Klappmesser das.

Jacuzzi® [dʒə'kuːzɪ] n Whirlpool der.

jade [dʒeɪd] n Jade die.

jail [dʒeɪl] n Gefängnis das.

jam [dʒæm] n (food) Konfitüre die; (of traffic) Stau der; (inf: difficult situation) Klemme die ◆ vt (pack tightly) hineinquetschen ◆ vi (get stuck) klemmen; **the roads are jammed** die Straßen sind verstopft.

jam-packed [-'pækt] adj (inf) gestopft voll.

Jan. [dʒæn] (abbr of January) Jan.

janitor ['dʒænɪtəʳ] n (Am & Scot) Hausmeister der.

January ['dʒænjʊən] n Januar der, → September.

Japan [dʒə'pæn] n Japan nt.

Japanese [dʒæpə'niːz] adj japanisch ◆ n (language) Japanisch das ◆ npl: the ~ die Japaner pl.

jar [dʒɑːʳ] n Glas das.

javelin ['dʒævlɪn] n Speer der.

jaw [dʒɔː] n Kiefer der.

jazz [dʒæz] n Jazz der.

jealous ['dʒeləs] adj (envious) neidisch; (possessive) eifersüchtig.

jeans [dʒiːnz] npl Jeans pl.

Jeep® [dʒiːp] n Jeep® der.

Jello® ['dʒeləʊ] n (Am) Wackelpudding der.

jelly ['dʒelɪ] n (dessert) Wackelpudding der; (Am: jam) Gelee das.

jellyfish ['dʒelɪfɪʃ] (pl inv) n Qualle die.

jeopardize ['dʒepədaɪz] vt gefährden.

jerk [dʒɜːk] n (movement) Ruck der; (inf: idiot) Blödmann der.

jersey ['dʒɜːzɪ] (pl -s) n (garment) Pullover der.

jet [dʒet] n (aircraft) Jet der; (of liquid, gas) Strahl der; (outlet) Düse die.

jetfoil ['dʒetfɔɪl] n Tragflächenboot das.

jet lag n Jet-lag das.

jet-ski n Jetski der.

jetty ['dʒetɪ] n Bootsanlegestelle die.

Jew [dʒuː] n Jude der (Jüdin die).

jewel ['dʒuːəl] n Edelstein der ❑ **jewels** npl (jewellery) Juwelen pl.

jeweler's ['dʒuːələz] (Am) = jeweller's.

jeweller's ['dʒuːələz] n (Br) Juweliergeschäft das.

jewellery ['dʒuːəlrɪ] n (Br) Schmuck der.

jewelry ['dʒuːəlrɪ] (Am) = jewellery.

Jewish ['dʒuːɪʃ] adj jüdisch.

jigsaw (puzzle) ['dʒɪgsɔː(-)] n Puzzlespiel das.

jingle ['dʒɪŋgl] n (of advert) Jingle der.

job [dʒɒb] n (regular work) Stelle die, Job der; (task) Arbeit die; (function) Aufgabe die; **to lose one's ~** entlassen werden.

job centre n (Br) Arbeitsvermittlungsstelle die.

jockey ['dʒɒkɪ] (pl -s) n Jockei der.

jog [dʒɒg] vt (bump) anstoßen ◆ vi joggen ◆ n: **to go for a ~** joggen gehen.

jogging ['dʒɒgɪŋ] n Jogging das; **to go ~** joggen gehen.

join [dʒɔɪn] vt (club, organization) beitreten (+D); (fasten together, link) verbinden; (other people) sich anschließen (+D); (participate in) teilnehmen an (+D) ❑ **join in** vt fus mitmachen an (+D) ◆ vi mitmachen.

joint [dʒɔɪnt] adj gemeinsam ◆ n (of body) Gelenk das; (Br: of meat) Braten der; (in structure) Verbindungsstelle die.

joke [dʒəʊk] n Witz der ◆ vi scherzen.

joker ['dʒəʊkəʳ] n (playing card) Joker der.

jolly ['dʒɒlɪ] adj (cheerful) lustig, fröhlich ◆ adv (Br: inf: very) sehr.

jolt [dʒəʊlt] *n* Ruck *der*.

jot [dʒɒt]: **jot down** *vt sep* notieren.

journal ['dʒɜːnl] *n* (professional magazine) Zeitschrift *die*; (diary) Tagebuch *das*.

journalist ['dʒɜːnəlɪst] *n* Journalist *der* (-in *die*).

journey ['dʒɜːnɪ] (*pl* **-s**) *n* Reise *die*.

joy [dʒɔɪ] *n* Freude *die*.

joypad ['dʒɔɪpæd] *n* (of video game) Joypad *der*.

joyrider ['dʒɔɪraɪdə^r] *n* Autodieb, der mit gestohlenen Autos Spritztouren unternimmt.

joystick ['dʒɔɪstɪk] *n* (of video game) Joystick *der*.

judge [dʒʌdʒ] *n* (JUR) Richter *der* (-in *die*); (of competition) Preisrichter *der* (-in *die*); (SPORT) Schiedsrichter *der* (-in *die*) ◆ *vt* (competition) beurteilen; (evaluate) einschätzen.

judg(e)ment ['dʒʌdʒmənt] *n* (JUR) Urteil *das*; (opinion) Beurteilung *die*; (capacity to judge) Urteilsvermögen *das*.

judo ['dʒuːdəʊ] *n* Judo *das*.

jug [dʒʌg] *n* Krug *der*.

juggernaut ['dʒʌgənɔːt] *n* (Br) Schwerlastzug *der*.

juggle ['dʒʌgl] *vi* jonglieren.

juice [dʒuːs] *n* (from fruit, vegetables) Saft *der*; (from meat) Bratensaft *der*.

juicy ['dʒuːsɪ] *adj* (food) saftig.

jukebox ['dʒuːkbɒks] *n* Jukebox *die*.

July [dʒuː'laɪ] *n* Juli *der*, → **September**.

jumble sale ['dʒʌmbl-] *n* (Br) Wohltätigkeitsbasar *der*.

---

i **JUMBLE SALE**

Die „Jumble sales" werden gewöhnlich in Pfarrsälen oder Gemeinde- und Stadthallen abgehalten und ähneln den Trödelmärkten im deutschsprachigen Raum. Verkauft werden billige Kleidung, Bücher und Haushaltswaren aus zweiter Hand. Der Erlös kommt meist wohltätigen Vereinen zugute.

---

jumbo ['dʒʌmbəʊ] *adj* (inf: big) Riesen-.

jumbo jet *n* Jumbo-Jet *der*.

jump [dʒʌmp] *n* Sprung *der* ◆ *vi* springen; (with fright) zusammenfahren; (increase) rapide an|steigen ◆ *vt* (Am: train, bus) schwarzfahren in (+D); **to ~ the queue** (Br) sich vordrängen.

jumper ['dʒʌmpə^r] *n* (Br: pullover) Pullover *der*; (Am: dress) ärmelloses Kleid.

jump leads *npl* Starthilfekabel *pl*.

junction ['dʒʌŋkʃn] *n* (of roads) Kreuzung *die*; (of railway lines) Knotenpunkt *der*.

June [dʒuːn] *n* Juni *der*, → **September**.

jungle ['dʒʌŋgl] *n* Dschungel *der*.

junior ['dʒuːnjə^r] *adj* (of lower rank) untergeordnet; (Am: after name) junior ◆ *n* (younger person) Junior *der*.

junior school *n* (Br) Grundschule *die* (für 7- bis 11jährige).

junk [dʒʌŋk] *n* (inf: unwanted things) Trödel *der*.

junk food n (inf) ungesundes Essen wie z.B. Fast Food, Chips, Süßigkeiten.

junkie ['dʒʌŋkɪ] n (inf) Junkie der.

junk shop n Trödelladen der.

jury ['dʒʊəri] n Geschworenen pl; (in competition) Jury die.

just [dʒʌst] adv (recently) gerade; (exactly) genau; (only) nur; (simply) einfach ◆ adj gerecht; **~ a bit more** etwas mehr; **~ over an hour** etwas mehr als eine Stunde; **it's ~ as good** es ist genauso gut; **to be ~ about to do sthg** dabei sein, etw zu tun; **to have ~ done sthg** gerade etw getan haben; **~ about** (almost) fast; (only) **~** (almost not) gerade (noch); **~ a minute!** einen Moment!

justice ['dʒʌstɪs] n Gerechtigkeit die.

justify ['dʒʌstɪfaɪ] vt rechtfertigen.

jut [dʒʌt] : **jut out** vi vorstehen.

juvenile ['dʒuːvənaɪl] adj (young) jugendlich; (childish) kindisch.

K

kangaroo [,kæŋgə'ruː] n Känguruh das.

karate [kə'rɑːtɪ] n Karate das.

kebab [kɪ'bæb] n: **doner ~** Gyros der; **shish ~** Kebab der.

keel [kiːl] n Kiel der.

keen [kiːn] adj (enthusiastic) begeistert; (eyesight, hearing) scharf; **to**

be ~ on mögen; **to be ~ to do sthg** etw unbedingt tun wollen.

keep [kiːp] (pt & pp **kept**) vt (retain) behalten; (store) aufbewahren; (maintain) halten; (promise, appointment) einlhalten; (secret) für sich behalten; (delay) auflhalten; (record, diary) führen ◆ vi (food) sich halten; (remain) bleiben; **to ~ (on) doing sthg** (do continuously) etw weiter tun; (do repeatedly) etw dauernd tun; **to ~ sb from doing sthg** jn davon ablhalten, etw zu tun; **~ back!** bleib zurück!; **to ~ clear (of sthg)** (etw) freilhalten; **'~ in lane!'** Schild, das anzeigt, daß es verboten ist, die Spur zu wechseln; **'~ left'** 'Links fahren!'; **'~ off the grass!'** 'Rasen nicht betreten!'; **'~ out!'** 'Betreten verboten!'; **'~ your distance!'** 'Abstand halten!' ❑ **keep up** vt sep aufrechterhalten ◆ vi mithalten.

keep-fit n (Br) Fitneßübungen pl.

kennel ['kenl] n Hundehütte die.

kept [kept] pt & pp → **keep.**

kerb [kɜːb] n (Br) Randstein der.

kerosene ['kerəsiːn] n (Am) Petroleum das.

ketchup ['ketʃəp] n Ketchup der.

kettle ['ketl] n Wasserkessel der; **to put the ~ on** Wasser auflsetzen.

key [kiː] n Schlüssel der; (of piano, typewriter) Taste die ◆ adj Schlüssel-.

keyboard ['kiːbɔːd] n (of typewriter, piano) Tastatur die; (musical instrument) Keyboard das.

keyhole ['kiːhəʊl] n Schlüsselloch das.

keypad ['ki:pæd] *n* Tastenfeld *das.*

key ring *n* Schlüsselring *der.*

kg *(abbr of kilogram)* kg.

kick [kɪk] *n (of foot)* Tritt *der* ♦ *vt* treten.

kickoff ['kɪkɒf] *n* Spielbeginn *der.*

kid [kɪd] *n (inf: child)* Kind *das* ♦ *vi (joke)* scherzen.

kidnap ['kɪdnæp] *vt* entführen, kidnappen.

kidnaper ['kɪdnæpər] *(Am)* = **kidnapper**.

kidnapper ['kɪdnæpər] *n (Br)* Entführer *der*, Kidnapper *der.*

kidney ['kɪdnɪ] *(pl -s) n* Niere *die.*

kidney bean *n* Kidneybohne *die.*

kill [kɪl] *vt* töten; *(time)* totschlagen; **my feet are ~ing me!** meine Füße bringen mich um!

killer ['kɪlər] *n* Mörder *der* (-in *die*).

kilo ['ki:ləʊ] *(pl -s) n* Kilo *das.*

kilogram ['kɪləˌgræm] *n* Kilogramm *das.*

kilometre ['kɪləˌmi:tər] *n* Kilometer *der.*

kilt [kɪlt] *n* Kilt *der*, Schottenrock *der.*

kind [kaɪnd] *adj* nett ♦ *n* Art *die; (of cheese, wine etc)* Sorte *die;* **what ~ of music do you like?** welche Musik magst du?; **what ~ of car do you drive?** was für ein Auto hast du?; **~ of** *(Am: inf)* irgendwie.

kindergarten ['kɪndəˌgɑ:tn] *n* Kindergarten *der.*

kindly ['kaɪndlɪ] *adv:* **would you ~ wait here?** wären Sie so nett, hier zu warten?

kindness ['kaɪndnɪs] *n* Freundlichkeit *die.*

king [kɪŋ] *n* König *der.*

kingfisher ['kɪŋˌfɪʃər] *n* Eisvogel *der.*

king prawn *n* Riesengarnele *die.*

king-size bed *n* King-size-Bett *das.*

kiosk ['ki:ɒsk] *n (for newspapers etc)* Kiosk *der; (Br: phone box)* öffentlicher Fernsprecher.

kipper ['kɪpər] *n* Räucherhering *der.*

kiss [kɪs] *n* Kuß *der* ♦ *vt* küssen.

kiss of life *n* Mund-zu-Mund-Beatmung *die.*

kit [kɪt] *n (set)* Ausrüstung *die; (clothes)* Bekleidung *die; (for assembly)* Bausatz *der.*

kitchen ['kɪtʃɪn] *n* Küche *die.*

kitchen unit *n* Einbauküchenelement *das.*

kite [kaɪt] *n (toy)* Drachen *der.*

kitten ['kɪtn] *n* Kätzchen *das.*

kitty ['kɪtɪ] *n (money)* Gemeinschaftskasse *die.*

kiwi fruit ['ki:wi:-] *n* Kiwi *die.*

Kleenex® ['kli:neks] *n* Papiertaschentuch *das.*

km *(abbr of kilometre)* km.

km/h *(abbr of kilometres per hour)* km/h.

knack [næk] *n:* **to get the ~ of doing sthg** den Dreh herauskriegen, wie man etw macht.

knackered ['nækəd] *adj (Br: inf)* erledigt.

knapsack ['næpsæk] *n* Rucksack *der.*

knee [ni:] *n* Knie *das.*

kneecap ['niːkæp] n Kniescheibe die.

kneel [niːl] (pt & pp **knelt** [nelt]) vi knien; (go down on one's knees) sich hinknien.

knew [njuː] pt → **know**.

knickers ['nɪkəz] npl (Br) Schlüpfer der.

knife [naɪf] (pl **knives**) n Messer das.

knight [naɪt] n (in history) Ritter der; (in chess) Springer der.

knit [nɪt] vt stricken.

knitted ['nɪtɪd] adj gestrickt.

knitting ['nɪtɪŋ] n (thing being knitted) Strickzeug das; (activity) Stricken das.

knitting needle n Stricknadel die.

knitwear ['nɪtweər] n Strickwaren pl.

knives [naɪvz] pl → **knife**.

knob [nɒb] n (on door etc) Knauf der; (on machine) Knopf der.

knock [nɒk] n (at door) Klopfen das ♦ vt (hit) stoßen ♦ vi (at door etc) klopfen □ **knock down** vt sep (pedestrian) anlfahren; (building) ablreißen; (price) reduzieren; **knock out** vt sep bewußtlos schlagen; (of competition): **to be ~ed out** auslscheiden; **knock over** vt sep umlstoßen; (pedestrian) umlfahren.

knocker ['nɒkər] n (on door) Türklopfer der.

knot [nɒt] n Knoten der.

know [nəʊ] (pt **knew**, pp **known**) vt wissen; (person, place) kennen; (language) können; **to get to ~ sb** jn kennenlernen; **to ~ about sthg** (understand) sich mit etw auslkennen; (have heard) etw wissen; **to**

~ **how to do sthg** etw tun können; **to ~ of** kennen; **to be ~n as** bekannt sein als; **to let sb ~ sthg** jm über etw (A) Bescheid sagen; **you ~** (for emphasis) weißt du.

knowledge ['nɒlɪdʒ] n (facts known) Kenntnisse pl; (awareness) Wissen das; **to my ~** soweit ich weiß.

known [nəʊn] pp → **know**.

knuckle ['nʌkl] n Knöchel der; (of pork) Haxe die.

Koran [kɒ'rɑːn] n: **the ~** der Koran.

L

l (abbr of litre) l.

L (abbr of large) L; (abbr of learner) in Großbritannien Schild am Auto, um anzuzeigen, daß der Fahrer noch keinen Führerschein hat und nur in Begleitung fahren darf.

lab [læb] n (inf) Labor das.

label ['leɪbl] n Etikett das.

labor ['leɪbər] (Am) = **labour**.

laboratory [Br lə'bɒrətrɪ, Am 'læbrətɔːrɪ] n Labor das.

labour ['leɪbər] n Arbeit die; **to be in ~** (MED) in den Wehen liegen.

labourer ['leɪbərər] n Arbeiter der (-in die).

Labour Party n (Br) links ausgerichtete Partei in Großbritannien.

labour-saving adj arbeitssparend.

lace [leɪs] n (material) Spitze die;
(for shoe) Schnürsenkel der.

lace-ups npl Schnürschuhe pl.

lack [læk] n Mangel der ◆ vt
mangeln an (+D) ◆ vi: **to be ~ing**
fehlen.

lacquer ['lækə'] n (paint) Lackfarbe die; (for hair) Haarspray der.

lad [læd] n (inf: boy) Junge der.

ladder ['lædə'] n Leiter die; (Br: in
tights) Laufmasche die.

ladies ['leɪdɪz] n (Br: toilet) Damen
pl.

ladies room (Am) = **ladies**.

ladieswear ['leɪdɪz,weə'] n
Damenbekleidung die.

ladle ['leɪdl] n Kelle die.

lady ['leɪdɪ] n Dame die; **Lady Diana**
Lady Diana.

ladybird ['leɪdɪbɜːd] n Marienkäfer der.

lag [læg] vi: **to ~ (behind)** zurückl-
bleiben.

lager ['lɑːgə'] n helles Bier, Lager-
bier das.

lagoon [lə'guːn] n Lagune die.

laid [leɪd] pt & pp → **lay**.

lain [leɪn] pp → **lie**.

lake [leɪk] n See der.

Lake District n: the ~ der Lake
District (Seenlandschaft in Nordwest-
england).

lamb [læm] n (animal) Lamm das;
(meat) Lammfleisch das.

lamb chop n Lammkotelett das.

lame [leɪm] adj lahm.

lamp [læmp] n Lampe die.

lamppost ['læmppəʊst] n Later-
nenpfahl der.

lampshade ['læmpʃeɪd] n Lampenschirm der.

land [lænd] n Land das ◆ vi landen.

landing ['lændɪŋ] n (of plane)
Landung die; (at top of stairs) Gang
der; (between stairs) Treppenabsatz
der.

landlady ['lænd,leɪdɪ] n (of house)
Vermieterin die; (of pub) Gastwirtin
die.

landlord ['lændlɔːd] n (of house)
Vermieter der; (of pub) Gastwirt der.

landmark ['lændmɑːk] n Orien-
tierungspunkt der.

landscape ['lændskeɪp] n Landschaft die.

landslide ['lændslaɪd] n Erdrutsch
der.

lane [leɪn] n (in country) kleine
Landstraße; (in town) Gasse die; (on
road, motorway) Fahrspur die; **'get in
~'** 'Einordnen'.

language ['læŋgwɪdʒ] n Sprache
die; (words) Ausdrucksweise die;
bad ~ Kraftausdrücke pl.

lap [læp] n (of person) Schoß der; (of
race) Runde die.

lapel [lə'pel] n Aufschlag der.

lapse [læps] vi (passport, membership) ablaufen.

lard [lɑːd] n Schmalz das.

larder ['lɑːdə'] n Vorratskammer
die.

large [lɑːdʒ] adj groß.

largely ['lɑːdʒlɪ] adv größtenteils.

large-scale adj Groß-.

lark [lɑːk] n Lerche die.

laryngitis [,lærɪn'dʒaɪtɪs] n Kehl-
kopfentzündung die.

lasagne [lə'zænjə] n Lasagne die.

laser ['leɪzə'] n Laser der.

lass [læs] n (inf: girl) Mädel das.

last [lɑːst] adj letzte(-r)(-s) ◆ adv

zuletzt ♦ *vi* dauern; *(weather)* bleiben; *(money, supply)* ausreichen ♦ *pron:* the ~ to come als letzte(-r)(-s) kommen; the ~ but one der/die/das Vorletzte; the day before ~ vorgestern; ~ year letztes Jahr; the ~ year das letzte Jahr; at ~ endlich.

lastly ['lɑːstlɪ] *adv* zuletzt.

last-minute *adj* in letzter Minute.

latch [lætʃ] *n* Riegel *der*; to be on the ~ nicht abgeschlossen sein.

late [leɪt] *adj* spät; *(train, flight)* verspätet; *(dead)* verstorben ♦ *adv* spät; *(not on time)* zu spät; two hours ~ zwei Stunden Verspätung.

lately ['leɪtlɪ] *adv* in letzter Zeit.

late-night *adj (chemist)* Nacht-; *(shop)* länger geöffnet.

later ['leɪtə'] *adj* später ♦ *adv:* ~ (on) *(afterwards)* später; at a ~ date zu einem späteren Zeitpunkt.

latest ['leɪtɪst] *adj:* the ~ fashion die neueste Mode; the ~ das Neueste; at the ~ spätestens.

lather ['lɑːðə'] *n* Schaum *der*.

Latin ['lætɪn] *n* Latein *die*.

Latin America *n* Lateinamerika *nt*.

Latin American *adj* lateinamerikanisch ♦ *n* Lateinamerikaner *der* (-in *die*).

latitude ['lætɪtjuːd] *n* Breite *die*.

latter ['lætə'] *n:* the ~ der/die/das Letztere.

laugh [lɑːf] *n* Lachen *das* ♦ *vi* lachen; to have a ~ *(Br: inf: have fun)* sich amüsieren ❑ **laugh at** *vt fus (mock)* sich lustig machen über (+A).

laughter ['lɑːftə'] *n* Gelächter *das*.

launch [lɔːntʃ] *vt (boat)* vom Stapel lassen; *(new product)* auf den Markt bringen.

laund(e)rette [lɔːnˈdret] *n* Waschsalon *der*.

laundry ['lɔːndrɪ] *n (washing)* Wäsche *die*; *(place)* Wäscherei *die*.

lavatory ['lævətrɪ] *n* Toilette *die*.

lavender ['lævəndə'] *n* Lavendel *die*.

lavish ['lævɪʃ] *adj* üppig.

law [lɔː] *n (rule)* Gesetz *das*; *(system)* Recht *das*; *(study)* Jura *pl*; to be against the ~ gesetzeswidrig sein.

lawn [lɔːn] *n* Rasen *der*.

lawnmower ['lɔːnˌməʊə'] *n* Rasenmäher *der*.

lawyer ['lɔːjə'] *n* Rechtsanwalt *der* (-anwältin *die*).

laxative ['læksətɪv] *n* Abführmittel *das*.

lay [leɪ] *(pt & pp* laid*)* *pt* → **lie** ♦ *vt* legen; to ~ the table den Tisch decken ❑ **lay off** *vt sep (worker)* Feierschichten machen lassen; **lay on** *vt sep (food, etc)* sorgen für; *(transport)* einsetzen; **lay out** *vt sep (money)* auslegen.

lay-by *(pl* lay-bys*)* *n* Parkbucht *die*.

layer ['leɪə'] *n* Schicht *die*.

layman ['leɪmən] *(pl* -men [-mən]*)* *n* Laie *der* (Laiin *die*).

layout ['leɪaʊt] *n* Plan *der*.

lazy ['leɪzɪ] *adj* faul.

lb *(abbr of* pound*)* Pfd.

lead[1] [liːd] *(pt & pp* led*)* *vt* führen; *(be in front of)* anführen ♦ *vi* führen ♦ *n (for dog)* Leine *die*; *(cable)* Schnur *die*; to ~ sb to do sthg jn dazu bringen, etw zu tun; to ~ to führen zu (+D); **to ~ the way** voran|gehen; **to be in the ~** (in race, match) führen.

lead² [led] n (metal) Blei das; (for pencil) Mine die ◆ adj Blei-.

leaded petrol ['ledɪd-] n bleihaltiges Benzin.

leader ['liːdəʳ] n (person in charge) Leiter der (-in die); (in race): **to be the ~** führen.

leadership ['liːdəʃɪp] n Leitung die.

lead-free [led-] adj bleifrei.

leading ['liːdɪŋ] adj leitend.

lead singer ['liːd-] n Leadsänger der (-in die).

leaf [liːf] (pl **leaves**) n Blatt das.

leaflet ['liːflɪt] n Reklameblatt das.

league [liːg] n Liga die.

leak [liːk] n (hole) undichte Stelle die; (of water) Leck das; (of gas) Gasausfluß der ◆ vi undicht sein.

lean [liːn] (pt & pp **leant** [lent] OR **-ed**) adj (meat, person) mager ◆ vi sich lehnen ◆ vt: **to ~ sthg against sthg** etw gegen etw lehnen; **to ~ on** sich lehnen an (+A) □ **lean forward** vi sich nach vorne lehnen; **lean over** vi sich nach vorne beugen.

leap [liːp] (pt & pp **leapt** [lept] OR **-ed**) vi springen.

leap year n Schaltjahr das.

learn [lɜːn] (pt & pp **learnt** OR **-ed**) vt lernen; **to ~ (how) to do sthg** lernen, etw zu tun; **to ~ about sthg** (hear about) über etw erfahren; (study) etw lernen.

learner (driver) ['lɜːnəʳ-] n Fahrschüler der (-in die).

learnt [lɜːnt] pt & pp → **learn**.

lease [liːs] n Pacht die; (contract)

Mietvertrag der ◆ vt pachten; **to ~ sthg from sb** etw von jm pachten; **to ~ sthg to sb** etw jm verpachten.

leash [liːʃ] n Leine die.

least [liːst] adv am wenigsten ◆ adj wenigste(-r)(-s) ◆ pron: **(the) ~** das wenigste; **it's the ~ I can do** das ist das Mindeste, was ich tun kann; **at ~** wenigstens.

leather ['leðəʳ] n Leder das □ **leathers** npl (of motorcyclist) Lederanzug der.

leave [liːv] (pt & pp **left**) vt verlassen; (not take away) lassen; (not use, not eat) übriglassen; (a mark, scar, in will) hinterlassen; (space, gap) lassen ◆ vi gehen, fahren; (train, bus) abfahren ◆ n (time off work) Urlaub der, → **left**; **to ~ a message** eine Nachricht hinterlassen □ **leave behind** vt sep lassen; **leave out** vt sep auslassen.

leaves [liːvz] pl → **leaf**.

Lebanon ['lebənən] n Libanon der.

lecture ['lektʃəʳ] n (at university, conference) Vorlesung die.

lecturer ['lektʃərəʳ] n Dozent der (-in die).

lecture theatre n Vorlesungssaal der.

led [led] pt & pp → **lead¹**.

ledge [ledʒ] n Sims der.

leek [liːk] n Lauch der.

left [left] pt & pp → **leave** ◆ adj linke(-r)(-s) ◆ adv links ◆ n linke Seite, Linke die; **on the ~** links; **to be ~ übrig** sein; **there are none ~** sie sind alle.

left-hand adj linke(-r)(-s).

left-hand drive n Linkssteuerung die.

left-handed [-'hændɪd] *adj (implement)* für Linkshänder; **to be ~** Linkshänder der (-in die) sein.

left-luggage locker *n (Br)* Schließfach *das.*

left-luggage office *n (Br)* Gepäckaufbewahrung *die.*

left-wing *adj* linke(-r)(-s).

leg [leg] *n* Bein *das;* **~ of lamb** Lammkeule *die.*

legal ['li:gl] *adj (concerning the law)* rechtlich, Rechts-; *(lawful)* gesetzlich.

legal aid *n* Prozeßkostenhilfe *die.*

legalize ['li:gəlaɪz] *vt* legalisieren.

legal system *n* Rechtswesen *das.*

legend ['ledʒənd] *n* Legende *die.*

leggings ['legɪŋz] *npl* Leggings *pl.*

legible ['ledʒɪbl] *adj* leserlich.

legislation [ˌledʒɪs'leɪʃn] *n* Gesetze *pl.*

legitimate [lɪ'dʒɪtɪmət] *adj* legitim.

leisure [Br 'leʒəʳ, Am 'li:ʒər] *n* Freizeit *die.*

leisure centre *n* Freizeitzentrum *das.*

leisure pool *n* Freizeitbad *das.*

lemon ['lemən] *n* Zitrone *die.*

lemonade [ˌlemə'neɪd] *n* Limonade *die.*

lemon curd *n (Br)* Brotaufstrich aus Zitronensaft, Eiern und Butter.

lemon juice *n* Zitronensaft *der.*

lemon sole *n* Seezunge *die.*

lemon tea *n* Zitronentee *der.*

lend [lend] *(pt & pp* **lent)** *vt* leihen; **to ~ sb sthg** jm etw leihen.

length [leŋθ] *n* Länge *die; (of swimming pool)* Bahn *die.*

lengthen ['leŋθən] *vt* verlängern.

lens [lenz] *n (of camera)* Objektiv *das; (of glasses)* Brillenglas *das; (contact lens)* Kontaktlinse *die.*

lent [lent] *pt & pp* → **lend**.

Lent [lent] *n* Fastenzeit *die.*

lentils ['lentlz] *npl* Linsen *pl.*

Leo ['li:əʊ] *n* Löwe *der.*

leopard ['lepəd] *n* Leopard *der.*

leopard-skin *adj* Leopardenfell-.

leotard ['li:əta:d] *n* Trikot *das.*

leper ['lepəʳ] *n* Leprakranke *der, die.*

lesbian ['lezbɪən] *adj* lesbisch ♦ *n* Lesbierin *die.*

less [les] *adj, adv & pron* weniger; **~ than 20** weniger als 20.

lesson ['lesn] *n (class)* Stunde *die.*

let [let] *(pt & pp* **let)** *vt* lassen; *(rent out)* vermieten; **to ~ sb do sthg** jn etw tun lassen; **to ~ go of sthg** etw losllassen; **to ~ sb have sthg** jm etw überllassen; **to ~ sb know sthg** jn etw wissen lassen; **~'s go!** gehen wir!; **'to ~'** *(for rent)* 'zu vermieten' ❏ **let in** *vt sep* hereinllassen; **let off** *vt sep (excuse)* davonkommen lassen; **can you ~ me off at the station?** kannst du mich am Bahnhof auslsteigen lassen?; **let out** *vt sep* hinausllassen.

letdown ['letdaʊn] *n (inf)* Enttäuschung *die.*

lethargic [lə'θɑːdʒɪk] *adj* lethargisch.

letter ['letəʳ] *n (written message)* Brief *der; (of alphabet)* Buchstabe *der.*

letterbox ['letəbɒks] n (Br) Briefkasten der.

lettuce ['letɪs] n Kopfsalat der.

leuk(a)emia [luːˈkiːmɪə] n Leukämie die.

level ['levl] adj (flat) eben; (horizontal) waagerecht; (at same height) auf gleicher Höhe ◆ n (height) Höhe die; (storey) Etage die; (standard) Niveau das; **to be ~ with** (in height) sich auf gleicher Höhe befinden wie; (in standard) auf dem gleichen Niveau sein wie.

level crossing n (Br) Bahnübergang der.

lever [Br ˈliːvəʳ, Am ˈlevər] n Hebel der.

liability [ˌlaɪəˈbɪlətɪ] n Haftung die.

liable ['laɪəbl] adj: **to be ~ to do sthg** (likely) etw leicht tun können; **to be ~ for sthg** (responsible) für etw haften.

liaise [lɪˈeɪz] vi: **to ~ with** in ständigem Kontakt stehen mit.

liar ['laɪəʳ] n Lügner der (-in die).

liberal ['lɪbərəl] adj (tolerant) tolerant; (generous) großzügig.

Liberal Democrat Party n britische liberale Partei.

liberate ['lɪbəreɪt] vt befreien.

liberty ['lɪbətɪ] n Freiheit die.

Libra ['liːbrə] n Waage die.

librarian [laɪˈbreərɪən] n Bibliothekar der (-in die).

library ['laɪbrərɪ] n Bibliothek die.

Libya ['lɪbɪə] n Libyen nt.

lice [laɪs] npl Läuse pl.

licence ['laɪsəns] n (Br) Genehmigung die; (for driving) Führer

schein der; (for TV) Fernsehgenehmigung die ◆ (Am) = **license**.

license ['laɪsəns] vt (Br) genehmigen ◆ n (Am) = **licence**.

licensed ['laɪsənst] adj (restaurant, bar) mit Schankkonzession.

licensing hours ['laɪsənsɪŋ-] npl (Br) Ausschankzeiten pl.

lick [lɪk] vt lecken.

lid [lɪd] n Deckel der.

lie [laɪ] (pt **lay**, pp **lain**, cont **lying**) n Lüge die ◆ vi (tell lie) lügen; (be horizontal, be situated) liegen; (lie down) sich legen; **to ~ to sb** jn anlügen; **to tell ~s** lügen; **to ~ about sthg** etw nicht richtig angeben □ **lie down** vi sich hinlegen.

lieutenant [Br lefˈtenənt, Am luːˈtenənt] n Leutnant der.

life [laɪf] (pl **lives**) n Leben das.

life assurance n Lebensversicherung die.

life belt n Rettungsring der.

lifeboat ['laɪfbəʊt] n Rettungsboot das.

lifeguard ['laɪfɡɑːd] n (at swimming pool) Bademeister der (-in die); (at beach) Rettungsschwimmer der (-in die).

life jacket n Schwimmweste die.

lifelike ['laɪflaɪk] adj naturgetreu.

life preserver [-prɪˈzɜːvəʳ] n (Am) (life belt) Rettungsring der; (life jacket) Schwimmweste die.

life-size adj lebensgroß.

lifespan ['laɪfspæn] n Lebensdauer die.

lifestyle ['laɪfstaɪl] n Lebensstil die.

lift [lɪft] n (Br: elevator) Aufzug der

light 162

◆ *vt* heben ◆ *vi (fog)* sich lichten; **to give sb a ~** in mitnehmen ❑ **lift up** *vt sep* hochheben.

light [laɪt] *(pt & pp* lit **-ed)** *adj (not dark)* hell; *(not heavy)* leicht ◆ *n* Licht *das; (for cigarette)* Feuer *das* ◆ *vt (fire, cigarette)* anlzünden; *(room, stage)* beleuchten; **have you got a ~?** haben Sie Feuer?; **to set ~ to sthg** etw anlzünden ❑ **lights** *(traffic lights)* Ampel *die;* **light up** *vt sep (house, road)* erleuchten ◆ *vi (inf: light a cigarette)* sich (D) eine anlstecken.

light bulb *n* Glühbirne *die.*

lighter ['laɪtə'] *n* Feuerzeug *das.*

light-hearted [-'hɑ:tɪd] *adj* unbekümmert, leicht.

lighthouse ['laɪthaʊs, *pl* -haʊzɪz] *n* Leuchtturm *der.*

lighting ['laɪtɪŋ] *n* Beleuchtung *die.*

light meter *n* Belichtungsmesser *der.*

lightning ['laɪtnɪŋ] *n* Blitz *der.*

lightweight ['laɪtweɪt] *adj* leicht.

like [laɪk] *prep* wie; *(typical of)* typisch für ◆ *vt* mögen; ~ **this/that** so; **to ~ doing sthg** etw gern tun; **do you ~ it?** gefällt es dir?; **what's it ~?** wie ist es?; **to look ~ sthg** jm/etw ähnlich sehen; **I'd ~ to sit down** ich würde mich gern hinlsetzen; **I'd ~ a drink** ich würde gern etwas trinken.

likelihood ['laɪklɪhʊd] *n* Wahrscheinlichkeit *die.*

likely ['laɪklɪ] *adj* wahrscheinlich.

likeness ['laɪknɪs] *n* Ähnlichkeit *die.*

likewise ['laɪkwaɪz] *adv* ebenso.

lilac ['laɪlək] *adj* lila.

Lilo® ['laɪləʊ] *(pl* **-s)** *n (Br)* Luftmatratze *die.*

lily ['lɪlɪ] *n* Lilie *die.*

lily of the valley *n* Maiglöckchen *das.*

limb [lɪm] *n* Glied *das.*

lime [laɪm] *n (fruit)* Limone *die;* ~ **(juice)** Limonensaft *der.*

limestone ['laɪmstəʊn] *n* Kalkstein *der.*

limit ['lɪmɪt] *n* Grenze *die* ◆ *vt* begrenzen; **the city ~s** die Stadtgrenze.

limited ['lɪmɪtɪd] *adj* begrenzt; *(in company name)* ≃ GmbH.

limp [lɪmp] *adj* schlapp ◆ *vi* hinken.

line [laɪn] *n* Linie *die; (row)* Reihe *die; (Am: queue)* Schlange *die; (of writing, poem, song)* Zeile *die; (rope, for fishing)* Leine *die; (for telephone)* Leitung *die; (railway track)* Gleis *das; (of business, work)* Branche *die* ◆ *vt (coat)* füttern; *(drawers)* auslkleiden; **in ~ (aligned)** in einer Linie; **in ~ with** parallel zu; **it's a bad ~ (on phone)** die Verbindung ist schlecht; **the ~ is engaged** *(on phone)* der Anschluß ist besetzt; **to drop sb a ~** *(inf)* jm schreiben; **to stand in ~** *(Am)* Schlange stehen ❑ **line up** *vt sep (arrange)* auflstellen ◆ *vi* sich auflstellen.

lined [laɪnd] *adj (paper)* liniert.

linen ['lɪnɪn] *n (cloth)* Leinen *das; (tablecloths, sheets)* Wäsche *die.*

liner ['laɪnə'] *n* Passagierschiff *das.*

linesman ['laɪnzmən] *(pl* **-men** [-mən]) *n* Linienrichter *der.*

linger ['lɪŋgə'] *vi* verweilen.

lingerie ['lænʒərɪ] *n* Unterwäsche *die.*

lining ['laɪnɪŋ] n (of coat, jacket) Futter das; (of brake) Bremsbelag der.

link [lɪŋk] n (connection) Verbindung die ◆ vt verbinden; **rail ~** Zugverbindung die; **road ~** Straßenverbindung die.

lino ['laɪnəʊ] n (Br) Linoleum das.

lion ['laɪən] n Löwe der.

lioness ['laɪənes] n Löwin die.

lip [lɪp] n Lippe die.

lip salve [-sælv] n Lippenpomade die.

lipstick ['lɪpstɪk] n Lippenstift der.

liqueur [lɪˈkjʊəʳ] n Likör der.

liquid ['lɪkwɪd] n Flüssigkeit die.

liquor ['lɪkəʳ] n (Am) Spirituosen pl.

liquorice ['lɪkərɪs] n Lakritze die.

lisp [lɪsp] n: **to have a ~** lispeln.

list [lɪst] n Liste die ◆ vt auflisten.

listen ['lɪsn] vi: **to ~ (to)** (to person, sound) zuhören (+D); (to advice) beherzigen (+A); **to ~ to the radio** Radio hören.

listener ['lɪsnəʳ] n Hörer der (-in die).

lit [lɪt] pt & pp → **light**.

liter ['liːtər] (Am) = **litre**.

literally ['lɪtərəlɪ] adv (actually) buchstäblich.

literary ['lɪtərərɪ] adj gehoben.

literature ['lɪtrətʃəʳ] n Literatur die; (printed information) Informationsmaterial das.

litre ['liːtəʳ] n (Br) Liter der.

litter ['lɪtəʳ] n Abfall der.

litterbin ['lɪtəbɪn] n (Br) Abfalleimer der.

little ['lɪtl] adj klein; (distance, time) kurz; (not much) wenig ◆ pron & adv

wenig; **as ~ as possible** so wenig wie möglich; **~ by ~** nach und nach; **a ~** (not much) ein bißchen.

little finger n kleiner Finger.

live¹ [lɪv] vi (have home) wohnen; (be alive) leben; (survive) überleben; **to ~ with sb** mit jm zusammenwohnen ❑ **live together** vi zusammenwohnen.

live² [laɪv] adj (alive) lebendig; (programme, performance) Live-; (wire) geladen ◆ adv live.

lively ['laɪvlɪ] adj lebhaft.

liver ['lɪvəʳ] n Leber die.

lives [laɪvz] pl → **life**.

living ['lɪvɪŋ] adj lebend ◆ n: **to earn a ~** seinen Lebensunterhalt verdienen; **what do you do for a ~?** was sind Sie von Beruf?

living room n Wohnzimmer das.

lizard ['lɪzəd] n Echse die.

load [ləʊd] n Ladung die ◆ vt laden; **~s of** (inf) ein Haufen.

loaf [ləʊf] (pl **loaves**) n: **~ (of bread)** Brot das.

loan [ləʊn] n (of money) Kredit die ◆ vt leihen.

loathe [ləʊð] vt verabscheuen.

loaves [ləʊvz] pl → **loaf**.

lobby ['lɒbɪ] n (hall) Hotelhalle die.

lobster ['lɒbstəʳ] n Hummer der.

local ['ləʊkl] adj hiesig ◆ n (inf) (local person) Einheimische die; (Br: pub) Stammkneipe die; (Am: train) Nahverkehrszug der; (Am: bus) Nahverkehrsbus der.

local anaesthetic n örtliche Betäubung.

local call n Ortsgespräch das.

local government n Kommunalverwaltung die.

locate [Br ləʊˈkeɪt, Am ˈləʊkeɪt] vt (find) finden; **to be ~d** sich befinden.

location [ləʊˈkeɪʃn] n Lage die.

loch [lɒk] n (Scot) Loch der.

lock [lɒk] n Schloß das; (on canal) Schleuse die ♦ vt (door, house, bicycle) abschließen; (valuable object) einlschließen ♦ vi (door, case) sich abschließen lassen; (wheels) blockieren ◻ **lock in** vt sep einlsperren; **lock out** vt sep auslsperren; **lock up** vt sep (imprison) einlsperren ♦ vi abschließen.

locker [ˈlɒkəʳ] n Schließfach das.

locker room n (Am) Umkleideraum der.

locket [ˈlɒkɪt] n Medaillon das.

locomotive [ˌləʊkəˈməʊtɪv] n Lokomotive die.

locum [ˈləʊkəm] n (doctor) Vertretung die.

locust [ˈləʊkəst] n Heuschrecke die.

lodge [lɒdʒ] n (for hunters, skiers) Hütte die ♦ vi (stay) wohnen; (get stuck) steckenlbleiben.

lodger [ˈlɒdʒəʳ] n Untermieter der (-in die).

lodgings [ˈlɒdʒɪŋz] npl möbliertes Zimmer.

loft [lɒft] n Dachboden der.

log [lɒg] n Holzscheit der.

logic [ˈlɒdʒɪk] n Logik die.

logical [ˈlɒdʒɪkl] adj logisch.

logo [ˈləʊgəʊ] n (pl -s) n Logo das.

loin [lɔɪn] n Lendenstück das.

loiter [ˈlɔɪtəʳ] vi herumllungern.

lollipop [ˈlɒlɪpɒp] n Lutscher der.

lolly [ˈlɒlɪ] n (inf) (lollipop) Lutscher der; (Br: ice lolly) Eis das am Stiel.

London [ˈlʌndn] n London nt.

Londoner [ˈlʌndənəʳ] n Londoner der (-in die).

lonely [ˈləʊnlɪ] adj einsam.

long [lɒŋ] adj lang ♦ adv lange; **it's 2 metres ~** es ist 2 Meter lang; **it's two hours ~** es dauert zwei Stunden; **how ~ is it?** (in distance) wie lang ist es?; (in time) wie lange dauert es?; **a ~ time** lange; **all day ~** den ganzen Tag; **as ~ as** solange; **for ~** lange; **no ~er** nicht mehr; **so ~!** (inf) tschüs! ◻ **long for** vt fus sich sehnen nach.

long-distance adj (phone call) Fern-.

long drink n Longdrink der.

long-haul adj Langstrecken-.

longitude [ˈlɒndʒɪtjuːd] n Länge die.

long jump n Weitsprung der.

long-life adj (fruit juice) haltbar gemacht; (battery) mit langer Lebensdauer; ~ **milk** H-Milch die.

longsighted [ˌlɒŋˈsaɪtɪd] adj weitsichtig.

long-term adj langfristig.

long wave n Langwelle die.

longwearing [ˌlɒŋˈweərɪŋ] adj (Am) dauerhaft.

loo [luː] n (pl -s) n (Br: inf) Klo das.

look [lʊk] n Blick der; (appearance) Aussehen das ♦ vi sehen, schauen; (search) suchen; (seem) auslsehen; **to ~ onto** (building, room) gehen auf (+A); **to have a ~** nachlsehen; (search) suchen; **to have a ~ at sthg** sich (D) etw anlsehen; **(good) ~s** gutes Aussehen; **I'm just ~ing** (in shop) ich wollte mich nur umlsehen

❏ **look after** vt fus sich kümmern um; **look at** vt fus anlsehen; **look for** vt fus suchen; **look forward to** vt fus sich freuen auf (+A); **look out** vi auflpassen; ~ **out!** Vorsicht!; **look out for** vt fus achten auf (+A); **look round** vt fus (city, museum) besichtigen ♦ vi sich umlsehen; to ~ **round the shops** einen Einkaufsbummel machen; **look up** vt sep (in dictionary) nachlschlagen; (in phone book) herauslsuchen.

loony ['lu:nɪ] n (inf) Spinner der.

loop [lu:p] n (shape) Schleife die.

loose [lu:s] adj lose; to let sb/sthg ~ jn/etw losllassen.

loosen ['lu:sn] vt lockern.

lop-sided [-'saɪdɪd] adj schief.

lord [lɔ:d] n Lord der.

lorry ['lɒrɪ] n (Br) Lastwagen der, LKW der.

lorry driver n (Br) Lastwagenfahrer der (-in die).

lose [lu:z] (pt & pp lost) vt verlieren; (subj: watch, clock) nachlgehen ♦ vi verlieren; to ~ **weight** ablnehmen.

loser ['lu:zə^r] n (in contest) Verlierer der (-in die).

loss [lɒs] n Verlust der.

lost [lɒst] pt & pp → **lose** ♦ adj (person) to be ~ sich verlaufen haben; to get ~ (lose way) sich verlaufen.

lost-and-found office (Am) = lost property office.

lost property office n (Br) Fundbüro das.

lot [lɒt] n (at auction) Posten der; (Am: car park) Parkplatz der; (group) **two ~s of books** zwei Stapel Bücher; **two ~s of people** zwei

Gruppen; **a ~ (of)** viel, viele (pl); **a ~ nicer** viel netter; **the ~** (everything) alles; **~s (of)** eine Menge.

lotion ['ləʊʃn] n Lotion die.

lottery ['lɒtərɪ] n Lotterie die.

loud [laʊd] adj laut; (colour) grell; (pattern) aufdringlich.

loudspeaker [,laʊd'spi:kə^r] n Lautsprecher der.

lounge [laʊndʒ] n Salon der; (at airport) Halle die.

lounge bar n (Br) besser ausgestatteter Teil einer Gaststätte.

lousy ['laʊzɪ] adj (inf: poor-quality) lausig.

lout [laʊt] n Flegel der.

love [lʌv] n Liebe die; (in tennis) null ♦ vt lieben; I would ~ **to go to Berlin** ich würde gerne nach Berlin fahren; I would ~ **a drink** ich hätte gern etwas zu trinken; to ~ **doing sthg** etw sehr gerne tun; to be in ~ (with) verliebt sein (in (+A)); (with) ~ **from** (in letter) alles Liebe.

love affair n Verhältnis das.

lovely ['lʌvlɪ] adj (very beautiful) sehr hübsch; (very nice) nett.

lover ['lʌvə^r] n Liebhaber der (-in die).

loving ['lʌvɪŋ] adj liebevoll.

low [ləʊ] adj niedrig; (standard, quality, opinion) schlecht; (level, sound, note) tief; (voice) leise; (depressed) niedergeschlagen ♦ n (area of low pressure) Tief das; **we're ~ on petrol** wir haben nicht mehr viel Benzin.

low-alcohol adj alkoholarm.

low-calorie adj kalorienarm.

low-cut adj tief ausgeschnitten.

lower ['ləʊə^r] adj untere(-r)(-s) ♦ vt herunterllassen; (reduce) senken.

lower sixth n (Br) = elfte Klasse die.

low-fat adj fettarm.

low tide n Ebbe die.

loyal ['lɔɪəl] adj treu.

loyalty ['lɔɪəltɪ] n Loyalität die.

lozenge ['lɒzɪndʒ] n (sweet) Lutschbonbon der or das.

LP n LP die.

L-plate n (Br) Fahrschule-Schild das, L-Schild, das den Fahrschüler in einem Privatwagen kennzeichnet.

Ltd (abbr of limited) GmbH.

lubricate ['lu:brɪkeɪt] vt schmieren.

luck [lʌk] n Glück das; **bad ~** Pech das; **good ~!** viel Glück!; **with ~** hoffentlich.

luckily ['lʌkɪlɪ] adv glücklicherweise.

lucky ['lʌkɪ] adj glücklich; (number, colour) Glücks-; **to be ~** Glück haben.

ludicrous ['lu:dɪkrəs] adj lächerlich.

lug [lʌg] vt (inf) schleppen.

luggage ['lʌgɪdʒ] n Gepäck das.

luggage compartment n Gepäckraum der.

luggage locker n Schließfach das.

luggage rack n Gepäckablage die.

lukewarm ['lu:kwɔ:m] adj lauwarm.

lull [lʌl] n Pause die.

lullaby ['lʌləbaɪ] n Schlaflied das.

lumbago [lʌm'beɪgəʊ] n Hexenschuß der.

lumber ['lʌmbər] n (Am: timber) Bauholz das.

luminous ['lu:mɪnəs] adj leuchtend, Leucht-.

lump [lʌmp] n (of mud, butter) Klumpen der; (of coal) Stück das; (of sugar) Würfel der; (on body) Beule die; (MED) Geschwülst das.

lump sum n einmaliger Betrag.

lumpy ['lʌmpɪ] adj klumpig.

lunatic ['lu:nətɪk] n (pej) Spinner der.

lunch [lʌntʃ] n Mittagessen das; **to have ~** zu Mittag essen.

luncheon ['lʌntʃən] n (fml) Mittagessen das.

luncheon meat n Frühstücksfleisch das.

lunch hour n Mittagspause die.

lunchtime ['lʌntʃtaɪm] n Mittagszeit die.

lung [lʌŋ] n Lunge die.

lunge [lʌndʒ] vi: **to ~ at sb** sich auf jn stürzen.

lurch [lɜ:tʃ] vi torkeln.

lure [ljʊər] vt locken.

lurk [lɜ:k] vi lauern.

lush [lʌʃ] adj (grass, field) üppig.

lust [lʌst] n (sexual desire) Verlangen das.

Luxembourg ['lʌksəmbɜ:g] n Luxemburg nt.

luxurious [lʌg'ʒʊərɪəs] adj luxuriös.

luxury ['lʌkʃərɪ] adj Luxus- ◆ n Luxus der.

lying ['laɪɪŋ] cont → **lie**.

lyrics ['lɪrɪks] npl Liedertext der.

m (abbr of metre) m ♦ abbr = **mile**.

M (Br: abbr of motorway) A; (abbr of medium) M.

MA n (abbr of Master of Arts) britischer Hochschulabschluß in einem geisteswissenschaftlichen Fach.

mac [mæk] n (Br: inf) Regenmantel der.

macaroni [‚mækə'rəʊnɪ] n Makkaroni pl.

macaroni cheese n Auflauf aus Makkaroni und Käsesauce.

machine [mə'ʃiːn] n Maschine die.

machinegun [mə'ʃiːngʌn] n Maschinengewehr das.

machinery [mə'ʃiːnərɪ] n Maschinen pl.

machine-washable adj waschmaschinenfest.

mackerel ['mækrəl] (pl inv) n Makrele die.

mackintosh ['mækɪntɒʃ] n (Br) Regenmantel der.

mad [mæd] adj verrückt; (angry) wütend; **to be ~ about** (inf: like a lot) verrückt sein auf (+A); **like ~** wie verrückt.

Madam ['mædəm] n (form of address) gnädige Frau.

made [meɪd] pt & pp → **make**.

madeira [mə'dɪərə] n Madeira der.

made-to-measure adj maßgeschneidert.

madness ['mædnɪs] n Wahnsinn der.

magazine [‚mægə'ziːn] n Zeitschrift die.

maggot ['mægət] n Made die.

magic ['mædʒɪk] n (supernatural force) Magie die; (conjuring) Zauberei die; (special quality) Zauber der.

magician [mə'dʒɪʃn] n Zauberer der (Zauberin die).

magistrate ['mædʒɪstreɪt] n Friedensrichter der (-in die).

magnet ['mægnɪt] n Magnet der.

magnetic [mæg'netɪk] adj magnetisch.

magnificent [mæg'nɪfɪsənt] adj herrlich.

magnifying glass ['mægnɪfaɪŋ-] n Lupe die.

mahogany [mə'hɒgənɪ] n Mahagoni das.

maid [meɪd] n Dienstmädchen das.

maiden name ['meɪdn-] n Mädchenname der.

mail [meɪl] n Post die ♦ vt (Am) schicken.

mailbox ['meɪlbɒks] n (Am) Briefkasten der.

mailman ['meɪlmən] (pl -men [-mən]) n (Am) Briefträger der, Postbote der.

mail order n Versandhandel der.

main [meɪn] adj Haupt-.

main course n Hauptgericht das.

main deck n Hauptdeck das.

mainland ['meinlənd] *n*: **the ~** das Festland.

main line *n* Hauptstrecke *die*.

mainly ['meinli] *adv* hauptsächlich.

main road *n* Hauptstraße *die*.

mains [meinz] *npl*: **the ~** die Hauptleitung.

main street *n* (*Am*) Hauptstraße *die*.

maintain [mein'tein] *vt* aufrechterhalten; (*keep in good condition*) instand halten.

maintenance ['meintənəns] *n* (*of car, machine*) Instandhaltung *die*; (*money*) Unterhalt *der*.

maisonette [,meizə'net] *n* (*Br*) Maisonette *die*.

maize [meiz] *n* Mais *der*.

major ['meidʒəʳ] *adj* (*important*) groß; (*most important*) Haupt- ◆ *n* (*MIL*) Major *der* ◆ *vi* (*Am*): **to ~ in sthg** etw als Hauptfach studieren.

majority [mə'dʒɒrəti] *n* Mehrheit *die*.

major road *n* Hauptstraße *die*.

make [meik] (*pt & pp* made) *vt* **1.** (*produce*) machen; (*manufacture*) herstellen; **to be made of sthg** aus etw (gemacht) sein; **to ~ lunch/ supper** Mittagessen/Abendessen machen; **made in Japan** in Japan hergestellt. **2.** (*perform, do*) machen; **to ~ a decision** eine Entscheidung treffen; **to ~ a mistake** einen Fehler machen; **to ~ a phone call** telephonieren; **to ~ a speech** eine Rede halten. **3.** (*cause to be*) machen; **to ~ sb happy** jn glücklich machen. **4.** (*cause to do, force*): **it made her**

laugh das brachte sie zum Lachen; **to ~ sb do sthg** jn etw tun lassen; (*force*) jn zwingen etw zu tun. **5.** (*amount to, total*) machen; **that ~s £5** das macht 5 Pfund. **6.** (*calculate*): **I ~ it £4** ich komme auf 4 Pfund; **I ~ it seven o'clock** nach meiner Uhr ist es sieben Uhr. **7.** (*earn*) verdienen. **8.** (*inf: arrive in time for*): **we didn't ~ the 10 o'clock train** wir haben den 10 Uhr-Zug nicht geschafft. **9.** (*friend, enemy*) machen. **10.** (*have qualities for*) abgeben; **this would ~ a lovely bedroom** das wäre ein hübsches Schlafzimmer. **11.** (*bed*) machen. **12.** (*in phrases*): **to ~ do with** auskommen mit; **to ~ good** (*damage*) wiedergutmachen; **to ~ it** es schaffen. ◆ *n* (*of product*) Marke *die*. ❑ **make out** *vt sep* (*cheque, receipt*) ausstellen; (*see*) ausmachen; (*hear*) verstehen; **make up** *vt sep* (*invent*) erfinden; sich (*D*) ausdenken; (*comprise*) bilden; (*difference*) ausgleichen; **to be made up of** bestehen aus; **make up for** *vt fus* wettmachen.

makeshift ['meikʃift] *adj* behelfsmäßig.

make-up *n* (*cosmetics*) Make-up *das*.

malaria [mə'leəriə] *n* Malaria *die*.

Malaysia [mə'leiziə] *n* Malaysia *nt*.

male [meil] *adj* männlich ◆ *n* (*animal*) Männchen *das*.

malfunction [mæl'fʌŋkʃn] *vi* (*fml*) nicht richtig funktionieren.

malignant [mə'lignənt] *adj* bösartig.

mall [mɔːl] n (shopping centre) Einkaufszentrum das.

i THE MALL

In den USA ist „The Mall" ein langer Streifen offenen Parkgeländes im Herzen von Washington D.C., das sich vom Kapitol bis zum Lincoln Memorial erstreckt. Er ist von Museen, Kunstgallerien, dem Weißen Haus und dem Jefferson Memorial umsäumt. Im Westen von „The Mall" liegt „The Wall", auf dem die Namen der im Vietnamkrieg gefallenen Soldaten eingraviert sind. In Großbritannien ist „The Mall" eine lange, von Bäumen eingesäumte Allee im Zentrum von London, die vom Buckingham Palace zum Trafalgar Square führt.

mallet ['mælɪt] n Holzhammer der.

malt [mɔːlt] n Malz das.

maltreat [,mæl'triːt] vt mißhandeln.

malt whisky n Malt-Whisky der.

mammal ['mæml] n Säugetier das.

man [mæn] (pl men) n Mann der; (human being, mankind) Mensch der ♦ vt (phones, office) besetzen.

manage ['mænɪdʒ] vt (company, business) leiten; (job) bewältigen; (food) schaffen ♦ vi (cope) zurechtkommen; **can you ~ Friday?** paßt es mir/Ihnen Freitag?; **to ~ to do sthg** es schaffen, etw zu tun.

management ['mænɪdʒmənt] n Geschäftsführung die.

manager ['mænɪdʒə'] n (of business, bank) Direktor der; (of shop) Geschäftsführer der; (of sports team) Trainer der (-in die).

manageress [,mænɪdʒə'res] n (of business, bank) Direktorin die; (of shop) Geschäftsführerin die.

managing director ['mænɪdʒɪŋ-] n leitender Direktor (leitende Direktorin die).

mandarin ['mændərɪn] n Mandarine die.

mane [meɪn] n Mähne die.

maneuver [mə'nuːvər] (Am) = manoeuvre.

mangetout [,mɒnʒ'tuː] n Zuckererbse die.

mangle ['mæŋgl] vt zerquetschen.

mango ['mæŋgəʊ] (pl -es OR -s) n Mango die.

Manhattan [mæn'hætən] n Manhattan nt.

i MANHATTAN

Manhattan, Bezeichnung für den Innenbezirk von New York City, ist in „Downtown", „Uptown" und „Upper" eingeteilt. Hier befinden sich die weltberühmten Wolkenkratzer, wie z.B. das Empire State Building und das Chrysler Building, aber auch Sehenswürdigkeiten wie Central Park, Fifth Avenue, Broadway und Greenwich Village.

manhole ['mænhəʊl] n Kanalschacht der.

maniac ['meɪnɪæk] *n (inf)* Wilde *der, die*.

manicure ['mænɪkjuə'] *n* Maniküre *die*.

manifold ['mænɪfəʊld] *n (AUT: exhaust)* Auspuffrohr *das*.

manipulate [mə'nɪpjʊlət] *vt (person)* manipulieren; *(machine, controls)* handhaben.

mankind [,mæn'kaɪnd] *n* Menschheit *die*.

manly ['mænlɪ] *adj* männlich.

man-made *adj* künstlich.

manner ['mænə'] *n (way)* Art *die* ◆ **manners** *npl* Manieren *pl*.

manoeuvre [mə'nuːvə'] *n (Br)* Manöver *das* ◆ *vt (Br)* manövrieren.

manor ['mænə'] *n* Gut *das*.

mansion ['mænʃn] *n* Villa *die*.

manslaughter ['mæn,slɔːtə'] *n* Totschlag *der*.

mantelpiece ['mæntlpiːs] *n* Kaminsims *der*.

manual ['mænjʊəl] *adj (work)* Hand-; *(operated by hand)* handbetrieben ◆ *n (book)* Handbuch *das*.

manufacture [,mænjʊ'fæktʃə'] *n* Herstellung *die* ◆ *vt* herstellen.

manufacturer [,mænjʊ'fæktʃərə'] *n* Hersteller *der*.

manure [mə'njʊə'] *n* Mist *der*.

many ['menɪ] *(compar* **more***, superl* **most***) adj & pron* viele.

map [mæp] *n* Karte *die*.

Mar. *(abbr of March)* Mrz.

marathon ['mærəθn] *n* Marathon *der*.

marble ['mɑːbl] *n (stone)* Marmor *der; (glass ball)* Murmel *die*.

march [mɑːtʃ] *n* Marsch *der* ◆ *vi* marschieren.

March [mɑːtʃ] *n* März *der*, → **September**.

mare [meə'] *n* Stute *die*.

margarine [,mɑːdʒə'riːn] *n* Margarine *die*.

margin ['mɑːdʒɪn] *n (of page)* Rand *der; (difference)* Abstand *der*.

marina [mə'riːnə] *n* Jachthafen *der*.

marinated ['mærɪneɪtɪd] *adj* mariniert.

marital status ['mærɪtl-] *n* Familienstand *der*.

mark [mɑːk] *n (spot)* Fleck *der; (trace)* Spur *die; (on skin)* Mal *das; (symbol)* Zeichen *das; (SCH)* Note *die* ◆ *vt (blemish)* beschädigen; *(put symbol on)* kennzeichnen; *(SCH)* benoten; *(on map)* markieren; **(gas)** ~ **five** Stufe fünf.

marker pen ['mɑːkə-] *n* Marker *der*.

market ['mɑːkɪt] *n* Markt *der*.

marketing ['mɑːkɪtɪŋ] *n* Marketing *das*.

marketplace ['mɑːkɪtpleɪs] *n* Marktplatz *der*.

markings ['mɑːkɪŋz] *npl (on road)* Markierungen *pl*.

marmalade ['mɑːməleɪd] *n* Marmelade *die*.

marquee [mɑː'kiː] *n* Festzelt *das*.

marriage ['mærɪdʒ] *n (event)* Hochzeit *die; (time married)* Ehe *die*.

married ['mærɪd] *adj* verheiratet; **to get** ~ heiraten.

marrow ['mærəʊ] *n (vegetable)* Kürbis *der*.

marry ['mærɪ] *vt & vi* heiraten.

marsh [mɑːʃ] *n* Sumpf *der*.

martial arts [,mɑːʃl-] *npl* Kampfsport *der*.

marvellous ['mɑːvələs] *adj (Br)* wunderbar.

marvelous ['mɑːvələs] *(Am)* = marvellous.

marzipan ['mɑːzɪpæn] *n* Marzipan *das*.

mascara [mæsˈkɑːrə] *n* Wimperntusche *die*, Mascara *das*.

masculine ['mæskjʊlɪn] *adj (typically male)* männlich; *(woman, in grammar)* maskulin.

mashed potatoes ['mæʃt-] *npl* Kartoffelbrei *der*.

mask [mɑːsk] *n* Maske *die*.

masonry ['meɪsnrɪ] *n* Mauerwerk *das*.

mass [mæs] *n* Masse *die*; *(RELIG)* Messe *die*; **~es of** *(inf: lots)* ein Haufen.

massacre ['mæsəkəʳ] *n* Massaker *das*.

massage [*Br* 'mæsɑːʒ, *Am* məˈsɑːʒ] *n* Massage *die* ◆ *vt* massieren.

masseur [mæˈsɜːʳ] *n* Masseur *der*.

masseuse [mæˈsɜːz] *n* Masseuse *die*.

massive ['mæsɪv] *adj* riesig.

mast [mɑːst] *n* Mast *der*.

master ['mɑːstəʳ] *n (at school)* Lehrer *der*; *(of servant)* Herr *der*; *(of dog)* Herrchen *das* ◆ *vt (skill, language)* beherrschen.

masterpiece ['mɑːstəpiːs] *n* Meisterwerk *das*.

mat [mæt] *n* Matte *die*; *(on table)* Untersetzer *der*.

match [mætʃ] *n (for lighting)* Streichholz *das*; *(game)* Spiel *das* ◆ *vt (in colour, design)* passen zu; *(be the*

same as) entsprechen (+G); *(be as good as)* gleichkommen (+D) ◆ *vi (in colour, design)* zusammenpassen.

matchbox ['mætʃbɒks] *n* Streichholzschachtel *die*.

matching ['mætʃɪŋ] *adj* passend.

mate [meɪt] *n (inf: friend)* Kumpel *der*; *(Br: inf: form of address)* alter Freund ◆ *vi* sich paaren.

material [məˈtɪərɪəl] *n* Stoff *der*, Material *das* ◻ **materials** *npl* Sachen *pl*.

maternity leave [məˈtɜːnətɪ-] *n* Mutterschaftsurlaub *der*.

maternity ward [məˈtɜːnətɪ-] *n* Entbindungsstation *die*.

math [mæθ] *(Am)* = **maths**.

mathematics [,mæθəˈmætɪks] *n* Mathematik *die*.

maths [mæθs] *n (Br)* Mathe *die*.

matinée ['mætɪneɪ] *n* Nachmittagsvorstellung *die*.

matt [mæt] *adj* matt.

matter ['mætəʳ] *n (issue, situation)* Angelegenheit *die*; *(physical material)* Materie *die* ◆ *vi* wichtig sein; **it doesn't ~** das macht nichts; **no ~ what happens** egal was passiert; **there's something the ~ with my car** mit meinem Auto stimmt etwas nicht; **what's the ~?** was ist los?; **as a ~ of course** selbstverständlich; **as a ~ of fact** eigentlich.

mattress ['mætrɪs] *n* Matratze *die*.

mature [məˈtjʊəʳ] *adj* reif.

mauve [məʊv] *adj* lila.

max. [mæks] *(abbr of maximum)* max.

maximum ['mæksɪməm] *adj* maximal ◆ *n* Maximum *das*.

may [meɪ] aux vb 1. (expressing possibility) können; **it ~ be done as follows** man kann wie folgt vorgehen; **it ~ rain** es könnte regnen; **they ~ have got lost** sie haben sich vielleicht verirrt.
2. (expressing permission) können; **~ I smoke?** darf ich rauchen?; **you ~ sit, if you wish** Sie können sich hinsetzen, wenn Sie wollen.
3. (when conceding a point): **it ~ be a long walk, but it's worth it** es ist vielleicht ein weiter Weg, aber es lohnt sich.

May [meɪ] n Mai der, → September.

maybe ['meɪbi:] adv vielleicht.

mayonnaise [ˌmeɪə'neɪz] n Mayonnaise die.

mayor [meəʳ] n Bürgermeister der.

mayoress ['meərɪs] n (female mayor) Bürgermeisterin die; (mayor's wife) Frau die des Bürgermeisters.

maze [meɪz] n Irrgarten der.

me [mi:] pron (direct object) mich; (indirect object) mir; (after prep: accusative) mich; (after prep: dative) mir; **she knows ~** sie kennt mich; **it's ~** ich bin's; **send it to ~** schick' es mir; **tell ~** sagen Sie mal, sag' mal; **he's worse than ~** er ist schlechter als ich.

meadow ['medəʊ] n Wiese die.

meal [mi:l] n Mahlzeit die.

mealtime ['mi:ltaɪm] n Essenszeit die.

mean [mi:n] (pt & pp **meant**) adj (miserly) geizig; (unkind) gemein ◆ vt bedeuten; (intend) beabsichtigen; **to ~ to do sthg** vorhaben, etw zu

tun; **the bus was meant to leave at eight** der Bus hätte eigentlich um acht Uhr abfahren sollen; **it's meant to be good** das soll gut sein; **I didn't ~ it** ich habe es nicht so gemeint.

meaning ['mi:nɪŋ] n Bedeutung die.

meaningless ['mi:nɪŋlɪs] adj bedeutungslos.

means [mi:nz] (pl inv) n (method) Mittel das ◆ npl (money) Mittel pl; **by all ~!** auf jeden Fall!; **by ~ of** mit Hilfe (+G).

meant [ment] pt & pp → **mean**.

meantime ['mi:ntaɪm]: **in the meantime** adv in der Zwischenzeit.

meanwhile ['mi:nwaɪl] adv inzwischen.

measles ['mi:zlz] n Masern pl.

measure ['meʒəʳ] vt messen ◆ n (step, action) Maßnahme die; (of alcohol) Dosis die; **the room ~s 10 m²** das Zimmer mißt 10 m².

measurement ['meʒəmənt] n Maß das.

meat [mi:t] n Fleisch das; **red ~** Lamm- und Rindfleisch; **white ~** Kalbfleisch und Huhn.

meatball ['mi:tbɔ:l] n Fleischklößchen das.

mechanic [mɪ'kænɪk] n Mechaniker der (-in die).

mechanical [mɪ'kænɪkl] adj mechanisch.

mechanism ['mekənɪzm] n Mechanismus der.

medal ['medl] n Medaille die.

media ['mi:dja] n or npl: **the ~** die Medien pl.

medical ['medɪkl] adj medizi-

mention

nisch; *(treatment)* ärztlich ◆ *n* Untersuchung *die.*

medication [ˌmedɪˈkeɪʃn] *n* Medikament *das.*

medicine [ˈmedsɪn] *n* Medikament *das; (science)* Medizin *die.*

medicine cabinet *n* Medizinschrank *der.*

medieval [ˌmedɪˈiːvl] *adj* mittelalterlich.

mediocre [ˌmiːdɪˈəʊkər] *adj* mittelmäßig.

Mediterranean [ˌmedɪtəˈreɪnjən] *n:* **the ~** *(region)* der Mittelmeerraum; **the ~ (Sea)** das Mittelmeer.

medium [ˈmiːdjəm] *adj* mittelgroß; *(wine)* halbtrocken.

medium-dry *adj* halbtrocken.

medium-sized [-ˈsaɪzd] *adj* mittelgroß.

meet [miːt] *(pt & pp* **met***) vt (by arrangement)* sich treffen mit; *(by chance)* treffen; *(get to know)* kennenlernen; *(go to collect)* abholen; *(need, requirement)* erfüllen; *(cost, expenses)* begleichen ◆ *vi (by arrangement, by chance)* sich treffen; *(get to know each other)* sich kennenlernen; *(intersect)* aufeinandertreffen □ **meet up** *vi* sich treffen; **meet with** *vt fus (problems, resistance)* stoßen auf (+A); *(Am: by arrangement)* sich treffen mit.

meeting [ˈmiːtɪŋ] *n (for business)* Besprechung *die.*

meeting point *n* Treffpunkt *der.*

melody [ˈmelədɪ] *n* Melodie *die.*

melon [ˈmelən] *n* Melone *die.*

melt [melt] *vi* schmelzen.

member [ˈmembər] *n* Mitglied *das.*

Member of Congress *n* Abgeordneter *des amerikanischen Kongresses.*

Member of Parliament *n* Abgeordneter *des britischen Parlaments.*

membership [ˈmembəʃɪp] *n* Mitgliedschaft *die; (members)* Mitgliederzahl *die.*

memorial [mɪˈmɔːrɪəl] *n* Denkmal *das.*

memorize [ˈmeməraɪz] *vt* sich (D) einprägen.

memory [ˈmemərɪ] *n* Erinnerung *die; (of computer)* Speicher *der.*

men [men] *pl* → **man.**

menacing [ˈmenəsɪŋ] *adj* drohend.

mend [mend] *vt* reparieren.

menopause [ˈmenəpɔːz] *n* Wechseljahre *pl.*

men's room *n (Am)* Herrentoilette *die.*

menstruate [ˈmenstrʊeɪt] *vi* menstruieren.

menswear [ˈmenzweər] *n* Herrenbekleidung *die.*

mental [ˈmentl] *adj* geistig; *(MED)* Geistes-.

mental hospital *n* psychiatrische Klinik.

mentally handicapped [ˈmentəlɪ-] *adj* geistig behindert ◆ *npl:* **the ~** die geistig Behinderten *pl.*

mentally ill [ˈmentəlɪ-] *adj* geisteskrank.

mention [ˈmenʃn] *vt* erwähnen; **don't ~ it!** bitte!

menu ['menjuː] n Speisekarte die;
(COMPUT) Menü das; **children's ~**
Kinderspeisekarte die.

merchandise ['mɜːtʃəndaɪz] n
Ware die.

merchant marine [ˌmɜːt-
ʃəntməˈriːn] *(Am)* = **merchant
navy**.

merchant navy [ˌmɜːtʃənt-] n
(Br) Handelsmarine die.

mercury ['mɜːkjʊrɪ] n Quecksil-
ber das.

mercy ['mɜːsɪ] n Gnade die.

mere [mɪə^r] adj bloß.

merely ['mɪəlɪ] adv bloß.

merge [mɜːdʒ] vi *(combine)* sich
zusammenschließen; **'merge'** *(Am)*
Schild an Autobahnauffahrten, das
dazu auffordert, sich in die rechte Spur
der Autobahn einzuordnen.

merger ['mɜːdʒə^r] n Fusion die.

meringue [məˈræŋ] n Baiser das.

merit ['merɪt] n *(worthiness)*
Verdienst der; *(good quality)* Vorzug
der; *(in exam)* Auszeichnung die.

merry ['merɪ] adj fröhlich; *(inf:
tipsy)* angeheitert; **Merry Christmas!**
Fröhliche Weihnachten!

merry-go-round n Karussell
das.

mess [mes] n Durcheinander das;
(difficult situation) Schwierigkeiten
pl; **in a ~** *(untidy)* unordentlich ❑
mess about vi *(inf)* herumlabern;
to ~ about with sthg *(interfere)* mit
etw herumspielen; **mess up** vt sep
(inf: plans) durcheinanderbringen;
(clothes) schmutzig machen.

message ['mesɪdʒ] n Nachricht
die.

messenger ['mesɪndʒə^r] n Bote
der (Botin die).

messy ['mesɪ] adj unordentlich.

met [met] pt & pp → **meet**.

metal ['metl] adj Metall- ◆ n
Metall das.

metalwork ['metlwɜːk] n *(craft)*
Metallbearbeitung die.

meter ['miːtə^r] n *(device)* Zähler
der; *(Am)* = **metre**.

method ['meθəd] n Methode die.

methodical [mɪˈθɒdɪkl] adj
methodisch.

meticulous [mɪˈtɪkjʊləs] adj
sorgfältig.

metre ['miːtə^r] n *(Br)* Meter der.

metric ['metrɪk] adj metrisch.

mews [mjuːz] *(pl inv)* n *(Br)* kleine
Seitenstraße mit früheren Stallungen,
die oft zu eleganten Wohnungen umge-
baut wurden.

Mexican ['meksɪkn] adj mexika-
nisch ◆ n Mexikaner der *(-in die)*.

Mexico ['meksɪkəʊ] n Mexiko nt.

mg *(abbr of milligram)* mg.

miaow [miːˈaʊ] vi *(Br)* miauen.

mice [maɪs] pl → **mouse**.

microchip ['maɪkrəʊtʃɪp] n
Mikrochip der.

microphone ['maɪkrəfəʊn] n
Mikrofon das.

microscope ['maɪkrəskəʊp] n
Mikroskop das.

microwave (oven) ['maɪkrə-
weɪv-] n Mikrowellenherd der.

midday [ˌmɪdˈdeɪ] n Mittag der.

middle ['mɪdl] n Mitte die ◆ adj
(central) mittlere(-r)(-s); **in the ~ of
the road** in der Straßenmitte; **in the
~ of April** Mitte April; **to be in the ~
of doing sthg** gerade dabei sein, etw
zu tun.

middle-aged adj mittleren

Alters; **a ~ woman** eine Frau mittleren Alters.

middle-class *adj (suburb)* bürgerlich; **a ~ family** eine Familie der Mittelschicht.

Middle East *n*: **the ~** der Nahe Osten.

middle name *n* zweiter Vorname.

middle school *n (in UK)* staatliche Schule für 9- bis 13jährige.

midge [mɪdʒ] *n* Mücke *die.*

midget ['mɪdʒɪt] *n* Zwerg *der (-in die).*

Midlands ['mɪdləndz] *npl*: **the ~** Mittelengland *nt.*

midnight ['mɪdnaɪt] *n* Mitternacht *die.*

midsummer ['mɪd'sʌmə^r] *n* Hochsommer *der.*

midway [,mɪd'weɪ] *adv* mitten.

midweek [*adj* 'mɪdwiːk, *adv* mɪd'wiːk] *adj & adv* in der Wochenmitte.

midwife ['mɪdwaɪf] *(pl* **-wives** [-waɪvz]*) n* Hebamme *die.*

midwinter ['mɪd'wɪntə^r] *n* Mittwinter *der.*

might [maɪt] *aux vb* **1.** *(expressing possibility)* können; **they ~ still come** sie könnten noch kommen; **they ~ have been killed** sie sind vielleicht umgekommen. **2.** *(fml: expressing permission)* können; **~ I have a few words?** könnte ich Sie mal sprechen? **3.** *(when conceding a point)*: **it ~ be expensive, but it's good quality** es ist zwar teuer, aber es ist eine gute Qualität. **4.** *(would)*: **I'd hoped you ~ come too**

ich hatte gehofft, du würdest auch mitkommen.

migraine ['miːgreɪn, 'maɪgreɪn] *n* Migräne *die.*

mild [maɪld] *adj* mild; *(illness, surprise)* leicht ♦ *n (Br: beer)* Bier, *das schwächer und dunkler ist als 'bitter'.*

mile [maɪl] *n* Meile *die*; **it's ~s away** das ist meilenweit entfernt.

mileage ['maɪlɪdʒ] *n* Entfernung *die in Meilen.*

mileometer [maɪ'lomɪtə^r] *n* = Kilometerzähler *der.*

military ['mɪlɪtrɪ] *adj* Militär-, militärisch.

milk [mɪlk] *n* Milch *die* ♦ *vt* melken.

milk chocolate *n* Milchschokolade *die.*

milkman ['mɪlkmən] *(pl* **-men** [-mən]*) n* Milchmann *der.*

milk shake *n* Milchmixgetränk *das.*

milky ['mɪlkɪ] *adj (drink)* milchig.

mill [mɪl] *n* Mühle *die; (factory)* Fabrik *die.*

milligram ['mɪlɪgræm] *n* Milligram *das.*

millilitre ['mɪlɪ,liːtə^r] *n* Milliliter *der.*

millimetre ['mɪlɪ,miːtə^r] *n* Millimeter *der.*

million ['mɪljən] *n* Million *die*; **~s of** *(fig)* Tausende von.

millionaire [,mɪljə'neə^r] *n* Millionär *der (-in die).*

mime [maɪm] *vi* sich ohne Worte ausdrücken.

min. [mɪn] *(abbr of minute, minimum)* Min.

mince [mɪns] n (Br) Hackfleisch das.

mincemeat ['mɪnsmi:t] n (sweet filling) süße Füllung aus Zitronat, Orangeat, Rosinen, Gewürzen u.a.; (Am: mince) Hackfleisch das.

mince pie n mit Zitronat, Orangeat, Rosinen, Gewürzen u.a. gefülltes Weihnachtsgebäck.

mind [maɪnd] n Verstand der; (memory) Gedächtnis das ◆ vt aufpassen auf (+A); (be bothered by) sich stören an (+D) ◆ vi: I don't ~ es ist mir egal; it slipped my ~ es ist mir entfallen; to my ~ was mich betrifft; to bear sthg in ~ etw nicht vergessen; to change one's ~ seine Meinung ändern; to have sthg in ~ etw vorhaben; to have sthg on one's ~ sich mit etw beschäftigen; to make one's ~ up sich entscheiden; do you ~ if ...? stört es, wenn ...; I wouldn't ~ a drink ich würde eigentlich gerne etwas trinken; '~ the gap!' (on underground) 'Vorsicht beim Einsteigen und Aussteigen'; never ~! (don't worry) macht nichts!

mine[1] [maɪn] pron meine(-r)(-s), meine (pl); it's ~ es gehört mir; a friend of ~ ein Freund von mir.

mine[2] [maɪn] n (for coal etc) Bergwerk das; (bomb) Mine die.

miner ['maɪnəʳ] n Bergmann der.

mineral ['mɪnərəl] n Mineral das.

mineral water n Mineralwasser das.

minestrone [ˌmɪnɪ'strəʊnɪ] n Minestrone die.

mingle ['mɪŋgl] vi sich mischen; (with other people) Konversation machen.

miniature ['mɪnətʃəʳ] adj Mini-

atur- ◆ n (of alcohol) Miniflasche die.

minibar ['mɪnɪbɑ:ʳ] n Hausbar die.

minibus ['mɪnɪbʌs] (pl -es) n Kleinbus der.

minicab ['mɪnɪkæb] n (Br) Mietauto das.

minimal ['mɪnɪml] adj minimal.

minimum ['mɪnɪməm] adj Mindest- ◆ n Minimum das.

miniskirt ['mɪnɪskɜ:t] n Minirock der.

minister ['mɪnɪstəʳ] n (in government) Minister der (-in die); (in church) Geistliche der, die.

ministry ['mɪnɪstrɪ] n (of government) Ministerium das.

minor ['maɪnəʳ] adj kleiner ◆ n (fml) Minderjährige der, die.

minority [maɪ'nɒrətɪ] n Minderheit die.

minor road n Nebenstraße die.

mint [mɪnt] n (sweet) Pfefferminz das; (plant) Minze die.

minus ['maɪnəs] prep minus; it's ~ 10 (degrees C) es ist minus 10 (Grad Celsius).

minuscule ['mɪnəskju:l] adj winzig.

minute[1] ['mɪnɪt] n Minute die; any ~ jeden Moment; just a ~! Moment, bitte!

minute[2] [maɪ'nju:t] adj winzig.

minute steak ['mɪnɪt-] n kurzgebratenes Steak.

miracle ['mɪrəkl] n Wunder das.

miraculous [mɪ'rækjʊləs] adj wunderbar.

mirror ['mɪrəʳ] n Spiegel der.

misbehave [ˌmɪsbɪ'heɪv] vi sich schlecht benehmen.

miscarriage [ˌmɪsˈkærɪdʒ] n Fehlgeburt die.

miscellaneous [ˌmɪsəˈleɪnjəs] adj verschieden.

mischievous [ˈmɪstʃɪvəs] adj ungezogen.

misconduct [ˌmɪsˈkɒndʌkt] n unkorrektes Verhalten.

miser [ˈmaɪzəʳ] n Geizhals der.

miserable [ˈmɪzrəbl] adj erbärmlich; (weather) fürchterlich.

misery [ˈmɪzərɪ] n (unhappiness) Kummer der; (poor conditions) Elend das.

misfire [ˌmɪsˈfaɪəʳ] vi (car) fehlzünden.

misfortune [mɪsˈfɔːtʃuːn] n (bad luck) Pech das.

mishap [ˈmɪshæp] n Zwischenfall der.

misjudge [ˌmɪsˈdʒʌdʒ] vt falsch einschätzen.

mislay [ˌmɪsˈleɪ] (pt & pp **-laid**) vt verlegen.

mislead [ˌmɪsˈliːd] (pt & pp **-led**) vt irreführen.

miss [mɪs] vt (plane, train, appointment, opportunity) verpassen; (not notice) übersehen; (target) verfehlen; (regret absence of) vermissen ◆ vi (fail to hit) nicht treffen ❑ **miss out** vt sep auslassen ◆ vi: **to ~ out on sthg** sich (D) etw entgehen lassen.

Miss [mɪs] n Fräulein das.

missile [Br ˈmɪsaɪl, Am ˈmɪsl] n (weapon) Rakete die; (thing thrown) Geschoß das.

missing [ˈmɪsɪŋ] adj verschwunden; **to be ~** (not there) fehlen.

missing person n Vermißte der, die.

mission [ˈmɪʃn] n Mission die.

missionary [ˈmɪʃənrɪ] n Missionar der (-in die).

mist [mɪst] n Nebel der.

mistake [mɪˈsteɪk] (pt **-took**, pp **-taken**) n Fehler der ◆ vt (misunderstand) mißverstehen; **by ~** aus Versehen; **to make a ~** sich irren; **to ~ sb/sthg for** jn/etw verwechseln mit.

Mister [ˈmɪstəʳ] n Herr der.

mistook [mɪˈstʊk] pt → **mistake**.

mistress [ˈmɪstrɪs] n (lover) Geliebte die; (Br: teacher) Lehrerin die.

mistrust [ˌmɪsˈtrʌst] vt mißtrauen (+D).

misty [ˈmɪstɪ] adj nebelig.

misunderstanding [ˌmɪsʌndəˈstændɪŋ] n Mißverständnis das.

misuse [ˌmɪsˈjuːs] n Mißbrauch der.

mitten [ˈmɪtn] n Fausthandschuh der.

mix [mɪks] vt mischen; (drink) mixen ◆ n (for cake, sauce) Mischung die; **to ~ sthg with sthg** etw mit etw vermischen ❑ **mix up** vt sep durcheinanderbringen.

mixed [mɪkst] adj gemischt.

mixed grill n Grillteller der.

mixed salad n gemischter Salat.

mixed vegetables npl Mischgemüse das.

mixer [ˈmɪksəʳ] n (for food) Mixer der; (drink) Mixgetränk der.

mixture [ˈmɪkstʃəʳ] n Mischung die.

mix-up n (inf) Irrtum der.

ml (abbr of millilitre) ml.

mm *(abbr of millimetre)* mm.

moan [məʊn] *vi* stöhnen.

moat [məʊt] *n* Burggraben *der*.

mobile ['məʊbaɪl] *adj* mobil.

mobile phone *n* Mobilfunk-Telefon *das*.

mock [mɒk] *adj* Schein- ♦ *vt* verspotten ♦ *n (Br: exam)* Vorprüfung *die*.

mode [məʊd] *n* Art *die*.

model ['mɒdl] *n* Modell *das; (fashion model)* Mannequin *das*.

moderate ['mɒdərət] *adj (size, speed, amount)* mittlere(-r)(-s); *(views, politician)* gemäßigt; *(drinker, smoker)* mäßig.

modern ['mɒdən] *adj* modern.

modernized ['mɒdənaɪzd] *adj* modernisiert.

modern languages *npl* Fremdsprachen *pl*.

modest ['mɒdɪst] *adj* bescheiden.

modify ['mɒdɪfaɪ] *vt* abländern.

mohair ['məʊheər] *n* Mohair *der*.

moist [mɔɪst] *adj* feucht.

moisture ['mɔɪstʃər] *n* Feuchtigkeit *die*.

moisturizer ['mɔɪstʃəraɪzər] *n* Feuchtigkeitscreme *die*.

molar ['məʊlər] *n* Backenzahn *der*.

mold [məʊld] *(Am)* = mould.

mole [məʊl] *n (animal)* Maulwurf *der; (spot)* Leberfleck *der*.

molest [mə'lest] *vt (child, woman)* belästigen.

mom [mɒm] *n (Am: inf)* Mutti *die*.

moment ['məʊmənt] *n* Moment *der;* at the ~ im Moment; for the ~ momentan.

Mon. *(abbr of Monday)* Mo.

monarchy ['mɒnəkɪ] *n:* the ~ die Monarchie.

monastery ['mɒnəstrɪ] *n* Kloster *das*.

Monday ['mʌndɪ] *n* Montag *der,* → Saturday.

money ['mʌnɪ] *n* Geld *das*.

money belt *n* Geldgürtel *der*.

money order *n* Zahlungsanweisung *die*.

mongrel ['mʌŋgrəl] *n* Promenadenmischung *die*.

monitor ['mɒnɪtər] *n (computer screen)* Monitor *der* ♦ *vt* überwachen.

monk [mʌŋk] *n* Mönch *der*.

monkey ['mʌŋkɪ] *(pl* monkeys*) n* Affe *der*.

monkfish ['mʌŋkfɪʃ] *n* Seeteufel *der*.

monopoly [mə'nɒpəlɪ] *n* Monopol *das*.

monorail ['mɒnəʊreɪl] *n* Einschienenbahn *die*.

monotonous [mə'nɒtənəs] *adj* monoton.

monsoon [mɒn'suːn] *n* Monsun *der*.

monster ['mɒnstər] *n* Monster *das*.

month [mʌnθ] *n* Monat *der;* in a ~'s time in einem Monat.

monthly ['mʌnθlɪ] *adj & adv* monatlich.

monument ['mɒnjʊmənt] *n* Denkmal *das*.

mood [muːd] *n* Laune *die,* Stimmung *die;* to be in a (bad) ~ schlechte Laune haben; to be in a good ~ gute Laune haben.

moody ['muːdɪ] *adj* launisch.

moon [muːn] *n* Mond *der*.

moonlight ['muːnlaɪt] *n* Mondlicht *das*.

moor [mɔːʳ] *n* Moor *das* ◆ *vt* festlmachen.

moose [muːs] (*pl inv*) *n* Elch *der*.

mop [mɒp] *n* (*for floor*) Mop *der* ◆ *vt* (*floor*) moppen ❑ **mop up** *vt sep* aufwischen.

moped ['məʊped] *n* Moped *das*.

moral ['mɒrəl] *adj* moralisch ◆ *n* Moral *die*.

morality [mə'rælɪtɪ] *n* Moral *die*.

more [mɔːʳ] *adj* 1. (*a larger amount of*) mehr; **there are ~ tourists than usual** es sind mehr Touristen als gewöhnlich da.

2. (*additional*) noch mehr; **are there any ~ cakes?** ist noch mehr Kuchen da?; **I'd like two ~ bottles** ich möchte zwei Flaschen mehr; **there's no ~ wine** es ist kein Wein mehr da.

3. (*in phrases*): **~ and more** mehr und mehr.

◆ *adv* 1. (*in comparatives*): **it's ~ difficult than before** es ist schwieriger als vorher; **speak ~ clearly** sprich/sprechen Sie deutlicher.

2. (*to a greater degree*) mehr; **we ought to go to the cinema ~** wir sollten öfters ins Kino gehen.

3. (*in phrases*): **I don't go there any ~** ich gehe da nicht mehr hin; **once ~** noch einmal; **~ or less** mehr oder weniger; **we'd be ~ than happy to help** wir würden sehr gerne helfen.

◆ *pron* 1. (*a larger amount*) mehr; **I've got ~ than you** ich habe mehr als du; **~ than 20 types of pizza** mehr als 20 Pizzasorten.

2. (*an additional amount*) noch mehr;

is there any ~? ist noch mehr da?; **there's no ~** es ist nichts mehr da.

moreover [mɔː'rəʊvəʳ] *adv* (*fml*) außerdem.

morning ['mɔːnɪŋ] *n* Morgen *der*; **two o'clock in the ~** zwei Uhr morgens; **good ~!** guten Morgen!; **in the ~** (*early in the day*) morgens, am Morgen; (*tomorrow morning*) morgen früh.

morning-after pill *n* Pille *die* danach.

morning sickness *n* Schwangerschaftserbrechen *das*.

Morocco [mə'rɒkəʊ] *n* Marokko *nt*.

moron ['mɔːrɒn] *n* (*inf*) Blödian *der*.

Morse (code) [mɔːs-] *n* Morsealphabet *das*.

mortgage ['mɔːgɪdʒ] *n* Hypothek *die*.

mosaic [mə'zeɪɪk] *n* Mosaik *das*.

Moslem ['mɒzləm] = Muslim.

mosque [mɒsk] *n* Moschee *die*.

mosquito [mə'skiːtəʊ] (*pl -es*) *n* Mücke *die*; (*tropical*) Moskito *der*.

mosquito net *n* Moskitonetz *das*.

moss [mɒs] *n* Moos *das*.

most [məʊst] *adj* 1. (*the majority of*) die meisten; **~ people agree** die meisten Leute sind dieser Meinung.

2. (*the largest amount of*) der/die/das meiste; **I drank (the) ~ beer** ich habe das meiste Bier getrunken.

◆ *adv* 1. (*in superlatives*): **she spoke (the) ~ clearly** sie sprach am deutlichsten; **the ~ expensive hotel in town** das teuerste Hotel in der Stadt.

2. *(to the greatest degree)* am meisten; **I like this one ~** mir gefällt dieses am besten.
3. *(fml: very)* äußerst, höchst; **it was a ~ pleasant evening** es war ein äußerst angenehmer Abend.
♦ *pron* **1.** *(the majority)* die meisten; **~ of the villages** die meisten Dörfer; **~ of the time** die meiste Zeit.
2. *(the largest amount)* das meiste; **she earns (the) ~** sie verdient am meisten.
3. *(in phrases)*: **at ~** höchstens; **to make the ~ of sthg** das Beste aus etw machen.

mostly ['məʊstlɪ] *adv* hauptsächlich.

MOT *n* *(Br: test)* TÜV *der.*

motel [məʊ'tel] *n* Motel *das.*

moth [mɒθ] *n* Nachtfalter *der*; *(in clothes)* Motte *die.*

mother ['mʌðə^r] *n* Mutter *die.*

mother-in-law *n* Schwiegermutter *die.*

mother-of-pearl *n* Perlmutt *das.*

motif [məʊ'tiːf] *n* Motiv *das.*

motion ['məʊʃn] *n* Bewegung *die* ♦ *vi*: **to ~ to sb** jm ein Zeichen geben.

motionless ['məʊʃənlɪs] *adj* unbeweglich.

motivate ['məʊtɪveɪt] *vt* motivieren.

motive ['məʊtɪv] *n* Motiv *das.*

motor ['məʊtə^r] *n* Motor *der.*

Motorail® ['məʊtəreɪl] *n* Autoreisezug *der.*

motorbike ['məʊtəbaɪk] *n* Motorrad *das.*

motorboat ['məʊtəbəʊt] *n* Motorboot *das.*

motorcar ['məʊtəkɑː^r] *n* Kraftfahrzeug *das.*

motorcycle ['məʊtəˌsaɪkl] *n* Motorrad *das.*

motorcyclist ['məʊtəˌsaɪklɪst] *n* Motorradfahrer *der* (-in *die*).

motorist ['məʊtərɪst] *n* Autofahrer *der* (-in *die*).

motor racing *n* Autorennen *das.*

motorway ['məʊtəweɪ] *n* *(Br)* Autobahn *die.*

motto ['mɒtəʊ] *(pl* -s*)* *n* Motto *das.*

mould [məʊld] *n* *(Br) (shape)* Form *die*; *(substance)* Schimmel *der* ♦ *vt* *(Br: shape)* formen.

mouldy ['məʊldɪ] *adj* *(Br)* schimmelig.

mound [maʊnd] *n* *(hill)* Hügel *der*; *(pile)* Haufen *der.*

mount [maʊnt] *n* *(for photo)* Passepartout *das*; *(mountain)* Berg *der* ♦ *vt* *(horse)* besteigen; *(photo)* aufziehen ♦ *vi* *(increase)* steigen.

mountain ['maʊntɪn] *n* Berg *der.*

mountain bike *n* Mountainbike *das.*

mountaineer [ˌmaʊntɪ'nɪə^r] *n* Bergsteiger *der* (-in *die*).

mountaineering [ˌmaʊntɪ'nɪərɪŋ] *n*: **to go ~** Bergsteigen gehen.

mountainous ['maʊntɪnəs] *adj* bergig.

Mount Rushmore [-'rʌʃmɔː^r] *n* Mount Rushmore.

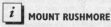 **MOUNT RUSHMORE**

Die gigantischen Skulpturen der Köpfe der amerikanischen

Präsidenten George Washington, Thomas Jefferson, Abraham Lincoln und Theodore Roosevelt in den Klippen von Mount Rushmore in Süd-Dakota eingemeißelt. Mount Rushmore ist ein Nationaldenkmal und eine beliebte Touristenattraktion.

---

mourning ['mɔːnɪŋ] *n*: **to be in ~** in Trauer sein.

mouse [maʊs] *(pl* mice*) n* Maus *die*.

moussaka [muːˈsɑːkə] *n* Moussaka *die*.

mousse [muːs] *n* Mousse *die*.

moustache [məˈstɑːʃ] *n (Br)* Schnurrbart *der*.

mouth [maʊθ] *n* Mund *der*; *(of cave, tunnel)* Öffnung *die*; *(of river)* Mündung *die*.

mouthful ['maʊθfʊl] *n (of food)* Happen *der*; *(of drink)* Schluck *der*.

mouthorgan ['maʊθˌɔːgən] *n* Mundharmonika *die*.

mouthpiece ['maʊθpiːs] *n (of telephone)* Sprechmuschel *die*; *(of musical instrument)* Mundstück *das*.

mouthwash ['maʊθwɒʃ] *n* Mundwasser *das*.

move [muːv] *n (change of house)* Umzug *der*; *(movement)* Bewegung *die*; *(in games)* Zug *der*; *(course of action)* Schritt *der* ◆ *vt* bewegen; *(furniture)* rücken; *(car)* wegfahren; *(emotionally)* rühren ◆ *vi* sich bewegen; *(vehicle)* fahren; **to ~ (house)** umziehen; **to make a ~** *(leave)* aufbrechen ❑ **move along** *vi (go away)* weitergehen; **move in** *vi (to new house)* einziehen; **move off** *vi (train, car)* sich in Bewegung setzen; **move**

on *vi (on foot)* weitergehen; *(car, bus etc)* weiterfahren; **move out** *vi (from house)* ausziehen; **move over** *vi* zur Seite rücken; **move up** *vi (on seat)* rücken.

movement ['muːvmənt] *n* Bewegung *die*.

movie ['muːvɪ] *n* Film *der*.

movie theater *n (Am)* Kino *das*.

moving ['muːvɪŋ] *adj* bewegend.

mow [məʊ] *vt*: **to ~ the lawn** den Rasen mähen.

mozzarella [ˌmɒtsəˈrelə] *n* Mozzarella *der*.

MP *abbr* = **Member of Parliament**

mph *(abbr of miles per hour)* Meilen pro Stunde.

Mr ['mɪstəʳ] *abbr* Hr.

Mrs ['mɪsɪz] *abbr* Fr.

Ms [mɪz] *abbr* Anrede für Frauen, mit der man die Unterscheidung zwischen 'Frau' (verheiratet) und 'Fräulein' (unverheiratet) vermeidet.

MSc *n (abbr of Master of Science)* britischer Hochschulabschluß in einem naturwissenschaftlichen Fach.

much [mʌtʃ] *(compar* more, *superl* most*) adj viel*; **I haven't got ~ money** ich habe nicht viel Geld; **as ~ food as you can eat** soviel du essen kannst/Sie essen können; **how ~ time is left?** wieviel Zeit bleibt noch?; **we have too ~ work** wir haben zuviel Arbeit.
◆ *adv* **1.** *(to a great extent)* viel; **it's ~ better** es ist viel besser; **I like it very ~** es gefällt mir sehr gut; **it's not ~ good** *(inf)* es ist nicht besonders; **thank you very ~** vielen Dank.

2. *(often)* oft; **we don't go there ~** wir gehen da nicht oft hin.
◆ *pron* viel; **I haven't got ~** ich habe nicht viel; **as ~ as you like** so viel Sie wollen/du willst; **how ~ is it?** wieviel kostet es?; **you've got too ~** du hast zuviel.

muck [mʌk] *n* Dreck *der* ❑ **muck about** *vi (Br: inf)* herumlalbern; **muck up** *vt sep (Br: inf)* vermasseln.

mud [mʌd] *n* Schlamm *der*.

muddle [mʌdl] *n*: **to be in a ~** durcheinander sein.

muddy ['mʌdɪ] *adj* schlammig.

mudguard ['mʌdgɑːd] *n* Schutzblech *das*.

muesli ['mjuːzlɪ] *n* Müsli *das*.

muffin ['mʌfɪn] *n (roll)* Muffin *das*; *(cake)* Kleingebäck aus Mürbeteig.

muffler ['mʌfləʳ] *n (Am: silencer)* Schalldämpfer *der*.

mug [mʌg] *n (cup)* Becher *der* ◆ *vt (attack)* überfallen.

mugging ['mʌgɪŋ] *n* Überfall *der*.

muggy ['mʌgɪ] *adj* schwül.

mule [mjuːl] *n* Maultier *das*.

multicoloured [,mʌltɪˌkʌləd] *adj* bunt.

multiple ['mʌltɪpl] *adj* mehrfach.

multiplex cinema [,mʌltɪpleks-] *n* Cinemax *das*.

multiplication [,mʌltɪplɪ'keɪʃn] *n* Multiplikation *die*.

multiply ['mʌltɪplaɪ] *vt* multiplizieren ◆ *vi* sich vermehren.

multistorey (car park) [,mʌltɪˈstɔː-rɪ-] *n* Parkhaus *das*.

mum [mʌm] *n (Br: inf)* Mutti *die*.

mummy ['mʌmɪ] *n (Br: inf: mother)* Mami *die*.

mumps [mʌmps] *n* Mumps *der*.

munch [mʌntʃ] *vt* kauen.

Munich ['mjuːnɪk] *n* München *nt*.

municipal [mjuːˈnɪsɪpl] *adj* städtisch, Stadt-.

mural ['mjuːərəl] *n* Wandgemälde *das*.

murder ['mɜːdəʳ] *n* Mord *der* ◆ *vt* ermorden.

murderer ['mɜːdərəʳ] *n* Mörder *der* (-in *die*).

muscle ['mʌsl] *n* Muskel *der*.

museum [mjuːˈziːəm] *n* Museum *das*.

mushroom ['mʌʃrʊm] *n* Pilz *der*; *(CULIN)* Champignon *der*.

music ['mjuːzɪk] *n* Musik *die*.

musical ['mjuːzɪkl] *adj* musikalisch ◆ *n* Musical *das*.

musical instrument *n* Musikinstrument *das*.

musician [mjuːˈzɪʃn] *n* Musiker *der* (-in *die*).

Muslim ['mʊzlɪm] *adj* moslemisch ◆ *n* Moslem *der* (Moslime *die*).

mussels ['mʌslz] *npl* Miesmuscheln *pl*.

must [mʌst] *aux vb* müssen; *(with negative)* dürfen ◆ *n*: **it's a ~** *(inf)* das ist ein Muß; **I ~ go** ich muß gehen; **you ~n't be late** du darfst nicht zu spät kommen; **the room ~ be vacated by ten** das Zimmer ist bis zehn Uhr zu räumen; **you ~ have seen it** du mußt es doch gesehen haben; **you ~ see that film** du mußt dir diesen Film anlsehen; **you ~ be joking!** das kann doch nicht dein Ernst sein!

mustache ['mʌstæʃ] *(Am)* = **moustache**.

mustard ['mʌstəd] *n* Senf *der*.

mustn't ['mʌsənt] = must not.

mutter ['mʌtə^r] *vt* murmeln.

mutton ['mʌtn] *n* Hammelfleisch *das*.

mutual ['mjuːtʃʊəl] *adj (feeling)* gegenseitig; *(friend, interest)* gemeinsam.

muzzle ['mʌzl] *n* Maulkorb *der*.

my [maɪ] *adj* mein.

myself [maɪ'self] *pron (reflexive: accusative)* mich; *(reflexive: dative)* mir; *(after prep: accusative)* mich selbst; *(after prep: dative)* mir selbst; **I did it ~** ich habe es selbst gemacht.

mysterious [mɪ'stɪərɪəs] *adj* rätselhaft.

mystery ['mɪstərɪ] *n* Rätsel *das*.

myth [mɪθ] *n (ancient story)* Mythos *der*; *(false idea)* Märchen *das*.

N

N *(abbr of North)* N.

nag [næg] *vt* herumnörgeln an *(+D)*.

nail [neɪl] *n* Nagel *der* ◆ *vt* annageln.

nailbrush ['neɪlbrʌʃ] *n* Nagelbürste *die*.

nail file *n* Nagelfeile *die*.

nail scissors *npl* Nagelschere *die*.

nail varnish *n* Nagellack *die*.

nail varnish remover [-rɪ'muːvə^r] *n* Nagellackentferner *der*.

naive [naɪ'iːv] *adj* naiv.

naked ['neɪkɪd] *adj* nackt.

name [neɪm] *n* Name *der*; *(reputation)* Ruf *der* ◆ *vt* nennen; *(place)* benennen; **first ~** Vorname *der*; **last ~** Nachname *der*; **what's your ~?** wie heißen Sie/heißt du?; **my ~ is ...** ich heiße ...

namely ['neɪmlɪ] *adv* nämlich.

nan bread [-næn-] *n* indisches Fladenbrot, das heiß gegessen wird.

nanny ['nænɪ] *n (childminder)* Kindermädchen *das*; *(inf: grandmother)* Oma *die*.

nap [næp] *n*: **to have a ~** ein Nickerchen machen.

napkin ['næpkɪn] *n* Serviette *die*.

nappy ['næpɪ] *n* Windel *die*.

nappy liner *n* Windeleinlage *die*.

narcotic [nɑː'kɒtɪk] *n* Rauschgift *das*.

narrow ['nærəʊ] *adj* schmal, eng ◆ *vi* sich verengen.

narrow-minded [-'maɪndɪd] *adj* engstirnig.

nasty ['nɑːstɪ] *adj (spiteful)* gemein; *(accident, fall)* schlimm; *(smell, taste, weather)* scheußlich.

nation ['neɪʃn] *n* Nation *die*.

national ['næʃənl] *adj* national ◆ *n* Staatsbürger *der* (-in *die*).

national anthem *n* Nationalhymne *die*.

National Health Service *n* staatlicher britischer Gesundheitsdienst.

National Insurance *n (Br)* Sozialversicherung *die*.

nationality [ˌnæʃəˈnælətɪ] n Nationalität die.

national park n Nationalpark der.

NATIONAL PARK

Nationalparks sind ausgedehnte Landschaften, die wegen ihrer natürlichen Schönheit geschützt sind. In Großbritannien und Amerika sind sie für die Öffentlichkeit zugänglich. Zu den britischen Nationalparks zählen Snowdonia, der Lake District und der Peak District. Die bekanntesten amerikanischen Nationalparks sind Yellowstone und Yosemite. Nationalparks sind immer mit Campingmöglichkeiten ausgestattet.

---

nationwide [ˈneɪʃənwaɪd] adj landesweit.

native [ˈneɪtɪv] adj (customs, population) einheimisch ◆ n Einheimische der, die; ~ **country** Heimatland das; **he is a ~ speaker of English** Englisch ist seine Muttersprache.

NATO [ˈneɪtəʊ] n NATO die.

natural [ˈnætʃrəl] adj natürlich; (swimmer, actor) geboren.

natural gas n Erdgas das.

naturally [ˈnætʃrəlɪ] adv natürlich.

natural yoghurt n Biojoghurt der.

nature [ˈneɪtʃəʳ] n Natur die; (quality, character) Wesen das.

nature reserve n Naturschutzgebiet das.

naughty [ˈnɔːtɪ] adj (child) ungezogen.

nausea [ˈnɔːzɪə] n Übelkeit die.

navigate [ˈnævɪgeɪt] vi navigieren; (in car) lotsen.

navy [ˈneɪvɪ] n (ships) Marine die ◆ adj: ~ **(blue)** marineblau.

NB (abbr of nota bene) NB.

near [nɪəʳ] adj & adv nahe ◆ prep: ~ **(to)** nahe an (+D); **in the ~ future** demnächst.

nearby [nɪəˈbaɪ] adv in der Nähe ◆ adj nahe gelegen.

nearly [ˈnɪəlɪ] adv fast.

nearside [ˈnɪəsaɪd] n (AUT) (in UK) linke Seite; (in US, Europe) rechte Seite.

neat [niːt] adj ordentlich; (writing) sauber; (whisky, vodka etc) pur.

neatly [ˈniːtlɪ] adv ordentlich; (written) sauber.

necessarily [ˌnesəˈserɪlɪ, Br ˈnesəsrəlɪ] adv: **not ~** nicht unbedingt.

necessary [ˈnesəsrɪ] adj nötig, notwendig.

necessity [nɪˈsesətɪ] n Notwendigkeit die ❑ **necessities** npl Lebensnotwendige das.

neck [nek] n Hals der; (of jumper, dress, shirt) Kragen der.

necklace [ˈneklɪs] n Halskette die.

nectarine [ˈnektərɪn] n Nektarine die.

need [niːd] n Bedürfnis das ◆ vt brauchen; **to ~ to do sthg** etw tun müssen.

needle [ˈniːdl] n Nadel die.

needlework [ˈniːdlwɜːk] n (SCH) Handarbeit die.

needn't [ˈniːdənt] = **need not**.

needy ['ni:dɪ] adj notleidend.

negative ['negətɪv] adj negativ; (person) ablehnend ◆ n (in photography) Negativ das; (GRAMM) Verneinung die.

neglect [nɪ'glekt] vt vernachlässigen.

negligence ['neglɪdʒəns] n Nachlässigkeit die.

negotiations [nɪ,gəʊʃɪ'eɪʃnz] npl Verhandlungen pl.

negro ['ni:grəʊ] (pl -es) n Neger der (-in die).

neighbour ['neɪbər] n Nachbar der (-in die).

neighbourhood ['neɪbəhʊd] n Nachbarschaft die.

neighbouring ['neɪbərɪŋ] adj benachbart.

neither ['naɪðər, 'ni:ðər] adj: ~ **bag is big enough** keine der beiden Taschen ist groß genug ◆ pron: ~ **of us** keiner von uns beiden ◆ conj: ~ **do I** ich auch nicht; ~ ... **nor** ... weder ... noch ...

neon light ['ni:ɒn-] n Neonlicht das.

nephew ['nefju:] n Neffe der.

nerve [nɜ:v] n Nerv der; (courage) Mut der; **what a ~!** so eine Frechheit!

nervous ['nɜ:vəs] adj nervös.

nervous breakdown n Nervenzusammenbruch der.

nest [nest] n Nest das.

net [net] n Netz das ◆ adj (profit, result, weight) netto.

netball ['netbɔ:l] n Sportart, die meist von Frauen gespielt wird und dem Basketball ähnelt.

Netherlands ['neðələndz] npl: **the ~** die Niederlande.

nettle ['netl] n Nessel die.

network ['netwɜ:k] n Netz das.

neurotic [,njʊə'rɒtɪk] adj neurotisch.

neutral ['nju:trəl] adj neutral ◆ n (AUT): **in ~** im Leerlauf.

never ['nevər] adv nie; (simple negative) nicht; **she's ~ late** sie kommt nie zu spät; **~ mind!** macht nichts!

nevertheless [,nevəðə'les] adv trotzdem.

new [nju:] adj neu.

newly ['nju:lɪ] adv frisch.

new potatoes npl neue Kartoffeln.

news [nju:z] n (information) Nachricht die; (on TV, radio) Nachrichten pl; **a piece of ~** eine Neuigkeit.

newsagent ['nju:zeɪdʒənt] n (shop) Zeitungshändler der.

newspaper ['nju:z,peɪpər] n Zeitung die.

New Year n Neujahr das.

 NEW YEAR

Der Silvesterabend („New Year's Eve") wird in Großbritannien mit Parties und Zusammenkünften gefeiert. Die Tradition will es, daß das Lied „Auld Lang Syne" angestimmt wird, wenn die Uhr Mitternacht schlägt. In Schottland, wo dieser Tag eine besondere Bedeutung hat, nennt man ihn „Hogmanay". Der darauffolgende Neujahrstag („New Year's Day") ist in ganz Großbritannien ein Feiertag.

New Year's Day n Neujahrstag der.

New Year's Eve n Silvester der.

New Zealand [-'zi:lənd] n Neuseeland nt.

next [nekst] adj nächste(-r)(-s) ♦ adv (afterwards) als nächste, danach; (on next occasion) das nächste Mal; **when does the ~ bus leave?** wann fährt der nächste Bus ab?; ~ **to** neben; **the week after ~** übernächste Woche.

next door adv nebenan.

next of kin [-km] n nächster Angehörige (nächste Angehörige).

NHS abbr = **National Health Service**.

nib [nıb] n Feder die.

nibble ['nıbl] vt knabbern.

nice [naıs] adj (meal, feeling, taste) gut; (clothes, house, car, weather) schön; (kind) nett; **to have a ~ time** Spaß haben; ~ **to see you!** schön, dich wiederzusehen!

nickel ['nıkl] n (metal) Nickel das; (Am: coin) Fünfcentstück das.

nickname ['nıkneım] n Spitzname der.

niece [ni:s] n Nichte die.

night [naıt] n Nacht die; (evening) Abend der; **at** ~ nachts; (in evening) abends; **by** ~ nachts.

nightclub ['naıtklʌb] n Nachtklub der.

nightdress ['naıtdres] n Nachthemd das.

nightie ['naıtı] n (inf) Nachthemd das.

nightlife ['naıtlaıf] n Nachtleben das.

nightly ['naıtlı] adv nächtlich.

nightmare ['naıtmeəʳ] n Alptraum der.

night safe n Nachttresor der.

night school n Abendschule die.

nightshift ['naıtʃıft] n Nachtschicht die.

nil [nıl] n (SPORT) null.

Nile [naıl] n: **the ~** der Nil.

nine [naın] num neun, → **six**.

nineteen [,naın'ti:n] num neunzehn, → **six**; → **ninety-five** neunzehnhundertfünfundneunzig.

nineteenth [,naın'ti:nθ] num neunzehnte(-r)(-s), → **sixth**.

ninetieth ['naıntıəθ] num neunzigste(-r)(-s), → **sixth**.

ninety ['naıntı] num neunzig, → **six**.

ninth [naınθ] num neunte(-r)(-s), → **sixth**.

nip [nıp] vt (pinch) zwicken.

nipple ['nıpl] n (of breast) Brustwarze die; (of bottle) Sauger der.

nitrogen ['naıtrədʒən] n Stickstoff der.

no [nəu] adv nein ♦ adj (not any) kein ♦ n Nein das; **I've got ~ money left** ich habe kein Geld übrig.

noble ['nəubl] adj (character) edel; (aristocratic) adlig.

nobody ['nəubədı] pron niemand.

nod [nod] vi nicken.

noise [nɔız] n Lärm der.

noisy ['nɔızı] adj laut.

nominate ['nomıneıt] vt nennen.

nonalcoholic [,nonælkə'holık] adj alkoholfrei.

none [nʌn] pron keine(-r)(-s); ~ **of us** keiner von uns; ~ **of the money** nichts von dem Geld.

nonetheless [ˌnʌnðəˈles] adv nichtsdestoweniger.

nonfiction [ˌnɒnˈfɪkʃn] n Sachliteratur die.

non-iron adj bügelfrei.

nonsense [ˈnɒnsəns] n Unsinn der.

non-smoker n (person) Nichtraucher der (-in die); (railway carriage) Nichtraucherabteil das.

nonstick [ˌnɒnˈstɪk] adj mit Antihaftbeschichtung.

nonstop [ˌnɒnˈstɒp] adj (flight) Nonstop- ♦ adv (fly, run, rain) ohne Unterbrechung, nonstop.

noodles [ˈnuːdlz] npl Nudeln pl.

noon [nuːn] n Mittag der.

no one = nobody.

nor [nɔːʳ] conj auch nicht; ~ do I ich auch nicht, → **neither**.

normal [ˈnɔːml] adj normal.

normally [ˈnɔːməlɪ] adv (usually) normalerweise; (properly) normal.

north [nɔːθ] n Norden der ♦ adv nach Norden; **in the ~ of England** in Nordengland.

North America n Nordamerika nt.

northbound [ˈnɔːθbaʊnd] adj in Richtung Norden.

northeast [ˌnɔːθˈiːst] n Nordosten der.

northern [ˈnɔːðən] adj nördlich.

Northern Ireland n Nordirland nt.

North Pole n Nordpol der.

North Sea n Nordsee die.

northwards [ˈnɔːθwədz] adv nach Norden.

northwest [ˌnɔːθˈwest] n Nordwesten der.

Norway [ˈnɔːweɪ] n Norwegen nt.

Norwegian [nɔːˈwiːdʒən] adj norwegisch ♦ n (person) Norweger der (-in die); (language) Norwegisch das.

nose [nəʊz] n Nase die; (of animal) Schnauze die.

nosebleed [ˈnəʊzbliːd] n Nasenbluten das.

no smoking area n Nichtraucherecke die.

nostril [ˈnɒstrəl] n Nasenloch das; (of animal) Nüster die.

nosy [ˈnəʊzɪ] adj neugierig.

not [nɒt] adv nicht; **she's ~ there** sie ist nicht da; ~ **yet** noch nicht; ~ **at all** (pleased, interested) überhaupt nicht; (in reply to thanks) gern geschehen.

notably [ˈnəʊtəblɪ] adv besonders.

note [nəʊt] n (message) Nachricht die; (MUS) Note die; (comment) Anmerkung die; (bank note) Geldschein der ♦ vt (notice) bemerken; (write down) notieren; **to take ~s** Notizen machen.

notebook [ˈnəʊtbʊk] n Notizbuch das.

noted [ˈnəʊtɪd] adj bekannt.

notepaper [ˈnəʊtpeɪpəʳ] n Briefpapier das.

nothing [ˈnʌθɪŋ] pron nichts; ~ **new/interesting** nichts Neues/Interessantes; **for ~** (for free) umsonst; (in vain) vergeblich.

notice [ˈnəʊtɪs] vt bemerken ♦ n (in newspaper) Anzeige die; (on board) Aushang der; (warning) Ankündigung die; **to take ~ of** zur Kenntnis nehmen; **to hand in one's ~** kündigen.

noticeable ['nəʊtɪsəbl] *adj* bemerkenswert.

notice board *n* Anschlagtafel *die*.

notion ['nəʊʃn] *n* Vorstellung *die*.

notorious [nəʊ'tɔ:rɪəs] *adj* berüchtigt.

nougat ['nu:gɑ:] *n* Nougat *das*.

nought [nɔ:t] *n* Null *die*.

noun [naʊn] *n* Substantiv *das*.

nourishment ['nʌrɪʃmənt] *n* Nahrung *die*.

Nov. (*abbr of November*) Nov.

novel ['nɒvl] *n* Roman *der* ◆ *adj* neu.

novelist ['nɒvəlɪst] *n* Romanautor *der* (-in *die*).

November [nə'vembə^r] *n* November *der*, → **September**.

now [n aʊ] *adv* jetzt ◆ *conj*: ~ (**that**) jetzt, wo ...; **just** ~ gerade eben; **right** ~ (*at the moment*) im Moment; (*immediately*) sofort; **by** ~ inzwischen; **from** ~ **on** von jetzt an.

nowadays ['naʊədeɪz] *adv* heutzutage.

nowhere ['nəʊweə^r] *adv* nirgends.

nozzle ['nɒzl] *n* Düse *die*.

nuclear ['nju:klɪə^r] *adj* Atom-.

nude [nju:d] *adj* nackt.

nudge [nʌdʒ] *vt* anstoßen.

nuisance ['nju:sns] *n*: **it's a real** ~! es ist wirklich ärgerlich!; **he's such a** ~! er ist wirklich lästig!

numb [nʌm] *adj* gefühllos.

number ['nʌmbə^r] *n* Nummer *die*; (*quantity*) Anzahl *die* ◆ *vt* numerieren.

numberplate ['nʌmbəpleɪt] *n* Nummernschild *das*.

numeral ['nju:mərəl] *n* Ziffer *die*.

numerous ['nju:mərəs] *adj* zahlreich.

nun [nʌn] *n* Nonne *die*.

nurse [nɜ:s] *n* Krankenschwester *die* ◆ *vt* pflegen; **male** ~ Krankenpfleger *der*.

nursery ['nɜ:sərɪ] *n* (*in house*) Kinderzimmer *das*; (*for plants*) Gärtnerei *die*.

nursery (school) *n* Kindergarten *der*.

nursery slope *n* Idiotenhügel *der*.

nursing ['nɜ:sɪŋ] *n* (*profession*) Krankenpflege *die*.

nut [nʌt] *n* (*to eat*) Nuß *die*; (*of metal*) Mutter *die*.

nutcrackers ['nʌt,krækəz] *npl* Nußknacker *der*.

nutmeg ['nʌtmeg] *n* Muskatnuß *die*.

nylon ['naɪlɒn] *n* Nylon *das* ◆ *adj* aus Nylon.

o' [ə] *abbr* = **of**.

O [əʊ] *n* (*zero*) Null *die*.

oak [əʊk] *n* Eiche *die* ◆ *adj* Eichen-.

OAP *abbr* = **old age pensioner**.

oar [ɔ:^r] *n* Ruder *das*.

oatcake ['əʊtkeɪk] *n* Haferkeks *der*.

oath [əʊθ] *n* (*promise*) Eid *der*.

oatmeal ['əʊtmiːl] n Hafermehl das.

oats [əʊts] npl Haferflocken pl.

obedient [ə'biːdjənt] adj gehorsam.

obey [ə'beɪ] vt gehorchen (+D).

object [n 'ɒbdʒɪkt, vb əb'dʒekt] n Objekt das; (purpose) Zweck der ◆ vi: **to ~ (to)** Einspruch erheben (gegen).

objection [əb'dʒekʃn] n Einwand der.

objective [əb'dʒektɪv] n Ziel das.

obligation [ˌɒblɪ'geɪʃn] n Verpflichtung die.

obligatory [ə'blɪgətrɪ] adj obligatorisch.

oblige [ə'blaɪdʒ] vt: **to ~ sb to do sthg** jn zwingen, etw zu tun.

oblique [ə'bliːk] adj schief.

oblong ['ɒblɒŋ] adj rechteckig ◆ n Rechteck das.

obnoxious [əb'nɒkʃəs] adj unausstehlich.

oboe ['əʊbəʊ] n Oboe die.

obscene [əb'siːn] adj obszön.

obscure [əb'skjʊəʳ] adj unklar; (not well-known) unbekannt.

observant [əb'zɜːvnt] adj aufmerksam.

observation [ˌɒbzə'veɪʃn] n (watching) Beobachtung die; (comment) Bemerkung die.

observatory [əb'zɜːvətrɪ] n Sternwarte die.

observe [əb'zɜːv] vt (watch, see) beobachten.

obsessed [əb'sest] adj besessen.

obsession [əb'seʃn] n fixe Idee.

obsolete ['ɒbsəliːt] adj veraltet.

obstacle ['ɒbstəkl] n Hindernis das.

obstinate ['ɒbstənət] adj starrsinnig.

obstruct [əb'strʌkt] vt versperren.

obstruction [əb'strʌkʃn] n Blockierung die.

obtain [əb'teɪn] vt erhalten.

obtainable [əb'teɪnəbl] adj erhältlich.

obvious ['ɒbvɪəs] adj eindeutig.

obviously ['ɒbvɪəslɪ] adv offensichtlich.

occasion [ə'keɪʒn] n Gelegenheit die.

occasional [ə'keɪʒənl] adj gelegentlich.

occasionally [ə'keɪʒnəlɪ] adv gelegentlich.

occupant ['ɒkjʊpənt] n (of house) Bewohner der (-in die); (of car, plane) Insasse der (Insassin die).

occupation [ˌɒkjʊ'peɪʃn] n (job) Beruf der; (pastime) Beschäftigung die.

occupied ['ɒkjʊpaɪd] adj (toilet) besetzt.

occupy ['ɒkjʊpaɪ] vt (building) bewohnen; (seat, country) besetzen; (keep busy) beschäftigen.

occur [ə'kɜːʳ] vi vorkommen.

occurrence [ə'kʌrəns] n Ereignis das; (existence) Auftreten das.

ocean ['əʊʃn] n Ozean der; **the ~** (Am: sea) das Meer.

o'clock [ə'klɒk] adv: **(at) one ~** (um) ein Uhr.

Oct. (abbr of October) Okt.

October [ɒk'təʊbəʳ] n Oktober der, → **September**.

octopus [ˈɒktəpəs] *n* Krake *der*.

odd [ɒd] *adj (strange)* seltsam; *(number)* ungerade; *(not matching)* einzeln; *(occasional)* gelegentlich; **60 ~ miles** ungefähr 60 Meilen; **some ~ bits of paper** irgendwelches Papier; **~ jobs** Gelegenheitsarbeiten *pl*.

odds [ɒdz] *npl* Chancen *pl*; **~ and ends** Kram *der*.

odor [ˈəʊdər] *(Am)* = **odour**.

odour [ˈəʊdər] *n (Br)* Geruch *der*.

of [ɒv] *prep* **1.** *(gen)* von, *use the genitive case;* **the colour ~ the car** die Farbe des Autos; **a map ~ Britain** eine Karte von Großbritannien; **a group ~ people** eine Gruppe Menschen; **a glass ~ beer** ein Glas Bier; **the handle ~ the door** der Türgriff.
2. *(expressing amount)*: **a pound ~ sweets** ein Pfund Bonbons; **a piece ~ cake** ein Stück Kuchen; **a fall ~ 20%** ein Sinken um 20%; **a town ~ 50,000 people** eine Stadt mit 50.000 Einwohnern; **a girl ~ six** ein sechsjähriges Mädchen.
3. *(made from)* aus; **a house ~ stone** ein Haus aus Stein; **it's made ~ wood** es ist aus Holz.
4. *(referring to time)*: **the summer ~ 1969** der Sommer 1969; **the 26th ~ August** der 26. August.
5. *(on the part of)* von; **that was very kind ~ you** das war sehr nett von Ihnen/dir.
6. *(Am: in telling the time)* vor; **it's ten ~ four** es ist zehn vor vier.

off [ɒf] *adv* **1.** *(away)* weg; **to get ~** *(from bus, train, plane)* aussteigen; **we're ~ to Austria next week** wir fahren nächste Woche nach Österreich.
2. *(expressing removal)* ab; **to take sthg ~** *(clothes, shoes)* etw ausziehen; *(lid, wrapper)* etw abnehmen.
3. *(so as to stop working)*: **to turn sthg ~** *(TV, radio, engine)* etw ausschalten; *(tap)* etw zudrehen.
4. *(expressing distance or time away)*: **it's 10 miles ~** es sind noch 10 Meilen bis dahin; **it's two months ~ yet** es sind noch zwei Monate bis dahin; **it's a long way ~** *(in distance)* es ist noch ein weiter Weg bis dahin; *(in time)* bis dahin ist es noch lange hin.
5. *(not at work)*: **I'm taking a week ~** ich nehme mir eine Woche frei.
◆ *prep* **1.** *(away from)* von; **to get ~ sthg** aussteigen aus etw; **~ the coast** vor der Küste; **it's just ~ the main road** es ist gleich in der Nähe der Hauptstraße.
2. *(indicating removal)* von ... ab; **take the lid ~ the jar** mach den Deckel von dem Glas ab; **they've taken £20 ~ the price** sie haben es um 20 Pfund billiger gemacht.
3. *(absent from)*: **to be ~ work** frei haben.
4. *(inf: from)* von; **I bought it ~ her** ich habe es von ihr gekauft.
5. *(inf: no longer liking)*: **I'm ~ my food** ich mag mein Essen nicht mehr.
◆ *adj* **1.** *(meat, cheese, milk, beer)* schlecht.
2. *(not working)* aus; *(tap)* zu.
3. *(cancelled)* abgesagt.
4. *(not available)*: **the soup's ~** es ist keine Suppe mehr da.

offence [əˈfens] *n (Br) (crime)* Straftat *die*; *(upset)* Beleidigung *die*.

offend [əˈfend] *vt (upset)* beleidigen.

on

offender [ə'fendə^r] *n* Täter *der*
(-in *die*).

offense [ə'fens] *(Am)* = **offence**.

offensive [ə'fensiv] *adj (insulting)*
beleidigend.

offer ['ɒfə^r] *n* Angebot *das* ◆ *vt*
anbieten; *(provide)* bieten; **on** ~ im
Angebot; **to** ~ **to do sthg** anbieten,
etw zu tun; **to** ~ **sb sthg** *(gift)* jm etw
schenken; *(food, job, seat, money)* jm
etw anbieten.

office ['ɒfis] *n (room)* Büro *das*.

office block *n* Bürogebäude
das.

officer ['ɒfisə^r] *n (MIL)* Offizier
der; *(policeman)* Beamte *der* (Beamtin *die*).

official [ə'fiʃl] *adj* offiziell ◆ *n*
Repräsentant *der* (-in *die*).

officially [ə'fiʃəli] *adv* offiziell.

off-licence *n (Br)* Wein- und
Spirituosenhandlung *die*.

off-peak *adj (train, traffic)* außerhalb der Hauptverkehrszeiten; *(ticket)*
zum Spartarif.

off sales *npl (Br)* Verkauf von
Alkohol in Geschäften oder Pubs zum
Mitnehmen.

off-season *n* Nebensaison *die*.

offshore ['ɒfʃɔː^r] *adj (breeze)* vom
Land her; *(island)* küstennah.

off side *n (AUT)* Fahrerseite *die*.

off-the-peg *adj* von der Stange.

often ['ɒfn, 'ɒftn] *adv* oft, häufig;
how ~ **do the buses run?** wie oft fährt der
Bus?; **every so** ~ gelegentlich.

oh [əʊ] *excl* oh!

oil [ɔil] *n* Öl *das*.

oilcan ['ɔilkæn] *n* Ölkanister *der*.

oil filter *n* Ölfilter *der*.

oil rig *n* Bohrinsel *die*.

oily ['ɔili] *adj* ölig; *(food)* fettig.

ointment ['ɔintmənt] *n* Salbe *die*.

OK [əʊ'kei] *adj (inf)* in Ordnung,
okay ◆ *adv (inf: expressing agreement)*
in Ordnung, okay; *(satisfactorily,
well)* gut.

okay [əʊ'kei] = **OK**.

old [əʊld] *adj* alt; **how** ~ **are you?**
wie alt bist du?; **I'm 36 years** ~ ich
bin 36 (Jahre alt); **to get** ~ alt
werden.

old age *n* Alter *das*.

old age pensioner *n* Senior
der (-in *die*).

O level *n* ehemaliger britischer Schulabschluß, ersetzt durch das 'GCSE'.

olive ['ɒliv] *n* Olive *die*.

olive oil *n* Olivenöl *das*.

Olympic Games [ə'limpik-] *npl*
Olympische Spiele *pl*.

omelette ['ɒmlit] *n* Omelett *das*;
mushroom ~ Omelett mit Pilzen.

ominous ['ɒminəs] *adj* unheil-
voll.

omit [ə'mit] *vt* auslassen.

on [ɒn] *prep* **1.** *(expressing position,
location)* auf (+D,A); **it's** ~ **the table**
es ist auf dem Tisch; **put it** ~ **the
table** leg es auf den Tisch; **a picture**
~ **the wall** ein Bild an der Wand; **the
exhaust** ~ **the car** der Auspuff am
Auto; ~ **my left** zu meiner Linken;
~ **the right** auf der rechten Seite; **we
stayed** ~ **a farm** wir übernachten
auf einem Bauernhof; ~ **the Rhine**
am Rhein; ~ **the main road** an der
Hauptstraße.
2. *(with forms of transport)*: ~ **the
train/plane** *(inside)* im Zug/Flug-
zeug; *(travel)* mit dem Zug/
Flugzeug; **to get** ~ **a bus** in einen
Bus einsteigen.

3. *(expressing means, method)* auf (+D); ~ **foot** zu Fuß; ~ **TV/the radio** im Radio/Fernsehen; ~ **tape** auf Band.

4. *(using)*: **it runs** ~ **unleaded petrol** es fährt mit bleifreiem Benzin; **to be** ~ **medication** Medikamente nehmen.

5. *(about)* über (+A); **a book** ~ **Germany** ein Buch über Deutschland.

6. *(expressing time)* an (+D); ~ **arrival** bei Ankunft; ~ **Tuesday** am Dienstag; ~ **25th August** am 25. August.

7. *(with regard to)* auf (+D); **a tax** ~ **imports** eine Steuer auf Importe; **the effect** ~ **Britain** die Auswirkungen auf Großbritannien.

8. *(describing activity, state)*: **to be** ~ **fire** brennen; ~ **holiday** in Ferien, im Urlaub; ~ **offer** im Angebot.

9. *(in phrases)*: **do you have any money** ~ **you?** *(inf)* hast du Geld bei dir?; **the drinks are** ~ **me** die Drinks gehen auf mich.

♦ *adv* 1. *(in place, covering)*: **to have** sthg ~ *(clothes, hat)* etw anlhaben; **put the lid** ~ mach den Deckel drauf; **to put one's clothes** ~ sich (D) seine Kleider anlziehen.

2. *(film, play, programme)*: **the news is** ~ die Nachrichten laufen; **what's** ~ **at the cinema?** was läuft im Kino?

3. *(with transport)*: **to get** ~ einlsteigen.

4. *(functioning)* an; **to turn sthg** ~ *(TV, radio, engine)* etw einlschalten; *(tap)* etw aufdrehen.

5. *(taking place)*: **how long is the festival** ~? wie lange geht das Festival?

6. *(further forward)* weiter; **to drive** ~ weiterlfahren.

7. *(in phrases)*: **to have sthg** ~ etw vorlhaben.

♦ *adj (TV, engine, light)* an; *(tap)* auf.

once [wʌns] *adv* einmal ♦ *conj* wenn; **at** ~ *(immediately)* sofort; *(at the same time)* gleichzeitig; **for** ~ ausnahmsweise; ~ **more** *(one more time)* noch einmal; *(again)* wieder.

oncoming ['ɒn,kʌmɪŋ] *adj (traffic)* Gegen-.

one [wʌn] *num (the number 1)* eins; *(with noun)* ein/eine/ein ♦ *adj (only)* einzige(-r)(-s) ♦ *pron* eine/einer/eines; *(fml: you)* man; **this** ~ diese/dieser/dieses; **thirty-** ~ einunddreißig; ~ **fifth** ein Fünftel; **I like that** ~ ich mag den/die/das (da); **which** ~? welche/welcher/welches?; **the** ~ **I told you about** der/die/das, von dem/der/dem ich dir erzählt habe; ~ **of my friends** einer meiner Freunde; ~ **day** *(in past, future)* eines Tages.

one-piece (swimsuit) *n* Einteiler *der*.

oneself [wʌn'self] *pron (reflexive)* sich; *(after prep)* sich selbst.

one-way *adj (street)* Einbahn-; *(ticket)* einfach.

onion ['ʌnjən] *n* Zwiebel *die*.

onion bhaji [-'bɑːdʒɪ] *n indische Vorspeise aus ausgebackenem Teigbällchen mit gehackten Zwiebeln.*

onion rings *npl* fritierte Zwiebelringe *pl.*

only ['əʊnlɪ] *adj* einzige(-r)(-s) ♦ *adv* nur; **an** ~ **child** ein Einzelkind; **I** ~ **want one** ich möchte nur einen/eine/eines; **we've** ~ **just arrived** wir sind gerade erst angekommen; **there's** ~ **just enough** es ist gerade noch genug da; 'members ~' 'nur für Mitglieder'; **not** ~ nicht nur.

onto ['ɒntu:] *prep auf (+A)*; **to get ~ sb** *(telephone)* jn anrufen.

onward ['ɒnwəd] *adj (journey)* Weiter-. ♦ *adv* = **onwards**.

onwards ['ɒnwədz] *adv (forwards)* vorwärts; **from now ~** von jetzt an; **from October ~** ab Oktober.

opal ['əʊpl] *n* Opal *der*.

opaque [əʊˈpeɪk] *adj* undurchsichtig.

open ['əʊpn] *adj* offen ♦ *vt* öffnen; *(door, window, mouth)* öffnen, aufmachen; *(bank account, meeting, new building)* eröffnen ♦ *vi (door, window, lock)* sich öffnen; *(shop, office, bank)* öffnen, aufmachen; *(start)* beginnen, anfangen; **are you ~ at the weekend?** haben Sie am Wochenende geöffnet?; **wide ~** weit offen; **in the ~ (air)** im Freien ❑

open onto *vt fus* führen auf *(+A)*, **open up** *vi (unlock the door)* aufschließen; *(shop, cinema, etc)* öffnen.

open-air *adj (swimming pool)* Frei-; *(theatre, concert)* Freilicht-.

opening ['əʊpnɪŋ] *n (gap)* Öffnung *die*; *(beginning)* Eröffnung *die*; *(opportunity)* Möglichkeit *die*.

opening hours *npl* Öffnungszeiten *pl*.

open-minded [-'maɪndɪd] *adj* aufgeschlossen.

open-plan *adj* Großraum-.

open sandwich *n* belegtes Brot.

opera ['ɒpərə] *n* Oper *die*.

opera house *n* Opernhaus *das*.

operate ['ɒpəreɪt] *vt (machine)* bedienen ♦ *vi (work)* funktionieren; **to ~ on sb** jn operieren.

operating room ['ɒpəreɪtɪŋ-] *(Am)* = **operating theatre**.

operating theatre ['ɒpəreɪtɪŋ-] *n (Br)* Operationssaal *der*.

operation [ˌɒpəˈreɪʃn] *n (in hospital)* Operation *die*; *(task)* Aktion *die*; **to be in ~** *(law, system)* in Kraft sein; **to have an ~** sich operieren lassen.

operator ['ɒpəreɪtər] *n (on phone)* Vermittlung *die*.

opinion [əˈpɪnjən] *n* Meinung *die*; **in my ~** meiner Meinung nach.

opponent [əˈpəʊnənt] *n* Gegner *der* (-in *die*).

opportunity [ˌɒpəˈtjuːnətɪ] *n* Gelegenheit *die*.

oppose [əˈpəʊz] *vt* sich wenden gegen; *(argue against)* sprechen gegen.

opposed [əˈpəʊzd] *adj*: **to be ~ to sthg** gegen etw sein.

opposite ['ɒpəzɪt] *adj* gegenüberliegend; *(totally different)* entgegengesetzt ♦ *prep* gegenüber *(+D)* ♦ *n*: **the ~ (of)** das Gegenteil (von).

opposition [ˌɒpəˈzɪʃn] *n (objections)* Opposition *die*; *(SPORT)* Gegner *der*; **the Opposition** *(POL)* die Opposition.

opt [ɒpt] *vt*: **to ~ to do sthg** sich entscheiden, etw zu tun.

optician's [ɒpˈtɪʃnz] *n (shop)* Optiker *der*.

optimist ['ɒptɪmɪst] *n* Optimist *der* (-in *die*).

optimistic [ˌɒptɪˈmɪstɪk] *adj* optimistisch.

option ['ɒpʃn] *n (alternative)* Möglichkeit *die*; *(optional extra)* Extra *das*.

optional [ˈɒpʃənl] adj freiwillig; (subject) wahlfrei.

or [ɔːʳ] conj oder; (after negative) noch.

oral [ˈɔːrəl] adj (spoken) mündlich; (hygiene) Mund- ♦ n (exam) mündliche Prüfung.

orange [ˈɒrɪndʒ] adj orange ♦ n (fruit) Orange die, Apfelsine die; (colour) Orange das.

orange juice n Orangensaft der.

orange squash n (Br) Orangensaftkonzentrat das.

orbit [ˈɔːbɪt] n Umlaufbahn die.

orbital (motorway) [ˈɔːbɪtl-] n (Br) Ringautobahn die.

orchard [ˈɔːtʃəd] n Obstgarten der.

orchestra [ˈɔːkɪstrə] n Orchester das.

ordeal [ɔːˈdiːl] n Tortur die.

order [ˈɔːdəʳ] n (sequence) Reihenfolge die; (command) Befehl der; (in restaurant) Bestellung die; (neatness, discipline) Ordnung die; (COMM) Auftrag der, Bestellung die ♦ vt (command) befehlen (+D); (food, taxi, product) bestellen ♦ vi (in restaurant) bestellen; **in ~ to do** sthg um etw zu tun; **out of ~** außer Betrieb; **in working ~** in Betrieb; **to ~ sb to do** sthg jm befehlen, etw zu tun.

order form n Bestellschein der.

ordinary [ˈɔːdənrɪ] adj gewöhnlich.

ore [ɔːʳ] n Erz das.

oregano [ˌɒrɪˈgɑːnəʊ] n Oregano der.

organ [ˈɔːgən] n (MUS) Orgel die; (in body) Organ das.

organic [ɔːˈgænɪk] adj biodynamisch angebaut.

organization [ˌɔːgənaɪˈzeɪʃn] n Organisation die.

organize [ˈɔːgənaɪz] vt organisieren.

organizer [ˈɔːgənaɪzəʳ] n Organisator der (-in die); (diary) Zeitplanbuch das.

oriental [ˌɔːrɪˈentl] adj orientalisch.

orientate [ˈɔːrɪenteɪt] vt: **to ~ o.s.** sich orientieren.

origin [ˈɒrɪdʒɪn] n Ursprung der.

original [əˈrɪdʒənl] adj (first) ursprünglich; (novel) originell.

originally [əˈrɪdʒənəlɪ] adv ursprünglich.

originate [əˈrɪdʒəneɪt] vi: **to ~ (from)** stammen (aus (+D)).

ornament [ˈɔːnəmənt] n (object) Schmuckgegenstand der.

ornamental [ˌɔːnəˈmentl] adj Zier-.

ornate [ɔːˈneɪt] adj reich verziert.

orphan [ˈɔːfn] n Waise die.

orthodox [ˈɔːθədɒks] adj orthodox.

ostentatious [ˌɒstenˈteɪʃəs] adj pompös.

ostrich [ˈɒstrɪtʃ] n Strauß der.

other [ˈʌðəʳ] adj & pron andere(-r)(-s) ♦ adv: **~ than** außer; **the ~ (one)** der/die/das andere; **the ~ day** neulich; **one after the ~** hintereinander.

otherwise [ˈʌðəwaɪz] adv sonst; (differently) anders.

otter [ˈɒtəʳ] n Otter die.

ought [ɔːt] aux vb: **I ~ to go** now ich sollte jetzt gehen; **you ~ not to have said that** du hättest das nicht sagen sollen; **you ~ to see a doctor**

du solltest zum Arzt gehen; **the car ~ to be ready by Friday** das Auto sollte Freitag fertig sein.

ounce [aʊns] *n (unit of measurement)* = 28,35 g, Unze *die*.

our [aʊəʳ] *adj* unser.

ours [aʊəz] *pron* unsere(-r)(-s); **this suitcase is ~** der Koffer gehört uns; **a friend of ~** ein Freund von uns.

ourselves [aʊəˈselvz] *pron (reflexive, after prep)* uns; **we did it ~** wir haben es selbst gemacht.

out [aʊt] *adj (light, cigarette)* aus.

♦ *adv* **1.** *(outside)* draußen; **to come ~ (of)** herauskommen (aus); **to get ~ (of)** aussteigen (aus); **to go ~ (of)** hinausgehen (aus); **it's cold ~ today** es ist kalt draußen heute.

2. *(not at home, work)*: **she's ~** sie ist nicht da; **to go ~** ausgehen.

3. *(so as to be extinguished)* aus; **put your cigarette ~!** mach deine Zigarette aus!

4. *(expressing removal)*: **to take sthg ~ (of)** etw herausnehmen (aus); *(money)* etw abheben (von).

5. *(outwards)*: **to stick ~** herausstehen.

6. *(expressing distribution)*: **to hand sthg ~** etw austeilen.

7. *(wrong)*: **the bill's £10 ~** die Rechnung stimmt um 10 Pfund nicht.

8. *(in phrases)*: **stay ~ of the sun** bleib aus der Sonne; **made ~ of wood** aus Holz (gemacht); **five ~ of ten women** fünf von zehn Frauen; **I'm ~ of cigarettes** ich habe keine Zigaretten mehr.

outback [aʊtbæk] *n*: **the ~ das** Hinterland *(in Australien)*.

outboard (motor) [aʊtbɔːd-] *n* Außenbordmotor *der*.

outbreak [aʊtbreɪk] *n* Ausbruch *der*.

outburst [aʊtbɜːst] *n* Ausbruch *der*.

outcome [aʊtkʌm] *n* Ergebnis *das*.

outcrop [aʊtkrɒp] *n* Felsvorsprung *der*.

outdated [aʊtˈdeɪtɪd] *adj* veraltet.

outdo [aʊtˈduː] *vt* übertreffen.

outdoor [aʊtdɔːʳ] *adj (swimming pool)* Frei-; *(activities)* im Freien.

outdoors [aʊtˈdɔːz] *adv* draußen; **to go ~** nach draußen gehen.

outer [aʊtəʳ] *adj* äußere(-r)(-s).

outer space *n* Weltraum *der*.

outfit [aʊtfɪt] *n (clothes)* Kleider *pl*.

outing [aʊtɪŋ] *n* Ausflug *der*.

outlet [aʊtlet] *n (pipe)* Abfluß *der*; **'no ~'** *(Am)* 'Sackgasse'.

outline [aʊtlaɪn] *n (shape)* Umriß *der*; *(description)* kurze Beschreibung.

outlook [aʊtlʊk] *n (for future, of weather)* Aussichten *pl*; *(attitude)* Einstellung *die*.

out-of-date *adj (old-fashioned)* veraltet; *(passport, licence)* abgelaufen.

outpatients' (department) [aʊtpeɪʃnts-] *n* Poliklinik *die*.

output [aʊtpʊt] *n* Output *der*.

outrage [aʊtreɪdʒ] *n (cruel act)* Greueltat *die*.

outrageous [aʊtˈreɪdʒəs] *adj* empörend.

outright [aʊtˈraɪt] *adv (tell, deny)* unumwunden; *(own)* ganz.

outside [*adv* aʊtˈsaɪd, *adj, prep* aʊt-

outside lane

'autsaɪd] adv draußen ♦ prep außerhalb (+G); (in front of) vor (+A,D) ♦ adj (exterior) Außen-; (help, advice) von außen ♦ n: the ~ (of building, car, container) die Außenseite; (AUT: in UK) rechts; (AUT: in Europe, US) links; an ~ line eine Außenlinie; to go ~ nach draußen gehen; ~ the door vor der Tür; ~ of (Am) (on the outside of) außerhalb (+G); (apart from) außer (+D).

outside lane n (AUT) (in UK) rechter Fahrstreifen; (in Europe, US) linker Fahrstreifen.

outsize ['autsaɪz] adj übergroß.

outskirts ['autskɜːts] npl Außenbezirke pl.

outstanding [aut'stændɪŋ] adj (remarkable) hervorragend; (problem) ungeklärt; (debt) ausstehend.

outward ['autwəd] adj (external) Außen-; ~ journey Hinreise die.

outwards ['autwədz] adv nach außen.

oval ['əʊvl] adj oval.

ovation [əʊ'veɪʃn] n Applaus der.

oven ['ʌvn] n Ofen der.

oven glove n Topflappen der.

ovenproof ['ʌvnpruːf] adj feuerfest.

oven-ready adj bratfertig.

over ['əʊvəʳ] prep 1. (above) über (+D); a bridge ~ the road eine Brücke über die Straße. 2. (across) über (+A); to walk ~ sthg über etw laufen; it's just ~ the road es ist gerade gegenüber; with a view ~ the gardens mit Aussicht auf die Gärten. 3. (covering) über (+D,A); put a plaster ~ the wound klebe ein Pflaster auf die Wunde.

4. (more than) über (+A); it cost ~ £1,000 es hat über 1.000 Pfund gekostet. 5. (during): ~ New Year über Neujahr; ~ the weekend am Wochenende; ~ the past two years in den letzten zwei Jahren. 6. (with regard to) über (+A); an argument ~ the price ein Streit über den Preis.

♦ adv 1. (downwards): to fall ~ umfallen; to lean ~ sich vornüber lehnen.

2. (referring to position, movement) herüber/hinüber; to drive ~ herüberfahren; ~ here hier drüben; ~ there da drüben.

3. (round or other side): to turn sthg ~ etw umdrehen.

4. (more): children aged 12 and ~ Kinder ab 12.

5. (remaining) übrig; to be (left) ~ übrig bleiben.

6. (to one's house): to invite sb ~ for dinner jn zu sich zum Essen einladen.

7. (in phrases): all ~ (finished) zu Ende; all ~ the world in der ganzen Welt.

♦ adj (finished): to be ~ fertig sein, zu Ende sein.

overall [adv ,əʊvər'ɔːl, n 'əʊvərɔːl] adv (in general) im allgemeinen ♦ n (Br: coat) Kittel der; (Am: boiler suit) Overall der; how much does it cost ~? wieviel kostet das insgesamt? □ **overalls** npl (Br: boiler suit) Overall der; (Am: dungarees) Latzhose die.

overboard ['əʊvəbɔːd] adv über Bord.

overbooked [,əʊvə'bʊkt] adj überbucht.

overcame [ˌəʊvəˈkeɪm] pt → overcome.

overcast [ˌəʊvəˈkɑːst] adj bedeckt.

overcharge [ˌəʊvəˈtʃɑːdʒ] vt: to ~ sb jm zu viel berechnen.

overcoat [ˈəʊvəkəʊt] n Wintermantel der.

overcome [ˌəʊvəˈkʌm] (pt -came, pp -come) vt überwältigen.

overcooked [ˌəʊvəˈkʊkt] adj verkocht.

overcrowded [ˌəʊvəˈkraʊdɪd] adj überfüllt.

overdo [ˌəʊvəˈduː] (pt -did, pp -done) vt (exaggerate) übertreiben; to ~ it es übertreiben; (work too hard) sich übernehmen.

overdone [ˌəʊvəˈdʌn] pp → overdo ◆ adj (food) verkocht.

overdose [ˈəʊvədəʊs] n Überdosis die.

overdraft [ˈəʊvədrɑːft] n Kontoüberziehung die; to have an ~ sein Konto überzogen haben.

overdue [ˌəʊvəˈdjuː] adj überfällig.

over easy adj (Am: eggs) von beiden Seiten gebraten.

overexposed [ˌəʊvərɪkˈspəʊzd] adj (photograph) überbelichtet.

overflow [vb ˌəʊvəˈfləʊ, n ˈəʊvəfləʊ] vi (container, bath) überlaufen; (river) überschwemmen ◆ n (pipe) Überlaufrohr das.

overgrown [ˌəʊvəˈɡrəʊn] adj überwachsen.

overhaul [ˈəʊvəhɔːl] n Überholung die.

overhead [adj ˈəʊvəhed, adv ˌəʊvəˈhed] adj Ober-; (in ceiling) Decken- ◆ adv oben.

overhead locker n (on plane) Gepäckfach das.

overhear [ˌəʊvəˈhɪəʳ] (pt & pp -heard) vt zufällig (mit)hören.

overheat [ˌəʊvəˈhiːt] vi sich überhitzen.

overland [ˈəʊvəlænd] adv auf dem Landweg.

overlap [ˌəʊvəˈlæp] vi sich überlappen.

overleaf [ˌəʊvəˈliːf] adv umseitig.

overload [ˌəʊvəˈləʊd] vt überladen.

overlook [vb ˌəʊvəˈlʊk, n ˈəʊvəlʊk] vt (subj: building, room) überblicken; (miss) übersehen ◆ n: (scenic) ~ (Am) Aussichtspunkt der.

overnight [adv ˌəʊvəˈnaɪt, adj ˈəʊvənaɪt] adv über Nacht ◆ adj (train, journey) Nacht-.

overnight bag n Reisetasche die.

overpass [ˈəʊvəpɑːs] n Überführung die.

overpowering [ˌəʊvəˈpaʊərɪŋ] adj überwältigend.

oversaw [ˌəʊvəˈsɔː] pt → oversee.

overseas [adv ˌəʊvəˈsiːz, adj ˈəʊvəsiːz] adj Übersee- ◆ adv in Übersee; to go ~ nach Übersee gehen.

oversee [ˌəʊvəˈsiː] (pt -saw, pp -seen) vt (supervise) beaufsichtigen.

overshoot [ˌəʊvəˈʃuːt] (pt & pp -shot) vt (turning, motorway exit) vorbeifahren an (+D).

oversight [ˈəʊvəsaɪt] n Versehen das.

oversleep [ˌəʊvəˈsliːp] (pt & pp -slept) vi verschlafen.

overtake [ˌəʊvəˈteɪk] (pt -took,

overtime

pp **-taken**) *vt & vi* überholen; **'no overtaking'** 'Überholverbot'.

overtime ['əʊvətaim] *n* Überstunden *pl*.

overtook [,əʊvə'tʊk] *pt →* **overtake**.

overture ['əʊvə,tjʊəʳ] *n* Ouvertüre *die*.

overturn [,əʊvə'tɜːn] *vi (boat)* kentern; *(car)* sich überschlagen.

overweight [,əʊvə'weit] *adj* übergewichtig.

overwhelm [,əʊvə'welm] *vt* überwältigen.

owe [əʊ] *vt* schulden; **to ~ sb sthg** jm etw schulden; **owing to** wegen *(+G)*.

owl [aʊl] *n* Eule *die*.

own [əʊn] *adj & pron* eigen ◆ *vt* besitzen; **I have my ~ bedroom** ich habe ein eigenes Zimmer; **on my ~** allein; **to get one's ~ back** sich revanchieren ❑ **own up** *vi*: **to ~ up (to sthg)** (etw *(A)*) zugeben.

owner ['əʊnəʳ] *n* Eigentümer *der* (-in *die*).

ownership ['əʊnəʃɪp] *n* Besitz *der*.

ox [ɒks] *(pl* **oxen** ['ɒksən]*) n* Ochse *der*.

oxtail soup ['ɒksteɪl-] *n* Ochsenschwanzsuppe *die*.

oxygen ['ɒksɪdʒən] *n* Sauerstoff *der*.

oyster ['ɔɪstəʳ] *n* Auster *die*.

oz *abbr* = **ounce**.

ozone-friendly ['əʊzəʊn-] *adj* ohne FCKW, treibmittelfrei.

P

p *(abbr of page)* S. ◆ *abbr* = **penny, pence**.

pace [peɪs] *n* Schritt *der*.

pacemaker ['peɪs,meɪkəʳ] *n (for heart)* Schrittmacher *der*.

Pacific [pə'sɪfɪk] *n*: **the ~ (Ocean)** der Pazifik.

pacifier ['pæsɪfaɪəʳ] *n (Am: for baby)* Schnuller *der*.

pacifist ['pæsɪfɪst] *n* Pazifist *der* (-in *die*).

pack [pæk] *n (packet)* Packung *die*; *(of crisps)* Tüte *die*; *(Br: of cards)* Kartenspiel *das*; *(rucksack)* Rucksack *der* ◆ *vt (suitcase, bag)* packen; *(clothes, camera etc)* einpacken; *(product)* verpacken ◆ *vi (for journey)* packen; **a ~ of lies** ein Haufen Lügen; **to ~ sthg into sthg** etw in etw *(A)* einpacken; **to ~ one's bags** sein Bündel schnüren ❑ **pack up** *vi (pack suitcase)* packen; *(tidy up)* wegräumen; *(Br: inf: machine, car)* den Geist aufgeben.

package ['pækɪdʒ] *n (parcel)* Päckchen *das*; *(COMPUT)* Paket *das* ◆ *vt* verpacken.

package holiday *n* Pauschalreise *die*.

package tour *n* Pauschalreise *die*.

packaging ['pækɪdʒɪŋ] *n (material)* Verpackung *die*.

packed [pækt] *adj (crowded)* voll.

packed lunch n Lunchpaket das.

packet ['pækɪt] n Päckchen das; **it cost a ~** (Br: inf) es hat ein Heidengeld gekostet.

packing ['pækɪŋ] n (for journey) Packen das; (material) Verpackung die.

pad [pæd] n (of paper) Block der; (of cloth, cotton wool) Bausch der; (for protection) Polster das.

padded ['pædɪd] adj (jacket, seat) gepolstert.

padded envelope n gefütterter Briefumschlag.

paddle ['pædl] n (pole) Paddel das ♦ vi paddeln.

paddling pool ['pædlɪŋ-] n Planschbecken das.

paddock ['pædək] n (at racecourse) Sattelplatz der.

padlock ['pædlɒk] n Vorhängeschloß das.

page [peɪdʒ] n Seite die ♦ vt (call) ausrufen; **'paging Mr Hill'** 'Herr Hill, bitte'.

paid [peɪd] pt & pp → **pay** ♦ adj (holiday, work) bezahlt.

pain [peɪn] n Schmerz der; **to be in ~** (physical) Schmerzen haben; **he's such a ~!** (inf) er ist nervt! ❑ **pains** npl (trouble) Mühe die.

painful ['peɪnfʊl] adj schmerzhaft.

painkiller ['peɪn,kɪlər] n Schmerzmittel das.

paint [peɪnt] n Farbe die ♦ vt (wall, room, furniture) streichen; (picture) malen ♦ vi malen; **to ~ one's nails** sich (D) die Nägel lackieren ❑ **paints** npl (tubes, pots etc) Farbe die.

paintbrush ['peɪntbrʌʃ] n Pinsel der.

painter ['peɪntər] n Maler der (-in die).

painting ['peɪntɪŋ] n (picture) Gemälde das; (activity) Malerei die; (by decorator) Malerarbeiten pl.

pair [peər] n Paar das; **in ~s** paarweise; **a ~ of pliers** eine Zange; **a ~ of scissors** eine Schere; **a ~ of shorts** Shorts pl; **a ~ of tights** eine Strumpfhose; **a ~ of trousers** eine Hose.

pajamas [pə'dʒɑːməz] (Am) = **pyjamas**.

Pakistan [Br ,pɑːkɪ'stɑːn, Am ,pækɪ'stæn] n Pakistan nt.

Pakistani [Br ,pɑːkɪ'stɑːnɪ, Am ,pækɪ'stænɪ] adj pakistanisch ♦ n Pakistani der, die.

pakora [pə'kɔːrə] npl indische Vorspeise aus scharfgewürzten, fritierten Gemüsestückchen.

pal [pæl] n (inf) Kumpel der.

palace ['pælɪs] n Palast der.

palatable ['pælətəbl] adj schmackhaft.

palate ['pælət] n (of mouth) Gaumen der; (ability to taste) Geschmack der.

pale [peɪl] adj blaß.

pale ale n Pale Ale das (helles englisches Dunkelbier).

palm [pɑːm] n (of hand) Handfläche die; **~ (tree)** Palme die.

palpitations [,pælpɪ'teɪʃnz] npl Herzklopfen pl.

pamphlet ['pæmflɪt] n Broschüre die.

pan [pæn] n Pfanne die; (saucepan) Topf der.

pancake ['pænkeɪk] n Eierkuchen der, Pfannkuchen der.

pancake roll n Frühlingsrolle die.

panda ['pændə] n Panda der.

panda car n (Br) Streifenwagen der.

pane [peɪn] n Scheibe die.

panel ['pænl] n (of wood) Tafel die; (group of experts) Gremium das; (on TV, radio) Diskussionsrunde die.

paneling ['pænəlɪŋ] (Am) = panelling.

panelling ['pænəlɪŋ] n (Br) Täfelung die.

panic ['pænɪk] (pt & pp -ked, cont -king) n Panik die ◆ vi in Panik geraten.

panniers ['pænɪəz] npl (for bicycle) Satteltaschen pl.

panoramic [,pænə'ræmɪk] adj Panorama-.

pant [pænt] vi keuchen.

panties ['pæntɪz] npl (inf) Schlüpfer der.

pantomime ['pæntəmaɪm] n (Br: show) meist um die Weihnachtszeit aufgeführtes Märchenspiel.

PANTOMIME

Die „pantomimes" entsprechen im englischen Sprachraum lustigen Aufführungen für Kinder mit Musikbegleitung. Sie finden um die Weihnachtszeit statt und es liegt ihnen meist eine Märchenhandlung zugrunde. Um dem Spiel zusätzlichen Witz zu verleihen, übernimmt eine junge Schauspielerin die Rolle des männlichen Helden, während ein junger Schauspieler die Rolle einer alten Frau, auch „dame" genannt, spielt.

pantry ['pæntrɪ] n Speisekammer die.

pants [pænts] npl (Br: for men) Unterhose die; (Br: for women) Schlüpfer der; (Am: trousers) Hose die.

panty hose ['pæntɪ-] npl (Am) Strumpfhose die.

papadum ['pæpədəm] n sehr dünnes, knuspriges indisches Brot.

paper ['peɪpə^r] n Papier das; (newspaper) Zeitung die; (exam) Prüfung die ◆ adj (cup, plate, hat) Papp- ◆ vt tapezieren; **a piece of ~** (sheet) ein Blatt Papier; (scrap) ein Papierfetzen □ **papers** npl (documents) Papiere pl.

paperback ['peɪpəbæk] n Taschenbuch das.

paper bag n Papiertüte die.

paperboy ['peɪpəbɔɪ] n Zeitungsjunge der.

paper clip n Büroklammer die.

papergirl ['peɪpəgɜːl] n Zeitungsmädchen das.

paper handkerchief n Papiertaschentuch das.

paper shop n Zeitungshändler der.

paperweight ['peɪpəweɪt] n Briefbeschwerer der.

paprika ['pæprɪkə] n Paprika der.

par [pɑː^r] n (in golf) Par das.

paracetamol [,pærə'siːtəmɒl] n fiebersenkende Schmerztablette.

parachute ['pærəʃuːt] *n* Fallschirm *der*.

parade [pə'reɪd] *n* (*procession*) Umzug *der*; (*of shops*) Ladenzeile *die*.

paradise ['pærədaɪs] *n* Paradies *das*.

paraffin ['pærəfɪn] *n* Paraffinöl *das*.

paragraph ['pærəgrɑːf] *n* Absatz *der*.

parallel ['pærəlel] *adj*: ~ (**to**) parallel (zu).

paralysed ['pærəlaɪzd] *adj* (*Br*) gelähmt.

paralyzed ['pærəlaɪzd] *(Am)* = **paralysed**.

paramedic [,pærə'medɪk] *n* Rettungssanitäter *der* (-in *die*).

paranoid ['pærənɔɪd] *adj* mißtrauisch.

parasite ['pærəsaɪt] *n* Schmarotzer *der*.

parasol ['pærəsɒl] *n* Sonnenschirm *der*.

parcel ['pɑːsl] *n* Paket *das*.

parcel post *n* Paketpost *die*.

pardon ['pɑːdn] *excl*: ~? bitte?; ~ (**me**)! Entschuldigung!; **I beg your ~!** (*apologizing*) Entschuldigung!; **I beg your ~?** (*asking for repetition*) bitte?

parent ['peərənt] *n* (*father*) Vater *der*; (*mother*) Mutter *die*; ~**s** Eltern *pl*.

parish ['pærɪʃ] *n* Gemeinde *die*.

park [pɑːk] *n* Park *der* ◆ *vt & vi* parken.

park and ride *n* Park-and-ride-System *das*.

parking ['pɑːkɪŋ] *n* Parken *das*.

parking brake *n* (*Am*) Handbremse *die*.

parking lot *n* (*Am*) Parkplatz *der*.

parking meter *n* Parkuhr *die*.

parking space *n* Parkplatz *der*.

parking ticket *n* Strafzettel *der*.

parkway ['pɑːkweɪ] *n* (*Am*) breite Straße, deren Mittelstreifen mit Bäumen, Blumen usw bepflanzt ist.

parliament ['pɑːləmənt] *n* Parlament *das*.

Parmesan (cheese) [,pɑːmɪ'zæn-] *n* Parmesan *der*.

parrot ['pærət] *n* Papagei *der*.

parsley ['pɑːslɪ] *n* Petersilie *die*.

parsnip ['pɑːsnɪp] *n* Pastinake *die*.

parson ['pɑːsn] *n* Pfarrer *der*.

part [pɑːt] *n* Teil *der*; (*in play, film*) Rolle *die*; (*Am: in hair*) Scheitel *der* ◆ *adv* (*partly*) teils ◆ *vi* (*couple*) sich trennen; **in this ~ of Germany** in dieser Gegend Deutschlands; **to form ~ of** Teil sein von; **to play a ~ in** eine Rolle spielen in (+*D*); **to take ~ in** teilnehmen an (+*D*); **for my ~** was mich betrifft; **for the most ~** größtenteils; **in these ~s** in dieser Gegend.

partial ['pɑːʃl] *adj* teilweise; **to be ~ to sthg** eine Schwäche für etw haben.

participant [pɑː'tɪsɪpənt] *n* Teilnehmer *der* (-in *die*).

participate [pɑː'tɪsɪpeɪt] *vi*: **to ~ (in)** teilnehmen (an (+*D*)).

particular [pə'tɪkjʊlə*]* *adj* besondere(-r)(-s); (*fussy*) eigen; **in ~** besonders; **nothing in ~** nichts Besonderes ❑ **particulars** *npl* (*details*) Einzelheiten *pl*.

particularly [pə'tɪkjʊləlɪ] *adv*

insbesondere; *(especially)* besonders.

parting ['pɑːtɪŋ] *n (Br: in hair)* Scheitel *der.*

partition [pɑːˈtɪʃn] *n (wall)* Trennwand *die.*

partly ['pɑːtlɪ] *adv* teilweise.

partner ['pɑːtnəʳ] *n* Partner *der* (-in *die*).

partnership ['pɑːtnəʃɪp] *n* Partnerschaft *die.*

partridge ['pɑːtrɪdʒ] *n* Rebhuhn *das.*

part-time *adj* Teilzeit- ◆ *adv* halbtags.

party ['pɑːtɪ] *n (for fun)* Party *die;* *(POL)* Partei *die; (group of people)* Gruppe *die;* **to have a ~** eine Party geben.

pass [pɑːs] *vt (walk past)* vorbeigehen an (+D); *(drive past)* vorbeifahren an (+D); *(hand over)* reichen; *(test, exam)* bestehen; *(time, life)* verbringen; *(overtake)* überholen; *(law)* verabschieden ◆ *vi (walk past)* vorbeigehen; *(drive past)* vorbeifahren; *(road, river, path, pipe)* führen; *(overtake)* überholen; *(in test, exam)* bestehen; *(time, holiday)* vergehen ◆ *n (document)* Ausweis *der;* *(in mountain)* Paß *der;* *(SPORT)* Paß *der;* **to ~ sb sthg** jm etw reichen ❑ **pass by** *vt fus (walk past)* vorbeigehen an (+D); *(drive past)* vorbeifahren an (+D) ◆ *vi (walk past)* vorbeigehen; *(drive past)* vorbeifahren; **pass on** *vt sep (message)* weitergeben; **pass out** *vi (faint)* ohnmächtig werden; **pass up** *vt sep (opportunity)* vorübergehen lassen.

passable ['pɑːsəbl] *adj (road)* befahrbar; *(satisfactory)* passabel.

passage ['pæsɪdʒ] *n (corridor)* Gang *der;* *(in book)* Passage *die;* *(sea journey)* Überfahrt *die.*

passageway ['pæsɪdʒweɪ] *n* Gang *der.*

passenger ['pæsɪndʒəʳ] *n* Passagier *der* (-in *die*).

passerby [ˌpɑːsəˈbaɪ] *n* Passant *der* (-in *die*).

passing place ['pɑːsɪŋ-] *n* Ausweichstelle *die.*

passion ['pæʃn] *n* Leidenschaft *die.*

passionate ['pæʃənət] *adj* leidenschaftlich.

passive ['pæsɪv] *n* Passiv *das.*

passport ['pɑːspɔːt] *n* Reisepaß *der.*

passport control *n* Paßkontrolle *die.*

passport photo *n* Paßfoto *das.*

password ['pɑːswɜːd] *n* Paßwort *das.*

past [pɑːst] *adj (earlier)* vergangene(-r)(-s); *(finished)* vorbei; *(last)* letzte(-r)(-s); *(former)* ehemalig ◆ *prep (in times)* nach; *(in front of)* an (+D) ... vorbei ◆ *adv* vorbei ◆ *n (former time)* Vergangenheit *die;* **~ (tense)** *(GRAMM)* Vergangenheit *die;* **the ~ month** der letzte Monat; **he drove ~ the house** er fuhr am Haus vorbei; **twenty-four** zwanzig nach vier; **in the ~** früher.

pasta ['pæstə] *n* Nudeln *pl.*

paste [peɪst] *n (spread)* Paste *die;* *(glue)* Kleister *der.*

pastel ['pæstl] *n (for drawing)*

Pastellstift *der; (colour)* Pastellfarbe *die.*

pasteurized ['pɑːstʃəraɪzd] *adj* pasteurisiert.

pastille ['pæstɪl] *n* Pastille *die.*

pastime ['pɑːstaɪm] *n* Hobby *das.*

pastry ['peɪstrɪ] *n (for pie)* Teig *der; (cake)* Gebäck *das.*

pasture ['pɑːstʃəʳ] *n* Weide *die.*

pasty ['pæstɪ] *n (Br)* Pastete *die (Gebäck).*

pat [pæt] *vt* klopfen.

patch [pætʃ] *n (for clothes)* Flicken *der; (of colour, damp)* Fleck *der; (for skin)* Pflaster *das; (for eye)* Augenklappe *die;* **a bad ~** *(fig)* eine Pechsträhne.

pâté ['pæteɪ] *n* Pastete *die (Leberwurst usw).*

patent [*Br* 'peɪtənt, *Am* 'pætənt] *n* Patent *das.*

path [pɑːθ, *pl* pɑːðz] *n* Weg *der,* Pfad *der.*

pathetic [pə'θetɪk] *adj (pej: useless)* kläglich.

patience ['peɪʃəs] *n* Geduld *die; (Br: card game)* Patience *die.*

patient ['peɪʃnt] *adj* geduldig ♦ *n* Patient *der (-in die).*

patio ['pætɪəʊ] *n* Terrasse *die.*

patriotic [*Br* ‚pætrɪ'ɒtɪk, *Am* ‚peɪtrɪ'ɒtɪk] *adj* patriotisch.

patrol [pə'trəʊl] *vt (subj: police)* seine Runden machen in *(+D); (MIL)* ablpatrouillieren in ♦ *n* Patrouille *die.*

patrol car *n* Streifenwagen *der.*

patron ['peɪtrən] *n (fml: customer)* Kunde *der (Kundin die);* **'~s only'** 'nur für Gäste'.

patronizing ['pætrənaɪzɪŋ] *adj* herablassend.

pattern ['pætn] *n (of shapes, colours)* Muster *das; (for sewing)* Schnitt *der.*

patterned ['pætənd] *adj* gemustert.

pause [pɔːz] *n* Pause *die* ♦ *vi* innelhalten.

pavement ['peɪvmənt] *n (Br: beside road)* Bürgersteig *der; (Am: roadway)* Straßenbelag *der.*

pavilion [pə'vɪljən] *n* Klubhaus *das.*

paving stone ['peɪvɪŋ-] *n* Pflasterstein *der.*

pavlova [pæv'ləʊvə] *n* Nachtisch aus zwei Baiserstücken, die mit Sahne und Früchten gefüllt sind.

paw [pɔː] *n* Pfote *die.*

pawn [pɔːn] *vt* verpfänden ♦ *n (in chess)* Bauer *der.*

pay [peɪ] *(pt & pp* **paid)** *vt (money)* zahlen; *(person, bill, fine)* bezahlen ♦ *vi* zahlen; *(be profitable)* sich lohnen ♦ *n (salary)* Gehalt *das;* **to ~ sb for sthg** jn für etw bezahlen; **to ~ money into an account** Geld auf ein Konto einlzahlen; **to ~ attention (to)** achten (auf *(+A));* **to ~ sb a visit** jn besuchen; **to ~ by credit card** mit Kreditkarte zahlen ◻ **pay back** *vt sep (money)* zurücklzahlen; **to ~ sb back** jm Geld zurücklzahlen; **pay for** *vt fus (purchase)* bezahlen; **pay in** *vt sep (cheque, money)* einlzahlen; **pay out** *vt sep (money)* auslgeben; **pay up** *vi* zahlen.

payable ['peɪəbl] *adj* zahlbar; **to make a cheque ~ to sb** einen Scheck auslstellen auf jn.

payment ['peɪmənt] n Bezahlung die; (amount) Zahlung die.

payphone ['peɪfəʊn] n Münzfernsprecher der.

PC n (abbr of personal computer) PC der ◆ abbr (Br) = **police constable**.

PE abbr = **physical education**.

pea [piː] n Erbse die.

peace [piːs] n (no anxiety) Ruhe die; (no war) Frieden der; **to leave sb in ~** jn in Ruhe lassen; **~ and quiet** Ruhe und Frieden.

peaceful ['piːsfʊl] adj friedlich.

peach [piːtʃ] n Pfirsich der.

peach melba [-'melbə] n Pfirsich Melba das.

peacock ['piːkɒk] n Pfau der.

peak [piːk] n (of mountain) Gipfel der; (of hat) Schirm der; (fig: highest point) Höhepunkt der.

peak hours npl (for electricity) Hauptbelastungszeit die; (for traffic) Stoßzeit die.

peak rate n Höchsttarif der.

peanut ['piːnʌt] n Erdnuß die.

peanut butter n Erdnußbutter die.

pear [peər] n Birne die.

pearl [pɜːl] n Perle die.

peasant ['peznt] n Bauer der (Bäuerin die).

pebble ['pebl] n Kieselstein der.

pecan pie [prˈkæn-] n Pekannußkuchen der.

peck [pek] vi picken.

peculiar [prˈkjuːljər] adj (strange) seltsam; **to be ~ to** (exclusive) eigentümlich sein für; **to be ~ to a country** nur in einem Land vorkommen.

peculiarity [prˌkjuːlɪˈærətɪ] n (special feature) Besonderheit die.

pedal ['pedl] n Pedal das ◆ vi in die Pedale treten.

pedal bin n Treteimer der.

pedalo ['pedələʊ] n Tretboot das.

pedestrian [prˈdestrɪən] n Fußgänger der (-in die).

pedestrian crossing n Fußgängerüberweg der.

pedestrianized [prˈdestrɪənaɪzd] adj zur Fußgängerzone gemacht.

pedestrian precinct n (Br) Fußgängerzone die.

pedestrian zone (Am) = **pedestrian precinct**.

pee [piː] vi (inf) pinkeln ◆ n: **to have a ~** (inf) pinkeln.

peel [piːl] n Schale die ◆ vt (fruit, vegetables) schälen ◆ vi (paint) abblättern; (skin) sich schälen.

peep [piːp] n: **to have a ~** gucken.

peer [pɪər] vi angestrengt schauen.

peg [peg] n (for tent) Hering der; (hook) Haken der; (for washing) Klammer die.

pelican crossing ['pelɪkən-] n (Br) Ampelübergang der.

pelvis ['pelvɪs] n Becken das.

pen [pen] n (ballpoint pen) Kugelschreiber der; (fountain pen) Füller der; (for animals) Pferch der.

penalty ['penltɪ] n (fine) Geldstrafe die; (in football) Elfmeter der.

pence [pens] npl Pence pl; **it costs 20 ~** es kostet 20 Pence.

pencil ['pensl] n Bleistift der.

pencil case n Federmäppchen das.

pencil sharpener n Spitzer der.

pendant ['pendənt] n (on necklace) Anhänger der.

pending ['pendɪŋ] prep (fml) bis zu.

penetrate ['penɪtreɪt] vt durchdringen.

penfriend ['penfrend] n Brieffreund der (-in die).

penguin ['peŋgwɪn] n Pinguin der.

penicillin [ˌpenɪ'sɪlɪn] n Penizillin das.

peninsula [pə'nɪnsjʊlə] n Halbinsel die.

penis ['piːnɪs] n Penis der.

penknife ['pennaɪf] (pl -knives [-naɪvz]) n Taschenmesser das.

penny ['penɪ] (pl pennies) n (in UK) Penny der; (in US) Cent der.

pension ['penʃn] n Rente die.

pensioner ['penʃənər] n Rentner der (-in die).

penthouse ['penthaʊs, pl -haʊzɪz] n Penthouse das.

penultimate [pe'nʌltɪmət] adj vorletzte(-r)(-s).

people ['piːpl] npl Leute pl ◆ n (nation) Volk das; the ~ (citizens) die Bevölkerung; **lots of** ~ viele Menschen; **German** ~ die Deutschen pl.

pepper ['pepər] n (spice) Pfeffer der; (vegetable) Paprika der.

peppercorn ['pepəkɔːn] n Pfefferkorn das.

peppermint ['pepəmɪnt] adj Pfefferminz- ◆ n (sweet) Pfefferminzbonbon der or das.

pepper pot n Pfefferstreuer der.

pepper steak n Pfeffersteak das.

Pepsi® ['pepsɪ] n Pepsi® das.

per [pɜːr] prep pro; ~ **person** pro Person; ~ **week** pro Woche; £20 ~ **night** 20 Pfund pro Nacht.

perceive [pə'siːv] vt wahrnehmen.

per cent adv Prozent.

percentage [pə'sentɪdʒ] n Prozentsatz der.

perch [pɜːtʃ] n (for bird) Stange die.

percolator ['pɜːkəleɪtər] n Kaffeemaschine die.

perfect [adj & n 'pɜːfɪkt, vb pə'fekt] adj perfekt ◆ vt perfektionieren ◆ n: the ~ (tense) das Perfekt.

perfection [pə'fekʃn] n: to do sthg to ~ etw perfekt machen.

perfectly ['pɜːfɪktlɪ] adv perfekt.

perform [pə'fɔːm] vt (task, operation) ausführen; (play, concert) aufführen ◆ vi (actor) spielen; (singer) singen.

performance [pə'fɔːməns] n (play, concert, film) Aufführung die; (by actor, musician) Vorstellung die; (of car) Leistung die.

performer [pə'fɔːmər] n Künstler der (-in die).

perfume ['pɜːfjuːm] n Parfüm das.

perhaps [pə'hæps] adv vielleicht.

perimeter [pə'rɪmɪtər] n Grenze die.

period ['pɪərɪəd] n (of time, history) Periode die, Zeit die; (SCH) Stunde die; (menstruation) Periode die; (Am: full stop) Punkt der ◆ adj (costume) zeitgenössisch; (furniture) antik.

periodic [ˌpɪərɪ'ɒdɪk] adj regelmäßig.

period pains *npl* Menstruationsschmerzen *pl*.

periphery [pəˈrɪfərɪ] *n* Rand *der*.

perishable [ˈperɪʃəbl] *adj (food)* leicht verderblich.

perk [pɜːk] *n* Vergünstigung *die*.

perm [pɜːm] *n* Dauerwelle *die* ◆ *vt*: **to have one's hair ~ed** sich (D) eine Dauerwelle machen lassen.

permanent [ˈpɜːmənənt] *adj (lasting)* bleibend; *(present all the time)* ständig; *(job)* fest.

permanent address *n* fester Wohnsitz.

permanently [ˈpɜːmənəntlɪ] *adv* ständig.

permissible [pəˈmɪsəbl] *adj (fml)* zulässig.

permission [pəˈmɪʃn] *n* Erlaubnis *die*; *(official)* Genehmigung *die*.

permit [*vb* pəˈmɪt, *n* ˈpɜːmɪt] *vt (allow)* erlauben ◆ *n* Genehmigung *die*; **to ~ sb to do sthg** jm erlauben, etw zu tun; **'~ holders only'** 'nur für Anleger'.

perpendicular [ˌpɜːpənˈdɪkjʊləʳ] *adj* senkrecht.

persevere [ˌpɜːsɪˈvɪəʳ] *vi* durchhalten.

persist [pəˈsɪst] *vi (continue to exist)* anhalten; **to ~ in doing sthg** etw weiterhin tun.

persistent [pəˈsɪstənt] *adj* hartnäckig.

person [ˈpɜːsn] *(pl* **people)** *n* Mensch *der*; *(GRAMM)* Person *die*; **in ~** persönlich.

personal [ˈpɜːsnl] *adj* persönlich.

personal assistant *n (of manager)* Assistentin *die*.

personal belongings *npl* persönlicher Besitz.

personal computer *n* Personalcomputer *der*.

personality [ˌpɜːsəˈnælətɪ] *n* Persönlichkeit *die*.

personally [ˈpɜːsnəlɪ] *adv* persönlich.

personal property *n* persönliches Eigentum.

personal stereo *n* Walkman® *der*.

personnel [ˌpɜːsəˈnel] *npl* Personal *das*.

perspective [pəˈspektɪv] *n* Perspektive *die*.

Perspex® [ˈpɜːspeks] *n (Br)* ≈ Plexiglas® *das*.

perspiration [ˌpɜːspəˈreɪʃn] *n* Schweiß *der*.

persuade [pəˈsweɪd] *vt*: **to ~ sb (to do sthg)** jn überreden (, etw zu tun); **to ~ sb that ...** jn davon überzeugen, daß ...

persuasive [pəˈsweɪsɪv] *adj* überzeugend.

pervert [ˈpɜːvɜːt] *n* Perverse *der*, *die*.

pessimist [ˈpesɪmɪst] *n* Pessimist *der* (-in *die*).

pessimistic [ˌpesɪˈmɪstɪk] *adj* pessimistisch.

pest [pest] *n (insect, animal)* Schädling *der*; *(inf: person)* Nervensäge *die*.

pester [ˈpestəʳ] *vt* nerven.

pesticide [ˈpestɪsaɪd] *n* Schädlingsbekämpfungsmittel *das*.

pet [pet] *n* Haustier *das*; **the teacher's ~** der Liebling des Lehrers.

petal [ˈpetl] *n* Blütenblatt *das*.

pet food *n* Tierfutter *das*.

petition [pɪ'tɪʃn] *n (letter)* Petition *die*.

petits pois [ˌpəti'pwa] *npl* feine Erbsen *pl*.

petrified ['petrɪfaɪd] *adj (frightened)* starr vor Schrecken.

petrol ['petrəl] *n (Br)* Benzin *das*.

petrol can *n (Br)* Benzinkanister *der*.

petrol cap *n (Br)* Tankverschluß *der*.

petrol gauge *n (Br)* Kraftstoffanzeiger *der*.

petrol pump *n (Br)* Benzinpumpe *die*.

petrol station *n (Br)* Tankstelle *die*.

petrol tank *n (Br)* Benzintank *der*.

pet shop *n* Tierhandlung *die*.

petticoat ['petɪkəʊt] *n* Unterrock *der*.

petty ['petɪ] *adj (pej: person, rule)* kleinlich.

petty cash *n* Portokasse *die*.

pew [pju:] *n* Bank *die*.

pewter ['pju:tə'] *adj* Zinn-.

PG *(abbr of parental guidance)* = bedingt jugendfrei.

pharmacist ['fɑ:məsɪst] *n* Apotheker *der* (-in *die*).

pharmacy ['fɑ:məsɪ] *n (shop)* Apotheke *die*.

phase [feɪz] *n* Phase *die*.

PhD *n* Dr.phil.

pheasant ['feznt] *n* Fasan *der*.

phenomena [fɪ'nɒmɪnə] *pl →* **phenomenon**.

phenomenal [fɪ'nɒmɪnl] *adj* phänomenal.

phenomenon [fɪ'nɒmɪnən] *(pl* **-mena)** *n* Phänomen *das*.

Philippines ['fɪlɪpi:nz] *npl*: **the ~** die Philippinen *pl*.

philosophy [fɪ'lɒsəfɪ] *n* Philosophie *die*.

phlegm [flem] *n* Schleim *der*.

phone [fəʊn] *n* Telefon *das* ◆ *vt (Br)* anlrufen ◆ *vi (Br)* telefonieren; **to be on the ~** *(talking)* telefonieren; *(connected)* das Telefon haben ❑ **phone up** *vt sep & vi* anlrufen.

phone book *n* Telefonbuch *das*.

phone booth *n* Telefonzelle *die*.

phone box *n (Br)* Telefonzelle *die*.

phone call *n* Telefonanruf *der*.

phonecard ['fəʊnkɑ:d] *n* Telefonkarte *die*.

phone number *n* Telefonnummer *die*.

photo ['fəʊtəʊ] *n* Foto *das*; **to take a ~ of** ein Foto machen von.

photo album *n* Fotoalbum *das*.

photocopier [ˌfəʊtəʊ'kɒpɪə'] *n* Fotokopiergerät *das*.

photocopy ['fəʊtəʊ,kɒpɪ] *n* Fotokopie *die* ◆ *vt* fotokopieren.

photograph ['fəʊtəgrɑ:f] *n* Foto *das* ◆ *vt* fotografieren.

photographer [fə'tɒgrəfə'] *n* Fotograf *der* (-in *die*).

photography [fə'tɒgrəfɪ] *n* Fotografie *die*.

phrase [freɪz] *n (expression)* Ausdruck *der*.

phrasebook ['freɪzbʊk] *n* Sprachführer *der*.

physical ['fɪzɪkl] *adj* körperlich ♦ *n* Vorsorgeuntersuchung *die*.

physical education *n* Sportunterricht *der*.

physically handicapped ['fɪzɪklɪ-] *adj* körperbehindert.

physics ['fɪzɪks] *n* Physik *die*.

physiotherapy [ˌfɪzɪəʊ'θerəpɪ] *n* Physiotherapie *die*.

pianist ['pɪənɪst] *n* Pianist *der* (-in *die*).

piano [pɪ'ænəʊ] (*pl* -s) *n* Klavier *das*.

pick [pɪk] *vt* (*select*) auslsuchen; (*fruit, flowers*) pflücken ♦ *n* (*pickaxe*) Spitzhacke *die*; **to ~ a fight** einen Streit anfangen; **to ~ one's nose** in der Nase bohren; **to take one's ~** auslsuchen □ **pick on** *vt fus* herumlhacken auf (+D); **pick out** *vt sep* (*select*) auslsuchen; (*see*) entdecken; **pick up** *vt sep* (*lift up*) hochlnehmen; (*after dropping*) auflheben; (*collect*) ablholen; (*acquire*) erwerben; (*skill, language*) lernen; (*hitchhiker*) mitlnehmen; (*inf: woman, man*) ablschleppen ♦ *vi* (*improve*) besser werden.

pickaxe ['pɪkæks] *n* Spitzhacke *die*.

pickle ['pɪkl] *n* (*Br: food*) Mixed Pickles *pl*; (*Am: pickled cucumber*) Essiggurke *die*.

pickled onion [ˌpɪkld-] *n* eingelegte Zwiebel.

pickpocket ['pɪkˌpɒkɪt] *n* Taschendieb *der* (-in *die*).

pick-up (truck) *n* Lieferwagen *der*.

picnic ['pɪknɪk] *n* Picknick *das*.

picnic area *n* Picknickplatz *der*.

picture ['pɪktʃəʳ] *n* Bild *das*; (*film*) Film *der* □ **pictures** *npl*: **the ~s** (*Br*) das Kino.

picture frame *n* Bilderrahmen *der*.

picturesque [ˌpɪktʃə'resk] *adj* malerisch.

pie [paɪ] *n* (*savoury*) Pastete *die*; (*sweet*) Kuchen *der*.

piece [piːs] *n* Stück *das*; (*component*) Teil *das*; (*in chess*) Figur *die*; **a 20p ~** ein 20-Pence-Stück; **a ~ of advice** ein Rat; **a ~ of furniture** ein Möbelstück; **to fall to ~s** zerbrechen; **in one ~** (*intact*) unbeschädigt; (*unharmed*) heil.

pier [pɪəʳ] *n* Pier *der* or *die*.

pierce [pɪəs] *vt* durchlbohren; **to have one's ears ~d** sich (*D*) die Ohrläppchen durchstechen lassen.

pig [pɪg] *n* Schwein *das*; (*inf: greedy person*) Vielfraß *der*.

pigeon ['pɪdʒɪn] *n* Taube *die*.

pigeonhole ['pɪdʒɪnhəʊl] *n* Fach *das*.

pigskin ['pɪgskɪn] *adj* Schweinsleder-.

pigtail ['pɪgteɪl] *n* Zopf *der*.

pike [paɪk] *n* (*fish*) Hecht *der*.

pilau rice [pɪ'laʊ-] *n* Pilaureis *der*, mit Gewürzen gekochter Reis, der dadurch eine bestimmte Farbe annimmt.

pilchard ['pɪltʃəd] *n* Sardine *die*.

pile [paɪl] *n* (*heap*) Haufen *der*; (*neat stack*) Stapel *der* ♦ *vt* stapeln; **~s of money** (*inf: a lot*) haufenweise Geld □ **pile up** *vt sep* anlhäufen; (*neatly*) auflstapeln ♦ *vi* (*accumulate*) sich anlsammeln.

piles [paɪlz] *npl* (*MED*) Hämorrhoiden *pl*.

pity

pileup ['paɪlʌp] n Massenkarambolage die.

pill [pɪl] n Tablette die; **the ~** (contraceptive) die Pille.

pillar ['pɪlə^r] n Säule die.

pillar box n (Br) Briefkasten der.

pillion ['pɪljən] n: **to ride ~** auf dem Soziussitz mitfahren.

pillow ['pɪləʊ] n Kissen das.

pillowcase ['pɪləʊkeɪs] n Kopfkissenbezug der.

pilot ['paɪlət] n Pilot der (-in die); (of ship) Lotse der.

pilot light n Zündflamme die.

pimple ['pɪmpl] n Pickel der.

pin [pɪn] n (for sewing) Stecknadel die; (drawing pin) Reißnagel der; (safety pin) Sicherheitsnadel die; (Am: brooch) Brosche die; (Am: badge) Anstecknadel die ◆ vt (fasten) stecken; **a two-~ plug** ein zweipoliger Stecker; **I've got ~s and needles in my leg** mein Bein ist eingeschlafen.

pinafore ['pɪnəfɔː^r] n (apron) Schürze die; (Br: dress) Trägerkleid das.

pinball ['pɪnbɔːl] n Flippern das.

pincers ['pɪnsəz] npl (tool) Beißzange die.

pinch [pɪntʃ] vt (squeeze) kneifen; (Br: inf: steal) klauen ◆ n (of salt) Prise die.

pine [paɪn] n Kiefer die ◆ adj Kiefern-.

pineapple ['paɪnæpl] n Ananas die.

pink [pɪŋk] adj rosa ◆ n Rosa das.

pinkie ['pɪŋkɪ] n (Am) kleiner Finger.

PIN number ['pɪn-] n persönliche Kodenummer.

pint [paɪnt] n (in UK) = 0,57 Liter, Pint das; (in US) = 0,47 Liter, Pint das; **a ~ (of beer)** (Br) ≈ ein (großes) Bier.

pip [pɪp] n Kern der.

pipe [paɪp] n (for smoking) Pfeife die; (for gas, water) Rohr das.

pipe cleaner n Pfeifenreiniger der.

pipeline ['paɪplaɪn] n Pipeline die.

pipe tobacco n Pfeifentabak der.

pirate ['paɪrət] n Pirat der.

Pisces ['paɪsiːz] n Fische pl.

piss [pɪs] vi (vulg) pissen ◆ n: **to have a ~** (vulg) pissen gehen; **it's ~ing down** (vulg) es schifft.

pissed [pɪst] adj (Br: vulg: drunk) besoffen; (Am: vulg: angry) stocksauer.

pissed off adj (vulg) stocksauer.

pistachio [pɪ'stɑːʃɪəʊ] n Pistazie die ◆ adj (flavour) Pistazien-.

pistol ['pɪstl] n Pistole die.

piston ['pɪstən] n Kolben der.

pit [pɪt] n (hole, coalmine) Grube die; (for orchestra) Orchestergraben der; (Am: in fruit) Stein der.

pitch [pɪtʃ] n (Br: SPORT) Spielfeld das ◆ vt (throw) werfen; **to ~ a tent** ein Zelt aufschlagen.

pitcher ['pɪtʃə^r] n Krug der.

pitfall ['pɪtfɔːl] n Falle die.

pith [pɪθ] n (of orange) weiße Haut.

pitta (bread) ['pɪtə-] n Pittabrot das.

pitted ['pɪtɪd] adj (olives) entsteint.

pity ['pɪtɪ] n (compassion) Mitleid

das; **to have ~ on sb** Mitleid mit jm haben; **it's a ~ (that) ...** schade, daß ...; **what a ~!** wie schade!

pivot ['pɪvət] *n* Zapfen *der.*

pizza ['piːtsə] *n* Pizza *die.*

pizzeria [ˌpiːtsəˈriːə] *n* Pizzeria *die.*

Pl. *(abbr of Place)* Platz *(als Straßenname).*

placard ['plækɑːd] *n* Plakat *das.*

place [pleɪs] *n (location)* Ort *der;* *(spot)* Stelle *die; (house, flat)* Haus *das; (seat, position, in race, list)* Platz *der* ◆ *vt (put)* setzen; *(put flat)* legen; *(put upright)* stellen; *(an order)* aufgeben; **do you want to come round to my ~?** möchtest du zu mir kommen?; **to lay six ~s** *(at table)* für sechs decken; **in the first ~** *(firstly)* erstens; **to take ~** stattfinden; **to take sb's ~** *(replace)* js Platz einnehmen; **all over the ~** überall; **in ~ of** statt *(+G);* **to ~ a bet on** Geld setzen auf *(+A).*

place mat *n* Platzdeckchen *das.*

placement ['pleɪsmənt] *n (work experience)* Praktikum *das.*

place of birth *n* Geburtsort *der.*

plague [pleɪg] *n* Pest *die.*

plaice [pleɪs] *n* Scholle *die.*

plain [pleɪn] *adj (not decorated)* schlicht; *(simple)* einfach; *(yoghurt)* Natur-; *(clear)* klar; *(paper)* unliniert; *(pej: not attractive)* nicht sehr attraktiv ◆ *n* Ebene *die.*

plain chocolate *n* Zartbitterschokolade *die.*

plainly ['pleɪnlɪ] *adv* deutlich.

plait [plæt] *n* Zopf *der* ◆ *vt* flechten.

plan [plæn] *n* Plan *der* ◆ *vt* planen; **have you any ~s for tonight?** hast du

heute abend etwas vor?; **according to ~** planmäßig; **to ~ to do sthg, to ~ on doing sthg** vorhaben, etw zu tun.

plane [pleɪn] *n (aeroplane)* Flugzeug *das; (tool)* Hobel *der.*

planet ['plænɪt] *n* Planet *der.*

plank [plæŋk] *n* Brett *das.*

plant [plɑːnt] *n* Pflanze *die;* *(factory)* Werk *das* ◆ *vt* pflanzen; *(land)* bepflanzen; **'heavy ~ crossing'** 'Baustellenverkehr'.

plantation [plænˈteɪʃn] *n* Plantage *die.*

plaque [plɑːk] *n (plate)* Gedenktafel *die; (on teeth)* Zahnstein *der.*

plaster ['plɑːstəʳ] *n (Br: for cut)* Pflaster *das; (for walls)* Verputz *der;* **in ~** *(arm, leg)* in Gips.

plaster cast *n* Gipsverband *der.*

plastic ['plæstɪk] *n* Plastik *das* ◆ *adj* Plastik-, Kunststoff-.

plastic bag *n* Plastiktüte *die.*

Plasticine® ['plæstɪsiːn] *n (Br)* = Plastilin *das.*

plate [pleɪt] *n* Teller *der; (of metal, glass)* Platte *die.*

plateau ['plætəʊ] *n* Hochebene *die.*

plate-glass *adj* Flachglas-.

platform ['plætfɔːm] *n (at railway station)* Bahnsteig *der; (raised structure)* Podium *das;* **~ 12** Gleis 12.

platinum ['plætɪnəm] *n* Platin *das.*

platter ['plætəʳ] *n (of food)* Platte *die.*

play [pleɪ] *vt* spielen; *(opponent)* spielen gegen ◆ *vi* spielen ◆ *n (in theatre)* Theaterstück *das; (on TV)* Fernsehspiel *das; (button on CD, tape recorder)* Playtaste *die;* **to ~ the piano**

Klavier spielen □ **play back** *vt sep* ablspielen; **play up** *vi (machine, car)* Schwierigkeiten machen.

player ['pleɪər] *n* Spieler *der* (-in *die*).

playful ['pleɪful] *adj* verspielt.

playground ['pleɪgraund] *n (in school)* Schulhof *der*; *(in park etc)* Spielplatz *der*.

playgroup ['pleɪgru:p] *n* Krabbelgruppe *die*.

playing card ['pleɪɪŋ-] *n* Spielkarte *die*.

playing field ['pleɪɪŋ-] *n* Sportplatz *der*.

playroom ['pleɪrum] *n* Spielzimmer *das*.

playschool ['pleɪsku:l] *n* = playgroup.

playtime ['pleɪtaɪm] *n* Pause *die*.

playwright ['pleɪraɪt] *n* Bühnenautor *der* (-in *die*).

plc *(Br: abbr of public limited company)* = GmbH.

pleasant ['pleznt] *adj* angenehm.

please [pli:z] *adv* bitte ◆ *vt (give enjoyment to)* gefallen (+D); **yes ~!** ja, bitte!; **whatever you ~** (ganz) wie Sie wollen.

pleased [pli:zd] *adj (happy)* erfreut; *(satisfied)* zufrieden; **to be ~ with sich** freuen über (+A); **~ to meet you!** angenehm!

pleasure ['pleʒər] *n* Freude *die*; **with ~** gerne; **it's a ~!** gern geschehen!

pleat [pli:t] *n* Falte *die*.

pleated ['pli:tɪd] *adj* Falten-.

plentiful ['plentɪful] *adj* reichlich.

plenty ['plentɪ] *pron:* **there are ~** es gibt viele; **~ of viele.**

pliers ['plaɪəz] *npl* Zange *die*.

plimsoll ['plɪmsəl] *n (Br)* Turnschuh *der*.

plonk [plɒŋk] *n (Br: inf: wine)* billiger Wein.

plot [plɒt] *n (scheme)* Komplott *das*; *(of story, film, play)* Handlung *die*; *(of land)* Stück *das* Land.

plough [plaʊ] *n (Br)* Pflug *der* ◆ *vt (Br)* pflügen.

ploughman's (lunch) ['plaʊmənz-] *n (Br)* beliebte Pubmahlzeit aus Brot, Käse, Salat und Mixed Pickles.

plow [plaʊ] *(Am)* = plough.

ploy [plɔɪ] *n* Taktik *die*.

pluck [plʌk] *vt (eyebrows)* zupfen; *(chicken)* rupfen.

plug [plʌg] *n (electrical)* Stecker *der*; *(socket)* Steckdose *die*; *(for bath, sink)* Stöpsel *der* □ **plug in** *vt sep* anlschließen.

plughole ['plʌghəʊl] *n* Abfluß *der*.

plum [plʌm] *n* Pflaume *die*, Zwetschge *die*.

plumber ['plʌmər] *n* Installateur *der*.

plumbing ['plʌmɪŋ] *n (pipes)* Wasserleitungen *pl*.

plump [plʌmp] *adj* rundlich.

plunge [plʌndʒ] *vi* stürzen; *(dive)* tauchen.

plunge pool *n* Swimmingpool *der*.

plunger ['plʌndʒər] *n (for unblocking pipe)* Sauger *der*.

pluperfect (tense) [,plu:-'pɜ:fɪkt-] *n:* **the ~** das Plusquamperfekt.

plural ['plʊərəl] *n* Plural *der*; **in the ~** im Plural.

plus

212

plus [plʌs] *prep* plus; *(and)* und ◆ *adj*: **30** ~ über 30.

plush [plʌʃ] *adj* feudal.

plywood ['plaiwud] *n* Sperrholz *das*.

p.m. *(abbr of post meridiem)* nachmittags.

PMT *n (abbr of premenstrual tension)* PMS *das*.

pneumatic drill [nju:'mætɪk-] *n* Preßluftbohrer *der*.

pneumonia [nju:'məunjə] *n* Lungenentzündung *die*.

poached egg [pəutʃt-] *n* pochiertes Ei, verlorenes Ei.

poached salmon [pəutʃt-] *n* Lachs *der* blau.

poacher ['pəutʃə^r] *n* Wilderer *der*.

PO Box *n (abbr of Post Office Box)* Postfach *das*.

pocket ['pɒkɪt] *n* Tasche *die*; *(on car door)* Seitentasche *die* ◆ *adj (camera)* Pocket-; *(calculator)* Taschen-.

pocketbook ['pɒkɪtbuk] *n (notebook)* Notizbuch *das*; *(Am: handbag)* Handtasche *die*.

pocket money *n (Br)* Taschengeld *das*.

podiatrist [pə'daɪətrɪst] *n (Am)* Fußpflege *die*.

poem ['pəuɪm] *n* Gedicht *das*.

poet ['pəuɪt] *n* Dichter *der* (-in *die*).

poetry ['pəuɪtrɪ] *n* Dichtung *die*.

point [pɔɪnt] *n* Punkt *der*; *(tip)* Spitze *die*; *(most important thing)* Sinn *der*, Zweck *der*; *(Br: electric socket)* Steckdose *die* ◆ *vi*: **to** ~ **to** *(with finger)* zeigen auf (+A); *(arrow, sign)* zeigen nach; **five ~ seven** fünf Komma sieben; **strong ~** Stärke *die*;

weak ~ Schwäche *die*; **what's the ~?** wozu?; **there's no ~** es hat keinen Sinn; **to be on the ~ of doing sthg** im Begriff sein, etw zu tun; **to come to the ~** zur Sache kommen ❑ **points** *npl (Br: on railway)* Weichen *pl*; **point out** *vt sep* hinweisen auf (+A).

pointed ['pɔɪntɪd] *adj (in shape)* spitz.

pointless ['pɔɪntlɪs] *adj* sinnlos.

point of view *n* Standpunkt *der*.

poison ['pɔɪzn] *n* Gift *das* ◆ *vt* vergiften.

poisoning ['pɔɪznɪŋ] *n* Vergiftung *die*.

poisonous ['pɔɪznəs] *adj* giftig, Gift-.

poke [pəuk] *vt (with finger, stick, elbow)* stoßen.

poker ['pəukə^r] *n (card game)* Poker *das*.

Poland ['pəulənd] *n* Polen *nt*.

polar bear ['pəulə-] *n* Eisbär *der*.

Polaroid® ['pəulərɔɪd] *n (photograph)* Polaroidbild *das*; *(camera)* Polaroidkamera® *die*.

pole [pəul] *n (of wood)* Stange *die*.

Pole [pəul] *n (person)* Pole *der* (Polin *die*).

police [pə'li:s] *npl*: **the ~** die Polizei.

police car *n* Polizeiwagen *der*.

police force *n* Polizei *die*.

policeman [pə'li:smən] *(pl* -men [-mən]) *n* Polizist *der*.

police officer *n* Polizeibeamte *der* (-beamtin *die*).

police station *n* Polizeiwache *die*.

policewoman [pə'liːsˌwʊmən] (*pl* -women [-ˌwɪmɪn]) *n* Polizistin *die.*

policy ['pɒləsɪ] *n* (*approach*) Handlungsweise *die;* (*for insurance*) Police *die;* (*in politics*) Politik *die.*

policy-holder *n* Versicherte *der, die.*

polio ['pəʊlɪəʊ] *n* Kinderlähmung *die.*

polish ['pɒlɪʃ] *n* (*for cleaning*) Politur *die* ◆ *vt* polieren.

Polish ['pəʊlɪʃ] *adj* polnisch ◆ *n* (*language*) Polnisch *das* ◆ *npl*: **the ~** die Polen *pl.*

polite [pə'laɪt] *adj* höflich.

political [pə'lɪtɪkl] *adj* politisch.

politician [ˌpɒlɪ'tɪʃn] *n* Politiker *der* (-in *die*).

politics ['pɒlətɪks] *n* Politik *die.*

poll [pəʊl] *n* (*survey*) Umfrage *die;* **the ~s** (*election*) die Wahlen *pl.*

pollen ['pɒlən] *n* Pollen *der.*

Poll Tax *n* (*Br*) ≃ Gemeindesteuer *die.*

pollute [pə'luːt] *vt* verschmutzen.

pollution [pə'luːʃn] *n* Verschmutzung *die;* (*substances*) Schmutz *der.*

polo neck ['pəʊləʊ-] *n* (*Br*) Rollkragen *der.*

polyester [ˌpɒlɪ'estər] *n* Polyester *der.*

polystyrene [ˌpɒlɪ'staɪriːn] *n* Styropor® *das.*

polytechnic [ˌpɒlɪ'teknɪk] *n* Hochschule *in Großbritannien; seit 1993 haben die meisten Universitätsstatus.*

polythene ['pɒlɪθiːn] *n* Polyäthylen *das.*

pomegranate ['pɒmɪˌgrænɪt] *n* Granatapfel *der.*

pompous ['pɒmpəs] *adj* aufgeblasen.

pond [pɒnd] *n* Teich *der.*

pontoon [pɒn'tuːn] *n* (*Br: card game*) Siebzehnundvier *das.*

pony ['pəʊnɪ] *n* Pony *das.*

ponytail ['pəʊnɪteɪl] *n* Pferdeschwanz *der.*

pony-trekking [-ˌtrekɪŋ] *n* (*Br*) Ponyreiten *das.*

poodle ['puːdl] *n* Pudel *der.*

pool [puːl] *n* (*for swimming*) Schwimmbecken *das;* (*of water, blood, milk*) Lache *die;* (*small pond*) Teich *der;* (*game*) Poolbillard *das* □ **pools** *npl* (*Br*): **the ~s** ≃ das Toto.

poor [pɔːr] *adj* arm; (*bad*) schlecht ◆ *npl*: **the ~** die Armen *pl.*

poorly ['pɔːlɪ] *adv* schlecht ◆ *adj* (*Br: ill*): **he's ~** es geht ihm schlecht.

pop [pɒp] *n* (*music*) Pop *der* ◆ *vt* (*inf: put*) stecken ◆ *vi* (*balloon*) knallen; **my ears popped** ich hab' Druck auf den Ohren □ **pop in** *vi* (*Br: visit*) vorbeischauen.

popcorn ['pɒpkɔːn] *n* Popcorn *das.*

Pope [pəʊp] *n*: **the ~** der Papst.

pop group *n* Popgruppe *die.*

poplar (tree) ['pɒplər-] *n* Pappel *die.*

pop music *n* Popmusik *die.*

popper ['pɒpər] *n* (*Br*) Druckknopf *der.*

poppy ['pɒpɪ] *n* Klatschmohn *der.*

Popsicle® ['pɒpsɪkl] *n* (*Am*) Eis *das* am Stiel.

pop socks *npl* Kniestrümpfe *pl.*

pop star *n* Popstar *der.*

popular ['pɒpjʊləʳ] *adj* beliebt; *(opinion, ideas)* weitverbreitet.

popularity [,pɒpjʊ'lærətɪ] *n* Beliebtheit *die*.

populated ['pɒpjʊleɪtɪd] *adj* bevölkert.

population [,pɒpjʊ'leɪʃn] *n* Bevölkerung *die*.

porcelain ['pɔːsəlɪn] *n* Porzellan *das*.

porch [pɔːtʃ] *n (entrance)* Windfang *der*; *(Am: outside house)* Veranda *die*.

pork [pɔːk] *n* Schweinefleisch *das*.

pork chop *n* Schweinekotelett *das*.

pork pie *n* Schweinepastete *die*.

pornographic [,pɔːnə'græfɪk] *adj* pornographisch.

porridge ['pɒrɪdʒ] *n* Haferbrei *der*.

port [pɔːt] *n (town)* Hafenstadt *die*; *(harbour area)* Hafen *der*; *(drink)* Portwein *der*.

portable ['pɔːtəbl] *adj* tragbar.

porter ['pɔːtəʳ] *n (at hotel, museum)* Portier *der*; *(at station, airport)* Gepäckträger *der*.

porthole ['pɔːthəʊl] *n* Bullauge *das*.

portion ['pɔːʃn] *n (part)* Teil *das*; *(of food)* Portion *die*.

portrait ['pɔːtreɪt] *n* Porträt *das*.

Portugal ['pɔːtʃʊgl] *n* Portugal *nt*.

Portuguese [,pɔːtʃʊ'giːz] *adj* portugiesisch ◆ *n (language)* Portugiesisch *das* ◆ *npl*: **the ~** die Portugiesen *pl*.

pose [pəʊz] *vt (problem, threat)* darlstellen ◆ *vi (for photo)* sitzen.

posh [pɒʃ] *adj (inf)* piekfein.

position [pə'zɪʃn] *n (place, situation)* Lage *die*; *(of plane, ship)* Position *die*; *(of body)* Haltung *die*; *(setting, rank)* Stellung *die*; *(in race, contest)* Platz *der*; *(fml: job)* Stelle *die*; **'~ closed'** *(in bank, post office etc)* 'Schalter geschlossen'.

positive ['pɒzətɪv] *adj* positiv; *(certain, sure)* sicher.

possess [pə'zes] *vt* besitzen.

possession [pə'zeʃn] *n* Besitz *der*.

possessive [pə'zesɪv] *adj (pej: person)* besitzergreifend; *(GRAMM)* Possessiv-.

possibility [,pɒsə'bɪlətɪ] *n* Möglichkeit *die*.

possible ['pɒsəbl] *adj* möglich; **it's ~ that we may be late** es kann sein, daß wir zu spät kommen; **would it be ~ for me to ...?** könnte ich vielleicht ...?; **as much as ~** so viel wie möglich; **if ~** wenn möglich.

possibly ['pɒsəblɪ] *adv (perhaps)* möglicherweise.

post [pəʊst] *n (system, letters, delivery)* Post *die*; *(pole)* Pfahl *der*; *(fml: job)* Stelle *die* ◆ *vt (letter, parcel)* ablschicken; **by ~** per Post.

postage ['pəʊstɪdʒ] *n* Porto *das*; **~ and packing** Porto und Verpackung; **~ paid** Porto zahlt Empfänger.

postage stamp *n (fml)* Briefmarke *die*.

postal order ['pəʊstl-] *n* Postanweisung *die*.

postbox ['pəʊstbɒks] *n (Br)* Briefkasten *der*.

postcard ['pəustkɑːd] *n* Postkarte *die*.

postcode ['pəustkəud] *n* (Br) Postleitzahl *die*.

poster ['pəustə^r] *n* (for advertisement) Plakat *das*; (decoration) Poster *das*.

poste restante [,pəustres'tɑːnt] *n* (Br) Schalter *der* für postlagernde Sendungen.

post-free *adv* portofrei.

postgraduate [,pəust'grædʒʊət] *n* Student, der auf einen höheren Studienabschluß hinarbeitet.

postman ['pəustmən] (*pl* -men [-mən]) *n* Briefträger *der*.

postmark ['pəustmɑːk] *n* Poststempel *der*.

post office *n* (building) Post *die*; **the Post Office** die Post.

postpone [,pəust'pəun] *vt* verschieben.

posture ['pɒstʃə^r] *n* Haltung *die*.

postwoman ['pəust,wumən] (*pl* -women [-,wimin]) *n* Briefträgerin *die*.

pot [pɒt] *n* (for cooking) Topf *der*; (for jam) Glas *das*; (for paint) Dose *die*; (for coffee, tea) Kanne *die*; (inf: cannabis) Pot *das*; **a ~ of tea** ein Kännchen Tee.

potato [pə'teɪtəʊ] (*pl* -es) *n* Kartoffel *die*.

potato salad *n* Kartoffelsalat *der*.

potential [pə'tenʃl] *adj* potentiell ♦ *n* Potential *das*.

pothole ['pɒthəʊl] *n* (in road) Schlagloch *das*.

pot plant *n* Topfpflanze *die*.

pot scrubber [-'skrʌbə^r] *n* Topfreiniger *der*.

potted ['pɒtɪd] *adj* (meat, fish) Dosen-; (plant) Topf-.

pottery ['pɒtərɪ] *n* (clay objects) Töpferwaren *pl*; (craft) Töpferei *die*.

potty ['pɒtɪ] *n* Töpfchen *das*.

pouch [paʊtʃ] *n* (for money) Beutel *der*.

poultry ['pəʊltrɪ] *n & npl* Geflügel *das*.

pound [paʊnd] *n* (unit of money) Pfund *das*; (unit of weight) = 0,45 Kg, Pfund ♦ *vi* (heart) pochen; (head) dröhnen.

pour [pɔː^r] *vt* gießen; (sugar, sand) schütten; (drink) ein] gießen ♦ *vi* (flow) fließen; **it's ~ing (with rain)** es gießt □ **pour out** *vt sep* (drink) einl gießen.

poverty ['pɒvətɪ] *n* Armut *die*.

powder ['paʊdə^r] *n* Pulver *das*.

power ['paʊə^r] *n* Macht *die*; (strength, force) Kraft *die*; (energy) Energie *die*; (electricity) Strom *der* ♦ *vt* anl treiben; **to be in ~** an der Macht sein.

power cut *n* Stromsperre *die*.

power failure *n* Stromausfall *der*.

powerful ['paʊəfʊl] *adj* stark; (leader) mächtig; (voice) kräftig.

power point *n* (Br) Steckdose *die*.

power station *n* Kraftwerk *das*.

power steering *n* Servolenkung *die*.

practical ['præktɪkl] *adj* praktisch.

practically ['præktɪklɪ] *adv* praktisch.

practice ['præktɪs] *n* (training) Übung *die*; (training session)

practise

Training *das; (of doctor, lawyer)* Praxis *die; (regular activity)* Gewohnheit *die; (custom)* Brauch *der ◆ vt (Am)* = **practise; out of ~** außer Übung.

practise ['præktɪs] *n (Am)* = **practice** ◆ *vt &/ vi* üben; **to ~ as a doctor** als Arzt tätig sein.

praise [preɪz] *n* Lob *das ◆ vt* loben.

pram [præm] *n (Br)* Kinderwagen *der.*

prank [præŋk] *n* Streich *der.*

prawn [prɔːn] *n* Garnele *die.*

prawn cocktail *n* Krabbencocktail *der.*

prawn cracker *n* chinesischer Chip mit Krabbengeschmack.

pray [preɪ] *vi* beten; **to ~ for sthg** um etw beten.

prayer [preəʳ] *n* Gebet *das.*

precarious [prɪ'keərɪəs] *adj* unsicher.

precaution [prɪ'kɔːʃn] *n* Vorsichtsmaßnahme *die.*

precede [prɪ'siːd] *vt (fml)* vorangehen (+D).

preceding [prɪ'siːdɪŋ] *adj* vorhergehend.

precinct ['priːsɪŋkt] *n (Br: for shopping)* Einkaufsviertel *das; (Am: area of town)* Bezirk *der.*

precious ['preʃəs] *adj* kostbar; *(metal, jewel)* Edel-.

precious stone *n* Edelstein *der.*

precipice ['presɪpɪs] *n* Steilabhang *der.*

precise [prɪ'saɪs] *adj* genau.

precisely [prɪ'saɪslɪ] *adv* genau.

predecessor ['priːdɪsesəʳ] *n* Vorgänger *der (-in die).*

predicament [prɪ'dɪkəmənt] *n* Dilemma *das.*

predict [prɪ'dɪkt] *vt* vorhersagen.

predictable [prɪ'dɪktəbl] *adj (foreseeable)* vorhersehbar; *(pej: unoriginal)* berechenbar.

prediction [prɪ'dɪkʃn] *n* Voraussage *die.*

preface ['prefɪs] *n* Vorwort *das.*

prefect ['priːfekt] *n (Br: at school)* ältere Schuler in britischen Schulen, der den Lehrern bei der Aufsicht hilft.

prefer [prɪ'fɜːʳ] *vt* vorziehen; **to ~ to do sthg** etw lieber tun.

preferable ['prefrəbl] *adj:* **to be ~ (to)** vorzuziehen sein (+D).

preferably ['prefrəblɪ] *adv* vorzugsweise.

preference ['prefərəns] *n* Vorzug *der;* **to have a ~ for sthg** etw bevorzugen.

prefix ['priːfɪks] *n* Vorsilbe *die.*

pregnancy ['pregnənsɪ] *n* Schwangerschaft *die.*

pregnant ['pregnənt] *adj* schwanger.

prejudice ['predʒʊdɪs] *n* Voreingenommenheit *die;* **to have a ~ against sb/sthg** ein Vorurteil gegen jn/etw haben.

prejudiced ['predʒʊdɪst] *adj* voreingenommen.

preliminary [prɪ'lɪmɪnərɪ] *adj* Vor-.

premature ['premə,tjʊəʳ] *adj* vorzeitig; **a ~ baby** eine Frühgeburt.

premier ['premjəʳ] *adj* bedeutendste(-r)(-s) ◆ *n* Premier *der.*

premiere ['premɪeəʳ] *n* Premiere *die.*

premises ['premɪsɪz] *npl (grounds)* Gelände *das; (shop, restaurant)* Räumlichkeiten *pl.*

premium ['priːmjəm] *n (for insurance)* Prämie *die.*

premium-quality *adj (meat)* Qualitäts-.

preoccupied [priːˈɒkjʊpaɪd] *adj* beschäftigt.

prepacked [ˌpriːˈpækt] *adj* abgepackt.

prepaid ['priːpeɪd] *adj (envelope)* frankiert.

preparation [ˌprepəˈreɪʃn] *n* Vorbereitung *die.*

preparatory school [prɪˈpærətrɪ-] *n (in UK)* private Grundschule; *(in US)* private Oberschule.

prepare [prɪˈpeəʳ] *vt* vorbereiten; *(food)* kochen ◆ *vi* sich vorbereiten.

prepared [prɪˈpeəd] *adj* vorbereitet, **to be ~ to do sthg** bereit sein, etw zu tun.

preposition [ˌprepəˈzɪʃn] *n* Präposition *die.*

prep school ['prep-] = **preparatory school.**

prescribe [prɪˈskraɪb] *vt (medicine, treatment)* verschreiben.

prescription [prɪˈskrɪpʃn] *n (paper)* Rezept *das; (medicine)* Medikament *das.*

presence ['prezns] *n (being present)* Anwesenheit *die;* **in his ~** in seiner Gegenwart.

present [*adj & n* 'preznt, *vb* prɪˈzent] *adj (in attendance)* anwesend; *(current)* gegenwärtig ◆ *vt (hand over)* überreichen; *(represent)* darstellen; *(TV, radio programme)* moderieren; *(play)* aufführen ◆ *n*

(gift) Geschenk *das; (current time):* **the ~** die Gegenwart; **the ~ (tense)** *(GRAMM)* das Präsens; **at ~** zur Zeit; **to ~ sb with sthg** jm etw überreichen; **to ~ sb to sb** jn einer Person vorstellen.

presentable [prɪˈzentəbl] *adj* präsentabel.

presentation [ˌpreznˈteɪʃn] *n (way of presenting)* Präsentation *die; (ceremony)* Verleihung *die.*

presenter [prɪˈzentəʳ] *n (of TV, radio programme)* Moderator *der* (-in *die*).

presently ['prezntlɪ] *adv (soon)* bald; *(now)* zur Zeit.

preservation [ˌprezəˈveɪʃn] *n* Erhaltung *die.*

preservative [prɪˈzɜːvətɪv] *n* Konservierungsstoff *der.*

preserve [prɪˈzɜːv] *n (jam)* Konfitüre *die* ◆ *vt (maintain; food)* konservieren.

president ['prezɪdənt] *n* Präsident *der* (-in *die*); *(of company)* Vorsitzende *die.*

press [pres] *vt* drücken; *(button)* drücken auf (+A); *(iron)* plätten ◆ *n:* **the ~** *(media)* die Presse; **to ~ sb to do sthg** jn drängen, etw zu tun.

press conference *n* Pressekonferenz *die.*

press-stud *n* Druckknopf *der.*

press-up *n* Liegestütze *die.*

pressure ['preʃəʳ] *n* Druck *der.*

pressure cooker *n* Schnellkochtopf *der.*

prestigious [preˈstɪdʒəs] *adj* renommiert.

presumably [prɪˈzjuːməblɪ] *adv* vermutlich.

presume [prɪˈzjuːm] vt anl- nehmen.

pretend [prɪˈtend] vt: to ~ to do sthg vorgeben, etw zu tun.

pretentious [prɪˈtenʃəs] adj hochgestochen.

pretty [ˈprɪtɪ] adj hübsch ♦ adv (inf: quite) ziemlich.

prevent [prɪˈvent] vt verhindern; to ~ sb from doing sthg jn daran hindern, etw zu tun.

prevention [prɪˈvenʃn] n Vor- beugung die.

preview [ˈpriːvjuː] n Vorschau die.

previous [ˈpriːvjəs] adj (earlier) früher; (preceding) vorig.

previously [ˈpriːvjəslɪ] adv vorher.

price [praɪs] n Preis der ♦ vt ausl- zeichnen.

priceless [ˈpraɪslɪs] adj unbezahl- bar.

price list n Preisliste die.

pricey [ˈpraɪsɪ] adj (inf) teuer.

prick [prɪk] vt stechen.

prickly [ˈprɪklɪ] adj stachelig.

prickly heat n Hitzepickel pl.

pride [praɪd] n Stolz die ♦ vt: to ~ o.s. on sthg stolz sein auf etw (A).

priest [priːst] n Priester der.

primarily [ˈpraɪmərɪlɪ] adv haupt- sächlich.

primary school [ˈpraɪmərɪ-] n Grundschule die.

prime [praɪm] adj (chief) Haupt-; (quality, beef, cut) erstklassig.

prime minister n Premiermi- nister der (-in die).

primitive [ˈprɪmɪtɪv] adj primitiv.

primrose [ˈprɪmrəʊz] n Himmel- schlüssel der.

prince [prɪns] n Prinz der.

Prince of Wales n Prinz der von Wales.

princess [prɪnˈses] n Prinzessin die.

principal [ˈprɪnsəpl] adj Haupt- ♦ n (of school, university) Rektor der (-in die).

principle [ˈprɪnsəpl] n Prinzip das; in ~ im Prinzip.

print [prɪnt] n Druck der; (photo) Abzug der; (mark) Abdruck der ♦ vt drucken; (write) in Druckschrift schreiben; (photo) abziehen; out of ~ vergriffen □ **print out** vt sep ausl- drucken.

printed matter [ˈprɪntɪd-] n Drucksache die.

printer [ˈprɪntər] n Drucker der.

printout [ˈprɪntaʊt] n Ausdruck der.

prior [ˈpraɪər] adj (previous) frühere(-r)(-s); ~ to sthg (fml) vor etw (D).

priority [praɪˈɒrətɪ] n Priorität die; to have ~ over Vorrang haben vor (+D).

prison [ˈprɪzn] n Gefängnis das.

prisoner [ˈprɪznər] n Häftling der.

prisoner of war n Kriegsge- fangene der, die.

prison officer n Gefängnis- wärter der (-in die).

privacy [Br ˈprɪvəsɪ, Am ˈpraɪvəsɪ] n Privatleben das.

private [ˈpraɪvɪt] adj Privat-; (confidential) vertraulich; (quiet) ruhig ♦ n (MIL) Gefreite der; in ~ privat.

private health care *n* private Krankenpflege *die*.

private property *n* Privatgrundstück *das*.

private school *n* Privatschule *die*.

privilege ['prɪvɪlɪdʒ] *n* Privileg *das*; **it's a ~!** es ist mir eine Ehre!

prize [praɪz] *n* Preis *der*.

prize-giving [-ˌgɪvɪŋ] *n* Preisverleihung *die*.

pro [prəʊ] (*pl* -**s**) *n* (*inf: professional*) Profi *der* ❏ **pros** *npl*: **~s and cons** Pro und Kontra *das*.

probability [ˌprɒbə'bɪlətɪ] *n* Wahrscheinlichkeit *die*.

probable ['prɒbəbl] *adj* wahrscheinlich.

probably ['prɒbəblɪ] *adv* wahrscheinlich.

probation officer [prə'beɪʃn-] *n* Bewährungshelfer *der* (-in *die*).

problem ['prɒbləm] *n* Problem *das*; **no ~!** (*inf*) kein Problem!

procedure [prə'siːdʒəʳ] *n* Verfahren *das*.

proceed [prə'siːd] *vi* (*fml*) (*continue*) fortfahren; (*act*) vorgehen; (*walk*) gehen; (*drive*) fahren; '**~ with caution**' 'Vorsichtig fahren'.

proceeds ['prəʊsiːdz] *npl* Erlös *der*.

process ['prəʊses] *n* Prozeß *der*; **to be in the ~ of doing sthg** dabei sein, etw zu tun.

processed cheese ['prəʊsest-] *n* Schmelzkäse *der*.

procession [prə'seʃn] *n* Prozession *die*.

prod [prɒd] *vt* (*poke*) stupsen.

produce [*vb* prə'djuːs, *n* 'prɒdjuːs]

vt (*make, manufacture*) herstellen; (*work of art*) schaffen; (*cause*) hervorrufen; (*create naturally*) erzeugen; (*passport, identification*) vorzeigen; (*proof*) liefern; (*play*) inszenieren; (*film*) produzieren ◆ *n* Erzeugnisse *pl*.

producer [prə'djuːsəʳ] *n* (*manufacturer*) Produzent *der* (-in *die*); (*of film*) Produzent *der* (-in *die*); (*of play*) Regisseur *der* (-in *die*).

product ['prɒdʌkt] *n* Produkt *das*.

production [prə'dʌkʃn] *n* (*manufacture*) Produktion *die*; (*of film*) Produktion *die*; (*play*) Aufführung *die*.

productivity [ˌprɒdʌk'tɪvətɪ] *n* Produktivität *die*.

profession [prə'feʃn] *n* Beruf *der*.

professional [prə'feʃənl] *adj* (*relating to work*) Berufs-; (*expert*) fachmännisch ◆ *n* (*not amateur*) Fachmann *der*; (*SPORT*) Profi *der*.

professor [prə'fesəʳ] *n* (*in UK*) Professor *der* (-in *die*); (*in US*) Dozent *der* (-in *die*).

profile ['prəʊfaɪl] *n* Profil *das*; (*description*) Kurzdarstellung *die*.

profit ['prɒfɪt] *n* Profit *der*, Gewinn *der* ◆ *vi*: **to ~ (from)** profitieren (von).

profitable ['prɒfɪtəbl] *adj* gewinnbringend.

profiteroles [prə'fɪtəˌrəʊlz] *npl* Profiterolen *pl*.

profound [prə'faʊnd] *adj* tief.

program ['prəʊgræm] *n* (*COMPUT*) Programm *das*; (*Am*) = **programme** ◆ *vt* (*COMPUT*) programmieren.

programme ['prəʊgræm] *n* (*Br*)

Programm *das*; *(on TV, radio)* Sendung *die*.

progress [n 'prəʊgres, vb prə'gres] n *(improvement)* Fortschritt *der*; *(forward movement)* Vorankommen *das* ◆ vi voran|kommen; *(day, meeting)* vergehen; **to make ~** *(improve)* Fortschritte machen; *(in journey)* voran|kommen; **in ~** im Gange.

progressive [prə'gresɪv] adj *(forward-looking)* fortschrittlich.

prohibit [prə'hɪbɪt] vt verbieten; **'smoking strictly ~ed'** 'Rauchen streng verboten'.

project ['prɒdʒekt] n Projekt *das*; *(at school)* Arbeit *die*.

projector [prə'dʒektər] n Projektor *der*.

prolong [prə'lɒŋ] vt verlängern.

prom [prɒm] n *(Am: dance)* Studentenball.

promenade [ˌprɒmə'nɑːd] n *(Br: by the sea)* Strandpromenade *die*.

prominent ['prɒmɪnənt] adj *(person)* prominent; *(noticeable)* auffallend.

promise ['prɒmɪs] n Versprechen *das* ◆ vt & vi versprechen; **to show ~** *(work, person)* vielversprechend sein; **I ~ (that) I'll come** ich verspreche, daß ich komme; **to ~ sb sthg** jm etw versprechen; **to ~ to do sthg** versprechen, etw zu tun.

promising ['prɒmɪsɪŋ] adj vielversprechend.

promote [prə'məʊt] vt befördern.

promotion [prə'məʊʃn] n Beförderung *die*; *(of product)* Sonderangebot *das*.

prompt [prɒmpt] adj *(quick)*

prompt ◆ adv: **at six o'clock ~** um Punkt sechs Uhr.

prone [prəʊn] adj: **to be ~ to sthg** zu etw neigen; **to be ~ to do sthg** dazu neigen, etw zu tun.

prong [prɒŋ] n Zinke *die*.

pronoun ['prəʊnaʊn] n Pronomen *das*.

pronounce [prə'naʊns] vt *(word)* aus|sprechen.

pronunciation [prəˌnʌnsɪ'eɪʃn] n Aussprache *die*.

proof [pruːf] n *(evidence)* Beweis *der*; **12% ~** 12% vol.

prop [prɒp]: **prop up** vt sep stützen.

propeller [prə'pelər] n Propeller *der*.

proper ['prɒpər] adj richtig; *(behaviour)* anständig.

properly ['prɒpəlɪ] adv richtig.

property ['prɒpətɪ] n *(possessions)* Eigentum *das*; *(land)* Besitz *der*; *(building)* Immobilien *pl*; *(quality)* Eigenschaft *die*.

proportion [prə'pɔːʃn] n *(part, amount)* Teil *der*; *(ratio)* Verhältnis *das*; *(in art)* Proportion *die*.

proposal [prə'pəʊzl] n Vorschlag *der*.

propose [prə'pəʊz] vt vor|schlagen ◆ vi: **to ~ (to sb)** (jm) einen Heiratsantrag machen.

proposition [ˌprɒpə'zɪʃn] n Vorschlag *der*.

proprietor [prə'praɪətər] n *(fml)* Eigentümer *der* (-in *die*).

prose [prəʊz] n *(not poetry)* Prosa *die*; *(SCH)* Übersetzung *die* in die Fremdsprache).

prosecution [ˌprɒsɪ'kjuːʃn] n *(JUR: charge)* Anklage *die*.

prospect ['prɒspekt] n Aussicht die.

prospectus [prə'spektəs] (pl -es) n Broschüre die.

prosperous ['prɒspərəs] adj wohlhabend.

prostitute ['prɒstɪtju:t] n Prostituierte die.

protect [prə'tekt] vt schützen; to ~ sb/sthg from jn/etw schützen vor (+D); to ~ sb/sthg against jn/etw schützen vor (+D).

protection [prə'tekʃn] n Schutz der.

protection factor n (of suntan lotion) Schutzfaktor der.

protective [prə'tektɪv] adj (person) beschützend; (clothes) Schutz-.

protein ['prəʊti:n] n Protein das.

protest [n 'prəʊtest, vb prə'test] n (complaint) Protest der; (demonstration) Protestmarsch der ◆ vt (Am: protest against) protestieren gegen ◆ vi: to ~ (against) protestieren (gegen).

Protestant ['prɒtɪstənt] n Protestant der (-in die).

protester [prə'testə^r] n Demonstrant der (-in die).

protractor [prə'træktə^r] n Winkelmaß das.

protrude [prə'tru:d] vi vorstehen.

proud [praʊd] adj stolz; to be ~ of stolz sein auf (+A).

prove [pru:v] (pp -d OR proven [pru:vn]) vt beweisen; (turn out to be) sich erweisen als.

proverb ['prɒvɜ:b] n Sprichwort das.

provide [prə'vaɪd] vt (supply) liefern; to ~ sb with sthg jn mit etw versorgen ❑ **provide for** vt fus: to ~ for sb für js Lebensunterhalt sorgen.

provided (that) [prə'vaɪdɪd-] conj vorausgesetzt (, daß).

providing (that) [prə'vaɪdɪŋ-] = provided (that).

province ['prɒvɪns] n Provinz die.

provisional [prə'vɪʒənl] adj provisorisch.

provisions [prə'vɪʒnz] npl Proviant der.

provocative [prə'vɒkətɪv] adj provozierend.

provoke [prə'vəʊk] vt (cause) hervorrufen; (annoy) provozieren.

prowl [praʊl] vi herumlstreichen.

prune [pru:n] n Dörrpflaume die ◆ vt (tree, bush) beschneiden.

PS (abbr of postscript) PS.

psychiatrist [saɪ'kaɪətrɪst] n Psychiater der (-in die).

psychic ['saɪkɪk] adj: to be ~ übernatürliche Kräfte haben.

psychological [ˌsaɪkə'lɒdʒɪkl] adj psychologisch.

psychologist [saɪ'kɒlədʒɪst] n Psychologe der (Psychologin die).

psychology [saɪ'kɒlədʒɪ] n Psychologie die.

psychotherapist [ˌsaɪkəʊ'θerəpɪst] n Psychotherapeut der (-in die).

pt abbr = pint.

PTO (abbr of please turn over) b.w.

pub [pʌb] n Pub der, Kneipe die.

pub

i PUB

In Großbritannien spielt sich ein großer Teil des sozialen Lebens, ganz besonders in den ländlichen Gegenden, in den "Pubs" ab, einer Mischung aus Gasthaus und Kneipe. Bis vor wenigen Jahren waren die Öffnungszeiten streng reguliert, doch heute sind "Pubs" meist von 11 bis 23 Uhr durchgehend geöffnet. Auch das Pubverbot für Kinder unter 16 gilt heute generell nicht mehr. Dies wird jedoch von Gegend zu Gegend und von Pub zu Pub unterschiedlich gehandhabt. Außer Getränken wird in den meisten Pubs auch eine Auswahl an leichten Mahlzeiten angeboten.

puberty ['pju:bətɪ] *n* Pubertät *die*.

public ['pʌblɪk] *adj* öffentlich ◆ *n*: die ~ die Öffentlichkeit; **in ~** öffentlich.

publican ['pʌblɪkən] *n* (*Br*) Gastwirt *der* (*-in die*).

publication [,pʌblɪ'keɪʃn] *n* Veröffentlichung *die*.

public bar *n* (*Br*) Raum in einem Pub, der weniger bequem ausgestattet ist als die 'lounge bar' oder 'saloon bar'.

public convenience *n* (*Br*) öffentliche Toilette *die*.

public footpath *n* (*Br*) öffentlicher Fußweg.

public holiday *n* gesetzlicher Feiertag.

public house *n* (*Br: fml*) Pub *der*, Wirtshaus *das*.

publicity [pʌb'lɪsɪtɪ] *n* Publicity *die*.

public school *n* (*in UK*) Privatschule *die*; (*in US*) staatliche Schule.

public telephone *n* öffentlicher Fernsprecher.

public transport *n* öffentliche Verkehrsmittel *pl*.

publish ['pʌblɪʃ] *vt* veröffentlichen.

publisher ['pʌblɪʃə*] *n* (*person*) Verleger *der*; (*company*) Verlag *der*.

publishing ['pʌblɪʃɪŋ] *n* (*industry*) Verlagswesen *das*.

pub lunch *n* meist einfaches Mittagessen in einem Pub.

pudding ['pʊdɪŋ] *n* (*sweet dish*) Pudding *der*; (*Br: course*) Nachtisch *der*.

puddle ['pʌdl] *n* Pfütze *die*.

puff [pʌf] *vi* (*breathe heavily*) keuchen ◆ *n* (*of air*) Stoß *der*; (*of smoke*) Wolke *die*; **to ~ at** (*cigarette, pipe*) ziehen an (+*D*).

puff pastry *n* Blätterteig *der*.

pull [pʊl] *vt* ziehen an (+*D*); (*tow*) ziehen ◆ *vi* ziehen ◆ *n*: **to give sthg a ~** an etw (*D*) ziehen; **to ~ a face** eine Grimasse schneiden; **to ~ a muscle** sich (*D*) einen Muskel zerren; **to ~ the trigger** abdrücken; **'pull'** (*on door*) 'Ziehen' ◻ **pull apart** *vt sep* (*book*) auseinanderreißen; (*machine*) auseinandernehmen; **pull down** *vt sep* (*lower*) herunterziehen; (*demolish*) abreißen; **pull in** *vi* (*train*) einfahren; (*car*) anhalten; **pull out** *vt sep* herausziehen ◆ *vi* (*train*) ausfahren; (*car*) ausscheren; (*withdraw*) sich zurückziehen; **pull over** *vi* (*car*) an den Straßenrand fahren; **pull up** *vt sep* (*socks, trousers,* *sleeve)* hoch|ziehen ◆ *vi (stop)* an|halten.

pulley ['pʊlɪ] *(pl* **pulleys)** *n* Flaschenzug *der.*

pull-out *n (Am: beside road)* Parkbucht *die.*

pullover ['pʊl,əʊvəʳ] *n* Pullover *der.*

pulpit ['pʊlpɪt] *n* Kanzel *die.*

pulse [pʌls] *n (MED)* Puls *der.*

pump [pʌmp] *n* Pumpe *die.* ❑ **pumps** *npl (sports shoes)* Freizeitschuhe *pl;* **pump up** *vt sep* auf|pumpen.

pumpkin ['pʌmpkɪn] *n* Kürbis *der.*

pun [pʌn] *n* Wortspiel *das.*

punch [pʌntʃ] *n (blow)* Faustschlag *der; (drink)* Punsch *der* ◆ *vt (hit)* boxen; *(ticket)* lochen.

Punch and Judy show [-'dʒuːdɪ-] *n* Kasperltheater *das.*

punctual ['pʌŋktʃʊəl] *adj* pünktlich.

punctuation [,pʌŋktʃʊ'eɪʃn] *n* Interpunktion *die.*

puncture ['pʌŋktʃəʳ] *n (of car tyre)* Reifenpanne *die; (of bicycle tyre)* Platten *der* ◆ *vt* stechen in (+A).

punish ['pʌnɪʃ] *vt:* **to ~ sb (for sthg)** jn (für etw) bestrafen.

punishment ['pʌnɪʃmənt] *n* Strafe *die.*

punk [pʌŋk] *n (person)* Punker *der* (-in *die); (music)* Punk *der.*

punnet ['pʌnɪt] *n (Br)* Körbchen *das.*

pupil ['pjuːpl] *n (student)* Schüler *der* (-in *die); (of eye)* Pupille *die.*

puppet ['pʌpɪt] *n* Puppe *die.*

puppy ['pʌpɪ] *n* junger Hund.

purchase ['pɜːtʃəs] *vt (fml)* kaufen ◆ *n (fml)* Kauf *der.*

pure [pjʊəʳ] *adj* rein.

puree ['pjʊəreɪ] *n* Püree *das.*

purely ['pjʊəlɪ] *adv* rein.

purity ['pjʊərətɪ] *n* Reinheit *die.*

purple ['pɜːpl] *adj* violett.

purpose ['pɜːpəs] *n* Zweck *der;* **on ~** absichtlich.

purr [pɜːʳ] *vi (cat)* schnurren.

purse [pɜːs] *n (Br: for money)* Portemonnaie *das; (Am: handbag)* Handtasche *die.*

pursue [pə'sjuː] *vt (follow)* verfolgen; *(study, inquiry, matter)* nach|gehen (+D).

pus [pʌs] *n* Eiter *der.*

push [pʊʃ] *vt* schieben; *(button)* drücken auf (+A); *(product)* puschen ◆ *vi* schubsen ◆ *n:* **to give sb/sthg a ~** jm/einer Sache einen Schubs geben; **to ~ sb into doing sthg** jn drängen, etw zu tun; **'push'** *(on door)* 'Drücken' ❑ **push in** *vi (in queue)* sich vor|drängen; **push off** *vi (inf: go away)* ab|hauen.

push-button telephone *n* Drucktastentelefon *das.*

pushchair ['pʊʃtʃeəʳ] *n (Br)* Sportwagen *der (für Kinder).*

pushed [pʊʃt] *adj (inf):* **to be ~ (for time)** in Eile sein.

push-ups *npl* Liegestütze *pl.*

put [pʊt] *(pt & pp* **put)** *vt (place)* tun; *(place upright)* stellen; *(lay flat)* legen; *(express)* sagen; *(write)* schreiben; *(a question)* stellen; *(estimate):* **to ~ sthg at** etw schätzen auf (+A); **to ~ a child to bed** ein Kind ins Bett bringen; **to ~ money into sthg** Geld in etw *(A)* investieren; **to ~ sb under pressure** jn unter Druck

setzen; **to ~ the blame on sb** jm die
Schuld geben ❑ **put aside** vt sep
(money) zur Seite legen; **put away**
vt sep *(tidy up)* wegräumen; **put
back** vt sep *(replace)* zurücklegen;
(postpone) verschieben; *(clock,
watch)* zurückstellen; **put down** vt
sep *(place)* setzen; *(place upright)*
(hin)stellen; *(lay flat)* (hin)legen;
(passenger) ablsetzen; *(Br: animal)*
einlschläfern; *(deposit)* anlzahlen;
put forward vt sep *(clock, watch)*
vorlstellen; *(suggest)* vorlschlagen;
put in vt sep *(insert)* hineinlstecken;
(install) einlbauen; **put off** vt sep
(postpone) verschieben; *(distract)*
ablenken; *(repel)* ablstoßen;
(passenger) ablsetzen; **put on** vt sep
(clothes) anlziehen; *(glasses)* auflsetzen; *(make-up)* auflegen;
(television, light, radio) anlschalten;
(CD, record) aufllegen; *(tape)* einl-
legen; *(play, show)* auflführen; **to ~
on weight** zulnehmen; **to ~ the
kettle on** Wasser auflsetzen; **put
out** vt sep *(cigarette, fire, light)* auslmachen; *(publish)* veröffentlichen;
(hand, arm, leg) auslstrecken; **to ~ sb
out** jm Umstände machen; **to ~
one's back out** sich (D) den Rücken
verrenken; **put together** vt sep
(assemble) zusammenlsetzen;
(combine) zusammenlstellen; **put
up** vt sep *(tent, statue, building)*
errichten; *(umbrella)* auflspannen;
(a notice) anlschlagen; *(sign)* anl-
bringen; *(price, rate)* hochltreiben;
(visitor) unterlbringen ◆ vi *(Br: in
hotel)* unterlkommen; **put up with** vt
fus dulden.

putter ['pʌtə^r] n *(club)* Putter der.

putting green ['pʌtɪŋ-] n Platz
der zum Putten.

putty ['pʌtɪ] n Kitt der.

puzzle ['pʌzl] n Rätsel das;
(jigsaw) Puzzle das ◆ vt verblüffen.

puzzling ['pʌzlɪŋ] adj verblüf-
fend.

pyjamas [pə'dʒɑːməz] npl *(Br)*
Schlafanzug der.

pylon ['paɪlən] n Mast der.

pyramid ['pɪrəmɪd] n Pyramide
die.

Pyrenees [,pɪrə'niːz] npl: **the ~** die
Pyrenäen pl.

Pyrex® ['paɪreks] n ≈ Jenaer Glas®
das.

quail [kweɪl] n Wachtel die.

quail's eggs npl Wachteleier pl.

quaint [kweɪnt] adj *(village,
cottage)* malerisch.

qualification [,kwɒlɪfɪ'keɪʃn] n
(diploma) Zeugnis das; *(ability)*
Qualifikation die.

qualified ['kwɒlɪfaɪd] adj qualifiziert.

qualify ['kwɒlɪfaɪ] vi sich quali-
fizieren.

quality ['kwɒlətɪ] n Qualität die;
(feature) Eigenschaft die ◆ adj
(product) Qualitäts-; *(newspaper)*
seriös.

quarantine ['kwɒrəntiːn] n
Quarantäne die.

quarrel ['kwɒrəl] n Streit der ◆ vi sich streiten.

quarry ['kwɒrɪ] n (for stone, sand) Steinbruch der.

quart [kwɔːt] n = 0,14 Liter, Quart das.

quarter ['kwɔːtə'] n Viertel das; (Am: coin) Vierteldollar der; (4 ounces) = 0,1134 kg, Viertelpfund das; (three months) Quartal das; (a) ~ of an hour eine Viertelstunde; (a) ~ to five (Br) Viertel vor fünf; (a) ~ of five (Am) Viertel vor fünf; (a) ~ past five (Br) Viertel nach fünf; (a) ~ after five (Am) Viertel nach fünf.

quarterpounder [,kwɔːtə-'paʊndə'] n Viertelpfünder der (großer Hamburger).

quartet [kwɔːˈtet] n Quartett das.

quartz [kwɔːts] adj (watch) Quarz-.

quay [kiː] n Kai der.

queasy ['kwiːzɪ] adj (inf) unwohl.

queen [kwiːn] n Königin die; (in chess, cards) Dame die.

queer [kwɪə'] adj (strange) selt sam, (inf: ill) unwohl; (inf: homosexual) schwul.

quench [kwentʃ] vt: to ~ one's thirst seinen Durst löschen.

query ['kwɪərɪ] n Frage die.

question ['kwestʃn] n Frage die ◆ vt (person) ausfragen; (subj: police) verhören; **it's out of the ~** das kommt nicht in Frage.

question mark n Fragezeichen das.

questionnaire [,kwestʃəˈneə'] n Fragebogen der.

queue [kjuː] n (Br) Schlange die ◆ vi (Br) Schlange stehen ❑ **queue up** vi (Br) Schlange stehen.

quiche [kiːʃ] n Quiche die.

quick [kwɪk] adj & adv schnell.

quickly ['kwɪklɪ] adv schnell.

quid [kwɪd] (pl inv) n (Br: inf: pound) Pfund das.

quiet ['kwaɪət] adj ruhig; (voice, car) leise ◆ n Ruhe die; **keep ~!** Ruhe!; **to keep ~** still sein; **to keep ~ about sthg** etw verschweigen.

quieten ['kwaɪətn]: **quieten down** vi sich beruhigen.

quietly ['kwaɪətlɪ] adv ruhig; (speak) leise.

quilt [kwɪlt] n (duvet) Steppdecke die; (eiderdown) Patchworkdecke die.

quince [kwɪns] n Quitte die.

quirk [kwɜːk] n Schrulle die.

quit [kwɪt] (pt & pp quit) vi (resign) kündigen; (give up) aufhören ◆ vt (Am: school, job) aufgeben; **to ~ doing sthg** aufhören, etw zu tun.

quite [kwaɪt] adv (fairly) ziemlich; (completely) ganz; **not** ~ nicht ganz; ~ **a lot (of)** ziemlich viel.

quiz [kwɪz] (pl -zes) n Quiz das.

quota ['kwəʊtə] n Quote die.

quotation [kwəʊˈteɪʃn] n (phrase) Zitat das; (estimate) Kostenvoranschlag der.

quotation marks npl Anführungszeichen pl.

quote [kwəʊt] vt (phrase, writer) zitieren; (price) nennen ◆ n (phrase) Zitat das; (estimate) Kostenvoranschlag der.

R

rabbit ['ræbɪt] n Kaninchen das.

rabies ['reɪbiːz] n Tollwut die.

RAC n = ADAC der.

race [reɪs] n (competition) Rennen das; (ethnic group) Rasse die ◆ vi (compete) um die Wette laufen/fahren etc; (go fast) rennen; (engine) durch|drehen ◆ vt um die Wette laufen/fahren etc mit.

racecourse ['reɪskɔːs] n Rennbahn die.

racehorse ['reɪshɔːs] n Rennpferd das.

racetrack ['reɪstræk] n (for horses) Pferderennbahn die.

racial ['reɪʃl] adj Rassen-.

racing ['reɪsɪŋ] n: (horse) ~ Pferderennen das.

racing car n Rennwagen der.

racism ['reɪsɪzm] n Rassismus der.

racist ['reɪsɪst] n Rassist der (-in die).

rack [ræk] n (for coats, hats) Ständer der; (for plates, bottles) Gestell das; (luggage) ~ Gepäckablage die; ~ of lamb Lammrücken der.

racket ['rækɪt] n Schläger der; (noise) Lärm der.

racquet ['rækɪt] n Schläger der.

radar ['reɪdɑːʳ] n Radar der.

radiation [ˌreɪdɪ'eɪʃn] n Strahlung die.

radiator ['reɪdɪeɪtəʳ] n (in build-

ing) Heizkörper der; (of vehicle) Kühler der.

radical ['rædɪkl] adj radikal.

radii ['reɪdɪaɪ] pl → radius.

radio ['reɪdɪəʊ] (pl -s) n (device) Radio das; (system) Rundfunk der ◆ vt (person) an|funken; **on the** ~ im Radio.

radioactive [ˌreɪdɪəʊ'æktɪv] adj radioaktiv.

radio alarm n Radiowecker der.

radish ['rædɪʃ] n Radieschen das.

radius ['reɪdɪəs] (pl **radii**) n Radius der.

raffle ['ræfl] n Tombola die.

raft [rɑːft] n (of wood) Floß das; (inflatable) Schlauchboot das.

rafter ['rɑːftəʳ] n Sparren der.

rag [ræg] n (old cloth) Lumpen der.

rage [reɪdʒ] n Wut die.

raid [reɪd] n (attack) Angriff der; (by police) Razzia die; (robbery) Überfall der ◆ vt (subj: police) eine Razzia machen in (+D); (subj: thieves) überfallen.

rail [reɪl] n (bar) Stange die; (on stairs) Geländer das; (for train, tram) Schiene die ◆ adj (travel, transport, network) Bahn-; **by** ~ mit der Bahn.

railcard ['reɪlkɑːd] n (Br) Berechtigungsausweis für verbilligte Bahnfahrten.

railings ['reɪlɪŋz] npl Gitter das.

railroad ['reɪlrəʊd] (Am) = **railway**.

railway ['reɪlweɪ] n (system) Eisenbahn die; (track) Eisenbahnstrecke die; (rails) Gleis das.

railway line n (route) Bahn die; (track) Eisenbahnstrecke die; (rails) Gleis das.

railway station n Bahnhof der.

rain [reɪn] n Regen der ◆ v impers regnen; **it's ~ing** es regnet.

rainbow ['reɪnbəʊ] n Regenbogen der.

raincoat ['reɪnkəʊt] n Regenmantel der.

raindrop ['reɪndrɒp] n Regentropfen der.

rainfall ['reɪnfɔːl] n Niederschlag der.

rainy ['reɪnɪ] adj verregnet.

raise [reɪz] vt (lift) heben; (increase) erhöhen; (money) beschaffen; (child) großlziehen; (cattle, sheep etc) auflziehen; (question, subject) auflwerfen ◆ n (Am: pay increase) Gehaltserhöhung die.

raisin ['reɪzn] n Rosine die.

rake [reɪk] n Harke die.

rally ['rælɪ] n (public meeting) Kundgebung die; (motor race) Rallye die; (in tennis, badminton, squash) Ballwechsel der.

ram [ræm] n (sheep) Widder der ◆ vt (bang into) rammen.

Ramadan [,ræmə'dæn] n Ramadan der.

ramble ['ræmbl] n Wanderung die.

ramp [ræmp] n Rampe die; **'ramp'** (Am: to freeway) Auffahrt die; (Br: bump) 'Vorsicht, Rampe'.

ramparts ['ræmpɑːts] npl Wall der.

ran [ræn] pt → **run**.

ranch [rɑːntʃ] n Ranch die.

ranch dressing n (Am) cremige, würzige Soße.

rancid ['rænsɪd] adj ranzig.

random ['rændəm] adj willkürlich ◆ n: **at ~** wahllos.

rang [ræŋ] pt → **ring**.

range [reɪndʒ] n (of radio, aircraft) Reichweite die; (of prices, temperatures, ages) Reihe die; (selection of products) Auswahl die; (of hills, mountains) Kette die; (for shooting) Schießstand der; (cooker) Kochherd der ◆ vi (vary): **to ~ from X to Y** zwischen X und Y liegen.

ranger ['reɪndʒəʳ] n (of park, forest) Förster der (-in die).

rank [ræŋk] n Rang der ◆ adj (smell, taste) übel.

ransom ['rænsəm] n Lösegeld das.

rap [ræp] n (music) Rap der.

rape [reɪp] n Vergewaltigung die ◆ vt vergewaltigen.

rapid ['ræpɪd] adj schnell □ **rapids** npl Stromschnellen pl.

rapidly ['ræpɪdlɪ] adv schnell.

rapist ['reɪpɪst] n Vergewaltiger der.

rare [reəʳ] adj selten; (meat) englisch gebraten.

rarely ['reəlɪ] adv selten.

rash [ræʃ] n Ausschlag der ◆ adj unbedacht.

rasher ['ræʃəʳ] n Streifen der.

raspberry ['rɑːzbərɪ] n Himbeere die.

rat [ræt] n Ratte die.

ratatouille [,rætə'tuːɪ] n Ratatouille die.

rate [reɪt] n (level) Rate die; (charge) Satz der; (speed) Tempo das ◆ vt (consider) einlschätzen; (deserve) verdienen; **~ of exchange** Wechselkurs der; **at any ~** auf jeden Fall; **at this ~** auf diese Weise.

rather [ˈrɑːðəʳ] *adv (quite)* ziemlich; *(expressing preference)* lieber; **I'd ~ not** lieber nicht; **would you ~ ...?** möchtest du lieber ...?; **~ than** statt.

ratio [ˈreɪʃɪəʊ] *(pl -s) n* Verhältnis *das*.

ration [ˈræʃən] *n* Ration *die* □ **rations** *npl (food)* Ration *die*.

rational [ˈræʃənl] *adj* rational.

rattle [ˈrætl] *n (of baby)* Klapper *die* ♦ *vi* klappern.

rave [reɪv] *n (party)* Rave *der*.

raven [ˈreɪvn] *n* Rabe *der*.

ravioli [ˌrævɪˈəʊlɪ] *n* Ravioli *pl*.

raw [rɔː] *adj* roh.

raw material *n* Rohstoff *der*.

ray [reɪ] *n* Strahl *der*.

razor [ˈreɪzəʳ] *n* Rasierapparat *der*.

razor blade *n* Rasierklinge *die*.

Rd *(abbr of Road)* Str.

re [riː] *prep* betreffs (+G).

RE *n (abbr of religious education)* Religionsunterricht *der*.

reach [riːtʃ] *vt* erreichen; *(town, country)* ankommen in (+D); *(manage to touch)* kommen an (+A); *(extend up to)* reichen bis; *(agreement, decision)* kommen zu ♦ *n:* **out of ~** außer Reichweite; **within ~ of the beach** im Strandbereich □ **reach out** *vi:* **to ~ out (for)** die Hand ausstrecken (nach).

react [rɪˈækt] *vi* reagieren.

reaction [rɪˈækʃn] *n* Reaktion *die*.

read [riːd] *(pt & pp* read [red]) *vt* lesen; *(say aloud)* vorlesen; *(subj: sign, note)* besagen; *(subj: meter, gauge)* anzeigen ♦ *vi* lesen; **to ~ about sthg** von etw lesen □ **read out** *vt sep* laut vorlesen.

reader [ˈriːdəʳ] *n* Leser *der* (-in *die*).

readily [ˈredɪlɪ] *adv (willingly)* gern; *(easily)* leicht.

reading [ˈriːdɪŋ] *n* Lesen *das*; *(of meter, gauge)* Stand *der*.

reading matter *n* Lesestoff *der*.

ready [ˈredɪ] *adj (prepared)* fertig; **to be ~ for sthg** *(prepared)* für etw fertig sein; **to be ~ to do sthg** *(willing)* bereit sein, etw zu tun; *(likely)* im Begriff sein, etw zu tun; **to get ~** sich fertigmachen; **to get sthg ~** etw fertigmachen.

ready cash *n* Bargeld *das*.

ready-cooked [-kʊkt] *adj* fertiggekocht.

ready-to-wear *adj* von der Stange.

real [rɪəl] *adj (actual)* wirklich; *(genuine, for emphasis)* echt ♦ *adv (Am)* echt, wirklich.

real ale *n* dunkles, nach traditionellem Rezept gebrautes britisches Bier.

real estate *n* Immobilien *pl*.

realistic [rɪəˈlɪstɪk] *adj* realistisch.

reality [rɪˈælətɪ] *n* Realität *die*; **in ~** in Wirklichkeit.

realize [ˈrɪəlaɪz] *vt (become aware of)* erkennen; *(know)* wissen; *(ambition, goal)* verwirklichen.

really [ˈrɪəlɪ] *adv* wirklich; **not ~** eigentlich nicht; **~?** *(expressing surprise)* wirklich?

realtor [ˈrɪəltəʳ] *n (Am)* Immobilienhändler *der* (-in *die*).

rear [rɪəʳ] *adj* hintere(-r)(-s); *(window)* Heck-, Hinter- ♦ *n (back)* Rückseite *die*.

rearrange [ˌriːəˈreɪndʒ] *vt (room,*

furniture) um!stellen; *(meeting)* verlegen.

rearview mirror ['rɪəvjuː-] *n* Rückspiegel *der.*

rear-wheel drive *n* Auto *das* mit Hinterradantrieb.

reason ['riːzn] *n* Grund *der;* **for some** ~ aus irgendeinem Grund.

reasonable ['riːznəbl] *adj (fair)* angemessen; *(not too expensive)* preiswert; *(sensible)* vernünftig; *(quite big)* annehmbar.

reasonably ['riːznəblɪ] *adv (quite)* ziemlich.

reasoning ['riːznɪŋ] *n* Denken *das.*

reassure [ˌriːə'ʃɔːʳ] *vt* versichern *(+D).*

reassuring [ˌriːə'ʃɔːrɪŋ] *adj* beruhigend.

rebate ['riːbeɪt] *n* Rückzahlung *die.*

rebel [*n* 'rebl, *vb* rɪ'bel] *n* Rebell *der* (-in *die*) ◆ *vi* rebellieren.

rebound [rɪ'baʊnd] *vi* abprallen.

rebuild [ˌriː'bɪld] *(pt & pp* rebuilt [ˌriː'bɪlt]) *vt* wieder aufbauen.

rebuke [rɪ'bjuːk] *vt* tadeln.

recall [rɪ'kɔːl] *vt (remember)* sich erinnern an *(+A).*

receipt [rɪ'siːt] *n (for goods, money)* Quittung *die;* **on** ~ **of** bei Erhalt von.

receive [rɪ'siːv] *vt* erhalten; *(guest)* empfangen.

receiver [rɪ'siːvəʳ] *n (of phone)* Hörer *der.*

recent ['riːsnt] *adj* kürzlich, erfolgte(-r)(-s).

recently ['riːsntlɪ] *adv* kürzlich.

receptacle [rɪ'septəkl] *n (fml)* Behälter *der.*

reception [rɪ'sepʃn] *n* Empfang *der; (in hotel)* Rezeption *die; (in hospital)* Aufnahme *die.*

reception desk *n (in hotel)* Rezeption *die.*

receptionist [rɪ'sepʃənɪst] *n (in hotel)* Empfangsdame *die; (man)* Empfangschef *der; (at doctor's)* Sprechstundenhilfe *die.*

recess ['riːses] *n (in wall)* Nische *die; (Am: SCH)* Pause *die.*

recession [rɪ'seʃn] *n* Rezession *die.*

recipe ['resɪpɪ] *n* Rezept *das.*

recite [rɪ'saɪt] *vt (poem)* aufsagen; *(list)* aufzählen.

reckless ['reklɪs] *adj* leichtsinnig.

reckon ['rekn] *vt (inf: think)* denken ❑ **reckon on** *vt fus* rechnen mit; **reckon with** *vt fus (expect)* rechnen mit.

reclaim [rɪ'kleɪm] *vt (baggage)* abholen.

reclining seat [rɪ'klaɪnɪŋ-] *n* Liegesitz *der.*

recognition [ˌrekəg'nɪʃn] *n (recognizing)* Erkennen *das; (acceptance)* Anerkennung *die.*

recognize ['rekəgnaɪz] *vt* erkennen; *(accept)* anerkennen.

recollect [ˌrekə'lekt] *vt* sich erinnern an *(+A).*

recommend [ˌrekə'mend] *vt* empfehlen; **to** ~ **sb to do sthg** jm empfehlen, etw zu tun.

recommendation [ˌrekəmen-'deɪʃn] *n* Empfehlung *die.*

reconsider [ˌriːkən'sɪdəʳ] *vt* sich *(D)* nochmals überlegen.

reconstruct [ˌriːkən'strʌkt] *vt* wieder aufbauen.

record [*n* 'rekɔːd, *vb* rɪ'kɔːd] *n*

(MUS) Schallplatte *die*; *(best performance, highest level)* Rekord *der*; *(account)* Aufzeichnung *die* ◆ *vt* *(keep account of)* auflzeichnen; *(on tape)* auflnehmen.

recorded delivery [rɪˈkɔːdɪd-] *n (Br)* Einschreiben *das*.

recorder [rɪˈkɔːdəʳ] *n (tape recorder)* Kassettenrecorder *der*; *(instrument)* Blockflöte *die*.

recording [rɪˈkɔːdɪŋ] *n (tape, record)* Aufnahme *die*.

record player *n* Plattenspieler *der*.

record shop *n* Schallplattengeschäft *das*.

recover [rɪˈkʌvəʳ] *vt (get back)* sicherlstellen ◆ *vi (from illness, shock)* sich erholen.

recovery [rɪˈkʌvərɪ] *n (from illness)* Erholung *die*.

recovery vehicle *n (Br)* Abschleppwagen *der*.

recreation [ˌrekrɪˈeɪʃn] *n* Erholung *die*.

recreation ground *n* Spielplatz *der*.

recruit [rɪˈkruːt] *n (to army)* Rekrut *der* ◆ *vt (staff)* anlwerben.

rectangle [ˈrekˌtæŋgl] *n* Rechteck *das*.

rectangular [rekˈtæŋgjʊləʳ] *adj* rechteckig.

recycle [ˌriːˈsaɪkl] *vt* recyceln.

red [red] *adj* rot ◆ *n* Rot *das*; **in the ~** in den roten Zahlen.

red cabbage *n* Rotkohl *der*, Blaukraut *das* (Österr).

Red Cross *n* Rotes Kreuz.

redcurrant [ˈredkʌrənt] *n* rote Johannisbeere.

redecorate [ˌriːˈdekəreɪt] *vt* neu tapezieren/streichen.

redhead [ˈredhed] *n* Rothaarige *der, die*.

red-hot *adj (metal)* rotglühend.

redial [ˌriːˈdaɪəl] *vi* wieder wählen.

redirect [ˌriːdɪˈrekt] *vt (letter)* nachlsenden; *(traffic, plane)* umlleiten.

red pepper *n* rote Paprikaschote.

reduce [rɪˈdjuːs] *vt* reduzieren ◆ *vi (Am: slim)* ablnehmen.

reduced price [rɪˈdjuːst-] *n* reduzierter Preis.

reduction [rɪˈdʌkʃn] *n (in size)* Verkleinerung *die*; *(in price)* Reduzierung *die*.

redundancy [rɪˈdʌndənsɪ] *n (Br)* Entlassung *die*.

redundant [rɪˈdʌndənt] *adj (Br)*: **to be made ~** entlassen werden.

red wine *n* Rotwein *der*.

reed [riːd] *n (plant)* Schilf *das*.

reef [riːf] *n* Riff *das*.

reek [riːk] *vi* stinken.

reel [riːl] *n (of thread)* Spule *die*; *(on fishing rod)* Rolle *die*.

refectory [rɪˈfektərɪ] *n* Speisesaal *der*.

refer [rɪˈfɜːʳ]: **refer to** *vt fus (speak about)* sich beziehen auf (+A); *(relate to)* betreffen; *(dictionary, book)* nachschlagen in (+D).

referee [ˌrefəˈriː] *n (SPORT)* Schiedsrichter *der* (-in *die*).

reference [ˈrefrəns] *n (mention)* Erwähnung *die*; *(letter for job)* Referenz *die* ◆ *adj (book, library)* Nachschlage-; **with ~ to** bezüglich (+G).

referendum [ˌrefəˈrendəm] n Volksabstimmung die.

refill [n ˈriːfɪl, vb riˈfɪl] vt nachlfüllen ♦ n (for ballpoint pen) Mine die; (for fountain pen) Patrone die; (inf: drink): **would you like a ~?** darf ich dir nachschenken?

refinery [rɪˈfaɪnərɪ] n Raffinerie die.

reflect [rɪˈflekt] vt (light, heat, image) reflektieren ♦ vi (think) nachldenken.

reflection [rɪˈflekʃn] n (image) Spiegelbild das.

reflector [rɪˈflektər] n (on bicycle, car) Rückstrahler der.

reflex [ˈriːfleks] n Reflex der.

reflexive [rɪˈfleksɪv] adj reflexiv.

reform [rɪˈfɔːm] n Reform die ♦ vt reformieren.

refresh [rɪˈfreʃ] vt erfrischen.

refreshing [rɪˈfreʃɪŋ] adj erfrischend.

refreshments [rɪˈfreʃmənts] npl Erfrischungen pl.

refrigerator [rɪˈfrɪdʒəreɪtər] n Kühlschrank der.

refugee [ˌrefjuˈdʒiː] n Flüchtling der.

refund [n ˈriːfʌnd, vb rɪˈfʌnd] n Rückerstattung die ♦ vt zurücklerstatten.

refundable [rɪˈfʌndəbl] adj rückerstattbar.

refusal [rɪˈfjuːzl] n Weigerung die.

refuse[1] [rɪˈfjuːz] vt (not accept) abllehnen; (not allow) verweigern ♦ vi abllehnen; **to ~ to do sthg** sich weigern, etw zu tun.

refuse[2] [ˈrefjuːs] n (fml) Abfall der.

refuse collection [ˈrefjuːs-] n (fml) Müllabfuhr die.

regard [rɪˈɡɑːd] vt (consider) anlsehen ♦ n: **with ~ to** in bezug auf (+A); **as ~s** in bezug auf (+A) ❑ **regards** npl (in greetings) Grüße pl; **give them my ~s** grüße sie von mir.

regarding [rɪˈɡɑːdɪŋ] prep bezüglich (+G).

regardless [rɪˈɡɑːdlɪs] adv trotzdem; **~ of** ohne Rücksicht auf (+A).

reggae [ˈreɡeɪ] n Reggae der.

regiment [ˈredʒɪmənt] n Regiment das.

region [ˈriːdʒən] n Gebiet das; **in the ~ of** im Bereich von.

regional [ˈriːdʒənl] adj regional.

register [ˈredʒɪstər] n Register das ♦ vt registrieren; (subj: machine, gauge) anlzeigen ♦ vi sich registrieren lassen; (at hotel) sich einltragen.

registered [ˈredʒɪstəd] adj (letter, parcel) eingeschrieben.

registration [ˌredʒɪˈstreɪʃn] n (for course) Einschreibung die; (at conference) Anmeldung die.

registration (number) n polizeiliches Kennzeichen.

registry office [ˈredʒɪstrɪ-] n Standesamt das.

regret [rɪˈɡret] n Bedauern das ♦ vt bedauern; **to ~ doing sthg** etw leider tun müssen; **we ~ any inconvenience caused** wir bedauern etwa entstandene Unannehmlichkeiten.

regrettable [rɪˈɡretəbl] adj bedauerlich.

regular [ˈreɡjʊlər] adj regelmäßig; (intervals) gleichmäßig; (time) üblich; (Coke, fries) normal ♦ n *(customer)* Stammkunde der (-kundin die).

regularly ['regjʊlǝlɪ] adv regelmäßig; *(spaced, distributed)* gleichmäßig.

regulate ['regjʊleɪt] vt regulieren.

regulation [.regjʊ'leɪʃn] n *(rule)* Regelung die.

rehearsal [rɪ'hɜ:sl] n Probe die.

rehearse [rɪ'hɜ:s] vt proben.

reign [reɪn] n Herrschaft die ♦ vi *(monarch)* regieren.

reimburse [.ri:ɪm'bɜ:s] vt *(fml)* zurückerstatten.

reindeer ['reɪn,dɪǝʳ] *(pl inv)* n Rentier das.

reinforce [.ri:ɪn'fɔ:s] vt verstärken; *(argument, opinion)* bestärken.

reinforcements [.ri:ɪn'fɔ:smǝnts] npl Verstärkung die.

reins [reɪnz] npl *(for horse)* Zügel der; *(for child)* Leine die.

reject [rɪ'dʒekt] vt ablehnen; *(subj: machine)* nicht annehmen.

rejection [rɪ'dʒekʃn] n Ablehnung die.

rejoin [.ri:'dʒɔɪn] vt *(motorway)* wieder kommen auf (+A).

relapse [rɪ'læps] n Rückfall der.

relate [rɪ'leɪt] vt *(connect)* in Zusammenhang bringen ♦ vi: **to ~ to** *(be connected with)* in Zusammenhang stehen mit; *(concern)* sich beziehen auf (+A).

related [rɪ'leɪtɪd] adj verwandt.

relation [rɪ'leɪʃn] n *(member of family)* Verwandte der, die; *(connection)* Beziehung die; **in ~ to** in bezug auf (+A) □ **relations** npl *(between countries, people)* Beziehungen pl.

relationship [rɪ'leɪʃnʃɪp] n Beziehung die.

relative ['relǝtɪv] adj relativ; *(GRAMM)* Relativ- ♦ n Verwandte der, die.

relatively ['relǝtɪvlɪ] adv relativ.

relax [rɪ'læks] vi sich entspannen.

relaxation [.ri:læk'seɪʃn] n Entspannung die.

relaxed [rɪ'lækst] adj entspannt.

relaxing [rɪ'læksɪŋ] adj entspannend.

relay ['ri:leɪ] n *(race)* Staffel die.

release [rɪ'li:s] vt *(set free)* freilassen; *(let go of)* loslassen; *(record, film)* herausbringen; *(brake, catch)* lösen ♦ n: **a new ~** *(film)* ein neuer Film; *(record)* eine neue Platte.

relegate ['relɪgeɪt] vt: **to be ~d** *(SPORT)* absteigen.

relevant ['relǝvǝnt] adj relevant; *(appropriate)* entsprechend.

reliable [rɪ'laɪǝbl] adj *(person, machine)* zuverlässig.

relic ['relɪk] n *(vestige)* Relikt das.

relief [rɪ'li:f] n *(gladness)* Erleichterung die; *(aid)* Hilfe die.

relief road n Entlastungsstraße die.

relieve [rɪ'li:v] vt *(pain, headache)* lindern.

relieved [rɪ'li:vd] adj erleichtert.

religion [rɪ'lɪdʒn] n Religion die.

religious [rɪ'lɪdʒǝs] adj *(of religion)* Religions-; *(devout)* gläubig.

relish ['relɪʃ] n *(sauce)* dickflüssige Soße.

reluctant [rɪ'lʌktǝnt] adj widerwillig.

rely [rɪ'laɪ]: **rely on** vt fus *(trust)*

sich verlassen auf *(+A)*; *(depend on)* abhängig sein von.

remain [rɪ'meɪn] *vi* bleiben; *(be left over)* übrigbleiben ☐ **remains** *npl* Überreste *pl*.

remainder [rɪ'meɪndə ͬ] *n* Rest *der*.

remaining [rɪ'meɪnɪŋ] *adj* restlich.

remark [rɪ'mɑ:k] *n* Bemerkung *die* ◆ *vt* bemerken.

remarkable [rɪ'mɑ:kəbl] *adj* bemerkenswert.

remedy ['remədɪ] *n (medicine)* Heilmittel *das; (solution)* Lösung *die*.

remember [rɪ'membə ͬ] *vt* sich erinnern an *(+A); (not forget)* denken an *(+A)* ◆ *vi* sich erinnern; **to ~ doing sthg** sich daran erinnern, etw getan zu haben; **to ~ to do sthg** daran denken, etw zu tun.

remind [rɪ'maɪnd] *vt:* **to ~ sb of sthg** jn an etw *(A)* erinnern; **to ~ sb to do sthg** jn daran erinnern, etw zu tun.

reminder [rɪ'maɪndə ͬ] *n (for bill, library book)* Mahnung *die*.

remittance [rɪ'mɪtns] *n (money)* Überweisung *die*.

remnant ['remnənt] *n* Rest *der*.

remote [rɪ'məʊt] *adj* entfernt.

remote control *n (device)* Fernbedienung *die*.

removal [rɪ'mu:vl] *n* Entfernung *die; (of furniture)* Umzug *der*.

removal van *n* Möbelwagen *der*.

remove [rɪ'mu:v] *vt* entfernen; *(clothes)* ausziehen.

renew [rɪ'nju:] *vt (licence, membership)* verlängern.

renovate ['renəveɪt] *vt* renovieren.

renowned [rɪ'naʊnd] *adj* berühmt.

rent [rent] *n* Miete *die* ◆ *vt* mieten.

rental ['rentl] *n (money)* Leihgebühr *die*.

repaid [ri:'peɪd] *pt & pp →* **repay**.

repair [rɪ'peə ͬ] *vt* reparieren ◆ *n:* **in good ~** in gutem Zustand ☐ **repairs** *npl* Reparatur *die*.

repair kit *n (for bicycle)* Flickzeug *das*.

repay [ri:'peɪ] *(pt & pp* **repaid)** *vt (money)* zurückzahlen; *(favour, kindness)* sich revanchieren für.

repayment [ri:'peɪmənt] *n* Rückzahlung *die*.

repeat [rɪ'pi:t] *vt* wiederholen ◆ *n (on TV, radio)* Wiederholung *die*.

repetition [,repɪ'tɪʃn] *n* Wiederholung *die*.

repetitive [rɪ'petɪtɪv] *adj* eintönig.

replace [rɪ'pleɪs] *vt* ersetzen; *(put back)* zurücklsetzen.

replacement [rɪ'pleɪsmənt] *n* Ersatz *der*.

replay ['ri:pleɪ] *n (rematch)* Wiederholungsspiel *das; (on TV)* Wiederholung *die*.

reply [rɪ'plaɪ] *n* Antwort *die* ◆ *vt & vi* antworten *(+D)*.

report [rɪ'pɔ:t] *n* Bericht *der; (Br:* SCH) Zeugnis *das* ◆ *vt (announce)* berichten; *(theft, disappearance, person)* melden ◆ *vi:* **to ~ (on)** berichten (über *(+A)*); **to ~ to sb** *(go to)* sich bei jm melden.

report card *n* Zeugnis *das*.

reporter [rɪ'pɔ:tə ͬ] *n* Reporter *der (-in die)*.

represent [ˌreprɪ'zent] vt (act on behalf of) vertreten; (symbolize) darstellen.

representative [ˌreprɪ'zentətɪv] n Vertreter der (-in die).

repress [rɪ'pres] vt unterdrücken.

reprieve [rɪ'priːv] n (delay) Aufschub der.

reprimand ['reprɪmɑːnd] vt tadeln.

reproach [rɪ'prəʊtʃ] vt Vorwürfe machen (+D).

reproduction [ˌriːprə'dʌkʃn] n (of painting, furniture) Reproduktion die.

reptile ['reptaɪl] n Reptil das.

republic [rɪ'pʌblɪk] n Republik die.

Republican [rɪ'pʌblɪkən] n (in US) Republikaner der (-in die) ◆ adj (in US) republikanisch.

repulsive [rɪ'pʌlsɪv] adj abstoßend.

reputable ['repjʊtəbl] adj angesehen.

reputation [ˌrepjʊ'teɪʃn] n Ruf der.

reputedly [rɪ'pjuːtɪdlɪ] adv angeblich.

request [rɪ'kwest] n Bitte die ◆ vt bitten um; **to ~ sb to do sthg** jn bitten, etw zu tun; **available on ~** auf Anfrage erhältlich.

request stop n (Br) Bedarfshaltestelle die.

require [rɪ'kwaɪə*] vt (need) brauchen; **to be ~d to do sthg** etw tun müssen.

requirement [rɪ'kwaɪəmənt] n (condition) Erfordernis das; (need) Bedarf der.

resat [riː'sæt] pt & pp → **resit**.

rescue ['reskjuː] vt retten.

research [rɪ'sɜːtʃ] n Forschung die.

resemblance [rɪ'zembləns] n Ähnlichkeit die.

resemble [rɪ'zembl] vt ähneln (+D).

resent [rɪ'zent] vt übelnehmen.

reservation [ˌrezə'veɪʃn] n (booking) Reservierung die; (doubt) Zweifel der; **to make a ~** reservieren.

reserve [rɪ'zɜːv] n (SPORT) Reservespieler der (-in die); (for wildlife) Reservat das ◆ vt reservieren.

reserved [rɪ'zɜːvd] adj (booked) reserviert; (shy) verschlossen.

reservoir ['rezəvwɑː*] n Reservoir das.

reset [ˌriː'set] (pt & pp reset) vt (watch, meter, device) neu stellen.

reside [rɪ'zaɪd] vi (fml: live) wohnhaft sein.

residence ['rezɪdəns] n (fml: house) Wohnsitz der; **place of ~** Wohnsitz der.

residence permit n Aufenthaltserlaubnis die.

resident ['rezɪdənt] n (of country) Bewohner der (-in die); (of hotel) Gast der; (of area) Anwohner der (-in die); (of house) Hausbewohner der (-in die); **'~s only'** (for parking) 'Parken nur für Anlieger'.

residential [ˌrezɪ'denʃl] adj (area) Wohn-.

residue ['rezɪdjuː] n Rest der.

resign [rɪ'zaɪn] vi (from job) kündigen ◆ vt: **to ~ o.s. to sthg** sich mit etw abfinden.

resignation [ˌrezɪg'neɪʃn] n (from job) Kündigung die.

resilient [rɪ'zɪliənt] *adj* unverwüstlich.

resist [rɪ'zɪst] *vt (temptation)* widerstehen (+D); *(fight against)* sich widersetzen (+D); **I can't ~ cream cakes** ich kann Sahnetorte nicht widerstehen; **to ~ doing sthg** etw nicht tun.

resistance [rɪ'zɪstəns] *n* Widerstand *der*.

resit [riː'sɪt] *(pt & pp* **resat**) *vt* wiederholen.

resolution [,rezə'luːʃn] *n (promise)* Vorsatz *der*.

resolve [rɪ'zɒlv] *vt (solve)* lösen.

resort [rɪ'zɔːt] *n (for holidays)* Urlaubsort *der*; **as a last ~** als letzter Ausweg ❏ **resort to** *vt fus* zurückgreifen auf (+A); **to ~ to doing sthg** darauf zurückgreifen, etw zu tun.

resourceful [rɪ'sɔːsfʊl] *adj* erfinderisch.

resources *npl* Ressourcen *pl.*

respect [rɪ'spekt] *n* Respekt *der*; *(aspect)* Aspekt *der* ❖ *vt* respektieren; **in some ~s** in mancher Hinsicht; **with ~ to** in bezug auf (+A).

respectable [rɪ'spektəbl] *adj (person, job etc)* anständig; *(acceptable)* ansehnlich.

respective [rɪ'spektɪv] *adj* jeweilig.

respond [rɪ'spɒnd] *vi (reply)* antworten; *(react)* reagieren.

response [rɪ'spɒns] *n (reply)* Antwort *die*; *(reaction)* Reaktion *die*.

responsibility [rɪ,spɒnsə'bɪlətɪ] *n* Verantwortung *die*.

responsible [rɪ'spɒnsəbl] *adj (in charge)* verantwortlich; *(sensible)* verantwortungsbewußt; **to be ~**

(for) *(in charge, to blame)* verantwortlich sein (für).

rest [rest] *n (break)* Ruhepause *die*; *(support)* Stütze *die* ❖ *vi (relax)* sich ausruhen; **the ~** *(remainder)* der Rest; **to have a ~** sich ausruhen; **to ~ against** lehnen an (+A).

restaurant ['restərɒnt] *n* Restaurant *das*.

restaurant car *n (Br)* Speisewagen *der*.

restful ['restfʊl] *adj* erholsam.

restless ['restlɪs] *adj (bored, impatient)* ruhelos; *(fidgety)* unruhig.

restore [rɪ'stɔːr] *vt (reintroduce)* wieder|her|stellen; *(renovate)* renovieren.

restrain [rɪ'streɪn] *vt* zurück|halten.

restrict [rɪ'strɪkt] *vt* beschränken.

restricted [rɪ'strɪktɪd] *adj* beschränkt.

restriction [rɪ'strɪkʃn] *n* Beschränkung *die*.

rest room *n (Am)* Toilette *die*.

result [rɪ'zʌlt] *n (outcome)* Ergebnis *das*; *(consequence)* Folge *die* ❖ *vi*: **to ~ in** zur Folge haben; **as a ~** infolgedessen ❏ **results** *npl (of test, exam)* Ergebnisse *pl.*

resume [rɪ'zjuːm] *vi* wieder beginnen.

résumé ['rezjuːmeɪ] *n (summary)* Zusammenfassung *die*; *(Am: curriculum vitae)* Lebenslauf *der*.

retail ['riːteɪl] *n* Einzelhandel *der* ❖ *vt (sell)* im Einzelhandel verkaufen ❖ *vi*: **to ~ at** (im Einzelhandel) kosten.

retailer ['riːteɪlər] *n* Einzelhändler *der* (-in *die*).

retail price *n* Einzelhandelspreis *der*.

retain [rɪˈteɪn] *vt (fml: keep)* bewahren.

retaliate [rɪˈtælɪeɪt] *vi* sich rächen.

retire [rɪˈtaɪəʳ] *vi (stop working)* in den Ruhestand treten.

retired [rɪˈtaɪəd] *adj* pensioniert.

retirement [rɪˈtaɪəmənt] *n (leaving job)* Pensionierung *die*; *(period after retiring)* Ruhestand *der*.

retreat [rɪˈtriːt] *vi* sich zurückziehen ♦ *n (place)* Zufluchtsort *der*.

retrieve [rɪˈtriːv] *vt (get back)* zurücklholen.

return [rɪˈtɜːn] *n (arrival back)* Rückkehr *die*; *(Br: ticket)* Rückfahrkarte *die*; *(Br: for plane)* Rückflugschein *der* ♦ *vt (put back)* zurücklstellen; *(give back)* zurücklgeben; *(ball, serve)* zurücklschlagen ♦ *vi (come back)* zurücklkommen; *(go back)* zurücklgehen; *(drive back)* zurücklfahren; *(happen again)* wiederlauftreten ♦ *adj (journey)* Rück-; **to ~ sth to sb** *(give back)* (jm) etw zurücklgeben; **by ~ of post** *(Br)* postwendend; **many happy ~s!** herzlichen Glückwunsch zum Geburtstag!; **in ~ (for)** als Gegenleistung (für).

return flight *n* Rückflug *der*.

return ticket *n (Br) (for train, bus)* Rückfahrkarte *die*; *(for plane)* Rückflugschein *der*.

reunification [ˌriːjuːnɪfɪˈkeɪʃn] *n* Wiedervereinigung *die*.

reunite [ˌriːjuːˈnaɪt] *vt* wiedervereinigen.

reveal [rɪˈviːl] *vt* enthüllen.

revelation [ˌrevəˈleɪʃn] *n* Enthüllung *die*.

revenge [rɪˈvendʒ] *n* Rache *die*.

reverse [rɪˈvɜːs] *adj* umgekehrt ♦ *n (AUT)* Rückwärtsgang *der*; *(of coin, document)* Rückseite *die* ♦ *vt (car)* rückwärts fahren; *(decision)* rückgängig machen ♦ *vi (car, driver)* rückwärts fahren; **the ~** *(opposite)* das Gegenteil; **in ~ order** in umgekehrter Reihenfolge; **to ~ the charges** *(Br)* ein R-Gespräch führen.

reverse-charge call *n (Br)* R-Gespräch *das*.

review [rɪˈvjuː] *n (of book, record, film)* Kritik *die*; *(examination)* Prüfung *die* ♦ *vt (Am: for exam)* wiederholen.

revise [rɪˈvaɪz] *vt (reconsider)* revidieren ♦ *vi (Br: for exam)* wiederholen.

revision [rɪˈvɪʒn] *n (Br: for exam)* Wiederholung *die*.

revive [rɪˈvaɪv] *vt (person)* wiederlbeleben; *(economy, custom)* wiederlaufleben lassen.

revolt [rɪˈvəʊlt] *n* Revolte *die*.

revolting [rɪˈvəʊltɪŋ] *adj* scheußlich.

revolution [ˌrevəˈluːʃn] *n* Revolution *die*.

revolutionary [ˌrevəˈluːʃnərɪ] *adj* revolutionär.

revolver [rɪˈvɒlvəʳ] *n* Revolver *der*.

revolving door [rɪˈvɒlvɪŋ-] *n* Drehtür *die*.

revue [rɪˈvjuː] *n* Revue *die*.

reward [rɪˈwɔːd] *n* Belohnung *die* ♦ *vt* belohnen.

rewind [ˌriːˈwaɪnd] *(pt & pp*

rewound [,ri:'waʊnd]) vt zurückspulen.

rheumatism ['ru:mətɪzm] n Rheuma das.

Rhine [raɪn]: the ~ der Rhein.

rhinoceros [raɪ'nɒsərəs] (pl inv OR -es) n Nashorn das.

rhubarb ['ru:bɑ:b] n Rhabarber der.

rhyme [raɪm] n Reim der ◆ vi sich reimen.

rhythm ['rɪðm] n Rhythmus der.

rib [rɪb] n Rippe die.

ribbon ['rɪbən] n Band das; (for typewriter) Farbband das.

rice [raɪs] n Reis der.

rice pudding n Milchreis der.

rich [rɪtʃ] adj reich; (food) schwer ◆ npl: the ~ die Reichen pl; to be ~ in sthg reich an etw (D) sein.

ricotta cheese [rɪ'kɒtə-] n Ricottakäse der.

rid [rɪd] vt: to get ~ of loswerden.

ridden ['rɪdn] pp → ride.

riddle ['rɪdl] n Rätsel das.

ride [raɪd] (pt rode, pp ridden) n (on horse) Ritt der; (on bike, in vehicle) Fahrt die ◆ vt (horse) reiten; (bike) fahren mit ◆ vi (on horse) reiten; (on bike) radfahren; (in vehicle) fahren; to go for a ~ (in car) eine Spritztour machen.

rider ['raɪdə'] n (on horse) Reiter der (-in die); (on bike) Fahrer der (-in die).

ridge [rɪdʒ] n (of mountain) Kamm der; (raised surface) Erhebung die.

ridiculous [rɪ'dɪkjʊləs] adj lächerlich.

riding ['raɪdɪŋ] n Reiten das.

riding school n Reitschule die.

rifle ['raɪfl] n Gewehr das.

rig [rɪg] n (offshore) Bohrinsel die ◆ vt (fix) manipulieren.

right [raɪt] adj 1. (correct) richtig; to be ~ (person) recht haben; you were ~ to tell me es war richtig von dir, mir das zu erzählen; have you got the ~ time? haben Sie/hast du die richtige Uhrzeit?; that's ~! das stimmt!, das ist richtig!
2. (fair) richtig, gerecht; that's not ~! das ist nicht richtig!
3. (on the right) rechte(-r)(-s); the ~ side of the road die rechte Straßenseite.
◆ n 1. (side): the ~ die rechte Seite.
2. (entitlement) Recht das; to have the ~ to do sthg das Recht haben, etw zu tun.
◆ adv 1. (towards the right) rechts; turn ~ at the post office biegen Sie am Postamt nach rechts ab.
2. (correctly) richtig; am I pronouncing it ~? spreche ich es richtig aus?
3. (for emphasis) genau; ~ here genau hier; I'll be ~ back ich bin gleich zurück; ~ away sofort.

right angle n rechter Winkel.

right-hand adj rechte(-r)(-s).

right-hand drive n Auto das mit Rechtssteuerung.

right-handed [-'hændɪd] adj (person) rechtshändig; (implement) für Rechtshänder.

rightly ['raɪtlɪ] adv (correctly) richtig; (justly) zu Recht.

right of way n (AUT) Vorfahrt die; (path) öffentlicher Weg.

right-wing adj rechte(-r)(-s).

rigid ['rɪdʒɪd] adj starr.

rim [rɪm] n Rand der.

rind [raɪnd] n (of fruit) Schale die; (of

bacon) Schwarte *die; (of cheese)* Rinde *die.*

ring [rɪŋ] *(pt* **rang,** *pp* **rung)** *n* Ring *der; (of people)* Kreis *der; (sound)* Klingeln *das; (on cooker)* Kochplatte *die; (in circus)* Manege *die* ♦ *vt (bell: make phone call to)* anrufen; *(bell)* läuten ♦ *vi (bell, telephone)* klingeln; *(Br: make phone call)* telefonieren; **to give sb a ~** *(phone call)* jn anrufen; **to ~ the bell** *(of house, office)* klingeln; **~ back** *vt sep & vi (Br)* zurücklrufen; **ring off** *vi (Br)* auflegen; **ring up** *vt sep & vi (Br)* anlrufen.

ringing tone ['rɪŋɪŋ-] *n* Freizeichen *das.*

ring road *n* Ringstraße *die.*

rink [rɪŋk] *n* Eisbahn *die.*

rinse [rɪns] *vt (clothes, hair)* auslspülen; *(hands)* ablspülen ◻ **rinse out** *vt sep (clothes, mouth)* auslspülen.

riot ['raɪət] *n* Aufruhr *der;* **~s** Unruhen *pl.*

rip [rɪp] *n* Riß *der* ♦ *vt & vi* zerreißen ◻ **rip up** *vt sep* zerreißen.

ripe [raɪp] *adj* reif.

ripen ['raɪpn] *vi* reifen.

rip-off *n (inf)* Betrug *der.*

rise [raɪz] *(pt* **rose,** *pp* **risen** ['rɪzn]) *n* steigen; *(sun, moon)* aufgehen; *(stand up)* auflstehen ♦ *n (increase)* Anstieg *der; (Br: pay increase)* Gehaltserhöhung *die; (slope)* Anhöhe *die.*

risk [rɪsk] *n* Risiko *das* ♦ *vt* riskieren; **to take a ~** ein Risiko einlgehen; **at your own ~** auf eigenes Risiko; **to ~ doing sthg** riskieren, etw zu tun; **to ~ it** es riskieren.

risky ['rɪskɪ] *adj* riskant.

risotto [rɪ'zɒtəʊ] *(pl* **-s)** *n* Risotto *das.*

ritual ['rɪtʃʊəl] *n* Ritual *das.*

rival ['raɪvl] *adj* gegnerisch ♦ *n* Rivale *der* (Rivalin *die*).

river ['rɪvəʳ] *n* Fluß *der.*

river bank *n* Flußufer *das.*

riverside ['rɪvəsaɪd] *n* Flußufer *das.*

Riviera [ˌrɪvɪ'eərə] *n:* **the (French) ~** die französische Riviera.

roach [rəʊtʃ] *n (Am: cockroach)* Kakerlake *die.*

road [rəʊd] *n* Straße *die;* **by ~** mit dem Auto.

road book *n* Straßenatlas *der.*

road map *n* Straßenkarte *die.*

road safety *adj* Straßensicherheit *die.*

roadside ['rəʊdsaɪd] *n:* **the ~** der Straßenrand.

road sign *n* Straßenschild *das.*

road tax *n* Kraftfahrzeugsteuer *die.*

roadway ['rəʊdweɪ] *n* Fahrbahn *die.*

road works *npl* Straßenarbeiten *pl.*

roam [rəʊm] *vi* herumlstreifen.

roar [rɔːʳ] *n (of crowd)* Gebrüll *das; (of aeroplane)* Dröhnen *das* ♦ *vi (lion, crowd)* brüllen; *(traffic)* donnern.

roast [rəʊst] *n* Braten *der* ♦ *vt (meat)* braten ♦ *adj:* **~ beef** Rinderbraten *der;* **~ chicken** Brathähnchen *das,* Brathuhn *das (Österr & Ostdt);* **~ lamb** Lammbraten *der;* **~ pork** Schweinebraten *der;* **~ potatoes** Bratkartoffeln *pl.*

rob [rɒb] *vt (house, bank)* auslsrauben; *(person)* berauben; **to ~ sb of sthg** jm etw stehlen.

robber ['rɒbə^r] *n* Räuber der (-in die).

robbery ['rɒbərɪ] *n* Raub der.

robe [rəʊb] *n (Am: bathrobe)* Bademantel der.

robin ['rɒbɪn] *n* Rotkehlchen das.

robot ['rəʊbɒt] *n* Roboter der.

rock [rɒk] *n (boulder)* Felsen der; *(Am: stone)* Stein der; *(substance)* Stein der; *(music)* Rock der; *(Br: sweet)* Zuckerstange die ◆ *vt* schaukeln; **on the ~s** *(drink)* on the rocks.

rock climbing *n* Klettern das; **to go ~** klettern gehen.

rocket ['rɒkɪt] *n* Rakete die.

rocking chair ['rɒkɪŋ-] *n* Schaukelstuhl der.

rock 'n' roll *n* Rock'n'Roll der.

rocky ['rɒkɪ] *adj* felsig.

rod [rɒd] *n (pole)* Stange die; *(for fishing)* Angelrute die.

rode [rəʊd] *pt* → ride.

roe [rəʊ] *n* Fischrogen der.

role [rəʊl] *n* Rolle die.

roll [rəʊl] *n (of bread)* Brötchen das, Semmel die *(Süddt & Österr)*; *(of film, paper)* Rolle die ◆ *vi* rollen; *(ship)* schlingern ◆ *vt* rollen; **to ~ the dice** würfeln ❑ **roll over** *vi (person, animal)* sich drehen; *(car)* sich überschlagen; **roll up** *vt sep (map, carpet)* aufrollen; *(sleeves, trousers)* hochkrempeln.

roller coaster ['rəʊlə,kəʊstə^r] *n* Achterbahn die.

roller skate ['rəʊlə-] *n* Rollschuh der.

roller-skating ['rəʊlə-] *n* Rollschuhlaufen das.

rolling pin ['rəʊlɪŋ-] *n* Nudelholz das.

Roman ['rəʊmən] *adj* römisch ◆ *n* Römer der (-in die).

Roman Catholic *n* Katholik der (-in die).

romance [rəʊˈmæns] *n (love)* Romantik die; *(love affair)* Romanze die; *(novel)* Liebesroman der.

Romania [ruːˈmeɪnjə] *n* Rumänien das.

romantic [rəʊˈmæntɪk] *adj* romantisch.

romper suit ['rɒmpə-] *n* Strampelanzug der.

roof [ruːf] *n* Dach das.

roof rack *n* Dachgepäckträger der.

room [ruːm, rʊm] *n* Zimmer das; *(space)* Platz der.

room number *n* Zimmernummer die.

room service *n* Zimmerservice der.

room temperature *n* Zimmertemperatur die.

roomy ['ruːmɪ] *adj* geräumig.

root [uːt] *n* Wurzel die.

rope [rəʊp] *n* Seil das ◆ *vt* festlbinden.

rose [rəʊz] *pt* → rise ◆ *n* Rose die.

rosé [rəʊzeɪ] *n* Roséwein der.

rosemary ['rəʊzmərɪ] *n* Rosmarin der.

rot [rɒt] *vi* verfaulen.

rota ['rəʊtə] *n* Dienstplan der.

rotate [rəʊˈteɪt] *vi* rotieren.

rotten ['rɒtn] *adj (food, wood)* verfault; *(inf: not good)* mies; **I feel ~** *(ill)* ich fühle mich lausig.

rouge [ruːʒ] *n* Rouge das.

rough [rʌf] *adj (road, ground)*
uneben; *(surface, skin, cloth, conditions)* rauh; *(sea, crossing)* stürmisch; *(person, estimate)* grob; *(area, town)* unsicher; *(wine)* sauer ♦ *n (on golf course)* Rough *das*; **at a ~ guess** grob geschätzt; **to have a ~ time** es schwer haben.

roughly ['rʌflɪ] *adv (approximately)* ungefähr; *(push, handle)* grob.

roulade [ru:'lɑ:d] *n (savoury)* Roulade *die*; *(sweet)* Rolle *die*.

roulette [ru:'let] *n* Roulette *das*.

round [raʊnd] *adj* rund.
♦ *n* 1. *(gen)* Runde *die*.
2. *(of sandwiches)* belegtes Brot mit zwei Scheiben Brot.
3. *(of toast)* Scheibe *die*.
♦ *adv* 1. *(in a circle)*: **to go ~** sich drehen; **to spin ~** sich im Kreis drehen.
2. *(surrounding)* herum; **it had a fence all (the way) ~** es hatte einen Zaun rundherum.
3. *(near)*: **~ about** in der Nähe.
4. *(to someone's house)*: **why don't you come ~?** warum kommst du nicht vorbei?; **to ask some friends ~** ein paar Freunde zu sich einladen.
5. *(continuously)*: **all year ~** das ganze Jahr über.
♦ *prep* 1. *(surrounding, circling)* um ... herum; **to go ~ the corner** um die Ecke gehen; **we walked ~ the lake** wir gingen um den See herum.
2. *(visiting)*: **to go ~ a museum** ein Museum besuchen; **to go ~ a town** sich eine Stadt ansehen; **to show sb ~ sthg** jn in etw (D) herumführen.
3. *(approximately)* rund; **~ (about) 100** rund 100; **~ ten o'clock** gegen zehn Uhr.

4. *(near)*: **~ here** hier in der Nähe.
5. *(in phrases)*: **it's just ~ the corner** *(nearby)* es ist gerade um die Ecke; **~ the clock** rund um die Uhr.
❑ **round off** *vt sep (meal, day, visit)* abrunden.

roundabout ['raʊndəbaʊt] *n (Br)* *(in road)* Kreisverkehr *der*; *(at fairground, in playground)* Karussell *das*.

rounders ['raʊndəz] *n* dem Baseball ähnliches britisches Ballspiel.

round trip *n* Hin- und Rückfahrt *die*.

route [ru:t] *n* Route *die*; *(of bus)* Linie *die* ♦ *vt (flight, plane)* die Route festlegen für.

routine [ru:'ti:n] *n* Routine *die*; *(pej: drudgery)* Trott *der* ♦ *adj* Routine-.

row[1] [rəʊ] *n (line)* Reihe *die* ♦ *vt & vi* rudern; **in a ~** *(in succession)* nacheinander.

row[2] [raʊ] *n (argument)* Streit *der*; *(inf: noise)* Krach *der*; **to have a ~** sich streiten.

rowboat ['rəʊbəʊt] *(Am)* = rowing boat.

rowdy ['raʊdɪ] *adj* rowdyhaft.

rowing ['rəʊɪŋ] *n* Rudern *das*.

rowing boat *n (Br)* Ruderboot *das*.

royal ['rɔɪəl] *adj* königlich.

royal family *n* königliche Familie.

ROYAL FAMILY

Die britische königliche Familie besteht aus dem Monarchen und seiner Familie.

Ihr derzeitiges Oberhaupt ist Königin Elizabeth. Weitere direkte Mitglieder der königlichen Familie sind der Gatte der Königin, Prinz Philip (auch Duke of Edinburgh genannt), ihre Söhne Prinz Charles (auch Prince of Wales genannt), Prinz Andrew und Prinz Edward und ihre Tochter Prinzessin Anne. Wenn Mitglieder der königlichen Familie einer offiziellen Zeremonie beiwohnen, wird die Nationalhymne gespielt. Immer dann, wenn sie sich in einem ihrer Paläste in Residenz befinden, weht dort die britische Flagge, der Union Jack.

royalty ['rɔɪəltɪ] n Mitglieder pl der königlichen Familie.

RRP (abbr of recommended retail price) unverbindliche Preisempfehlung.

rub [rʌb] vt reiben; (polish) polieren ◆ vi (with hand, cloth) reiben; (shoes) scheuern ◻ **rub in** vt sep (lotion, oil) einreiben; **rub out** vt sep (erase) ausradieren.

rubber ['rʌbə^r] adj Gummi- ◆ n Gummi das; (Br: eraser) Radiergummi der; (Am: inf: condom) Gummi der.

rubber band n Gummiband das.

rubber gloves npl Gummihandschuhe pl.

rubber ring n Gummiring der.

rubbish ['rʌbɪʃ] n (refuse) Müll der; (inf: worthless thing) Schund der; (inf: nonsense) Quatsch der.

rubbish bin n (Br) Mülleimer der.

rubbish dump n (Br) Müllhalde die.

rubble ['rʌbl] n Schutt der.

ruby ['ru:bɪ] n Rubin der.

rucksack ['rʌksæk] n Rucksack der.

rudder ['rʌdə^r] n Ruder das.

rude [ru:d] adj unhöflich; (joke, picture) unanständig.

rug [rʌg] n Läufer der; (large) Teppich der; (Br: blanket) Wolldecke die.

rugby ['rʌgbɪ] n Rugby das.

ruin ['ru:ɪn] vt ruinieren ◻ **ruins** npl Ruinen pl.

ruined ['ru:ɪnd] adj (building) zerstört; (clothes, meal, holiday) ruiniert.

rule [ru:l] n Regel die ◆ vt (country) regieren; **against the ~s** gegen die Regeln; **as a ~** in der Regel ◻ **rule out** vt sep ausschließen.

ruler ['ru:lə^r] n (of country) Herrscher der (-in die); (for measuring) Lineal das.

rum [rʌm] n Rum der.

rumor ['ru:mə^r] (Am) = rumour.

rumour ['ru:mə^r] n (Br) Gerücht das.

rump steak [ˌrʌmp-] n Rumpsteak das.

run [rʌn] (pt ran, pp run) vi 1. (on foot) rennen, laufen; **we had to ~ for the bus** wir mußten rennen, um den Bus zu erwischen.
2. (train, bus) fahren; **the bus ~s every hour** der Bus fährt jede Stunde; **the train is running an hour late** der Zug hat eine Stunde Verspätung.
3. (operate) laufen; **to ~ on unleaded petrol** mit bleifreiem Benzin fahren.
4. (tears, liquid) laufen.

5. *(road, track)* führen, verlaufen; *(river)* fließen; **the path ~s along the coast** der Weg verläuft entlang der Küste.

6. *(play, event)* laufen; **'now running at the Palladium'** 'jetzt im Palladium'.

7. *(tap)* laufen.

8. *(nose)* laufen; *(eyes)* tränen; **my nose is running** mir läuft die Nase.

9. *(colour)* aus|laufen; *(clothes)* ab|färben.

10. *(remain valid)* gültig sein, laufen; **the offer ~s until July** das Angebot gilt bis Juli.

♦ *vt* 1. *(on foot)* rennen, laufen.

2. *(compete in):* **to ~ a race** ein Rennen laufen.

3. *(business, hotel)* führen; *(course)* leiten.

4. *(bus, train):* **we're running a special bus to the airport** wir betreiben einen Sonderbus zum Flughafen.

5. *(take in car)* fahren; **I'll ~ you home** ich fahre dich nach Hause.

6. *(bath):* **to ~ a bath** ein Bad ein|lassen.

♦ *n* 1. *(on foot)* Lauf *der*; **to go for a ~** laufen gehen.

2. *(in car)* Fahrt *die*; **to go for a ~** eine Fahrt machen.

3. *(of play, show)* Laufzeit *die*.

4. *(for skiing)* Piste *die*.

5. *(Am: in tights)* Laufmasche *die*.

6. *(in phrases):* **in the long ~** auf lange Sicht (gesehen).

❑ **run away** *vi* weglrennen, wegl|laufen; **run down** *vt sep (run over)* überlfahren; *(criticize)* herunterlmachen ♦ *vi (battery)* leer werden; **run into** *vt fus (meet)* zufällig treffen; *(subj: car)* laufen gegen, fahren gegen; *(problem, difficulty)* stoßen auf (+A); **run out** *vi (supply)* aus|-

gehen; **run out of** *vt fus:* **we've ~ out of petrol/money** wir haben kein Benzin/Geld mehr; **run over** *vt sep (hit)* überlfahren.

runaway [ˈrʌnəweɪ] *n* Ausreißer *der* (-in *die*).

rung [rʌŋ] *pp* → **ring** ♦ *n (of ladder)* Sprosse *die*.

runner [ˈrʌnəʳ] *n (person)* Läufer *der* (-in *die*); *(for door, drawer)* Laufschiene *die*; *(of sledge)* Kufe *die*.

runner bean *n* Stangenbohne *die*.

runner-up *n (pl* **runners-up)** *n* Zweite *der, die*.

running [ˈrʌnɪŋ] *n (SPORT)* Laufen *das; (management)* Leitung *die* ♦ *adj:* **three days ~** drei Tage hintereinander; **to go ~** Jogging gehen.

running water *n* fließendes Wasser.

runny [ˈrʌnɪ] *adj (sauce, egg, omelette)* dünnflüssig; *(eye)* tränend; *(nose)* laufend.

runway [ˈrʌnweɪ] *n* Landebahn *die*.

rural [ˈrʊərəl] *adj* ländlich.

rush [rʌʃ] *n (of crowd)* Andrang *der* ♦ *vi (move quickly)* rasen; *(hurry)* sich beeilen ♦ *vt (food)* hastig essen; *(work)* hastig erledigen; *(transport quickly)* schnell transportieren; **to be in a ~** in Eile sein; **there's no ~!** keine Eile!; **don't ~ me!** hetz mich nicht!

rush hour *n* Hauptverkehrszeit *die*, Stoßzeit *die*.

Russia [ˈrʌʃə] *n* Rußland *nt*.

Russian [ˈrʌʃn] *adj* russisch ♦ *n (person)* Russe *der* (Russin *die*); *(language)* Russisch *das*.

rust [rʌst] *n* Rost *der* ♦ *vi* rosten.

rustic ['rʌstɪk] *adj* rustikal.

rustle ['rʌsl] *vi* rascheln.

rustproof ['rʌstpruːf] *adj* rostfrei.

rusty ['rʌstɪ] *adj* rostig; *(fig: language, person)* eingerostet.

RV *n (Am: abbr of recreational vehicle)* Wohnmobil *das*.

rye [raɪ] *n* Roggen *der*.

rye bread *n* Roggenbrot *das*.

S

S *(abbr of south, small)* S.

saccharin ['sækərɪn] *n* Saccharin *das*.

sachet ['sæʃeɪ] *n* Beutel *der*, Kissen *das*.

sack [sæk] *n (bag)* Sack *der* ◆ *vt* entlassen; **to get the ~** entlassen werden.

sacrifice ['sækrɪfaɪs] *n (fig)* Opfer *das*.

sad [sæd] *adj* traurig; *(unfortunate)* bedauerlich.

saddle ['sædl] *n* Sattel *der*.

saddlebag ['sædlbæg] *n* Satteltasche *die*.

sadly ['sædlɪ] *adv (unfortunately)* leider; *(unhappily)* traurig.

sadness ['sædnɪs] *n* Traurigkeit *die*.

s.a.e. *n (Br: abbr of stamped addressed envelope)* adressierter Freiumschlag.

safari park [səˈfɑːrɪ-] *n* Safaripark *der*.

safe [seɪf] *adj* sicher; *(out of harm)* in Sicherheit ◆ *n* Safe *der*; **a ~ place** ein sicherer Platz; **(have a) ~ journey!** gute Fahrt!; **~ and sound** gesund und wohlbehalten.

safe-deposit box *n* Tresorfach *das*.

safely ['seɪflɪ] *adv* sicher; *(arrive)* gut.

safety ['seɪftɪ] *n* Sicherheit *die*.

safety belt *n* Sicherheitsgurt *der*.

safety pin *n* Sicherheitsnadel *die*.

sag [sæg] *vi (hang down)* durchhängen; *(sink)* sich senken.

sage [seɪdʒ] *n (herb)* Salbei *der*.

Sagittarius [,sædʒɪˈteərɪəs] *n* Schütze *der*.

said [sed] *pt & pp* → **say**.

sail [seɪl] *n* Segel *das* ◆ *vi* segeln; *(ship)* fahren; *(depart)* auslaufen ◆ *vt*: **to ~ a boat** segeln; **to set ~** Segel setzen.

sailboat ['seɪlbəʊt] *(Am)* = **sailing boat**.

sailing ['seɪlɪŋ] *n* Segeln *das*; *(departure)* Abfahrt *die*; **to go ~** segeln gehen.

sailing boat *n* Segelboot *das*.

sailor ['seɪlər] *n (on ferry, cargo ship etc)* Seemann *der*, *(in navy)* Matrose *der*.

saint [seɪnt] *n* Heilige *der*, *die*.

sake [seɪk] *n*: **for my/their ~** um meinetwillen/ihretwillen; **for God's ~!** um Gottes willen!

salad ['sæləd] *n* Salat *der*.

salad bar *n* Salatbar *die*.

salad bowl n Salatschüssel die.

salad cream n (Br) Salatmayonnaise die.

salad dressing n Salatsoße die.

salami [sə'lɑ:mɪ] n Salami die.

salary ['sælərɪ] n Gehalt das.

sale [seɪl] n Verkauf der; (at reduced prices) Ausverkauf der; **'for ~'** 'zu verkaufen'; **on ~** im Handel; (at reduced prices) Ausverkauf der; **the ~s** (at reduced prices) der Ausverkauf. □ **sales** npl (COMM) Absatz der.

sales assistant ['seɪlz-] n Verkäufer der (-in die).

salesclerk ['seɪlzklɑ:rk] (Am) = **sales assistant**.

salesman ['seɪlzmən] (pl **-men** [mən]) n (in shop) Verkäufer der; (rep) Vertreter der.

sales rep(resentative) n Vertreter der (-in die).

saleswoman ['seɪlz,wʊmən] (pl **-women** [,wɪmɪn]) n Verkäuferin die.

saliva [sə'laɪvə] n Speichel der.

salmon ['sæmən] (pl inv) n Lachs der.

salon ['sælɒn] n (hairdresser's) Salon der.

saloon [sə'lu:n] n (Br: car) Limousine die; (Am: bar) Saloon der; **~ (bar)** (Br) Nebenraum eines Pubs mit mehr Komfort.

salopettes [,sælə'pets] npl Skihose die.

salt [sɔ:lt, sɒlt] n Salz das.

saltcellar ['sɔ:lt,selə'] n (Br) Salzstreuer der.

salted peanuts ['sɔ:ltɪd-] npl gesalzene Erdnüsse pl.

salt shaker [-,ʃeɪkə'] (Am) = **saltcellar**.

salty ['sɔ:ltɪ] adj salzig.

salute [sə'lu:t] n Salut der ◆ vi salutieren.

same [seɪm] adj: **the ~** (unchanged) der/die/das gleiche, die gleichen (pl); (identical) derselbe/dieselbe/dasselbe, dieselben (pl).
◆ pron: **the ~** derselbe/dieselbe/dasselbe, dieselben (pl); **they look the ~** sie sehen gleich aus; **I'll have the ~ as her** ich möchte das gleiche wie sie; **you've got the ~ book as me** du hast das gleiche Buch wie ich; **it's all the ~ to me** es ist mir gleich; **all the ~** trotzdem; **the ~ to you** gleichfalls.

samosa [sə'məʊsə] n gefüllte und frittierte dreieckige indische Teigtasche.

sample [sɑ:mpl] n (of work, product) Muster das; (of blood, urine) Probe die ◆ vt (food, drink) probieren.

sanctions ['sæŋkʃnz] npl Sanktionen pl.

sanctuary ['sæŋktʃʊərɪ] n (for birds, animals) Tierschutzgebiet das.

sand [sænd] n Sand der ◆ vt (wood) abschmirgeln. □ **sands** npl (beach) Strand der.

sandal ['sændl] n Sandale die.

sandcastle ['sænd,kɑ:sl] n Sandburg die.

sandpaper ['sænd,peɪpə'] n Sandpapier das.

sandwich ['sænwɪdʒ] n Sandwich das.

sandwich bar n ≈ Imbißbar die.

sandy ['sændɪ] adj (beach) sandig; (hair) dunkelblond.

sang [sæŋ] pt → **sing**.

sawdust

sanitary ['sænɪtrɪ] *adj (conditions, measures)* sanitär; *(hygienic)* hygienisch.

sanitary napkin *(Am)* = **sanitary towel**.

sanitary towel *n (Br)* Monatsbinde *die*.

sank [sæŋk] *pt* → **sink**.

sapphire ['sæfaɪə^r] *n* Saphir *der*.

sarcastic [sɑː'kæstɪk] *adj* sarkastisch.

sardine [sɑː'diːn] *n* Sardine *die*.

SASE *n (Am: abbr of self-addressed stamped envelope)* adressierter Freiumschlag.

sat [sæt] *pt & pp* → **sit**.

Sat. *(abbr of Saturday)* Sa.

satchel ['sætʃəl] *n* Ranzen *der*.

satellite ['sætəlaɪt] *n (in space)* Satellit *der*; *(at airport)* Satellitenterminal *der*.

satellite dish *n* Parabolantenne *die*.

satellite TV *n* Satellitenfernsehen *das*.

satin ['sætɪn] *n* Satin *der*.

satisfaction [,sætɪs'fækʃn] *n (pleasure)* Befriedigung *die*.

satisfactory [,sætɪs'fæktərɪ] *adj* befriedigend.

satisfied ['sætɪsfaɪd] *adj* zufrieden.

satisfy ['sætɪsfaɪ] *vt (please)* zufriedenstellen; *(need, requirement, conditions)* erfüllen.

satsuma [,sæt'suːmə] *n (Br)* Satsuma *die*.

saturate ['sætʃəreɪt] *vt (with liquid)* tränken.

Saturday ['sætədɪ] *n* Samstag *der*, Sonnabend *der*; **it's ~** es ist Samstag; **~ morning** Samstagmorgen; **on ~** am Samstag; **on ~s** samstags; **last ~** letzten Samstag; **this ~** diesen Samstag; **next ~** nächsten Samstag; **~ week, a week on ~** Samstag in einer Woche.

sauce [sɔːs] *n* Soße *die*.

saucepan ['sɔːspən] *n* Kochtopf *der*.

saucer ['sɔːsə^r] *n* Untertasse *die*.

Saudi Arabia [,saʊdɪə'reɪbjə] *n* Saudi-Arabien *nt*.

sauna ['sɔːnə] *n* Sauna *die*.

sausage ['sɒsɪdʒ] *n* Wurst *die*.

sausage roll *n* Blätterteig mit Wurstfüllung.

sauté [Br 'səʊteɪ, Am səʊ'teɪ] *adj* sautiert.

savage ['sævɪdʒ] *adj* brutal.

save [seɪv] *vt (rescue)* retten; *(money, time, space)* sparen; *(reserve)* aufheben; *(SPORT)* abwehren; *(COMPUT)* speichern ◆ *n (SPORT)* Parade *die*; **to ~ a seat for sb** jm einen Platz freihalten ❑ **save up** *vi*: **to ~ up (for sthg)** (auf etw *(A)*) sparen.

saver ['seɪvə^r] *n (Br: ticket)* verbilligte Fahrkarte.

savings ['seɪvɪŋz] *npl* Ersparnisse *pl*.

savings and loan association *n (Am)* Bausparkasse *die*.

savings bank *n* Sparkasse *die*.

savory ['seɪvərɪ] *(Am)* = **savoury**.

savoury ['seɪvərɪ] *adj (Br: not sweet)* pikant.

saw [sɔː] *(Br pt -ed, pp* sawn, *Am, pt & pp -ed) pt* → **see** ◆ *n (tool)* Säge *die* ◆ *vt* sägen.

sawdust ['sɔːdʌst] *n* Sägemehl *das*.

sawn [sɔ:n] *pp* → **saw**.

Saxony ['sæksənɪ] *n* Sachsen *nt*.

saxophone ['sæksəfəʊn] *n* Saxophon *das*.

say [seɪ] (*pt & pp* **said**) *vt* sagen; (*subj: clock, meter*) anzeigen; (*subj: sign*) besagen ♦ *n*: **to have a ~ in sthg** etw zu sagen haben bei etw; **could you ~ that again?** könntest du das nochmal sagen?; **~ we met at nine?** könnten wir uns um neun treffen?; **that is to ~** das heißt; **what did you ~?** was hast du gesagt?; **the letter ~s ...** in dem Brief steht ...

saying ['seɪŋ] *n* Redensart *die*.

scab [skæb] *n* Schorf *der*.

scaffolding ['skæfəldɪŋ] *n* Gerüst *das*.

scald [skɔ:ld] *vt* verbrühen.

scale [skeɪl] *n* (*for measurement*) Skala *die*; (*of map, drawing, model*) Maßstab *der*; (*extent*) Umfang *der*; (*MUS*) Tonleiter *die*; (*of fish, snake*) Schuppe *die*; (*in kettle*) Kalk *der* ❑ **scales** *npl* (*for weighing*) Waage *die*.

scallion ['skæljən] *n* (*Am*) Schalotte *die*.

scallop ['skɒləp] *n* Jakobsmuschel *die*.

scalp [skælp] *n* Kopfhaut *die*.

scampi ['skæmpɪ] *n* Scampi *pl*.

scan [skæn] *vt* (*consult quickly*) überfliegen ♦ *n* (*MED*) Szintigramm *das*.

scandal ['skændl] *n* (*disgrace*) Skandal *der*; (*gossip*) Klatsch *das*.

Scandinavia [,skændɪ'neɪvjə] *n* Skandinavien *nt*.

scar [skɑ:ʳ] *n* Narbe *die*.

scarce ['skeəs] *adj* knapp.

scarcely ['skeəslɪ] *adv* (*hardly*) kaum.

scare [skeəʳ] *vt* erschrecken.

scarecrow ['skeəkrəʊ] *n* Vogelscheuche *die*.

scared ['skeəd] *adj*: **to be ~ (of)** Angst haben (vor (+*D*)).

scarf ['skɑ:f] (*pl* **scarves**) *n* (*woollen*) Schal *der*; (*for women*) Tuch *das*.

scarlet ['skɑ:lət] *adj* scharlachrot.

scarves [skɑ:vz] *pl* → **scarf**.

scary ['skeərɪ] *adj* (*inf*) unheimlich.

scatter ['skætəʳ] *vt* verstreuen ♦ *vi* sich zerstreuen.

scene [si:n] *n* (*in play, film, book*) Szene *die*; (*of crime, accident*) Schauplatz *der*; (*view*) Anblick *der*; **the music** ~ die Musikszene; **to make a ~** eine Szene machen.

scenery ['si:nərɪ] *n* (*countryside*) Landschaft *die*; (*in theatre*) Bühnenbild *das*.

scenic ['si:nɪk] *adj* malerisch.

scent [sent] *n* (*smell*) Duft *der*; (*of animal*) Fährte *die*; (*perfume*) Parfüm *das*.

sceptical ['skeptɪkl] *adj* (*Br*) skeptisch.

schedule [*Br* 'ʃedju:l, *Am* 'skedʒʊl] *n* (*of things to do*) Programm *das*; (*of work*) Arbeitsplan *der*; (*timetable*) Fahrplan *der*; (*list*) Tabelle *die* ♦ *vt* (*plan*) planen; **according to ~** planmäßig; **behind ~** im Verzug; **on ~** planmäßig; **to arrive on ~** pünktlich ankommen.

scheduled flight [*Br* 'ʃedju:ld-, *Am* 'skedʒʊld-] *n* Linienflug *der*.

scheme [ski:m] *n* (*plan*) Programm *das*; (*pej: dishonest plan*) Komplott *das*.

scholarship ['skɒləʃɪp] *n* (*award*) Stipendium *das*.

school [sku:l] n Schule die; (university department) Fakultät die; (Am: university) Hochschule die ◆ adj (age, holiday, report) Schul-; at ~ in der Schule; to go to ~ in die Schule gehen.

schoolbag ['sku:lbæg] n Schultasche die.

schoolbook ['sku:lbʊk] n Schulbuch das.

schoolboy ['sku:lbɔɪ] n Schuljunge der.

school bus n Schulbus der.

schoolchild ['sku:ltʃaɪld] (pl -children [-tʃɪldrən]) n Schulkind das.

schoolgirl ['sku:lgɜ:l] n Schulmädchen das.

schoolmaster ['sku:l,mɑ:stəʳ] n (Br) Schullehrer der.

schoolmistress ['sku:l,mɪstrɪs] n (Br) Schullehrerin die.

schoolteacher ['sku:l,ti:tʃəʳ] n Schullehrer der (-in die).

school uniform n Schuluniform die.

science ['saɪəns] n Wissenschaft die; (SCH) Physik, Chemie und Biologie die.

science fiction n Sciencefiction die.

scientific [,saɪən'tɪfɪk] adj wissenschaftlich; (systematic) systematisch.

scientist ['saɪəntɪst] n Wissenschaftler der (-in die).

scissors ['sɪzəz] npl: (pair of) ~ Schere die.

scold [skəʊld] vt ausschimpfen.

scone [skɒn] n britisches Teegebäck.

scoop [sku:p] n (for ice cream)

Portionierer der; (of ice cream) Kugel die; (in media) Exklusivmeldung die.

scooter ['sku:təʳ] n (motor vehicle) Roller der.

scope [skəʊp] n (possibility) Spielraum der; (range) Rahmen der.

scorch [skɔ:tʃ] vt (clothes) versengen.

score [skɔ:ʳ] n (total, final result) Ergebnis das; (current position) Stand der ◆ vt (goal) schießen; (point, try, in test) erzielen ◆ vi (get goal) ein Tor schießen; (get point) einen Punkt erzielen.

scorn [skɔ:n] n Verachtung die.

Scorpio ['skɔ:pɪəʊ] n Skorpion der.

scorpion ['skɔ:pjən] n Skorpion der.

Scot [skɒt] n Schotte der (Schottin die).

scotch [skɒtʃ] n Scotch der.

Scotch broth n Eintopf aus Fleischbrühe, Gemüse und Graupen.

Scotch tape® n (Am) Tesafilm® der.

Scotland ['skɒtlənd] n Schottland nt.

Scotsman ['skɒtsmən] (pl -men [-mən]) n Schotte der.

Scotswoman ['skɒtswʊmən] (pl -women [-wɪmɪn]) n Schottin die.

Scottish ['skɒtɪʃ] adj schottisch.

scout [skaʊt] n (boy scout) Pfadfinder der.

scowl [skaʊl] vi ein böses Gesicht machen.

scrambled eggs [,skræmbld-] npl Rührei das.

scrap [skræp] n (of paper, cloth) Fetzen der; (old metal) Schrott der.

scrapbook ['skræpbʊk] n Sammelbuch das.

scrape [skreɪp] vt (rub) reiben; (scratch) kratzen.

scrap paper n (Br) Schmierzettel der.

scratch [skrætʃ] n Kratzer der ♦ vt kratzen; (mark) zerkratzen; **to be up to** ~ gut genug sein; **to start from** ~ von vorne anfangen.

scratch paper (Am) = **scrap paper**.

scream [skri:m] n Schrei der ♦ vi schreien.

screen [skri:n] n (of TV, computer) Bildschirm der; (for cinema film) Leinwand die; (hall in cinema) Kinosaal der; (panel) Trennwand die ♦ vt (film, programme) vorführen.

screening ['skri:nɪŋ] n (of film) Vorführung die.

screen wash n Scheibenwaschmittel das.

screw [skru:] n Schraube die ♦ vt (fasten) anschrauben; (twist) schrauben.

screwdriver ['skru:ˌdraɪvəʳ] n Schraubenzieher der.

scribble ['skrɪbl] vi kritzeln.

script [skrɪpt] n (of play, film) Drehbuch das.

scrub [skrʌb] vt schrubben.

scruffy ['skrʌfɪ] adj vergammelt.

scrumpy ['skrʌmpɪ] n stark alkoholischer Apfelwein aus dem Südwesten Englands.

scuba diving ['sku:bə-] n Sporttauchen das.

sculptor ['skʌlptəʳ] n Bildhauer der (-in die).

sculpture ['skʌlptʃəʳ] n (statue) Skulptur die.

sea [si:] n Meer das, See die; **by** ~ auf dem Seeweg; **by the** ~ am Meer.

seafood ['si:fu:d] n Meeresfrüchte pl.

seafront ['si:frʌnt] n Uferpromenade die (am Meer gelegene Straße eines Küstenortes).

seagull ['si:gʌl] n Seemöwe die.

seal [si:l] n (animal) Seehund der; (on bottle, container) Verschluß der; (official mark) Siegel das ♦ vt versiegeln.

seam [si:m] n (in clothes) Saum der.

search [sɜ:tʃ] n Suche die ♦ vt durchsuchen ♦ vi: **to** ~ **for** suchen nach.

seashell ['si:ʃel] n Muschel die.

seashore ['si:ʃɔ:ʳ] n Meeresküste die.

seasick ['si:sɪk] adj seekrank.

seaside ['si:saɪd] n: **the** ~ die Küste.

seaside resort n Urlaubsort der an der Küste.

season ['si:zn] n (of year) Jahreszeit die; (period) Saison, Zeit die ♦ vt (food) würzen; **in** ~ (holiday) in der Hochsaison; **out of** ~ (holiday) in der Nebensaison; **strawberries are in/out of** ~ es ist die Zeit/nicht die Zeit für Erdbeeren.

seasoning ['si:znɪŋ] n Gewürz das.

season ticket n (for train) Dauerkarte die; (for theatre) Abonnement das.

seat [si:t] n (place) Platz der; (chair) (Sitz)platz der; (in parliament) Sitz der ♦ vt (subj: building, vehicle) Sitzplatz haben für; **'please wait to be**

~**ed**' 'bitte warten Sie hier, bis Sie zu Ihrem Platz geleitet werden'.

seat belt *n* Sicherheitsgurt *der*.

seaweed ['si:wi:d] *n* Seetang *der*.

secluded [sɪ'klu:dɪd] *adj* abgeschieden.

second ['sekənd] *n* Sekunde *die* ◆ *num* zweite(-r)(-s); ~ **gear** zweiter Gang, → **sixth** ❑ **seconds** *npl* (*goods*) Waren *pl* zweiter Wahl; (*inf: of food*) zweite Portion.

secondary school ['sekəndrɪ-] *n* höhere Schule.

second-class *adj* (*ticket*) zweiter Klasse; (*inferior*) zweitklassig; ~ **stamp** billigere Briefmarke für Post, die weniger schnell befördert wird.

second-hand *adj* gebraucht.

Second World War *n*: **the** ~ der zweite Weltkrieg.

secret ['si:krɪt] *adj* geheim ◆ *n* Geheimnis *das*.

secretary [Br 'sekrətrɪ, Am 'sekrə,terɪ] *n* Sekretär *der* (-in *die*).

Secretary of State *n* (*Am: foreign minister*) Außenminister *der* (-in *die*); (*Br: government minister*) Minister *der* (-in *die*).

section ['sekʃn] *n* (*part*) Teil *der*.

sector ['sektəʳ] *n* Sektor *der*.

secure [sɪ'kjʊəʳ] *adj* sicher; (*firmly fixed*) fest ◆ *vt* (*fix*) sichern; (*fml: obtain*) sich (*D*) sichern.

security [sɪ'kjʊərətɪ] *n* Sicherheit *die*.

security guard *n* Sicherheitsbeamter *der* (-beamtin *die*).

sedative ['sedətɪv] *n* Beruhigungsmittel *das*.

seduce [sɪ'dju:s] *vt* verführen.

see [si:] (*pt* saw, *pp* seen) *vt* sehen;

(*visit*) besuchen; (*doctor, solicitor*) gehen zu; (*understand*) einsehen; (*accompany*) begleiten ◆ *vi* sehen; I ~ (*understand*) ich verstehe; **to** ~ **if one can do sthg** sehen, ob man etw tun kann; **to** ~ **to sthg** (*deal with*) sich um etw kümmern; (*repair*) etw reparieren; ~ **you!** tschüs!; ~ **you later!** bis bald!; ~ **you soon!** bis bald!; **~ p 14** siehe S. 14 ❑ **see off** *vt sep* (*say goodbye to*) verabschieden.

seed [si:d] *n* Samen *der*.

seedy ['si:dɪ] *adj* heruntergekommen.

seeing (as) ['si:ɪŋ-] *conj* in Anbetracht dessen, daß.

seek [si:k] (*pt & pp* sought) *vt* (*fml*) (*look for*) suchen; (*request*) erbitten.

seem [si:m] *vi* scheinen ◆ *v impers*: **it** ~ **(that)** ... anscheinend.

seen [si:n] *pp* → **see**.

seesaw ['si:sɔ:] *n* Wippe *die*.

segment ['segmənt] *n* (*of fruit*) Scheibe *die*, Schnitz *der* (*Südd*).

seize [si:z] *vt* (*grab*) ergreifen; (*drugs, arms*) beschlagnahmen ❑ **seize up** *vi* (*machine*) sich festfressen; (*leg, back*) sich versteifen.

seldom ['seldəm] *adv* selten.

select [sɪ'lekt] *vt* auswählen ◆ *adj* (*exclusive*) ausgesucht.

selection [sɪ'lekʃn] *n* (*selecting*) Wahl *die*; (*range*) Auswahl *die*.

self-assured [,selfə'ʃʊəd] *adj* selbstsicher.

self-catering [,self'keɪtərɪŋ] *adj* mit Selbstversorgung.

self-confident [,self-] *adj* selbstbewußt.

self-conscious [,self-] *adj* gehemmt.

self-contained [ˌselfkən'teɪnd]
adj (flat) abgeschlossen.

self-defence [ˌself-] *n* Selbstverteidigung *die*.

self-employed [ˌself-] *adj* selbständig.

selfish ['selfɪʃ] *adj* egoistisch.

self-raising flour [ˌself'reɪzɪŋ-]
n (Br) Mehl *das* mit Backpulverzusatz.

self-rising flour [ˌself'raɪzɪŋ-]
(Am) = self-raising flour.

self-service [ˌself-] *adj* mit Selbstbedienung.

sell [sel] *(pt & pp sold)* vt & vi verkaufen; **to ~ for £20** 20 Pfund kosten; **to ~ sb sthg** jm etw verkaufen.

sell-by date *n* Mindesthaltbarkeitsdatum *das*.

seller ['selər] *n* Verkäufer *der* (-in *die*).

Sellotape® ['seləteɪp] *n (Br)* ≃ Tesafilm® *der*.

semester [sɪ'mestər] *n* Semester *das*.

semicircle ['semɪˌsɜːkl] *n* Halbkreis *der*.

semicolon [ˌsemɪ'kəʊlən] *n* Strichpunkt *der*.

semidetached [ˌsemɪdɪ'tætʃt]
adj: **a ~ house** eine Doppelhaushälfte.

semifinal [ˌsemɪ'faɪnl] *n* Halbfinale *das*.

seminar ['semɪnɑːr] *n* Seminar *das*.

semolina [ˌsemə'liːnə] *n* Grieß *der*.

send [send] *(pt & pp sent)* vt schicken; *(TV or radio signal)* senden; **to ~ sthg to sb** jm etw

schicken □ **send back** vt sep zurückschicken; **send off** vt sep *(letter, parcel)* abschicken; *(SPORT)* vom Platz stellen ◆ vi: **to ~ off for sthg** sich *(D)* etw schicken lassen.

sender ['sendər] *n* Absender *der*.

senile ['siːnaɪl] *adj* senil.

senior ['siːnjər] *adj (high-ranking)* leitend; *(higher-ranking)* höher ◆ *n (Br: SCH)* Schüler der höheren Klassen; *(Am: SCH)* amerikanischer Student im letzten Studienjahr.

senior citizen *n* Senior *der* (-in *die*).

sensation [sen'seɪʃn] *n* Gefühl *das*; *(cause of excitement)* Sensation *die*.

sensational [sen'seɪʃənl] *adj (very good)* sensationell.

sense [sens] *n* Sinn *der*; *(common sense)* Verstand *der*; *(of word, expression)* Bedeutung *die* ◆ *vt* spüren; **to make ~** Sinn ergeben; **~ of direction** Orientierungssinn *der*; **~ of humour** Sinn für Humor.

sensible ['sensəbl] *adj (person)* vernünftig; *(clothes, shoes)* praktisch.

sensitive ['sensɪtɪv] *adj* empfindlich; *(emotionally)* sensibel; *(subject, issue)* heikel.

sent [sent] *pt & pp →* send.

sentence ['sentəns] *n (GRAMM)* Satz *der*; *(for crime)* Strafe *die* ◆ *vt* verurteilen.

sentimental [ˌsentɪ'mentl] *adj* sentimental.

Sep. *(abbr of September)* Sept.

separate [*adj* 'seprət, *vb* 'sepəreɪt]
adj getrennt; *(different)* verschieden ◆ *vt* trennen ◆ *vi* sich trennen □
separates *npl (Br)* Separates *pl*.

separately ['seprǝtli] *adv (individually)* einzeln; *(alone)* getrennt.

separation [ˌsepǝ'reɪʃn] *n* Trennung *die*.

September [sep'tembǝʳ] *n* September *der*; **at the beginning of ~** Anfang September; **at the end of ~** Ende September; **during ~** im September; **every ~** jeden September; **in ~** im September; **last ~** letzten September; **next ~** nächsten September; **this ~** diesen September; **2 ~ 1994** *(in letters etc)* 2. September 1994.

septic ['septɪk] *adj* vereitert.

septic tank *n* Faulgrube *die*.

sequel ['si:kwǝl] *n* Fortsetzung *die*.

sequence ['si:kwǝns] *n (series)* Reihe *die*; *(order)* Reihenfolge *die*.

sequin ['si:kwɪn] *n* Paillette *die*.

sergeant ['sɑ:dʒǝnt] *n (in police force)* Wachtmeister *der*; *(in army)* Feldwebel *der*.

serial ['sɪǝrɪǝl] *n* Serie *die*.

series ['sɪǝri:z] *(pl inv)* *n (sequence)* Reihe *die*; *(on TV, radio)* Serie *die*.

serious ['sɪǝrɪǝs] *adj* ernst; *(injury, problem)* schwer; **are you ~?** ist das dein Ernst?; **to be ~ about sthg** etw ernst nehmen.

seriously ['sɪǝrɪǝsli] *adv* ernsthaft.

sermon ['sɜːmǝn] *n* Predigt *die*.

servant ['sɜːvǝnt] *n* Diener *der* (-in *die*).

serve [sɜːv] *vt (food)* servieren; *(drink)* ausschenken; *(customer)* bedienen ◆ *vi (SPORT)* aufschlagen; *(work)* dienen ◆ *n (SPORT)* Aufschlag *der*; **to ~ as** *(be used for)* dienen als; **the town is ~d by two**

airports die Stadt hat zwei Flughäfen; **'~s two'** *(on packaging, menu)* 'für zwei Personen'; **it ~s you right** geschieht dir recht!

service ['sɜːvɪs] *n (in shop, restaurant etc)* Bedienung *die*; *(job, organization)* Dienst *der*; *(at church)* Gottesdienst *der*; *(SPORT)* Aufschlag *der*; *(of car)* Wartung *die* ◆ *vt (car)* warten; **'out of ~'** 'außer Betrieb'; **'~ included'** 'Bedienung inbegriffen'; **'~ not included'** 'Bedienung nicht inbegriffen'; **to be of ~ to sb** *(fml)* jm behilflich sein □ **services** *npl (on motorway)* Raststätte *die*; *(of person)* Dienste *pl*.

service area *n* Tankstelle *die* und Raststätte.

service charge *n* Bedienungszuschlag *der*.

service department *n* Kundendienst *der*.

service station *n* Tankstelle *die*.

serviette [ˌsɜːvɪ'et] *n* Serviette *die*.

serving ['sɜːvɪŋ] *n (helping)* Portion *die*.

serving spoon *n* Servierlöffel *der*.

sesame seeds ['sesǝmɪ-] *npl* Sesam *der*.

session ['seʃn] *n (of activity)* Runde *die*; *(formal meeting)* Sitzung *die*.

set [set] *(pt & pp* set) *adj* **1.** *(fixed)* fest; *(date)* festgesetzt; **a ~ lunch** ein Mittagsmenü.
2. *(text, phrase)* Pflicht-.
◆ *n* **1.** *(collection)* Satz *der*; **a chess ~** ein Schachspiel.
2. *(TV):* **a (TV) ~** ein Fernsehgerät.
3. *(in tennis)* Satz *der*.

4. *(SCH) Gruppe von Schülern mit gleichem Niveau innerhalb eines Faches.*
5. *(of play)* Bühnenbild *das*.
6. *(at hairdresser's):* **a shampoo and ~** Waschen und Legen.
◆ *vt* 1. *(put)* setzen; *(put upright)* stellen; *(put flat)* legen.
2. *(cause to be):* **to ~ a machine going** eine Maschine in Gang bringen; **to ~ fire to sthg** etw in Brand setzen.
3. *(controls)* einstellen; *(clock)* stellen; **~ the alarm for 7 a.m.** stell den Wecker für 7 Uhr früh.
4. *(price, time)* festlegen.
5. *(the table)* decken.
6. *(a record)* aufstellen.
7. *(broken bone)* richten.
8. *(homework, essay)* aufgeben; *(exam)* zusammenstellen.
9. *(play, film, story):* **to be ~** spielen.
◆ *vi* 1. *(sun)* untergehen.
2. *(glue, jelly)* fest werden.
◻ **set down** *vt sep (Br: passengers)* absetzen; **set off** *vt sep (alarm)* auslösen ◆ *vi (on journey)* aufbrechen; **set out** *vt sep (arrange)* herrichten ◆ *vi (on journey)* aufbrechen; **set up** *vt sep (barrier)* aufstellen; *(equipment)* aufbauen; *(meeting, interview)* organisieren.

set meal *n* Menü *das*.

set menu *n* Menü *das*.

settee [se'tɪ:] *n* Sofa *das*.

setting ['setɪŋ] *n (on machine)* Einstellung *die*; *(surroundings)* Lage *die*.

settle ['setl] *vt (argument)* beilegen; *(bill)* bezahlen; *(stomach, nerves)* beruhigen; *(arrange, decide on)* entscheiden ◆ *vi* 1. *(start to live)* sich niederlassen; *(come to rest)* sich hinsetzen; *(sediment, dust)* sich

setzen ◻ **settle down** *vi (calm down)* sich beruhigen; *(sit comfortably)* sich gemütlich hinsetzen; **settle up** *vi (pay bill)* bezahlen.

settlement ['setlmənt] *n (agreement)* Einigung *die*; *(place)* Siedlung *die*.

seven ['sevn] *num* sieben, → **six**.

seventeen [sevn'tiːn] *num* siebzehn, → **six**.

seventeenth [sevn'tiːnθ] *num* siebzehnte(-r)(-s), → **sixth**.

seventh ['sevnθ] *num* siebte(-r)(-s), → **sixth**.

seventieth ['sevntjəθ] *num* siebzigste(-r)(-s), → **sixth**.

seventy ['sevntɪ] *num* siebzig, → **six**.

several ['sevrəl] *adj & pron* mehrere, einige.

severe [sɪ'vɪəʳ] *adj (conditions, illness)* schwer; *(criticism, person, punishment)* hart; *(pain)* heftig.

sew [səʊ] *(pp* **sewn**) *vt & vi* nähen.

sewage ['suːɪdʒ] *n* Abwasser *das*.

sewing ['səʊɪŋ] *n (activity)* Nähen *das*; *(things sewn)* Nähzeug *das*.

sewing machine *n* Nähmaschine *die*.

sewn [səʊn] *pp* → **sew**.

sex [seks] *n (gender)* Geschlecht *das*; *(sexual intercourse)* Sex *der*; **to have ~ (with)** Sex haben (mit).

sexist ['seksɪst] *n* Sexist *der*.

sexual ['sekʃʊəl] *adj* sexuell.

sexy ['seksɪ] *adj* sexy.

shabby ['ʃæbɪ] *adj (clothes, room)* schäbig; *(person)* heruntergekommen.

shade [ʃeɪd] *n (shadow)* Schatten *der*; *(lampshade)* Schirm *der*; *(of* *colour*) Ton *der* ♦ *vt* (*protect*) schützen ❑ **shades** *npl* (*inf: sunglasses*) Sonnenbrille *die.*

shadow [ˈʃædəʊ] *n* Schatten *der.*

shady [ˈʃeɪdɪ] *adj* schattig; (*inf: person, deal*) zwielichtig.

shaft [ʃɑːft] *n* (*of machine*) Welle *die;* (*of lift*) Schacht *der.*

shake [ʃeɪk] (*pt* shook, *pp* shaken [ˈʃeɪkn]) *vt* schütteln; (*shock*) erschüttern ♦ *vi* (*person*) zittern; (*building, earth*) beben; **to ~ hands with sb** jm die Hand geben; **to ~ one's head** den Kopf schütteln.

shall [weak form ʃəl, strong form ʃæl] *aux vb* 1. (*expressing future*) werden; **I ~ be late tomorrow** morgen werde ich später kommen; **I ~ be ready soon** ich bin bald fertig.
2. (*in questions*) sollen; **~ I buy some wine?** soll ich Wein kaufen?; **where ~ we go?** wo sollen wir hingehen?
3. (*fml: expressing order*): **payment ~ be made within a week** die Zahlung muß innerhalb einer Woche erfolgen.

shallot *n* Schalotte *die.*

shallow [ˈʃæləʊ] *adj* (*pond, water*) seicht.

shallow end *n* (*of swimming pool*) flaches Ende.

shambles [ˈʃæmblz] *n* wildes Durcheinander.

shame [ʃeɪm] *n* (*remorse*) Scham *die;* (*disgrace*) Schande *die;* **it's a ~ that** schade, daß; **what a ~!** wie schade!

shampoo [ʃæmˈpuː] (*pl -s*) *n* (*liquid*) Shampoo *das;* (*wash*) Shampoonieren *das.*

shandy [ˈʃændɪ] *n* Radler *der.*

shape [ʃeɪp] *n* Form *die;* (*person,*

Gestalt *die;* **to be in good/bad ~** in guter/schlechter Form sein.

share [ʃeəʳ] *n* (*part*) Anteil *der;* (*in company*) Aktie *die* ♦ *vt* (*room, work, cost, responsibility*) teilen; (*divide*) aufteilen ❑ **share out** *vt sep* aufteilen.

shark [ʃɑːk] *n* Hai *der.*

sharp [ʃɑːp] *adj* scharf; (*pencil, needle, teeth*) spitz; (*rise, change, bend*) steil; (*quick, intelligent*) aufgeweckt; (*painful*) stechend; (*food, taste*) säuerlich ♦ *adv* (*exactly*): **at one o'clock ~** Punkt eins.

sharpen [ˈʃɑːpn] *vt* (*knife*) schärfen; (*pencil*) spitzen.

shatter [ˈʃætəʳ] *vt* (*break*) zerschmettern ♦ *vi* zerbrechen.

shattered [ˈʃætəd] *adj* (*Br: inf: tired*) erschlagen.

shave [ʃeɪv] *vt* rasieren ♦ *vi* sich rasieren ♦ *n*: **to have a ~** sich rasieren; **to ~ one's legs** sich (*D*) die Beine rasieren.

shaver [ˈʃeɪvəʳ] *n* Rasierapparat *der.*

shaver point *n* Steckdose für einen Rasierapparat.

shaving brush [ˈʃeɪvɪŋ-] *n* Rasierpinsel *der.*

shaving cream [ˈʃeɪvɪŋ-] *n* Rasiercreme *die.*

shaving foam [ˈʃeɪvɪŋ-] *n* Rasierschaum *der.*

shawl [ʃɔːl] *n* Schultertuch *das.*

she [ʃiː] *pron* sie; **~'s tall** sie ist groß.

sheaf [ʃiːf] (*pl* sheaves) *n* (*of paper, notes*) Bündel *das.*

shears [ʃɪəz] *npl* Gartenschere *die.*

sheaves [ʃiːvz] *pl* → **sheaf**.

shed [ʃed] (*pt & pp* **shed**) *n* Schuppen *der* ♦ *vt* (*tears, blood*) vergießen.

she'd [*weak form* ʃid, *strong form* ʃiːd] = **she had, she would**.

sheep [ʃiːp] (*pl inv*) *n* Schaf *das*.

sheepdog ['ʃiːpdɒg] *n* Schäferhund *der*.

sheepskin ['ʃiːpskɪn] *adj* Schaffell *das*.

sheer [ʃɪəʳ] *adj* (*pure, utter*) rein; (*cliff*) steil; (*stockings*) hauchdünn.

sheet [ʃiːt] *n* (*for bed*) Laken *das*; (*of paper*) Blatt *das*; (*of glass, metal, wood*) Platte *die*.

shelf [ʃelf] (*pl* **shelves**) *n* Regal *das*.

shell [ʃel] *n* (*of egg, nut*) Schale *die*; (*on beach*) Muschel *die*; (*of tortoise*) Panzer *der*; (*of snail*) Haus *das*; (*bomb*) Granate *die*.

she'll [ʃiːl] = **she will, she shall**.

shellfish ['ʃelfɪʃ] *n* (*food*) Meeresfrüchte *pl*.

shell suit *n* (*Br*) Freizeitanzug *der* (*aus Polyamid Außenmaterial und Baumwollfutter*).

shelter ['ʃeltəʳ] *n* Schutz *der*; (*structure*) Schutzdach *das* ♦ *vt* (*protect*) schützen ♦ *vi* sich unterstellen; **to take ~** sich unterstellen.

sheltered ['ʃeltəd] *adj* (*place*) geschützt.

shelves [ʃelvz] *pl* → **shelf**.

shepherd ['ʃepəd] *n* Schafhirte *der* (-hirtin *die*).

shepherd's pie ['ʃepədz-] *n* Auflauf aus Hackfleisch, bedeckt mit einer Schicht Kartoffelbrei.

sheriff ['ʃerɪf] *n* (*in US*) Sheriff *der*.

sherry ['ʃerɪ] *n* Sherry *der*.

she's [ʃiːz] = **she is, she has**.

shield [ʃiːld] *n* Schild *der* ♦ *vt* schützen.

shift [ʃɪft] *n* (*change*) Veränderung *die*; (*period of work*) Schicht *die* ♦ *vt* (*move*) rücken; (*rearrange*) umstellen ♦ *vi* (*move*) sich verschieben; (*change*) sich verändern.

shin [ʃɪn] *n* Schienbein *das*.

shine [ʃaɪn] (*pt & pp* **shone**) *vi* scheinen; (*surface, glass*) glänzen ♦ *vt* (*shoes*) polieren; (*torch*) leuchten.

shiny ['ʃaɪnɪ] *adj* glänzend.

ship [ʃɪp] *n* Schiff *das*; **by ~** mit dem Schiff.

shipwreck ['ʃɪprek] *n* (*accident*) Schiffbruch *der*; (*wrecked ship*) Wrack *das*.

shirt [ʃɜːt] *n* Hemd *das*.

shit [ʃɪt] *n* (*vulg*) Scheiße *die*.

shiver ['ʃɪvəʳ] *vi* zittern.

shock [ʃɒk] *n* (*surprise*) Schock *der*; (*force*) Wucht *die* ♦ *vt* (*surprise*) einen Schock versetzen (+*D*); (*horrify*) schockieren; **to be in ~** (*MED*) unter Schock stehen.

shock absorber [-əbˌzɔːbəʳ] *n* Stoßdämpfer *der*.

shocking ['ʃɒkɪŋ] *adj* (*very bad*) entsetzlich.

shoe [ʃuː] *n* Schuh *der*.

shoelace ['ʃuːleɪs] *n* Schnürsenkel *der*.

shoe polish *n* Schuhcreme *die*.

shoe repairer's [-rɪˌpeərəz] *n* Schuhmacher *der*.

shoe shop *n* Schuhgeschäft *das*.

shone [ʃɒn] *pt & pp* → **shine**.

shook [ʃʊk] *pt* → **shake**.

shoot [ʃuːt] (*pt & pp* **shot**) *vt* (*kill*) erschießen; (*injure*) anschießen; (*gun, arrow*) schießen; (*film*) drehen

◆ vi schießen ◆ n (of plant) Trieb der.

shop [ʃɒp] n Geschäft das, Laden der ◆ vi einkaufen.

shop assistant n (Br) Verkäufer der (-in die).

shop floor n Produktion die.

shopkeeper [ʃɒpˌkiːpəᵊ] n Geschäftsinhaber der (-in die).

shoplifter [ʃɒpˌlɪftəᵊ] n Ladendieb der (-in die).

shopper [ʃɒpəᵊ] n Käufer der (-in die).

shopping [ʃɒpɪŋ] n (things bought) Einkäufe pl; (activity) Einkaufen das; **to do the ~** den Einkauf erledigen; **to go ~** einkaufen gehen.

shopping bag n Einkaufstüte die.

shopping basket n Einkaufskorb der.

shopping centre n Einkaufszentrum das.

shopping list n Einkaufsliste die.

shopping mall n Einkaufszentrum das.

shop steward n gewerkschaftlicher Vertrauensmann.

shop window n Schaufenster das.

shore [ʃɔːᵊ] n (of sea, river, lake) Ufer das; **on ~** (on land) an Land.

short [ʃɔːt] adj kurz; (not tall) klein ◆ adv (cut) kurz ◆ n (Br: drink) Kurze der; (film) Kurzfilm der; **to be ~ of sthg** (time, money) zuwenig von etw haben; **to be ~ of breath** außer Atem sein; **in ~** kurz (gesagt) ❑ **shorts** npl (short trousers) Shorts pl; (Am: underpants) Unterhose die.

shortage [ʃɔːtɪdʒ] n Mangel der.

shortbread [ʃɔːtbred] n Buttergebäck das.

short-circuit vi einen Kurzschluß haben.

shortcrust pastry [ʃɔːtkrʌst-] n Mürbeteig der.

short cut n Abkürzung die.

shorten [ʃɔːtn] vt (in time) verkürzen; (in length) kürzen.

shorthand [ʃɔːthænd] n Stenografie die.

shortly [ʃɔːtlɪ] adv (soon) in Kürze; **~ before** kurz bevor.

shortsighted [ʃɔːtsaɪtɪd] adj kurzsichtig.

short-sleeved [-ˌsliːvd] adj kurzärmlig.

short-stay car park n Parkplatz der für Kurzparker.

short story n Kurzgeschichte die.

short wave n Kurzwelle die.

shot [ʃɒt] pt & pp → **shoot** ◆ n (of gun, in football) Schuß der; (in tennis, golf) Schlag der; (photo) Aufnahme die; (in film) Einstellung die; (inf: attempt) Versuch der; (of alcohol) Schuß der.

shotgun [ʃɒtgʌn] n Schrotflinte die.

should aux vb 1. (expressing desirability): **we ~ leave now** wir sollten jetzt gehen.

2. (asking for advice): **I go too?** soll ich auch gehen?

3. (expressing probability): **she ~ be home soon** sie müßte bald zu Hause sein.

4. (ought to): **they ~ have won the match** sie hätten das Spiel gewinnen sollen.

5. (fml: in conditionals): **~ you need**

anything, call reception sollten Sie
irgendetwas brauchen, rufen Sie
die Rezeption an.
6. (fml: expressing wish): I ~ like to
come with you ich würde gerne mit
dir mitkommen.

shoulder ['ʃəʊldəʳ] n Schulter
die; (of meat) Schulterstück das; (Am:
of road) Seitenstreifen der.

shoulder pad n Schulterpolster das.

shouldn't ['ʃʊdnt] = should not.

should've ['ʃʊdəv] = should
have.

shout [ʃaʊt] n Schrei der ◆ vt & vi
schreien ❑ **shout out** vt sep
herausschreien.

shove [ʃʌv] vt stoßen; (put carelessly) stopfen.

shovel ['ʃʌvl] n Schaufel die.

show [ʃəʊ] (pp -ed OR **shown**) n (at
theatre, on TV, radio) Show die; (exhibition) Schau die ◆ vt zeigen;
(accompany) begleiten ◆ vi (be visible) sichtbar sein; (film) laufen; **to ~
sthg to sb** jm etw zeigen; **to ~ sb
how to do sthg** jm zeigen, wie man
etw tut ❑ **show off** vi angeben;
(be visible) zu sehen sein.

show up vi (come along) kommen;
(be visible) zu sehen sein.

shower ['ʃaʊəʳ] n (for washing)
Dusche die; (of rain) Guß der ◆ vi
(wash) duschen; **to have a ~**
duschen.

shower gel n Duschgel das.

shower unit n Dusche die.

showing ['ʃəʊɪŋ] n (of film)
Vorführung die.

shown [ʃəʊn] pp → **show**.

showroom ['ʃəʊrʊm] n Ausstellungsraum der.

shrank [ʃræŋk] pt → **shrink**.

shrimp [ʃrɪmp] n Krabbe die.

shrine [ʃraɪn] n Schrein der.

shrink [ʃrɪŋk] (pt **shrank**, pp
shrunk) n (inf: psychoanalyst)
Psychiater der ◆ vi (become smaller)
schrumpfen; (clothes) einlaufen;
(diminish) abnehmen.

shrub [ʃrʌb] n Strauch der.

shrug [ʃrʌg] n Achselzucken das
◆ vi die Achseln zucken.

shrunk [ʃrʌŋk] pp → **shrink**.

shuffle ['ʃʌfl] vt (cards) mischen ◆
vi schlurfen.

shut [ʃʌt] (pt & pp **shut**) adj zu,
geschlossen ◆ vt schließen, zumachen ◆ vi (door, mouth, eyes)
schließen; (shop, restaurant) schließen, zumachen ❑ **shut down** vt
sep schließen; **shut up** vi (inf: stop
talking) den Mund halten.

shutter ['ʃʌtəʳ] n (on window)
Fensterladen der; (on camera)
Verschluß der.

shuttle ['ʃʌtl] n (plane) Pendelmaschine die; (bus) Pendelbus der.

shuttlecock ['ʃʌtlkɒk] n Federball der.

shy [ʃaɪ] adj schüchtern.

sick [sɪk] adj (ill) krank; **to be ~**
(vomit) sich übergeben; **I feel ~** mir
ist schlecht; **to be ~ of** (fed up with)
die Nase voll haben von.

sick bag n Tüte die.

sickness ['sɪknɪs] n Krankheit die.

sick pay n Krankengeld das.

side [saɪd] n Seite die; (Br: TV
channel) Kanal der ◆ adj (door, pocket)
Seiten-; **at the ~ of** neben (+D); **on
the other ~** auf der anderen Seite;
on this ~ auf dieser Seite; **~ by ~**
Seite an Seite.

sideboard ['saɪdbɔːd] n Anrichte die.

sidecar ['saɪdkɑːʳ] n Beiwagen der.

side dish n Beilage die.

side effect n Nebenwirkung die.

sidelight ['saɪdlaɪt] n (Br: of car) Seitenlicht das.

side order n Beilage die.

side salad n Salatbeilage die.

side street n Seitenstraße die.

sidewalk ['saɪdwɔːk] n (Am) Bürgersteig der.

sideways ['saɪdweɪz] adv seitwärts.

sieve [sɪv] n Sieb das.

sigh [saɪ] n Seufzer der ◆ vi seufzen.

sight [saɪt] n (eyesight) Sehvermögen das; (thing seen) Anblick der; at first ~ auf den ersten Blick; to catch ~ of erblicken; in ~ in Sicht; to lose ~ of aus den Augen verlieren; out of ~ außer Sicht ❑ **sights** npl (of city, country) Sehenswürdigkeiten pl.

sightseeing ['saɪtsiːɪŋ] n: to go ~ Sehenswürdigkeiten besichtigen.

sign [saɪn] n Zeichen das; (next to road, in shop, station) Schild das ◆ vt & vi unterschreiben; there's no ~ of her von ihr ist nichts zu sehen ❑ **sign in** vi (at hotel, club) sich eintragen.

signal ['sɪgnl] n Signal das; (Am: traffic lights) Ampel die ◆ vi (in car, on bike) die Fahrtrichtung anzeigen.

signature ['sɪgnətʃəʳ] n Unterschrift die.

significant [sɪg'nɪfɪkənt] adj (large) beträchtlich; (important) bedeutend.

signpost ['saɪnpəʊst] n Wegweiser der.

Sikh [siːk] n Sikh der, die.

silence ['saɪləns] n Stille die.

silencer ['saɪlənsəʳ] n (Br: AUT) Auspufftopf der.

silent ['saɪlənt] adj still.

silk [sɪlk] n Seide die.

sill [sɪl] n Sims der.

silly ['sɪlɪ] adj albern.

silver ['sɪlvəʳ] n Silber das; (coins) Silbergeld das ◆ adj (made of silver) Silber-.

silver foil n Silberfolie die.

silver-plated [-'pleɪtɪd] adj versilbert.

similar ['sɪmɪləʳ] adj ähnlich; to be ~ to ähnlich sein (+D).

similarity [ˌsɪmɪˈlærətɪ] n Ähnlichkeit die.

simmer ['sɪməʳ] vi leicht kochen.

simple ['sɪmpl] adj einfach.

simplify ['sɪmplɪfaɪ] vt vereinfachen.

simply ['sɪmplɪ] adv einfach.

simulate ['sɪmjʊleɪt] vt simulieren.

simultaneous [Br ˌsɪməl'teɪnjəs, Am ˌsaɪməl'teɪnjəs] adj gleichzeitig.

simultaneously [Br ˌsɪməl-'teɪnjəslɪ, Am ˌsaɪməl'teɪnjəslɪ] adv gleichzeitig.

sin [sɪn] n Sünde die ◆ vi sich versündigen.

since [sɪns] adv seitdem ◆ prep seit ◆ conj (in time) seit; (as) da; I've been here ~ six o'clock ich bin hier seit sechs Uhr; ever ~ prep seitdem ◆ conj seit.

sincere [sɪn'sɪəʳ] adj aufrichtig.

sincerely [sɪn'sɪəlɪ] adv aufrichtig; **Yours ~** mit freundlichen Grüßen.

sing [sɪŋ] (*pt* **sang**, *pp* **sung**) *vt & vi* singen.

singer ['sɪŋəʳ] *n* Sänger der (-in die).

single ['sɪŋgl] *adj (just one)* einzig; *(not married)* ledig ♦ *n (Br: ticket)* einfache Fahrkarte; *(record)* Single die; **every ~** jede(-r)(-s) einzelne ♦.

singles *n (SPORT)* Einzel das ♦ *adj* Singles-.

single bed *n* Einzelbett das.

single cream *n (Br)* Sahne mit niedrigem Fettgehalt.

single parent *n* Alleinerziehende der, die.

single room *n* Einzelzimmer das.

single track road *n* einspurige Straße.

singular ['sɪŋgjʊləʳ] *n* Singular der; **in the ~** im Singular.

sinister ['sɪnɪstəʳ] *adj* finster.

sink [sɪŋk] (*pt* **sank**, *pp* **sunk**) *n (in kitchen)* Spülbecken das; *(washbasin)* Waschbecken das ♦ *vi* sinken.

sink unit *n* Spüle die.

sinuses ['saɪnəsɪz] *npl* Nebenhöhlen *pl*.

sip [sɪp] *n* Schlückchen das ♦ *vt* in kleinen Schlucken trinken.

siphon ['saɪfn] *n (tube)* Saugheber der ♦ *vt (liquid)* absaugen.

sir [sɜːʳ] *n* mein Herr; **Dear Sir/Sirs** Sehr geehrte Herren; **Sir Richard Blair** Sir Richard Blair.

siren ['saɪərən] *n* Sirene die.

sirloin steak [ˌsɜːlɔɪn-] *n* Lendensteak das.

sister ['sɪstəʳ] *n* Schwester die.

sister-in-law *n* Schwägerin die.

sit [sɪt] (*pt & pp* **sat**) *vi (be seated)* sitzen; *(sit down)* sich setzen; *(be situated)* liegen ♦ *vt (place)* setzen; *(Br: exam)* machen; **to be sitting** sitzen ⊔ **sit down** *vi* sich setzen; **to be sitting down** sitzen; **sit up** *vi (after lying down)* sich aufsetzen; *(stay up late)* aufbleiben.

site [saɪt] *n* Stelle die; *(building site)* Baustelle die.

sitting room ['sɪtɪŋ-] *n* Wohnzimmer das.

situated ['sɪtjʊeɪtɪd] *adj*: **to be ~** liegen.

situation [ˌsɪtjʊ'eɪʃn] *n* Lage die; **'~s vacant'** 'Stellenangebote'.

six [sɪks] *num adj* sechs ♦ *num n* Sechs die; **to be ~ (years old)** sechs (Jahre alt) sein; **it's ~ (o'clock)** es ist sechs Uhr; **a hundred and ~** hundertsechs; **~ Hill St** Hill St sechs; **it's minus ~ (degrees)** es hat minus sechs (Grad).

sixteen [sɪks'tiːn] *num* sechzehn, → **six**.

sixteenth [sɪks'tiːnθ] *num* sechzehnte(-e)(-s), → **sixth**.

sixth [sɪksθ] *num adj & adv* sechste(-r)(-s) ♦ *num pron* Sechste der, die, das ♦ *num n (fraction)* Sechstel das; **the ~ (of September)** der sechste (September).

sixth form *n (Br)* die letzten beiden Klassen vor den "A-level"-Prüfungen.

sixth-form college *n (Br)* College für Schüler die ihre "A-level"-Prüfungen machen.

sixtieth ['sɪkstɪəθ] *num* sechzigste(-r)(-s), → **sixth**.

sixty ['sɪkstɪ] *num* sechzig, → **six**.

size [saɪz] n Größe die; **what ~ do you take?** welche Größe haben Sie?; **what ~ is this?** welche Größe ist das?

sizeable ['saɪzəbl] adj beträchtlich.

skate [skeɪt] n (ice skate) Schlittschuh der; (roller skate) Rollschuh der; (fish) Rochen der ♦ vi (ice-skate) Schlittschuh laufen; (roller-skate) Rollschuh laufen.

skateboard ['skeɪtbɔːd] n Skateboard das.

skater ['skeɪtə^r] n (ice-skater) Schlittschuhläufer der (-in die); (roller-skater) Rollschuhläufer der (-in die).

skating ['skeɪtɪŋ] n: **to go ~** (ice-skating) Schlittschuhlaufen gehen; (roller-skating) Rollschuhlaufen gehen.

skeleton ['skelɪtn] n Skelett das.

skeptical ['skeptɪkl] (Am) = sceptical.

sketch [sketʃ] n (drawing) Skizze die; (humorous) Sketch der ♦ vt skizzieren.

skewer ['skjuə^r] n Spieß der.

ski [skiː] (pt & pp skied, cont skiing) n Ski der ♦ vi Ski laufen.

ski boots npl Skistiefel pl.

skid [skɪd] n Schleudern das ♦ vi schleudern.

skier ['skiːə^r] n Skiläufer der (-in die).

skiing ['skiːɪŋ] n Skilaufen das; **to go ~** Skilaufen gehen; **a ~ holiday** ein Skiurlaub.

skilful ['skɪlful] adj (Br) geschickt.

ski lift n Skilift der.

skill [skɪl] n (ability) Geschick das; (technique) Fertigkeit die.

skilled [skɪld] adj (worker, job) qualifiziert, Fach-; (driver, chef) erfahren.

skillful ['skɪlful] (Am) = skilful.

skimmed milk ['skɪmd-] n entrahmte Milch.

skin [skɪn] n Haut die; (on fruit, vegetable) Schale die; (from animal) Fell das.

skin freshener [-,freʃnə^r] n Gesichtswasser das.

skinny ['skɪnɪ] adj mager.

skip [skɪp] vi (with rope) seillspringen; (jump) hüpfen ♦ vt (omit) auslassen ♦ n (container) Container der.

ski pants npl Skihose die.

ski pass n Skipaß der.

ski pole n Skistock der.

skipping rope ['skɪpɪŋ-] n Sprungseil das.

skirt [skɜːt] n Rock der.

ski slope n Skipiste die.

ski tow n Schlepplift der.

skittles ['skɪtlz] n (game) Kegeln das.

skull [skʌl] n Schädel der.

sky [skaɪ] n Himmel der.

skylight ['skaɪlaɪt] n Dachfenster das.

skyscraper ['skaɪ,skreɪpə^r] n Wolkenkratzer der.

slab [slæb] n Platte die.

slack [slæk] adj (rope) locker; (careless) nachlässig; (not busy) ruhig.

slacks [slæks] npl Hose die.

slam [slæm] vt zuschlagen.

slander ['slɑːndə^r] n Verleumdung die.

slang [slæŋ] n Slang der.

slant [sla:nt] n (slope) Schräge die ♦ vi sich neigen.

slap [slæp] n (smack) Schlag der ♦ vt schlagen.

slash [slæʃ] vt (cut) aufschlitzen; (fig: prices) reduzieren ♦ n (written symbol) Schrägstrich der.

slate [sleɪt] n (rock) Schiefer der; (on roof) Schieferplatte die.

slaughter ['slɔ:təʳ] vt (animal) schlachten; (fig: defeat) fertigmachen.

slave [sleɪv] n Sklave der (Sklavin die).

sled [sled] = sledge.

sledge [sledʒ] n Schlitten der.

sleep [sli:p] (pt & pp slept) n Schlaf der; (nap) Schläfchen das ♦ vi schlafen ♦ vt: **the house ~s six** in dem Haus können sechs Leute übernachten; **did you ~ well?** hast du gut geschlafen?; **I couldn't get to ~** ich konnte nicht einschlafen; **to go to ~** einschlafen; **to ~ with sb** mit jm schlafen.

sleeper ['sli:pəʳ] n (train) Schlafwagenzug der; (sleeping car) Schlafwagen der; (Br: on railway track) Schwelle die; (Br: earring) Ohrstecker der.

sleeping bag ['sli:pɪŋ-] n Schlafsack der.

sleeping car ['sli:pɪŋ-] n Schlafwagen der.

sleeping pill ['sli:pɪŋ-] n Schlaftablette die.

sleeping policeman ['sli:pɪŋ-] n (Br) Geschwindigkeitsschwelle die.

sleepy ['sli:pɪ] adj schläfrig.

sleet [sli:t] n Schneeregen der ♦ v impers: **it's ~ing** es rieselt Schneeregen.

sleeve [sli:v] n Ärmel der; (of record) Hülle die.

sleeveless ['sli:vlɪs] adj ärmellos.

slept [slept] pt & pp → sleep.

slice [slaɪs] n (of bread, meat) Scheibe die; (of cake, pizza) Stück das ♦ vt (bread, meat) in Scheiben schneiden; (cake, vegetables) in Stücke schneiden.

sliced bread [,slaɪst-] n Schnittbrot das.

slide [slaɪd] (pt & pp slid [slɪd]) n (in playground) Rutsche die; (of photograph) Dia das; (Br: hair slide) Haarspange die ♦ vi (slip) rutschen.

sliding door [,slaɪdɪŋ-] n Schiebetür die.

slight [slaɪt] adj (minor) leicht; **the ~est** der/die/das geringste; **not in the ~est** nicht im geringsten.

slightly ['slaɪtlɪ] adv leicht.

slim [slɪm] adj (person, waist) schlank; (book) schmal ♦ vi abnehmen.

slimming ['slɪmɪŋ] n Abnehmen das.

sling [slɪŋ] (pt & pp slung) n (for arm) Schlinge die ♦ vt (inf: throw) schmeißen.

slip [slɪp] vi rutschen ♦ n (mistake) Ausrutscher der; (of paper) Zettel der; (petticoat) Unterrock der □ **slip up** vi (make a mistake) einen Schnitzer machen.

slipper ['slɪpəʳ] n Hausschuh der.

slippery ['slɪpərɪ] adj (surface) glatt; (object) schlüpfrig.

slip road n (Br) (onto motorway) Auffahrt die; (leaving motorway) Ausfahrt die.

slit [slɪt] n Schlitz der.

slob [slɒb] n (inf) Schwein das.

slogan ['sləʊgən] n Slogan der.

slope [sləʊp] n (incline) Neigung die; (hill) Hang der; (for skiing) Piste die ◆ vi sich neigen.

sloping ['sləʊpɪŋ] adj (upwards) ansteigend; (downwards) abfallend.

slot [slɒt] n (for coin) Schlitz der; (groove) Nut die.

slot machine n (vending machine) Automat der; (for gambling) Spielautomat der.

Slovakia [sləˈvækiə] n Slowakei die.

slow [sləʊ] adj langsam; (business) flau ◆ adv langsam; to be ~ (clock, watch) nachgehen; 'slow' (sign on road) 'langsam fahren'; a ~ train ein Nahverkehrszug □ slow down vt sep verlangsamen ◆ vi langsamer werden.

slowly ['sləʊlɪ] adv langsam.

slug [slʌg] n (animal) Nacktschnecke die.

slum [slʌm] n (building) Elendsquartier das □ slums npl (district) Elendsviertel das.

slung [slʌŋ] pt & pp → sling.

slush [slʌʃ] n (snow) Schneematsch der.

sly [slaɪ] adj (cunning) schlau; (deceitful) verschlagen.

smack [smæk] n (slap) Schlag der; (on bottom) Klaps der ◆ vt (slap) schlagen.

small [smɔːl] adj klein.

small change n Kleingeld das.

smallpox ['smɔːlpɒks] n Pocken pl.

smart [smɑːt] adj (elegant) elegant; (clever) clever; (posh) fein.

smart card n Chipkarte die.

smash [smæʃ] n (SPORT) Schmetterball der; (inf: car crash) Zusammenstoß der ◆ vt (plate) zerschlagen; (window) einschlagen ◆ vi (plate, vase etc) zerbrechen.

smashing ['smæʃɪŋ] adj (Br: inf) toll.

smear test ['smɪə] n Abstrich der.

smell [smel] n (pt & pp -ed OR smelt) n Geruch der; (bad odour) Gestank der ◆ vt (sniff at) riechen an (+D); (detect) riechen ◆ vi (have odour) riechen; (have bad odour) stinken; to ~ of sthg nach etw riechen.

smelly ['smelɪ] adj stinkend.

smelt [smelt] pt & pp → smell.

smile [smaɪl] n Lächeln das ◆ vi lächeln.

smoke [sməʊk] n Rauch der ◆ vt & vi rauchen; to have a ~ eine rauchen.

smoked [sməʊkt] adj geräuchert.

smoked salmon n Räucherlachs der.

smoker ['sməʊkə[r]] n Raucher der (-in die).

smoking ['sməʊkɪŋ] n Rauchen das; 'no ~' 'Rauchen verboten'.

smoking area n Raucherzone die.

smoking compartment n Raucherabteil das.

smoky ['sməʊkɪ] adj (room) verräuchert.

smooth [smuːð] adj (surface, road, mixture) glatt; (skin, wine, beer) weich; (flight, journey) ruhig; (take-

off, landing) weich □ **smooth
down** *vt sep* glattstreichen.

smother ['smʌðə'] *vt (cover)*
bedecken.

smudge [smʌdʒ] *n* Fleck *der*.

smuggle ['smʌgl] *vt* schmuggeln.

snack [snæk] *n* Imbiß *der*.

snack bar *n* Schnellimbiß *der*.

snail [sneɪl] *n* Schnecke *die*.

snake [sneɪk] *n* Schlange *die*.

snap [snæp] *vt (break)* zerbrechen
♦ *vi (break)* brechen ♦ *n (inf: photo)*
Schnappschuß *der*; (Br: card game)
Schnippschnapp *das*.

snare [sneə'] *n (trap)* Schlinge *die*.

snatch [snætʃ] *vt (grab)* schnappen; *(steal)* klauen.

sneakers ['sniːkəz] *npl (Am)*
Turnschuhe *pl*.

sneeze [sniːz] *n* Niesen *das* ♦ *vi*
niesen.

sniff [snɪf] *vi (from cold, crying)*
schniefen ♦ *vt (smell)* schnuppern
an (+D).

snip [snɪp] *vt* schnippeln.

snob [snɒb] *n* Snob *der*.

snog [snɒg] *vi (Br: inf)* knutschen.

snooker ['snuːkə'] *n* Snooker *das*.

snooze [snuːz] *n* Nickerchen *das*.

snore [snɔː'] *vi* schnarchen.

snorkel ['snɔːkl] *n* Schnorchel
der.

snout [snaʊt] *n* Schnauze *die*.

snow [snəʊ] *n* Schnee *der* ♦ *v
impers*: it's ~ing es schneit.

snowball ['snəʊbɔːl] *n* Schneeball *der*.

snowdrift ['snəʊdrɪft] *n* Schneewehe *die*.

snowflake ['snəʊfleɪk] *n* Schneeflocke *die*.

snowman ['snəʊmæn] (*pl* -men
[-men]) *n* Schneemann *der*.

snowplough ['snəʊplaʊ] *n*
Schneepflug *der*.

snowstorm ['snəʊstɔːm] *n*
Schneesturm *der*.

snug [snʌg] *adj (place)* gemütlich;
(person) behaglich.

so [səʊ] *adv* **1.** *(emphasizing degree)*
so; **it's ~ difficult (that ...)** es ist so
schwierig (daß ...).
2. *(referring back)* also; **~ you knew
already** du hast es also schon
gewußt; **I don't think ~** ich glaube
nicht; **I'm afraid ~** leider ja; **if ~** falls
ja.
3. *(also)*: **~ do I** ich auch.
4. *(in this way)* so.
5. *(expressing agreement)*: **~ there is**
ja, das stimmt.
6. *(in phrases)*: **or ~** oder so, etwa; **~
as um; **~ that** so daß.
♦ *conj* **1.** *(therefore)* deshalb; **I'm
away next week ~ I won't be there**
ich bin nächste Woche weg, also
werde ich nicht kommen.
2. *(summarizing)* also; **~ what have
you been up to?** na, was treibst du
so?
3. *(in phrases)*: **~ what?** *(inf)* na und?;
~ there! *(inf)* das war's!

soak [səʊk] *vt (leave in water)* einlweichen; *(make very wet)* naß
machen ♦ *vi*: **to ~ through sthg** etw
durchnässen □ **soak up** *vt sep* auflsaugen.

soaked [səʊkt] *adj (very wet)*
patschnaß.

soaking ['səʊkɪŋ] *adj (very wet)*
patschnaß.

soap [səʊp] *n* Seife *die*.

soap opera *n* Seifenoper *die*.

soap powder *n* Seifenpulver *das.*

sob [sɒb] *n* Schluchzer *der* ♦ *vi* schluchzen.

sober ['səʊbəʳ] *adj (not drunk)* nüchtern.

soccer ['sɒkəʳ] *n* Fußball *der.*

sociable ['səʊʃəbl] *adj* gesellig.

social ['səʊʃl] *adj (problem, conditions)* gesellschaftlich; *(acquaintance, function)* privat.

social club *n* Klub *der.*

socialist ['səʊʃəlɪst] *adj* sozialistisch ♦ *n* Sozialist *der* (-in *die*).

social life *n* gesellschaftliches Leben.

social security *n (money)* Sozialhilfe *die.*

social worker *n* Sozialarbeiter *der* (-in *die*).

society [sə'saɪətɪ] *n* Gesellschaft *die; (organization, club)* Verein *der.*

sociology [ˌsəʊsɪ'ɒlədʒɪ] *n* Soziologie *die.*

sock [sɒk] *n* Socke *die.*

socket ['sɒkɪt] *n (for plug)* Steckdose *die; (for light bulb)* Fassung *die.*

sod [sɒd] *n (Br: vulg)* Sau *die.*

soda ['səʊdə] *n (soda water)* Soda *das; (Am: fizzy drink)* Brause *die.*

soda water *n* Sodawasser *das.*

sofa ['səʊfə] *n* Sofa *das.*

sofa bed *n* Schlafcouch *die.*

soft [sɒft] *adj* weich; *(touch, breeze)* sanft; *(not loud)* leise.

soft cheese *n* Weichkäse *der.*

soft drink *n* alkoholfreies Getränk.

software ['sɒftweəʳ] *n* Software *die.*

soil [sɔɪl] *n (earth)* Erde *die.*

solarium [sə'leərɪəm] *n* Solarium *das.*

solar panel ['səʊlə-] *n* Sonnenkollektor *der.*

sold [səʊld] *pt & pp* → **sell.**

soldier ['səʊldʒəʳ] *n* Soldat *der.*

sold out *adj* ausverkauft.

sole [səʊl] *adj (only)* einzig; *(exclusive)* alleinig ♦ *n (of shoe, foot)* Sohle *die; (fish: pl inv)* Seezunge *die.*

solemn ['sɒləm] *adj (person)* ernst; *(occasion)* feierlich.

solicitor [sə'lɪsɪtəʳ] *n (Br)* Rechtsanwalt *der* (-anwältin *die*).

solid ['sɒlɪd] *adj (not liquid or gas)* fest; *(strong)* stabil; *(gold, silver, rock, oak)* massiv.

solo ['səʊləʊ] *(pl* -s) *n (MUS)* Solo *das;* **m/cs'** *(traffic sign)* 'Parken nur für Motorräder'.

soluble ['sɒljʊbl] *adj* löslich.

solution [sə'lu:ʃn] *n* Lösung *die.*

solve [sɒlv] *vt* lösen.

some [sʌm] *adj* **1.** *(certain amount of)* etwas; ~ **meat** ein bißchen Fleisch; ~ **money** etwas Geld; **I had** ~ **difficulty getting here** es war ziemlich schwierig für mich, hierher zu kommen; **do you want** ~ **more tea?** möchten Sie noch Tee? **2.** *(certain number of)* einige; ~ **people** einige Leute; **I've known him for** ~ **years** ich kenne ihn schon seit einigen Jahren; **can I have** ~ **sweets?** Kann ich Bonbons haben? **3.** *(not all)* manche; ~ **jobs are better paid than others** manche Jobs sind besser bezahlt als andere. **4.** *(in imprecise statements)* irgendein(-e); **she married** ~ **Italian (or other)** sie hat irgend so einen Italiener geheiratet.

◆ *pron* **1.** *(certain amount)* etwas; **can I have ~?** kann ich etwas davon haben?
2. *(certain number)* einige; **can I have ~?** kann ich welche haben?; **~ (of them)** left early einige (von ihnen) gingen vorher.

◆ *adv* *(approximately)* ungefähr; **there were ~ 7,000 people there** es waren um die 7.000 Leute da.

somebody ['sʌmbədɪ] = **someone**.

somehow ['sʌmhaʊ] *adv* irgendwie.

someone ['sʌmwʌn] *pron* jemand; **~ or other** irgend jemand.

someplace ['sʌmpleɪs] *(Am)* = **somewhere**.

somersault ['sʌməsɔːlt] *n* Purzelbaum *der*.

something ['sʌmθɪŋ] *pron* etwas; **it's really ~** es ist ganz toll; **or ~** *(inf)* oder so etwas; **~ like** ungefähr; **~ or other** irgend etwas.

sometime ['sʌmtaɪm] *adv* irgendwann.

sometimes ['sʌmtaɪmz] *adv* manchmal.

somewhere ['sʌmweəʳ] *adv* irgendwo; *(go, travel)* irgendwohin; *(approximately)* ungefähr.

son [sʌn] *n* Sohn *der*.

song [sɒŋ] *n* Lied *das*.

son-in-law *n* Schwiegersohn *der*.

soon [suːn] *adv* bald; *(quickly)* schnell; **too ~** zu früh; **as ~ as** sobald; **as ~ as possible** so bald wie möglich; **~ after** kurz danach; **~er or later** früher oder später.

soot [sʊt] *n* Ruß *der*.

soothe [suːð] *vt* *(pain, sunburn)* lindern; *(person, anger)* beruhigen.

sophisticated [sə'fɪstɪkeɪtɪd] *adj* *(chic)* gepflegt; *(complex)* hochentwickelt.

sorbet ['sɔːbeɪ] *n* Sorbet *das*.

sore [sɔːʳ] *adj* *(painful)* schmerzhaft; *(inflamed)* wund; *(Am: inf: angry)* sauer ◆ *n* wunde Stelle; **to have a ~ throat** Halsschmerzen haben.

sorry ['sɒrɪ] *adj* *(sad, upset)* traurig; *(in apologies)*: **I'm ~!** Entschuldigung; **I'm ~ I'm late** es tut mir leid, daß ich zu spät komme; **~?** *(pardon)* wie bitte?; **to feel ~ for sb** jn bemitleiden; **I'm ~ about yesterday** es tut mir leid wegen gestern.

sort [sɔːt] *n* *(type)* Sorte *die* ◆ *vt* sortieren; **what ~ of car?** was für ein Auto?; **a ~ of** eine Art von; **~ of** irgendwie ❏ **sort out** *vt sep* *(classify)* sortieren; *(resolve)* klären.

so-so *adj & adv* *(inf)* so lala.

soufflé ['suːfleɪ] *n* Soufflé *das*.

sought [sɔːt] *pt & pp* → **seek**.

soul [səʊl] *n* *(spirit)* Seele *die*; *(soul music)* Soul *der*.

sound [saʊnd] *n* Geräusch *das*; *(volume)* Ton *der* ◆ *vt* *(horn, bell)* ertönen lassen ◆ *vi* klingen ◆ *adj* *(structure)* solide; *(reliable)* vernünftig; **to ~ like** *(make a noise like)* sich anhören wie; *(seem to be)* sich anhören.

soundproof ['saʊndpruːf] *adj* schalldicht.

soup [suːp] *n* Suppe *die*.

soup spoon *n* Suppenlöffel *der*.

sour ['saʊəʳ] *adj* sauer; **to go ~** sauer werden.

source [sɔːs] n Quelle die; (cause) Ursache die.

sour cream n saure Sahne.

south [sauθ] n Süden der ◆ adj Süd- ◆ adv (fly, walk) nach Süden; (be situated) im Süden; **in the ~ of England** in Südengland.

South Africa n Südafrika nt.

South America n Südamerika nt.

southbound ['sauθbaund] adj in Richtung Süden.

southeast [,sauθ'iːst] n Südosten der.

southern ['sʌðən] adj südlich, Süd-.

South Pole n Südpol der.

southwards ['sauθwədz] adv südwärts.

southwest [,sauθ'west] n Südwesten der.

souvenir [,suːvə'nɪər] n Souvenir das, Andenken das.

Soviet Union [,səuvɪət-] n: **the ~** die Sowjetunion.

sow[1] [səu] (pp **sown**) vt (seeds) säen.

sow[2] [nau] n (pig) Sau die.

soya ['sɔɪə] n Soja die.

soya bean n Sojabohne die.

soy sauce [,sɔɪ-] n Sojasoße die.

spa [spɑː] n Bad das.

space [speɪs] n Platz der; (in astronomy etc) Weltraum der; (period) Zeit[qum das ◆ vt (in Abständen verteilen.

spaceship ['speɪsʃɪp] n Raumschiff das.

space shuttle n Raumtransporter der.

spacious ['speɪʃəs] adj geräumig.

spade [speɪd] n (tool) Spaten der □ **spades** npl (in cards) Pik das.

spaghetti n Spaghetti pl.

Spain [speɪn] n Spanien nt.

span [spæn] pt → **spin** ◆ n (of time) Spanne die.

Spaniard ['spænjəd] n Spanier der (-in die).

spaniel ['spænjəl] n Spaniel der.

Spanish ['spænɪʃ] adj spanisch ◆ n (language) Spanisch das.

spank [spæŋk] vt verhauen.

spanner ['spænər] n Schraubenschlüssel der.

spare [speər] adj (kept in reserve) zusätzlich, Extra-; (not in use) übrig ◆ n (spare part) Ersatzteil das; (spare wheel) Ersatzreifen der ◆ vt: **to ~ sb sthg** (time, money) jm etw geben; **with ten minutes to ~** mit noch zehn Minuten übrig.

spare part n Ersatzteil das.

spare ribs npl Spare Ribs pl.

spare room n Gästezimmer das.

spare time n Freizeit die

spare wheel n Ersatzreifen der.

spark [spɑːk] n Funken der.

sparkling ['spɑːklɪŋ] adj (mineral water, soft drink) sprudelnd.

sparkling wine n Schaumwein der.

spark plug n Zündkerze die

sparrow [spærou] n Spatz der.

spat [spæt] pt & pp → **spit**.

speak [spiːk] (pt **spoke**, pp **spoken**) vt & vi sprechen; **who's ~ing?** (on phone) mit wem spreche ich? ; **can I ~ to Sarah?** - **~ing!** (on phone) kann ich Sarah bitte sprechen? - Am Apparat!; **to ~ to sb about sthg** mit jm über etw (A) sprechen ❑ **speak up** vi (more loudly) lauter sprechen.

speaker ['spiːkə^r] n (person) Redner der (-in die); (loudspeaker, of stereo) Lautsprecher der; **to be an English ~** Englisch sprechen.

spear [spɪə^r] n Speer der.

special ['speʃl] adj (not ordinary) besondere(-r)(-s); (particular) speziell ♦ n (dish) Spezialität die; **'today's ~'** 'Tagesgericht'.

special delivery n (Br) Eilzustellung die.

special effects npl (Br) Special effects pl.

specialist ['speʃəlɪst] n (doctor) Facharzt der (-ärztin die).

speciality [ˌspeʃɪˈælətɪ] n Spezialität die.

specialize ['speʃəlaɪz] vi: **to ~ (in)** sich spezialisieren (auf (+A)).

specially ['speʃəlɪ] adv speziell.

special offer n Sonderangebot das.

special school n (Br) Sonderschule die.

specialty ['speʃltɪ] (Am) = **speciality.**

species ['spiːʃiːz] n Art die.

specific [spəˈsɪfɪk] adj (particular) bestimmt; (exact) genau.

specification [ˌspesɪfɪˈkeɪʃn] n (of machine, building etc) genaue Angaben pl.

specimen ['spesɪmən] n (MED) Probe die; (example) Exemplar das.

specs [speks] npl (inf) Brille die.

spectacle ['spektəkl] n (sight) Anblick der.

spectacles ['spektəklz] npl Brille die.

spectacular [spekˈtækjʊlə^r] adj spektakulär.

spectator [spekˈteɪtə^r] n Zuschauer der (-in die).

sped [sped] pt & pp → **speed.**

speech [spiːtʃ] n Sprache die; (talk) Rede die.

speech impediment [-ɪm-ˌpedɪmənt] n Sprachbehinderung die.

speed [spiːd] (pt & pp **-ed** OR **sped**) n Geschwindigkeit die; (of film) Lichtempfindlichkeit die; (bicycle gear) Gang der ♦ vi (move quickly) rasen; (drive too fast) zu schnell fahren; **at ~** mit hoher Geschwindigkeit; **'reduce now'** 'Geschwindigkeit senken' ❑ **speed up** vi beschleunigen.

speedboat ['spiːdbəʊt] n Rennboot das.

speeding ['spiːdɪŋ] n Geschwindigkeitsüberschreitung die.

speed limit n Geschwindigkeitsbeschränkung die.

speedometer [spɪˈdɒmɪtə^r] n Tachometer der.

spell [spel] (Br pt & pp **-ed** OR **spelt**, Am pt & pp **-ed**) vt buchstabieren; (subj: letters) schreiben ♦ n (period) Weile die; (of weather) Periode die; (magic) Zauberformel die.

spelling ['spelɪŋ] n (correct order) Schreibweise die; (ability) Rechtschreibung die.

spelt [spelt] pt & pp (Br) → **spell.**

spend [spend] (pt & pp **spent** [spent]) vt (money) ausgeben; (time) verbringen.

sphere [sfɪə^r] n (round shape) Kugel die.

spice [spaɪs] n Gewürz das ♦ vt würzen.

spicy ['spaɪsɪ] *adj* pikant.

spider ['spaɪdə^r] *n* Spinne *die*.

spider's web *n* Spinnennetz *das*.

spike [spaɪk] *n* Spitze *die*.

spill [spɪl] (*Br pt & pp* **-ed** OR **spilt** [spɪlt], *Am pt & pp* **-ed**) *vt* verschütten ♦ *vi* (*liquid*) überlaufen; (*sugar, salt*) verschüttet werden.

spin [spɪn] (*pt* **span** OR **spun**, *pp* **spun**) *vt* (*wheel*) drehen; (*coin*) werfen; (*washing*) schleudern ♦ *vi* (*on ball*) Drall der; **to go for a ~** (*inf: in car*) eine Spritztour machen.

spinach ['spɪnɪdʒ] *n* Spinat *der*.

spine [spaɪn] *n* Wirbelsäule *die*; (*of book*) Buchrücken *der*.

spinster ['spɪnstə^r] *n* ledige Frau.

spiral ['spaɪərəl] *n* Spirale *die*.

spiral staircase *n* Wendeltreppe *die*.

spire [spaɪə^r] *n* Turmspitze *die*.

spirit ['spɪrɪt] *n* (*soul*) Geist *der*; (*energy*) Schwung *der*; (*courage*) Mut *der*; (*mood*) Stimmung *die* □ **spirits** *npl* (*Br: alcohol*) Spirituosen *pl*.

spit [spɪt] (*Br pt & pp* **spat**, *Am pt & pp* **spit**) *vi* (*person*) spucken; (*fire*) zischen; (*food*) spritzen ♦ *n* (*saliva*) Spucke *die*; (*for cooking*) Spieß *der* ♦ *v impers*: **it's spitting** es tröpfelt.

spite [spaɪt]: **in spite of** *prep* trotz (+G).

spiteful ['spaɪtfʊl] *adj* boshaft.

splash [splæʃ] *n* Platschen *das* ♦ *vt* spritzen.

splendid ['splendɪd] *adj* (*beautiful*) herrlich; (*very good*) großartig.

splint [splɪnt] *n* Schiene *die*.

splinter ['splɪntə^r] *n* Splitter *der*.

split [splɪt] (*pt & pp* **split**) *n* (*tear*)

Riß *der*; (*crack*) Spalt *der* ♦ *vt* (*tear*) zerreißen; (*wood*) spalten; (*stone*) zerbrechen; (*bill, cost, profits, work*) teilen ♦ *vi* (*tear*) reißen; (*wood*) splittern; (*stone*) brechen □ **split up** *vi* (*group, couple*) sich trennen.

spoil [spɔɪl] (*pt & pp* **-ed** OR **spoilt**) *vt* (*ruin*) verderben; (*child*) verziehen.

spoke [spəʊk] *pt* → **speak** ♦ *n* (*of wheel*) Speiche *die*.

spoken ['spəʊkn] *pp* → **speak**.

spokesman ['spəʊksmən] (*pl* **-men** [-mən]) *n* Sprecher *der*.

spokeswoman ['spəʊks-ˌwʊmən] (*pl* **-women** [-ˌwɪmɪn]) *n* Sprecherin *die*.

sponge [spʌndʒ] *n* (*for cleaning, washing*) Schwamm *der*.

sponge bag *n* (*Br*) Kulturbeutel *der*.

sponge cake *n* Biskuitkuchen *der*.

sponsor ['sponsə^r] *n* (*of event, TV programme*) Sponsor *der*.

sponsored walk [ˌsponsəd-] *n* Wanderung mit gesponserten Teilnehmern.

spontaneous [spon'teɪnjəs] *adj* spontan.

spoon [spuːn] *n* Löffel *der*.

spoonful ['spuːnfʊl] *n* Löffel *der*.

sport [spɔːt] *n* Sport *der*.

sports car [spɔːts-] *n* Sportwagen *der*.

sports centre [spɔːts-] *n* Sportzentrum *das*.

sports jacket [spɔːts-] *n* sportlicher Sakko.

sportsman ['spɔːtsmən] (*pl* **-men** [-mən]) *n* Sportler *der*.

sports shop [spɔ:ts-] *n* Sport-geschäft *das*.

sportswoman ['spɔ:ts,wʊmən] *(pl* **-women** [-,wɪmɪn]*) n* Sportlerin *die.*

spot [spɒt] *n (stain)* Fleck *der; (dot)* Punkt *der; (of rain)* Tropfen *der; (on skin)* Pickel *der; (place)* Stelle *die ♦ vt* entdecken; **on the ~** *(at once)* auf der Stelle; *(at the scene)* an Ort und Stelle.

spotless ['spɒtlɪs] *adj* makellos sauber.

spotlight ['spɒtlaɪt] *n* Scheinwerfer *der.*

spotty ['spɒtɪ] *adj* pickelig.

spouse [spaʊs] *n (fml)* Gatte *der* (Gattin *die).*

spout [spaʊt] *n* Schnabel *der.*

sprain [spreɪn] *vt* verstauchen; **to ~ one's wrist** sich *(D)* das Handgelenk verstauchen.

sprang [spræŋ] *pt →* spring.

spray [spreɪ] *n (of aerosol, perfume)* Spray *der; (droplets)* Sprühnebel *der; (from sea)* Gischt *die ♦ vt (surface, wall)* sprühen; *(car, crops, paint, water)* spritzen.

spread [spred] *(pt & pp* **spread***) vt (butter, jam, glue)* streichen; *(map, tablecloth, blanket)* ausbreiten; *(legs, fingers, arms)* ausstrecken; *(disease, news, rumour)* verbreiten ♦ *vi (disease, news)* sich verbreiten; *(fire)* sich ausbreiten ♦ *n (food)* Aufstrich *der* ❑ **spread out** *vi (disperse)* sich verteilen.

spring [sprɪŋ] *(pt* **sprang**, *pp* **sprung***) n (season)* Frühling *der; (coil)* Feder *die; (in ground)* Quelle *die ♦ vi (leap)* springen; **in (the) ~** im Frühling.

springboard ['sprɪŋbɔ:d] *n* Sprungbrett *das.*

spring-cleaning [-'kli:nɪŋ] *n* Frühlingsputz *der.*

spring onion *n* Frühlingszwiebel *die.*

spring roll *n* Frühlingsrolle *die.*

sprinkle ['sprɪŋkl] *vt (liquid)* sprengen; *(salt, sugar)* streuen.

sprinkler ['sprɪŋklə^r] *n* Sprinkler *der.*

sprint [sprɪnt] *n* Sprint *der ♦ vi* rennen; *(SPORT)* sprinten.

Sprinter® ['sprɪntə^r] *n (Br: train)* ≈ Nahverkehrszug *der.*

sprout [spraʊt] *n (vegetable)* Rosenkohl *der.*

spruce [spru:s] *n* Fichte *die.*

sprung [sprʌŋ] *pp →* spring ♦ *adj (mattress)* gefedert.

spud [spʌd] *n (inf)* Kartoffel *die.*

spun [spʌn] *pt & pp →* spin.

spur [spɜ:^r] *n (for horse rider)* Sporn *der;* **on the ~ of the moment** ganz spontan.

spurt [spɜ:t] *vi* spritzen.

spy [spaɪ] *n* Spion *der (-in die).*

squall [skwɔ:l] *n* Bö *die.*

squalor ['skwɒlə^r] *n* Schmutz *der.*

square [skweə^r] *adj (in shape)* quadratisch ♦ *n (shape)* Quadrat *das; (in town)* Platz *der; (of chocolate)* Stück *das; (on chessboard)* Feld *das;* **2 ~ metres** 2 Quadratmeter; **it's 2 metres ~** es ist 2 Meter im Quadrat; **we're (all) ~ now** *(not owing money)* jetzt sind wir quitt.

squash [skwɒʃ] *n (game)* Squash *das; (Br: drink)* Fruchtsaftgetränk *das; (Am: vegetable)* Kürbis *der ♦ vt* zerquetschen.

squat [skwɒt] *adj* gedrungen ◆ *vi* (*crouch*) hocken.

squeak [skwiːk] *vi* quietschen.

squeeze [skwiːz] *vt* (*hand*) drücken; (*tube*) ausdrücken; (*orange*) auslpressen ❏ **squeeze in** *vi* sich hineinlzwängen.

squid [skwɪd] *n* Tintenfisch *der*.

squint [skwɪnt] *vi* Schielen *das* ◆ *vi* blinzeln.

squirrel [*Br* 'skwɪrəl, *Am* 'skwɜːrəl] *n* Eichhörnchen *das*.

squirt [skwɜːt] *vi* spritzen.

St (*abbr of Street*) Str.; (*abbr of Saint*) St.

stab [stæb] *vt* stechen.

stable ['steɪbl] *adj* stabil ◆ *n* Stall *der*.

stack [stæk] *n* (*pile*) Stapel *der*; **~s of money** (*inf*) haufenweise Geld.

stadium ['steɪdjəm] *n* Stadion *das*.

staff [stɑːf] *n* (*workers*) Personal *das*.

stage [steɪdʒ] *n* (*phase*) Phase *die*; (*in theatre*) Bühne *die*.

stagger ['stægə^r] *vt* (*arrange in stages*) staffeln ◆ *vi* schwanken.

stagnant ['stægnənt] *adj* (*water*) stehend.

stain [steɪn] *n* Fleck *der* ◆ *vt* beflecken.

stained glass [ˌsteɪnd-] *n* farbiges Glas.

stainless steel [ˈsteɪnlɪs-] *n* Edelstahl *der*.

staircase ['steəkeɪs] *n* Treppe *die*.

stairs [steəz] *npl* Treppe *die*.

stairwell ['steəwel] *n* Treppenhaus *das*.

stake [steɪk] *n* (*share*) Anteil *der*;

(*in gambling*) Einsatz *der*; (*post*) Pfahl *der*; **to be at ~** auf dem Spiel stehen.

stale [steɪl] *adj* (*food*) trocken.

stalk [stɔːk] *n* Stiel *der*.

stall [stɔːl] *n* (*in market, at exhibition*) Stand *der* ◆ *vi* (*car, engine*) ablsterben ❏ **stalls** *npl* (*Br: in theatre*) Parkett *das*.

stamina ['stæmɪnə] *n* Ausdauer *die*.

stammer ['stæmə^r] *vi* stottern.

stamp [stæmp] *n* (*for letter*) Briefmarke *die*; (*in passport, on document*) Stempel *der* ◆ *vt* (*passport, document*) stempeln ◆ *vi*: **to ~ on sthg** auf etw (*A*) treten; **to ~ one's foot** mit dem Fuß stampfen.

stamp-collecting [-kəˌlektɪŋ] *n* Briefmarkensammeln *das*.

stamp machine *n* Briefmarkenautomat *der*.

stand [stænd] (*pt & pp* **stood**) *vi* stehen; (*get to one's feet*) auflstehen ◆ *vt* (*place*) stellen; (*put up with*) ertragen; (*withstand*) auslhalten ◆ *n* (*stall*) Stand *der*; (*for umbrellas, coats, motorbike*) Ständer *der*; (*at sports stadium*) Tribüne *die*; **I can't ~ him** ich kann ihn nicht ausstehen; **to be ~ing** stehen; **to ~ sb a drink** jm ein Getränk spendieren; **'no ~ing'** (*Am: AUT*) 'Halten verboten' ❏ **stand back** *vi* zurücklltreten; **stand for** *vt fus* (*mean*) bedeuten; (*tolerate*) hinnehmen; **stand in** *vi*: **to ~ in for sb** für jn einlspringen; **stand out** *vi* (*be conspicuous*) auflfallen; (*be superior*) hervorllstechen; **stand up** *vi* (*be on feet*) stehen; (*get to one's feet*) auflstehen ◆ *vt sep* (*inf: boyfriend, girlfriend etc*) versetzen; **stand up for** *vt fus* einlltreten für.

standard ['stændəd] *adj (normal)* Standard- ◆ *n (level)* Niveau *das; (point of comparison)* Maßstab *der;* **up to ~** der Norm entsprechend ▫ **standards** *npl (principles)* Maßstäbe *pl.*

standard-class *adj (Br: on train)* zweiter Klasse.

standby ['stændbaɪ] *adj (ticket)* Standby-.

stank [stæŋk] *pt → **stink**.

staple ['steɪpl] *n (for paper)* Heftklammer *die.*

stapler ['steɪplə^r] *n* Hefter *der.*

star [stɑː^r] *n* Stern *der; (famous person)* Star *der* ◆ *vt (subj: film, play etc):* **the film ~s** Cary Grant in diesem Film spielt Cary Grant die Hauptrolle ▫ **stars** *npl (horoscope)* Sterne *pl.*

starboard ['stɑːbəd] *adj* Steuerbord-.

starch ['stɑːtʃ] *n* Stärke *die.*

stare [steə^r] *vi* starren; **to ~ at** anstarren.

starfish ['stɑːfɪʃ] *(pl inv)* *n* Seestern *der.*

starling ['stɑːlɪŋ] *n* Star *der.*

Stars and Stripes *n:* **the ~** das Sternenbanner.

STARS AND STRIPES

Dies ist eine der vielen landläufigen Bezeichnungen für die Nationalflagge der Vereinigten Staaten, auch „Old Glory", „The Star-Spangled Banner" und „The Stars and Bars" genannt. Die Flagge weist 50 Sterne auf, einen für jeden der 50 amerikanischen Bundesstaa-

ten, sowie 13 rote und weiße Streifen, die die 13 Gründerstaaten Amerikas symbolisieren. Die Amerikaner sind sehr stolz auf ihre Flagge und viele stellen sie deshalb vor ihrem Haus auf.

---

start [stɑːt] *n* Anfang *der,* Beginn *der; (SPORT)* Start *der* ◆ *vt* anfangen, beginnen; *(car, engine)* anlassen; *(business, club)* gründen ◆ *vi* anfangen, beginnen; *(car, engine)* anspringen; *(begin journey)* aufbrechen; **prices ~ at** OR **from £5** Preise ab 5 Pfund; **to ~ doing sthg** OR **to do sthg** beginnen, etw zu tun; **to ~ with** *(in the first place)* erstens; *(when ordering meal)* als Vorspeise ▫ **start out** *vi (on journey)* aufbrechen; **to ~ out as sthg** ursprünglich etw sein; **start up** *vt sep (car, engine)* anlassen; *(business)* gründen; *(shop)* eröffnen.

starter ['stɑːtə^r] *n (Br: of meal)* Vorspeise *die; (of car)* Anlasser *der;* **for ~s** *(in meal)* als Vorspeise.

starter motor *n* Anlasser *der.*

starting point ['stɑːtɪŋ-] *n* Ausgangspunkt *der.*

startle ['stɑːtl] *vt* erschrecken.

starvation [stɑː'veɪʃn] *n* Verhungern *das.*

starve [stɑːv] *vi (have no food)* hungern; **I'm starving!** ich habe einen Mordshunger.

state [steɪt] *n (condition)* Zustand *der; (country, region)* Staat *der* ◆ *vt (declare)* erklären; *(specify)* angeben; **the State** der Staat; **from the States** der Vereinigten Staaten.

statement ['steɪtmənt] *n (declara-*

tion) Erklärung die; *(from bank)* Kontoauszug der.

state school n staatliche Schule.

statesman ['steɪtsmən] *(pl* **-men** [-mən]) n Staatsmann der.

static ['stætɪk] n *(on radio, TV)* atmosphärische Störungen pl.

station ['steɪʃn] n Bahnhof der; *(on radio)* Sender der.

stationary ['steɪʃnərɪ] adj stehend.

stationer's ['steɪʃnəz] n *(shop)* Schreibwarengeschäft das.

stationery ['steɪʃnərɪ] n Schreibwaren pl.

station wagon n *(Am)* Kombiwagen der.

statistics [stə'tɪstɪks] npl Statistik die.

statue ['stætʃuː] n Statue die.

Statue of Liberty n: the ~ die Freiheitsstatue.

ℹ️ STATUE OF LIBERTY

Die „Statue of Liberty", die amerikanische Freiheitsstatue, stellt eine Frau dar, die eine Fackel emporhält. Sie steht auf einer winzigen Insel am Eingang zum New Yorker Hafen. Sie wurde den USA 1884 von Frankreich als Geschenk überreicht und kann besichtigt werden.

status ['steɪtəs] n Status der.

stay [steɪ] n *(time spent)* Aufenthalt der ◆ vi *(remain)* bleiben; *(as guest)* übernachten; *(Scot: reside)* wohnen; to ~ **the night** übernachten ❑ **stay**

away vi wegbleiben; **stay in** vi zu Hause bleiben; **stay out** vi *(from home)* wegbleiben; **stay up** vi aufbleiben.

STD code n Vorwahl die.

steady ['stedɪ] adj *(firm, stable)* stabil; *(hand)* ruhig; *(gradual)* stetig; *(job)* fest ◆ vt festhalten.

steak [steɪk] n Steak das; *(of fish)* Fischscheibe die.

steak and kidney pie n mit Rindfleisch und Nieren gefüllte Pastete.

steakhouse ['steɪkhaʊs, pl -haʊzɪz] n Steakhaus das.

steal [stiːl] *(pt* **stole**, *pp* **stolen**) vt stehlen; to ~ **sthg from sb** jm etw stehlen.

steam [stiːm] n Dampf der ◆ vt *(food)* dünsten.

steamboat ['stiːmbəʊt] n Dampfschiff das.

steam engine n Dampflokomotive die.

steam iron n Dampfbügeleisen das.

steel [stiːl] n Stahl der ◆ adj Stahl-.

steep [stiːp] adj steil.

steeple ['stiːpl] n Kirchturm der.

steer ['stɪə'] vt *(car)* lenken; *(boat, plane)* steuern.

steering ['stɪərɪŋ] n Lenkung die.

steering wheel n Lenkrad das.

stem [stem] n Stiel der.

step [step] n *(of staircase, ladder)* Stufe die; *(pace)* Schritt der; *(measure)* Maßnahme die; *(stage)* Schritt der ◆ vi: to ~ **on sthg** auf etw *(A)* treten; **'mind the ~'** 'Vorsicht, Stufe' ❑ **steps** npl *(stairs)* Treppe die; **step aside** vi *(move aside)* zur Seite treten; **step back** vi *(move back)* zurücktreten.

step aerobics n Step-Aerobic das.

stepbrother ['step,brʌðə'] n Stiefbruder der.

stepdaughter ['step,dɔːtə'] n Stieftochter die.

stepfather ['step,fɑːðə'] n Stiefvater der.

stepladder ['step,lædə'] n Trittleiter die.

stepmother ['step,mʌðə'] n Stiefmutter die.

stepsister ['step,sistə'] n Stiefschwester die.

stepson ['stepsʌn] n Stiefsohn der.

stereo ['steriəʊ] (pl -s) adj Stereo- ◆ n (hi-fi)) Stereoanlage die; (stereo sound) Stereo das.

sterile ['sterail] adj (germ-free) steril.

sterilize ['sterəlaiz] vt (container, milk, utensil) sterilisieren.

sterling ['stɜːlɪŋ] adj (pound) Sterling- ◆ n Sterling der.

sterling silver n Sterlingsilber das.

stern [stɜːn] adj (strict) streng ◆ n (of boat) Heck das.

stew [stjuː] n Eintopf der.

steward ['stjʊəd] n (on plane, ship) Steward der; (at public event) Ordner der (-in die).

stewardess ['stjʊədis] n Stewardess die.

stewed [stjuːd] adj: ~ fruit Kompott das.

stick [stik] (pt & pp stuck) n (of wood) Stock der; (for sport) Schläger der; (of chalk) Stück das; (of celery, cinammon) Stange die ◆ vt (glue) kleben; (push, insert) stecken; (inf:

put) tun ◆ vi kleben; (jam) klemmen □ **stick out** vi (protrude) vorstehen; (be noticeable) sich abheben; **stick to** vt fus (decision) bleiben bei; (promise) halten; **stick up** vt sep (poster, notice) anschlagen ◆ vi hochstehen; **stick up for** vt fus eintreten für.

sticker ['stikə'] n Aufkleber der.

sticking plaster ['stikiŋ-] n Heftpflaster das.

stick shift n (Am: car) Handschaltgetriebe das.

sticky ['stiki] adj klebrig; (label, tape) Klebe-; (weather) schwül.

stiff [stif] adj steif ◆ adv: **to be bored** ~ (inf) sich zu Tode langweilen.

stile [stail] n Zauntritt der.

stiletto heels [sti'letəʊ-] npl (shoes) Stöckelschuhe pl.

still [stil] adv noch; (even now) immer noch; (despite that) trotzdem ◆ adj (motionless) bewegungslos; (quiet, calm) ruhig; (not fizzy) ohne Kohlensäure; **we've ~ got 10 minutes** wir haben noch 10 Minuten; ~ **more** noch mehr; **to stand** ~ stillstehen.

Stilton ['stiltn] n Stilton der (britische, starke Blauschimmelkäse).

stimulate ['stimjʊleit] vt anregen.

sting [stiŋ] (pt & pp stung) vt (subj: bee, wasp) stechen; (subj: nettle) brennen ◆ vi (skin, eyes) brennen.

stingy ['stindʒi] adj (inf) geizig.

stink [stiŋk] (pt stank OR stunk, pp stunk) vi stinken.

stipulate ['stipjʊleit] vt festlegen.

stir [stɜː'] vt umlrühren.

stir-fry n auf chinesische Art in einer Pfanne gebratenes Gemüse oder Fleisch ◆ vt schnell braten.

stirrup ['stɪrəp] n Steigbügel der.

stitch [stɪtʃ] n (in sewing) Stich der; (in knitting) Masche die; **to have a ~** (stomach pain) Seitenstechen haben ❏ **stitches** npl (for wound) Stiche pl.

stock [stɒk] n (of shop, business) Warenbestand der; (supply) Vorrat der; (FIN) Aktienkapital das; (in cooking) Brühe die ◆ vi (have in stock) auf Lager haben; **in ~** vorrätig; **out of ~** nicht vorrätig.

stock cube n Brühwürfel der.

Stock Exchange n Börse die.

stocking ['stɒkɪŋ] n Strumpf der.

stock market n Börse die.

stodgy ['stɒdʒi] adj (food) pappig.

stole [stəʊl] pt → **steal**.

stolen ['stəʊln] pp → **steal**.

stomach ['stʌmək] n (organ) Magen der; (belly) Bauch der.

stomachache ['stʌməkeɪk] n Bauchschmerzen pl.

stomach upset [-'ʌpset] n Magenverstimmung die.

stone [stəʊn] n Stein der; (measurement: pl inv) = 6,35kg; (gem) Edelstein der ◆ adj Stein-.

stonewashed ['stəʊnwɒʃt] adj stonewashed.

stood [stʊd] pt & pp → **stand**.

stool [stuːl] n (for sitting on) Hocker der.

stop [stɒp] n (for bus) Haltestelle die; (for train) Station die; (in journey) Aufenthalt der ◆ vt anhalten; (machine) abstellen; (prevent) verhindern ◆ vi aufhören; (vehicle) halten; (walker, machine, clock) stehenbleiben; (on journey) einen

Halt machen; (stay) bleiben; **to ~ sb from doing sthg** jn daran hindern, etw zu tun; **to ~ sthg from happening** verhindern, daß etw geschieht; **to ~ doing sthg** aufhören, etw zu tun; **to put a ~ to sthg** etw abstellen; **'stop'** (road sign) 'Stop'; **'stopping at ...'** (train, bus) 'Haltestellen ...' ❏ **stop off** vi Zwischenstation machen.

stopover ['stɒp,əʊvəʳ] n (on flight) Zwischenlandung die; (on journey) Zwischenaufenthalt der.

stopper ['stɒpəʳ] n Stöpsel der.

stopwatch ['stɒpwɒtʃ] n Stoppuhr die.

storage ['stɔːrɪdʒ] n Lagerung die.

store [stɔːʳ] n (shop) Laden der; (department store) Kaufhaus das; (supply) Vorrat der ◆ vt lagern.

storehouse ['stɔːhaʊs, pl haʊzɪz] n Lagerhaus das.

storeroom ['stɔːrʊm] n Lagerraum der.

storey ['stɔːrɪ] (pl **-s**) n (Br) Stockwerk das.

stork [stɔːk] n Storch der.

storm [stɔːm] n Sturm der.

stormy ['stɔːmɪ] adj stürmisch.

story ['stɔːrɪ] n Geschichte die; (Am) = **storey**.

stout [staʊt] adj (fat) beleibt ◆ n (drink) Art britisches Dunkelbier.

stove [stəʊv] n (for heating) Ofen der; (for cooking) Herd der.

straight [streɪt] adj gerade; (hair) glatt; (consecutive) ununterbrochen; (drink) pur ◆ adv (in a straight line) gerade; (upright) aufrecht; (directly) direkt; **~ ahead** geradeaus; **~ away** sofort.

straightforward [streɪt-ˈfɔːwəd] *adj (easy)* einfach.

strain [streɪn] *n* Belastung *die*; *(tension)* Spannung *die*; *(injury)* Zerrung *die* ♦ *vt (muscle)* zerren; *(eyes)* überanstrengen; *(food)* abgießen; *(tea)* abseihen.

strainer [ˈstreɪnəʳ] *n* Sieb *das*.

strait [streɪt] *n* Meerenge *die*.

strange [streɪndʒ] *adj (odd)* seltsam; *(unfamiliar)* fremd.

stranger [ˈstreɪndʒəʳ] *n* Fremde *der, die*.

strangle [ˈstræŋgl] *vt* erwürgen.

strap [stræp] *n (of bag, camera, shoe)* Riemen *der*; *(of dress)* Träger *der*; *(of watch)* Armband *das*.

strapless [ˈstræplɪs] *adj* trägerlos.

strategy [ˈstrætɪdʒɪ] *n* Strategie *die*.

Stratford - upon - Avon [ˌstrætfədəpɒnˈeɪvn] *n* Stratford-upon-Avon.

---

straw [strɔː] *n (substance)* Stroh *das*; *(for drinking)* Strohhalm *der*.

strawberry [ˈstrɔːbərɪ] *n* Erdbeere *die*.

stray [streɪ] *adj (animal)* streunend ♦ *vi* streunen.

streak [striːk] *n* Streifen *der*; **lucky/unlucky** ~ Glücks-/Pechsträhne *die*.

stream [striːm] *n* Strom *der*; *(small river)* Bach *der*.

street [striːt] *n* Straße *die*.

streetcar [ˈstriːtkɑːʳ] *n (Am)* Straßenbahn *die*.

street light *n* Straßenlampe *die*.

street plan *n* Stadtplan *der*.

strength [streŋθ] *n* Stärke *die*; *(of person, animal)* Kraft *die*; *(of structure)* Stabilität *die*.

strengthen [ˈstreŋθn] *vt (structure)* verstärken; *(argument)* unterstützen.

stress [stres] *n (tension)* Stress *der*; *(on word, syllable)* Betonung *die* ♦ *vt* betonen.

stretch [stretʃ] *n (of land)* Stück *das*; *(of water)* Teil *der*; *(of time)* Zeitraum *der* ♦ *vt (rope, material)* spannen; *(body)* strecken; *(elastic, clothes)* dehnen ♦ *vi (land, sea)* sich erstrecken; *(person, animal)* sich strecken; **to ~ one's legs** *(fig)* sich *(D)* die Beine vertreten ❑ **stretch out** *vt sep (hand)* ausstrecken ♦ *vi (lie down)* sich hinlegen.

stretcher [ˈstretʃəʳ] *n* Tragbahre *die*.

strict [strɪkt] *adj* streng; *(exact)* genau.

strictly [ˈstrɪktlɪ] *adv* streng; *(exclusively)* ausschließlich; ~ **speaking** genau genommen.

stride [straɪd] *n* Schritt *der*.

strike [straik] (*pt & pp* **struck**) *n* (*of employees*) Streik *der* ♦ *vt* (*fml: hit*) schlagen; (*fml: collide with*) treffen; (*a match*) anzünden ♦ *vi* (*refuse to work*) streiken; (*happen suddenly*) ausbrechen; **the clock struck eight** es schlug acht Uhr.

striking ['straikiŋ] *adj* auffallend.

string [striŋ] *n* Schnur *die*; (*thinner*) Bindfaden *der*; (*of pearls, beads*) Kette *die*; (*of musical instrument, tennis racket*) Saite *die*; (*series*) Reihe *die*; **a piece of ~** eine Schnur.

strip [strip] *n* Streifen *der* ♦ *vt* (*paint, wallpaper*) entfernen ♦ *vi* (*undress*) sich ausziehen.

stripe [straip] *n* Streifen *der*.

striped [straipt] *adj* gestreift.

strip-search *vt* Kleider zum Zweck einer Leibesvisitation ausziehen.

strip show *n* Strip-Show *die*.

stroke [strəuk] *n* (MED) Schlaganfall *der*; (*in tennis, golf*) Schlag *der*; (*swimming style*) Stil *der* ♦ *vt* streicheln; **a ~ of luck** ein Glücksfall.

stroll [strəul] *n* Spaziergang *der*.

stroller ['strəulər] *n* (*Am: pushchair*) Sportwagen *der* (*für Kinder*).

strong [stroŋ] *adj* stark; (*structure, bridge, chair*) stabil; (*possibility, subject*) gut.

struck [strʌk] *pt & pp* → **strike**.

structure ['strʌktʃər] *n* Struktur *die*; (*building*) Bau *der*.

struggle ['strʌgl] *n* (*great effort*) Anstrengung *die* ♦ *vi* (*fight*) kämpfen; **to ~ to do sthg** sich abmühen, etw zu tun.

stub [stʌb] *n* (*of cigarette*) Kippe *die*; (*of cheque, ticket*) Abschnitt *der*.

stubble ['stʌbl] *n* (*on face*) Stoppeln *pl*.

stubborn ['stʌbən] *adj* (*person*) stur.

stuck [stʌk] *pt & pp* → **stick** ♦ *adj* (*jammed*) verklemmt; **to be ~** nicht weiterkönnen.

stud [stʌd] *n* (*on boots*) Stollen *der*; (*fastener*) Niete *die*; (*earring*) Ohrstecker *der*.

student ['stju:dnt] *n* (*at university, college*) Student *der* (-in *die*); (*at school*) Schüler *der* (-in *die*).

student card *n* Studentenausweis *der*.

students' union [,stju:dnts-] *n* Studentenvereinigung *die*.

studio ['stju:diəu] (*pl* -s) *n* (*for filming, broadcasting*) Studio *das*; (*of artist*) Atelier *das*.

studio apartment (*Am*) = **studio flat**.

studio flat *n* (*Br*) Einzimmerwohnung *die*.

study ['stʌdi] *n* (*learning*) Studium *das*; (*piece of research*) Studie *die*; (*room*) Arbeitszimmer *das* ♦ *vt* (*learn about*) studieren; (*examine*) untersuchen ♦ *vi* studieren.

stuff [stʌf] *n* (*inf*) (*substance*) Stoff *der*; (*things, possessions*) Zeug *das* ♦ *vt* stopfen.

stuffed [stʌft] *adj* (*food*) gefüllt; (*inf: full up*) voll; (*dead animal*) ausgestopft.

stuffing ['stʌfiŋ] *n* (*food*) Füllung *die*; (*of pillow, cushion*) Füllmaterial *das*.

stuffy ['stʌfi] *adj* (*room, atmosphere*) stickig.

stumble ['stʌmbl] *vi* stolpern.

stump [stʌmp] *n* Stumpf *der*.

stun [stʌn] *vt* (*astound*) fassungslos machen.

stung [stʌŋ] pt & pp → sting.

stunk [stʌŋk] pt & pp → stink.

stunning ['stʌnɪŋ] adj (very beautiful) hinreißend; (very surprising) sensationell.

stupid ['stju:pɪd] adj dumm.

sturdy ['stɜ:dɪ] adj stabil.

stutter ['stʌtəʳ] vi stottern.

sty [staɪ] n Schweinestall der.

style [staɪl] n Stil der ◆ vt (hair) frisieren.

stylish ['staɪlɪʃ] adj elegant.

stylist ['staɪlɪst] n (hairdresser) Haarstilist der (-in die).

sub [sʌb] n (inf) (SPORT) Ersatzspieler der (-in die); (Br: subscription) Abo das.

subdued [səb'dju:d] adj (person) still; (lighting, colour) gedämpft.

subject [n 'sʌbdʒekt, vt səb'dʒekt] n (topic) Thema das; (at school, university) Fach das; (GRAMM) Subjekt das; (fml: of country) Staatsbürger der (-in die) ◆ vt: to ~ sb to sthg jn etw (D) unterwerfen; ~ to availability solange Vorrat reicht; ~ to an additional charge vorbehaltlich eines Aufschlages.

subjunctive [səb'dʒʌŋktɪv] n Konjunktiv der.

submarine [ˌsʌbmə'ri:n] n Unterseeboot das.

submit [səb'mɪt] vt (present) vorlegen ◆ vi (give in) aufgeben.

subordinate [sə'bɔ:dɪnət] adj (GRAMM) untergeordnet.

subscribe [səb'skraɪb] vi: to ~ to sthg (to magazine, newspaper) etw abonnieren.

subscription [səb'skrɪpʃn] n Abonnement das.

subsequent ['sʌbsɪkwənt] adj später.

subside [səb'saɪd] vi (ground) sich senken; (noise, feeling) abklingen.

substance ['sʌbstəns] n Stoff der.

substantial [səb'stænʃl] adj (large) erheblich.

substitute ['sʌbstɪtju:t] n (replacement) Ersatz der; (SPORT) Ersatzspieler der (-in die).

subtitles ['sʌbˌtaɪtlz] npl Untertitel pl.

subtle ['sʌtl] adj (difference, change) fein; (person) feinfühlig; (plan) raffiniert.

subtract [səb'trækt] vt abziehen.

subtraction [səb'trækʃn] n Subtraktion die.

suburb ['sʌbɜ:b] n Vorort der; **the** ~s der Stadtrand.

subway ['sʌbweɪ] n (Br: for pedestrians) Unterführung die; (Am: underground railway) U-bahn die.

succeed [sək'si:d] vi (person) Erfolg haben; (plan) gelingen ◆ vt (fml: follow) folgen (+D); **I** ~ed in doing it es ist mir gelungen.

success [sək'ses] n Erfolg der.

successful [sək'sesful] adj erfolgreich.

succulent ['sʌkjulənt] adj saftig.

such [sʌtʃ] adj solche(-r)(-s) ◆ adv: ~ a lot so viel; **it's** ~ a lovely day es ist so ein schöner Tag; ~ a thing should never have happened so etwas hätte nie passieren dürfen; ~ people solche Leute; ~ as wie.

suck [sʌk] vt (teat) saugen; (sweet, thumb) lutschen.

sudden ['sʌdn] adj plötzlich; **all of a** ~ plötzlich.

suddenly ['sʌdnlɪ] adv plötzlich.

sue [suː] vt verklagen.

suede [sweɪd] n Wildleder das.

suffer ['sʌfə'] vt erleiden ◆ vi leiden; **to ~ from** (illness) leiden an (+D).

suffering ['sʌfrɪŋ] n (mental) Leid das; (physical) Leiden der.

sufficient [sə'fɪʃnt] adj (fml) genug.

sufficiently [sə'fɪʃntlɪ] adv (fml) genug.

suffix ['sʌfɪks] n Nachsilbe die.

suffocate ['sʌfəkeɪt] vi ersticken.

sugar ['ʃʊgə'] n Zucker der.

suggest [sə'dʒest] vt (propose) vorschlagen; **to ~ doing sthg** vorschlagen, etw zu tun.

suggestion [sə'dʒestʃn] n (proposal) Vorschlag der; (hint) Andeutung die.

suicide ['suːɪsaɪd] n Selbstmord der; **to commit ~** Selbstmord begehen.

suit [suːt] n (man's clothes) Anzug der; (woman's clothes) Kostüm das; (in cards) Farbe die; (JUR) Prozeß der ◆ vt (subj: clothes, colour, shoes) stehen (+D); (be convenient for) passen (+D); (be appropriate for) passen zu; **to be ~ed to** geeignet sein für; **pink doesn't ~ me** Rosa steht mir nicht; **does 10 o'clock ~ you?** paßt dir/Ihnen 10 Uhr?

suitable ['suːtəbl] adj geeignet; **to be ~ for** geeignet sein für.

suitcase ['suːtkeɪs] n Koffer der.

suite [swiːt] n (set of rooms) Suite die; (furniture) Garnitur die.

sulk [sʌlk] vi schmollen.

sultana [sʌl'tɑːnə] n (Br) Sultanine die.

sultry ['sʌltrɪ] adj (weather, climate) schwül.

sum [sʌm] n Summe die; (calculation) Rechnung die ❑ **sum up** vt sep (summarize) zusammenfassen.

summarize ['sʌmərɑɪz] vt zusammenfassen.

summary ['sʌmərɪ] n Zusammenfassung die.

summer ['sʌmə'] n Sommer der; **in (the) ~** im Sommer; **~ holidays** Sommerferien pl.

summertime ['sʌmətaɪm] n Sommer der.

summit ['sʌmɪt] n Gipfel der.

summon ['sʌmən] vt (send for) kommen lassen; (JUR) vorladen.

sumptuous ['sʌmptʃʊəs] adj luxuriös.

sun [sʌn] n Sonne die ◆ vt: **to ~ o.s.** sich sonnen; **to catch the ~** viel Sonne ab|bekommen; **in the ~** in der Sonne; **out of the ~** im Schatten.

Sun. (abbr of Sunday) So.

sunbathe ['sʌnbeɪð] vi sonnenbaden.

sunbed ['sʌnbed] n Sonnenbank die.

sun block n Sun-Block der.

sunburn ['sʌnbɜːn] n Sonnenbrand der.

sunburnt ['sʌnbɜːnt] adj: **to be ~** einen Sonnenbrand haben.

sundae ['sʌndeɪ] n Eisbecher der.

Sunday ['sʌndɪ] n Sonntag der, → Saturday.

Sunday school n Sonntagsschule die.

sundress ['sʌndres] n Strandkleid das.

sundries ['sʌndrɪz] *npl (on bill)* Verschiedenes.

sunflower ['sʌn͵flaʊə^r] *n* Sonnenblume *die*.

sunflower oil *n* Sonnenblumenöl *das*.

sung [sʌŋ] *pt* → **sing**.

sunglasses ['sʌn͵glɑːsɪz] *npl* Sonnenbrille *die*.

sunhat ['sʌnhæt] *n* Sonnenhut *der*.

sunk [sʌŋk] *pp* → **sink**.

sunlight ['sʌnlaɪt] *n* Sonnenlicht *das*.

sun lounger [-͵laʊndʒə^r] *n* Liegestuhl *der*.

sunny ['sʌnɪ] *adj* sonnig.

sunrise ['sʌnraɪz] *n* Sonnenaufgang *der*.

sunroof ['sʌnruːf] *n* Schiebedach *das*.

sunset ['sʌnset] *n* Sonnenuntergang *der*.

sunshine ['sʌnʃaɪn] *n* Sonnenschein *der*; in the ~ in der Sonne.

sunstroke ['sʌnstrəʊk] *n* Sonnenstich *der*.

suntan ['sʌntæn] *n* Bräune *die*.

suntan cream *n* Sonnencreme *die*.

suntan lotion *n* Sonnenmilch *die*.

super ['suːpə^r] *adj (wonderful)* prima ◆ *n (petrol)* Super *das*.

superb [suːˈpɜːb] *adj* erstklassig.

superficial [͵suːpəˈfɪʃl] *adj (pej: person)* oberflächlich; *(wound)* äußerlich.

superfluous [suːˈpɜːfluəs] *adj* überflüssig.

Superglue® ['suːpəgluː] *n* Sekundenkleber *der*.

superior [suːˈpɪərɪə^r] *adj (in quality)* überlegen; *(in rank)* höher ◆ *n* Vorgesetzte *der, die*.

supermarket ['suːpə͵mɑːkɪt] *n* Supermarkt *der*.

supernatural [͵suːpəˈnætʃrəl] *adj* übernatürlich.

Super Saver® *n (Br: rail ticket)* reduzierte Fahrkarte, für die bestimmte Bedingungen gelten.

superstitious [͵suːpəˈstɪʃəs] *adj* abergläubisch.

superstore ['suːpəstɔː^r] *n* Großmarkt *der*.

supervise ['suːpəvaɪz] *vt* beaufsichtigen.

supervisor ['suːpəvaɪzə^r] *n (of workers)* Vorarbeiter *der* (-in *die*).

supper ['sʌpə^r] *n* Abendessen *das*.

supple ['sʌpl] *adj (person)* gelenkig; *(material)* geschmeidig.

supplement [*n* 'sʌplɪmənt, *vb* 'sʌplɪment] *n (of magazine)* Beilage *die; (extra charge)* Zuschlag *der; (of diet)* Zusatz *der* ◆ *vt* ergänzen.

supplementary [͵sʌplɪˈmentərɪ] *adj* zusätzlich, Zusatz-.

supply [səˈplaɪ] *n (store)* Vorrat *der; (providing)* Versorgung *die* ◆ *vt* liefern; to ~ sb with sthg jn mit etw versorgen ❑ **supplies** *npl* Vorräte *pl*.

support [səˈpɔːt] *n (aid, encouragement)* Unterstützung *die; (object)* Stütze *die* ◆ *vt* unterstützen; *(hold up)* tragen; to ~ a football team ein Fan von einem Fußballverein sein.

supporter [səˈpɔːtə^r] *n (SPORT)*

Fan *der*; *(of cause, political party)* Anhänger *der* (-n *die*).

suppose [sə'pəʊz] *vt* anInehmen ◆ *conj* = **supposing**; **I ~ so** vermutlich; **to be ~d to do sthg** etw tun sollen.

supposing [sə'pəʊzɪŋ] *conj* angenommen.

supreme [sʊ'priːm] *adj* größte (-r)(-s).

surcharge ['sɜːtʃɑːdʒ] *n* Zuschlag *der*.

sure [ʃʊər] *adj* sicher ◆ *adv* *(inf: yes)* klar; *(Am: inf: certainly)* wirklich; **to be ~ of o.s.** selbstsicher sein; **for ~** auf jeden Fall; **to make ~ that ...** sich vergewissern, daß ...

surely ['ʃʊəlɪ] *adv* sicherlich.

surf [sɜːf] *n* Brandung *die* ◆ *vi* surfen.

surface ['sɜːfɪs] *n* Oberfläche *die*.

surface area *n* Oberfläche *die*.

surface mail *n* Post auf dem Land-/Seeweg.

surfboard ['sɜːfbɔːd] *n* Surfbrett *das*.

surfing ['sɜːfɪŋ] *n* Surfen *das*; **to go ~** Surfen gehen.

surgeon ['sɜːdʒən] *n* Chirurg *der* (-in *die*).

surgery ['sɜːdʒərɪ] *n* *(treatment)* Chirurgie *die*; *(Br: building)* Praxis *die*; *(Br: period)* Sprechstunde *die*; **to have ~** operiert werden.

surname ['sɜːneɪm] *n* Nachname *der*.

surplus ['sɜːpləs] *n* Überschuß *der*.

surprise [sə'praɪz] *n* Überraschung *die* ◆ *vt* überraschen.

surprised [sə'praɪzd] *adj* überrascht.

surprising [sə'praɪzɪŋ] *adj* überraschend.

surrender [sə'rendər] *vi* kapitulieren ◆ *vt* *(fml: hand over)* übergeben.

surround [sə'raʊnd] *vt* umgeben.

surrounding [sə'raʊndɪŋ] *adj* umliegend ☐ **surroundings** *npl* Umgebung *die*.

survey ['sɜːveɪ] *n* *(investigation)* Untersuchung *die*; *(poll)* Umfrage *die*; *(of land)* Vermessung *die*; *(Br: of house)* Begutachtung *die*.

surveyor [sə'veɪər] *n* *(Br: of houses)* Gutachter *der* (-in *die*); *(of land)* Vermesser *der* (-in *die*).

survival [sə'vaɪvl] *n* Überleben *das*.

survive [sə'vaɪv] *vt & vi* überleben.

survivor [sə'vaɪvər] *n* Überlebende *der, die*.

suspect [*vb* sə'spekt, *n & adj* 'sʌspekt] *vt* *(believe)* vermuten; *(mistrust)* verdächtigen ◆ *n* Verdächtige *der, die* ◆ *adj* verdächtig; **to ~ sb of sthg** jn einer Sache verdächtigen.

suspend [sə'spend] *vt* *(delay)* vorläufig einstellen; *(from team, school, work)* ausschließen; *(hang)* aufhängen.

suspender belt [sə'spendə-] *n* Strumpfhandgürtel *der*.

suspenders [sə'spendəz] *npl* *(Br: for stockings)* Strumpfbänder *pl*; *(Am: for trousers)* Hosenträger *pl*.

suspense [sə'spens] *n* Spannung *die*.

suspension [sə'spenʃn] *n* *(of vehicle)* Federung *die*; *(from team)*

Sperrung die; (from school, work) Ausschluß der.

suspicion [sə'spɪʃn] n (mistrust) Mißtrauen das; (idea) Ahnung die; (trace) Spur die.

suspicious [sə'spɪʃəs] adj (behaviour, situation) verdächtig; **to be ~ of sb/sthg** jm/etw (D) mißtrauen.

swallow ['swɒləʊ] n (bird) Schwalbe die ◆ vt & vi schlucken.

swam [swæm] pt → **swim**.

swamp [swɒmp] n Sumpf der.

swan [swɒn] n Schwan der.

swap [swɒp] vt tauschen; (ideas, stories) austauschen; **to ~ sthg for sthg** etw gegen etw eintauschen.

swarm [swɔ:m] n (of bees) Schwarm der.

swear [sweə^r] (pt **swore**, pp **sworn**) vi (use rude language) fluchen; (promise) schwören ◆ vt: **to ~ to do sthg** schwören, etw zu tun.

swearword ['sweəwɜ:d] n Kraftausdruck der.

sweat [swet] n Schweiß der ◆ vi schwitzen.

sweater ['swetə^r] n Pullover der.

sweatshirt ['swetʃɜ:t] n Sweatshirt das.

swede [swi:d] n (Br) Kohlrübe die.

Swede [swi:d] n Schwede der (Schwedin die).

Sweden ['swi:dn] n Schweden nt.

Swedish ['swi:dɪʃ] adj schwedisch ◆ n (language) Schwedisch das ◆ npl: **the ~** die Schweden pl.

sweep [swi:p] (pt & pp **swept**) vt (with brush, broom) kehren, fegen.

sweet [swi:t] adj (food, drink, smell) süß; (person, nature) lieb ◆ n (Br)

(candy) Bonbon der or das; (dessert) Nachtisch der.

sweet-and-sour adj süßsauer.

sweet corn n Zuckermais der.

sweetener ['swi:tnə^r] n (for drink) Süßstoff der.

sweet potato n Batate die.

sweet shop n (Br) Süßwarengeschäft das.

swell [swel] (pp **swollen**) vi anlschwellen.

swelling ['swelɪŋ] n Schwellung die.

swept [swept] pt & pp → **sweep**.

swerve [swɜ:v] vi auslscheren.

swig [swɪg] n (inf) Schluck der.

swim [swɪm] (pt **swam**, pp **swum**) vi schwimmen ◆ n: **to have a ~** schwimmen; **to go for a ~** schwimmen gehen.

swimmer ['swɪmə^r] n Schwimmer der (-in die).

swimming ['swɪmɪŋ] n Schwimmen das; **to go ~** schwimmen gehen.

swimming baths npl (Br) Schwimmbad das.

swimming cap n Bademütze die.

swimming costume n (Br) Badeanzug der.

swimming pool n Schwimmbecken das.

swimming trunks npl Badehose die.

swimsuit ['swɪmsu:t] n Badeanzug der.

swindle ['swɪndl] n Betrug der.

swing [swɪŋ] (pt & pp **swung**) n (for

children) Schaukel *die* ♦ *vt & vi (from side to side)* schwingen.

swipe [swaɪp] *vt (credit card etc)* abziehen.

Swiss [swɪs] *adj* schweizerisch ♦ *n (person)* Schweizer *der* (-in *die*) ♦ *npl:* **the ~** die Schweizer *pl.*

Swiss cheese *n* Schweizer Käse.

swiss roll *n* = Biskuitrolle *die.*

switch [swɪtʃ] *n (for light, power, television)* Schalter *der* ♦ *vt (change)* ändern; *(exchange)* tauschen ♦ *vi* wechseln ◻ **switch off** *vt sep (light)* ausschalten; *(radio, engine)* abschalten; **switch on** *vt sep (light, radio, engine)* einschalten.

switchboard [ˈswɪtʃbɔːd] *n* Telefonzentrale *die.*

Switzerland [ˈswɪtsələnd] *n* die Schweiz.

swivel [ˈswɪvl] *vi* sich drehen.

swollen [ˈswəʊln] *pp* → swell ♦ *adj (ankle, arm etc)* geschwollen.

swop [swɒp] = swap.

sword [sɔːd] *n* Schwert *das.*

swordfish [ˈsɔːdfɪʃ] *(pl inv)* *n* Schwertfisch *der.*

swore [swɔːʳ] *pt* → swear.

sworn [swɔːn] *pp* → swear.

swum [swʌm] *pp* → swim.

swung [swʌŋ] *pt & pp* → swing.

syllable [ˈsɪləbl] *n* Silbe *die.*

syllabus [ˈsɪləbəs] *n* Lehrplan *der.*

symbol [ˈsɪmbl] *n* Symbol *das.*

sympathetic [ˌsɪmpəˈθetɪk] *adj (understanding)* verständnisvoll.

sympathize [ˈsɪmpəθaɪz] *vi:* **to ~ (with sb)** *(feel sorry)* Mitleid haben (mit jm); *(understand)* Verständnis haben (für jn).

sympathy [ˈsɪmpəθɪ] *n (understanding)* Verständnis *das.*

symphony [ˈsɪmfənɪ] *n* Sinfonie *die.*

symptom [ˈsɪmptəm] *n* Symptom *das.*

synagogue [ˈsɪnəgɒg] *n* Synagoge *die.*

synthesizer [ˈsɪnθəsaɪzəʳ] *n* Synthesizer *der.*

synthetic [sɪnˈθetɪk] *adj* synthetisch.

syringe [sɪˈrɪndʒ] *n* Spritze *die.*

syrup [ˈsɪrəp] *n* Sirup *der.*

system [ˈsɪstəm] *n* System *das; (hi-fi)* Anlage *die.*

T

ta [tɑː] *excl (Br: inf)* danke!

tab [tæb] *n (of cloth, paper etc)* Etikett *das; (bill)* Rechnung *die;* **put it on my ~** setzen Sie es auf meine Rechnung.

table [ˈteɪbl] *n* Tisch *der; (of figures etc)* Tabelle *die.*

tablecloth [ˈteɪblklɒθ] *n* Tischtuch *das.*

tablemat [ˈteɪblmæt] *n* Untersetzer *der.*

tablespoon [ˈteɪblspuːn] *n* Servierlöffel *der.*

tablet [ˈtæblɪt] *n (pill)* Tablette *die; (of soap)* Stück *das; (of chocolate)* Tafel *die.*

table tennis *n* Tischtennis *der.*
table wine *n* Tafelwein *der.*
tabloid ['tæblɔɪd] *n* Boulevardzeitung *die.*
tack [tæk] *n (nail)* kleiner Nagel.
tackle ['tækl] *n (SPORT)* Angriff *der*; *(for fishing)* Ausrüstung *die* ◆ *vt (SPORT)* an|greifen; *(deal with)* an|gehen.
tacky ['tækɪ] *adj (inf)* geschmacklos.
taco ['tækəʊ] (*pl* **-s**) *n mit Hackfleisch oder Bohnen gefüllter, sehr dünner knuspriger Maisfladen, mexikanische Spezialität.*
tact [tækt] *n* Takt *der.*
tactful ['tæktfʊl] *adj* taktvoll.
tactics ['tæktɪks] *npl* Taktik *die.*
tag [tæg] *n (label)* Schild *das.*
tagliatelle [,tægljə'telɪ] *n* Bandnudeln *pl.*
tail [teɪl] *n* Schwanz *der* ❑ **tails** *n (of coin)* Zahl *die* ◆ *npl (formal dress)* Frack *der.*
tailgate ['teɪlgeɪt] *n (of car)* Heckklappe *die.*
tailor ['teɪlə^r] *n* Schneider *der* (-in *die*).
Taiwan [,taɪ'wɑːn] *n* Taiwan *nt.*
take [teɪk] *vt* **1.** *(gen)* nehmen; **to ~ the bus** den Bus nehmen.
2. *(carry)* mit|nehmen.
3. *(do, make)*: **to ~ a bath/shower** ein Bad/eine Dusche nehmen; **to ~ an exam** eine Prüfung ab|legen; **to ~ a photo** ein Photo machen.
4. *(drive)* bringen.
5. *(require)* brauchen; **how long will it ~?** wie lange wird es dauern?
6. *(steal)*: **to ~ sthg from sb** jm etw weg|nehmen.
7. *(size in clothes, shoes)* haben; **what size do you ~?** welche Größe hast du/haben Sie?
8. *(subtract)*: **to ~ sthg from sthg** etw von etw ab|ziehen.
9. *(accept)* an|nehmen; **do you ~ traveller's cheques?** nehmen Sie Travellerschecks?; **to ~ sb's advice** js Rat folgen.
10. *(contain)* fassen.
11. *(react to)* auf|nehmen.
12. *(control, power)* übernehmen; **to ~ charge of** die Leitung übernehmen.
13. *(tolerate)* aus|halten, ertragen.
14. *(attitude, interest)* haben.
15. *(assume)*: **I ~ it that ...** ich gehe davon aus, daß ...
16. *(temperature, pulse)* messen.
17. *(rent)* mieten.
❑ **take apart** *vt sep* auseinander|nehmen; **take away** *vt sep (remove)* weg|nehmen; *(subtract)* ab|ziehen; **take back** *vt sep (return)* zurück|bringen; *(faulty goods, statement)* zurück|nehmen; **take down** *vt sep (picture, curtains)* ab|nehmen; **take in** *vt sep (include)* ein|schließen; *(understand)* verstehen; *(deceive)* herein|legen; *(clothes)* enger machen; **take off** *vt sep (remove)* ab|nehmen; *(clothes)* aus|ziehen; *(as holiday)* sich *(D)* frei|nehmen ◆ *vi (plane)* ab|heben; **take out** *vt sep (from container, pocket)* heraus|nehmen; *(library book)* aus|leihen; *(loan)* auf|nehmen; *(insurance policy)* ab|schließen; *(go out with)* aus|führen; **take over** *vi*: **to ~ over from sb** jn ablösen; **take up** *vt sep (use up)* in Anspruch nehmen; *(trousers, skirt, dress)* kürzen; *(begin)*: **to ~ up the clarinet** an|fangen, Klarinette zu spielen.

takeaway ['teikə,wei] n (Br) (shop) Restaurant das mit Straßenverkauf; (food) Essen das zum Mitnehmen.

taken ['teikn] pp → take.

takeoff ['teikɒf] n (of plane) Start der.

takeout ['teikaʊt] (Am) = takeaway.

takings ['teikiŋz] npl Einnahmen pl.

talcum powder ['tælkəm-] n Körperpuder der.

tale [teil] n Geschichte die.

talent ['tælənt] n Talent das.

talk [tɔ:k] n (conversation) Gespräch das; (speech) Vortrag der ♦ vi reden, sprechen; **to ~ to sb** (about sthg) mit jm (über etw (A)) sprechen; **to ~ with sb** mit jm reden ❑ **talks** npl Gespräche pl.

talkative ['tɔ:kətiv] adj gesprächig.

tall [tɔ:l] adj groß; (building, tree) hoch; **how ~ are you?** wie groß bist du?; **I'm five and a half feet ~** ich bin 1,65 Meter groß.

tame [teim] adj (animal) zahm.

tampon ['tæmpɒn] n Tampon der.

tan [tæn] n (suntan) Bräune die ♦ vi braun werden ♦ adj (colour) gelbbraun.

tangerine [,tændʒə'ri:n] n Tangerine die.

tank [tæŋk] n (container) Tank das; (vehicle) Panzer der.

tanker ['tæŋkər] n (truck) Tankwagen der.

tanned [tænd] adj braungebrannt.

tap [tæp] n (for water) Hahn der ♦ vt (hit) klopfen.

tape [teip] n (cassette, video) Kassette die; (in cassette) Tonband das; (adhesive material) Klebeband das; (strip of material) Band das ♦ vt (record) aufnehmen; (stick) kleben.

tape measure n Metermaß das.

tape recorder n Tonbandgerät das.

tapestry ['tæpistri] n Wandteppich der.

tap water n Leitungswasser das.

tar [tɑ:r] n Teer der.

target ['tɑ:git] n Ziel das; (board) Zielscheibe die.

tariff ['tærif] n (price list) Tarif der; (Br: menu) Speisekarte die; (at customs) Zoll der.

tarmac ['tɑ:mæk] n (at airport) Rollbahn die ❑ **Tarmac®** n (on road) Makadam der.

tarpaulin [tɑ:'pɔ:lin] n Plane die.

tart [tɑ:t] n Törtchen das.

tartan ['tɑ:tn] n (design) Schottenmuster das; (cloth) Schottenstoff der.

tartare sauce [,tɑ:tə-] n Remouladensoße die.

task [tɑ:sk] n Aufgabe die.

taste [teist] n Geschmack der ♦ vt (sample) kosten; (detect) schmecken ♦ vi: **to ~ of sthg** nach etw schmecken; **it ~s bad** es schmeckt schlecht; **it ~s good** es schmeckt gut; **to have a ~ of sthg** (food, drink) etw probieren; (fig: experience) etw kennenlernen.

tasteful ['teistful] adj geschmackvoll.

tasteless ['teistlis] adj geschmacklos.

tasty ['teɪstɪ] adj lecker.

tattoo [tə'tu:] (pl -s) n (on skin) Tätowierung die; (military display) Zapfenstreich der.

taught [tɔ:t] pt & pp → teach.

Taurus ['tɔ:rəs] n Stier der.

taut [tɔ:t] adj straff.

tax [tæks] n Steuer die ◆ vt (goods, person) besteuern; (income) versteuern.

tax disc n (Br) Steuerplakette die.

tax-free adj steuerfrei.

taxi ['tæksɪ] n Taxi das ◆ vi (plane) rollen.

taxi driver n Taxifahrer der (-in die).

taxi rank n (Br) Taxistand der.

taxi stand (Am) = taxi rank.

T-bone steak n T-bone-Steak das.

tea [ti:] n Tee der; (evening meal) Abendessen das.

tea bag n Teebeutel der.

teacake ['ti:keɪk] n flaches Rosinenbrötchen, das getoastet und mit Butter gegessen wird.

teach [ti:tʃ] (pt & pp taught) vt & vi unterrichten; to ~ sb sthg, to ~ sthg to sb jm Unterricht in etw (D) geben; to ~ sb (how) to do sthg jm etw beilbringen.

teacher ['ti:tʃə'] n Lehrer der (-in die).

teaching ['ti:tʃɪŋ] n (profession) Lehrberuf der; (of subject) Unterrichten das.

tea cloth = tea towel.

teacup ['ti:kʌp] n Teetasse die.

team [ti:m] n (SPORT) Mannschaft die; (group) Team das.

teapot ['ti:pɒt] n Teekanne die.

tear[1] [teə'] (pt tore, pp torn) vt (rip) zerreißen ◆ vi reißen; (move quickly) rasen ◆ n Riß der ▭ **tear up** vt sep zerreißen.

tear[2] [tɪə'] n Träne die.

tearoom ['ti:rʊm] n Teestube die.

tease [ti:z] vt necken.

tea set n Teeservice das.

teaspoon ['ti:spu:n] n Teelöffel der.

teaspoonful ['ti:spu:n,fʊl] n Teelöffel der.

teat [ti:t] n (of animal) Zitze die; (Br: of bottle) Sauger der.

teatime ['ti:taɪm] n Abendessenszeit die.

tea towel n Geschirrtuch das.

technical ['teknɪkl] adj technisch; (point, reason) fachlich.

technical drawing n technische Zeichnung.

technicality [,teknɪ'kælətɪ] n (detail) technisches Detail.

technician [tek'nɪʃn] n Techniker der (-in die).

technique [tek'ni:k] n (method) Methode die; (skill) Technik die.

technological [,teknə'lɒdʒɪkl] adj technisch.

technology [tek'nɒlədʒɪ] n Technik die.

teddy (bear) ['tedɪ-] n Teddy der.

tedious ['ti:djəs] adj langweilig.

tee [ti:] n Tee das.

teenager ['ti:n,eɪdʒə'] n Teenager der.

teeth [ti:θ] pl → tooth.

teethe [ti:ð] vi: to be teething zahnen.

teetotal [ti:'təʊtl] adj abstinent.

tennis racket

telegram ['teligræm] n Telegramm das.

telegraph ['teligrɑːf] n Telegraf der ♦ vt telegrafieren.

telegraph pole n Telegrafenmast der.

telephone ['telɪfəʊn] n Telefon das ♦ vt & vi anrufen; **to be on the ~** (talking) telefonieren; (connected) ein Telefon haben.

telephone booth n Telefonzelle die.

telephone box n Telefonzelle die.

telephone call n Telefonanruf der.

telephone directory n Telefonbuch das.

telephone number n Telefonnummer die.

telephonist [tɪˈlefənɪst] n (Br) Telefonist der (-in die).

telephoto lens [ˌtelɪˈfəʊtəʊ-] n Teleobjektiv das.

telescope ['telɪskəʊp] n Teleskop das.

television ['telɪˌvɪʒn] n Fernsehen das; (set) Fernseher der; **on (the) ~** (broadcast) im Fernsehen; **to watch ~** fernsehen.

telex ['teleks] n Telex das.

tell [tel] (pt & pp **told**) vt (inform) sagen (+D); (story, joke, lie) erzählen; (truth) sagen; (distinguish) erkennen ♦ vi (know) wissen; **can you ~ me the time?** kannst du mir sagen, wie spät es ist?; **to ~ sb sthg** jm etw sagen; **to ~ sb about sthg** jm etw erzählen; **to ~ sb how to do sthg** jm sagen, wie man etw tut; **to ~ sb to do sthg** jm sagen, etw zu tun ☐ **tell off** vt sep schimpfen.

teller ['telər] n (in bank) Kassierer der (-in die).

telly ['telɪ] n (Br: inf) Fernseher der.

temp [temp] n Zeitarbeitskraft die ♦ vi Zeitarbeit machen.

temper ['tempər] n: **to be in a ~** wütend sein; **to lose one's ~** wütend werden.

temperature ['temprətʃər] n Temperatur die; (MED) Fieber das; **to have a ~** Fieber haben.

temple ['templ] n (building) Tempel der; (of forehead) Schläfe die.

temporary ['tempərən] adj vorübergehend.

tempt [tempt] vt verleiten; **to be ~ed to do sthg** versucht sein, etw zu tun.

temptation [temp'teɪʃn] n Verlockung die.

tempting ['temptɪŋ] adj verlockend.

ten [ten] num zehn, → **six**.

tenant ['tenənt] n (of house, flat) Mieter der (-in die); (of land) Pächter der (-in die).

tend [tend] vi: **to ~ to do sthg** dazu neigen, etw zu tun.

tendency ['tendənsɪ] n (trend) Trend die; (inclination) Neigung die.

tender ['tendər] adj (affectionate) zärtlich; (sore) empfindlich; (meat) zart ♦ vt (fml: pay) anbieten.

tendon ['tendən] n Sehne die.

tenement ['tenəmənt] n Mietshaus das.

tennis ['tenɪs] n Tennis das.

tennis ball n Tennisball der.

tennis court n Tennisplatz der.

tennis racket n Tennisschläger der.

tenpin bowling ['tenpɪn-] n (Br) Bowling das.

tenpins ['tenpɪnz] (Am) = tenpin bowling.

tense [tens] adj angespannt; (situation) spannungsgeladen ◆ n (GRAMM) Zeit die.

tension ['tenʃn] n (of person) Anspannung die; (of situation) Spannung die.

tent [tent] n Zelt das.

tenth [tenθ] num zehnte(-r)(-s), → sixth.

tent peg n Hering der.

tepid ['tepɪd] adj (water) lauwarm.

tequila [tɪˈkiːlə] n Tequila der.

term [tɜːm] n (word, expression) Ausdruck der; (at school) Halbjahr das; (at university) Semester das; **in the long ~** langfristig; **in the short ~** kurzfristig; **in ~s of** im Hinblick auf (+A); **in business ~s** geschäftlich ❑ **terms** npl (of contract) Bedingungen pl; (price) Zahlungsbedingungen pl.

terminal ['tɜːmɪnl] adj (illness) unheilbar ◆ n (for buses) Busbahnhof der; (at airport, of computer) Terminal das.

terminate ['tɜːmɪneɪt] vi (train, bus) enden.

terminus ['tɜːmɪnəs] n Endstation die.

terrace ['terəs] n (patio) Terrasse die; **the ~s** (at football ground) die Ränge.

terraced house ['terəst-] n (Br) Reihenhaus das.

terrible ['terəbl] adj schrecklich.

terribly ['terəblɪ] adv furchtbar.

terrier ['terɪər] n Terrier der.

terrific [təˈrɪfɪk] adj (inf) (very good) toll; (very great) irrsinnig.

terrified ['terɪfaɪd] adj verängstigt.

territory ['terətrɪ] n (political area) Staatsgebiet das; (terrain) Gebiet das.

terror ['terər] n (fear) panische Angst.

terrorism ['terərɪzm] n Terrorismus der.

terrorist ['terərɪst] n Terrorist der (-in die).

terrorize ['terəraɪz] vt terrorisieren.

test [test] n Test der; (at school) Klassenarbeit die ◆ vt (check) testen, überprüfen; (give exam to) prüfen; (dish, drink) probieren.

testicles ['testɪklz] npl Hoden pl.

tetanus ['tetənəs] n Wundstarrkrampf der.

text [tekst] n Text der.

textbook ['tekstbʊk] n Lehrbuch das.

textile ['tekstaɪl] n Stoff der.

texture ['tekstʃər] n Beschaffenheit die; (of fabric) Struktur die.

Thai [taɪ] adj thailändisch.

Thailand ['taɪlænd] n Thailand nt.

Thames [temz] n: **the ~** die Themse.

than [weak form ðən, strong form ðæn] prep & conj als; **you're better ~ me** du bist besser als ich; **I'd rather stay in ~ go out** ich bleibe lieber zu Hause (als auszugehen); **more ~ ten** mehr als zehn.

thank [θæŋk] vt: **to ~ sb (for sthg)** jm (für etw) danken ❑ **thanks** npl Dank der ◆ excl danke!; **~s to** dank (+D or G); **many ~s!** vielen Dank!

Thanksgiving ['θæŋks,gɪvɪŋ] n amerikanisches Erntedankfest.

i THANKSGIVING

In den USA ist „Thanksgiving" (Erntedankfest) ein Feiertag, der an jedem vierten Donnerstag im November zum Dank für die Ernte, aber auch für alle anderen Segnungen des vergangenen Jahres gefeiert wird. Das Fest geht auf das Jahr 1621 zurück, als die ersten Siedler aus Großbritannien, die „Pilgrims", ihre erste Ernte einbrachten. Das traditionelle Thanksgiving-Essen besteht aus Truthahnbraten und „pumpkin pie", einem Kürbisgericht.

thank you *excl* danke (schön)!; ~ **very much!** vielen Dank!; **no** ~! nein danke!

that [ðæt, *weak form of pron senses* 3, 4, 5 & *conj* ðət] (*pl* **those**) *adj* 1. (*referring to thing, person mentioned*) der/die/das, die (*pl*), jene(-r)(-s), jene (*pl*); ~ **film was good** der Film war gut; **those chocolates are delicious** die Pralinen da schmecken köstlich.
2. (*referring to thing, person further away*) jene(-r)(-s), jene (*pl*); **I prefer** ~ **book** ich bevorzuge das Buch da; **I'll have** ~ **one** ich nehme das da.
♦ *pron* 1. (*referring to thing, person mentioned*) das; **what's** ~? was ist das?; **'s interesting** das ist interessant; **who's** ~? wer ist das?; **is** ~ **Lucy?** (*on telephone*) bist du das, Lucy?; (*pointing*) ist das Lucy?; **after** ~ danach.
2. (*referring to thing, person further away*) jene(-r)(-s), jene (*pl*); **I want those there** ich möchte die da.

3. (*introducing relative clause: subject*) der/die/das, die (*pl*); **a shop** ~ **sells antiques** ein Geschäft, das Antiquitäten verkauft.
4. (*introducing relative clause: object*) den/die/das, die (*pl*); **the film** ~ **I saw** den Film, den ich gesehen habe.
5. (*introducing relative clause: after prep* +D) dem/der/dem, denen (*pl*); (*after prep* +A) den/die/das, die (*pl*); **the place** ~ **I'm looking for** der Ort, nach dem ich suche.
♦ *adv* so; **it wasn't** ~ **bad/good** es war nicht so schlecht/gut.
♦ *conj* daß; **tell him** ~ **I'm going to be late** sag ihm, daß ich später komme.

thatched [θætʃt] *adj* strohgedeckt.

that's [ðæts] = **that is**.

thaw [θɔ:] *vi* (*snow, ice*) tauen ♦ *vt* (*frozen food*) auftauen.

the [*weak form* ðə, *before vowel* ði, *strong form* ði:] *definite article* 1. (*gen*) der/die/das, die (*pl*); ~ **book** das Buch; ~ **man** der Mann; ~ **woman** die Frau; ~ **girls** die Mädchen; ~ **Wilsons** die Wilsons; **to play** ~ **piano** Klavier spielen.
2. (*with an adjective to form a noun*). ~ **British** die Briten; ~ **impossible** das Unmögliche.
3. (*in dates*) der; ~ **twelfth (of May)** der 7wölfte (Mai); ~ **forties** die Vierziger.
4. (*in titles*) der/die; **Elizabeth** ~ **Second** Elizabeth die Zweite.

theater [ˈθɪətər] *n* (*Am*) (*for plays, drama*) = **theatre**; (*for films*) Kino *das*.

theatre [ˈθɪətə^r] *n* (*Br*) Theater *das*.

theft [θeft] *n* Diebstahl *der*.

their [ðeə^r] *adj* ihr.

theirs [ðeəz] *pron* ihre(-r)(-s); **a friend of ~** ein Freund von ihnen.

them [*weak form* ðəm, *strong form* ðem] *pron (accusative)* sie; *(dative)* ihnen; **I know ~** ich kenne sie; **it's ~** sie sind es; **send it to ~** schicke es ihnen; **tell ~** sage ihnen; **he's worse than ~** er ist schlimmer als sie.

theme [θiːm] *n* Thema *das*.

theme park *n* Freizeitpark *der* (mit themabezogenen Attraktionen).

themselves [ðəm'selvz] *pron (reflexive)* sich; *(after prep)* sich (selbst); **they did it ~** sie machten es selbst.

then [ðen] *adv* dann; *(at time in past)* damals; **from ~ on** von da an; **until ~** bis dahin.

theory ['θɪərɪ] *n* Theorie *die*; **in ~** theoretisch.

therapist ['θerəpɪst] *n* Therapeut *der* (-in *die*).

therapy ['θerəpɪ] *n* Therapie *die*.

there [ðeə^r] *adv (existing, present)* da; *(at, in that place)* dort; *(to that place)* dorthin ◆ *pron:* **~ is** da ist, es gibt; **~ are** da sind, es gibt; **is Bob ~, please?** *(on phone)* ist Bob da?; **over ~** da drüben; **~ you are** *(when giving)* bitte schön.

thereabouts [ˌðeərə'baʊts] *adv:* **or ~** so ungefähr.

therefore ['ðeəfɔː^r] *adv* deshalb.

there's [ðeəz] = **there is**.

thermal underwear [ˌθɜːml-] *n* Thermounterwäsche *die*.

thermometer [θə'mɒmɪtə^r] *n* Thermometer *das*.

Thermos (flask)® ['θɜːməs-] *n* Thermosflasche® *die*.

thermostat ['θɜːməstæt] *n* Thermostat *der*.

these [ðiːz] *pl* → **this**.

they [ðeɪ] *pron* sie; *(people in general)* man.

thick [θɪk] *adj* dick; *(fog, hair)* dicht; *(inf: stupid)* dumm; **it's 1 metre ~** es ist 1 Meter dick.

thicken ['θɪkn] *vt (sauce, soup)* eindicken ◆ *vi (mist, fog)* dichter werden.

thickness ['θɪknɪs] *n* Dicke *die*.

thief [θiːf] *(pl* **thieves** [θiːvz]) *n* Dieb *der* (-in *die*).

thigh [θaɪ] *n* Oberschenkel *der*.

thimble ['θɪmbl] *n* Fingerhut *der*.

thin [θɪn] *adj* dünn.

thing [θɪŋ] *n (object)* Ding *das*; *(event, action, subject)* Sache *die*; **the ~ is** die Sache ist die, daß ...; **the ~s** *npl (clothes, possessions)* Sachen *pl*; **how are ~s?** wie geht's?

thingummyjig ['θɪŋəmɪdʒɪg] *n (inf)* Dingsbums *der/die/das*.

think [θɪŋk] *(pt & pp* **thought**) *vt* denken; *(believe)* meinen ◆ *vi (reflect)* nachdenken; **to ~ about** *(have in mind)* nachdenken über (+A); *(consider)* denken an (+A); **to ~ of** denken an (+A); *(invent)* sich (D) ausdenken; *(remember)* sich erinnern an (+A); **what do you ~ of it?** was hältst du davon?; **to ~ of doing sthg** daran denken, etw zu tun; **I ~ so** ich glaube schon; **I don't ~ so** ich glaube nicht; **do you ~ you could ...?** meinst du, du könntest ...?; **to ~ highly of sb** jn hoch einschätzen ❑ **think over** *vt sep* nachdenken über (+A); **think up** *vt sep* ausdenken.

third [θɜːd] num dritte(-r)(-s), → sixth.

third party insurance n Haftpflichtversicherung die.

Third World n: the ~ die dritte Welt.

thirst [θɜːst] n Durst der.

thirsty ['θɜːstɪ] adj durstig.

thirteen [θɜː'tiːn] num dreizehn, → six.

thirteenth [θɜː'tiːnθ] num dreizehnte(-r)(-s), → sixth.

thirtieth ['θɜːtɪəθ] num dreißigste(-r)(-s), → sixth.

thirty ['θɜːtɪ] num dreißig, → six.

this [ðɪs] (pl these) adj diese(-r)(-s), diese (pl); **I prefer ~** book ich bevorzuge dieses Buch; **these chocolates are delicious** diese Pralinen schmecken köstlich; **~ morning** heute morgen; **~ week** diese Woche; **I'll have ~ one** ich nehme dieses; **there was ~ man** ... da war dieser Mann ...
◆ pron 1. (referring to thing, person mentioned) das; **~ is for you** das ist für dich; **what are these?** was ist das?; **~ is David Gregory** (introducing someone) das ist David Gregory; (on telephone) hier ist David Gregory. 2. (referring to thing, person nearer) diese(-r)(-s), diese (pl); **I want these here** ich möchte diese hier.
◆ adv so; **it was ~ big** es war so groß.

thistle ['θɪsl] n Distel die.

thorn [θɔːn] n Dorn der.

thorough ['θʌrə] adj gründlich.

thoroughly ['θʌrəlɪ] adv (completely) völlig.

those [ðəʊz] pl → that.

though [ðəʊ] conj obwohl ◆ adv doch; **even ~** auch wenn.

thought [θɔːt] pt & pp → think ◆ n (idea) Gedanke der; (thinking) Überlegung die ❑ **thoughts** npl (opinion) Gedanken pl.

thoughtful ['θɔːtful] adj (serious) nachdenklich; (considerate) rücksichtsvoll.

thoughtless ['θɔːtlɪs] adj gedankenlos.

thousand ['θaʊznd] num tausend; **a** OR **one ~** eintausend; **~s of Tausende von,** → six.

thrash [θræʃ] vt (inf: defeat) vernichtend schlagen.

thread [θred] n (of cotton etc) Faden der ◆ vt (needle) einfädeln.

threadbare ['θredbeəʳ] adj abgenutzt.

threat [θret] n Drohung die; (possibility) Gefahr die.

threaten ['θretn] vt bedrohen; **to ~ to do sthg** drohen, etw zu tun.

threatening ['θretnɪŋ] adj drohend.

three [θriː] num drei, → six.

three-D adj drei-D-.

three-piece suite n Polstergarnitur die.

three-quarters [,θriː-'kwɔːtəz] n drei Viertel pl; **~ of an hour** eine Dreiviertelstunde.

threshold ['θreʃhəʊld] n (fml) Schwelle die.

threw [θruː] pt → throw.

thrifty ['θrɪftɪ] adj sparsam.

thrilled [θrɪld] adj begeistert.

thriller ['θrɪləʳ] n Thriller der.

thrive [θraɪv] vi (plant, animal) gedeihen; (person) aufblühen; (business, tourism) florieren.

throat [θrəʊt] n Hals der.

throb 290

throb [θrɒb] vi (head, pain) pochen; (noise, engine) dröhnen.

throne [θrəʊn] n Thron der.

throttle [ˈθrɒtl] n (of motorbike) Gasgriff der.

through [θruː] prep durch; (during) während (+G) ♦ adv durch ♦ adj: **to be ~ (with sthg)** (finished) (mit etw) fertig sein; **you're ~** (on phone) Sie sind durch; **Monday ~ Thursday** (Am) Montag bis Donnerstag; **to let sb ~** jn durchlassen; **a ~ traffic** Durchgangsverkehr der; **a ~ train** ein durchgehender Zug; **'no ~ road'** (Br) 'Keine Durchfahrt'.

throughout [θruːˈaʊt] adv (all the time) die ganze Zeit; (everywhere) überall ♦ prep: **the day/morning** den ganzen Tag/Morgen über; **~ the year** das ganze Jahr hindurch; **~ the country** im ganzen Land.

throw [θrəʊ] (pt threw [θruː], pp thrown [θrəʊn]) vt werfen; (a switch) betätigen; **to ~ the dice** würfeln; **to ~ sthg in the bin** etw in den Mülleimer werfen ❏ **throw away** vt sep wegwerfen; **throw out** vt sep (get rid of) wegwerfen; (person) hinauswerfen; **throw up** vi (inf: vomit) sich übergeben.

thru [θruː] (Am) = **through**.

thrush [θrʌʃ] n (bird) Drossel die.

thud [θʌd] n dumpfes Geräusch.

thug [θʌg] n Schläger der.

thumb [θʌm] n Daumen der ♦ vt: **to ~ a lift** trampen.

thumbtack [ˈθʌmtæk] n (Am) Reißzwecke die.

thump [θʌmp] n (punch) Schlag der; (sound) dumpfer Schlag ♦ vt schlagen.

thunder [ˈθʌndər] n Donner der.

thunderstorm [ˈθʌndəstɔːm] n Gewitter das.

Thurs. (abbr of Thursday) Do.

Thursday [ˈθɜːzdɪ] n Donnerstag der, → **Saturday**.

thyme [taɪm] n Thymian der.

tick [tɪk] n (written mark) Haken der; (insect) Zecke die ♦ vt abhaken ♦ vi (clock, watch) ticken ❏ **tick off** vt sep (mark off) abhaken.

ticket [ˈtɪkɪt] n (for cinema, theatre, match) Eintrittskarte die; (for plane) Flugschein der, Ticket das; (for bus, tube) Fahrschein der; (for train) Fahrkarte die; (for car park) Parkschein der; (label) Etikett das; (for lottery) Los das; (for speeding, parking) Strafzettel der.

ticket collector n (at barrier) Fahrkartenkontrolleur der (-in die).

ticket inspector n (on train) Schaffner der (-in die).

ticket machine n Fahrscheinautomat der.

ticket office n (in cinema, theatre) Kasse die; (in station) Fahrkartenschalter der.

tickle [ˈtɪkl] vt & vi kitzeln.

ticklish [ˈtɪklɪʃ] adj kitzlig.

tick-tack-toe n (Am) Spiel bei dem Dreierreihen von Kreisen und Kreuzen zu erzielen sind.

tide [taɪd] n (of sea) Gezeiten pl.

tidy [ˈtaɪdɪ] adj ordentlich ❏ **tidy up** vt sep aufräumen.

tie [taɪ] (pt, pp **tied**, cont **tying**) n (around neck) Krawatte die; (draw) Unentschieden das; (Am: on railway track) Schwelle die ♦ vt binden; (knot) machen ♦ vi (game) unentschieden spielen; (competition) gleich stehen ❏ **tie up** vt sep (fasten) festjbinden; *(parcel)* verschnüren; *(laces)* binden; *(delay)* aufhalten.

tiepin ['taɪpɪn] *n* Krawattennadel *die.*

tier [tɪəʳ] *n (of seats)* Rang *der.*

tiger ['taɪgəʳ] *n* Tiger *der.*

tight [taɪt] *adj (drawer, tap)* fest; *(nut, knot)* fest angezogen; *(clothes, shoes, bend)* eng; *(rope, material)* straff; *(schedule)* knapp; *(chest)* beengt; *(inf: drunk)* blau ♦ *adv (hold)* fest.

tighten ['taɪtn] *vt (nut, knot)* fest anjziehen; *(rope)* straffen.

tightrope ['taɪtrəup] *n* Hochseil *das.*

tights [taɪts] *npl* Strumpfhose *die;* **a pair of ~** eine Strumpfhose.

tile [taɪl] *n (for roof)* Ziegel *der;* *(for floor)* Fliese *die;* *(for wall)* Kachel *die.*

till [tɪl] *n (for money)* Kasse *die* ♦ *prep & conj* bis.

tiller ['tɪləʳ] *n* Ruderpinne *die.*

tilt [tɪlt] *vt & vi* kippen.

timber ['tɪmbəʳ] *n (wood)* Holz *das; (of roof)* Balken *der.*

time [taɪm] *n* Zeit *die; (occasion)* Mal *das* ♦ *vt (measure)* stoppen; *(arrange)* zeitlich abjstimmen; **to be well ~d** gut abgepaßt sein; **I haven't got the ~** mir fehlt die Zeit; **it's ~ to go** es ist Zeit zu gehen; **what's the ~?** wie spät ist es?, wieviel Uhr ist es?; **two at a ~** zwei auf einmal; **~s two** zwei mal zwei; **five ~s as much** fünf mal so viel; **in a month's ~** in einem Monat; **to have a good ~** sich amüsieren; **all the ~** die ganze Zeit; **every ~** jedesmal; **from ~ to ~** von Zeit zu Zeit; **for the ~ being** vorläufig; **in ~ (arrive)** rechtzeitig; **in good ~** früh; **last ~** letztes Mal;

most of the ~ meistens; **on ~** pünktlich; **some of the ~** manchmal; **this ~** diesmal.

time difference *n* Zeitunterschied *der.*

time limit *n* Frist *die.*

timer ['taɪməʳ] *n (machine)* Schaltuhr *die.*

time share *n* Ferienwohnung, an der man einen Besitzanteil hat.

timetable ['taɪm,teɪbl] *n (of trains, buses, boats etc)* Fahrplan *der; (SCH)* Stundenplan *der; (of events)* Programm *das.*

time zone *n* Zeitzone *die.*

timid ['tɪmɪd] *adj* scheu.

tin [tɪn] *n (metal)* Blech *das; (container)* Dose *die* ♦ *adj* Blech-.

tinfoil ['tɪnfɔɪl] *n* Alufolie *die.*

tinned food [tɪnd-] *n (Br)* Konserven *pl.*

tin opener [-ˌəupnəʳ] *n (Br)* Dosenöffner *der.*

tinsel ['tɪnsl] *n* Lametta *das.*

tint [tɪnt] *n (colour)* Ton *der.*

tinted glass [ˌtɪntɪd-] *n* getöntes Glas.

tiny ['taɪnɪ] *adj* winzig.

tip [tɪp] *n (point, end)* Spitze *die; (of cigarette)* Filter *der; (to waiter, taxi driver etc)* Trinkgeld *das; (piece of advice)* Tip *der; (Br: rubbish dump)* Müllhalde *die* ♦ *vt (waiter, taxi driver etc)* Trinkgeld geben (+ D); *(tilt)* kippen; *(pour)* schütten ♦ **tip over** *vt sep & vi* umkippen.

tire ['taɪəʳ] *vi* ermüden ♦ *n (Am)* = **tyre.**

tired ['taɪəd] *adj* müde; **to be ~ of sthg** *(fed up with)* etw satt haben.

tired out *adj* müde.

tiring ['taɪərɪŋ] adj ermüdend.

tissue ['tɪʃu:] n (handkerchief) Taschentuch das.

tissue paper n Seidenpapier das.

tit [tɪt] n (vulg: breast) Titte die.

title ['taɪtl] n Titel der.

T-junction n Einmündung die (in eine Vorfahrtsstraße).

to [unstressed before consonant tə, unstressed before vowel tʊ, stressed tu:] prep **1.** (indicating direction) nach; to go ~ **France** nach Frankreich fahren; **to go** ~ **school** in die Schule gehen; **to go** ~ **work** zur Arbeit gehen.
2. (indicating position) ~ **one side** auf der einen Seite; ~ **the left/right** (move) nach links/rechts.
3. (expressing indirect object): **to give** sthg ~ **sb** jm etw geben; **to listen** ~ **the radio** Radio hören; **we added** milk ~ **the mixture** wir fügten Milk zu Mischung hinzu.
4. (indicating reaction, effect) zu; ~ **my surprise** zu meiner Überraschung.
5. (until) bis; **to count** ~ **ten** bis zehn zählen; **we work from 9** ~ **5** wir arbeiten von 9 bis 5.
6. (indicating change of state): **to turn** ~ **sthg** zu etw werden; **it could lead** ~ **trouble** das könnte Ärger geben.
7. (Br: in expressions of time) vor; **it's ten** ~ **three** es ist zehn vor drei.
8. (in ratios, rates): **10 kilometres** ~ **the litre** 10 Kilometer pro Liter.
9. (of, for): **the key** ~ **the car** der Schlüssel für das Auto; **a letter** ~ **my daughter** ein Brief an meine Tochter.
10. (indicating attitude) zu; **to be rude** ~ **sb** frech zu jm sein.

◆ with infinitive **1.** (forming simple infinitive): ~ **laugh** lachen; ~ **walk** gehen.
2. (following another verb): **to begin** ~ **do sthg** anfangen, etw zu tun; **to want** ~ **do sthg** etw tun wollen.
3. (following an adjective) zu; **difficult** ~ **do** schwer zu tun; **ready** ~ **go** bereit zu gehen.
4. (indicating purpose) um zu; **we came here** ~ **look at the castle** wir sind hierher gekommen, um das Schloß anzuschauen.

toad [təʊd] n Kröte die.

toadstool ['təʊdstu:l] n Giftpilz der.

toast [təʊst] n Toast der ◆ vt (bread) toasten; **a piece** OR **slice of** ~ eine Scheibe Toast.

toasted sandwich ['təʊstɪd-] n getoastetes Sandwich.

toaster ['təʊstə^r] n Toaster der.

toastie ['təʊstɪ] = **toasted sandwich**.

tobacco [tə'bækəʊ] n Tabak der.

tobacconist's [tə'bækənɪsts] n Tabakladen der.

toboggan [tə'bɒgən] n Schlitten der.

today [tə'deɪ] n & adv heute.

toddler ['tɒdlə^r] n Kleinkind das.

toe [təʊ] n Zeh der.

toe clip n Rennhaken der.

toenail ['təʊneɪl] n Zehennagel der.

toffee ['tɒfɪ] n (sweet) Karamelbonbon der; (substance) Karamel der.

together [tə'geðə^r] adv zusammen; (at the same time) gleichzeitig; ~ **with** zusammen mit.

toilet ['tɔɪlɪt] n Toilette die; **to go**

to the ~ auf die Toilette gehen; **where's the ~?** wo ist die Toilette?

toilet bag *n* Kulturbeutel *der*.

toilet paper *n* Toilettenpapier *das*.

toiletries ['tɔɪlɪtrɪz] *npl* Toilettenartikel *pl*.

toilet roll *n* Rolle *die* Toilettenpapier.

toilet water *n* Eau de Toilette *das*.

token ['təʊkn] *n* (metal disc) Marke *die*.

told [təʊld] *pt & pp* → **tell**.

tolerable ['tɒlərəbl] *adj* leidlich.

tolerant ['tɒlərənt] *adj* tolerant.

tolerate ['tɒləreɪt] *vt* (put up with) ertragen; (permit) dulden.

toll [təʊl] *n* (for road, bridge) Gebühr *die*, Maut *die* (Öster.).

tollbooth ['təʊlbuːθ] *n* Kabine, an der Straßengebühr gezahlt wird.

toll-free *adj* (Am) gebührenfrei.

tomato [Br tə'mɑːtəʊ, Am tə'meɪtəʊ] (pl -es) *n* Tomate *die*.

tomato juice *n* Tomatensaft *der*.

tomato ketchup *n* Tomatenketchup *der*.

tomato puree *n* Tomatenmark *das*.

tomato sauce *n* Tomatensoße *die*.

tomb [tuːm] *n* Grab *das*.

tomorrow [tə'mɒrəʊ] *n & adv* morgen; **the day after ~** übermorgen; **~ afternoon** morgen nachmittag; **~ morning** morgen früh; **~ night** morgen abend.

ton [tʌn] *n* (in UK) = 1.016 kg, Tonne *die*; (in US) = 907 kg, Tonne;

(metric tonne) Tonne; **~s of** (inf) haufenweise.

tone [təʊn] *n* Ton *der*.

tongs [tɒŋz] *npl* (for hair) Lockenstab *der*; (for sugar) Zuckerzange *die*.

tongue [tʌŋ] *n* Zunge *die*.

tonic ['tɒnɪk] *n* (tonic water) Tonic *das*; (medicine) Tonikum *das*.

tonic water *n* Tonic *das*.

tonight [tə'naɪt] *n & adv* heute abend; (later) heute nacht.

tonne [tʌn] *n* Tonne *die*.

tonsillitis [ˌtɒnsɪ'laɪtɪs] *n* Mandelentzündung *die*.

too [tuː] *adv* zu; (also) auch; **it's not ~ good** es ist nicht besonders gut; **it's ~ late to go out** es ist zu spät zum Ausgehen; **~ many** zu viele; **~ much** zuviel.

took [tʊk] *pt* → **take**.

tool [tuːl] *n* Werkzeug *das*.

tool kit *n* Werkzeug *das*.

tooth [tuːθ] (pl **teeth**) *n* Zahn *der*.

toothache ['tuːθeɪk] *n* Zahnschmerzen *pl*.

toothbrush ['tuːθbrʌʃ] *n* Zahnbürste *die*.

toothpaste ['tuːθpeɪst] *n* Zahnpasta *die*.

toothpick ['tuːθpɪk] *n* Zahnstocher *die*.

top [tɒp] *adj* (highest) oberste (-r)(-s); (best, most important) beste(-r)(-s) ◆ *n* (of hill, tree) Spitze *die*; (of table) Platte *die*; (of class, league) Erste *die*; (of bottle, jar) Deckel *der*; (of pen, tube) Kappe *die*; (garment) Oberteil *das*; (of street, road) Ende *das*; **at the ~ (of)** oben (auf (+A)); **on ~ of** (on highest part of) oben auf (+A); **on ~ of that** obendrein; **at ~ speed** mit Höchstgeschwindigkeit; **~ gear** höchster Gang ❑ **top up** vt sep (glass) nachfüllen ◆ vi (with petrol) volltanken.

top floor n oberstes Stockwerk.

topic ['tɒpɪk] n Thema das.

topical ['tɒpɪkl] adj aktuell.

topless ['tɒplɪs] adj oben ohne.

topped [tɒpt] adj: **~ with** (food) mit.

topping ['tɒpɪŋ] n Soße oder Garnierung zu einem Gericht.

torch [tɔːtʃ] n (Br: electric light) Taschenlampe die.

tore [tɔːʳ] pt → **tear**[1].

torment [tɔː'ment] vt (annoy) plagen.

torn [tɔːn] pp → **tear**[1] ◆ adj (ripped) zerrissen.

tornado [tɔː'neɪdəʊ] (pl -es OR -s) n Wirbelsturm der.

torrential rain [təˌrenʃl-] n strömender Regen.

tortoise ['tɔːtəs] n Schildkröte die.

tortoiseshell ['tɔːtəʃel] n Schildpatt das.

torture ['tɔːtʃəʳ] n (punishment) Folter die ◆ vt (punish) foltern.

Tory ['tɔːrɪ] n Tory der.

toss [tɒs] vt (throw) werfen; (salad) mischen; (pancake) wenden; **to ~ a coin** mit einer Münze losen.

total ['təʊtl] adj (number, amount) gesamt; (complete) völlig ◆ n Gesamtzahl die; (sum) Gesamtsumme die; **in ~** insgesamt.

touch [tʌtʃ] n Berührung die; (sense of touch) Tastsinn der; (small amount) Spur die; (detail) Detail das ◆ vt berühren ◆ vi sich berühren; **to**

get in ~ (with sb) sich (mit jm) in Verbindung setzen; **to keep in ~ (with sb)** (mit jm) in Kontakt bleiben ❑ **touch down** vi (plane) auflsetzen.

touching ['tʌtʃɪŋ] adj (moving) rührend.

tough [tʌf] adj (resilient) widerstandsfähig; (meat) zäh; (difficult) schwierig; (harsh, strict) hart.

tour [tʊəʳ] n (journey) Tour die; (of city, castle etc) Besichtigung die; (of pop group, theatre company) Tournee die ◆ vt reisen durch; **on ~** auf Tournee.

tourism ['tʊərɪzm] n Tourismus der.

tourist ['tʊərɪst] n Tourist der (-in die).

tourist class n Touristclass die.

tourist information office n Fremdenverkehrsbüro das.

tournament ['tɔːnəmənt] n Turnier die.

tour operator n Reiseveranstalter der.

tout [taʊt] n Schwarzhändler der.

tow [təʊ] vt ablschleppen.

toward [tə'wɔːd] (Am) = **towards**.

towards [tə'wɔːdz] prep (Br) (in the direction of) zu; (facing) nach; (with regard to) gegenüber (+D); (with time) gegen; (to help pay for) für; **to run ~ sb** auf jn zullaufen; **to sit ~ the front/back** vorne/hinten sitzen.

towaway zone ['təʊəweɪ-] n (Am) Abschleppzone die.

towel ['taʊəl] n Handtuch das.

toweling ['taʊəlɪŋ] (Am) = **towelling**.

towelling [ˈtauəlɪŋ] n (Br) Frottee das.

towel rail n Handtuchhalter der.

tower [ˈtauər] n Turm der.

tower block n (Br) Hochhaus das.

Tower Bridge n Zwillingszugbrücke über die Themse, in der Nähe des Londoner Tower.

TOWER BRIDGE

D iese im 19. Jahrhundert erbaute Brücke im Neugotischen Stil führt in Höhe des Londoner Tower über die Themse. Sie hat eine sehr markante Zwillingszugbrücke, die bei der Durchfahrt von hohen Schiffen hochgezogen werden kann.

Tower of London n: the ~ der Londoner Tower.

TOWER OF LONDON

A m nördlichen Ufer der Themse liegt der „Tower of London", eine Festung, die auf das 11. Jahrhundert zurückgeht und bis zum 17. Jahrhundert ein königlicher Palast war. Heute ist der Tower eine beliebte Touristenattraktion, der zur Besichtigung offensteht und ein Museum beherbergt.

town [taun] n Stadt die.

town centre n Stadtzentrum das.

town hall n Rathaus das.

towpath [ˈtaupɑːθ, pl -pɑːðz] n Treidelpfad der.

towrope [ˈtaurəup] n Abschleppseil das.

tow truck n (Am) Abschleppwagen der.

toxic [ˈtɒksɪk] adj giftig.

toy [tɔɪ] n Spielzeug das.

toy shop n Spielwarengeschäft das.

trace [treɪs] n Spur die ◆ vt (find) finden.

tracing paper [ˈtreɪsɪŋ-] n Pauspapier das.

track [træk] n (path) Weg der; (of railway) Gleis das; (SPORT) Bahn die; (song) Stück das ❑ **track down** vt sep ausfindig machen.

tracksuit [ˈtræksuːt] n Trainingsanzug der.

tractor [ˈtræktər] n Traktor der.

trade [treɪd] n (COMM) Handel der; (job) Handwerk das ◆ vt (exchange) tauschen ◆ vi (COMM) handeln.

trade-in n (action) Inzahlungnahme die.

trademark [ˈtreɪdmɑːk] n Warenzeichen das.

trader [ˈtreɪdər] n Händler der (-in die).

tradesman [ˈtreɪdzmən] (pl -men [-mən]) n (deliveryman) Lieferant der; (shopkeeper) Einzelhändler der.

trade union n Gewerkschaft die.

tradition [trəˈdɪʃn] n Tradition die.

traditional [trəˈdɪʃənl] adj traditionell.

traffic [ˈtræfɪk] (pt & pp -ked)

traffic circle 296

traffic circle *(cars etc)* Verkehr *der* ◆ *vi:* **to ~ in** handeln mit.

traffic circle *n (Am)* Kreisverkehr *der*.

traffic island *n* Verkehrsinsel *die*.

traffic jam *n* Stau *der*.

traffic lights *npl* Ampel *die*.

traffic warden *n (Br)* ≃ Hilfspolizist *der* (Politesse *die*).

tragedy ['trædʒədɪ] *n* Tragödie *die*.

tragic ['trædʒɪk] *adj* tragisch.

trail [treɪl] *n (path)* Weg *der*; *(marks)* Spur *die* ◆ *vi (be losing)* zurückliegen.

trailer ['treɪlə^r] *n (for boat, luggage)* Anhänger *der*; *(Am: caravan)* Wohnwagen *der*; *(for film, programme)* Vorschau *die*.

train [treɪn] *n (on railway)* Zug *der* ◆ *vt (teach)* ausbilden ◆ *vi (SPORT)* trainieren; **by ~** mit dem Zug.

train driver *n* Zugführer *der* (-in *die*).

trainee [treɪ'niː] *n* Auszubildende *der, die; (in management)* Trainee *der, die*.

trainer ['treɪnə^r] *n (of athlete etc)* Trainer *der* (-in *die*) ❑ **trainers** *npl (Br: shoes)* Trainingsschuhe *pl*.

training ['treɪnɪŋ] *n (instruction)* Ausbildung *die; (exercises)* Training *das*.

training shoes *npl (Br)* Trainingsschuhe *pl*.

tram [træm] *n (Br)* Straßenbahn *die*.

tramp [træmp] *n* Tramp *der*.

trampoline ['træmpəliːn] *n* Trampolin *das*.

trance [trɑːns] *n* Trance *die*.

tranquilizer ['træŋkwɪlaɪzə^r] *(Am)* = **tranquillizer**.

tranquillizer ['træŋkwɪlaɪzə^r] *n (Br)* Beruhigungsmittel *das*.

transaction [træn'zæk∫n] *n* Geschäft *das*.

transatlantic [ˌtrænzət'læntɪk] *adj* transatlantisch.

transfer [*n* 'trænsfɜː^r, *vb* træns'fɜː^r] *n (of money)* Überweisung *die; (of power)* Übertragung *die; (SPORT)* Transfer *der; (picture)* Abziehbild *das; (Am: ticket)* Fahrkarte mit Umsteigeerlaubnis ◆ *vt* überträgen; *(money)* überweisen ◆ *vi (change bus, plane etc)* umsteigen; **'~s'** *(in airport)* Transitpassagiere'.

transfer desk *n (in airport)* Transitschalter *der*.

transform [træns'fɔːm] *vt* verändern.

transfusion [træns'fjuːʒn] *n* Transfusion *die*.

transistor radio [træn'zɪstə-] *n* Transistorradio *das*.

transit ['trænzɪt]: **in transit** *adv* im Transit.

transitive ['trænzɪtɪv] *adj* transitiv.

transit lounge *n* Transit Lounge *die*.

translate [træns'leɪt] *vt* übersetzen.

translation [træns'leɪ∫n] *n* Übersetzung *die*.

translator [træns'leɪtə^r] *n* Übersetzer *der* (-in *die*).

transmission [trænz'mɪ∫n] *n* Übertragung *die*.

transmit [trænz'mɪt] *vt* übertragen.

transparent [træns'pærənt] *adj* (*see-through*)) durchsichtig.

transplant ['trænsplɑ:nt] *n* Transplantation *die*.

transport [*n* 'trænspɔ:t, *vb* træn'spɔ:t] *n* (*cars, trains, planes etc*) Verkehrsmittel *pl*; (*moving*) Transport *der*, Beförderung *die* ♦ *vt* transportieren, befördern.

transportation [ˌtrænspɔ:-'teɪʃn] *n* (*Am*) (*cars, trains, planes etc*) Verkehrsmittel *pl*; (*moving*) Transport *der*, Beförderung *die*.

trap [træp] *n* Falle *die* ♦ *vt*: **to be trapped** (*stuck*) festsitzen.

trapdoor [ˌtræp'dɔ:ʳ] *n* Falltür *die*.

trash [træʃ] *n* (*Am: waste material*) Müll *der*.

trashcan ['træʃkæn] *n* (*Am*) Mülleimer *der*.

trauma ['trɔ:mə] *n* Trauma *das*.

traumatic [trɔ:'mætɪk] *adj* traumatisch.

travel ['trævl] *n* Reisen *das* ♦ *vt* (*distance*) fahren ♦ *vi* reisen; (*in vehicle*) fahren.

travel agency *n* Reisebüro *das*.

travel agent *n* Reisebürokaufmann *der* (-kauffrau *die*); ~**'s** (*shop*) Reisebüro *das*.

Travelcard ['trævlkɑ:d] *n* (*Br*) Zeitkarte *die*.

travel centre *n* (*in railway, bus station*) Reiseinformation *die*.

traveler ['trævlər] (*Am*) = **traveller**.

travel insurance *n* Reiseversicherung *die*.

traveller ['trævləʳ] *n* (*Br*) Reisende *der, die*.

traveller's cheque *n* Reisescheck *der*.

travelsick ['trævəlsɪk] *adj* reisekrank.

trawler ['trɔ:ləʳ] *n* Trawler *der*.

tray [treɪ] *n* Tablett *das*.

treacherous ['tretʃərəs] *adj* (*person*) verräterisch; (*roads, conditions*) gefährlich.

treacle ['tri:kl] *n* (*Br*) Sirup *der*.

tread [tred] (*pt* **trod**, *pp* **trodden**) *n* (*of tyre*) Profil *das* ♦ *vi*: **to ~ on sthg** auf etw *(A)* treten.

treasure ['treʒəʳ] *n* Schatz *der*.

treat [tri:t] *vt* behandeln ♦ *n* (*special thing*) Freude *die*; **to ~ sb to sthg** jm etw spendieren.

treatment ['tri:tmənt] *n* Behandlung *die*.

treble ['trebl] *adj* dreifach; ~ **the amount** dreimal soviel.

tree [tri:] *n* Baum *der*.

trek [trek] *n* Wanderung *die*.

tremble ['trembl] *vi* zittern.

tremendous [trɪ'mendəs] *adj* enorm; (*inf: very good*) toll.

trench [trentʃ] *n* Graben *der*.

trend [trend] *n* (*tendency*) Tendenz *die*; (*fashion*) Trend *der*.

trendy ['trendɪ] *adj* (*inf*) trendy.

trespasser ['trespɑ:səʳ] *n* Unbefugte *der, die*; '~**s will be prosecuted**' Betreten verboten'.

trial ['traɪəl] *n* (*JUR*) Prozeß *der* (*test*) Test *der*; **a ~ period** eine Probezeit.

triangle ['traɪæŋgl] *n* Dreieck *das*.

triangular [traɪ'æŋgjʊləʳ] *adj* dreieckig.

tribe [traɪb] *n* Stamm *der*.

tributary ['trɪbjʊtrɪ] n Nebenfluß der.

trick [trɪk] n Trick der ◆ vt überlisten; **to play a ~ on sb** jm einen Streich spielen.

trickle ['trɪkl] vi (liquid) tropfen.

tricky ['trɪkɪ] adj kniffelig.

tricycle ['traɪsɪkl] n Dreirad das.

trifle ['traɪfl] n (dessert) Nachtisch aus mit Sherry getränktem Biskuit, Früchten, Vanillecreme und Sahne in Schichten.

trigger ['trɪgə'] n Abzug der.

trim [trɪm] n (haircut) Nachschneiden das ◆ vt (hair, beard, hedge) nachlschneiden.

trinket ['trɪŋkɪt] n Schnickschnack der.

trio ['triːəʊ] (pl -s) n Trio das.

trip [trɪp] n (voyage) Reise die; (short) Ausflug der ◆ vi stolpern ❑ **trip up** vi stolpern.

triple ['trɪpl] adj dreifach.

tripod ['traɪpɒd] n Stativ das.

triumph ['traɪəmf] n Triumph der.

trivial ['trɪvɪəl] adj (pej) trivial.

trod [trɒd] pt → tread.

trodden ['trɒdn] pp → tread.

trolley ['trɒlɪ] (pl -s) n (Br: at airport etc) Gepäckwagen der; (Br: in supermarket) Einkaufswagen der; (Br: for food, drinks) Wagen der; (Am: tram) Straßenbahn die.

trombone [trɒm'bəʊn] n Posaune die.

troops [truːps] npl Truppen pl.

trophy ['trəʊfɪ] n Trophäe die.

tropical ['trɒpɪkl] adj tropisch; **~ fruit** Südfrucht die.

trot [trɒt] vi (horse) traben ◆ n: **on the ~** (inf) hintereinander.

trouble ['trʌbl] n (problems) Ärger der; (difficulty) Schwierigkeiten pl; (inconvenience) Mühe die; (pain, illness) Beschwerden pl ◆ vt (worry) beunruhigen; (bother) stören; **to be in ~** (having problems) in Schwierigkeiten sein; (with police, parents) Ärger haben; **to get into ~** Ärger bekommen; **to take the ~ to do sthg** sich die Mühe machen, etw zu tun; **it's no ~** das macht keine Umstände.

trough [trɒf] n (for animals) Trog der.

trouser press ['traʊzə-] n Hosenspanner der.

trousers ['traʊzəz] npl Hose die; **a pair of ~** eine Hose.

trout [traʊt] (pl inv) n Forelle die.

trowel ['traʊəl] n (for gardening) Schaufel die.

truant ['truːənt] n: **to play ~** die Schule schwänzen.

truce [truːs] n Waffenstillstand der.

truck [trʌk] n Lastwagen der, LKW der.

true [truː] adj (not false, actual) wahr; (genuine, sincere) echt.

truly ['truːlɪ] adv: **yours ~** mit freundlichen Grüßen.

trumpet ['trʌmpɪt] n Trompete die.

trumps [trʌmps] npl Trumpf der.

truncheon ['trʌntʃən] n Schlagstock der.

trunk [trʌŋk] n (of tree) Stamm der; (Am: of car) Kofferraum der; (case, box) Truhe die; (of elephant) Rüssel der.

trunk call n (Br) Ferngespräch das.

trunk road n (Br) Landstraße die.

trunks [trʌŋks] npl (for swimming) Badehose die.

trust [trʌst] n (confidence) Vertrauen das ◆ vt vertrauen (+D); (fml: hope) hoffen.

trustworthy ['trʌst,wɜ:ði] adj vertrauenswürdig.

truth [tru:θ] n Wahrheit die.

truthful ['tru:θfʊl] adj (statement, account) wahr; (person) ehrlich.

try [traɪ] n (attempt) Versuch der ◆ vi versuchen; (make effort) sich bemühen ◆ vt versuchen; (food) probieren; (JUR): **to ~ sb** jn vor Gericht bringen; **to ~ to do sthg** versuchen, etw zu tun ❑ **try on** vt sep (clothes) anprobieren; **try out** vt sep ausprobieren.

T-shirt n T-Shirt das.

tub [tʌb] n (of margarine etc) Becher der; (inf: bath) Wanne die.

tube [tju:b] n (container) Tube die; (Br: inf: underground) U-Bahn die; (pipe) Rohr das; **by ~** mit der U-Bahn.

tube station n (Br: inf) U-Bahnhaltestelle die.

tuck [tʌk]: **tuck in** vt sep (shirt) hineinlstecken; (child, person) zuldecken ◆ vi (inf) reinlhauen.

tuck shop n (Br) ≃ Süßwarenladen der (in einer Schule).

Tudor ['tju:dəʳ] adj (architecture) Tudor- (16. Jahrhundert).

Tues. (abbr of Tuesday) Di.

Tuesday ['tju:zdɪ] n Dienstag der, → **Saturday**.

tuft [tʌft] n (of hair, grass) Büschel das.

tug [tʌg] vt ziehen ◆ n (boat) Schlepper der.

tuition [tju:'ɪʃn] n Unterricht der.

tulip ['tju:lɪp] n Tulpe die.

tumble-dryer ['tʌmbldraɪəʳ] n Wäschetrockner der.

tumbler ['tʌmbləʳ] n (glass) Glas das.

tummy ['tʌmɪ] n (inf) Bauch der.

tummy upset n (inf) Bauchschmerzen pl.

tumor ['tju:mər] (Am) = **tumour**.

tumour ['tju:məʳ] n (Br) Tumor der.

tuna (fish) [Br 'tju:nə, Am 'tu:nə] n Thunfisch der.

tuna melt n (Am) mit Thunfisch und Käse überbackener Toast.

tune [tju:n] n Melodie die ◆ vt (radio, TV, engine) einlstellen; (instrument) stimmen; **in ~** (instrument) richtig gestimmt; **out of ~** (instrument) verstimmt; **to sing in/out of ~** richtig/falsch singen.

tunic ['tju:nɪk] n (SCH) Trägerkleid das.

Tunisia [tju:'nɪzɪə] n Tunesien nt.

tunnel ['tʌnl] n Tunnel der.

turban ['tɜ:bən] n Turban der.

turbo ['tɜ:bəʊ] (pl -s) n Turbo der.

turbulence ['tɜ:bjʊləns] n (when flying) Turbulenz die.

turf [tɜ:f] n (grass) Rasen der.

Turk [tɜ:k] n Türke der (Türkin die).

turkey ['tɜ:kɪ] (pl -s) n Pute die.

Turkey ['tɜ:kɪ] n Türkei die.

Turkish ['tɜ:kɪʃ] adj türkisch ◆ n

(language) Türkisch *das* ♦ *npl*: **the ~** die Türken *pl*.

Turkish delight *n* Rachatlukum *das*.

turn [tɜːn] *n (in road)* Abzweigung *die; (of knob, key, switch)* Drehung *die* ♦ *vi (person)* sich wenden; *(turn round)* sich umldrehen; *(car)* ablbiegen; *(rotate)* sich drehen; *(milk)* sauer werden ♦ *vt (head, car)* wenden; *(table, chair, knob, key)* drehen; *(page)* umlblättern; *(a switch)* stellen; *(become)* werden; **to ~ sth black** etw schwarz machen; **to ~ into sthg** *(person)* sich in etw *(A)* verwandeln; **to ~ sthg into sthg** etw in etw *(A)* verwandeln; **to ~ left/right** links/rechts ablbiegen; **to ~ the corner** um die Ecke biegen; **it's your ~** du bist an der Reihe; **at the ~ of the century** um die Jahrhundertwende; **to take it in ~s to do sthg** sich ablwechseln, etw zu tun; **to ~ sthg inside out** etw umlkehren □ **turn back** *vt sep (person, car)* zurücklweisen ♦ *vi* umlkehren; **turn down** *vt sep (heating)* herunterlstellen; *(radio)* leiser stellen; *(offer, request)* abllehnen; **turn off** *vt sep (engine, water, gas)* ablstellen; *(light, TV)* auslschalten; *(tap)* zuldrehen ♦ *vi (leave road)* ablfahren; **turn on** *vt sep (light, TV)* einlschalten; *(engine, water, gas, tap)* anlstellen; **turn out** *vt sep (light)* auslmachen ♦ *vi (come, attend)* erscheinen ♦ *vt fus*: **to ~ out well/ badly** gut/schlecht auslgehen; **to ~ out to be sthg** sich als etw herauslstellen; **turn over** *vt sep (page)* umlblättern; *(card, omelette)* umldrehen ♦ *vi (in bed)* sich umldrehen; *(Br: change channels)* umlstellen; **turn**

round *vt sep (car, table etc)* umldrehen ♦ *vi (person)* sich umldrehen; **turn up** *vt sep (heating)* aufldrehen; *(radio, volume)* lauter stellen ♦ *vi (come, attend)* erscheinen.

turning ['tɜːnɪŋ] *n (off road)* Abzweigung *die*.

turnip ['tɜːnɪp] *n* weiße Rübe.

turn-up *n (Br: on trousers)* Aufschlag *der*.

turps [tɜːps] *n (Br: inf)* Terpentin *das*.

turquoise ['tɜːkwɔːz] *adj* türkis.

turtle ['tɜːtl] *n* Schildkröte *die*.

turtleneck ['tɜːtlnek] *n* Rollkragenpullover *der*.

tutor ['tjuːtəʳ] *n (private teacher)* Privatlehrer *der*.

tuxedo [tʌkˈsiːdəʊ] *(pl* -s*) n (Am)* Smoking *der*.

TV *n* Fernsehen *das; (television set)* Fernseher *der*; **on ~** im Fernsehen.

tweed [twiːd] *n* Tweed *der*.

tweezers ['twiːzəz] *npl* Pinzette *die*.

twelfth [twelfθ] *num* zwölfte(-r)(-s), → **sixth**.

twelve [twelv] *num* zwölf, → **six**.

twentieth ['twentɪəθ] *num* zwanzigste(-r)(-s); **the ~ century** das zwanzigste Jahrhundert, → **sixth**.

twenty ['twentɪ] *num* zwanzig, → **six**.

twice [twaɪs] *adv* zweimal; **it's ~ as good** das ist doppelt so gut.

twig [twɪg] *n* Zweig *der*.

twilight ['twaɪlaɪt] *n* Dämmerung *die*.

twin [twɪn] *n* Zwilling *der*.

twin beds *npl* zwei Einzelbetten *pl*.

twine [twaɪn] *n* Bindfaden *der*.

twin room *n* Zweibettzimmer *das*.

twist [twɪst] *vt* drehen; **to ~ one's ankle** sich (D) den Fuß verrenken.

twisting ['twɪstɪŋ] *adj (road, river)* sich windend.

two [tu:] *num* zwei, → **six**.

two-piece *adj (swimsuit, suit)* zweiteilig.

type [taɪp] *n (kind)* Art *die* ◆ *vt & vi* tippen.

typewriter ['taɪpˌraɪtə^r] *n* Schreibmaschine *die*.

typhoid ['taɪfɔɪd] *n* Typhus *der*.

typical ['tɪpɪkl] *adj* typisch.

typist ['taɪpɪst] *n* Schreibkraft *die*.

tyre ['taɪə^r] *n (Br)* Reifen *der*.

Tyrol *n*: **the ~** Tirol *nt*.

U

U *adj (Br: film)* jugendfrei.

UFO *n (abbr of unidentified flying object)* Ufo *das*.

ugly ['ʌglɪ] *adj (unattractive)* häßlich.

UHT *adj (abbr of ultra heat treated)*: **~ milk** H-Milch *die*.

UK *n*: **the ~** das Vereinigte Königreich.

ulcer ['ʌlsə^r] *n* Geschwür *das*.

ultimate ['ʌltɪmət] *adj (final)*

endgültig; *(best, greatest)* größte (-r)(-s).

ultraviolet [ˌʌltrə'vaɪələt] *adj* ultraviolett.

umbrella [ʌm'brelə] *n* Regenschirm *der*.

umpire ['ʌmpaɪə^r] *n* Schiedsrichter *der*.

UN *n (abbr of United Nations)*: **the ~** die UNO.

unable [ʌn'eɪbl] *adj*: **to be ~ to do sthg** etw nicht tun können.

unacceptable [ˌʌnək'septəbl] *adj* unannehmbar.

unaccustomed [ˌʌnə'kʌstəmd] *adj*: **to be ~ to sthg** an etw (A) nicht gewöhnt sein.

unanimous [ju:'nænɪməs] *adj* einstimmig.

unattended [ˌʌnə'tendɪd] *adj (baggage)* unbeaufsichtigt.

unattractive [ˌʌnə'træktɪv] *adj* unattraktiv.

unauthorized [ʌn'ɔ:θəraɪzd] *adj* unbefugt.

unavailable [ˌʌnə'veɪləbl] *adj* nicht erhältlich.

unavoidable [ˌʌnə'vɔɪdəbl] *adj* unvermeidlich.

unaware [ˌʌnə'weə^r] *adj*: **to be ~ of sthg** sich (D) einer Sache (G) nicht bewußt sein.

unbearable [ʌn'beərəbl] *adj* unerträglich.

unbelievable [ˌʌnbɪ'li:vəbl] *adj* unglaublich.

unbutton [ʌn'bʌtn] *vt* aufknöpfen.

uncertain [ʌn'sɜ:tn] *adj* unsicher.

uncertainty [ʌnˈsɜːtntɪ] n Unsicherheit die.

uncle [ˈʌŋkl] n Onkel der.

unclean [ʌnˈkliːn] adj unsauber.

unclear [ʌnˈklɪəʳ] adj unklar.

uncomfortable [ʌnˈkʌmftəbl] adj (chair, bed) unbequem; **to feel ~** (person) sich nicht wohl fühlen.

uncommon [ʌnˈkɒmən] adj (rare) ungewöhnlich.

unconscious [ʌnˈkɒnʃəs] adj (after accident) bewußtlos; (unaware) unbewußt; **to be ~ of sthg** sich (D) einer Sache (G) nicht bewußt sein.

unconvincing [ʌnkənˈvɪnsɪŋ] adj nicht überzeugend.

uncooperative [ʌnkəʊˈɒpərətɪv] adj nicht entgegenkommend.

uncork [ʌnˈkɔːk] vt entkorken.

uncouth [ʌnˈkuːθ] adj ungehobelt.

uncover [ʌnˈkʌvəʳ] vt (discover) entdecken; (car, swimming pool etc) abdecken.

under [ˈʌndəʳ] prep unter (+A,D); (according to) nach; **children ~ ten** Kinder unter zehn; **~ the circumstances** unter diesen Umständen; **to be ~ pressure** unter Druck sein.

underage [ʌndərˈeɪdʒ] adj minderjährig.

undercarriage [ˈʌndəˌkærɪdʒ] n Fahrwerk das.

underdone [ʌndəˈdʌn] adj (food) nicht gar; (rare) nicht durchgebraten.

underestimate [ʌndərˈestɪmeɪt] vt unterschätzen.

underexposed [ʌndərɪkˈspəʊzd] adj (photograph) unterbelichtet.

undergo [ʌndəˈgəʊ] (pt -went, pp -gone) vt sich unterziehen (+D).

undergraduate [ʌndəˈgrædjʊət] n Student der (-in die).

underground [ˈʌndəgraʊnd] adj unterirdisch; (secret) Untergrund- ◆ n (Br: railway) U-Bahn die.

undergrowth [ˈʌndəgrəʊθ] n Gestrüpp das.

underline [ʌndəˈlaɪn] vt unterstreichen.

underneath [ʌndəˈniːθ] prep unter (+A,D) ◆ adv darunter ◆ n Unterseite die.

underpants [ˈʌndəpænts] npl Unterhose die.

underpass [ˈʌndəpɑːs] n Unterführung die.

undershirt [ˈʌndəʃɜːt] n (Am) Unterhemd das.

underskirt [ˈʌndəskɜːt] n Unterrock der.

understand [ʌndəˈstænd] (pt & pp -stood) vt & vi verstehen; **I don't ~** ich verstehe das nicht; **to make o.s. understood** sich verständlich machen; **I ~ that ...** (believe) ich habe gehört, daß ...

understanding [ʌndəˈstændɪŋ] adj verständnisvoll ◆ n (agreement) Vereinbarung die; (knowledge) Kenntnis die; (interpretation) Annahme die; (sympathy) Verständnis das.

understatement [ʌndəˈsteɪtmənt] n: **that's an ~** das ist untertrieben.

understood [ʌndəˈstʊd] pt & pp → **understand**.

undertake [ʌndəˈteɪk] (pt -took, pp -taken) vt (job, task) überneh-

men; **to ~ to** do sthg sich
verpflichten, etw zu tun.

undertaker [ˈʌndəˌteɪkə^r] n
(firm) Bestattungsinstitut *das*;
(person) Leichenbestatter *der*.

undertaking [ˌʌndəˈteɪkɪŋ] n
(promise) Versprechen *das*; *(task)*
Unternehmen *das*.

undertook [ˌʌndəˈtʊk] pt →
undertake.

underwater [ˌʌndəˈwɔːtə^r] adj
Unterwasser- ◆ adv unter Wasser.

underwear [ˈʌndəweə^r] n
Unterwäsche *die*.

underwent [ˌʌndəˈwent] pt →
undergo.

undesirable [ˌʌndɪˈzaɪərəbl] adj
unerwünscht.

undo [ˌʌnˈduː] (pt -did, pp -done) vt
aufmachen; *(tie)* lösen.

undone [ˌʌnˈdʌn] adj *(coat, shirt,
shoelaces)* offen.

undress [ˌʌnˈdres] vi sich ausziehen ◆ vt ausziehen.

undressed [ˌʌnˈdrest] adj ausge-
zogen; **to get ~** sich ausziehen.

uneasy [ʌnˈiːzɪ] adj unbehaglich.

uneducated [ˌʌnˈedjʊkeɪtɪd] adj
ungebildet.

unemployed [ˌʌnɪmˈplɔɪd] adj
arbeitslos ◆ npl: **the ~ die** Arbeits-
losen pl.

unemployment [ˌʌnɪmˈplɔɪ-
mənt] n Arbeitslosigkeit *die*.

unemployment benefit n
Arbeitslosenunterstützung *die*.

unequal [ʌnˈiːkwəl] adj ungleich.

uneven [ʌnˈiːvn] adj *(surface)*
uneben; *(speed, beat)* ungleichmä-
ßig; *(share, competition, race)* ungleich.

uneventful [ˌʌnɪˈventfʊl] adj
ereignislos.

unexpected [ˌʌnɪkˈspektɪd] adj
unerwartet.

unexpectedly [ˌʌnɪkˈspektɪdlɪ]
adv unerwartet.

unfair [ˌʌnˈfeə^r] adj ungerecht.

unfairly [ˌʌnˈfeəlɪ] adv ungerecht.

unfaithful [ˌʌnˈfeɪθfʊl] adj
untreu.

unfamiliar [ˌʌnfəˈmɪljə^r] adj
ungewohnt; **to be ~ with** sthg sich
mit etw nicht auskennen.

unfashionable [ˌʌnˈfæʃnəbl] adj
unmodern.

unfasten [ˌʌnˈfɑːsn] vt aufl-
machen.

unfavourable [ˌʌnˈfeɪvrəbl] adj
ungünstig.

unfinished [ˌʌnˈfɪnɪʃt] adj unvoll-
endet; *(work)* unerledigt.

unfit [ˌʌnˈfɪt] adj *(not healthy)* nicht
fit; **to be ~ for** sthg für etw ungeeignet sein; **to be ~ for work**
arbeitsunfähig sein.

unfold [ˌʌnˈfəʊld] vt *(map, sheet)*
auseinanderlfalten.

unforgettable [ˌʌnfəˈgetəbl] adj
unvergeßlich.

unforgivable [ˌʌnfəˈgɪvəbl] adj
unverzeihlich.

unfortunate [ʌnˈfɔːtʃnət] adj
bedauerlich.

unfortunately [ʌnˈfɔːtʃnətlɪ]
adv leider.

unfriendly [ʌnˈfrendlɪ] adj
unfreundlich.

unfurnished [ˌʌnˈfɜːnɪʃt] adj
unmöbliert.

ungrateful [ʌnˈgreɪtfʊl] adj
undankbar.

unhappy [ʌnˈhæpɪ] adj (sad) unglücklich; (not pleased) unzufrieden; **to be ~ about sthg** mit etw unzufrieden sein.

unharmed [ʌnˈhɑːmd] adj unverletzt.

unhealthy [ʌnˈhelθɪ] adj ungesund.

unhelpful [ʌnˈhelpful] adj: **to be ~** (person) nicht hilfsbereit sein; (information) nicht hilfreich sein.

unhurt [ʌnˈhɜːt] adj unverletzt.

unhygienic [ˌʌnhaɪˈdʒiːnɪk] adj unhygienisch.

unification [ˌjuːnɪfɪˈkeɪʃn] n Vereinigung die.

uniform [ˈjuːnɪfɔːm] n Uniform die.

unimportant [ˌʌnɪmˈpɔːtənt] adj unwichtig.

unintelligent [ˌʌnɪnˈtelɪdʒənt] adj nicht intelligent.

unintentional [ˌʌnɪnˈtenʃənl] adj unbeabsichtigt.

uninterested [ʌnˈɪntrəstɪd] adj uninteressiert.

uninteresting [ʌnˈɪntrəstɪŋ] adj uninteressant.

union [ˈjuːnjən] n (of workers) Gewerkschaft die.

Union Jack n: **the ~** der Union Jack (die britische Fahne).

unique [juːˈniːk] adj einmalig; **to be ~ to** beschränkt sein auf (+A).

unisex [ˈjuːnɪseks] adj Unisex-.

unit [ˈjuːnɪt] n Einheit die; (department) Abteilung die; (piece of furniture) Element das; (machine) Anlage die.

unite [juːˈnaɪt] vt vereinigen ◆ vi sich zusammen|schließen.

United Kingdom [juːˈnaɪtɪd-] n: **the ~** das Vereinigte Königreich.

United Nations [juːˈnaɪtɪd-] npl: **the ~** die Vereinten Nationen pl.

United States (of America) [juːˈnaɪtɪd-] npl: **the ~** die Vereinigten Staaten pl (von Amerika).

unity [ˈjuːnətɪ] n Einigkeit die.

universal [ˌjuːnɪˈvɜːsl] adj allgemein.

universe [ˈjuːnɪvɜːs] n Universum das.

university [ˌjuːnɪˈvɜːsətɪ] n Universität die.

unjust [ˌʌnˈdʒʌst] adj ungerecht.

unkind [ʌnˈkaɪnd] adj (person) unfreundlich; (remark) häßlich.

unknown [ʌnˈnəʊn] adj unbekannt.

unleaded (petrol) [ʌnˈledɪd-] n Bleifrei das.

unless [ənˈles] conj es sei denn.

unlike [ʌnˈlaɪk] prep (different to) nicht ähnlich (+D); (in contrast to) im Gegensatz zu; **it's ~ him** es ist nicht typisch für ihn.

unlikely [ʌnˈlaɪklɪ] adj (not probable) unwahrscheinlich; **to be ~ to do sthg** etw wahrscheinlich nicht tun.

unlimited [ʌnˈlɪmɪtɪd] adj unbegrenzt; **~ mileage** unbegrenzte Meilenzahl.

unlisted [ʌnˈlɪstɪd] adj (Am: phone number): **to be ~** nicht im Telefonbuch stehen.

unload [ʌnˈləʊd] vt entladen.

unlock [ʌnˈlɒk] vt auf|schließen.

unlucky [ʌnˈlʌkɪ] adj unglücklich.

unmarried [ˌʌnˈmænd] *adj* unverheiratet.

unnatural [ʌnˈnætʃrəl] *adj* unnatürlich.

unnecessary [ʌnˈnesəsəri] *adj* unnötig.

unobtainable [ˌʌnəbˈteɪnəbl] *adj* (product) nicht erhältlich; (phone number) nicht erreichbar.

unoccupied [ʌnˈɒkjupaɪd] *adj* (place, seat) frei.

unofficial [ˌʌnəˈfɪʃl] *adj* inoffiziell.

unpack [ʌnˈpæk] *vt & vi* auslpacken.

unpleasant [ʌnˈpleznt] *adj* unangenehm.

unplug [ʌnˈplʌɡ] *vt* den Stecker herauslziehen von.

unpopular [ʌnˈpɒpjʊləʳ] *adj* unbeliebt.

unpredictable [ʌnprɪˈdɪktəbl] *adj* unberechenbar.

unprepared [ʌnprɪˈpeəd] *adj* unvorbereitet.

unprotected [ʌnprəˈtektɪd] *adj* ungeschützt.

unqualified [ʌnˈkwɒlɪfaɪd] *adj* (person) unqualifiziert.

unreal [ʌnˈrɪəl] *adj* unwirklich.

unreasonable [ʌnˈriːznəbl] *adj* unangemessen.

unrecognizable [ʌnrekəgˈnaɪzəbl] *adj* unkenntlich.

unreliable [ʌnrɪˈlaɪəbl] *adj* unzuverlässig.

unrest [ʌnˈrest] *n* Unruhen *pl*.

unroll [ʌnˈrəʊl] *vt* auflrollen.

unsafe [ʌnˈseɪf] *adj* unsicher.

unsatisfactory [ʌnsætɪsˈfæktəri] *adj* unbefriedigend.

unscrew [ʌnˈskruː] *vt* (lid, top) ablschrauben.

unsightly [ʌnˈsaɪtli] *adj* unansehnlich.

unskilled [ʌnˈskɪld] *adj* (worker) ungelernt.

unsociable [ʌnˈsəʊʃəbl] *adj* ungesellig.

unsound [ʌnˈsaʊnd] *adj* (building, structure) nicht sicher; (argument, method) nicht stichhaltig.

unspoiled [ʌnˈspɔɪlt] *adj* (place, beach) unberührt.

unsteady [ʌnˈstedi] *adj* (pile, person) wackelig; (structure) unsicher; (hand) zitterig.

unstuck [ʌnˈstʌk] *adj*: **to come ~** (label, poster etc) sich lösen.

unsuccessful [ʌnsəkˈsesfʊl] *adj* erfolglos.

unsuitable [ʌnˈsuːtəbl] *adj* unpassend.

unsure [ʌnˈʃɔːʳ] *adj*: **to be ~ of** sthg sich (D) einer Sache (G) nicht sicher sein; **to be ~ about sb** sich (D) über jn nicht im klaren sein.

unsweetened [ʌnˈswiːtnd] *adj* ungesüßt.

untidy [ʌnˈtaɪdi] *adj* unordentlich.

untie [ʌnˈtaɪ] (cont untying [ʌnˈtaɪɪŋ]) *vt* (person) loslbinden; (knot) auflbinden.

until [ənˈtɪl] *prep & conj* bis; **~ the evening/end** bis zum Abend/Ende; **not ~ erst**.

untrue [ʌnˈtruː] *adj* (false) unwahr; **to be ~** nicht wahr sein.

untrustworthy [ʌnˈtrʌstˌwɜːði] *adj* nicht vertrauenswürdig.

unusual [ʌnˈjuːʒl] *adj* ungewöhnlich.

unusually [ʌnˈjuːʒəlɪ] *adv* ungewöhnlich.

unwell [ʌnˈwel] *adj* unwohl; **to feel ~** sich nicht wohl fühlen.

unwilling [ʌnˈwɪlɪŋ] *adj*: **to be ~ to do sthg** etw nicht tun wollen.

unwind [ʌnˈwaɪnd] (*pt & pp* **unwound** [ʌnˈwaʊnd]) *vt* ab|wickeln ◆ *vi* (*relax*) sich entspannen.

unwrap [ʌnˈræp] *vt* aus|packen.

unzip [ʌnˈzɪp] *vt*: **to ~ sthg** den Reißverschluß von etw auf|machen.

up [ʌp] *adv* **1.** (*towards higher position, level*) hoch; **we walked ~ to the top** wir sind zum Gipfel hoch gelaufen; **to pick sthg ~** etw auf|heben; **prices are going ~** die Preise steigen.
2. (*in higher position*) oben; **she's ~ in her bedroom** sie ist oben in ihrem Zimmer; **~ there** da oben.
3. (*into upright position*): **to stand ~** auf|stehen; **to sit ~** (*from lying position*) sich auf|setzen; (*sit straight*) sich gerade hin|setzen.
4. (*northwards*): **I'm coming ~ to Edinburgh** ich komme hoch nach Edinburgh.
5. (*in phrases*): **to walk/jump ~ and down** auf und ab gehen/springen; **~ to six weeks/ten people** bis zu sechs Wochen/zehn Personen; **are you ~ to travelling?** bist du reisefähig?; **what are you ~ to?** was treibst du so?; **it's ~ to you** das liegt ganz bei dir; **~ until ten o'clock** bis um zehn Uhr.
◆ *prep* **1.** (*towards higher position*): **to walk ~ a hill** einen Hügel hinauf|gehen; **I went ~ the stairs** ich ging die Treppe hinauf.

2. (*in higher position*): **~ a hill** oben auf einem Hügel.
3. (*at end of*): **they live ~ the road from us** sie wohnen weiter oben in der gleichen Straße wie wir.
◆ *adj* **1.** (*out of bed*) auf; **I was ~ at six today** ich war heute um sechs auf.
2. (*at an end*) um, zu Ende; **time's ~** die Zeit ist um.
3. (*rising*): **the ~ escalator** die Rolltreppe nach oben.
◆ *n*: **~s and downs** Höhen und Tiefen.

update [ʌpˈdeɪt] *vt* auf den neusten Stand bringen.

uphill [ʌpˈhɪl] *adv* bergauf.

upholstery [ʌpˈhəʊlstərɪ] *n* Polsterung *die*.

upkeep [ˈʌpkiːp] *n* Instandhaltung *die*.

up-market *adj* anspruchsvoll.

upon [əˈpɒn] *prep* (*fml: on*) auf (+*A,D*); **~ hearing the news, we ... als** wir die Nachricht hörten ...

upper [ˈʌpəʳ] *adj* obere-(r)-(s) ◆ *n* (*of shoe*) Obermaterial *das*.

upper class *n* Oberschicht *die*.

uppermost [ˈʌpəməʊst] *adj* (*highest*) oberste-(r)-(s).

upper sixth *n* (*Br: SCH*) ≈ dreizehnte Klasse.

upright [ˈʌpraɪt] *adj & adv* aufrecht.

upset [ʌpˈset] (*pt & pp* **upset**) *adj* (*distressed*) bestürzt ◆ *vt* (*distress*) erschüttern; (*plans*) durcheinanderbringen; (*knock over*) um|stoßen; **to have an ~ stomach** sich (*D*) den Magen verdorben haben; **to be ~ about sthg** über etw (*A*) bestürzt sein; **to get ~ about sthg** sich über etw (*A*) aufregen.

upside down [ˌʌpsaɪd-] adj auf
dem Kopf stehend ♦ adv verkehrt
herum.

upstairs [ˌʌpˈsteəz] adj im Ober-
geschoß ♦ adv (on a higher floor)
oben; **to go** ~ nach oben gehen.

up-to-date adj (modern)
modern; (well-informed) aktuell.

upwards [ˈʌpwədz] adv nach
oben; ~ **of 100 people** mehr als 100
Leute.

urban [ˈɜːbən] adj städtisch,
Stadt-.

urban clearway [-ˈklɪəweɪ] n
(Br) = Stadtautobahn die.

Urdu [ˈʊəduː] n Urdu das.

urge [ɜːdʒ] vt: **to** ~ **sb to do sthg** jn
drängen, etw zu tun.

urgent [ˈɜːdʒənt] adj dringend.

urgently [ˈɜːdʒəntlɪ] adv dringend.

urinal [jʊəˈraɪnl] n (fml) (place)
Pissoir das; (bowl) Urinal das.

urinate [ˈjʊərɪneɪt] vi (fml) urinie-
ren.

urine [ˈjʊərɪn] n Urin der.

us [ʌs] pron uns; **they know** ~ sie
kennen uns; **it's** ~ wir sind's; **send
it to** ~ schicke es uns; **tell** ~ sage
uns; **they're worse than** ~ sie sind
schlimmer als wir.

US n (abbr of United States): **the** ~
die USA pl.

USA n (abbr of United States of
America): **the** ~ die USA pl.

usable [ˈjuːzəbl] adj brauchbar.

use [n juːs, vb juːz] n (using) Benut-
zung die; (purpose) Verwendung die
♦ vt benutzen, verwenden; (exploit)
ausnutzen; (run on) brauchen; **to be
of** ~ nützlich sein; **to have the** ~ **of
sthg** etw benutzen können; **to**

make ~ **of sthg** Gebrauch machen
von etw; (opportunity) etw ausl-
nutzen; **'out of** ~' 'außer Betrieb';
to be in ~ in Gebrauch sein; **it's no** ~
es hat keinen Zweck; **what's the** ~?
wozu?; **to** ~ **sthg as sthg** etw als
etw gebrauchen; **'** ~ **before ...'** (food,
drink) 'mindestens haltbar bis ...' ❑
use up vt sep verbrauchen.

used [adj juːzd, aux vb juːst] adj
(towel, glass etc) benutzt; (car)
Gebraucht- ♦ aux vb: **I** ~ **to live near
here** ich habe früher hier in der
Nähe gewohnt; **I** ~ **to go there
every day** ich bin früher jeden Tag
dorthin gegangen; **to be** ~ **to sthg**
an etw (A) gewöhnt sein; **to get** ~
to sthg sich an etw (A) gewöhnen.

useful [ˈjuːsfʊl] adj nützlich.

useless [ˈjuːslɪs] adj (not useful)
nutzlos; (pointless) zwecklos; (inf:
very bad): **to be** ~ zu nichts zu
gebrauchen sein.

user [ˈjuːzər] n Benutzer der (-in
die).

usher [ˈʌʃər] n (at cinema, theatre)
Platzanweiser der.

usherette [ˌʌʃəˈret] n Platzan-
weiserin die.

USSR n: **the (former)** ~ die
(ehemalige) UdSSR.

usual [ˈjuːʒəl] adj üblich; **as** ~ wie
gewöhnlich.

usually [ˈjuːʒəlɪ] adv normalerweise.

utensil [juːˈtensl] n Gerät das.

utilize [ˈjuːtɪlaɪz] vt (fml) nutzen.

utmost [ˈʌtməʊst] adj äußerste(r)-(-s) ♦ n: **to do one's** ~ sein
möglichstes tun.

utter [ˈʌtər] adj völlig ♦ vt von
sich geben.

utterly ['ʌtəlɪ] *adv* völlig.
U-turn *n (in vehicle)* Wenden *das*.

vacancy ['veɪkənsɪ] *n (job)* freie Stelle; **'vacancies'** 'Zimmer frei'; **'no vacancies'** 'belegt'.
vacant ['veɪkənt] *adj (room, seat)* frei; **'vacant'** *(toilet)* 'frei'.
vacate [və'keɪt] *vt (fml: room, house)* räumen.
vacation [və'keɪʃn] *n (Am: holiday)* Urlaub *der* ◆ *vi (Am)* Urlaub machen; **to go on ~** in Urlaub gehen.
vacationer [və'keɪʃənər] *n (Am)* Urlauber *der* (-in *die*).
vaccination [ˌvæksɪ'neɪʃn] *n* Impfung *die*.
vaccine [*Br* 'væksi:n, *Am* væk'si:n] *n* Impfstoff *der*.
vacuum ['vækjʊəm] *vt* staubsaugen.
vacuum cleaner *n* Staubsauger *der*.
vague [veɪg] *adj* vage; *(shape, outline)* verschwommen; *(person)* geistesabwesend.
vain [veɪn] *adj (pej: conceited)* eitel; **in ~** vergeblich.
Valentine card ['væləntam-] *n* Karte *die* zum Valentinstag.
Valentine's Day ['væləntamz-] *n* Valentinstag *der*.
valet ['væleɪ, 'vælɪt] *n (in hotel)* für

den Reinigungsservice der Gäste zuständiger Hotelangestellter.
valet service *n (in hotel, for car)* Reinigungsservice *der*.
valid ['vælɪd] *adj (ticket, passport)* gültig.
validate ['vælɪdeɪt] *vt (ticket)* bestätigen.
Valium® ['vælɪəm] *n* Valium *das*.
valley ['vælɪ] *n* Tal *das*.
valuable ['væljʊəbl] *adj* wertvoll ❑ **valuables** *npl* Wertsachen *pl*.
value ['vælju:] *n (financial)* Wert *der*; *(usefulness)* Nutzen *der*; **a ~ pack** = ein Sonderangebot; **to be good ~ (for money)** (das Geld) wert sein ❑ **values** *npl (principles)* Werte *pl*.
valve [vælv] *n* Ventil *das*.
van [væn] *n* Lieferwagen *der*.
vandal ['vændl] *n* Rowdy *der*.
vandalize ['vændəlaɪz] *vt* mutwillig zerstören.
vanilla [və'nɪlə] *n* Vanille *die*.
vanish ['vænɪʃ] *vi* verschwinden.
vapor ['veɪpər] *(Am)* = **vapour**.
vapour ['veɪpər] *n (Br)* Dampf *der*.
variable ['veərɪəbl] *adj* unbeständig.
varicose veins ['værɪkəʊs-] *npl* Krampfadern *pl*.
varied ['veərɪd] *adj* unterschiedlich.
variety [və'raɪətɪ] *n (collection)* Vielfalt *die*; *(of products)* Auswahl *die*; *(type)* Sorte *die*.
various ['veərɪəs] *adj* verschiedene(-r)(-s).
varnish ['vɑ:nɪʃ] *n (for wood)* Lack *der* ◆ *vt (wood)* lackieren.
vary ['veərɪ] *vi & vt* ändern; **to ~ from sthg to sthg** zwischen etw *(D)*

und etw (D) schwanken; **'prices ~'** = 'unterschiedliche Preise'.

vase [Br vɑːz, Am veɪz] n Vase die.

Vaseline® [ˈvæsəliːn] n Vaselin das.

vast [vɑːst] adj riesig.

vat [væt] n Bottich der.

VAT [væt, viːˈeɪtiː] n (abbr of value added tax) MwSt.

vault [vɔːlt] n (in bank) Tresorraum der; (in church) Gewölbe das.

VCR n (abbr of video cassette recorder) VCR der.

VDU n (abbr of visual display unit) Bildschirmgerät das.

veal [viːl] n Kalbfleisch das.

veg [vedʒ] abbr = **vegetable**.

vegan [ˈviːgən] adj vegan ◆ n Veganer der (-in die).

vegetable [ˈvedʒtəbl] n Gemüse das.

vegetable oil n Pflanzenöl das.

vegetarian [ˌvedʒɪˈteərɪən] adj vegetarisch ◆ n Vegetarier der (-in die).

vegetation [ˌvedʒɪˈteɪʃn] n Vegetation die.

vehicle [ˈviːəkl] n Fahrzeug das.

veil [veɪl] n Schleier der.

vein [veɪn] n Vene die.

Velcro® [ˈvelkrəʊ] n Klettverschluß der.

velvet [ˈvelvɪt] n Samt der.

vending machine [ˈvendɪŋ-] n Automat der.

venetian blind [vɪˌniːʃn-] n Jalousie die.

venison [ˈvenɪzn] n Wild das.

vent [vent] n (for air, smoke etc) Abzug der.

ventilation [ˌventɪˈleɪʃn] n Belüftung die.

ventilator [ˈventɪleɪtəʳ] n (fan) Ventilator der.

venture [ˈventʃəʳ] n Unternehmung die ◆ vi (go) sich wagen.

venue [ˈvenjuː] n Veranstaltungsort der.

veranda [vəˈrændə] n Veranda die.

verb [vɜːb] n Verb das.

verdict [ˈvɜːdɪkt] n Urteil das.

verge [vɜːdʒ] n (of lawn, path) Rand der; (of road) Bankette die; **'soft ~s'** 'Bankette nicht befahrbar!'.

verify [ˈverɪfaɪ] vt überprüfen.

vermin [ˈvɜːmɪn] n Ungeziefer das.

vermouth [ˈvɜːməθ] n Wermut der.

versa → **vice versa**.

versatile [ˈvɜːsətaɪl] adj (person) flexibel; (machine, food) vielseitig.

verse [vɜːs] n (of song, poem) Vers der; (poetry) Lyrik die.

version [ˈvɜːʃn] n Version die; (of book, film, play) Fassung die.

versus [ˈvɜːsəs] prep gegen.

vertical [ˈvɜːtɪkl] adj senkrecht.

vertigo [ˈvɜːtɪgəʊ] n Schwindel der.

very [ˈverɪ] adv sehr ◆ adj genau; ~ much sehr; **not** ~ nicht sehr; **my** own room mein eigenes Zimmer; **the** ~ **person** genau derjenige/diejenige.

vessel [ˈvesl] n (fml: ship) Schiff das.

vest [vest] n (Br: underwear) Unterhemd das; (Am: waistcoat) Weste die.

vet [vet] *n (Br)* Tierarzt *der* (-ärztin *die*).

veteran ['vetrən] *n (of war)* Veteran *der*.

veterinarian [ˌvetərɪ'neərɪən] *(Am)* = **vet**.

veterinary surgeon ['vetərɪnrɪ-] *(Br: fml)* = **vet**.

VHF *n (abbr of very high frequency)* UKW.

VHS *n (abbr of video home system)* VHS.

via ['vaɪə] *prep (place)* über (+A); *(by means of)* durch.

viaduct ['vaɪədʌkt] *n* Viadukt *der*.

vibrate [vaɪ'breɪt] *vi* vibrieren.

vibration [vaɪ'breɪʃn] *n* Vibration *die*.

vicar ['vɪkəʳ] *n* Pfarrer *der*.

vicarage ['vɪkərɪdʒ] *n* Pfarrhaus *das*.

vice [vaɪs] *n (fault)* Laster *das*.

vice-president *n* Vizepräsident *der* (-in *die*).

vice versa [ˌvaɪsɪ'vɜːsə] *adv* umgekehrt.

vicinity [vɪ'sɪnətɪ] *n*: **in the ~ in** der Nähe.

vicious ['vɪʃəs] *adj (attack, animal)* bösartig; *(comment)* boshaft.

victim ['vɪktɪm] *n* Opfer *das*.

Victorian [vɪk'tɔːrɪən] *adj* viktorianisch *(zweite Hälfte des 19. Jahrhunderts)*.

victory ['vɪktərɪ] *n* Sieg *der*.

video ['vɪdɪəʊ] *(pl -s)* *n (recording, tape)* Video *das*; *(video recorder)* Videorecorder *der* ◆ *vt (using video recorder)* aufnehmen; *(using camera)* (mit einer Videokamera) filmen; **on ~** auf Video.

video camera *n* Videokamera *die*.

video game *n* Videospiel *das*.

video recorder *n* Videorecorder *der*.

video shop *n* Videoverleih *der*.

videotape ['vɪdɪəʊteɪp] *n* Videokassette *die*.

Vienna [vɪ'enə] *n* Wien *nt*.

Vietnam [*Br* ˌvjet'næm, *Am* ˌvjet-'nɑːm] *n* Vietnam *nt*.

view [vjuː] *n (scene)* Aussicht *die*; *(line of sight)* Sicht *die*; *(opinion)* Ansicht *die*; *(attitude)* Betrachtung *die* ◆ *vt (look at)* betrachten; **in my ~** meiner Ansicht nach; **in ~ of** *(considering)* angesichts (+G); **to come into ~** in Sicht kommen.

viewer ['vjuːəʳ] *n (of TV)* Zuschauer *der* (-in *die*).

viewfinder ['vjuːˌfaɪndəʳ] *n* Sucher *der*.

viewpoint ['vjuːpɔɪnt] *n (opinion)* Standpunkt *der*; *(place)* Aussichtspunkt *der*.

vigilant ['vɪdʒɪlənt] *adj (fml)* wachsam.

villa ['vɪlə] *n* Villa *die*.

village ['vɪlɪdʒ] *n* Dorf *das*.

villager ['vɪlɪdʒəʳ] *n* Dorfbewohner *der* (-in *die*).

villain ['vɪlən] *n (of book, film)* Bösewicht *der*; *(criminal)* Verbrecher *der*.

vinaigrette [ˌvɪnɪ'gret] *n* Vinaigrette *die*.

vine [vaɪn] *n (grapevine)* Rebe *die*; *(climbing plant)* Kletterpflanze *die*.

vinegar ['vɪnɪgəʳ] *n* Essig *der*.

vineyard ['vɪnjəd] *n* Weinberg *der*.

vintage ['vɪntɪdʒ] *adj (wine)* erlesen ◆ *n (year)* Jahrgang *der.*

vinyl ['vaɪnɪl] *n* PVC *das.*

viola [vɪ'əʊlə] *n* Bratsche *die.*

violence ['vaɪələns] *n (violent behaviour)* Gewalt *die.*

violent ['vaɪələnt] *adj (person, behaviour)* gewalttätig; *(storm, row)* heftig.

violet ['vaɪələt] *adj* violett ◆ *n (flower)* Veilchen *das.*

violin [ˌvaɪə'lɪn] *n* Geige *die.*

VIP *n (abbr of very important person)* Prominente *der, die.*

virgin ['vɜːdʒɪn] *n* Jungfrau *die.*

Virgo ['vɜːgəʊ] *(pl* -s) *n* Jungfrau *die.*

virtually ['vɜːtʃʊəlɪ] *adv* praktisch.

virtual reality [vɜːtʃʊəl-] *n* Realitätssimulation *die.*

virus ['vaɪrəs] *n* Virus *das.*

visa ['viːzə] *n* Visum *das.*

viscose ['vɪskəʊs] *n* Viskose *die.*

visibility [ˌvɪzɪ'bɪlətɪ] *n* Sicht *die.*

visible ['vɪzəbl] *adj (that can be seen)* sichtbar; *(noticeable)* offensichtlich.

visit ['vɪzɪt] *vt* besuchen ◆ *n* Besuch *der.*

visiting hours ['vɪzɪtɪŋ-] *npl* Besuchszeit *die.*

visitor ['vɪzɪtə^r] *n* Besucher *der* (-in *die).*

visitor centre *n (at tourist attraction)* Touristeninformation *die.*

visitors' book *n* Gästebuch *das.*

visitor's passport *n (Br)* Reisepaß *der.*

visor ['vaɪzə^r] *n (of hat)* Schirm *der;* *(of helmet)* Visier *das.*

vital ['vaɪtl] *adj (essential)* wesentlich.

vitamin [*Br* 'vɪtəmɪn, *Am* 'vaɪtəmɪn] *n* Vitamin *das.*

vivid ['vɪvɪd] *adj (colour)* leuchtend; *(description, memory)* lebhaft.

V-neck *n (design)* V-Ausschnitt *der.*

vocabulary [və'kæbjʊlərɪ] *n* Wortschatz *der.*

vodka ['vɒdkə] *n* Wodka *der.*

voice [vɔɪs] *n* Stimme *die.*

volcano [vɒl'keɪnəʊ] *(pl* -es OR -s) *n* Vulkan *der.*

volleyball ['vɒlɪbɔːl] *n* Volleyball *der.*

volt [vəʊlt] *n* Volt *das.*

voltage ['vəʊltɪdʒ] *n* Spannung *die.*

volume ['vɒljuːm] *n (sound level)* Lautstärke *die;* *(space occupied)* Rauminhalt *der;* *(amount)* Menge *die; (book)* Band *der.*

voluntary ['vɒləntrɪ] *adj* freiwillig; *(work)* ehrenamtlich.

volunteer [ˌvɒlən'tɪə^r] *n* Freiwillige *der, die* ◆ *vt:* **to ~ to do sthg** sich anlbieten, etw zu tun.

vomit ['vɒmɪt] *n* Erbrochene *das* ◆ *vi* sich übergeben.

vote [vəʊt] *n (choice)* Stimme *die;* *(process)* Abstimmung *die;* *(number of votes)* Stimmen *pl* ◆ *vi:* **to ~ (for)** wählen.

voter ['vəʊtə^r] *n* Wähler *der* (-in *die).*

voucher ['vaʊtʃə^r] *n* Gutschein *der.*

vowel ['vaʊəl] *n* Vokal *der.*

voyage ['vɔɪdʒ] n Reise die.

vulgar ['vʌlgə^r] adj (rude) vulgär; (in bad taste) ordinär.

vulture ['vʌltʃə^r] n Geier der.

W (abbr of west) W.

wad [wɒd] n (of paper, banknotes) Bündel das; (of cotton) Bausch der.

waddle ['wɒdl] vi watscheln.

wade [weɪd] vi waten.

wading pool ['weɪdɪŋ-] n (Am) Planschbecken das.

wafer ['weɪfə^r] n (biscuit) Waffel die.

waffle ['wɒfl] n (pancake) Waffel die ◆ vi (inf) schwafeln.

wag [wæg] vt wedeln mit.

wage [weɪdʒ] n Lohn der ❑ **wages** npl Lohn der.

wagon ['wægən] n (vehicle) Wagen der; (Br: of train) Waggon der.

waist [weɪst] n Taille die.

waistcoat ['weɪskəʊt] n Weste die.

wait [weɪt] n Wartezeit die ◆ vi warten; **I can't ~!** ich kann es nicht erwarten! ❑ **wait for** vt fus warten auf (+A); **to ~ for sb to do sthg** darauf warten, daß jd etw tut.

waiter ['weɪtə^r] n Kellner der; **~!** Herr Ober!

waiting room ['weɪtɪŋ-] n

Warteraum der; (at doctor's) Wartezimmer das.

waitress ['weɪtrɪs] n Bedienung die.

wake [weɪk] (pt woke, pp woken) vt wecken ◆ vi aufwachen ❑ **wake up** vt sep aufwecken ◆ vi (wake) aufwachen.

Waldorf salad ['wɔːldɔːf-] n Waldorfsalat der.

Wales [weɪlz] n Wales nt.

walk [wɔːk] n Spaziergang der; (hike) Wanderung die; (path) Fußweg der ◆ vi zu Fuß gehen; (as hobby) wandern ◆ vt (distance) gehen; (dog) Gassi gehen mit; **to go for a ~** spazierenlgehen; **it's a short ~** es ist ein kurzes Stück zu Fuß; **to take the dog for a ~** mit dem Hund Gassi gehen; **'walk'** (Am) 'gehen'; **'don't ~'** (Am) 'warten' ❑ **walk away** vi weglgehen; **walk in** vi reinlkommen/reinlgehen; **walk out** vi gehen.

walker ['wɔːkə^r] n Spaziergänger der (-in die); (hiker) Wanderer der (Wanderin die).

walking boots ['wɔːkɪŋ-] npl Wanderschuhe pl.

walking stick ['wɔːkɪŋ-] n Spazierstock der.

Walkman® ['wɔːkmən] n Walkman der.

wall [wɔːl] n (inside) Wand die; (outside) Mauer die.

wallet ['wɒlɪt] n Brieftasche die.

wallpaper ['wɔːlˌpeɪpə^r] n Tapete die.

wally ['wɒlɪ] n (Br: inf) Trottel der.

walnut ['wɔːlnʌt] n (nut) Walnuß die.

waltz [wɔːls] n Walzer der.

wander ['wɒndə'] vi herumlwandern.

want [wɒnt] vt wollen; (need) brauchen; **to ~ to do sth** etw tun wollen; **to ~ sb to do sth** wollen, daß jd etw tut.

war [wɔ:'] n Krieg der.

ward [wɔ:d] n (in hospital) Station die.

warden ['wɔ:dn] n (of park) Aufseher der (-in die); (of youth hostel) Herbergsvater der (-mutter die).

wardrobe ['wɔ:drəub] n Kleiderschrank der.

warehouse ['weəhaus, pl -hauzɪz] n Lagerhalle die.

warm [wɔ:m] adj warm ◆ vt wärmen ❑ **warm up** vt sep auflwärmen ◆ vi (get warmer) wärmer werden; (do exercises) sich auflwärmen; (machine, engine) warmllaufen.

war memorial n Kriegerdenkmal das.

warmth [wɔ:mθ] n (heat) Wärme die.

warn [wɔ:n] vt warnen; **to ~ sb about sth** jn vor etw warnen; **to ~ sb not to do sth** jn davor warnen, etw zu tun.

warning ['wɔ:nɪŋ] n (of danger) Warnung die; (advance notice) Vorwarnung die.

warranty ['wɒrəntɪ] n (fml) Garantie die.

warship ['wɔ:ʃɪp] n Kriegsschiff das.

wart [wɔ:t] n Warze die.

was [wɒz] pt → **be**.

wash [wɒʃ] vt waschen; (dishes) ablwaschen ◆ vi sich waschen ◆ n:

to give sth a ~ etw waschen; **to have a ~** sich waschen; **to ~ one's hands** sich (D) die Hände waschen ❑ **wash up** vi (Br: do washing-up) ablwaschen; (Am: clean oneself) sich waschen.

washable ['wɒʃəbl] adj waschbar.

washbasin ['wɒʃ,beɪsn] n Waschbecken das.

washbowl ['wɒʃbəʊl] n (Am) Waschbecken das.

washer ['wɒʃə'] n (ring) Dichtungsring der.

washing ['wɒʃɪŋ] n (activity) Waschen das; (clothes) Wäsche die.

washing line n Wäscheleine die.

washing machine n Waschmaschine die.

washing powder n Waschpulver das.

washing-up n (Br): **to do the ~** ablwaschen.

washing-up bowl n (Br) Abwaschschüssel die.

washing-up liquid n (Br) Geschirrspülmittel das.

washroom ['wɒʃrum] n (Am) Toilette die.

wasn't [wɒznt] = **was not**.

wasp [wɒsp] n Wespe die.

waste [weɪst] n (rubbish) Abfall der ◆ vt verschwenden; **a ~ of money** eine Geldverschwendung; **a ~ of time** eine Zeitverschwendung.

wastebin ['weɪstbɪn] n Abfalleimer der.

waste ground n Ödland das.

wastepaper basket [,weɪst-'peɪpə-] n Papierkorb der.

watch [wɒtʃ] n (wristwatch)

(Armband)uhr *die* ◆ *vt* beobachten; *(film)* sich *(D)* ansehen; *(be careful with)* achten auf (+A); **to ~ television** fernsehen ❏ **watch out** *vi (be careful)* aufpassen; **to ~ out for** *(look for)* Ausschau halten nach.

watchstrap ['wɒtʃstræp] *n* Uhrband *das*.

water ['wɔːtəʳ] *n* Wasser *das* ◆ *vt (plants, garden)* gießen ◆ *vi (eyes)* tränen; **my mouth was ~ing** mir lief das Wasser im Mund zusammen.

water bottle *n* Wasserflasche *die*.

watercolour ['wɔːtəˌkʌləʳ] *n (picture)* Aquarell *das*.

watercress ['wɔːtəkres] *n* Brunnenkresse *die*.

waterfall ['wɔːtəfɔːl] *n* Wasserfall *der*.

watering can ['wɔːtərɪŋ-] *n* Gießkanne *die*.

watermelon ['wɔːtəˌmelən] *n* Wassermelone *die*.

waterproof ['wɔːtəpruːf] *adj* wasserdicht.

water purification tablets [-pjʊərɪfɪˈkeɪʃn-] *npl* wasseraufbereitende Tabletten *pl*.

water skiing *n* Wasserskilaufen *das*.

watersports ['wɔːtəspɔːts] *npl* Wassersport *der*.

water tank *n* Wassertank *der*.

watertight ['wɔːtətaɪt] *adj* wasserdicht.

watt [wɒt] *n* Watt *das*; **a 60-~ bulb** eine 60-Watt Glühbirne.

wave [weɪv] *n* Welle *die* ◆ *vt (hand)* winken mit; *(flag)* schwenken ◆ *vi (move hand)* winken.

wavelength ['weɪvleŋθ] *n* Wellenlänge *die*.

wavy ['weɪvɪ] *adj (hair)* gewellt.

wax [wæks] *n* Wachs *das*; *(in ears)* Schmalz *das*.

way [weɪ] *n (manner)* Art *die*; *(method)* Art und Weise *die*; *(route, distance)* Weg *der*; *(direction)* Richtung *die*; **which ~ is the station?** wie kommt man zum Bahnhof?; **the town is out of our ~** die Stadt liegt nicht auf unserem Weg; **to be in the ~** im Weg sein; **to be on the ~** auf dem Weg sein; **to get out of the ~** aus dem Weg gehen; **to get under ~** in Gang kommen; **a long ~** ein weiter Weg; **a long ~ away** weit entfernt; **to lose one's ~** sich verlaufen; *(in car)* sich verfahren; **on the ~ back** auf dem Rückweg; **on the ~ there** auf dem Hinweg; **that ~** *(like that)* so; *(in that direction)* dort entlang; **this ~** *(like this)* so; *(in this direction)* hier entlang; **'give ~'** 'Vorfahrt beachten'; **'~ in'** 'Eingang'; **'~ out'** 'Ausgang'; **no ~!** *(inf)* auf keinen Fall!

WC *n (abbr of water closet)* WC *das*.

we [wiː] *pron* wir.

weak [wiːk] *adj* schwach; *(drink, soup)* dünn.

weaken ['wiːkn] *vt* schwächen.

weakness ['wiːknɪs] *n* Schwäche *die*.

wealth [welθ] *n* Reichtum *der*.

wealthy ['welθɪ] *adj* reich.

weapon ['wepən] *n* Waffe *die*.

wear [weəʳ] *(pt* wore, *pp* worn*)* *vt* tragen ◆ *n (clothes)* Kleidung *die*; **~ and tear** Verschleiß *der* ❏ **wear off** *vi* nachllassen; **wear out** *vi* sich ablnutzen.

weary ['wɪərɪ] *adj* müde.

weasel ['wi:zl] *n* Wiesel *das*.

weather ['weðə'] *n* Wetter *das*; **what's the ~ like?** wie ist das Wetter?; **to be under the ~** *(inf)* nicht auf dem Posten sein.

weather forecast *n* Wettervorhersage *die*.

weather forecaster [-fɔ:-kɑ:stə'] *n* Meteorologe *der* (Meteorologin *die*).

weather report *n* Wetterbericht *der*.

weather vane [-veɪn] *n* Wetterfahne *die*.

weave [wi:v] *(pt* wove, *pp* woven) *vt (material)* weben; *(basket)* flechten.

web [web] *n (of spider)* Netz *das*.

Wed. *(abbr of Wednesday)* Mi.

wedding ['wedɪŋ] *n* Hochzeit *die*.

wedding anniversary *n* Hochzeitstag *der*.

wedding dress *n* Hochzeitskleid *das*.

wedding ring *n* Ehering *der*.

Wednesday ['wenzdɪ] *n* Mittwoch *der*, → Saturday.

wee [wi:] *adj (Scot)* klein ◆ *n (inf)* Pipi *das*.

weed [wi:d] *n* Unkraut *das*.

week [wi:k] *n* Woche *die*; **a ~'s today** heute in einer Woche; **in a ~'s time** in einer Woche.

weekday ['wi:kdeɪ] *n* Wochentag *der*.

weekend [ˌwi:k'end] *n* Wochenende *das*.

weekly ['wi:klɪ] *adj & adv*

wöchentlich ◆ *n* Wochenzeitschrift *die*.

weep [wi:p] *(pt & pp* wept) *vi* weinen.

weigh [weɪ] *vt* wiegen; **how much does it ~?** wieviel wiegt es?

weight [weɪt] *n* Gewicht *das*; **to lose ~** abnehmen; **to put on ~** zunehmen □ **weights** *npl (for weight training)* Hanteln *pl.*

weightlifting ['weɪtˌlɪftɪŋ] *n* Gewichtheben *das*.

weight training *n* Hanteltraining *das*.

weir [wɪə'] *n* Wehr *das*.

weird [wɪəd] *adj* sonderbar.

welcome ['welkəm] *adj* willkommen ◆ *n* Willkommen *das* ◆ *vt* begrüßen ◆ *excl* willkommen!; **to make sb feel ~** jn herzlich aufnehmen; **you're ~!** bitte, gern geschehen!; **to be ~ to do sthg** etw gerne tun können; **you're ~ to stay** Sie sind bei uns herzlich willkommen.

weld [weld] *vt* schweißen.

welfare ['welfeə'] *n* Wohl *das*; *(Am: money)* Sozialhilfe *die.*

well [wel] *(compar* better, *superl* best) *adj (healthy)* gesund ◆ *adv* gut ◆ *n (for water)* Brunnen *der*; **to get ~ soon!** gute Besserung!; **to go ~** gutgehen; **~ done!** gut gemacht!; **it may ~ happen** es kann durchaus passieren; **it's ~ worth it** es lohnt sich unbedingt; **as ~** *(in addition)* auch; **as ~ as** *(in addition to)* sowohl ... als auch.

we'll [wi:l] = **we shall, we will.**

well-behaved [-bɪ'heɪvd] *adj* artig.

well-built *adj*: to be ~ eine gute Figur haben.

well-done *adj (meat)* gut durchgebraten.

well-dressed [-'drest] *adj* gutgekleidet.

wellington (boot) ['welɪŋtən-] *n* Gummistiefel *der*.

well-known *adj* bekannt.

well-off *adj (rich)* wohlhabend.

well-paid *adj* gutbezahlt.

welly ['welɪ] *n (Br: inf)* Gummistiefel *der*.

Welsh [welʃ] *adj* walisisch ◆ *n (language)* Walisisch *das* ◆ *npl*: the ~ die Waliser *pl*.

Welshman ['welʃmən] *(pl* -men [-mən]) *n* Waliser *der*.

Welsh rarebit [-'reəbɪt] *n* Toast mit geschmolzenem Käse.

Welshwoman ['welʃ,wʊmən] *(pl* -women [-,wɪmɪn]) *n* Waliserin *die*.

went [went] *pt* → go.

wept [wept] *pt & pp* → weep.

were [wɜ:ʳ] *pt* → be.

we're [wɪəʳ] = we are.

weren't [wɜ:nt] = were not.

west [west] *n* Westen *der* ◆ *adj* West-, westlich ◆ *adv (fly, walk, be situated)* nach Westen; in the ~ of England im Westen Englands.

westbound ['westbaʊnd] *adj* in Richtung Westen.

West Country *n*: the ~ *der* Südwesten Englands, mit den Grafschaften Cornwall, Devon und Somerset.

West End *n*: the ~ *(of London)* Londoner Viertel mit Theatern und großen Kaufhäusern.

western ['westən] *adj* westlich ◆ *n (film)* Western *der*.

West Germany *n* Westdeutschland *nt*.

West Indies [-'ɪndi:z] *npl* Westindische Inseln *pl*.

Westminster ['westmɪnstəʳ] *n* Westminster *nt (Sitz des britischen Parlament).*

i WESTMINSTER

Mit „Westminster" bezeichnet man ein an der Themse gelegenes Viertel in London. Hier befinden sich die Parlamentsgebäude („Houses of Parliament") sowie Westminster Abbey. Oft wird der Ausdruck auch als Umschreibung für das britische Parlament verwendet.

Westminster Abbey *n* die Abtei von Westminster.

i WESTMINSTER ABBEY

In dieser großen Kirche im Londoner Viertel Westminster werden der Tradition gemäß die britischen Monarchen gekrönt. Sie ist gleichzeitig Grabstätte einer Reihe von berühmten Männern und Frauen: in einer Ecke, dem „Poet's Corner", sind bekannte Dichter und Schriftsteller des Landes, wie Geoffrey Chaucer, Charles Dickens und Thomas Hardy, begraben.

westwards ['westwədz] *adv* westwärts.

wet [wet] (*pt & pp* **wet** OR **-ted**) *adj* naß; *(rainy)* regnerisch ◆ *vt* naß machen; **to get ~** naß werden; **'~ paint'** 'frisch gestrichen'.

wet suit *n* Tauchanzug *der*; *(for surfing)* Surfanzug *der*.

we've [wi:v] = **we have**.

whale [weɪl] *n* Wal *der*.

wharf [wɔ:f] (*pl* **-s** OR **wharves** [wɔ:vz]) *n* Kai *der*.

what [wɒt] *adj* **1.** *(in questions)* welche(-r)(-s); **~ colour is it?** welche Farbe hat es?; **~ colour it was** er fragte mich, welche Farbe es hatte.
2. *(in exclamations)* was für; **~ a surprise!** was für eine Überraschung!; **~ a beautiful day!** was für ein schöner Tag!
◆ *pron* **1.** *(in questions)* was; **~ is going on?** was ist los?; **~ are they doing?** was tun sie da?; **~'s your name?** wie heißt du?; **she asked me ~ happened** sie fragte mich, was passiert war; **~ is it for?** wofür ist das?
2. *(introducing relative clause)* was; **I didn't see ~ happened** ich habe nicht gesehen, was passiert ist; **you can't have ~ you want** du kannst nicht das haben, was du willst.
3. *(in phrases)*: **~ for?** wozu?; **~ about going out for a meal?** wie wäre es mit Essen gehen?
◆ *excl* was!

whatever [wɒt'evə'] *pron*: **take ~ you want** nimm, was du willst; **~ I do, I'll lose** was ich auch tue, ich verliere; **~ that may be** was auch immer das sein mag.

wheat [wi:t] *n* Weizen *der*.

wheel [wi:l] *n* Rad *das*; *(steering wheel)* Lenkrad *das*.

wheelbarrow ['wi:l‚bærəʊ] *n* Schubkarre *die*.

wheelchair ['wi:l‚tʃeə'] *n* Rollstuhl *der*.

wheelclamp [‚wi:l'klæmp] *n* Parkkralle *die*.

wheezy ['wi:zɪ] *adj* keuchend.

when [wen] *adv (in questions)* wann ◆ *conj (specifying time)* wenn; *(in the past)* als; *(although, seeing as)* wo ... doch.

whenever [wen'evə'] *conj* (immer)wenn; **~ you like** wann immer du willst.

where [weə'] *adv & conj* wo; **~ do you come from?** woher kommst du?; **~ are you going?** wohin gehst du?

whereabouts [weərə'baʊts] *adv* wo ◆ *npl* Aufenthaltsort *der*.

whereas [weər'æz] *conj* während.

wherever [weər'evə'] *conj* wo immer; *(from any place)* woher auch immer; *(to any place)* wohin auch immer; *(everywhere)* überall wo; **~ that may be** wo immer das sein mag.

whether ['weðə'] *conj* ob.

which [wɪtʃ] *adj (in questions)* welche(-r)(-s); **~ room do you want?** welches Zimmer willst du?; **~ one?** welches?; **she asked me ~ room I wanted** sie fragte mich, welches Zimmer ich wollte.
◆ *pron* **1.** *(in questions: subject)* welche(-r)(-s); **~ is the cheapest?** welches ist das billigste?; **he asked me ~ was the best** er fragte mich, welcher der Beste war.
2. *(in questions: object)* welche

(-n)(-s); ~ **do you prefer?** welches gefällt dir besser?; **he asked me ~ I preferred** er fragte mich, welchen ich bevorzugte.

3. *(in questions: after prep +A)* welche(-n)(-s); ~ **should I put the vase on?** auf welchen soll ich die Vase stellen?

4. *(in questions: after prep +D)* welcher/welchem/welchem; **he asked me ~ I was talking about** er fragte mich, von welchem ich gesprochen hatte.

5. *(introducing relative clause: subject)* der/die/das, die *(pl)*; **the house ~ is on the corner** das Haus, das an der Ecke steht.

6. *(introducing relative clause: object, after prep + A)* den/die/das, die *(pl)*; **the television ~ I bought** der Fernseher, den ich gekauft habe.

7. *(introducing relative clause: after prep +D)* dem/der/dem, denen *(pl)*; **the settee on ~ I'm sitting** das Sofa, auf dem ich sitze.

8. *(referring back)* was; **he's late, ~ annoys me** er ist spät dran, was mich ärgert; **he's always late, ~ I don't like** er verspätet sich immer, was ich nicht leiden kann.

whichever [wɪtʃˈevəʳ] *adj (any)* welche(-r)(-s); *(no matter which)* egal welche ◆ *pron* welche(-r)(-s).

while [waɪl] *conj* während; *(although)* obgleich ◆ *n*: **a ~** eine Weile; **for a ~** eine Weile; **in a ~** bald; **a short ~ ago** vor kurzem.

whim [wɪm] *n* Laune *die*.

whine [waɪn] *vi (make noise)* winseln; *(complain)* jammern.

whip [wɪp] *n* Peitsche *die* ◆ *vt* peitschen.

whipped cream [wɪpt-] *n*

Schlagsahne *die*, Schlagobers *das (Österr).*

whirlpool ['wɜːlpuːl] *n (Jacuzzi)* Whirlpool *der*.

whisk [wɪsk] *n (utensil)* Quirl *der* ◆ *vt (eggs, cream)* schlagen.

whiskers ['wɪskəz] *npl (of person)* Backenbart *der*; *(of animal)* Schnurrhaar *das.*

whiskey ['wɪskɪ] *(pl -s) n* Whiskey *der.*

whisky ['wɪskɪ] *n* Whisky *der.*

WHISKY

Das schottische Nationalgetränk, der Whisky, wird aus Malzgerste hergestellt und in hölzernen Fässern herangereift. Sein Geschmack variiert je nach Herstellungsmethode und Art des verwendeten Wassers. Der reine Malzwhisky („malt whisky"), der oftmals in kleinen Lokaldistillerien hergestellt wird, gilt als qualitativ hochwertiger als die preisgünstigeren „blended whiskies", die aus mehreren Gerstensorten hergestellt werden.

whisper ['wɪspəʳ] *vt & vi* flüstern.

whistle ['wɪsl] *n (instrument)* Pfeife *die*; *(sound)* Pfiff *der* ◆ *vi* pfeifen.

white [waɪt] *adj white; (coffee, tea)* mit Milch ◆ *n (colour)* Weiß *das*; *(of egg)* Eiweiß *das*; *(person)* Weiße *der, die.*

white bread *n* Weißbrot *das.*

White House *n*: **the ~** das Weiße Haus *(Amtssitz des US-Präsidenten).*

will

white sauce n Béchamelsoße die.

white spirit n Terpentinersatz der.

whitewash ['waɪtwɒʃ] vt tünchen.

white wine n Weißwein der.

whiting ['waɪtɪŋ] (pl inv) n Wittling der.

Whitsun ['wɪtsn] n Pfingsten das.

who [hu:] pron (in questions) wer; (accusative) wen; (dative) wem; (in relative clauses) der/die/das, die (pl).

whoever [hu:'evə^r] pron (whichever person) wer immer; ~ **it is** wer es auch ist.

whole [həʊl] adj ganz ◆ n: **the** ~ **of the money** das ganze Geld; **on the** ~ im großen und ganzen.

wholefoods ['həʊlfu:dz] npl Vollwertkost die.

wholemeal bread ['həʊlmi:l-] n (Br) Vollkornbrot das.

wholesale ['həʊlseɪl] adv (COMM) en gros.

wholewheat bread ['həʊl-wi:t-] (Am) = **wholemeal bread**.

whom [hu:m] pron (fml: in questions) wen; (dative) wem; (in relative clauses) den/die/das, die (pl); (dative) dem/der/dem, denen (pl); **to** ~ (in questions) wem; (in relative clauses) dem/der/dem, denen (pl)

whooping cough ['hu:pɪŋ-] n Keuchhusten der.

whose [hu:z] adj (in questions) wessen; (in relative clauses) dessen/deren/dessen, deren (pl) ◆ pron (in questions) wessen; ~ **jumper is this?** wessen Pullover ist das?; **the woman** ~ **daughter I know** die Frau,

deren Tochter ich kenne; ~ **is this?** wem gehört das?

why [waɪ] adv & conj warum; ~ **not?** warum nicht?

wick [wɪk] n (of candle, lighter) Docht der.

wicked ['wɪkɪd] adj (evil) böse, schlecht; (mischievous) schelmisch.

wicker ['wɪkə^r] adj Korb-.

wide [waɪd] adj breit; (opening) weit; (range, difference, gap) groß ◆ adv: **to open sthg** ~ **etw weit** öffnen; **how** ~ **is the road?** wie breit ist die Straße?; **it's 12 metres** ~ er/sie/es ist 12 Meter breit; ~ **open** weit offen.

widely ['waɪdlɪ] adv weit.

widen ['waɪdn] vt verbreitern ◆ vi (gap, difference) größer werden.

widespread ['waɪdspred] adj weitverbreitet.

widow ['wɪdəʊ] n Witwe die.

widower ['wɪdəʊə^r] n Witwer der.

width [wɪdθ] n Breite die.

wife [waɪf] (pl **wives**) n Ehefrau die.

wig [wɪg] n Perücke die.

wild [waɪld] adj wild; (crazy) verrückt; **to be** ~ **about** (inf) verrückt sein auf (+A).

wild flower n wilde Blume.

wildlife ['waɪldlaɪf] n Tierwelt die.

will¹ [wɪl] aux vb 1. (expressing future tense) werden; **I** ~ **see you next week** wir sehen uns nächste Woche; ~ **you be here next Friday?** wirst du nächsten Freitag hier sein?; **yes I** ~ ja, werde ich; **no I** ~ **won't** nein, werde ich nicht.

2. (expressing willingness) wollen, werden; **I won't do it** ich werde das

nicht tun; **no one ~ do it** niemand will das machen.

3. (expressing polite question): **~ you have some more tea?** möchten Sie noch mehr Tee?

4. (in commands, requests): **~ you please be quiet!** sei bitte ruhig!; **close that window, ~ you?** mach doch das Fenster zu, bitte.

will² [wɪl] n (document) Testament das; **against his ~** gegen seinen Willen.

willing ['wɪlɪŋ] adj: **to be ~ (to do sthg)** bereit sein (, etw zu tun).

willingly ['wɪlɪŋlɪ] adv bereitwillig, gern.

willow ['wɪləʊ] n Weide die.

win [wɪn] (pt & pp **won**) n Sieg der ♦ vt gewinnen ♦ vi gewinnen; (in battle) siegen; (be ahead) in Führung liegen.

wind¹ [wɪnd] n Wind der; (in stomach) Blähungen pl.

wind² [waɪnd] (pt & pp **wound**) vi (road, river) sich winden ♦ vt: **to ~ sthg round sthg** etw um etw wickeln ❑ **wind up** vt sep (Br: inf: annoy) ärgern; (car window) hochkurbeln; (clock, watch) aufziehen.

windbreak ['wɪndbreɪk] n Windschutz der.

windmill ['wɪndmɪl] n Windmühle die.

window ['wɪndəʊ] n Fenster das.

window box n Blumenkasten der.

window cleaner n Fensterputzer der (in die).

windowpane ['wɪndəʊˌpeɪn] n Fensterscheibe die.

window seat n Fensterplatz der.

window-shopping n Schaufensterbummel der.

windowsill ['wɪndəʊsɪl] n Fenstersims das.

windscreen ['wɪndskriːn] n (Br) Windschutzscheibe die.

windscreen wipers npl (Br) Scheibenwischer pl.

windshield ['wɪndʃiːld] (Am) = windscreen.

Windsor Castle ['wɪnzə-] n Schloß Windsor.

---

i WINDSOR CASTLE

Schloß Windsor, in der englischen Grafschaft Berkshire gelegen, geht auf das 11. Jahrhundert zurück, als Wilhelm der Eroberer („William the Conqueror") mit seiner Erbauung begann. Heute ist es eine der offiziellen Residenzen des britischen Monarchen, Teile davon sind jedoch der Öffentlichkeit zugänglich.

---

windsurfing ['wɪndˌsɜːfɪŋ] n Windsurfen das; **to go ~** windsurfen gehen.

windy ['wɪndɪ] adj windig.

wine [waɪn] n Wein der.

wine bar n (Br) Weinstube die.

wineglass ['waɪnglɑːs] n Weinglas das.

wine list n Weinkarte die.

wine tasting [-ˌteɪstɪŋ] n Weinprobe die.

wine waiter n Weinkellner der.

wing [wɪŋ] n Flügel der; (of plane) Tragfläche die; (Br: of car) Kotflügel

wolf

der ❑ **wings** *npl*: **the ~s** *(in theatre)* die Kulissen.

wink [wɪŋk] *vi* zwinkern.

winner ['wɪnə^r] *n* Gewinner *der* (-in *die*); *(SPORT)* Sieger *der* (-in *die*).

winning ['wɪnɪŋ] *adj* *(person, team)* siegreich; *(ticket, number)* Gewinn-.

winter ['wɪntə^r] *n* Winter *der*; **in (the) ~** im Winter.

wintertime ['wɪntətaɪm] *n* Winterzeit *die*.

wipe [waɪp] *vt* abwischen; *(floor)* aufwischen; **to ~ one's feet** sich (D) die Füße abtreten; **to ~ one's hands** sich (D) die Hände abwischen ❑ **wipe up** *vt sep* (*up liquid, dirt)* aufwischen ◆ *vi (dry the dishes)* abltrocknen.

wiper ['waɪpə^r] *n (AUT)* Scheibenwischer *der*.

wire ['waɪə^r] *n* Draht *der*; *(electrical wire)* Kabel *das* ◆ *vt (plug)* anlschließen.

wireless ['waɪəlɪs] *n* Radio *das*.

wiring ['waɪərɪŋ] *n* Leitungen *pl*.

wisdom tooth ['wɪzdəm-] *n* Weisheitszahn *der*.

wise [waɪz] *adj* weise.

wish [wɪʃ] *n* Wunsch *der* ◆ *vt* wünschen; **best ~es** alles Gute; **to ~ for sthg** sich (D) etw wünschen; **to ~ to do sthg** *(fml)* etw zu tun wünschen; **to ~ sb luck/happy birthday** jm Glück/alles Gute zum Geburtstag wünschen; **if you ~** *(fml)* wenn Sie es wünschen.

witch [wɪtʃ] *n* Hexe *die*.

with [wɪð] *prep* 1. *(gen)* mit; **come ~ me** komm mit mir; **a man ~ a beard** ein Mann mit Bart; **a room ~ a bathroom** ein Zimmer mit Bad; **he hit me ~ a stick** er hat mich mit

einem Stock geschlagen; **be careful ~ that!** sei vorsichtig damit!; **to argue ~ sb** mit jm streiten; **topped ~ cream** mit Sahne.

2. *(at house of)* bei; **we stayed ~ friends** wir haben bei Freunden übernachtet.

3. *(indicating emotion)* vor (+D); **to tremble ~ fear** vor Angst zittern.

withdraw [wɪð'drɔː] *(pt* -drew, *pp* -drawn) *vt (take out)* herauslnehmen; *(money)* ablheben ◆ *vi (from race, contest)* zurückziehen.

withdrawal [wɪð'drɔːəl] *n (from bank account)* Abhebung *die*.

withdrawn [wɪð'drɔːn] *pp →* **withdraw**.

withdrew [wɪð'druː] *pt →* **withdraw**.

wither ['wɪðə^r] *vi* verwelken.

within [wɪð'ɪn] *prep* innerhalb (+G) ◆ *adv* innen; **~ walking distance** zu Fuß erreichbar; **the next week** innerhalb der nächsten Woche; **~ 10 miles** im Umkreis von 10 Meilen.

without [wɪð'aʊt] *prep* ohne; **~ doing sthg** ohne etw zu tun.

withstand [wɪð'stænd] *(pt & pp* -stood) *vt* standlhalten (+D).

witness ['wɪtnɪs] *n* Zeuge *der* (Zeugin *die*) ◆ *vt (see)* Zeuge sein (+G).

witty ['wɪtɪ] *adj* geistreich.

wives [waɪvz] *pl →* **wife**.

wobbly ['wɒblɪ] *adj* wackelig.

wok [wɒk] *n* Wok *der*.

woke [wəʊk] *pt →* **wake**.

woken ['wəʊkn] *pp →* **wake**.

wolf [wʊlf] *(pl* **wolves** [wʊlvz]) *n* Wolf *der*.

woman ['wumən] (*pl* **women**) *n* Frau *die*.

womb [wu:m] *n* Gebärmutter *die*.

women ['wimin] *pl* → **woman**.

won [wʌn] *pt & pp* → **win**.

wonder ['wʌndə'] *vi* (*ask oneself*) sich fragen ◆ *n* (*amazement*) Staunen *das*, Verwunderung *die*; **I ~ if I could ask you a favour?** könnte ich Sie/dich vielleicht um einen Gefallen bitten?

wonderful ['wʌndəful] *adj* wunderbar.

won't [wəunt] = **will not**.

wood [wud] *n* Holz *das*; (*small forest*) Wald *der*.

wooden ['wudn] *adj* Holz-, hölzern.

woodland ['wudlənd] *n* Waldung *die*.

woodpecker ['wud,pekə'] *n* Specht *der*.

woodwork ['wudwɜ:k] *n* (*SCH*) Werkunterricht *der*.

wool [wul] *n* Wolle *die*.

woolen ['wulən] (*Am*) = **woollen**.

woollen ['wulən] *adj* (*Br*) Woll-.

woolly ['wulɪ] *adj* wollen.

wooly ['wulɪ] (*Am*) = **woolly**.

Worcester sauce ['wustə-] *n* Worcestersoße *die*.

word [wɜ:d] *n* Wort *das*; **in other ~s** mit anderen Worten; **to have a ~ with sb** mit jm sprechen.

wording ['wɜ:dɪŋ] *n* Wortlaut *der*.

word processing [-'prəusesɪŋ] *n* Textverarbeitung *die*.

word processor [-'prəusesə'] *n* Textverarbeitungssystem *das*.

wore [wɔ:'] *pt* → **wear**.

work [wɜ:k] *n* Arbeit *die*; (*paint-ing, novel etc*) Werk *das* ◆ *vi* arbeiten; (*operate*) funktionieren; (*have desired effect*) klappen; (*take effect*) wirken ◆ *vt* (*machine, controls*) bedienen; **out of ~** arbeitslos; **to be at ~** (*at workplace*) in der Arbeit sein; (*working*) arbeiten; **to be off ~** nicht arbeiten; **the ~s** (*inf: everything*) alles; **how does it ~?** wie funktioniert das?, wie geht das?; **it's not ~ing** es funktioniert nicht, es geht nicht □ **work out** *vt sep* (*price, total*) ausrechnen; (*solution*) herausfinden; (*method, plan*) ausarbeiten ◆ *vi* (*result*) laufen; (*be successful*) klappen; (*do exercise*) trainieren; **it ~s out at £20 each** (*bill, total*) es kommt für jeden auf 20 Pfund.

worker ['wɜ:kə'] *n* Arbeiter *der* (-in *die*).

working class ['wɜ:kɪŋ-] *n*: **the ~** die Arbeiterklasse.

working hours ['wɜ:kɪŋ-] *npl* Arbeitszeit *die*.

workman ['wɜ:kmən] (*pl* **-men** [-mən]) *n* Handwerker *der*.

work of art *n* Kunstwerk *das*.

workout ['wɜ:kaut] *n* Fitneßtraining *das*.

work permit *n* Arbeitserlaubnis *die*.

workplace ['wɜ:kpleɪs] *n* Arbeitsplatz *der*.

workshop ['wɜ:kʃɒp] *n* (*for repairs*) Werkstatt *die*.

work surface *n* Arbeitsfläche *die*.

world [wɜ:ld] *n* Welt *die* ◆ *adj* Welt-.

worldwide [,wɜ:ld'waɪd] *adv* weltweit.

worm [wɜ:m] n Wurm der.

worn [wɔ:n] pp → wear ♦ adj (clothes) abgetragen; (carpet) abgenutzt.

worn-out adj (clothes, shoes etc) abgetragen; (tired) erschöpft.

worried ['wʌrɪd] adj besorgt.

worry ['wʌrɪ] n Sorge die ♦ vt beunruhigen ♦ vi: to get ~ (about) sich (D) Sorgen machen (über (+A)).

worrying ['wʌrɪŋ] adj beunruhigend.

worse [wɜ:s] adj & adv schlechter, schlimmer; to get ~ schlechter werden; he's getting ~ (more ill) es geht ihm schlechter; to be ~ off (in worse position) schlechter dran sein; (poorer) schlechter dastehen.

worsen ['wɜ:sn] vi sich verschlechtern.

worship ['wɜ:ʃɪp] n (church service) Gottesdienst der ♦ vt (god) preisen; (fig: person) anlbeten.

worst [wɜ:st] adj schlechteste(-r)(-s), schlimmste(-r)(-s) ♦ adv am schlechtesten, am schlimmsten ♦ n: the ~ der/die/das Schlechteste, der/die/das Schlimmste.

worth [wɜ:θ] prep: how much is it ~? wieviel ist das wert?; it's ~ £50 es ist 50 Pfund wert; it's ~ seeing es ist sehenswert; it's not ~ it es lohnt sich nicht; £50 ~ of traveller's cheques Reiseschecks im Wert von 50 Pfund.

worthless ['wɜ:θlɪs] adj wertlos.

worthwhile [ˌwɜ:θ'waɪl] adj lohnenswert.

worthy ['wɜ:ðɪ] adj (winner, cause) würdig; to be ~ of sthg etw verdienen.

would [wʊd] aux vb 1. (in reported speech): she said she ~ come sie sagte, sie würde kommen.
2. (indicating condition): what ~ you do? was würdest du tun?; what ~ you have done? was hättest du getan?; I ~ be most grateful ich wäre äußerst dankbar.
3. (indicating willingness): she ~n't go sie wollte einfach nicht gehen; he ~ do anything for her er würde alles für sie tun.
4. (in polite questions): ~ you like a drink? möchtest du etwas trinken?; ~ you mind closing the window! könntest du das Fenster zumachen?
5. (indicating inevitability): he ~ say that er mußte das sagen.
6. (giving advice): I ~ report it if I were you ich würde es melden, wenn ich du wäre.
7. (expressing opinions): I ~ prefer coffee ich hätte lieber Kaffee; I ~ prefer to go by bus ich würde lieber mit dem Bus fahren; I ~ have thought (that) ... ich hätte gedacht, (daß) ...

wound¹ [wu:nd] n Wunde die ♦ vt verwunden.

wound² [waʊnd] pt & pp → wind².

wove [wəʊv] pt → weave.

woven ['wəʊvn] pp → weave.

wrap [ræp] vt (package) einlwickeln; to ~ sthg round sthg etw um etw wickeln ❑ **wrap up** vt sep (package) einlwickeln ♦ vi (dress warmly) sich warm einlpacken.

wrapper ['ræpər] n Hülle die; (for sweets) Bonbonpapier das.

wrapping ['ræpɪŋ] n (material) Verpackung die.

wrapping paper *n* Geschenkpapier *das*.

wreath [riːθ] *n* Kranz *der*.

wreck [rek] *n* Wrack *das* ♦ *vt (destroy)* kaputtmachen; *(spoil)* ruinieren; **to be ~ed** *(ship)* schiffbrüchig sein.

wreckage ['rekɪdʒ] *n* Trümmer *pl*.

wrench [rentʃ] *n (Br: monkey wrench)* Engländer *der*; *(Am: spanner)* Schraubenschlüssel *der*.

wrestler ['reslə^r] *n* Ringer *der* (-in *die*).

wrestling ['reslɪŋ] *n* Ringen *das*.

wretched ['retʃɪd] *adj (miserable)* unglücklich; *(very bad)* erbärmlich.

wring [rɪŋ] *(pt & pp* wrung*) vt (clothes, cloth)* auswringen.

wrinkle ['rɪŋkl] *n* Falte *die*.

wrist [rɪst] *n* Handgelenk *das*.

wristwatch ['rɪstwɒtʃ] *n* Armbanduhr *die*.

write [raɪt] *(pt* wrote, *pp* written*) vt* schreiben; *(Am: send letter to)* schreiben (+D) ♦ *vi* schreiben; **to ~ to sb** *(Br)* jm schreiben ❑ **write back** *vi* zurückschreiben; **write down** *vt sep* aufschreiben; **write off** *vt sep (Br: inf: car)* zu Schrott fahren ♦ *vi*: **to ~ off for sthg** etw bestellen; **write out** *vt sep (list)* aufstellen; *(essay)* ins reine schreiben; *(cheque, receipt)* ausstellen.

write-off *n (vehicle)* Totalschaden *der*.

writer ['raɪtə^r] *n (author)* Schriftsteller *der* (-in *die*).

writing ['raɪtɪŋ] *n (handwriting)* Schrift *die*; *(activity, words)* Schreiben *das*.

writing desk *n* Schreibtisch *der*.

writing pad *n* Schreibblock *der*.

writing paper *n* Schreibpapier *das*.

written ['rɪtn] *pp* → **write** ♦ *adj (exam, notice)* schriftlich.

wrong [rɒŋ] *adj* falsch; *(bad, immoral)* unrecht ♦ *adv* falsch; **what's ~?** was ist los?; **something's ~ with the car** mit dem Auto stimmt etwas nicht; **to be in the ~** im Unrecht sein; **to get sthg ~** etw falsch machen; **to go ~** *(machine)* kaputtgehen; **'~ way'** *(Am)* Schild, *das anzeigt, daß man nicht in eine Straße einbiegen darf*.

wrongly ['rɒŋlɪ] *adv* fälschlicherweise.

wrong number *n*: **you've got the ~** Sie sind falsch verbunden.

wrote [rəʊt] *pt* → **write**.

wrought iron [rɔːt-] *n* Schmiedeeisen *das*.

wrung [rʌŋ] *pt & pp* → **wring**.

xing *(Am: abbr of crossing)*: **'ped ~'** Schild für einen Fußgängerüberweg.

XL *(abbr of extra-large)* XL.

Xmas ['eksməs] *n (inf)* Weihnachten *das*.

X-ray *n (picture)* Röntgenbild *das* ♦ *vt* röntgen; **to have an ~** sich röntgen lassen.

Y

yacht [jɒt] n (for pleasure) Jacht die; (for racing) Segelboot das.

yard [jɑːd] n (unit of measurement) = 91,44 cm, Yard das; (enclosed area) Hof der.

yard sale n (Am) Verkauf von gebrauchten Gegenständen vor einem Haus.

yarn [jɑːn] n (thread) Garn das.

yawn [jɔːn] vi (person) gähnen.

yd abbr = yard.

yeah [jeə] adv (inf) ja.

year [jɪəʳ] n Jahr das; (at school, of wine) Jahrgang der; **next ~** nächstes Jahr; **this ~** dieses Jahr; **I'm 15 ~s old** ich bin 15 Jahre alt; **I haven't seen her for ~s** (inf) ich hab' sie seit Jahren nicht mehr gesehen; **which ~ are you in?** (at school) in welche Klasse gehst du?

yearly ['jɪəlɪ] adj jährlich; (every year) Jahres-.

yeast [jiːst] n Hefe die.

yell [jel] vi schreien.

yellow ['jeləʊ] adj gelb ◆ n Gelb das.

yellow lines npl gelbe Linie am Straßenrand, die Parkverbot anzeigt.

YELLOW LINES

In Großbritannien wird Parkverbot mit einer einfachen bzw. doppel-

ten Linie am Straßenrand angezeigt. Eine einfache Linie bedeutet, daß zwischen 8 Uhr und 16 Uhr 30 an Werktagen Parkverbot besteht; außerhalb dieser Zeiten ist das Parken erlaubt. Eine doppelte Linie bedeutet, daß zu keiner Zeit geparkt werden darf.

Yellow Pages® n: **the ~** die gelben Seiten pl.

yes [jes] adv ja; (contradicting) doch.

yesterday ['jestədɪ] n Gestern das ◆ adv gestern; **the day before ~** vorgestern; **~ afternoon** gestern nachmittag; **~ morning** gestern morgen.

yet [jet] adv noch; (in questions) schon ◆ conj doch; **not ~** noch nicht; **I've ~ to do it** ich muß es noch tun; **~ again** schon wieder; **~ another delay** noch eine Verspätung; **are you ready ~?** bist du schon fertig?

yew [juː] n Eibe die.

yield [jiːld] vt (profit, interest) ablwerfen ◆ vi (break, give way) nachlgeben; **'yield'** (Am: AUT) 'Vorfahrt beachten'.

YMCA n CVJM.

yob [jɒb] n (Br: inf) Rowdy der.

yoga ['jəʊgə] n Yoga der.

yoghurt ['jɒgət] n Joghurt der.

yolk [jəʊk] n Dotter der, Eigelb das.

York Minster [jɔːk'mɪnstəʳ] n die Kathedrale von York.

YORK MINSTER

Die Kathedrale York Minster in der befestigten, ehemaligen Römerstadt York im Norden Englands wurde im 12. Jahrhundert erbaut. Sie ist wegen ihres hellen Mauerwerks und ihrer Fensterrosetten berühmt. 1984 wurde die Kathedrale durch Blitzschlag schwer beschädigt, ist aber inzwischen wieder repariert worden.

Yorkshire pudding ['jɔːkʃə-] n souffléartige kleine Pfannkuchen, die zu Roastbeef gegessen werden.

you [juː] pron 1. (subject: singular) du; (plural) ihr; (polite form) Sie; ~ **Germans** ihr Deutschen.
2. (direct object, after prep +A: singular) dich; (plural) euch; (polite form) Sie; **I hate ~!** ich hasse dich/Sie/euch!; **I did it for ~** ich habe es für dich/Sie/euch getan.
3. (indirect object, after prep +D: singular) dir; (plural) euch; (polite form) Ihnen; **I told ~** ich habe es dir/Ihnen/euch gesagt; **after ~!** nach Ihnen!
4. (indefinite use: subject) man; (object) einen; ~ **never know** man kann nie wissen.

young [jʌŋ] adj jung ◆ npl: **the ~** die Jugend.

younger ['jʌŋgəʳ] adj jüngere(-r)(-s).

youngest ['jʌŋgəst] adj jüngste(-r)(-s).

youngster ['jʌŋstəʳ] n Jugendliche der, die; (child) Kleine der, die.

your [jɔːʳ] adj 1. (singular subject) dein/deine, deine (pl); (plural subject) euer/eure, eure (pl); (polite form) Ihr/Ihre, Ihre (pl); ~ **dog** dein/euer/Ihr Hund; ~ **house** dein/euer/Ihr Haus; ~ **children** deine/eure/Ihre Kinder.
2. (indefinite subject): **it's good for ~ teeth** es ist gut für die Zähne.

yours [jɔːz] pron (singular subject) dein/deine/deines, deine (pl); (plural subject) euer/eure/eures, eure (pl); (polite form) Ihr/Ihre/Ihres, Ihre (pl); **a friend of ~** ein Freund von dir.

yourself [jɔː'self] (pl **-selves**) pron (reflexive, after prep +A: singular) dich; (reflexive, after prep +D: singular) dir; (plural) euch; (polite form) sich; **did you do it ~?** hast du/haben Sie das selbst gemacht?; **did you do it yourselves?** habt ihr das selbst gemacht?

youth [juːθ] n Jugend die; (young man) Jugendliche der.

youth club n Jugendklub der.

youth hostel n Jugendherberge die.

Yugoslavia [ˌjuːgəˈslɑːvɪə] n Jugoslawien nt.

yuppie ['jʌpɪ] n Yuppie der.

YWCA n CVJF.

Z

zebra [Br 'zebrə, Am 'ziːbrə] n Zebra das.

zebra crossing n (Br) Zebrastreifen der.

zucchini

zero ['zɪərəʊ] (*pl* **-es**) *n* Null *die*; **five degrees below ~** fünf Grad unter Null.

zest [zest] *n* (*of lemon, orange*) Schale *die*.

zigzag ['zɪgzæg] *vi* im Zickzack laufen.

zinc [zɪŋk] *n* Zink *das*.

zip [zɪp] *n* (*Br*) Reißverschluß *der* ◆ *vt* den Reißverschluß zuziehen an (+D) ❑ **zip up** *vt sep* den Reißverschluß zuziehen an (+D).

zip code *n* (*Am*) Postleitzahl *die*.

zipper ['zɪpər] *n* (*Am*) Reißverschluß *der*.

zit [zɪt] *n* (*inf*) Pickel *der*.

zodiac ['zəʊdɪæk] *n* Tierkreis *der*.

zone [zəʊn] *n* Zone *die*.

zoo [zu:] (*pl* **-s**) *n* Zoo *der*.

zoom (lens) [zu:m-] *n* Zoom *das*.

zucchini [zu:ˈki:nɪ] (*pl inv*) *n* (*Am*) Zucchini *die*.

Dépôt légal: juillet 1995.
N° série éditeur: 18633.
Imprimé par Brepols S.A. - Turnhout - Belgique.
402068 juillet 1995.